1781

Ernst Krenek (1925)

Ernst Krenek

IM ATEM DER ZEIT

Erinnerungen an die Moderne

Aus dem amerikanischen Englisch
von Friedrich Saathen
Revidierte Übersetzung
von Sabine Schulte

Ute von Hermann
Juli 2000

Hoffmann und Campe

Die Deutsche Bibliothek – CIP-Einheitsaufnahme
Krenek, Ernst:
Im Atem der Zeit : Erinnerungen an die Moderne / Ernst Krenek. Aus dem amerikan. Engl. von Friedrich Saathen. Rev. Übers. von Sabine Schulte.
– 1. Aufl. – Hamburg : Hoffmann und Campe, 1998
ISBN 3-455-11170-x

Schutzumschlaggestaltung: Werner Rebhuhn
Illustration: Oskar Kokoschka (1886–1980),
»Staatsoper Wien«, 1956/VG Bild-Kunst Bonn 1998; AKG, Berlin
Lektorat: Hubertus Rabe
Satz: Dörlemann Satz, Lemförde
Druck und Bindung: Graphischer Großbetrieb Pößneck
Printed in Germany

INHALT

ANHANG

ERSTES KAPITEL

Diese Aufzeichnungen sind von der Besorgnis diktiert, daß die Erinnerung an bestimmte Dinge für immer verloren sein könnte, wenn ich sie nicht schriftlich festhalte. Es scheint mir vernünftig, das jetzt zu tun, da ich dem Tod vielleicht näher bin als je zuvor. Wenn ich sage, daß die Erinnerung an Vergangenes ausgelöscht werden kann, dann heißt das, daß das Vergangene selbst in Gefahr ist, verlorenzugehen, denn es existiert ausschließlich in unserer Erinnerung. Nur solche Menschenwerke sind von einiger Dauer, insbesondere die geistigen, die von allem Vergänglichen hinreichend gereinigt sind und ein eigentümlich festes eigenes Gefüge besitzen. Solche Werke bezeichnen wir als Kunstwerke. Das Vergängliche, von dem das Kunstwerk frei sein muß, ist genau das, was allein in unserer Erinnerung existiert: die verwirrende Fülle von Ereignissen, die anscheinend die Wirklichkeit unseres Daseins ausmachen.

Diese unzähligen Ereignisse, die jedem der fünfzehnhundert Millionen Menschen auf dieser Erde in jeder Sekunde zustoßen, sind nichts, wenn wir sie nicht erinnern. Das Kunstwerk muß Teil dieses Prozesses werden, um von jenen, an die es sich wendet, erlebt werden zu können; jemand muß es zu einem bestimmten, gegebenen Zeitpunkt anschauen oder anhören, und das wird eines jener Ereignisse sein, die er erinnern muß, damit sie nicht verlorengehen. Das Kunstwerk selbst wird jedoch weiter existieren, unabhängig davon, ob der Rezipient es in sein Gedächtnis aufnimmt oder nicht. Sich an ein Ereignis zu erinnern ist ein stiller, innerer Vorgang, der selbst ein zur Vergessenheit verurteiltes Ereignis ist, wenn er nicht erinnert wird. Wenn wir daher ein Ereignis oder die Erinnerung an ein Ereignis vor der raschen Auslöschung bewahren wollen, müssen wir ihm die Dauerhaftigkeit eines Kunstwerks verleihen. Die den Erinnerungen – oder übrigens auch der Geschichte – eigene Schwierigkeit besteht darin, daß sie notwendigerweise aus eben jenem Vergänglichen bestehen, von dem das Kunstwerk frei bleiben sollte. Das Problem liegt nicht in den unterschiedlichen Bedeutungsgraden.

Das Ergebnis einer sogenannten Entscheidungsschlacht hat als solches keine größere Bedeutung als das einer Privatunterhaltung zwischen zwei beliebigen Personen, und auch der Leser macht bezeichnenderweise keinen derartigen Unterschied. Er ist stets bereit, die imaginären Streitigkeiten zwischen fiktiven Charakteren in einem gutgeschriebenen Roman einem vorgeblich wahrheitsgetreuen, aber trockenen Bericht über Napoleons Feldzüge vorzuziehen. Mithin beruht der Wert von Memoiren nicht auf ihrem Wahrheitsgehalt (der ohnehin kaum überprüft werden kann), sondern auf dem Grad des Interesses, das der Verfasser durch die besondere Art, die von ihm geschilderten Tatsachen zu erzählen, wachrufen kann. Wahrscheinlich entspricht dieses Interesse proportional seinem Drang, seine Erinnerungen davor zu bewahren, daß sie durch sein Schweigen der Vergessenheit anheimfallen.

Ich glaube, daß dieser Drang in meinem Fall in der jüngsten Zeit so stark geworden ist, daß ich es heute, am Sonntag, dem 6. September [1942], wagen darf, mit der Niederschrift meiner Memoiren zu beginnen, hier in St. Paul, Minnesota, wo ich vor zwei Tagen eingetroffen bin, um meine neue Stellung als Leiter der Musikabteilung der hiesigen Hamline University anzutreten.

Vor einiger Zeit las ich etwas Lobendes über die Autobiographie eines russischen Komponisten (ich glaube, es war Tanejew), das sich darauf stützte, daß diese wenig anderes als Musik zum Inhalt hatte. Ich bin nicht davon überzeugt, daß eine solche Beschränkung notwendigerweise ein Vorteil für eine Autobiographie ist. Es scheint mir nicht nur unmöglich, sondern auch gar nicht wünschenswert, zwischen der Tätigkeit auf einem bestimmten Gebiet und der sogenannten Lebenswirklichkeit eine strenge Trennung vorzunehmen, weil es gerade die Wechselwirkung dieser Bereiche ist, die sie beide interessant macht. Es ist seit jeher ein charakteristischer Wesenszug von mir gewesen, daß ich sowohl etwas tun als auch diese Tätigkeit kommentieren wollte, und ich neige zu der Annahme, daß die mannigfaltigen Schwierigkeiten, auf die ich bei meinem öffentlichen Wirken stieß, zum Teil dieser Eigentümlichkeit zuzuschreiben waren. Ich habe mir oft gewünscht, mich und mein Werk von einem Standpunkt aus betrachten zu können, der normalerweise Historikern vorbehalten ist, die sich mit einer Zeitspanne in der fernen Vergangenheit befassen. Mir ist klar, daß das unmöglich ist. Wie distanziert ein Kommentar auch sein mag, den ich vielleicht über mich selbst abgeben kann, er wird durch noch differenziertere Kommentare künftiger Beobachter abgelöst werden, die meine eigenen Äußerungen als das nehmen werden, was sie tatsächlich sind, nämlich ein Teil dessen, was ich zu meiner Zeit war und was ich tat.

Nichtsdestoweniger liegt mir daran, den Rahmen dessen, was ich der Nachwelt vielleicht hinterlasse, möglichst weit in den Bereich kritischer Erläuterung hinein auszudehnen. Ich weiß nicht genau, warum diese meine Neigung anscheinend so viel Not und Qualen verursacht, wie es der Fall ist. Es mag sein, daß die Öffentlichkeit es vorzieht, einen Menschen als Spezialisten auf einem bestimmten Gebiet anzusehen, und daß sie sich in ihrer Freiheit, ihn von außen zu beurteilen, eingeschränkt fühlt, wenn er es sich erlaubt, aus seinem Bereich herauszutreten und seine Aktivitäten so zu betrachten, als wäre er einer seiner Kritiker. Ich glaube, daß Leben und Werk eines Menschen ein einheitliches Muster bilden, und ich werde auf diesen Seiten versuchen, dieses Muster, so wie ich es sehe, so gut wie möglich zu beleuchten. Natürlich wird meine Interpretation meines Lebensmusters Teil meines Werkes sein und damit selbst Teil meines Lebens.

*Vorfahren und Eltern**

Über meine Herkunft weiß ich vergleichsweise wenig. Ich war überrascht, als mir eine amerikanische Studentin, die als Studienarbeit ihre Familiengeschichte niederschreiben sollte, erzählte, wie leicht es ihr gefallen war, das Leben ihrer Vorfahren bis zur Mayflower zurückzuverfolgen, und ich schämte mich nicht wenig, daß ich als einer jener Europäer, die althergebrachte Traditionen für eines der natürlichen Merkmale ihrer Rasse halten, nicht in der Lage bin, in der Geschichte meiner Familie weiter als bis 1800 zurückzugehen, und daß ich selbst in dieser kurzen Zeitspanne nicht mehr als ein paar trockene statistische Daten zutage fördern kann. Bei weiterer Überlegung erscheint mir diese Unzulänglichkeit allerdings weniger erstaunlich. Meine Eltern hatten kaum Interesse daran, das Leben ihrer Vorfahren zu erforschen, denn es zählte zu den eingewurzelten Vorurteilen der Schicht oder Kaste, zu der mein Vater gehörte, die Menschen nach ihrem gesellschaftlichen Rang einzuschätzen.

Mein Vater war Offizier der österreichisch-ungarischen Armee, und obgleich diese Armee, wie jede andere Armee auch, im neunzehnten Jahrhundert eine demokratische Organisation geworden war, war die Illusion vom höheren gesellschaftlichen Rang des Offiziers immer noch weit verbreitet. Deshalb hielt man es für klüger, nicht zu tief in die Vergangenheit einer Offiziersfamilie einzudringen, weil man dabei vielleicht auf Personen und Fakten gestoßen wäre, die mit der vermeintlich gehobenen Position des gegenwär-

* Zu den Zwischenüberschriften und Anmerkungen s. S. 981

tigen Namensträgers der Familie nicht gut zu vereinbaren gewesen wären. Natürlich war diese Vorstellung vom Offizier als einer Art geistigem Erben des privilegierten Edelmannes der Vergangenheit falsch; ein schlagender Beweis dafür war die magere Besoldung, mit der die Offiziere die herausragende gesellschaftliche Stellung aufrechterhalten sollten, die sie, wie man sie lehrte, innehatten. Mein Vater war klug genug, diese Widersprüche zu durchschauen, und es machte ihm sehr zu schaffen, damit fertigzuwerden. So bekam ich nur von jenen unmittelbaren Vorfahren, die meine Eltern persönlich gekannt hatten, ein lebhaftes Bild, weil sie über diese sehr oft sprachen.

Nachdem der Zusammenbruch der österreichisch-ungarischen Monarchie 1918 sowohl die Vorurteile, die das alte System getragen hatten, als auch das System, das die Vorurteile lebendig erhalten hatte, zu Fall gebracht hatte, war es für genealogische Nachforschungen zu spät, selbst wenn wir damals keine größeren Sorgen gehabt hätten. In Österreich, wo Kirche und Staat seit unvordenklichen Zeiten eine Einheit gewesen waren, hatten katholische Priester die Funktion von Volkszählungsbeamten für die Regierung übernommen, so daß man sich an die verschiedenen, in den Geburts- und Heiratsurkunden eingetragenen Pfarrgemeinden wenden mußte. In meinem Fall wäre es nötig gewesen, mit vielen Pfarreien in der Tschechoslowakei zu korrespondieren, was ein unsicheres und kostspieliges Unternehmen gewesen wäre, und wir zogen es gar nicht in Erwägung. Die wenigen urkundlichen Belege, die ich über meine Vorfahren besitze, sind das Ergebnis von Nachforschungen, die nach der Okkupation Österreichs durch Hitler angestellt wurden, als es erforderlich war, die »arische« Abstammung über drei Generationen hinweg nachzuweisen, um bestimmte Papiere und Ausweise zu erhalten. Hier ist das Resultat dieser Nachforschungen:

Der Vater meines Vaters war zum Zeitpunkt seiner Eheschließung im Jahre 1862 Feldwebel des Einundzwanzigsten Infanterieregiments im mittelböhmischen Čáslav. Das Aufgebot war, nach katholischem Brauch, während des Militärgottesdienstes in Montebello in der Provinz Venedig verkündet worden, woraus hervorgeht, daß das Regiment in Norditalien stationiert war, das damals zu Österreich gehörte. Die Heiratsurkunde, die ich vor der von Hitlers Launen angestoßenen Ahnenforschung nicht gesehen hatte, weist den einen Makel auf, der wahrscheinlich jeden Gedanken an genealogische Forschungen in meiner Familie im Keim erstickte. Der Feldwebel Krenek war das uneheliche Kind eines Dienstmädchens, und beide Fakten – die uneheliche Geburt des Kindes und die gesellschaftliche Stellung der Mutter – waren mit dem Ehrenkodex der Offizierskaste, in die mein Vater eingeheiratet und in der er sich eine hervorragende Stellung verschafft hatte, ganz und gar nicht zu vereinbaren.

Ein weiterer Grund dafür, daß die Einzelheiten über das Leben dieses Großvaters im Dunkeln lagen, war sein früher Tod im Jahr 1866, kurz vor der Geburt meines Vaters. Natürlich wurden Spekulationen über den »pater incertus« angestellt, wie die alten Urkunden den Unbekannten nannten, der meinen Großvater gezeugt hatte, und man fabulierte, daß meine Urgroßmutter Bedienstete im Schloß eines böhmischen Grafen gewesen sei, dessen Bemühungen zum Wachstum meines Stammbaums beigetragen haben mögen. Da mein Großvater 1823 geboren wurde, ist es gut möglich, daß sein Erzeuger einer jener österreichischen Adligen war, die sich noch für Beethoven und andere »moderne« Komponisten ihrer Zeit begeistern konnten. Diese Vermutungen hatten jedoch möglicherweise keinen größeren Wahrheitsgehalt als die Geschichte, die ich erfunden hatte und die ich eine Zeitlang glaubte: daß mein Großvater 1866 im Krieg gegen Preußen gefallen sei, was offensichtlich nicht sein konnte, weil mein Vater am 10. März geboren wurde und der Krieg erst im Sommer jenen Jahres ausbrach. Der Himmel weiß, warum ich diese Geschichte so schön fand!

Die Ehefrau des Feldwebels war von ehrenvollerer, aber ebenso bescheidener Herkunft. Sie war die Tochter eines Schreiners aus Trhor Kamenice in Ostböhmen. Er hieß Remesch und ihre Mutter Rosalie Vavřečka. Meine Großmutter heiratete ein zweites Mal, und zwar einen gewissen Ther, über den nicht gesprochen wurde, da er sie nach einer kurzen und unglücklichen Ehe verließ. Dieses stürmische Intermezzo und die prekäre finanzielle Situation, in der sich meine Großmutter mit ihrem einzigen, vaterlosen, Sohn befand, trugen weiter dazu bei, Erinnerungen an den mysteriösen Feldwebel auszulöschen.

Aufgrund des Beweismaterials, das Personen- und Ortsnamen liefern, nehme ich an, daß meine Vorfahren väterlicherseits rein böhmischer (tschechischer) Abstammung waren. (Die deutsche Schreibung des Namens Remesch, der tschechisch »Remeš« buchstabiert wird, widerspricht dieser Annahme nicht, denn die amtlichen Urkunden wurden damals in deutscher Sprache ausgestellt, und die Beamten neigten dazu, tschechische Namen nach Möglichkeit zu transkribieren.)

Die Familie meiner Mutter war von deutlich höherem Stand. Nur der Urgroßvater Čižek wird als einfacher »Bürger« aus Ronov in Böhmen bezeichnet, alle anderen waren als Regierungsbeamte oder Offiziere stolze Träger irgendwelcher unbedeutenden Titel. Besagter Čižek hatte Fräulein Franziska Dreier aus Čáslav geheiratet und wurde 1830 der Vater meines Großvaters. Als dieser seinerseits 1878 meine Großmutter ehelichte, war er Postmeister in Bodenbach, der Grenzstation zwischen Böhmen und Deutschland. Seine Braut war Anna Schmidt, Tochter des Georg Schmidt, Hauptmann der k.u.k.-Armee, der zu jener Zeit in Terezin lebte, einer Festung in Nordböhmen. Seine Frau war Anna Sauerstein aus Litoměřice, einer tschechisch-deutschen Gemeinde an der Grenze jenes Landes, das später als das verfluchte Sudetenland traurige Berühmtheit erlangte.

Sofern man sich auf Namen verlassen kann, was in Böhmen nicht immer ungefährlich ist, weil einige der glühendsten tschechischen Patrioten deutsche Namen hatten, während der Name manch eines Predigers großdeutscher Lehren für seine teutonischen Brüder ein rechter Zungenbrecher war, scheint die Ahnenreihe meiner Familie durch die Großmutter Schmidt einen deutschen Einschlag bekommen zu haben. Es ist vielleicht erwähnenswert, daß die Schmidts offenbar die vornehmsten Mitglieder der Sippe waren. Wenn der Postbeamte Čižek zu seiner Hochzeit einen leibhaftigen Oberst als Brautführer aufbieten konnte, dann war das gewiß der Distinktion von Papa Schmidt, dem Hauptmann, zuzuschreiben.

Die Namen Dreier und Sauerstein erwecken einen leisen Verdacht von jüdischem Einfluß auf meine Veranlagung, und in der Tat haben Freunde von mir gelegentlich halb im Scherz versucht, gewisse Züge meiner Persönlichkeit als unverkennbar jüdisch zu deuten. Ich glaube, daß sie damit recht hatten, aber ich habe diese Eigenschaften wohl eher durch meinen häufigen Umgang mit Juden als durch Vererbung erworben, denn es ist unwahrscheinlich, daß Hauptmann Schmidt eine Jüdin geheiratet oder seine Tochter einem Halbjuden zur Frau gegeben hat. Im übrigen haben meine Großeltern Čižek beide nichts Jüdisches an sich gehabt. Allerdings kann man sich in diesen Dingen nie sicher sein. Von diesem unsicheren Element einmal abgesehen, glaube ich, daß ich mich zu drei Vierteln als Tscheche und zu einem Viertel als Deutscher bezeichnen sollte, wenn man moderne Methoden der Blutbildbestimmung zugrundelegt.

Großmutter Krenek, oder Ther, wie sie nach ihrem zweiten Mann hieß, blieb anscheinend mittellos zurück, nachdem dieser verschwunden war. Wegen der Verdienste des verstorbenen Feldwebels wurde ihr von der Regierung in Karlín, einem Vorort von Prag, eine Tabaktrafik zuerkannt. In Österreich war das eine übliche Form, bedürftige Witwen von Staatsdienern, insbesondere von unbedeutenden Offizieren, zu unterstützen, denn der Verkauf von Tabakwaren war ein staatliches Monopol. Die väterliche Fürsorge des Staates, personifiziert in der patriarchalischen Gestalt des backenbärtigen Kaisers, reichte sogar noch weiter, insofern als der Sohn der Feldwebelwitwe bevorzugt Anspruch auf eine Militärlaufbahn hatte. Es wäre töricht gewesen, ein solches Angebot zurückzuweisen, denn das hätte den Verzicht auf eine kostenlose Ausbildung bedeutet.

Also trat mein Vater in die Kadettenschule in Prag ein, die ihn auf eine Offizierslaufbahn vorbereitete. Zuvor hatte er eine tschechische Grundschule und ein paar Klassen einer deutschen Realschule absolviert, so daß seine Erziehung zweisprachig war. In späteren Jahren bedauerte er sehr, daß die Umstände ihm eine Lebensweise aufgezwungen hatten, für die er sich, hätte er die Wahl gehabt, nie entschieden hätte. Er interessierte sich immer sehr für Sprachen und Geschichte, und obgleich er vielleicht niemals selbst schöpferische künstlerische Neigungen entwickelt hätte, wäre er doch in der Lage gewesen, künstlerische Werte kritisch einzuschätzen und kompetent zu beurteilen.

Ich erinnere mich mit Tränen in den Augen, wie er manchmal ans Klavier ging, wenn niemand in der Nähe war, und langsam, holprig mit einer Hand eine kleine Melodie spielte, die einzige, die er selbst erdacht hatte, wobei er jeden Ton mit der unteren Terz und Quinte unterstützte und nur weiße Tasten anschlug, was der kleinen, einfachen Weise einen seltsamen Anflug herber Melancholie verlieh. Später, als ich mir ein Vergnügen daraus machte, ganze Berge von Musik vom Blatt zu spielen, saß er oft stundenlang an meiner Seite und blätterte aufmerksam um, wenn ich ihm durch Kopfnicken ein Zeichen gab. Ich bin zutiefst verbittert darüber, daß es mir nicht vergönnt ist, meinem Vater in seinen letzten Jahren die kleine Freude meines Klavierspiels zu machen, und ich bedaure es unendlich, daß ich nicht öfter für ihn gespielt habe, solange noch Zeit dazu war.

Jedes aktive Interesse, das mein Vater den Geisteswissenschaften entgegenbrachte, wurde durch die spartanische Erziehung in den ersten drei Jahren der Kadettenschule offenbar gewaltsam zerstört. Er sprach sehr oft über diese bitteren Jahre völlig sinnloser Quälerei, die doppelt schlimm waren für einen Jungen, der keine Mittel besaß, um das Hungerregime, das der Staat seinen Schützlingen bot, abzumildern. Der Unterricht war langweilig und wenig anregend, denn die Lehrer waren nicht ihrer Befähigung wegen in ihr Amt berufen worden, sondern weil sie als Offiziere nichts taugten. Das alles schien sich im vierten Jahr, als die Schule einen neuen Leiter bekam, zu bessern, aber es war wahrscheinlich schon zu spät, um den verheerenden Einfluß, den die vorige Anstaltsleitung auf die älteren Schüler gehabt hatte, wiedergutzumachen.

Ich bin nicht ganz sicher, ob wirklich starke Begabungen eines Menschen durch pädagogisches Fehlverhalten zerstört werden können. Wir neigen zu der Annahme, daß der Schüler, wenn sein Drang wahrhaft unwiderstehlich und der Druck wahrhaft unerträglich ist, immer noch davonlaufen oder eine Verzweiflungstat begehen kann. Doch die Bereitschaft zu solchen Handlungen ist nicht immer nur auf rühmliche Motive zurückzuführen, und das Vorhandensein solcher Motive ist nicht notwendigerweise mit dem Mangel an Phantasie verknüpft, der es erleichtern würde, jene Hemmungen beiseite zu schieben, die den Drang, eine gegebene Ordnung zu umgehen, normalerweise zügeln. Ein Mensch, der mit Vorstellungskraft gesegnet oder verflucht ist, neigt dazu, sich die Folgen einer Verzweiflungstat in so schrecklichen Farben auszumalen, daß er sich eher in das scheinbar Unvermeidliche schickt.

Mein Vater besaß immer viel Phantasie und viele Hemmungen. Letztere waren zum Großteil ein Produkt seiner Erziehung, doch er ließ möglicherweise zu, daß sie sich verstärkten, weil seine Phantasie ihn die Folgen unbesonnener und ordnungswidriger Handlungen fürchten ließ. Schon sehr früh in seinem Leben muß man ihm klargemacht haben, daß jede Handlung zuerst im Licht ihrer ökonomischen Konsequenzen zu betrachten war, und was auch immer eine mögliche Linderung der Not, in der seine Mutter lebte, gefährdet hätte, kam einfach nicht in Frage. Das alles war einem Jungen zwischen dem vierzehnten und siebzehnten Lebensjahr sicherlich nicht deutlich bewußt, zumal wenn als Belohnung für die harten Jahre seiner Ausbildung am Ende der unbestreitbare Glanz einer Offizierslaufbahn winkte.

Nach Absolvierung der Kadettenschule trat mein Vater in das Regiment seines Vaters, Nummer Einundzwanzig, in Čáslav ein, mit der Aussicht, bald in den Offiziersrang befördert zu werden, in den der alte Feldwebel nie hätte aufsteigen können, und darin lag gewiß eine große Befriedigung. Das Regiment wurde, genau wie zu Großvaters Zeiten, in den Süden geschickt, denn man betrachtete die italienische Grenze ständig als potentiellen Kriegsschauplatz, trotz der Allianz der Zentralmächte, die Bismarck zu jener Zeit ins Leben rief. So verbrachte mein Vater ein paar Jahre in der italienischen Stadt Tione in Südtirol, nicht weit vom Gardasee entfernt.

Diese Zeit seines Lebens bezeichnete er immer als sehr glücklich. Er scheint sich an den Bergen und am Zauber der südlichen Landschaft ebenso gefreut zu haben wie an der weiblichen Bevölkerung, auch wenn er in seinen Äußerungen zu letzterem Thema immer äußerst zurückhaltend war. Er muß ein sehr gutaussehender Mann gewesen sein, denn selbst in seinen späteren Jahren erregte er noch in beträchtlichem Maß die Aufmerksamkeit des anderen Geschlechts, aber soviel ich weiß, hat er aufgrund des Systems von Hemmungen, in dem zu leben er mittlerweile gewohnt war, nie darauf reagiert. Natürlich bot das Leben in der entlegenen Grenzgarnison nicht die geringste geistige Anregung, sofern man nicht Italienischstunden bei einer gewissen Tiroler Signorina als solche bezeichnen will.

Nach seiner Rückkehr aus dem Süden wurde mein Vater zum Leutnant befördert und richtete sich auf den Dienst bei der Kavallerie ein, der es normalerweise mit sich brachte, daß man von einem einsamen Posten zum andern verlegt wurde, denn es war eine Taktik der österreichischen Regierung, Regimenter einer bestimmten Nationalität in Gebiete zu versetzen, die von anderen Nationalitäten bewohnt wurden. Damit wollte man Gewissensproblemen vorbeugen, die sich der Truppe im Fall einer nationalistischen Erhebung ihrer Landsleute hätten stellen können.

Eine Zeitlang mag mein Vater das Offiziersleben mehr oder weniger befriedigend gefunden haben, zumal er für einige Jahre Adjutant des Regimentskommandanten war, eines etwas exzentrischen, aber recht amüsanten Herrn. Von den vielen kuriosen Geschichten, die mein Vater über diesen Abschnitt seines Lebens zu erzählen pflegte, ist mir besonders eine in Erinnerung geblieben. Zum ersten Mal sollte der 1. Mai als Tag der Arbeit von den Gewerkschaften begangen werden. Der pflichteifrige Oberst, der für die Aufrechterhaltung von Ruhe und Ordnung verantwortlich war, hatte einen Mann auf den Turm der Kirche von Čáslav geschickt, mit der Anweisung, nach dem erwarteten Herannahen der revolutionären Massen Ausschau zu halten und zu jeder vollen Stunde einen Stein hinunterzuwerfen, um den ein Papier mit einem Bericht über seine Beobachtungen gewickelt war. Dann sollte dieses Papier über eine Staffel von Laufboten in das Hauptquartier des Regiments gebracht werden, wo man nach sorgfältiger Prüfung entscheiden würde, ob eine strategische Maßnahme der in Alarmbereitschaft gehaltenen Streitkräfte erforderlich war. Nach vierundzwanzig Stunden angespannter Erwartung jedoch gingen alle nach Hause, ohne auch nur den Finger am Abzug gehabt zu haben, aus dem einfachen Grund, daß es im Umkreis vieler Kilometer keine gewerkschaftlich organisierten Arbeiter gab, eine Tatsache, die der große Stratege übersehen hatte. Übrigens verlief der Tag vollkommen friedlich, auch dort, wo Arbeiterkundgebungen stattfanden.

Auf die Dauer konnten solche Ablenkungen meinen Vater nicht ganz befriedigen, und eine andere Laufbahn schien wünschenswert, ja notwendig zu sein, wenn er ans Heiraten dachte. Da die Regierung eine bestimmte Vorstellung davon hatte, wie sich ein Offizier gesellschaftlich verhalten sollte, um die Illusion der Ritterwürde aufrecht zu erhalten, wurde verlangt, daß er eine beträchtliche Geldsumme anlegte, wenn er heiraten wollte, denn der Ertrag aus diesem Geld sollte ihn in die Lage versetzen, den bescheidenen Aufwand zu finanzieren, den man von ihm erwartete. Man konnte nicht behaupten, daß das ein gesundes System war, denn es machte offenkundig, daß der Staat den Sold, den er seinen Offizieren ausbezahlte, für unzureichend hielt. Für Offiziere, die sich entschlossen, in das Quartiermeisterkorps einzutreten, gab es einen Ausweg, denn diese besaßen den Status von Armeebeamten statt den von Offizieren und waren als solche von der eben erwähnten finanziellen Bürde befreit. Eben diese Tatsache ließ sie natürlich als Militärangehörige zweiter Klasse erscheinen, da man von ihnen offenbar nicht erwartete, daß sie den pseudoaristokratischen Idealen des echten Offiziers gerecht wurden.

Ich glaube nicht, daß mein Vater unter Minderwertigkeitsgefühlen litt, als er sich für diesen Tätigkeitsbereich entschied. Erstens eröffnete ihm das die Möglichkeit zu heiraten, was er nie hätte tun können, wenn er Offizier geblieben wäre, es sei denn, er hätte eine reiche Frau geheiratet. Zum zweiten entsprach die Laufbahn eines Quartiermeisters sehr viel besser seinen geistigen Fähigkeiten, da sie eine Ausbildung in naturwissenschaftlichen und juristischen Fächern beinhaltete, denn das Quartiermeisterkorps war für die Materialbeschaffung sowie für Auftragszuweisungen und für die Heeresfinanzen verantwortlich. Die Offiziere, die diese Laufbahn einschlagen wollten, hatten einen anspruchsvollen Zweijahreskurs an einer speziellen Akademie zu absolvieren. Unter den Professoren und Studenten dieses Instituts waren einige der besten Köpfe der Armee zu finden. Die öffentliche Meinung neigte natürlich zu der Ansicht, daß der Generalstab das eigentliche Expertengremium des Heeres war, doch die Ereignisse bewiesen meist das Gegenteil.

Ich hatte immer den Eindruck, daß dieses neue Metier meinem Vater wirklich gefiel, denn es brachte ihn mit vielen Dingen in Berührung, die ihn interessierten und die über die langweilige Routine des soldatischen Drills weit hinausgingen. Nichtsdestoweniger bedauerte er es irgendwie, kein Offizier mehr zu sein. Ich erinnere mich, daß das einzige, was ihn für einen Augenblick glücklich machte, als 1914 der Krieg ausbrach, der Umstand war, daß er seinen alten Offiziersdegen wieder hervorholen durfte, denn die Heeresbeamten waren in Friedenszeiten mit einem Lafettensporn ausgerüstet, einer spielzeugartigen, nur Repräsentationszwecken dienenden Waffe, wie Marineoffiziere sie zu tragen pflegten, und nur in Kriegszeiten wurde ihnen das Privileg zuteil, den männlicheren Degen zu tragen.

Bevor er diese wichtige Änderung in seiner Berufslaufbahn herbeiführte, hatte mein Vater die Familie des Postmeisters von Čáslav, Gustav Čížek, kennengelernt. Čížek muß bald nach seiner Eheschließung aus Bodenbach nach Čáslav gekommen sein, denn meine Mutter wurde am 2. Februar 1880 dort geboren. Von den drei Töchtern des Postmeisters hatte mein Vater allerdings zuerst nicht Emanuela, die meine Mutter werden sollte, zur Frau genommen, sondern Maria, genannt Mimi, eine ältere Schwester meiner Mutter.

Der Postmeister hatte in der mittelgroßen Stadt eine sehr angesehene Stellung. Er konnte sich zwar nicht rühmen, der obersten, um den Bezirkshauptmann und den Regimentskommandanten gruppierten Schicht der lokalen Beamtenschaft anzugehören, aber er war immerhin eine herausragende Persönlichkeit und gesellschaftlich den Rechtsanwälten, Apothekern, Ärzten, Gymnasiallehrern, höheren Bahnbeamten und anderen Mitgliedern der Provinzintelligenzia gleichgestellt. Er hatte eine schöne Wohnung im zweiten Stock des Postamts am Marktplatz der Stadt. Obgleich Čáslav von Wien aus in nur fünf Schnellzugstunden zu erreichen war, habe ich die Heimatstadt meiner Großeltern nie gesehen. Ich erinnere mich undeutlich, daß wir nur einmal, auf einer Reise nach Nordböhmen, hindurchfuhren, und als der Zug seine Fahrt verlangsamte, um kurz anzuhalten, zeigte man mir am fernen Ende einer Straße, die wir gerade überquerten, ein gelbes Haus. Es soll das alte Postamt gewesen sein, aber es hat mich nicht nachhaltig beeindruckt.

Mir scheint, daß wir auf den anderen Reisen, die uns in jenen Teil des Landes führten, nicht über die Nordwestbahnstrecke fuhren, an der Čáslav lag. Bei Fahrten mit der »Staatlichen Eisenbahn«, später Ostbahn genannt, wurde ich auf eine Stelle aufmerksam gemacht, von der aus man die außergewöhnlich hohe und schlanke Kirchturmspitze von Čáslav sehen konnte, die sich wie ein gespitzter Bleistift gegen den blaßblauen Sommerhimmel abhob. Später, als ich auf den Reisen von und nach Berlin diese Strecke sehr häufig fuhr, versäumte ich nie, nach der schmalen, spitzen Linie Ausschau zu halten, die für wenige Augenblicke zwischen den Waldstücken sichtbar wurde, und der Anblick erfüllte mich jedes Mal mit einer seltsamen, freudigen Nostalgie, als wäre der unbekannte Ort, über den ich so viel gehört hatte, ein Hafen, in dem ich zur Ruhe kommen sollte. Nach dem ersten großen Krieg planten wir wiederholt einen Besuch in der alten Heimat meiner Eltern, aber dann wurde der Personenverkehr auf der alten Nordwestbahnstrecke fast völlig eingestellt, und die Verbindungen waren sehr ungünstig. So schoben wir die Reise auf, bis es zu spät war.

Es kommt mir heute sonderbar vor, daß meine Eltern nie den

Wunsch hatten, ihre Heimatstadt zu besuchen, als das noch sehr einfach war. Allerdings lebten in Čáslav keine Verwandten mehr, und ich weiß nicht, ob mein Vater nicht vielleicht zögerte, seine Treue zu seinem Geburtsland durch Reisen zu demonstrieren, die keinen nachweislichen Zweck hatten. Er fühlte sich immer ganz entschieden als Abkömmling der tschechischen Nation, las regelmäßig tschechische Zeitungen und Bücher und legte seine kleinen Ersparnisse bei der Wiener Zweigstelle einer tschechischen Bank an. Doch zugleich war ihm sehr bewußt, daß er Österreicher war, was keinesfalls Deutscher hieß, sondern bedeutete, daß er ein Angehöriger jenes übernationalen Gebildes war, das in der Idee des alten Reichs seinen Ursprung hatte und in der Reichsarmee verkörpert wurde. Daß die Armee Deutsch als offizielle Sprache verwendete, war für den wahren österreichischen Offizier ein purer Zufall; es hätte ebensogut Tschechisch oder Ungarisch oder Französisch oder schließlich auch Latein sein können, und tatsächlich wäre es zumindest theoretisch besser gewesen, sich einer Sprache zu bedienen, die in der polyglotten Monarchie nicht gesprochen wurde.

Heutzutage ist es äußerst schwierig, diese Situation verständlich zu machen. Der von den »unterdrückten« Völkern verbreiteten Propaganda, daß das österreichische Reich eine von Deutschen beherrschte Maschinerie zur Versklavung seiner anderen Völker sei, wird von einer Welt, die bereit ist, das Gift des Nationalismus kritik- und widerstandslos zu schlucken, allzu große Aufmerksamkeit geschenkt. Und dennoch, die österreichische Armee war eine wahrhaft internationale Organisation, die wahre Erbin von Wallensteins Kampfmaschine, in der jedermann, ob Ire oder Ungar, Italiener oder Däne, idealerweise dem Kaiser als dem weltlichen Herrscher der Christenheit diente. Es ist freilich richtig, daß im weiteren Verlauf des neunzehnten Jahrhunderts mit seinen zentrifugalen nationalistischen Bestrebungen die Armee als Verkörperung des Ideals eines übernationalen Reiches mehr und mehr in die Isolation geriet. Da das Bestehen dieser Armee von Zuweisungen eines Parlaments abhängig war, in dem die Wogen nationalistischer Politik höher und höher stiegen, war es für jeden Offizier erstes und oberstes Gebot, sich aus der Politik herauszuhalten.

Ich glaube, die Vorsicht, mit der der Offizier sich aufgrund dieser Umstände bewegen mußte, war zum großen Teil dafür verantwortlich, daß viele von ihnen scheu und zurückgezogen wirkten. Schereien aus dem Weg zu gehen, sich in nichts hineinziehen lassen, gehörte zu den ausschlaggebenden Überlegungen meines Vaters, wenn er erwog, ob es ratsam war, irgendwo hinzugehen, jemanden zu treffen oder dies oder jenes zu tun, und ich glaube, daß ich so manche dieser Eigenheiten geerbt habe. Mein Vater war im üblichen Wortsinn ein mutiger Mann, aber jedem Offizier wurde in diesem von bitteren Meinungsverschiedenheiten zerrissenen Land so sehr eingehämmert, sich aus allem herauszuhalten, daß er lieber gar nichts tat, als sich Schwierigkeiten auszusetzen, wenn eine Situation auch nur den geringsten Verdacht aufkommen ließ, daß sie schwierig werden könnte. Und leider war das in Österreich bei den meisten Situationen der Fall.

Deshalb fuhren wir auch niemals nach Prag, obgleich diese schöne Stadt für meinen Vater mit so vielen Erinnerungen verbunden war. Tatsächlich begünstigten die Fahrpläne der österreichischen Eisenbahnen Besuche in Prag insofern nicht, als die durchgehenden Züge von Wien nach Deutschland um Prag herumfuhren. Während des Ersten Weltkrieges ging die Verwaltungsbehörde sogar so weit, den berühmten »Balkanzug«, einen durchgehenden Zug von Berlin nach Konstantinopel, ohne einen einzigen Halt durch Böhmen hindurchrasen zu lassen. Das änderte sich natürlich, als die Tschechoslowakei unabhängig und Prag in dem neuen Staat eindeutig zum Verkehrszentrum wurde. Erst da, 1928, statteten wir Prag einen kurzen Besuch ab, der für meinen Vater eine sehr ermüdende Quelle der Freude und der Melancholie war.

Zur Zeit seiner Eheschließung, die in den frühen neunziger Jahren stattgefunden haben muß, ging mein Vater nach Wien, um sich an der Quartiermeisterschule einzuschreiben. Was er über diese Periode seines Lebens zu erzählen pflegte, habe ich nicht mehr ganz deutlich in Erinnerung. Mir scheint, daß er nach der Absolvierung des Kurses für kurze Zeit dem Hauptquartier des Armeekorps in Prag zugeteilt war, und es kann sein, daß er erst zu jener Zeit heiratete. Jedenfalls wurde er bald nach Wien zurückgerufen, wo er seinen Dienst im Kriegsministerium in der elften Abteilung antrat, die für die Verwaltung und die finanziellen Angelegenheiten der Armee zuständig war.

Entweder zu dieser Zeit oder während seines Studiums an der Quartiermeisterschule wohnte er mit seiner Frau im vierten Wiener Gemeindebezirk, nicht weit von Franz Schuberts Sterbehaus entfernt, und zwar zusammen mit einem anderen jungen Paar, Helene, der dritten der Čižek-Schwestern, und ihrem Mann Heinrich Raab, der gleichfalls die Quartiermeisterlaufbahn begonnen hatte. Die Großeltern Čižek, die Čáslav ziemlich langweilig fanden, nachdem der Postmeister pensioniert worden war, zogen zu ihnen, und es scheint, daß dieses Zusammenleben auf die Dauer nicht besonders gut funktionierte, weil die Temperamente der beteiligten Parteien zu unterschiedlich waren.

Erstens hatte Heinrich Raab nicht dieselbe gründliche Offiziersausbildung wie mein Vater. Er war eher Zivilist, denn er hatte als Ingenieur begonnnen. Ich weiß nicht, wie er es schaffte, später Offizier zu werden; wahrscheinlich war er in den Jahren seines Dienstes als Wehrpflichtiger Reserveoffizier geworden und hatte Gefallen am Militärdienst gefunden, so daß er sich für ein Offizierspatent auf Dauer beworben hatte. Zweitens war er Offizier der »Landwehr«, einer Abteilung der Streitkräfte, die der regulären Armee im Grunde gleichgestellt war, dem Namen nach aber eine Art Reservearmee bildete und als solche von den echten Armeeangehörigen als ein wenig zweitklassig betrachtet wurde. Außerdem war sie keine »kaiserliche *und* königliche« Armee, wie die österreichisch-ungarische, sondern nur »kaiserlich-königlich«, eine Unterscheidung, die fast zu subtil ist, um sie zu erklären: Institutionen des gesamten Reiches, die unmittelbar dem Kaiser von Österreich, der zugleich König von Ungarn war, unterstellt waren, wie die Armee, das Außenministerium und einige wenige andere, waren »kaiserlich und königlich«, wohingegen Institutionen wie die Post, die Eisenbahnen, das Bildungswesen und so weiter in jedem der beiden Teile der Monarchie vertreten waren. In Ungarn waren diese Institutionen einfach »königlich«, während sie in Österreich »kaiserlich-königlich« waren, wodurch der Tatsache Rechnung getragen wurde, daß der Kaiser von Österreich zugleich König von Böhmen war, wobei Böhmen allerdings in der größeren Einheit »Österreich« vollständiger aufging als das bei Ungarn jemals der Fall war. Diese Bezeichnung – »kaiserlich-königlich« – war übrigens alles, was von gewissen Versuchen übriggeblieben war, die man während der Reorganisation des Reiches in den sechziger Jahren unternommen hatte, um einen in der Person des Monarchen vereinten Dreistaatenbund aus Österreich, Böhmen und Ungarn zu gründen. Unglücklicherweise blieben diese Versuche ergebnislos, was zur Folge hatte, daß die Tschechen ständig Qualen litten, weil die Ungarn, die ein beträchtliches Maß an Unabhängigkeit für sich herausgeschlagen hatten, bevorzugt behandelt wurden. Diese Situation verschlimmerte sich noch infolge der beharrlichen Weigerung Franz Josephs, sich zum König von Böhmen krönen zu lassen. Eine solche Geste, von der Errichtung einer Dreier- statt einer Doppelmonarchie ganz zu schweigen, hätte das Reich 1918 vielleicht retten können und wahrscheinlich sogar den Ersten Weltkrieg verhindert.

Obgleich die Argumente, die hinter diesen Formsachen steckten, heute nach Haarspalterei schlimmster Sorte aussehen, waren sie damals von entscheidender Bedeutung, und ein Mann, der der »kaiserlich-königlichen« Landwehr angehörte, zeigte in der Tat Eigenschaften und Denkmuster, die sich von denen der übernationalen »kaiserlichen und königlichen« Armee unterschieden. Er war viel stärker am lokalen Geschehen interessiert und beteiligt und zögerte nicht, in nationalen Angelegenheiten Stellung zu beziehen, wodurch er sich in den Augen eines wahren Soldaten nicht hervortat, sondern eher ein wenig ordinär wirkte. Und schließlich war Raab ein Mähre, der aus Jihlava (Iglau) stammte, einer mittelgroßen Stadt an der Grenze zwischen Mähren und Böhmen und einer der deutschen »Inseln« in dem von Tschechen bevölkerten Gebiet. Ich weiß nicht viel über seine Vorfahren, doch scheint es, daß sie Handel trieben, was für einen Offizier, der, und wenn auch nur unbewußt, die Haltung eines Adeligen des achtzehnten Jahrhunderts nachahmen sollte, ebenfalls nicht gerade der beste Hintergrund war. Und die Mähren wurden von den Tschechen als eine etwas inferiore Spielart der Rasse betrachtet, allerdings normalerweise auf eine gutmütige Art.

Sein ethnischer und familiärer Hintergrund und seine Ausbildung hatten Heinrich Raab zu einem lauten und streitsüchtigen Gesellen gemacht, der zu Geschwätzigkeit neigte und für hitzige Debatten auf etwas niedrigem Niveau zu haben war. Er war so gesellig und extrovertiert wie mein Vater in der Regel zurückhaltend war, auch wenn er sich an lebhaften, tiefschürfenden und möglicherweise endlosen Gesprächen im kleinen Kreis gern beteiligte. Im Grunde genommen war Raab ein sehr sympathischer Mensch mit einem goldenen Herzen, aber er konnte sich aus Streitigkeiten nicht heraushalten und pflegte sie mit ärgerlichem Starrsinn auszufechten. Manchmal ging er einem unerträglich auf die Nerven.

Seine Frau, die Schwester meiner Mutter, hatte vieles mit ihm gemein. Sie war ständig auf der Hut vor Unrecht, das man ihr angeblich zufügte, und begegnete jedem mit unbegründetem Mißtrauen, weil sie davon ausging, daß alle gegen sie intrigierten. In meiner Familie wurde dieses Verhalten als eindeutig plebejisch mißbilligt. Mein Vater war immer bereit, von seinen Mitmenschen Ehrlichkeit und guten Willen zu erwarten, solange nicht das Gegenteil bewiesen war; er prüfte nie eine Rechnung nach, argwöhnte nie, mit Falschgeld betrogen zu werden, und zählte nie das Wechselgeld nach, obgleich er seinen eigenen Etat mit größter Sorgfalt aufstellte. Meine Mutter war in dieser Hinsicht realistischer, aber sie hätte sich nie erlaubt, wegen solcher Dinge laut oder ordinär zu werden. Im Vergleich zu ihrer Schwester war sie eher introvertiert und zurückhaltend und neigte zur Melancholie. Ich habe eine vage Erinnerung daran, daß sie in meiner Knabenzeit anfällig für heftige Gemütsbewegungen war und hin und wieder die Beherrschung verlieren konnte, was sich aber in späteren Jahren besserte. Ich weiß nicht, ob das möglicherweise körperliche Ursachen hatte, da sie häufig an starken Kopfschmerzen und an Schlaflosigkeit litt. Im großen und ganzen kannte ich sie sehr viel weniger gut als meinen Vater, den ich immer überaus gern hatte.

Manchmal habe ich das Gefühl, daß ich nicht dankbar genug war für ihre selbstlose Fürsorge und die ungeheure Arbeitslast, die sie bewältigen mußte, um den Haushalt schön in Ordnung zu halten und uns alle zufriedenzustellen, vor allem nach dem großen Krieg, als wir ohne Hilfe auskommen mußten. Nichts ist schmerzlicher als das Gefühl, sich solcher Versäumnisse schuldig gemacht zu haben, insbesondere wenn wir erkennen, daß das unbewußt geschehen ist, so daß wir ständig befürchten müssen, derartige Fehler in der Gegenwart wieder zu begehen, ohne es zu wissen.

Während ich über meine Verwandten väterlicherseits nie etwas erfuhr, gab es über die Familie meiner Mutter reichlich Informationen.

Ich erinnere mich an Geschichten über einen Onkel, der irgendwo in der Nähe von Čáslav Pfarrer oder Pfarrgehilfe war; er scheint ein sehr angenehmes Leben geführt, viel zu essen und zu trinken gehabt und seine Nichten zu ihrer vollen Zufriedenheit bewirtet zu haben. Es gab noch weitere Vettern und Neffen, von denen etliche mit Jagd und Forstwirtschaft zu tun hatten. Doch keiner von ihnen trat je in Erscheinung, weil es eine Art Grundsatz war, keine familiären Kontakte zu pflegen, teils weil die Offizierslaufbahn meinen Vater über das Niveau jener gewöhnlicher Zivilisten erhoben hatte, teils weil befürchtet wurde, daß diese Leute vom Land ihre Verwandten in der Hauptstadt mit Besuchen belästigen würden, die beträchtliche Ausgaben erfordert hätten. Wahrscheinlich war das ein hinreichender Grund. Andererseits hatten meine Eltern wenig Sinn für Notlösungen und Improvisationen, zumindest nicht, bevor wir durch die bittere Notwendigkeit zur Selbsthilfe gezwungen wurden, und im Grunde genommen hatten sie kein angeborenes Stammesgefühl.

In späteren Jahren war ich sehr überrascht, als ich entdeckte, wieviel andere Menschen davon besaßen, und in den Wechselfällen des Lebens, von denen wir nicht verschont blieben, wäre es vielleicht durchaus von Vorteil gewesen, sich mit der Verwandtschaft gut zu stehen. Es ist ohne weiteres möglich, daß ich in Amerika etliche Verwandte habe, ohne es zu wissen, und mehr als einmal habe ich meine jüdischen Freunde beneidet, von denen viele zur richtigen Zeit am richtigen Ort Verwandte ausfindig machten. Aber die Juden hatten zwei- oder dreitausend Jahre Erfahrung darin, verfolgt zu werden, wohingegen wir das erst mühsam und ganz plötzlich lernen mußten.

Die erste Frau meines Vaters muß wohl 1898 gestorben sein. Ungefähr zu dieser Zeit wurde mein Onkel Heinrich zum Korpshauptquartier des Heeres in Jozefor (Josefstadt) in Nordböhmen versetzt, einer Art Nachbildung von Terezín; beide Festungen wurden im späten achtzehnten Jahrhundert erbaut, offenbar um einer weiteren preußischen Invasion wie der des Siebenjährigen Krieges vorzubeugen, und nach der Kaiserin Maria Theresia und dem Kaiser Josef II. benannt. Wollte Gott, sie wären wehrhafter gewesen und hätten die Katastrophe von 1866, die der Anfang vom Ende des großen Reiches war, verhindert!

Mein Vater und meine Mutter heirateten am 9. September 1899, und die Flitterwochen verbrachten sie in Aspang, einem kleinen Kurort in den Bergen südöstlich von Wien. Danach bezogen sie eine Wohnung im achtzehnten Wiener Gemeindebezirk, in dem Haus Argauergasse 3, wo sie noch immer wohnen, wenn sie, wie ich hoffe, noch am Leben sind. Einer Nachricht zufolge, die ich kürzlich aus der Schweiz erhielt, lebten sie vor zwei Monaten noch. An dieser Stelle beginne ich den Bericht über mein eigenes Leben, nachdem ich meiner pränatalen Geschichte nicht ganz soviel Platz eingeräumt habe wie Tristram Shandy seiner Vorgeschichte.*

Kindheit und frühe Jugend

Ich wurde am 23. August 1900, einem Donnerstag, um 7 Uhr 30 geboren, wie man mir geraume Zeit nach diesem Ereignis mitteilte, und getauft wurde ich in der Rossauer Kaserne von einem Militärkaplan; mein Onkel war Taufpate, deshalb bekam ich als zweiten Vornamen den Namen Heinrich. Mein erster Vorname, Ernst, ist derselbe wie der meines Vaters, der ihn wiederum von seinem Taufpaten bekommen hatte, einem Oberst Althaus, glaube ich, der auf den Namen Camillo getauft worden war. Nicht ohne Grund nahm er an, daß künftige Klassenkameraden meines Vaters den Namen Camillo lächerlich finden würden und daß mein Vater sich über den Namen nur ärgern würde, wie Althaus selbst das anscheinend auch getan hatte. Deshalb verlieh er seinem Patenkind den Namen Ernst, den er ich weiß nicht wo gefunden hatte, und ich erbte ihn.

Von meiner frühesten Kindheit ist mir wenig in Erinnerung geblieben, was wohl natürlich ist. Als Knabe sagte ich einmal, daß ich

* In Laurence Sternes *Leben und Meinungen des Herrn Tristram Shandy* (9 Bde., 1759–1767) umfaßt die Zeit vor der Geburt des Helden die ersten beiden Bände.

mich an eine Szene erinnerte, in der mich ein Mann mit einem buschigen Schnurrbart erschreckte; er trug eine dunkle Militäruniform mit glänzenden Knöpfen, beugte sich über mein Bett und sprach zu mir. Alle waren über diese frühe Erinnerung verwundert, denn der Vorfall hing offensichtlich mit einem Besuch meines Onkels in meinem zweiten oder dritten Lebensjahr zusammen. So erstaunlich diese Erinnerung sein mag, sie ist kein Beweis für außergewöhnliche Gedächtnisleistungen meinerseits, da ich mich bis zu der Zeit, als ich in die Schule kam, an nichts sonst erinnere. Es mag sein, daß ich einige andere Einzelheiten aus einer früheren Zeit im Gedächtnis behalten habe, da diese aber zu unserem häuslichen Leben gehörten, das jahrelang ohne besondere Ereignisse ablief, ist es schwer, sie in eine chronologische Reihenfolge zu bringen, wohingegen sich Vorfälle in der Schule leichter bestimmten Jahren zuordnen lassen.

Meine frühe Kindheit war zweisprachig, da meine Eltern mich Deutsch lehrten, die Sprache, die sie mit Rücksicht auf die Laufbahn meines Vaters angenommen hatten und in der ich meine Schulbildung erwerben sollte, während Großmutter Ther, die bei uns wohnte, lieber Tschechisch sprach. Ich weiß nicht, wie gut sie Deutsch sprach, und ich erinnere mich nicht, jemals gehört zu haben, daß sie diese Sprache in einer Unterhaltung gebrauchte. Jedenfalls stand sie, als ich ein kleiner Junge war, am Anfang der letzten Dekade ihres langen Lebens und gab sich nicht mit einer Fremdsprache ab. Ich glaube, daß das meinem Vater insofern sehr recht war, als ich auf diese Weise ohne besondere Mühe und ohne Beeinträchtigung meiner deutschsprachigen Erziehung die Sprache meiner Vorfahren erlernen konnte. Ich bin sicher, daß mein relativ zufriedenstellendes Sprachtalent durch diese frühzeitige Übung im gleichzeitigen Gebrauch zweier völlig verschiedener Sprachen gefördert, wenn nicht begründet wurde, und ich wünschte, jedes Kind hätte die gleiche Möglichkeit, nicht nur aus praktischen Gründen, sondern vielmehr wegen der sehr viel wichtigeren Faktoren der Aufgeschlossenheit, der Toleranz und der Intelligenz, die durch ein solches Sprachtraining kultiviert werden.

Unser Wohnhaus befand sich ungefähr zehn Gehminuten westlich von der Volksoper oder dem Kaiser-Jubiläums-Stadttheater, einem der vielen Schauspielhäuser, die 1898 anläßlich der fünfzigjährigen Herrschaft Franz Josephs über sein im Niedergang begriffenes Reich in Österreich und Ungarn erbaut worden waren. In seiner unmittelbaren Nähe kreuzten zwei nur wenig voneinander entfernte Durchgangsstraßen, die Währingerstraße und die Gentzgasse, den Gürtel, eine Art äußere Ringstraße. Im Deutschen bezeichnet das Wort Straße normalerweise eine wichtige Verkehrsader von beträchtlicher Länge und möglicherweise auch Breite, wohingegen das Wort Gasse (etymologisch verwandt mit »gate«) für einen kürzeren Verbindungsweg von sekundärer Bedeutung verwendet wird. In Österreich wurden viele wichtige Straßen bescheiden als Gassen bezeichnet, zur Verwunderung deutscher Besucher, in deren Städten es nur »Straßen« gab. Die Währingerstraße hatte ihren Namen von dem alten Dorf Währing, nach dem der achtzehnte Wiener Gemeindebezirk benannt worden war, obgleich dieser ein sehr viel größeres Gebiet und viele vormals eigenständige Dörfer umfaßte und sich weit nach Westen und Nordwesten ausdehnte, bis in die Weinberge und Forstgebiete des Wienerwalds. Die Gentzgasse war zu Ehren von Gentz, einem bedeutenden Staatsmann der Metternich-Ära, benannt worden, besser bekannt als Freund und Protektor der berühmten Tänzerin Fanny Elssler. Unsere Wohnung lag an der Westecke von Gentzgasse und Argauergasse, einem kurzen Gäßchen mit nur zwei Häusern auf jeder Seite, das die beiden Hauptverkehrsstraßen verband.

Eine Reihe unserer Fenster gingen nach Norden, auf die Gentzgasse, hinaus und einige andere auf die Argauergasse. Diese waren weit interessanter, weil man von dort aus auch die Währingerstraße mit ihrem regeren Verkehr sehen konnte, einschließlich der Straßenbahnen, die in der einen Richtung hinauf nach Gersthof und Pötzleinsdorf und in die andere Richtung in die Stadt zum Schottentor und zur Ringstraße fuhren. Das Eckfenster war auch interessant, weil es Ausblick auf ein langes Stück der Gentzgasse nach Osten zum Gürtel hin bot. Trotz der leichten Biegungen konnte man die Straße über drei oder vier Kreuzungen hinweg einsehen, bis sie dann hinter dem Ursulinenkloster verschwand.

Der Charakter des Bezirks war so unbedeutend und eintönig wie alles, was zwischen 1890 und 1900 schnell und gedankenlos gebaut wurde. Die Bewohner dieses Stadtteils waren in der Hauptsache kleine Beamte, Bankangestellte und Angestellte anderer Branchen, Schullehrer und kleine Geschäftsleute und Händler, die den Bedürfnissen dieser Mittelschichtsbevölkerung Rechnung trugen. Gesellschaftlich gesehen war die Wohngegend jedoch akzeptabel, weil es dort kaum Arbeiter gab und weil in unmittelbarer Nachbarschaft das »Cottage« lag, ein sehr vornehmes Wohnviertel mit großen Luxusvillen von Bankiers und Industriellen, die sich in den siebziger Jahren hier niedergelassen hatten, als dieser Stadtteil noch eine idyllische ländliche Gegend gewesen war. Doch wie gewöhnlich unser Bezirk in seiner derzeitigen Erscheinung auch sein mochte, er barg eine Fülle von Erinnerungen und Hinweisen, die auf eine ruhmreiche Vergangenheit hindeuteten.

Von den Ostfenstern unserer Wohnung aus konnten wir auf der anderen Seite der Währingerstraße eine Ecke von einem ummauerten Gelände mit Büschen und alten Bäumen sehen. Das war der alte Dorffriedhof von Währing. Seit vielen Jahren aufgelassen und verschlossen, schlummerte er vernachlässigt und verfallen zwischen lauten Straßen und den prosaischen Rückseiten von Mietshäusern der unteren Mittelschicht. Doch er beherbergte, Seite an Seite, die ursprünglichen Grabstätten von Beethoven und Schubert. Die ehrwürdigen Überreste der verstorbenen Genies waren längst in dem protzigeren Ehrengräberhain des Wiener Zentralfriedhofs beigesetzt worden, weitab am Ostrand der Stadt, der den berühmten Toten Wiens gewidmet war. Aber hier, kaum zwei Gehminuten von unserem Haus entfernt, standen noch die anspruchslosen Grabsteine, unter denen die beiden größten Musiker des Jahrhunderts zur ewigen Ruhe gebettet worden waren. Ein niedriger Hang, idealer Spielplatz für die Lausbuben des Viertels, führte vom Gehweg der Währingerstraße hinauf zur Friedhofspforte, einer etwas schmucklosen Konstruktion im Biedermeierstil, rührend in ihrem unbeholfenen Klassizismus, mit der schönen Inschrift »Eure Auferstehung – unsere Hoffnung«. Nur einmal im Jahr, zu Allerseelen, wurde die alte Pforte für Besucher geöffnet, und man konnte die halb eingesunkenen Grabsteine mit den teilweise verwitterten Inschriften aus den anmutigen, einfachen Buchstaben des frühen neunzehnten Jahrhunderts besichtigen. In einigen Grablaternen wurden Kerzen angezündet, vielleicht von Nachkommen der Bestatteten, die noch im Bezirk wohnten. Einen Tag lang erwachte der alte Friedhof sozusagen wieder zum Leben, und eine Art allgemeinen Schweigens schien um ihn herum zu herrschen, bevor er wieder in seine träumerische Vergessenheit zurücksank und hinter seinen Mauern, die die neugierigen Blicke der Passanten abwehrten, weiterschlief.

Später, in den Jahren der Ersten Republik und der sozialistischen Stadtverwaltung, machte man aus dem Friedhof einen ganz gewöhnlichen Park, der in der Regel von lärmenden Knaben und Mädchen der umliegenden Schulen bevölkert wurde, die Speiseeis leckten und ihren üblichen Krach machten. Nachts versammelten sich dort zweifelhafte Burschen, um kleine Diebereien auszuhecken, die sie im Viertel begehen wollten. Die Grabsteine von Beethoven und Schubert wurden Ausstellungsstücke, zusammen mit einigen anderen Denkmälern, die das für die Stadterhaltung zuständige Amt als künstlerisch wertvoll eingestuft hatte. Der Zauber war dahin.

Zwei Straßen stadteinwärts von unserem Haus entfernt war eine billige kleine Gaststätte, in der Kutscher, und später Lastkraftwagenfahrer, die dort vorbeikamen, Wein und Bier trinken konnten. Eine draußen angebrachte Gedenktafel informierte uns, daß an dieser Stelle das Wirtshaus »Zum Biersack« gestanden hatte, in dessen Garten Schubert sein Lied »Horch, horch, die Lerch' im Ätherblau« auf der Rückseite einer Speisekarte niedergeschrieben hatte. Zu jener Zeit muß dort ein freier Platz mitten im Dorfe Währing gewesen sein; die hübsche Pfarrkirche stand immer noch eine Straße weiter südlich, auf einem leichten Abhang, der das südliche Steilufer des Baches markierte, der sich zwischen den Hügeln von Gersthof zur Donau hinabschlängelte. Zu unserer Zeit war der Bach abgedeckt und floß unsichtbar zwischen der Währingerstraße und der Gentzgasse entlang, genau unter dem Keller unseres Hauses, denn die beiden Straßen bildeten die Talsohle, während im Süden der kleine Hügel mit dem alten Friedhof unser Tal gegen das nächste, das Tal des Alserbachs, abgrenzte und im Norden ein ähnlicher Hügel anstieg, auf dessen Kuppe das »Cottage« und die »Türkenschanze« errichtet worden waren. Ich entsinne mich, daß bei heftigen Regenfällen stets eine gewisse Besorgnis aufkam, der eingegrabene Bach könne anschwellen und unseren Keller überschwemmen. In späteren Jahren legten sich diese Ängste, vielleicht weil der unterirdische Bach vergessen wurde oder weil unsere Gedanken in zunehmendem Maß mit schlimmeren Katastrophen beschäftigt waren.

Unser Haus war ein typisches Wohnhaus aus den neunziger Jahren, etwas zwischen Mehrfamilienhaus und Mietskaserne, das eher zum Nutzen seines Besitzers gedacht war als zum Wohle seiner Bewohner. Es hatte vier Stockwerke, wie die meisten Häuser in jener Zeit, denn die Höhe der Gebäude war durch die städtische Bauordnung begrenzt, und fünf Stockwerke waren charakteristisch für billige Proletarierhäuser mit niedrigeren Räumen. Der Besitzer unseres Hauses war Herr Argauer, ein gebürtiger Währinger, dem auch die angrenzenden Grundstücke gehört hatten. Als das Stadtbauamt die Währingerstraße und die Gentzgasse mittels einer Durchfahrt verbinden wollte, stiftete er den erforderlichen Grund, unter der Bedingung, daß die darauf angelegte Gasse nach ihm benannt werde, worauf die Behörde bereitwillig einging. Er war ein stattlicher Herr mit Bart, der Vorstadtwürde ausstrahlte. Im Erdgeschoß des Hauses betrieb er ein Lebensmittelgeschäft, das aber bald nach meiner Geburt den Besitzer gewechselt haben muß, denn ich erinnere mich nur an eine Frau Heissig, die da unten waltete. Aus irgendeinem Grund ging das Geschäft nicht sehr gut, und schließlich wurde es von Herrn Brunner übernommen, einem Juden, der ein typisch wienerisches jüdisches Delikatessengeschäft daraus machte, dessen Spezialität gebratene Gänse waren. Genaugenommen waren die Gänse eher Nebenprodukt eines Verfahrens, das dazu bestimmt war, große Mengen Gänseschmalz zu gewinnen, das die orthodoxen Juden statt Butter zum Kochen verwendeten, weil das Alte Testament es verbietet, »das Zicklein in der Milch seiner Mutter zu sieden«.

Ich vermute, daß die Argauers sich in einer Art Notsituation befunden haben müssen, bevor sie ihren Laden an Herrn Brunner verpachteten, denn seine Anwesenheit im Haus wurde von einigen Bewohnern als Schande empfunden, nicht nur, weil er Jude war, sondern vor allem wegen der schrecklichen Gerüche, die sich im Treppenhaus ausbreiteten und in die Wohnungen drangen, wenn er seinen Vorrat an Gänseschmalz zubereitete. Ich glaube, vor dem Ersten Weltkrieg suchte keiner der Hausbewohner sein Geschäft auf, und ich frage mich, woher seine Kunden eigentlich kamen, da in der Gegend nicht viele Juden zu wohnen schienen. Das große Elend jedoch, in das der Krieg uns alle stürzte, räumte viele Vorurteile aus, und in späteren Jahren wurden wir sehr treue, ja sogar begeisterte Kunden von Herrn Brunner. Heute würde ich es als Hochgenuß empfinden, wenn es mir noch einmal vergönnt wäre, mich an seinen gebratenen Gänsen oder an der köstlichen Leber zu delektieren, die er den genudelten, aus der Slowakei importierten Gänsen entnahm.

Um die Ecke hatte Herr Argauer einen der kleinen Tabakläden, die, wie bereits erwähnt, vom Staat zuerkannt wurden und den er – ich weiß nicht welcher Verdienste wegen – bekommen hatte. Er ließ ihn von einer weiblichen Angestellten führen. Nach seinem Tod ging das Haus in den Besitz seines Sohnes über, eines finsteren Griesgrams, der in der Stadtsparkasse angestellt war. Wir verkehrten mit diesen Leuten nicht, genausowenig wie mit den anderen Hausbewohnern.

Auf jedem Stockwerk waren drei Wohnungen, eine verhältnismäßig große und zwei kleinere. Wir hatten die »große« Wohnung im zweiten Stock. Sie bestand aus drei Zimmern und einem kleinen, als »Kabinett« bezeichneten Raum, in dem die Großmutter wohnte. Das Dienstmädchen schlief auf einem Klappbett in der Küche, die kein Fenster nach draußen, sondern nur eine Öffnung zum Treppenhaus hatte. Der enge Flur, auf den die Toilettenfenster hinausgingen, sollte durch einen schmutzigen Schacht Licht bekommen. Es gab weder elektrischen Strom noch Gas, noch fließendes Wasser. Zur Beleuchtung dienten Petroleumlampen, und sowohl der Küchenherd als auch die Zimmer wurden mit Kohle beheizt. Nach den damaligen Maßstäben war diese Wohnung eines Offiziers mit dem Einkommen eines Hauptmanns würdig, und mehr hätte mein Vater sich nicht leisten können, obwohl er keine große Familie zu ernähren und außer der Erhaltung dieses Haushalts keine weiteren Verpflichtungen hatte. Einer gewissen Trägheit wegen, die angesichts ihres lebhaften Verstandes schwer zu erklären ist, zogen meine Eltern einen Umzug nie ernsthaft in Erwägung, selbst dann nicht, als sich das Einkommen meines Vaters erhöhte und modernere Wohnungen erhältlich waren. Nach und nach verbesserten sie die Ausstattung der Wohnung und brachten es schließlich zu einem sehr bescheidenen Komfort. Trozdem ist die Wohnung immer noch ein beschämendes Denkmal einer törichten und gierigen Bauweise, wie sie vor dem letzten Krieg üblich war.

Als öffentliche Verkehrsmittel dienten in Wien zu jener Zeit elektrische Straßenbahnen, die in den Farben der Stadt, Rot und Weiß, angestrichen waren, und die »Stadtbahn«, die zur staatlichen Eisenbahn gehörte. Sie fuhr im Kreis durch die Außenbezirke am Gürtel entlang und verband die verschiedenen Bahnhöfe der großen Eisenbahnlinien miteinander. Es gab auch immer noch einige Pferdebusse, aber nur in den Grenzen der »Innenstadt« oder der »Stadt«, wie sie kurz genannt wurde, also des alten Wiener Stadtkerns, glaube ich. Dieser Teil der Stadt, in dem sich der Großteil der öffentlichen Gebäude und der historischen Denkmäler befand, war bis ins späte neunzehnte Jahrhundert von einer Mauer umgeben und von den umliegenden Dörfern durch einen breiten, unbebauten Streifen getrennt gewesen, dem »Glacis«, der aus strategischen Gründen freigehalten wurde, so daß ein herannahender Feind leicht erspäht und bekämpft werden konnte. Gegen Ende des Jahrhunderts wurde diese veraltete Anlage aufgegeben und das Glacis im Gefolge eines ungeheuren Baubooms besiedelt. Die neue Entwicklung verschlang die alten Dörfer wie eine Flutwelle, und so erhielt Wien seinen einzigartigen Charakter, wie ich ihn sonst nirgends gesehen habe, denn inmitten der weltstädtischen Ausdehnung des späten 19. Jahrhunderts blieben isolierte, malerische kleine Reste von Dörfern im Stil des 18. Jahrhunderts erhalten.

Die strategische Lage der alten Stadt scheint ideal gewesen zu sein, denn sie war gegen Nordosten durch die Donau und ihren Seitenarm, den »Kanal«, geschützt (dessen Bogen die sumpfige Insel mit dem berühmten Prater bildete) und gegen Süden und Südwesten durch die Wien, einen kleineren Nebenfluß der Donau. Nachdem die Wälle entlang dieser Flußläufe eingeebnet und die Gräben aufgefüllt worden waren, wurde an ihrer Stelle die prunkvolle Ringstraße, ein vierspuriger Boulevard mit Reihen von Ahornbäumen angelegt. Leider geschah das alles zu einer Zeit, als es keinen bestimmten Architekturstil gab, und so bekamen wir am Ring das gotische Rathaus, das klassizistische Parlamentsgebäude, die beiden Museen im Renaissancestil, das barocke Opernhaus und riesige Wohnhäuser in einer nichtssagenden Stilmischung.

Doch obwohl die Einzelheiten im allgemeinen scheußlich waren, war der Gesamteindruck gar nicht so schlecht, denn die bloße Menge all dieser gewaltigen Bauten vermittelte ein lebhaftes Bild von einer stolzen und optimistischen Zeit; das kränkelnde Reich hatte durch die industrielle Expansion und die technische Intensivierung der Wirtschaft seine letzte Spritze Lebensmut bekommen und lebte eine kurze Zeit lang in der Illusion, daß es immer noch eine Zukunft habe. Die architektonischen Heldentaten dieser Periode haben niemals die provozierende und deprimierende Häßlichkeit deutscher Städte nach der von Preußen angeregten Ausdehnung von 1871 angenommen, und Wien ist von seiner ganzen Atmosphäre und Stimmung her immer viel enger mit Paris verwandt gewesen als mit jeder deutschen Stadt. Ich habe immer den Eindruck gehabt, daß Länder in ihrer Geschichte charakteristische Phasen durchlaufen, die ihre Gesichter formen und ihnen unzerstörbare Züge verleihen. So scheint es mir zum Beispiel, daß Italien das Gesicht der Renaissance hat, ungeachtet seines ungeheuren Reichtums an sehr bedeutenden Denkmälern aus anderen Zeitabschnitten. Spanien ist ein Land des fünfzehnten Jahrhunderts, gleichgültig, was danach geschah. Frankreich ist in meinen Augen trotz der vielen gotischen Kathedralen ein Land des achtzehnten Jahrhunderts. Und Österreich schien mir entscheidend von der Zeit der Gegenreformation, des Barock, des späten siebzehnten und frühen achtzehnten Jahrhunderts, geprägt zu sein und in geringerem Maß vom Biedermeierstil des Vormärz.

Und dies war die Anlage der Stadt, wie ich sie in meiner Jugend kannte: Zwischen der Ringstraße und dem Gürtel, dem äußeren halbkreisförmigen Straßenzug, lagen die nach der Aufgabe des Glacis entstandenen, vergleichsweise neuen Bezirke. Außerhalb des Gürtels schloß sich die Region sehr alter Dorfkultur und noch modernerer Stadterweiterung an. Sie begann im Nordwesten mit Grinzing, Heiligenstadt und Nußdorf, den weltberühmten Weinbauorten und bevorzugten Arbeitsstätten Beethovens. Am Fuß des steil abfallenden Leopoldsbergs stieß die Stadtgrenze auf die Donau; dort war gerade noch Platz genug für die Straße und die Bahnlinie, die die Hauptstadt mit dem schönen Residenzbezirk des Stiftes Klosterneuburg verband, einer weiteren berühmten Weinbaugegend.

Den Leopoldsberg krönten eine Kirche und ein Kloster, die der Erzherzog Leopold III. von Babenberg in Erfüllung eines Gelübdes hatte bauen lassen, daß er eine solche Anlage an dem Ort errichten werde, an dem der kostbare Brautschleier seiner Frau gefunden würde, den ein launischer Windstoß ihr vom Kopf geraubt hatte. 1683 wurde die kleine Kirchenkolonie abermals berühmt, als der polnische König Johann Sobieski an diesem Ort seine Truppen versammelte, um die Belagerung Wiens durch die Türken zu durchbrechen. Auf dem benachbarten Kahlenberg befanden sich einige Wohnhäuser und ein paar Erholungseinrichtungen; man gelangte von Nußdorf aus mit einer drolligen kleinen Zahnradbahn dorthin, die sich durch die prächtigen Weingärten des Nußbergs schlängelte. Relativ unberührt war der Hermannskogel, der höchste dieser Hügel am nordwestlichen Stadtrand.

Alle diese Erhebungen waren mit Ulmen bewachsen und boten wunderschöne Ausblicke auf das weite Stadtgebiet, die Donau und die Ebene im Osten. An klaren Tagen konnte man die flimmernde Silhouette der kleinen Karpaten an der ungarischen Grenze und den symmetrischen Kegel des Thebener Kogels in der Nähe von Preßburg, dem heutigen Bratislava, ausmachen. Im Süden zeichnete sich die majestätische Gestalt des Schneebergs ab, des ersten und einzigen wirklich hohen Berges der Alpen, der von Wien aus zu sehen war, ein felsiger, mit Schneeflecken bedeckter Gipfel von ungefähr zweitausend Metern Höhe; wenn er sichtbar war, hieß das allerdings normalerweise, daß Regen zu erwarten war. Im Westen zeigten sich unzählige Ketten waldbedeckter, sanfter Hügel, der sogenannte Wienerwald. Die Erhebungen, von denen aus man das alles sehen konnte, waren ungefähr fünfhundert bis sechshundert Meter hoch, und in der Schule lernten wir stolz, daß keine andere europäische Stadt von ähnlicher Größe in solcher Nähe so hohe Berge habe wie Wien.

Diese nordwestlichen Bezirke, darunter auch Währing und Sievering, waren vorwiegend Wohngebiete oder sonst Weinbauland. In Währing befand sich die Türkenschanze, ein kleiner Hügel, nicht weit von unserer Wohnung entfernt, der ebenfalls mit der Geschichte des Türkenfeldzuges im Jahre 1683 verbunden war. In meiner Knabenzeit befand sich auf diesem Hügel ein schöner botanischer Garten mit einem Restaurant, in dem Militärkapellen die Gäste unterhielten. Wir gingen manchmal dorthin, um die Kapelle des Vierten Infanterieregiments, die berühmte Deutschmeisterkapelle, zu hören, die eigentlich so groß war wie ein mittleres Symphonieorchester. Wahrscheinlich verdanke ich ihr einige meiner frühesten Musikerlebnisse.

An den Park grenzte unbebautes, wildes Land mit riesigen Sandgruben. Dort waren alle möglichen wildwachsenden Blumen und recht seltene Schmetterlinge zu sehen, die mein Vater ein paar Jahre lang sammelte, um mir Freude zu machen und etwas zu meiner

Bildung beizutragen. Das war eine glückliche Zeit, wenn wir an sonnigen Tagen frühmorgens an den steilen Abhängen der Sandgruben Schmetterlinge fingen und die kleinen Züge einer Nebenlinie der Stadtbahn beobachteten, die dort für einen kurzen Moment zwischen zwei Tunneln auftauchten. Auf der anderen Seite der Sandgruben, oben auf dem Hügel, lag der Friedhof, auf dem die erste Frau meines Vaters begraben war, und wir gingen oft dorthin, um ihr Grab zu besuchen. Es war einer der »schicken« Friedhöfe, auf dem alle möglichen berühmten oder reichen Leute ihre imposanten Grabdenkmäler hatten. Später wurde in der Nähe ein großes Sanatorium erbaut, und bei einer Erweiterung des Türkenschanzparks wurde das ganze Gelände mit einbezogen. So reizvoll die neue Anlage auch sein mochte, der alte Zauber war wieder einmal dahin.

Bevor wir den Park erreichten, mußten wir an der großen Sternwarte vorbeigehen, in der das astronomische Institut der Universität Wien untergebracht war. Ihre Bauten, Türme und Kuppeln waren in dem ausgedehnten und dicht bewachsenen Garten, der sie vor den Lichtern und dem Lärm der Stadt schützte, kaum zu sehen. Schmale, gewöhnlich verschlossene Pforten in den hohen Mauern verliehen der Anstalt ein sehr geheimnisvolles Gepräge. Als ich das Observatorium viele Jahre später besuchte, verspürte ich beim Passieren dieser Pforten, die mir als Knabe so gut wie undurchdringlich erschienen waren, immer noch eine große Erregung. Sie waren für mich zum Sinnbild höchster und exklusivster Gelehrsamkeit geworden, genauso wie die Gebäude selbst, die in dem ausladenden, ein wenig pompösen und sehr würdigen Stil der siebziger Jahre erbaut worden waren. Mein ganzes Leben lang werde ich fundierte, unabhängige, reine Wissenschaft mit dieser Art von Architektur assoziieren, mit ihrem leicht melancholischen Anflug vergangener Größe, als etwas, das in unserer Zeit belangloser und utilitaristischer Geschäftigkeit kaum verstanden und gewürdigt wird.

Südlich von Währing dehnten sich einige Vorortbezirke bis an die Wien aus. Sie wurden von der Westbahnstrecke durchschnitten, die in die Alpen, in die Schweiz, nach Süddeutschland und nach Paris führte. Von den westlichen, an die Hänge des Wienerwalds angrenzenden Rändern abgesehen, waren diese Bezirke größtenteils unattraktive Industriegebiete. In den letzten Jahren der Unabhängigkeit Österreichs wurde eine schöne Bergstraße gebaut, die die Zahnradbahn auf den Kahlenberg ablöste und dem Bogen von Hügeln und Tälern nach Südwesten folgte. Ich habe ihre Fertigstellung nicht miterlebt. In einem jener Industriebezirke befand sich der riesige Exerzierplatz der Schmelz, wo in jedem Frühling der Kaiser erschien, um die Garnison seiner Hauptstadt in voller militärischer Gala in Augenschein zu nehmen.

Der Bezirk südlich der Wien, bekannt unter dem Namen Hietzing, war eine der vornehmsten Wohngegenden, denn dort stand das prächtige Schloß Schönbrunn, das der alternde Kaiser, der die düstere Erhabenheit der Hofburg in der Innenstadt zumeist mied, zu seinem Hauptwohnsitz gemacht hatte. Er war häufig zu sehen, wenn er zwischen Schönbrunn und seinem Amtssitz im Stadtzentrum unterwegs war und die Mariahilferstraße entlangfuhr, eine lange, belebte Straße, die von allen Durchgangsstraßen Wiens in ihrer Art den dem Broadway ähnelnden Hauptstraßen westlicher Großstädte am nächsten kam. Diese Fahrten in einer goldverzierten, von zwei Schimmeln gezogenen Karosse trugen viel zur Popularität eines Monarchen bei, der mit seiner sprichwörtlichen Nüchternheit, Unnahbarkeit und Pedanterie beim Volk nicht gerade Begeisterung hervorrief. Doch gerade diese Reserviertheit und die legendäre Dauer seiner Regierungszeit machten ihn in einem Zeitalter rasch dahinschwindender Traditionen zu einem der letzten wahren Symbole kaiserlicher Erhabenheit.

In einer Weise, die kaum jemals deutlich gemacht wurde, war er *der* Kaiser, der einzige seiner Art, anders als alle anderen zeitgenössischen Herrscher und ihnen überlegen. In seiner Person nahm die Vorstellung von der universellen christlichen Monarchie noch einmal vage und geisterhaft Gestalt an, ein schwacher Widerschein alter, unwiederbringlicher Herrlichkeit, verkörpert paradoxerweise eben in der Unpersönlichkeit, emotionalen Gleichgültigkeit und Glanzlosigkeit dieses alterslosen Alten. Er war für seine Pünktlichkeit berühmt, und wenn er in offizieller Funktion an einem Ort erscheinen mußte, wo er noch nie hingefahren war, mußten seine Kutscher die Fahrt viele Male proben, damit er schließlich mit der gewohnten Geschwindigkeit fast auf die Sekunde genau ankommen konnte. Nicht nur seine Kutsche, sondern auch die aller anderen Mitglieder der kaiserlichen Familie waren mit Gold verziert, und entlang der Fahrtroute mußten die Offiziere am Bordstein strammstehen und salutieren. Ob die Kutsche besetzt war oder nicht, ließ sich an der Art und Weise erkennen, wie der livrierte Kutscher seine Peitsche hielt, und manche der kaiserlichen Pferdelenker signalisierten sich nähernden Offizieren durch eine fast unmerkliche Kopfbewegung, ob sie sich in Positur stellen sollten, was in einer belebten Straße, in der niemand die vorbeifahrende Kutsche beachtete, manchmal recht komisch wirkte. Hin und wieder stellte sich heraus, daß das mit soviel Pomp und Zeremoniell begrüßte Mitglied des Kaiserhauses ein Kind war, das von seiner Bonne zum Zahnarzt gebracht wurde oder dergleichen. Daher verschwanden viele Offiziere beim Anblick einer vom federngekrönten Hut eines kaiserlichen Kutschers überragten Karosse schnell in den nächsten Hauseingang, was in den Augen spottlustiger Zivilisten die Würde des Zeremoniells nicht gerade erhöhte.

Der Schönbrunner Schloßpark erstreckte sich über eine Fläche von zwei Quadratkilometern und umfaßte auch den berühmten Tiergarten, eine sehr beliebte Attraktion. Er war von verschiedenen Vergnügungsstätten umgeben, und weiter westlich hatten viele Aristokraten, Hofbeamte, Bankiers, erfolgreiche Künstler und Industrielle ihre luxuriösen Villen. Wo dieser Bezirk an den Wienerwald grenzte, schloß sich das riesige kaiserliche Reservat des Lainzer Tiergartens an, eines privaten Jagdgebietes, das von einer viele Kilometer langen Mauer umgeben war. Am Eingang stand die Hermesvilla, eine Art luxuriöses Landhaus, in dem die verstorbene Kaiserin Elisabeth, über die verschiedenen Enttäuschungen ihres Lebens nachgrübelnd, einen Großteil ihrer letzten Jahre zubrachte. Später wurde das Haus der Öffentlichkeit zugänglich gemacht und bot eine merkwürdige Mischung von kultivierter Eleganz und primitivem Lebensstil, wobei Schwermut und Düsterkeit den Ton angaben.

Südlich von Schönbrunn verlor Wien sich in eine Anzahl von Vorortsiedlungen, die zwar eng mit der Stadt verbunden, aber nicht in das Stadtgebiet eingegliedert waren. Einige von ihnen wurden von einer Straßenbahnlinie durchquert, die bis in die bedeutende Ortschaft Mödling führte, wo das berühmte Weinbaugebiet von Gumpoldskirchen anfing. Weiter östlich schlossen sich die stark industrialisierten und ziemlich häßlichen Bezirke Favoriten und Simmering an; hier machte sich schon mit merkwürdiger Eindringlichkeit die Atmosphäre des Ostens bemerkbar. Die Straßen wurden breiter, unbebautes Gelände war häufiger, die dörfliche Enge der Weinbauorte, die sich an den Hängen des Hügellands drängten, wich den weit ausgedehnten landwirtschaftlichen Siedlungen, die sich über die endlose Ebene verteilten. Ungarn und der Balkan, bunt und schmutzig, waren zum Greifen nah. Ich kenne keine andere Stadt, in der sich die gegensätzlichen Eigenschaften des Ostens und des Westens so innig und ausdrucksstark begegnen wie in Wien, und das war einer der Faktoren, die den einzigartigen Charme dieser Stadt ausmachten.

Im nördlichen Teil der Insel, die von Donau und Kanal gebildet wird, befanden sich viele Fabriken und Verschiebebahnhöfe. Die Nordspitze, die Nußdorf gegenüberlag, war in meiner Knabenzeit von besonderem Interesse für mich, weil dort ein Gewirr von Bahngleisen zu sehen war, das verschiedene Hauptstrecken miteinander verband, und wegen der großen Schleusen, die den Kanal im Frühling gegen die stromabwärts treibenden Eisschollen absichern sollten. Zwei schöne brüllende Löwen aus Eisen standen dort, nach Norden gewandt, und verliehen dem Industriegelände rings herum ein seltsam heroisches Aussehen. Die Mitte der Insel wurde von einem dichtbesiedelten, bescheidenen, hauptsächlich von Juden bewohnten Viertel eingenommen. Es könnte einst als Ghetto gedient haben, aber die Juden mit niedrigerem Sozialstatus, insbesondere die Einwanderer aus Galizien, waren dort immer noch sehr zahlreich. Es war ein lauter Bezirk mit unverkennbar orientalischer Atmosphäre. Besonders lebhaft ging es in der Gegend um den großen Nordbahnhof zu, den ältesten Bahnhof Wiens; er war wie eine wuchtige, drohende Festung gebaut, wahrscheinlich, um darauf hinzuweisen, daß die Züge, die diesen Bahnhof verließen, zur russischen Grenze fuhren, von der man annahm, daß sie höchstwahrscheinlich ein bedeutender Kriegsschauplatz werden würde. Jenseits der Bahnanlage begann der Prater mit seinem weltberühmten Vergnügungspark, und daran schloß sich gleich ein ausgedehnter Auwald mit Reitwegen, Teichen, Rennplätzen und dem ehrwürdigen Bau der Rotunde an, der anläßlich der Weltausstellung 1873 errichtet worden war. Die Rotunde hat die Vernichtung Österreichs nicht miterlebt, denn sie brannte im Herbst des Jahres 1937 ab, wenige Tage, bevor ich Wien für immer verließ.

Ich habe es stets bedauert, daß die Donau zur Erscheinung der Stadt und zu ihrem Lebensstil nicht sonderlich viel beitrug. Sie war vom Zentrum Wiens zu weit entfernt und zusätzlich durch eine Anzahl natürlicher und künstlicher Hindernisse von der Innenstadt getrennt. Der große Fluß war für die Schiffahrt nicht günstig, denn seine Strömung war immer noch unverhältnismäßig stark, weil er kurz vor der Hauptstadt noch viele wilde Nebenflüsse aufgenommen hatte. Trotz meiner allgemeinen Abneigung gegen Schiffsreisen habe ich immer von einer Vergnügungsfahrt die Donau hinunter bis zum Schwarzen Meer geträumt, so wie ich heute davon träume, von St. Louis bis zum Golf den Mississippi hinunterzutrödeln. Ich fürchte nur, daß dieses Projekt genausowenig zustandekommen wird wie das frühere. Doch die wenigen Ausflugsfahrten auf der Donau von Linz nach Wien habe ich sehr genossen.

Ein von der Ausdehnung her bedeutender Teil der Stadt lag am Nordostufer des Flusses, wurde aber nie wirklich integriert. Er umfaßte industrielle Vororte wie Floridsdorf und Stadlau, ländliche Bezirke wie Stammersdorf mit seinen merkwürdigen Weinkellern und Aspern mit dem Schauplatz der Schlacht von 1809 und später dem ersten Wiener Flughafen. Dort lag ein weitläufiges Naturschutzgebiet mit höchst bemerkenswerter Flora und Fauna. Doch alle diese Gebiete befanden sich außer Reichweite und wirkten sogar noch weiter entfernt, als sie tatsächlich waren, denn die andere Seite des Flusses war von einem breiten Streifen Ödland gesäumt, das so belassen wurde, weil zweimal jährlich Überschwemmungen zu erwarten waren.

Damals wurde Wien von seiner Mittelschicht regiert, vertreten durch die Christlichsoziale Partei. Kurz vor meiner Geburt war das sogenannte liberale Regime zu Ende gegangen. Wenn ich mich recht erinnere, war es in den siebziger, achtziger und einem Teil der neunziger Jahre an der Macht gewesen.* Es war ein wahrer Ausdruck der gesellschaftlichen Verhältnisse, die der Prozeß der Industrialisierung, der auf die große Erweiterung des Eisenbahnnetzes folgte, mit sich brachte. Es war die Herrschaft des aufgeklärten Bürgertums, das in diesem Prozeß reich geworden war und jetzt, abgeklärt durch Alter und Reichtum, versuchte, nach den Grundsätzen der fehlgeschlagenen Revolution von 1848 zu leben. Das Bild änderte sich anscheinend, als die Bevölkerung der Stadt im späten neunzehnten Jahrhundert durch die Eingemeindung vorstädtischer und ländlicher Bezirke auf ein Vielfaches ihrer ursprünglichen Zahl anstieg. Die Arbeiterbewegung war noch nicht stark genug gewesen, um die Lage auszunutzen, und wahrscheinlich hatte sie auch keinen Reiz für die im Grunde konservativen Massen vorstädtischer Handwerker, kleiner Händler und Bauern, die auf dem Weg waren, Großstädter zu werden.

Hier griff die neue Christlichsoziale Partei sehr geschickt ein, indem sie das natürliche Mißtrauen der neuen Bürger gegen die wohlhabenden Kapitalisten, die die Metropole beherrscht hatten, ausnutzte. Jetzt sollte die Stadt Eigentum des kleinen Mannes, des soliden, hart arbeitenden, ehrlichen und gesetzestreuen Durchschnittsbürgers werden. Der Führer der neuen Bewegung war Dr. Karl Lueger, ein sehr gutaussehender und skrupelloser Rechtsanwalt mit einer zweckdienlichen Neigung zur Deutschtümelei. Er wußte vielen den Wind aus den Segeln zu nehmen, und es hatte durchaus seinen Grund, daß Hitler ihn als seinen ersten Lehrer in der Politik betrachtete. Man sagte mir, der Kaiser habe dreimal von seinem verfassungsmäßigen Vetorecht gegen die Wahl Luegers zum Wiener Bürgermeister Gebrauch gemacht, schließlich aber dem Willen des Volkes nachgegeben. Das zeugt vom politischen Scharfsinn Franz Josephs und seiner Berater, denn sie ließen sich von dem erzkonservativen und patriotischen Programm der neuen Partei nicht täu-

* 1860 bis 1895

schen, wohl wissend, daß es der Herrschaft von Mittelmäßigkeit und Provinzialismus Tür und Tor öffnen würde.

Selbstverständlich war Dr. Lueger im Vergleich zu Hitler immer noch ein vornehmer Herr mit beachtlicher intellektueller Kultur und den Umgangsformen eines Aristokraten. Aber unter seinen Kollegen konnte man bereits ein paar Vorläufer eines späteren Typus des deutschen Politikers ausmachen. Da war einer, der in seinen öffentlichen Ansprachen intellektuellen Dingen gegenüber gern seine äußerste Verachtung kundtat und der gesagt haben soll: »Ein Buch? Das ist etwas, was ein Jud vom andern abschreibt.« Auch sein Bekenntnis »Wenn ich von einem Buch höre, muß ich mich erbrechen«, nimmt deutlich das folgenschwerere Programm eines deutschen Dichters vorweg, der 1933 sagte: »Wenn ich von einem Buch höre, entsichere ich meine Pistole.« In diesem Fall sieht es eher so aus, als hätte ein Arier vom anderen abgeschrieben. Wie auch immer, die Christlichsoziale Partei, die als die Partei der Hausmeister und Kerzelweiber bekannt war (jener Frauen, die in der Kirche Kerzen an die Gläubigen verkauften, die diese zum Gedenken an die Toten anzündeten), verfügte bis 1918 im Stadtsenat über eine ausreichende und sichere Mehrheit.

Unser Familienleben hatte mit dem Leben der Stadt, in der wir wohnten, so wenig Verbindung, daß der Eindruck entstehen konnte, wir seien unsozial, und das ist einer der Umstände, die zur Ausbildung meines »Lebensmusters« beitrugen, jener seltsamen, unbestimmbaren Mischung aus persönlichen Eigenheiten, Reaktionsweisen, Reflexen und unpersönlichen Mechanismen von Begebenheiten. In späteren Jahren erkannte ich immer deutlicher, daß dieses Muster eine Macht ist, die geheimnisvoll das menschliche Dasein regiert und sich praktisch allen Bemühungen, sie zu verändern, widersetzt. Das wurde mir besonders bewußt, als ich staunend beobachtete, daß einige Menschen nach den gleichen Gesetzen weiterlebten, nachdem sie durch den plötzlichen Zusammenbruch ihrer Existenz, durch Flucht und Emigration plötzlich in den Grundfesten erschüttert und, anscheinend von den bloßen Launen des Sturms, auf ein fernes, unbekanntes Ufer geworfen worden waren.

Der angebliche Grund dafür, daß wir mehr oder weniger vollständig zurückgezogen lebten, war der, daß meine Eltern nicht genug Geld hatten, um Gäste zu bewirten. Im übrigen war mein Vater in Wien natürlich ein Fremder, und welche Kontakte er bei früheren Aufenthalten auch geknüpft haben mochte, er pflegte sie nicht. Ich bezweifle allerdings, daß diese je über den Kreis seiner unmittelbaren Militärkameraden hinausgingen. Die eigentümliche Unnahbarkeit der österreichischen Armee dem zivilen Leben des Landes gegenüber habe ich bereits erwähnt. Ich weiß nicht, wie explizit die Weisungen an die Offiziere in dieser Hinsicht waren, doch scheint es, als hätte man sie zu gesellschaftlichem Verkehr nicht ermuntert, nicht einmal mit Angehörigen der Regierung oder anderen Trägern öffentlicher Ämter.

Die Armee war eine kaiserliche Institution im strengen Wortsinn, beinahe eine private Domäne des Kaisers, dem sie durch Tradition und Eid verpflichtet war. Offiziere mit viel Verwandtschaft an ihrem Wohnort oder mit nennenswertem privatem Kapital, das es ihnen ermöglichte, ein offenes Haus zu führen, waren von alledem vielleicht weniger betroffen. Einige der Offiziere, mit denen mein Vater im Ministerium zusammenarbeitete, waren eng mit ihm befreundet, und mit vielen anderen von ihnen verstand er sich ausgezeichnet (worum ihn mein Onkel, der sich mit allen Kollegen und Vorgesetzten zu streiten pflegte, sehr beneidete), ich erinnere mich aber nicht, daß einer dieser Herren jemals einen Fuß in unsere Wohnung gesetzt hätte.

Mein Vater war in der Ausübung seiner Pflichten im Ministerium, die ihn von neun Uhr morgens bis halb drei nachmittags in Anspruch nahmen, sehr gewissenhaft. Wir beobachteten seine Heimkehr vom Ostfenster unserer Wohnung aus, und ich weiß noch genau, wie glücklich ich war, wenn ich seine schlanke Gestalt ein paar Augenblicke, bevor er in unsere kleine Gasse einbog, in einem Schaufenster auf der gegenüberliegenden Seite der Währingerstraße gespiegelt sah. Er bekam dann sein spätes Mittagsmahl serviert – die anderen Familienmitglieder hatten bereits früher gegessen – und entspannte sich anschließend eine Weile; dann machten wir unseren etwa einstündigen Spaziergang durch das Viertel. Manchmal arbeitete er aus besonderem Anlaß zu Hause, zum Beispiel, wenn er eine Stabsoffiziersprüfung vorbereitete, oder wenn er mit der Neufassung bestimmter Handbücher für den Verwaltungsdienst betraut war. In solchen Zeiten zog er sich stundenlang in das Kämmerchen der Großmutter zurück, und mir wurde gesagt, er wäre zum Friseur gegangen, damit ich ihn nicht mit Fragen belästigte. Ich erinnere mich nicht, mich auch nur einmal gefragt zu haben, was ihn so oft und so lange zum Friseur geführt haben könnte.

Es wird allgemein angenommen, daß es schädlich für Kinder ist, wenn sie ausschließlich unter Erwachsenen aufwachsen, und ich weiß nicht, ob es viele Kinder gibt, die so ganz ohne jeden Kontakt mit Gleichaltrigen erzogen werden, wie das bei mir der Fall war. Möglich, daß diesem Umstand viele der Schwierigkeiten zuzuschreiben sind, die ich später in meinem Charakter entdeckte, aber manchmal neige ich zu der Annahme, daß es noch viel schlimmer hätte kommen können oder daß die Schwierigkeiten andere Ursachen haben.

In meiner frühen Kindheit war meine Großmutter meine eigentliche Spielkameradin. Sie war damals an die achtzig, und vielleicht war ihre Gesellschaft gleichwertig mit der richtiger Kinder, und vielleicht sogar besser, denn ihre späte Kindheit war mit der Weisheit des Alters gewürzt. Ich bedaure tief, daß ich praktisch nichts mehr von dem weiß, was sie mir erzählte. Ich erinnere mich, daß eines meiner Lieblingsspielzeuge eine winzige Eisenbahn ohne Schienen mit einer kaum fünf Zentimeter großen Lokomotive war, die ich auf dem Eßtisch hin und her schob. Die Großmutter schaute mir zu und belohnte mich für ich weiß nicht welche Leistungen mit einer bestimmten Sorte von Schokoladenwaffeln, wie ich sie natürlich nie wieder schmecken werde.

Meistens saß sie in ihrem Sessel am Fenster des Eckzimmers und beobachtete, was in der Umgebung vorging. Das war nicht wenig. Gegenüber von unserem Haus stand eine riesige Mietskaserne, die hauptsächlich von Leuten aus der Unterschicht bewohnt wurde, mit ein paar wichtigen Geschäften im Erdgeschoß. Eines davon war die Fleischerei des Herrn Lehner. Er und seine stattliche Frau besaßen eine gewisse Würde, die über das in der Regel bescheidene Ansehen einfacher Geschäftsleute hinausging. Das war vor allem der Tatsache zuzuschreiben, daß sie südlich von Wien ein Stück Land mit einem Haus besaßen. Sonntagsnachmittags pflegten sie sich in einer hübschen zweirädrigen Kutsche, vor die ein gut gepflegtes Pferd gespannt war, dorthin zu begeben. Ein eher proletarischer Laden, der etwas unter dem Straßenniveau lag, war die Gemüsehandlung. Ihre Inhaber waren sogenannte Krowoten, das ist der Wiener Dialektausdruck für Kroaten, tatsächlich aber waren sie Slowaken aus Westungarn. An die ursprünglichen Pächter des Ladens erinnere ich mich nicht mehr, sehr wohl aber an ihre Nachfolger, auch eine slowakische Familie. Der Alte, der wie ein Idiot aussah, saß gewöhnlich stundenlang auf dem Gehweg auf einem Faß oder einer Kiste und betrachtete mit leerem, philosophischem Gesichtsausdruck das Leben auf der Straße, wie ein weiser, alter Esel, ohne ein Wort von sich zu geben, während seine Frau sich in dem finsteren kleinen Laden abrackerte und dabei in ihrem mangelhaften Deutsch drauflos schwatzte. Sie trug immer noch Kleider, die an die alte slowakische Bauerntracht erinnerten, wohingegen die Kinder, die in Fabriken und Büros arbeiteten, natürlich städtisch gekleidet waren. Noch tiefer lag die Kohlenhandlung des Herrn Stark, die über eine leiterartige Treppe zu erreichen war und von einer herkulischen Sippe betrieben wurde, die ihrem Namen Ehre machte. Die Kohle wurde in großen, von ungeheuren Pferden gezogenen Fuhrwerken vom Nordbahnhof gebracht und mit gewaltigem Lärm in den Keller des Herrn Stark entladen. Ich hatte immer ein wenig Angst, wenn er oder einer seiner Gehilfen aus der Tiefe seines Ladens heraufstieg, seine schwere Last in unsere Küche brachte und dort donnernd in einen entsprechenden Behälter kippte.

Natürlich deckten sich alle diese Verfahren nicht ganz mit neueren Ansichten über öffentliche Hygiene, aber am schlimmsten in dieser Beziehung war die Müllabfuhr. Kübel und Kartons, mit oder ohne Deckel, wurden an den dafür vorgesehenen Tagen am Randstein abgestellt, worauf ein Wagen der Stadtverwaltung erschien und schrecklich aussehende Burschen diese Müllbehälter der Reihe nach von Hand in den Wagen entleerten. Die lebhafte Brise, die gewöhnlich durch die Straßen Wiens blies, trug Staub- und Dreckwolken, wohin es ihr gefiel. Gewiß, es war ein schreckliches System, doch die Menschen schienen dabei gut zu gedeihen, so wie sie eine Generation vorher ohne Kanalisation und ohne Wasserversorgung gediehen waren.

Die große Mietskaserne war selbstverständlich eine natürliche Quelle für Klatsch- und Skandalgeschichten, und in den Läden drüben Kunde zu sein bedeutete, alles über alle zu wissen. Heute wird mir deutlich, daß es eine bemerkenswerte Leistung gewesen sein muß, sich trotz der regelmäßigen Informationen über die dramatischen Wendungen aus diesem Treiben herauszuhalten. Meine Mutter stand mit all diesen Leuten immer auf gutem Fuß, verstand es jedoch, einem engeren Kontakt aus dem Weg zu gehen. Natürlich stand mein Vater so weit über all diesen Zivilisten, daß kein Mensch auf den Gedanken gekommen wäre, uns in seine Angelegenheiten hineinzuziehen. Jedenfalls hatten meine Eltern offensichtlich ein gutes Gespür für natürlichen gesellschaftlichen Takt, denn ich erinnere mich an keinen einzigen Streit oder Konflikt in all diesen Jahren.

Unseren ostseitigen Fenstern gegenüber lag ein kleines Kaffeehaus, ein sogenanntes Volkscafé, was bedeutete, daß keine Person von anerkanntem gesellschaftlichem Rang dort eine Tasse Kaffee trinken oder eine Zeitung lesen würde. Es wurde ausschließlich von Droschkenkutschern frequentiert, und gelegentlich von den Kaufleuten des Viertels, für die es in Ordnung war, in der Öffentlichkeit mit Proletariern zu verkehren. Der Staatsbedienstete jedoch, mochte er Lehrer, Beamter oder gar Offizier sein, hätte sich nicht im Traum einfallen lassen, so etwas zu tun, und es wurde auch nicht von ihm erwartet. Der Staatsdiener, der das Recht hatte (wenngleich nicht die Pflicht, wie ein Offizier), eine Uniform zu tragen – des Kaisers Kleid, wie man zu sagen pflegte –, hatte per se eine höhere Stellung inne, obgleich sein Einkommen vielleicht nur einen Bruchteil dessen betrug, was der Fleischer verdiente, bei dem er einkaufte. Das mag albern, haarsträubend oder mittelalterlich anmuten, aber gerade jetzt ist eine gute Zeit, um ein paar Worte zugunsten einer Denkweise zu sagen, die nicht alles in Dollars und Cents berechnete. Der kleinliche Dünkel jener unbedeutenden Staatsdiener war lächerlich genug, aber die brutale Überheblichkeit derjenigen, die einen Dollar mehr erwirtschaftet haben als ihre Mitmenschen, gleichgültig wie, ist keinesfalls weniger unerträglich.

Natürlich beinhaltete das Bewußtsein ihrer Würde nicht bei allen Staatsbediensteten widerwärtige Selbstgefälligkeit. Mein Vater hatte ein sehr waches soziales Gewissen, denn er war ein echtes Kind der liberalen Ära des späten neunzehnten Jahrhunderts, erfüllt von einem manchmal naiven Glauben an die unwiderstehliche Sache des Fortschritts. Ich entsinne mich, daß in meiner Kindheit einmal die Wiener Bäckereiarbeiter in den Streik traten, um ihre Arbeitsbedingungen zu verbessern, die wirklich unbefriedigend waren; davon konnten wir uns mit eigenen Augen überzeugen, wenn wir die blassen, unterernährten Burschen, manche noch Knaben, beobachteten, die in der an den Nachbarhof angrenzenden Bäckerei des Herrn Kerner arbeiteten. Die Zuständigen gingen ungeschickt mit der Situation um, die Lage wurde gespannt, und eines Tages kam mein Vater weiß vor Wut und Kummer aus dem Amt, denn er hatte gehört, daß Truppen eingesetzt worden waren und den Befehl erhalten hatten, eine Salve auf eine Gruppe rebellischer Bäcker abzufeuern. Mein Vater war der Ansicht, daß es nicht nur eine Schande war, Arbeiter so zu behandeln, sondern daß auch des »Kaisers Rock« besudelt worden war, indem man seine Träger zu einem so abscheulichen Dienst gezwungen hatte. Seine Überzeugung, daß die Uniform erhabene Qualitäten besaß, war nichts anderes als ein Korrelat seines Glaubens an den Fortschritt der Menschheit. Es ist schwer, sich vorzustellen, wie niederschmetternd die Ereignisse für ihn gewesen sein müssen, die er später durchzumachen hatte.

Er war absolut davon überzeugt, daß der Krieg ein überwundenes Übel vergangener Zeiten war und daß es nie wieder einen Krieg geben würde. Ich bin sicher, daß viele seiner Militärkameraden derselben Meinung waren. Die österreichische Armee betrieb keine Kriegshetze, wenn man von einigen ambitionierten Hitzköpfen im Generalstab und ein paar nationalistischen Spinnern absah. Beide Gruppen wurden nicht ernst genommen. Es gab freilich auch die Überzeugung, daß sich das Kaiserreich einen Krieg nicht leisten könne, einerseits wegen der ungenügenden Vorbereitung der Armee, die jedes Jahr eine Legislative um Zuweisungen anbetteln mußte, die zum großen Teil aus Leuten bestand, die an der Erhaltung einer starken Zentralmacht in den Händen des Kaisers nicht interessiert war, andererseits, weil ein Krieg die Zentrifugalkräfte freigesetzt hätte, von denen niemand genau wußte, wie stark sie waren, die von den meisten jedoch für unbezwinglich gehalten wurden, sollten sie erst entfesselt werden. Wenn andere, stärkere Länder so wahnsinnig wären, einen Krieg anzufangen – so sagte mein Vater mehr als einmal –, würde die Internationale Arbeiterpartei (Österreichs Sozialdemokraten) einen Generalstreik ausrufen und so die Katastrophe aufhalten, bevor sie ihren Lauf nehmen könne.

Solche Ansichten klingen heute wie Verrat, doch in dem Österreich vor dreißig Jahren, das überall als Hochburg der Tyrannei und der Reaktion verschrien war, konnte jedermann, sogar ein hochrangiger Offizier, sie frei äußern. Und solche Meinungen machten ihn weder zum Heuchler noch zu einem schlechten Offizier, denn mein Vater war ein sehr guter Offizier und ein aufrichtiger und treuer Diener seines kaiserlichen Herrn. Seine Vorstellung war etwa die, daß die Armee funktionsfähig und effizient gehalten werden sollte, damit sie im Notfall, den er freilich für ausgeschlossen hielt, eingreifen könnte. Ein derartiger Notfall konnte vielleicht allein durch die Existenz einer solchen Armee schon abgewendet werden, insofern nämlich, als sie weniger kultivierte Völker, die in einem entlegenen Winkel ihres Hirns den Krieg noch als Möglichkeit betrachteten, davon abhalten würde, einer verbrecherischen Versuchung nachzugeben. Mein Vater war allerdings fest davon überzeugt, daß er Vertreter eines aussterbenden Berufsstandes war, und er hoffte, daß er den Tag erleben würde, an dem die Armee, wie alle Armeen, in Ehren entlassen werden würde, weil sie nicht mehr gebraucht wurde, und die wenigen verbleibenden Pflichten von der Polizei übernommen werden würden. Wir, die wir in dem gesegneten Jahr 1942 leben, können kaum glauben, daß intelligente Menschen zu unserer Zeit so haarsträubende Phantasien hatten.

Leider hatte mein Vater nie genug intellektuelle Schulung, um die Oberfläche der optimistischen Ansichten zu durchdringen, die ihm in seiner Jugend von den Leitartikeln liberaler Zeitungen und von der populären Literatur eingeflößt worden waren. Sein ehrlicher, schöner Idealismus blieb infolgedessen etwas seicht, was sich auch in seinen Ansichten über Religion zeigte. Er hatte die übliche Einstellung des aufgeklärten liberalen Konservativen, daß Religion ein ehrwürdiger, reizvoller und vom Alter geheiligter Mythos sei und gleichzeitig Sicherheitsventil und Bremse für die Massen, die bedauerlicherweise jenen aufgeklärten Zustand, der sie befähigen würde, auch ohne Religion anständig zu leben und zu handeln, noch nicht erreicht hatten. In gewisser Hinsicht dachte er über die Religion, wie er über die Armee dachte: Eines Tages würde man an den Punkt gelangen, wo man ohne die beiden auskommen könnte, und das würde in der Tat ein Glückstag sein. Einstweilen bewahrte er den äußeren Anschein eines katholischen Christen, ohne aber an den eher pompösen und förmlichen Elementen des Rituals teilzunehmen, die allzu offensichtlich für abergläubische Dienstmädchen und alte Jungfern bestimmt waren.

Trotzdem schickte er mich auf eine katholische Privatschule, weil er fand, daß die öffentliche Volksschule zu stark von Proletarierkindern besucht wurde, deren Gesellschaft er mir ersparen wollte, und daß durch das niedrige Niveau der Mehrheit der Kinder an öffentlichen Schulen Maßstäbe gesetzt wurden, die meinen Begabungen nicht angemessen waren. Natürlich hätte es fortschrittliche Privatschulen ohne Schwerpunkt im religiösen Bereich gegeben, aber diese hätten wahrscheinlich die konservativen Instinkte im Charakter meines Vaters schockiert. (Im übrigen wäre keiner dieser Schulen von unserer Wohnung aus zu Fuß zu erreichen gewesen, und das war ein wichtiger Punkt in seinen Überlegungen.)

Manchmal frage ich mich, was für einen Weg meine Entwicklung genommen hätte, wenn ich nicht auf die katholische Schule gegangen wäre, denn ich habe Grund zu der Annahme, daß die fünf Jahre, die ich dort verbrachte, entscheidenden Einfluß auf mein späteres Leben hatten. Ich hätte mich vielleicht viel früher und viel unmittelbarer für den »Modernismus« interessiert und hätte als junger Erwachsener diese Erfahrung hinter mir gehabt und nicht vor mir, wie es tatsächlich der Fall war. Andererseits hätte ich den »Modernismus« vielleicht als eine Art alltäglicher Erfahrung satt bekommen, in einem Alter, in dem ich eigentlich noch nicht fähig gewesen wäre, Werte kritisch zu beurteilen, und ich hätte mich vielleicht einem stumpfsinnigen, zynischen Konservatismus oder sogar der Reaktion zugewandt, nur um anders zu sein, als ich in der Schule hätte sein sollen. Doch das alles ist reine Vermutung, wie jede Spekulation über die Geschichte, weil man kein Experiment machen kann, um diese oder jene Hypothese zu überprüfen.

Als ich klein war, ging ich sehr gern mit meiner Mutter einkaufen, besonders auf dem Lebensmittelmarkt, der jeden Morgen in einer Straße oberhalb der Währinger Pfarrkirche über mehrere Querstraßen hinweg aufgebaut wurde. Noch in der Dämmerung kamen nach einer langen Nachtfahrt Bauern mit Pferdekarren und -wagen aus dem östlichen Flachland, manche, wie ihre farbenprächtige Tracht verriet, sogar aus der Slowakei, und boten in kleinen Buden oder an Ständen ihre verlockende Ware feil. Es war ein großes Vergnügen, dort umherzustreifen und das herrliche Angebot an Obst und Gemüse, Butter, Käse, Eiern, Hühnern, Gänsen und anderen ländlichen Produkten anzuschauen, während die Händler mit Rufen und Sprechgesängen auf ihr Angebot aufmerksam machten und miteinander oder mit den gutmütigen Polizisten stritten. Das Ganze wirkte, als wäre es von einem einfallsreichen Regisseur für die Eröffnungsszene des ersten Aktes einer Volksoper ausgedacht worden.

Auch an den Textilgeschäften hatte ich große Freude, und ich war begeistert, wenn die Verkäufer die vielen bunten Stoffe entrollten und entfalteten, ihr charakteristischer Geruch faszinierte mich. Besondere Anziehungskraft übte weiter zur Innenstadt hin Ditmars Lampengeschäft auf mich aus. Das war ein großer Laden, der bis in den letzten Winkel mit Lampen aller Größen, Arten und Stile vollgestellt war, in der Mehrzahl Öllampen, die damals noch sehr häufig in Gebrauch waren. Es war ein phantastisches Bild; das Vergnügen, das es mir bereitete, mochte bereits meine späteren surrealistischen Neigungen erahnen lassen.

Während meiner frühen Kindheit pflegten wir, sobald ich eine Bahnreise durchhalten konnte, den zwei- oder dreiwöchigen Sommerurlaub meines Vaters bei der Familie Raab in Jozefov zu verbringen. Meine Erinnerung an diese Reisen ist sehr rudimentär. Wir fuhren mit dem Personenzug (im Unterschied zum Expreßzug), weil mein Vater mit Rücksicht auf seinen militärischen Rang zweiter Klasse fahren mußte, das heißt, es war ihm nicht erlaubt, in den billigeren Dritteklassewaggons zu sitzen, und die zweite Klasse im Expreßzug wäre zu teuer gewesen. Deshalb dauerte die Reise einen ganzen Tag, und wir mußten mehrmals umsteigen. Ich erinnere mich, daß ein Restaurant im Bahnhof von Deutschbrod (Německý Brod) mich besonders beeindruckte, weil es zwischen den Bahngleisen lag, so daß wir die Züge zu beiden Seiten des Bahnsteigs, auf dem wir unser Mittagessen einnahmen, vorbeifahren sehen konnten. Geschmorte Birnen von einem eigenartigen rosa Farbton wurden serviert, und ich assoziierte sie so vollständig mit dem Vergnügen dieses außergewöhnlichen Mahls, daß ich nie wieder mit irgendwelchen rosafarbenen Birnen zufrieden war, die meine Mutter mehrmals besorgte, wenn ich sehnsüchtig von diesem einzigartigen Erlebnis sprach. Ein anderes Mal war ich ganz begeistert vom Anblick eines Expreßzugs, der gerade in den Bahnhof von Pardubice einfuhr, von wo aus man die Züge aus großer Entfernung drohend näherkommen sehen konnte. Im Laufe dieser Erlebnisse entwickelte ich eine lebenslange Liebe zur Eisenbahn.

Zu Hause bestand ich Sonntagsnachmittags auf einem Spaziergang zu dem kleinen Güterbahnhof in Gersthof, an der Stadtbahn, und beobachtete gespannt einen Güterzug, der um diese Zeit dort rangiert wurde. Ein anderer Lieblingsspaziergang führte uns zu einem bestimmten Bahnübergang der Franz-Josefs-Bahn bei Heiligenstadt, wo gegen Abend die Expreßzüge aus dem Norden vorbeisausten. Ich sammelte und studierte Fahrpläne und wußte endlose Listen von Stationsnamen auswendig. Dieses kindische Hobby pflege ich heute noch. Ich gehe gern an Bahngleisen oder in der Nähe von Bahnhöfen spazieren, und es gibt kaum eine Stadt, deren Bahnhof ich nicht eigens einen Besuch abstatte, wobei ich mich über seine spezielle Anlage informiere und die Fahrpläne studiere, obgleich diese Nachforschungen, wie ich zugeben muß, in den letzten Jahren oft durch die Anziehungskraft angestoßen werden, die diese Einrichtung, die Menschen von dem jeweiligen Ort fortschaffen soll, unwillkürlich auf mich hat. In meiner Jugend war diese Ruhelosigkeit sehr viel absoluter und reiner als jetzt, denn ich wußte noch nicht, welche Enttäuschungen mir in späteren Jahren an den meisten Orten bevorstanden.

Jozefov war eine alte Festung aus dem späten achtzehnten Jahrhundert, und obgleich sie in einem Zeitalter verbesserter Geschütze und eines »ewigen« Friedens mit Deutschland nutzlos war, stellte sie noch eine mächtige Garnison dar, wahrscheinlich weil sich kein Zivilist ohne zwingenden Grund dort niedergelassen hätte. Die Stadt lag auf einem Hügel oberhalb eines morastigen, trägen Flüßchens, der Mettan. Sie bildete ein Schachbrett aus kurzen Straßen, das von altmodischen Schutzwällen à la Vauban umgeben war.* Diese Wälle hatten natürlich ihre ursprüngliche Bestimmung verloren und bildeten einen schönen, von Bäumen gesäumten Spazierweg um die Stadt herum. Die alten Stadtgräben waren trocken und ergaben ausgezeichnete Gemüsegärten, die durch die hohen Mauern gegen die rauhen Nordwinde geschützt waren und soviel Sonne bekamen, wie es nur gab. In den tiefen Nischen der alten Fenster zogen die Soldaten köstliche Pilze. Ein hübscher Fußweg führte durch eine Art Park den Hügel hinunter in die im Tal gelegene, von Zivilbevölkerung bewohnte Stadt Jaronvěč, deren Hauptattraktion eine gute Süßwarenhandlung war. Irgendwo im Park stand ein Käfig mit einem alten, traurigen Adler; ich weiß nicht, wie und warum er dorthin gekommen war.

Die Aussicht von dem Hügel war sehr schön, denn in der Ferne konnte man die Kette des Riesengebirges sehen, nicht riesig, aber durchaus beeindruckend. Man wies mich darauf hin, daß dort die

* Sébastien le Prestre de Vauban (1633–1707), frz. Marschall und Festungsbaumeister, errichtete u.a. die Festungen von Metz und Straßburg.

deutsche Grenze verlief, ein Gedanke, der Ehrfurcht und ein Gefühl des Geheimnisvollen in mir erweckte. Wir hätten nicht im Traum daran gedacht, uns auf die andere Seite zu begeben, weil Deutschland, verbündet oder nicht, Ausland war, das ein Offizier nicht ohne Sondergenehmigung betreten durfte.

Mein Onkel wohnte in einem Haus unweit eines der alten Stadttore im dritten oder vierten Stock, so daß wir von unseren Fenstern aus über die Wälle sehen konnten. Das Haus zeichnete sich durch eine Art Geheimnis aus, denn in einem der Winter zwischen unseren Besuchen war dort ein Azetylentank explodiert, wobei der Hausmeister ums Leben gekommen war. Ich entsinne mich, daß wir in Wien Photos von den verschiedenen Phasen der Katastrophe betrachteten, die mein Onkel geschickt hatte.

Die Zerstreuungen, die Jozefov zu bieten hatte, waren harmlos und nicht gerade sehr zahlreich. Mein Onkel ging täglich für ein paar Stunden in sein Büro, und wenn er zurückkam, fachsimpelte er mit meinem Vater, wobei er höchst erregt über die Plagen und die Demütigungen klagte, mit denen seine Vorgesetzten ihn ständig quälten. Das waren stets Idioten aller Art, die nur durch schäbige Intrigen und aufgrund der noch größeren Idiotie ihrer Vorgesetzten auf ihren hohen Posten bleiben konnten. Ich mochte meinen Onkel jedoch sehr, weil er als ehemaliger Ingenieur über technische Dinge sprechen konnte, in denen sich mein Vater nicht auskannte und die ihn auch nicht interessierten. Wir schwelgten in vielen guten und schweren, nach echter böhmischer Art zubereiteten Gerichten, denn zu jener Zeit waren Nahrungsmittel in diesem gesegneten Land im Überfluß vorhanden und billig.

Zuweilen machten wir auf der Mettan kleine Ausflüge, wobei die Soldaten mit ihren Rudern ab und zu im Schlamm des seichten Gewässers steckenblieben. Drei- oder viermal wurde eine geräumige Kutsche für einen Tagesausflug gemietet. Ich erinnere mich dunkel, daß wir bei einer dieser Gelegenheiten das Schloß Kukus besuchten, einen sehr würdigen Barockbau mit vielen Statuen, und ein andermal Opočno, das auch ein Schloß gewesen sein muß. Einmal fuhren wir in den Pleswald, ein riesiges bewaldetes Gebiet mit herrlichen alten Bäumen. Es wurde viel über die Gefahr gesprochen, sich in diesen einsamen Wäldern zu verirren, und man traf entsprechende Vorsichtsmaßnahmen. Manchmal kehrten wir bei solchen Ausflügen nachmittags zu einem kleinen Mahl in einer Dorfschenke ein, und ich werde nie den charakteristischen Geruch nach Bier und frisch gebackenem Kuchen in diesen alten böhmischen Gasthöfen vergessen, die karierten Tischtücher in den leeren Speiseräumen und die tiefe, friedliche, nur durch das Summen einiger schläfriger

Fliegen unterbrochene Stille. All das bedeutet Heimat für mich – ich weiß nicht, ob es daran liegt, daß es ein Kindheitserlebnis war oder daß ich tief in mir eine von meinen Vorfahren geerbte Schwäche dafür habe.

Mein Onkel hatte zwei Kinder, Fritz und Elisabeth (die Lisi gerufen wurde), zwei und vier Jahre jünger als ich. Aus der Zeit unserer Besuche in Jozefov weiß ich nicht mehr viel von ihnen; das Mädchen muß damals noch sehr klein gewesen sein, und der Knabe war auch noch klein, aber groß genug, um zusammen mit mir, gräßlich herausgeputzt mit albernen weißen Schirmmützen auf den Köpfen, photographiert zu werden. Er war sehr zart und launisch, neigte zu Trotz- und Wutanfällen und war beim Essen empörend wählerisch. Äußerlich änderte er sich später auf ganz erstaunliche Weise, aber innerlich war er vermutlich schon immer so gutmütig gewesen, wie er sich später zeigte. Als Kind schien er ein Opfer der unberechenbaren, trotzdem aber sehr entschiedenen Erziehungsexperimente seiner Eltern zu sein, die einfach liebend gern miteinander und mit ihren Kindern über alles stritten.

Meine Großeltern Čižek wohnten ebenfalls bei der Familie Raab, was den Haushalt sehr lebendig machte. Die Großmutter war eine recht ruhige, nüchterne Frau, wie die meisten dieser hart arbeitenden Hausfrauen der Mittelschicht es sind, während der Großvater ein reizbarer alter Herr war und eine leichte Beute seines streitlustigen Schwiegersohns. Er war stets bereit, irgendeine haarsträubende politische These meines Onkels für bare Münze zu nehmen, und bald waren sie in eine hitzige Debatte verstrickt, die oft in einem Streit endete, mit Beschimpfungen und Türenschlagen. Das passierte öfter in Litoměřice, wo mein Onkel etwa zwischen 1906 und 1910 diente, denn diese Stadt bot ständig Stoff, um die nationalen Probleme zu diskutieren. Im Unterschied zu Jozefov hatte Litoměřice als Sitz verschiedener Verwaltungsstellen und eines Bischofs einen bedeutenden Anteil an Zivilbevölkerung, und es lag an der Grenze zwischen tschechischem Territorium und dem unglückseligen Sudetenland. Die Bewohner waren hauptsächlich Deutsche, jene hohlköpfigen Sudetendeutschen, die Leitmeritz, wie sie es nannten, natürlich für einen besonders gefährdeten Vorposten ihrer höheren Kultur hielten. Es gab fortwährend Reibungen, und die Atmosphäre war zeitweise gespannt, oder zumindest schien es so, obwohl, an jüngeren Vorkommnissen gemessen, nie etwas Ernstes geschah. Für die große Anzahl dort stationierter Armeeoffiziere war es jedenfalls eine heikle Situation, da man von ihnen erwartete, daß sie sich neutral verhielten oder den Standpunkt der Regierung einnahmen, welcher auch immer das zu dem jeweiligen Zeitpunkt war, denn die Regierung spielte gewöhnlich eine Seite gegen die andere aus. Wenn ich mich recht entsinne, sympathisierte mein Onkel eher mit den Tschechen, genauso wie mein Vater, auch wenn letzterer es viel lieber gesehen hätte, wenn ersterer in solchen Dingen diskreter gewesen wäre.

Die Umgebung der Stadt, die auf dem Steilufer der Elbe lag, war herrlich. Einige wunderschöne Hügel mit Obst- und Weingärten umgaben den nordwestlichen Stadtrand und führten zu den größeren Erhebungen hinauf, die die natürliche Grenze zwischen Böhmen und Deutschland bildeten. Das Elbtal bis zur deutschen Grenze hinunter war eine beliebte Touristenattraktion, und mehrere Flußfahrten auf den kleinen Dampfschiffen des öffentlichen Nahverkehrs sind mir noch in sehr schöner Erinnerung. Man konnte mit dem Dampfer bis Dresden fahren, was wir natürlich nie taten. Manchmal machten wir größere Ausflüge, etwa auf den Gipfel des Milleschauers, einem eher bescheidenen Bergkegel mit herrlichem Ausblick.

In Litoměřice wurde eine weitere Tante entdeckt, Agnes Kouba, eine Verwandte meines Onkels und Witwe eines Bürgerwehroffiziers. Sie hatte einen ihrer Neffen, der Geologie studierte, auf ausgedehnten Reisen begleitet. Ich mochte sie sehr gern, weil sie nie müde wurde, in allen Einzelheiten von ihren Reisen durch die Alpen zu erzählen. Ich erinnere mich, oft zu einem Vormittagsmahl aus besonders köstlichen Honigbrötchen bei ihr gewesen zu sein. Der besagte Neffe, den ich nie gesehen habe – möglich, daß er bereits gestorben war –, war der Sohn eines Rechtsanwalts, Dr. Spitz, im mährischen Jihlava (Iglau), wo die Familie meines Onkels herstammte. Auf einer unserer Heimreisen unterbrachen wir die Fahrt in dem Städtchen und besuchten den vergleichsweise wohlhabenden Mann (ich glaube, er muß Jude gewesen sein). Das Mahl, das man uns auftischte, war für meine Begriffe luxuriös (obgleich wir wahrlich sehr gut zu essen pflegten; meine Mutter war eine fabelhafte Köchin). Ich übernachtete zum ersten Mal in einem Hotel, und zum ersten Mal wurde mir gezeigt, wie ein Telefon funktioniert, denn Dr. Spitz mußte aus irgendeinem Grund das städtische Elektrizitätswerk anrufen, was die Sache für mich noch aufregender machte. Ich nehme an, meine Eltern sorgten dafür, daß uns der Anwalt niemals einen Gegenbesuch in Wien abstatten würde, da es eine Selbstverständlichkeit war, daß wir es uns nicht leisten konnten, jemanden zu bewirten, und schon gar nicht so verwöhnte Menschen.

Es ist möglich, daß ich bei dieser Gelegenheit zum erstenmal den Namen Gustav Mahler hörte, der damals gerade von der Direktion der Wiener Hofoper zurückgetreten war. Mein Onkel, der ungefähr so alt war wie Mahler, gab vor, ihn als Knabe gekannt zu haben, als sie in Jihlava oder in der Nähe gemeinsam zur Schule gegangen waren. Allerdings dachte damals niemand daran, daß ich mich je ernsthaft mit Musik befassen oder gar eine persönliche Beziehung zu den Mahlers eingehen würde.

In die katholische Volksschule

Als ich sechs Jahre alt war, wurde ich in der bereits erwähnten katholischen Volksschule angemeldet, ein paar Häuserblocks südwestlich von unserem Wohnhaus, in der Schopenhauerstraße. Sie wurde von den Christlichen Schulbrüdern unterhalten, einer Art Ordensbrüder, die Kutten trugen und berechtigt waren, Religion zu lehren; sie waren aber weder Mönche noch geweihte Priester. Der Stammsitz der Organisation war in Belgien, und ihre Schulen, die wegen ihres hohen Niveaus wohlbekannt waren, gab es überall. Ich hatte große Angst vor der Schule, denn ich war ausschließlich an mein Zuhause und das Zusammensein mit meiner Familie gewöhnt. Da ich mich in allen Einzelheiten des täglichen Lebens auf meine Eltern verließ, fühlte ich mich unter »fremden« Kindern und Lehrern verloren, denn dort mußte ich ständig selbst Entscheidungen treffen, um mich im Sinn der offenbar vorhandenen, aber unverständlichen Maßstäbe der Gruppe richtig zu verhalten. Selbst heute noch reagiere ich so. Ich ängstige mich immer noch bei der Vorstellung, mich irgendeiner organisierten Gruppe anpassen zu müssen, sei es eine gesellschaftliche Zusammenkunft, eine Menge von Fahrgästen in der Eisenbahn oder eine Versammlung, es sei denn, ich weiß, daß ich von der Gruppe für das aufgenommen werde, was ich außerhalb von ihr darstelle.

Es fällt mir äußerst schwer, anonym und spontan an irgend etwas teilzunehmen. Ich neige bei solchen Gelegenheiten stets dazu, mich ängstlich, schüchtern und trübsinnig in mich selbst zurückzuziehen und so den Eindruck zu erwecken, ich sei arrogant, was aber genau das Gegenteil von dem ist, was ich empfinde. Die schlimmste aller derartigen Gruppenbildungen ist natürlich das Militär, das ich aus tiefstem Herzen hasse, weil ich annehme, daß es am wenigsten Bereitschaft zeigen würde, meine persönlichen Probleme zu berücksichtigen. Zu meiner eigenen Überraschung erging es mir in solchen Situationen immer viel besser, als ich hätte erwarten dürfen. Ich glaube, es ist einfach meine tödliche Angst davor, vernichtet zu werden, die meinen Selbsterhaltungstrieb so stimuliert, daß ich sofort alle Energien aufbiete, um die Tortur mit dem geringsten Reibungseffekt zu überstehen. Ich glaube nicht, daß ich in solchen

Situationen wirklich ehrgeizig bin; ich bin mir nur der Tatsache bewußt, daß ich, wenn ich die Forderungen der feindlichen Macht erfülle, eine annehmbare Chance habe, mit möglichst geringem Schaden davonzukommen. Ich sehe ein, daß das im Grunde eine erbärmliche Beschwichtigungstaktik ist. Aber das habe ich vielleicht bis zu einem gewissen Grad von meinem Vater geerbt, dem dauernd eingetrichtert wurde, daß es für Menschen in seiner Situation das einzig Vernünftige sei, mit den Mächtigen gut auszukommen. Später hatte ich das Glück, mir eine Reihe moralischer und geistiger Werte zu erarbeiten, die keinen Kompromiß zuließen, so daß ich eine große Anzahl von Dingen als zu »dieser Welt« gehörig zugunsten der oben skizzierten, realistischen Taktik aufgab. Doch die Frage der Anpassung an äußere Verhältnisse oder der Auflehnung gegen sie ist eines der Kardinalprobleme meines Lebens geblieben.

In der Schule spielten Prinzipien natürlich noch keine Rolle. Ich hatte einfach Angst und kam zu dem Schluß, daß es die Sache vielleicht leichter machen würde, wenn ich tat, was man von mir verlangte. So wurde ich ein »guter« Schüler und blieb es bis ans Ende meiner gesamten Schulzeit. Ich kann nicht sagen, daß mir von meinen ersten Lehrern und Klassenkameraden viel in Erinnerung geblieben ist. Natürlich hatte ich zumeist mit anderen »guten« Schülern Umgang, fühlte mich allerdings immer von jenen Schlechten angezogen, die gut aussahen und aus wohlhabenden Familien stammten, denn sie schienen eine Art höherer Wesen zu sein, die sich nicht damit abgeben mußten, gute Zeugnisse zu bekommen.

In meinem ersten Schuljahr erhielt ich den ersten Musikunterricht, der darin bestand, daß einer der halb weltlichen Brüder mir die Anfangsgründe des Klavierspiels beibrachte. Zu Hause gab es nicht viel Musik. Meine Mutter spielte ein wenig Klavier, da alle Töchter aus »gutem« Haus dieses Instrument lernen mußten, ob sie nun dafür begabt waren oder nicht. Sie spielte einige der leichteren »Salonstücke«, eine Gattung, die sich in Vertretern wie »Frühlingsrauschen« und dergleichen erhalten hat. Ich erinnere mich an Titel wie »Das Erwachen des Löwen«, »Klosterglocken« und das unsägliche »Gebet einer Jungfrau«. Besonders war ich von einem Stück beeindruckt, das eher lokal berühmt war. Es hieß »Ein Sturm auf dem Plattensee« und stellte angeblich die Launen des Wetters auf dem großen ungarischen See südöstlich von Wien dar. Ich weiß nicht, was mir mehr imponierte, die relativ stürmische Musik oder der imposante ungarische Titel »A Balatonháborgása« (oder etwas in der Art). Ich glaube nicht, daß meine Mutter sehr oft spielte oder daß ich mich irgendwie ungewöhnlich aufführte, wenn diese Musik erklang. Ich muß jedoch zu einem ungewöhnlich frühen Zeitpunkt den Wunsch gezeigt haben, Notenpapier mit Noten zu bedecken, noch bevor ich wußte, was diese Zeichen bedeuten. Ich entsinne mich, daß eines dieser frühen Schreibexperimente launig »Krenek-Marsch« genannt wurde, und daß meine Mutter so tat, als spielte sie mir das Stück vor, indem sie meine sinnlose Kritzelei in mehr oder weniger konventionelle musikalische Phrasen transponierte. Natürlich hämmerte ich gerne auf dem Klavier herum, aber ich glaube, alle Kinder tun das. Dennoch müssen meine Eltern das alles für so vielversprechend gehalten haben, daß sie meinten, ich sollte in einem Alter Musikunterricht bekommen, in dem Kinder von Leuten, die nicht beruflich an Musik interessiert sind, in der Regel kaum Gelegenheit dazu erhalten. Dafür bin ich meinen Eltern ewig dankbar.

Mein erster Klavierlehrer, dessen Schulname Frater Wilfrid (Miller oder Müller) war, trat nach ein oder zwei Jahren aus der Kongregation aus und heiratete eine einfache, mollige Frau, warum, weiß ich nicht. Es scheint mir, daß er den Unterricht noch eine Weile in meinem Elternhaus fortsetzte. Später verließ er Wien, wenn ich nicht irre, und starb während des Ersten Weltkriegs. Meine musikalische Unterweisung wurde einem Freund von ihm anvertraut, der gleichfalls dem Orden angehört hatte und jetzt an einer der vielen privaten Musikschulen Wiens Unterricht erteilte. Er war zudem Organist an der Votivkirche, einer der größeren Kirchen im Stadtzentrum, so daß er als seriöser Musiker galt, obgleich er in einer Stadt, die dafür bekannt war, daß es dort von Genies wimmelte, nur eine der kleineren Koryphäen war. Sein pittoresker Name war Fridolin Balluff, und er stammte aus Biberach an der Riss in Württemberg. Er war ein freundlicher kleiner Mann und sprach seinen schwäbischen Dialekt, den wir sehr spaßig fanden. Er unterrichtete mich etliche Jahre, und unter seiner Anleitung lernte ich die gesamte klassische und romantische Klavierliteratur kennen. Bald stellte sich heraus, daß ich gut vom Blatt spielen konnte, und ich rechne es Balluff sehr hoch an, daß er nicht versuchte, mich dadurch zu bremsen, daß er auf mustergültigem technischem Schliff bestand. Zu keinem Zeitpunkt gab es eine Andeutung, daß ich die Musik zu meinem Beruf machen könnte. Weil ich aber offenbar recht begabt war, mochte der Gedanke entstanden sein, daß ich Pianist werden sollte. Mein Lehrer war jedoch damit zufrieden, daß ich alle Meisterwerke geläufig und mit einem gewissen Verständnis spielte, und kümmerte sich nicht um technische Perfektion.

Die Erziehung, die ich an der katholischen Schule bekam, war natürlich stark von religiösen Ideen beeinflußt, wahrscheinlich stärker, als meinem Vater, einem Kind der letzten großen Ära der »Aufklärung«, recht war. Ich erinnere mich an einen Fall, da ich, verleitet durch die ziemlich plumpe Ermahnung unseres Religionslehrers, bemerkte: »Dieses Fleisch ist für die Hunde«, als ich sah, daß mein Vater am Freitag gekochtes Rindfleisch aufgetischt bekam. Er fand diesen Ausspruch ziemlich taktlos, und das mit Recht, denn er wäre selbst dann nicht am Platze gewesen, wenn ich gewußt hätte, daß Angehörige der Streitkräfte generell von den Diätvorschriften der katholischen Kirche dispensiert waren. Ich muß noch einmal betonen, daß meine Eltern in allen solchen Dingen vollendeten Takt wahrten, denn es gab nur sehr wenige Situationen von der oben erwähnten Art.

Der Religionsunterricht in der Schule führte natürlich dazu, daß mir die üblen Möglichkeiten, die uns nach dem Tod erwarteten, sehr bewußt wurden und ich große Angst davor bekam. Die Vorstellung von der Hölle beschäftigte mich sehr. Vor allem am 6. Dezember, dem Tag des Nikolausfestes, wurden diese Gedanken wirklich zur Qual. Nach einem alten Brauch ging an diesem Tag jemand in der Verkleidung eines ehrwürdigen Bischofs mit einem silberweißen Bart umher, um das gute Betragen der Kinder zu überprüfen und ihnen Zuckerwerk und Nüsse zu schenken, wenn sie seine Fragen nach dem Gehorsam gegenüber den Eltern und möglicherweise auch nach ein paar religiösen Dingen befriedigend beantwortet hatten. Damit der freundliche alte Herr mehr Autorität bekam, wurde er oft von der furchterregenden, in Rot und Schwarz gekleideten, kettenrasselnden und geradewegs dem Höllenfeuer entsprungenen Gestalt eines Teufels begleitet, der bereit war, jene Kinder, die die Mißbilligung des heiligen Bischofs hervorrufen würden, in einem grausigen Sack mitzunehmen. Meines Wissens ist das natürlich nie wirklich geschehen, aber das Spektakel war so schrecklich, daß es bei manchen Kindern ernsthafte psychische Schäden hervorrief. Ich persönlich war den Besuchen dieser übernatürlichen Gestalten, die gewöhnlich von Hausmeistern oder Personen ähnlich niedrigen Standes verkörpert wurden, nie ausgesetzt, weil meine Eltern für derartigen »vulgären Unsinn« nichts übrig hattten. Aber die Erzählungen über Auftritte dieser Art in der Nachbarschaft beeindruckten mich so stark, daß der Gedanke an das ewige Feuer, das die Übeltäter dieser Welt erwartet, mich ständig verfolgte.

Ich erinnere mich, daß wir auf unseren üblichen Nachmittagsspaziergängen an einer Mauer vorbeikamen, die mit Plakaten beklebt war. Auf einem war ein herrliches Feuer zu sehen, das die Produkte eines bestimmten Kohlenhändlers anpries, indem es zeigte, wie gemütlich man es trotz des frostigen Dezembers haben konnte, wenn man seine Ware kaufte. Auf mich übte das Plakat genau die gegenteilige Wirkung aus, und ich entsinne mich noch meiner Beklommenheit, wenn wir in die Straße einbogen, in der ich das schreckenerregende Bild betrachten mußte, das mich an die ewige Feuersbrunst gemahnte.

Ich weiß nicht, ob ich mich vor dem Tod mehr gefürchtet habe als andere Kinder, aber ich muß viel darüber nachgedacht haben, denn ich erinnere mich gut, mindestens einmal jämmerlich geweint zu haben, weil ich nicht sterben wollte. Mein Vater beruhigte mich, so gut er konnte, und erklärte mir schließlich, daß es wissenschaftlich durchaus nicht erwiesen sei, daß der Mensch sterben müsse. Aufgrund der Statistiken könne nur soviel als gesichert gelten, daß bisher alle Menschen gestorben seien, doch daraus lasse sich nicht unwiderlegbar schließen, daß auch in Zukunft alle Menschen sterben müßten. Ich frage mich, ob er an diese seltsame Theorie glaubte, aber es war für seine geistige Einstellung sehr bezeichnend, daß er immerhin versuchte, seine These mir glaubhaft zu machen. Diese Art des Trostes war typisch für ein Zeitalter, das von Vertrauen in den Fortschritt und in eindeutige wissenschaftliche Fakten durchdrungen war.

Meine Ängste waren wahrscheinlich nicht ganz zerstreut worden, denn plötzlich begegnete ich dem Tod persönlich. Da stand er, vor einem Haus in Döbling, an dem wir auf manchen unserer Spaziergänge vorbeikamen, eine kleine Steinfigur, deren Augen tief in den Höhlen eines beängstigend knochigen Schädels lagen. In Wirklichkeit war es die Statue des deutschen Dichters Theodor Körner, der während der napoleonischen Kriege einige patriotische Gedichte geschrieben hatte. Der Himmel weiß, warum ich diese unschuldige und mittelmäßige Skulptur mit dem Geist der Unterwelt in Verbindung brachte. Jedenfalls weigerte ich mich, das Schreckgespenst anzuschauen, und war nur unter der Bedingung bereit, durch jene Straße zu gehen, daß ich an der Hand geführt wurde und wegschauen konnte. Auch in späteren Jahren konnte ich nicht ohne ein seltsames Gefühl der Beklommenheit an der Stelle vorbeigehen, so stark war die Erinnerung an das Grauen, das sie mir als Kind eingeflößt hatte.

Bis heute habe ich nur sehr wenige tote Menschen gesehen, und keinen von ihnen habe ich genauer angeschaut. Meine Großmutter starb, als ich elf war, an Altersschwäche, nach wenigen Tagen physischen Verfalls. Ihre Lebensgeister wurden rasch schwächer, und in den letzten Stunden war das furchtbare Todesröcheln das einzige Zeichen ihres schwindenden Lebens. Ihr Tod war weder dramatisch noch überraschend, denn sie war einundachtzig, als sie verschied. Das Aufregendste an diesem Erlebnis schienen die Begleitumstände zu sein; das Erscheinen des Arztes, der den Totenschein ausstellte, des Leichenbestatters, der das Begräbnis organisierte, und der anderen Leute, die mit dem Vorfall zu tun hatten. Die schrecklichste Empfindung war der Geruch des Sarges, in dem der Leichnam fortgetragen wurde, eine seltsame Mischung süßlicher Gerüche, die ich immer noch in der Nase habe. Obgleich Großmutter nicht auf dem Zentralfriedhof hatte begraben werden wollen (den sie nie gesehen hatte), wurde dort draußen eine Grabstätte besorgt, weil eine Beerdigung auf dem Friedhof an der Türkenschanze aus irgendeinem Grund nicht praktikabel war, wohingegen die Modalitäten einer Bestattung auf dem Zentralfriedhof vorteilhaft zu sein schienen. (Alle Wiener Friedhöfe waren Eigentum der Stadt und unterstanden der Stadtverwaltung.)

Die lange Fahrt an den südöstlichen Rand des Stadtgebiets war aufregend und die immense Ausdehnung des Friedhofs höchst eindrucksvoll. Als wir dort ankamen, waren wir überrascht, eine Gruppe von fünfzig oder mehr Offizieren anzutreffen; es waren lauter Schüler meines Vaters, der damals an der Quartiermeisterschule unterrichtete. Sie alle waren gekommen, weil er ein sehr beliebter Lehrer war und von seinen Schützlingen besonders geschätzt wurde. Ein Passant fragte angesichts so vieler Offiziere im Leichenzug, ob hier ein General begraben werde, und ich erinnere mich, daß mein Vater sagte, wie stolz seine Mutter gewesen wäre, wenn sie gewußt hätte, daß sie alle kommen würden, um sie zur ewigen Ruhe zu geleiten, sie, die Witwe eines einfachen Feldwebels, die vor dem strahlenden Rock des Kaisers stets so viel Achtung gehabt hatte.

Meine Mutter trug eine Zeitlang die übliche Trauerkleidung, was aber nicht sehr auffiel, weil wenige Tage vor dem Tod meiner Großmutter der berühmte Wiener Bürgermeister, Karl Lueger, verstorben war und viele Frauen zu Ehren des unglaublich beliebten Mannes schwarze Kleider angelegt hatten. Ich entsinne mich, daß selbst wir die ausführlichen Zeitungsberichte über seinen Todeskampf beinahe gespannter verfolgten als die letzten Stunden unserer armen Großmutter, die vor unseren Augen im Sterben gelegen hatte. Ein albernes Detail beeindruckte mich besonders: Just an seinem Todestag hatte der große Mann in der berühmten Küche des Rathauskellers sein Lieblingsgericht bestellt – gekochtes Rindfleisch mit Zwiebelsauce. Der Chefkoch hatte es mit Tränen in den Augen liebevoll und höchstpersönlich zubereitet, und dann konnte sein geliebter Herr, todeskrank, es nicht einmal anrühren und mußte sterben, ohne auch nur einen Bissen davon gekostet zu haben. Das schien ein besonders herzzerreißender Vorfall zu sein.

Ungefähr um diese Zeit empfing ich das Sakrament der Firmung, in Wien eine ungeheuer populäre Angelegenheit. Es wurde im Dom zu St. Stephan vom Erzbischof selbst gespendet. Viele hundert Kinder kamen dort jedes Jahr um Pfingsten zusammen, um den Segen des Heiligen Geistes zu empfangen. Der geistliche Teil der Zeremonie war jedoch nicht die Hauptattraktion. Was wirklich zählte, waren die Geschenke und die Einladung, die man von seinem Firmpaten und von der Firmpatin erhielt. Unter den einfachen Leuten galt eine Firmung erst dann als gelungene Veranstaltung, wenn das Opfer mit einer goldenen Uhr und einem tüchtigen Kater nach Hause kam. Die klassische Stätte für den Erwerb eines solchen war der Prater, wohin die Paten den Firmling in einer prächtig geschmückten, zweispännigen Kutsche, dem berühmten Fiaker, zu fahren hatten, um ihn dort viele Stunden lang zu verwöhnen. Meine Firmpaten waren die Geilhofers. Ich bekam eine schöne silberne Schweizer Uhr, die mir noch immer treue Dienste leistet. Wir fuhren nur in den Prater, um dem Brauch Genüge zu tun, verbrachten den übrigen Nachmittag in Schönbrunn und beschlossen das Fest mit einem üppigen Abendessen im Rathauskeller.

Erste Begegnungen mit Musik und Literatur

Meine ersten musikalischen Erlebnisse außerhalb unserer Wohnung waren mit der Volksoper verbunden. Man nahm mich dorthin mit, weil ich die Weihnachtsmärchen sehen sollte, die zur Weihnachtszeit von den meisten Theatern in Matineevorstellungen für Kinder aufgeführt wurden. Dabei handelte es sich gewöhnlich um Dramatisierungen bekannter Märchen, mit Bühnenmusik, Tänzen und Liedern. Ich glaube nicht, daß ich an diesen Aufführungen besonderen Gefallen fand, da ich mich, wie die meisten frühreifen Kinder, die unter Erwachsenen aufwachsen, nicht für Märchen interessierte, und auch die rationalistische Einstellung meiner Eltern mochte dazu beigetragen haben. Aber ich war fasziniert von der komplexen Maschinerie der Musikbühne, dem Orchester, der Beleuchtung, den Kulissen und ihren Wechseln und von der Technik, die damit zusammenhing. Das Theater erschien mir als großartiges Spielzeug, mit dem ich sofort spielen wollte, wobei ich bezeichnenderweise von Anfang an für das Theater schreiben, aber nicht die Schauspieler oder vielleicht den Dirigenten nachahmen wollte.

Ich weiß nicht, wann ich zum erstenmal eine richtige Oper sah, aber ich bin sicher, daß es noch in den Jahren meiner Elementarschulzeit war, und ich glaube, es muß der *Der Freischütz* gewesen sein. Irgendwie gelangten wir in den Besitz eines Klavierauszugs dieser Oper, der für mich zu einer unerschöpflichen Informationsquelle zu allen Fragen des Theaters wurde. Ich studierte ihn, wie man in späteren Jahren niemals mehr etwas studiert, von Umschlagdeckel zu Umschlagdeckel, und untersuchte mit unermüdlicher Geduld die Bedeutung kleinster Einzelheiten, und ich bin sicher, daß ich einen großen Teil meiner genauen Kenntnis der Opernbühne diesen frühen Forschungen verdanke. Die nächste Oper, die ich sehen sollte, war *Lohengrin*, und ich war von diesem gewaltigen Ereignis entsprechend überwältigt. Die Volksoper war zu jener Zeit wirklich ein sehr gutes Opernhaus, mit ausgezeichneten Sängern wie Schützendorf und der Jeritza, aber auch hervorragenden Dirigenten wie Zemlinsky.

Das Theater wurde von einem Ausschuß aus Währinger Bürgern verwaltet und gedieh im gesunden Wettbewerb mit dem erhabenen Kaiserlichen Opernhaus am Ring prächtig. Viele Leute wie wir fanden letzteres viel zu teuer, sie drängten deshalb zur Volksoper, die zum Teil dasselbe Repertoire pflegte wie ihre »Rivalin«, die aber außerdem eine große Anzahl neuer Werke im Spielplan hatte, die aus irgendwelchen Gründen in der Hofoper nicht angeboten wurden. Eines davon war *Quo vadis*, inzwischen längst vergessen, ein aufwendiges Stück von einem französischen Komponisten namens Jean Nogués, in dem ein Gladiatorenkampf und das auf Befehl Neros in Brand gesteckte Rom zu sehen waren. Es wurde mit der ganzen exhibitionistischen Begeisterung einer Vorstadtbühne inszeniert und gab der Jeritza Gelegenheit, ihre damals bemerkenswerte Anatomie darzubieten. Die Musik war schwelgerisch und suggestiv, in einem halb impressionistischen Stil.

Ein viel bedeutenderer Trumpf der Volksoper war *Salome*, die aus Gründen der Religion und des Anstands für die Hofoper nicht akzeptabel war. In der Volksoper war eine sehr lobenswerte Aufführung mit Richard Strauss als Gastdirigenten zu sehen. Wie sie es schafften, über hundert Musiker in den schmalen Orchestergraben des Vorstadttheaters, der für solche Extravaganzen nicht gebaut war, hineinzuquetschen, habe ich nie erfahren. Für die extrovertierte Madame Jeritza war es wieder ein großer Tag.

Wir sahen in diesem ehrwürdigen Gebäude Dutzende von Opern, darunter auch 1913 die Wiener Erstaufführung des *Parsifal*, nachdem Wagners Verfügung, daß sein letztes Werk nur in den heiligen Hallen von Bayreuth dargeboten werden dürfe, mit Ablauf der damals vorgeschriebenen Schutzfrist von dreißig Jahren nach seinem Tod gegenstandslos geworden war. Rainer Simons, der unternehmungslustige, aber skrupellose Direktor der Volksoper, war der Hofoper um einige Tage zuvorgekommen. Ich fühlte mich in dem bescheidenen Operntheater, das mutig und effektiv seinen Beitrag zur Kunstgeschichte leistete, ganz zu Hause, und die Oper ist für mich immer noch mit dem Geruch verbunden, der die Wandelgänge durchdrang, ein Gemisch aus den Düften der in den Pausen verkauften Wurstsemmeln und Perolin, einer süßlichen Substanz, die über dem Publikum versprüht wurde und angeblich die Luft verbessern sollte.

Da ich immer wissen wollte, wie alle diese wundervollen Werke auf dem Papier aussahen und Klavierauszüge verhältnismäßig teuer waren, kaufte meine Mutter bestimmte populäre Musikbücher für mich, die Beschreibungen der Opernhandlungen, Informationen über die Komponisten und eine Reihe von Notenauszügen in vereinfachten Klavierarrangements enthielten. Außerdem war es üblich, zur fünfundzwanzigsten oder dreißigsten Aufführung einer besonders erfolgreichen Oper eine Art Souvenirprogramm mit Musikbeispielen an das Publikum zu verteilen. Das waren die wichtigsten Quellen für meine privaten Forschungen auf diesem Gebiet, und ich erinnere mich, daß ich mit besonderer Sorgfalt ein Faksimile aus Wagners Manuskript des *Meistersinger*-Librettos studierte.

Es versteht sich, daß ich zu jener Zeit unzählige Opern komponierte, wobei ich allerdings bei den meisten über die Titelseite und ein Personenverzeichnis nicht hinauskam. Manchmal folgten ein paar Seiten Text, aber sehr selten Noten. Deutlich erinnere ich mich nur an eine Art Super-Salome, mit Schauplatz in Ägypten, einer meiner ambitiöseren Versuche, zu dem ich auch eine beträchtliche Anzahl von Seiten mit Noten vollschrieb. Heute glaube ich, daß dieses frühe Interesse an der literarischen und der technischen Seite der Oper charakteristisch für mich war. Im Eckzimmer unserer Wohnung hatte ich einen eigenen kleinen Schreibtisch, und nichts tat ich lieber, als mich meinen dichterischen und musikalischen Phantasien hinzugeben, nachdem ich meine Hausaufgaben gemacht hatte. Die Morgenstunden im Frühling und im Frühsommer waren immer eine besonders köstliche Zeit für diese Art von Aktivität.

Meine literarische Phantasie wurde damals insbesondere durch den polnischen Romancier Sienkiewicz* angeregt, dessen Buch *Quo vadis* die Grundlage der oben erwähnten Oper war. Wir hatten etliche seiner Romane irgendwo ausgeliehen, und ich verschlang diese umfangreichen historischen Erzählungen gierig. Es gab andere Bücher ähnlicher Art, wie die Romane des deutschen Dichters Gerstäcker, einer davon mit dem Titel *Die Regulatoren in Arkansas*, wer auch immer die waren. Weiteres Lesefutter boten eine Anzahl von

* Henryk Sienkiewicz (1846–1916), wichtige Werke: *Mit Feuer und Schwert*, *Sturmflut*. 1905 Nobelpreis für Literatur.

Wochenmagazinen, die durch einen Lesezirkel vertrieben wurden. Diejenigen unter den Abonnenten, die die Magazine gleich nach Erscheinen bekamen, zahlten die höchste Gebühr, wohingegen andere, die für die zweite Woche vorgemerkt waren, weniger zahlten, Leser der dritten Woche noch weniger und so weiter. Es gab zwei Kategorien von Magazinen, eine für die gutbürgerliche Familie und eine der leichteren Art, zu der so »unseriöse« Publikationen wie »Jugend«, »Simplicissimus« und »Die Muskete« gehörten. Wir waren auf die erste Kategorie abonniert und lasen die »Leipziger Illustrierte«, »Reclams Universum«, »Über Land und Meer«, »Die Gartenlaube« und ähnliches. Ich erinnere mich, daß wir sehr davon beeindruckt waren, daß nur eins von acht oder zehn Magazinen in Österreich erschien, und dieses war von Inhalt und Aufmachung her entschieden das schlechteste; alle anderen kamen aus Deutschland.

Abgesehen von meinen literarischen und musikalischen Heldentaten, die ich für absolut privat hielt und niemandem zeigte, frönte ich den alltäglicheren technischen Leidenschaften, die eine Zeitlang vermutlich alle Schuljungen in ihren Bann ziehen. Ich besaß eine schöne, recht gut bestückte Spielzeugeisenbahn, deren Schienen sich zwischen verschiedenen Möbelstücken, die Berge und andere Landschaftsformen darstellten, dahinschlängelten. Die Vorbereitungen für dieses Spiel schienen allerdings interessanter zu sein als das Spiel selbst, denn wenn alles aufgebaut war, blieb nicht viel mehr zu tun, als den kleinen Zug seine Tour fahren zu lassen, was nach ein paar Wiederholungen recht eintönig wurde. Es gab auch eine Reihe von kleinen Apparaten, die mit einem winzigen Elektromotor in Bewegung gesetzt wurden; den Strom lieferte eine Batterie, die ihre Kraft aus einer Flüssigkeit mit durchdringendem Geruch und schöner, goldbrauner Farbe bezog. Mehr Spaß machten bestimmte Mechanismen, die ich nach einer Vorlage oder nach eigenen Konstruktionsvorstellungen aus Holzklötzen, Stäben, Rädern und Rollen selbst zusammensetzen konnte. Anregungen zu dieser Art von Maschinen holte ich mir teilweise aus den Büchern von Jules Verne, die ich damals in großen Mengen verschlang.

Mir scheint heute, daß einer meiner ersten Eindrücke von Amerika mit meinen technischen Interessen zusammenhing. Ich bekam etliche Jahre hindurch zu Weihnachten ein Jahrbuch für junge Leser mit populärwissenschaftlichen Aufsätzen über technische Probleme. In einem der Bände fand ich einen illustrierten Artikel über die Fortschritte im Eisenbahnbau, und auf einem der Bilder war eine phantastische Lokomotive zu sehen, die gerade für die Santa-Fe-Strecke gebaut worden war. Es waren auch andere, ebenso großartige Lokomotiven abgebildet, aber der Name »Santa Fe« schlug mich in Bann.

(Ich bin seit jeher für den Reiz geographischer Bezeichnungen empfänglich gewesen, in einem Maß, das kaum jemand nachvollziehen kann.) Seitdem träumte ich von einer Reise nach Santa Fe, und als dieser Traum endlich Wirklichkeit wurde, war meine emotionale Bewegung sehr stark. Im übrigen wußte man damals in Wien nicht viel über Amerika, außer daß es ein Land des fabelhaften Reichtums und der phantastischen technischen Einrichtungen war. Aus irgendeinem Grund hatten besonders die Reinigungsanstalten Wiens Amerika als Inbegriff des höchsten Standards in ihrem Gewerbe akzeptiert, so daß jede kleine Wäscherei stolz die Bezeichnung »Erstes amerikanisches Trockenreinigungsinstitut« trug. Ein bedenklicherer Aspekt des Amerikanismus trat zutage, wenn gelegentlich Emigrationsagenten vor Gericht gestellt wurden, weil sie Burschen in wehrfähigem Alter hatten verschwinden lassen, indem sie ihnen in der Neuen Welt Reichtum ohne Mühen versprochen hatten. Mir kommen diese Vorfälle oft in den Sinn, wenn ich jetzt Amerikaner klagen höre, ihr Land sei von Ausländern überschwemmt worden. Allem Anschein nach gab es damals wenig Widerstand gegen den Import billiger Landarbeiter aus dem agrarischen Osten Österreich-Ungarns.

Bei meinem technischen Zeitvertreib schloß sich mir oft ein Klassenkamerad an, der einzige, zu dem ich eine engere persönliche Beziehung unterhielt und dessen Eltern meine besuchten und umgekehrt. Er hieß Franz Geilhofer und war ein etwas langsamer, blasser Bursche mit einem ausgeprägten Sinn für technische Dinge und mäßigem Musikinteresse. Später wurde ein gemächlicher Durchschnittsmensch aus ihm, und schließlich bekam er eine Stelle als Ingenieur bei den städtischen Wasserwerken. Als Knabe hatte er in technischen Dingen eine blühende Phantasie, doch noch bemerkenswerter waren seine Geduld und Ausdauer bei der Ausarbeitung von Details, die typischen Eigenschaften eines guten Konstrukteurs, von denen ich keine besaß. Sein Vater war Architekt im Staatsdienst und verbrachte seine Zeit mit der Errichtung von Zollamtsgebäuden, der Inspektion von Schulhäusern und ähnlichen Arbeiten. Er war ein Mann von schwächlicher Konstitution, belesen und gebildet, mit echtem Interesse an geistigen und künstlerischen Dingen, aber auch er fand sich mit einem stumpfsinnigen Bürodasein ab. Vielleicht fühlte mein Vater sich deswegen von ihm angezogen.

Es ist einigermaßen bedauerlich, daß so gute Köpfe – und ich bin sicher, daß es noch viel mehr davon gab – keine Möglichkeit zu einer produktiven und sinnvollen Nutzung ihres Potentials fanden. Regierungsbeamte hatten damals weit mehr Freizeit – wie wahrscheinlich jeder andere auch – als je zuvor nach dem ersten großen

Krieg. Zweifellos war etwas falsch an einem Gesellschaftsgefüge, das es solchen Menschen nicht erlaubte, sich am geistigen Leben ihrer Zeit aktiver zu beteiligen. Die Konventionen dieser Jahre brachten sie dazu, sich die Zeit mit ebenso nutzlosen wie belanglosen Tätigkeiten zu vertreiben, wie mit Kartenspielen, Briefmarkensammeln oder der Lektüre von seichter Literatur. Frau Geilhofer war eine große, mollige, beinahe dicke Frau mit sehr lebhaftem Temperament und einem wohltuenden Sinn für Humor. Sie sprach einen sehr breiten Wiener Dialekt, der kräftig mit Mundartausdrücken gewürzt war, welche verrieten, daß sie aus einer der unteren Schichten der Urbevölkerung des siebzehnten Wiener Gemeindebezirks stammte. Da solche Sprache in Militärkreisen so gut wie nie zu hören war, fanden wir sie im allgemeinen spaßig, manchmal allerdings beinahe anstößig.

Die Geilhofers waren aktive oder zumindest treue Mitglieder der Christlichsozialen Partei und recht klerikal gesinnt. Manchmal nahmen sie uns zu Veranstaltungen mit, die den Zweck hatten, in der Bürgerschaft den Parteigeist wachzuhalten, und ich erinnere mich, daß mein Vater über diese Versammlungen von Kleinbürgern, Fleischern, Bäckern und Kerzenmachern, die von ihren grinsenden Pfarrern ermahnt wurden, ein fröhliches, aber maßvolles Leben zu führen, stets leicht entsetzt war. Ein paar Mal war es auch nicht zu vermeiden, mit Verwandten der Geilhofers zusammenzutreffen, verschiedenen Bürger in guter Position, manche davon recht wohlhabend. Wir wußten wenig mit ihnen anzufangen, da sie alle Geschäfte machten und Waren über den Ladentisch verkauften, was eine Gesinnung implizierte, die so grundverschieden war von der eines bewaffneten Dieners des Kaisers, daß bei solchen Zusammenkünften immer eine Atmosphäre leichter Verlegenheit herrschte.

Es wurde zur Gewohnheit, an Samstagnachmittagen mit den Geilhofers eines der berühmten Wiener Kaffeehäuser zu besuchen, meistens das Siller am Franz-Josephs-Kai, weil das anscheinend in der Nähe von Geilhofers Büro lag. Wir saßen gewöhnlich in dem weiträumigen Saal im zweiten Stock, von dem aus wir den Donaukanal und die belebten Uferstraßen überschauen konnten, und tranken Kaffee oder aßen Eiskrem und unzählige Briochekipferln, Croissants, Salzstangen und andere Gebäckarten, die so köstlich wie schwer zu beschreiben sind.

Die Hauptattraktion für uns Knaben war jedoch der unerschöpfliche Vorrat an Zeitungen und Magazinen, der Stolz und die Freude eines jeden gut ausgestatteten Wiener Kaffeehauses. Man konnte dort buchstäblich die wichtigen Tageszeitungen aller Länder und die aktuellen illustrierten Wochen- und Monatszeitschriften aus ganz Europa lesen. So mancher mittellose Student hat den größten Teil seiner Arbeit an einem der weltberühmten Marmortische des Kaffeehauses verrichtet und dafür nicht mehr als die Kosten für eine Tasse Kaffee und ein bescheidenes Trinkgeld für den Kellner investiert, der ihn daraufhin stundenlang mit einer Unmenge von Zeitungen versorgte und ein Glas Wasser nach dem anderen servierte. Die meisten Kaffeehäuser stellten auch gängige Lexika und Wörterbücher bereit. Das Wiener Kaffeehaus erfüllte alle Funktionen, die in westlichen Ländern von Klubs übernommen werden, aber es war viel informeller, und es war zudem billig, für jedermann zugänglich und äußerst demokratisch. Sein Stil war vom Süden und vom Osten beeinflußt. Eigentlich war es die späteste und westlichste Version der altgriechischen Agora. In Deutschland hat es mit Ausnahme von ein oder zwei schlechten Nachahmungen in Berlin nie etwas Vergleichbares gegeben.

Im Siller begannen wir Jungen, jene etwas pikanteren satirischen Wochenschriften zu lesen, die nicht in unsere Elternhäuser geliefert wurden. Ich glaube, wir kamen uns dabei sehr heimlichtuerisch vor, unsere Eltern wußten aber wahrscheinlich sehr gut, was wir da trieben, und hatten eigentlich nichts dagegen. Die politische Satire, die solche Zeitungen wie den Münchener »Simplicissimus« mitunter in Schwierigkeiten mit der Obrigkeit brachte, war für uns nicht immer verständlich, und was die eher erotischen Zeichnungen anlangt, so erfreuten wir uns daran in aller Unschuld. Die Aufmachung dieser Blätter beeindruckte mich allerdings so stark, daß ich beschloß, selbst eine satirische Wochenschrift »herauszugeben«. So unglaublich mir das heute vorkommt, es scheint mir tatsächlich gelungen zu sein, mehrere Jahre hindurch wöchentlich vier Seiten herauszubringen, mit vermeintlich beißenden Witzen, kleinen Geschichten, Gedichten und Zeichnungen in Schwarzweiß oder mit Buntstift, in verschiedenen Techniken und Stilen. Ich erfand eine Reihe von Mitarbeitern mit witzigen oder mehrdeutigen Pseudonymen und dachte mir für jeden von ihnen eine bestimmte Art zu schreiben und zu zeichnen aus. Der Titel des Blattes war »Der Skorpion«; er sollte die gefährliche Bissigkeit andeuten.

Ich glaube, daß ein sehr wesentlicher Anreiz, das große Projekt in Angriff zu nehmen, darin bestand, daß ich einen Stapel schönes Papier in Folioformat zur Verfügung gestellt bekam. Mein Vater hatte damals angefangen, Briefmarken zu sammeln. Er fühlte sich zu diesem recht mühseligen Hobby hingezogen, weil die vielfarbigen, oft hübsch gestalteten Bildchen aus fernen Ländern einen großen Reiz auf seine lebhafte Phantasie ausübten. Auch eine rationale Begründung wurde gefunden, denn man konnte geltend machen, daß solche Sammlungen häufig einen beträchtlichen materiellen Wert bekamen, so daß dieser Zeitvertreib zugleich einen geheimnisvoll anwachsenden Familienschatz darstellte. Dieses Argument war natürlich ein Trugschluß, da der Geldwert einer solchen Sammlung niemals wesentlich größer werden konnte als die Summe, die man hineingesteckt hatte, es sei denn, der Sammler bekam auf einer Postkarte eine Marke, die ein einzigartiges Exemplar war und später als solches erkannt wurde. Die Märchen, die man sich über Vermögen erzählte, die plötzlich in Briefmarkensammlungen entdeckt wurden, hatten ihren Ursprung in solchen Ausnahmefällen. Diese waren jedoch so gut wie ausgeschlossen, seitdem die sogenannte Philatelie ein wie üblich als Wissenschaft getarntes Geschäft geworden war und jede neue Markenserie am Tag ihres Erscheinens von den Händlern aufgekauft wurde. Trotzdem widmete mein Vater sich seiner Sammlung mit Feuereifer, und zwei riesige Alben wurden erworben, zusammen mit einem »wissenschaftlichen« Markenkatalog, um die herrlichen Schätze aufzunehmen. Weil neue Marken herauskamen und die Anordnung in den Alben entsprechend geändert werden mußte, wurden viele Blätter durch Nachträge, die der Verlag lieferte, ersetzt, und die ausrangierten Seiten bekam ich.

Noch heute empfinde ich eine größere Menge Papier als Herausforderung meiner schöpferischen Instinkte. Ich bekenne ohne Zögern, daß meine gegenwärtige Beschäftigung mit der Niederschrift meiner Lebenserfahrungen zu einem guten Teil durch den Umstand angeregt wurde, daß etliche hundert leerer Prüfungsblätter vor mir lagen, die ich vom Vassar College mitgebracht hatte. Genauso hatten mich die überschüssigen Seiten aus dem Briefmarkenalbum meines Vaters zu dem Witzblättchen meiner Knabenzeit angeregt. Seltsamerweise war ich nicht eine Minute lang an dessen Verbreitung interessiert. Es war mir, im Gegenteil, sehr wichtig, daß niemand es zu Gesicht bekam, nicht einmal meine Eltern. Wieder muß ich sagen, daß sie auch hier außergewöhnlichen Takt bewiesen, denn sie versuchten nie, etwas zu lesen, das ich ihnen nicht ausdrücklich zu lesen gab. Ich kann den Grund für meine außergewöhnliche Zurückhaltung und Scheu nicht erklären. Selbst als Erwachsener bat ich meine Eltern, als es aus irgendeinem Grund nötig war, in der alten Wohnung Platz zu schaffen, die literarischen Zeugnisse meiner Kindheit zu verbrennen, ohne sie zu lesen, und ich bin überzeugt davon, daß sie das auch taten.*

Gegen Ende des »Skorpion« hatte ich allerdings einen einzigen Leser dieses albernen Produktes. Es war Eduard Geissler, der einzige

* Die Exemplare des »Skorpion« blieben erhalten.

von den Kollegen meines Vaters, der schließlich regelmäßig zu uns zu Besuch kam. Es scheint mir, daß er im gleichen Regiment wie mein Vater gedient hatte, obwohl er in der Südsteiermark oder sogar in Kroatien beheimatet war, das zwischen den Kriegen zu Jugoslawien gehörte. Er war ein Original, ein stämmiger, verstopfter, hypochondrischer und mürrischer Kerl, aber irgendwie gutmütig und liebenswert. Seine Frau war die Tochter eines Bezirkshauptmanns in Kroatien, wo ein solches Amt sogar noch mehr galt als in den demokratischen Ländern Österreichs (Kroatien war damals ein Teil des ungarischen Königsreichs), und sie war wegen eines körperlichen Gebrechens offenbar gezwungen gewesen, eine nicht standesgemäße Ehe einzugehen. So war der gute Mann durch seine Heirat einerseits zu höherem gesellschaftlichen Ansehen und andererseits, aus demselben Grund, zu einem ansehnlichen Minderwertigkeitskomplex gekommen. Seine Frau erschien nur sehr selten bei uns, so wie auch wir nur ein paar Mal bei den beiden zu Besuch waren, obgleich sie nicht mehr als drei Häuserblöcke von uns entfernt wohnten. Es kommt mir so vor, als hätte der arme Mann bei uns eine Art Refugium gefunden, wo er sich im Namen der alten Regimentskameradschaft, die ihn mit meinem Vater verband, bedenkenlos aussprechen konnte.

Wenige Jahre später starb seine Frau ziemlich überraschend, und bald darauf heiratete er ausgerechnet ihr früheres Dienstmädchen. Für meinen Vater, der ernsthafte Zweifel hatte, ob er sich mit seinem alten Freund je wieder würde treffen können, war das ein harter Schlag. Er fürchtete, nun auch mit der neuen Frau Geissler verkehren zu müssen, deren Aufgabe es gewesen war, »den Nachttopf ihrer Vorgängerin zu leeren«. Die klägliche Versicherung des Bedauernswerten, daß sich durch seine zweite Heirat an dem Verhältnis zwischen ihm und seiner neuen Frau nichts geändert habe (was auch immer er damit andeuten wollte), fruchtete wenig. Ich glaube, daß mein Vater seinem alten Freund erst nach dem Zusammenbruch aller etablierten gesellschaftlichen Konventionen im Jahr 1918 wieder uneingeschränkt Zutritt zu unserer Wohnung gewährte, allerdings auf der Basis eines Gentlemen's Agreements, daß er uns niemals seine zweite Frau vorstellen würde. Herr Geissler kam treu einmal in der Woche ohne Ausnahme, bis zu seinem Tode, um regelmäßig seine schlechte Laune abzuladen. Nachdem seine erste Frau gestorben war, hatte er nur davon geträumt, so viel Geld zu sparen, daß er sich ausgedehnte Reisen durch die ganze Welt leisten konnte. Da er aber seine ganzen Ersparnisse in Kriegsanleihen investiert hatte, verlor er nach der Katastrophe von 1918 alles, und danach war er nie wieder der alte. Er wurde ein fast pathologischer Geizkragen.

Wir kannten einige der Verwandten seiner ersten Frau, die in Schwarzenau, im nördlichen Teil von Niederösterreich, lebten und gelegentlich nach Wien zu Besuch kamen. Sie hatten eine recht attraktive Tochter, und ich möchte annehmen, daß sie die erste Repräsentantin ihres Geschlechts war, der ich im Bewußtsein dieser Tatsache begegnete. Ich sah sie nicht öfter als drei- oder viermal, und alles, was ich aus unseren Gesprächen noch weiß, ist ein recht lächerlicher Vorfall. Als wir einmal vom Türkenschanzfriedhof zurückkamen, gingen wir an einer jener Bedürfnisanstalten für Männer vorbei, die die Form einer kleinen, durch Wände derart abgeschirmten Rotunde hatten, daß man von den Benutzern nur die Füße sehen konnte. Als mich das Mädchen fragte, was die Männer in dem Häuschen taten, improvisierte ich wahrscheinlich das erste Mal in meinem Leben, indem ich rasch das Thema wechselte. Ich vermute, daß die Frage ganz unschuldig war, da Schwarzenau vermutlich für seine männlichen Bewohner keine solchen Einrichtungen hatte. Aber möglicherweise habe ich einen interessanten Informationsaustausch versäumt.

Im Zusammenhang mit dieser Zeit meiner Kindheit ist vielleicht eine Gruppe unserer eigenen Verwandten erwähnenswert, da wir in losem Kontakt mit ihnen standen. Ihr Oberhaupt war ein pensionierter Oberst namens Schmidt, offenbar ein Onkel meiner Mutter. In seiner Gesellschaft befanden sich zwei Damen, seine Schwägerinnen oder seine Frau und seine Schwägerin, ich weiß es nicht mehr. Er war mir aufs äußerste zuwider, weil er eine Art verächtliches Grinsen aufzusetzen pflegte. Wenn er über meine Zukunft sprach, die ihn nichts anging, erdreistete er sich zu behaupten, ich hätte vielleicht Chancen als Hauslehrer von Knaben aus guter Familie, was mir nicht gefiel, obgleich ich selbst keine Ideen zu dem Thema hatte. Bevor man meine musikalischen Fähigkeiten als etwas erkannte, das ernsthaft in Erwägung zu ziehen war, schwebte meinem Vater vor, daß ich Jura studieren solle, um mich für einen Verwaltungsposten im Staatsdienst zu qualifizieren.

Das Schlimmste war, daß Oberst Schmidt mich, als ich noch klein war, hypnotisieren wollte – vermutlich spaßeshalber –, indem er mir in die Augen starrte und mit den Händen drohend vor meinem Gesicht herumfuchtelte, was mich nicht wenig erschreckte. Eine der Damen in seinem Gefolge, diejenige, die möglicherweise seine Frau war, war lieb und nett, aber sie starb früh. Danach heiratete er eine viel jüngere Person, ein nicht unattraktives, aber leicht behindertes junges Mädchen. Sie hinkte, was wahrscheinlich erklärt, daß sie den alten Mann heiratete. Durch diesen Wechsel erbten wir sozusagen die andere Dame, die uns seitdem wöchentlich einmal besuchte, wobei sie in nicht endenwollenden Gesprächen die endlose Geschichte ihres Lebens abspulte, die zwar nicht uninteressant, aber ziemlich ermüdend war, weil die Dame ohne Zögern dieselben Anekdoten hundertmal erzählte. In ihrer Jugend war sie in verschiedenen wohlhabenden Familien des gehobenen Wiener Bürgertums Gouvernante gewesen, und ihre Erzählungen vermittelten ein lebendiges und farbiges Bild von den Sitten einer vergangenen Zeit.

Nach dem ersten Krieg erfaßte das Elend, das alle ehemaligen Offiziere erwartet hatte, auch den alten Oberst Schmidt. Er mußte bei der Finanzbehörde unseres Bezirks eine Stelle als Amtsdiener annehmen, und die jungen Beamten machten sich einen Riesenspaß daraus, den alten Tattergreis, der einen leichten Schlag erlitten hatte, die Trittleitern hinauf- und hinunterzujagen, um ihn nutzlose Papiere aus den Akten holen zu lassen, ehe er sich zur ewigen Ruhe niederlegen konnte. Das war nur ein kleines Detail aus dem großen Verhängnis, von dem wir in jenen unbeschwerten Tagen nichts ahnten, obgleich die Katastrophe nur wenige kurze Jahre entfernt war.

Von meinen damaligen Klassenkameraden weiß ich nur noch sehr wenig. Es gab da einen gewissen Burisch, Sohn eines Polizeiinspektors und Musterbeispiel beängstigender Korrektheit. Ein anderer hieß Falser, ein komischer kleiner, dicker Junge, der einen unangenehmen Geruch an sich hatte und der Sohn eines hohen Gerichtsbeamten aus Tirol war. Da war Leo Pitamitz, ein ungewöhnlich hübsches Kind mit samtener Haut und schwarzen Locken, die mir offenbar sehr in die Augen stachen. Schließlich war da noch ein August Knoll, ein nervöser, kränklicher Knabe, dessen Eltern ein widerliches Theater um ihn machten und überall verbreiteten, daß mit seinem Nabel etwas nicht in Ordnung sei. Sein Vater schnitt sich schließlich die Kehle durch, wenn ich nicht irre. Ich erinnere mich sehr lebhaft an diese Einzelheit, als ich dem Schulkameraden viele Jahre später unter etwas sonderbaren Umständen wiederbegegnete. Auch einen Jungen namens Kopriva gab es noch; er hatte lange blonde Locken, wie heute die Mädchen sie tragen, und war der Sohn eines hochrangigen Militärarztes, ein Umstand, der zu gelegentlichem Kontakt mit seiner Familie führte. Während der Vater einen trockenen Sinn für Humor besaß, war die Mutter lächerlich dünkelhaft, und der Sohn geriet ihr nach.

Ganz kurze Zeit interessierte ich mich für Zoologie, aber auf eine sonderbare und recht charakteristische Art. Da wir keine Haustiere hatten – solche in einer Stadtwohnung zu halten, betrachte ich nach wie vor als Tortur sowohl für die Tiere als auch für die Mitbewohner –, außer einem Kanarienvogel, um den sich meine Großmutter kümmerte, war ich mit Tieren überhaupt nicht vertraut. Ich mochte sie auch nicht besonders, mag sie auch heute noch nicht, mit Ausnahme von Katzen oder ganz kleinen Hunden und winzigen Vögeln. Aber unter den Schulbüchern meines Vaters fand ich eines über »Naturgeschichte«, wie diese Wissenschaft genannt wurde, und es war dieses Buch, das mich faszinierte, nicht so sehr sein Gegenstand. Mein erster Gedanke war, ein Lehrbuch über Zoologie zu schreiben, und ich machte mich mit Feuereifer an die Arbeit, mit Hilfe des alten Schulbuchs und einer ebenso überholten Enzyklopädie, *Meyers Conversations-Lexikon* von 1876, das in unserem Haushalt die Hauptquelle für geistiges Wissen war.

Diese Leidenschaft wich bald einem dauerhafteren Interesse an der Mineralogie. Hier zogen die Gegenstände selbst mich an, abgesehen von dem brennenden Wunsch, sie umfassend zu systematisieren. Schöne Mineralien betrachte ich immer noch sehr gerne; ihre phantastischen Farbschattierungen, ihre reichhaltige metallische Struktur und die wundervollen Agglomerationsformen der Kristalle faszinieren mich. Wieder versuchte ich, ein eigenes Klassifikationssystem aufzubauen, und studierte die chemischen Eigenschaften der verschiedenen Mineralien. Da ich den Wunsch geäußert hatte, Steine zu sammeln, bekam ich zu Weihnachten mehrmals verschiedene Exemplare geschenkt, die ich durch eigene Bemühungen zu vermehren suchte. Allerdings fand ich draußen nie etwas Interessantes, wahrscheinlich, weil ich nicht richtig suchte und auch keine Geduld dafür aufbrachte. Außerdem bin ich nur sehr beschränkt in der Lage, in der Natur kleine Gegenstände zu sehen, und Blumenpflücken oder Pilzesammeln waren für mich immer Tätigkeiten, die zu Enttäuschung und Minderwertigkeitsgefühlen führten. Bis jetzt ist es mir nicht gelungen, auch nur ein einziges vierblättriges Kleeblatt zu finden, und es deprimiert mich immer, wenn ich beobachte, wie andere sich bücken und sie büschelweise pflücken, an Stellen, die ich gerade vergeblich abgesucht habe. Manchmal allerdings bin ich anscheinend nicht einmal fähig, notorisch große Objekte wahrzunehmen. Ich erinnere mich an eine besonders dumme Situation, die sich ergab, als wir zur Türkenschanze hinaufstiegen, um den Halleyschen Kometen zu beobachten, dessen beängstigende Erscheinung angekündigt worden war. Die Leute waren in höchster Aufregung deswegen, denn Gerüchten zufolge, die von der Sensationspresse verbreitet worden waren, bestand der Schweif des Kometen aus giftigen Gasen, die bei einer Berührung mit der Erdoberfläche alles Leben vernichten würden. In dem schicken Sanatorium, das in der Nähe der Sternwarte lag, wurde ein Galaabend veranstaltet, und die Bewohner warteten bei Champagner und Opernarien mit Starbesetzung auf das Ende der Welt. Als wir auf dem Hügel ankamen, war ich bitter enttäuscht, denn ich sah am Himmel absolut nichts, ich wußte nicht einmal, ob ich nach einem riesigen Objekt Ausschau halten sollte, das den gesamten Horizont erfüllte, oder nach einer kleinen, nebulösen Erscheinung, wie sie in dem verwirrenden Labyrinth der Sternbilder nur sehr schwer zu finden sind. Offenbar hatte es den Anweisungen, die im Hinblick auf dieses elementare Ereignis ausgegeben worden waren, an Klarheit gefehlt, und die Menschenmenge, die sich versammelt hatte, um den Weltuntergang mitanzusehen, zerstreute sich nach einiger Zeit, wobei man wie üblich der Regierung die Schuld daran gab, irregeführt worden zu sein. Von allen unseren Bekannten hatte nur die arme Frau Geissler eine Begegnung mit dem Kometen; sie gab vor, um Mitternacht von einem beißenden Geruch geweckt worden zu sein, der sich beängstigend im Schlafzimmer verbreitete.

Feste und Feiertage

Weihnachten war in unserer Familie ein ganz großes Ereignis, obgleich außer uns dreien niemand an dem Fest teilnahm. Drei oder vier Wochen vorher begann meine Mutter, den Schmuck für den Weihnachtsbaum vorzubereiten, was, solange ich klein war, ohne mein Wissen geschah, wahrscheinlich abends. Bonbons und Schokolade wurden kunstvoll in Buntpapier und Staniol eingewickelt und silberner Putz aller Art, Ketten, künstlicher Schnee und was nicht noch alles wurden angesammelt. Wenn der Weihnachtsabend näherkam, wurde der Baum gekauft und im Wohnzimmer aufgestellt, das ich dann aber nicht betreten durfte, weil zu bestimmten Zeiten das Christkind dort erscheinen würde, um gemeinsam mit meinen Eltern alles vorzubereiten. Dann, endlich, am Heiligen Abend, nach einem Tag, den ich in fieberhafter Aufregung verbrachte, läutete in dem geheimnisvollen Raum eine kleine Glocke, die sonst nie benutzt wurde, die Tür öffnete sich, und ich wurde vor den Weihnachtsbaum geführt, der, von oben bis unten mit Kerzen geschmückt, in seinem ganzen Glanz erstrahlte. In späteren Jahren hatten wir eine besonders hübsche Spielerei, drei im Kreis aufgestellte Kerzen, deren Hitze ein blechernes Engelkarussell in Bewegung setzte, das durch seine Drehung wiederum eine Kombination von winzigen Glöckchen zum Klingen brachten. Dieses Zauberding war an der Spitze des Baums zu befestigen, da aber nur selten ein Baum von so geradem Wuchs gefunden wurde, daß die Kerzen in der luftigen Höhe senkrecht standen, wurde der kleine Apparat meistens auf ein Tischchen neben dem Baum gestellt, was zwar keine perfekte, aber doch eine recht befriedigende Lösung war. Unter dem Baum war eine kleine Weihnachtskrippe aus Pappe aufgestellt, vor der wir eine Weile in stiller Betrachtung verharrten, und dann wandten wir uns den rund um den Baum arrangierten Geschenken zu.

Das alles war sehr schön und wunderbar, und ich hoffe, daß ich immer genug Freude und Dankbarkeit gezeigt habe, um meine Eltern für die liebevolle Sorgfalt und Mühe, die sie auf diese Vorbereitungen verwendeten, zu entlohnen. Nach gründlicher Inspektion der Gaben setzten wir uns zu Tisch, um traditionsgemäß den Weihnachtskarpfen zu verzehren, denn Heiligabend ist einer der strengsten Fastentage der katholischen Kirche. Einer der Höhepunkte der Weihnachtszeit war ein eigentümliches böhmisches Backwerk, das Vanočka genannt wurde, ein ansehnlicher, aus mehreren Teigsträngen wie ein Zopf geflochtener und köstlich mit Mandeln und Rosinen bestreuter Kuchen. Bevor er aufgeschnitten wurde, machte man mit dem Messer drei Kreuze darüber. Dreißig Jahre später, in New York, scheute ich mich nicht vor sehr langen Wegen zu einer bestimmten böhmischen Bäckerei in der einundsiebzigsten Straße, um eine halbwegs gelungene Nachahmung dieses Kindheitstraums zu bekommen. Vielleicht liegt es daran, daß diese Weihnachtsfeste zu Hause so unsagbar schön waren, daß in späteren Jahren, als sich die Situation völlig verändert hatte, Weihnachten für mich zu einer Zeit der Ruhelosigkeit und Schwermut, der nervösen Erregung und der inneren Verwirrung wurde.

Heute fürchte ich mich eher vor dieser Zeit des Jahres, weil sich verschiedene Erinnerungen an unerfreuliche Vorfälle damit verbinden. Ich frage mich, ob es eine durch die Erinnerung an meine frühe Kindheit wachgerufene Assoziation ist, die dazu führt, daß ein bestimmter Satz mir fast automatisch Tränen in die Augen treibt, wenn nämlich jemand zu mir sagt: »Ich wollte dir damit eine Freude machen«. Nichts könnte so großen Kummer bei mir hervorrufen, wie die Tatsache, daß jemand mir mit etwas eine Freude machen wollte und ich das nicht gemerkt oder nicht richtig gewürdigt habe.

Weihnachten war es mein sehnlichster Wunsch, die Mitternachtsmesse zu besuchen, die von romantischem Zauber umgeben war. Aber mein Vater schätzte eine solche Unternehmung nicht, weil damit allgemein Umstände und die Gefahr einer Erkältung verbunden waren. Erst viele Jahre später leistete ich mir dieses Erlebnis.

Etwas weniger wichtig genommen als Weihnachten wurde Ostern, zumal in den Augen eines Kindes, weil es keine Geschenke gab. Man besuchte verschiedene Kirchen, um die mehr oder weniger kunstvollen Darstellungen des Heiligen Grabes zu besichtigen, eine Christusfigur, die normalerweise mit Blumen geschmückt und von den biblischen Trauernden umringt in einer Grotte lag. (Ein entsprechendes Szenarium, das die Krippe, die Hirten und die Heiligen Drei Könige zeigte, war in der Adventszeit zu sehen.) Ein sehr spektakuläres Ereignis war das Fronleichnamsfest, zu dem jede Pfarrei eine Prozession organisierte, die an vier Altären entlangzog, welche vor den Häusern angesehener Bürger aufgestellt worden waren. An jedem Altar hielt der Zug an, der Priester, der unter einem Baldachin die Monstranz mit der Heiligen Hostie trug, las das Evangelium, und die Gruppe von Soldaten, die jeder Prozession von der Armee zugeteilt wurde, feuerte zu Ehren des Herrn auf seinem Weg zum Triumph Salutschüsse ab. Da Herr Argauer das Privileg hatte, einen Altar aufzustellen, konnten wir alles von unseren Fenstern aus beobachten. Der ganze Vormittag war voller Aufregung. Veteranen- und Feuerwehrkapellen zogen schon von Tagesanbruch an lärmend durch die Straßen. In der St. Stephans-Prozession schritt hinter dem Heiligen Sakrament der Kaiser persönlich mit, eine Kerze in der Hand.

Eine »glückliche Kindheit«?

Wenn ich auf diese Periode meines Lebens zurückblicke, frage ich mich, ob sie das gewesen ist, was man herkömmlicherweise eine »glückliche Kindheit« nennt. Im allgemeinen neige ich zu der Annahme, daß Kinder in der Regel von mindestens ebenso vielen Ängsten und Sorgen heimgesucht werden wie Erwachsene, und nur weil sie sich weniger gut ausdrücken können, wissen die Erwachsenen nicht viel über die Not der Kinder und nehmen an, sie wären glücklich. Kinder haben zweifellos den Vorteil, weniger gehemmt zu sein als Erwachsene, und befreien sich von ihrem Kummer, indem sie losheulen, wie es ihnen gerade paßt, aber weil sie gewöhnlich nicht sagen können, was sie quält, nimmt man an, daß sie grundlos weinen, und läßt es dabei bewenden.

Wenn ich an den Bedingungen, unter denen ich aufwuchs, etwas Bestimmtes auszusetzen habe, würde ich heute sagen, es war von Nachteil für mich, daß wir an dem Leben der Stadt, deren Bewohner wir waren, so wenig Anteil hatten. Gewiß, die Zeit, in der ich den Vorteil einer solchen Integration hätte nutzen können, war noch nicht gekommen, doch als sie kam, waren keine althergebrachten persönlichen Beziehungen vorhanden, auf denen ein Einheimischer in seinem Geburtsort normalerweise seine Reputation aufbauen kann. Meine Situation war nicht viel anders als die eines Neuankömmlings. Von älteren Menschen höre ich immer wieder, daß Wien vor dem Ersten Weltkrieg eine Stadt von unglaublichem

Charme, Glanz, von verführerischer Anmut und hinreißender Schönheit gewesen sei. Natürlich habe ich von diesen sprichwörtlichen Eigenschaften nicht viel bemerkt. Aus unerklärlichen Gründen werde ich, während ich diese Zeilen niederschreibe, ein Bild nicht los, das mit diesen frühen Erinnerungen an die fröhliche Stadt unlösbar verbunden zu sein scheint: ein älterer Kutscher mit hängendem schwarzen Schnauzbart und einer Art Zylinder auf dem Kopf, der einmal in der Woche unter unseren Fenstern entlangfährt, auf einer kleinen, von einem trübsinnigen Pferd gezogenen Droschke thronend. Die Droschke ist ein winziger Würfel auf zwei hohen Rädern, in einem graugrünlichen Farbton lackiert. Von Zeit zu Zeit hält das Gefährt an, der Mann steigt von seinem hohen Sitz herunter, entnimmt der Kutsche ein flaches, kreisrundes Objekt, eine Schachtel mit der Aufschrift »Salubritas«, und verschwindet damit in einem Geschäft oder in einem Kaffeehaus. Diese Schachteln sahen geheimnisvoll verlockend und elegant aus, so daß ich lange Zeit dachte, der ausgemergelte Mensch befördere feines Backwerk von einer Stadtbäckerei. Spätere Erkundungen ergaben, daß »Salubritas« der Name eines hygienisch konstruierten Spucknapfs war, der regelmäßig an auf dieses höchst nützliche Gerät abonnierte Kundschaft verteilt wurde.

Ich war kaum vierzehn, als der große Krieg ausbrach, so daß meine Eltern mich selbst dann nicht in das Leben der gehobenen Gesellschaft Wiens hätten einführen können, wenn sie mehr daran teilgenommen hätten. Die Vergnügungen, denen wir nachgingen, waren durchaus unschuldig. Zuzeiten gingen wir mit den Geilhofers essen, im Winter in den Rathauskeller, das berühmte Restaurant im Untergeschoß des Wiener Rathauses, wo nicht nur vorzügliche Speisen serviert wurden, sondern auch die edelsten Weine aus stadteigenem Anbau. Ich weiß nicht mehr, wann meine Eltern mich das erste Mal Wein trinken ließen, aber ich erinnere mich genau, daß ich dieses wahrhaft himmlische Getränk schon bei diesen frühen Exkursionen sehr genoß, und ich bin froh, daß ich schon damals einen feinen Geschmack dafür entwickelte. Ich glaube fest an sein göttliches Wesen, und ich verdamme seine Gegner als buchstäblich gottlose Häretiker, denn der Wein ist von unserem Erlöser höchst feierlich gesegnet worden.

Manchmal begaben wir uns zum Essen in Rhodes Astoriakeller in der Nähe der Oper. Auch dieses Etablissement verdankte seinen Ruhm seinen besonders erlesenen und gepflegten Weinen. Im Sommer gingen wir oft auf den Kobenzl, eine wunderschön gelegene Hügelkuppe oberhalb von Grinzing, in der Kahlenbergregion. Die prächtige Rokokovilla des Grafen Kobenzl, eines Ministers der Kaiserin Maria Theresia, war von der Stadt Wien angekauft und in eine protzige Herberge für reiche Leute umgewandelt worden. Das angrenzende Gut, das einen großartigen Ausblick auf die Stadt, die Donau, die Ebenen im Osten und die Berge im Südwesten bot, hatte man zu einem riesigen Erholungsgelände mit einer ausgedehnten Terrasse für Hunderte von Gästen ausgebaut. Dort verbrachten wir manchen sonnigen Nachmittag, schlürften unseren Kaffee und lauschten den Klängen einer Militärkapelle, die abwechselnd Ausschnitte aus Opern – wie die maurischen Tänze aus Moszkowskys *Boabdil*, die ich (glücklicherweise) nie wieder gehört habe – und neue amerikanische Melodien spielte, schwungvoll und melancholisch zugleich. Ich könnte sie jetzt nicht mehr identifizieren, weil sie immer mit deutschem Text unterlegt waren, so daß ich in vielen Fällen erst sehr viel später herausfand, daß es sich ursprünglich um amerikanische Lieder handelte.

Es war die Zeit, in der der Cakewalk etwas Modernes und Gewagtes war, vom Tango, der für absolut unsittlich gehalten wurde, ganz zu schweigen. Manchmal gingen wir ins Colosseum, das gewissermaßen eine Mischung aus Vaudeville, Kabarett und Zirkus war; man konnte dort an Tischen sitzen, Kaffee oder Bier trinken und die Darbietungen auf der Bühne verfolgen. Ein weiteres Lokal dieser Art war das Ronacher. Ab und zu besuchten meine Eltern mit den Geilhofers das Budapester Orpheum, ein kleines Theater im zweiten Bezirk, in dem ein jüdisches Ensemble komische Sketche spielte. Ich ärgerte mich über diese Unternehmungen sehr, weil ich nicht mitgenommen wurde, denn das Spektakel galt als etwas schlüpfrig. Die Vorstellungen, die ich mir davon machte, waren wahrscheinlich phantastischer als die Realität. Ich war jedoch so daran gewöhnt, ständig mit meinen Eltern und anderen Erwachsenen zusammenzusein, daß ich es als unfair empfand, auch nur von einer einzigen ihrer Vergnügungen ausgeschlossen zu sein.

Weitere Zerstreuung boten die ersten Filme, die in einem sogenannten Elektrischen Theater gezeigt wurden, einer zeltartigen Scheune in der Währingerstraße auf halbem Weg zur Innenstadt. Das Programm bestand in der Hauptsache aus Wildwestfilmen mit vielen Pferden, die in atemberaubender Geschwindigkeit über die Leinwand jagten. Ein Pianist hämmerte schnelle Musik, wie die *Tell*-Ouvertüre und andere wilde Stücke, und das Ganze kulminierte in einem Geschwindigkeitsrausch, der mir großen Spaß machte. Wenige Jahre später gab es mehr Kinos in der Stadt, und ich erinnere mich besonders gut an die ersten Max-Linder-Filme, die mich besonders verblüfften, wenn der Darsteller gleichzeitig in zwei verschiedenen Rollen erschien.

Neue Aufregung in puncto technischer Fortschritt brachte der

Besuch des französischen Flugpioniers Blériot, 1908, glaube ich, als er in Wien das erste Flugzeug vorführte. Wir gingen zur Rotunde in den Prater, um Blériots zerbrechlichen Apparat zu sehen, der wie aus Pappe und Maschendraht zusammengebaut wirkte. Zu seinem ersten Flug in Aspern gingen wir wohl nicht, weil dort eine große Menschenansammlung erwartet wurde, zumal der Kaiser selbst sein Erscheinen angekündigt hatte, und mein Vater mied größere Menschenansammlungen ängstlich, weil er enge Kontakte mit Proletariern verabscheute und weil meine Mutter im Gedränge erschreckende Anfälle von Platzangst bekam.

Im gleichen Jahr wurde aus Anlaß des sechzigjährigen Regierungsjubiläums von Kaiser Franz Joseph die ganze Stadt in ein Lichtermeer verwandelt. Die Beleuchtungen waren in der Tat sehr prächtig und eindrucksvoll. Ich erinnere mich, daß die neugotische Architektur des Rathauses, in all ihren filigranen Einzelheiten von Abertausenden von Gasflammen nachgezeichnet, wie der Traum eines Zukkerbäckers vom Paradies aussah. Eine ungeheure Menschenmenge bewegte sich langsam über die Ringstraße, um an den weiteren Meisterstücken der Illuminationskunst entlangzugehen. Wir kamen allerdings über das Rathaus nicht weit hinaus, weil meine Eltern, durch eine kleine Störung in der dampfwalzenartigen Fortbewegung der Massen in panischen Schrecken versetzt, entschieden, daß wir sofort ausscheren mußten. Mein Vater war überzeugt, daß er mir das Leben gerettet hatte, aber ich war natürlich sehr enttäuscht, weil mir ein so einzigartiges Spektakel vorenthalten wurde.

Wenige Jahre später wurde in Aspern erstmals ein internationaler Fliegerwettbewerb durchgeführt, der eine Woche dauerte und von da an jeden Sommer abgehalten wurde. Wir gingen regelmäßig hin, und ich interessierte mich ungeheuer für die verschiedenen Vorführungen und Kunststücke, die von Assen wie Rolland Garros oder Chevillard dargeboten wurden. Der letzte dieser Wettbewerbe endete am 28. Juni 1914. Als wir an diesem schönen Sonntagabend von einem Spaziergang durch den Pötzleinsdorfer Wald heimkamen, hörten wir Zeitungsjungen »Extraausgabe« rufen; wir dachten, in Aspern habe es eine Katastrophe gegeben. Die Katastrophe hatte sich aber viel weiter südöstlich ereignet: In Sarajewo waren der Erzherzog Franz Ferdinand und seine Gemahlin ermordet worden.

Noch eine technische Vorführung machte in jenen Vorkriegsjahren von sich reden. Ein deutscher Erfinder zeigte in der Rotunde sein »Fernlenkboot«, ein Schiff, das über Radiowellen ferngesteuert werden konnte. Der Mann war selbst anwesend und erklärte in einem widerlichen deutschen Dialekt sein Miniaturfahrzeug, das in einem extra aufgebauten Becken durchs Wasser pflügte, wenn er die

Steuerknöpfe drückte. Es ist recht interessant, daß von dieser Sache nicht häufiger Gebrauch gemacht wird, obgleich das Prinzip seit mehr als dreißig Jahren bekannt zu sein scheint.

Es beschäftigte meine Phantasie allerdings nicht mehr als die der anderen und jedenfalls nicht in dem Ausmaß wie die Fliegerei, die mein neuester Technikfimmel war. Der lenkbare Ballon gefiel mir nie besonders, obwohl eines der unglückseligen Luftschiffe des Grafen Zeppelin Wien einen Besuch abstattete. Ein ziemlich komisches Nachspiel hatte es, als zwei Wiener Burschen, die Brüder Renner, ein kleines Luftschiff bauten und einige bescheidene Kunststücke zu präsentieren versprachen. Infolge irgendwelcher technischer Komplikationen hoben sie zunächst kaum vom Boden ab, bis sich der Ballon plötzlich losriß und die beiden verblüfften jungen Männer einen Flug in Höhen und über Entfernungen vorführen mußten, die sie nie vorausberechnet hatten, so daß ihr Experiment mit einemmal eine sehr viel größere Bedeutung bekam, als sie erwartet hatten. Mein praktisches Interesse an Flugzeugen wurde durch meinen Vetter Fritz Raab gefördert, der ihre Probleme mit seiner echten technischen Begabung, die inzwischen beträchtlich gewachsen war, heranging.

Erste Begegnung mit den Alpen

Ungefähr 1910 wurde mein Onkel wieder einmal in ein anderes Hauptquartier des Armeekorps versetzt, diesmal nach Innsbruck, der Hauptstadt von Tirol. Da mein Vater damals an der Quartiermeisterschule lehrte, kam er in den Genuß der üblichen dreimonatigen Hochschulferien, anstatt nur zwei oder drei Wochen Urlaub vom Militärdienst zu haben, und wir verbrachten die ganze Zeit bei unseren Verwandten in dem wunderschönen Bergland. Diese drei oder vier Sommer in Tirol haben mein ganzes Leben entscheidend beeinflußt, denn seither habe ich viel Zeit, Energie und Geld darauf verwendet, ja sogar meine Lebensumstände darauf eingerichtet, so lange wie möglich den Bergen nah zu sein. Mit Ausnahme des Schneebergs, den wir gelegentlich vom Wiener Hügelland aus sahen, hatte ich bis dahin keine wirklich hohen Berge kennengelernt, und die erste Reise nach Tirol war ein überwältigendes Erlebnis.

Am Westbahnhof, einem der ältesten Bahnhöfe Wiens, der 1854 für den Empfang der Prinzessin Elisabeth von Bayern, der Braut des Kaisers, erbaut worden war, nahmen wir wieder den langsamen Personenzug. Der Bahnhof war ein wunderschönes, anmutiges Gebäude, ganz und gar nicht für die Zwecke geeignet, die ihn erwarteten, insbesondere nach dem ersten großen Krieg, als die Westbahnstrecke der wichtigste Weg in die zivilisierte Welt wurde. Der erste

Halt war der Vorortbahnhof Hütteldorf, in demselben modernistischen Stil erbaut wie die Stadtbahnstationen des großen Otto Wagner. Dann begann die Bahn, das enge Tal der Wien hinaufzuklettern, fuhr bei Rekawinkel in einem kurzen Tunnel unter den Wienerwaldhöhen hindurch und weiter an hübschen Dörfern vorbei, wo die wohlhabenden Wiener ihre Sommerresidenzen hatten. Danach ging es schnell bergab in die Ebenen Nieder- und Oberösterreichs, fruchtbare Gegenden mit Kornfeldern und Obstgärten. Im Süden konnte man verschwommen die Silhouette der Alpenkette sehen, die um so deutlicher wurde, je weiter wir nach Westen kamen. Wir stießen an einigen Stellen auf die Donau und fuhren durch Linz und das Seengebiet an der Grenze Salzburgs. In der Stadt Salzburg, in die ich mich sogleich verliebte, hatten wir einen zweistündigen Aufenthalt. Danach ging es langsam weiter durch das Salzachtal oberhalb von Hallein, über den sogenannten Luegpaß und durch das Tal des unteren Pinzgaus nach Zell am See, wo man den ersten Blick auf das majestätische Gletschermassiv der Hohen Tauern hatte. Dann wandte sich der Zug nach Norden, näherte sich den kahlen Klippen des Steinernen Meers und hielt eine Weile in Saalfelden, wo man den köstlichsten Kaffee der Welt bekam. Anschließend ging es lange bergauf nach Hochfilzen, die Wasserscheide, die die Tiroler Grenze markiert, und wieder gemächlich bergab bis in das prächtige Becken von Kitzbühel, der pittoresken mittelalterlichen Stadt am Fuße der zerklüfteten Bergwelt des Wilden Kaisers. Wir setzten unsere Talfahrt fort und erreichten das breite Inntal. Kurz nach Kitzbühel kam eine Art Haarnadelkurve, man konnte von dort aus, tief unten im Tal, die Gleise sehen, auf denen der Zug in wenigen Minuten entlangfahren würde, unglaublich weit entfernt und der Richtung, in die wir gerade fuhren, entgegengesetzt – nicht so raffiniert wie die erstaunlichen Spiralkurven der Gotthardstrecke in der Schweiz, aber doch sehr aufregend. Schließlich das weite Tal zwischen Wörgl und Innsbruck, mit seinen alten Städtchen und unzähligen Schlössern, den Häuschen, Gasthöfen, hübschen Villen und Herrenhäusern, die sich über die ganze Ebene und die unteren Hänge verteilten, und am Nord- und Südrand von zwei hohen Gebirgsketten überragt.

Viele, viele Male bin ich in späteren Jahren auf dieser Strecke gereist, bis zu jenem letzten Mal, als ich im Oktober 1937 Österreich verließ, und jedes Mal übte die Strecke einen neuen, unvergeßlichen Reiz auf mich aus, der sich im Lauf der Jahre noch verstärkte, weil sich immer mehr Erinnerungen an viele Orte an dieser Route knüpften und weil es nach 1933 jedes Mal fraglicher wurde, ob es eine nächste Fahrt geben würde. Seltsamerweise erinnere ich mich an die letzte Fahrt im Jahre 1937 am wenigsten, so als hätte ich endgültig damit abgeschlossen, obgleich ich damals noch nicht mit Sicherheit wußte, daß ich die ehrwürdige Route nie wieder fahren würde.

Innsbruck war etwas ganz anderes als die verschlafenen Provinzstädte Nordböhmens, die wir in früheren Jahren besucht hatten. Es war nicht nur die Hauptstadt eines der österreichischen Bundesländer, mit allen Regierungsämtern, Verwaltungsstellen, einer bedeutenden Universität und vielen anderen öffentlichen Institutionen, sondern es war auch ein Zentrum des Tourismus, einer der wichtigsten Verkehrsknotenpunkte Europas und abgesehen davon eine sehr reizvolle Stadt, was künstlerische und archäologische Werte anging. Meine Verwandten wohnten im ersten Jahr in einem Haus am Nordufer des Inns, genau unter der steil ansteigenden Brücke der Drahtseilbahn, die zur Hungerburg hinaufführt. Einer der eisernen Gittermasten stand genau in der Mitte einer kleinen, ostseitigen Erweiterung des Gartens und war für uns Knaben natürlich ein Gegenstand großen Interesses. Alle zehn Minuten hörten wir das charakteristische Klick-Klick der Seilbahn beim Passieren der Rollen, ein leises, sprödes Geräusch, das ich immer noch im Ohr habe.

In diesem Haus wohnten auch meine Großeltern Čižek noch bei meinem Onkel und meiner Tante. Sie waren ihnen aus Gewohnheit in das ferne Bergland gefolgt und weil sie mit sich allein nichts anzufangen wußten. Meine Großmutter starb bald nach diesem Ortswechsel, und der Großvater, der bereits sehr alt war, brach sich im Garten ein Bein und dämmerte in der Folge dahin. Onkel Heinrich, der damals irgendeine Bestätigung gehabt haben mußte, daß er nicht mehr versetzt werden würde, hatte die glänzende Idee, ein eigenes Haus zu bauen, und zwar nur ein paar Meter westlich von seiner ersten Tiroler Bleibe, oben auf einem Hang etwa hundert Meter über dem Inn. Meine Eltern standen diesem Unternehmen äußerst skeptisch gegenüber und registrierten die vielen Hindernisse, die mein Onkel zu überwinden hatte, nicht ohne eine gewisse Genugtuung. Die Ausdauer meiner Verwandten trug schließlich den Sieg davon, und jetzt haben sie vielleicht ein hübsches und relativ komfortables Wohnhaus, abgesehen von der Tatsache, daß es in einem düsteren, quasi ortstypischen Stil erbaut und mit den alten, weitgereisten Gegenständen der Familie ausgestattet war und sehr nachlässig gepflegt wurde. Großvater, der nicht mehr laufen konnte, war in einem der oberen Räume untergebracht und wurde von einem extra für ihn eingestellten Mädchen versorgt, die sich die Zeit mit der Anfertigung einer speziellen Tiroler Spitze vertrieb. Von ihr lernten wir Kinder ein paar Brocken von dem breiten, merkwürdigen Dialekt und verschiedene Tiroler Volkslieder. Mein Onkel und seine Frau waren natürlich sofort in lautstarke Streitigkeiten mit ihren Nachbarn verwickelt, Auseinandersetzungen, von denen einige vor Gericht oder jedenfalls beinahe soweit führten. Im Untergeschoß wohnte ein Hausdiener mit seiner Familie, der sich um den Garten kümmern sollte, und dieses Personal wurde oft ausgewechselt, weil meine Verwandten dazu neigten, sich mit diesen Leuten anzufreunden, und sie dann frech und aufdringlich fanden und als Diebe, Klatschmäuler, unmoralisch, subversiv und was nicht alles entlarvten. Verschiedene Konflikte entsprangen der Tatsache, daß ein Teil des Gartens den Hühnern überlassen worden war, die aus wirtschaftlichen Gründen gehalten wurden. Die richtige Behandlung sowohl dieser Tiere als auch des kleinen Gemüsegartens, der auf den dicht gedrängten Terrassen des Steilhangs hinter dem Haus angepflanzt worden war, bot ständig Anlaß zu hitzigen Diskussionen, was ebenso komisch wie ermüdend war.

Auch Tante Agnes kam nach Innsbruck, oder besser gesagt nach Mühlau, wie dieses Dörfchen am Nordufer des Inns genannt wurde, und beteiligte sich an den stürmischen Unterhaltungen. In späteren Jahren brach sie ganz und gar mit den Raabs und grüßte sie auch auf der Straße nicht mehr. Es scheint, daß das ausgeprägte Zusammengehörigkeitsgefühl für die Familie Raab ebenso charakteristisch war wie das undisziplinierte, hitzige Temperament.

Meine Eltern und ich trennten uns hin und wieder von der lauten Gesellschaft der Hausbewohner und unternahmen lange Spazier- und Erkundungsgänge in den nahen Bergen. Wenn wir den Garten durch die Hintertür verließen, konnten wir in wenigen Minuten das ausgedehnte Netz der schönen Wanderwege erreichen, die sich am Nordhang des Tales, etwa auf halber Höhe zwischen der Talsohle und dem Rand des Hungerburgplateaus, hinzogen. Die Seilbahn brachte uns in wenigen Minuten auf dieses Plateau hinauf, und von da aus gab es wieder viele schöne Wege durch die höhergelegenen Wälder, bis zu den steileren Hängen, die auf die malerischen, zerklüfteten Gipfel der nördlichen Bergkette hinaufführten. Um die Südkette zu erreichen, mußte man mit der Straßenbahn durch die ganze Stadt fahren, bis zur Endstation Isel. Dieses Heiligtum der Tiroler, das dem Andenken ihres Nationalhelden Andreas Hofer gewidmet ist, des Bauernführers, der dort zur Zeit Napoleons die Franzosen und die Bayern zurückgeschlagen hatte, wurde von einem Tunnel der Südbahn durchbohrt, die kurz dahinter begann, durch das Wipptal zum Brenner hinaufzuklettern, dem Tor zum Märchenland Südtirol, und dann weiter nach Italien fuhr. Die unglaubliche Trägheit und Zaghaftigkeit meiner Eltern hielten uns davon ab, dort hinunterzufahren und dieses unsagbar schöne Land zu sehen, bevor es 1918 Österreich fortgenommen wurde. Es wäre ein außergewöhnliches Erlebnis für mich gewesen, nicht zu vergleichen mit der Stippvisite in den Dolomiten im Jahr 1933, die mich in heftige nervöse Erregung versetzte und mit tiefer Melancholie erfüllte.

Vom Berg Isel aus konnte man entlang der östlichen Brennerstraße zu den luxuriösen Gasthöfen von Igls hinaufwandern, dem ersten Dorf auf dem Südplateau, das sehr viel größer war als das Plateau der Nordkette. Man konnte auch mit der Schmalspurbahn hinauffahren, die riesige Mengen von Rauch und Asche ausspuckte. Sie fuhr an dem berühmten Schloß Ambras vorbei, das eine ungeheure Sammlung von Kunstschätzen und seltsamem Plunder beherbergte, die man im fünfzehnten und sechzehnten Jahrhundert dort zusammengetragen hatte, und durchquerte schöne Dörfer mit den reizvollen Namen Lans und Sistrans, überragt von spitzen, grünen Kirchtürmen. Große Wälder wechselten mit hellen, von Teichen und kleinen Seen aufgelockerten Wiesen, die immer wieder die Sicht auf die atemberaubende Nordkette und einige sonderbar geformte Gipfel der Berge Westtirols freigaben. Am aufregendsten fand ich den Ausblick von Igls ins Stubaital, das im Westen von einem Halbkreis herrlicher Gletscher abgeschlossen wird. Ich hatte noch nie so viele aus so großer Nähe gesehen und war hingerissen von diesem Panorama. Diese Faszination hat seither nichts von ihrer Macht eingebüßt, wie viele Gletscher ich auch inzwischen gesehen habe.

Nur einmal in diesen Jahren haben wir einen richtigen Berg bestiegen, den westlichsten und am leichtesten zugänglichen Gipfel der Südkette, den Patscherkofel, dessen kahle Graskuppe eine Höhe von mehr als zweitausendzweihundert Metern hat, was von Igls aus immerhin einen Anstieg von elfhundert Metern bedeutete. Nicht weit unterhalb des Gipfels befand sich eine der ausgezeichneten Berghütten des Deutschen und Österreichischen Alpenvereins, eigentlich eine Art Gasthof, in dem recht üppige Mahlzeiten zu haben waren. Dieser Verein hat hervorragende Arbeit geleistet, indem er nicht nur ambitionierten Bergsteigern die gründliche Erkundung der Alpen ermöglichte, sondern auch der weniger professionell ausgerüsteten Allgemeinheit dieses Gebiet erschloß. Schöne Wanderwege, nach bestimmten Maßstäben wie Steigung, Bodenbeschaffenheit und ähnlichen Kriterien angelegt, führten zu Hunderten von gut ausgestatteten Hütten hinauf, von denen viele später kaum noch von komfortablen Gasthöfen zu unterscheiden waren. Sie standen an allen wichtigen Punkten, so daß man praktisch jeden Gipfel der Alpen besteigen konnte, ohne die Nacht im Freien verbringen zu müssen.

Der Hauptfehler des Alpenvereins bestand darin, daß er keine österreichische, sondern eine deutsche Organisation war und die Mitgliedschaft Deutschen und deutschsprechenden Österreichern vorbehalten war. Schon damals, in jener Vorkriegszeit, gab es einige Sektionen, die keine Juden als Mitglieder aufnahmen. Dadurch wurden die österreichischen Alpen eine Art deutsches Reservat, zu dem nichtgermanische Einwohner des Reiches sozusagen nur als Gäste zugelassen waren. Das gehörte zu den Dingen, die niemals hätten geschehen dürfen, und in der Zeit des Kampfes um die österreichische Unabhängigkeit erwies es sich als katastrophal. Wie dem auch sei, der verdienstvolle Teil der Einrichtung war perfekt; kein Bürger irgendeines Landes hatte so mühelosen und angenehmen Zugang zu den höchsten Bergregionen wie die Österreicher. Die Aussicht vom Patscherkofel war als eine der schönsten im Bereich der Ostalpen bekannt, denn dieser Berg liegt dem grandiosen Halbkreis der Stubaier Gletscher genau gegenüber und gewährt zugleich weiten Ausblick auf die ganze Kette der nördlichen Kalkalpen mit ihren wilden, phantastisch geformten Gipfeln, auf die Stadt Innsbruck und auf das dicht besiedelte Tal weit unten im Dunst.

Von diesem Tag an wußte ich, daß mir niemals etwas größere Freude machen würde als der Blick von einem Berggipfel, und die Vorstellung, einen Berg zu besteigen, gehört seitdem zu den wenigen Dingen in meinem Leben, die mich in einen Zustand heller Aufregung und leidenschaftlicher Begeisterung versetzen können. Dabei interessiert mich nichts als die Aussicht, und während ich den Berg besteige, kann das Erscheinen eines kleinen Wölkchens am Himmel unerträgliche Hysterie in mir auslösen, weil ein Teil des versprochenen Panoramas verschleiert sein könnte.

Seit unserem ersten Besuch in Tirol studierte ich Reiseführer und übte mich im Lesen von Landkarten, indem ich Entfernungen maß und Profile zeichnete, um genau zu ermitteln, welche Objekte von einem bestimmten Punkt aus zu sehen waren, und es verschaffte mir einige Befriedigung, daß ich, als ich nach Amerika kam, in der Lage war, anhand einer Karte der Rocky Mountains den einen Ort auszuwählen, der mir genau das bieten würde, was ich suchte: Bear Lake in den Bergen von Colorado. Genauso konnte ich auch allein durch einen Blick auf die Landkarte die unbefriedigenden Verhältnisse an einem bestimmten Ort in New Mexico vorhersehen, der als reizvoller Sommerurlaubsort angepriesen wurde. Ich bin froh darüber, daß ich in späteren Jahren Gelegenheit bekam, mich mit der Bergwelt vieler Länder vollständig vertraut zu machen. Und doch hat diese Vertrautheit meinen Sinn die außergewöhnliche Natur des Gebirges nicht getrübt. Ich bin immer noch fähig, die »Bergangst« zu erleben, die zu den aufwühlendsten Erfahrungen meines Lebens gehört.

Während dieser Besuche in Tirol sahen wir mehr Ausländer als je zuvor, denn in Wien besuchten wir die Orte nicht, wo sie sich aufhielten. In Innsbruck jedoch drängten sich Besucher aus aller Herren Länder, und man konnte in den Straßen viele Sprachen hören. Die Deutschen erschienen uns dabei exotischer als viele Menschen aus wesentlich weiter entfernten Ländern. Die Sachsen fanden wir besonders unangenehm, insbesondere seit wir in der Berghütte auf dem Patscherkofel einen Angehörigen dieses sprichwörtlich knauserigen Volkes dabei beobachtet hatten, wie er ein Bier bestellte und es mit Wasser verdünnte, um seine schrecklich aussehende Familie zu beschwichtigen. Es ist seltsam, wie viele belanglose Vorfälle im Gedächtnis haften bleiben. Wenn ich von einer neuen Schandtat höre, die die verfluchte deutsche Nation verübt hat, denke ich immer an das barbarische Verhalten dieses Kerls zurück, der lammfromm und zugleich dreist aussah, und das scheint irgendwie alles zu erklären.

Gymnasialzeit

Im Herbst 1911 wechselte ich von der Volksschule ins Gymnasium über, das gewissermaßen als das Gegenstück zur amerikanischen High School bezeichnet werden kann. Es hat jedoch eine andere Tradition und andere Strukturmerkmale. Das Gymnasium stellte einen Schultyp dar, der als Mittelschule bezeichnet wurde und zwischen der Volksschule und den Institutionen vom Rang einer Universität, den Hochschulen, einzuordnen war. Von der Mittelschule gab es zwei Typen: das Gymnasium und die Realschule. Ersteres dauerte acht Jahre und war der ältere Typ. Sein Curriculum stützte sich auf die klassischen Sprachen, wobei Latein in allen acht und Griechisch in den höheren sechs Klassen gelehrt wurde. Es war ursprünglich die einzige Schule, nach deren Abschluß man zur Universität überwechseln konnte. Die Realschule hatte nur sieben Klassen, keine klassischen Sprachen auf dem Lehrplan und legte mehr Gewicht auf die Naturwissenschaften und die Mathematik. Französisch war obligat und Englisch ein Wahlfach, wogegen im Gymnasium eine oder beide Sprachen als Wahlfächer gelehrt wurden. Von der Realschule konnte man auf die Technische Hochschule oder andere Institute vom Rang einer Fachhochschule überwechseln, etwa auf die landwirtschaftliche Hochschule oder auf die Hochschule für Bergbau. Diese Schulen wurden mit einem Diplom oder allenfalls mit einem Doktorgrad in den Technischen Wissenschaften abgeschlossen, doch diese Doktortitel wurden im Vergleich zu den echten Doktorgraden in Philosophie, Jura, Medizin und Theologie, die ausschließlich an Universitäten erworben werden konnten, als zweitrangig angesehen.

In jüngerer Zeit war eine Mischform der Mittelschule entstanden, das Realgymnasium, das den Schwerpunkt auf technische Fächer legte und die Sprachen Latein und Französisch, aber kein Griechisch lehrte. Es gewährte einen beschränkten Zugang zum Universitätsstudium. Da mein Vater immer noch die Vorstellung hatte, daß ich mich auf eine Position im höheren Verwaltungsdienst des Staates vorbereiten solle, wozu ein Doktor in Jura erforderlich war, war es klar, daß ich das Gymnasium besuchen mußte. Es war auch einer der Herzenswünsche meines Vaters, daß mir jene Bildung zuteil werden sollte, nach der er sich selbst so gesehnt hatte, und er war ungeachtet seiner Amtspflichten zumindest theoretisch entschlossen, wenigstens in den klassischen Sprachen und in Geschichte an meinen Studien teilzunehmen. Natürlich wurde nicht viel daraus, zumal der Krieg 1914 alle derartigen Pläne zunichte machte. Ich erinnere mich aber, daß mein Vater selbst in den drei kurzen Jahren bis dahin an allen meinen Studien lebhaft Anteil nahm, und er wäre vielleicht wirklich eine Art Privatgelehrter geworden, nachdem etwa um 1920, wenn ich nicht irre, seine Versetzung in den Ruhestand vorgesehen war, und er wäre dann erst wenig älter als fünfzig gewesen. Ich bin sicher, daß das der Traum seines Lebens war und daß er sich darauf freute, sich für die Entbehrungen seiner Jugend entschädigen zu können. Ich hätte ihm dabei Hilfestellung leisten können, auf dem Hintergrund der finanziellen Sicherheit, die er sich durch seine Plackerei in einem ungeliebten Beruf geschaffen hatte. Aber das Schicksal hatte etwas anderes mit uns vor.

Das Gymnasium, Teil des öffentlichen Schulsystems und vom Staat verwaltet, war in einem relativ neuen, hellen und geräumigen Gebäude in der Klostergasse untergebracht, wiederum nur wenige Straßen von unserem Wohnhaus entfernt. Es war nicht so berühmt wie manche Gymnasien im Zentrum der Stadt, aber es war in der Tat eine sehr gute Schule. In den acht Jahren meiner Schulzeit dort wurde das Fundament für meine geistige Haltung gelegt, und den größten Teil meines Sachwissens auf den verschiedenen Gebieten habe ich mir damals dort angeeignet. Der Unterricht begann an jedem Wochentag um acht Uhr und endete um zwölf oder um eins. Die Nachmittage waren frei, mit Ausnahme von einigen Wochenstunden in den Fächern Zeichnen und Leibesübungen. Daher hatten wir viel Zeit zur eigenen Verfügung, aber weil wir eine beträchtliche Menge von Hausarbeiten zu erledigen hatten, erzog das System seine Schüler schon früh zu einer selbständigen und vernünftigen Zeiteinteilung. Die Teilnahme am Unterricht war für alle obligatorisch, nur wenige Fächer wie Französisch und Musik waren freiwillig. Der Musikunterricht beschränkte sich auf den Chorgesang, der vor allem für den Sonntagsgottesdienst bestimmt war, an dem alle katholischen Schüler teilnehmen mußten. Es gab auch ein Schülerorchester, eine vollkommen freiwillige Einrichtung, das jedes Jahr im Spätfrühling ein Konzert mit ganz einfachen Stücken, Märschen, Ouvertüren in leichten Arrangements und dergleichen mehr gab. Das Orchester spielte auch in den Pausen der kleinen Theaterstücke, die während einiger Jahre aufgeführt wurden, als ein Lehrer, der sich besonders dafür interessierte, an der Schule tätig war. Im ganzen spielten die Künste im Unterricht eine sehr unbedeutende Rolle und wurden nur im Zusammenhang mit anderen Gegenständen berücksichtigt, Architektur und bildende Kunst zum Beispiel im Zusammenhang mit den klassischen Sprachen – im Hinblick auf die Archäologie – und mit der Religion, die Literatur im Zusammenhang mit den Sprachen und so weiter.

Musik wurde kaum jemals erwähnt, da sie nirgends hineinpaßte. Kern des Bildungsprogramms waren, gemäß der uralten Tradition der Lateinschule, die klassischen Sprachen, mit Schwerpunkt auf der logischen Struktur von Grammatik und Syntax. Ich bin von der Richtigkeit dieser Lehre immer noch völlig überzeugt, und keine spätere Erfahrung hat mich je im geringsten daran zweifeln lassen. Ich glaube fest daran, daß diese Schulung den Geist eines Menschen auf sehr klare und gesunde Weise formt, so daß er sich von Personen, die diesen Unterricht nicht genossen haben, für immer grundlegend unterscheidet. Es ist die beste Schule für logisches Denken, mit einer breiteren Perspektive und besseren Ergebnissen als selbst ein Mathematikunterricht, weil sie sich beständig mit dem lebenden Organismus der Sprache beschäftigt und deren unberechenbare und willkürliche Züge berücksichtigt, die vielsagenden Spuren der Menschheitsgeschichte. Nur kurzsichtige Utilitaristen können die törichte Meinung vertreten, daß mit dem Studium der modernen, so viel »praktischeren« Sprachen das gleiche Ziel zu erreichen sei. Theoretisch vielleicht, aber bei den lebenden Sprachen steht der zukünftige Gebrauch als Kommunikationsmittel im Alltag so sehr im Vordergrund, daß die philosophischen und ästhetischen Aspekte der Sprache als Symbol für die geistige Realität kaum wirksam zur Geltung gebracht werden können oder nur sehr spät, in einer weit fortgeschrittenen Phase des Studiums. Der Unterricht in den klassischen Sprachen schafft auch ein Verständnis für Geschichte, welches ohne diese Schulung nur sehr wenige Menschen erwerben, und er bildet die Fähigkeit aus, in Abstraktionen und Verallgemeinerungen zu denken, welche die Grundlage für einen philosophischen Geist ist.

Tausendmal in meinem Leben wurde ich in dieser Überzeugung bestärkt, wenn ich das hoffnungslose intellektuelle Dilemma beobachtete, in das sowohl Schüler als auch Erwachsene verstrickt waren, die keine derartige Schulung gehabt hatten, sobald von ihnen erwartet wurde, daß sie ein Problem analysierten, Wesentliches und Unwesentliches auseinanderhielten, ihre Beobachtungen logisch ordneten, Elemente nach übergreifenden Gesichtspunkten klassifizierten und aus ihren Ergebnissen Schlüsse zogen. Der unablässige Drill, dem wir unterzogen wurden, wenn wir komplizierte lateinische und griechische Sätze zu entwirren hatten, ist mir seitdem stets bei der Lösung intellektueller Probleme auf jedem Gebiet nützlich gewesen. Churchills Witz, er glaube, er sei in Englisch so gut, weil er in Harrow* das Lateinische vernachlässigt habe, scheint mir nicht glaubwürdig, wohingegen Karl Kraus' Paradoxon, er sei der bedeutendste deutsche Stilist seiner Zeit geworden, weil er in der Schule dem Deutschen keine Beachtung geschenkt und sich statt dessen auf das Lateinische konzentriert habe, absolut überzeugend klingt.

Und was den »praktischen« Nutzen unserer Studien anbelangt, so bin ich sicher, daß wir klassischen Humanisten imstande sind, jeden utilitaristischen Spezialisten jederzeit auf seinem eigenen Gebiet zu schlagen. Ich würde es mir ohne weiteres zutrauen, nach einer kurzen Zeit der Einweisung ein Warenhaus, eine Telefonvermittlung oder eine Eisenbahndienststelle ebenso effizient zu leiten wie jemand, der jahrelang eine spezielle Berufsschule besucht hat, um das zu lernen. Ich weiß, daß das die Stimme eines Rufenden in der Wüste ist, in einer Zeit, in der niemand willens zu sein scheint, auch nur eine einzige Stunde auf einen Gegenstand zu verwenden, ohne sofort zu erfahren, wie, wo und wann er die paar kümmerlichen Tatsachen, die er sich in dieser Stunde angeeignet hat, an den Mann bringen kann. Dennoch müßte es offenkundig sein, daß jemand, der Warenhausverwaltung oder Wäschereikunde oder Haushaltswissenschaft oder wie auch immer diese neumodischen »akademischen« Fächer heißen mögen, »studiert« hat, nur ein paar klägliche Tricks gelernt hat, die wahrscheinlich sowieso überholt sein werden, wenn er in die Lage kommt, sie anzuwenden, während er in jeder anderen Hinsicht völlig unwissend bleibt. Ich behaupte allen Ernstes, daß nur die »unpraktischen« Studien wirklich nützlich sind. Es gibt nur wenige Dinge in meinem Leben, über die ich so glücklich bin wie über das unschätzbare Privileg, daß ich in den besten Jahren meiner Jugend ausschließlich so völlig »unpraktische« Gegenstände studieren durfte.

Einer der Einwände, die gewöhnlich gegen solche pädagogischen

* Berühmte englische »Public School«

Lehren erhoben werden, ist der, daß diese Art der Bildung bei den meisten Schülern, die sich ihr unterziehen, vergeudet sei. Das ist insofern richtig, als viel zu viele junge Menschen zur Absolvierung eines humanistischen Gymnasiums gezwungen wurden, weil das Abgangszeugnis für viele berufliche Laufbahnen unerläßlich und für so manche andere eine willkommene Empfehlung ist. Genauso und aus den gleichen Gründen werden zu viele junge Leute durch das amerikanische College geschleust; der einzige Unterschied besteht darin, daß die amerikanischen Colleges ihre akademischen Grade als notwendige Voraussetzung zur Bewältigung aller Lebenslagen ausgeben müssen, um eine ausreichende Anzahl von Studenten für die Erhaltung des Collegesystems zu bekommen, wohingegen in jenen europäischen Ländern, in denen die Erziehung fast ausschließlich Sache des Staates war, kommerzielle Gesichtspunkte weniger entscheidend waren, auch wenn der Steuerzahler eine Senkung der Ausgaben sicher zu schätzen gewußt hätte. Natürlich tat die Bildungsbürokratie wahrscheinlich alles in ihrer Macht Stehende zu ihrer Erhaltung, indem sie die Notwendigkeit einer humanistischen Bildung für jeden nur denkbaren Beruf propagierte. Und vielleicht sollte ich mehr Mitleid mit jenen armen Schulkameraden haben, die immer zitternd und bebend der nächsten Prüfung harrten und die Segnungen des Humanismus auf ewig verfluchten, und auch mit ihren unglücklichen Eltern, die die Lehrer in demütigendster Weise um Milde baten, damit die Opfer, die sie gebracht hatten, um ihren Sprößlingen eine glänzende Karriere als Post- oder Eisenbahnbeamte zu sichern, nicht aufgrund der intellektuellen Schwächen der Kinder vergeblich waren.

Ich glaube, es ist wahr, daß, wie mein guter Freund Artur Schnabel sagt, die Demokratisierung des Bildungswesens unvermeidlich zu einer ständig wachsenden Produktion zusätzlicher Dummheit führt. Daß dem so ist, läßt sich durch die Tatsache belegen, daß schon damals, vor zwanzig oder dreißig Jahren, die Verhältnisse zu ernsten Diskussionen darüber führten, wie man den hochbegabten Schülern eine angemessene Bildung sichern könnte, während heute allein das Problem der Überlegung wert zu sein scheint, wie Bildung den Schwachköpfen schmackhaft gemacht werden könnte, die wahrscheinlich mit Recht als die durchschnittlichen Vertreter der heutigen Menschheit gelten.

In den ersten beiden Jahren meiner Gymnasialzeit wurden wir in zwei getrennten Klassen unterrichtet, damit jeder Klasse nicht mehr als fünfundzwanzig Schüler angehörten, mit der Perspektive, daß später, wenn eine Anzahl von Schülern wegen ungenügender Leistungen oder aus anderen Gründen ausgeschieden war, die beiden Klassen zusammengelegt werden sollten. Ich weiß nicht mehr, wann diese Zusammenlegung für meinen Jahrgang vollzogen wurde, aber ich glaube, daß es nach dem zweiten Schuljahr war. In der Klasse, die als A-Klasse bezeichnet wurde, befanden sich alle Juden und Protestanten, während sich die B-Klasse ausschließlich aus Katholiken zusammensetzte. Obgleich diese Einteilung angeblich, und vielleicht auch in Wirklicheit, nur administrative Gründe hatte, war sie gewiß nicht vernünftig, weil die B-Klasse automatisch ein besseres Ansehen genoß. Wie die Katholiken ausgewählt wurden, die in der A-Klasse mit ihren ungläubigen Klassenkameraden auskommen mußten, weiß ich nicht. Auch kann ich nicht sagen, ob ich zu naiv war, um bei Lehrern oder Schülern antisemitische Tendenzen zu erkennen, oder ob solche tatsächlich nicht zu beobachten waren. Wenn bestimmte jüdische Schüler Feindseligkeiten seitens der Lehrer ausgesetzt waren, schien mir das immer durch ihre schwachen schulischen Leistungen bedingt zu sein, und mit Sicherheit erfuhren viele nichtjüdische Schüler die gleiche Behandlung.

Ich gestehe – beschämt, wenn das von mir erwartet wird –, daß ich von Anfang an ein sehr guter Schüler war, stets der Erste oder Zweite in meiner Klasse, und wenig Verständnis für die Schwierigkeiten aufbrachte, unter denen viele der weniger begabten Knaben zu leiden hatten. Alle Fächer erschienen mir sehr leicht und die meisten auch sehr interessant, außer Mathematik, darin war meine Leistung unter dem Durchschnitt. Ich glaube, ich bekam in diesem Fach wiederholt bessere Noten, als ich verdiente, was dem Klassenvorstand, dem »Ordinarius«, zu verdanken war, der sich für mich einsetzte, weil ich sonst sehr gut war und besonders in den klassischen Sprachen, die schließlich den Kern des Lehrplans bildeten, glänzte. Das verbesserte die Laune, mit der der Mathematiklehrer, ein möglicherweise ehrgeiziger junger Mann, mir normalerweise in der Klasse gegenübertrat, nicht gerade, so daß ich in den ersten zwei Jahren einige unerfreuliche Stunden durchzustehen hatte.

Später hatten wir in Mathematik einen anderen, eher schicksalsergebenen Lehrer, und mein Ansehen als Koryphäe in den altsprachlichen Fächern festigte sich bald so, daß ich mir nicht viel Sorgen um die Sache zu machen brauchte. In den letzten Jahren hatten wir einen komischen alten Knaben, der bald pensioniert werden sollte und angesichts des von der ganzen Klasse offen bekundeten Desinteresses an seinem Fach völlig hilflos war. Heute bedaure ich, daß ich in Mathematik nie einen inspirierenden Lehrer gehabt habe, so daß ich erst den Umweg über die Zwölftontechnik gehen mußte, um zu entdecken, was für ein faszinierender Gegenstand die Mathematik ist. Aber da, zehn oder zwölf Jahre nach Abschluß der Schule, war es zu spät, das Versäumte nachzuholen.

Ein weiteres Fach, das mich überhaupt nicht interessierte, war die Leibeserziehung, und das schien durchaus der von Schülern und Lehrern gleichermaßen vertretenen Einstellung zu entsprechen. Der Unglückliche, der dieses Fach zu lehren hatte, war eine Zielscheibe allgemeinen Spottes, und es war nicht einmal besonders schlau, sondern eher eine Routineangelegenheit, seine Stunden so oft wie möglich zu schwänzen. In der schönen Jahreszeit wurden wir einmal wöchentlich dazu angehalten, irgendwo auf einer kümmerlichen Wiese, einer Art unbebautem Grundstück zwischen Mietshäusern, Wettspiele auszutragen. Kurze Zeit fand ich mäßigen Gefallen daran, Fußball zu spielen, eine Sportart, für die ich noch eine ganze Weile hin und wieder ein gewisses Interesse aufbrachte, weil für das Ausarbeiten der erforderlichen strategischen Vorgehensweisen leichte gedankliche Übungen nötig waren. Aber meine Abneigung gegen körperliche Anstrengung brachte es mit sich, daß ich ein sehr schlechter Spieler war, und bald unterließ ich die Teilnahme an diesen Aktivitäten, zumal auch meine Eltern diese Vergnügungen im allgemeinen mißbilligten, weil man sich dabei eine Erkältung zuziehen und den Organismus überanstrengen konnte. Sie waren auch dagegen, daß ich Schwimmen lernte, und ein paar vereinzelte Versuche, diese Kunst in späteren Jahren zu meistern, blieben ganz und gar erfolglos. Heute fühle ich einen starken Minderwertigkeitskomplex, wenn ich anderen beim Schwimmen zusehe, und in einer Art Abwehrreaktion behaupte ich, daß es für mich ein unlösbares Rätsel ist, wie sich jemand über Wasser halten kann. Natürlich bin ich mir der Torheit dieser Ansicht durchaus bewußt, was aber nur bewirkt, daß ich mich noch fester hineinverbeiße.

Der einzige Sport, dem ich vor dem ersten Krieg zwei oder drei Winter lang nachging, war Eislaufen, was meinen Eltern annehmbar erschien, weil meine Mutter in ihrer Mädchenzeit auch Schlittschuh gelaufen war. So ging ich mit ihr in den Türkenschanzpark, der auf seinen hübsch gestalteten Teichen einladende Eislaufplätze bot. Ich war aber weder gut genug trainiert noch geschickt genug, um es weiter zu bringen, als einfach immer im Kreis herumzulaufen, was mir eine Zeitlang viel Spaß machte. Im allgemeinen machte ich die Erfahrung, daß körperliche Leistungen anderer eine große Herausforderung für mich sind, und ich bin stärker geneigt, fast alles auszuprobieren, als man mir ansehen mag. Ich habe allerdings nicht die geringste Ausdauer oder Geduld, und nach wenigen Versuchen, die natürlich erfolglos sind, gebe ich das Ganze so schnell wieder auf, wie ich es angefangen hatte. In späteren Jahren war Golf das einzige Spiel, das ich lernen wollte, weil es mir würdevolle und vergnügliche Bewegungen in sich zu vereinigen schien und alles alberne und vergebliche Laufen und Springen ausschloß, das die meisten anderen Spiele in meinen Augen lächerlich machte. Nach vielen Jahren nahm mich ein Freund in Ann Arbor schließlich auf den Golfplatz mit und ließ mich seine Gerätschaften ausprobieren. Ich glaube, daß ich einen oder sogar zwei Schläge versuchte. Als dabei geschah, was jeder, auch ich, erwartet hatte, gab ich es auf und wußte, daß mein letzter Traum von körperlicher Ertüchtigung ausgeträumt war.

Gesellschaftsspiele interessierten mich nur wenig mehr, bis ich, ebenfalls in jenen Jahren, das Schach für mich entdeckte. Es wurde zu einer wahren Leidenschaft. Mit Hilfe eines gründlichen Lehrbuchs studierte ich es so systematisch wie nur irgend etwas. Ich glaube, daß ich im Schachspiel eine bemerkenswerte Geschicklichkeit erwarb, aber während des Krieges versiegte meine Begeisterung unter dem Druck wichtigerer Verpflichtungen, und jetzt bin ich nur ein mittelmäßiger Spieler, obgleich ich von diesem unglaublich genialen Spiel immer noch fasziniert bin. Einige wenige Versuche im Kartenspiel erwiesen sich als vollkommen hoffnungslos, weil ich das Blatt nicht einmal richtig in der Hand halten konnte und beim Unterscheiden der einzelnen Karten ständig ärgerliche Fehler machte, so daß mich die ganze Sache bald ebenso langweilte, wie meine Ungeschicklichkeit meine Partner in Harnisch brachte. Ich bin sicher, daß manche Schwierigkeiten, auf die ich in meiner Laufbahn stieß, auf meine Unfähigkeit zurückzuführen waren, mich an jenen gesellschaftlichen Aktivitäten zu beteiligen, die den meisten Menschen als Gelegenheit zu ungezwungener Begegnung dienen.

Von der Lektüre, die mich in jener Zeit beschäftigte, erinnere ich mich am lebhaftesten an den Roman *Die Pickwickier* von Dickens, der mich außergewöhnlich amüsierte. Ich beschloß sofort, eine Geschichte in derselben Art zu schreiben, und füllte viele Seiten mit den Reiseabenteuern eines gewissen Herrn Bunkel, den ich selbst erfunden hatte. Dieses Opus war wahrscheinlich ebenso von Daudets *Tartarin von Tarascon* beeinflußt, insbesondere von Tartarins Erlebnissen in den Alpen. Ich hatte angefangen, bei einem Fräulein Stangelberger Privatunterricht in Französisch zu nehmen. Sie war eine gutmütige alte Jungfer und lebte mit ihrer sehr alten und winzigen Mutter ein paar Straßen weiter östlich. Sie stand mit einer Engländerin ähnlichen Wesens in Verbindung, die Englischstunden gab. Von dieser Gelegenheit machte ich aber keinen Gebrauch, da eine Fremdsprache zusammen mit den beiden klassischen Sprachen, die ich in der Schule lernte, zu genügen schien, und folglich lernte ich erst richtig Englisch, als ich nach Amerika kam.

Ich hatte das Glück, einige meiner ersten Gymnasiallehrer sehr gern zu mögen, insbesondere zwei von ihnen. Dr. Grünwald, der unser erster »Ordinarius« war, unterrichtete Latein und möglicherweise auch Deutsch. Er war ein freundlicher Herr mittleren Alters, klein, schlank und zart. Er muß kränklich gewesen sein, denn er sah oft grau und zerknittert aus und trug dann einen schmerzlichen Ausdruck auf seinem sanften Gesicht. Er war zwar vielleicht kein sehr anregender Lehrer, aber wir mochten ihn sehr und arbeiteten gern für ihn, weil wir eine große Herzensgüte bei ihm spürten. Dr. Dostal unterrichtete Geographie und, zumindest zeitweilig, Geschichte. Er war ganz anders, ein fröhlicher, korpulenter Mann in den Fünfzigern, mit einer rötlichen Nase, die seine Wertschätzung für ein Glas guten Weins verriet. Er machte sein Fach den Schülern dadurch hochinteressant, daß er seine Vorträge mit unzähligen Geschichten von seinen Reisen ausschmückte, die in seinen Erzählungen ausgedehnter wirkten, als sie wohl tatsächlich gewesen waren. Zugleich besaß er ein sehr anerkennenswertes Faktenwissen und verstand es auch, wissenschaftliche und weltliche Sichtweise auf ansprechende Art zu kombinieren. Es ist gut möglich, daß ich ihm meine unverminderte Neugier auf geographische Fakten und mein Geschick im Umgang mit Landkarten verdanke. Wir alle bedauerten es sehr, daß er in den höheren Klassen nicht unterrichtete, blieben aber gleichwohl in Kontakt mit ihm.

Ein seltsamer Mensch war unser Religionslehrer, Pfarrer Franz Gmeiner. Er war ungewöhnlich eitel und bemühte sich angestrengt, der beliebteste Lehrer der ganzen Schule zu sein. Er war auch für die Musik verantwortlich und leitete den Kirchenchor und das Schulorchester, wobei er eine recht hohe Meinung von seinem musikalischen Urteilsvermögen und seinen Fähigkeiten hatte. In der Sonntagsmesse hielt er die Predigt, und er leitete auch die Exerzitien zu Ostern, die für katholische Schüler obligatorisch waren. Obgleich er seine Amtspflichten recht großtuerisch versah und sowohl in religiösen als auch in schulischen und privaten Belangen sehr gern als Beichtvater der Schüler fungieren wollte, hatte er in bezug auf seinen Lehrauftrag ziemlich liberale Ansichten. Viele Male nutzte er die Unterrichtsstunde zu stiller Lektüre oder zur Erledigung privater Geschäfte und ließ die Schüler tun, was ihnen gefiel, unter der Bedingung, daß sie sich ruhig verhielten. Kein Wunder, daß er beliebt war. In den höheren Klassen unterrichtete er in den Religionsstunden Stenographie, was selbst mit viel Phantasie schwer zu erklären war. Ich weiß nicht, wie er bei alledem ungeschoren davonkam, denn diese Dinge müssen seinen Vorgesetzten in der Schule und in der Kirche bekannt gewesen sein. Er ging sogar so weit, uns am Tag vor dem gefürchteten Generalexamen die

Prüfungsfragen zu verkündigen, was eindeutig höchst unstatthaft war. Trotz all dieser Gesten, die offenbar den Zweck hatten, um jeden Preis die Sympathie der Schüler zu gewinnen, mochte ich ihn nicht besonders.

Eine ziemlich jämmerliche Figur war Dr. Mühlhauser, Lehrer der Naturgeschichte, Physik und Chemie, der trotz oder vielmehr wegen seiner Gebrechlichkeit – er schien einen Schlaganfall oder ähnliches erlitten zu haben – den grausamen Scherzen der gefühllosen Jugend ausgesetzt war. Er sah wie Nietzsche aus, und es war sehr leicht, ihn zu wirklich schrecklichen Wutausbrüchen zu bewegen, dann schrie und kreischte er wie wahnsinnig. Vor allem in seinen Chemiestunden war es schwer, ernst zu bleiben, weil oft im entscheidenden Moment, nachdem er ein Experiment sorgfältig vorbereitet hatte, und nach vielen ärgerlichen Fehlern etwas zu Bruch ging oder mit erfrischendem Knall explodierte und das Klassenzimmer mit kolossalem Gestank erfüllte, so daß der Unglückliche seine Demonstration mit den Worten schließen mußte: »Wenn das Experiment gelungen wäre, hätten wir dies und jenes gesehen«, ein Ergebnis, das wir ihm auch hätten glauben können, ohne vorher eine Stunde lang umständliche Vorbereitungen mitangesehen zu haben.

Ein anderer komischer Kauz war Dr. Schindler, der in den höheren Klassen Deutsch unterrichtete. Er wollte als der bestgekleidete Mann in der Schule gelten, als ihr *arbiter elegantiarum*, und machte Bemerkungen über unser Aussehen, unsere Kleidung, das soziale Benehmen und dergleichen mehr. Er sah nicht besonders gut aus, denn er hatte, was wir zwei linke Füße nannten, aber es gelang ihm, als der zu erscheinen, der er sein wollte, indem er uns eine blendende Darbietung sorgfältig gebügelter Hosen, ausgefallener, blanker Schuhe, bunter Krawatten, parfümierter Stecktaschentücher und schöner Samthüte gab. In die Hüte war ich besonders vernarrt, und ich war unheimlich stolz, als er eine anerkennende Bemerkung über einen meiner eigenen Hüte machte, ein recht teures Exemplar, das ich meinen Eltern abgelistet hatte, um der Eleganz des Dr. Schindler nacheifern zu können. Erst viel später vermutete ich bei ihm homosexuelle Neigungen, als ich nämlich einiges über solche Dinge gehört hatte und mir einfiel, daß er mich einmal in seine Wohnung bestellt hatte, weil ich dort eine Arbeit abliefern oder ein Buch abholen sollte. Er empfing mich mitten am Nachmittag im bloßen Hemd, so daß er bedeutende Partien seiner Anatomie zeigte. Es mag Zufall gewesen sein, wenn auch ein recht seltsamer. Wie dem auch sei, wenn etwas in der Art vorlag, wie ich es später vermutete, reagierte ich offensichtlich nicht richtig, denn er entließ mich nach wenigen Minuten, als der angebliche Zweck meines Besuchs erfüllt war.

Eine Zeitlang wurde Deutsch von Dr. Wilhelm unterrichtet, einem etwas aufgeblasenen und lächerlichen Gesellen mit einem roten Bart. Er scheint ein Stifter-Spezialist gewesen zu sein, und er präsentierte uns diesen großen österreichischen Dichter des neunzehnten Jahrhunderts so oft und so ausgiebig, bis er uns zum Hals heraushing, besonders nachdem Dr. Wilhelm uns eine der langatmigen Erzählungen laut vorgelesen hatte. Ich brauchte viele Jahre, um über diese Erfahrung hinwegzukommen, und erst viel später wurde mir klar, daß Stifter wirklich einer der größten deutschsprachigen Dichter gewesen ist. Seine gewaltigen »Adagios« in Prosa wurden mir sehr lieb. Typisch für Dr. Wilhelms widerwärtige Pedanterie war ein kleiner Vorfall, der meine Mutter in Rage brachte. Sie mußte eine Arbeit von mir unterschreiben, die ich Dr. Wilhelm abzuliefern hatte, und sie unterzeichnete wie gewohnt mit »Ema Krenek«; Ema war die Abkürzung für Emanuela. Der eifrige Schulmeister wußte das aber nicht, nahm an, daß ihr Taufname der alte deutsche Name Emma sei, und korrigierte die Unterschrift mit roter Tinte. Meine Mutter ließ sich von ihrer Absicht, ihm gründlich die Meinung zu sagen, nur durch mein beharrliches Bitten und die Versicherung abbringen, daß ein solcher Schritt mir nicht viel Gutes einbringen würde. Doch seither unterschrieb sie nur noch mit ihrem vollen Namen, Emanuela, um sich der Kritik teutonischer Trottel zu entziehen.

Als unser guter Dr. Grünwald starb – ich denke, es war in unserem zweiten Schuljahr –, arbeiteten wir vorübergehend mit Ersatzlehrern ohne besondere Kennzeichen weiter, was uns aber nichts ausmachte, weil es uns vor den Fängen des gefürchtetesten Lehrers der Anstalt, Dr. Karl Mras, bewahrte. Allerdings übernahm er die Klasse früher oder später trotzdem, und wir saßen zitternd und bebend in der Klemme. Man erzählte sich haarsträubende Geschichten über seine grausame und sadistische Art, mit seinen hilflosen Opfern umzugehen, wie er es fertiggebracht hatte, mehr als fünfzig Prozent seiner Schüler durchfallen zu lassen, wie viele Zusammenbrüche, ja sogar Selbstmorde von Schülern und Eltern er auf dem Gewissen hatte und so weiter. Der kleine und eher zierliche Mann war ein furchteinflößender Anblick. Dichtes, schwarzes Haar und ein schwarzer Spitzbart, der erste graue Spuren zeigte, umrahmten sein bleiches Gesicht. Er trug ständig einen altmodischen schwarzen Anzug, eine schwarze Krawatte, die alles Weiß bedeckte, das sich unter seinem Kragen hätte zeigen können, und einen breitkrempigen schwarzen Hut. Er schielte ein wenig, was ihn wahrscheinlich ärgerte, aber es gab den blaßblauen Augen hinter der schwarz gefaßten Brille etwas Boshaftes. Was seiner pädagogischen Haltung so grimmige Züge verlieh, war leicht zu erkennen. Er fühlte sich in der bescheidenen Umgebung eines Vorstadtgymnasiums abgewertet, da er das einzige Mitglied des Lehrkörpers war, das zugleich einen Posten an der Wiener Universität innehatte, wenn auch nur einen sehr kleinen als Dozent der klassischen Philologie. In unserer Schule meinte er, Perlen vor die Säue zu werfen, und er gab uns deutlich zu verstehen, daß er uns für solche hielt.

Als Wissenschaftler vom Rang eines Hochschulprofessors hatte er sich offenbar gesagt, daß die Tätigkeit an einem Gymnasium für einen Mann wie ihn nur dann vertretbar war, wenn diese Anstalt als Vorschule für die Universitätslaufbahn angesehen wurde. Was die ursprüngliche Vorstellung vom Gymnasium und seinen Traditionen anging, hatte er zweifellos recht; aber das Gymnasium hatte, wie ich bereits dargelegt habe, viel Ballast mitzuschleppen, weil es all jenen Schülern gerecht werden mußte, die das Zeugnis für irgendeine unscheinbare Berufslaufbahn brauchten. Diese Jungen betrachtete Dr. Mras als seine Lieblingsopfer, und er setzte alles daran, um sie zu vernichten oder ihnen das Leben zumindest so schwer zu machen, wie er nur konnte. Und er konnte vieles bewirken, denn die Macht eines Lehrers an einem quasi konkurrenzlosen staatlichen Institut war beträchtlich. Die Schüler waren durchaus bereit, sich dieser Macht zu unterwerfen, weil diejenigen, die in der Schule nicht gut waren, von ihren Eltern gewöhnlich mit der Drohung eingeschüchtert wurden, daß man sie im Fall eines Versagens ein Handwerk lernen lassen würde, und das war der damals herrschenden Ansicht zufolge eine nahezu unvorstellbare Schande.

Dabei spielte mehr mit als die weitverbreitete Abneigung des Schreibtischtäters gegenüber manueller Arbeit. Der Büromensch bemühte sich, mehr oder weniger unabsichtlich, immer noch, den »gentiluomo«, den vornehmen Herrn früherer Jahrhunderte, zu verkörpern, der für körperliche Anstrengungen, wenn sie nicht dem Vergnügen dienten, nur Verachtung übrig hatte. Ich gebe bereitwillig zu, daß ich mich von diesem Vorurteil nicht habe befreien können, so töricht und lästig es unter den gegebenen Umständen und in meiner jetzigen Umgebung auch sein mag, wo nahezu jeder stolz auf seine Bereitschaft ist, jede Art praktischer Tätigkeit auszuüben, wenn er es auch nicht immer kann. Und das ist ganz natürlich, denn das Ideal, das die Amerikaner im allgemeinen anstreben, ist nicht das des Gentleman, der sich sehr spezialisierten und elitären Aufgaben widmet, sondern das des Pioniers, der sich gegen alle Arten von Hindernissen durchzusetzen vermag. Zu einer bestimmten Zeit habe ich es bedauert, mit diesem Vorurteil belastet zu sein, aber jetzt bin ich seltsamerweise ziemlich stolz darauf, wahrscheinlich als eine Art Protest gegen Lebensbedingungen, die ich nicht gutheiße.

Dr. Mras gab uns eine Vorstellung davon, was wir von ihm zu erwarten hatten, als er in unserer ersten Griechischstunde an den Katheder trat und mit teuflischem Ingrimm ausrief: »*Κατὰ Χώραν ἕκαστος*.«* Natürlich hatten wir nicht die geringste Ahnung, was er meinte, und er erwartete das auch kaum von uns, denn wir hatten in unserem kurzen Leben noch kein einziges griechisches Wort gehört, aber er wollte uns bloß zeigen, daß von nun an vieles verlangt werden würde, wovon wir in unserer erbärmlichen Unwissenheit und angeborenen Idiotie nichts ahnten, und daß wir deshalb einfach die übermenschliche Anstrengung würden unternehmen müssen, diese Dinge zu begreifen, wenn wir die Absicht hatten, das Martyrium zu überleben. Was er mit seinem diabolischen Ausruf kundtun wollte, war, daß wir alle in soldatischer Ordnung auf unseren Plätzen sitzen sollten.

Trotz der Bemühungen von Dr. Mras, so unangenehm wie möglich zu wirken, entschloß ich mich, ihn zu respektieren und zu bewundern, und ich muß sagen, daß er von allen meinen Lehrern den stärksten Einfluß auf mich ausübte und daß ich von keinem anderen so viel lernte wie von ihm. Es mag schon sein, daß ich wieder instinktiv die feindliche Macht beschwichtigen wollte; ich spürte aber auch die Herausforderung in seiner Haltung und fand seine hohen Anforderungen richtig. Vor allem aber liebte ich das Fach, das er lehrte. Trotz seines tschechischen Namens, der »Frost« bedeutet, wurde Dr. Mras besonders starker deutschnationaler Gefühle verdächtigt. (Die meisten dieser Lehrer tendierten zur Deutschnationalen Partei, die nicht sehr stark war und durch das außerordentlich lächerliche Gebaren ihrer wenigen Vertreter im Parlament auffiel; es wäre klug gewesen, ihre absurden Mätzchen ernster zu nehmen. Eine ihrer auffälligeren Angewohnheiten, die viel Heiterkeit auslöste, war ihr Versuch, die deutsche Sprache von »fremden« Elementen zu säubern, gleichgültig wie fest verwurzelt diese seit undenklichen Zeiten waren, beispielsweise die lateinischen Namen der Monate, die diese Dummköpfe durch groteske und veraltete Eindeutschungen ersetzen wollten, wie »Hornung« für Februar, »Julmond« für Juli, »Nebelmond« für Oktober und so weiter. In Österreich, dessen Sprache, selbst auf umgangssprachlicher Ebene, reichlich mit Fremdwörtern durchsetzt ist, weil das Land jahrhundertelang das Zentrum des neben Amerika polyglottesten Reiches war, wirkte das besonders albern.)

Dr. Mras war für eine solche Torheit nicht nur viel zu intelligent, sondern als Altphilologe neigte er auch dazu, alles zu verachten, was

* »Kata koran ekastos« – Jeder auf seinem Platz!

nicht griechisch oder römisch war. (Ich erinnere mich gut, wie erstaunt wir waren, als er einmal erklärte, daß Schiller, der von allen Experten als der bedeutendste deutsche Dramatiker gepriesen werde, ein paar annehmbare Gedichte geschrieben habe, aber nicht ein einziges gutes Theaterstück, und daß er es kaum wert sei, von jemandem, der das Privileg habe, Sophokles in der Originalsprache gelesen zu haben, beachtet zu werden.) Ich selbst habe bei Dr. Mras keine deutschnationalen Tendenzen bemerkt, und ich war in dieser Hinsicht sehr auf der Hut, weil ihm meine tschechische Abstammung bekannt war und die Verachtung und der Zorn der Deutschnationalen in Österreich hauptsächlich gegen die Angehörigen der slawischen Rasse gerichtet waren. Ich entsinne mich, daß nur Dr. Mühlhauser einmal meiner Mutter gegenüber eine kritische Bemerkung über meine »harte« Aussprache des Deutschen machte, die darauf zurückzuführen war, daß ich nicht den Wiener Dialekt sprach. Die Bemerkung war deshalb unangebracht, weil der Dialekt in der Schule ohnehin tabuisiert war. Meine Mutter war ein wenig aufgebracht, wie immer, wenn sie wegen etwas kritisiert wurde, was sie ihres Wissens nicht ändern konnte, aber das Ganze hatte keine Folgen.

So schwer Dr. Mras es dem Durchschnittsschüler machte, so faszinierend wußte er sein Fach den Begabten zu vermitteln. Er öffnete uns die Augen für die Etymologie, eine Disziplin mit frappanten, mitunter phantastischen Sichtweisen, und schulte uns auf diese Weise, in schnellen und weit ausgreifenden Assoziationen zu denken, was mir außerordentlich gefiel. Er lehrte uns auch, so schnell wie möglich vom Wörterbuch unabhängig zu werden, indem er uns zeigte, daß die wörtliche, aus dem etymologischen Zusammenhang gewonnene Übersetzung eines Ausdrucks, also die zentrale und ursprüngliche Bedeutung, wenn sie mit logischer Konsequenz und Phantasie eingesetzt wird, in nahezu jedem Fall die beste und dem jeweiligen Kontext angemessenste Übersetzung ergibt, ohne daß man ständig auf die hundert Nebenbedeutungen zurückgreifen muß, die im Wörterbuch aufgelistet sind, denn er war der Meinung, daß ein intelligenter Mensch diese Bedeutungen selbst herausfinden könne. Das war eine vorzügliche Schulung im selbständigen Denken, für die ich Dr. Mras nicht dankbar genug sein kann.

Ihm verdanke ich es, daß ich Englisch lernen konnte, indem ich, nachdem ich mir einen lächerlich kleinen Grundwortschatz angeeignet hatte, ausschließlich auf den einsprachigen Webster zurückgriff, ohne ein deutsch-englisches Wörterbuch zu benutzen.

Unter der Anleitung von Dr. Mras klassische Dichtungen zu lesen war eine wunderbare Erfahrung, weil er ein lebendiges und vollständiges Bild der antiken Welt zu vermitteln wußte und es verstand, seine Darlegungen mit den elegantesten Anspielungen auf eher pikante Passagen der klassischen Literatur zu würzen, die in den Ausgaben für die Schule in der Regel bearbeitet und in den Diskursen ängstlicher und langweiliger Routinepädagogen ganz fortgelassen werden. Mehr als einmal spitzten wir, wenn Dr. Mras in guter Laune war, in seiner Stunde die Ohren und hatten gewisse, keineswegs rein akademische Empfindungen, sobald er, ohne auch nur eine Miene zu verziehen, scheinbar unschuldige Passagen in den Texten von Homer oder Herodot zu erläutern begann. Solche Momente waren in den höheren Klassen häufiger, als wir Lukian, Horaz, Catull, Plautus und verwandte Autoren lasen.

Ich glaube, daß die klassischen Sprachen viel populärer wären, wenn die Schüler wüßten, welche unverhofften Enthüllungen sie bei deren Studium erwarten, vorausgesetzt, der Lehrer versteht es, sie herauszuarbeiten. Ich hege übrigens den Verdacht, daß manch einer nur deshalb klassische Philologie studiert hat, weil sie eigentümliche Möglichkeiten bietet, sich mit recht schlüpfrigen Angelegenheiten – um es vorsichtig auszudrücken – zu beschäftigen, ohne sein Ansehen zu verlieren. Dabei gehe ich davon aus, daß ich die verschmitzten Gesichter gewisser Philologen, die ich zufällig kennenlernte, richtig interpretiere. Jedenfalls genoß ich den Unterricht bei Dr. Mras sehr und lernte mehr von ihm, als mir damals bewußt wurde, und zudem stand ich immer auf gutem Fuß mit ihm, und er behandelte mich gerecht und respektvoll. Nach dem Krieg widmete er sich ganz seiner Hochschultätigkeit und hatte sogar zwei Posten zu gleicher Zeit, einen an der Universität Wien und einen an der Universität Graz.

Mein neues Interesse an der Lektüre klassischer Dichter wirkte sich sogleich auf meine privaten und heimlichen literarischen Versuche aus, die ich weiter fortgesetzt hatte. Fasziniert von dem Kontrast zwischen dem lebendigen, kunstsinnigen, geistig regen, weltoffenen Athen und dem düsteren, kriegerischen, langweiligen Sparta, schuf ich diese Urbilder griechischer Zivilisation in einem selbst erfundenen Land in moderner Verkleidung nach. Es lag irgendwo in Mitteleuropa, möglicherweise in denselben Breitengraden wie Österreich, hatte ungefähr die Größe der Schweiz und das topographische Profil eines riesigen, von hohen Bergen umgebenen Beckens, so daß es als von der richtigen Welt völlig abgeschnitten gelten konnte. Das Becken wurde durch eine hohe Bergkette von außergewöhnlicher Schönheit in zwei Teile geteilt. Sie bildete die Grenze zwischen »Athen« im Norden und »Sparta« im Süden. Ich zeichnete detaillierte Karten von diesem sagenhaften Land, mit einem kompletten Eisenbahnnetz, für das ich fachkundige und vollständige Fahrpläne aufstellte. Die Namen der Städte, Großstädte und Dörfer waren deutsche Adaptionen der entsprechenden Ortsnamen des alten Griechenland. Weil ich so vernarrt in die Berge war und das Meer noch nie gesehen hatte, mußte mein Traumgriechenland natürlich ringsum von Bergen umschlossen sein.

Zuerst begann ich, einen Roman zu schreiben, dessen Held ein moderner Alkibiades war, denn diese glänzende Erscheinung im Machtapparat des untergehenden Athen hatte mich sehr begeistert. An die Handlung dieser weitschweifigen Geschichte erinnere ich mich nicht mehr, und ich glaube nicht, daß ich sie jemals beendete. Später interessierte ich mich mehr für die alten Historiker, und ich begann, eine fiktive Geschichte meines Landes im Stil von Sallust zu schreiben, den ich sehr bewunderte. Es war beinahe ein Bericht über die Gegenwart, oder zumindest über die jüngere Vergangenheit, gespickt mit höchst komplizierten politischen Intrigen, Parlamentsskandalen, Korruption, Krieg, Revolution und mit dem ganzen Instrumentarium zu Recht entrüsteter Geschichtsschreibung. Ich hielt mehrere Jahre lang an diesem seltsamen Hobby fest. Einer der letzten Dienste, den ich dem Land meiner Phantasie als sein offizieller Historiker erwies, war die Entdeckung, daß es nach dem Fall von Konstantinopel im Jahr 1452 eine beträchtliche griechische Einwanderungswelle erlebt hatte, daß einige der griechischen Familien zu hohen Ehren gekommen waren und daß eine davon sogar für kurze Zeit das Amt eines Herrschers von Athen (anstatt von Byzanz) wieder eingeführt hatte, was viel Unruhe und blutige Konflikte nach sich zog.

Ich fertigte detaillierte Zeichnungen und Lagepläne von den prächtigen Gebäuden an, die jene griechischen Herrscher während ihrer kurzen Blütezeit errichtet hatten, und das muß im Winter des Jahres 1916 gewesen sein, denn ich erinnere mich, daß mich zu diesen archäologischen Erfindungen Bilder und Beschreibungen der Bauten auf dem Hügel des Budapester Königsschlosses inspirierten, das anläßlich der Krönung Kaiser Karls zum ungarischen König in den Mittelpunkt des Interesses gerückt war. Bald danach gab ich das Projekt auf, und die Hunderte von Seiten, die ich mit dem Zeug bedeckt hatte, sind auf meinen Wunsch hin vernichtet worden, ohne daß außer mir irgend jemand auch nur ein Wörtchen davon gesehen hat.

Den zwei oder drei Schulkameraden, die mein Leistungsniveau ganz oder beinahe erreichten, schloß ich mich nicht an, weil sie ziemlich nichtssagende und langweilige Burschen waren, von der Sorte, die man normalerweise meint, wenn man von »Musterschülern« spricht.

Doch ich war viel mit einer kleinen Gruppe von Jungen zusammen, die quasi Durchschnittsschüler waren, mich aber aus verschiedenen Gründen anzogen. Einer von ihnen war Edmund Wessely, Sohn eines hohen Beamten der Nationalbank, ein schmaler Junge mit mädchenhaften Zügen und lockigem Haar. Er sprach leise, benahm sich sehr korrekt, trug adrette Kleidung und wirkte ein wenig weichlich. Ich glaube, ich mochte ihn, weil er zwei Schwestern hatte, von denen er viel erzählte; eine schien besonders interessant zu sein, denn sie war geschieden und offenbar immer wieder in Abenteuer verwickelt, deren Natur in den Schilderungen ihres Bruders nicht ganz deutlich wurde, doch das machte die Sache nur noch interessanter. Ich habe diese aufregenden Geschöpfe erst sehr viel später zu Gesicht bekommen, als sie mir nicht mehr so sensationell erschienen, doch damals war ich von den Berichten über ihre Eleganz und ihre mögliche Lasterhaftigkeit sehr beeindruckt. Auch etwas Exotisches haftete ihnen an, denn die Mutter war Polin von niederem Adel, mit all der unberechenbaren Emotionalität, Überschwenglichkeit und Betriebsamkeit, die man den Polinnen zuschrieb.

Exotisch auf eine ganz andere Art war ein weiterer Junge meiner Gruppe, Gerd Hans Goering, weil er, wie der Name verrät, ein Deutscher war. Er kam aus Leipzig in Sachsen und lebte mit seiner Großmutter in Wien, weil sein Vater, ein wohlhabender und einflußreicher Rechtsanwalt, ein zweites Mal geheiratet hatte und die Stiefmutter den Knaben nicht im Haus haben wollte, oder etwas in der Art. In späteren Jahren besuchte ich den Vater in Leipzig und fand in dem Haushalt Strindbergsche Verhältnisse von wahrhaft bedrückendem und düsterem Charakter vor. Gerd Hans war ein hochgewachsener, recht hübscher Knabe mit einem wunderbaren Sinn für Humor. Er war kein besonders guter Schüler, aber er hatte ein ausgeprägtes literarisches Talent, und in den letzten Jahren auf dem Gymnasium begann er, bemerkenswerte Gedichte zu schreiben. Er gab Anlaß zu hohen Erwartungen, aber er mußte mit Anfang dreißig sterben, an einer bösartigen, unheilbaren Krankheit, auf die ich später noch eingehen muß.

Als Protestant, der er war, brachte er einen weiteren Protestanten in unseren Kreis, Herbert Molin, den Sohn des evangelischen Bischofs von Wien. Er war ein recht realistischer, nüchterner Mensch, sommersprossig, rothaarig, lächelte fast immer, fiel nicht besonders auf und war ein sehr angenehmer Gesellschafter. Eher am äußeren Rand dieses kleinen Kreises befand sich Max Steiner, ein Jude aus Czernowitz, weit im Osten an der russischen Grenze. Steiner war ein oberflächlicher Mensch; ich mochte ihn wegen seiner anziehenden, gepflegten Gestalt und der eleganten Kleidung. Er war ein schlechter Schüler, aber seine Eltern waren reiche Leute, deshalb machte er sich nicht viel daraus, war immer guter Laune, und es war einfach angenehm, ihn um sich zu haben. Ich verstand mich gut mit allen meinen Mitschülern, verbrachte aber nicht viel Zeit in ihrer Gesellschaft.

Ich weiß nicht mehr, wann unser kleiner Kreis sich der Literatur zuwandte, aber es muß bald nach Ausbruch des Krieges gewesen sein. Wir lasen zunächst alles, was wir in die Finger bekamen. In späteren Jahren versammelten wir uns häufig, um einen von uns vorlesen zu hören. Heute frage ich mich oft, wann und wie ich mir eine ziemlich umfassende, wenn auch nicht sehr profunde Kenntnis vieler Gebiete menschlichen Strebens angeeignet habe, insbesondere der Literatur, denn ich weiß, daß in der Schule nur ein kleiner Teil davon gelehrt wurde. Andererseits weiß ich, daß sich der Umfang meiner Lektüre beträchtlich reduzierte, als ich ernsthaft meine musikalische Laufbahn begann. Daher muß sich das alles in den Jahren zwischen 1915 und 1921 abgespielt haben, und ich staune nicht wenig, wenn ich mir überlege, wie viele Bücher ich damals verschlungen haben muß. Noch einmal muß ich einem Bildungssystem gebührenden Respekt zollen, das seinen Schützlingen so viel Freizeit ließ und so viel intellektuelle Neugier weckte, daß zumindest die Begabten unter ihnen ihren Horizont weit über die Grenzen des Lehrplans hinaus erweitern konnten.

Sexualität spielte in unseren Unterhaltungen eine sehr geringe Rolle. Dem Sittenkodex der Zeit entsprechend wurde das Thema »offiziell« nie berührt. Die Neunzehnjährigen wurden aus der Schule entlassen, ohne auch nur einmal gehört zu haben, mit Hilfe welcher physiologischen Vorgänge unsere Art sich fortpflanzt. Andererseits war das Thema sowohl in der modernen als auch in der klassischen Literatur ständig präsent, und auf diesen Gebieten wurde es anscheinend als selbstverständlich betrachtet, daß jeder wußte, worum es bei dem ganzen Theater ging. Nicht alle Lehrer pflegten sich mit so großem Vergnügen darüber auszulassen wie Dr. Mras, aber selbst er, der nicht zögerte, das Kind beim Namen zu nennen, wäre verlegen gewesen, wenn er uns den praktischen Gebrauch des so Benannten hätte erklären sollen. Und natürlich kam es überhaupt nicht in Frage, die damit zusammenhängenden Probleme zu Hause zu besprechen. Es ist schwer zu beschreiben, in welchen Geisteszustand dieser Umgang mit der Sache die davon betroffenen Jugendlichen versetzte. Irgendwie macht man einen jeden glauben, daß er eigentlich alles darüber wissen müßte, weil man auf eine Weise mit ihm spricht, die dieses Wissen voraussetzt. Andererseits ist ihm sehr wohl bewußt, daß er überhaupt nichts weiß, aber er schämt sich, das einem seiner Schulkameraden einzugestehen, und kommt daher leicht zu der Ansicht, er sei der einzige, der infolge eines Mißgeschicks nicht richtig aufgeklärt wurde. So gewöhnten auch wir uns an, in jenen vielsagenden Anspielungen über das Thema zu reden, die wir überall hörten, und eine wissende Miene aufzusetzen, die unser Unwissen verbergen sollte.

Da es damals weder in der Grundschule noch in den höheren Schulen gemischte Klassen gab, war auch keine Gelegenheit zu eigenen Nachforschungen. Knaben, die Schwestern hatten, mochten Informationen über die weibliche Anatomie besitzen, besonders Angehörige der unteren Schichten, die sehr beengt wohnen mußten, aber diese waren auf dem humanistischen Gymnasium ziemlich selten, denn es wurde in der Mehrzahl von Jungen der Mittel- und Oberschicht besucht. In Innsbruck hatte ich öfter meine Kusine Lisi *in puris naturalibus* gesehen, da sie damals aber erst sieben oder acht Jahre alt war, war der Anblick nicht sehr bemerkenswert, und die interessanten Einzelheiten, die er vielleicht bieten mochte, erweckten keineswegs die Aufmerksamkeit eines elfjährigen Knaben. Natürlich war es nicht besonders schwierig und nahm auch nicht viel Zeit in Anspruch, aus Schlußfolgerungen und dem, was man vom Hörensagen wußte, herauszufinden, was der springende Punkt an der Sache war, aber was man nun ganz genau tun mußte und wie, blieb lange Zeit ein Geheimnis. Die einschlägigen Zeichnungen, die auf Zäunen und auf den Wänden öffentlicher Bedürfnisanstalten zu sehen waren, waren bei weitem zu abstrakt, um nützliche Anleitung zu liefern, und eine erschöpfende Lektüre der relevanten Lexikonartikel tat nicht sehr gut, denn sie waren genau in den entscheidenden Passagen vage und aufreizend.

Trotzdem schienen wir über die Sache genug zu wissen oder zu erraten, um einen merkwürdigen Kitzel zu empfinden, wenn Dr. Mühlhauser mit Hilfe eines detaillierten Schaubildes grimmignüchtern erklärte, was bei der Befruchtung von Blüten mit Pollen von einer anderen Pflanze passiert. Wir wußten sehr gut, daß das der Kern der Sache war, ganz schwach von botanischen Ausdrücken verschleiert. Ich weiß nicht, ob dieser Stand der Dinge den Zielvorstellungen des Bildungssystems genau entsprach, aber im großen und ganzen war das Ergebnis nicht allzu schlecht, soweit ich sehen konnte. Ich weiß auch nicht, wie viele von den älteren Schülern durch vorehelichen Geschlechtsverkehr wesentlichere Informationen erhielten. Als ich 1918 zum Militär kam, bemerkte ich, daß eine Reihe junger Männer in meinem Alter diese Initiation bereits genossen hatten, es schien mir aber ein geringer Prozentsatz zu sein, obgleich ich mich darin irren kann, denn die Angelegenheit interessierte mich nicht sehr.

Ich glaube mich zu erinnern, daß ich die ersten physiologischen Anzeichen der Männlichkeit an mir selbst beobachtete, als ich dreizehn oder vierzehn war. Offenbar war ich auf die herrschenden Bräuche und Hemmungen so sehr eingestimmt, daß ich es instinktiv vermied, mit irgend jemandem darüber zu reden, und ich gewöhnte mich daran, das Phänomen zu ignorieren. Klarere Informationen hätten mir vielleicht spätere Schwierigkeiten erspart und mir früher zu einigem Spaß verholfen, aber im ganzen glaube ich nicht, daß die Sache es wert ist, beklagt zu werden, denn ich habe jene frühen Jahre gewiß besser genutzt, indem ich mich aus kindischen und belanglosen Liebesaffären heraushielt. Heutzutage lassen sich viele jungen Leute mehr aus Eitelkeit darauf ein, als aus echtem inneren Verlangen, soweit ich das beurteilen kann. Obgleich ich nicht verhehlen möchte, daß ich anfangs gewisse Schwierigkeiten auf diesem ehrbaren und interessanten Gebiet menschlicher Betätigung hatte, bin ich mit meinen späteren beträchtlichen Leistungen dieser Art durchaus zufrieden, so daß ich es nicht bedaure, als Heranwachsender zurückhaltend gewesen zu sein.

Musikalische Erfahrungen als Heranwachsender

Meine musikalischen Erfahrungen nahmen in den Jahren nach 1910 beträchtlich zu, denn wir hatten in einer Musikalienhandlung in der Währingerstraße, dem sogenannten Schuberthaus, eine Leihbibliothek entdeckt. Ihre Regale waren für eine Musikalienhandlung in der Vorstadt bemerkenswert gut bestückt, so daß manche öffentliche Leihbibliothek in diesem Land im Vergleich dazu eher mäßig ausgestattet erscheinen würde. Bald begann ich, tonnenweise Noten zu verschlingen, Klavierliteratur, Lieder, Opern und Symphonien in der Bearbeitung für Klavier zu vier Händen, die ich mit meinem Lehrer zu spielen pflegte. Das war tatsächlich ein großes Glück, denn auf diese Weise lernte ich die gesamte Literatur kennen, von den berühmtesten Meisterwerken bis zu den unbekanntesten Versuchen ortsansässiger und anderer Schreiberlinge. Wie zu erwarten, entwickelte sich mein Geschmack in Richtung der Spätromantik nachwagnerscher Prägung, da Wagner der Komponist war, der in meiner Knabenzeit den stärksten Eindruck auf mich gemacht hatte. Seine Opern waren damals sehr beliebt geworden, und die Aufführungen waren normalerweise schon im voraus ausverkauft. Nur die Stehplätze in der Hofoper waren nicht im Vorverkauf zu haben, und da sie relativ preisgünstig waren, standen die Leute an Tagen, an denen Wagneropern aufgeführt wurden, viele Stunden vor Öffnungszeit an der Kasse Schlange. Es gab Enthusiasten, die schon am frühen Morgen mit der Belagerung begannen und bei jedem Wetter zwölf oder mehr Stunden auf kleinen Hockern ausharrten, die sie mitgebracht hatten, nur um dann stehend, in einem überfüllten, niedrigen und schlecht belüfteten Zuschauerbereich unter der Kaiserloge, Zeugen des ersehnten Schauspiels sein zu dürfen, was bei einer Wagneroper, die bis zu fünf Stunden dauerte, keine Kleinigkeit war.

Wie ich schon erwähnte, besuchten wir nicht das große Opernhaus, sondern gaben uns mit den weniger glanzvollen, aber sehr anerkennenswerten Produktionen der Volksoper zufrieden, die wir für einen vernünftigen Preis bequem miterleben konnten. Doch auch zu jener Zeit gab es in der älteren Generation noch beträchtlichen Widerstand gegen Wagner, und manche sahen in der Wertschätzung seiner Musik ein Zeichen für beängstigend »fortschrittliche« Gesinnung. Das mag heute überraschend klingen, aber noch erstaunlicher würde die Tatsache erscheinen, daß damals sogar Brahms bei einer ganzen Reihe von Musikliebhabern als relativ »moderner« Komponist galt, der nicht ganz leicht zu verstehen war.

Durch Wagner wurde ich gründlich mit Richard Strauss bekannt, der damals auf dem Weg zu Weltruhm war, allerdings eindeutig als der führende Kopf eines äußerst radikalen Modernismus. Über Schönberg war nichts bekannt, außer daß er gelegentlich erwähnt wurde als eine Art Dorftrottel, als reiner Spinner ohne Bedeutung, der infolge eines lächerlichen Irrtums die Musik zum Schauplatz seiner pathologischen Missetaten erwählt hatte, der aber sonst überhaupt nichts mit Musik zu tun hatte. Ich erinnere mich noch gut an die Zeitungsberichte über jenes berühmte Konzert, das Schönberg und einige seiner Schüler 1910 im Großen Musikvereinssaal gaben und bei dem eines von Bergs Liedern nach dem Text einer Ansichtskarte von Peter Altenberg einen so unglaublichen Tumult auslöste, daß das Konzert abgebrochen werden mußte. Polizei und Sanitäter kamen in den Saal und kümmerten sich um alle, die ihre Aufmerksamkeit erregten, weil sie entweder anderen körperlichen Schaden zufügten oder selbst welchen erlitten hatten. Kein Wunder, daß es dazu gekommen war – sagten die Leute –, da doch Peter Altenberg irgendwie mit der Geschichte zu tun hatte, er, der als zügelloser, lasterhafter Clown und notorischer Trinker ohne festen Wohnsitz bekannt war, der in schäbigen Kneipen in zweifelhafter Gesellschaft gesehen wurde, Krawalle anzettelte und durch skandalöses und unanständiges Benehmen Aufmerksamkeit erregte. So ging die öffentliche Meinung mit einigen der letzten wahren Genies um, die diese

Stadt noch hervorbrachte, kurz bevor sie definitiv vor die Hunde ging. Ich schäme mich zu sagen, daß selbst von Mahler sehr wenig die Rede war, trotz des unübertroffenen Ruhmes, den er der Hofoper zehn Jahre lang verschafft hatte. Das Schweigen, das außerhalb der kleinen Kreise von Kennern und fortschrittlichen Musikern seinen Namen umgab, war gewiß ein Produkt derselben bösartigen Propaganda, die ihn wenige Jahre vor seinem Tod veranlaßt hatte, angewidert und gequält seine Stellung aufzugeben.

Meine erste Bekanntschaft mit konzertanter Musik machte ich in den Sonntagsmatineen der Volksoper, unter der vortrefflichen Leitung von Alexander Zemlinksy. Später besuchten wir manchmal die Symphoniekonzerte im Großen Musikvereinssaal. Ich erinnere mich insbesondere an ein Konzert mit Richard Strauss' symphonischer Dichtung *Also sprach Zarathustra* und Pablo Casals als Solisten, zu dem mich mein Klavierlehrer, Fridolin Balluff, mitgenommen hatte. Seltsamerweise war ich von Strauss' bombastischem, pseudophilosophischem Diskurs ziemlich enttäuscht, aber entzückt von einer Suite für Violoncello solo von Bach, die Casals spielte. Ich wünschte, ich könnte entscheiden, ob das einer echten Erkenntnis musikalischer Werte zuzuschreiben war oder ob ich bloß blasiert war und originell erscheinen wollte, indem ich die lautstarken Anstrengungen eines Riesenorchesters belächelte und überraschenderweise den dünnen Ton eines Soloinstruments bevorzugte.

Balluff führte mich in die Harmonielehre ein, auf die wir immer fünfzehn Minuten jeder Klavierstunde verwendeten, zweimal in der Woche. Ich lernte den ganzen traditionellen Stoff nach einem Lehrbuch von Jadassohn, einem deutschen Theoretiker des späteren neunzehnten Jahrhunderts, wenn ich nicht irre. Später beschäftigte ich mich auch mit dem Kontrapunkt, unterstützt von der Publikation des Wiener Akademieprofessors Stöhr, einer Art verwässerter Neuauflage des guten alten Fux. Ich war mir bewußt, daß meine Kompositionen zu jener Zeit das gleiche Niveau hatten wie meine literarischen Aktivitäten, das heißt, ich spielte ein Spiel, bei dem ich Erwachsene nachahmte. Nach und nach, als ich in meinen theoretischen Studien Fortschritte machte, gab ich diese ganz persönlichen und geheimen Abenteuer auf und begann, »ernsthaft« zu komponieren, das heißt, bewußt anzuwenden, was ich gelernt hatte. Ich erinnere mich nur an die Vertonung eines sentimentalen Gedichtes, das von einer einsamen Wasserlilie handelte, und an einen Chorsatz über Sterne, sehr brave und ziemlich langweilige Kompositionen, wie mir scheint. Davon, daß ich die Musik ernsthaft zu meinem Beruf machen könnte, war immer noch nicht die Rede.

In den letzten Jahren seines Unterrichts an der Quartiermeisterschule litt mein Vater sehr unter Überarbeitung. Er hatte ein neues Fach in seinen Kursen eingeführt, etwas, das man heute »Geopolitik« nennen würde; damals ging man mit klangvollen Namen noch nicht so großzügig um wie jetzt. Er wendete viel Forschungsarbeit dafür auf, die er zusätzlich zu seinen sonstigen Pflichten zu leisten hatte, und da er in wissenschaftlicher Arbeit nicht besonders geschult, andererseits aber voller Begeisterung war und ein ausgeprägtes Verantwortungsgefühl besaß, mag ihn das Ganze mehr Mühe gekostet haben, als nötig gewesen wäre. Er bekam Anfälle von Schwindel und Übelkeit, was auf ein Magenleiden zurückgeführt wurde. Diese Beschwerden wurden ziemlich unangenehm und beinahe alarmierend, da anscheinend keine Behandlung Erleichterung verschaffte. Erst viele Jahre später fand man heraus, daß die Ursache für das Problem eine langsam fortschreitende Zerstörung des Labyrinths in einem Ohr war, ein Prozeß, der konstitutionellen Faktoren zuzuschreiben war, für die es kein Heilmittel gab. Da das Gleichgewichtsorgan betroffen war, das anscheinend mit dem Labyrinth zusammenhängt, war das Ergebnis eine Art chronischer Seekrankheit. Als der Prozeß nach einigen Jahren zum Stillstand gekommen war, war mein Vater auf einem Ohr praktisch taub, aber die lästigen Symptome verschwanden vollständig. 1913 wurde mein Vater von seinem Lehramt ins Kriegsministerium zurückberufen, wo man ihn einem Ausschuß zuteilte, dessen Aufgabe die vollständige Reorganisation des Heeresverwaltungsdienstes war. Obgleich das eine sehr ehrenvolle Aufgabe war, die anzeigte, daß die ausgezeichneten Fähigkeiten meines Vaters von seinen Vorgesetzten anerkannt wurden, bedauerte er den Wechsel, da das Unterrichten und sein neues Fach ihm viel Freude bereiteten. Die Veränderung bedeutete auch kürzere Ferien und die Einarbeitung in eine andere, sehr komplexe Problematik. Damals wußten wir nicht, wie kurz seine Karriere in der neuen Position sein sollte.

Ich erinnere mich nicht, warum wir nicht wieder nach Innsbruck fuhren, als mein Vater etwa Mitte Juli 1914 seinen jährlichen Urlaub bekam. Und während ich diesen Satz niederschreibe, muß ich mich wundern, daß ich die unheilvolle Zahl »1914« nicht ohne Schaudern aufschreiben kann, trotz der noch furchtbareren Wiederholung der Schrecken, die wir seit 1939 durchleben müssen. Der Grund mag sein, daß der gegenwärtige Krieg bis jetzt noch nicht so einschneidend in unser Privatleben eingegriffen hat wie der vorige. 1914 ist eine Zahl von nahezu magischer Bedeutung geblieben, ein Symbol für extremen, apokalyptischen Terror, weil sie die Zerstörung eines Weltbildes markiert, das bis dahin für unzerstörbar gehalten wurde, und den Beginn eines Zeitalters andauernder und fortgesetzter Katastrophen, in dem 1939 nur ein scharfer Akzent mit noch ungewissen Folgen ist, aber nicht annähernd so einzigartig wie die Atmosphäre des Umbruchs in jenen Augusttagen des Jahres 1914. Die Psychologen mögen sich den Kopf darüber zerbrechen, warum selbst jene Leute, die überzeugt waren, daß der Krieg von 1914 bis Weihnachten vorbei sein würde – und das war die überwältigende Mehrheit –, deutlicher spürten, daß ein Wendepunkt der Geschichte gekommen war, als jene, die 1939 auf ein mehrjähriges Martyrium vorbereitet waren – und das war wiederum die Mehrheit.

Während jener frühen Augusttage verloren die Menschen in Wien genauso den Verstand wie überall sonst. Ich erinnere mich, daß wir eines Abends ins Kriegsministerium gingen, um vom Bürofenster meines Vaters aus eine patriotische Demonstration zu beobachten, die von irgendeiner Organisation in Szene gesetzt wurde, um klarzumachen, mit welcher Begeisterung sich die Österreicher darauf vorbereiteten, die verräterischen »serbischen Schweine« zu vernichten. Es waren einige Offiziere im Raum, die zusahen, wie die Menge mit Fackeln und Musik die Ringstraße entlangzog. Man sprach wenig, bis ein junger Mann es für angebracht hielt zu sagen: »Nun stellen Sie sich vor, was für ein Spaß das wäre, diesen Mob mit einem Maschinengewehr niederzustrecken.« Nach dieser Bemerkung, die einen Abgrund aufgetan hatte, in dem wir seither leben, wurde noch weniger gesprochen. Daß mein lieber guter Vater, der vor Kummer darüber, daß seine, des Kaisers Armee, gezwungen wurde, ein paar Bäckerlehrlingen Wunden zuzufügen, nicht schlafen konnte, solche Worte hören mußte!

Er war bis zur letzten Minute überzeugt, daß die Sozialdemokraten einen Generalstreik ausrufen und dem ganzen Wahnsinn ein Ende machen würden. Die österreichische Bundesversammlung tagte nicht, und der Verfassung gemäß konnte sie nicht über Krieg oder Frieden abstimmen, wenn ich mich recht erinnere. Die einzige Hoffnung war der Deutsche Reichstag, aber welche Enttäuschung war das, als sich die deutschen Sozialdemokraten eifrig um ihren Kaiser scharten, den gräßlichen Schmierenkomödianten in seiner schimmernden Rüstung! Der Bericht über die Ermordung Jaurès in Paris vernichtete die letzten Hoffnungen dieser Art.

Das waren fiebrige Tage unter der heißen Augustsonne, als der ganze zivile Eisenbahnverkehr unterbrochen wurde, damit die Strecken für die Truppenbewegungen am Tag der Mobilmachung frei waren, und jeder Bahnübergang und jede Brücke von feierlich und dumm dreinschauenden Soldaten bewacht wurde. Diese Tatsache bekümmerte Frau Geilhofer besonders, denn sie grübelte ständig darüber nach, was geschehen würde, wenn an einem fernen Ort ein Verwandter oder eine Verwandte stürbe, denn ohne daß die ganze Familie um den Sarg versammelt war, war kein anständiges Begräbnis denkbar. Dieselben Leute, die lauthals nach der Auslöschung der serbischen Pest schrien, rannten in die Lebensmittelgeschäfte, um alles zu kaufen, was sie kriegen konnten, aus unerfindlichen Gründen vor allem Mehl, denn aus ihrer Lektüre über die ferne Vergangenheit waren sie gewohnt, daß Krieg und Hungersnot eins sind. Sie wußten nicht, wie recht sie hatten, obgleich es ihnen nur um das Problem zu gehen schien, wie man von August bis Weihnachten, wenn alles vorbei sein würde, nicht verhungerte. Natürlich wäre das überhaupt kein Problem gewesen, wenn sie bloß die Lebensmittelgeschäfte verschont hätten.

Das tatsächliche Problem war, wie man das vierte Kriegsjahr überleben sollte und was danach kam – aber diese entsetzliche Perspektive blieb den Augen der tobenden Narren gnädig verborgen. Herr Geilhofer, Gott hab ihn selig, bedauerte, daß er nicht Auto fahren konnte und keinen Wagen besaß, da er allzu gerne zum freiwilligen motorisierten Korps gegangen wäre und sich ein wenig an den Fronten umgesehen hätte, nur aus Neugier. Er war sogar bereit, eine leichte Fleischwunde in Kauf zu nehmen, wenn das die Bedingung für die Erfüllung seines Wunsches war. Naive, kindische Narren waren sie alle in jenen denkwürdigen Tagen, als die Hölle ihre Tore öffnete. Unter den tausendundeins haarsträubenden Geschichten, die herumerzählt und geglaubt wurden, gefiel mir besonders eine, die, mit immer zahlreicheren phantastischen Einzelheiten ausgeschmückt, stets wieder auftauchte, die Geschichte von den Nonnen, die wegen ihres verdächtigen Verhaltens auf der Straße angehalten, an Ort und Stelle von ihren Ordenskleidern befreit und als Offiziere des russischen Generalstabs identifiziert wurden. Und wie? Ganz einfach: weil sie unter dem Nonnenhabit ihre Uniformen trugen, vermutlich um die Augusthitze besser aushalten zu können und es den eifrigen Patrioten leichter zu machen.

Die wahren Greuelgeschichten im Zusammenhang mit der großen Katastrophe wurden weniger hitzig diskutiert, obgleich es auch damals schon keine ganz absurde Vorstellung war, daß die Ermordung des Thronfolgers ohne die stillschweigende Zustimmung der Staatspolizei vielleicht nicht geschehen wäre. Ich glaube, daß das Motiv für diese wahrhaft shakespearsche Tragödie immer noch nicht zufriedenstellend dargelegt worden ist. Soviel scheint gesichert zu sein: Der ermordete Erzherzog war ein Freund des tschechischen Volkes, auf dessen Gebiet er seine bevorzugte Residenz hatte, und die Magyaren glaubten, sie hätten Grund zu der Erwartung, daß er ziemlich hart gegen sie vorgehen würde, wenn er einmal den Thron bestiegen hätte. Und da sie den Serben aus verschiedenen Gründen (einer davon waren die wirtschaftlichen Interessen der ungarischen Großgrundbesitzer) besonders grollten, schien es ein Meisterstück politischer Intrige zu sein, ihn durch die Hand eines fanatischen Serben niederstrecken zu lassen und so mit Sicherheit den Volkszorn gegen die Nation des Mörders zu entfachen.

Wieviel der alte Kaiser von diesen üblen Machenschaften wußte (wenn es sie tatsächlich in solcher Form gab), kann man bloß vermuten. Hinreichend bekannt war seine persönliche Feindseligkeit gegenüber dem ehrgeizigen entfernten Verwandten, der plötzlich den Platz des Kaisersohnes eingenommen hatte, als dieser 1889 unter mysteriösen und blutigen Umständen umgekommen war. Und der Thronerbe hatte seine Beziehung zum Oberhaupt der Familie durch sein stures Verhalten anläßlich seiner morganatischen Heirat nicht verbessert. Die seltsame Vorgehensweise beim Begräbnis des Erzherzogs und seiner Frau deutete ferner darauf hin, daß etwas nicht ganz in Ordnung war; obgleich aus Propagandagründen ein pompöses Staatsbegräbnis in Wien angezeigt zu sein schien, wurden die Leichen bei Nacht durch die Hauptstadt befördert und im Morgengrauen in einem fernen Schloß am Oberlauf der Donau begraben, das dem verstorbenen Prinzen gehört hatte. Der Grund war angeblich, daß es für ein gemeinsames Begräbnis eines Mannes mit kaiserlichem Blut und seiner Gattin aus niederem Adel kein richtiges Zeremoniell gab. Ich erwähne das alles, obgleich es in verschiedenen Büchern nachzulesen ist, weil es zu der Zeit, als es geschah, von den Menschen sehr wohl wahrgenommen wurde, und dennoch dämpfte es die Begeisterung nicht, mit der ein schwachsinniger Mob den Ausbruch des Krieges begrüßte.

Das widerwärtige Detail, daß unser ehrenwerter Minister für Auswärtige Angelegenheiten einen Bericht über einen grundlosen serbischen Angriff auf einen österreichischen Vorposten an der unteren Donau erfunden hatte, um den Kaiser dazu zu bewegen, die Kriegserklärung zu unterschreiben, war damals nicht bekannt, ich frage mich allerdings, ob das die psychologische Situation geändert hätte. Es war den Nazis vorbehalten, die die Gedankengänge des Volkes gründlich studierten, herauszufinden, daß das zynische Bekenntnis der unverschämtesten Perfidien bestimmte psychologische Tendenzen nicht nur nicht umkehrt, sondern vielmehr verstärkt. Es ist ein uralter Irrtum des liberalen, »aufgeklärten« Geistes, zu glauben, daß die »Wahrheit« automatisch die Augen für Fairneß und Gerechtigkeit öffnet. Das kann wirklich so sein, aber nur unter der Bedingung, daß die Masse Fairneß und Gerechtigkeit anstrebt. Es scheint jedoch, daß die Neigungen der Masse sich in Phasen entwickeln, die keinem rational erklärbaren Prinzip unterworfen sind. Ihre Verwandlungen erscheinen rätselhaft und unberechenbar. Ich vermute, daß der besagte Herr sein hinterhältiges Manöver ebensogut hätte enthüllen und stolz auf seinen kriminellen Plan hätte sein können, denn die Bevölkerung war unter den damaligen Umständen bereit, alles und jedes zu feiern. Derartige psychologische Einsichten gab es damals jedoch noch nicht. Hitler und seine Verbündeten waren die ersten, die erkannten, daß in einer entsprechenden Situation Lüge und Wahrheit in der Hand des entschlossenen Verbrechers gleich starke Waffen sind, wobei die Wahrheit manchmal sogar die wirkungsvollere Waffe sein kann.

Aufgrund des Mobilisierungsplans mußte mein Vater sich bei der Quartiermeisterabteilung des ersten Heereshauptquartiers melden, die sich damals in einem Schulgebäude im siebzehnten Wiener Gemeindebezirk einrichtete, bevor sie an den Kriegsschauplatz verlegt wurde. Diese Tage waren für mich eine hektische Mischung aus angsterregenden Albträumen und kindlicher Aufregung. Niemand hatte eine Ahnung, was Krieg bedeutete und wie er sein würde, denn die österreichische Armee hatte seit dem tragischen Jahr 1866, als die italienischen Siege durch die schmähliche Niederlage von Königgrätz, oder Sadowa, zunichte gemacht wurden, nicht mehr gekämpft. Die Franzosen benannten die unglückliche Schlacht gegen die Preußen nach dem böhmischen Ort Sadová, und unter diesem Namen wurde sie bekannt. Würde alles sogleich zusammenbrechen und die Monarchie unter dem Angriff des gigantischen russischen Feindes und dem rebellischen Aufruhr der eigenen »unterdrückten« Völker in einer Orgie von Blut und Feuer untergehen? Oder würde es eine ruhmreiche Expedition in das kleine, verachtete Serbien geben, die nach drei Wochen in einem triumphalen Sieg ihren Höhepunkt finden würde? Seltsame, glänzende Ausrüstungsgegenstände sammelten sich in unserer Wohnung an, scharf riechende Ledertaschen für Landkarten und Notizblöcke, Kompaß, Revolver und Munition. Meine besondere Aufmerksamkeit fand ein Apparat zur Reinigung von Trinkwasser, es galt nämlich als wahrscheinlich, daß das Wasser in den Gebieten, die von der Armee besetzt werden würden, ungenießbar sein würde. Das alles war sehr aufregend, aber zugleich beschwor es eine Vision von kaum vorstellbaren Gefahren herauf. Und doch fragte ich meinen Vater immer wieder, ob er sicher sei, daß er nach dem Krieg Entschädigung für seinen unterbrochenen Urlaub würde verlangen können.

Als der Krieg meinem Vater seinen Offiziersstatus wiedergab, bedeutete das nicht nur, daß er den geliebten Degen wieder anlegen durfte, sondern auch, daß er, wie alle anderen Offiziere, einen persönlichen Diener haben würde. Man teilte ihm einen riesigen, athletischen Burschen zu, einen sozialistischen Arbeiter aus einem Industrievorort. Als er sich vorstellte, war er etwas angeheitert und schwor aus freien Stücken etliche Male, daß er bereit sei, seinen neuen Herrn mit seinem eigenen Körper gegen die dreckigen Russen zu verteidigen, auch wenn es kaum wahrscheinlich war, daß er je Gelegenheit haben würde, diese grimmige Entschlossenheit in die Tat umzusetzen, da die Armeehauptquartiere ihren Standort in der Regel in einiger Entfernung von der Front hatten. Doch er war meinem Vater ein wahrhaft treuer Diener und bewies ihm dadurch seine Ergebenheit, daß er für gute Unterkünfte und allerlei sonstige Annehmlichkeiten sorgte, wobei er sich, soweit ich weiß, nicht immer ganz einwandfreier Mittel bediente. Da mein Vater ein angenehmer und freundlicher Vorgesetzter war und die kleinen Schwächen des Wiener Riesen voller Humor und Verständnis betrachtete, bedauerte dieser es sehr, daß er den guten Posten aufgeben mußte, als er später in eine Fabrik geschickt wurde, weil er ein fähiger Mechaniker war. Wir haben nie wieder etwas von ihm gehört.

Bald kam der Tag heran, an dem das Armeehauptquartier nach Lançut in Mittelgalizien, nahe der russischen Grenze, verlegt werden sollte. Wir begleiteten Vater zum Nordbahnhof, wo er am 13. August 1914 kurz nach Mitternacht abfuhr. Eine seltsame Zeit der Lustlosigkeit und der Erregung begann, Empfindungen, die ich bis zu diesem Jahr nicht gekannt hatte, die mir aber seither sehr vertraut sind. Das Gerücht, daß die Schulen im Herbst geschlossen bleiben würden, löste eine gewisse freudige Erwartung aus, obgleich es für eine solche Maßnahme keinen plausiblen Grund zu geben schien; wir dachten auch an die Möglichkeit, daß meine Mutter und ich »für die Dauer« einer solchen Regelung nach Innsbruck gehen könnten. Daraus wurde aber nichts, denn der Schulbetrieb ging wie gewohnt weiter, abgesehen davon, daß das neue Gebäude, in dem unser Gymnasium untergebracht war, in ein Notspital verwandelt wurde und wir das Gebäude der ein paar Straßen entfernten Realschule mitbenutzen mußten, was an sich schon als Erniedrigung empfunden wurde, zumal das Haus alt war, nicht so schön ausgestattet und auch nicht so gut instandgehalten, wie das unsrige es gewesen war.

Eine Entschädigung war, daß die Unterrichtsstunden von fünfzig Minuten auf vierzig verkürzt wurden, damit der Betrieb beider Schulen in einem Gebäude aufrechterhalten werden konnte, eine Regelung, die sogar Schülern willkommen war, die in der Regel gerne zur Schule gingen, so wie ich auch. Außerdem hatten wir an drei Nachmittagen der Woche Unterricht statt an jedem Vormittag, was bedeutete, daß man dreimal in der Woche in aller Ruhe aufstehen konnte und daß wir mitten in der Woche praktisch einen ganzen Tag frei hatten, wenn nämlich auf einen Tag mit Vormittagsstunden ein Tag mit Nachmittagsunterricht folgte. Ich glaube nicht, daß dem Krieg im Schulalltag viel Aufmerksamkeit gewidmet wurde. Ich erinnere mich nur, daß Dr. Mühlhauser einmal eine eindrucksvolle Rede gegen das Hamstern hielt, wobei er in seiner grimmigen, immer ein wenig aufgebrachten Art sagte: »Nun stellt euch vor, ihr habt erfolgreich Lebensmittel gehortet und noch für eine Woche länger zu essen als alle anderen – und wenn dann alle Menschen um euch herum hungern oder verhungern, glaubt ihr, daß ihr diese gewonnenen acht Tage genießen werdet.« Und nach dem österreichisch-deutschen Durchbruch bei Gorlice hielt Pfarrer Gmeiner es für angebracht, in die Unterrichtsstunden hereinzuplatzen und den großen Sieg zu verkünden. Ich erinnere mich noch, daß er den Namen des deutschen Generals Mackensen, der für das ruhmreiche Gemetzel verantwortlich gewesen war, aus irgendeinem komischen Grund beharrlich als »Mackenzie« aussprach. Und ich erinnere mich auch, daß wir Jungen den ganzen Auftritt fast alle ziemlich lächerlich und geschmacklos fanden.

Der öffentliche Enthusiasmus, der ein reines Nervenleiden war und ein Volk von friedliebenden, etwas zynischen Skeptikern in eine Masse von ignoranten, blutrünstigen Idioten verwandelte, hielt nur zwei oder drei Wochen an. Ich vermute, er legte sich endgültig und für immer, als nach wiederholten, wenngleich ziemlich vagen Siegesmeldungen, das berühmte Kommuniqué mit weiteren Erfolgsnachrichten und dem klassischen Schlußsatz veröffentlicht wurde: »Lemberg noch in unserem Besitz«. Nun, Lemberg (Lwow, wie es im Polnischen heißt) lag auf österreichischem Gebiet, und zwar mindestens einhundertsiebzig Kilometer von der russischen Grenze entfernt, und die Art und Weise, in der uns mitgeteilt wurde, daß wir die Stadt verlieren sollten – in Wirklichkeit war sie natürlich schon verloren –, und zwar als Resultat eines fortgesetzten, wenn auch unbestimmten Vormarsches, wirkte auf ein Volk, in dem sich Unbehagen regte, nachdem es wochenlang hinter der Regierung gestanden hatte, beinahe erheiternd.

Die Österreicher – ich spreche hier von den deutschsprachigen Österreichern, insbesondere den Wienern –, hatten sich durch ihre jahrhundertelange Verbindung mit einem Herrschaftssystem, das zu allen Zeiten riesige Gebiete mit einer höchst heterogenen Mischung von Menschen zu verwalten gehabt hatte, an die Vorstellung gewöhnt, daß die Regierung als solche zum Scheitern verurteilt war, denn sie stolperte von Kompromiß zu Kompromiß und wurde vor der Katastrophe nur durch Wunder gerettet, gewöhnlich in Gestalt noch schlimmerer Fehler der Gegenpartei. Die Stimmung dieser Österreicher war nicht rebellisch wie die der unterdrückten Völker oder derjenigen, die meinten, sich dafür halten zu sollen, aber zutiefst skeptisch, eine sonderbare Mischung aus epikureischem Hedonismus und äußerstem Pessimismus. Natürlich hatten sie gelernt, es zu genießen, daß sie an einem privilegierten Ort mitten in einem großen Reich wohnten, aber das war durch lange Gewohnheit selbstverständlich geworden, und der Rest waren Vergnügen und Furcht. Zweifellos begünstigte diese Einstellung Verfall und Verderben, und vielen Menschen war das durchaus klar, aber gleichzeitig verschaffte diese Haltung denen, die wußten, daß das bittere Ende unausweichlich war, eine Art frivoler Überlegenheit, wie sie ein Todkranker erfahren mag, der weiß, daß ihm nur noch wenig Zeit bleibt, oder jemand, der auf seine Exekution wartet. Es ist offenkundig, daß sein selbstzerstörerischer Skeptizismus, seine großartige Unnahbarkeit angesichts der totalen Vernichtung eine Abwehrreaktion sind, eine Art Selbstbetäubung, die den Schmerz des bevorstehenden Schlages erträglicher machen soll. Ich glaube, daß ich diesen spezifisch österreichischen Charakterzug geerbt habe, obgleich ich mir vorstellen kann, daß jemand anderer bei der Analyse meiner geistigen Struktur zu einem ganz anderen Ergebnis und möglicherweise zu dem Schluß kommen könnte, daß ich aus irgendeinem Grund einfach nur sehr gern so sein wollte, weil es mir vornehm, elegant oder interessant zu sein schien. Wie dem auch sei, ich berichte lediglich, wie ich darüber denke.

Meine eigene Reaktion auf den Krieg war sicherlich undifferenziert und konfus. Ich erinnere mich jedoch genau an zwei Einzelheiten. Am Tag des österreichischen Ultimatums an Serbien oder an dem Tag, an dem Serbiens Antwort darauf zurückgewiesen wurde, beschäftigte ich mich damit, jene Ausgabe meines satirischen Blattes »Der Skorpion« zu bearbeiten, die die letzte sein sollte. Ich zeichnete eine Titelseite mit einer Art flammendem Himmel über einer weiten, mit unzähligen Grabkreuzen besetzten Ebene. Ich weiß nicht, wie ich auf diese Idee kam, die mit Sicherheit höchst unpopulär war und den erklärten Gefühlen der Menge widersprach, aber ich bin recht stolz darauf, daß ich so auf das Neueste vom Tage reagierte. Kurz vor Kriegsbeginn hatte ich angefangen, Russisch zu lernen, mit keinem besonderen Ziel, sondern nur zum Vergnügen, höchstwahrscheinlich, weil ich unter den ausrangierten Büchern meines Vaters eine alte russische Grammatik gefunden hatte, die er am Anfang seiner Laufbahn benutzt hatte, als ein Konflikt mit dem Norden drohte und die Offiziere veranlaßt wurden, die Sprache des möglichen Feindes zu lernen. Ich kam mit meiner Arbeit nicht sehr weit, und von ihren Früchten ist nichts weiter übriggeblieben als die Fähigkeit, die russische Schrift zu lesen und hier und da ein paar Wörter zusammenzustoppeln, weil sie Ähnlichkeit mit dem tschechischen Vokabular haben. Doch meine Beschäftigung mit russischer Grammatik paßte irgendwie zu meiner instinktiven Einstellung zum Krieg, und ich erinnere mich ganz deutlich, daß ich oft zu Gott betete, die Russen möchten die Deutschen besiegen.

Ich bin davon überzeugt, daß viele Menschen in Österreich – und nicht nur jene in den nichtgermanischen Provinzen – mehr oder weniger deutlich spürten, daß wir in diesem Krieg auf der falschen Seite standen, so wie Österreich im jetzigen Krieg wieder auf die falsche Seite geraten ist, zwar unter anderen, aber doch nicht weniger schmachvollen Umständen. Zweifellos wird die Preisgabe an Hitler Österreich bis 1943 genauso viele Opfer gekostet haben, wie 1938 ein Widerstand gegen ihn gekostet hätte. Ich bin mir aber dessen bewußt, daß dieses Argument in Anbetracht der Irrationalität menschlichen Verhaltens nicht zählt.

Die ersten beiden Kriegsjahre

Eine Zeitlang ging das Leben in Wien seinen gewohnten Gang. Es ist einer der interessanten Aspekte unserer Erfahrung mit ständigen Kataklysmen, daß es selbst im Rückblick sehr schwer ist, genau auszumachen, an welchem Punkt die Situation den Charakter einer Katastrophe annahm. Diese Frage beschäftigt mich jetzt oft, weil wir gerade wieder eine Phase durchleben, in der die Möglichkeiten von Katastrophen erhöht sind. Aber der Jüngste Tag wird uns in so winzigen Portionen verabreicht, daß schwer zu entscheiden ist, wann genau die Dinge unwiderruflich beginnen, die steile Bahn hinunterzurutschen, die unvermeidlich zum Zusammenbruch führt.

Wiederum ist es ein eigentümlicher Geruch, der mit meiner Erinnerung an düstere Vorahnungen verbunden ist. Schon in einem relativ frühen Stadium des Krieges breitete er sich in den Straßen Wiens aus. Er entstand bei der Verbrennung des Ersatzbenzins, mit dem die Automotoren angetrieben wurden. Es war ein scharfer, karbolähnlicher Geruch, der an Spitäler erinnerte, und diese Assoziationen wurden bald durch den Anblick verwundeter Soldaten verstärkt, die, auf Stöcke und Krücken gestützt, umherhumpelten. Ich entsinne mich, daß mich zum ersten Mal echtes Entsetzen packte, als ich einen Militärlastwagen mit Verwundeten vorbeifahren sah, von denen einige die Gesichter mit einer Art weißer Kapuze bedeckt hatten, vermutlich wegen grausiger Verstümmelungen. Ich glaube, daß mir damals auf der Stelle klar wurde, was Krieg bedeutete, und ich entschied ein für allemal, daß dieser und jeder andere Krieg eine Angelegenheit von so teuflischem Charakter war, daß er zu ernsthaften Zweifeln an der moralischen Existenzberechtigung der Menschheit führte. Es mag nur sehr wenige Punkte geben, in denen ich seit meinem fünfzehnten Lebensjahr meine Ansicht nicht geändert habe, aber dies ist ganz entschieden einer davon.

Was die Lebensmittelversorgung angeht, so erinnere ich mich nicht, wann sie verhängnisvoll zu werden begann. Aus irgendeinem Grund war der schlimmste Aspekt der Knappheit, der die Einführung von Lebensmittelkarten und Ärger aller Art mit sich brachte, der Mangel an Mehl. Mag sein, daß es der erste war, den man zu spüren bekam, oder daß er von Leuten, die sich, wie die Österreicher, in hohem Maß von Brot und Gebäck sowie Süßspeisen, Torten und Kuchen ernährten, schmerzlicher empfunden wurde. Die Rationierung von Fett und Fleisch und vielen anderen Nahrungsmitteln, die im Laufe dieser düsteren Jahre folgte, rief nicht so viel Jammern und Klagen hervor wie die Beschränkungen beim Einkauf von Mehl, und nichts wurde als ein verläßlicheres Zeichen für die endgültige Wiederherstellung von Frieden und Ordnung begrüßt als die Wiederkehr der Semmeln aus sauberem, weißem Mehl, lange nach dem Krieg. Ich müßte lügen, wenn ich behaupten wollte, daß wir unter der Lebensmittelknappheit sehr litten; obwohl wir die da und dort aus dem Boden sprießenden Schwarzmärkte nicht besuchten, konnten wir immer etwas Besonderes beschaffen, weil uns der Krieg zumindest finanziell keine Probleme bereitete. Mein Vater bekam wie alle Offiziere, die im Feld dienten, eine Sonderzulage und schickte den größten Teil seines Solds nach Hause. In den verschiedenen polnischen Rattenlöchern, in die ihn der Krieg verschlug, konnte er sowieso nicht viel ausgeben. Viel von diesem Geld wurde in Kriegsanleihen investiert, denn die Regierung übte insbesondere auf ihre Angestellten in unterschiedlicher Weise sanften Druck aus, um die Mittel zurückzubekommen, die sie für die Leute ausgab, und 1918 war das gesamte Geld verloren. Wir mußten Gott danken, daß wir nicht alles so dumm angelegt hatten, da allein die kleine ersparte Barschaft es uns ermöglichte, die unmittelbare Nachkriegszeit zu überstehen.

Im Winter 1914/15 kam mein Vater unerwartet für ein paar Tage nach Wien zurück, aber nicht, um Urlaub zu machen, denn Fronturlaube wurden erst später eingeführt, sondern im Zusammenhang mit einem offiziellen Auftrag, ich glaube, um Maschinen für eine Uniformfabrik zu bestellen, die die Erste Armee in Mähren errichtete. Das waren ein paar höchst aufregende Tage, für die ich eine Art Freistellung von der Schule erhielt. Wir redeten und redeten und aßen gut und verbrachten eine wunderschöne Zeit, zumal niemand von der Anwesenheit meines Vaters wissen sollte, denn das Industrieprojekt der Ersten Armee war eine unkonventionelle Innovation, von der das Kriegsministerium erst erfahren sollte, wenn sie in die Tat umgesetzt war. Ich erinnere mich, daß ich meinen Vater fragte, ob ihm der Abschied jetzt schwerer oder leichter fiele als bei seiner ersten Abreise in den Krieg. Er antwortete, daß er den Abschied leichter fände, weil seine Rückkehr ein Beweis dafür sei, daß es immerhin möglich sei, dem Krieg wenigstens für wenige Tage zu entkommen, daß ihm der Abschied aber auch schwerer fiele, weil er bedeutete, daß der Krieg eine Art Institution geworden sei und nicht in einem Zug ausgefochten und erledigt werden konnte. Da ich die wirklichen Greuel des Krieges nicht miterlebt habe und hauptsächlich mit seiner administrativen Seite Bekanntschaft schloß, ist mir die ganze Sache als ein gigantisches, verschwenderisches und schaurig bürokratisches Unterfangen von nie gekannten Dimensionen und unerhörter Sinnlosigkeit im Gedächtnis haften geblieben. Deshalb hat mich in späteren Jahren kaum ein anderes Buch über den Ersten Weltkrieg so tief beeindruckt wie *The Spanish Farm* (wenn das der richtige Titel ist) von Ralph Mottram.* Auch jetzt imponiert mir immer wieder der phantastisch komplizierte Betrieb einer überdimensionierten, megalomanischen Behörde, die das wahre Zentrum jeder Kriegsanstrengung ist, wohingegen die sogenannten Heldentaten der armen Teufel an der Front nichts anderes zu sein scheinen als herzzerbrechende Anstrengungen, das aus raschelndem Papier bestehende Kriegsidol am Leben zu erhalten. Es mag wohl sein, daß meine unmittelbare Reaktion auf die Schriften Franz Kafkas, die ich erst viel später kennenlernte, diesen frühen Eindrücken zuzuschreiben ist.

Ich weiß nicht mehr, ob mein Vater im Frühling noch einmal zu einem regulären Urlaub nach Wien kam. Mutter und ich verbrachten den Sommer des Jahres 1915 in Wien, abgesehen von einer kurzen Reise mit den Geilhofers, die in die Berge an der Grenze von Steiermark und Oberösterreich führte. Herr Geilhofer hatte in seiner merkwürdigen Art, in der sich bürokratische Pedanterie und epikureische Naivität mischten, alles sorgfältig geplant, damit wir in ungefähr einer Woche Naturerlebnisse aller Art haben konnten. Unsere erste Station war die malerische alte Stadt Waidhofen an der Ybbs, die für ihre uralte Heimindustrie, in der Eisen- und Schmiedearbeiten hergestellt wurden, bekannt war. Dann drangen wir weiter nach Südwesten vor,

* Erschienen 1925 in London; deutsch: *Der spanische Pachthof*, Leipzig 1929.

durch das Gesäuse, die berühmte Schlucht der Enns, die tief zwischen steil aufragenden Bergen liegt, welche zwar nicht sehr hoch sind, aber zu den bedrohlichsten und gefährlichsten Gipfeln der Ostalpen gehören und jedes Jahr viele Bergsteiger das Leben kosten. Wir entschlossen uns zu einem bescheidenen Aufstieg auf der Nordseite des Tals, zu einer der Berghütten, die einen herrlichen Ausblick auf die gewaltigen Schluchten der Umgebung gewährten. Der ganze Zauber der Berge ergriff mich wieder, als nachts ein heftiges Gewitter aufzog und das beängstigende Tosen des Sturms sich mit dem dumpfen Gepolter mischte, das die Hirsche verursachten, wenn sie ihr Geweih an der Hüttenwand rieben. Und dann, in der Frühe, hoben die wilden Berge ihre zerklüfteten Häupter in den strahlenden Glanz der Sommersonne, während die dicken Wolken, die das mächtige Gewitter zurückgelassen hatte, hinabsanken und allmählich in den dunklen Tälern verschwanden. Wir machten eine kurze Wanderung durch das Johnsbachtal (die uns nach dem Erlebnis des Berggipfels jetzt ein Tal zeigen sollte –, wobei der gute Herr Geilhofer von allen Pflanzen und Steinen Proben sammelte), gelangten zu dem schönen Stift Admont und fuhren dann mit dem Zug auf der herrlichen Salzkammergutstrecke weiter, besichtigten die einzigartige, melancholische Marktgemeinde Hallstatt und beschlossen die Reise mit einem kurzen Aufenthalt in Ebensee am Traunsee, bei dem wir das malerische Dorf Traunkirchen und schließlich die elegante Kurstadt Gmunden kennenlernten, in die ich mich sofort verliebte.

Ich bin froh, daß ich alle diese Orte später wiedergesehen habe, als ich ihre Schönheit und ihre historische Bedeutung viel besser zu würdigen wußte. Trotzdem war ich auch damals schon sehr beeindruckt und sandte meinem Vater eine Reihe von Briefen, in denen ich über die Reise berichtete. Meine Prosa erntete das Lob eines Reserveoffiziers im Armeehauptquartier, dem mein Vater die Briefe zeigte, eines gewissen Dr. Ewald, Philosophiedozent an der Wiener Universität und ein verträumter Mensch, der zu kriegerischen Unternehmungen nicht viel taugte und deshalb damit betraut worden war, eine »Geschichte« der Ersten Armee zu verfassen. Natürlich war ich – verzeihlicherweise – stolz auf diese Meinung eines Fachmanns.

Später in diesem Sommer fuhren wir für zwei oder drei Tage nach Maria Zell hoch in den Bergen südwestlich von Wien, um die berühmte Wallfahrtskirche zu besuchen. Unsere Begleiter waren die Frau und der Schwiegervater von einem Kameraden meines Vaters, ein alter Mann, der Polizeipräsident von Wien gewesen war oder ein ähnliches Amt bekleidet hatte. Der seltsame Ort war von St. Pölten aus mit einer elektrischen Schmalspurbahn zu erreichen, die einige spektakuläre Schleifen zog, um die Gebirgsschranke an der steirischen Grenze zu überwinden, bis sich plötzlich über ein tiefes, weites Tal hinweg der Blick auf den kahlen Gipfel des Ötscher öffnete. Die Stadt Mariazell war ein typischer Wallfahrtsort, nichts als ein Anhängsel der prächtigen Basilika, ein Konglomerat aus zahllosen Hotels, Gasthöfen und Souvenirläden. Seit Jahrhunderten war sie als Heiligtum der Heiligen Jungfrau berühmt und besonders bei den Tschechen und Ungarn beliebt, von denen viele in großen Scharen kamen, mit Musik und Fahnen, wobei manche nach echter Pilgerart eine große Wegstrecke zu Fuß zurücklegten. Es war ein höchst eindrucksvolles und bewegendes Zeugnis der großen universalen Monarchie, des Reiches, das viele Völker mit außerordentlich heterogenen Sitten und Lebensweisen in christlichem Geist vereint hatte (oder so gut wie möglich zu vereinen suchte), in jenem Geist, den die römisch-katholische Kirche verkörpert.

Wir hatten noch nicht viel von den Nöten der Kriegszeit erfahren. Überall, wo wir hinkamen, war das Essen reichlich und gut, und der Verkehr war annähernd normal und problemlos. Der folgende Winter bescherte uns eine ganz besondere Sensation, denn wir verbrachten die Weihnachtsferien mit meinem Vater in Lemberg, jener Stadt, die zu Kriegsbeginn bekannt geworden war, weil sie sich »noch in unserem Besitz« befand. Sie war eine Zeitlang von den Russen besetzt gewesen, aber später von den Österreichern zurückerobert worden. Das Hauptquartier der Ersten Armee lag irgendwo östlich von Lemberg, und mein Vater erhielt die Erlaubnis, mehrere Tage mit uns zu verbringen.

Es war eine ganz schön lange Reise, denn mit dem Expreßzug fuhr man selbst in Friedenszeiten etwa zwanzig Stunden, was in Europa schon etwas heißen will. Im Krieg dauerte die Reise noch viel länger, denn die Strecke führte mehr als dreihundert Kilometer lang über ehemalige Schlachtfelder und über viele zerstörte Brücken, die notdürftig wieder aufgebaut worden waren, so daß die Züge sie nur sehr langsam überqueren durften. Obwohl ich mich erinnere, viele Spuren der Zerstörung gesehen zu haben, beeindruckten sie mich nicht so stark, wie ich erwartet hatte. Wahrscheinlich hatte man schon zu viele Bilder von solchen Szenen gesehen, und dann kamen wir auch nicht sehr nahe heran. Lemberg war eine große, geschäftige Stadt, voller Soldaten, Militärdienststellen und Mannschaftsunterkünfte. Da wir aber gekommen waren, um meinen Vater zu besuchen und eine schöne Zeit mit ihm zu verbringen, achtete ich auf diese Aspekte nicht sehr. Ich erinnere mich hauptsächlich an verschiedene köstliche Mahlzeiten, eingeleitet von den berühmten polnischen Hors d'oeuvres, an den seltsamen konischen Sandhügel, den polnische Patrioten aus allen Teilen des Reiches zum Gedenken an irgend etwas oder irgend jemanden (es mag Kosciuszko gewesen sein) zusammengetragen hatten, und an die Städtische Oper, wo wir bemerkenswert gute Aufführungen der *Tosca* und des *Barbier von Sevilla* miterlebten.

Im nächsten Frühling wurde mein Vater in die Quartiermeisterabteilung des Allgemeinen Armeehauptquartiers versetzt, das sich damals an der Grenze zwischen Mähren und Schlesien befand, in der Kreisstadt Teschen, einem der späteren Konfliktherde zwischen der Tschechoslowakei und Polen, denn im Vertrag von Versailles wurde die Stadt zweigeteilt, und unter dem Namen Těšín und Cieszyn wurde jedem der beiden Länder eine Hälfte zugewiesen. Wie alle mittelgroßen Städte in den slawischen Gebieten Österreichs hatte es eine einheimische Bevölkerung – hier waren es Tschechen und Polen in einem kaum näher bestimmbaren Mischungsverhältnis – und eine deutschsprachige Oberschicht, die sich aus Regierungsbeamten, Gymnasiallehrern, Ärzten und anderen Angehörigen der Intelligentsia zusammensetzte. Das Leben in den Armeehauptquartieren war alles andere als kriegerisch. Die militärische Einrichtung war zu einer Art zweitem Kriegsministerium geworden, das sich vom ursprünglichen durch einen Anstrich phantastischer Improvisation unterschied, was darauf zurückzuführen war, daß es über eine kleine, verschlafene Stadt verteilt war, die ganz und gar nicht darauf eingerichtet war, Hunderte von Dienststellen und Verwaltungseinrichtungen zu beherbergen, die überall aus dem Boden schossen, als der Krieg länger und komplizierter wurde und sich zu einer Lebensweise verfestigte. Mein Vater hatte eine kleine möblierte Wohnung in der Nähe des Marktplatzes, und wir konnten den ganzen Sommer mit ihm verbringen.

Die Stadt war recht langweilig und hatte nicht viel Interessantes zu bieten, und das Land war nicht anders, Hügelland mit Rüben und Getreide, das an das große, häßliche Kohlebecken von Moravská Ostrava (Mährisch Ostrau) angrenzte. Die Spaziergänge, die meine Mutter und ich täglich machten, denn mein Vater war erst abends frei, wurden mir langweilig, bis ich herausfand, wodurch ich ihnen einen Sinn geben konnte. Ich beschloß, einen Stadtplan zu zeichnen, da es keinen guten gab. Wir kauften einen Schrittzähler, ein kleines Instrument, der wie eine Uhr aussah und, einfach in der Tasche getragen, beim Gehen die Anzahl der Schritte zählte. So gingen wir denn nach einem Plan, den ich aufgestellt hatte, getreulich jede Straße und jedes Gäßchen in der blöden kleinen Stadt ab, und ich notierte mir, so gut ich konnte, alle Entfernungen und alle Winkel und übertrug sie in die langsam wachsende Karte, wenn ich nach Hause kam. Das Resultat war ein ziemlich detaillierter Plan von Teschen, mit nur kleinen Verzerrungen, die den höchst primitiven Meßmethoden zuzuschreiben waren, die ich verwendete.

Ein- oder zweimal wöchentlich versammelten sich einige Offiziere, die engeren Kontakt zu meinem Vater hatten, mit ihren Frauen oder Familien in einem der Hotels zum Essen. Von Lebensmittelbeschränkung war hier nichts zu spüren, nicht nur weil der Sitz des Hauptquartiers naturgemäß mit allem gut versorgt war, sondern auch, weil die Verteilung der Lebensmittel sich nach keinem gerechten System richtete. Industriebezirke wie die Umgebung Wiens und andere sowie landwirtschaftlich benachteiligte Gebiete waren von Hungersnot bedroht, wohingegen fruchtbare Regionen die Wirkung der alliierten Blockade kaum spürten. Kleinere intellektuelle Vergnügungen boten sich, als ich entdeckte, daß unserer Wohnung gegenüber ein alter Lehrer wohnte, der eine etwas ungewöhnliche Bibliothek zusammengetragen hatte. Ich besuchte die Bibliotheksräume des einsilbigen und etwas griesgrämigen Herrn und stellte fest, daß er eine Art Manuskriptkopie der Abhandlung über Architektur von Vitruvius Pollio besaß. Ich weiß nicht, wieviel sie wert war, aber ich war glücklich über diesen Fund, denn ich wollte stolz Dr. Mras darüber berichten. Ich erinnere mich an das seltsame und freudige Gefühl, das ich in den kühlen Räumen des alten Professors hatte, schattig und still hinter den Jalousien, in einem antiquierten Stil möbliert, voller Bücher und Papiere, unpersönlich und losgelöst von der Zeit und dem Lauf der Welt. Ich habe dieses nostalgische Gefühl für Bibliotheken behalten, die mir, besonders wenn sie nur wenig besucht sind, immer wie ein Zufluchtsort vor der Gewalttätigkeit der Epoche erscheinen. Eine Art melancholischer Ironie scheint aus diesen endlosen Bücherreihen aufzusteigen, die die Weisheit vieler Jahrhunderte bergen und sie der heutigen Generation bereitwillig zu ihrem Nutzen anbieten und die doch von den Idioten ignoriert (wenn nicht vernichtet) werden, weil diese zu sehr damit beschäftigt sind, sich gegenseitig die Kehlen durchzuschneiden, statt sich die Antworten auf ihre sogenannten Probleme anzuschauen, die einige der Bücher bereithalten.

Es gab auch musikalische Unterhaltung, denn es stellte sich heraus, daß einer der Burschen in der Dienststelle meines Vaters, ein Feldwebel, Besitzer und Direktor der »führenden« Musikschule des Ortes war (ich bezweifle, daß es dort mehr als eine gab). Obgleich dieser Herr Slawik Unteroffizier war, konnte man mit ihm gesellschaftlich verkehren, weil er zumindest nominell Offiziersanwärter war, wie alle Soldaten der österreichischen Armee, die eine akademische Qualifikation hatten. Natürlich platzte der gute Mann fast vor Stolz, als sich etliche Offiziere, darunter einige Stabsangehörige, wöchentlich einmal in seiner Schule versammelten, wobei einige mit mir am Klavier Kammermusik spielten und die anderen diesen gutgemeinten, wenn auch nicht sehr brillanten Darbietungen lauschten. Ich glaube, ich schrieb für das Ensemble eine kleine Anzahl leichter Variationen über ein Studentenlied, und Frau Slawik, die eine empfindsame, musikalische Sängerin war, führte einige meiner frühen Versuche im Genre der Vokalmusik auf.

Der Höhepunkt dieses Sommers war eine mehrtägige Reise in die Berge der Tatra, des höchsten Gebirges im nördlichen Karpatenbogen, der Ungarn von Preßburg im Nordwesten bis zum Eisernen Tor im Südosten umgibt. Die Tatraregion, die an der Grenze zwischen Ungarn und Galizien liegt, war von Teschen aus leicht zu erreichen, da eine Hauptbahnlinie an diesen Bergen entlang ostwärts führte. Das Land war von Slowaken bewohnt, da es aber zu Ungarn gehörte und die Ungarn viel weniger Rücksicht auf ihre »unterworfenen« Völker nahmen als die Österreicher, waren in der Öffentlichkeit keine Spuren der einheimischen Sprache sichtbar.

Für mich war dieser Ausflug ein großes Ereignis, weil die Landschaft einen ganz anderen Charakter hatte als die Alpen. Das Land war weniger dicht bevölkert, die Täler viel breiter, und überall gab es offenes Land. Wir machten zuerst am Csorbató (Csorbasee, der in slowakischer Sprache später Stroské pleso hieß) Halt. Das schöne, moderne Hotel war die Endstation einer Zahnradbahn; der hohe Steilhang, den sie hinauffuhr, überragte ein immenses Waldgebiet, das sich im Süden ausdehnte, während nach Norden schöne Wanderwege in die Hauptregion führten, die aus kahlen Felsgipfeln bestand. Auf den Terrassen der weiten Hänge waren am Ende eines jeden Tals kleine Seen von tiefblauer oder grüner Färbung zu sehen, die »Meeresaugen« genannt wurden.

An alle diese Landschaftsbilder wurde ich stark erinnert, als ich zum erstenmal in die Rocky Mountains von Colorado in der Gegend um Estes Park kam. Vom Csorbató aus begaben wir uns ins Zentrum dieses Gebiets, in den eleganten Ferienort Tatrafüred (der später Smokovec genannt wurde) und nach Tatralomnicz, wobei wir zu verschiedenen höhergelegenen Orten hinaufwanderten, wie zum Popradsee und zum »Kleinen Kamm« oberhalb von Tatrafüred. Wir waren nicht nur von der fremdartigen, exotischen Schönheit des Landes tief beeindruckt, sondern auch von dem Überfluß an Nahrungsmitteln in diesen ungarischen Orten. Am provozierendsten war der Anblick der unbeschränkten Fülle an wunderbar weißem Brot, einem Erzeugnis, das in Österreich so gut wie völlig verschwunden war. Obgleich Österreich und Ungarn genaugenommen ein Staat waren, war es nicht möglich, die Ungarn dazu zu bewegen, ihre Landsleute im Westen mit ihrem ungeheuren landwirtschaftlichen Reichtum zu ernähren, obgleich letztere ziemlich überzeugt davon waren, daß der Krieg durch die landwirtschaftlichen Interessen der Ungarn zumindest angestiftet worden war, und diese Fakten lösten tiefen Groll aus. Ich bin sicher, daß die Nazis viel effizientere Methoden haben, um sowohl den Ungarn als auch ihren anderen Verbündeten und Sklaven abzunehmen, was auch immer sie an Nahrungsmitteln verlangt haben, obgleich Ungarn noch ein unabhängiger Staat ist, wenigstens dem Namen nach. Es ist Sache der Ungarn, darüber nachzudenken, was für einen Segen ihre »Unabhängigkeit« ihnen gebracht hat.

Eigentlich sollte es unter den 1918 »befreiten« Staaten Mitteleuropas keinen einzigen geben, der sich nicht reuig die »Unterdrückung« zurückwünscht, der er durch das alte Reich ausgesetzt war. Ich hege allerdings in dieser Hinsicht keine Hoffnungen, denn ich habe zu viele Beweise für die Tatsache gefunden, daß das deutsche Sprichwort, demzufolge man durch Schaden klug wird, völlig falsch ist. Im Gegenteil, ich bin davon überzeugt, daß Leiden eine gründlich verdummende Erfahrung ist. Es mag Charaktereigenschaften ausbilden, die unter bestimmten Gesichtspunkten anerkennenswert erscheinen, und es mag die Empfindsamkeit und das Mitgefühl steigern, aber es kann ebensogut Rachsucht, Grausamkeit und Gleichgültigkeit verstärken. Jedenfalls sehe ich nicht, daß es die Intelligenz der Opfer erhöht, es ei denn, es macht sie zu völligen Schurken und Verbrechern.

Über die musikalischen Fortschritte, die ich in den ersten beiden Kriegsjahren machte, weiß ich nicht mehr viel. Da mein Lehrer Balluff Organist an der Votivkirche war und mich manchmal zum Gottesdienst mitnahm, begann ich, mich für Kirchenmusik zu interessieren und eine Messe zu schreiben, wahrscheinlich in jenem nachbarocken Stil, der in österreichischen Kirchen Mode war, also für Chor, Solostimmen und Orchester. Das kann aber auch kurz vor dem Krieg gewesen sein, denn ich erinnere mich daran, daß kurze Zeit die Rede davon war, mein Vater könnte mit einem Militärkomitee nach Albanien entsandt werden, um den Militärapparat dieses Operettenkönigreichs in Schwung zu bringen, und ich bildete mir ein, daß ich ihn begleiten und meine Messe dort zu Ende komponieren könnte, woraufhin ich »Missa Illyrica« auf die Titelseite setzen würde, ein Gedanke, der von größter Wichtigkeit war, da ich auf die Titelseiten und die Aufmachung meiner »Werke« immer noch großen Wert legte. Die Votivkirche war eine der bedeutenden Kirchen Wiens, ein pompöser, allerdings nicht häßlicher Bau im neugotischen Stil, der zum Gedenken an ein mißglücktes Attentat auf den Kaiser errichtet worden war. Da ein Chor und ein Orchester von guter Qualität zur Verfügung standen, waren die Gottesdienste recht feierlich. Besonders beeindruckt war ich von den endlosen Meßfeiern der Karwoche, die immer noch einen großen Reiz auf mich ausüben.

In den ersten Kriegsjahren wurde mein Interesse für ein diametral entgegengesetztes Genre geweckt, für die Wiener Operette. Während seiner kurzen Besuche in Wien entwickelte mein Vater für diese Gattung, die ihn vorher nicht sehr interessiert hatte, eine Vorliebe; vielleicht war das eine eher normale Reaktion auf das trostlose Geschäft des Krieges. Bald lernte ich die ungeheuer populären Meister der Wiener Operette, wie Lehár, Kalmán, Oscar Straus, Leo Fall und andere recht gut kennen, und selbstverständlich versuchte ich mich unverzüglich in der Komposition musikalischer Lustspiele. Diese Aktivitäten fanden alle außerhalb des Unterrichts statt, und ich ahmte dabei immer noch im Spiel die Erwachsenen nach. Die tiefere Bedeutung, die das alles für die Entwicklung meines Charakters und meiner Begabung hatte, blieb unter der Oberfläche des unauffälligen Daseins eines begabten und aufgeweckten Schülers vollständig verborgen.

Zu Gast bei Franz Schreker

Ich schrieb damals auch ein Klavierkonzert (ohne den Orchesterpart zu instrumentieren) und skizzierte eine Suite für Klavier solo. Diese letzten Produkte meiner emsigen Feder veranlaßten meinen Lehrer, einen Schritt vorzuschlagen, der weitreichende Folgen haben sollte. Eines Tages erklärte er, daß er meine Kompositionsversuche nicht länger zu beaufsichtigen gedenke, weil er glaube, daß eine größere Autorität zu Rate gezogen werden müsse, um über ihre Bedeutung zu entscheiden. Er schlug einen Besuch bei Franz Schreker vor, der an der Musikakademie Komposition unterrichtete. Über Schreker wußte man, zumindest in unseren Kreisen, wenig. Ich erinnere mich, daß einige Zeit vor dem Krieg an der Hofoper eine Oper von ihm aufgeführt worden war, die hier und dort einige Verblüffung ausgelöst und in der Öffentlichkeit nur einen flüchtigen Eindruck hinterlassen hatte. Das »Neue Wiener Journal«, diese schreckliche Klatschzeitung, die wir damals abonniert hatten, brachte als besonders bemerkenswertes Detail die Geschichte über ein Spezialinstrument, das Schreker gebraucht hatte, um Volksgemurmel hinter der Szene zu suggerieren, was sarkastisch als eine der albernen Ideen moderner Komponisten beschrieben wurde. Da wir keinen Kontakt zur Musikwelt und eigentlich auch zu keiner anderen speziellen Welt hatten, war über Schreker und seine Bedeutung nicht viel zu erfahren, und Ballufs Vorschlag wurde gründlich erwogen. Schließlich wurde entschieden, daß wir dem großen Mann einen Besuch abstatten sollten, und so begaben mein Lehrer und ich uns in die Wohnung des Meisters in der Kettenbrückengasse im fünften Wiener Gemeindebezirk.

Alles war sehr aufregend, war es doch meine erste Begegnung mit einem »richtigen« Künstler, einem Berufskomponisten, der sein ganzes Leben in dieser erstaunlichen Welt voller Ruhm und Glanz zubrachte. Alles erschien mir phantastisch elegant, raffiniert, exquisit, kultiviert, seltsam, verlockend und gefährlich, weil ich es mir so wünschte. Der Mann selbst, damals achtunddreißig Jahre alt, sah älter aus, als er war, weil er bereits kahl wurde. Seine beginnende Glatze wurde von langen Locken umkränzt, nach dem veralteten Stil, in dem das neunzehnte Jahrhundert gern den Künstlertyp darstellte. Er hatte etwas leicht Feminines und eine Art Lasterhaftigkeit an sich, Züge, die eher Merkmale seines Berufes zu sein schienen als Charaktereigenschaften. Ich glaube, daß dieser Eindruck durch den leisen Duft eines Parfums verstärkt wurde, der von ihm ausging. Später erkannte ich einige Merkmale seines Wesens in den Eigenschaften wieder, die herkömmlicherweise den Vorstadtphotographen zugeschrieben wurden, eine Art schwer definierbarer, anzüglicher Derbheit und quasi halbprofessioneller Dreistigkeit, und ich war ziemlich überrascht, als ich erfuhr, daß sein Vater ein solcher Photograph gewesen war.

Franz Schreker war in Monaco geboren, vermutlich während einer Geschäftsreise, die seine Eltern zu einer Ausstellung oder etwas dergleichen gemacht hatten, und diese Tatsache trug einiges zu seinem beunruhigenden Charme bei. Er lächelte gerne, und seine Augen hinter der goldumrandeten Brille verrieten seinen Sinn für Humor, aber er redete nicht viel. Ich brauchte Jahre, um herauszufinden, daß es ihm Schwierigkeiten bereitete, sich klar auszudrükken, und daß er geistig recht schwerfällig und so naiv war, daß er kindisch wirken konnte. Ich spielte ihm aus den Skizzen zu meiner Klaviersuite vor, und er nuschelte etwas, das wie »ganz nett« klang, aber daß »man« oder »wir« solche Sachen etwas anders machen würde bzw. würden, und daß ich genug über Harmonielehre zu wissen schiene und mich zu seinem Kontrapunktunterricht an der Akademie anmelden solle. Eine besondere Regelung wurde getroffen, so daß ich statt an drei nur an zwei Seminaren pro Woche teilzunehmen brauchte und von Nebenfächern wie Klavier, Gehörbildung, Dirigieren und dergleichen vorläufig befreit war, damit ich meine Studien am Gymnasium fortsetzen konnte.

Der Tod des Kaisers

In einer düsteren Novembernacht des Jahres 1916 verschied der alte Kaiser, und alle Kirchenglocken läuteten bereits seit einer ganzen

Stunde, als das Ereignis offiziell bekannt wurde. Obgleich sein Tod nicht unerwartet kam, denn der Monarch hatte sein sechsundachtzigstes Lebensjahr erreicht, war die Auswirkung auf die Öffentlichkeit sofort spürbar. Intensiver und auf tragischere Weise als beim Kriegsausbruch wurde den Menschen klar, daß ein Zeitalter zu Ende gegangen war. 1914 war die Aufregung größer gewesen, aber damals hatte sie eher der Aufregung von Schulkindern geglichen, die sich auf ein ungewöhnliches Abenteuer einließen, das um so spannender war, weil es unbekannte Gefahren in sich barg. Das Bewußtsein dafür, daß unwiderruflich mit einem Lebensstil gebrochen wurde, den man scheinbar seit unvordenklichen Zeiten gepflegt hatte, war nicht mehr als ein etwas alarmierender Unterton in dem idiotischen Geschrei hirnverbrannter Fröhlichkeit.

1916 hatte das Abenteuer alle seine glanzvollen und erregenden Aspekte eingebüßt. Der Krieg war zu einem öden, traurigen und grausigen Geschäft geworden, zu einem verstörenden Alltag voller Blut, Dreck, Elend und Hunger, der sich ohne Sinn und ohne Hoffnung dahinschleppte. Und jetzt war das letzte lebende Symbol, das eine enttäuschte und gequälte Generation mit einer sehr fernen Vergangenheit voller Größe und Ruhm verbunden hatte, dahingegangen. Während des Krieges war der alte Mann kaum zu sehen gewesen. Er hatte das Schloß Schönbrunn nicht verlassen, diesen ebenso mächtigen wie anmutigen Barockbau aus dem achtzehnten Jahrhundert, der am unteren Ende eines prächtigen französischen Gartens stand. Diese Anlage breitete sich über den Hang eines sanften Hügels aus, mit großen, viereckigen Teichen auf den verschiedenen Terrassen und gekrönt von einer stolzen, aufwendig verzierten Pergola, der Gloriette. Von hier aus hatte man einen schönen Ausblick auf die Stadt bis weit hinüber zur Turmspitze des Stephansdoms mit ihrem goldenen Adler, der im Licht der untergehenden Sonne glänzt.

Der Kaiser hatte sich ganz in die Anonymität seiner verdrießlichen, bürokratischen Routine zurückgezogen und hockte über Bergen von Schriften, deren Inhalt er kaum noch verstehen konnte, war aber immer noch entschlossen, jedes Detail der zusammenbrechenden Staatsmaschinerie zu überwachen, insbesondere alles, was die Armee betraf, bis hin zu den Uniformknöpfen. Ein Witz über die Geistesschwäche des alten, entkräfteten Mannes machte die Runde: Als er durchs Fenster Armeefahrzeuge mit verwundeten Soldaten vorbeifahren sah, rief er aus: »Was ist los? Ist denn Krieg? Na schön, vorwärts, Leute, schießt die Preußen nieder!« Das war nicht nur auf die Senilität des Kaisers gemünzt. Trotz des nahezu vollständigen Rückzugs aus der Öffentlichkeit war er immer noch da, der letzte Garant jener Ideen und Denkweisen, die in allen Ecken und

Winkeln Europas Tag und Nacht vom Geschützdonner zerfetzt wurden. Im Volk herrschte ein starker Glaube an eine Art mythische Prophezeiung, die besagte, daß das Reich mit Franz Josephs Tod zerfallen werde, und diese Prophezeiung hatte einen ziemlich realistischen Hintergrund, da anzunehmen war, daß die zentrifugalen Kräfte durch die Existenz dieses personifizierten Wahrzeichens einer glücklicheren Vergangenheit zumindest psychologisch unter Kontrolle gehalten wurden. Es gab praktisch niemanden im ganzen Reich, dessen Leben in der Lebenszeit des alten Kaisers nicht enthalten war, und allein diese Tatsache schaffte eine Atmosphäre des Respekts, den wir dem Alter zu erweisen geneigt sind, selbst wenn es sonst vielleicht wenig Grund zum Respekt bietet.

Als schließlich das Ende kam, wunderten wir uns darüber, daß die Monarchie sogar noch zwei Jahre nach Franz Josephs Tod bestehen blieb. Erst viel später erfuhren wir, daß sie vielleicht nie zusammengebrochen wäre, wenn mit etwas mehr Mut und Intelligenz in das Weltgeschehen eingegriffen worden wäre, und daß sie für den gequälten Kontinent ein Zentrum der Wiedergeburt hätte werden können. Doch zu jener Zeit legte sich eine beispiellos düstere Stimmung über das Land, zumal der neue Kaiser unglücklicherweise in der öffentlichen Meinung nicht hoch im Kurs stand und selbst jene, die ihm gut gesinnt waren, nicht daran glaubten, daß er in einer so verzweifelten Lage seine Fähigkeiten würde entfalten können.

Mein Vater kam auf einen Kurzurlaub nach Wien, um dem Staatsbegräbnis des alten Kaisers beizuwohnen. Es war die letzte Vorführung des überwältigenden Prunkes, der das vom Haus Habsburg übernommene sogenannte Spanische Hofzeremoniell kennzeichnete. Es bestand aus einer Sammlung von Riten und Regeln, die von einer Familie entwickelt worden waren, welche der christlichen Welt seit Jahrhunderten ihre größten Herrscher beschert hatte. Es ist leicht, diese Sache als »mittelalterlichen« Mumpitz abzutun, der einer Ära der Aufklärung und des rationalistischen Denkens nicht würdig ist, aber weniger leicht ist es, sich nicht von der Konzentration historischer Realität beeindrucken zu lassen, die sich in einem so ausgeklügelten System wunderlicher Symbolik manifestiert. Der Leichenzug mit Tausenden von Teilnehmern, Soldaten, Ehrenabordnungen und Delegationen aus den verschiedenen Provinzen des Reiches in phantastischen Kostümen und Uniformen, die ausschließlich bei so seltenen Gelegenheiten zu sehen waren, zog die ganze Ringstraße entlang, ehe er vor der Kaisergruft im Kapuzinerkloster, nicht weit vom Stephansdom entfernt, sein Ziel erreichte.

Wir sahen von einem Fenster des Kriegsministeriums aus zu. Das Schauspiel war in der Tat aufregend und erreichte seinen Höhepunkt, als sich der Leichenwagen mit dem Sarg des verstorbenen Kaisers näherte. Ich werde das seltsam erhabene, luftige Gefährt nie vergessen. Der Sarg, von allen Seiten sichtbar, lag sehr hoch, auf einem System besonders starker Federn, so daß er bei jeder Umdrehung der Räder langsam, aber heftig schaukelte, so als wäre eine starke, lebendige Kraft in dem winzigen, schwarzen Kasten verborgen, eine Art mechanisches Herz, das übermäßig kräftig schlug.

Besuche in Vöslau

Kurz darauf wurde das Armeehauptquartier von Teschen an einen anderen, zentraleren Standort verlegt, weil der neue Kaiser das Oberkommando über das Heer übernahm und die damit verbundene Tätigkeit an einem Ort ausüben wollte, der nicht allzu weit entfernt war von Wien, wo er sich auch um die politischen Regierungsgeschäfte kümmern wollte. Deshalb wurden für das Hauptquartier die beiden Kurorte Baden und Vöslau ausgewählt. Baden war eine reizende Stadt mit einer sehr charakteristischen biedermeierlichen Atmosphäre, ungefähr dreißig Kilometer südlich von Wien. Als es noch keine Eisenbahn gab, war es ein vornehmer Sommerkurort der Aristokratie gewesen, mit kräftigen Schwefelquellen und schönen, in weiten, gepflegten Parks versteckten Villen, die aus dem warm getönten gelben Sandstein erbaut waren, der für die österreichischen Landhäuser des achtzehnten und frühen neunzehnten Jahrhunderts so typisch ist. Vöslau, etwa drei Kilometer weiter südlich, war bedeutend weniger vornehm, denn es war, aus welchen Gründen auch immer, zum bevorzugten Ziel von Sommerurlaubern aus der jüdischen Mittelschicht Wiens geworden. Die Einsatzabteilung des Hauptquartiers mit den Strategen des Generalstabs übernahm die eleganten Badener Hotels, während die Quartiermeisterabteilung in die weniger guten Häuser von Vöslau abgeschoben wurde. Die ganze Regelung erschien nicht besonders sinnvoll, denn diese Dienststellen hätten ebensogut in Wien eingerichtet werden können, was den Kontakt mit dem Kriegsministerium erleichtert hätte.

Das Leben im Hauptquartier erinnerte gar nicht mehr an den Krieg, sondern verlief eher, wie in einem Country Club, mit Wochenendausflügen in die Stadt. In der großen Ebene östlich von Baden, dem sogenannten Steinfeld mit dem wichtigen Industriezentrum Wiener Neustadt, befanden sich einige der größten Waffenfabriken Österreichs, und die Nachbarschaft von Hunderten von wohlgenährten und schmuck uniformierten Offizieren verbesserte die Stimmung der Tausenden von Arbeitern, die der über den Kontinent verhängten Hungerblockade ausgesetzt waren, nicht gerade, auch wenn das Hauptquartier ihnen oft etwas von den überschüssigen Vorräten abtrat.

Mein Vater kam häufig für ein oder zwei Tage nach Hause, und wir besuchten ihn regelmäßig an den Wochenenden. Vöslau war mit der Südbahn zu erreichen oder mit einer elektrischen Bahn, die in der Nähe der Hofoper abfuhr, von der man aber in Baden in eine Regionalbahn umsteigen mußte. Mein Vater wohnte in Vöslau zuerst im Hotel Stefanie, gegenüber dem bescheidenen Thermalbad des schäbigen Kurorts. Ich erinnere mich noch sehr gut an das sonderbare dreieckige Eckzimmer, in dessen Mitte ein rotglühender Ofen stand und von dem aus man auf eine verschlafene Kreuzung verschneiter, schmutziger Straßen sehen konnte. Die kleine Stadt war immer noch ganz überrascht, statt der gewohnten Kundschaft gesprächiger Juden nun zahllose Soldaten zu sehen, die geschäftig geheimnisvolle Aufträge ausführten.

Im Frühling dann bezog mein Vater eine Wohnung am Westhang, ein paar Straßen von seiner Dienststelle in dem riesigen Hotel Hallmeyer entfernt. Er hatte einige Zimmer im Erdgeschoß einer großen, alten Villa mit einem schönen, waldähnlichen, an den Kurpark grenzenden Garten. Der Kurpark war ein hübsches Fichtengehölz, das allmählich in die riesigen Wälder des Wienerwalds überging, der sich über die Ebene erhob. Wir verbrachten den ganzen Sommer des Jahres 1917 in diesem Haus, und ich gewann den ganzen Ort sehr lieb. In demselben Haus wohnten noch ein paar andere Offiziere, aber wir kamen mit ihnen oder ihren Familien kaum in Berührung. Eine Ausnahme bildeten der Oberstleutnant Tlapek, seine Frau und sein Sohn, zu denen wir eine persönlichere Beziehung unterhielten. Ich hatte im Garten einen Arbeitstisch unter einigen mächtigen alten Bäumen, und dort verbrachte ich viele Vormittage mit der Arbeit an Musik und Literatur oder womit ich mich gerade beschäftigte. Es war, in größerem Rahmen, eine wunderschöne, nie erträumte Wiederholung jener Zeit, die ich in unserem kühlen Eckzimmer an meinem kleinen Kinderschreibtisch zugebracht hatte, gegenüber den sonnenbeschienenen Häuserfronten der Gentzgasse. Das Ganze hatte allerdings etwas Unwirkliches und Phantastisches an sich, weil sich diese Idylle des Friedens und der Heiterkeit an einem Ort befand, der das Zentrum der Kriegsanstrengungen sein sollte, und ich war mir ständig bewußt, daß außerhalb dieser kleinen Insel die Greuel zunahmen.

Wir machten viele Spaziergänge durch das schöne Bergland westlich von Vöslau und durch die prächtigen Weinberge in der Umgebung der Stadt. Vöslau war für seinen ausgezeichneten Rotwein berühmt, und wir würdigten seine Vorzüge sowohl zu Hause als auch an so manchen Abenden in dem freundlichen Kursalon im Park, der an unseren Garten grenzte; an Sonntagabenden spielte dort eine Militärkapelle. Die Wälder waren dunkel und düster und mit schneeweißen Sandsteinbrüchen durchsetzt, die der Landschaft ein eigenartig heroisches Aussehen verliehen. Verstärkt wurde dieser Eindruck noch durch eine seltsame Art von Nadelbäumen, die nur in diesem Teil des Wienerwalds wachsen, die sogenannten Parapluiebäume, deren Krone sich wie ein Schirm ausbreitet, so daß sie wie die Pinien des Südens aussehen. Damit verliehen sie den Bergen, die sie krönten, einen leicht mediterranen, klassischen Charakter. Die Aussicht von den Bergkuppen war eindrucksvoll, weil die felsigen Höhen des Schneebergs und der Rax im Süden sehr viel deutlicher zu sehen waren als von Wien aus, und im Osten konnten wir die stark industrialisierte Ebene bis zur ungarischen Grenze und den fernen Erhebungen des Wechselgebirges bei Aspang überschauen.

Die Weingärten waren groß und gut gepflegt, besonders die des Gutes Goldeck, auf dem die Familie Schlumberger die Trauben erntete, die die Grundlage für den einzigen österreichischen Sekt bildeten, der noch dazu sehr gut war. Um den österreichischen Wein wirklich zu schätzen, mußte man ihn studieren und viele bescheidene und entlegene Orte entdecken, an denen die edelsten Sorten zu finden waren. Damals war ich in dieser vornehmen Wissenschaft ein ahnungsloser Neuling, aber das Wesentliche erfaßte ich sehr bald, so daß ich später beachtliche Fähigkeiten entwickeln konnte. Einer der Kameraden meines Vaters hatte in Soos, einem alten Dörfchen zwischen Vöslau und Baden, einen schmutzigen kleinen Laden entdeckt, der einem Herrn Schwertfeger gehörte. Wir wurden treue Kunden dieses hochverdienten Bürgers, und viele Jahre später setzte ich es mir in den Kopf, seine mehr als bescheidene Weinhandlung noch einmal aufzusuchen. Mehr darüber später.

In Vöslau hatte ich auch eine sehr kindische, ganz und gar unschuldige Liebschaft mit einem hübschen Mädchen, das in einem der Nachbarhäuser wohnte. Wir hatten ein paar unbedeutende Zusammenkünfte im Kurpark, und ich erinnere mich, daß ich der Sache nicht recht froh wurde, weil ich glaubte, daß ich den Erfordernissen der Situation nicht gerecht wurde, welche das auch gewesen sein mögen.

Die Wirklichkeit des Krieges wurde uns eines Nachts mit einem Schlag bewußt, als wir durch einen höllischen Lärm aus dem Schlaf gerissen wurden. Ich fuhr zutiefst erschrocken in meinem Bett hoch und sah alles im Zimmer so deutlich wie am Tag. Der Himmel draußen strahlte wie zur Mittagszeit. Vom Dach her war entsetzliches Gepolter zu hören, und auf die Zimmerdecke und durch den Kamin hinunter krachten Gegenstände und splitterndes Glas. Mein Vater glaubte, es sei ein Luftangriff – niemand hatte jemals einen miterlebt oder hatte eine Vorstellung davon, wie das war. Wir wußten allerdings, daß es vor allem in Westdeutschland Luftangriffe gegeben hatte. Doch war es bei dem damaligen Entwicklungsstand der Fliegerei unwahrscheinlich, daß feindliche Flugzeuge so weit vorgedrungen waren. Der Krach draußen ging weiter, und es war klar, daß er durch Explosionen verursacht wurde. Wir kleideten uns notdürftig an, immer noch zitternd, weil wir so brutal aus dem Schlaf gerissen worden waren, und eilten hinaus auf die Straße. Ich erinnere mich immer noch an den frappanten Gegensatz zwischen der stillen, friedlichen, warmen Sommernacht und dem infernalischen Lärm, der jetzt offenbar von weither kam. Bald erfuhren wir, daß eines der großen Munitionsdepots oder eine der Munitionsfabriken in Blumau, etwa fünfzehn Kilometer südöstlich, in einer furchtbaren Explosion in die Luft gegangen war. Der Druck war so stark, daß selbst im entfernten Vöslau Fenster zu Bruch gingen und Möbelstücke umgeworfen wurden. Als wir die Kirche von Vöslau erreichten, die sich auf einem vorgelagerten Hügel mit Aussicht über die Ebene befand, war das Schlimmste schon vorbei, und man sah nur noch kleine Feuer auflodern. Aber der Lärm, der wie Schüsse aus Tausenden von Kanonen und Gewehren klang, hielt noch stundenlang an. Es wurde nie bekannt, wie es zu der Explosion gekommen war und wie viele Opfer sie gekostet hat. Es muß eine Katastrophe erster Größenordnung gewesen sein. Ich stand noch eine Weile unter Schock und litt unter Schlaflosigkeit und Tränenausbrüchen. Ich erinnere mich, daß das Schrecklichste die unerwartete Helligkeit des Himmels war, und ich zittere immer noch beim Gedanken an die Möglichkeit, daß ich so etwas noch einmal erleben könnte.

In jenem Sommer 1917 unternahmen wir drei Ausflüge in die Berge, obgleich das meinem Vater wegen der kritischen Kriegssituation nicht so recht paßte. Weil ich mich aber so nach dem Hochgebirge sehnte, gab er meinen beharrlichen Bitten nach. Wir machten also eine kleine Fahrt nach Mariazell, die vom Wetter nicht sehr begünstigt war, und zwei noch kürzere Ausflüge auf den Schneeberg und den Semmering, die man beide in je einem Tag bewältigen konnte; man mußte allerdings sehr früh aufbrechen. Ich entsinne mich, daß wir zu einer dieser Fahrten lange vor Tagesanbruch aufstehen mußten, und es war ein merkwürdiges Gefühl, im schwachen Licht der Sternbilder den Weg zum Bahnhof hinunterzugehen.

Den Schneeberg konnte man von Wiener Neustadt aus auf einer Nebenstrecke der Südbahn erreichen, die Anschluß an eine Zahnradbahn hatte, welche wiederum zum Hochplateau unter dem Gipfel hinaufführte. Die Fahrt war ermüdend, weil die alten Maschinen sehr reparaturbedürftig waren, so daß es wiederholt zu ungeplanten Aufenthalten kam. An der Bergstation stand ein altes Gasthaus, das früher, als die Berge noch nicht so leicht zugänglich gewesen waren, ein beliebter und vornehmer Erholungsort gewesen war. Jetzt war es verlassen, hatte keine Gäste und kein Speisenangebot mehr, ein düsteres Symbol für den allgemeinen Verfall, den der unselige Krieg dem Land gebracht hatte. Wir stiegen zum Gipfel, dem sogenannten Klosterwappen, hinauf, einer kahlen, felsigen Kuppe, die im Norden einen unheimlichen Abgrund von mehreren hundert Metern Tiefe überragt. Im Süden war die riesige, grasbewachsene Hochebene der berühmten Rax zu sehen, deren steile, gefährliche Wände unter tollkühnen jungen Wienern, die mit ihrer Kletterkunst angeben wollten, alljährlich viele Opfer forderten, obwohl es einige sehr bequeme Wanderwege gab. Die Landschaft besaß, obgleich die Berge nicht viel höher sind als zweitausend Meter, eine düstere Erhabenheit.

Der Semmering war eine »künstliche« Ansiedlung einige Kilometer weiter südlich, oben auf einer Paßhöhe, durch deren Berg der Tunnel der Südbahnstrecke von Niederösterreich in die Steiermark führte. In der Neuen Welt, wo alle Siedlungen künstlich sind – wie selbstverständlich überall –, hat der Begriff »künstlich« keine große Bedeutung. In Europa dagegen hat praktisch jede Ansiedlung eine Geschichte, die in das Dunkel prähistorischer Zeiten zurückreicht, so daß alle Orte, die vor weniger als ein paar hundert Jahren gegründet wurden, etwas Künstliches an sich haben, insbesondere, wenn sie, wie der Semmering, ein Konglomerat aus Gasthöfen, Hotels und anderen Erholungsstätten ohne »gewachsenen« ländlichen Hintergrund sind. Jener Teil der Südbahnstrecke war die älteste Bergbahnstrecke Europas, um 1854 erbaut, und zweifellos ein bemerkenswertes Denkmal der Fähigkeiten und Leistungen des österreichischen Bauwesens. Sie war das erste Beispiel einer voll ausgebauten, doppelgleisigen Eisenbahn zur Beförderung von Passagieren und schweren Frachten, die auf einer Strecke von wenigen Kilometern einen Höhenunterschied von über dreihundert Metern überwand, indem sie kühne Bögen, hohe Viadukte und verschiedene Tunnel und Hangtrassen auf Stelzen benutzte.

Der Paß war von schön geformten, bewaldeten Bergen und tiefen, romantischen Schluchten umgeben, und die Landschaft schien den Stil der Epoche widerzuspiegeln, in der sie entdeckt wurde, die großzügige Weite und die leichte Melancholie der Ära, in der das Reich seinen letzten Aufschwung nahm. Es gab einige große, elegante, teure und etwas altmodische Hotels und eine ganze Anzahl neuerer Häuser mit niedrigerem Standard für einen neueren und weniger anspruchsvollen Typus des Touristen. Und das Märchenland des Südens war zwar noch Hunderte von Kilometern entfernt, aber der Semmering war das Tor dazu. Man wußte, daß die großen Expreßzüge, nachdem sie die steile Steigung mit Hilfe der gewaltigen Anstrengung zweier schwerer Lokomotiven überwunden hatten, die wie wandernde Vulkane riesige Rauchwolken austießen, von hier an abwärts rollen würden, immer weiter hinunter, bis sie Triest erreichten, den einzigen großen Hafen der Monarchie und ihrer Öffnung zum Mittelmeer und zum Orient, oder Venedig, das seit 1866, dem tragischen Wendepunkt unserer Geschichte, nicht mehr zu Österreich gehörte. Ich war ganz vernarrt in den Semmering, seine bemerkenswert kühne Eisenbahnanlage, seine noblen Hotels, die schöne Aussicht auf dem Sonnwendstein, den kleinen Wallfahrtsort Maria Schnee und die vielen einladenden Wanderwege über die Berge und durch die Schluchten.

Als der Zug auf unserer Rückfahrt in Payerbach-Reichenau anhielt, sahen wir auf dem Bahnsteig der kleinen Station Kaiser Karl und seine Gemahlin. Er besaß in der Nähe von Reichenau eine Villa, in die er oft zur Erholung fuhr. Damals dachte ich nicht viel über ihn nach, obgleich es irgendwie interessant zu sein schien, einen Kaiser zu haben, der nicht alt war, sondern noch erstaunlich lebendig, ein junger Mann, der herumfuhr – vielleicht ein wenig zu viel – und der an vielen Orten zu sehen war, und insbesondere war es interessant, eine Kaiserin zu haben, denn seit der Ermordung Elisabeths im Jahr 1898 hatte es keine Kaiserin mehr gegeben. Ich wußte damals auch nicht viel über Karls politische Aktivitäten, aber ich hatte eine vage Sympathie für ihn, die viele Jahre später deutlich wuchs, als nämlich mehr von seinen politischen Vorstellungen bekannt wurden und die jüngere Entwicklung zeigte, daß der Welt manches erspart geblieben wäre, wenn diese Vorstellungen beachtet worden wären. Seine Vorfahren waren nicht gerade eine Empfehlung für ihn, denn sein Vater war für vulgäre Ausschweifungen der schlimmsten Sorte berüchtigt gewesen. Der Kaiser selbst wurde der Trunksucht verdächtigt, und seine intellektuellen Neigungen beschränkten sich auf eine etwas schwachsinnige Begeisterung für *Die lustige Witwe*. Seine Gemahlin, eine Prinzessin aus dem Hause Bourbon-Parma, war unbeliebt, weil sie im Herzen angeblich Italienerin war, und zudem erschien sie verdächtig, weil Verwandte von ihr in der französischen Armee dienten. In Wirklichkeit waren diese Familienbande der hoffnungsvollste Aspekt der Thronfolge, doch das Volk war infolge seiner unerschütterlichen Dummheit unfähig, diesen Sachverhalt zu erkennen, und die bösartige pangermanische Propaganda tat ein übriges.

Ich glaube, daß Kaiser Karl eine wahrhaft tragische Gestalt war, da er von dem ernsthaften Willen beseelt zu sein schien, den Krieg so schnell wie möglich zu beenden, selbst auf die Gefahr hin, sich dafür den unversöhnlichen Haß des megalomanischen Wilhelm von Preußen zuzuziehen. Dabei erkannte er deutlich, daß jeder Tag das Reich dem totalen und endgültigen Zerfall näherbrachte. Zu schwach und zu unerfahren, um mit den intriganten, rücksichtslosen und brutalen Methoden seiner deutschen Gegenspieler fertigzuwerden, und zu unentschlossen und zu glücklos in seinen Versuchen, das Wohlwollen Wilsons und Clemenceaus zu gewinnen, muß er gesehen haben, daß die schrecklichen Zeiten immer bedrohlicher wurden, und es ist kein Wunder, daß er zur Flasche griff und sich billige Filme ansah. Jene wackeren österreichischen Sozialisten, die aus dem sicheren Refugium, das sie in New York gefunden haben, sein Andenken immer noch mit Schlamm bewerfen, hätten es vielleicht lieber gesehen, wenn er Selbstmord begangen hätte, um ihren zweifelhaften Respekt zu gewinnen, aber schließlich haben sie sich auch nicht umgebracht, als ihre Stunde kam, und kein Racheengel wacht darüber, welche Filme sie sich anschauen, wenn diese Helden der tausend versäumten Gelegenheiten verständlicherweise von düsterer Stimmung befallen werden.

Während der Krieg ohne Hoffnung auf ein baldiges Ende weiterging, stellte sich mir ein neues Problem, weil die Regierung die Einberufung aller Männer im Alter zwischen siebzehn und fünfundfünfzig anordnete. Die Möglichkeit, eingezogen zu werden, erschien mir absolut grotesk und so verhängnisvoll, daß ich sie nicht einmal in Betracht ziehen wollte. Und dennoch rückte ihre Verwirklichung mit jedem Tag näher. Ich bin sicher, daß mein Vater fast alles getan hätte, um meine Befreiung vom Militärdienst zu erwirken, nicht nur, weil er seinen einzigen Sohn gerne vor Gefahren bewahrt hätte, sondern auch, weil er zutiefst von der Sinnlosigkeit des ganzen Treibens überzeugt war.

Da er aber in dieser Richtung nichts Entscheidendes tun konnte, ließ er sich wenigstens in Wien einbürgern. In Österreich war man nicht nur Bürger des Staates, sondern auch der Gemeinde, in der man geboren wurde oder in der man sich, nachdem man eine bestimmte Zeit dort gelebt hatte, um die Einbürgerung bewarb. Damit verhinderte er, daß ich mich in Čáslav melden mußte, das automatisch zu meiner Heimatgemeinde geworden war, weil es die Heimat meines Vaters war. Statt dessen würde ich in einer Einheit in Wien antreten, wo mein Vater möglicherweise auf meine Militärlaufbahn Einfluß ausüben konnte. Außerdem sorgte mein Vater dafür, daß ich der

Artillerie zugeteilt wurde, in der der Dienst weniger gefährlich zu sein und höheres Ansehen zu genießen schien als in der Infanterie. Zur selben Zeit wurde ein hochrangiger Sanitätsoffizier konsultiert, weil meine Eltern Symptome beobachtet zu haben meinten, die auf einen beunruhigenden Zustand meiner Atmungsorgane schließen ließen, und der Generalstabsarzt stellte tatsächlich fest, daß es mit meinen Lungen nicht zum besten stand, empfahl mir aber, mir keine Sorgen zu machen, mich in der frischen Vöslauer Luft auszuruhen und große Anstrengungen zu vermeiden. Es war sogar die Rede davon, daß ich mein Studium an der Musikakademie aufgeben sollte, da ich die Doppelbelastung durch Gymnasium und Akademie möglicherweise nicht würde durchstehen können.

Ich war von diesem Befund einigermaßen überrascht, da ich keine besonderen Beschwerden hatte. Als Kind war ich immer ziemlich gesund gewesen, wenn man von den üblichen Erkrankungen wie Masern, Windpocken und Keuchhusten absieht, von denen nur die letztere ernster gewesen zu sein schien. Eine Zeitlang war Blutvergiftung als Folge kleinerer Verletzungen ein vieldiskutiertes medizinisches Phänomen, und man erzählte sich, daß vollkommen gesunde, starke Männer innerhalb von zwei Tagen an dieser bösartigen Infektion sterben würden. Ich entsinne mich, daß ich einmal, nachdem ich mit einer Schürfwunde, wie Jungen sie sich zuziehen, nach Hause gekommen war, ein paar Stunden lang zitternd und bebend meine Temperatur beobachtete und nur hoffte, daß meine Mutter mir, wenn ich dazu verurteilt war, innerhalb von zwei Tagen zu sterben, den Gefallen tun würde, sich vor mir auszuziehen, damit ich vor meinem Abschied von dieser Welt eine nackte Frau gesehen hätte.

Zugegeben, ich war überzeugt, daß die Untersuchung meiner Lungen eine strategische Vorbereitung war, um der Musterungskommission, die mich im Lauf des Jahres 1918 vorladen würde, Erklärungen und Argumente zu liefern. Ich sagte damals kein Wort, weil ich die gute Absicht, deren Verwirklichung die Erhörung aller meiner Gebete bedeutet hätte, zu durchschauen meinte. Einige Erfahrungen in der nächsten Zeit bestätigten meine Annahme, daß es sich um eine Taktik handelte. Um so überraschter war ich, als ich zwanzig Jahre später bei meiner Einwanderung in die Vereinigten Staaten von dem Arzt im amerikanischen Generalkonsulat in Rotterdam beinahe zurückgewiesen worden wäre, weil er angeblich verdächtige Geräusche in meinen Lungen gehört hatte. Und der holländische Röntgenologe, zu dem ich geschickt wurde, versicherte mir immerhin glaubwürdig, daß der amerikanische Arzt – den ich für einen Gauner oder Ignoranten gehalten hatte – in der Annahme nicht ganz fehlgegangen war, daß ich etwas an der Lunge hatte, zwar nichts Akutes, vielleicht aber die Spur einer vor fünfzehn oder zwanzig Jahren glücklich überwundenen Krankheit. Wie auch immer, die Ärzte, zu denen ich mich bald in der Angelegenheit meines Militärdienstes begeben mußte, schenkten dem angeblichen Defekt zu einer Zeit, da er mir äußerst gelegen gekommen wäre, weit weniger Aufmerksamkeit als zwanzig Jahre später der amerikanische Arzt, dessen diagnostische Fähigkeiten mir ausgesprochen ungelegen kamen.

Der Winter 1917/1918

Der Winter 17/18 schleppte sich in zunehmender Tristheit dahin. Obgleich wir hier und da immer noch mit zusätzlichen Lebensmitteln aus Vöslau versorgt wurden, bekamen wir die Knappheit immer deutlicher zu spüren. Die Besetzung der Ukraine, die in Anbetracht der von dort zu erwartenden märchenhaften Vorräte lautstark als Endsieg über die alliierte Blockade angekündigt wurde, erwies sich als totaler Fehlschlag, und Weisskirchner, der letzte christlichsoziale Bürgermeister Wiens, der mit dem Versprechen nordostwärts geeilt war, für die hungrige Bevölkerung große Mengen Brot mit nach Hause zu bringen, wurde zur Zielscheibe öffentlichen Spotts, als man uns statt des Brots immer ekelerregendere »Kunstprodukte« lieferte. Was wir bekamen, waren schwere, klebrige, übelriechende, nasse, erdfarbene Klumpen, reichlich durchsetzt mit harten, kratzigen Strohstückchen, mit widerwärtigem Geschmack und verdaulich vielleicht für Elefanten. Ein freundlicher, leise sprechender polnischer Oberst probierte in Vöslau an einer Gruppe von Soldaten, die ihm zur Verfügung gestellt worden waren, ein neues, von ihm selbst erfundenes Brot aus. Der Hauptbestandteil dieses himmlischen Mannas war offenbar Sägemehl, und der Oberst berichtete gern mit seraphischem Lächeln, daß die Zahl der Verluste unter seinen Versuchspersonen, die durch Darmblutungen verursacht waren, vielversprechend abnahmen.

Dr. Mras sparte nicht mit bissigen Worten, als die Behörden als Gemüseersatz den Genuß von Knoblauch empfahlen, der in den Wäldern rund um Wien als eine Art Unkraut wucherte. Ich entsinne mich, daß er einmal beim Betreten des Klassenzimmers herumschnupperte und mit vernichtendem Sarkasmus sagte: »Jemand hier scheint von diesem Knoblauchspinat gegessen zu haben«, wobei er die Wörter so aussprach, als müßte er Kot anfassen. Das war ein ziemlich unschickliches Verhalten für einen Regierungsbeamten, der die Bemühungen seiner Vorgesetzten, das Volk von der Vortrefflichkeit der empfohlenen Ersatzstoffe zu überzeugen, eigentlich hätte unterstützen müssen. Doch wir mochten ihn wegen seines Obstruktionsästhetizismus um so lieber. Weitere Einschränkungen galten für den Brennstoffverbrauch, weil, vermutlich aufgrund von Transportproblemen und Arbeitskräftemangel, die Versorgung mit Kohle nachließ. Die Straßenbahnen stellten zu früher Abendstunde den Betrieb ein, um Strom zu sparen, der mit Dampfmaschinen produziert wurde. Ich erinnere mich, daß die Symphoniekonzerte, auf die wir abonniert waren, etwa um fünf Uhr begannen, und daß sich um halb acht alle beeilten, die letzten Straßenbahnen zu erreichen. Öffentliche und private Gebäude waren kalt und halb finster, und das Leben wurde unerträglich.

In diesem Winter vollzog sich jedoch aufgrund der kommunistischen Oktoberrevolution in Rußland ein entscheidender Wandel in der öffentlichen Meinung. Die von der neuen russischen Regierung lancierten berühmten Nachrichten »An Alle« verfehlten ihre Wirkung nicht. Ich erinnere mich zumindest, sie eifrig gelesen zu haben, und ich wundere mich heute noch darüber, daß sie ungehindert verbreitet werden konnten, denn ich war gewiß nicht der einzige, der davon beeindruckt war. Objektiv gesehen mag man die tolerante Haltung der Regierung hinsichtlich der Berichte aus Rußland und ähnlicher »subversiver« Publikationen als dumm und selbstmörderisch bezeichnen. Jedenfalls war es nicht die Haltung eines tyrannischen Despotismus, die der damaligen österreichischen Regierung aber immer noch zugeschrieben wird. Ich entsinne mich, daß es absolut legal war, in eine Buchhandlung zu gehen und *Das Feuer* von Henri Barbusse zu kaufen, den neuesten Antikriegsroman eines feindlichen Schriftstellers. Es mag sein, daß die Behörden der Ansicht waren, das Buch würde die Volksmoral aufbauen, weil es den Defätismus der anderen Seite demonstrierte. Wenn das der Fall war, dann irrten die Behörden sich gründlich, weil das Buch nur den Defätismus auf unserer Seite förderte. Mein starker Hang zum Pazifismus wurde durch dieses Buch sehr unterstützt, ebenso wie durch die naiven und simplen, aber ungeheuer suggestiven Romane der österreichischen Pazifistin Bertha Freifrau von Suttner, und auch diese äußerst »destruktiven« Schriften waren frei erhältlich.

Ich verschlang die langen Berichte über die Friedenskonferenz von Brest-Litowsk, eines der merkwürdigsten Ereignisse, deren Zeugen wir wurden. Die Zeitungen spielten die öffentlichen Verhandlungen natürlich zu einem lächerlichen Wettstreit zwischen dem dummen Geschwätz der hoffnungslos unrealistischen russischen Delegierten und den wunderbar geradlinigen, harten Methoden des preußischen Obersten Hoffmann herunter. Ich weiß aber sehr gut, daß die Wirkung auf die öffentliche Meinung genau gegenteilig war und daß

Hoffmann es war, der als widerwärtiger Laffe aus dem Wettstreit hervorging. Ich begann mich auch für die Beratungen des ungarischen Parlaments zu interessieren, das den ganzen Krieg über tagte, während die österreichische Regierung es nicht wagte, unser eigenes Parlament einzuberufen. Die Reden des Grafen Karolyi, der nicht zögerte, sich unmißverständlich gegen die Fortsetzung des Krieges auszusprechen, bewegten mich sehr. Mitten im Winter kam es in den Waffenfabriken in und um Wien zu ernsthaften Streiks – Nachrichten, deren Verbreitung nicht ganz unterdrückt werden konnte –, und immer mehr Menschen begannen, die sozialdemokratische »Arbeiterzeitung« zu lesen, die bis dahin als ein von einem Haufen Unruhestifter angezetteltes Ärgernis gegolten hatte. Viele Seiten der Zeitung wiesen leere Stellen auf, ehrenwerte Narben aus dem Kampf gegen die Zensur, aber die Leitartikel des brillanten Chefredakteurs, Austerlitz, waren trotzdem noch lesenswert.

Kompositionsunterricht bei Franz Schreker

Mein formaler Unterricht in Komposition ging jetzt ins zweite Jahr. Franz Schreker entpuppte sich als ein sehr gewissenhafter Kontrapunktlehrer, und dafür bin ich ihm sehr zu Dank verpflichtet. Er lehrte nach der Methode, die damals in den meisten europäischen Schulen üblich war, auf der Grundlage einer leicht modernisierten Version des altehrwürdigen Textes von Johann Joseph Fux, dem Wiener Theoretiker des frühen achtzehnten Jahrhunderts, ergänzt von Bellermann, dessen Werk ich nie gesehen habe. Es war ein ganz brauchbares Routineverfahren, gemessen an den damaligen Standards, obgleich ich jetzt weiß, daß die heutigen Lehrbücher, die auf einer gründlichen Analyse des Palestrinastils beruhen, unendlich viel besser sind, und selbst sie sind verbesserungsbedürftig. Langsam und sorgfältig gingen wir die fünf Arten des modalen Kontrapunkts durch, mit all den Komplikationen des doppelten Kontrapunkts und den vielfältigen Finessen des zwei-, drei- und vierstimmigen Kanons. Aus heutiger Sicht arbeiteten wir mit zu vielen kleinen rhythmischen Werten, da die Fux-Methode mehr an der Instrumentalpraxis ihrer Zeit orientiert war als am Vokalstil jener Periode, in der der modale Kontrapunkt noch eine lebende Sprache war. Es war eher eine Art künstlich reduzierter Bachstil als ein echter Ausdruck von Verständnis für den wahrhaft großen Stil einer einst lebendigen Musik.

Ich besuchte den Unterricht regelmäßig und hatte gewaltigen Respekt vor der Weisheit, die der Meister von sich gab. Dabei war ich mir beständig des Privilegs bewußt, mit einem der Fackelträger in

Verbindung zu stehen. Das ist durchaus nicht ironisch gemeint; es drückt einfach aus, was ich fühlte. Seither war mir die Kluft bewußt zwischen dem wirklich professionellen Künstler, der sein Leben der Kunst widmet und ganz in ihr aufgeht, und dem Amateur, dem Dilettanten, der für immer in ihren Randbezirken bleibt. Diese Unterscheidung mag altmodisch und unrealistisch erscheinen, weil die gegenwärtigen sozialen Verhältnisse dem Künstler keine besondere Stellung gewähren; sie erscheint aber durchaus realistisch in Anbetracht der Forderungen, die der Künstler als Akt der Selbsterhaltung an die Gesellschaft stellen muß.

Unter den älteren Kollegen, mit denen ich gelegentlich im Unterricht zusammentraf, waren Josef Rosenstock und Felix Petyrek, die der Meister als erstaunlich talentiert vorgestellt hatte. Rosenstock war ein winzig kleiner polnischer Jude, äußerst gepflegt und in der Uniform eines Artillerieoffiziersanwärters stets tadellos angezogen. Er war ein sehr fähiger Pianist und arbeitete an einem Klavierkonzert, das ich meiner Erinnerung nach heute eher mit Rachmaninoff assoziieren würde als mit neuer Musik. Damals erschien es mir als hervorragendes Zeugnis der Moderne. Es war flüssig, effektvoll, etwas sentimental und sicherlich geschickt gemacht. Petyrek war ein häßlicher, ziemlich schlampiger Bursche, in der Uniform eines Obergefreiten der Artillerie ohne Glanz. Auch er war ein ausgezeichneter Pianist und komponierte Musik, die letztendlich origineller erscheinen mag als die Rosenstocks. Er arbeitete an Variationen über eine Pseudo-Volksmelodie für Kammermusikensemble und Klarinette und neigte dazu, die skurrilen, grotesken Möglichkeiten der Instrumente zu erkunden, etwa in der Art, wie Mahler es in seinen Scherzi gemacht hat. Später tauchte Alois Hába auf, sicher der originellste unter all diesen jungen Kerlen. Er war ein tschechischer Chauvinist und wahrscheinlich aktiv in der tschechischen Untergrundbewegung tätig. Auch er trug eine Soldatenuniform, ich glaube sogar die eines Leutnants, aber später prahlte er damit, daß er wegen seiner revolutionären Umtriebe unter polizeilicher Überwachung gestanden hatte, was allerdings wohl im Widerspruch zu seinem militärischen Rang stand. Er komponierte eine Klaviersonate, oder ein Streichquartett, und er war der einzige, der schon damals einen gewissen Widerspruch zu Schrekers Lehre und zu seinem persönlichen Stil erkennen ließ.

Einige dieser jungen Männer, die damals zweiundzwanzig oder etwas älter waren, hatten sich vor dem Dienst an der Front in eine Forschungsabteilung im Kriegsministerium gerettet, die für das Studium von Volksliedern, insbesondere aus dem Repertoire der Kriegsgefangenen, eingerichtet worden war. Da die russische Front große Mengen davon lieferte und die Gefangenen aus Gegenden stammten, von denen bis dahin kaum jemand gehört hatte, war das Material zweifellos sehr interessant.

Ob die Einrichtung dieses Amtes ursprünglich von rein wissenschaftlichen Interessen seitens der Kriegsadministration motiviert war und ob die Verfolgung solcher Interessen zur Zeit der Schicksalsstunde des Reiches gerechtfertigt war, mag dahingestellt bleiben. Angesichts der Resultate, die von jedem Krieg zu erwarten sind, habe ich immer zu der Überzeugung geneigt, daß jedes Mittel zu begrüßen ist, das ein Menschenleben rettet, ob es nun im Augenblick der Gefahr schützt, oder davor bewahrt, in Gefahr zu geraten. Die Frage nach der Gerechtigkeit, die in der Diskussion über solche Probleme gewöhnlich gestellt wird, spielt meiner Meinung nach überhaupt keine Rolle. Das einzige Unrecht, das unter solchen Umständen verübt wird, und zwar eines, das alle anderen möglichen Handlungen überschattet, ist die Vernichtung von Menschenleben. Was auch immer im Einzelfall eine solche Übeltat verhindert, verdient Anerkennung.

Schreker hatte auch einige Privatschüler, die recht beachtliche Honorare zu zahlen hatten und zum Unterricht in seine Wohnung kamen. Wir trafen sie gelegentlich, und diejenigen, zu denen ich später eine engere Verbindung haben sollte, waren Max Brand und Karol Rathaus. Beide waren Juden. Der erstere war ein recht extravaganter junger Mensch aus einer wohlhabenden Familie, elegant, gutaussehend und einen hohen Grad von Ehrgeiz und Ernsthaftigkeit vorgebend. Der letztere war ein polnischer Jude, der wie etliche seiner Landsleute, die ich kennenlernte, von dem fanatischen Willen besessen war, die verbreiteten Vorurteile gegen seine Rasse zu überwinden, denn die polnischen Juden nahmen in der öffentlichen Meinung immer den untersten Rang ein. Auch er war immer tadellos gekleidet und betont korrekt, ja sogar ritterlich in seinem Benehmen. Damals mochte ich ihn nicht besonders, aber später sollten wir gute Freunde werden. Ein weiterer junger Mann, der zur Gruppe von Schrekers Privatschülern gehörte, war ein großer, schlanker, dunkelhäutiger Bursche mit einem widerlich vorstehenden Kinn; er hieß Rinaldini. Ich begegnete ihm einmal im Foyer des Musikvereinsgebäudes, als wir beide einen plötzlichen Wolkenbruch abwarteten, und er machte eine beiläufige antisemitische Bemerkung. Damals erschien sie mir ebenso unbedeutend wie geschmacklos. Viele Jahre später mußte ich es zutiefst bedauern, daß ich der Laufbahn dieses Schurken nicht mehr Aufmerksamkeit geschenkt hatte.

Von den jüngeren Studenten meiner eigenen Klasse ist mir Isaak

Thaller in Erinnerung geblieben, ein pittoresker, sonderbarer junger Jude, der sehr zurückhaltend war, so daß er hochmütig und arrogant wirkte. Er arbeitete extrem langsam und brachte in mehreren Wochen nicht mehr als ein paar Takte einer Musik hervor, die absolut unverständlich zu sein schien. Heute glaube ich, daß er von Webern beeinflußt war, aber damals hatte ich von Schönberg und seiner Schule keine Ahnung. Ich wußte nur, daß Schreker dagegen war, und was immer der Meister sagte, war für mich das Evangelium. Dann war da Franz Salmhofer, ein typisches Wiener Vorstadtgenie, oberflächlich, eitel, naiv, närrisch begeistert und ein wenig vulgär. Er war der Typ des mediokren Opportunisten, der in späteren Jahren Wiens musikalischen Ruhm und Glanz erben sollte. Damals erschien er uns kultivierten Modernen lächerlich. Und da war Jascha Horenstein, ein sehr intelligenter und ehrgeiziger polnischer Jude, für das Komponieren nicht sehr begabt, aber ein ausgezeichneter Musiker, der später ein guter Dirigent wurde. Sein Benehmen war auffallend arrogant, was mich sehr amüsierte. Kanitz war ein Privatschüler Schrekers, wenn ich nicht irre, ein ziemlich langweiliger und aufdringlicher Kerl ohne bemerkenswertes Talent. Eine Zeitlang nahm ein netter junger Mann namens Wilckens am Unterricht teil; später wandte er sich der Komposition und der Begleitung von Balletten zu. Jerzy Malyniak war ein eitler polnischer Dummkopf; er wurde später eine Art Lakai von Clemens Krauss, als dieser Direktor der Wiener Staatsoper war. Außerdem gab es eine Anzahl mehr oder weniger begabter junger Leute, deren Namen ich mir nicht gemerkt habe, denn aus ihnen wurde nichts Besonderes. Ich war der bei weitem Jüngste in der Gruppe, und das mag der Grund dafür gewesen sein, daß ich außerhalb des Unterrichts keinen Kontakt zu ihnen hatte. Eine Schule in einer großen Stadt ist solchen gesellschaftlichen Kontakten ohnehin nicht sehr förderlich, und ich war es immer gewohnt gewesen, mein Zuhause als den einzigen Ort zu betrachten, an dem ich mich aufhielt, wenn ich anderswo nichts zu erledigen hatte.

Ich versuchte, mich mit Schrekers Werk so vertraut wie möglich zu machen, denn er war der Meister, den das Schicksal mir bestimmt hatte, und ich hätte es mir nicht im Traum einfallen lassen, die Vorzüge dieser Regelung in Frage zu stellen. Ich entdeckte die Partituren von Schrekers Opern *Der ferne Klang* und *Die Gezeichneten* und begann, sie zu verschlingen. Die Stoffe waren eine Mischung aus entwaffnender Einfalt und beunruhigender Morbidität. Die weiblichen Hauptpersonen waren gewöhnlich unschuldige Drachen mit einem erschreckenden sexuellen Appetit und einem bemerkenswerten Mangel an Hemmungen, weswegen sie den unwiderstehlichen Verführungskünsten dämonischer und schneidiger Baritone erlagen, die ihrerseits im Sog ihrer dunklen Leidenschaft tragisch und unrettbar zugrunde gingen. Alles war üppig, prächtig, großartig, glänzend, pathetisch, verdorben, lasterhaft, suggestiv, reich, phänomenal und superkolossal, genauso wie sich ein Spießer, der sich nach Luxus und Größe sehnt, die ewige Schönheit und tiefe Tragik dieser Welt vorstellt. All dieses kindische Geplapper über die wunderschöne Verderbtheit der menschlichen Seele hatte etwas von Wedekind, aber nichts von der großartigen Ironie, dem verdrehten moralistischen Fanatismus, dem eiskalten Feuer und der Scharfsinnigkeit der Konstruktion, die für diesen teuflisch phosphoreszierenden Genius des deutschen Theaters so kennzeichnend sind.

Schreker hatte ein ausgeprägtes Gespür fürs Theater und ein etwas vages und manchmal anrührendes poetisches Talent, aber es mangelte ihm einfach an intellektueller Stärke und an einer klaren philosophischen Orientierung. So standen seine Bühnenwerke, was die geistige Heimat betraf, der Welt Arthur Schnitzlers nahe, aber ihnen fehlte Schnitzlers geistreicher Scharfsinn, dafür waren sie um so schmalziger. Die Musik, in die Schreker seine Tagträume einer verlängerten Pubertät kleidete, war dementsprechend schwelgerisch, von Klangfülle übersättigt, eine Art aufgebauschter Kreuzung von Debussy und Puccini mit einer Spur von modernistischem Wiener Raffinement. Seiner Musik mangelte es nicht an visionärer Kraft und Größe, wohl aber an Organisation und Zielsetzung. Er hatte einen ausgeprägten Sinn für verführerische orchestrale Farbmischungen, die klangen, als hielte man sich eine verzauberte Muschel ans Ohr, aber von der schimmernden, durchsichtigen Eleganz Debussys war wenig zu spüren. Meistens war es ein reichhaltiger, pikanter Eintopf aus schweren, klebrigen Melodien, die zu einem eindrucksvollen, sinnverwirrenden Gemisch zusammengerührt worden waren, das einem schnell zu Kopfe stieg. Das war natürlich Wagners verhängnisvolles Erbe, mit dem damals jeder, so gut er konnte, fertigwerden mußte. In einigen dieser Opern gab es Orchesterzwischenspiele, die in dem üblichen posttristanischen Liebesduett kulminierten, nachdem über einer leidenschaftlichen Umarmung der Liebenden der Vorhang gefallen war: Dem Hörer war es freigestellt, aus dem sinnlichen Getöse auf die körperlichen Aktivitäten der Liebenden bei ihrer Umarmung zu schließen.

In gewisser Hinsicht war der Malstil der Wiener Sezessionisten, einer Gruppe von Künstlern, die wegen ihrer Modernität vom breiten Publikum herzlich verlacht wurden, das Pendant zu dieser Musik. Diese Künstler hatten in der Nähe der Oper ein Gebäude, das viele für seltsam und komisch hielten, weil es die Form eines niedrigen, fensterlosen Würfels hatte und von einem kugelförmigen goldenen Lorbeerstrauch gekrönt wurde, den Uneingeweihte als Kohlkopf bezeichneten. Prominente Mitglieder der Sezession waren zum Beispiel Gustav Klimt, Kolo Moser, Egon Schiele und, in seinen Anfängen, Oskar Kokoschka. Das waren sehr begabte, sogar bemerkenswerte Künstler (wobei Kokoschka beträchtlich mehr war als das), und ihre Gemälde reflektierten den Geist der Zeit. Glühende, satte Farben und eine erstaunliche Fülle geometrischer Formen machten diese Bilder zu einer leicht verfügbaren Zielscheibe der Spießbürger. Sehr gern verwendeten die Künstler Merkmale des Verfalls: Sonnenuntergang, Herbststimmungen, das Element Wasser in allen Erscheinungsformen, Seerosen, Schilf, Lotus, bleiche, morbide menschliche Gestalten, die aussehen, als wären sie allen erdenklichen Lastern verfallen, mit bläulichen, grünlichen, rötlichen Gesichtern. Es war eine Art Super-Impressionismus, und das war Schrekers Musik auch, mit ihren neugierigen Blicken in die auf erhabene Weise anziehenden Abgründe der menschlichen Seele. Freud war damals noch nicht sehr populär, aber seine Untersuchungen auf eben diesem Gebiet waren ein Ausdruck der gleichen Haltung in den Wissenschaften. Er und ein paar andere herausragende Männer dieser Generation besaßen das notwendige Durchhaltevermögen, um die destruktive Faszination dieser Haltung zu überwinden. Franz Schreker gehörte nicht zu ihnen, und ihm stand ein unverdient jämmerliches Ende bevor.

Seine Frau schien die vollendete Verkörperung all dieser Tendenzen zu sein. Wie einige meiner kritischeren Freunde später behaupteten, wirkte sie wie das personifizierte Vorstadtlaster. Groß, schlank und langbeinig, exquisit gekleidet und stark geschminkt, das marmorweiße Gesicht mit dem übergroßen, sinnlichen Mund von pechschwarzem Haar umrahmt, sah sie aus wie eines der verderbteren Geschöpfe der künstlerischen Phantasie ihres Mannes, und ich verliebte mich, bei einer der seltenen Gelegenheiten, als sie ihn nach dem Seminar abholte, sofort in sie. Erst viel später fand ich heraus, daß sie eine ganz gewöhnliche junge Frau aus Döbling war, einem der Wiener Außenbezirke, die den hoffnungslosen Ehrgeiz besaß, Opernstar zu werden, und zu mittelmäßigen und primitiven Vergnügungen neigte.

Ich hatte durchaus Freude daran, den erstaunlichen erotischen Dschungel meines Meisters zu erforschen, allerdings stürzte mich das auch in einige Verwirrung. Während der ersten Jahre meines Unterrichts bei ihm hörte ich nur das Vorspiel zu den *Gezeichneten* von einem Orchester gespielt; weil man damals gerade begann, ihn in Deutschland zur Kenntnis zu nehmen und zu würdigen, wurde in Wien nicht viel von seiner Musik aufgeführt. Ich hielt es für ein erhabenes Meisterstück, sehr modern und kompliziert. Der Pfarrer Franz Gmeiner bezweifelte, daß es klug von mir sei, bei Schreker zu studieren, vielleicht wegen der fragwürdigen Moral seiner Bühnenwerke, wahrscheinlich aber, weil er ihn für einen musikalischen Revolutionär hielt. Ich fand es selbst damals schon etwas lächerlich, daß mein offizieller geistiger Mentor seine Zweifel fallenließ, als er auf der Titelseite der *Gezeichneten* sah, daß Schreker dieses Werk seiner Mutter gewidmet hatte. Die für Kitsch anfällige Seele des Pfarrers tröstete sich, scheinbar wenigstens, mit der Tatsache, daß Schreker die Oper nicht einem Flittchen aus der Kärntnerstraße zugeeignet hatte, wie das von einem musikalischen Revolutionär offenbar zu erwarten gewesen wäre.

Eine der lobenswertesten Unternehmungen Schrekers war die Gründung seines Philharmonischen Chors, einer überdurchschnittlichen Laienorganisation, die normalerweise alljährlich ein großes Konzert mit Orchester aufführte, um weniger bekannte Werke der Vergangenheit oder eine neue Komposition von großem Umfang vorzustellen. Bevor ich ihn kennenlernte, hatte Schreker die Uraufführung von Schönbergs überdimensionalen *Gurreliedern* organisiert und dirigiert, etwa zehn Jahre, nachdem das Werk komponiert worden war. Ich bin nicht ganz sicher, ob nicht auch eine der frühen Aufführungen von Mahlers Achter Symphonie sein Verdienst war.* In dem Jahr, als ich sein Schüler wurde, bereitete er Berlioz' *Requiem* vor; dieses herrliche Paradestück mit dem simplen, aber effektvollen Trick, mehrere Gruppen von schwerem Blech und Schlagzeug an verschiedenen, ungewöhnlichen Stellen des Konzertsaals zu verbergen, um beim Beginn des *Dies Irae* wahrhaft furchterregend die Schrecken des Jüngsten Tages auszumalen, hatte unweigerlich die gewünschte Wirkung auf mich.

Damals erwachte in Wien das Interesse an Mahlers Symphonien; sie erschienen in verschiedenen Programmen der beiden Symphonieorchester. Ich war bald von Mahlers Musik fasziniert, besonders weil Schreker ein begeisterter Anhänger Mahlers war. Ich erinnere mich, daß ich nach einer Aufführung der *Dritten Symphonie* eine lebhafte Diskussion mit meinem Vater hatte, der die blecherne Instrumentation vulgär fand und das Werk deshalb nicht mochte. Er sagte, er sei nicht ins Konzert gegangen, um sich simple Hornsignale anzuhören, die er auch auf dem Exerzierplatz hören könne. Er stand mit seinen Einwänden nicht allein da, denn viele Menschen, die in der ehrwürdigen Tradition von Brahms aufgewachsen waren, lehn-

* Schreker dirigierte die Symphonie 1914 in Wien.

ten Mahlers entwaffnend freimütigen, theatralischen Stil ab. Später sollte mein lieber Vater ein glühender Bewunderer Mahlers werden, was wahrscheinlich nur teilweise seiner wachsenden musikalischen Erfahrung zuzuschreiben war und eher persönliche Gründe hatte.

Über die Jugendjahre

Bisher habe ich auf diesen Seiten in der Hauptsache Fakten aufgezeichnet, die teilweise trivial sind, insofern als sie das Privatleben eines durchschnittlichen jungen Menschen und den engen Kreis seiner Familie betreffen, und die andererseits teilweise allgemein bekannt sind, insofern als sie das politische und gesellschaftliche Leben einer Zeit und einer Region zum Inhalt haben, das in vielen zugänglichen Dokumenten wohl ausreichend dargestellt ist. Der Kommentar, mit dem ich diese Fakten gelegentlich bedacht habe, mag problematisch erscheinen, weil schwer zu sagen ist, inwieweit er mein gegenwärtiges Denken widerspiegelt. Es ist ganz klar, daß beispielsweise meine Erinnerungen an die allgemeine Situation zur Zeit des Weltkriegs anders geklungen hätten, als das jetzt der Fall ist, wenn ich sie in den späten zwanziger Jahren niedergeschrieben hätte, weil meine *damalige* innere Verfassung sich beträchtlich von der jetzigen unterschied. Dasselbe würde für meine Gedanken über meine musikalische Ausbildung zutreffen. Ich glaube jedoch, daß dieser Mangel an wissenschaftlicher Objektivität (die meiner Meinung nach in keiner historischen Darstellung erreicht werden kann) von geringerer Bedeutung ist, als es den Anschein hat. Denn alle geschilderten Fakten und auch die, von denen hier noch zu berichten sein wird, haben zur Ausbildung meiner gegenwärtigen Mentalität beigetragen, und in dieser Hinsicht ist der Modus, in dem sie hier und jetzt erinnert werden, ein Produkt ihrer selbst, genauso wie dieses Produkt – meine gegenwärtige Denkweise – diesen Modus bestimmt. Deshalb glaube ich, daß die Beschäftigung vieler Autobiographen mit der ausdrücklichen Darstellung ihres geistigen Entwicklungsgangs ein ziemlich nutzloses Unterfangen ist, besonders wenn es dabei um frühe Lebensabschnitte geht.

Natürlich habe ich in meinen Jugendjahren viel nachgedacht, aber es würde mir ermüdend erscheinen, sowohl für mich selbst als auch für einen Leser dieser Aufzeichnungen, wenn ich versuchen würde, meine Gedankengänge zu jener Zeit zu rekonstruieren. Mehr als jeder andere Teil meiner Lebensgeschichte wäre ein solches Kapitel unangemessen und unvermeidlich von meinem gegenwärtigen Denken beeinflußt, weil ich dieses frühe Stadium ausschließlich im Lichte meiner jetzigen Situation sehen könnte. Sollte ich berichten, daß ich Schopenhauer und Nietzsche las und was ich über sie dachte, oder was ich heute über ihren Beitrag zur Bildung meines Verstandes und Charakters denke? Es wäre falsch zu sagen, daß ich in dem Irrgarten menschlichen Daseins, der sich mir damals zu öffnen begann, nach einem Leitstern suchte. Ich besaß nicht viel oder gar keine eigenen Erfahrungen, sondern eine recht ungewöhnliche Menge an Erfahrungen aus zweiter Hand – wegen des Krieges – über den hoffnungslosen Zustand der Menschheit im allgemeinen, aber als ich mich den Philosophen zuwandte, geschah das aus purer Neugier, die damals sicherlich der wichtigste motivierende Faktor bei all meinen geistigen Unternehmungen war. Ich könnte vielleicht genauere Auskunft über mein Denken in jenen Jahren geben, wenn ich Zugang zu den Tagebüchern hätte, die ich damals ab und zu schrieb, aber diese wurden vor langer Zeit vernichtet. Im übrigen habe ich festgestellt, daß solche Zitate aus Tagebüchern und Briefen früherer Phasen normalerweise in den Autobiographien, die ich gelesen habe, den uninteressantesten Teil ausmachten.

Eine charakteristische Haltung war mein Interesse an problematischen, mehrdeutigen, zwielichtigen Aspekten, das vielleicht ein naiver Ausdruck des Wunsches war, originell zu sein, der wahrscheinlich jedem begabten Menschen eigen ist. Da die öffentliche Meinung während des Krieges mit Lobeshymnen auf das unbekümmerte, schlichte und unproblematische Heldentum genährt wurde, entwickelte ich eine Vorliebe für Ungewißheit, Zweifel und Wankelmut als die für den Menschen typischeren Verhaltensformen. Meine Lieblingsgestalt in Schillers *Wallenstein* war der unglückliche Oberst Buttler, der für die Sicherheit des großen Feldherrn im Augenblick seiner Hinrichtung verantwortlich ist und durch den Konflikt zwischen Gehorsam und Untertanenpflicht erschüttert wird, eine ganz und gar untergeordnete, episodische Figur. Goethe zog ich Schiller bei weitem vor, wie es vermutlich jeder Mensch mit Phantasie tun würde, und auf Schillers aufrichtige, aber naive Begeisterung für die Sache des Liberalismus bin ich nie hereingefallen.

Eine Zeitlang hegte ich große Sympathie für den vergessenen österreichischen Dichter Hamerling und seinen auf Oberschulniveau zugeschnittenen Roman *Aspasia*, der ein Loblied auf das allgemein anerkannte Ideal der klassischen Antike sang, und seine schwerfällige, aber originelle satirische epische Dichtung. Ich liebte Grillparzer, weil er ein eigenartiger, problematischer, unglücklicher Mensch war, schwankend und unsicher, der als mißmutiger Beamter der Hofbibliothek in seinem langen Leben unendlich viel Bitternis und Enttäuschung durchstand. Besonders gut gefielen mir seine Tagebuchaufzeichnungen über seine Reisen nach Weimar, England und Griechenland, auf denen ständig alles schiefging und er nie irgendwo ankam, und seine unglaublich bitteren satirischen Gedichte, die er in seinem Schreibtisch versteckte. Ibsen, der mir ein langweiliger, trockener Schulmeister zu sein schien, mochte ich nicht, aber von Strindberg, der in Wien gerade in Mode war, war ich begeistert. Eines der Theater hatte ein ausgezeichnetes, auf Strindbergs Stücke spezialisiertes Ensemble. Das kann aber auch kurz nach dem Krieg gewesen sein. Ich haßte Mittelhochdeutsch, das wir in der Schule lernen mußten, und die Lektüre des *Nibelungenlieds* in der Originalsprache fand ich abstoßend, weil die Sprache derb, roh, unbeholfen und barbarisch war, während der Inhalt ein langweiliger Bericht über endlose Verräterei und Abschlachterei war. Das Ganze war eine Beleidigung für jeden, der süchtig nach den alten Sprachen war, zumal es von einem leicht verrückten Lehrer unterrichtet wurde, der wie der deutsche Schulmeister in den Witzblättern aussah.

Einberufung zum Militärdienst

Während der letzten ein oder zwei Jahre vor meiner Einberufung zum Militär mußten wir vormilitärische Übungen absolvieren, was die haarsträubendste Zeitverschwendung war, die man sich vorstellen kann. Dieses Training bestand hauptsächlich in einem monatlichen Ausflug, wenn ich nicht irre, dessen militärischer Charaker im wesentlichen darin zum Ausdruck kam, daß er bei jedem Wetter stattfand und daß wir mit Rucksäcken ausgestattet wurden, die von oben verteilt wurden. Mein Vater haßte Rucksäcke, weshalb wir bei unseren Bergwanderungen nie einen benutzt hatten. Diese Ausrüstung sei schlicht entwürdigend, meinte mein Vater, und ich habe diese Abneigung geerbt. Wir hätten den harmlosen Behälter sowieso mit Befremden betrachtet, als ich ihn aus der Schule mitbrachte, aber wir waren zutiefst empört, als sich herausstellte, daß es sich um ein unbrauchbares, zerrissenes und schmutziges Exemplar handelte. Ein älterer Knabe namens Becker war für diesen Ausrüstungsgegenstand verantwortlich. Er war deutscher Herkunft, ein hochnäsiger Emporkömmling mit allen Voraussetzungen zum perfekten Nazi. Ich weiß nicht mehr genau, wie es dazu kam, daß er einen höchst lehrreichen Zusammenstoß mit meiner Mutter hatte, aber ich glaube, daß der Rucksack der Anlaß war. Meine Mutter war ein sehr ruhiger und beherrschter Mensch, aber wenn sie einmal wütend wurde, was selten vorkam, war das ein wahrhaft furchterregendes Erlebnis, dem sich niemand, dem es einmal widerfahren war, gerne ein zweites Mal gestellt hätte. Da ich Becker und die ganze Sache, die er repräsentierte, abgrundtief haßte, befriedigte das Gewitter, das über ihm niederging, mich sehr.

An jenen Ausflugstagen wurden wir mit der Straßenbahn irgendwohin in den Wald gebracht, und dort wurden etwa dreißig junge Männer in zwei Gruppen eingeteilt, die unter der Leitung eines Lehrers oder eines der »fortgeschritteneren« Schüler der militärischen Strategie Manöver durchführten. Das Ganze war total absurd, denn niemand hatte auch nur die geringste Ahnung von militärischen Dingen und die strategischen Probleme, die bei den kriegerischen Schachzügen von fünfzehn Jungen auftraten, konnten unmöglich einen Sinn ergeben. So krochen wir also eine Zeitlang im Unterholz herum, bis wir auf die Formation des Feindes stießen, worauf beide Gruppen mit irrsinnigem Geschrei übereinander herfielen. Nach einigen Minuten wurde der Kampf für beendet erklärt, und die ehrgeizigeren Idioten verbrachten den Rest des Tages mit wütenden Diskussionen darüber, wer gewonnen hatte. Der Höhepunkt der Übung war die Zubereitung einer Mahlzeit im Freien, aber ich glaube, daß wir nie über die Vorarbeit des Feurmachens hinauskamen, und zwar nach den von den Pfadfindern aufgestellten Regeln, die von Meister Becker, der ein hohes Tier in dieser vornazistischen Jugendbewegung war, übermittelt wurden. Da es bei unseren Expeditionen gewöhnlich regnete oder schneite, war es unmöglich, mit den verfügbaren Hilfsmitteln ein Feuer zu entfachen, und das einzige erzieherische Ergebnis waren für die meisten Teilnehmer nasse Füße, zerrissene Kleider, ein leerer Magen und eine beginnende Erkältung. Im übrigen weiß ich nicht, was wir hätten kochen können, wenn es uns jemals gelungen wäre, die nassen Holzscheite anzuzünden, da wir keine Lebensmittel hatten. Dieser Teil der Übung war besonders sinnlos, da wir ohne weiteres zum Essen ins nächste Gasthaus hätten gehen können, doch das wurde als unmilitärisch betrachtet. Mit Rücksicht auf mein vermutetes Lungenleiden wurde ich später von der Teilnahme an dieser idiotischen Veranstaltung befreit, was Meister Becker bewog, fürchterliche Prophezeiungen hinsichtlich meiner bevorstehenden Militärlaufbahn von sich zu geben.

Den ersten Schritt in dieser Laufbahn machte ich im Januar 1918, als ich mich an dem für die ärztliche Untersuchung meiner Klasse festgesetzten Tag der Musterungskommission vorstellte. Da die Einberufung zum Wehrdienst, wie sie in Amerika praktiziert wird, in Europa nicht bekannt war, wurden alle Schüler einer Klasse am gleichen Tag einer körperlichen Untersuchung unterzogen, und diejenigen, die für tauglich befunden wurden, wurden zwei Monate später eingezogen. Die Kommission amtierte in einer riesigen Bierhalle im dritten Bezirk, die das Militär für diese Zwecke übernommen hatte. Das Lokal sah mit seiner früher knalligen und jetzt verblichenen, fadenscheinigen Einrichtung, die an diesem Ort der Ängste und Sorgen völlig stilwidrig wirkte, trist genug aus. Tausende von Männern und jungen Burschen drängten sich in der düsteren Halle, wo der saure Geruch von schalem Bier immer noch in der verrauchten Luft hing. Mein Vater hatte seinen neuen Diener geschickt, der den sozialistischen Riesen ersetzt hatte, damit er auf meine Kleider aufpasse oder mir auf andere Weise behilflich sei.

Dieser neue Bursche war ein Österreicher aus Schlesien, der sich vor vielen Jahren in Berlin als Schuster niedergelassen hatte, aber weil er seine ursprüngliche Staatsangehörigkeit beibehalten hatte, mußte er in der österreichischen Armee dienen. Er war ein Familienvater von etwa fünfzig Jahren, ein sanfter kleiner Kerl mit einem hängenden Schnauzbärtchen, gutmütig und durchaus willens, sein bestes zu tun, aber er dachte natürlich an nichts anderes, als nach Hause zu seinen Leuten zurückzugehen und seinen Nachbarn die Schuhe zu flicken. Mir scheint, daß er noch vor Kriegsende in Ehren aus der Armee entlassen wurde. Auf meinem Weg zur Rekrutierung war er gewiß kein sehr fröhlicher Begleiter. Von der Prozedur selbst habe ich nichts im Gedächtnis behalten. Sie war zweifellos sehr kurz und flüchtig, und sie brachte das erwartete Ergebnis. Ich wurde für tauglich zum Dienst an der Front erklärt, und meine Einberufung wurde auf den 15. März festgesetzt. Trotz der Wachsamkeit des Flickschusters verschwand meine Krawatte, und ich betrachtete die Tatsache, daß ich ohne Krawatte nach Hause gehen mußte, als Symbol für all die bevorstehenden Demütigungen.

Bevor ich Soldat wurde, mußte ich eine Prüfung ablegen, die gewissermaßen mein Anrecht auf die Privilegien eines Offiziersanwärters beweisen sollte, denn ich sollte über ein Jahr vor meinem regulären Abschluß des Gymnasiums einberufen werden, der mich offiziell zu diesen Privilegien berechtigt hätte. Die Hauptfächer in dieser Prüfung waren Physik und Chemie, daher hatte mein Vater einen seiner Untergebenen in seinem Vöslauer Büro, der besondere Kenntnisse auf diesen Gebieten hatte, gebeten, mir Nachhilfeunterricht zu erteilen. Dieser Mann war der Feldwebel Novotný, ein zurückhaltender, pfiffiger Mensch; er bereitete einen guten Überblick mit schönen Farbdiagrammen und Tabellen für mich vor und machte seine Sache ausgezeichnet. Trotzdem verschwand er während der Auflösung des Reiches eines Nachts aus dem Armeehauptquartier, nachdem er sein Büro wie gewöhnlich verlassen hatte, ohne sich auch nur zu verabschieden. Auch er war zweifellos Mitglied der Untergrundbewegung. Die Prüfung war sowieso keine große Sache, und ich glaube, daß niemand durchfiel, denn Offiziersanwärter wurden dringend gebraucht.

Als der Tag meiner Einberufung näherrückte, wurde eine Artillerieuniform für mich geschneidert, weil zu erwarten war, daß die Uniform, die wir von der Heeresverwaltung bekommen sollten, aus häßlichem Stoff gefertigt und für Zwecke des Ausgangs nicht geeignet sein würde. Ich kam mir absolut lächerlich vor und war ganz befangen, als ich den Rock des Kaisers zum ersten Mal anlegte. Obgleich mein Vater den Erfahrungen, die mir bevorstanden, mit großer Sorge entgegensah und im Rahmen der gesetzlichen Möglichkeiten alles getan hätte, um mich aus dem Militärdienst herauszuholen, war er dennoch bewegt, als er seinen einzigen Sohn in der Uniform sah, die er selbst praktisch seit seiner Jugend getragen hatte.

Offiziersanwärter wurden in der österreichischen Armee von Anfang an anders behandelt als gewöhnliche Soldaten. Sie wurden in besondere Schulen für Reserveoffiziere aufgenommen, wo sie neben der Grundausbildung in den anspruchsvolleren Fächern unterwiesen wurden, die Bestandteil der Schulung eines Offiziers sind. Sie sollten nicht mit den anderen Soldaten verkehren, und es war ihnen verboten, diese mit dem vertraulichen »Du« anzusprechen, das die Offiziere untereinander gebrauchten. Es gehörte zu den liebenswerteren Merkmalen der österreichischen Armee, daß Offiziere sogar ihre Vorgesetzten duzen durften, wenn sie mit diesen außerhalb der eigentlichen Dienstverhältnisse ein wenig besser bekannt waren. Es war etwas sonderbar und insbesondere für die steifen deutschen Offiziere stets ein Gegenstand des Spotts, wenn zum Beispiel ein Hauptmann »Du, Herr Oberst« sagte, aber es war ein ausgesprochen menschlicher Zug. Die Offiziersanwärter wurden von ihren Vorgesetzten privat ebenfalls geduzt, waren allerdings gehalten, die Offiziere zu siezen.

Soldat

Ich wurde dem dreizehnten Regiment der Schweren Artillerie zugeteilt, das zusammen mit drei anderen Artillerieregimentern in der großen und relativ neuen Kaserne in Kaiserebersdorf untergebracht war, einem ländlichen Vorort am äußersten südöstlichen Rand von Wien. Etwa zwei- bis dreihundert Offiziersanwärter wurden am 15. März 1918 mit mir zusammen eingezogen. Obgleich meine Dienstzeit verhältnismäßig kurz und nicht durch besondere Vorfälle gekennzeichnet war, ist sie mir als eine Zeit äußerster Düsterkeit, Dummheit, Demütigung und Sinnlosigkeit in Erinnerung geblieben. Das charakteristische Merkmal all unseres Tuns bestand in dem sprichwörtlichen militärischen Verhaltensmuster »Erst hetzen, dann warten«. Der erste Tag wurde mit allen möglichen Routinesachen vertan, deren einzige Rechtfertigung darin bestand, daß sie vorgeschrieben waren. Ich glaube, ich hatte meine eigene Uniform angezogen und die von der Armee ausgegebene mit nach Hause genommen, um sie von einem privaten Schneider in eine menschenwürdige Form bringen zu lassen. Die Mitglieder unserer Gruppe, die in Wien wohnten, durften zu Hause schlafen, abgesehen von einer zweiwöchigen Phase, in der wir in der Kaserne im wahren Soldatenleben unterwiesen werden sollten. Ich setzte es mir aber in den Kopf, auch während dieser Zeit nachmittags nach Hause zu kommen, selbst wenn es nur für ein oder zwei Stunden war, denn die Fahrt von Währing nach Kaiserebersdorf dauerte eineinhalb bis zwei Stunden. Die Vorstellung, auch nur eine Minute länger als unbedingt nötig in der Kaserne zu bleiben, konnte ich nicht ertragen, weil mein ganzes Wesen gegen das Militär und alles, was damit zusammenhing, revoltierte. Als ich wieder zu Hause schlafen durfte, mußte ich jeden Morgen um halb fünf aufstehen und dann ein paar Straßen weiter zur Straßenbahn gehen, die mich zu einer Haltestelle der Stadtbahn brachte, mit der ich ein paar Kilometer ostwärts zur Endstation der elektrischen Bahn fuhr, die zwischen Wien und Preßburg verkehrte und kurz vor sieben Uhr vor der Kaserne hielt.

Das Kasernenleben begann mit zwei Stunden Drill auf dem Übungsgelände, bei dem wir ohne Sinn und Zweck herummarschierten. Die Ausbilder waren Unteroffiziere aus dem Mannschaftsstand, also keine Offiziersanwärter. Ihre Haltung schwankte zwischen Ressentiment gegenüber den Schwächlingen, die für einen raschen Aufstieg und die privilegierte Offizierslaufbahn ausersehen waren, und Angst davor, daß einer von uns später einmal Vorgesetzter eines seiner gegenwärtigen Peiniger werden und es ihm heimzahlen könnte. Es waren grobe, vulgäre, ungebildete Kerle. Vielleicht waren sie gute Soldaten, aber das interessierte mich nicht. Nach dem Drill wurden wir in Klassenzimmern zum theoretischen Unterricht zusammengepfercht, der Themen wie Dienstvorschriften, Geschützwesen, Reiterei, Verwaltung und einiges andere behandelte, das ich vergessen habe. Diese Fächer wurden von Reserveoffizieren gelehrt; einige wenige von ihnen schienen sich unter dicken Schichten von Resignation, Apathie, Ermüdung und Langeweile gewisse schwach ausgeprägte menschliche Qualitäten bewahrt zu haben. Die anderen waren flotte Burschen, die auf Disziplin, Patriotismus und militärischen Tugenden aller Art herumritten. Ich war für alle Inhalte dieses Unterrichts absolut unzugänglich und hatte für keinen seiner

Aspekte das geringste Interesse. Das einzige, was mir halbwegs Spaß machte, war das Herumspielen mit dem Zielfernrohr, einem hübschen kleinen Apparat, in dem ein Kompaß und ein paar optische Geräte miteinander kombiniert waren; seine Handhabung erforderte gewisse trigonometrische Berechnungen.

Ich frage mich heute noch, wie ich es bloß fertiggebracht habe, dieses Martyrium durchzustehen, ohne irgendwelche Probleme zu bekommen, und als Nummer 22 daraus hervorzugehen, was bei etwa 250 Konkurrenten keine schlechte Leistung war, wenn man bedenkt, daß ich mich in keiner Weise beteiligt hatte. Wahrscheinlich war auch das wieder meinem Selbsterhaltungstrieb zuzuschreiben, der mich ohne viel Aufhebens tun ließ, was man von mir verlangte. Ich bemerkte, daß viele ehrgeizige Burschen, die an die Spitze kommen wollten, aufzufallen trachteten und sich dadurch ständig in Schwierigkeiten brachten, weil die Offiziere sich ihre Namen merkten und sie automatisch aufriefen, wenn ihnen danach war, jemanden aufzurufen. Ich glaube, daß mein Name ihnen völlig unbekannt war, denn er wurde nie genannt, weder in Zusammenhang mit hervorragenden Leistungen noch mit schlechtem Betragen. Daher wurden mir im Unterricht kaum jemals Fragen gestellt, und ich wurde auch in der mündlichen Prüfung kaum aufgerufen.

In den ersten Tagen unseres Militärdienstes mußten wir dem Kaiser den üblichen Treueid schwören. Ich erinnere mich nicht, je dieses Eides entbunden worden zu sein. Vielleicht ist er durch den Tod Kaiser Karls nichtig geworden. Jedenfalls habe ich oft darüber nachgedacht, welchen Wert solche Eide wohl besitzen, da sie doch offenbar unter Zwang abgelegt werden. Die Kirche sollte ihnen jedenfalls keine Bedeutung beimessen. Warum die Regierungen auf diesen Eiden bestehen, weiß ich nicht, denn sie können ohnehin jederzeit jeden bestrafen, ganz wie es ihnen paßt.

Unser Unterricht war trotz unserer ständigen Märsche im Kasernenhof in der Hauptsache theoretisch. Wir übten mit Gewehren, feuerten aber nie einen Schuß ab, weil es keine Munition gab. Wir übten mit Geschützen, aber nur, wie man mit der erwünschten maximalen Geschwindigkeit und Genauigkeit die verschiedenen Stellungen um das Gerät herum einnimmt und wie man die Waffe in die angegebene Richtung schwenkt. Nur einmal wurden wir auf ein Übungsgelände der Artillerie gebracht, um zuzuschauen, wie andere Kanonen abfeuerten. Der ohrenbetäubende Lärm des Apparates widerte mich an, und die Tatsache, daß man die Geschosse durch die Luft sausen sah, erstaunte mich, weil ich gedacht hatte, sie würden dafür viel zu schnell fliegen. Die Exkursion war eine recht willkommene Unterbrechung der stupiden Routine, denn sie erinnerte mich an Schulausflüge in glücklicheren Tagen. Nachdem wir die Geschütze gesehen hatten, gingen wir in ein Café, aßen Eiscreme und durften dann nach Hause gehen.

Eine andere Exkursion führte uns zum Flugfeld Fischamend, wo wir das Starten und Landen der Flugzeuge beobachteten, was nicht viel Sinn hatte, aber ebenfalls ganz schön war. Ein paarmal wurden wir in die nahe gelegenen sumpfigen Wälder am Ufer der Donau geschickt, um das Legen von Telefonleitungen zu üben. Das war eine sehr verwirrende Sache, da es nicht möglich zu sein schien, eine Verbindung herzustellen. Wir krochen in dem feuchten Unterholz herum, riefen gelegentlich Hallo in unseren Apparat und warteten auf weitere Befehle, da keine Antwort kam. Ich war allerdings tief beeindruckt, als ich während dieser Expedition den »Friedhof der Namenlosen« entdeckte, eine einsame, versteckte Grabstätte im Dickicht am Flußufer, wo die angeschwemmten Leichen unbekannter Personen zur Ruhe gebettet wurden. Ich erinnere mich, daß dort eine kleine hölzerne Kapelle stand, über deren Tür ein seltsames, rührendes Gedicht eingeschnitzt war.

Eine der verhaßtesten Aufgaben war es, einige Pferde zu versorgen, die in einem Stall bei der Kaserne gehalten wurden. Es erschien absolut sinnlos, weil Pferde infolge der zunehmenden Motorisierung praktisch überholt waren und weil sie langsam den Hungertod starben. Die wenigen Pferde, die übriggeblieben waren, wurden auf den Bauernhöfen gebraucht, wo sie viel wichtiger waren als auf den Schlachtfeldern. Ich fand den Gestank im Stall ekelerregend, und ich fürchtete mich vor den großen, dumm und bösartig aussehenden Tieren. Nur wenige Male wurden wir angewiesen, Pferde zu besteigen, die zu diesem Zweck von einem Bauernhof in der Nähe ausgeliehen worden waren. Die müden alten Gäule waren ebenso verwirrt wie ihre Reiter, die sich, von lautem Schreien und Fluchen des Ausbilders begleitet, etwa hundert Meter auf ihrem Rücken halten mußten. Dabei lernte niemand etwas, es war nur eine qualvolle Erfahrung für alle. Der Leutnant, der die lächerliche Veranstaltung überwachte und wie ein Vorstadtzuhälter aussah, brüllte, wenn einer vom Pferd fiel: »Keine Angst, du Saukerl, der Gaul wird sich hüten, auf so einen Idioten zu treten« und munterte uns mit noch detaillierteren Obszönitäten auf.

Ein anderer Schwachkopf, der Geschützwesen lehrte und immer wie eine Hure mit dem Hintern wackelte, erklärte uns, wie wirkungsvoll es sei, Granaten in Felsen zu jagen und Erdrutsche auszulösen, um den Feind im Tal zu begraben. Er beschrieb mit selbstgefälliger Begeisterung, wie er das an der italienischen Front praktiziert und was für eine »schöne Wirkung« er dabei erzielt hatte. Ich erinnere mich deutlich, daß eine ganze Reihe von uns diesen Bericht abstoßend fand. Wahrscheinlich stimmte etwas mit unserer Moral nicht, wessen ich mich ganz und gar nicht schäme.

Eine weitere widerliche Veranstaltung war ein Vortrag über Geschlechtskrankheiten, den einer der Stabsärzte hielt. Der alte, eingeschrumpfte Mann beschrieb die verschiedenen Risiken, die mit der Unzucht verbunden sind, und wie man damit umging, wobei er ein Kontrazeptiv schwenkte, um die wichtigeren Punkte zu unterstreichen. Danach wurden wir in einer Reihe aufgestellt und angewiesen, zum Zweck der Prüfung und Kritik unsere Geschlechtsorgane vorzuzeigen.

Die körperlichen Entbehrungen in dieser Zeit waren, im Ganzen gesehen, nicht übermäßig groß, zumal junge Männer mehr oder weniger anpassungsfähig sind. Andererseits glaube ich nicht, daß der Unterricht, den wir erhielten, irgend jemanden auf die Bedingungen des Kampfes vorbereitete. Anscheinend sollte jedoch später ein anspruchsvolleres Spezialtraining in Lagern folgen, die dichter an der Front waren. Das Widerliche an all dem war, daß man beständig von bodenloser Vulgarität und intellektuellem Stumpfsinn umgeben war. Die meisten jungen Männer fügten sich fröhlich dieser Routine. Eine der großen Versuchungen des Soldatenlebens besteht für viele darin, persönliche Verantwortung abzugeben, sich nicht mehr zu verstellen und sich wie ein Schwein zu benehmen. Wenn man den Leuten Anweisungen gibt, wie sie sich in einem Bordell zu benehmen haben, verstehen sie das gleich als Ermunterung zum Besuch eines solchen, und sie fangen damit an, aus purer Langeweile und um sich einen Jux daraus zu machen. Das sollte nicht als tugendhafte Verunglimpfung der Bordelle ausgelegt werden. Obgleich ich nie welche frequentiert habe, bin ich der Ansicht, daß sie im großen und ganzen sehr ehrenwerte Einrichtungen sind, in denen ein Gewerbe ausgeübt wird, an dem sich manch ein »legitimes« Unternehmen in bezug auf Redlichkeit und Sittlichkeit der Geschäftsmethoden ein Beispiel nehmen könnte. Zudem zeichnet sich der Gegenstand des Gewerbes durch einen reizvollen Hauch lyrischer Phantasie aus. Die Gesellschaft jedoch, die diese Einrichtung geschaffen hat und sie toleriert, weil sie die natürliche Befriedigung der Bedürfnisse, mit der sich dieses Gewerbe beschäftigt, mit einem Tabu belegt hat, stempelt die Vertreterinnen des Berufs gleichzeitig als Abschaum der Menschheit ab. Statt das Bordell als Sicherheitsventil für sehr lobenswerte und legitime Triebe zu betrachten, die aus unerfindlichen Gründen nicht offen zugegeben und befriedigt werden dürfen, verachtet man es als Quelle niedrigster und schmutzigster Triebe, und natürlich verkommt es dann auch dazu. Daß ich nie die Notwendigkeit empfunden habe, mich dieser Sphäre zu nähern, ist zweifellos auf den sogenannten Verfall der moralischen Maßstäbe in der Nachkriegszeit zurückzuführen, den ich allerdings eher als Zusammenbruch dummer Vorurteile bezeichnen würde.

Ich erinnere mich, daß ich mich voller Verwunderung empörte, als ich irgendwo in einem Stück altjüngferlicher Literatur zum ersten Mal auf die absurde Vorstellung stieß, daß ein junger Mann, der sein Mädchen dazu gebracht hat, mit ihm zu schlafen, sich selbstverständlich weigern würde, sie anschließend zu heiraten, weil er sie nun unmöglich mehr »achten« konnte. Der Dreckskerl – nachdem sie genau das getan hatte, was er die ganze Zeit von ihr verlangt hatte, und das vermutlich, weil sie ihn liebte und ihm eine Freude machen wollte! Offenbar nahm er an, daß alle Männer mit der jungen Frau schlafen wollten und daß sie, da sie ihm nachgegeben hatte, jedem zu Willen sein würde. Ich konnte nicht verstehen, warum das Mädchen enttäuscht und unglücklich war, anstatt Gott dafür zu danken, daß er sie von diesem unsäglich niederträchtigen Rüpel befreit hatte. Gewiß, solange die Gesellschaft sich nicht schämte, Partei für ihn zu ergreifen, mochte die Frau in der Klemme sein. Ich bin froh, daß ich in einer Zeit erwachsen wurde, als dieser haarsträubende und unmoralische Schwachsinn zumindest zeitweilig außer Kraft gesetzt war. Es ist bezeichnend, daß die meisten Menschen heute rückblickend in der Nachkriegszeit eine Zeit beklagenswerten moralischen Verfalls sehen. Einige von uns entwikkelten ganz bewußt einen Abwehrmechanismus gegen den zerstörerischen Einfluß dieser grauenerregenden Umgebung. Ich entsinne mich, daß ich einmal mit ein paar Kameraden und einem unserer Ausbildungsoffiziere auf der Plattform eines Straßenbahnwagens nach Hause fuhr. Ziemlich prahlerisch begannen wir ein Gespräch über den französischen Bildhauer Rodin und beobachteten dabei das dumme Gesicht unseres Vorgesetzten. Er schaute genauso verständnislos und angeödet drein, wie wir erwartet hatten, und als wir ausstiegen, murmelte er nur: »Kein Wunder, daß ihr nicht mehr über Pferde wißt, wenn ihr über irgendeinen französischen Verrückten so daherschwatzt.« Wir waren tief befriedigt.

Ich las weiter Bücher in rauhen Mengen und fand besonderes Interesse an Tolstoi, weil seine Werke in einer Taschenformatausgabe erhältlich waren, die ich bei mir trug. Während der Exerzierpausen, wenn sich die anderen um den Feldwebel versammelten und sich seine dummen Zoten anhörten, um sich bei ihm beliebt zu machen, zog ich mich unter einen Baum zurück und las ein paar Seiten aus *Krieg und Frieden*. Bei einem unserer Manöver fiel mir der Band aus der Tasche, und der Esel brüllte: »Was haben Sie da?« Ich händigte ihm das Buch aus und rapportierte formgerecht, was es war. Er sagte: »Sie werden es mir nachher leihen«, was vermutlich die Drohung implizierte, daß er das Buch auf seinen subversiven Charakter hin überprüfen werde, in der Annahme, daß außer den Dienstvorschriften alles Gedruckte subversiv war. Ich sagte: »Jawohl, Herr Feldwebel«, und bemerkte, daß er das Buch verkehrt herum hielt, während er seine Nase hineinsteckte. Natürlich dachte er nicht daran, es sich auszuleihen. Viele von uns, darunter auch ich, lasen auf der Fahrt zur Kaserne demonstrativ die »Arbeiterzeitung«, und das Blatt war in unseren Manteltaschen stets deutlich sichtbar. Da es offiziell zugelassen und von der Zensur freigegeben worden war, konnte niemand Einwand gegen diese Lektüre erheben. Ob vertrauliche Bemerkungen über die Leser in die Akten aufgenommen wurden, weiß ich nicht. Jedenfalls waren keine Folgen zu beobachten, und das spricht für die Obrigkeit, der ich weder Brutalität noch Unmenschlichkeit vorwerfen konnte. Vielmehr war es das ganze System, das brutal, dumm, gefühllos und unmenschlich war. Über die wichtigste Leseerfahrung, die ich in dieser Zeit machte, werde ich etwas später berichten.

Gegen Ende meiner Ausbildungszeit, irgendwann im Sommer, hatte ich einen freien Tag und nutzte einen Teil davon für einen melancholischen Spaziergang durch den verlassenen Türkenschanzpark. Die Enten, die sonst die Teiche belebten, waren schon längst von der Stadtregierung geschlachtet worden und hatten als Nahrung gedient, und nur wenige Menschen hatten an diesem Wochentag Zeit und Muße zum Herumschlendern. Ich verlor mich in Erinnerungen an die glücklichen Tage, die wir hier verbracht hatten, und in Selbstmitleid, weil ich nach und nach zu der Überzeugung gekommen war, daß der Krieg nie enden und ich ihn nicht überleben würde. Während des gegenwärtigen Krieges plagt mich dieselbe Überzeugung, und es gibt viele Tage, an denen ich mir ernstlich wünsche, alles wäre mit einem Schlag vorbei und ich brauchte mir keine Gedanken mehr zu machen, wie ich unter den gegebenen Umständen weiterleben soll. Plötzlich erregte eine kleine Gruppe von Flugzeugen in großer Höhe meine Aufmerksamkeit. Zu jener Zeit waren Flugzeuge noch kein alltäglicher Anblick, und nur sehr selten sah man mehr als eins. Sie kreisten eine Zeitlang über der Stadt und verschwanden dann in geschlossenem Verband am Horizont. Damals wußte ich nicht, daß ich den berühmten, von Gabriele D'Annunzio angeführten Luftangriff gesehen hatte, den einzigen, dem Wien während des ersten Krieges ausgesetzt war. Am nächsten Tag, als ich mich in der Kaserne meldete, zeigte man uns die Flugblätter, die als einzige Geschosse abgeworfen worden waren. Sie zu lesen war natürlich von der Obrigkeit verboten worden, doch als angehende Offiziere bekamen wir die Gelegenheit, die erbärmlichen, bösartigen und zugleich vergeblichen Propagandamethoden des Feindes kennenzulernen. Es war bloß nicht einzusehen, warum man die Botschaft nicht lesen durfte, wenn sie wirklich so dumm war, wie man die Bevölkerung glauben machte. Ich weiß nicht mehr, was auf dem Flugblatt stand, aber ich bin sicher, daß es nichtssagend war. Ich erinnere mich nur noch, daß es mit dem Satz begann: »Ihr Wiener seid ein intelligentes Volk«, und daß wir gleich witzelten: »Es ist offensichtlich, daß er ein Ausländer ist, der keine Ahnung hat, mit wem er redet.« Das war eine typisch österreichische Reaktion.

Da wir sonntags frei hatten, fuhr ich natürlich nach Vöslau, worauf ich mich die ganze Woche freute. Es war komisch, daß ich jetzt, in meiner militärischen Verkleidung als gemeiner Soldat, stramm stehen mußte, wenn ich den alten Kameraden meines Vaters begegnete, die ich aus meiner Kinderzeit kannte, aber es war trotzdem eine besondere Freude, einen Tag in der angenehmen Atmosphäre des einstigen Sommerkurortes zu verbringen. Für solche Fahrten aus der Stadt heraus brauchten wir eine besondere Erlaubnis, die jeder ohne weiteres bekam, der nicht gerade eine Strafe ableisten mußte. Dank meiner Tarntaktik war ich nie in dieser Lage, mit einer Ausnahme, als nämlich meiner ganzen Klasse wegen eines geringeren Verstoßes gegen die Disziplin, dessen Urheber nicht gefunden werden konnte, das freie Wochenende gestrichen wurde. Ich konnte der Versuchung nicht widerstehen, die Erlaubnis zu fälschen, indem ich die Unterschrift eines von mir erfundenen Leutnants auf das Formular setzte. Das bedaure ich immer noch, nicht nur, weil mein Vater wegen dieser Missetat sehr aufgebracht war, sondern auch, weil ich solche Tricks mißbillige. Es zeigt freilich, daß meine Moral damals ziemlich tief gesunken war, so daß ich keine Hemmung hatte, die verhaßte Institution zu täuschen. Das damit verbundene Risiko war praktisch gleich Null, weil von dem Angehörigen der Militärpolizei, der nur einen beiläufigen Blick auf die Erlaubnisscheine warf, wenn ihre Besitzer in Scharen durch die Eingänge der Eisenbahnstation drängten, kaum erwartet wurde, daß er alle Namen der ständig wechselnden, über hundert Offiziere von Kaiserebersdorf kannte, das wiederum nur einer von über hundert Militärstandorten der Hauptstadt war. Und es geschah auch nichts. Trotzdem denke ich nicht gerne daran, daß ich so etwas getan habe.

Mein Vater bemühte sich weiterhin unermüdlich, mir den Frontdienst zu ersparen und womöglich sogar meine Freistellung vom Militär zu erwirken. In der ersten Angelegenheit hatte er insofern Erfolg, als er mir einen der wenigen verfügbaren Plätze in der technischen Abteilung der Artillerie sichern konnte. Das bedeutete

Dienst in Magazinen, Lagerhäusern oder Reparaturwerkstätten in einem der großen Nachschubzentren. Um sein zweites Ziel zu erreichen, schickte mein Vater mich zu einer Kommission, die entschied, ob Militärangehörige wegen körperlicher Behinderung entlassen werden sollten. Ich glaubte immer noch nicht an den berühmten Defekt meiner Atmungsorgane, und vielleicht vereitelte mein Zweifel den Erfolg dieses Manövers. Nach den Grundsätzen, die von jedem kriegführenden Land offiziell vertreten werden, war es zweifellos unfair, unpatriotisch und was nicht noch alles von mir, mich zu einer Zeit um Entlassung aus dem Militärdienst zu bemühen, zu der die Irrenanstalten nach Kanonenfutter durchkämmt wurden. Nach den inoffiziell herrschenden Prinzipien jedoch, die ich jedenfalls teilte, bemühten sich alle darum. Als ich mich dem aus dem härtesten Kern der Medizinergilde zusammengesetzten Handlangerkomitee präsentierte, war ich überhaupt nicht überrascht, daß sie mich für den Kampfeinsatz tauglich fanden, und die Standpauke, die sie mir als Drückeberger hielten, beeindruckte mich wenig. Ich zweifelte nicht daran, daß ich einer war, und fand es nur ein bißchen lästig, auch so bezeichnet zu werden. Schließlich war mir versichert worden, daß ich zum technischen Dienst überstellt werden würde.

Da ich mich bemühte, meine Kontakte zum Militär so weit wie möglich einzuschränken, hatte ich unter meinen Kameraden praktisch keine Freunde. Ich fühlte mich aber wieder von den gepflegten, eleganten jungen Männern angezogen. Ich bin sicher, daß Sexualität dabei keine Rolle spielte, nicht einmal unbewußt, da es mir kein Vergnügen machte, diesen jungen Männern beim Entkleiden zuzusehen, wohingegen ich ein ganz normales Interesse daran hatte, einen Blick auf den weiblichen Körper zu erhaschen, ohne damals in dieser Hinsicht mehr im Sinn zu haben. Mir scheint jedoch, daß die eleganten jungen Männer, die etwas auf sich hielten, einen willkommenen Kontrast zu der Vulgarität und Häßlichkeit des ganzen Umfelds abgaben.

Ich erinnere mich nur noch an einen Grafen Meraviglia, einen sehr gutaussehenden und gutmütig herablassenden Burschen, für den das Militär nur eine Fortsetzung aristokratischer Traditionen war, deren Tristheit und Profanität man in Kauf nehmen mußte, solange man zur unteren Stufe der Hierarchie gehörte; an Victor Gomperz, einen Juden aus Brno (Brünn), der später Rechtsanwalt wurde, ein sehr brillanter, intelligenter Bursche, der sich gerne über Literatur und Geisteswissenschaften unterhielt; an einen Melion, der sich für Architektur und die schönen Künste interessierte, und an einen Blöch, einen zynischen Juden, der sich hauptsächlich für Geschlechtsverkehr interessierte.

Ich muß gestehen, daß ich mir trotz meines Abscheus vor der ganzen widerwärtigen Geschichte in bezug auf mein Aussehen eine gewisse Eitelkeit erlaubte. Der Vorschrift gemäß hatten wir am Koppel über dem Mantel einen einfachen Säbel zu tragen. Abgesehen von den Langweiligsten und Ärmsten tat das aber niemand. Alle anderen besaßen den schmuckeren Kavalleriesäbel, dessen Koppel unter dem Uniformrock getragen wurde, so daß der Griff wirkungsvoll durch einen Schlitz im Stoff herausragte. Das war eigentlich ein Vorrecht der Offiziere, aber bei Offiziersanwärtern wurde es stillschweigend geduldet. Mein Vater, der in jeder Beziehung für Korrektheit war, weil er Schwierigkeiten vermeiden wollte, schätzte es nicht, daß ich dieses lächerliche Detail übernahm, aber ich wollte um keinen Preis wie ein Bauerntölpel herumlaufen, mit einem Säbel, der von einem sichtbaren Koppel herabbaumelte.

Nachdem ich Mitte August den Offizierslehrgang abgeschlossen hatte, bekam ich einen zweiwöchigen Urlaub, den ich natürlich in Vöslau verbrachte. Es war für viele Jahre das letzte Mal, daß ich mit meinen Eltern schöne Ferien nach den alten Maßstäben erlebte, die im Vergleich zu dem, was wir bald darauf zu ertragen haben sollten, immer noch hoch waren. Am 1. September meldete ich mich im Wiener Artilleriearsenal zum Dienstantritt und begann damit das letzte, kurze und seltsame Kapitel meiner Militärlaufbahn. Wir ahnten nicht, daß es bis zum Tag der Abrechnung nur noch zwei kurze Monate waren. Ich erwartete, daß ich zwölf Monate auf diesem Posten verbringen und dabei durch zwölf Abteilungen des Arsenals geschleust werden würde, um in die Geheimnisse dieser Tätigkeit eingeweiht zu werden. Danach wäre ich im Rang eines Leutnants dem technischen Dienst der Artillerie zugeteilt worden. Das Artilleriearsenal war ein riesiger, rechteckiger Bau, der im neunzehnten Jahrhundert in dem damals vorherrschenden Stil der Militärarchitektur aus roten Ziegeln errichtet worden war, und der mit all seinen Verzierungen, großen, düsteren Toren, zinnenbesetzten Türmen und dergleichen wie eine Ritterburg aus einem Bilderbuch für Kinder aussah. Er gliederte sich in zahlreiche Höfe mit Werkstätten, Unterkünften und allem Drum und Dran eines zentralen Rüstungslagers und befand sich in der Nähe von Ost- und Südbahnhof. Da ich etwa fünfzig Minuten brauchte, um mit der Straßenbahn dorthin zu gelangen, und erst um acht Uhr meinen Dienst antreten mußte, hatte ich ein etwas bequemeres Leben als vorher.

Zuerst wurde ich der Gewehrabteilung zugewiesen, die außerhalb des eigentlichen Arsenals in einem neueren, luftigen und hellen Gebäude untergebracht war. Dort wurden Gewehre an verschiedene militärische Verbände in der Umgebung ausgegeben, die sie abholen ließen, und Waffentransporte für die Armee organisiert. Ich habe mich für den ganzen Betrieb offenbar nicht sehr interessiert, da ich über die Organisation nichts mehr weiß, und anscheinend wurde ich auch nicht sehr gründlich eingeweiht. Ich half im Büro aus, indem ich nachmachte, was die älteren Beamten taten, und das reichte. Bald erhielt ich eine Spezialaufgabe, die ganz besonders albern war. Ich weiß nicht, ob die Geschichte stimmte, aber man erzählte mir, daß vor einiger Zeit ein Gewehrtransport an die türkische Armee gegangen war und daß die Empfänger bei der Ankunft festgestellt hatten, daß eine ziemlich unbedeutende Anzahl von Gewehren fehlte. Da der Fall anders nicht aufgeklärt werden konnte, beschloß die Abteilung, eine Inventur der Lagerbestände vorzunehmen, um zu beweisen, daß ihr kein Fehler unterlaufen war. Das bedeutete, daß die gesamten Listen mit eingegangenem und ausgeliefertem Material auf mögliche Fehler hin überprüft werden mußten, ich weiß nicht, wie weit zurückliegend, und dann würde man eines Tages den Lagerbestand durchgehen und die vorhandenen Gewehre zählen, in der Hoffnung, daß die aus den Listen errechnete Endsumme mit dem Lagerbestand übereinstimmte. Da die Zahlen in die Millionen gingen, war das Ganze ein recht hoffnungsloses Unterfangen, zumal diese Aufgabe immer Leuten wie mir übertragen wurde, die nur kurze Zeit in der Abteilung blieben, so daß es sich nicht zu rentieren schien, sie an Stellen einzusetzen, wo eine größere Routine erforderlich war. Als ich an diesen Listen arbeitete, betrug die Divergenz, offenbar aufgrund nachlässiger Addition und mangelhafter Kontinuität, bereits mehr als hunderttausend. Ich saß in einem Winkel allein über diesen Listen, zu Tode gelangweilt und nur durch den Umstand getröstet, daß ich zeitweilig, wenn keine Störung zu befürchten war, an meiner Musik arbeiten oder lesen konnte. Die ganze Sache war total absurd. Doch wir wußten nicht, daß das Ende kurz bevorstand.

Mein Musikstudium ging während dieser ganzen Zeit weiter, wie, das weiß ich nicht mehr genau. Ich muß es fertiggebracht haben, zumindest einige Seminare bei Schreker in der Akademie zu besuchen, denn ich entsinne mich genau, daß ich dort in meiner Uniform erschien. Das Seminar über Kontrapunkt hatte ich offiziell im Frühling 1918 abgeschlossen, indem ich etwa zehn Fugen für Klavier geschrieben hatte, eine davon für Klavier zu vier Händen und eine für zwei Klaviere. Sobald wir den pseudomodalen Stil unserer Übungen im »strengen« Kontrapunkt hinter uns gelassen hatten, wurde Schrekers weitere Unterweisung etwas vage und enttäuschend. Er sagte uns, wenn auch nicht ausdrücklich, daß wir jetzt mehr oder weniger uns selbst überlassen seien und daß wir in gewissen Grenzen tun könnten, was wir wollten, wobei er die Grenzen nie besonders deutlich definierte. Wir analysierten natürlich Bach und von den neueren Komponisten insbesondere Reger und wurden ermutigt, viel und schnell zu komponieren. Schrekers Kritik war oberflächlich und sehr subjektiv, denn in der Regel murmelte er nur »Das klingt nicht gut«, wenn er etwas für falsch hielt. Sein geistiges Rüstzeug war äußerst dürftig, und er verließ sich ganz auf seinen Instinkt, was zur Folge hatte, daß er eine bestimmte Art mehrdeutiger, üppiger Akkorde allem anderen vorzog. So konnten auch wir nicht viel mehr tun, als unserem eigenen Instinkt zu folgen und zu versuchen, einen gemeinsamen Nenner mit ihm zu finden.

Ich glaube, daß der Zwang, viel zu komponieren, in gewisser Hinsicht nützlich war (denn wenn Schreker etwas mißfiel, blieb einem kaum etwas anderes übrig, als es wegzuwerfen und »noch ein Stück« zu schreiben). Er lehrte uns, Ideen mit großer Geschicklichkeit aufzugreifen und zu Papier zu bringen. Unter pädagogischem Gesichtspunkt war das eine enorme Zeitverschwendung, weil wir durch Ausprobieren lernen mußten, anstatt durch die Anwendung klar definierter Kriterien und Methoden. Da ich gehört hatte, daß Quarten für die moderne Musik einigermaßen charakteristisch waren, wählte ich für meine erste Fuge ein Thema, das auf drei aufeinanderfolgenden Quarten basierte. Schreker gefiel diese Heldentat außergewöhnlich gut, da ich aber einige Mühe hatte, das Stück zu Ende zu bringen, kam er zu der Ansicht, daß ich kein gutes Gefühl für Schlußbildungen hätte, und von da an quälte er mich damit, daß er an den Schlüssen meiner Kompositionen herumnörgelte. Er war gewohnt, solche Verallgemeinerungen mit bestimmten Personen zu assoziieren und sie zu Vorurteilen weiterzuentwickeln. Ich weiß nicht, ob ich in meinem eigenen Unterricht dieser Falle ausweichen kann, aber zumindest versuche ich es. Schreker machte sich nie die Mühe, mir zu zeigen, was ich eigentlich falsch gemacht hatte, obwohl das ganz einfach hätte sein müssen, da es sich um einen Fehler der Koordination metrischer und harmonischer Prozesse bei der Annäherung an die Schlußkadenz gehandelt haben muß. Ich glaube allerdings, daß er von solchen Dingen nicht die leiseste Ahnung hatte, und eben die Begriffe, die ich im vorhergehenden Satz verwendet habe, hörte ich erst viele Jahre später. Ich erinnere mich, daß ich ihn über den Schluß eines Aktes in einer seiner Opern befragte, der recht unorthodox und dennoch wirkungsvoll zu sein schien. Er hatte keine Erklärung dafür.

Später schrieb ich eine Doppelfuge, die Petyrek in einem Schülerkonzert der Akademie spielte. Das war meine erste öffentliche Aufführung. Das Stück war hübsch und ansprechend, in C-Dur, wenn ich mich recht erinnere, und stand in einem fröhlichen und lebhaften Neunachteltakt. Später entschloß ich mich, es als mein Opus 1 zu bezeichnen. Im Herbst 1918 begannen wir mit kleinen Formen wie Menuett, Gavotte, Sarabande, Marsch und dergleichen. Ich erinnere mich, daß ich mich mit solchen Kompositionen beschäftigte, wenn ich mir von meiner hoffnungslosen Rechenaufgabe im Arsenal freinahm.

Am 1. Oktober wurde ich in eine andere Abteilung des zentralen Rüstungsdepots versetzt. Dort war man damit beschäftigt, die ungeheuren Mengen an Gerümpel, die aus dem Feld zurückkamen, entgegenzunehmen, zu klassifizieren und zu verteilen. Dieses Geschäft war an sich schon deprimierend, und die Rolle, die ich darin spielte, war alles andere als erheiternd. Die Abteilung war in dem riesigen Rechteck des alten Arsenals untergebracht. Ich wurde in einen großen, dunklen Raum mit vielen Schreibtischen gewiesen, den man nur erreichte, indem man durch lange, düstere, bedrohliche Gänge mit kleinen Fenstern und dicken Mauern marschierte. Die meisten Schreibtische waren mit Beamten im Offiziersrang besetzt, mit Männern mittleren Alters, die nur für den eingeschränkten Militärdienst tauglich waren. Es stellte sich heraus, daß die Mehrzahl von ihnen im zivilen Leben Postbeamte im Sudetenland gewesen waren. Offensichtlich waren sie durch Beziehungen zusammengekommen, die der erste von ihnen, der in dieses herrliche Refugium hineingeraten war, hatte spielen lassen. Auf diese Weise hatte er seine Freunde nachgeholt. Es waren gutmütige Kerle ohne irgendwelche militärischen Ambitionen, die ihre Tätigkeit als eine Art Abwandlung der Routinearbeit im Postamt betrachteten, die sie auch tatsächlich war. Einer von ihnen erklärte mir kurz, was zu tun war, und für den Rest der Zeit wurde ich mir selbst überlassen. Meine Aufgabe war es, die Listen oder Lieferscheine, die den Transporten von der Truppe beilagen, mit jenen Listen zu vergleichen, die in der Empfangsabteilung aufgestellt wurden, um zu überprüfen, ob das ganze Zeug richtig angekommen war. Ich weiß nicht mehr, wie viele tausend »Kisten, leicht beschädigt, Modell 97« oder »unvorschriftsmäßig« ich in diesen vier Wochen abhakte. Da viele der Listen aus Gründen, deren Erforschung mich nicht interessierte, wie Durchschläge der Lieferscheine aussahen, gab es keinen ersichtlichen Grund zur Kontrolle. Aber was ging mich das an?

Die Postbeamten waren meistens mit angeregten politischen Diskussionen beschäftigt, da es zu diesem Zeitpunkt Anzeichen dafür gab, daß der Krieg bald entschieden werden würde und da ihre Heimat von solchen Veränderungen wahrscheinlich besonders betroffen sein würde. Mich interessierten diese Probleme überhaupt nicht, was mir jetzt ziemlich sonderbar vorkommt, weil mich die politische Krise durchaus bewegte. Es mag sein, daß die Benommenheit, die durch meine Aversion gegen das Soldatenleben verursacht worden war, mich abstumpfte oder mich bewog, mich völlig gegen alles abzuschließen, was in meiner militärischen Umgebung vor sich ging. Ich konzentrierte mich absichtlich auf meine musikalischen Arbeiten, die ich in meiner Schreibtischlade verborgen hielt, und widmete mich ihnen, wann immer ich konnte, das heißt, wenn die politische Diskussion so hitzig wurde, daß die Postbeamten vergaßen, mich mit neuem Material zu versorgen. Von Zeit zu Zeit kam ein höherer Beamter hereingewackelt, ein uralter Mann mit einem Walroßbart, halb blind und taub, der aussah, als hätte ihn die Mobilmachung im Grab erreicht, was wahrscheinlich auch beinahe der Fall gewesen wäre. Er brauchte kaum so zu tun, als würde er weder sehen noch hören, was wir machten, und verschwand, nachdem er den düsteren Raum kurz schnaufend durchschlurft hatte.

Wir wußten inzwischen, daß die Alliierten größere Erfolge an der Balkanfront erzielt hatten und daß die Türkei und Bulgarien aus dem Krieg ausgeschieden waren. Das stimmte uns hoffnungsvoll, aber es war noch nicht bekannt, daß Deutschland mit Präsident Wilson Waffenstillstandsverhandlungen aufgenommen hatte. Der Krieg war zu einer so tief verwurzelten Daseinsform geworden, daß wir uns einfach nicht vorstellen konnten, daß er eines Tages zu Ende sein würde. Als Kaiser Karl am 28. Oktober*, glaube ich, sein Manifest veröffentlichte, wonach die verschiedenen in der Monarchie vereinten Nationen im Rahmen der Reichsverfassung autonome Verwaltungsgebiete bilden sollten, erkannten wir immer noch nicht, daß er seiner eigenen Regierung die Totenglocke geläutet hatte. Wir glaubten, der Krieg sei bloß in eine weitere Phase eingetreten. Das Ganze war außerordentlich tragisch, weil diese Maßnahme des Kaisers für das Reich den Beginn einer neuen Ära hätte bedeuten können, wenn sie zur rechten Zeit getroffen worden wäre, und mehr als das: eine Magna Charta für die künftige Organisation Europas. Wäre dieser Schritt zehn Jahre früher unternommen worden, dann hätte er mit Sicherheit beide Weltkriege verhindert. Aber selbst wenn er nur wenige Monate früher gemacht worden wäre, hätte er vielleicht Rettung für das Reich bedeutet, und der Zweite Weltkrieg wäre möglicherweise vermieden worden.

Jahre später erfuhr ich von tschechischen Freunden, die engen

* Es war am 16. Oktober.

Kontakt zu den führenden tschechischen Abgeordneten im österreichischen Parlament hatten, daß diese Abgeordneten noch im Sommer 1918 bereit waren, jede Verbindung mit der revolutionären Gruppe um Masaryk und Beneš abzubrechen, wenn man auf halbwegs intelligente Weise an sie herangetreten wäre. Bei einem Besuch in Prag in den dreißiger Jahren wohnte ich bei meinem Freund, Dr. Lovenbach, und fand in meinem Schlafzimmer eine offizielle Geschichte der tschechischen Revolution von 1918. Wohlgemerkt, das Buch war von einem postrevolutionären tschechischen Historiker zum Zweck der Aufklärung seiner Landsleute geschrieben worden. Er berichtete, daß am Tag der kaiserlichen Proklamation die Mitglieder des provisorischen tschechischen Nationalkomitees in Prag die Köpfe zusammensteckten, um das weitere Vorgehen zu beschließen. Man sollte meinen, daß sich diese tapferen Revolutionäre, die seit genau dreihundert Jahren über unerträgliche Unterdrückung klagten, sofort entschieden hätten, daß das die lang erwartete Gelegenheit zum Sturz der verhaßten Tyrannen sei. Weit gefehlt, die bedächtigen Bürger, die sich an das Prinzip hielten, daß man nie vorsichtig genug sein kann, sprachen beim Reichspräsidenten vor und fragten ihn, ob das kaiserliche Manifest seiner Meinung nach bedeute, daß Böhmen unabhängig sei. Der zynische Aristokrat, der sehr gut wußte, daß alles zu Ende war, antwortete, er habe keine Erklärung abzugeben, da er die Wiener Morgenzeitungen noch nicht gelesen habe. Woraufhin sich die empörten Patrioten zurückzogen und beschlossen, abzuwarten. Erst als der Präsident am nächsten Tag sein Amt und die Stadt verlassen hatte, meinten sie, sie seien nun anscheinend doch unabhängig und sollten eine Art Nationalregierung bilden. Das habe ich in jenem Geschichtsbuch gefunden.

Ich behaupte, daß die Tschechen keine revolutionäre Ader haben, und ich glaube, daß ihre Haltung in den Jahren 1938 und 1939 mich bestätigt. Sie haben einen außergewöhnlichen Sinn für Humor und eine perfekte Methode, ihre Unterdrücker durch Spott und passiven Widerstand wahnsinnig zu machen. Aber wenn es nach ihnen gegangen wäre, könnten wir immer noch das alte Reich haben, und ich glaube, daß viele Tschechen inzwischen wünschen, sie hätten es noch. Ohne den Einsatz von Masaryk und Beneš hätten sie nicht viel für die Zerstörung des Reiches getan. Es ist richtig, daß das Prager Infanterieregiment wegen Massenmeuterei und Desertion an der russischen Front unehrenhaft aufgelöst werden mußte. Aber als der Kommandant des Deutschmeisterregiments Nummer 4, des Lieblingsregiments der Wiener, an derselben Front getötet wurde, gab es zuverlässige Beweise, daß die Kugel nicht von russischer Seite gekommen war. Ich neige dazu, solche Vorfälle auf dem Hintergrund der Tatsache zu interpretieren, daß die Österreicher, mochten es Tschechen oder andere sein, überzeugt waren, daß dieser Krieg nicht der ihre war, wobei diese Überzeugung unter den Angehörigen der nichtgermanischen Nationen des Reiches stärker gewesen sein mag.

»Die Fackel«

Während meines Gastspiels beim Militär kaufte ich zufällig einmal ein Exemplar der Zeitschrift »Die Fackel«, die wie alle Zeitungen und Zeitschriften in Tabaktrafiken verkauft wurde, da Zeitungsstände in den Straßen nach den geltenden Bestimmungen nicht erlaubt waren. Das ist das erste und einzige Ereignis in dieser frühen Phase meines Lebens, und vielleicht sogar in einer viel größeren Zeitspanne, das ich ohne Zögern als entscheidenden Wendepunkt bezeichne. Die Lektüre dieser Nummer öffnete meinen Geist für den stärksten Einfluß, der je auf ihn ausgeübt wurde, viel stärker noch als alle Einflüsse, die die musikalischen Autoritäten, mit denen ich bekannt wurde, je auf mich hatten, mit Ausnahme von Arnold Schönberg und Arthur Schnabel. Beide jedoch traten, ein jeder auf seine Weise, zu einer Zeit in mein Leben, als sich dieser erste nichtmusikalische Einfluß bereits vollständig gefestigt hatte. Die genannte Zeitschrift war eine Ein-Mann-Publikation, die seit 1899 von Karl Kraus geschrieben und herausgegeben wurde. In den ersten Jahren hatte er Mitarbeiter wie Frank Wedekind, August Strindberg und Peter Altenberg gehabt und hin und wieder Gedichte von ein paar anderen Autoren wie Gerhart Hauptmann und weniger bekannten Dichtern veröffentlicht. Doch bereits eine ganze Weile vor dem Krieg hatte Kraus diese Gewohnheit aufgegeben und machte die Zeitschrift nun ganz und gar selbst. Sie erschien in unregelmäßigen Abständen; manchmal waren es dünne Hefte mit nur einem Artikel, die kurz aufeinander folgten, und dann erschien nach mehreren Monaten ein dicker Band mit einem Umfang von mehr als zweihundert Seiten. Später erinnerte ich mich daran, daß mein Vater, als ich ein kleiner Bub war, die »Fakkel« eine Zeitlang von Großvater Čižek bekommen hatte, der sie abonniert hatte, der Himmel weiß, warum. Damals konnte ich noch nicht lesen, und man überließ mir die alten Hefte zum Bekritzeln, Figurenausschneiden und für alle möglichen anderen Mißhandlungen. Es bereitete mir einigen Kummer, daß gerade ich einige dieser kostbaren frühen Ausgaben ruiniert haben sollte.

Die Artikel in dem Exemplar, das ich gekauft hatte und das einer der dicken, inhaltsschweren Bände war, beschäftigten sich mit politischen, sozialen und kulturellen Tagesfragen, auf eine merkwürdig aggressive, satirische Weise, die ich noch nie erlebt hatte – und bald wurde mir klar, daß weder ich noch jemand anders etwas derartiges noch einmal erleben wird. Zwischen die Artikel waren lyrische Gedichte eingestreut sowie lange Abschnitte von Zitaten aus Zeitungen, die Kraus selbst kommentiert hatte, und minuziöse Berichte über seine Vortragstätigkeit. Kraus bereiste häufig Österreich und Deutschland, las aus seinen eigenen Schriften und trug komplette Dramen von Shakespeare und Goethe, einige der frühen Dramen Gerhart Hauptmanns sowie die unvergleichlichen Komödien des großen Johann Nestroy vor, eines Wiener Schauspielers und Satirikers aus der Zeit zwischen 1830 und 1870.

Der Stil von Karl Kraus war so charakteristisch und prägnant, daß er sofort die Haltung des Lesers dem Phänomen gegenüber bestimmte. Manche Leute fanden ihn einfach abstoßend und konnten kaum eine Seite zu Ende lesen, und andere, wie ich, waren von Anfang an ohne Einschränkung begeistert. Der Stil war äußerst kompakt, fast zu dicht, mit phantastischen Satzgefügen von ungeheurer Länge, aber nie überladen oder pleonastisch oder schwerfällig. Er wurde von einem unerbittlichen Vorwärtsdrang belebt, von einem feurigen Atem von phänomenaler Kraft, so daß er eine Widerstandskraft bekam wie eine außergewöhnliche Hängebrücke über einem höllischen Abgrund, die in dem Sturm, den ihr Erbauer ständig entfesselte, vibrierte. Es gab Augenblicke von shakespearescher und biblischer Größe, in denen sich überzeugend und beängstigend ein gewaltiger Zorn von legendären Ausmaßen artikulierte. Zugleich war diese Sprache aber auch voller Alltagsjargon, voller Andeutungen und Anspielungen, die einem beeindruckenden Gehör und außergewöhnlicher Geistesgegenwart zu verdanken waren, so daß man als Leser bald das unheimliche Gefühl hatte, der Autor müsse die eigenen Gespräche mitangehört haben, müsse sich in beunruhigendem Ausmaß mit den Objekten seiner Aggression identifiziert haben. Durch seine allgegenwärtigen Andeutungen schuf er eine Atmosphäre der Verschwörung, in die er den Leser einweihte, womit er Übereinstimmung und gemeinsames Wissen andeutete, aber auf der nächsten Seite drehte er dann den Spieß um, und seine Gefährten wurden die ersten Opfer seiner scharfen Attacken. Wenige konnten damit umgehen, und nicht immer die besten. Diejenigen, die seine Verunglimpfungen mit masochistischer Begeisterung genossen, hatten gewöhnlich intellektuell Schiffbruch erlitten, und er wußte das sehr gut und diffamierte seine glühendsten Verehrer unentwegt. Es gab nur eine sehr kleine, hauptsächlich anonyme Gruppe von Freunden, denen er wirklich vertraute, diejenigen, die die Feuer- und die Wasserprobe bestanden hatten, und wann immer einer von ihnen in der »Fackel« genannt wurde, hatte man das Gefühl, daß ein neuer Heiliger entdeckt worden sei, so verheerend war das Bild des allgemeinen moralischen und geistigen Verfalls, das Kraus' Jeremiaden heraufbeschworen.

Entscheidend ist, daß er sich zum Ankläger gegen und zum Richter über seine Zeit gemacht hatte, über »diese Welt« und das Otterngezücht darin, um ein neues amerikanisches Buch zu zitieren, das sich in kleinem Rahmen dem ethischen Furor von Kraus annähert. Er ärgerte sich oft, wenn er hörte, daß die wenigen Menschen, die ihn in Amerika kannten, ihn mit Mencken verglichen. Das wenige, was ich über Mencken weiß, rechtfertigt einen solchen Vergleich sicher nicht, denn letzterer ist zwar kritisch und manchmal aggressiv, scheint das aber eher aus Spaß daran als aus ethischen Gründen zu sein. Das klingt, als sollte es andeuten, daß Kraus ein Reformator war, der die Welt verbessern wollte. Doch das gilt nur in einem eingeschränkten oder vielmehr allgemeinen Sinn, da er sich nie einem konkreten Programm anschloß. Wenn er zeitweilig diese oder jene politische Gruppe oder Bewegung zu unterstützen schien, dann geschah das aus Gründen, die sich für die Gruppe bald als sehr peinlich erwiesen. Er entdeckte in ihrem Programm etwas, das seinen Idealen zu entsprechen schien, und machte sie für die Durchsetzung dieser Ideale verantwortlich. Sobald die Gruppe Anzeichen opportunistischen Wankens zeigte, wie es im »praktischen Leben« stets »unvermeidlich« ist, wurde er der erbarmungsloseste Feind seiner gestrigen Freunde. Unter dem Aspekt des »praktischen« Lebens sah es so aus, als würde *er* beständig seine Positionen ändern, doch in Wirklichkeit war seine Position immer dieselbe.

Er war stets gegen jede Art organisierter Macht, gleichgültig, wer sie ausübte, weil er wußte, daß die menschliche Natur nicht stark genug ist, um den Versuchungen der Herzlosigkeit, Torheit, Brutalität und Selbstsucht, des maßlosen Stolzes, der Eitelkeit, der dunklen Geschäfte und Schiebungen, der Ungerechtigkeit und des Lasters zu widerstehen. Sein Standpunkt war ganz und gar »unpraktisch«, in einer Welt, deren größte Hoffnung darin besteht, Herrscher zu finden, die fähig sind, das geringere Übel zu wählen, wobei sie aber in den meisten Fällen auf solche stößt, die es aus Dummheit und Feigheit vorziehen, ins größere Übel zu stolpern. Für Kraus gab es zwischen größeren und kleineren Übeln keinen nennenswerten Unterschied, sondern für ihn gab es nur die immerwährende Verantwortung des Individuums, unter allen Umständen recht zu handeln, ohne Rücksicht auf Parteiprogramme, Vaterlandstreue, Diensteide, augenblickliche Vorteile oder Flucht vor Schwierigkeiten. Das ist im wesentlichen eine christliche Haltung, die dem ursprünglichen Evangelium gemäßer ist als den späteren kirchlichen Lehren. Und Kraus vertrat seinen Standpunkt mit der heiligen Raserei eines Religionsstifters, obgleich er in der störenden Verkleidung eines weltstädtischen jüdischen Journalisten auftrat. Im Grunde war er Journalist, im Sinne eines Literaten, der rettungslos den Trivialitäten des Alltags und ihrer Wiedergabe auf der gedruckten Zeitungsseite zum Opfer gefallen ist.

Er war der Sohn eines wohlhabenden böhmischen Juden, der chemische Produkte herstellte. Als er noch ein kleiner Junge war, hatte sich die Familie in Wien niedergelassen, und nachdem er das Gymnasium absolviert hatte, war er ein brillanter junger Homme de lettres aus reichem Hause und wurde von der »Neuen Freien Presse« eingestellt, der führenden liberalen Zeitung Wiens, die in gewisser Weise der Londoner »Times« nachgebildet war und nach Anstand und Langeweile stank. Nach einem Jahr verließ der brillante junge Mann das Blatt und brachte seine eigene kleine Zeitschrift heraus, die sich große Mühe gab, allen auf die Zehen zu treten und keine Backe mit ihren Ohrfeigen zu verschonen. Er wurde der Antijournalist in ähnlichem Sinne wie Christus der Antirabbiner geworden war, wenn ein solcher Vergleich gestattet ist. Die Tageszeitung wurde ihm zum Inbegriff aller Übel, die zu bekämpfen er angetreten war, denn sie war sein wahres Element und Ausdrucksmittel, und er erlebte die Tragödie der Welt vermittels ihrer Wiedergabe auf dem miserablen Material des Zeitungspapiers. Dort fand er die verdammenswertesten Werke des Vaters der Lügen über die ganze Welt verbreitet, so daß sie die verkümmerten Gehirne unzähliger wehrloser Leser vergifteten. Daher bestand sein eigenes Werk praktisch ausschließlich aus Zitaten aus der Presse und sarkastischen Schmähungen, die auf diesen Zitaten beruhten, denn das war die Welt, wie sie dargestellt werden wollte.

Das ganze Aufgebot seines beispiellosen Arsenals literarischer Sechzehnzollkanonen richtete sich massiert gegen einen Feind, der schnell mit schüchternen Erklärungen bei der Hand war, daß seine eigene Macht und Stärke völlig geringfügig und bedeutungslos sei. Die Journalisten selbst waren die ersten, die ihm versicherten, daß sie ihre eigene Arbeit nicht ernst nahmen, warum also sollte er sie ernst nehmen? Und viele Menschen, die Kraus' ethisches und literarisches Stehvermögen schätzten, bedauerten, daß er es auf »Kleinigkeiten« verschwendete. Aber genau darauf kam es ihm an: Er wollte nur beweisen, daß diese Kerle ihre Sache nicht ernst nahmen, und trotzdem übten sie alle Macht aus, die die Publizität ihnen verlieh, in einer Epoche, in der man, dank ihrer Bemühungen, in Ehrfurcht, Angst und Zittern vor der Publizität aufgewachsen war. Seine Feinde ließen bald verlauten, daß seine Haltung nichts anderes sei als kleinliche Rachsucht und verletzte Eitelkeit, weil man ihn in der »Neuen Freien Presse« nicht befördert hatte. Und die Mitglieder der Journalistengilde schworen einander heilige Einigkeit vor diesem dreisten Widersacher, was darauf hinauslief, daß sie ihn totschweigen wollten, denn sie waren überzeugt, daß ein Mensch nur kraft der Masse des Geredes existierte, das sie über ihn und um ihn herum verbreiten konnten.

Von da an verschwand der Name Karl Kraus aus der Wiener Tagespresse, unabhängig vom religiösen oder politischen Credo des Blattes, ganz gleich, ob er für Neuigkeiten sorgte oder nicht. Seine Vorlesungen wurden weder angekündigt noch rezensiert, seine Publikationen weder erwähnt noch kritisiert. Doch er fuhr fort, seine Opfer in seiner Zeitschrift zu erledigen, wobei er absolut atemberaubende, virtuose Vernichtungsmethoden entwickelte. Schließlich genügte es ihm oft, ohne Kommentar einen einzigen Satz aus einer Zeitung zu zitieren, um dessen Autor für alle Ewigkeit als Dummkopf abzustempeln. Kraus wurde absolut einsam und einmalig, ein Phänomen ohne Vorgänger und Nachfolger, für die einen ein total verrückter und entbehrlicher Zeitgenosse, für die anderen ein einsames Symbol des ewigen Lichtes in einem ausweglosen Sumpf von Untergang und Verfall. Das Schweigen, das seine Feinde als hoffnungslose Maßnahme der Selbstverteidigung über ihn verhängt hatten, veranlaßte ihn, selbst über alle seine Aktivitäten Rechenschaft abzulegen. Es war nicht Eitelkeit, wie sie ihm unterstellten, sondern er fühlte sich verantwortlich dafür, ein Protokoll über die Taten des einzigen rechtschaffenen Menschen in einer Welt von Dieben, Lügnern, Verrätern und Verbrechern zu schreiben. Er war das faszinierendste Phänomen, das ich in den dreiundvierzig Jahren meines Lebens beobachtet habe.

Das Heft, das ich in jenem Jahr 1918 erworben hatte, war voll kühner Anklagen gegen die Regierung und ihre Kriegspolitik. Sie waren aber in einem so dichten und gehobenen Stil abgefaßt, daß der Zensor sie entweder nicht verstanden hatte oder, was unter österreichischen Verhältnissen durchaus möglich erschien, sie mit grimmigem Vergnügen hatte durchgehen lassen, im Vertrauen darauf, daß nur die scharfsinnigsten Köpfe begreifen würden, worum es ging. Kraus selbst hatte eine derartige Möglichkeit angedeutet und hob hervor, daß er alles am Zensor vorbeibekommen konnte, weil dieser es nicht verstand, und er lobte die Zensur, weil sie die Schriftsteller zwang, ihren Stil so zu verfeinern, daß sich der Zensor von ihren Schriften täuschen ließ. Was mich damals vor allem beeindruckte, war, daß da ein Mann seine Stimme gegen den Krieg und gegen das gesamte politische und kulturelle System der Zentralmächte erhob, indem der die höchstmöglichen moralischen und geistigen Maßstäbe zugrundelegte, und daß er dennoch in der Hauptstadt eines der kriegführenden Staaten lebte. Er kritisierte nicht die Kriegführung durch den Generalstab – darüber wußte er nichts und sagte das auch. Er bezog nicht Stellung für die Arbeiter in den Munitionsfabriken oder für sonst irgend jemanden. Er pickte Kleinigkeiten heraus, lächerliche Leitartikel in den Zeitungen, und zerpflückte sie mit höchster Kunstfertigkeit, indem er ihre stilistische Niveaulosigkeit niedermachte. Diejenigen, die ihren Haß auf Kraus hinter dem Bedauern verbargen, daß er nicht in den »wirklich wichtigen« Angelegenheiten Partei ergriff, verstanden nicht oder wollten nicht verstehen, daß jene sogenannten Kleinigkeiten für ihn aufschlußreiche Symbole für irreparabel verkommene Zustände waren. Die schludrige, schlampige, verlogene Haltung der Journalisten war ihm ausreichender Beweis für die Schäbigkeit und Wertlosigkeit jeder Sache, für die sie sich stark machten. Ich verschlang das Heft und wartete gespannt auf weitere Äußerungen dieses Rufers in der Wüste. Mir scheint allerdings, daß er vor Kriegsende keine Nummer mehr veröffentlichte.

Zusammenbruch und Aufruhr

Ende Oktober war es vollkommen klar, daß die Katastrophe unmittelbar bevorstand. Es ist allgemein bekannt und dennoch immer erstaunlich, wie groß das Trägheitsmoment ist, das seit langem bestehende Organismen davor bewahrt, schnell zusammenzufallen – selbst unter Druck und Belastung und angesichts des unabwendbaren Endes. Obgleich die Fronten überall zusammenbrachen, meldete ich mich planmäßig in der nächsten, der dritten Abteilung des Arsenals, und hier wurde ich kurz vor dem Ende meiner Militärlaufbahn mit einer so gewalttätigen und so lächerlichen Demonstration des Militarismus konfrontiert wie kaum jemals zuvor. Ich weiß nicht mehr, welche Aufgaben diese Abteilung hatte, aber ihr Leiter, ein kleiner Schreibtischbeamter, war gewaltig stolz auf seine strenge Disziplin. Das war einfach albern, denn in wenigen Tagen sollte er von einem Revolutionskomitee, das den ganzen Betrieb übernehmen sollte, davongejagt werden. Vielleicht hatte er eine romantische Vorstellung vom letzten Grabenkampf des verlorenen Bataillons, denn er verteidigte die Ehre des Vaterlands mit Bleistiften, Linealen und Papierkörben. Ich beschloß sogleich, ein Angebot zu nutzen, das Schülern gemacht wurde, die bei ihrer Einberufung die Ausbildung unterbrochen hatten: Es ging um einen vierwöchigen Urlaub, in dem man wieder zur Schule ging und Nachholkurse besuchte, die den Schüler berechtigten, die Schule in der üblichen Zeit abzuschließen, damit seine akademische Laufbahn nicht verzögert wurde. Der Held kochte vor Wut, als ich ihn bat, mein Urlaubsgesuch zu unterschreiben, was er nicht ablehnen konnte, und er brüllte, er hätte lieber dressierte Ziegen in seinem Büro als solche Kandidaten wie mich. Ich blieb unbeeindruckt und war nun noch weniger daran interessiert, in die Geheimnisse dieser Abteilung einzudringen, da die Bewilligung des Urlaubs Routinesache war und in wenigen Tagen erfolgen würde. Das war um den 6. November.

Dann kam die Machtprobe. In diesen letzten Tagen war auf dem großen Platz zwischen dem Süd- und dem Ostbahnhof in der Nähe des Arsenals zunehmend reges Treiben zu beobachten. Immer mehr Soldaten kamen von der italienischen Front zurück; die meisten von ihnen hatten die Truppe von sich aus verlassen, insbesondere Angehörige nichtgermanischer Nationen, denn sie sahen keinen Sinn darin, für ein Reich zu kämpfen, das ihrer Ansicht nach gar nicht existierte, während ihre Landsleute zu Hause anscheinend unabhängige Staaten voller Freiheit und Glück errichteten. Sie drängten in die verfügbaren Züge oder requirierten rollendes Material mit Waffengewalt, indem sie sich gegenseitig von den Plattformen schossen. Diejenigen, die auf den Dächern der Waggons saßen, wurden in den Tunneln oft hinuntergestoßen und blieben als blutige Klumpen in der Spur dieser mörderischen Züge zurück. Aber andere sprangen auf, und jeder hatte nur den einen Gedanken, von den Kämpfen fort und so schnell wie möglich nach Hause zu kommen. Wenn sie Wien erreichten, mußten sie sich nach anderen Transportmitteln umsehen, die sie weiter nach Norden oder nach Osten brachten, und sich durchkämpfen oder durchbetteln. Im grauen Novembernebel konnte man sehen, wie Männer hinter den Büschen auf dem Platz ihre Kleider wechselten und Gewehre gegen Zigaretten eintauschten oder Schuhe gegen Brot oder was immer sie für die Reste ihrer Ausrüstung bekommen konnten, denn das meiste davon hatten sie unterwegs weggeworfen oder verkauft. Hyänen und Haie aller Art streiften umher, um die Trümmer einer einst glorreichen Armee aufzusammeln, die sich jetzt wie Schneeflecke im Frühling auflöste und dahinschmolz. Und wir im Arsenal machten mit unserem Blödsinn weiter, wobei mein heroischer Vorgesetzter sich lauthals über den Mangel an soldatischer Disziplin ausließ.

Dann, am 11. November, als ich morgens zum Dienst antrat, sagte mir ein Zivilist mit roter Armbinde, daß ich nach Hause gehen könne, da der Militärdienst im Arsenal ab heute vorbei sei. Also fuhr ich mit der nächsten Straßenbahn heim. In den Straßen lungerte der Pöbel herum, um Offiziersrangabzeichen und ähnliche

Insignien der gestürzten Macht zu ergattern. Als sie mich in der Straßenbahn sahen, hielten sie sie an und forderten mich auf, das metallene K (die Initiale des Kaisers Karl) von meiner Mütze zu entfernen. Ich erklärte, ich wüßte nicht, wie man das macht, ohne die Mütze zu ruinieren, und bat sie höflich, sich selbst zu bedienen, was sie mit fachmännischem Geschick taten. Die Straßenbahn fuhr weiter, und das war das Ende meiner militärischen Laufbahn. Ich war vermutlich einer der ganz wenigen Soldaten, die auf diese Weise plötzlich aus dem Dienst geworfen wurden und sich trotzdem die Mühe machten, noch einmal auf ihren Posten zurückzukehren, um eine Entlassungsurkunde in Empfang zu nehmen, die ich von einem sozialistischen Arbeiterrat bekam, der das Gebäude übernommen hatte. Ich versäumte es auch nicht, meine Uniform und meine Stiefel bei den Machthabern abzugeben, was wahrscheinlich sonst niemand tat. Mein Vater bestand auf der Erledigung dieser Formalitäten, und mir war es recht, weil ich das ganze Zeug ein für alle Mal loswerden wollte.

Die militärische Niederlassung in Vöslau schrumpfte rasch. Viele der tschechischen und anderen nichtdeutschen Offiziere verschwanden in aller Stille. Angesichts der Nähe der großen Munitions- und Waffenfabriken, in denen sozialistischer Aufruhr brodelte, wurde das Städtchen täglich unsicherer, und schließlich entschlossen wir uns, zu packen und nach Wien zu fahren. Unsere Habe wurde auf einen Lastwagen geladen, und nachdem wir von dem Arbeiter- und Soldatenrat, der sich nach russischem Muster gebildet hatte, die Erlaubnis bekommen hatten, wurde die Fracht auf Umwegen über wenig befahrene Bergstraßen nach Wien gebracht. Weil mein Vater alle freundlich und gerecht behandelt hatte, sorgten die Lastwagenfahrer und andere neue Herrscher dafür, daß alles gut vonstatten ging.

Es ist schwer zu rekapitulieren und zu beschreiben, wie wir uns in jenen Tagen des Zusammenbruchs und des Aufruhrs fühlten. Ich für meinen Teil empfand nichts anderes als ungeheure Erleichterung darüber, daß das Blutvergießen zu Ende war, daß ich nicht mehr in einer Verkleidung herumlaufen mußte, die mir lächerlich und wesensfremd erschien, daß ich nicht mehr fürchten mußte, an die Front oder auch nur in irgendeine entlegene Garnison geschickt zu werden, daß ich meine Zeit nicht mehr auf völlig stupide und nutzlose Angelegenheiten verschwenden mußte und daß ich nicht mehr lügen und schwindeln mußte, um den offenkundigeren Demütigungen im Zusammenhang mit dem Dienst zu entgehen. Ich freute mich richtig darauf, zur Schule und zur Akademie zurückzukehren und meine geistigen Tätigkeiten da wieder aufzunehmen, wo ich sie abgebrochen hatte. Dieses Gefühl der Erleichterung war so stark, daß ich den Umwälzungen im Reich keine allzu große Aufmerksamkeit schenkte. Wir waren über Nacht ein Land mit sieben Millionen deutschsprachigen Einwohnern geworden, an Stelle von vierundfünfzig Millionen Einwohnern, die sich auf etwa zwanzig Nationen verteilt hatten. Das neue Parlament, das sich vermutlich aus den übriggebliebenen Mitgliedern des alten zusammensetzte, erklärte, die Gegenden von Böhmen und Mähren, in denen Deutsch gesprochen wurde, seien Teil des neuen Deutsch-Österreich, und dieser Rest des alten Reiches gehöre zur Großdeutschen Republik. Wie jeder weiß, hatte diese Geste keinerlei Folgen und hinterließ auch keinen merklichen Eindruck. Die frühere christlichsoziale Mehrheit des Wiener Gemeinderats wurde durch einen sozialistischen Erdrutsch zerschlagen, der der sozialdemokratischen Partei mit mehr als zwei Dritteln der Sitze die absolute Macht über die Stadt verschaffte. Das war weit wichtiger, und ich selbst sowie viele andere junge Leute setzten große Hoffnungen in diese neue Stadtregierung.

Mein Vater verfolgte diese Veränderungen mit begreiflicher Besorgnis, weil es durchaus möglich schien, daß sich die neuen Herrscher mit ihrem ausgesprochenen Haß auf das frühere Regime zu drastischen Maßnahmen gegen die auffälligsten Exponenten dieses Regimes, die kaiserlichen Offiziere nämlich, entschließen würden. Es muß gesagt werden, daß die Haltung der österreichischen Republikaner in ihrem revolutionären Anspruch ernsthafter war als die der deutschen. Die erste Konsequenz daraus, die sehr wenig beachtet und noch weniger gewürdigt wurde, war, daß Österreich als einziges Land der bezwungenen Mächte von kommunistischen Erhebungen ganz und gar verschont blieb. Die österreichischen Sozialdemokraten standen weit genug links, um jedes nennenswerte Wachstum der kommunistischen Partei zu verhindern, nicht durch Unterdrückung mit brutaler Gewalt, wie die deutschen Sozialdemokraten sie aus Unterwürftigkeit gegenüber der Reaktion einsetzten, sondern indem sie die revolutionären Instinkte der Massen befriedigten. Österreich war das einzige Land, in dem die Kommunisten keinen einzigen Sitz im Parlament eroberten, was beweist, wie notwendig es für Hitler war, dieses Land 1938 vor dem Bolschewismus zu »retten«.

Die monarchistische Reaktion in Österreich spielte deshalb bis zu Hitlers Aufstieg an die Macht keine bedeutende Rolle, und dann auch nur, weil sie eine potentielle Waffe gegen den Nazismus zu sein schien, nicht weil das Volk mit der republikanischen Form der Regierung unzufrieden gewesen wäre. In Deutschland dagegen begann die monarchistische Reaktion schon am gleichen Tag ihre Aktivitäten, an dem der Kaiser das Land verließ. Es war eigentlich keine Reaktion, sondern einfach eine fortgesetzte Aktion, und die republikanische Regierung des Reiches eignete sich meistens als willkommener Vorwand für die finsteren Machenschaften, die geradewegs zu dem führten, was wir jetzt erleben. Es war Teil der Tragödie unseres Jahrhunderts, daß Österreich, das von einem Monarchen regiert wurde, der zu Frieden und konstitutionellen und sozialen Reformen entschlossen, aber leider zu schwach war, um seine Absichten durchzusetzen, sich eine recht revolutionäre Haltung zu eigen machte, während es in Deutschland, das eine echte Revolution brauchte, keine gab, und die vorgetäuschte Revolution dort vom ersten Tag an zu erpresserischen Zwecken mißbraucht wurde.

Was die äußeren Ereignisse anging, so fand auch bei uns nicht viel Revolution statt. Der einzige Zwischenfall, dessen Zeuge ich wurde, war eine kleine Schießerei auf dem Heimweg von der Akademie. Die Straßenbahnzüge waren stehengeblieben, und da sie sich anscheinend so bald nicht wieder in Bewegung setzen würden, beschloß ich, meinen Weg zu Fuß fortzusetzen, bis ich eine Fahrgelegenheit finden würde. Während ich die lange Reihe von Straßenbahnwagen entlangging, die auf der Ringstraße zwischen den beiden großen Museen aufgehalten worden waren, hörte ich plötzlich pfeifende Geräusche und Einschläge, die ich aufgrund von Beschreibungen als von Gewehrkugeln verursacht identifizierte. Obgleich ich mir acht Monate Militärdienst zugute halten konnte, hatte ich so etwas noch nie gehört. Als ich bemerkte, daß einige Kugeln in die Straßenbahnwagen einschlugen, an denen ich gerade vorbeiging, hielt ich es für sicherer, auf die andere Seite der Straßenbahnen zu wechseln, aber ich unterbrach meinen Heimweg nicht. Ich erwähne das, weil es bis dahin die einzige Gelegenheit war, bei der ich mich gegen die mechanisierte Brutalität behaupten mußte, die der Mensch in der Auseinandersetzung mit seinen Mitmenschen für angebracht hält, und bei der ich sogenannte Unerschrockenheit, Furchtlosigkeit oder Heldenhaftigkeit beweisen mußte. Ich glaube, daß meine Reaktion auf den Vorfall nicht im geringsten heroisch war, sondern einfach nur dumm, und ich bin überzeugt, daß viele heroische Taten einem ebensolchen Verhalten zuzuschreiben sind. Ich hatte das völlig triviale Ziel, nach Hause zu kommen, und ärgerte mich über die Verzögerung. Ich erkannte die tatsächliche Gefahr nicht und ging meinen Weg gleichgültig und stur weiter. Mag sein, daß ich wirklich ein Held war, aber es war mir völlig egal. Übrigens hatte ich keine Ahnung, wer auf wen schoß, und jedenfalls gab es überhaupt keinen Grund für eine Schießerei, da niemand irgendwelchen Widerstand leistete, denn die ganze »Revolution« wurde durch den überwältigenden Druck der weltweiten Ereignisse für uns erledigt.

Es stellte sich bald heraus, daß die neuen Herrscher es nicht auf die Vernichtung irgendwelcher Personen abgesehen hatten. Mein Vater war dem Liquidierenden Kriegsministerium zugeteilt worden, das von den Staaten eingerichtet worden war, die sich auf dem Gebiet des ehemaligen Reiches gebildet hatten oder Teile davon übernommen hatten, und das das unbeschreibliche Chaos entwirren sollte, das nach der Katastrophe herrschte. Es war nicht nur nötig, infolge der Abrüstung die Angelegenheiten der Armee zu regeln, sondern zusätzlich mußten ihre Vermögenswerte und Obligationen unter den Erben der Monarchie gerecht verteilt werden. Das schien eine unendliche Arbeit zu sein, doch sie war nicht nur ihrem Wesen nach deprimierend, sondern auch deshalb, weil die damit beschäftigten Personen den Ast, auf dem sie saßen, um so schneller absägten, je effizienter sie arbeiteten, denn das Endziel dieses Büros war es, sich selbst zu liquidieren. Weder die Aufgabe und ihr Ziel noch die Bedingungen, unter denen gearbeitet wurde, waren einer hohen Moral förderlich. Alle »Liquidations«ämter arbeiteten im Auftrag eines internationalen Komitees, das sich aus Delegierten der Nachfolgestaaten zusammensetzte, und geleitet wurden sie von zivilen Kommissaren aus der früheren Bürokratie. Und obgleich die ehemaligen Offiziere nicht unter Elend und Hunger leiden mußten, wie man nach den Berichten aus Rußland befürchtet hatte, wurde ihr Gehalt stark gekürzt, und das bedeutete entmutigende Not und Bitterkeit für diejenigen, die sich während des Krieges daran gewöhnt hatten, etwas großzügiger mit dem Geld umzugehen, als sie das in Friedenszeiten jemals gekonnt hätten, und die gehofft hatten, daß sie auch nach dem Krieg noch ein recht sorgloses Leben führen könnten. Hinzu kommt, daß sich die Ernährungslage gegenüber den letzten Kriegsjahren sogar noch verschlechtert hatte. Das alles erklärt, daß unser Leben höchst abstoßende Züge angenommen hatte. Doch es war Friede, kein Chaos und kein Morden mehr, und eine Zeitlang verdrängte dieses überwältigende Gefühl der Erleichterung die düsteren Zukunftsaussichten.

Rückkehr ans Gymnasium und an die Akademie

Ich besuchte jetzt wieder das Gymnasium und die Akademie. Am Gymnasium hatten die Schüler, die aus der Armee zurückkehrten, die Möglichkeit, eine spezielle Prüfung zu absolvieren, nach der sie sofort die Matura ablegen konnten. Ich war nicht geneigt, dieses Angebot anzunehmen, weil ich den instinktiven Wunsch hatte, alles, was mit meinem Militärdienst verbunden war, auszulöschen und dieses schmachvolle Intermezzo aus meinem Lebenslauf zu streichen. Irgendwann während dieser Zeit müssen wir uns einig geworden sein, daß die Musik oder die Geisteswissenschaften im weiteren Sinne das Feld meiner künftigen Berufstätigkeit werden sollten, obgleich ich mich nicht erinnere, daß irgendeine formale Entscheidung darüber getroffen wurde. Jedenfalls wurde beschlossen, daß ich mich nach dem Schulabschluß an der philosophischen Fakultät der Universität einschreiben und nicht Jura studieren sollte, wie wir früher erwogen hatten. Obgleich ich mich nicht für einen beschleunigten Schulabschluß entschieden hatte, bat ich Dr. Mras um Rat, und als ich zu seiner großen Befriedigung erwähnte, daß ich Philosophie studieren wolle, sagte er natürlich, daß ich die Schule beenden sollte, als ob nichts geschehen wäre. Angesichts der Angst und Hysterie, die viele meiner derzeitigen amerikanischen Studenten zeigen, deren Eltern in ihrer wirtschaftlichen Existenz keineswegs bedroht sind und die gewiß nicht mit dem Problem konfrontiert sind, ihr Leben neu gestalten zu müssen, in einem Land, das nicht nur einen großen Krieg verloren hat, sondern sogar in seiner früheren Form gar nicht mehr existiert, muß ich sagen, daß der Standpunkt, den meine Eltern und bis zu einem gewissen Grad auch ich selbst in jenen schwierigen Tagen vertraten, mehr als lobenswert war. Ich muß ihnen wirklich dankbar dafür sein, daß sie nicht den Kopf verloren und mich nicht in eine utilitaristische Laufbahn drängten, in der ich wahrscheinlich nicht mehr geleistet hätte als in jenen elenden Kontoren des Arsenals.

Unsere Rettung war, daß wir von dem guten Einkommen, das mein Vater in den Kriegsjahren gehabt hatte, Geld gespart hatten. Es war nicht sehr viel, aber es erlaubte meiner Mutter, für ein paar Jahre Lebensmittel auf dem Schwarzmarkt zu kaufen, bis sich die Situation etwas normalisiert hatte. Ohne diese zusätzliche Versorgung hätten wir wahrscheinlich gehungert, oder zumindest hätte mein Vater, der Magenbeschwerden hatte, diese Zeit, die fast einer Hungersnot gleichkam, kaum überlebt. Die Lebensmittelknappheit wurde durch den Mangel an Brennmaterial außerordentlich verschlimmert. Das Gas war so rationiert, daß man die zugeteilte Menge entweder zum Kochen oder zur Beleuchtung verwenden konnte, was für uns sehr wichtig war, weil wir damals noch kein elektrisches Licht hatten. Kohle war praktisch nicht zu bekommen. Wir mußten deshalb hauptsächlich in der Küche leben, und mir blieb für meine Schularbeiten und für meine Musik eine kleine Ecke des Küchentisches, während meine Mutter auf der restlichen Fläche das Essen zubereitete. Wenn ich im Wohnzimmer etwas auf dem Klavier ausprobieren wollte, mußte ich den Wintermantel und dicke Handschuhe anziehen, um die Kälte wenigstens ein paar Minuten lang aushalten zu können. Auf dem Herd hatten wir einen kleinen eisernen Ofen aufgestellt, der mit Kleinholz geheizt wurde, das wir in den Wienerwaldbergen gesammelt hatten. Andere Leute waren besser ausgerüstet und sägten ganze Bäume ab, so daß in diesen Jahren so mancher Berg in der Umgebung völlig kahl wurde. Die Straßenbahngesellschaft stellte für diese Amateurholzfäller Spezialwagen zur Verfügung, aus denen man die Fensterscheiben entfernt hatte, weil diese neuen Wilden sie mit ihrer sperrigen Ladung zerbrochen hätten. Bevor wir zu Bett gingen, machten wir in dem Ofen ein kleines Feuer mit Zeitungspapier und drückten unsere Decken gegen die Ofenwand, um den Schock zu mildern, den wir erlitten, wenn wir in die eiskalten Betten krochen.

Das Brot war für Menschen praktisch ungenießbar geworden. Mehl war unter normalen Umständen nicht zu bekommen, das gleiche galt für Zucker. Ich erinnere mich an eine Situation, als meine Mutter in Tränen ausbrach, nachdem sie mit vieler Mühe und für viel Geld etwas Mehl und Zucker aufgetrieben und Backwerk bereitet hatte, das wir seit Monaten nicht gesehen hatten und das unsere Moral heben und uns Brot und Fleisch und was nicht noch alles ersetzen sollte. Aber der Zucker war von zweifelhafter Qualität, und das Produkt nahm eine absolut scheußliche, giftige und widerwärtige blaue Farbe an, so daß man es einfach nicht anrühren mochte. Später kamen Hilfslieferungen aus Amerika, insbesondere Speck und Corned Beef. Zweifellos standen hinter diesen Lieferungen die besten Absichten, aber das Zeug war allenfalls geschmacklos, wenn nicht versalzen, so daß es praktisch unverdaulich war. Selbst jetzt noch übe ich größte Zurückhaltung, wenn ich etwas sehe, das als Corned Beef bezeichnet wird. Verschiedene Leute, die auf dem Schwarzmarkt Geschäfte machten, arbeiteten für uns. Sie waren wagemutige Abenteurer, die mit Hilfe höchst fragmentarischer Eisenbahnverbindungen umständliche Reisen aufs Land unternahmen und das Risiko eingingen, in Konflikt mit den verschiedenen legalen, halb legalen und illegalen Institutionen zu geraten, die sich selbst gegründet hatten, um die Nahrungsmitteltransporte zu kontrollieren, hauptsächlich mit dem Ziel, durch Konfiszierung der Früchte der Arbeit und des Geldes anderer ihren eigenen Nahrungsmittelbedarf zu decken. Es war nicht nur so, daß die acht historischen Gebiete, aus denen sich Österreich eigentlich zusammensetzte, ihre eigenen Bestimmungen für die Nahrungsmittelverteilung ausarbeiteten und ihre Staatsgrenzen für die anderen schlossen, sondern dazu kam, daß auch kleinere Ortschaften Eisenbahnzüge ausplünderten, die durch ihre Gebiete fuhren. Die

Schmuggler hatten ihre eigenen Methoden, um mit der Situation fertigzuwerden. Sie hängten ihre Waren bei Kontrollen zum Waggonfenster hinaus oder versteckten sich auf der anderen Seite der Gleise, wenn der Zug in einem Bahnhof hielt. Es war eine Epoche der organisierten Anarchie, denn viele hatten sich die Techniken einer stark zentralisierten Regierung und die Haltungen eiskalter Brutalität angeeignet und setzten beides ohne Hemmungen zum eigenen Vorteil ein. Es war eine Zeit unsäglichen Elends und vieler ungerechtfertigter Hoffnungen.

Im Gymnasium wurde eine Schülerregierung gegründet, obgleich niemand eine solche für wünschenswert oder notwendig gehalten hatte, aber anscheinend wäre die Revolution ohne sie nicht vollständig gewesen. Mein Freund, Gerd Hans Goering, wurde zum Präsidenten gewählt, und ich war eines der Ausschußmitglieder. Die Tätigkeit des neuen Gremiums war eine rein kulturelle, da wir als Schüler kein Interesse daran hatten, uns in politische Angelegenheiten einzumischen. Wir begnügten uns damit, literarische und musikalische Veranstaltungen zu organisieren, bei denen wir aus den Schriften von Karl Kraus lasen und Klavier- und Kammermusik spielten. Eine kleine Gruppe interessierter Mitschüler besuchte die Versammlungen regelmäßig, aber die Mehrheit kümmerte sich weder um Kultur noch um Regierungsangelegenheiten, und das war wahrscheinlich auch gut so.

Karl Kraus liest

Es muß um diese Zeit gewesen sein, daß ich Karl Kraus zum ersten Mal öffentlich lesen hörte. Er las im Großen Konzerthaussaal, der ungefähr 2400 Sitzplätze hat, für die Wiener Jugend *König Lear*. Kraus füllte den großen Saal mühelos mit seiner phänomenalen Stimme, mehr als drei Stunden lang – und natürlich gab es 1919 noch keine Lautsprecher. Die Lesung hatte eine so starke Wirkung auf mich, wie ich sie später bei keiner Bühnenaufführung der shakespeareschen Tragödie mehr erlebt habe. Kraus hatte die höchst erstaunliche Fähigkeit, seine Stimme auf so subtile und verblüffende Weise zu modulieren, daß er mühelos die Illusion von fünf oder sechs Personen im Gespräch hervorrufen konnte, ohne den Ablauf zu unterbrechen, indem er immer wieder die Namen der jeweils sprechenden Figuren genannt hätte. Durch Gebärden und Bewegungen seiner nervösen Hände, durch kleine Veränderungen seiner Haltung charakterisierte er die handelnden Personen und verteilte sie unmißverständlich auf der imaginären Bühne, deren Mittelpunkt sein kleiner Tisch war, so daß man der Handlung in solcher Lebendigkeit folgen konnte, als agierten leibhaftige Schauspieler. Seine Stimme besaß eine wahrhaft erstaunliche Kraft, und gelegentlich erhob sie sich zu einem Aufschrei, der den Hörern kalte Schauer über den Rücken jagte. Seine Programme waren in bezug auf Satz und Typographie höchst sorgfältig ausgearbeitete Meisterstücke und enthielten nicht nur das Verzeichnis der Personen, sondern auch Berichte über frühere Lesungen, Kommentare zu den Quellen oder zu seinem Textarrangement und kritische Invektiven über das Verhalten des Publikums. Jedes Wort, das Kraus schrieb, war Teil seines Lebenswerkes. Nichts war beiläufig, nichts wurde dem Zufall überlassen. Alles wurde dokumentiert, so daß sein Gesamtwerk den Charakter eines gigantischen Protokolls von einer endlosen Gerichtsverhandlung annahm, in der die ganze zeitgenössische Welt unentwegt unter Anklage stand.

Damals kam auch eine neue, umfangreiche Nummer der »Fackel« heraus. Kraus stellte sich darin unmißverständlich auf die Seite der Revolution und konzentrierte seine Angriffe auf die reaktionären Kräfte. Ausnahmsweise schien er einmal mit dem Wandel, der sich in der Öffentlichkeit vollzogen hatte, einverstanden zu sein, und er pries die Sozialdemokraten als die neue Hoffnung in der Politik. Außerdem begann er, die ersten Fortsetzungen seiner gewaltigen Tragödie *Die letzten Tage der Menschheit* zu veröffentlichen, eines phantastischen Panoramas des Ersten Weltkriegs, in Hunderte von Szenen aufgegliedert, in denen Tausende von Personen in Erscheinung traten, viele davon Personen aus dem öffentlichen Leben, die in dem Albtraum der unmittelbaren Vergangenheit wichtige Rollen gespielt hatten. Sie wurden gnadenlos demaskiert, insbesondere durch das Mittel, daß in ihre Gespräche Passagen aus Leitartikeln, Pamphleten und dergleichen eingeflochten wurden, die sie in den Jahren des Massenmords verfaßt hatten. Die Wirkung war einfach verheerend. Es gab lange »Couplets«, also Lieder mit unzähligen Strophen nach Art der alten Wiener Komödie, in der sich die Hauptpersonen mit einem Monolog vorstellten und anschließend ihre Lebensphilosophie mit einem solchen Lied zum besten gaben. Das Drama überstieg jedes menschliche Maß (in der endgültigen Ausgabe füllte es mehr als tausend Seiten), und es war zutiefst tragisch und in vielen Teilen überwältigend geistreich und satirisch und unerträglich scharf und bissig. Kraus hatte den größten Teil während des Krieges geschrieben, und es war sicher sehr gefährlich, ein solches Manuskript im Haus zu haben. Soviel ich weiß, nahm er es auf den wenigen Reisen in die Schweiz, die er während des Krieges unternahm, sogar mit aus Österreich hinaus und dann wieder mit hinein. (Diesen Reisen verdanken wir einige seiner schönsten Gedichte, die auch zu den schönsten der zeitgenössischen deutschen Literatur zählen).

Wie er es fertigbrachte, an der Grenze der Kontrolle durch die Militärpolizei zu entgehen, weiß ich nicht.

Es ist reine Spekulation, was Kraus wohl geschrieben hätte, wenn er die gegenwärtige überdimensionale Fortsetzung dessen erlebt hätte, was er für die »letzten Tage« der Menschheit hielt. Wenn er in Österreich geblieben wäre, hätte man ihn zweifellos ermordet. Trotzdem ist es ganz unmöglich, sich Kraus als Flüchtling in einem fremden Land vorzustellen. Er war stets finanziell unabhängig, so daß er überall hätte leben können, wo er wollte, und seine Feindseligkeit gegenüber allem, was in Wien vorging (und umgekehrt), war so offenkundig und so heftig, daß es fast töricht erschien, daß er dort lebte. Und doch war es genau diese Situation, die ihn mit unzerreißbaren Banden dort festhielt. Kraus konnte an keinem anderen Ort leben und schreiben als in Wien, wo jedes einzelne Detail seiner Umgebung zu einem Symbol für den Zustand unserer Zivilisation geworden war und von seiner Feder mit kosmischer Bedeutung versehen wurde. Überall sonst, ohne die unergründliche Haßliebe, die ihn für immer an Wien fesselte, war er ein Fremder. Wenn ich die Berichte über das Geschehen von heute lese, habe ich den Eindruck, daß alles, was Kraus während des letzten Krieges als entsetzliche Möglichkeit empfunden hat, während des gegenwärtigen Krieges auf die roheste, primitivste, vulgärste und unkultivierteste Art Wirklichkeit geworden ist. Alle Übertreibungen, mit denen seine Satire den lächerlichen und abscheulichen Merkmalen des ersten Krieges ein Denkmal setzte, um einer abgestumpften und gefühllosen Menschheit ihre Bedeutung klar zu machen, sind reine, sinnlose Wirklichkeit geworden. Es erscheint mir zweifelhaft, daß die Satire in einer Situation, in der das Schlimmste zum Alltäglichen geworden ist, überhaupt noch Möglichkeiten hat. Vielleicht ist es ein Symptom des endgültigen Zusammenbruchs und des Verfalls, wenn Satire unmöglich wird. Kraus muß etwas ähnliches empfunden haben, als er nach Hitlers Aufstieg immer stiller wurde und schließlich nur noch sagte: »Mir fällt zu Hitler nichts ein.«

Kraus' neue politische Haltung ließ sich leicht als opportunistische Taktik interpretieren, die ihn bei den neuen Machthabern beliebt machen sollte, zumal er vor dem Krieg anscheinend konservative Überzeugungen betont hatte. Seine Gegner erwähnten allerdings nicht, daß diese Haltung vor dem Krieg, als die Intelligentsia in einem vagen und pseudorevolutionären Liberalismus schwelgte, alles andere als populär war. Trotz all des destruktiven Negativismus, den man Kraus vorwarf, neigte er sehr dazu, den maßgeblichen Stellen alle Ehre angedeihen zu lassen, die sie anscheinend verdienten, denn er war hinsichtlich der Regelung menschlicher Angelegenheiten keinem bestimmten Programm verpflichtet. Ganz ähnlich wie für die katholische Kirche waren Regierungsformen so lange unbedeutend für ihn, wie Gerechtigkeit und Fairneß gewährleistet waren, und kein System schien in dieser Hinsicht per se den Vorzug zu verdienen, während jedoch jedes System, das hier und jetzt an der Macht war, formal die Möglichkeit bot, den Idealzustand zumindest annäherungsweise zu verwirklichen. Natürlich stellte sich bald heraus, daß das neue System ebenso versagte wie das vorherige oder eigentlich jedes andere System, nicht wegen der ihm eigenen Konstruktionsfehler, sondern wegen der Niederträchtigkeit der Politiker, die an der Spitze standen, und nur niederträchtige Politiker stehen an der Spitze von Systemen. So wurde Kraus bald der wütendste Feind jener Systeme, die er ursprünglich für einigermaßen verdienstvoll gehalten hatte. Möglich, daß ihm zu Hitler »nichts einfiel«, weil Hitlers System sich von Anfang an durch seine Erbärmlichkeit und das Fehlen jedes ausgleichenden Faktors auszeichnete, so daß Kraus auch zu keiner vorläufigen Anerkennung in der Lage zu sein schien. Daher konnte diese satirische Technik, nämlich die Repräsentanten eines politischen Systems zu attackieren, weil sie den positiven Möglichkeiten, die Kraus in ihr Programm hineingelesen hatte, nicht gerecht wurden, zum ersten Mal nicht funktionieren. Die Nazis waren nämlich die ersten, die keinen Hehl aus ihrer Bestialität machten und dem, was sie in ihrem abscheulichen Programm angekündigt hatten, ganz und gar gerecht wurden.

Eine erste Liebesgeschichte

In den letzten Monaten meiner Gymnasialzeit lernte ich einen Cellisten namens Uhl kennen, der ein paar Straßen stadteinwärts wohnte; ich glaube, Pfarrer Gmeiner hatte uns zusammengeführt. Uhl war Berufsmusiker, er unterrichtete und spielte in einem Orchester. Wir spielten Kammermusik, und er führte mich bei Dr. Reisch ein, der damals in der neuen republikanischen Regierung Finanzminister war. Er war ein feiner Herr und auf seinem Gebiet, soviel ich weiß, eine große Kapazität. Er war nicht aus politischen Gründen oder wegen seiner revolutionären Haltung für dieses Amt ausgewählt worden, sondern aufgrund seiner Kompetenz und wegen des Vertrauens, das er im Ausland genoß. Sein Haus wurde im besten Stil des alten, liberalen Wiener Bürgertums geführt, und daher lernte ich diese Lebensweise zu einer Zeit kennen, als sie bereits zum Aussterben verurteilt war. Frau Reisch war eine attraktive Frau mittleren Alters, leicht erregbar und in ihren geistigen Ambitionen nicht ohne Snobismus, aber ihr »Salon« war allgemein geschätzt, nicht, weil er höchsten Ansprüchen in bezug auf Brillanz und mondänen Glanz gerecht geworden wäre, sondern weil er die schönen Traditionen der einfachen und kritischen, bescheidenen und kultivierten bürgerlichen Oberschicht der achtziger Jahre des letzten Jahrhunderts bewahrte.

Mit der Atmosphäre im Hause Reisch werde ich für immer Brahms' Kammermusik assoziieren, nicht nur, weil sie die liebste musikalische Unterhaltung der Menschen dort war, sondern vor allem, weil es eine tief verwurzelte Übereinstimmung der Stile gab. Ich bin überzeugt, daß es dieser Typus von Haus war, in dem Brahms sich wohl fühlte und für den er viele seiner Kammermusikwerke schrieb. Während des Sommers lebte die Familie in einem schönen Biedermeierhaus in Salmannsdorf, einem kleinen Ort an der westlichsten Spitze des Bezirks Währing, der seinen Namen vermutlich bei der ersten türkischen Belagerung Wiens im Jahre 1529 vom Sultan Saliman bekommen hatte. Das Dorf lag wunderschön inmitten von Weingärten an dem steilen Südhang des bewaldeten Dreimarksteins, der an dieser Stelle die Stadtgrenze bildete. Das Haus der Familie Reisch war ein niedriges, weitläufiges Gebäude, das, dem steilen Abhang entsprechend, auf verschiedenen Ebenen errichtet worden war. Es hatte den einzigartigen, warmen gelben Farbton der österreichischen Barock- und Biedermeierbauten und war einfach und in einem sehr geschmackvollen, altmodischen Stil eingerichtet. Ein schmaler, langgezogener Obstgarten, der viele ausgezeichnete Früchte lieferte, erstreckte sich ostwärts bis zu den allgegenwärtigen Weingärten. Dort spielten wir an so manchem Nachmittag und Abend große Mengen von Kammermusik, von Haydn bis Brahms. Die anderen Musiker waren Laien, Ministerialbeamte, Ärzte, Rechtsanwälte und so weiter, nicht sehr brillante, aber recht tüchtige, unermüdliche und begeisterte Partner.

In Dr. Reischs Haus erlebte ich, was ich als meine erste mehr oder weniger ernste Liebesgeschichte bezeichnen kann, oder was alle Voraussetzungen dafür besaß, eine solche zu werden. Das Ehepaar Reisch hatte zwei Kinder etwa in meinem Alter, einen Jungen, der sich für Technik interessierte, und ein recht attraktives Mädchen. Ich hätte freilich niemals ein Auge auf sie geworfen, denn ich hatte das Gefühl, daß die Tochter eines echten Staatssekretärs – und er war keiner der unbeholfenen, ein wenig lächerlichen Emporkömmlinge, die von den Wellen der Revolution an die Oberfläche getragen worden waren, sondern ein Mann, der sehr wohl auch in der großen alten Monarchie Minister hätte gewesen sein können – gesellschaftlich weit über mir stand, obgleich mein Vater mit dem Rang eines Generals aus dem Militärdienst entlassen worden war (leider allerdings nicht mit der Pension eines Generals). Aber bei den Reischs wohnte noch ein anderes junges Mädchen, eine Jugoslawin, die Yela Preradović hieß, ein sehr attraktives Wesen in meinem Alter und ungefähr so groß wie ich, mit glattem, schwarzem Haar und lebhaften Augen in einem offenen Gesicht mit einem leicht melancholischen, wissenden Ausdruck. Ob man sie allgemein für hübsch gehalten hätte, weiß ich nicht, aber ich mochte sie gern und war entschlossen, sie sehr gern zu mögen. In unserer recht gesprächigen und, in zivilisierten Grenzen, etwas geräuschvollen Gesellschaft wirkte sie ziemlich still und zurückhaltend. Es stellte sich heraus, daß sie sich für die Schauspielerei interessierte und dabei sogar gewisse Ambitionen hatte, und das diente mir als Mittel für meine Annäherung.

Es ist ein Muster in meinem Leben geblieben, daß alle erotischen Kontakte, die ich herstelle, über beiderseitige geistige oder vielmehr künstlerische Interessen zustande kommen oder belebt werden. Ich zögere nicht, daraus zu schließen, daß ich für die Ausübung der *ars amatoria* nur sehr begrenzte natürliche Fähigkeiten habe, da ich offenbar nicht in der Lage bin, in meiner erotischen Strategie unmittelbare persönliche Reize spielen zu lassen, sei es, daß ich keine habe oder daß ich ihnen nicht traue oder nicht weiß, wie ich sie einsetzen soll. Der einzige Vorzug, den ich bewußt und mit Hoffnung auf Wirkung zur Geltung bringen kann, ist meine künstlerische und geistige Persönlichkeit. Vom Standpunkt des Erotikexperten mag das durchaus annehmbar erscheinen, da die taktischen Mittel gleichgültig sind, so lange sie ihren Zweck erfüllen, aber dieser Umstand beschränkt mein Betätigungsfeld natürlich auf Personen, die für meine künstlerischen und intellektuellen Leistungen empfänglich sind. Ich beobachtete bald, daß das gewöhnlich Frauen waren, die selbst irgendeine Art künstlerischer oder intellektueller Tätigkeit ausübten. Ich erwähnte schon, daß ich mich nur in der Gesellschaft solcher Menschen wohlfühle, die meine künstlerischen Leistungen kennen und schätzen und mich aus diesem Grund in ihren Kreis aufnehmen. Dieses Muster hat stets meine erotischen Erfahrungen bestimmt, da diese schließlich das Ergebnis qualifizierter gesellschaftlicher Beziehungen sind.

Zu jener Zeit konnte ich auf keine besonderen Leistungen hinweisen, mit Ausnahme meiner Überzeugung, daß ich ein großer Komponist werden würde, und meiner Entschlossenheit, alles zu tun, um dieses Ziel zu erreichen, aber auch Yela hatte nicht mehr aufzuweisen als ihren brennenden Wunsch, eine große Schauspielerin zu werden. Unser erotisches Verhältnis war daher eine Art von Verschwörung, die auf unserem Entschluß gründete, fest aneinander zu glauben und uns gegenüber einer Menge oberflächlicher Laien, die in der Kunst nichts anderes sehen konnten als eine flüchtige Unterhaltung, überlegen zu fühlen. Das Ganze entwickelte sich ziemlich langsam, da ich im Sommer 1919 noch nicht sehr oft zu den Reischs ging. Außerdem war ich bei meinem Vorgehen natürlich auch linkisch, da ich weder von Leuten meines Alters noch von fortgeschritteneren Praktizierenden dieser Kunst Anregungen oder Anleitung bekam. Später in meinem Leben stellte ich die Theorie auf, daß alle meine privaten Unternehmungen, einschließlich meiner Beziehungen zu Frauen, unbewußt oder sogar bewußt vom schöpferischen Wesenszug meines Egos geleitet wurden, der zu seiner Entfaltung gebieterisch die besten Bedingungen forderte. Dieser Gedanke muß mir durch eine Künstlerbiographie eingegeben worden sein, vielleicht der von Bekker über Richard Wagner oder einer ähnlichen. Bis dahin hatte ich allerdings vielfältige Krisen und Enttäuschungen durchzustehen, die ich selbstverständlich für sehr tragisch hielt. Ich gebe zu, daß ich kaum ein Kriterium habe, anhand dessen ich sie richtig beurteilen könnte, so daß der Leser dieser Seiten selbst wird entscheiden müssen.

Mein Freund, Gerd Hans Goering, hatte gleichzeitig so etwas wie eine Affäre mit einem jungen Mädchen namens Gladys Cahn, der Tochter eines pensionierten Kavallerieobersten irischer Herkunft, glaube ich. Ich mochte ihn nicht sehr, weil ich fand, daß er eher wie sein eigener Bursche als wie ein Herr aussah. Diese Geschichte war wahrscheinlich noch unschuldiger als meine zu jener Zeit. Jedenfalls versicherte Gerd Hans mir, daß »zwischen ihnen nichts« sei, und ich hatte keinen Grund, daran zu zweifeln. Die Cahns besaßen ein Landhaus in Gusswerk, einem Dorf unterhalb von Mariazell, und wir verbrachten dort einige Tage mit ihnen, wobei wir uns wie Kinder benahmen, indem wir uns auf absolut dumme Art über den Bahnhofsvorsteher lustig machten, einen gewissen Wallner, der, ich weiß nicht wie, zur Zielscheibe unserer Spottlust geworden war. Das mag jedoch auch 1920 gewesen sein, da bei unseren Vergnügungen amerikanische Jazzmusik eine große Rolle spielte, und 1919 hatte diese Neuheit noch kaum allgemeines Interesse gefunden.

In unserem Lesezirkel erforschten wir das Phänomen der Sexualität, mit dem die Natur uns zu gegebener Zeit konfrontiert hatte, nach wissenschaftlicheren Gesichtspunkten, indem wir Otto Weiningers *Geschlecht und Charakter* durchackerten, ein Buch, das zu seiner Zeit großes Aufsehen erregt hatte, zumal der Autor diese erstaunliche Studie in sehr jungen Jahren geschrieben und bald danach Selbstmord begangen hatte. Wenn ich nicht irre, konnte er von Freuds Untersuchungen auf diesem Gebiet noch nicht viel gewußt haben, und wir wiederum stießen damals nicht darauf. Jedenfalls entdeckten wir in Weininger eine der wichtigsten Inspirationsquellen meines Meisters Franz Schreker, und wir meinten, daß in diesem Buch wichtige Informationen über unsere Probleme zu finden seien. Obgleich ich mich an Einzelheiten der Theorie Weiningers nicht erinnern kann, zweifle ich nicht daran, daß er mich stark beeinflußt hat, allerdings nur vorübergehend.

Der Expressionismus

Außerdem entdeckten wir begeistert den Expressionismus. Diese Bewegung hatte etliche Jahre früher, vor dem Krieg, begonnen, doch in einer Periode äußerer Stabilität und äußeren Friedens hatte sie nie viel Aufmerksamkeit erregt, es sei denn dadurch, daß ihre Vertreter gutmütig als Spinner bezeichnet wurden. In den Vordergrund trat der Expressionismus nach der Katastrophe von 1918, als einerseits der Instinkt der Öffentlichkeit, die voller Enttäuschung alles Vergangene für die gegenwärtige Notlage verantwortlich machte, sich allem zuwandte, was »modern«, neu, gewagt und progressiv erschien, und als andererseits die Unsicherheit des postrevolutionären Daseins dem Publikum die Augen für die phantastische, unberechenbare Lebhaftigkeit dieses neuen Stils öffnete. Was die fortschrittliche Kunst betrifft, so wird sie durch den vollkommenen Zusammenbruch der politischen und sozialen Verhältnisse sicher stark gefördert. Siegreiche Länder neigen dazu, eine konservative Einstellung zu unterstützen, da die jeweiligen Machthaber ihre Existenz durch die Herbeiführung des Sieges augenscheinlich gerechtfertigt haben, so daß es wenig Ansporn zur Veränderung der kulturellen Einstellung gibt. Die Besiegten jedoch, die unter der Niederlage leiden, sind psychisch bereit, alles über Bord zu werfen, was sie an die Ursachen für ihre Notlage erinnert, und sie sind willens, sich neuen Ideen und Stilen zu öffnen. Ich bin ganz sicher, daß die beispiellose Blüte der modernen Kunst im Deutschland der zwanziger Jahre und die künstlerische Rückständigkeit der alliierten Staaten auf diese Umstände zurückzuführen sind.

Die Autoren, die unsere Aufmerksamkeit erregten, waren Hasenclever, Toller, Werfel, Unruh, Georg Kaiser, Stefan George (der dem expressionistischen Credo nur scheinbar anhing), Georg Trakl und verschiedene andere, darunter auch solche, die als Vorläufer des Expressionismus galten, wie Baudelaire, Verhaeren und Whitman. Zu den früheren Dichtern, die wir lasen, gehörten Hölderlin, Novalis, Jean Paul und die erstaunlichen Vertreter des Sturm und Drang. Zweifellos gab es in der Literatur der Moderne, die plötzlich Länder überschwemmte, in denen die Aufhebung jeder Zensur nur ein

Symptom für die Befreiung von jeglichen Hemmungen war, viel Mist. Einige Jahre später wurde es modern, sich über die Expressionisten wegen ihres kosmischen Stotterns und ihres hochtrabenden Unsinns lustig zu machen. Trotzdem habe ich für ihre Phantasie und ihre Courage ein zärtliches Gefühl bewahrt, und so viel Respekt, wie ich den wenigen unter ihnen zolle, die ihre Überzeugungen unter widrigen Umständen hochhielten, so viel Verachtung empfinde ich für jene, die sich früher oder später der überwältigenden Gegenbewegung zurück zur »Normalität« anschlossen.

Ich war dieser Gefahr selbst ausgesetzt, und ich bezahlte mein Schwanken teuer, aber ich bin froh, daß ich die Kraft besaß, der Versuchung zu widerstehen. Ich glaube immer noch, daß Stücke wie Hasenclevers *Antigone* oder selbst Unruhs *Geschlecht* oder Werfels *Troerinnen* so wie auch viele von Georg Kaisers Stücken einen großartigen Schwung besaßen, einen gewaltigen jugendlichen Enthusiasmus, und daß sie reiche poetische Phantasie aufwiesen. Dasselbe gilt für Werfels frühe Gedichte und natürlich für das Werk Georg Trakls, das man seiner klassischen und zeitlosen Vollendung wegen nicht mit der Arbeit eines der anderen Dichter vergleichen sollte. Später lernte ich, dieser Literatur sehr kritisch gegenüberzustehen, denn Karl Kraus war kein Freund davon und zerpflückte sie mit grimmigem Sarkasmus. Seine Kritik basierte auf dem Anlegen strengster Maßstäbe, die er von Goethe und anderen Giganten der deutschen Literatur hergeleitet hatte, und war nicht mit dem Groll reaktionärer Schwachköpfe vergleichbar, die jeden Vers ablehnten, den sie zweimal lesen mußten, bevor sie meinten, ihn verstanden zu haben. Tatsächlich weist Kraus' eigene Dichtung viele expressionistische Züge auf. Wie ich schon sagte, hatte ich mich entschlossen, sein Urteil ungeprüft zu akzeptieren, daher hielt ich mich von den Expressionisten und ihren Anhängern immer fern, trotz meiner Sympathie für ihre künstlerischen Vorstellungen. Allerdings habe ich mich immer von allen Gruppierungen ferngehalten, und die Struktur meines Lebens, wie sie sich in den folgenden zwanzig Jahren herauskristallisierte, ist stark von dieser Haltung geprägt, ebenso wie meine gegenwärtige merkwürdige Situation im öffentlichen Leben ein Resultat dieser Struktur ist. Sicher entspricht sie meiner natürlichen Veranlagung, aber ebenso gilt, daß sie durch den Einfluß, den Karl Kraus auf die Bildung meines Charakters ausgeübt hat, verstärkt wurde.

Wir begannen auch, Ausstellungen moderner Malerei zu besuchen, in denen Bilder von Künstlern wie Kandinsky, Klee, Feininger, Schiele und Kokoschka zu sehen waren. Ich war von der leidenschaftlichen Demonstration phantastischer Farbzusammenstellungen und Formen hingerissen, und fasziniert las ich ein Buch von

Worringer, der eine überzeugende Parallele zwischen dieser Kunst und der unbändigen Expressivität gotischer Malerei und Architektur herstellte. Seither habe ich mich ständig mit der Untersuchung der ästhetischen Probleme der schönen Künste beschäftigt und viele Stunden mit leidenschaftlichen Diskussionen über die Frage, worum es dabei geht, zugebracht, mit Ausnahme der Bildhauerei, für die ich nie viel Verständnis aufbringen konnte.

Die expressionistische Literatur war voller gesellschaftlicher Implikationen, was zu einer Zeit, in der ständig hitzige Debatten über das Problem einer grundlegenden Neuordnung der Gesellschaft geführt wurden, ganz natürlich war. Die kommunistischen Experimente in den Nachbarstaaten Bayern und Ungarn verfolgten wir mit Aufmerksamkeit und lebhafter Sympathie, wie es sich für neunzehnjährige junge Männer mit ausgeprägten geistigen Interessen gehörte. Ich glaube, ich gehe nicht fehl in der Annahme, daß meine damalige Sympathie für den Kommunismus eher durch seine organisatorischen Merkmale als durch seine revolutionären Aspekte angeregt wurde. Tatsächlich wurden mir diese letzteren Aspekte erst sehr viel später klar, als marxistische Freunde von mir begannen, sie zu erläutern. Erst da wurde ich mir der Tatsache bewußt, daß mich eine Revolution um ihrer selbst willen überhaupt nicht interessierte. Im Gegenteil, ich entdeckte, daß ich, was die äußere Organisation des gesellschaftlichen Lebens angeht, instinktiv konservativ eingestellt war. Und mir ging auf, daß meine einstige Sympathie für den Kommunismus eigentlich darauf beruhte, daß er eine klare, definitive Ordnung versprach, die erwarten ließ, daß sie von Dauer sein würde, weil jeder einen gerechten Anteil bekommen würde. Das erschien mir wünschenswert, weil die Lebensverhältnisse in der Nachkriegszeit alles andere als geordnet und klar waren. Ich ging so weit, daß ich mich in der Hauptsache für die theoretische Seite der kommunistischen Ordnung interessierte, wobei meine Neigung zum Organisieren und Systematisieren wieder zum Vorschein kam.

Für Umwälzungen und Aufruhr interessierte ich mich nicht, sondern ich wollte wissen, ob und wie das neue Instrumentarium funktionierte. Das blutige Chaos, das die verschiedenen kommunistischen Experimente verursachten, war nicht ermutigend, und mein Interesse flaute bald ab, als ich erkannte, daß in Wirklichkeit keine neue Ordnung zustandekam. Einige Zeit später – ich weiß nicht mehr genau, wann – legte ich mir die zynische Meinung zurecht, daß ich an einer neuen Ordnung überhaupt nicht interessiert war, weil ich mich an die alte Unordnung gewöhnt hatte und es Kraftverschwendung gewesen wäre, sich an eine neue Ordnung anzupassen, die unvermeidliches Ergebnis jeder Veränderung gewesen wäre.

Der tatsächliche Hintergrund für diese anscheinend leichtfertige Haltung ist, daß ich eigentlich nur an meiner Arbeit wirklich interessiert bin, und ganz gleich, wie ungünstig die jeweiligen Umstände für deren Stellung im öffentlichen Leben auch sein mögen, von größeren Umwälzungen und Unruhen erwarte ich keine Verbesserung, da nicht anzunehmen ist, daß derartige Ereignisse meine Gaben für die Öffentlichkeit schmackhafter machen, sondern daß sie im Gegenteil eher die wenigen engen Kanäle zerstören, durch die ich jetzt eine Handvoll verständiger Menschen erreichen kann. Wenn das meiner früheren Theorie über das Anwachsen der Sympathie für fortschrittliche Kunst in besiegten Ländern widerspricht, möchte ich festhalten, daß ich nicht der Meinung bin, ein verlorener Krieg sei ein angemessener Preis für eine derartige Zunahme an Sympathie. Kriege, ob gewonnen oder verloren, gehören entschieden zu jenen Unruhen, die, was mich und meine Arbeit anbelangt, unter allen Umständen vermieden werden sollten.

Immatrikulation

Im Herbst 1919 immatrikulierte ich mich gemeinsam mit Gerd Hans Goering an der philosophischen Fakultät der Wiener Universität. Alle europäischen Universitäten waren in vier Fakultäten aufgegliedert: Theologie, Philosophie, Medizin und Jura. Von den Ursprüngen der europäischen Universität her hatte die Theologie den höchsten Rang, aber die philosophische Fakultät war die umfassendste und am breitesten gefächerte und entsprach annäherungsweise jenem Hochschultypus, den wir in Amerika als *College of arts and sciences* bezeichnen würden, weil sie nicht nur die Geisteswissenschaften wie Philosophie, Geschichte, Sozialwissenschaft, Sprachen, Psychologie und so weiter umfaßte, sondern auch die exakten Wissenschaften und die Naturwissenschaften, wie Mathematik, Physik und Chemie, und die schönen Künste. Man mußte ein Haupt- und ein Nebenfach wählen, die in meinem Fall Philosophie und Musikgeschichte waren.

Gemäß der Tradition der alten Universität wurde alles unter rein theoretischen, wissenschaftlichen und historischen Gesichtspunkten gelehrt. Die Abteilung für Musik wurde angemessenerweise als »Institut für Musikgeschichte« bezeichnet. Ich wählte dieses Gebiet nicht als Hauptfach, weil Schreker für das Institut nur Verachtung übrig hatte, ich weiß nicht genau, warum. Wahrscheinlich war das eine Kompensation für seine Minderwertigkeitsgefühle, denn er war für jede Art von systematischer intellektueller Tätigkeit weder ausgebildet noch von der Natur ausgestattet. Ich bedaure, daß ich mich von seinem Vorurteil beeinflussen ließ, da ich in dem Institut viele wertvolle Sachkenntnisse und methodisches Rüstzeug hätte erwerben können, die ich mir später mit großer Mühe und gegen manche Widerstände in Eigeninitiative aneignen mußte. Später fiel mir auf, daß Schönberg seine Schüler offensichtlich anders beeinflußt hatte, da praktisch alle dem Institut angehörten. Andererseits war der Geist, der diese Lehranstalt beherrschte, meiner späteren Einstellung zur Musikgeschichte nicht gerade förderlich, und so mag es sein Gutes gehabt haben, daß ich mich nicht stärker damit identifizierte.

Die Erwartungen, mit denen ich mein Studium an der Wiener Universität begann (einer der ältesten Europas, denn sie wurde 1365 gegründet), waren sehr hoch, deshalb mußte letzten Endes leider auch meine Enttäuschung, deren Folgen ich heute noch spüre, sehr groß sein.

Bereits als relativ kleiner Junge hatte ich den merkwürdigen Wunsch geäußert, Philosoph zu werden, wenn man mich nach meinen Berufsplänen fragte, während andere Jungen erklärten, daß sie Straßenbahnfahrer oder General oder ähnliche führende Persönlichkeiten werden wollten. Nun war der Tag gekommen, an dem ich mich wirklich ganz dem Studium dieses erhabenen Gebietes geistigen Strebens widmen und die Weisheit direkt aus der Quelle empfangen konnte, von den Lippen der Lehrer, die das Privileg besaßen, sie von den Lehrstühlen einer der angesehensten Universitäten herab zu verkünden. Ich glaubte wirklich, daß ich mitanhören würde, wie die großen Philosophen unserer Zeit ihre Theorien über den Sinn der Welt erläuterten, daß jede Stunde im Hörsaal aufregende Offenbarungen bringen würde, über die ich mit meinen Freunden nachdenken und diskutieren wollte, um schließlich mit meiner eigenen, gründlich ausgearbeiteten und anwendungsbereiten Philosophie, die mir als Wegweiser fürs Leben dienen würde, in die Welt hinauszutreten.

Es stellte sich heraus, daß die Aktivitäten in der Universität recht deutlich in Kurse und Seminare aufgeteilt waren. Um einen Dr. phil. zu erwerben, mußte man in den Kursen eine bestimmte Anzahl von Punkten sammeln, während die fortgeschrittene Arbeit in den Seminaren geleistet wurde. Leider hatte ich vor letzterer ziemlich große Angst, da wir in der Oberstufe des Gymnasiums auf selbständige Arbeit wie Forschung, Quellenarbeit und dergleichen nicht sehr gut vorbereitet worden waren; und die Universitätskurse schienen keine Hilfen anzubieten, um diese Lücke auszufüllen. Da es nicht üblich war, im ersten oder auch im zweiten Jahr Seminare zu belegen, hoffte ich auf spätere Inspirationen. Vorläufig besuchte ich die Kurse, die ausschließlich aus Vorlesungen bestanden und keine aktive Teilnahme seitens der Studenten vorsahen.

Ich erinnere mich, daß ich zwei Grundkurse in Philosophie belegte; einen bei Professor Stöhr in Philosophiegeschichte und einen bei Professor Reininger in Logik oder etwas dergleichen. Beide wurden im Auditorium Maximum abgehalten, weil sich etwa dreihundert bis vierhundert Studenten dafür angemeldet hatten. Dr. Stöhr war ein älterer Herr mit einer Art trockenem Humor, den er jedoch sehr selten zeigte, so daß seine Vorlesungen wegen seiner sanften, monotonen Stimme, die den großen Saal kaum ausfüllen konnte, recht ermüdend waren. Seine Vorträge waren eine endlose Aufzählung der Namen von Philosophen vergangener Zeitalter. Mit den Namen waren Darstellungen der Theorien und Systeme verbunden, die die Hexenmeister aufgestellt hatten, aber diese Darstellungen waren in dem professionellen Lehrbuchkauderwelsch der Schulphilosophie abgefaßt und klangen deshalb alle gleich, so daß sie keine Vorstellung von Bewegung, Kontrast, Kampf, Entwicklung oder ähnlichem vermittelten. Ich habe nie herausgefunden, welche Position Stöhr selbst einnahm und ob er überhaupt eine Position einnahm. Ich nehme an, daß dem so war, und seine eigenen Gedanken hatten vermutlich, zumindest bis zu einem gewissen Grad, auf seine Interpretation der alten Philosophen abgefärbt, aber er machte sich nie die Mühe, diesen Punkt verständlich zu machen, was mich sehr enttäuschte, denn ich wollte mich mit seiner Philosophie auseinandersetzen.

Man gab uns als Leitfaden für den Kurs ein Lehrbuch von Zeller. Da aber nach dem damaligen Brauch ausschließlich den Studenten die Verantwortung dafür zugeschoben wurde, den Inhalt solcher Kurse zu begreifen, wurde nie jemand aufgefordert, sich zu dem Buch zu äußern, und so gaben wir die Lektüre bald auf, in der Hoffnung, daß wir das nötige Fachwissen dann vor den Prüfungen irgendwie erwerben würden. (In keinem dieser Kurse gab es Prüfungen.) Bald zeigte sich, daß unter diesen Umständen selbst der Besuch der Vorlesungen einfach Zeitverschwendung war. Der Hörsaal war infolgedessen nur zu Beginn und zum Ende des Semesters voll besetzt, wenn die Studenten die Unterschrift des Professors für ihre Studienbücher brauchten. Während des Semesters waren nur ab und zu ein paar Besucher zu sehen, die von Zeit zu Zeit vorbeischauten, um sich zu vergewissern, daß die Veranstaltung noch lief. Das wirkte natürlich auf niemanden beflügelnd.

Dr. Reininger war noch weniger unterhaltsam als Stöhr. Seine Vorlesungen waren staubtrocken und inspirierten niemanden. Ich kann mich überhaupt nicht erinnern, worüber er sprach, obgleich ich all diese Veranstaltungen zumindest für eine Weile regelmäßig besuchte, denn ich war trotz allem verzweifelt entschlossen, das zu entdecken, worauf ich gehofft hatte.

Dem riesigen Lehrkörper der Universität gehörten nur sehr wenige bezahlte Professoren und Assistenten an. Die übrigen waren Privatdozenten, also Dozenten, die zur Abhaltung von Kursen zugelassen waren, aber nur von den Gebühren der Studenten bezahlt wurden, die diese Kurse belegten. Die Zulassung zu einer solchen Dozentenstelle galt als besonderes Privileg, und deshalb machte es vielen dieser Leute nichts aus, nur vor drei oder vier Hörern zu lesen. Wenn sie ausreichend Erfolg und vor allem gute Beziehungen zur Fakultät und zum Unterrichtsministerium hatten, konnten sie vielleicht hoffen, schließlich zum Assistenten aufzusteigen. Ich belegte einen Kurs in vorsokratischer Philosophie bei Professor Gomperz und einen bei Privatdozent Ewald, dem Mann, der zu Beginn des Krieges die Geschichte der Ersten Armee geschrieben und meine frühen Prosaversuche so positiv beurteilt hatte. Er war einer der weniger interessanten Dozenten, und es war eher ein Zeichen meines guten Willens, daß ich seine Vorlesung gewählt hatte, von der ich nichts behalten habe. Der Kurs von Professor Gomperz war der einzige, der mich wirklich interessierte. Der alte Mann mit dem Bart eines jüdischen Propheten hatte die Gabe, seinen Gegenstand auf eine sehr lebendige und ansprechende Art darzubieten, und vermittelte uns ein sehr anschauliches und bleibendes Bild von der Evolution des griechischen Geistes. Besonders faszinierte mich die Bekanntschaft mit Heraklit, dem großen Pessimisten der alten Zeiten, und ich war sehr beeindruckt von der Tatsache, daß aus den wenigen verstreuten Sätzen, die uns in bruchstückhaften Zitaten überliefert sind, ein geschlossenes philosophisches System zusammengefügt werden konnte. (Dasselbe galt auch für die anderen Philosophen jenes fernen Zeitalters, aber im Fall Heraklits verblüffte es mich besonders.) Das Konzept der Relativität aller Werte, das in den Äußerungen dieses Weisen so stark hervorgehoben wird, leuchtete mir sofort ein und beherrscht seither in unterschiedlicher Intensität mein Denken. Offenbar war das eine Strömung der Nachkriegsjahre, aber es ist recht interessant, daß meine Neigung in diese Richtung durch Gomperz' phantasievolle Darstellung der Ideen des alten Philosophen aktiviert wurde.

Die allgemeinen Bedingungen im Institut für Musikgeschichte waren auch nicht ermutigender. Ich nahm an einem Kurs über Barockmusik bei, glaube ich, Dr. Fischer teil und an einem von Dr. Lach über die Musik der Völker. Wie viele Fachgelehrte, die an der Universität tätig waren, pflegte Dr. Fischer sich lang und breit in kritischen Anmerkungen über die Ansichten zu ergehen, die andere Spezialisten in Büchern und Abhandlungen geäußert hatten, was ihm wahrscheinlich einige Befriedigung verschaffte. Da die Studenten jedoch sehr wenig über die Hintergründe solcher Auseinandersetzungen wußten, wirkten die gelehrten Spitzfindigkeiten, die in den betreffenden Fragen den Standpunkt des Lehrers untermauern sollten, nicht besonders erhellend. Dr. Lachs Kurs erschien mir höchst lächerlich, weil dieser Mann sehr ausgeprägte und widerwärtige Sprechgewohnheiten hatte und sich zum Narren machte, indem er verschiedene Melodien heulte und jodelte, die er angeblich im Kaukasus oder in Tripolitanien oder in ähnlichen Gegenden aufgeschnappt hatte. Besonders verblüfft war ich, als ich entdeckt zu haben meinte, daß er seine zweistündigen Vorlesungen alle mehr oder weniger mit demselben wirren Geschwätz füllte. Bald hörte ich auf, diesen Zirkus mitzumachen, und als ich einige Wochen später wieder hineinschaute, gab Lach immer noch genau die gleiche alberne Vorstellung.

Der einzige Kurs, der mir abgesehen von Gomperz' Vorlesung wirklich Freude machte, war der von Max Dvořák über die Malerei der italienischen Renaissance. Dvořák war nicht nur ein profunder Gelehrter und ein origineller Denker, sondern er verstand es auch, einen Stoff brillant und phantasievoll zu präsentieren, obgleich er mit starkem tschechischen Akzent sprach. Seine Vorlesungen waren immer sehr gut besucht. Da er als Kunsthistoriker gerade berühmt geworden war, befanden sich unter den Studenten und anderen Hörern auch Snobs aus der feinen Gesellschaft.

Der Gang durch das prächtige Universitätsgebäude machte mich in jenem Jahr sehr traurig und melancholisch. Der herrliche Innenhof mit den weiträumigen Säulengängen und den zahllosen Statuen und Gedenktafeln strahlte eine großartige, wenn auch etwas pompöse Würde aus. Die Marmortreppen waren so ungeheuer groß, daß ich mich oft fragte, ob überhaupt noch genug Platz für die Hörsäle blieb. Ich war entsetzt von der öden Routine und der erstaunlichen Zeitverschwendung, die die ganze riesige Organisation charakterisierten. Zugleich fesselte mich der Gedanke, daß doch irgendwo produktive Arbeit geleistet werden mußte und daß ich bloß noch nicht den Schlüssel gefunden hatte, um mich daran zu beteiligen. Es mag sein, daß ich mehr Lohnendes im Universitätsbetrieb gefunden hätte, wenn ich weiter dort geblieben wäre. Andererseits fürchte ich, daß viele der desillusionierenden Eindrücke, die ich in diesem Jahr bekam, im Hinblick auf den traurigen Niedergang, der den mitteleuropäischen Universitäten in den dreißiger Jahren bevorstand, gerechtfertigt waren. Nach Hitlers Aufstieg wurden Universitäten in erster Linie als Stätten bekannt, die zur Mißhandlung von Juden und Liberalen gedacht waren. Während meiner kurzen Teilnahme am Universitätsleben habe ich jedenfalls nicht viele Professoren gesehen, die ihren Schützlingen eine Philosophie mitgaben, die so intelligent und lebensfähig gewesen wäre, daß sie die Studenten davor bewahrt hätte, stimmgewaltige und hochaktive Opfer des »nationalen Erwachens« zu werden.

In diesem Jahr kam ich mit meinem Musikstudium schneller voran, weil ich mehr Zeit dafür hatte. Ich stellte meine erste Klaviersonate in drei Sätzen fertig, und Felix Petyrek spielte sie in einem Schülerkonzert an der Akademie. Ich glaube, selbst damals war ich mit diesem Werk nicht ganz zufrieden, aber da es die Zustimmung Schrekers fand, hatte ich keine Mühe, meine unausgesprochenen Zweifel zu unterdrücken. Um es auf eine naive und dilettantische Art auszudrücken: Ich fand die Sonate nicht sehr »modern«, obgleich ich nicht genau wußte, was ich mir darunter vorstellte. Da ich für die Akademie jetzt mehr Zeit hatte, mußte ich in einigen der Nebenfächer, die ich in den vorausgegangenen Jahren vernachlässigt hatte, aufholen, und so nahm ich einige Klavierstunden bei einem gewissen Franz Moser. Er war keine Koryphäe, immerhin aber so klug, daß er mir einige Spezialaufgaben stellte, da ich seit mehr als zehn Jahren Klavierstunden gehabt hatte, bevor ich zu ihm kam. Er ließ mich Schönbergs *Kleine Klavierstücke op.* 19 spielen, die damals etwa zehn Jahre alt waren. Ich studierte sie sehr sorgfältig und spielte sie recht gut. Ich erinnere mich noch an die verwunderten Gesichter der anderen Studenten, als sie mich diese Stücke vortragen hörten. Zu dieser Zeit waren sie noch neu und wenig bekannt und zählten zu den radikalsten Beispielen moderner Musik, die es damals gab. Ich weiß nicht, ob ich meinte, in dieser Art komponieren zu sollen. Sicher ist, daß ich sie nicht »verstand«, weil mein theoretisches Rüstzeug für die Analyse derartiger musikalischer Prozesse nicht taugte. Ich war allerdings ganz sicher, daß meine eigene Musik weit hinter diesem Stil zurückblieb, und ich war mit dieser Situation nicht zufrieden, wußte aber nicht, wie ihr abzuhelfen war.

Die Universal Edition

Mir scheint, daß Schreker vom Unterrichtsministerium eine Subvention zur Veröffentlichung einiger der besten Werke seiner Schüler bekam. Er empfahl neben anderen Kompositionen meine Sonate, und dadurch wurde ich einer von vielen zeitgenössischen Komponisten, die von der ungemein aktiven Wiener Universal Edition gefördert wurden. Ich war mit diesem Verlag schon früher in

Kontakt gekommen, als ich die Orchesterstimmen von einer von Schrekers Opern Korrektur las. Weil das eine quasi ehrenamtliche Tätigkeit war, wurde ich in Naturalien bezahlt, das heißt in Noten, und das war der Grundstock meiner recht umfangreichen Notensammlung, die ich zurücklassen mußte, als ich Europa verließ. Es war wirklich ein großer Tag, als ich das Büro des betriebsamen Verlagshauses nicht als volontierender Korrektor, sondern als Komponist betrat, der einen Vertrag für die Veröffentlichung seines Werkes erhalten sollte. Natürlich nahm ich es mit den Einzelheiten des Vertrags nicht allzu genau; er enthielt eine Option auf alle meine Werke für die folgenden zehn Jahre, und diese Auflage sollte nicht nur verschiedene Schwierigkeiten zur Folge haben, sondern sie bestimmte auch in gewissem Maße die Stellung, die meine Werke im Musikleben jener Zeit erlangen sollten.

Der Direktor der Universal Edition oder der UE, als die sie allgemein bekannt war, war Emil Hertzka, eine auffallende Erscheinung, wo immer er sich zeigte, denn er trug einen imposanten Brahmsbart und die wallende Frisur des romantischen Künstlers. Die Macht und die Herrlichkeit, die er seinem Verlag so eifrig verschaffte, standen in seltsamem Widerspruch zu seiner normalerweise schäbigen Kleidung, und ein etwas provozierendes Detail war, daß dieser Förderer zeitgenössischer Musik schwerhörig war. Ich hatte jedoch häufig Grund zu der Annahme, daß er bedeutend weniger taub war, als er seine Gesprächspartner glauben machen wollte, ein sehr schlauer, wenn auch nicht immer fairer Trick. Die Würde seiner Erscheinung war ebenfalls ein taktisches Mittel, um seine außergewöhnliche Raffiniertheit zu tarnen. Es ist wahrscheinlich unvermeidlich, daß Komponisten und Autoren die schlechtestmögliche Meinung von ihren Verlegern haben, denn in dieser Beziehung zeigt sich die Antinomie zwischen der Welt des künstlerischen Schaffens und der des kaufmännischen Denkens in eindrucksvollen Zusammenstößen. So habe ich von Kollegen wiederholt die bittersten Anklagen gegen Hertzka gehört. Auf die Gefahr hin, naiv und dumm zu erscheinen, muß ich sagen, daß ich, was meine Angelegenheiten angeht, nie einen Grund zu besonderen Klagen über Unregelmäßigkeiten seitens der UE hatte, außer natürlich hinsichtlich der allgemeinen Prinzipien und Methoden, die angewandt werden, wenn Kunstobjekte um des Profits willen von kommerziell denkenden Zwischenhändlern als Waren behandelt werden. Diese Prinzipien und Methoden sind erbärmlich, und es mag wohl sein, daß die UE bei ihrer Anwendung in vielen Fällen noch etwas skrupelloser war als gewisse andere Verlage. Das aber nahm ich unter den gegebenen gesellschaftlichen Bedingungen als unvermeidlich hin, und ich konnte nicht feststellen, daß ich von der UE mehr betrogen wurde, als jeder Künstler das in dieser Zeit und dieser Welt erwarten kann.

Emil Hertzka war jedenfalls ein Mann mit großem Weitblick und außergewöhnlichem verlegerischem Mut. Ich glaube nicht, daß er im professionellen Sinn etwas von Musik verstand, ich glaube aber auch nicht, daß das nötig ist, um ein guter Verleger zu sein. Er hatte ein gewisses Gespür für Werte, was in diesem Metier mehr zählt als Gelehrtenweisheit und feste künstlerische Prinzipien, und er besaß einen kühnen unternehmerischen Geist. Die drohende Inflation mit der zunehmenden Geldentwertung war der Expansion des Unternehmens sehr zuträglich, weil es vorteilhaft war, Geld so schnell wie möglich in greifbares Eigentum zu verwandeln. Im Laufe dieses Prozesses übernahm sich die UE schließlich. Dem Zeitpunkt entsprechend, zu dem ich in diesen Prozeß eintrat, war für mich das Resultat, daß eine große Anzahl meiner frühen Werke veröffentlicht wurden, von denen viele diese Behandlung nicht wert waren, während die Phase, in der ich Musik von größerem Wert produzierte, weil ich reifer und verantwortungsbewußter geworden war, mit den mageren Jahren nach der Depression zusammenfiel. Das wiederum ist ein Grund für die verzerrte Meinung, die in der Musikwelt, die mich nur von diesen früheren Werken her kannte, entstanden war.

Zu den wichtigsten Mitarbeitern Hertzkas gehörte damals Fräulein Rothe, eine der freundlichsten und liebenswertesten alten Jungfern, die ich je kennengelernt habe. Sie war ein Muster an Tüchtigkeit und Zuverlässigkeit, stets mit Arbeit überhäuft und dennoch stets bereit, über die komplizierten oder auch nur lächerlichen und hochgespielten Probleme nachzudenken, die ihr die eigenartigen oder gar verrückten Kunden eines Verlagshauses in den Schoß warfen, das bald zeitgenössischen Musikern aller Rassen, Nationalitäten, Weltanschauungen und Richtungen Platz bot. Die Büroräume der UE waren im Musikvereinsgebäude am Karlsplatz untergebracht im »Mezzanin«, das ist in Wien eine Art Zwischengeschoß zwischen Erdgeschoß und erstem Stock. (Es ist typisch für den Wiener Sprachgebrauch, daß selbst einfache Leute die Teile des Hauses mit französischen und italienischen Begriffen bezeichneten. Das Untergeschoß nannte man Souterrain, das Erdgeschoß Parterre, das Zwischengeschoß Mezzanin und die anderen Stockwerke erste, zweite und so weiter Etage. Nicht gerade ein Beweis für den »deutschen« Charakter Wiens!) Diese Räume waren für das rasch expandierende Unternehmen viel zu klein geworden, und jedes dunkle Eckchen in den verwinkelten engen Gängen schwirrte von fieberhafter Aktivität.

Fräulein Rothe war die einzige nichtjüdische Angestellte mit hoher

Position in der UE. Gleich unter dem Direktor standen Dr. Kalmus, ein Verwandter Hertzkas, wenn ich nicht irre, ein gutmütiger Dummkopf mit schönen, alttestamentarischen Gesichtszügen, und Peter Winter, der Schatzmeister, ein ausgezeichneter, gutherziger Mann und ein Genie in Finanzangelegenheiten. Ich bewunderte ihn sehr, weil er die sehr verwickelten und höchst komplizierten monetären Probleme der Firma nicht nur effizient, sondern sogar korrekt bewältigte, was manchmal nicht leicht gewesen sein mag. Im Auftreten wirkte er etwas schüchtern, was seinem Aufstieg zu einem echten leitenden Angestellten im Wege stand.

Unter den vielen Projekten, welche die UE förderte, befand sich eine musikalische Monatsschrift namens »Musikblätter des Anbruch«, ein recht unbeholfener Titel, der sich daraus erklärte, daß es gerade eine künstlerische Bewegung gab, die als »Anbruch« bekannt werden sollte (eine typisch expressionistische, geschwollene Bezeichnung für »Anfang«), und der für die musikalische Seite zuständige Mann, ein gewisser Otto Schneider, gab diese Zeitschrift heraus. Er war ein ziemlich windiger, glatter Kerl und verkörperte wahrscheinlich einen revolutionären Prototyp der kommenden Ära, und ich mochte ihn nicht. Er bereitete eine Sondernummer vor, in der Franz Schreker verherrlicht wurde, der damals gerade begann, in ganz Deutschland großen Erfolg zu haben, und bat mich um einen Beitrag über Schreker als »absoluten Komponisten«, was im deutschen Sprachgebrauch ein Komponist von nicht angewandter (nicht szenischer) Musik war. Da mich das Problem interessierte, wie Schreker in den weitschweifigen Gebilden seiner Opern strukturelle Zusammenhänge herstellte, schrieb ich etwas darüber, eine recht nüchterne Analyse dessen, was in dieser Musik vorgeht. Schreker gefiel sie jedoch nicht sehr, da er sich durch den blumigen, dithyrambischen Stil einiger deutscher Journalisten hatte betören lassen, und er erklärte wortreich, er glaube, man müsse seine Musik auf »poetischere« Weise behandeln.

Da ich von meinen literarischen Bemühungen damals nicht viel hielt, machte ich mir nicht viel aus dieser Kritik. Bei einer anderen Gelegenheit jedoch bewirkte Schrekers Urteil, daß ich für mehrere Jahre das Klavierspielen aufgab. Es bat mich einmal, im Unterricht etwas zu spielen, vermutlich zu Analysezwecken, und zwar vom Blatt. Obgleich ich immer sehr gut vom Blatt spielte, muß ich nervös gewesen sein oder nicht in der richtigen Stimmung, und ich machte verschiedene Fehler, bis er sagte: »Ich weiß nicht, aber mir scheint, daß Sie kein besonders guter Pianist sind.« Und das war alles. Ich beschloß, daß es wahr sein mußte, wenn der verehrte Meister es sagte, und sah keinen Sinn darin, weiter zu üben. Erst mehrere Jahre später stellte Artur Schnabel mein Selbstvertrauen wieder her.

Aus irgendeinem Grund begann Schreker damals, an mir herumzunörgeln, allerdings noch nicht in dem Maß, das schließlich zum Abbruch unserer Beziehungen führte. Ich hatte eine Motette oder eine Kantate für A-cappella-Chor geschrieben (das muß vor der Fertigstellung der Klaviersonate gewesen sein), die ihm zunächst so gut gefiel, daß er versprach, sie mit dem Philharmonischen Chor einzustudieren. Ich hatte eine schöne und bedeutungsvolle Auswahl von Texten aus den Psalmen verwendet, und das Ganze schien mir recht gut zu sein. So wurden für ein nicht geringes Entgelt von einem gewissen Vokoun, einem Tschechen, der normalerweise in einem Bierdepot am Franz-Josefs-Bahnhof arbeitete, die Stimmen kopiert. Wieder jedoch war es der Schluß des letzten Satzes, den ich nicht zur Zufriedenheit des Meisters fertigstellen konnte, und so wurde der ganze Plan schließlich zu meiner großen Enttäuschung aufgegeben.

Nach der Klaviersonate schrieb ich eine Sonate für Violine und Klavier. Sie hatte ein paar gute Details, doch im ganzen gefiel sie mir überhaupt nicht. Mein Vorbild war damals Max Reger; ich bemühte mich, seinen überladenen, schwerfälligen und bizarren Stil zu imitieren. Obgleich er pfundweise, wenn nicht tonnenweise Noten geschrieben hat, glaube ich immer noch, daß er ein großer Komponist war, der es verdiente, viel bekannter zu sein, als er es tatsächlich ist. Leider bringt die Werbung, die Adolph Busch für Reger macht, indem er sein Violinkonzert spielt, im Umkreis von mehreren hundert Meilen alle weiteren Versuche, das Publikum mit Regers Musik bekannt zu machen, zum Scheitern.

In dieser Zeit muß ich für einen amerikanischen Wettbewerb, der in der Presse ausgeschrieben wurde, ein kurzes Streichquartett geschrieben haben. Dieses zeigte ich Schreker nicht. Es war ein anspruchsloses, lebhaftes und leichtes Stück, aber es bekam den Preis nicht, ebensowenig wie die wenigen anderen Kompositionen, die ich später bei Wettbewerben einreichte. Anscheinend bin ich nicht der Typ des Preisträgers. Mir scheint, daß Bartók den Preis bekam, um den ich mich beworben hatte, und das fand ich ganz in Ordnung.

Das erste Stück, das mir nach der Doppelfuge in C-Dur wirklich gefiel und das ich immer noch für eine gut gelungene Komposition halte, war ein Quartett für Klarinette und Streicher, eine Kombination, die ich aufgrund einer mißverstandenen Anregung Schrekers gewählt hatte. Er meinte, ich sollte ein »Klarinettenquartett« schreiben, worunter er ein Ensemble für Klarinette, zwei Streichinstrumente und Klavier verstand. Als ich die ersten Skizzen vorlegte, die keinen Klavierpart enthielten, winkte er ab mit der Bemerkung »unbrauchbar«. Als ich darauf bestand, ihm den Anfang vorzuspielen, wurde er etwas nachgiebiger und sagte, ich könne es ja versuchen. Als Hauptthema hatte ich ein kleines Motiv gewählt, das ich ein paar Jahre zuvor ganz ohne bestimmte Absicht in einer meiner Kontrapunktübungen verwendet hatte und das Schreker »hübsch« fand, etwas »italienisch« vom Charakter her, was immer er damit gemeint haben mag. Das Stück hatte vier Sätze, die ohne Unterbrechung zu spielen waren, und in jedem Satz erklang das kleine Motiv in verschiedenen Verkleidungen. Der langsame Satz war eine Passacaglia, die meiner vagen Vorstellung von Modernität etwas näher kam, das Scherzo hatte einen gewaltigen rhythmischen Vorwärtsdrang, ein wenig in der Art Bartóks, den ich damals gerade entdeckte, und der letzte Satz endete mit einem schnellen Fugato, bei dem ich mir ein Beispiel an Beethovens Opus 95 genommen hatte. So, wie ich das Stück jetzt sehe, war es meine erste Komposition, die sozusagen *in nuce* die Hauptmerkmale meiner gesamten künftigen Instrumentalmusik aufwies, insbesondere eine Tendenz zu einer konstruktiven Vereinheitlichung, durch das Mittel der Einheitlichkeit des thematischen Materials und durch eine streng kontrapunktische Struktur.

Schreker muß selbst etwas ähnliches empfunden haben, nachdem das Quartett in einem Schülerkonzert der Akademie gespielt worden war, denn er entschloß sich, es auf das Programm eines der Abende zeitgenössischer Kammermusik zu setzen, die sein Philharmonischer Chor ein paar Mal im Jahr veranstaltete. Diesmal war es ernst, vielleicht, weil er mich für die Enttäuschung mit der Kantate entschädigen wollte. Die Ausführenden waren Berufsmusiker, die vom Chor engagiert worden waren, aber ich hatte ganz schöne Mühe, sie zu Proben zusammenzubringen. Wahrscheinlich wurden sie nicht sehr gut bezahlt und waren an der Aufführung einer Schülerarbeit nicht sehr interessiert, so daß sie hochnäsig, überheblich und unpräzise waren. Besonders der Klarinettist, ein alter Mann aus dem berühmten Philharmonischen Orchester und ein ausgezeichneter Musiker, war äußerst unwillig. Ich hatte eine Pianissimopassage in seiner Stimme mit »Echoton« gekennzeichnet, einer Vorschrift, die ich aus Mahlers Partituren übernommen hatte, ohne zu wissen, was sie bedeutete – tatsächlich scheint niemand genau zu wissen, wie sie auszuführen ist –, und wo normal weitergespielt werden soll, hatte ich »gewöhnlich« notiert. Der alte Herr war so kindisch, daß er an dieser Bezeichnung Anstoß nahm, und er erklärte mir ernsthaft, daß er nicht »gewöhnlich« spielen könne, weil er ein außergewöhnlicher Klarinettist sei. Als schließlich der Tag der Aufführung kam, streikten die Straßenbahner, wie es in diesen unruhigen Zeiten nicht selten vorkam, und wir mußten den ganzen Weg zum Konzerthaus zu Fuß gehen. Aber alles klappte gut, und die *Serenade*, wie ich das Stück seines Charakters wegen nannte, hatte großen Erfolg.

In Schrekers Arbeitsräumen in der Akademie stand ein Schrank, in dem er Noten und Bücher aus der Bibliothek aufbewahrte. Eines Tages, als ich etwas aus dem Schrank holte, entdeckte ich dort ein Buch von Ernst Kurth mit dem Titel *Grundlagen des linearen Kontrapunkts*. Es ist möglich, daß ich es in einem Artikel von Paul Bekker im »Anbruch« oder anderswo erwähnt gesehen hatte. Jedenfalls machten der Titel und das Aussehen des Buches mich neugierig, und ich befragte Schreker darüber. Er hatte es nicht einmal angeschaut und sagte, er sei daran auch gar nicht interessiert, und ich könne es haben, wenn ich es lesen wolle. Das war für seine Haltung leider sehr typisch. Das Buch erwies sich als höchst faszinierend und eröffnete mir ganz neue Perspektiven. Ich bin sicher, daß meine künstlerische Entwicklung durch die Ansichten, die Kurth in seiner ganz neuen Bach-Analyse darlegte, stark beeinflußt wurde. Es war das erste Mal, daß ich eine wirklich gelehrte und phantasievolle Abhandlung über Musik las, und ich lernte sehr viel daraus. Die Ergebnisse sollten sich jedoch erst einige Zeit später zeigen.

Ich nahm an der Akademie auch an einem Kurs in Musikgeschichte teil, den der gute alte Mandyczewski abhielt, ein sehr liebenswürdiger polnischer Herr, dessen Hauptverdienst darin besteht, daß er die Arbeit an der kritischen Gesamtausgabe der Werke Schuberts geleitet hat. So fehlerhaft diese Ausgabe in vieler Hinsicht auch sein mag, sie ist die einzige, die wir haben, und in unseren Musikbibliotheken (leider) ein seltener Schatz. Mandyczewskis Geschichtsvorlesungen waren genauso langweilig wie die Vorlesungen, die ich an der Universität besucht hatte. Da für Unterrichtszwecke damals noch keine Schallplatten verwendet wurden, wurde nichts lebendig, und die Studenten bekamen nur endlose Aufzählungen von Namen und unverständlichen Fakten vorgesetzt. Was den Einsatz von Schallplatten angeht, so glaube ich, daß sie tatsächlich in jeder Vorlesung, die einen Überblick geben soll, eine unschätzbare Hilfe sind. Was allerdings die Theoriekurse anbelangt, so bin ich der Meinung, daß wir die Musik, weil wir gezwungen waren, alles aus den Noten zu lesen und zu spielen, viel intensiver erlebten, als wenn wir die Möglichkeit gehabt hätten, uns zurückzulehnen und Schallplatten anzuhören. Natürlich verlangt diese Methode vom Schüler einige Fertigkeiten, und sie ist zeitraubender als die andere, doch sie vermittelt eine entschieden direktere und dauerhaftere Bekanntschaft mit der

Literatur. Wir lernten Partiturlesen in einem Spezialkurs bei Prochaska, einem guten Musiker und nicht schlechten Komponisten. Ich erinnere mich, daß ich ein Oratorium von ihm mit einem Text von Klopstock gehört habe (dessen Titel ich vergaß)*, ein mehr als anerkennenswertes Werk.

In diesem Jahr studierte der Philharmonische Chor unter Schrekers Leitung ein anderes Oratorium ein, *Der Sonne-Geist*, von Klose, zu einem Text von Mombert. Es war eine typisch sezessionistische Angelegenheit, ein kosmogonisches Epos, das in üppigen Bildern von elementaren Naturvorgängen schwelgte, nicht ohne Größe und gut gemacht, auch wenn alles darin eher aus zweiter Hand war. Ein paarmal half ich bei den Proben aus, indem ich am Klavier begleitete, und lernte dabei einiges über das Problem, dem Taktstock des Dirigenten zu folgen und eine ziemlich schwierige Partitur zu lesen.

Die *Serenade* war eigentlich das letzte Stück von mir, das Schreker uneingeschränkt akzeptierte. Hätte ich damals erkannt, wie wenig Glück ich mit ihm haben würde, hätte ich mich vielleicht entschlossen, die Beziehung zu beenden, bevor er aus Wien wegging, und mein Leben hätte einen ganz anderen Verlauf nehmen können. Im restlichen Teil des Schuljahrs unternahm ich etliche Versuche, Orchesterkompositionen zu skizzieren; das wäre der nächste Schritt im Lehrplan gewesen. Zuerst probierte ich es mit einer Ouvertüre, aber Schreker fand, daß das Stück nicht zu orchestrieren sei. Ich bin ziemlich froh, daß nichts daraus wurde, da die meisten seiner Schüler eine Ouvertüre geschrieben hatten, in der Regel zu einer nicht näher bestimmten »Komödie«, so daß die Aufgabe in Mißkredit geraten war. Dann fing ich ein Klarinettenkonzert an, das er zu Recht ablehnte, weil es eine Reproduktion meiner *Serenade* war. Schließlich schrieb ich Variationen über eine der erstaunlichen Polonaisen von Wilhelm Friedemann Bach, und mit dieser Geschichte rangen wir eine ganze Weile, weil ich die Komposition für wirklich gut hielt, aber Schreker wollte mir kein grünes Licht für die Orchestrierung geben. Mir scheint, bis zu diesem Punkt kamen wir in Wien. Was danach geschah, werde ich in einem anderen Kapitel berichten.

Ich glaubte immer noch an Franz Schreker als großen Komponisten, und die Aufführung seiner Oper *Die Gezeichneten* in der Wiener Staatsoper, wie die ehemalige Hofoper jetzt hieß, bestätigte mich in diesem Glauben. Ich hörte die Oper mehrmals, einmal hoch oben auf der Vierten Galerie, dem angestammten Platz für arme, aber ernsthafte Musikliebhaber, wobei ich die Aufführung anhand der Partitur verfolgte, die ich in einem Koffer mitgebracht hatte, unter

* *Hiob*

dem Licht eines Notausgangs. Das Akademieorchester spielte außerdem Schrekers Kammersymphonie, die er diesem gewidmet hatte, und ich war von diesem Stück ungeheuer beeindruckt. Als ich es etwa vierzehn Jahre später wiederhörte – in einer zugegebenermaßen schlechten Wiedergabe –, war ich bestürzt darüber, daß ich es damals überhaupt hörenswert gefunden hatte. Das Problem war, daß ich so unter dem Bann der Zustände an der Akademie stand, daß ich überhaupt nicht darauf achtete, was zu jener Zeit sonst noch in Wien vorging. Vor allem hatte ich keine Ahnung davon, was Schönberg und seine Schüler machten. Es kann gut sein, daß ich andere Entscheidungen für meine Zukunft gefällt hätte, wenn ich Kontakt zu dieser Gruppe gehabt hätte. Andererseits war ich aber vielleicht auch für diese Erfahrung noch nicht reif, und es mag daher zu meinem Besten gewesen sein, daß ich ihr in diesem Stadium meiner Entwicklung nicht ausgesetzt wurde.

Leben auf zwei Ebenen

Meine geistige Situation war damals wahrscheinlich komplizierter, als mir bewußt war, zumal ich darin geübt war, sie nicht kompliziert zu finden und mich allem, was geschehen mochte, so anzupassen, daß die Gegebenheiten meines Daseins, insbesondere mein Leben zu Hause, unter allen Umständen erhalten blieben. Niemals übten meine Eltern Druck auf mich aus, damit ich ihre Ansichten über die psychologischen oder praktischen Probleme des Lebens übernahm, aber die stillschweigende Voraussetzung, daß nichts geschehen durfte, was diesen Ansichten zuwiderlief, war so wirkungsvoll, daß ich nicht im Traum daran gedacht hätte, mich abweichend zu verhalten. Auf diese Weise lebte ich sozusagen auf zwei Ebenen, ohne das zu wissen. Einerseits war ich immer noch der Junge, der zu Hause lebte und keine Gesellschaft hatte, die nicht durch dieses Zuhause gegeben oder damit verbunden gewesen wäre (abgesehen von der Familie Reisch), und das war sehr wenig. Ich hatte keine eigenen, selbständigen Erfahrungen mit dem sogenannten »wirklichen Leben« gemacht, denn die einzige Gelegenheit zu einer derartigen Erfahrung, mein militärisches Intermezzo, hatte ich nicht genutzt, weil es mich angewidert hatte und auch, weil mein Vater alles getan hatte, um zu verhindern, daß es zu einer Quelle für eine derartige Erfahrung wurde. Andererseits hatte ich durch meine musikalischen Aktivitäten an einem ganz anderen Lebensbereich teil, der zumindest potentiell mit Publizität und grenzenlosem gesellschaftlichem Verkehr verknüpft war, eine Erfahrung, die zum Auffüllen der schöpferischen Kräfte nötig war. Darüber wußte ich nichts, denn ich nahm in meiner Arbeit tausend emotionale Möglichkeiten vorweg, von denen der bewußte Teil meines Wesens nicht die leiseste Ahnung hatte.

Ich spürte sehr deutlich, daß ich in dieser zweiten, der künstlerischen Welt, ganz und gar ein Fremder war, eine Art Gast, der vermöge einer seltsamen Gabe einfühlender Vorausahnung Handlungen vollbringen konnte, die dieser Welt angehörten und die nicht so sehr durch ihre Perfektion Staunen erregten als vielmehr durch die Tatsache, daß sie unter solchen Voraussetzungen verübt werden konnten. Ich hatte das Gefühl, daß sowohl Franz Schreker als auch meine Kollegen immer ein wenig überrascht waren, wenn ich etwas wirklich Lohnendes zustandegebracht hatte, so als ob sie nicht erwartet hätten, daß etwas in dieser Art von mir kommen könnte, der doch kein vollgültiger Bewohner ihrer Welt war. Es kann durchaus sein, daß ich hier etwas in eine Situation hineinprojiziere, die zwanzig Jahre zurückliegt, weil ich in bezug auf die Stellung, die meine künstlerischen Leistungen in den Köpfen der Leute einnehmen, auch heute noch genau dasselbe Gefühl habe. Aber vielleicht ist genau das der Grund dafür, daß meine Interpretation richtig ist, denn das Ganze scheint wiederum ein Teil meines »Lebensmusters« zu sein.

Tatsächlich hatte ich oft den Eindruck, daß ich als Mensch mit meiner Entwicklung als Künstler nie ganz mitkam, und gelegentlich neigte ich dazu, diese Tatsache einem Persönlichkeitsdefizit zuzuschreiben, das möglicherweise auf meinem Bildungsgang und den Umständen in meiner Jugend beruht. Manchmal, wenn ich weniger unglücklich über diese Situation war, hielt ich diesen Wesenszug für ein Kennzeichen meiner Persönlichkeit, das notwendig war, um herauszubringen, was ich bin, notwendig für die Produktion sowohl von was auch immer für Werten, die hervorzubringen ich vielleicht berufen bin, als auch von meinen Unzulänglichkeiten, die ich in Kauf nehmen muß wie jeder andere auch. Und in wieder anderen Momenten sage ich mir, daß diese ganze Widersprüchlichkeit keinerlei Bedeutung hat, daß meine künstlerische Leistung mit meinen Lebensumständen nichts zu tun hat. Eigentlich glaube ich, daß keine dieser Alternativen eine beweisbare Wahrheit enthält und daß sie alle legitime Möglichkeiten sind, subjektive Gefühle zu betrachten, die auf emotionalen Reaktionen auf Erfahrungen im Laufe des Lebens beruhen. Jedenfalls waren – und sind – die Gefühle sehr real, und das scheint mir das einzige zu sein, was in dieser Geschichte meines Lebens zählt. Manche meiner damaligen Gefühle, die mit Minderwertigkeitsgefühlen eng verwandt waren, waren offenbar dem Umstand zuzuschreiben, daß ich unter meinen Kollegen an der

Akademie bei weitem der Jüngste war und daß ich stillschweigend voraussetzte, daß sie in mancher Hinsicht, zumal was das »wirkliche Leben« anging – was auch immer das war –, sehr viel mehr wußten als ich, und daß ich Hemmungen hatte, meine eigene Unwissenheit zu zeigen. Da ich mich schon recht früh zum Komponisten entwikkelte, blieb ich lange Zeit in jeder Zusammensetzung von Personen, zu der ich gehörte, der Jüngste. Ich gewöhnte mich so an diese Erfahrung, daß ich mich weiterhin als jüngstes Mitglied einer Gruppe betrachtete, auch noch zu einer Zeit, als ich es nicht mehr war. Obgleich das im allgemeinen ein angenehmes Gefühl ist, bin ich in düsteren Momenten geneigt, es so zu interpretieren, daß die Mehrzahl derer, die jünger sind als ich, reifer zu sein scheint, als ich es bin oder als ich es in ihrem Alter war. Das Resultat ist jedoch, daß ich alle Menschen, selbst kleine Kinder, wie Erwachsene behandle und wenig Verständnis und Geduld für Zeichen von Unreife habe. Das mag eine Folge meiner angestrengten Bemühungen sein, niemals derartige Zeichen erkennen zu lassen, da ich stets gewohnt war, mich mit Menschen zu unterhalten, die älter waren als ich, und ihnen als Ebenbürtiger zu erscheinen, so daß ich nach außen hin meinem tatsächlichen Entwicklungsstand immer voraus war.

Soziale und ökonomische Veränderungen nach dem Krieg

Zu jener Zeit wurde das Leben in Wien immer schäbiger und elender. Einst die Hauptstadt eines bunten und mannigfaltigen Reiches mit 54 Millionen Einwohnern, war es jetzt die viel zu große Metropole einer wirtschaftlich deformierten Alpenrepublik mit sieben Millionen Einwohnern, von denen fast ein Drittel in dieser Stadt lebten. Viele Einwohner nichtdeutscher Nationalitäten verließen die Stadt, da ihre Interessen und Neigungen sie in die verschiedenen unabhängigen Staaten zogen, die auf dem Gebiet der alten Monarchie gegründet worden waren. Besonders die Tschechoslowakei, die über den Großteil der natürlichen und industriellen Ressourcen des Reiches verfügte und reich und mächtig aus dem Krieg hervorgegangen war, zog einen beträchtlichen Teil der Bevölkerung Wiens ab, in der das tschechische Element immer bedeutend gewesen war. Andererseits blieben die meisten polnischen Juden, die während des Krieges vor der russischen Invasion Galiziens nach Wien geflohen waren, dort, da es für sie kaum Anreize für eine Rückkehr nach Polen gab. Die Österreicher, die stets zu Pessimismus und Selbstmitleid neigten, hatten damals gute Gründe für beides, und in jenen Tagen wurde die Grundlage für künftige Nazipropaganda geschaffen, die letztendlich Österreichs Existenz untergraben und ruinieren sollte. Jeder, von den Staatssekretären bis hinunter zum letzten Schornsteinfeger, glaubte fest an das Axiom, daß Österreich in seiner neuen Gestalt nicht lebensfähig sei.

Meiner Meinung nach ist diese Frage nie leidenschaftslos untersucht worden. Österreich war durchaus lebensfähig und erlangte in den späteren zwanziger Jahren einen Grad an Prosperität, um den manche größeren und reicheren Länder es beneideten. Aber selbst da wurde weiterhin behauptet, daß Österreich so nicht existieren könne – zu jener Zeit war diese Einstellung allerdings schon ein Produkt ausländischer Propaganda, die auf der albernen Vorstellung beruhte, ein Land müsse wirtschaftlich autark sein, um existieren zu können, was Österreich natürlich nicht war. Aber die Schweiz, die noch kleiner war als Österreich, und weniger gut mit Rohstoffen ausgestattet, war auch nicht autark. Als bestimmte Gebietsteile des nördlichen Niederösterreich aufgrund des Vertrags von St. Germain an die Tschechoslowakei abgetreten wurden, wurde das als eine Art nationaler Katastrophe in die Öffentlichkeit getragen, weil wir dadurch unsere einzige Zuckerraffinerie verloren, so daß wir nun auf die Einfuhr von »ausländischem«, sprich tschechischem Zucker angewiesen waren. Weiter im Süden wurden mit großen Kosten neue Zuckerraffinerien gebaut, was zur Folge hatte, daß wir für inländischen Zucker viel höhere Preise zahlen mußten, während etliche tschechoslowakische Raffinerien, die jetzt von ihrem ursprünglichen Markt abgeschnitten waren, schließen mußten. In Friedenszeiten kann selbstverständlich jedes Land überall beliebig einkaufen, solange es dafür bezahlen kann, und braucht daher nicht alles, von Mandeln bis zu Reißverschlüssen, auf eigenem Territorium zu produzieren. Nur ein kriegführendes Land ist an Autarkie interessiert. Es ist klar, daß Österreich keine Kriegsabsichten hatte. Diese Geschichte war nur Ausdruck einer hartnäckigen Kriegspsychose, die vom Beispiel Deutschland gefördert wurde, das meiner Meinung nach nie aufgehört hatte, sich mit Gedanken an Krieg zu tragen, nicht einmal in den ersten Jahren der Weimarer Republik.

Der verlorene Krieg und die fortschreitende Geldentwertung führten zu ungeheuren Veränderungen in der ökonomischen Struktur, wobei viele ehemals reiche oder wohlhabende Leute verarmten, wenn nicht ins Elend stürzten, und eine neue Schicht von Profitjägern und Gaunern nach oben geschwemmt wurde. Weil die wirtschaftlichen Angelegenheiten während des Krieges in den Händen der Regierung zentralisiert gewesen waren, hatten sich die verarmten und demoralisierten Menschen daran gewöhnt, sich in jeder Notlage an den Staat zu wenden und ihm die Schuld an jedem Unglück anzulasten. Die Pseudorevolution hatte, wie zu erwarten gewesen war, zu einer extrem progressiven Sozialgesetzgebung geführt, und es wurde bald zum geflügelten Wort, daß die Putzfrauen an der Universität mehr Geld verdienten als die Professoren, was als Symbol der verkehrten und unerträglichen Verhältnisse verstanden wurde. Unsere neue Armee, die sich aus sozialistischen Arbeitern rekrutierte und etwa nach russischem Vorbild organisiert war, mit Parteikommissären und Arbeiterräten überall, war ein zusätzliches Problem. Diese Burschen genossen seitens ihrer eigenen Herren so wenig Vertrauen, daß, als wir unseren einzigen Gewinn nach dem Friedensvertrag, das Burgenland in Westungarn, übernehmen sollten, die Polizei und die Bürgerwehr mit der Okkupation betraut wurden, nicht die fragwürdige Truppe der Roten Armee. Streiks, Unruhen, Mangel an Nahrung, Geld und Arbeitskräften führten zu einem Zusammenbruch der Instandhaltungsdienste, so daß die Stadt bald ein jämmerliches Bild der Trostlosigkeit und des Verfalls bot, dessen Wirkung durch die spärliche Beleuchtung der öffentlichen Straßen, die auf die Brennstoffknappheit zurückzuführen war, noch verstärkt wurde. Die Menschen sahen hungrig, arm und bleich aus. Viele der aus dem Kriegsdienst entlassenen Soldaten trugen weiterhin ihre alten, zerlumpten Felduniformen, da neue Kleider sehr teuer oder gar nicht zu haben waren. Ehemalige Offiziere, die in derselben Zwangslage waren, durften ihre Uniformen tragen, wenn sie die Rangabzeichen entfernten, deren Anblick den Zorn der befreiten Proletarier hervorgerufen hätte. So sahen sie aus wie schlecht gerupfte alte Vögel. Und alle liefen mit Rucksäcken herum, um Nahrungsmittel, Brennholz oder andere seltene Waren zu sammeln, wo immer sie zu finden waren.

Weiterhin wurde der Freiheitsgedanke dadurch betont, daß man die niedrigen Zäune entfernte, die in den öffentlichen Parks die Rasenflächen umgaben, weil man gehört hatte, daß in demokratischen Ländern wie England und Amerika die Leute solche Rasenflächen betreten durften, wann immer sie Lust dazu hatten. Das Resultat war, daß bald nur noch wenig vom Gras übrigblieb, ohne daß das allgemeine Glück merklich größer geworden wäre. Die Sozialdemokraten erklärten auch, daß die arbeitende Bevölkerung ein »Recht auf die Straße« habe, was bedeutete, daß sie auf der Straße Demonstrationen abhalten durfte, wann und wo immer es ihr gefiel. Da eine bestimmte Straße nahe dem Ring von den Verfechtern der Freiheit für ihre Übungen bevorzugt wurde, hieß es sprichwörtlich: »In Wien ist Revolution, wenn die Zweierlinie nicht fährt.« Ich war so reaktionär, daß ich der Meinung war, die Straße sei für den Verkehr da und für sonst nichts.

In Wien gab es etliche Missionsstellen der Alliierten, die die Einhaltung der Friedensbedingungen zu überwachen hatten, und viele fragwürdige Gestalten von dunkler Herkunft verteilten sich im Kielwasser dieser ausländischen Beamten, um in der Regel zweifelhaften Geschäften nachzugehen. Für diese Ausländer hatte jemand im ehemaligen Offiziersklub unter dem Namen »Cercle des Etrangers« einen Nachtklub eröffnet. Dort konnte man die erste, vermutlich importierte, Jazzband hören, und ich ging mit Goering hin, um das auszukundschaften. Die Vorgänge waren nicht sehr sensationell, abgesehen von den Preisen, die diese Gauner verlangten, aber wir waren davon überzeugt, eine Ahnung vom »wirklichen Leben« bekommen zu haben. Da ich die neue amerikanische Unterhaltungsmusik noch nie gehört hatte, war ich von den Darbietungen der Band sehr beeindruckt, und bei dieser Gelegenheit kam mir der Gedanke, daß von dieser Art Musik für die Entwicklung unserer eigenen Großes zu erwarten war. Ich brauchte fast zehn Jahre, um über diese faszinierende Illusion hinwegzukommen. Bald beschloß ich, mit Jazz herumzuexperimentieren, eine Aktivität, die ich streng von meinem sonstigen Lernpensum abgrenzte. Goering, der ein bißchen Englisch konnte, bastelte für mich mehrere Strophen kompletten Unsinns zusammen, die ich als Refrain für die »Nummern« verwendete, welche ich in dem melancholischen Rummelplatzton dieser urzeitlichen Jazzband verfaßte. Ich war in diese animalistische Musik ganz vernarrt, hielt sie aber einstweilen streng getrennt von meinen »ernsthaften« Bemühungen.

Meine Romanze mit Yela Preradović schritt im Sommer 1920 mit zunehmender Intensität voran, vielleicht weil wir wußten, daß ich Wien bald verlassen sollte. Es war etwas kompliziert, ein Rendezvous auszumachen, weil wir damals kein Telefon hatten, und um sie anzurufen, mußte ich nach gegenüber in die Praxis unseres Arztes gehen. Das war Dr. Silberbusch, ein sehr freundlicher, aber etwas konfuser polnischer Jude. Übrigens war es in Wien fast eine Selbstverständlichkeit, daß Ärzte Juden waren, und selbst erklärte Antisemiten pflegten jüdische Ärzte zu konsultieren, weil sie anerkanntermaßen unvergleichlich viel besser waren als ihre arischen Kollegen. Dieser Dr. Silberbusch hatte mich auf diese Welt gebracht, wobei er eine Zange benutzte, von der ich jetzt noch ein Mal auf der Stirn trage. Aus irgendeinem Grund wurde danach Dr. Lederer unser Hausarzt, und wir kehrten erst zu Dr. Silberbusch zurück, nachdem der andere Arzt Selbstmord begangen hatte.

Wenn ich Yela am Telefon erreichte, machten wir ein Treffen aus; ich holte sie von ihrer Wohnung in Salmannsdorf ab, und wir begaben uns in den Wald, um ausgiebig zu schmusen und zu küssen. Ich war durchaus willens, weiterzugehen, tat es aber nicht, weil es mir an Mut und Erfahrung fehlte. Außerdem bremste Yela meine Bemühungen, indem sie vage Andeutungen über ein enttäuschendes und trauriges Erlebnis machte, das sie angeblich gehabt hatte. Ich war viel zu unbedarft, um darauf zu kommen, daß das vielleicht ein taktisches Manöver war, mit dem sie sich und die Annäherung an das offenkundige Ziel interessanter machen wollte. Jedenfalls kamen wir damals nicht zu einer letzten Befriedigung unseres Verlangens.

In diesem Jahr war eine Frage von recht erheblicher Bedeutung zu entscheiden. Der Friedensvertrag machte die Auflösung des alten Reiches offiziell. Die Klausel übrigens, die die Entscheidung für den »Anschluß« aufhob, die das österreichische Parlament in den ersten Tagen nach dem Zusammenbruch getroffen hatte, und die verfügte, daß der neue Staat Österreich heißen sollte (anstatt »Deutsch-Österreich«, wie dasselbe Parlament beschlossen hatte), machte überhaupt keinen Eindruck. Der »Anschluß« war von den Sozialdemokraten befürwortet worden, die damals eine starke Position hatten und glaubten, sie könnten diese weiter festigen, wenn sie sich mit Deutschland zusammenschlossen, das während der ersten Wochen nach der Revolution anscheinend weit nach links tendierte. Diese Spekulationen erwiesen sich jedoch bald als haltlos, da sich die deutschen Sozialdemokraten unter Ebert und Noske zu höchst brauchbaren Werkzeugen der Reaktion gemacht hatten. Die Unabhängigkeit, die den Tschechen garantiert wurde, und die Möglichkeit des Zusammenschlusses mit den Landsleuten außerhalb des ehemaligen Reiches, die den anderen nichtdeutschen Völkern gegeben wurde, nahm man gelassen und ohne Groll hin, da es ein stilles Einverständnis darüber gab, daß wir von diesen Nationen nichts Besseres verdient hatten. Die einzige Auflage, die als empörende Schmach empfunden wurde, war, daß wir das Märchenland Südtirol an die Italiener abtreten mußten, die ein wirklich verachteter Gegner gewesen waren. Wie schon 1866 hatte es Österreich nichts genutzt, daß es die Italiener in jeder wichtigen Schlacht besiegt hatte. Der Vertrag enthielt auch eine Klausel, wonach sich Personen, die in Gebieten geboren waren, die jetzt unter neuer Herrschaft standen, entscheiden konnten, ob sie Bürger des Landes werden wollten, in dem sie lebten, oder ob sie Bürger ihres Herkunftslandes bleiben wollten. Mein Vater mußte daher die Frage beantworten, ob er Bürger von Wien und Österreich bleiben wollte, der er erst 1917 geworden war, oder ob er seine frühere tschechoslowakische Staatsangehörigkeit wiedererwerben und in Prag leben wollte. Mein Kommilitone an der Akademie, Alois Hába, begann, mich wie verrückt zu bearbeiten, um mich zu einer Entscheidung für die Tschechoslowakei zu bewegen. Er war ein fanatischer Nationalist und erklärte mir, daß es einem Verrat gleichkäme, wenn ich nicht in die Heimat meiner Ahnen zurückkehrte und mein Talent für die Verherrlichung der neuen Republik einsetzte.

Was mich selbst anging, so spielten bei der Entscheidung keine sentimentalen Faktoren mit. Ich wußte nichts über die Tschechoslowakei, da wir während unserer Besuche in meiner Kindheit immer in den Kreisen der übernationalen Armee verkehrt hatten, und ich hatte seit dem Tod meiner Großmutter kaum ein Wort Tschechisch gesprochen. Für meine Eltern war die Situation nicht viel anders, denn sie hatten in über zwanzig Jahren jeden Kontakt mit der alten Heimat verloren. Aus wirtschaftlicher Sicht schien im Moment kein großer Unterschied zu bestehen, da mein Vater aufgrund des Gegenseitigkeitsvertrags zwischen Österreich und der Tschechoslowakei in beiden Ländern die gleiche Pension erhalten würde. Der entscheidende Punkt, der uns schließlich veranlaßte, Österreich zu wählen, war, daß ich in der Tschechoslowakei wieder wehrpflichtig gewesen wäre. Der Friedensvertrag verpflichtete Österreich, die allgemeine Wehrpflicht abzuschaffen, was ich stets für einen Segen und für ein eindeutiges Zeichen des Fortschritts gehalten habe; wir hätten denen, die uns die Abschaffung der Wehrpflicht auferlegten, dankbar sein sollen.

In Österreich beklagte eigentlich kaum jemand diese Regelung, so daß meine Einstellung dazu nicht besonders originell war. Als ich aber später in Deutschland in erregte Debatten über dieses Problem hineingezogen wurde, betrachtete man mich oft als verantwortungslosen Spinner, oder sogar als gefährlichere Person, sobald ich die Ansicht äußerte, daß jede von der Wehrpflicht befreite Nation Gott auf Knien danken sollte, und wenn die Siegernationen den Ehrgeiz hätten, die Welt mit ihren Streitkräften zu überwachen, sollte man ihnen ewig dankbar sein. Damals faßte ich den feierlichen Entschluß, daß ich, wenn es zu meinen Lebzeiten noch einen Krieg geben sollte, nicht dabei sein würde. Natürlich konnte ich die Umstände des gegenwärtigen Krieges nicht voraussehen und schon gar nicht, daß ich diesmal auf der anderen Seite stehen würde.

Doch eigentlich hat sich an meinem Beschluß nichts geändert, und ich frage mich, ob ich so lange lebe, daß ich ihn bis zum Ende dieses Krieges aufrechterhalten kann. Es ist nutzlos, darüber zu spekulieren, wie mein Leben verlaufen wäre, wenn wir uns entschlossen hätten, nach Prag zu übersiedeln. Was die äußeren Umstände angeht, hätte es bedeutet, daß ich vom Bürger eines besiegten Staates zum Bürger eines Siegerstaates geworden wäre. Die Implikationen einer solchen Veränderung waren damals durchaus nicht klar, weil Europa zu jener Zeit immer noch den Reise- und Verkehrsbeschränkungen des Krieges unterworfen war und niemand wußte, was es künftig bedeuten würde, einem bestimmten Land anzugehören. Ich weiß nicht, ob ich in Prag mein Studium hätte fortsetzen können und ob ich mich in eine andere Richtung entwickelt hätte als in die, für die ich geeignet war.

Schreker geht nach Berlin

Ein weiteres, ebenso bedeutsames Problem stellte sich, als bekannt wurde, daß Franz Schreker einen Ruf als Direktor der Staatsakademie für Musik in Berlin angenommen hatte, der deutschen Schwesterinstitution der Wiener Akademie. Wie schon erwähnt, war er damals im Begriff, einer der erfolgreichsten Opernkomponisten in Deutschland zu werden, insbesondere, nachdem Paul Bekker, der äußerst einflußreiche Kritiker der »Frankfurter Zeitung«, ihn entdeckt hatte. Bekker schrieb ein Büchlein über Schreker, in dem er ihn als das erste originelle Genie auf dem Gebiet der Opernkomposition seit Wagner anpries. Ein großes Wort fürwahr.

Die Revolution hatte in der preußischen Kunstverwaltung einen neuen Mann ans Ruder gebracht, einen tschechoslowakischen Juden namens Kestenberg, der Sekretär oder Manager des berühmten Berliner Kunsthändlers Cassirer gewesen war. Dieser Mann, ein außerordentlich begeisterter und geschickter Politiker mit ungewöhnlicher Vitalität und Findigkeit, machte sich daran, das gesamte System der Musikerziehung und die unter staatlicher Verwaltung stehenden musikalischen Institutionen Preußens zu reorganisieren und zu erneuern, und auch er hatte Schreker entdeckt, der ihm vermutlich hinreichend modern und dennoch beeinflußbar erschien. Letzteres war damals bei Schönberg nicht der Fall, der aber von seinem künstlerischen Format her viel eher in Frage gekommen wäre. In Wirklichkeit hatte Kestenberg mit seiner Wahl einen großen Fehler gemacht, und Schreker mußte dafür schließlich teuer bezahlen. Aber das sollte erst ein paar Jahre später geschehen.

Einstweilen war alles wunderbar. Schreker, stets entwaffnend naiv, schien mit dem Alter noch naiver zu werden. Als er von seinem ersten Besuch in Berlin zurückkam, benahm er sich wie ein Bauer, der zum erstenmal in der Stadt war. Er wurde nicht müde, uns von der Großartigkeit, Ausdehnung und Pracht der deutschen Hauptstadt zu erzählen, und daß dort alles bis ins kleinste Detail hundertmal besser sei als irgend etwas in Wien, und er versicherte uns, daß eine glorreiche Zukunft vor uns läge, wenn wir ihm nach Berlin folgten.

Für mich und meine Eltern stellte sich damit ein sehr ernstes Problem. Es war klar, daß ich, wenn ich in Wien blieb, mein Studium kaum mit Erfolg fortsetzen konnte, weil ich bereits zu weit fortgeschritten war, um mich an die Methoden eines anderen Lehrers anzupassen. Außerdem wäre es schwierig gewesen, einen zu finden, weil Schrekers sehr geringe Meinung von seinen Kollegen an der Akademie jegliches Vertrauen, das ich zu einem von ihnen hätte haben können, für immer im Keim erstickt hatte. Der einzige, der nach Schreker erwähnenswert gewesen wäre, war Joseph Marx, der wohlbekannt war, weil er eine beachtliche Menge von Liedern in einem süßlichen, rührseligen Hugo-Wolf-Stil produziert hatte. Ich mochte den ungeheuer dicken und lärmenden Kerl jedoch nicht, der aus der Steiermark stammte (wie Hugo Wolf, was er betonte) und der die leutseligen und widerwärtigen Manieren eines kräftigen Bauerntölpels angenommen hatte, der sich über die feinen Großstadtpinkel lustig macht. Mein Instinkt trog mich nicht, denn Marx wurde in späteren Jahren der Bannerträger der geistlosen teutonischen Reaktion und ein Wegbereiter der Nazis.

Andererseits köderte Schreker seine Schüler mit dem Versprechen, daß er für die, die ihm nach Berlin folgen würden, Arbeit beschaffen könne. Da er aufgrund der zahlreichen Aufführungen seiner Opern großen Einfluß auf die deutschen Opernhäuser hatte, hatte er tatsächlich mehrere seiner Anhänger als Korrepetitoren und Assistenten der Dirigenten an solchen Institutionen untergebracht. Obgleich ich keine große Lust zu einer solchen Stelle hatte, war das die einzige Möglichkeit, die ich sah, denn Wien hätte mir nicht einmal das geboten. Deshalb wurde schließlich entschieden, daß ich im Herbst 1920 nach Berlin gehen sollte. Herr Wagner, der alte Schuster, der bei meinem Vater in Vöslau gedient hatte, wurde mit der Aufgabe betraut, in Berlin ein Zimmer für mich zu suchen. Auch andere Vorbereitungen wurden getroffen. Meine Eltern wollten mir eine bescheidene monatliche Unterstützung zukommen lassen, bis ich mich durch die Arbeit, die Schreker zu beschaffen versprach, zumindest bis zu einem gewissen Grad selbst würde ernähren können.

Ich sah dem ganzen Unternehmen mit den größten Bedenken entgegen, weil ich nie von meinen Eltern getrennt gelebt hatte und keine Ahnung hatte, wie ich mein Leben allein organisieren sollte. Ich dachte mit Entsetzen daran, denn ich hatte nicht den geringsten Abenteuergeist. Das ist auch immer so geblieben. Ich bin ausschließlich an geistigen Abenteuern interessiert, und auf diesem Gebiet habe ich mir eine unersättliche Neugier bewahrt und, wie mir scheint, insofern eine furchtlose Haltung, als ich nicht versuche, Problemen aus dem Weg zu gehen. Nur vorübergehend, insbesondere während einer Phase zahlreicher Enttäuschungen in den dreißiger Jahren, sehnte ich mich nach einer radikalen Veränderung meiner Lebensumstände und wünschte mir eine Art äußerer Katastrophe, die sie herbeiführen sollte, weil ich wußte, daß ich nie imstande sein würde, eine derartige Veränderung von mir aus in die Wege zu leiten. Als Hitler schließlich die äußere Katastrophe lieferte, war ich alles andere als dankbar, und es bleibt abzuwarten, ob sie mir Gutes brachte.

Als die Zeit meiner Abreise nahte, hielt mein Vater es für seine Pflicht, mir, reichlich verspätet, etwas zum Thema der sexuellen Beziehungen zu sagen. Das war ihm nicht wenig peinlich, und mir ging es beim Zuhören genauso. Daher machte ich dem Vortrag bald ein Ende, indem ich andeutete, daß ich während meiner Militärdienstzeit bereits eine informelle und indirekte Einführung erhalten hätte, was ein wenig übertrieben war, doch schien es mir, daß ich das, was mir an detailliertem technischem Wissen noch fehlte, bald durch unvermeidliche praktische Erfahrung erwerben würde.

Etwa um den 1. Dezember 1920 verließ ich Wien zum erstenmal, um ein selbständiges Leben zu beginnen, siebzehn Jahre, bevor ich meine Heimatstadt zum letztenmal verlassen sollte. Ich nahm morgens am Franz-Josephs-Bahnhof den Zug, der am gleichen Tag spät abends in Berlin ankommen würde. Nach dem neuen Fahrplan fuhr er über Prag, und so bekam ich zum erstenmal die Hauptstadt des Landes meiner Vorfahren zu sehen.

Ich hatte Proviant für den Tag mit und eine Flasche des berühmten Wiener Wassers, das durch mehr als hundert Kilometer lange Rohrleitungen in die Stadt kam, aus dem Gebiet des Schneebergs und des Hochschwabs in der Steiermark. Aus irgendeinem Grund beschloß ich, dieses Wasser nicht anzurühren, und ich bewahrte es in Berlin mehrere Monate lang auf, als das einzige Lebendige, das mich mit meiner Heimat verband. Es wurde trüb und grün von allerlei Mikroben, die darin wuchsen, aber ich brachte es nicht über mich, es wegzuschütten. Als ich es schließlich doch tat, war das ein Zeichen dafür, daß ich den Schock meiner Entwurzelung überwunden hatte. Ich zögere zu sagen, ich hätte in meiner neuen Umgebung Wurzeln geschlagen, weil ich nicht glaube, daß das jemals geschah.

Erstes Resümee

Da der erste Abschnitt meines Lebens hier zu Ende geht, liegt mir besonders daran, zu ermitteln, was es damals für mich bedeutete, einen Krieg und eine Revolution miterlebt zu haben, die angeblich das Antlitz der Welt veränderten. Weil ich jetzt, da ich diesen Bericht über mein Leben niederschreibe, wiederum eine solche Phase durchlebe, zweifle ich an der unmittelbaren Bedeutung solcher Ereignisse für die Zeitgenossen und die Opfer. Ich glaube, daß wir dazu neigen, sie zu überschätzen und zugleich zu unterschätzen. Einerseits hängen wir der Vorstellung an, daß das Schicksal uns ausersehen hat, mitzuerleben, wie sich die großartigste Phase der Weltgeschichte vor unseren Augen entfaltet, sowohl was das Ausmaß der Katastrophen angeht als auch in bezug auf die Möglichkeit einer endgültigen Wende in Richtung auf die deutliche Verbesserung der Bedingungen in der Welt. Wir neigen zu der Annahme, daß keine Generation je Leid durchgemacht hat, das mit unserem vergleichbar wäre, und daß deshalb keine Generation das Recht hat, so großartige Hoffnungen zu nähren wie wir, Hoffnungen, in deren Erfüllung wir die einzige Rechtfertigung unserer Leiden finden würden, ein Gedanke, der wahrscheinlich unserem Selbsterhaltungstrieb entspringt. Da andererseits Weltgeschehen von größtmöglichem Format sich für den einzelnen notwendigerweise in zahllose unbedeutende Probleme auflöst, die nichtsdestoweniger zum jeweiligen Zeitpunkt von größter Wichtigkeit sind, verliert man leicht die richtige Perspektive, die nötig ist, um die historische Bedeutung des ganzen Prozesses zu bewerten.

Letzten Endes ist die Bedeutung jedes Lebensprozesses eine Frage der Perspektive, die für die Beurteilung gewählt wird. Ich bezweifle, daß den Menschen, die den Untergang des Römischen Reiches miterlebt haben – ein Ereignis, das in einschlägigen Diskussionen so oft angeführt wird –, bewußt war, daß sie Zeugen eines derartigen Prozesses waren. Was wir jetzt als Katastrophe von langer Dauer sehen, war für die Zeitgenossen wahrscheinlich eine Reihe lokaler Unruhen, die viele Unannehmlichkeiten schufen und die etablierte Ordnung erschütterten, aber die Interpretation, daß alle diese kleineren Ereignisse schließlich auf eine Vernichtung dieser Ordnung hinausliefen, war wahrscheinlich erst zu einem sehr viel späteren Zeitpunkt möglich. Die Auflösung des Österreichisch-Ungarischen Reiches erschien seinen Einwohnern als ein Ereignis kosmischer Größe. Auf die Bevölkerung von Frankreich oder England hatte es eine weit geringere Wirkung, und für die Amerikaner war es vermutlich so gut wie bedeutungslos. Wie es sich in zukünftigen historischen Betrachtungen darstellen wird, weiß niemand. Wenn es beispielsweise in einer nicht zu fernen Zukunft zu einer Föderation der Nationen des Donauraums kommen sollte, ist es durchaus möglich, daß die Zeit von 1918 bis zur Bildung einer solchen Föderation in zukünftigen historischen Darstellungen als kurzes Intermezzo ohne besondere Bedeutung erscheint. Für Menschen jedoch, die diese potentielle Wiedergeburt des alten Reiches in neuer Form nicht mehr erleben, ist das Intermezzo ein Finale, und seine Bedeutung wird eindeutig mit dem Weltuntergang gleichgesetzt.

Diese Relativität der allgemeinen Signifikanz von Ereignissen steht unvermeidlich in scharfem Kontrast zu ihrer Bedeutung für den einzelnen. Trotz meines lebhaften Interesses an Geschichte neige ich sehr dazu, diesen individuellen Reaktionen die größte Bedeutung beizumessen, denn sie sind es, die für mich den Charakter unbezweifelbarer Realität haben. Im Laufe meines Lebens habe ich häufig bemerkt, daß ich ein sehr geringes oder gar kein Gruppenbewußtsein habe. Es fängt damit an, daß ich keiner der nationalen oder rassischen Einheiten angehöre, die heute als einzig wahres Integrationssystem allgemein anerkannt werden. Ich bin weder Tscheche noch Deutscher, und Österreicher zu sein, erscheint praktisch jedem lebenden Menschen als eine künstliche Abstraktion. Ich habe nie irgendein Klassenbewußtsein gehabt; wenn ich mit Bewegungen sympathisiere, die auf die Verbesserung des Loses des »gemeinen Volkes« abzielen, tue ich das in Wirklichkeit deshalb, weil ich das gemeine Volk nicht mag und deshalb Maßnahmen befürworte, die es weniger gemein werden lassen. Manchmal habe ich eine gewisse Solidarität mit meinen Künstlerkollegen verspürt, dann nämlich, wenn sie die Sache der Kunst ganz allgemein zu vertreten schienen, insbesondere, wenn sie von den Gegnern der Kunst über einen Kamm geschert wurden. Natürlich stimme ich, was die Kunst als solche betrifft, mit den meisten von ihnen nicht überein und sehe kaum eine gemeinsame Basis, auf der ich ein Gruppengefühl entwickeln könnte. In späteren Jahren kam es zu einem Wiederaufleben meiner Treue zur römisch-katholischen Kirche, doch dabei geht es wiederum eher um die Idee, als daß ein Gefühl der Zugehörigkeit zur katholischen Gemeinde, mit der mich absolut nichts verbindet, im Spiel wäre. Eigentlich beruht mein neues Interesse an der Kirche darauf, daß sie das Individuum und sein Heil über alle anderen Erwägungen stellt.

Wie also mag der Zustand dieses Individuums Ernst Krenek ausgesehen haben, als es den ersten Schritt auf dem Weg zu einem selbständigen Dasein machte? Emotional war ich im Vergleich zu den meisten jungen Leuten meines Alters zweifellos erschreckend unterentwickelt, da bislang kein emotionales Erlebnis die harte Schale der Konventionen durchbrochen hatte, mit der meine Erziehung meine Persönlichkeit umschlossen hatte. Intellektuell war ich der normalen Verfassung dieses Alters offenbar weit voraus, so daß sich meine Unreife nicht in der üblichen Form geistlosen, kindischen Wesens zeigte. Da ich mir meines emotionalen Defizits durchaus bewußt war, bemühte ich mich, es zu verbergen, indem ich gegenüber Dingen, die die unzulängliche Seite meines Wesens betrafen, eine überlegene Haltung einnahm. Diese Frustration auf einem wesentlichen Gebiet und der Versuch, sie zu verbergen, führten bei mir zu einer im allgemeinen melancholischen Stimmung. Die überwältigende Tristheit des öffentlichen Lebens verstärkte diese Stimmung, so daß eine meiner einprägsamsten Erinnerungen an dieses letzte Jahr in Wien das Gefühl ist, todtraurig zu sein. Manche Nacht lag ich schlaflos in meinem Bett in Großmutters »Kabinett«, das ich damals bewohnte, der Regen trommelte trübselig gegen die Fensterscheibe, ein spätes Pferdefuhrwerk klapperte auf der regennassen Straße langsam vorbei, und das verzweifelte Pfeifen einer Lokomotive in weiter Ferne fügte diesem unendlich hoffnungslosen Ensemble von Geräuschen einen Ton unerträglicher, herzzerreißender Qual hinzu. Dieses Bild fügte ich zehn Jahre später in eines der Lieder in meinem Zyklus *Gesänge des späten Jahres* ein. Ich sympathisierte mit schwachen, unentschlossenen, wankelmütigen Charakteren im Leben und in der Literatur, und ich kam zu der Ansicht, daß Feigheit die einzig würdige menschliche Haltung sei, weil sie die einzige aufrichtige zu sein schien. Diese Sichtweise wurde später in dem großen Strom pazifistischer Romane und Theaterstücke über den Ersten Weltkrieg von der Literatur aufgenommen. Das ist wieder ein Beispiel dafür, wie die persönlichen Gefühle eines einzelnen sich in einen allgemeinen Trend einfügen, der letzten Endes aus den übereinstimmenden Gefühlen vieler einzelner zur gleichen Zeit herrührt.

All diese melancholischen Empfindungen trieben mich immer wieder an meine Arbeit zurück, und die erstaunlichen Mengen von Musik, die ich zu jener Zeit und in den folgenden Jahren schrieb, erklären sich wahrscheinlich aus dem instinktiven Drang, einen Ausgleich für das zu schaffen, was ich im Leben zu verpassen glaubte. Da ich eine beträchtliche Begabung zum Komponieren hatte, war das ein einfacher Ausweg aus dem Konflikt. Weil ich anscheinend nicht fähig war, mein Leben hinreichend produktiv zu gestalten (worunter ich wahrscheinlich verstand, reichlich Geschlechtsverkehr mit Frauen zu haben), wählte ich den Weg des geringeren Widerstands und schrieb noch mehr Musik.

In meiner künstlerischen Entwicklung war ich ebenso unreif, was zum Teil an den Mißverhältnissen in meiner menschlichen Verfassung und zum Teil an den Eigentümlichkeiten meiner musikalischen Ausbildung lag. Instinktiv strebte ich nach »Modernität«, ohne genau zu wissen, was ich mir darunter vorstellte. Ich empfand es als meine Pflicht, »anders« zu sein, kühn, esoterisch, schwierig, komplex und was nicht noch alles, weil wir offenbar in einem Zeitalter lebten, in dem sich die Welt in Sprüngen und großen Sätzen auf ungeahnte Lebensformen zubewegte. Dieses Bestreben war eher intellektuell produziert, als daß es einem inneren Drang entsprang. Doch was ist ein innerer Drang? Immer wieder wird fortschrittlichen Künstlern vorgeworfen, sie wollten um jeden Preis anders sein, aus dem unseligen Wunsch heraus, Aufmerksamkeit zu erregen. Ich habe oft versucht, solche Einwände zu entkräften, indem ich demonstrierte, daß die Künstler in Wirklichkeit nicht mit der Vergangenheit brachen und daß ihr »Anderssein« die Folge einer natürlichen und unvermeidlichen Entwicklung war.

In letzter Zeit bin ich dieser Art von Streiterei müde geworden, und ich neige jetzt dazu, das Recht des Künstlers zu verteidigen, absichtlich anders zu sein, wenn er das will. Sollte das nicht genug »innnerer Drang« sein? Die Schwierigkeit in meinem Fall war damals, daß ich im Gebrauch der Mittel für den originellen Ausdruck nicht systematisch unterrichtet worden war. Ich war aber durchaus zufriedenstellend darauf vorbereitet, aus eigener Initiative einen guten Anfang zu machen, denn ich kannte die gesamte Musikliteratur nach Bach ausgezeichnet. Hinsichtlich der früheren Perioden war ich beschämend unwissend. Mein ganzes Wissen war wenig geordnet, weil ich es wahllos und ohne Anleitung erworben habe.

Das galt auch für meine Kenntnisse auf anderen Gebieten. Ich hatte alles gelesen, was ich in die Finger bekommen konnte, und das war viel. Aber niemand hatte mir jemals erklärt, was es alles bedeutete oder unter bestimmten Voraussetzungen bedeuten konnte. Auch bei der Verarbeitung dieses ganzen geistigen Materials mußte ich mich ganz auf meinen Instinkt verlassen, der nur von dem ausgezeichneten methodischen Training unterstützt wurde, das meine humanistische Bildung mit sich brachte. Die Religion bot mir keine Orientierungshilfe. In dem Jahr nach dem Abschluß des Gymnasiums hörte ich auf, in die Kirche zu gehen, weil ich zum Kirchgang nicht mehr angehalten wurde und weil die postrevolutionäre Atmosphäre unter dem Einfluß kommunistischer Gedanken einen antiklerikalen Beigeschmack hatte. Ich entwickelte keine ausgesprochen antireligiöse oder atheistische Haltung, aber ich teilte, eher aus Faulheit als infolge neu erworbener Prinzipien, die allgemeine Gleichgültigkeit in religiösen Dingen. Unter den neuen Umständen schienen sie einfach nicht mehr viel Aufmerksamkeit zu verdienen, ein Standpunkt, den ich kritiklos akzeptierte.

Aufgrund dieser Analyse habe ich jetzt den Eindruck, daß ich ziemlich schlecht für das ausgerüstet war, was ich vorhatte – aber eigentlich wußte ich nicht einmal genau, was das war. In Anbetracht dessen, daß ich eine vergleichsweise vielfältige, sorgfältig geplante und praktisch ungestörte Ausbildung genossen hatte, sieht das Ergebnis recht entmutigend aus. Andererseits mag es ungerecht sein, von einem Zwanzigjährigen viel mehr zu erwarten, als ich zu diesem Zeitpunkt zu bieten hatte. In verschiedenen Autobiographien stoße ich auf erstaunliche Aussagen in bezug auf das Ausmaß an Entschlossenheit und Planung, das die Autoren, wie sie uns glauben machen wollen, schon in frühem Alter gezeigt haben. Bei der Arbeit an diesem Bericht über mein eigenes Leben werde ich im Hinblick auf solche Behauptungen unwillkürlich mißtrauisch. Es scheint mir, daß sie in der Mehrzahl der Fälle aufgrund der späteren Entwicklung in die Vergangenheit hineingelesen wurden. Außerdem kann es sein, daß junge Leute, die mit Gruppen oder Persönlichkeiten in Verbindung treten, die im öffentlichen Leben der Zeit eine herausragende Rolle spielen, mit Leichtigkeit Ideen aufnehmen, die in diesen Kreisen zirkulieren, und sich dann später einbilden, sie seien selbst an der Entwicklung dieser Ideen beteiligt gewesen. Da mein Leben immer völlig abseits von solchen Personen und Gruppen verlief (mit Ausnahme von Franz Schreker – aber meine Beziehung zu ihm war anders, weil er mein offizieller Lehrer war, und im übrigen hatte er nicht viele Ideen, die man teilen oder aufnehmen konnte), mußte ich auf mein eigenes geistiges Potential zurückgreifen. Das einzige in dieser Richtung, an das ich mich deutlich erinnere, weil ich es in einem meiner Tagebücher jener Zeit festgehalten habe, war meine Überzeugung, daß es meine Bestimmung sei, nach Mahler den nächsten wichtigen Beitrag zur Entwicklung der Symphonie zu leisten. Vielleicht war das immerhin etwas.

Madison, Wisconsin
Juli 1943

ZWEITES KAPITEL

Der Leser dieser Aufzeichnungen wird vermutlich – mehr oder weniger erstaunt – feststellen, daß meine Wiedergabe öffentlicher Angelegenheiten, die ich miterlebt habe, voller Ungenauigkeiten und falsch dargestellter Fakten ist. Da ich mir dieser Fehler anscheinend bewußt bin, mag er sich fragen, warum ich nicht die relativ geringe Mühe auf mich genommen habe, solche Fakten anhand des reichlichen Materials, das in allen öffentlichen Bibliotheken zur Verfügung steht, zu überprüfen. Ich unterlasse das absichtlich, weil ich keine Geschichte des zwanzigsten Jahrhunderts schreibe, sondern unter anderem versuche, Bericht darüber zu erstatten, wie sich diese Geschichte in der Formung meines Geistes widerspiegelt, soweit ich das heute erinnern kann. Öffentliche Ereignisse gehen nur insofern in diese Aufzeichnungen ein, als sie mir heute für die Entwicklung meiner Persönlichkeit relevant erscheinen. Die Auswahlmethode, die ich dabei anwende, ist so einfach, daß sie fast primitiv wirken könnte: Da ich mich vollständig auf mein Gedächtnis verlasse, erwähne ich öffentliche Angelegenheiten nur so weit und in der Weise, wie ich sie erinnern kann.

Wer immer diese Seiten kritisch studieren möchte, wird feststellen, daß meine Abweichungen von den sogenannten anerkannten Tatsachen bedeutsamer sind als jeder mögliche Versuch meinerseits, eine vollkommene Übereinstimmung zwischen meiner Geschichte und den offiziellen Berichten herzustellen. Der Leser wird bereits wiederholt Gelegenheit zu der Beobachtung gehabt haben, daß ich von objektiver Geschichtsschreibung nichts halte, weil ich überzeugt bin, daß jede Art historischer Darstellung notwendigerweise die Auswahl und die Interpretation von Fakten, oder genauer, von Schilderungen von Fakten, beinhaltet, denn die Fakten sind nur aus den Berichten bekannt, die darüber angefertigt wurden. Ich habe meine Theorien über diesen Gegenstand etwa 1930 formuliert, als ich an dem Material zu meiner Oper *Karl V.* arbeitete, aber das Fundament dazu wurde viele Jahre früher gelegt, als ich, wie bereits berichtet, im Zusammenhang mit Heraklit die Bedeutung des Relativitätsgedankens entdeckte. Natürlich unterstelle ich nicht, daß ein Historiograph bei der Auswahl und der Interpretation seiner Fakten jemals eine so willkürliche Methode einsetzen würde, wie die es ist, zu der ich mich hier im Hinblick auf meinen Umgang mit öffentlichen Angelegenheiten bekenne. Wie ich schon früher erklärte, geben diese Aufzeichnungen zwangsläufig meine Einstellungen und meine Ansichten zur Zeit ihrer Niederschrift wieder. Das wäre immer so, gleichgültig, welchen Moment ich wählen würde, und da das Leben ein Prozeß ständiger Veränderung ist, würden die Einstellungen und die Ansichten, die in meinen Aufzeichnungen zum Ausdruck kommen, wahrscheinlich anders aussehen als jetzt, wenn ich sie in einer anderen Periode meines Lebens verfaßte. Die einzige Situation, in der die Relativität nicht berücksichtigt werden müßte, wäre, wenn ich sub specie aeternitatis schreiben könnte, also nach meinem Tode, wenn ich mich, worauf ich hoffe und vertraue, in einem Zustand vollkommener und endgültiger Erkenntnis dessen befinden werde, was die Summe des menschlichen Lebens ausmacht, die wir hier und jetzt nur bruchstückhaft und flüchtig zu sehen bekommen. Glücklicherweise kann niemand von jenseits des Grabes Geschichte schreiben, denn das würde das Ende diesseitiger Geschichtsschreibung bedeuten.

Also, meine gegenwärtigen Einstellungen und Ansichten beeinflussen natürlich meine Art, mich an Gewesenes zu erinnern, das heißt die Auswahl und Interpretation dessen, was gewesen ist. Weil die Ereignisse der Vergangenheit aber ständig die Bildung meiner Einstellungen und Ansichten in der Gegenwart mitbestimmen, haben sie gewissermaßen den Modus geschaffen, nach dem ich mich hier und jetzt an sie erinnere. Aus diesem Grund glaube ich, daß die Abweichungen von den »anerkannten« Fakten, die auf diesen Seiten zu finden sind, charakteristisch und vielleicht für jeden bemerkenswert sind, den meine Lebensgeschichte in irgendeiner Weise interessiert. Im übrigen bin ich ganz sicher, daß die Darstellung meiner Privatangelegenheiten bei weitem genauer ist, weil ich es in dieser Hinsicht nicht vermeide, Daten zu überprüfen, deren Ermittlung mir notwendig erscheint. Es ist auch klar, daß meine Erinnerung an Dinge, die ich selbst erlebt habe, viel verläßlicher ist als diejenige an Angelegenheiten allgemeiner Art, die nur den Hintergrund meines Lebens bildeten. Deshalb wünsche ich mir, daß der Leser, der von meinen Irrtümern in bezug auf öffentliche Ereignisse schockiert ist, nicht vorschnell den Schluß ziehen möge, meine Lebensgeschichte könne infolgedessen insgesamt nicht vertrauenswürdig sein.

Ankunft in Berlin

Von 1920 bis 1923 verbrachte ich den größeren Teil dreier Winter in Berlin. Da das Wintersemester an der Hochschule für Musik ziemlich spät begann und es mitten im Winter längere Ferien gab, die ich in Wien verbrachte, blieb ich während dieser Zeit an der Wiener Universität immatrikuliert, wo ich dann und wann Vorlesungen hörte, wie ich das in meinem ersten Jahr getan hatte. Auf diese Weise konnte ich alle Voraussetzungen schaffen, die für einen Doktortitel in Philosophie nötig waren. Um diesen zu erwerben, hätte ich natürlich Seminararbeiten anfertigen und eine Dissertation schreiben müssen. Ich habe wiederholt bedauert, daß ich das nicht tat. Aber zu der Zeit, als ich mit dieser Arbeit hätte beginnen können, ließen die Umstände ein derartiges Unternehmen unvernünftig erscheinen. Darauf werde ich später zurückkommen.

Es ist nicht mehr möglich, alle Vorfälle, die sich während meiner Aufenthalte in Berlin ereigneten, in eine richtige chronologische Reihenfolge zu bringen, so daß ich diese Phase meines Lebens als Ganzes werde behandeln müssen, zumindest soweit es um unbedeutendere Angelegenheiten geht. Auf diese Zeit zurückzublicken, ist keine durchweg angenehme Beschäftigung, da ich feststelle, daß sehr viele Dinge geschahen, von denen ich wünschte, sie wären nicht geschehen. Vermutlich ist aber jede Phase im Leben eines jeden Menschen voll von solchen Dingen, und deshalb erscheint es mir vorteilhafter, mich auf die positiven Aspekte jener drei Jahre zu konzentrieren, von denen es ebenfalls sehr viele gab, insbesondere, was meinen beruflichen Werdegang betrifft. Wenn ich mich an diese Phase nicht mit besonders großer Begeisterung erinnere, dann liegt das wahrscheinlich daran, daß ich das Gefühl habe, in meinem Privatleben in dieser Zeit nicht sehr viel Glück gehabt zu haben, und daß ich den Ort, der den Schauplatz für dieses Leben darstellte, eigentlich nie richtig mochte. In späteren Jahren wuchs sich mein unbestimmter Widerwille gegen Berlin zu einer veritablen und eindeutigen Aversion gegenüber der Hauptstadt des Deutschen Reiches aus.

Bei meiner Ankunft am Anhalter Bahnhof wurde ich von Herrn Wagner abgeholt, dem Schuster, der im Krieg der letzte Bursche meines Vaters gewesen war. Er brachte mich in seine Wohnung, die bedrückend proletarische Merkmale aufwies. Am nächsten Tag führte er mich zu dem möblierten Zimmer, das er in der Suarezstraße in Charlottenburg, im Westen Berlins, für mich angemietet hatte. Von hier zur Hochschule für Musik waren es ungefähr zwanzig Minuten zu Fuß. In seinen Briefen hatte Wagner geschrieben, das Zimmer befände sich in einem Gartenhaus, was recht attraktiv klang, denn in

Wien verstand man unter einem Gartenhaus gewöhnlich ein Häuschen, das im Garten einer Villa zu Erholungs- oder anderen Zwecken erbaut worden war. Ich war bitter enttäuscht, als ich herausfand, was man in Berlin als Gartenhaus bezeichnete. Es war nichts weiter als die noch etwas häßlichere Nachbildung eines häßlichen fünfstöckigen Wohnhauses, von letzterem nur durch einen häßlichen Hinterhof getrennt, in dem zwei oder drei mickrige kleine Bäumchen verzweifelte Versuche anstellten, alles Licht aufzufangen, das die riesigen Steinmauern der angrenzenden Mietshäuser in die Schlucht einfallen ließen. Mit anderen Worten, es war der hintere Trakt eines normalen großstädtischen Mietshauses, der mit diesem phantasievollen Namen geschmückt wurde, da er sich durch sonst nichts auszeichnete. Vom ersten Augenblick an habe ich mich über diese falsche Bezeichnung geärgert, als wäre sie erfunden worden, um mich persönlich zu täuschen, und ich stellte fest, daß sie für die Prahlerei der deutschen Rasse und für ihre Neigung zur Vorspiegelung falscher Tatsachen typisch war. Die Mieter der kleinen Wohnung, in der ich mein Zimmer hatte, waren Herr und Frau Rocholl, ein Eisenbahner, der in dem nahe gelegenen Verschiebebahnhof von Charlottenburg beschäftigt war, ein stämmiger, zurückhaltender Mensch, und seine Frau, ein steifes, etwas säuerliches Geschöpf. Beide waren wahrscheinlich im Grunde gutmütige Leute mit der typischen Einstellung von Proletariern, die bestrebt sind, als Angehörige der Mittelschicht eingestuft zu werden, aber obgleich ich zwei Jahre lang in ihrer Wohnung lebte, lernte ich sie so wenig kennen, daß ich mich nicht erinnere, ob sie ein Kind hatten oder nicht. Die Umgebung entsprach mir so wenig, daß ich von Anfang an Distanz zu diesen Leuten hielt.

Glücklicherweise lag mein Zimmer im fünften Stock, so daß ich das Licht, das es gab, aus erster Hand bekam. Die Möbel waren unscheinbar und unpersönlich, und ich unternahm nichts, um diesen Aspekt des Zimmers zu verbessern, da ich kein Verlangen hatte, mich dort zuhause zu fühlen. Diese Haltung habe ich seitdem der Mehrzahl meiner Wohnstätten gegenüber beibehalten, weil ich sie normalerweise lieber als vorübergehend betrachtete, denn meistens freute ich mich darauf, sie so bald wie möglich wieder zu verlassen. Andererseits habe ich immer gezögert, die Wohnung zu wechseln, sobald ich mich in einer bestimmten Umgebung eingerichtet hatte, selbst wenn sie mir nicht gefiel – wahrscheinlich, weil ich Packen mehr hasse als vieles andere. Packen besitzt für mich alle Merkmale von Tod, Weltuntergang und Jüngstem Tag.

Meine Neugier verleitete mich, gleich am ersten Tag in die Stadt zu fahren, um einen Eindruck von Berlin zu bekommen. Ich nahm in

Charlottenburg die Stadtbahn, weil ich mit der beträchtlich schnelleren U-Bahn nicht vertraut war, und besuchte das Café Bauer, das, wenn ich mich recht erinnere, Unter den Linden war und von dem ich in Wien gehört hatte. Es gefiel mir überhaupt nicht, denn es war ganz anders als die guten alten demokratischen Wiener Kaffeehäuser, nämlich eine ziemlich luxuriöse und recht teure Geschichte. Auch das Stadtbild gefiel mir nicht besonders, denn alles erschien mir häßlicher, wenn auch viel größer als in Wien. Ich beschloß, mich für einige Zeit nicht weiter um die Stadt zu kümmern und mich meinen Angelegenheiten zuzuwenden.

Ich begab mich zur Hochschule, die in einer ruhigen Straße am Rande des Tiergartens in der Nähe des Bahnhofs Zoo lag. Architektonisch gesehen war das Gebäude ein Annex des riesigen Baus der Akademie der Künste. Beide Institutionen unterstanden der Verwaltung des Preußischen Staates, da kulturelle Angelegenheiten in Deutschland Sache der verschiedenen Staaten waren, aus denen sich das Reich zusammensetzte, nicht der Reichsverwaltung. Daher war die Hochschule für Musik dem Preußischen Ministerium für staatliche Erziehung unterstellt, genauer gesagt Leo Kestenberg, der für die Abteilung für Musik zuständig war, die verschiedene bedeutende Musikschulen sowie die ehemals Königlichen Opernhäuser und Theater in Berlin, Kassel und Wiesbaden beaufsichtigte.

Franz Schreker residierte in einem geräumigen, atelierartigen Büro im zweiten Stock, das so groß war, daß es Lebensraum für einen mittelgroßen Mussolini geboten hätte. Mindestens zwei große Flügel standen darin, einer davon war eine scheußliche Kiste in Weiß und Gold, von Säulen und Adlern getragen, ein Musterbeispiel für den schrecklichen, großtuerischen Stil der Emporkömmlinge, den das offizielle Deutschland nach den Siegen von 1871 angenommen hatte. Der Meister strahlte über das ganze Gesicht, denn er hatte augenscheinlich das Gefühl, daß seine Träume von Pracht, Eleganz und Macht wahr geworden seien.

Von seinen Schülern, die ihm aus Wien gefolgt waren, erinnere ich deutlich Alois Hába, Max Brand, Karol Rathaus und Jascha Horenstein. Wir bekamen alle Stipendien vom Institut und wurden nach einer Aufnahmeprüfung zugelassen, die allerdings eine reine Formalität war, denn wer hätte die persönlichen Schüler des neuen Direktors abweisen sollen? Im übrigen waren wir auf den Eintritt in die Schule, deren Abteilung für Theorie in den voraufgegangenen Jahren kein besonderes Ansehen genossen hatte, tatsächlich recht gut vorbereitet. Ich spielte meine kleine Fuge mit dem Quartenthema, die von den Professoren, die in der Prüfung Beisitzer waren, gebührend bewundert wurde.

Ich erinnere mich nicht mehr, wer sie waren, denn nur zu einem von ihnen, zu Georg Schünemann, stellte ich unmittelbar und dauerhaft Kontakt her. Er lehrte an der Hochschule, deren stellvertretender Direktor er war, und an der Berliner Universität Musikgeschichte. Da er der Hochschule bereits länger angehörte und für die Verwaltungsangelegenheiten verantwortlich war, stellte sich bald heraus, daß er derjenige war, an den man sich in allen Angelegenheiten wenden mußte, die nicht direkt die eigentliche Lehre betrafen, denn Schreker hatte an seinen Aufgaben als Direktor nicht das geringste Interesse. Ich sollte bald erfahren, daß er im Laufe der Zeit auch das Interesse an der Lehre verlor. Die Schule wurde also von Dr. Schünemann geleitet, im Einvernehmen mit Kestenberg im Ministerium. Dieser Schünemann war insofern ein seltsamer Mensch, als er nicht derjenige war, der er zu sein schien, wie mir jetzt deutlich wird. Als ich ihn kennenlernte, machte er vom Lebensstil her den Eindruck eines Erzbourgeois und eines sehr fleißigen und gewissenhaften, überdurchschnittlichen Schulmeisters und Staatsbeamten, der in bezug auf die Musik auf sonderbare und bewegende Weise mit radikal fortschrittlichen Vorlieben und Neigungen ausgestattet war. Was seine politische Haltung anging, so machte er kein Hehl aus seiner Zugehörigkeit zur Sozialdemokratischen Partei, was nicht sehr originell war, weil diese Partei in Preußen am Ruder war, bis von Papen sie 1932 mit Gewalt von da entfernte. In seinen Ansichten war Schünemann ein ausgesprochener Linker. Ich war nicht wenig überrascht, als ich später, nachdem ich den Kontakt zu ihm verloren hatte, hörte, daß er allmählich immer nationalistischer wurde, antisemitische Sprache benutzte und schließlich versuchte, sich den neuen Herren als vertrauenswürdig zu empfehlen, indem er ein Parteibuch der Nazis aus der Tasche zog, das er heimlich erworben haben mußte, als er noch unter seinem jüdischen Chef, Leo Kestenberg, arbeitete. Natürlich war das in der Zeit der wachsenden Bedrohung durch die Nazis ein durchaus übliches Verhalten, aber ich hätte nicht gedacht, daß Schünemann es übernehmen würde.

Wie dem auch sei, ich bin ihm zu großem Dank dafür verpflichtet, daß er sich im ersten Jahr meines Aufenthaltes in Berlin um mich kümmerte, indem er mich nicht nur mit vielen interessanten Leuten zusammenbrachte, sondern mich auch bei den ersten Schritten meiner öffentlichen Karriere wirksam unterstützte. Er zögerte nicht, dies gegen den offenkundigen Wunsch seines Vorgesetzten, Franz Schreker, zu tun und stellte sich bei meinem Konflikt mit letzterem entschieden auf meine Seite. Ich muß einräumen, daß Schünemanns Haltung mir gegenüber eine der Ursachen dieses

Konfliktes war. Er nahm mich oft in sein bescheidenes Heim zum Essen mit, um Dinge privat mit mir durchzusprechen. Seine Frau war unscheinbar und unattraktiv, die typische deutsche Hausfrau aus den Witzblättern. Sie hatten einen kleinen Sohn, und mehrere Jahre später, als wir uns näher kannten, sagte Frau Schünemann, sie hätte gerne mehr Kinder gehabt, aber daraus sei nichts geworden, weil ihr Mann anscheinend so schrecklich viel anderes zu tun hatte.

Meine Studienaufgabe bestand damals darin, eine Symphonie zu komponieren, aber möglicherweise hatte ich damit sogar schon begonnen, bevor ich nach Berlin kam, denn ich erinnere mich, daß ich auf manch einem einsamen Spaziergang durch den Wienerwald daran gearbeitet habe, und bei meinem nächsten Besuch in Wien muß ich bereits mit etwas anderem beschäftigt gewesen sein. Zu jener Zeit besaß ich die Angewohnheit, ein Musikstück vollständig im Kopf auszuarbeiten, bevor ich es zu Papier brachte. Ich kannte das Ganze auswendig, während es in meinen Gedanken Gestalt annahm, obgleich ich kaum in der Lage gewesen wäre, es aus dem Gedächtnis zu spielen, weil das Auswendiglernen von Musik immer die schwächste Seite meiner Begabung war. Mein zweiter Klavierlehrer, Fridolin Balluff, hatte darauf bestanden, daß ich wenigstens ein paar leichte Stücke auswendig lernte, weil er meinte, das sei für jeden Pianisten unentbehrlich. Das war für mich stets eine ungeheure Tortur gewesen, und es ist mir eigentlich nie gelungen, diese elenden kleinen Stücke richtig auswendig zu lernen. Man sagte mir, daß Auswendiglernen reine Übungssache sei und daß ich diese Fähigkeit jederzeit erwerben könnte, wenn ich wirklich wollte. Das mag sein, aber ich glaube es trotzdem nicht.

Berufsmusiker behaupten, sie würden sich nur dann völlig wohl und in der Lage fühlen, der Musik die gewünschte Intensität des Ausdrucks zu verleihen, wenn sie auswendig spielen. Was mich betrifft, so weiß ich, daß ich keine zwei Takte auch nur mit der geringsten Konzentration und Souveränität spielen könnte, wenn ich darüber nachdenken müßte, wie es weitergeht. Und wenn ich die unzähligen Gedächtnislücken bedenke, die ich selbst bei Aufführungen guter Pianisten bemerkt habe, wünschte ich, alle würden ihre Noten benutzen, denn sobald mir ein derartiger Fehler aufgefallen ist, kann ich nicht sicher sein, ob der Rest richtig ist und ob ich gewisse ungewöhnliche, überraschende Merkmale der Musik weiteren Ausrutschern zuzuschreiben habe, oder ob sie zur Komposition gehören. Wenn ich Beethoven anhöre, möchte ich Beethoven so hören, wie er das Stück komponiert hat und nicht wie ihn Fräulein Soundso, den Launen ihres Gedächtnisses folgend, erweitert.

In späteren Jahren gab ich die Methode, ein Stück zuerst im Kopf auszuarbeiten, auf und »komponierte« die Musik, während ich sie aufschrieb. Es ist ganz klar, daß die mentale Methode ganz und gar unmöglich ist, wenn man sich der Zwölftontechnik bedient, aber ich gab sie viel früher auf, als ich mich dieser Technik zuwandte. Ich glaube, das war, als ich Opern zu schreiben begann, wie ich später darlegen werde.

Die Symphonie, die zu schreiben ich im Begriff war, sollte ein Riesenwerk in d-Moll werden, mit vier Sätzen. Eigentlich gefielen mir nur die Skizzen, die ich zum Finale gemacht hatte. Der erste Satz, der einzige, den ich vollständig ausgearbeitet hatte, war weniger zufriedenstellend. Bei Schreker hatte ich mit dem Projekt jedenfalls genausowenig Glück wie mit meinen bisherigen Versuchen in orchestraler Komposition. Er kritisierte gar nicht so sehr die Musik, sondern bemängelte, daß man sie nicht orchestrieren könne. Ich war über diesen Stand der Dinge ziemlich verzweifelt, bis ich begann, den Grund für seine Meinung zu verstehen, den er wie üblich nicht klar formulieren konnte. Der Punkt war, daß meine Musik auch damals schon von ihrer Grundkonzeption her polyphon war. Deshalb bot sie wenig Gelegenheit für jene verwirrenden Mischungen raffinierter Farbkombinationen, die er gerne über weite Flächen ausbreitete. Die Struktur meiner Skizzen war eher vom Spätstil Mahlers inspiriert als von Debussy oder Strauss. Schreker war einfach nicht intelligent genug, um das zu erkennen, da er einen einspurigen, nur auf seinen eigenen Stil ausgerichteten Verstand besaß.

Als mir das nach einer qualvollen Periode frustrierender Versuche, etwas hervorzubringen, was ihm gefallen könnte, klar wurde, war das der Wendepunkt in unseren Beziehungen. Mir war mehr oder weniger deutlich bewußt, daß ich nichts mehr von ihm lernen konnte und daß ich nach bestem Wissen und Gewissen meinen eigenen Weg würde gehen müssen, ganz gleich, wie schwierig das sein würde. Tatsächlich bedeutete es, daß es keinen Sinn hatte, in Berlin zu bleiben. Doch so entscheidende Einsichten werden uns nie als Ganzes enthüllt, und da ich beschlossen hatte, mein Studium an der Berliner Hochschule formal abzuschließen, hätte ich aufgrund des Respekts vor einem geordneten und korrekten Vorgehen, den ich durch meine Erziehung erworben hatte, nie daran gedacht, diesen Entschluß zurückzunehmen, ohne der Sache noch eine Chance zu geben. Und dann war da Dr. Schünemann, der mich eindringlich und ausdrücklich ermutigte, den Weg zu einer kühneren Art von Modernität weiterzugehen, wobei er andeutete, daß Schrekers Leistungen auf dem Gebiet der zeitgenössischen Musik nicht der Weisheit letzter Schluß seien. Viele andere Erfahrungen, die ich damals in Berlin machte, bestätigten diese Möglichkeit, und daher folgte ich, als ich dort blieb, nicht nur dem passiven Instinkt der Trägheit, sondern auch einem aktiven Drang, der von der schöpferischen Kraft in mir bestimmt war.

In den ersten Wochen war mein Leben in Berlin nicht besonders heiter, wie es das für einen Neuankömmling wahrscheinlich nirgends ist, bevor gesellschaftliche Kontakte zustandegekommen sind. Da wir Studenten aus Wien herzlich wenig Geld hatten, machten wir uns eine Art Gemeinschaftsküche zunutze, die im Untergeschoß der Akademie der Künste eingerichtet worden war, um dort unsere Mittagessen einzunehmen, oder das, was diese Bezeichnung trug. Das Essen war unbeschreiblich scheußlich und bestand gewöhnlich aus einem gräulichen Mischmasch, mit rosa Fleischfetzchen bestreut, der in riesigen Kübeln angeliefert und mit dem Schöpflöffel an die Kunden ausgeteilt wurde, die mit ihren Tellern Schlange standen. In Aussehen und Geschmack erinnerte die Masse an blutige Exkremente, die die Folge einer bösen, durch den Verzehr dieser Nahrung ausgelösten Krankheit hätten sein können. Mit der Logik von Narren sagten wir uns, daß wir, weil wir brav den widerlichen Brei hinuntergeschluckt hatten, uns das Recht erworben hätten, uns zu entschädigen, indem wir gegenüber ins Café Hardenberg gingen und uns dort an Kaffee und Kuchen gütlich taten. Für das Geld, das wir dort ausgaben, hätten wir uns in einem der kleineren Restaurants in der Gegend wahrscheinlich ein mehr oder weniger anständiges Mittagessen leisten können. Der Kuchen im Café Hardenberg war jedoch natürlich interessanter, und außerdem gab er uns die Möglichkeit, beliebig lange zusammenzusitzen und unsere Probleme zu besprechen. Wenn mich mein Gedächtnis nicht trügt, war die deutsche Ernährungslage zu jener Zeit besser als die österreichische und praktisch annähernd normal.

Häufig schlossen sich deutsche Studenten, die Schrekers Kurs belegt hatten, unserer Gruppe an. Keiner von ihnen zeichnete sich durch besondere Eigenschaften aus, und heute erinnere ich mich nur noch an zwei von ihnen, Hoeffer, der ein fröhlicher, ziemlich alltäglicher Kerl war, und Boehlke, ein außerordentlich häßlicher, hochgewachsener junger Mann, der als Herzensbrecher angesehen werden wollte. Später tauchte noch ein Wiener namens Melichar auf, der nicht sehr begabt, aber fröhlich und gesellig war. Er landete schließlich beim Film.

In meiner freien Zeit unternahm ich, wie ich das in Wien gewohnt gewesen war, Spaziergänge, um die Stadtteile kennenzulernen, die zu Fuß erreichbar waren. Die Ergebnisse waren recht entmutigend, denn im Norden und Nordwesten fand ich nichts als Industrievororte von auffallender Häßlichkeit, und nach Süden zu stieß ich auf endlose Gebiete mit Wohnhäusern, pompös, semipompös und ultrapompös und alle gleich aussehend, trotz der verzweifelten Versuche der Architekten, ihre Phantasie spielen zu lassen und zum Beweis für den Reichtum und die Herrlichkeit ihrer Auftraggeber Dächer und Fassaden mit albernen Ornamenten zu überschütten. Die Namen von Stadtteilen wie Wilmersdorf oder Halensee zogen mich an, und ich erwartete, dort reizvolle Überreste der alten Dörfer zu finden, die diese Namen geliefert hatten, so wie man sie in Wien unweigerlich finden würde: die alte Pfarrkirche, ein paar alte Wohnhäuser, hübsche kleine Gasthöfe mit pittoresken Schildern, Heiligenstatuen und dergleichen. Doch in Berlin gab es nichts dergleichen. Das rasende Anwachsen der Großstadt im späten neunzehnten Jahrhundert hatte alle Spuren einstiger Kultur (falls es jemals eine gegeben hatte) getilgt, und der größte Teil Berlins sah so aus, als wäre er vor höchstens vierzig Jahren von stolzen, herrischen, reichen und barbarischen Kolonisten besiedelt worden, und das war von der Wirklichkeit gar nicht so weit entfernt.

Soweit mir aus meiner Lektüre, insbesondere der Bücher des brillanten und phantasievollen E. T. A. Hoffmann, bekannt ist, muß es in Berlin kurz vor und nach 1800 eine Art ursprünglicher Kultur von beträchtlichem Charme gegeben haben. Doch ich suchte vergeblich nach Spuren davon. Alles war relativ neu, angeblich praktisch und jedenfalls gewaltig. Insofern als seine einstige Kultur Opfer der hemmungslosen industriellen Expansion geworden war und Profit abwerfende Unternehmungen unaufdringlichere und differenziertere Tendenzen verdrängt hatten, spiegelte Berlin stark die Entwicklung Nordamerikas während dieser Phase wider. Zweifellos war Berlin der Ort, an dem der offensichtliche Prozeß der Amerikanisierung Europas am auffälligsten in Erscheinung trat und ein fortgeschrittenes Stadium erreicht hatte.

Was mich besonders deprimierte, war das vollständige Fehlen von Landschaft, wie ich sie verstand. Wien hatte so viel Charakter und Profil, weil die Stadt auf einem reich gegliederten und vielgestaltigen Terrain von Bergen, Hügeln, Hängen, Niederungen und Tälern erbaut worden war. Es gab kaum einen Punkt in Wien, von dem aus man nicht am anderen Ende einer Straße ein paar bewaldete Gipfel des Wienerwalds sah oder den Ausblick über einen beträchtlichen Teil der Stadt genoß. Berlin war flach wie ein Küchentisch und dehnte sich endlos in alle Richtungen aus, wobei es erbarmungslos alles unterpflügte, was ihm an dürftiger Landschaft in den Weg kam. Die einzige natürliche Insel, die im Stadtinnern übriggeblieben war, war das große Gelände des Tiergartens, zweigeteilt von der Charlottenburger Chaussee, die die Fortsetzung von Unter den Linden westlich vom Brandenburger Tor bildete, das wiederum die Westgrenze der alten Stadt Berlin markierte. Die Chaussee führte in gerader Linie mehrere Kilometer weit durch den Tiergarten, wurde mit gleicher Ebenmäßigkeit vom Kaiserdamm, einer der Hauptstraßen Charlottenburgs, fortgesetzt, und verlor sich in der traurigen Monotonie der märkischen Ebene, begleitet von Fabriken und noch mehr Fabriken, bis man jede Hoffnung aufgab, etwas Grünes und Lebendiges zu sehen.

Der Tiergarten war schön grün, voller Bäume, allerdings ein bißchen feucht wegen der vielen Teiche. Außerdem fanden sich darin zahlreiche Denkmäler von fragwürdigem Geschmack, und im östlichen Teil das albernste von allen, die unsägliche Siegesallee, wo man zwischen zwei Reihen abstoßender Statuen, die die Vorfahren der Hohenzollernkönige Preußens darstellten, Spießruten laufen mußte. Und damit niemand vergaß, daß er sich in der Hauptstadt der Siegernation Europas befand, war in der Nähe noch ein weiteres Siegesdenkmal errichtet worden, die ebenso häßliche Siegessäule. Als anläßlich einer der verschiedenen politischen Unruhen, die es zu jener Zeit gab, die Kommunisten wegen einer Verschwörung angeklagt wurden, deren Zweck die Sprengung dieser Säule gewesen sein sollte, bedauerten wir sehr, daß sie ihr Ziel nicht erreicht hatten, zumal die Chance bestanden hätte, daß sie mit der gleichen Sprengung das ebenso provozierende Reichstagsgebäude in tausend Stücke geschlagen hätten.

Mein liebstes Bauwerk in Berlin war der Anhalter Bahnhof, dessen ungeheures gewölbtes Dach ich jedesmal sehnsüchtig grüßte, wenn ich es irgendwo über seiner Umgebung aufragen sah, denn von dort fuhren die Expreßzüge in den Süden, in die Berge und nach Österreich. Außerdem saß ich gerne im zweiten Stock des Cafés Telschow beim Bahnhof Zoo, das sich auf gleicher Ebene befand wie die Trasse der Stadtbahn, so daß ich die Expreßzüge beobachten konnte, die nach Westdeutschland und nach Paris fuhren. Außerordentlich feine Schokoladentorten, die es in diesem Café gab, trugen dazu bei, das Leben zumindest für Momente ein wenig heiterer aussehen zu lassen.

Erste Kontakte

Die von Melancholie geprägte Regelmäßigkeit meines zumeist einsamen Lebens änderte sich nach einigen Wochen ein bißchen, als Schreker seine Studenten in seine Wohnung, die sich in der Hardenbergstraße gegenüber der Hochschule befand, zum Tee einlud. Er hatte dort einige Leute versammelt, mit denen er uns bekannt machen wollte. Ich erinnere mich nicht, wer sie waren, mir scheint aber, daß ein paar Musikkritiker unter ihnen waren, und einer von ihnen, Joachim Beck, hatte einen Freund mitgebracht, Dr. Leo Barczinsky. Dieser Mann, der ein paar Jahre älter war als ich, fand mich sympathisch und lud mich ein, ihn in seiner Wohnung zu besuchen, wo er mit seiner Mutter lebte. Als er hörte, wie trübselig ich lebte, organisierte er unter seinen Verwandten und Freunden einen Mittagstisch für mich, so daß ich jeden Tag in der Woche bei einem von ihnen essen konnte. Mir ist nicht ganz klar, ob ich das Projekt nicht hätte verhindern sollen, denn ich betrachtete diesen Mittagstisch als Zumutung für die beteiligten Parteien. Doch schließlich hatte ich nicht darum gebeten, und meine bisherige Lebensweise hatte ich ziemlich satt. Außerdem hatte ich immer gehört, daß wohlhabende Leute mittellose Studenten auf die eine oder andere Weise zu bewirten pflegten, weshalb ich diesen Essensplan gerne annahm.

Die Menschen, bei denen ich bald begann, meine Runde zu machen, waren Herr und Frau Kochmann, Schwager und Schwester von Dr. Barczinsky, Frau Perls und Frau Selden, entferntere Verwandte von ihm, wenn ich nicht irre, eine alte Dame namens Frau Glass, die mit ihrer jungen Nichte, Erna Brilles, zusammenlebte, und Dr. Fritz Demuth, der mit seiner Mutter und seiner Schwester zusammenwohnte. Sie alle waren Juden (die Demuths waren die einzigen, die zur evangelischen Kirche konvertiert waren) und wohnten in der Gegend südlich vom Kurfürstendamm, der berühmten Straße, die durch den sogenannten »Neuen Westen« von Berlin führte, im Gegensatz zum »Alten Westen«, einem jetzt aus der Mode gekommenen Wohnviertel zwischen dem Brandenburger Tor und dem Beginn des Kurfürstendamms, das in der ersten Glanzzeit der Stadt, bis etwa 1900, beliebt gewesen war.

Leo Barczinsky war ausgebildeter Arzt, praktizierte aber nicht, weil er die Absicht hatte, Sänger zu werden. Er hatte eine ansprechende Baritonstimme und war leidenschaftlich an Musik interessiert, wenn auch nicht auf sehr professionelle Weise, obwohl er viel Zeit und Energie auf sein Gesangsstudium verwandte. In der Zeit, in der ich einen engeren Kontakt zu ihm pflegte, lernte ich zum erstenmal die erstaunliche Mentalität der Sänger kennen. Er machte eine Krise nach der andern durch und achtete auf seinen Stimmapparat wie eine schwangere Frau auf ihr zukünftiges Kind oder vielleicht sogar noch ängstlicher, wobei er totale Zusammenbrüche und Augenblicke höchster Begeisterung erlebte, wenn er nämlich eine phänomenale Offenbarung hatte, bei der er die eine, einzigartige und endgültige Methode erkannte, um seine Stimme zu entwickeln. In meiner erbärmlichen Blindheit war ich nicht in der Lage, während dieser ganzen Zeit irgendwelche bestimmten Veränderungen an seinem Gesang zu entdecken, und erst später verstand ich, daß diese seelischen Purzelbäume bei den meisten Sängern zum Alltag gehören. Ihre Beziehung zu ihren Lehrern ähnelt viel mehr der Beziehung zwischen einem Geistesgestörten und einem Medizinmann als der zwischen Schüler und Lehrer. Gesangslehrer und Sänger scheinen völlig irrationale Berufe zu sein, und jene, die sie ausüben und behaupten, ihre Methode sei rein wissenschaftlich und rational, sind gewöhnlich die schlimmsten Ideologen und Dogmatiker.

Ich war nicht wenig verlegen, als ich nach kurzer Zeit entdeckte, daß Leo Barczinsky sich zu homosexuellen Neigungen bekannte. Er machte nur ganz wenige und beiläufige Versuche, mir anzudeuten, daß seine Freundschaft zu mir diesen Hintergrund hatte, und ich war vermutlich so entsetzt, daß er nicht auf dieses Thema zurückkam. Tatsächlich glaube ich eher, daß er sich gerne den Anschein gab, homosexuell zu sein, als daß er wirklich so veranlagt war. Sexuelle Perversion galt damals in Berlin als ganz besonders schick, und das Transvestitentum war weit verbreitet. Da Barczinsky mir in vieler Hinsicht seltsam unreif erschien, glaube ich, daß er sich einfach eine Haltung zu eigen machte, die in bestimmten Kreisen als modern und orginell betrachtet wurde.

Seine Mutter sah wie eine alte Hexe aus, und ich mochte sie genausowenig wie sie mich, weil sie mich verdächtigte, einer »jener Knaben« zu sein, deren Verbindung mit ihrem Sohn sie nicht besonders schätzte. Der alte Herr, der bereits gestorben war, war eine Art Kaufmann vom alten Schlag gewesen und hatte ein bescheidenes Vermögen hinterlassen, das es seinen Erben anscheinend ermöglichte, mehr oder weniger so zu leben, wie es ihnen gefiel, aber seine geistige Haltung, die seine Witwe immer noch teilte, war die eines soliden Bürgers, den die Neigungen und Interessen des Sohnes schockiert hätten.

Einige der jungen Männer, mit denen Barczinsky sich angefreundet hatte, schienen mir tatsächlich ziemlich verdächtige Typen zu sein, so zum Beispiel der Kritiker Joachim Beck, der mich mit ihm bekannt gemacht hatte. Er war ein cleverer Bursche, der eine bestimmte neue Art des Berliner Lebens repräsentierte und sich eher wie ein kleiner Gauner benahm als wie ein Musiker oder Literat. Über ihn machten wir bald mit einem Individuum schlimmster Sorte Bekanntschaft, einem Mann, der sich Trond nannte und sich als Schwede ausgab. Ich war von Anfang an davon überzeugt, daß beides nicht der Wahrheit entsprach. Er wurde als einzigartiges Genie mit unübertroffenen, wenn auch nur vage definierten Leistungen oder vielmehr Möglichkeiten angepriesen, und Barczinsky fiel prompt auf das Trara herein. Ich habe von den erstaunlichen Talenten dieses Herrn Trond keinen einzigen Beweis zu sehen bekommen, abgesehen von einem sehr schlechten Sonett, das er mir zu Ehren dichtete. Es war barer Unsinn, und das einzige, was ich verstehen konnte, war, daß er mich wegen meiner Heldentaten im Vierteltonsystem rühmte, was wirklich Pech war, denn nicht ich, sondern Alois Hába war es, der auf diesem Gebiet experimentierte. Tatsache war, daß dieser zwielichtige Geselle an den materiellen Segnungen teilhaben wollte, die im Kreis von Becks Freunden anscheinend zu bekommen waren, und da letzterer seinen fragwürdigen Kumpel vermutlich darauf hingewiesen hatte, daß ich zur Zeit der Liebling des Obergimpels, Barczinsky, war, dachte er, er könne sich bei dem Verteiler milder Gaben beliebt machen, wenn er mein Lob sänge. Unglücklicherweise muß Beck ihm zuviel über die Gruppe um Schreker erzählt haben, so daß der Möchtegernparasit die Geschichte mit dem Vierteltonsystem durcheinanderbrachte. Der Plan war selbst für den beschränkten Verstand Barczinskys zu plump, und nachdem Trond in unserem Kreis ein paar absurde Kapriolen geschlagen hatte, brachte er sich in mysteriöse Schwierigkeiten. Ich erinnere mich, daß er mir einen verzweifelten Brief schrieb, in dem er mit Selbstmord drohte und mich bat, ihn zu besuchen. Während dieses ganzen aufregenden Intermezzos hatte ich mir einen gesunden Menschenverstand bewahrt, der diesen raffinierten Burschen abstoßend erschienen sein muß, und damit ausgerüstet begab ich mich in Tronds Unterkunft, ein miserabel möbliertes Zimmer.

Ich staune immer noch über mich, daß ich ohne jede Erfahrung mit solchen Fällen, die gleichermaßen an Geisteskrankheit und Kriminalität grenzen, den Mut aufbrachte, die abstrusen metaphysischen Ergüsse des Scharlatans zu unterbrechen, indem ich ihm unverblümt sagte, daß ich kein Geld anzubieten hätte, aber gerne die Polizei auf seinen Fall aufmerksam machen würde, wenn er das wünsche. Irgendwie war mir eingefallen, daß die Polizei sich um Leute kümmerte, die im Begriff waren, Selbstmord zu begehen, und sie in ein Heim brachte oder sonst etwas unternahm, um sie von der Verzweiflungstat abzubringen. Mein Angebot, im besten Glauben und allen Ernstes vorgebracht, wirkte wie ein Exorzismus. Trond hätte sich nicht mehr beeilen können, mich loszuwerden, als das nun der Fall war, und nach meinem Besuch hörten wir nie wieder etwas von ihm.

Ich sehe ein, daß meine Drohung mit der Polizei weder originell noch elegant war, aber schließlich sollte es auch gar keine Drohung sein. Unwissentlich war ich auf das eine gestoßen, was er unter gar keinen Umständen ertragen konnte, und er verschwand wie der Teufel, dem man das Kreuz zeigt. Eine so primitive und abscheulich spießbürgerliche Reaktion hatte er von einem der feinsinnigen jungen Männer, von deren Naivität und Leichtgläubigkeit er eine Zeitlang zu leben gedacht hatte, offenbar nicht erwartet. Ich möchte noch hinzufügen, daß es nicht meine Absicht war, ihn zugrunde zu richten, und daß ich das auch nicht tat, weil ich vielleicht fürchtete, daß er mit noch größerer Aufdringlichkeit einen Übergriff auf meine Essensprivilegien unternehmen könnte. In diesem Punkt unterscheidet sich das wirkliche Leben von den Romanen von Sinclair Lewis oder Heinrich Mann. Die begabten und intelligenten Menschen im wirklichen Leben sind wesentlich weniger schlau, als diese Schriftsteller normalerweise annehmen, weil ihr Verstand zu sehr mit speziellen Problemen beschäftigt ist.

Die Kochmanns, die auf meiner Mittagsliste als nächstes kamen, waren ein junges Paar mit ein paar Kindern. Der Mann war in einem Handelsunternehmen tätig, die Frau war nicht unattraktiv, ein etwas exotischer, japanischer Typ. Sie waren recht oberflächliche, am gesellschaftlichen Leben orientierte Leute, die den Vergnügungen der oberen Mittelschicht nachgingen, auswärts dinierten, tanzten, auf Parties gingen und so weiter. Beim Mittagessen wurden keine Probleme besprochen, und es entstanden keine Kontroversen, so daß die Besuche bei ihnen sehr angenehm waren.

Die Damen Perls und Selden repräsentierten eher den Typ der mißverstandenen Frauen, wie man ihn aus Ibsens Stücken kennt. Ihre Ehemänner – ich glaube, Frau Selden war geschieden – waren Geschäftsleute, was diese Damen im Hinblick auf ihre eigenen intellektuellen Aspirationen zu gewöhnlich und zu langweilig fanden. Deshalb mußte ich sie für die mittelmäßige Kost, die sie mir boten, mit langen Gesprächen über Kunst, Philosophie und verwandte Themen entschädigen, die oft recht albern gewesen sein müssen. Ich mochte Frau Selden etwas mehr als die Mahlzeiten, die ich bei ihr einnahm.

Erna Brilles, die bei ihrer alten Tante wohnte, gefiel mir jedenfalls viel besser. Sie war ein recht hübsches Mädchen und eine sehr angenehme Gesellschafterin. Wahrscheinlich hätte ich bei ihr viel weiter gehen können, als ich es tat, wenn ich mehr Erfahrung darin gehabt hätte, die Situation richtig einzuschätzen, und wenn ich nicht aufgrund der Umstände, unter denen ich in dem Haus eingeführt worden war, gewisse Hemmungen gehabt hätte. Der elende Trond hatte offenbar keine derartigen Hemmungen, denn während seines turbulenten Intermezzos erzählte Barczinsky mir eines Tages, daß dieser sich mit Erna verlobt hatte. Ich war nach dieser Neuigkeit ziemlich niedergeschlagen, aber Erna änderte ihr Verhalten mir gegenüber nicht im geringsten, und als Trond sich schon ein paar Wochen später in Luft aufgelöst hatte, war alles wieder, als wäre nichts geschehen. Sein Vorgehen war mit Sicherheit nichts anderes als Teil der Taktik, mit deren Hilfe er sich in der komfortablen Umgebung einnisten wollte. Daß er so schnell Erfolg haben konnte, beweist nur, wie zerrüttet und ausgehöhlt die Moral und die gesellschaftlichen Maßstäbe des Bürgertums in jener Nachkriegszeit waren. Vor dem Krieg hätte so ein Kerl bestimmt bei keinem dieser begüterten und angesehenen jüdischen Bürger den Fuß über die Schwelle setzen können.

Am sympathischsten aus der Gruppe waren mir die Demuths. Fritz Demuth war Arzt an einem großen, modernen Kinderkrankenhaus in Charlottenburg. Er hatte mit Barczinsky zusammen studiert und sich auf diesem Weg mit ihm angefreundet. Frau Demuth, die Mutter, war eine fröhliche, mollige, kleine Frau, die sich ihres soliden Reichtums sehr wohl bewußt war, ein prächtiges Exemplar des guten alten Berliner Bürgertums. Von Fritzens verstorbenem Vater hatten sie einen der vornehmen, international bekannten Läden Unter den Linden geerbt, wo sie feine Lederwaren, ausgewählte Herrenmodeartikel und andere Luxusgegenstände von besonderer Qualität verkauften. Den Laden führte Ella Demuth, Fritzens Schwester. Da ich bei den Demuths immer sonntags aß, begegnete ich ihr erst nach einer ganzen Weile, denn sie fuhr sonntags stets in ein Haus auf dem Land, das ich später kennenlernte.

Wie viele Mediziner hatte Demuth einen ausgeprägten Sinn für Musik; er spielte auch Violine, zwar nicht perfekt, aber mit großer Musikalität und Begeisterung, und ein besonderes Vergnügen bestand für ihn darin, Kammermusik zu spielen. Das war sehr schön für mich, denn es versprach eine Fortsetzung des Musizierens, das mir in Wien im Haus von Dr. Reisch so viel Freude gemacht hatte. So gingen wir mit Feuereifer die gesamte Violinliteratur durch, wobei der jüngste Komponist, dessen Werke wir spielten, Max Reger war. Demuth hatte Reger gekannt, als er in Heidelberg studierte, und wurde nicht müde, zahllose freche und mitunter auch etwas deftige Anekdoten über den merkwürdigen Mann zu erzählen. Das Essen bei den Demuths war ausgezeichnet und reichlich, denn sie hatten, wie Frau Demuth zu sagen pflegte, nicht die Absicht, ihre Mägen zu betrügen. Es gab auch immer etwas Gutes zu trinken, und wenn Dr. Demuth in der Klinik Nachtdienst hatte, lud er mich oft ein, dort mit ihm zu Abend zu essen, und anschließend saßen wir dann stundenlang bei ein paar Flaschen schönen Rhein- oder Moselweins und sannen über die Probleme der Welt nach.

Fritz Demuth war der einzige unter meinen neuen Bekannten, der sich ernsthaft für meine Bildung interessierte. Ich verdanke ihm eine gründliche Bekanntschaft mit den höchst bemerkenswerten Kunstschätzen, die in Berlin versammelt sind, und ein bleibendes Interesse an den Schönen Künsten. Wann immer wir beide einen freien Vormittag hatten, was recht oft der Fall gewesen zu sein scheint, besuchten wir eines der Museen oder das Kupferstichkabinett mit seiner unschätzbaren Sammlung von Zeichnungen, Holzschnitten und anderen Meisterwerken der Grafik und studierten die Werke der großen Künstler. Normalerweise folgte auf solche Unternehmungen ein schönes Essen im Restaurant Lauer in der Wilhelmstraße. Dr. Demuth besorgte außerdem unermüdlich Karten für zahlreiche Symphonie- und Kammerkonzerte. In der Wintersaison gab es kaum einen Abend, den ich nicht in der Philharmonie, im Beethovensaal oder in der Singakademie verbrachte. Verschiedene Konzerte fanden auch im Konzertsaal der Hochschule statt. Weniger häufig besuchten wir die Staatsoper, das Staatliche Schauspielhaus oder eines der anderen Theater, von denen es in Berlin damals viele und sehr gute gab, aber doch immerhin so oft, daß ich einen wirklich vollständigen Überblick über das künstlerische Leben in der deutschen Hauptstadt hatte.

Österreich und Deutschland

Dieses Leben war zweifellos extensiver und intensiver als das in Wien, womit die Situation, die vor dem großen Krieg geherrscht hatte, ins Gegenteil verkehrt worden war, und die Entwicklung ging in diese Richtung weiter, bis die Wirtschaftskrise in den frühen dreißiger Jahren zu einer Verlangsamung führte und der Aufstieg der Nazis Deutschlands Geistesleben zu einer unbekannten Größe machte. Dieser Prozeß hatte sowohl psychologische als auch ökonomische Ursachen. Während Österreich vollkommen gebrochen aus dem Krieg hervorging und von dem schrecklichen Schlag, den es erhalten hatte, betäubt war, verwandelte Deutschland die Wirkung der Katastrophe sofort in einen neuen Impuls und zeigte ein erstaunliches Maß an Vitalität und Spannkraft. Die Tatsache, daß Deutschland den Krieg verloren hatte, wurde im Bewußtsein der Öffentlichkeit absichtlich und unabsichtlich von dem vorherrschenden Willen verdrängt, alles noch größer und besser zu machen, als es je gewesen war. Wer damals nicht in Deutschland gelebt hat, kann dieses Phänomen nur schwer verstehen, weil man sich große Mühe gab, der Außenwelt das Bild eines verarmten Landes am Rand des wirtschaftlichen Zusammenbruchs zu präsentieren, das durch Aufruhr und politische Differenzen in Stücke gerissen war. Trotzdem erholte Deutschland sich während dieser Zeit auf höchst erstaunliche Weise, ungeachtet der Krise durch die Besetzung des Ruhrgebiets und des Tollhauses der Inflation. Vor, während und nach diesem anscheinend katastrophalen Prozeß war es in Deutschland leicht, für jedes neue Unternehmen Geld aufzutreiben, das neuartige Wege zu öffnen schien und kühne, beispiellose Entwicklungen versprach.

In Österreich wurde zu dieser Zeit sehr viel vorsichtiger manövriert, in einer Art, die eher dem Geist der Westmächte entsprach, unter deren ökonomischer und finanzieller Vormundschaft die arme kleine Republik stand, denn ihre Finanzen wurden vom Völkerbund kontrolliert. Dadurch wurde der Unternehmungsgeist in Österreich erstickt, und das beträchtliche Reservoir an Talenten wurde durch die gewaltige Anziehungskraft trockengelegt, die von Berlin ausging, wo fast jeder sicher sein konnte, Aufmerksamkeit zu erregen und schnelles Geld zu machen. Die meisten meiner Landsleute hatten keine Hemmungen, sich die Situation zunutze zu machen, wobei einige sich vielleicht mit dem Gedanken trösteten, daß Österreich ohnehin praktisch ein Teil Großdeutschlands sei, so daß es kein großer Unterschied war, wo man Karriere machte. Was mich betrifft, so ist es für mich immer ein Grund für Schmerz und seelisches Leid geblieben, daß ich in Deutschland zu meinem Ruf gelangte, wie das unter den gegebenen Umständen nicht anders möglich war, während ich in Wirklichkeit auf der Seite meines Heimatlandes stand und mir nichts sehnlicher gewünscht hätte, als in Österreich Ansehen und Anerkennung zu erlangen. Später machte ich die Beobachtung, daß andere österreichische Künstler in unterschiedlichem Maße unter dem gleichen Dilemma litten. Ich glaube nicht, daß viele unter ihnen waren, die es so stark spürten und die in ihrer Selbstverleugnung und in ihrem Opfermut so weit gegangen wären, wie ich es in den Jahren nach 1928 tat.

Während der ganzen Zeit, die ich in Deutschland verbrachte, betrachtete ich mich als Ausländer und wollte auch als solcher angesehen werden, was einige Leute, die Österreich für einen Teil Deutschlands hielten, überraschte. Mit kindischem Stolz trug ich am 12. November eine rote Krawatte, solange ich diesen Tag in Deutschland verbrachte, denn in Österreich war er als Gedenktag für die Gründung der Republik zum Nationalfeiertag erklärt worden. (Die Krawatte war rot zu Ehren des revolutionären Charakters dieses Aktes.)

Durch die Demuths kam ich in näheren Kontakt mit der typischen Lebensweise der Stadt und lernte etwas Berliner Dialekt, eine Art der Sprache und des Humors, die mir in gewissem Maße Vergnügen bereitete, wenn ich mich in Berlin aufhielt, aber anderswo fand ich diese Redeweise peinlich und sogar schockierend. Mit den Demuths machte ich auch öfter Ausflüge in die Umgebung von Berlin, wobei

Potsdam mit seinen verschiedenen Schlössern und Wohnstätten der preußischen Könige natürlich das merkwürdigste Ziel war. Wirklich gut gefiel mir nur Sanssouci, die Sommerresidenz von Friedrich II., die sowohl Größe als auch Grazie besaß. Alles andere erschien mir im Vergleich zu der unauffälligen Großzügigkeit der österreichischen Architektur ähnlicher Perioden dürftig, plump oder bombastisch. Auch die Landschaft, die von den Einheimischen ihres kargen Reizes wegen gepriesen wurde, gefiel mir nicht. Die weiten Sandflächen und die düsteren Kiefern machten mich melancholisch, und besonders bedrückend war, daß Berge und Hügel fehlten. Die vielen Gewässer, Flüsse und Seen belebten das Bild ein wenig, versetzten mich aber auch nicht gerade in Begeisterung. Der schönste Ort war Werder, westlich von Potsdam in einem Bogen der breiten Havel gelegen, weil die Ufer hier zu bescheidenen Steilhängen mit hübschen Obstgärten anstiegen. Einer unserer größeren Ausflüge führte uns nach Brandenburg, einer alten Stadt westlich von Berlin, die für ihren Dom, ein berühmtes Beispiel für die Backsteingotik, bekannt war. Ich fand das plumpe Bauwerk nicht sehr eindrucksvoll.

Später im Jahr lernte ich Ella Demuth kennen, und eine Zeitlang war ich ein wenig in sie verliebt. Sie war eine liebenswürdige und attraktive Frau, die damals auf die dreißig zuging, wenn ich nicht irre, und sich halb und halb mit der Ehelosigkeit abgefunden hatte. Deshalb nahm sie meine kleinen Aufmerksamkeiten auf eine rührend ironische Weise entgegen, die mir sehr gefiel. Hin und wieder besuchte ich sie in dem Geschäft Unter den Linden, und dann bereitete sie im Hinterzimmer einen köstlichen Kaffee zu, und wir verplauderten einen guten Teil des Nachmittags. Es stellte sich heraus, daß sie ihre Sonntage regelmäßig in Belzig, einem Landstädtchen in der Mark Brandenburg verbrachte, bei der Familie eines Arztes, der sie in ihrer Kindheit von einer Krankheit geheilt hatte. Ich war recht stolz darauf, daß ich für würdig befunden wurde, an diesem heiter zeremoniellen, etwas sentimentalen Brauch teilzuhaben und einige Male nach Belzig mitgenommen wurde. Der Ort besaß den typischen Charme vieler kleiner, verschlafener Provinzstädte, den man bei einem kurzen Besuch an einem schönen Frühlingstag genießt, wenn man aus der lauten Großstadt kommt, wo man aber nicht begraben sein möchte. Höhepunkt dieser Besuche waren die von der fröhlichen Arztfamilie aufgetischten üppigen Mahlzeiten. Eine Spezialität waren wunderbare Flußkrebse, von denen wir viele Dutzende verspeisten, denn die Tischfreuden dauerten stundenlang. Dies ist eines der vielen Gerichte, nach denen ich mich vergeblich sehne, seit ich in Amerika bin. Obgleich amerikanische Speisen in der Regel vorzüglich sind, oft sogar verlockend gut, ist ihre Auswahl seltsam begrenzt. Der Grund dafür sind wahrscheinlich puritanische Vorurteile, Mangel an Phantasie und kommerzielle Herstellungsmethoden, die verhindern, daß ungewöhnlichere Gerichte von der Allgemeinheit verzehrt werden.

Ich bedaure ernsthaft, daß ich nach meiner ersten Heirat nicht den Mut, die Weitsicht und den Takt besaß, mit meinen früheren persönlichen Beziehungen richtig umzugehen, und so schäme ich mich nicht wenig, daß ich viele Freunde fallenließ, insbesondere die Demuths, die mir gegenüber immer so freundlich, hilfsbereit und verständnisvoll gewesen waren. Die Umstände waren so, daß ich auch später nicht wußte, wie ich die Fäden wieder aufnehmen sollte, und das tut mir jedesmal leid, wenn ich daran denke. Mein einziger Trost ist der Gedanke, daß wahrscheinlich keine Jugend von solch peinlichen Fehlern frei ist.

Gelegenheitsarbeiten

Die Konzerte, die ich während dieser Zeit in Berlin hörte, waren so zahlreich, daß ich nicht viele davon deutlich in Erinnerung habe. Ich weiß aber noch, daß ich Arthur Nikisch ein paarmal dirigieren sah, was kurz vor seinem Tod gewesen sein muß. Seine Auftritte erschienen mir ungewöhnlich brillant, aber im Hinblick auf die Werke, die er dirigierte, zum Beispiel die *Siebte Symphonie* von Mahler, für meinen Geschmack zu elegant. Ich dachte, er hätte keine engere Beziehung zu dieser Musik. Später stellte ich fest, daß das bei Dirigenten im allgemeinen durchaus nichts Ungewöhnliches war.

Andere Konzerte, an die ich mich gut erinnere, waren Aufführungen von moderner Orchestermusik, die Busoni veranstaltete und dirigierte. In einigen wirkte er auch als Solist mit. Es waren gleichfalls äußerst elegante Konzerte, allerdings viel besser durchdacht und viel kultivierter als die Aufführungen Nikischs, der eine Art zigeunerhaften Instinkt für Musik besaß, während Busoni sich ihr mit einem scharfen Verstand näherte. Aufführungen moderner Musik hatten damals noch deutlich experimentellen Charakter und lösten in der Öffentlichkeit viele Diskussionen darüber aus, ob Berlin als Zentrum musikalischer Aktivitäten überhaupt Chancen hatte.

Ich trat in engeren Kontakt zu den Berliner Symphonieorchestern, als Schreker seinen Schülern mit Hilfe von Beziehungen verschiedene Gelegenheitsarbeiten verschaffte, wie Celesta- oder Klavierspielen in solchen Werken, wo das verlangt wurde. Diese Aktivitäten wurden nicht sehr gut bezahlt, aber selbst wenig Geld bedeutete viel für uns, und es war eine interessante Erfahrung, unter verschiedenen Dirigenten zu spielen und die Funktionsweise des Orchesterapparats von innen her kennenzulernen. Es dauerte eine ganze Weile und erforderte beachtliche Anpassung, sich an die sonderbare Empfindung zu gewöhnen, die man hat, wenn man nichts anderes als sich selbst hören kann, sobald man beginnt, sein Instrument zu spielen. Ein Musiker, der, wie ein Komponist, daran gewöhnt ist, zu seiner Orientierung auf den Gesamtklang des Werkes zu hören, ist ziemlich verwirrt, wenn er nichts anderes tun kann, als dem Schlag des Dirigenten zu folgen, wobei er gleichzeitig seine Noten im Auge behalten muß.

Eine weitere Gelegenheitsarbeit, die ich eine Zeitlang ausübte, war das Einstudieren der Frauenstimmen im Chor der Opernabteilung der Hochschule. Der gesamte Chor stand unter der Leitung von Hugo Rüdel, dem Chorleiter der Staatsoper und dem Leiter des berühmten Berliner Domchors. Er war ein beleibter Herr mit rotem Gesicht, der aussah, als würde er gerne größere Mengen Bier konsumieren, und eine große Kapazität auf seinem Gebiet. Mit diesen zehn oder fünfzehn jungen Frauen Stücke einzuüben fand ich ziemlich ermüdend, denn ich wußte damals noch nichts über den stimmlichen Aspekt der Geschichte, so daß ich mich darauf beschränkte, die Einsätze mit ihnen zu üben. Als sie schließlich bei der ersten Probe auf der Bühne standen, hatte ich die Genugtuung, daß sie immer richtig einsetzten, wohingegen die Männerstimmen, die der Meister selbst gedrillt hatte, nicht einen einzigen Ton hervorbrachten. Trotzdem wurde mir bedeutet, daß Rüdel für diese Arbeit jemanden mit mehr Erfahrung in der Stimmbildung vorziehen würde, was mir nichts ausmachte, weil mich die Arbeit überhaupt nicht interessierte. Ich fand allerdings, daß dieser Bescheid ein recht unangemessener Lohn für meine Leistung war.

Ich hatte wohl auch eine Reihe von Schülern in Harmonielehre und Klavier, die Schreker mir zur Nachhilfe übergeben hatte. Ich weiß nicht mehr viel von ihnen und könnte auch die wenigen, an die ich mich erinnere, nicht mehr zeitlich einordnen. Es gab da einen Ludo Philip, der nur bemerkenswert wurde, weil er Schwierigkeiten mit der Polizei bekam, als er in der Stadtbahn einem Mädchen, das er verführen wollte, seine Genitalien zeigte, was wir für einen recht phantasievollen Zug bei einem sonst farblosen Burschen hielten.

Da war auch ein Japaner, der Klavierstunden nahm und etwas Harmonielehre studierte. Er war bienenfleißig, sogar noch fleißiger, aber weit weniger intelligent. Ich wunderte mich über den tierischen Eifer, den er an den Tag legte, und das Fehlen jeglichen Fortschritts als Ergebnis seiner Anstrengungen. Soweit ich mich erinnere, dauerte meine Unterrichtstätigkeit immer nur ein paar Wochen, zum Teil, weil die Aufgabe, die die Leute unter meiner Anleitung zu bewältigen hatten, entweder erfüllt war oder sie damit hoffnungslos überfordert waren, und zum Teil, weil ich weder genügend Interesse für meine Schüler noch für den Unterricht allgemein aufbrachte. Ich spürte deutlich, daß ich nicht wußte, was ich sie lehren sollte, und dieses Unbehagen in bezug auf das Unterrichten ist geblieben, bis ich nach Amerika kam.

Der einzige meiner Berliner Schüler, der mich interessierte und länger mit mir arbeitete, war Walter Goehr, ein junger Jude mit bemerkenswerter Begabung. Er komponierte in einem Stil, der mir sehr progressiv und vielversprechend erschien, und schrieb einige Stücke, die gute Musik waren, nicht bloß Übungsstücke. Später studierte er bei Schönberg. Er bekam schließlich eine Stelle beim Film, und nach Hitler wurde er eine wichtige Persönlichkeit beim Radio in England. Was aus seinem Komponieren wurde, weiß ich nicht.

Meine Kontakte mit den Lehrern an der Hochschule waren immer noch nicht sehr zahlreich. Wie auch in Wien blieb die Gruppe um Schreker mehr oder weniger unter sich, was wahrscheinlich Schrekers Wünschen entsprach, denn er suchte Kontakte dadurch zu verhindern, daß er abschätzige und oft taktlose Bemerkungen über seine Kollegen an der Hochschule machte. Später, als ich mich, besonders auf Betreiben Schünemanns, mit Außenstehenden anfreundete, entdeckte ich, daß Schreker mir das tatsächlich verübelte, was ich als enttäuschende Engstirnigkeit empfand. Heute, da ich selbst Lehrer bin, verstehe ich seine Haltung etwas besser, obgleich ich sie nicht billige. Ich glaube, daß diese kleinliche Eifersüchtelei das Ergebnis von Gefühlen der Unsicherheit oder sogar der Minderwertigkeit gewesen sein muß, von denen mich freizuhalten ich zumindest versuche.

Der einzige Lehrer, den ich etwas besser kannte, war Professor Curt Sachs, der damals Kustos des bemerkenswerten Instrumentenmuseums an der Hochschule war. Neben anderen seltsamen und kostbaren Instrumenten hatte er ein vollständiges javanisches Gamelanorchester, das unsere Phantasie nicht wenig anregte. Außerdem durften wir das prachtvolle Cembalo spielen, das Johann Sebastian Bach gehört hatte. Ich war ganz begeistert von dem kraftvollen, majestätischen Klang, den man auf diesem wunderbaren Instrument erzeugen konnte, und von dem Gedanken, auf den Tasten zu spielen, auf denen vor zweihundert Jahren der große Meister gespielt hatte. Das mit diesem Erlebnis verbundene Gefühl der Ehrfurcht ist jetzt sogar noch stärker – weil ich Tausende von Kilometern weit von derart unmittelbarem Kontakt mit den Denkmälern der Vergangenheit entfernt bin –, als damals, als ich aus Wien gekommen war, wo es zu den alltäglichen Erlebnissen meiner Kindheit gehört hatte, die gleichen Wege zu gehen, die Beethoven gegangen war, oder in dem Haus einzukaufen, in dem Mozart den *Don Giovanni* komponiert hatte, oder gegenüber von Schuberts Geburtshaus ins Kino zu gehen.

Flüchtiger war meine Bekanntschaft mit Siegfried Ochs, dem berühmten Leiter des Berliner Philharmonischen Chors, der, wenn ich mich recht erinnere, wegen finanzieller Schwierigkeiten von der Hochschule übernommen worden war, so daß die Proben im Konzertsaal der Schule abgehalten wurden und als Teil der Ausbildung für die Studenten zugänglich waren. Ochs war zweifellos ein sehr tüchtiger und brillanter Chorleiter, obgleich äußerst eitel und gelegentlich mit unerfreulichen Manieren. Sein Aufführungsstil erschien mir etwas altmodisch, wenn nicht überholt, und sein künstlerischer Geschmack fragwürdig.

Bevor ich den entscheidenden Schritt in meiner musikalischen Entwicklung machte, hatte ich fünf Sonatinen für Klavier geschrieben, und zwar außerhalb meines Studienprogramms. Ich glaube, es waren ziemlich wertlose, glatte Stücke, die in kleinen, anspruchslosen Formen mein Geschick im Gebrauch von Schrekers Idiom zeigten. Ich widmete sie meinen Freunden, eine Erna Brilles, eine Frau Reisch, für die ich auch einen Walzer mit der Paraphrase eines charakteristischen Rufes komponierte, den die Wächter der Wiener Weinberge ausstießen, wenn sie zur Erntezeit potentielle Traubenräuber verjagen wollten. Das könnte im Sommer vor oder nach meinem ersten Winter in Berlin gewesen sein. Auf Wunsch der Universal Edition schrieb ich ein kleines, unbedeutendes Klavierstück mit dem Titel *Tanzstudie*, das als Opus 1, Nummer 2 in einem Band erschien, den die UE damals unter dem Titel *Grotesken-Album* herausbrachte, weil skurrile und bizarre Stimmungen von bestimmten Geschäftsleuten als vielversprechender Aspekt der Künste angesehen wurden. Das war nur *ein* Symptom dafür, daß die expressionistische Ära zu Ende ging, denn es zeigte sich, daß die ursprünglich aggressiven Züge des Expressionismus allmählich von »dieser Welt« assimiliert wurden, umgemodelt in amüsante, spielerische Ornamentik. Doch letztendlich verlief dieser Prozeß im Sande, denn die wahren Elemente des Expressionismus sind auch heute noch nicht absorbiert worden und für die Massen ungenießbarer als je zuvor.

Die drohende Krise in meiner künstlerischen Entwicklung erreichte durch einige persönliche Verbindungen, die ich aufnahm, bald ihren Höhepunkt. Zunächst gab Dr. Schünemann mir eine Empfehlung für Artur Schnabel. Das war der Anfang einer dauerhaften, tiefen Freundschaft, obgleich mein erster Besuch bei Schnabel eine solche Entwicklung nicht voraussehen ließ. Ich hatte gehört, daß Schnabel ein guter Pianist sei, und weil ich in dem naiven Glauben lebte, daß Gott sowohl Pianisten als auch alle anderen Musiker zu dem einen Zweck erschaffen hatte, daß sie meine Musik zu Gehör brachten, brachte ich meine kürzlich veröffentlichte Klaviersonate mit, vermutlich in der Annahme, daß Schnabel sich darauf stürzen würde, um sie sofort in sein Repertoire aufzunehmen. Es war für mich ein Axiom, daß Musik unter allen Umständen aufgeführt werden mußte und daß nichts als die Aufführungen wirklich zählte. So richtig dieses Axiom auch ist, ich war weit davon entfernt, die komplizierten und verwirrenden Verästelungen dieses Problems zu erkennen, mit Ausnahme der Tatsache – die ich gleichfalls als Axiom hinnahm –, daß neue Musik einer naturgemäß widerstrebenden und idiotischen Öffentlichkeit eingetrichtert werden mußte, trotz der niederträchtigen Intrigen der gleichfalls naturgemäß feindseligen Kritiker, die ich in Anlehnung an Karl Kraus' Meinung über das Zeitungsgeschäft als Schwindler, Diebe, Lügner, Schmiergeldzahler, Erpresser und vor allem als Dummköpfe zu betrachten geneigt war. Deshalb war ich ziemlich enttäuscht, als Schnabel, nachdem er mich eine Zeitlang hatte warten lassen, kein aktives Interesse an meiner Komposition zeigte. Beinahe schockiert war ich, als er während des recht formellen Besuchs, der etwa zehn Minuten dauerte, zu verstehen gab, er sei der Meinung, daß Aufführungen und Veröffentlichungen von neuer Musik nicht viel bedeuteten und ziemlich unwesentlich seien. Was in aller Welt war dann noch wichtig, fragte ich mich, während ich recht verstört fortging.

Aus diesem Besuch schien sich nichts weiter zu ergeben, außer daß ich in das Haus eines gewissen Herrn Rosenheim eingeladen wurde, einem von mehreren wohlhabenden Juden in Berlin, die bei sich zu Hause musikalische Abende veranstalteten. Ich ging nur ein paarmal zu diesen Empfängen, weil ich das Treiben dort sehr deprimierend fand. Die etwa sechzig Gäste waren auf verschiedene altmodische, schwach beleuchtete Salons verteilt, und in einem davon spielte ein Ensemble oder ein Solist. Ich bemerkte bald, daß die erfahreneren Besucher strategisch günstige Positionen einnahmen, einerseits weit genug entfernt von der Musik, so daß sie ungestört und unbeobachtet einschlafen konnten, und andererseits nahe genug an der Tür zum Büffet, die sich mit dem letzten Takt der letzten Programmnummer öffnen würde, so daß sie beim Ansturm auf das Essen, das als Belohnung für jene bereitgehalten wurde, die die musikalische Tortur überstanden hatten, die Ersten waren.

Der Sturm auf das Büffet war ein wirklich beschämender Anblick. Die Bediensteten, die die Tür öffneten, waren in Gefahr, von dem Massenandrang der Gäste, die offenbar ihrem Ärger darüber Luft machen wollten, daß man sie wegen der Musik hatte hungern lassen, niedergetrampelt zu werden. Wie Heuschrecken fielen sie über die Delikatessen her, und innerhalb von wenigen Minuten war alles bis auf das letzte Krümelchen verputzt. Herr Rosenheim und seine Mutter oder wer immer die Gastgeber waren, standen am Ausgang, resigniert und ein wenig traurig, denn offenbar kannten sie diesen Ablauf gut und waren darauf vorbereitet, sich von den davoneilenden Gästen, die noch an ihren letzten Häppchen kauten, ein flüchtiges Gute Nacht zurufen zu lassen. Unwillkürlich verglich ich die Haltung dieser zynischen feinen Gesellschaft mit dem naiven Enthusiasmus der Gruppe, die sich bei Dr. Reisch in Wien zu versammeln pflegte, auch wenn unsere Auftritte dort nicht annähernd das exzellente Niveau der Berufsmusiker erreichen konnte, die Herr Rosenheim versammelt hatte. Diese Einzelheit zeigte wiederum einen der wesentlichen Unterschiede zwischen dem Lebensstil in Berlin und jenem in Wien.

Eine weitere Empfehlung von Dr. Schünemann öffnete mir das Haus von Ferruccio Busoni. Ich ging zusammen mit Alois Hába dorthin, der besonders daran interessiert war, Busoni kennenzulernen, weil letzterer sich vorübergehend mit Vierteltönen und anderen Unterteilungen des Halbtons beschäftigt hatte. Hába arbeitete damals an einem Klavierkonzert, ein Projekt, das mir ebenso radikal und progressiv wie sperrig erschien. Ich glaube, daß er zu diesem Zeitpunkt bereits mit Schreker gebrochen hatte. Gleichzeitig begann er, mit Vierteltönen zu experimentieren. In seinem möblierten Zimmer irgendwo in der Nähe des Alexanderplatzes standen zwei Klaviere einander gegenüber, von denen das eine einen Viertelton höher gestimmt war als das andere. Wenn Hába seine neuen Klangkombinationen ausprobieren wollte, mußte er zwischen den beiden Instrumenten auf und ab gehen, wobei er mit jeder Hand eines traktierte, eine sehr umständliche Prozedur, die die ganze Sturheit dieses Bauernjungen aus Ostmähren erforderte, der von Kindheit an Mühsal und Plackerei gewohnt war.

Hába hatte sich bereits entschlossen, sich als Vierteltonspezialist zu etablieren und seine Idee der tschechoslowakischen Regierung zu verkaufen, was insofern ein richtiges Kalkül war, als es mit deren erklärten Absicht übereinstimmte, »etwas zu tun« und sensationell progressiv und anders zu sein. Von Berlin erwartete er nur die Informationen, die Ausrüstung und die Ausbildung, die er zur Verwirklichung seines neuartigen Projekts brauchte.

Was Busoni betrifft, so glaube ich nicht, daß Hába dort viel Anregung erhielt. Wir wurden zu den berühmten Nachmittagssitzungen zugelassen, die der Meister in seiner bescheidenen und zugleich großartigen Wohnung am Viktoria-Luise-Platz abhielt. Busoni saß am Kopf der Tafel, seine attraktive, aber etwas zerzauste Frau auf der einen Seite, auf der anderen ein häßliches, buckeliges Weib, das er aufgrund eines italienischen Aberglaubens um sich hatte, demzufolge Bucklige Glück bringen – das war zumindest, was wir hörten. Beide Frauen saßen etwas vom Tisch abgerückt, in respektvoller Entfernung sozusagen. Busoni schlürfte Kaffee aus einer sehr großen Tasse, während die Gäste, die sich um den Tisch drängten – gleichfalls in angemessener Entfernung von dem großen Mann –, das gleiche Getränk in ganz kleinen Gefäßen serviert bekamen. Busoni erging sich die meiste Zeit über Musik, Malerei, Architektur, Politik, das Leben allgemein und alles mögliche andere, insbesondere ließ er sich gegen Wagner und das neunzehnte Jahrhundert aus, wobei die Gäste hauptsächlich zuhörten und ein paar eingeweihte Freunde ihm die nötigen Stichworte für seinen Monolog lieferten. Die Gesellschaft war mindestens so bunt und seltsam, wie Saroyan sie sich für die Besetzung eines seiner extravaganteren Stücke hätte wünschen können, wenn auch nicht ganz so »gut« und fromm. Man sagte, daß Frauen mit grünem oder violettem Haar in Busonis Umgebung kaum aufgefallen wären, eine so eigenartige Mischung von Zeitgenossen pflegte er an seiner Tafel zu versammeln. Nach etwa einer Stunde erhob er sich zeremoniös und kündigte an, daß er sich, zu seinem Bedauern, nunmehr zurückziehen müsse, um sich seiner schöpferischen Tätigkeit zu widmen, welche auch immer das gewesen sein mochte.

Einmal waren wir zu einer Abendgesellschaft bei Busoni eingeladen, und das war ein unvergeßliches Ereignis. Es waren viele Leute da, unter ihnen Edward Dent aus Cambridge, der treue Freund und Biograph Busonis, der mir später als Präsident der Internationalen Gesellschaft für Neue Musik wiederbegegnen sollte. Damals lernte ich auch Busonis Schüler Kurt Weill und Vladimir Vogel kennen. Als Hába und ich eintraten, begrüßte Busoni uns und stellte uns den Anwesenden mit den Worten vor: »Sehen Sie, was für prächtige Burschen diese Schreker-Schüler sind. Sie besuchen mich. Meine Schüler würden nicht im Traum daran denken, Schreker zu besuchen.«

Das war ein für Busoni sehr typischer Seitenhieb. Es sah aus, als hätte er uns mit dieser Begrüßung ein sehr höfliches Kompliment gemacht, aber gleichzeitig war sie eine vernichtende Ohrfeige für Schreker, denn sie implizierte, daß Busonis Schüler nicht das geringste Bedürfnis verspürten, mit einem so minderwertigen Wesen wie Schreker Kontakt aufzunehmen, da sie von ihrem eigenen Meister alle erforderlichen Anregungen bekamen.

Das Fest fand in Busonis geräumigem Arbeitszimmer statt, dessen eine Wand mit einem riesigen, grellen Gemälde des italienischen Futuristen Boccione geschmückt war. Es gab reichlich Champagner, und Busoni stolzierte herum wie ein venezianischer Grande, der eine Delegation orientalischer Botschafter bewirtet. Trotz seiner beständigen Tiraden gegen die Romantik des neunzehnten Jahrhunderts war er eine typische Gestalt jener Epoche und setzte, wie mir schien, eher die Tradition Liszts fort, als daß er irgendeine Art von Moderne repräsentierte. Jetzt finde ich, daß Busoni sich eher wie eine Figur des achtzehnten Jahrhunderts verhielt, ein Verwandter der verrückten Spielers und Bonvivants vom Typ des kosmopolitischen Casanova. In seiner Persönlichkeit vereinigte er auf faszinierende Weise den rationalistischen Philosophen der Aufklärung mit dem Scharlatan und Bohemien. Während einer seiner Nachmittagsempfänge hörten wir die Türklingel, und seine Frau öffnete. Im Vorzimmer gab es eine Diskussion, und er mußte schließlich hinausgehen, um die Sache zu regeln. Unfreiwillig hörten wir das Gespräch mit an und erfuhren so, daß der Händler, der Busoni den Champagner lieferte, gekommen war, um die Bezahlung längst fälliger Rechnungen einzufordern. Nach einer lautstarken Auseinandersetzung kehrte Busoni, gelassen wie immer, zurück und setzte seine Predigt über die Philosophie der Kunst fort. Später hörte ich, daß Busoni sich in diesen letzten Lebensjahren fast ausschließlich von Champagner ernährte. Ich bin sehr froh darüber, daß es mir vergönnt war, diesen höchst faszinierenden Mann persönlich kennenzulernen.

Was sein künstlerisches Credo anbelangt, wußte ich damals nicht, was ich davon halten sollte. »Neoklassizismus« war nur eines der vielen Schlagwörter, die zu jener Zeit in Berlin kursierten, und ich war damals keineswegs in der Lage, sie zu verarbeiten. Ein großer Teil von Busonis Diskurs muß aber doch irgendwie haftengeblieben sein, denn in späteren Jahren mußte ich sehr bewußt meine Position in Abgrenzung zu der künstlerischen Doktrin klären, die Busoni so eindrucksvoll dargelegt hatte.

Mit meiner Erinnerung an Busoni ist ein Vorfall verknüpft, der sich viel später ereignete, 1925 nämlich, und keine weitere Bedeutung hatte. Ich möchte ihn trotzdem erwähnen, weil er mir immer noch so ungewöhnlich lebendig vor Augen steht. Ich war auf der Rückreise von Korsika in die Schweiz, und nach der Überfahrt von Bastia hatte ich spätabends den Zug von Leghorn nach Florenz genommen. Es saß nur ein Reisender mit mir im Abteil, der nach dem Öffnen seiner Abendzeitung ausrief: »Il presidente Ebert é morto!« Ich war gebührend beeindruckt, schlief aber trotzdem bald, nachdem der Zug Leghorn verlassen hatte, ein, denn ich war müde von der strapaziösen Reise mit der korsischen Eisenbahn am frühen Morgen und der Fahrt über das Mittelmeer tagsüber. Später, als der Zug etwa zehn Minuten in einem Bahnhof hielt, döste ich vor mich hin und hörte, wie mein Mitreisender durch das Waggonfenster mit jemandem auf dem Bahnsteig sprach. Das Sonderbare war, daß ich dem Gespräch fast Wort für Wort folgen konnte, obgleich ich nie Italienisch gelernt hatte, und ich war überzeugt, daß ich im wachen Zustand nicht halb so viel verstanden hätte wie im Halbschlaf. Als der Zug schließlich weiterfuhr, wachte ich ganz auf und sah das Bahnhofsschild: Empoli. Ich dachte, es würde meinem Reisegefährten Freude machen, wenn ich einige Kenntnis der lokalen Gegebenheiten zeigte, und sagte: »Empoli – la città natale di Ferrucio Busoni.« Er starrte mich verständnislos an. Offenbar hatte er von Busoni nie etwas gehört, und mein Italienisch reichte für Schilderungen dessen, was ich über ihn wußte, bei weitem nicht aus. Mir war nicht klar, daß Busoni sich seinem Vaterland so entfremdet hatte, daß er in Italien so gut wie unbekannt war. Während des Ersten Weltkriegs hatte er in Zürich überwintert, und von den vielen hübschen Geschichten, die über seinen Aufenthalt in der Schweiz erzählt wurden, gefiel mir diese besonders gut: Andreae, der Dirigent des Zürcher Symphonieorchesters – ein sehr fähiger Musiker, wenn auch ein wenig langweilig, den ich persönlich in späteren Jahren sehr gern mochte –, diente während des Krieges als Oberstleutnant in der schweizerischen Armee und befehligte eine Einheit an der italienischen Grenze. Als er auf Urlaub in Zürich war, traf er Busoni und pries die Vorzüge des Soldatenlebens im Freien, das ihm für die Entwicklung eines Musikers als besonders nützlich erschien. Busoni hörte ihn nachdenklich an und sagte: »Man denke nur, was Beethoven hätte komponieren können, wenn er Unteroffizier gewesen wäre.«

Eduard und Irene Erdmann

Bei weitem die folgenreichste Bekanntschaft, die ich damals aufgrund von Schünemanns Fürsorge machte, war die mit dem Pianisten und Komponisten Eduard Erdmann und seiner Frau Irene. Sie wohnten in der Kaiserallee, und Schünemann ging mit Rosenstock, Rathaus und mir zu einem abendlichen Besuch dorthin. Jeder von uns spielte etwas von seinen Kompositionen, auch Erdmann. Ich erinnere mich weder, was ich gespielt habe, noch was Rathaus spielte. Rosenstock gab vermutlich sein preisgekröntes Klavierkonzert zum Besten, und Erdmann, der vier Jahre älter war als ich, spielte eine seiner Symphonien. Ich merkte bald, daß die Zusammenkunft, was meine beiden Kollegen anging, kein Erfolg war. Doch ich spürte hinter Erdmanns höflichen Bemerkungen eine merkwürdige und völlig neuartige Aggressivität, die mir sehr gefiel, so daß ich mich entschloß, etwas länger zu bleiben, nachdem Schünemann mit den beiden anderen gegangen war. Es stellte sich heraus, daß Erdmann eben darauf gehofft hatte, denn er brannte auf ein langes und möglicherweise vernichtendes Gespräch über Schreker und alles, was dieser vertrat. Auf eine derartige Gelegenheit hatte ich schon lange gewartet, und wir begannen sofort, während Frau Erdmann uns pausenlos mit Tee und Butterbroten versorgte. Ich muß gestehen, daß meine Freude auf die gründliche Diskussion, die folgen sollte, noch erheblich durch die Tatsache gesteigert wurde, daß ich mich sofort in Irene Erdmann verliebt hatte, die eines der reizendsten und außergewöhnlichsten Geschöpfe war, die mir je begegnet sind.

Beide Erdmanns kamen aus Riga, der Hauptstadt Lettlands, einer der damals neu gegründeten baltischen Republiken. Beide waren deutscher Abstammung, Eduard der Sohn eines Anwalts, wenn ich nicht irre, Irene Sprößling einer Familie aus dem niederen Landadel, die Willisch hieß. Eduard war insofern eine schillernde Persönlichkeit, als er eine sonderbare Mischung aus soliden bürgerlichen Grundsätzen und Vorurteilen und in anderer Hinsicht einen höchst erschreckenden totalen Mangel an Hemmungen zur Schau stellte. Er besaß einen brillant geschulten logischen Verstand und ein erstaunliches Faktenwissen auf vielen Gebieten, so daß Diskussionen mit ihm eine ausgezeichnete geistige Übung waren, die ich bald mehr genoß als alles andere. In seinem Verlangen nach geistiger Auseinandersetzung war er unermüdlich, und er war jederzeit bereit, die ganze Nacht bis zum Morgengrauen mit temperamentvollen Gesprächen zuzubringen, nach echter russischer Art, aber ohne die sprichwörtliche russische Sentimentalität. Die Scharfsinnigkeit seiner Äußerungen wurde noch durch seine übergenaue Aussprache unterstrichen, eine Eigenheit, die ich an den meisten Baltendeutschen beobachtet habe.

Er war ein Riese von Gestalt, schwerfällig und beinahe bedrohlich mit seinen unkoordinierten, schlecht beherrschten und heftigen Bewegungen, äußerst nachlässig in bezug auf seinen Körper und seine äußere Erscheinung, selbst in puncto Reinlichkeit, doch ein leidenschaftlicher Anhänger aller guten Dinge des Lebens, mit einem eindeutigen Hang zum Luxus, besonders beim Essen und Trinken. Da er sehr wenig Sinn für Geld hatte, geriet er oft in komplizierte Situationen, insbesondere, wenn ihn vorübergehend eine extravagante Leidenschaft, wie das Sammeln seltener Bücher oder exotischer Tiere, gepackt hatte. In solchen Phasen konnte er mit vollkommen ernster Miene behaupten, er sehe nicht den geringsten Grund, sein Geld für Schuhe und Kleider für seine Kinder auszugeben (von denen er schließlich vier hatte), statt eine kostbare Dante-Ausgabe zu kaufen oder eine australische Supermaus, die ihr Gewicht in Gold wert war, und er hielt ein höchst brillantes logisches Plädoyer, um das zu beweisen. Andererseits hatte er nie eine andere Frau berührt, bevor er seine Gattin kennenlernte, und danach natürlich auch nicht, doch, wie er mir einmal gestand, nicht, weil er nicht gewollt hätte, sondern weil es gegen die bestehende Ordnung gewesen wäre. Außerdem fürchtete er das Chaos, das sich aus einem solchen Verhalten hätte ergeben können, obgleich er sonst nicht die geringste Hemmung hatte, seinen bizarrsten Launen nachzugeben.

Sein musikalisches Temperament war genauso übersprudelnd wie seine ganze Persönlichkeit. Sein Spiel stützte sich auf eine meisterhafte Technik und war sinnlich und asketisch zugleich. Er zielte mit äußerster Entschlossenheit immer auf die stärksten Effekte ab, stellte diese Absicht aber stets in den Dienst rein musikalischer Erwägungen und benutzte sie nie dazu, in einer Komposition sentimentale oder sensationelle Züge herauszustellen. Eine ganze Weile hielt ich sehr viel von seiner kompositorischen Begabung und beneidete ihn um seine langsame, sorgfältige Kompositionsmethode, die mir aristokratisch und würdevoll erschien im Vergleich zu meiner fast unanständigen Fruchtbarkeit, denn ich konnte nicht anders als enorme Mengen von Musik in einer atemberaubenden Geschwindigkeit zu Papier zu bringen.

Die Symphonie, die er uns an jenem Abend vorgespielt hatte, besaß den gleichen Elan und die gleiche Vitalität wie sein Spiel; gleichzeitig war sie durch gesunde Nüchternheit und einen klaren Aufbau charakterisiert und angenehm frei von jeglichen süßlichen und sentimentalen nachimpressionistischen Manierismen. Es war genau das, was Rosenstock kritisierte, wenn er sagte, er meine, sie enthielte »zu viele weiße Noten«. Das sollte heißen, daß die Partiturseiten leer aussahen, wenn man sie mit dem verglich, was Schreker gerne in einer Partitur hatte: eine Menge pseudokontrapunktischer Läufe in Sechzehnteln und Zweiunddreißigsteln, die die Grundstruktur wie eine parfümierte Rauchwolke überdeckten, wohingegen Erdmann nicht zögerte, die Instrumente in ganzen und halben Noten spielen zu lassen, wenn der Aufbau das verlangte, ohne den blendenden Schnee klingenden Konfettis, der über jede leere Stelle wirbelte. Ich wußte sofort, daß das der Stil war, den ich anstrebte, ohne daß mir das bis dahin ganz klar gewesen war.

Später, muß ich gestehen, war ich von Erdmanns Art zu komponieren nicht mehr so begeistert, weil sie nirgends hinzuführen schien und der frühere Elan einem mühevollen Suchen nach starken Effekten gewichen war. Erdmann pflegte zu sagen, er sei überzeugt, daß er mindestens neunzig Jahre alt werden und seine besten Werke ab fünfzig schreiben würde, eine Phase, die jetzt bald beginnen müßte. Ich glaube, daß auch er meine Musik später immer weniger mochte, was aber unserer guten Freundschaft keinen Abbruch tat. Allerdings habe ich Erdmann seit Hitlers Aufstieg zur Macht nur einmal gesehen, worauf ich später zurückkommen werde, und so habe ich über seine künstlerische Entwicklung nicht mehr Informationen als er über die meine. Ich frage mich, ob und unter welchen Umständen wir einander je wieder begegnen werden.

Kurz nach meinem ersten Besuch bei ihnen zogen die Erdmanns in den Grunewald, einen westlichen Vorort von Berlin und eine schöne Wohngegend. Ein gewisser Fritz Schön bot ihnen an, dort unentgeltlich, glaube ich, das Untergeschoß seiner Villa zu bewohnen. Dieser Schön war selbst ein recht bemerkenswerter Mensch, ein wohlhabender Mann, der davon lebte, daß er das Vermögen seiner Familie verwaltete, das aus einigen Fabriken und Unternehmen in Ostdeutschland und Polen bestand. Er hatte eine attraktive Frau und zwei halbwüchsige Kinder. Er war ein sehr liebenswürdiger und friedfertiger Mann mit ausgeprägten künstlerischen Interessen, der jene pseudozynische Haltung einnahm, die als Charakteristikum des neuen Berlin galt. Ich mochte die Schöns sehr gern, und später in der Schweiz lernte ich sie noch viel besser kennen.

Durch Erdmann lernte ich zum erstenmal, Musik unter rein musikalischen Gesichtspunkten zu betrachten und sie auf wirklich professionelle, sachliche Weise zu erörtern und zu analysieren, anstatt sie von außen anzusehen und sie nach den vagen Begriffen des gefälligen Klangs zu beurteilen, wie es Schrekers Gewohnheit war. Ich kann wohl sagen, daß ich praktisch meine gesamte Musikphilosophie meinem Verkehr mit Erdmann verdanke, zumindest wurde das Fundament dafür in jenen drei Wintern in Berlin gelegt, als ich ihn jede Woche etwa ein- oder zweimal besuchte. Das Wichtigste, was er mit mir und für mich tat, war, daß er mich in Franz Schuberts Werk einführte, den ich bis dahin für einen liebenswerten Burschen gehalten hatte, der eine Menge altmodischer Lieder komponiert hatte, denen ich die vom Ausdruck her pompöseren und in ihren Wendungen raffinierteren Kompositionen Hugo Wolfs bei weitem vorzog, und dazu noch eine ganze Menge anderer Musik, die ich nicht sehr schätzte, weil sie mir nicht sehr anspruchsvoll, zu volkstümlich und ziemlich banal erschien. Als Erdmann begann, Schubert über alles zu loben, und ich eine Bemerkung über seine »kitschige«, auf starken emotionalen Ausdruck abzielende Textbehandlung machte, war ich erstaunt, daß Erdmann antwortete, erstens würde er dem nicht zustimmen, aber vor allem habe er nicht im geringsten an den Text gedacht, sondern er wolle die Lieder als reine Musik betrachtet wissen, in der die Vokalstimme ebensogut von einer Klarinette oder einem anderen Instrument übernommen werden könne. Mir war nie in den Sinn gekommen, daß man ein Lied aus dieser Perspektive betrachten könnte, denn ich hatte gelernt, Musik mit Text nach Schrekers Maßstäben für die Opernkomposition zu beurteilen, und ich fragte mich, was wohl von der musikalischen Inspiration des guten alten Schubert übrigbleiben könnte, wenn man die expressive Interpretation der Gedichte fortließ, die ich sowieso für recht bescheiden hielt.

Heute muß ich zugeben, daß meine Unkenntnis musikalischer Werte wirklich verblüffend war, wenn man bedenkt, daß ich mich vierzehn Jahre lang mit Musik befaßt hatte. Ich werde Erdmann ewig dankbar sein, daß er mit unermüdlichem Enthusiasmus sämtliche Bände von Schuberts Liedern in der schönen Originalausgabe von Breitkopf und Härtel mit mir durcharbeitete. Diese Begeisterung habe ich glücklicherweise von ihm geerbt, und mir kann nichts Schöneres passieren, als daß ich jemandem Schuberts Lieder vorspiele, der für den unglaublichen Reichtum an verblüffenden Leistungen der Kompositionskunst, der in diesen kostbaren Bänden enthalten ist, empfänglich ist. Ich stimme mit Erdmann vollkommen darin überein, daß man für die Unterweisung in den Grundprinzipien der Komposition kaum mehr benötigen würde als die sechshundert Lieder von Franz Schubert. Erst damals habe ich wirklich verstanden und gelernt, wie man Phrasen gestaltet und ausbalanciert, wie man Betonungen verteilt und Harmonie und Metrum koordiniert, was Erweiterung und Verkürzung bedeutet, daß alle Details musikalischer Gestaltung voneinander abhängig sind und was musikalische Logik ist. Und all dieser Lehrstoff wurde nicht durch pedantische, systematisierende technische Kunstgriffe, sondern mit überschwenglicher Freude und höchstem Entzücken dargeboten. Seither bin ich Schubert treu geblieben, und wann immer ich Erkenntnis suche, Ermutigung brauche oder mich einfach freuen und glücklich sein will, wende ich mich ihm zu.

Die Art, Musik zu genießen, die ich von Erdmann gelernt habe, scheint mir jeder anderen Annäherungsweise überlegen zu sein, obgleich ich später bemerkte, daß viele sogenannte musikalische Menschen, und selbst eine ganze Anzahl von Musikern, ihr mißtrauisch gegenüberstanden, weil sie eine betont analytische Haltung implizierte. Sie meinten, wenn man das Wachstum eines musikalischen Organismus beobachte, so wie es in einem Konzert vorgeführt wird, und dabei die Feinheiten der Struktur verfolge und sich ihrer Komplexität bewußt sei, schwäche oder verhindere das den Genuß jener emotionalen Qualitäten der Kunst, die den meisten als die einzig wesentlichen Elemente erscheinen. Solche Einwände werden so oft und so entschieden vorgebracht, daß ich manchmal fast bereit bin, zu bezweifeln, ob ich wirklich fähig bin, Musik richtig wahrzunehmen, oder ob mir irgendein geistiges Organ fehlt, das die meisten Menschen anscheinend besitzen. Doch ich genieße Musik allgemein sehr, und einen begrenzten Teil davon finde ich schöner als alles andere auf der Welt, so daß ich annehme, daß meine Herangehensweise nicht ganz falsch sein kann, auch wenn ich gewöhnlich nicht in der Lage bin, mein Erleben in literarischen Metaphern oder in bildhaften Beschreibungen auszudrücken. Ich glaube, daß der Durchschnittshörer das, was er mangels anderer Wahrnehmung in die Musik hineininterpretiert, für die Musik hält, so daß er, wenn ein rhythmisch lebhaftes Stück ihn an die Bewegungen galoppierender Pferde erinnert, meint, die Pferde seien in der Musik oder die Musik müsse von galoppierenden Pferden inspiriert worden sein oder sie drücke die Gefühle aus, die möglicherweise mit dem Erlebnis eines schnellen Rittes verbunden sind.

Wenn ich in einem solchen Fall über die geniale Art spreche, wie Phrasen so konstruiert wurden, daß sie sich überschneiden, sich in atemberaubenden Höhepunkten drängen und ähnliche Merkmale, werfen die enttäuschten Enthusiasten mir meine »intellektuelle« Herangehensweise vor. Tatsächlich neige ich zu der Ansicht, daß ihre Vorgehensweise viel intellektueller ist, weil sie außermusikalischer Elemente bedarf, um der Intensität ihres flüchtigen Erlebens Form zu geben, während meine Methode mir um einiges spontaner und einfacher erscheint, weil sie unmittelbar den musikalischen Prozeß selbst betrachtet. Ich leugne nicht, daß Musik die Macht besitzt, tausendfache Assoziationen zu wecken, und häufig verwende ich den ganzen Vorrat an Metaphern, der in diesem Zusammenhang üblich ist. Aber ich bin mir stets dessen bewußt, daß es nur Metaphern sind, die nur deshalb anwendbar sind, weil sowohl der Musik als auch jeder anderen Kunst und zahllosen anderen menschlichen Erfahrungen ein tief verwurzelter, urzeitlicher, expressiver Symbolismus innewohnt, und ich bin überzeugt, daß die wahre geistige Realität, für die die Kunst ein aufschlußreiches Symbol ist, unter ihrer metaphorischen Oberfläche liegt und gleichzeitig paradoxerweise ihrer tatsächlichen Oberfläche, das heißt der Gestalt, die der Künstler dem Material gegeben hat, viel näher ist.

Die animalische Reaktion auf die Musik, die meiner Meinung nach die meisten Menschen für die einzig legitime halten, weil es vielleicht die einzige ist, über die sie verfügen, erlebe ich am häufigsten bei weniger wertvoller Musik. Auch in diese Musikgattungen führte Erdmann mich auf neue und sehr folgenreiche Weise ein. Er mochte die neue Unterhaltungsmusik sehr gern, eine Nachahmung des kürzlich entdeckten amerikanischen Jazz, die zu jener Zeit in Blüte stand. Auch auf diesem Gebiet war er sehr kritisch und ließ nur zwei Komponisten gelten, den Berliner Friedrich Holländer und den Wiener Leo Fall. Er wurde nicht müde, ein Liedchen von Holländer über einen vielgeliebten Jazzmusiker namens Jonny zu spielen, und in Erinnerung an diesen obskuren Burschen nannte ich die Hauptperson meiner später berühmten Oper Jonny. Als ich nach Amerika kam, wurde mir erklärt, daß dies eine falsche oder zumindest sehr ungewöhnliche Schreibweise sei und daß der Name korrekt Johnny buchstabiert werden müsse. (In der Regel wird der Titel meiner Oper in Amerika dementsprechend falsch geschrieben.) Ich stellte die Theorie auf, daß Johnny nichts mit John zu tun habe, sondern eine Diminutivform von Jonathan sei. Als ich mich für den Namen entschied, dachte ich an so etwas überhaupt nicht, denn von Englisch hatte ich nicht die geringste Ahnung, und ich hatte nur den Jonny im Sinn, den ich aus Erdmanns hingebungsvoll schmalzigem Vortrag von Holländers Ballade kannte. Ein weiterer Schlager, den wir sehr liebten, war *Tamerlan*. Besonderes Vergnügen fanden wir an den Operetten von Leo Fall, in der Tat Meisterstücke ihres Genres und voller wirklich reizvoller und sogar faszinierender Ideen, weil das einfache und beschränkte Material mit so großem Scharfsinn und solcher Raffinesse gehandhabt wurde.

Erdmann behauptete ganz im Ernst, daß ihn der soziale Hintergrund dieser Art Musik kein bißchen interessiere. Er verabscheute die Atmosphäre des Nachtklubs (abgesehen vom Trinken, aber er hätte lieber anderswo getrunken), und Tanzen wäre ihm nie in den Sinn gekommen, abgesehen davon, daß er für diese Aktivität physisch mehr als ungeeignet war. Er freute sich an diesen Schlagern von einem rein musikalischen Standpunkt aus und bewunderte auch daran wieder die verschiedenen Methoden, mit denen seine Lieblingskomponisten ihre »starken Effekte« erzielten. Er komponierte derartige Stücke auch selbst, auf Texte, die er oder Irene oder einige ihrer Freunde gemacht hatten, ohne je daran zu denken, sie kommerziell zu nutzen. Er spielte sie immer wieder, mit ungeheurem Eifer und voller Überschwang, und ich glaube, daß einige davon wirklich perfekte Musterbeispiele ihrer Gattung waren, abgesehen davon, daß sie musikalisch hervorragend gemacht waren.

Mein Interesse auf diesem Gebiet war weit weniger akademisch. Ich fühlte mich stark von dem gesellschaftlichen Bereich angezogen, dessen Ausdruck diese Musik war, denn er schien mir Versprechungen in bezug auf das »wirkliche Leben« zu machen, an dem ich so gern teilhaben wollte, und ich hoffte, über das Mittel der Unterhaltungsmusik eine solidere Beziehung dazu zu finden. Dieser Gedanke war um so verlockender, als es mir aufgrund von Erdmanns Unterricht nicht peinlich war, mich zu diesem Genre herabzulassen, denn auch darin konnte man offensichtlich künstlerische Perfektion erreichen. Ich war noch nicht so weit, den Versuch einer Integration von »ernster« Musik und Unterhaltungsmusik zu unternehmen; das hob ich mir für ein paar Jahre später auf. Die Idee war zu diesem Zeitpunkt, daß man versuchen solle, von den Komponisten perfekter Unterhaltungsmusik zu lernen, wie die »starken Effekte« erzielt werden, und daß man dieses Wissen dann auf den Bereich unserer eigenen, »modernen« Musik übertragen könne, in der Annahme, daß das Material, aus dem eine Komposition bestand, keine Rolle spiele. Was mit dem beschränkten Standardmaterial der Unterhaltungsmusik möglich war, sollte auch mit dem unendlich viel reicheren und vielfältigeren Material der »ernsten« Musik möglich sein.

Ganz gleich, wieviel Wahrheit diese Lehre enthielt, letztendlich erwies sie sich als Trugschluß, weil sie das soziale Terrain, auf dem die Unterhaltungsmusik ihre spektakulären Effekte erzielt, überhaupt nicht berücksichtigte. Die Tatsache, daß wir anspruchsvollen und gut ausgebildeten Musiker bestimmte Züge der Unterhaltungsmusik herrlich fanden, konnte nicht den allgemeinen Erfolg des gesamten Genres erklären, einschließlich der hunderttausend Stücke, die wir als abstoßenden Plunder verachteten. Wenn die wenigen Meisterwerke, die wir bewunderten, an diesem Erfolg teilhatten, dann lag das gewiß nicht an jenen sehr speziellen Qualitäten, die wir an ihnen entdeckt hatten, sondern daran, daß sie aus dem gleichen Material hergestellt worden waren wie der Plunder. Die »starken Effekte«, die unausgesprochen als Ursache für die Popularität der Unterhaltungsmusik angesehen wurden, waren also eher dem Material der Unterhaltungsmusik zuzuschreiben als bestimmten geeigneten Abläufen innerhalb dieses Materials, genauso wie das Fehlen einer solchen Anziehungskraft bei der »ernsten« Musik der Beschaffenheit ihres Materials zuzuschreiben war und nicht automatisch durch solche geeigneten Abläufe wettzumachen war, wie man sie von der Jazzmusik lernen konnte. Dieser Sachverhalt war Erdmann vielleicht etwas klarer als mir, was aber nicht viel bedeutet hätte, denn ich wußte überhaupt nichts davon.

Irene Erdmann war eine ungewöhnlich attraktive Blondine mit lebhaften und ausdrucksvollen Gesichtszügen. Sie war künstlerisch hochbegabt, sowohl für die Musik als auch ganz besonders für das Zeichnen und die Malerei. Sie zeichnete nicht nur recht brillante und gekonnte Porträts, sondern malte auch einige originelle expressionistische Bilder, allerdings rein als Hobby. Außerdem war sie in der Kunst der Dekoration wunderbar erfindungsreich, sie gestaltete Räume, Hüte, Kleider und dergleichen höchst phantasievoll und fast ohne finanzielle Mittel, denn die Erdmanns hatten gewöhnlich keinen Pfennig. Das Schönste war, daß sie das alles ohne den geringsten Anspruch auf Professionalität machte, einfach um seiner selbst und um des Vergnügens willen, das es ihr bereitete. Sie besaß außergewöhnlichen weiblichen Charme und ein Taktgefühl, das es ihr erlaubte, deutlich zu machen, daß die Aufmerksamkeiten ihrer Bewunderer durchaus nicht verschwendet waren, ohne die Betreffenden aber auch nur eine Minute lang vergessen zu lassen, daß der einzige Mann, den sie liebte, ihr Ehemann war. Ich hatte damals das Gefühl, und fand es später bestätigt, daß das recht ungewöhnliche Eigenschaften waren für eine so außergewöhnlich bezaubernde Frau.

Eine »eigene Art des Komponierens«

Unter dem Einfluß meiner neuen Bekanntschaften und Freundschaften entschied ich irgendwann in diesem Winter, daß die Zeit für mich gekommen war, meine eigene Art des Komponierens zu suchen, ohne Schreker weiter um Rat zu fragen. Obgleich Erdmann mir nachdrücklich empfahl, ostentativ mit ihm zu brechen, da ein solcher Schritt nicht nur Erdmanns Offenherzigkeit entsprach, sondern seiner Meinung nach auch einen beträchtlichen Publizitätswert gehabt hätte, tat ich das nicht, weil es gegen meine Neigungen gewesen wäre, in denen sich immer noch die Konditionierung durch meine Erziehung zeigte, dahingehend, daß unbesonnenes und auffälliges Handeln zu Schwierigkeiten führt. Auch der Gesichtspunkt der Loyalität spielte eine Rolle und der Gedanke an meine materielle Zukunft, die immer noch davon abzuhängen schien, was Schreker mir zukommen lassen würde. Mein Naturell sorgt nach wie vor dafür, daß ich Unsicherheit als eine der schlimmsten Zukunftsaussichten fürchte, und so gerne ich auch in der Lage wäre, zum Beispiel irgendwohin zu gehen, wo ich gerne leben würde, selbst wenn ich nicht wüßte, wovon, und zu sehen, was geschehen würde, so weiß ich doch, daß ich so etwas nie aus freien Stücken tun würde.

Ich weiß nicht, ob ich in meinem Leben viele oder überhaupt Gelegenheiten versäumt habe, weil ich so bin, wie ich bin, denn das eines jener historischen Probleme, die nicht durch Experimente geklärt werden können, aber ich fürchte, daß ich diesen Persönlichkeitszug nicht ändern kann. Jedenfalls beschloß ich, mein neues musikalisches Projekt zu beginnen, ohne meine Grundsätze zu erklären, und gleichzeitig Schrekers Unterricht weiterzubesuchen und abzuwarten. Das entsprach meinem Verlangen nach Sicherheit, denn ich konnte ja nicht wissen, wie es mir auf meiner Reise ins Unbekannte ergehen würde und ob ich nicht gezwungenermaßen oder sogar mit Vergnügen zur Herde zurückkehren würde. Ich bin nie dafür gewesen, Brücken hinter mir abzubrechen.

Im übrigen war es nicht sehr schwierig, den zweiten Teil meines Plans auszuführen, da der Meister es sich immer mehr zur Gewohnheit gemacht hatte, der wachsenden Zahl seiner Opernaufführungen in ganz Deutschland persönlich beizuwohnen, so daß er oft nur zu ein paar Seminaren erschien, um sofort wieder eine neue mehrwöchige Reise anzutreten. Diese häufigen Reisen schränkten seine Lehrtätigkeit erheblich ein und stellten nicht nur ihren Wert in Frage, sondern schadeten auch seinem Ruf unter den Studenten. So verständlich sein Interesse und sein Vergnügen an den verschiedenen Aufführungen seiner Opern auch waren, seine Eitelkeit und seine Selbstzufriedenheit wurden infolge dieser Reisen widerwärtig und lächerlich. Er fuhr in Orte wie Görlitz und Rudolstadt, sehr respektable kleine Zentren künstlerischer Aktivitäten, ihrer Größe und Bedeutung nach aber mit Cedar Rapids oder Kalamazoo zu vergleichen. Dennoch kam er von solchen Entdeckungsreisen in die entlegensten Winkel Deutschlands hellauf begeistert zurück und beteuerte jedes Mal, daß die jüngste Aufführung seiner Meisterwerke die vollkommenste sei, die er je gesehen habe. Sie hätten nur zweieinhalb erste Violinen gehabt, erzählte er, aber es sei einfach unglaublich gewesen, was sie zustandegebracht hätten. Das Peinlichste an seinem Bericht, auf den er die Hälfte der Seminarzeit verschwendete, war, daß er anfing, Ausschnitte aus miserablen Provinzblättern aus der Tasche zu ziehen und sie seinen Studenten laut vorzulesen, wobei er den Scharfsinn der Kritiker lobte, weil sie sein Genie so gut erkannt hätten, während sie lediglich routinemäßige Lobreden auf die Bemühungen der jeweiligen Theater hielten.

Jedenfalls ließen Schrekers lange Abwesenheiten mir reichlich Zeit, mich um meine selbstgestellte Aufgabe, ein Streichquartett, zu kümmern. Ich hatte in diesem Winter bereits mehrere von Goerings Gedichten vertont, und einige davon hatten vielleicht die Funktion von Vorstudien zu meinem Quartett. Besonders eines der Lieder, *Im Spiegel*, mag ich immer noch sehr gern. Der Text gefiel mir wegen eines sehr komplizierten Systems von Antithesen, einem Merkmal, das ich an der Dichtung von Karl Kraus schätzen gelernt hatte und mir seither sehr sympathisch ist. Es erinnerte an Musik mit durch Umkehrung, Vergrößerung und ähnliche Mittel eng verwobene kontrapunktische Muster. So nimmt das kleine Lied auf sonderbare Weise eine Kompositionstechnik vorweg, die ich mir erst zehn Jahre später vollständig und bewußt aneignen sollte. Ein weiteres der Goering-Lieder ist die *Ballade vom König Lobesam*, ein brillantes Nonsensgedicht voller alberner Wortspiele in einem musikalischen Gewand von einzigartiger Unbekümmertheit und lärmendem Überschwang. Ich halte es immer noch für ein sehr witziges Stück. Die anderen Lieder dieser Gruppe, die zum Teil zusammen mit einer Reihe von späteren Liedern als *Opus 9* veröffentlicht wurden, erscheinen mir inzwischen weniger bemerkenswert.

In dem Streichquartett entwickelte ich die wesentlichen Gestaltelemente für alle wichtigen Instrumentalwerke meiner späteren Jahre, indem ich bewußt und konsequent die Ideen ausarbeitete, die ich, wie im ersten Kapitel dieses Buches dargelegt, in meiner früheren *Serenade* angedeutet hatte. Die Form der Komposition war absichtlich nach dem Vorbild von Beethovens Cis-Moll-Quartett ziemlich frei angelegt. Das Quartett hatte einen einzigen Satz mit mehreren, durch kurze Einleitungs- und Überleitungspassagen verbundenen Hauptabschnitten. Der letzte Teil war eine Doppelfuge mit einem Höhepunkt, der das Hauptthema in immer lebhafteren Variationen darstellt und an den Anfang des ersten Teils zurückführt. Die wesentliche Neuerung für mich war der allgemeine Stil des Ganzen. Es war von Anfang an streng kontrapunktisch komponiert, mit reichlichem Einsatz von imitatorischen und fugierten Formen; alle Themen waren von einem einzigen Grundmotiv abgeleitet, einer einfachen Folge von drei Tönen; Dissonanzen wurden durchweg in einer freien, unorthodoxen Weise eingesetzt, und die harmonischen Fortschreitungen waren nicht mehr den Grundprinzipien der Tonalität unterworfen, wenn auch an vielen Stellen ein allgemeines Gefühl von d-Moll vorherrschte.

All das war für mich erregend neu, und ich erinnere mich, wie erstaunt ich über meine eigenen Leistungen war, während ich diese Musik mit gewohnter Schnelligkeit niederschrieb. Wahrscheinlich wäre ich weniger erstaunt gewesen, wenn ich mit den Werken der Gruppe um Schönberg vertraut gewesen wäre, die in den letzten zehn Jahren entstanden waren. Aber damals war Bartók der »radikalste«

Komponist, den ich gut kannte, und deshalb fühlte ich mich urplötzlich befriedigt an die vorderste Front des Fortschritts versetzt, und manchmal war ich nicht wenig beunruhigt über meinen Wagemut.

Übrigens erinnere ich mich nicht, was ich damals eigentlich von Schönbergs Werken kannte, abgesehen von den Klavierstücken, die ich an der Wiener Akademie gespielt hatte. Es kann sein, daß Hermann Scherchen zu jener Zeit bereits seine Vorlesungen über zeitgenössische Musik an der Hochschule hielt. Ich besuchte einige davon und meine, mich zu erinnern, daß er Schönbergs erstes Quartett oder die Kammersymphonie oder beides analysierte. Das kann aber auch später gewesen sein, muß aber stattgefunden haben, bevor ich mit Scherchen in engeren Kontakt trat. Darüber werde ich später zu berichten haben. Ich erinnere mich auch nicht daran, ob ich Schönberg mit Erdmann, der seine Musik sehr gut kannte, spielte und ausführlich besprach. Schönbergs Opus 15, die Lieder nach Gedichten von Stefan George, lernte ich durch Barczinsky besser kennen, der sich entschlossen hatte, sie zu studieren. Jedenfalls glaube ich nicht, daß Schönbergs Musik auf meine frühen Versuche, mich von dem eher konventionellen Stil zu lösen, den Schreker bevorzugt hätte, einen nennenswerten Einfluß hatte.

Als das Streichquartett fertig war, was vor oder nach den Sommerferien der Hochschule gewesen sein kann, wahrscheinlich aber vorher, zeigte ich es nicht Schreker, sondern Schünemann, und dieser bestand darauf, daß ich es bei der Jury für das jährliche Festival des Allgemeinen Deutschen Tonkünstlervereins, dessen Mitglied er in diesem Jahr war, einreichen solle. Ich wußte, daß das ein folgenschwerer Schritt war, denn falls das Stück angenommen werden sollte, würde Schreker zwangsläufig davon erfahren und, nicht ohne Grund, wie ich zugeben mußte, beleidigt sein. Ebenso wußte ich aber, daß er das Stück entsetzt ablehnen würde, wenn ich es ihm zeigte, und daß ich die Sache nur noch schlimmer machen würde, wenn ich das Stück trotz seines Urteils für das Festival einreichen würde. Andererseits war meine große Chance gekommen, und es wäre äußerst dumm gewesen, sie nicht wahrzunehmen. Also folgte ich Schünemanns Rat und spielte Vogel Strauß, indem ich den Dingen ihren Lauf ließ.

Artur Schnabel

Es stellte sich bald heraus, daß Erdmann sehr gut mit Artur Schnabel befreundet war, und über ihn wurde mein Kontakt zu letzterem wiederhergestellt, was zu einer langjährigen Freundschaft führte. Wir begaben uns gemeinsam in Schnabels Wohnung in der Uhlandstraße und kehrten viele Male zu ausgedehnten Sitzungen, die gewöhnlich bis in die frühen Morgenstunden dauerten, dorthin zurück. Aus irgendeinem Grund gab Schnabel damals in Deutschland keine Konzerte, deshalb nahm ich ihn als Pianisten kaum wahr. Seltsamerweise hatte ich jahrelang, bis um das Jahr 1928, ständigen Kontakt mit einem der berühmtesten Pianisten unserer Zeit, ohne ihn jemals spielen zu hören.

Viel mehr hörte ich aus seinen und über seine Kompositionen, die er uns vorspielte, und er war unentwegt und begeistert an unseren eigenen Experimenten in der Komposition interessiert, so daß ich einer der ganz wenigen war, die Schnabel in erster Linie für einen Komponisten hielten, der zufällig auch Klavier spielte, um seinen Lebensunterhalt zu bestreiten. Als Komponist war er Autodidakt, und seine Kompositionen wiesen noch lange Zeit gewisse typische Eigenschaften der Arbeiten eines hochqualifizierten Laien auf. Nichtsdestoweniger habe ich sie immer sehr originell gefunden, ungewöhnlich bedeutsam und von sehr hoher technischer Qualität. Schnabel hatte nie eine gründliche theoretische Ausbildung genossen, aber sein Urteil war immer äußerst scharfsinnig und treffend, und er konnte es völlig klar und mit höchst bewundernswerter Deutlichkeit formulieren.

Außer der Musik liebte Schnabel nichts mehr als das Gespräch, und ihm zuzuhören war ein reines Vergnügen, gleichgültig, worüber er sprach. Er behauptete zu Recht, daß er nicht den systematischen Verstand eines Philosophen habe, und dieser Sachverhalt beeinträchtigt leider die wenigen von ihm vorliegenden literarischen Arbeiten. Umso mehr glänzte er im Gespräch, obgleich seine Ausdrucksweise in späteren Jahren etwas manieriert wurde, seine Auswahl an Themen sich verringerte und die Formulierungen sich wiederholten. Damals neigte er intellektuell stark zu kommunistischen Vorstellungen, wobei er größtes Vergnügen an dem Widerspruch zwischen derartigen Neigungen und seiner eigenen Stellung hatte und sich als Produkt der kapitalistischen Gesellschaft bezeichnete. Er machte kein Hehl daraus, daß ihn der dialektische Aspekt der Sache mehr interessierte als der verdienstvolle Hintergrund, denn als Erdmann – der dagegen war – ihn einmal am Ende einer langen, heftigen, bis zum Morgen dauernden Diskussion fragte: »Aber Herr Schnabel, was machen Sie, wenn der Kommunismus Wirklichkeit wird?« antwortete Schnabel: »Dann suche ich etwas anderes, worüber wir streiten können.«

Wir spielten unsere eigenen Kompositionen, Schubert, Mozart, Straußwalzer und Jazz (den Schnabel sehr mochte, ungefähr aus den gleichen Gründen wie Erdmann) und genossen unsere Treffen außerordentlich. Gelegentlich waren auch andere Leute dabei, aber ich erinnere mich nicht sehr gut an sie. Später hörte ich, daß Schnabel ein sorgfältig geplantes gesellschaftliches Leben führte, indem er diplomatische Beziehungen zu allen »wichtigen« und einflußreichen Leuten der Stadt unterhielt. Ich weiß nicht, ob das stimmte; jedenfalls brachte er uns nie mit solchen Leuten zusammen, was schließlich auch nicht von ihm erwartet wurde. Andererseits hatte er für uns in gesellschaftlicher Hinsicht unbedeutende junge Männer, denen er sich durch seine Interessen als Komponist so stark verbunden fühlte, immer Zeit. Ich habe diese Einstellung stets sehr geschätzt. Er war sicherlich der einzige seiner Art, der eine derartige Einstellung besaß. Der Grund dafür war, daß dieser offiziell als »Hohepriester« der klassischen Musik titulierte Künstler in einem äußerst kompromißlosen Stil komponierte, der nach konventionellen Maßstäben als »ultramodern« und radikal galt.

Die meisten seiner Bewunderer konnten das überhaupt nicht verstehen und bedauerten, daß ein so unermüdlicher Verteidiger der »richtigen Dinge« ein so anstößiges Hobby hatte. Sie vergaben ihm und bestraften ihn zugleich, indem sie den Mantel absoluten Schweigens über seine Musik breiteten, als wäre sie ein obszönes Laster, das man bei einem so großen Mann mit einem mitleidigen Schulterzukken in Kauf nehmen müsse. Ich glaube, daß das für Schnabel eine Quelle ständigen Kummers war, auch wenn er immer vorgab, es sei ihm gleichgültig, ob seine Kompositionen zur Kenntnis genommen würden oder nicht. Als eine Art von Selbstverteidigung versuchte er, uns, und besonders mich, davon zu überzeugen, daß dies die einzige würdige und kluge Haltung sei, die sich für einen Komponisten schicke, und er wollte, daß ich es ihm darin gleichtat. Obwohl ich die Vorzüge seiner Lehre sah, konnte ich Schnabel in diesem Punkt nie völlig zustimmen, denn er ließ absichtlich den psychologischen Unterschied zwischen unseren jeweiligen Positionen außer acht. Er verfügte stets über das gewaltige Ausdrucksmittel seiner Konzerttätigkeit, das jeden Drang nach unmittelbarem Einfluß auf seine Zeitgenossen befriedigte. Folglich war er in der Lage, hinsichtlich seiner kompositorischen Tätigkeit einen distanzierten und aristokratischen Standpunkt einzunehmen – und trotzdem war er voller Bitterkeit über die Behandlung, welche diesem Aspekt seiner Kunst durch die öffentliche Meinung zuteil wurde, und seine Kunstphilosophie wurde weitgehend durch dieses Gefühl der Frustration bestimmt.

In meinem eigenen Fall, wie in dem eines jeden Musikers, dessen Haupttätigkeitsfeld das der Komposition war, lagen die Voraussetzungen insofern völlig anders, als unser Komponieren das einzige Mittel war, mit Hilfe dessen wir hoffen konnten, überhaupt jemals auf das kulturelle Leben unserer Zeit einzuwirken. Deshalb hätte es einer wohl übermenschlichen Anstrengung bedurft, von Anfang an die Vorstellung, durch unsere Musik auf »diese Welt« Einfluß zu nehmen, aufzugeben (das heißt, um es unverblümt zu sagen, auf das Streben nach Erfolg zu verzichten), weil in eben »dieser Welt« zugegebenermaßen in bezug auf neuartige künstlerische Ansätze widrige und hoffnungslose Bedingungen herrschten. Jedenfalls hat mich Schnabel mehr als jeder andere damals schon auf die gesellschaftliche Situation des modernen Komponisten aufmerksam gemacht, und ich habe nie aufgehört, über dieses Thema nachzudenken. In den späteren zwanziger Jahren wurde es zum Modethema, das mehr diskutiert wurde als jedes andere Problem der Kunst.

Sowenig ich über Schnabels pianistische Leistungen auch wußte, noch weniger wußte ich über Frau Schnabel als Sängerin. Es ist richtig, daß sie damals praktisch nicht mehr öffentlich auftrat, so daß es fast keine Gelegenheit gab, sie zu hören. Ich bedaure das sehr, weil ich unter den Menschen, die ihren Gesang gehört haben, keinen einzigen traf, der sie nicht überschwenglich lobte. Zu ihrer Zeit war sie sogar berühmter und gefragter als ihr Mann, der einige Jahre jünger war als sie. Sie machte auf mich den Eindruck einer ausgeprägten Persönlichkeit, obgleich ich nie ein bedeutsames Gespräch mit ihr hatte, denn ich sah sie fast nie ohne ihren Mann, und wenn er dabei war, bestritt in jedem Fall er die Unterhaltung. Er pflegte seine Freunde so vollständig in Beschlag zu nehmen, daß selbst in den wenigen Fällen, da er abwesend war, jedes Gespräch mit Frau Schnabel mehr oder weniger um jene Themen kreiste, die in den Diskussionen mit Artur zur Sprache gebracht worden waren.

Der Haushalt wurde auf recht vornehme Art von einer älteren Dame, Fräulein Walldorf, geführt, die anscheinend auch die beiden Knaben betreute, denn die Eltern waren von ihrer Konzert- und Lehrtätigkeit sehr in Anspruch genommen. Der ältere Junge, Karl Ulrich, war seinem Vater zufolge musikalisch außerordentlich begabt und insbesondere an progressiven Kompositionsmethoden interessiert. Er war so introvertiert und vom Temperament her schwierig wie der jüngere, Stefan, lustig und gesellig war. Damals bekam ich sie beide nicht oft zu Gesicht.

Berliner Gesellschaft

Ich glaube, es war Barczinsky, der mich mit einem mondäneren Aspekt des Berliner Lebens vertraut machte und mich in gewisse Kreise einführte, in denen viel getrunken und getanzt wurde. Ich habe nicht die leiseste Erinnerung daran, wer diese Partys gab, da mir offenbar nicht viel daran lag, das herauszufinden. Sonderbarerweise interessieren mich die Personen der Gastgeber in der Regel immer noch nicht, wenn jemand vorschlägt, zu so einem Massenvergnügen zu gehen, weil ich instinktiv annehme, daß sich die Gastgeber auch für die Persönlichkeiten der Gäste nicht sonderlich interessieren, denn Persönlichkeit scheint bei solchen Gelegenheiten eine sehr geringe Rolle zu spielen. Eigentlich verstehe ich nicht ganz, warum jemand überhaupt solche Partys gibt, doch offensichtlich gewähren sie irgendeine Art von Befriedigung, und daher besuche ich sie gewöhnlich mit einer Art grimmiger Entschlossenheit, mir so viel Vergnügen wie möglich zu verschaffen, und das ist auf diesen Veranstaltungen meistens sehr wenig. Da sich das Publikum bei diesen Berliner Spektakeln vor allem aus Künstlern verschiedener Metiers zusammensetzte, nehme ich an, daß wohlhabende Bürger, wahrscheinlich Kriegsgewinnler, die Gastgeber waren. Der allgemeine Gesprächsstil war ausgesprochen direkt, um es vorsichtig auszudrükken. Die übliche Methode, intimerer Kontakte zwischen den daran Interessierten (die keinesfalls immer Angehörige anscheinend verschiedener Geschlechter waren) herzustellen, war natürlich das Tanzen. Da ich kein Tänzer war, saß ich im Hintergrund, trank und vertrieb mir die Zeit mit Frauen, die das zuließen, ohne auf dem Umweg über anstrengende körperliche Betätigung zu bestehen.

Eine davon war die Frau des bemerkenswerten Malers Max Pechstein, und es machte mir großen Spaß, daß er sichtlich wütend wurde, als er bemerkte, was da vor sich ging, wobei ihn das Verhalten seiner Frau zweifellos mehr ärgerte als meine Reaktion darauf. Ein paar lächerliche Versuche meinerseits, die Sache weiter zu verfolgen, ohne daß ich auch nur die leiseste Ahnung hatte, was dabei herauskommen sollte, scheiterten glücklicherweise an Pechsteins Methode, das Telefon bei sich zu Hause zu sperren. Ich kann mir kaum vorstellen, daß er das angesichts der Gefahren tat, die meine Angriffe in sich bargen, obgleich ich damals mit verzeihlichem Stolz glaubte, daß dies der Fall sei. Seine Strategie mag eine aufgrund langjähriger Erfahrung entwikkelte Routinehandlung gewesen sein, aber ebensogut könnte seine Frau ihn auch gebeten haben, mich auf diesem Wege loszuwerden. Jedenfalls dachte ich, ich sei an einer echten Intrige im Stil Heinrich Manns beteiligt, doch kam ich mir wegen der ganzen Angelegenheit ziemlich einfältig und dumm vor. Der einzige andere Mensch, an den ich mich von diesen Partys her noch erinnern kann, ist der hervorragende Maler und Karikaturist George Grosz.

Ein weiterer Mensch, der mir zu jener Zeit sehr nahe kam, war eine Frau namens Marei Wetzel. Ich lernte sie auf einem der riesigen Bälle kennen, die in der Hochschule veranstaltet wurden und zu denen man traditionsgemäß in irgendeiner Verkleidung kommen mußte.

Die Vorstellung, mich zu kostümieren, ist mir immer völlig absurd und lächerlich erschienen, da ich, wie bereits erwähnt, überhaupt keinen Unternehmungsgeist besitze und weder den Wunsch noch die Gabe habe, meine Identität aufzugeben. Deshalb verabscheute ich den Zwang, irgendeine lächerliche Kluft anzulegen, aber gleichzeitig bedauerte ich, daß es mir kein Vergnügen machte, weil ich dachte, dieser Umstand würde auf einen betrüblichen Mangel an Vorstellungsvermögen und Begabung für das »wirkliche Leben« hinweisen.

Ich weiß nicht mehr, welche dürftigen Verkleidungen ich mir für die wenigen Gelegenheiten, bei denen man das von mir erwartete, ausdachte. Einmal, entsinne ich mich, hatte Erna Brilles ein konventionelles und albernes Gauchokostüm für mich bereitgestellt. Ich war damals zu dumm, und meine Gedanken, ungeübt in solchen Dingen, waren zu stur auf das Vergnügen gerichtet, das von der bereits geplanten Teilnahme am Hochschulball zu erhoffen war, so daß ich nicht begriff, was jeder Idiot mit etwas besser entwickelten Instinkten begriffen hätte, nämlich daß das Vergnügen an Ort und Stelle zu haben war, insofern, als Erna das Kostüm offensichtlich nicht aus reiner Nächstenliebe geliefert hatte, und sie machte das viel klarer, als ich auf diesen Seiten beschreiben möchte. Ich begab mich jedoch pflichtgemäß zum Hochschulball, und Marei Wetzel war das, was für mich dabei heraussprang.

Sie war weit weniger attraktiv als Erna und interessierte mich nicht sehr. Doch ich schien sie zu interessieren, und da sie Illustratorin oder etwas ähnliches war, besuchte sie mich ein paarmal in meinem Zimmer, um Skizzen für Radierungen zu machen. Ich muß fairerweise sagen, daß die Radierungen wirklich zustandekamen, und eine davon erschien sogar in einer Zeitschrift, wenn ich nicht irre. Natürlich wurde nicht die ganze Zeit mit diesen Bemühungen in den schönen Künsten verbracht, aber die Ergebnisse unserer Versuche auf einem anderen Gebiet waren nicht sehr befriedigend, wahrscheinlich, weil ich das Mädchen eigentlich nicht besonders mochte. Ich muß zugeben, daß dieser Umstand mich kaum daran gehindert hätte, das offensichtliche Ziel zu erreichen, anscheinend aber brachte er sie davon ab, und so ließen wir es dabei bewenden.

Ein Haus, das dem Schauplatz vieler Partys von der oben beschriebenen Art sehr ähnelte, war das des Justizrats Hartmann. Allerdings nahm ich dort nicht an solchen Veranstaltungen teil, sondern nur an Hauskonzerten, die hin und wieder abgehalten wurden. Es war eine prächtige Luxusvilla im alten Tiergartenviertel, und der Gastgeber war ein reicher Tapisseriekaufmann, wenn ich mich recht erinnere, und diesem Geschäft verdankte er seine Qualifikation als türkischer Konsul. Ob er den Justizratstitel für ähnliche kommerzielle Leistungen bekommen hatte, kann ich nicht sagen. Es war einer jener Titel, die für die Abwicklung bestimmter Geldgeschäfte zu haben waren. Ich erinnere mich überhaupt nicht an ihn, sehr gut dagegen an seine Frau, die deutlich in Erscheinung trat. Ich glaube nicht, daß diese Leute besonders musikinteressiert waren; es war ein charakteristischer Zug der Zeit, daß die Förderung moderner Kunst als schick galt, und daher wandte sich die ehrgeizige feine Gesellschaft eine Weile diesem Gebiet zu. Natürlich waren bei solchen Veranstaltungen nur wenige Gäste an den künstlerischen Darbietungen interessiert, und deshalb machten alle diese Unternehmungen einen sehr albernen und unbefriedigenden Eindruck. Ich erinnere mich, daß ich hin- und herschwankte zwischen Bewunderung und Minderwertigkeitsgefühlen einerseits, weil es derart großartige gesellschaftliche Ereignisse meines Wissens in Wien nicht gab, und Langeweile und Ekel andererseits, weil alle diese glanzvollen Veranstaltungen keinen Sinn hatten und, gelinde gesagt, wie reine Angeberei erschienen.

Ein kleineres, unwichtigeres Ereignis, dessen ich mich nur erinnere, weil es mir sehr befremdlich erschien, war eine jüdische Hochzeit in Barczinskys Haus. Man hatte mich gebeten, auf dieser Hochzeit Klavier zu spielen. Besonders merkwürdig war, daß alle männlichen Juden während der Zeremonie ihre Zylinder aufsetzten, was mir sehr peinlich war, weil ich ein solches Kleidungsstück nicht besaß. Weil ich jedoch ein Goy war, entschied der anwesende Rabbiner, daß ich meines Amtes am Klavier walten dürfe, ohne meinen Kopf zu bedecken. Barczinsky aber, der auch keinen Zylinder besaß und im Verlauf der Zeremonie singen sollte, mußte einen alten Filzhut aufsetzen, weil in der Eile nichts anderes zu finden war, was zu Frack und weißer Krawatte sehr komisch aussah. Übrigens lernte ich in diesem Jahr mehr Juden kennen als je zuvor in meinem Leben, und ich merkte, daß ich kaum imstande war, sie als solche zu erkennen. Der Grund war, daß die Juden in Deutschland in der Regel stärker assimiliert waren als jene in Österreich, wo sie besonders durch ihre Sprache mehr oder weniger auffielen, die in Vokabular und Flexion stark von den Eigenheiten des Ostjudentums geprägt war.

Einige Wochen in Wien

Irgendwann während des Winters kehrte ich für ein paar Wochen nach Wien zurück, eine Reise, auf die ich mich natürlich sehr freute. Jedesmal, wenn ich deutsches Gebiet verließ, mußte ich mir vom Finanzamt eine Ausreisegenehmigung und von der Polizei eine Erlaubnis für die Wiedereinreise beschaffen. Beide Prozeduren waren jedesmal höchst unerfreulich, weil die deutschen Behörden die österreichischen »Brüder« gar nicht schätzten. Es erforderte immer langwierige Auseinandersetzungen, bis ich die Steuerbeamten davon überzeugen konnte, daß ich in Berlin kein Geld verdiente, aber schließlich ließen sie mich gehen, wobei sie gequält riefen: »Was zum Teufel können wir aus solchen Burschen wie Ihnen schon herauskriegen!« Und die Polizeibeamten, die in dem schrecklichen, unheimlichen und häßlichen Präsidiumsgebäude am Alexanderplatz amtierten, waren absolut unhöflich; einer von ihnen sagte mir gerade heraus: »Na schön, reisen Sie nur aus, aber ich kann Ihnen versichern, daß Sie nicht wieder reinkommen«, obgleich es nicht den geringsten Anlaß für eine derartige Unverschämtheit gab. Im übrigen fiel es gar nicht in seinen Kompetenzbereich, über meine Rückkehr nach Deutschland zu entscheiden. Es war nur einer der Ausbrüche sadistischer Machtgier, typisch für die berufliche Haltung vieler kleiner Beamter überall, aber in Deutschland ungewöhnlich hoch entwickelt, hemmungslos und widerwärtig. Dort ließ selbst ein Postbeamter, wenn er an seinem Schalter Briefmarken verkaufte, seine Kunden spüren, daß er ihr Vorgesetzter war, gesalbt mit der erhabenen Autorität des Großdeutschen Reiches. Er war nie Diener der Öffentlichkeit, der eine Funktion ausübte, die die Regierung dem Volk übertragen hatte, sondern ein selbsternannter Aufseher, der ausnutzte, daß die unglücklichen Bürger Briefmarken brauchten, um ihnen Disziplin beizubringen, wobei es ganz nebensächlich war, daß er Marken verkaufte, so daß der Kunde, wenn er glücklich vom Schalter entlassen worden war, normalerweise das Gefühl hatte, eine strenge Prüfung erfolgreich bestanden zu haben.

Natürlich war es der Traum eines jeden rechtschaffenen Deutschen, eine Position zu erreichen, die es ihm erlaubte, über seine weniger glücklichen Mitbürger Macht auszuüben, und diejenigen, die nicht im Dienst der Regierung standen, versuchten zumindest, die Haltung der Polizisten zu imitieren, so daß ich immer den Eindruck hatte, die ersten Vorgesetzten eines jeden Deutschen seien Hausmeister und Kellner. Natürlich gab es Ausnahmen, aber das war die Regel, und es waren nicht die Nazis, die sie aufgestellt hatten, sondern der Nationalsozialismus wurde möglich, weil diese Mentalität herrschte.

Ich glaube, daß ich auf meiner ersten Reise nach Wien über München fuhr, wo ich bei Verwandten von Dr. Reisch übernachtete. Da ich später oft in München war, erinnere ich mich nicht mehr an meinen ersten Eindruck von dieser berühmten und interessanten Stadt. Mir scheint, daß ich mit der Straßenbahn einige Orte in der Umgebung besuchte, wie Grünwald, Geiselgasteig oder Großhesselohe, weil ich so gerne die Berge sehen wollte, und daß ich etwas enttäuscht war, denn die wirklich hohen Berge waren viel weiter von München entfernt, als ich gedacht hatte. Außerdem erinnere ich mich an eine sehr hohe Brücke über die Isar, die von Selbstmordkandidaten für den Todessprung benutzt wurde. Natürlich gefiel mir das wenige, was ich von München sah, weitaus besser als irgend etwas in Berlin, weil die Stadt in so vieler Hinsicht Wien ähnlicher war.

Ich unterbrach meine Reise auch noch in Salzburg, um Felix Petyrek zu besuchen, der mittlerweile eine Lehrstelle am Mozarteum bekommen hatte, einer privaten Musikschule von hohem Ansehen. Er hatte eine bleiche, unattraktive Frau geheiratet, die die Angewohnheit besaß, sehr dilettantische und ziemlich schlechte Gedichte zu schreiben. Ich fand ihn ein wenig anstrengend, weil er damals die ermüdende Angewohnheit entwickelte, sehr lange und langweilige Anekdoten zu erzählen, die irgendwo in der Mitte endeten, ohne daß eine auch nur mäßig witzige Pointe sie gerettet hätte. Er machte mich mit Bernhard Paumgartner, dem Direktor der Schule, bekannt, einem recht beachtlichen Musiker, der Charakter hatte.

Als ich in Wien ankam, erlebte ich zum erstenmal die unübertreffliche Freude der Heimkehr. Ich bin sehr glücklich darüber, daß mir dieses einzigartige Glücksgefühl noch viele, viele Male vergönnt war, bis Hitler ihm für immer ein Ende setzte. Es gab nur eine Erfahrung, die sich mit der Heimkehr und der Freude, meinen Eltern erzählen zu können, was ich in der Fremde gesehen und gemacht und gehört hatte, vergleichen ließ, und das waren die Besuche meiner Eltern an meinem Wohnorte im Ausland, wenn ich sie herumführen und ihnen stolz all die merkwürdigen und eigenartigen Dinge zeigen konnte, mit denen ich so wunderbar vertraut war. Natürlich hatte ich mich in Wien noch nie so unglaublich wohl gefühlt wie bei meiner Heimkehr aus dem Ausland, und dieses Glücksgefühl steigerte sich, als meine Erfolge im Ausland zunahmen, bis zu einem gewissen Moment, als der Groll über das Ausbleiben ähnlicher Erfahrungen in meiner Heimatstadt an mir zu nagen begann. Aber dieser Zeitpunkt war noch weit entfernt.

In Wien suchte ich meine alten Freunde auf, und ich glaube nicht, daß ich viele neue Freundschaften schloß. Ich besuchte einige Vorlesungen an der Universität und einige Konzerte und Ausstellungen, aber hauptsächlich saß ich zu Hause und komponierte. Wenn ich die Liste meiner Kompositionen anschaue, die mein Vater irgendwann in jenen Jahren zu führen begann und die ich noch in seiner Handschrift vor mir habe, bin ich sehr erstaunt über die Massen von Musik, die ich damals hervorbrachte. Ich habe genau das gleiche Gefühl, das ich normalerweise meinen Studenten vermittle, wenn ich über Mozarts und Schuberts Fruchtbarkeit spreche und es fast unglaublich finde, daß man auch nur die manuelle Arbeit, so viele Noten in so kurzer Zeit niederzuschreiben, leisten kann.

Im Laufe des Jahres 1921 schrieb ich zwei lange Streichquartette, eine Symphonie und ein Concerto grosso, beide über dreißig Minuten lang, etwa zehn Lieder, einige der schon erwähnten Sonatinen für Klavier, und eine Reihe kleinerer Stücke sowie unzählige Skizzen, die ich nicht weiter ausführte. 1922 komponierte ich meine *Symphonische Musik für neun Instrumente* (Dauer: eine halbe Stunde), die *Zweite Symphonie*, die fast eine Stunde dauert, ein größeres Klavierwerk (*Toccata und Chaconne*), meine erste Oper (einen Einakter), meine *Dritte Symphonie* und wieder eine Anzahl von Liedern und kleineren Stücken. 1923 waren es zwei abendfüllende Opern, ein Klavierkonzert, ein Streichquartett, eine weitere *Symphonische Musik für neun Instrumente*, Stücke für Chor a cappella, Lieder und der Anfang meines *Vierten Streichquartetts*. Gewiß, ich hatte sonst nichts zu tun, das heißt, was ich tun mußte, um einen Teil meines Lebensunterhalts zu verdienen, nahm wenig Zeit in Anspruch, aber ich verbrachte kaum einen Abend zu Hause, besuchte ständig viele Leute, spazierte oft durch die Stadt und reiste viel, was eine Menge Zeit kostete, auch wenn ich die Angewohnheit besaß, im Zug zu komponieren. Erdmann, der die Leichtigkeit meines Komponierens und meiner Produktivität genauso bewunderte, wie ich die fast pedantische Langsamkeit seiner Arbeit schätzte, sagte mir vergnügt einen frühen Tod voraus, weil er in meiner Arbeitsweise alle Eigenschaften der früh verstorbenen Genies Mozart und Schubert erkannte.

Erste Begegnung mit Schönberg

Ich nehme an, es war während meines ersten Wienbesuches von Berlin aus, daß ich Schönberg zum ersten Mal sah. Ich hatte von seinem Verein für musikalische Privataufführungen gehört und wollte sehr gern an einer der Zusammenkünfte teilnehmen. Meine Freunde bei der Universal Edition, die mit der Gruppe um Schönberg privat und geschäftlich in Verbindung standen, ließen mich wissen, daß das nicht so leicht sei, wie ich glaubte, weil die Teilnahme streng auf Mitglieder begrenzt war. Der Verein war sehr aktiv und hielt jede Woche oder zumindest jede zweite Woche Versammlungen ab. Er unterstand der streng diktatorischen Leitung Schönbergs. Dieser bestimmte die Programme und die Ausführenden. Man gab ein allgemeines Jahresprogramm mit hundert oder mehr verschiedenen Stücken bekannt. Die Programme der einzelnen Veranstaltungen wurden nicht vorher angekündigt; wenn die Mitglieder in den Saal kamen, fanden sie die Nummern der Stücke, die an diesem Abend gespielt werden sollten, ausgehängt, ähnlich wie die Nummern von Kirchenliedern, die für einen bestimmten Gottesdienst ausgewählt wurden. Dieses System war erdacht worden, um zu verhindern, daß Mitglieder ausblieben, wenn eine Nummer aus einem früheren Programm wiederholt werden sollte, was sie vermutlich getan hätten, wenn sie im voraus von der Wiederholung gewußt hätten. Schönberg wollte nämlich, daß sie jedes Stück so oft hörten, wie er für nötig hielt, um es richtig kennenzulernen. Die Konzerte beschränkten sich auf Kammermusik, und die Stücke waren größtenteils zeitgenössisch, aber keineswegs auf die Schönberg-Schule beschränkt. Auf der Liste stand viel von Reger und von den französischen Impressionisten und, glaube ich, auch einige kleinere Stücke von Strawinsky, wie die Pribaoutki und dergleichen. Beifalls- oder Mißfallenskundgebungen des Publikums waren nicht erlaubt, denn die Hörer wurden eher als Studiengemeinschaft betrachtet, nicht als gewöhnliches Konzertpublikum. Diesem Prinzip entsprach auch, daß die Vereinsmitglieder zu vielen Proben zugelassen waren, so daß sie das Werk sowohl bei der Arbeit daran als auch in seiner endgültigen Form studieren konnten. Die Aufführungen waren von unvergleichlicher Qualität, denn es wurde nach Methoden geprobt, die heute absolut phantastisch erscheinen. Schönbergs unmittelbare Schüler, Anton von Webern, Alban Berg und einige weitere, fungierten als »Vortragsmeister«, das heißt, sie leiteten die Einstudierung, aber ohne Schönbergs endgültige Zustimmung wurde kein Stück zur Aufführung freigegeben. Es kam vor, daß er einen Geiger und einen Pianisten für eine einzige Violinsonate in täglichen Proben monatelang in die Zange nehmen ließ, und ein kleines Ensemble konnte leicht auf ein paar hundert Proben kommen, ehe es öffentlich spielen durfte.

Schönberg übte über seine Mitarbeiter die unmenschliche Macht eines rücksichtslosen Sklaventreibers früherer Zeiten aus. Wenn er in seiner Mödlinger Wohnung mit ihnen arbeitete, war es ihm gleichgültig, daß sie nach zwölfstündiger Probe, wenn Straßenbahnen und Züge längst nicht mehr fuhren, in stockfinsterer Nacht und bei Wind und Wetter zu Fuß nach Wien zurückgehen mußten. Und auch ihnen war es gleichgültig. Ich habe von keiner anderen Künstlergruppe unserer Zeit gehört, die sich ihrer Aufgabe mit so ekstatischer Hingabe und mit einem derart unmenschlichen Fanatismus für einander und für den Meister widmete wie die Gruppe um Schönberg. Kein Wunder, daß sie der Außenwelt gegenüber praktisch unerträgliche Einstellungen entwickelten. In den Augen »dieser Welt« waren sie Ausgestoßene, und sie lebten das Leben eines fanatischen, militanten Ordens gefährlicher, wildäugiger Mönche, aber sie übten auch die ganze faszinierende Macht aus, die von derartigen Gruppen ausgeht.

Diese ganze Geschichte kam mir damals etwas albern vor. Erst später war ich reif genug, um zu erkennen, daß die Grundsätze dieses Vereins die einzig richtigen und wirkungsvollen waren, wenn man intelligente, verständnisvolle und respektvolle Hörer jeder Art von Musik heranbilden wollte. Leider reichten weder das Geld, das für ein solches Unternehmen nötig ist, noch das Durchhaltevermögen der Beteiligten sehr lange, und so brach das Projekt nach zwei oder drei Jahren zusammen. Daß es überhaupt existieren konnte, sollte jenen zu denken geben, die Wien für eine Stadt halten, die ausschließlich wegen Wein, Weib und Gesang beachtenswert ist.

Nach einigen Verhandlungen und gründlicher Prüfung meiner Referenzen wurde ich schließlich bei einem der Treffen als Gast zugelassen. Ich erinnere mich nicht mehr, was auf dem Programm stand, aber ich weiß, daß ich nach Schönberg, den ich nicht kannte, vergeblich Ausschau hielt. In der Pause sprang ein schäbiger, kahlköpfiger kleiner Mann auf das Podium, um irgend etwas anzukündigen. Er blickte nervös um sich, als fürchte er, jeden Augenblick festgenommen zu werden, wie ein Eichhörnchen, das eine Nuß gestohlen hat. Ich schenkte ihm nicht viel Aufmerksamkeit und dachte nur, daß sie für die Ankündigung einen repräsentativeren Menschen hätten aussuchen sollen. Als ich beim Verlassen des Saales nach Schönberg fragte, wurde mir gesagt, das gequälte, schäbige Individuum sei der Meister selbst gewesen. Ich war sehr enttäuscht.

Ein ziemlich komisches Ereignis war mein Auftritt als Pianist in einer Bar, zu dem Karol Rathaus, der damals auch in Wien war, den Anstoß gegeben hatte. Er hatte von meinen Versuchen auf dem Gebiet des Jazz erfahren und mich gebeten, ein paar von meinen Stükken in einem Nachtklub zu spielen, den er mit einigen seiner polnischen Freunde öfter besuchte. Zu den Freunden gehörten der Journalist Soma Morgenstern, den ich in späteren Jahren sehr gut kennenlernte, und der Pianist Ashkenazy. Ich erschien zur vereinbarten Zeit, und nachdem der berufsmäßige Klavierspieler von meinen Freunden fortgewunken worden war, setzte ich mich sehr verlegen ans Klavier, denn ich war es nicht gewohnt, öffentlich zu spielen, und schon gar nicht in einem so seltsamen Lokal. Ich zog mein Manuskript hervor, was in der Tat eine sehr ungewöhnliche Handlung war, denn niemand benutzte bei einer derartigen Darbietung Noten, und drosch meine lächerlichen Stückchen mit nicht zu bremsender Begeisterung und Energie herunter, als würde ich die Hammerklaviersonate spielen. Die Gäste müssen gedacht haben, jemand sei verrückt geworden, da bin ich sicher. Aber schließlich war es eine verrückte Zeit, und zu dieser nächtlichen Stunde konnte in so einem Lokal alles geschehen. Es war mein erster und einziger Auftritt in einer derartigen Umgebung.

Antagonismus zwischen Österreich und Wien

Ich erinnere mich nicht, ob der verhängnisvolle Bruch zwischen der österreichischen Zentralregierung und der Stadt Wien zu jener Zeit bereits vollzogen war, doch ich glaube wohl. Die Sozialdemokraten zogen nicht lange nach der Revolution schmollend ihre Abgeordneten aus der Regierung zurück, und seitdem blieb diese in den Händen der Christlichsozialen Partei, die zeitweilig von den Deutschnationalen unterstützt und beeinflußt wurde, welche immer eine sehr kleine, aber bedeutsame Minderheit waren, weil sie in der Lage waren, über die Mehrheit im Parlament zu bestimmen. Die Sozialdemokraten verschanzten sich im Wiener Gemeinderat, wo sie eine unangefochtene Mehrheit besaßen. Dadurch entstand ein andauernder Antagonismus zwischen dem Land und der Hauptstadt, der die Einheit Österreichs für den Rest seiner Existenz verheerend schwächte. Bald wurde das Land als Bundesstaat organisiert, der sich aus den alten historischen Landesteilen Niederösterreich, Oberösterreich, Salzburg, Tirol, Vorarlberg, Kärnten, Steiermark und dem neu hinzugekommenen Burgenland zusammensetzte. Wien wurde aus Niederösterreich herausgeschnitten, aber nicht als föderativer Teilbezirk, sondern als eigenes Bundesland, wobei der Bürgermeister zugleich mit der Funktion des Landeshauptmanns betraut wurde.

Ursprünglich hatte die österreichische Republik keinen Präsidenten, sondern der Parlamentssprecher oder der Vorsitzende des vom Parlament eingesetzten Kabinetts – ich weiß nicht mehr, wer von beiden – wurde in den Rang des Staatsoberhauptes erhoben. Dieses gewaltige Übergewicht der Legislative wurde später beseitigt, und als Vorsitzender der Exekutive wurde ein Präsident eingesetzt. Doch das Hauptmerkmal der österreichischen Politik blieb die unversöhnliche Feindschaft zwischen den Christlichsozialen und den Sozialdemokraten, die als Haß zwischen dem Land und der Hauptstadt immer mehr zu greifbarer Realität wurde. Der Konflikt war ein zwangsläufiges Resultat der vorhandenen Situation. Wien, jahrhundertelang die Hauptstadt eines praktisch weltweiten Reiches, war plötzlich auf das Zentrum eines kleinen, vorwiegend agrarischen Berglandes reduziert, das die Wiener bislang als schönes Urlaubsland betrachtet hatten, das aber in geistiger Hinsicht vom kosmopolitischen und kulturellen Niveau des Wiener Lebens meilen- und jahrhunderteweit entfernt war. Diese Kluft zu überbrücken hätte viel mehr Liebe und Verstand erfordert, als die Generation, der diese sehr verzwickte und heikle Aufgabe gestellt war, aufzubieten vermochte.

Meiner Meinung nach war der Grund für die österreichische Tragödie zum Teil, daß die Sozialdemokraten so viel brillante administrative Begabungen und Fähigkeiten besaßen, wie ihnen politischer Scharfsinn und gesunder Menschenverstand fehlten. Ihr Rückzug aus der Bundesregierung war derselben unrealistischen und sturen Haltung zuzuschreiben, die schließlich zur Auflösung des demokratisch gewählten Parlaments führte. Anstatt das Feld dem Gegner zu überlassen, hätten die Sozialdemokraten in der Regierung bleiben und sie daran hindern sollen, eine Politik zu verfolgen, die der ihren diametral entgegengesetzt war. Unter dem Einfluß des herausragenden, aber doktrinären Otto Bauer entschlossen sie sich jedoch, ihre Ideen verbissen dort durchzusetzen, wo sie überhaupt keine Opposition hatten, im Wiener Gemeinderat.

Eine der Maßnahmen, die äußerste Entrüstung hervorriefen, war, daß sie eine spezielle Steuer für die Errichtung gemeindeeigener Mietshäuser erhoben, die der schrecklichen Wohnungsnot abhelfen sollten, welche der Krieg verursacht hatte. Die Bundesregierung versuchte, diesem Übel dadurch beizukommen, daß sie die Mieten der alten Wohnungen einfror, so daß, als schließlich die Inflation hereinbrach, die Vorkriegsmieter einer recht geräumigen Wohnung eine Jahresmiete zahlten, die dem Preis eines Küchentisches entsprach. Das bedeutete den finanziellen Ruin der Wiener Hausbesitzer, die die treuesten Anhänger der Christlichsozialen Partei waren. (Wenn sie lautstark über diesen »politischen Mord« klagten, vergaßen sie praktischerweise zu erwähnen, daß dieselbe Inflation, die ihre Mieten dahinschwinden ließ, ihnen ermöglichte, ihre Schulden und Hypotheken loszuwerden, indem sie ihre Gläubiger in Nominalbeträgen der alten, abgewerteten Währung auszahlten.) Geschrei erhob sich aber vor allem, weil die Stadtgemeinde Häuser billiger bauen konnte als Privatunternehmer, und daher wurden die Sozialdemokraten beschuldigt, der hungernden Mittelklasse Steuergelder abzupressen, um Stimmen zu kaufen, indem sie ihre Anhänger in den stadteigenen Mietshäusern unterbrachten.

Ich muß sagen, daß die Häuser, die sie bauten, nicht besonders schön waren. Es waren riesige Blocks mit Gebäuden, die fünf und mehr Stockwerke hatten, eine Art stark verbesserter Mietskasernen mit großen, gut gepflegten Höfen und Rasenflächen, Spielplätzen, Schwimmbecken, zentralen Waschküchen, Küchen und dergleichen mehr. Die Gegner wiesen alsbald darauf hin, daß diese Massenquartiere unmenschlich seien und daß man, wenn überhaupt, kleine Einfamilienhäuser hätte bauen sollen, die schließlich in den Privatbesitz der Mieter hätten übergehen können. Als die Stadtväter konterten, diese Methode sei, abgesehen von dem Beförderungsproblem, zu teuer, wurde behauptet, daß es zum politischen Programm der Sozialisten gehöre, die Bildung von Privateigentum zu verhindern, und daß sie ihre Massen in den riesigen Wohnblocks unter Kontrolle behalten wollten. Im Wechsel mit dieser Behauptung wurde darauf aufmerksam gemacht, daß für die neuen Häuser billiges Baumaterial verwendet worden sei, so daß das sauer verdiente Geld der Steuerzahler auf schnell vergängliche Waren verschwendet werde, oder daß nur das teuerste Material benutzt worden sei und dasselbe sauer verdiente Geld in diesem Fall für die Errichtung von Palästen für Proletarier vergeudet werde, die solchen Luxus nicht gewohnt seien, weil man sie bestechen wolle, die Partei zu wählen. Ich könnte nicht behaupten, daß die Sozialdemokraten im Gebrauch ihrer Macht besonders zurückhaltend gewesen wären, daher wurde die Stadtregierung bald bei weitem der größte Immobilienbesitzer der Stadt. Dieser Streit und diese Kämpfe vergifteten die politische Atmosphäre und machte sie ziemlich unerfreulich.

Meiner Erinnerung an spätere Zusammenkünfte mit meinem Freund Goering zufolge muß ich annehmen, daß er Wien damals bereits verlassen hatte und an der Universität Erlangen Medizin studierte. Ich erinnere mich nicht mehr an Einzelheiten seiner schwierigen Situation, aber ich weiß, daß er unter sehr unglücklichen Umständen seinen Weg machte. Sein Vater wollte noch immer nichts mit ihm zu tun haben, wahrscheinlich wegen aufgestauter Haßgefühle gegenüber der verstorbenen Mutter seines Sohnes. Sein Onkel – ein Bruder seines Mutter –, den ich nie kennengelernt habe, scheint ein Musterbeispiel für den brutalen und rücksichtslosen deutschen Geschäftsmann gewesen zu sein. Sein Beitrag zur Ausbildung des jungen Mannes war ein Angebot, ihn zu irgendwelchen niedrigen Arbeiten in seiner chemischen Fabrik in Hoechst bei Wiesbaden anzustellen, das der junge Dichter energisch zurückwies. Das Medizinstudium wurde dann als eine Art Kompromiß angesehen, da es »praktischer« zu sein schien als das Philosophie- und Literaturstudium, aber das machte niemanden froh, am wenigsten den Gegenstand dieses Projektes, Gerd Hans, der sich nicht zum Mediziner berufen fühlte. Seine Großmutter, eine sehr feine, vornehme alte Dame, blieb einsam in Wien zurück – ich kann wirklich nicht sagen, warum sie sich überhaupt dort niedergelassen hatte –, getröstet nur durch die gelegentlichen Besuche Edmund Wesselys, des einzigen aus unserer kleinen Gruppe, der dort geblieben war. Er besuchte die landwirtschaftliche Hochschule, um sich zum Spezialisten für Molkereiprodukte ausbilden zu lassen, und entwickelte deutlich altjüngferliche Wesenszüge. Bei meiner Rückkehr nach Berlin Anfang des Frühjahrs legte ich Wert darauf, Goering wiederzusehen, und so trafen wir uns ein paar Stunden im Bahnhof Regensburg, zwischen Mitternacht und vier oder fünf Uhr morgens, was uns sehr romantisch erschien.

Antiromantische Tendenz und romantisches Erbe

Ich weiß nicht mehr, ob ich während meines Aufenthalts in Wien schon begonnen hatte, meine *Erste Symphonie* zu komponieren, ein ganz neues Werk, das mit meinen früheren Skizzen zu einem solchen Werk nichts zu tun hatte. Jedenfalls hatte ich damals eine Art musikalisches Credo entwickelt, das auf den neuen Grundsätzen beruhte, die ich in den Gesprächen mit Erdmann und Schnabel erworben hatte, und theoretisch durch die Gedanken unterstützt wurde, die ich früher aus Ernst Kurths *Grundlagen des linearen Kontrapunkts* zusammengetragen hatte. Inzwischen hatte ich herausgefunden, daß dieser Mann ein bedeutender Wiener Musikwissenschaftler war, der eine Musikprofessur in der Schweiz an der Universität Bern innehatte. Das Wesentliche an seinem Buch war eine Analyse der Polyphonie Bachs als Zusammenspiel melodischer Energien. Er war einer der ersten, die Musik als dynamischen Prozeß interpretierten, der von Kräften erzeugt wurde, die man großenteils mit Begriffen erfassen konnte, die den in der Physik gebräuchlichen Termini analog waren. Für ihn waren diese Kräfte vor und unter der Musik, die wir hören, wirksam, wobei die Töne einer Melodie die Punkte darstellten, an denen diese Kräfte an die hörbare Oberfläche stießen, während sie dazwischen angeblich in kontinuierlichen Energieströmen dahinflossen. Das war eine sehr faszinierende Theorie, die mir außerordentlich gut gefiel, denn ich hatte gelernt, den musikalischen Prozeß als etwas Autonomes und Objektives anzusehen, das von außermusikalischen Konzepten, Emotionen und poetischen Empfindungen unabhängig war.

Ich erinnere mich, daß mich irgendwann während dieser Zeit ein Gedicht begeisterte, das ich in einer Zeitschrift gefunden und vertont hatte, weil es zwei Verse hatte, die ungefähr so lauteten: »Ich habe keine Sorgen, ich hab' nur Außenseiten«. Das war meine Art, mich der allgemeinen Tendenz anzuschließen, die nun überall erkennbar wurde und die in Richtung Neoklassizismus, Objektivität,

Mechanisierung, Rationalisierung, Sachlichkeit und Formalismus ging und sich gegen Sentimentalität, Romantik, Subjektivismus und Emotionalität wandte. Diese Dinge sind alle äußerst komplex, und eine gründliche Analyse der Kunst jener Zeit wird aufdecken, daß eine derart umfassende Tendenz wie die oben skizzierte so viele verschiedene Arten der Konkretisierung aufwies, daß sie sich letzten Endes in ein verwirrendes Bild von gegensätzlichen Trends, die völlig voneinander abwichen, auflöste. Ich neige zu der Annahme, daß diese Vielfalt letzten Endes insofern das wahre konstante Prinzip darstellt, als sie ein Produkt der ursprünglichen Vielfalt der Menschen ist. Doch in jeder Zeitspanne gibt es einen gemeinsamen Nenner für diese breit gefächerten Trends, der in einer so allgemeinen psychologischen Richtung verkörpert ist wie jener, von der ich gesprochen habe, die all die diversen individuellen Bewegungen bedingt, jede entsprechend ihrer eigenen Struktur.

Konkret gesagt: Obgleich ich an dem »objektivistischen« Trend, der sich angeblich betont gegen die Romantik und die Emotionalität kehrte, teilhatte, stellte sich heraus, daß ich in Wirklichkeit das romantische Erbe fortsetzte und weiter ausbaute – doch in diesem Kontext wäre es wohl genauer, das »romantische Erbe« durch einen anderen Begriff zu ersetzen, denn die Romantik hatte in einer früheren Periode als allgemeine Tendenz exakt die gleiche Rolle gespielt, die die Antiromantik zu der Zeit innehatte, von der hier die Rede ist. Daß ich unbewußt das »romantische Erbe« weiterführte, war durch die neue, antiromantische Tendenz bedingt (wie bei Schönberg und vielen anderen), doch es löschte erstere nicht aus. Ich glaube, daß eine sehr gründliche Untersuchung dieser Konstanten und Variablen des Stils noch aussteht. Die gegenwärtige Diskussion ist hoffnungslos in Schlagwörtern und Slogans verfangen, die unbekümmert und ohne ein halbwegs klares Verständnis für das gebraucht werden, was sie vielleicht bedeuten.

Theatererfahrung durch Schauspielmusikpraxis

Als ich wieder nach Berlin kam, wurde mir, wahrscheinlich durch Schünemanns und Kestenbergs Vermittlung, eine neuartige Aufgabe angeboten. Ich wurde gebeten, eine Bühnenmusik zu Schillers Drama *Die Verschwörung des Fiesco zu Genau* zu schreiben, das in dem hochvornehmen Staatlichen Schauspielhaus am Gendarmenmarkt vorbereitet wurde, dem Schwesterinstitut des Staatlichen Opernhauses. Das war keine geringe Anerkennung, und ich begab mich mit großen Erwartungen in das Theater, entschlossen, mein Allerbestes zu geben. Freilich erfuhr ich bald, daß das, was man von mir erwartete, nicht gerade das Allerbeste war, was ich als Komponist anzubieten hatte. Das Stück wurde von dem Direktor des Theaters, Leopold Jessner, inszeniert, der für seinen gewagt unkonventionellen Stil bei der Aufführung klassischer Meisterwerke berüchtigt war. Einige Zeit vorher hatte er Shakespeares *Richard* III. in einer Weise inszeniert, die eine große Kontroverse ausgelöst hatte. Er war insbesondere für seine Vorliebe für eine ausgeklügelte Bühnenarchitektur bekannt, in der alle Arten von Treppen eine Hauptrolle spielten. Da die Bühne im übrigen, von einigen hochexpressionistischen Ornamenten abgesehen, relativ leer zu sein pflegte, erzielte er sehr überraschende Effekte, indem er seine Schauspieler die verschiedenen Treppen, die kühn auf einen riesigen Rundhorizont projiziert wurden, hinauf- und hinunterjagte. Karl Kraus hatte für diese Faxen nur Verachtung übrig; er bezeichnete sie als billige Tricks, die die Aufmerksamkeit des Zuschauers von der Tatsache ablenken sollten, daß die Schauspieler nicht fähig waren, richtig und wirksam mit dem Text umzugehen. Für Kraus war das Drama vor allem ein Kunstobjekt, das seine Entstehung dem Medium der Sprache verdankte, und seiner eigenen Auffassung gemäß erwartete er vom Schauspieler vor allem, daß er seine Wirkung in diesem Medium erzielte, ohne jedes dekorative Herumhampeln. Wie üblich stimmte ich Kraus auch in diesem Punkt zu, aber nichtsdestoweniger war ich von Jessners Theaterstrategie sehr beeindruckt.

Fiesco ist eines der Heldendramen aus Schillers Jugendzeit, voll unbekümmerter Vitalität und gehäufter Bühneneffekte, allerdings vom poetischen Stil her ziemlich geschraubt und im Hinblick auf philosophischen Gehalt und die Zeichnung der Charaktere unreif. Wie damals bei Theaterstücken üblich, bekam die klassische Tragödie durch raffinierte Striche, eine unbekümmerte Verteilung der Gewichte und die oft höchst willkürliche Neuinterpretation der Charaktere eine überraschend aktuelle, »revolutionäre« Tendenz. Ich erinnere mich nicht an die Einzelheiten der Handlung, die sehr verwickelt war, wie in den meisten frühen Stücken Schillers, denn dieser ehrwürdige Klassiker war von einem leidenschaftlichen Verlangen nach komplizierten und finsteren Intrigen besessen, weswegen er ein hervorragender Verfasser von Kriminalromanen gewesen wäre, wenn er hundert Jahre später gelebt hätte. Ich entsinne mich, daß mich, als ich in der Schule *Don Carlos* lesen mußte, die vielen Briefe, die unter den Personen zirkulierten und nie laut vorgelesen wurden, so verwirrten, daß ich meinen Vater um Hilfe bat. Wir zeichneten schließlich ein kunstvolles Schaubild, um die verschlungenen Wege dieser Briefe nachzuvollziehen, ohne jedoch am Ende klüger geworden zu sein. Später befriedigte es mich zu hören, daß auch keiner der Schauspieler und Regisseure, die an dieser berühmten Tragödie gearbeitet haben, das hatte austüfteln können. Jedenfalls hatte Jessner sich für die letzte Szene des *Fiesco*, in der der unglückliche Herzog im Hafen von Genua ins Wasser gestoßen wird, einen verblüffenden Trick ausgedacht, indem er das offene Meer in dem Saal annahm, in dem das Publikum saß (nicht im Hintergrund der Bühne, wie man es herkömmlicherweise gemacht hätte), so daß die Rampe – die Rampenlichter waren entfernt worden – den Kai darstellte und der Schauspieler, der den Fiesco spielte, zu jedermanns Erstaunen im Orchestergraben verschwand, als sein Leben und das Stück zu Ende gingen. Das ist so ungefähr alles, was ich von der Aufführung behalten habe.

Die Musik war ganz unprätentiös und bestand in der Hauptsache aus einigen Marschmelodien, die von den revolutionären Massen zu brüllen waren, und einer Menge kriegerischer Klänge, die von Blechbläsern und Schlagzeug produziert wurden. Mehr oder weniger alles hätte genügt, denn die Theaterleute, die, was die Einzelheiten ihres eigenen Metiers anging, äußerst pedantisch waren, hatten von Musik nur sehr allgemeine und vollkommen laienhafte Vorstellungen. Manchmal stieß Jessner unmenschliche Schreie aus, die den Charakter der Musik andeuten sollten, die er an einer bestimmten Stelle haben wollte, und ich fand es recht schwierig, sein suggestives Gebrüll in eine Notation zu übersetzen, die für Durchschnittsmusiker, die dazu ausgebildet waren, Töne von bestimmter Höhe und Dauer zu produzieren, verständlich war. Ich bin sicher, daß Jessner meistens von der Wirkung enttäuscht war, weil das, womit wir dienen konnten, zu sehr nach organisierter Musik klang. Was er und viele andere Regisseure, die ich gekannt habe, wünschten, war eine Art atmosphärischer Lärm, etwas, das die rein akustischen Eigenschaften des Textes verstärken und entmenschlichen und dem allzu eindeutigen, begrifflich fixierten Wort den Charakter kosmischer Schreie von ehrfurchtgebietender Großartigkeit verleihen würde. Das war eine typisch expressionistische Haltung, und in der zugrundeliegenden Betonung der irrationalen Aspekte der Kunst kann man leicht den Ursprung einer Mentalität entdecken, die später im deutschen Leben überhaupt vorherrschen sollte. Obgleich ich mich instinktiv von diesem Phänomen anziehen ließ, konnte ich verstehen, warum ein Mann wie Karl Kraus es verabscheute, und war gleichzeitig auch auf seiner Seite.

Die Theateratmosphäre gefiel mir sehr, und seitdem liebe ich den Zauber dieser künstlichen Welt. Einer ihrer aufregendsten Aspekte sind das Chaos und die äußerste Verwirrung, die normalerweise bis zur letzten Minute, bevor der Vorhang aufgeht, die Vorgänge kennzeichnen. Ich bewunderte Jessner sehr wegen der überlegenen Ruhe, mit der er während der Proben die Gänge zwischen den Sitzreihen auf und ab ging, wobei er sein Gewicht langsam und bedächtig von einer Seite zur anderen verlagerte, wie ein Kapitän, der sein Schiff durch einen Sturm steuert. Er sah fast wie ein leitender Geschäftsmann aus, aber er besaß durchaus das Temperament eines Künstlers und sehr viel Phantasie. Von den Schauspielern ist mir nur Ernst Deutsch in Erinnerung geblieben, den ich auch in vielen anderen Stücken sah. Er war sehr elegant und sah außerordentlich gut aus. Beruflich hatte ich mehr mit einem gewissen Florath zu tun, Jessners Mädchen für alles, der einsprang, wenn es irgendwo Probleme gab. Er war ein ziemlich ordinärer Bursche, der nach Schnaps stank, wenn er morgens zu den Proben kam.

Erfolg des Ersten Streichquartetts

Irgendwann zu Beginn dieses Frühlings bekam ich die Nachricht, daß die Jury des geplanten Tonkünstlerfestes, das um den Juni herum in Nürnberg stattfinden sollte, mein Quartett angenommen hatte. Ich weiß nicht mehr, was ich während der ganzen Zeit in Schrekers Unterricht machte, denn ich war mit meinen eigenen Projekten beschäftigt, die ich ihm nicht zeigte. Wahrscheinlich besuchte ich den Unterricht immer seltener, so daß er kaum überrascht war, daß er mich gar nicht mehr sah, als die Entscheidung des Festkomitees in den Zeitungen bekanntgegeben wurde. Natürlich war es das einzig Richtige für mich, mich von seinen Arbeitsräumen fernzuhalten, denn ein Zusammentreffen mit ihm hätte eine höchst unerfreuliche Diskussion mit sich gebracht. Nun waren die Würfel gefallen, und bevor das Ergebnis der Nürnberger Aufführung bekannt war, gab es in dieser Sache nichts zu tun. Die peinliche Situation scheint mich nicht sehr berührt zu haben, jedenfalls lebte ich weiter wie bisher.

Eine andere Aussicht auf eine Aufführung, die dazu beitragen sollte, meinen Namen bekannt zu machen, ergab sich ungefähr zur gleichen Zeit, als wir erfuhren, daß Max Egon Prinz Fürstenberg, das Haupt einer der ältesten und vornehmsten Adelsfamilien Süddeutschlands, in seiner Residenz in Donaueschingen ein Fest mit moderner Kammermusik zu veranstalten beabsichtigte. Ich weiß nicht mehr, ob das Programm auf die übliche Weise durch eine Jury ausgewählt wurde oder auf eine andere Art, auch nicht, wie ich mit diesem Unternehmen in Kontakt kam. Jedenfalls wurde bestimmt, daß ich in das Programm aufgenommen werden sollte, und da ich keine anderen neuen Kompositionen hatte, reichte ich meine *Sere-*

nade op. 4 ein, und sie wurde angenommen. So kam es, daß ich am Ende meiner ersten Saison in Berlin auf den Programmen von zwei der bedeutendsten musikalischen Ereignisse in Deutschland als Komponist erscheinen sollte.

Eines der Probleme, die sich aus der erfreulichen Entwicklung meiner Angelegenheiten ergaben, bestand darin, meine Teilnahme an diesen wichtigen Veranstaltungen zu organisieren. Ich entsinne mich nicht, wie das letztendlich geschah. Für einen Teil der Fahrtkosten kamen wahrscheinlich die Veranstalter auf, aber wie ich es zuwege brachte, den Rest der nötigen Geldmittel aufzutreiben, weiß ich nicht mehr. Sie dürften für meine Verhältnisse nicht unbeträchtlich gewesen sein, denn ich entschloß mich, meine Reise nach Donaueschingen mit der Erkundung einiger Gebiete Westdeutschlands zu verbinden. Es ist durchaus möglich, daß die Demuths einen Beitrag zu einem so lobenswerten Bildungsvorhaben anboten. Die Fahrt nach Nürnberg und zurück war leichter zu arrangieren, weil dabei keine so großen Entfernungen zu bewältigen waren.

Mein Quartett wurde an ein Ensemble vergeben, das als Lambinon Quartett bekannt war, benannt nach dem ersten Geiger, einem kleinen, dicken Belgier. Es waren fähige Musiker, die an ihre Aufgabe weder widerwillig noch mit besonderer Begeisterung herangingen, sondern auf eine sehr angenehm sachliche Art. Ich besuchte mehrere Proben und war sowohl mit ihrer Arbeit als auch mit meiner sehr zufrieden. Gegen Ende Mai oder Anfang Juni begab ich mich mit Dr. Schünemann als Förderer und Mentor nach Nürnberg. Fritz Demuth hatte dafür gesorgt, daß ich im Haus der Eltern eines seiner Kollegen am Spital, Dr. Mengert, wohnen konnte. Es war eine ziemlich enge, kleinbürgerliche Unterkunft, von der ich nichts Erfreuliches im Gedächtnis behalten habe, aber unter den gegebenen Umständen war das einzig Wichtige, daß ich für das Dach über dem Kopf nichts bezahlen mußte.

Die Atmosphäre auf dem Fest war sonderbar und einigermaßen gespannt. Der ADTV (Allgemeiner Deutscher Tonkünstlerverein) war etwa in den achtziger Jahren des vorigen Jahrhunderts von Franz Liszt gegründet worden, als Propagandainstrument für den »neudeutschen« Stil, wie die Wagner-Liszt-Bewegung offiziell hieß. Er war damals eine eindeutig revolutionäre Organisation, zumindest was die künstlerischen Prinzipien betraf. Ob der Verein eine politische Färbung hatte, ist vielleicht nicht ohne weiteres zu ermitteln, weil der Zusammenhang von Kunst und Politik in jener Zeit weniger eindeutig war, als er es heute ist. Von allen künstlerischen Organisationen mag er durchaus die politisch artikulierteste gewesen sein, denn sein Schutzheiliger, Wagner, hatte sich in politischen Angelegenheiten stets sehr vernehmlich geäußert. Jedenfalls stand der ADTV lange Zeit für Fortschritt in der Musik und war wohlbekannt für diese Position.

Der berühmteste Komponist, den der ADTV wirksam förderte, war Richard Strauss, aber auch Mahler und Reger waren dieser Organisation für viele wichtige Premieren ihrer bedeutenden Werke zu Dank verpflichtet. Der Ruhm, den sich der Verein als unermüdlicher Förderer des Fortschritts erworben hatte, war etwas verblaßt, seit der »neudeutsche« Stil von den gebildeteren deutschen Musikern und Musikliebhabern als musikalische Alltagssprache akzeptiert worden war. Der Aufstieg neuer Kompositionsverfahren, wie sie von Schönberg, Strawinsky und anderen verkündet wurden, ließ den ADTV als Hochburg sowohl der künstlerischen als auch der politischen Reaktion dastehen. Die »Neudeutschen« legten die Vorsilbe »neu« sehr schnell ab, als wären sie froh, daß diese nicht mehr für sie galt, und kehrten desto stärker ihr Deutschtum hervor, als etwas, das gegen »ausländische« Neuerungen geschützt werden mußte. Doch die modernen Elemente inner- und außerhalb der Organisation waren damals so stark, daß die Gralshüter sich vorübergehend zurückziehen mußten. Die Nürnberger Veranstaltung jenes Jahres 1921 war die erste, die von einer Jury organisiert werden sollte, in der die neuen »Revolutionäre« – einer davon war Schünemann – ein entscheidendes Wort mitzureden hatten.

Die kontroversen Meinungen führten in der Generalversammlung der Mitglieder mehrmals zu dramatischen Zusammenstößen. Verschiedene finstere Gestalten, Schullehrer, Organisten und andere frustrierte hinterwäldlerische Genies erhoben sich und gaben lautstark ihre Meinungen über die schädliche Wirkung kund, die der neue Geist zwangsläufig sowohl auf die Zukunft der deutschen Musik als auch auf das Vaterland haben würde. Ihre Sprache war geschwollen und ihr Benehmen ungehobelt, so daß ich und die anderen Modernen sie hoffnungslos lächerlich fanden. Wenn diese Reaktion von jungen Männern Anfang Zwanzig, die gerade auszogen, um die Welt zu erobern und nichts anderes vor sich sahen, als den breiten Weg zu Ruhm und Sieg, auch verzeihlich erscheint, so bedaure ich es doch sehr, daß die Älteren unter uns nicht klug genug waren, die Gefahr wahrzunehmen, die von diesen komischen neudeutschen Clowns ausging. Wir hätten uns von ihrem lächerlichen Auftreten nicht täuschen lassen sollen, denn sie waren noch lange nicht geschlagen. Sie warteten nur auf den richtigen Zeitpunkt, denn sie wußten damals genausowenig wie wir, daß der Messias, der ihnen wieder zu Macht und Herrlichkeit verhelfen würde, bereits in den Münchner Bierkellern am Werk war, und daß er schon zehn Jahre später eben die Stadt Nürnberg, die jetzt Schauplatz der schmählichen Niederlage dieser alten Spießer war, zum Zentrum seines Kreuzzuges gegen die Moderne machen würde.

Das Fest wurde mit der Aufführung einer neuen Oper im Nürnberger Stadttheater eröffnet, die einer der unbedeutenderen Neudeutschen komponiert hatte. Von der äußerst langweiligen, postwagnerischen Musik habe ich nichts im Gedächtnis behalten, doch wollte der ehrenwerte Mann wohl sein Verständnis für den neuen, unvoreingenommenen Geist zeigen, indem er eine freche Handlung wählte. Die Zeit war selbstverständlich das fünfzehnte Jahrhundert oder so, denn die meisten neudeutschen Opern spielten entweder in der Atmosphäre der Meistersinger oder in der des Hojotohoh-Zeitalters. Als sich nach einem turbulenten Orchestervorspiel der Vorhang hob, sah man, wie ein Prachtexemplar von einem deutschen Ritter gerade seine Hosen anzog oder was immer das entsprechende Kleidungsstück der damaligen Zeit war, während er ein Duett mit seiner Liebsten sang, die noch, in ein Nachtgewand gehüllt, auf der Liegestatt ruhte. Die Situation erhellte die Bedeutung des vorausgegangenen orchestralen Schnaufens und Keuchens auf unmißverständliche Weise. Tatsächlich war das gar nichts Neues, denn *Der Rosenkavalier* von Richard Strauss beginnt ganz genauso. Neu war nur die schockierende Vulgarität, mit der die eher obszöne Implikation enthüllt wurde. Auf diese Weise dachten diese Kerle sich die Sympathie der »Modernen« zu erschwindeln, da sie den Geist des Fortschritts offenbar nur mit Unanständigkeit und Obszönität assoziieren konnten. Wir fanden das alles bloß unglaublich lächerlich und erkannten nicht, daß diese Haltungen und Ereignisse bereits das Grundmuster des künftigen Konflikts offenbarten.

Ich erinnere mich an keine der anderen Kompositionen, die bei dem Fest vorgestellt wurden. Mein Quartett war eine bemerkenswerte Sensation und elektrisierte die Atmosphäre beträchtlich. Tagelang gab es unter den Gästen Diskussionen, und da alle wichtigen Kritiker Deutschlands zugegen waren, von denen einige sogar für mehrere Zeitungen schrieben, war das Echo so stark, daß ich schlagartig in vorderster Linie der zeitgenössischen Musik stand. Es wäre interessant, einige jener Rezensionen wiederzulesen, aber dieses Material ist mir jetzt nicht zugänglich. Von meinem gegenwärtigen Standpunkt aus ist es nicht leicht, die geistige Situation zu rekonstruieren, um richtig zu verstehen, was an meinem Stück so sensationell war. Erst einmal glaube ich, daß die Menschen damals noch eher bereit waren, sich über künstlerische Fragen aufzuregen, als ein paar Jahre später und bis zum heutigen Tage. Ich sage absichtlich »noch« und nicht »wieder«, wie manche Beobachter zu sagen geneigt wären, weil sie annehmen, daß das Interesse an ästhetischen Fragen nach dem Krieg wieder aufgelebt war. Ich glaube, daß diese interessierte Haltung der älteren Generation eigen war, wie sich in den wilden Kämpfen zeigt, die der frühen atonalen Musik Schönbergs wegen ausgefochten wurden, und in den lebhaften Kontroversen um die schönen Künste, die vor 1914 stattfanden, und daß diese Haltung den Krieg überdauert hatte. Es war eher die Nachkriegsgeneration, die den betreffenden Fragen gegenüber gleichgültig wurde und abstumpfte.

Ich habe später sicherlich bedeutendere und ebenso »moderne« Stücke komponiert, aber ich habe nie wieder eine so leidenschaftliche und kontroverse Reaktion erlebt, wie meine frühen Werke sie auslösten, und ich bin eigentlich nicht bereit, das mit einem Nachlassen der Vitalität in meiner späteren Produktion zu erklären. Was die Hörer meines *Ersten Streichquartetts* bewogen haben mag, die Ohren zu spitzen, war eine Art unerbittlicher Vorwärtsdrang, der diese Komposition erfüllte, ihr kompromißloses kontrapunktisches Gefüge und die eng verwobene Konstruktion, Eigenschaften, die ein Publikum überraschen mußten, das an die ausladenden, übersättigten, üppigen und strukturell nur vage bestimmten Beispiele für den postwagnerschen und den impressionistischen Stil gewöhnt war. Mein Quartett klang im Vergleich dazu asketisch und karg und lief mit grimmiger Energie ab.

Ich war sehr froh, denn mein kühner Entschluß, meinen eigenen Weg zu gehen, ohne Schreker zu beachten, war nun gerechtfertigt, und der Tumult, den ich hervorgerufen hatte, versetzte mich in Hochstimmung. Es ist mein »Lebensmuster« geblieben, daß ich nie in der Lage war, aus solchen Situationen finanziell oder machtpolitisch Kapital zu schlagen. Ich schreibe dieses Versagen nicht bestimmten Prinzipien besonders tugendhaften Verhaltens zu, obgleich ich später natürlich in dieser Hinsicht entsprechende Rationalisierungen vornahm, sondern ich sah keine Möglichkeiten, diese Situationen auszunutzen, und ich war zu faul und zu desinteressiert, um geeignete Kontakte mit »wichtigen« Leuten zu knüpfen. Zu spät erkannte ich, daß ich eifriger nach Macht und Einfluß hätte streben müssen, denn das hätte es mir ermöglicht, andere zu bestechen, indem ich ihnen greifbar meine Gunst erwiesen hätte, oder ihnen damit zu drohen, daß ich meine Macht gegen sie einsetzen würde.

Reisen in Deutschland

Genauso wie ich es seitdem immer gehalten habe, verband ich diese erste selbständige Reise mit einigen Umwegen, die der Aufklärung und dem Vergnügen gewidmet waren. Reisen ist eines meiner ganz wenigen Hobbys geblieben, und es bedarf immer noch nur eines fadenscheinigen Vorwandes, um mich zu jeder Art von Ortsveränderung zu bewegen. Ich glaube, daß ziemlich viele Besucher des Nürnberger Festes die Gelegenheit zu einem Ausflug in die weltberühmte mittelalterliche Stadt Rothenburg ob der Tauber nützten. Ich habe den Eindruck, daß jeder auf der ganzen Welt das Bild kennt, auf dem zwei verwinkelte Straßen aufeinanderstoßen, von denen die eine nach links ansteigt und die andere nach rechts abwärts führt, beide gesäumt von romantischen kleinen Giebelhäuschen, ohne überhaupt zu wissen, daß es sich dabei um Rothenburg handelt. Das idyllische Städtchen, das malerisch auf einer Bergkuppe über dem Taubertal liegt, hat in der Tat viel Charakter und Charme, obgleich es zu sehr als Touristenattraktion mißbraucht wird. Ich habe zu viele solcher Orte gesehen und zudem noch viel charakteristischere, so daß ich von Rothenburg nicht viel behalten habe, mit Ausnahme des prächtigen, von Tilman Riemenschneider geschnitzten gotischen Altars. Ich erinnere mich auch, daß eine deutsche Mittelschichtsfamilie anwesend war, während ich dieses Meisterwerk betrachtete, und daß einer von ihnen seiner Bewunderung Ausdruck verlieh, indem er rief: »Und wenn man bedenkt, daß das alles Handarbeit ist« – eine Äußerung, die für eine Generation, die überzeugt war, daß schöne Dinge nur von Maschinen hergestellt werden können, sehr typisch war.

Auf meinem Rückweg in den Norden verbrachte ich auch einige Stunden in Würzburg, der hübschen Barockstadt am Main, und besuchte die bischöfliche Residenz mit den berühmten Tiepolo-Fresken. Ich bin ganz sicher, daß ich damals nur wenig für die Großartigkeit barocker Kunst übrig hatte, so sehr war ich vom expressionistischen Geist der Gotik durchdrungen. Heute staune ich nicht wenig darüber, wie stark betonte Vorlieben für bestimmte Stilrichtungen bei jungen Menschen die Offenheit gegenüber gleichermaßen außerordentlichen Leistungen anderer Stilrichtungen zunichte machen. Es erfordert wahrscheinlich einen höheren Reifegrad, um, ganz gleich in welchem Medium, den gemeinsamen Nenner künstlerischer Vollendung zu erkennen, und die meisten Menschen bleiben in dieser Hinsicht ihr Leben lang unreif und sehen immer nur die oberflächlichen Eigenschaften der beteiligten Ausdrucksmittel. Im übrigen ist es ziemlich leicht, viele Gemeinsamkeiten zwischen gotischer und barocker Kunst zu finden, aber damals war ich nicht fähig, diesen Zusammenhang zu erkennen.

Von Würzburg fuhr ich nach Weimar, um der damals heiligsten Stätte der deutschen Nation meine Aufwartung zu machen, doppelt geheiligt, weil die deutsche Republik die Stadt zur Wiege ihrer neuen Verfassung erkoren hatte, um zu demonstrieren, daß sie entschlossen war, ihr politisches Leben an den kosmopolitischen und humanitären Idealen von Weimars Schutzpatron, Goethe, auszurichten. Die Akzentverschiebung von Bayreuth, das vor dem Krieg die Verkörperung deutscher Ideale und Ziele gewesen war, nach Weimar hatte eine sehr hoffnungsvolle symbolische Bedeutung. Unglücklicherweise sollte dieser äußerst symbolträchtige Vorgang zum Stoff für eine bittere Satire werden.

Weimar mußte auf jeden einen tiefen Eindruck machen, weil die ganze Stadt offenbar von einer Atmosphäre echter Verehrung durchdrungen war. Es gibt viele andere Städte in Europa wie Paris, Wien, Florenz, Rom, die zu verschiedenen Zeiten erstaunlich viele gleichzeitig wirkende Genies erlebten, doch das waren große Städte mit einer langen Geschichte, die sich über Jahrhunderte erstreckte. Weimar dagegen war eine kleine Stadt, die nur relativ kurz den Ruhm genoß, der geistige Brennpunkt Europas zu sein, und die diese Auszeichnung der unglaublichen Geisteskraft eines einzigen Mannes verdankte. Nach dem, was ich höre und lese, war die Atmosphäre von Concord, Massachusetts*, vielleicht von ähnlicher Art, aber, den örtlichen Umständen entsprechend, in einem beträchtlich kleineren Maßstab.

Ich werde nicht versuchen, das außergewöhnliche Gefühl zu beschreiben, das ein Besuch in Goethes Wohnhaus am Frauenplan wachruft. Man hat ein Museum daraus gemacht, und die Gegenstände darin geben reichlich Gelegenheit zu unendlichem Staunen über die Weite und Tiefe, die den Geist seines unsterblichen Herrn auszeichneten. Und doch hat die ganze Atmosphäre dieser Wohnstätte etwas Ungreifbares, das den Besucher sofort beeindruckt, bevor er noch versucht, die Einzelheiten von Goethes geistigem Leben zu würdigen. Ich glaube, es ist das unheimliche Gefühl, ganz und gar ins achtzehnte Jahrhundert zurückversetzt zu werden, das durch die überwältigende Vitalität hervorgerufen wird, mit der einst in diesem Haus gelebt wurde, das so starken Eindruck auf den Besucher macht, die plötzliche Erkenntnis, daß diese Zeit geheimnisvolle Größe besessen haben muß. Ich erinnere mich, daß dieses Gefühl heftig wiederauflebte, als ich George Washingtons Haus in Mount Vernon besuchte, insbesondere, als ich, zu Tränen gerührt, die Glocke eines Kanonenboots hörte, das weit entfernt auf dem Potomac vorbeifuhr. Die gefühlsmäßige Spannung war nicht nur auf die sehr eindrucksvolle Symbolik dieser Ehrenbezeichnung für die große histori-

* Dort leistete im April 1775 die einheimische Bevölkerung den Briten heftigen Widerstand, und der Unabhängigkeitskrieg schlug in einen revolutionären Volkskrieg um.

sche Gestalt zurückzuführen, sondern noch mehr auf die physische Demonstration räumlicher Entfernung, die ich in einem seltsamen Prozeß der Metamorphose mit zeitlicher Entfernung gleichsetzte, wobei ich blitzartig erkannte, welch eine Welt der Stärke und der Schönheit für uns, die wir zwischen ihren erhabenen Überresten umhergehen, unwiderruflich verloren ist.

Diejenige Eigenschaft der Wohnräume großer Persönlichkeiten jener Zeit, die mich immer am stärksten beeindruckt, ist etwas, das ich als geistige Eleganz bezeichnen möchte. Goethes Haus in Weimar besitzt sie in höchstem Maße. Das hat nichts mit Luxus oder auch nur einem angemessenen Grad an Komfort zu tun. Weder Goethes Schlafzimmer am Frauenplan noch das in seinem Gartenhaus im Park außerhalb der Stadt würden heute als Notquartier für Arbeitslose akzeptabel erscheinen. Und doch ist es wohl offensichtlich, daß sich jene Menschen eines viel eleganteren, anmutigeren Lebens erfreuten als manch ein Millionär unserer Zeit. Es sollte klar sein, daß diese Art von Eleganz nicht von der Anzahl und Beschaffenheit der Badezimmer abhängt, sondern von der geistigen Haltung der einzelnen, davon, was sie für wichtig halten, welche Bücher sie lesen, wie sie ihre Mußestunden gerne verbringen und so weiter, aber sehr wenige Menschen heutzutage wissen das.

Die Wohnung der Familie Schiller beeindruckte mich nicht sehr, weil sie vergleichsweise bürgerlich und trist aussah. Aber die Umgebung von Weimar gefiel mir, mit den sanften Hügeln und den Pappelalleen, den kleinen ländlichen Herrenhäusern und dem heiteren, silbrigen Licht, das über der harmonischen Landschaft lag und das die Umgebung als angemessenen Wohnort für einen Klassiker erscheinen ließ, wenn er schon in Deutschland leben mußte.

Als ich nach Berlin zurückkam, konnte ich nicht umhin, Schreker aufzusuchen, und ich tat es, weil Schünemann es wollte, allerdings widerstrebend. Da mein Quartett in Nürnberg großen Erfolg gehabt hatte, war die Unterredung weniger unerfreulich als erwartet und als sie es unter anderen Umständen gewesen wäre. Schreker bat mich, ihm mein Quartett vorzuspielen, und als ich geendet hatte, sagte er ausdrücklich, er verstehe nicht, warum ich nicht früher zu ihm gekommen sei, um es ihm zu zeigen, denn er halte es für ein gutes Stück, und jeder Teil davon gefalle ihm sehr. Das war so empörend unaufrichtig, daß ich bedauerte, ihn überhaupt besucht zu haben. Doch ich hatte eine so starke Aversion gegen dramatische Szenen und demonstrative Entscheidungen, daß ich nicht einmal in dieser Situation daran dachte, mich von ihm oder von der Hochschule zu trennen; im Gegenteil, ich war ziemlich froh, daß unsere Beziehungen zumindest formell soweit wiederhergestellt waren, daß ich einer Begegnung mit ihm nicht auszuweichen brauchte.

Ich weiß nicht mehr, ob meine *Erste Symphonie* damals bereits fertiggestellt war und ob ich Schreker etwas davon zeigte. Meine Erinnerung läßt mich in bezug auf dieses Werk etwas im Stich, denn meine Unterlagen zeigen, daß die Uraufführung im gleichen Jahr, 1921, in Frankfurt stattfand. Ich habe aber von dieser Aufführung nichts behalten, außer daß ich bei dieser Gelegenheit den Frankfurter Musikkritiker Paul Bekker kennengelernt haben muß, denn ich erinnere mich gut, daß ich mit ihm über die Partitur sprach. Andererseits habe ich das vage Gefühl, daß Anna Mahler, die meine erste Frau werden sollte, mich bei diesem Besuch bei den Bekkers begleitete, und ich lernte Anna erst später im Winter 1921/22 kennen. Ich neige fast zu der Annahme, daß diese Aufführung in den Aufzeichnungen, die mein Vater gemacht hat, falsch festgehalten ist und daß die Begebenheit in Frankfurt sich möglicherweise im Herbst 1922 ereignete. In diesem Fall hätte die Uraufführung der Symphonie im Herbst 1921 in Berlin stattgefunden, was mir viel wahrscheinlicher vorkommt, insbesondere im Hinblick auf Schrekers Verhalten bei dieser Gelegenheit, auf das ich später zurückkommen werde. Es kann sein, daß ich ihm die Symphonie, oder was immer damals davon fertig war, zeigte, daß er mir abermals von der Weiterarbeit an dem Projekt abriet, und daß ich aufgrund meines vor kurzem erzielten Erfolges sagte, ich würde weitermachen, ohne auf seinen Rat zu hören, oder das einfach tat, ohne etwas zu sagen. Doch das ist eine reine Vermutung, weil ich mich nicht erinnere, was tatsächlich geschah. Ich kann nur sagen, daß diese Abfolge der Ereignisse erklären würde, was Schreker später tat. Jedenfalls wurden für eine bevorstehende Aufführung dieses Werkes insofern Anstalten getroffen, als Werner Wolffheim, der bekannte Inhaber einer wunderbaren Musikbibliothek, der dank des Vermögens seiner Frau ein außerordentlich wohlhabender Mann war, sich bereit erklärte, die Kosten für die Herstellung der Orchesternoten zu übernehmen. Hermann Scherchen, der damals als kompetenter Dirigent moderner Musik immer deutlicher in den Vordergrund trat, plante, die Symphonie in das Programm eines Konzerts aufzunehmen, das er für den Herbst vorbereitete.

Inzwischen traf ich Vorbereitungen für meine Reise nach Donaueschingen und machte mich mit Zugverbindungen und Fahrplänen vertraut, was bis zum heutigen Tag ein spezielles Hobby von mir geblieben ist. Am Abend vor meiner Abreise schloß ich meine Vorbereitungen erfreulich ab, indem ich allein den historischen Weinkeller von Lutter und Wegener besuchte. Ich schätzte diese alte, düstere

Trinkstube am Gendarmenmarkt gegenüber dem Schauspielhaus sehr, zumal sie durch das Andenken eines meiner Lieblingsdichter, des erstaunlichen E.T.A. Hoffmann, geweiht war, der sich in die richtige Stimmung für seine extravaganteren Phantasien zu versetzen pflegte, indem er den flüssigen Verlockungen von Lutter und Wegener reichlich zusprach. Zu jener Zeit hatte ich einen gräßlichen Geschmack an griechischen Weinen entwickelt, die unter Namen wie Kephallenia, Samos und so weiter auf den Markt kamen. Sie schmeckten süß und faszinierend und waren furchtbar schwer. Ich wußte damals nicht, daß trinken ohne vernünftige Grundlage die sicherste Methode ist, in kürzester Zeit betrunken zu werden. Das Ergebnis war, daß ich am nächsten Morgen meine Reise in einer äußerst schlechten Verfassung antrat. Ich war jedoch entschlossen, mich unter allen Umständen an mein Programm zu halten.

Meine erste Station war Eisenach in Thüringen, die alte Stadt nicht weit von Weimar entfernt, die nicht nur als Geburtsstadt Johann Sebastian Bachs bemerkenswert ist, sondern mehr noch wegen ihrer Nähe zur Wartburg, die durch Tannhäuser bekannt geworden war. Ich würde sagen, daß ich sie an diesem Nachmittag nur durch eine Art Dunstschleier sah, aber ich marschierte pflichtbewußt nicht nur zu der berühmten Burg der Eisenacher Landgrafen, sondern auch noch weiter auf einen Berg mit dem ansprechenden Namen Hohe Sonne, der einen sehr schönen Blick auf die Wartburg bot. Die Burg selbst war, wenn ich nicht irre, auf Anordnung Wilhelms II. restauriert worden, in einem eher romantischen und heroischen als archäologisch korrekten Stil, aber die Besichtigung war doch sehr interessant. Man konnte sogar den Tintenfleck an der Wand sehen, den Luther verursacht hatte, als er sein Tintenfaß nach dem Teufel warf, der erschienen war, um den Reformator zu einer Verfälschung der Bibelübersetzung zu verführen, an der dieser während seiner »Schutzhaft« auf der Wartburg arbeitete.

Nach den Anstrengungen des Tages mußte ich abends noch ein paar Stunden im Wartesaal des Eisenacher Bahnhofs zubringen, während ich auf den durchgehenden Zug nach Frankfurt wartete. Ich war später so oft in Frankfurt, daß ich nicht mehr weiß, was ich mir während dieses ersten Besuches angeschaut habe. Ich weiß nur, daß die Stadt aus unerfindlichen Gründen eine starke Anziehungskraft auf mich ausübte, ja sogar eine Herausforderung für mich war, so daß ich mich von dem Tag an eifrig um Anerkennung und Erfolg dort bemühte. Mag sein, daß ich den starken westeuropäischen Einfluß spürte, denn Frankfurt hatte sich schon immer deutlich an Paris orientiert und weniger an Berlin, das die echten Frankfurter Patrizier alten Schlags als ordinären Emporkömmling betrachteten. Möglicherweise wußte ich zu jenem Zeitpunkt auch, daß man begann, Hindemith, der aus der Gegend um Frankfurt stammte, als neuen führenden Kopf der modernen Musik in Deutschland anzuerkennen, und mein Instinkt sagte mir, daß er in Deutschland mein einziger ernstzunehmender Rivale sein würde, aber dazu kann es auch später gekommen sein, weil ich ihn damals nicht persönlich und von seiner Musik nur wenig kannte.

Von Frankfurt fuhr ich nach Mainz, das nicht weit entfernt ist, um den berühmten romanischen Dom zu besichtigen, den ich sehr bewunderte. Damals war das westliche Rheinufer von den Franzosen besetzt, ich erinnere mich aber nicht, daß es bei der Einreise in die Besatzungszone irgendwelche lästigen Formalitäten gab. Man mußte den Paß vorweisen und außerdem eine Zollinspektion über sich ergehen lassen, die von schmutzigen und verlotterten Marokkanern durchgeführt wurde. Ich kann mir vorstellen, daß diese Umstände viele Deutsche schockierten. Da ich aber nie auch nur einen Augenblick lang deutsche Gefühle hegte, fand ich es nur etwas seltsam, daß Orte, die in der deutschen Geschichte tausendjährigen Ruhm genossen, von Arabern überwacht wurden, und da mir bewußt war, daß ich in Deutschland ein Ausländer war, machte es mir nichts aus, jedem, der danach fragte, meinen Paß zu zeigen.

Mein nächster Halt war Worms, weiter südlich am linken Rheinufer gelegen, das ebenfalls einen romanischen Dom von großer Erhabenheit und Strenge besitzt. Die weite Rheinebene kochte in der Sommersonne und sah fast exotisch nach Dschungel und fremder Wildnis aus. Ich glaube, daß ich den Fluß ostwärts überquerte, um Heidelberg zu sehen, aber wiederum sind mir spätere Besuche in dieser einzigartigen Stadt lebhafter in Erinnerung, und ich werde später darüber sprechen.

Anschließend fuhr ich in den berühmten Kurort Baden-Baden, der im neunzehnten Jahrhundert einer der elegantesten Treffpunkte der feinen Gesellschaft aus der ganzen Welt gewesen war. Zur Zeit meines Besuchs war die Stadt schon etwas altmodisch, aber sie war immer noch ein hübscher Anblick, mit all den luxuriösen Villen und Hotels, die in dem gewundenen Tal zwischen malerischen Hügeln versteckt lagen. Ich war von Leo Barczinsky dorthin eingeladen worden, der einige Zeit bei der Familie eines deutschen Zigarettenmagnaten, Batschari, verbrachte. Ich blieb nur ein paar Stunden und trank währenddessen mit den Batscharis Champagner, denn meine Pläne sahen vor, daß ich um Mitternacht zu einem Aufstieg auf die Hornisgrinde, eine der höchsten Erhebungen des nördlichen Schwarzwaldes, aufbrach, von wo aus ich zu einem Bahnhof im Rheintal weiterwandern wollte. Dorthin hatte ich mein Gepäck vorausgeschickt.

Die nächtliche Bergwanderung, auf die wir uns mit jungenhafter Begeisterung freuten, erwies sich als ziemlich ermüdend, wie jeder hätte voraussagen können. Obgleich es nicht stockdunkel war und wir einem stark ausgetretenen Weg folgten, stolperten wir andauernd über Baumwurzeln, Steine, Gräben und andere unbedeutende Hindernisse, die bei Tag kaum besondere Aufmerksamkeit erfordert hätten. Außerdem fand ich die Atmosphäre des nächtlichen Waldes ziemlich beängstigend, weil ich selbst bei Tageslicht nicht gern durch den Wald gehe, denn er gibt mir immer das Gefühl, von unsichtbaren Augen beobachtet zu werden. Wir, nämlich Barczinsky, ich und noch ein paar andere, kamen gerade rechtzeitig auf dem Berggipfel an, um den frühen Sonnenaufgang zu sehen, ein Phänomen, das ich immer ziemlich enttäuschend fand, weil der normale Beobachter kaum jemals in aufnahmebereiter Stimmung ist, denn er hat sich die Gelegenheit, es zu erleben, entweder dadurch verschafft, daß er die Nacht mit ziemlich anstrengenden gesellschaftlichen Aktivitäten verbrachte oder daß er zu unchristlicher Zeit aufstand. Trotzdem zeichnen sich die letzten Minuten vor dem Ereignis durch eine ungewöhnliche Spannung aus, die noch verstärkt wird durch die Mutmaßungen, wo genau der große Himmelskörper am Horizont erscheinen wird.

Meine Freunde wanderten nach Baden-Baden zurück, und ich suchte weiter südlich eine Herberge auf, um dort zu frühstücken. Anscheinend hatte ich einen Wink bekommen, nach dem Turm des Straßburger Doms Ausschau zu halten, der angeblich von der Hornisgrinde aus zu sehen war. Da ich so gerne ein wenig von Frankreich sehen wollte, erkannte ich bereitwillig in jedem unbestimmbaren Fliegendreck am dunstigen Horizont den Kirchturm von Straßburg. Später erfuhr ich, daß man ihn ein paar Minuten lang ganz deutlich von der Eisenbahn aus sehen konnte, die am Ostufer des Rheins nach Basel fuhr, und ich versäumte nie, nach ihm Ausschau zu halten, wenn ich diese Fahrt machte, denn meine Sehnsucht, weiter nach Westen zu reisen, war sehr groß.

Bei meinem Abstieg von der Hornisgrinde kam ich an den Mummelsee, ein hübsches kleines Gewässer im Wald, das durch ein Gedicht des berühmten schwäbischen Dichters Mörike literarischen Ruhm erlangt hat. Hugo Wolf hat es vertont, so daß mir die mit diesem Ort verknüpfte Legende recht gut vertraut war. Ich erinnere mich, daß ich mit einigem Schrecken beobachtete, wie ein riesiger schwarzer Hund sich mir im Wald anschloß und mir immer weiter folgte. Trotz meiner ausgeprägten Abneigung gegen Hunde, die die meisten dieser Tiere instinktiv zu spüren scheinen, gibt es einige, die sich seltsam von mir angezogen fühlen, denn das beunruhigende

Phänomen hat sich häufig wiederholt. Da ich nach dem Fest am vergangenen Abend und meiner langen Wanderung durch die Berge rechtschaffen müde war, machten mich die unerwünschten Aufmerksamkeiten des großen Tieres ziemlich nervös, so daß ich den Hund, als ich in dem Dorf im Tal ankam, zum Posten der Bürgerwehr brachte und die Leute bat, mich um Himmels willen von dem Tier zu befreien. Sie versicherten mir lachend, da gäbe es keinen Grund zur Beunruhigung, denn er sei ein wohlbekannter Hund aus der Nachbarschaft, der oft Leuten auf den Berg nachlaufe und oben dann warte, bis jemand wieder hinunterstieg, einfach bloß zum Vergnügen. Das schien mir ein typisch hündisches Verhalten zu sein, das ich entschieden mißbilligte.

Später am Tag erreichte ich die Hauptstrecke der Eisenbahn und fuhr nach Freiburg im Breisgau, der südlichsten größeren Stadt Deutschlands im Rheintal. Die Stadt hatte ebenfalls einen sehr bemerkenswerten Dom, ein besonders anmutiges und elegantes Bauwerk im gotischen Stil.

Nachdem ich jetzt jahrelang in der großen Leere der westlichen Welt gelebt habe, bedarf es der gegenwärtigen Bemühung, meine Erinnerungen niederzuschreiben, um zu erkennen, wie sehr sich die Umstände, unter denen ein Bewohner von Mittel- oder Westeuropa aufwächst, von denen unterscheiden, unter denen der durchschnittliche Amerikaner heranwächst. Für uns war es eine Selbstverständlichkeit, daß praktisch jeder Ort, den wir aufsuchten, wenigstens mehrere architektonische Wahrzeichen von herausragendem künstlerischen Wert und eine Geschichte von mehreren hundert Jahren hatte, deren sprechende Zeugen diese Wahrzeichen waren. Natürlich waren sich nur wenige Menschen in Europa dieser Tatsachen bewußt und fähig und willens, sie zu würdigen. Aber selbst jene, die Kathedralen, Klöstern, Schlössern, Museen und ähnlichen Einrichtungen keine besondere Aufmerksamkeit schenkten, konnten sich ihrer Ausstrahlung nicht entziehen. Es muß offenbar einigen Unterschied machen, ob man auf dem täglichen Weg zum Büro oder zur Fabrik oder zu dem Geschäft, in dem man arbeitet, eine gotische Kathedrale, ein barockes Rathaus oder den Güterbahnhof von Chicago sieht. Der übliche Einwand, daß die Vertrautheit mit jenen Kostbarkeiten an Schönheit und Würde die Deutschen und die Italiener nicht davon abgehalten hat, Nazis und Faschisten zu werden, mit der stillschweigenden Implikation, daß der Blick auf Güterbahnhöfe und die Architektur von Billigkaufhäusern vielleicht doch gesünder sei, trifft die Sache nicht ganz. Eher besteht die Möglichkeit, daß der Preis, den Europa dafür zu zahlen hat, daß es der Ursprung der größten Leistungen auf künstlerischem und geistigem Gebiet ist, darin besteht, daß es von Zeit zu Zeit in so abgrundtiefes Grauen stürzt, wie der Nazismus und der Faschismus es sind. Wenn ich in Amerika manchmal auf beträchtliche Gleichgültigkeit oder sogar spöttische Abneigung gegenüber der Bedeutung und dem Pathos großer Kunst stoße, kann ich diese Haltung leicht als ein Zeichen instinktiven Widerwillens würdigen, der sich auf das furchtbare Leiden bezieht, das für den Besitz solcher Kunst wahrscheinlich in Kauf genommen werden mußte.

In Freiburg bestieg ich einen Postautobus, der mich auf eine Paßhöhe mit dem wahrhaft gotischen Namen Notschrei brachte; sie liegt zwischen den beiden höchsten Erhebungen des Schwarzwalds, dem Freiburger Belchen und dem Feldberg. Ich wanderte erst auf den einen, dann auf den anderen. Diese Berge waren nicht sehr hoch, etwa um die 1500 Meter, aber sie gewährten einen bemerkenswerten Blick über das Rheintal und die Ebene des Elsaß im Westen, hinter der das Gegenstück zum Schwarzwald, die Vogesen, zu sehen waren, die das Elsaß von Frankreichs Landesinnerem trennen. Das imposanteste Bild bot sich im Süden, wo man an schönen Tagen die weit entfernten Gletscher der Berner Alppen entdecken konnte, die sich hoch über dem Bergland der nordwestlichen Schweiz erheben. Ich war von dem Blick, der sich mir von diesem Aussichtsberg in der südwestlichen Ecke Deutschlands bot, so fasziniert, daß ich nicht auf die Sonne achtete und auf dem Gipfel des Belchen beinahe einen Sonnenstich bekommen hätte, was dazu führte, daß ich in der Berghütte, in der ich übernachtete, ungeheure Mengen Bier konsumierte.

Am nächsten Tag wanderte ich über den Kamm durch wunderschöne Wiesen auf den Feldberg, der ein wenig höher war als das Belchen und einen noch berauschenderen Ausblick bot. Ich mochte diesen Teil Deutschlands immer am liebsten, nicht nur wegen seiner landschaftlichen Schönheiten, sondern auch, weil er weniger langweilig deutsch wirkte als das übrige Land, denn er war offen für die Einflüsse von der anderen Rheinseite, aus Frankreich und der Schweiz. Und mein Herz gehörte eindeutig dem Süden und dem Westen.

Kammermusik in Donaueschingen

Ich bedaure, daß ich weder damals noch später Gelegenheit zum Besuch der nahe gelegenen berühmten Abtei St. Blasien hatte, aber die Zeit und meine finanziellen Mittel zwangen mich, nach Donaueschingen weiterzufahren, der kleinen Stadt am Osthang des Schwarzwalds, in der es einen Brunnen gab, der als Donauquelle bekannt war, obwohl der Fluß tatsächlich eben außerhalb der Stadt aus dem Zusammenfluß von zwei kleinen Bächen, Brege und Brigach, entstand. Es war ein anziehendes, sauberes, hübsches Städtchen ohne besondere Wahrzeichen, abgesehen von dem riesigen Schloß der Fürsten von Fürstenberg (Spätrenaissance oder Barock, glaube ich). Das waren enorm reiche Aristokraten, die in Süddeutschland, Österreich und der Tschechoslowakei riesige Flächen Waldland und anderen landwirtschaftlichen Besitz hatten. Sie hatten wichtige Rollen sowohl am Hofe in Berlin als auch in Wien gespielt, wo sie gleichfalls ein eigenes Palais besaßen. Eines ihrer verschiedenen lukrativen Unternehmen war eine Brauerei in Donaueschingen, und einer der Säle in diesem Gebäudekomplex wurde dem Kammermusikfest zur Verfügung gestellt.

Das damalige Haupt der Familie war ein gutaussehender, allerdings gichtgeplagter alter Herr, der genau dem Bild entsprach, das man sich gewöhnlich von einem Aristokraten seines Formats macht, mehr an teuren Huren und Pferden interessiert als an seltsamer moderner Musik. Ich bin ihm außer als Besucher bei formellen Anlässen nie begegnet und weiß daher nicht, ob er so war, wie er aussah. Jedenfalls ehrte es ihn sehr, daß er für eine derartige Veranstaltung aufkam, wobei er sich wahrscheinlich an den Ruhm erinnerte, den einige seiner adeligen Kollegen ein paar Generationen früher erworben hatten, indem sie Künstler wie Haydn, Beethoven und viele andere gastlich aufnahmen. Da diese schöne aristokratische Tradition in seiner Generation schon lange untergegangen war und da Adlige in jenen Tagen im allgemeinen den größten Teil ihrer Zeit damit zubrachten, sich über die unerträglichen Qualen zu beklagen, die die bolschewistische Regierung der Republik ihnen zufügte (obgleich ihnen in Wirklichkeit absolut nichts geschehen war), war es durchaus ungewöhnlich für eines der prominentesten Mitglieder der Kaste, ein so reges Interesse an öffentlichen Angelegenheiten zu zeigen und Künstler zu fördern, die in den Augen der reaktionären Öffentlichkeit schlimm in alle möglichen Arten von Radikalismus verwickelt waren.

Der Fürst war von seinem Musikdirektor, einem zähen kleinen schwäbischen Aufsteiger namens Heinrich Burkard, zu dem Unternehmen überredet worden. Dieser Mann stand irgendwie mit Hindemith in Verbindung, was dazu führte, daß letzterer bald zum eigentlichen führenden Geist der Feste wurde, die während der folgenden vier oder fünf Jahre wiederholt wurden und genug beachtenswerte Musik hervorbrachten, um dem Namen Fürstenberg einen Platz in der Musikgeschichte zu sichern. Es ist recht bezeichnend, daß dieses Zusammenwirken ein Ende fand, als der Fürst weiter in jenen Stil des 18. Jahrhunderts zurückfiel, der ihn offenbar bewogen hatte, das Fest ins Leben zu rufen.

Hindemith, der damals das Amar-Quartett gegründet hatte, in dem er die Viola spielte, gehörte bald zum festen Inventar des fürstlichen Haushalts und fuhr mit seinem Ensemble auch im Winter ab und zu dorthin, um bei gesellschaftlichen Zusammenkünften für die Gäste des Fürsten zu spielen. Das ging eine Weile so, bis die Musiker bei einem dieser Anlässe überrascht feststellten, daß man sie zum Dienstboteneingang brachte und ihnen das Essen in einem Hinterzimmer servierte, getrennt von den anderen Gästen. Das entsprach ganz der Art und Weise, wie Haydn im Schloß Esterhazy in Eisenstadt behandelt worden war, und zu seiner Zeit war das angemessen gewesen. Es spricht sehr für Hindemith, daß er sich eine solche Behandlung nicht gefallen ließ und seine Beziehungen zu den Fürstenbergs abbrach. Daraufhin wurde das Kammermusikfest eine Weile von der Stadt Baden-Baden durchgeführt, aber soweit mir bekannt ist, hatte es seinen ursprünglichen Charakter verloren und verblich, noch bevor die Nazis allen derartigen Unternehmungen ein Ende setzten.

Ich nahm dreimal an den Musiktagen in Donaueschingen teil, 1921, 1922 und 1925. Verschiedene Einzelheiten der ersten beiden Male sind in meinem Gedächtnis so eng miteinander verwoben, daß ich sie kaum auseinanderhalten kann. So erinnere ich mich beispielsweise nicht genau, ob Erdmann beide Male dabei war, ich nehme es aber an, und seine Gegenwart trug viel dazu bei, daß diese Tage in meiner Erinnerung vor allem eine Orgie nervöser Lustigkeit sind. Angesichts der Jahreszeit waren alle in übertriebener Ferienstimmung, und die großzügige Gastfreundschaft des Festkomitees, also des Fürsten, führte dazu, daß wir uns glänzend amüsierten.

Erdmann besaß einen völlig verheerenden spitzbübischen Zug, und wenn er ohne Irene war, war niemand da, der seine rudimentären Hemmungen verstärkte, und er konnte leicht gefährlich, taktlos und beleidigend werden. Vor allem war er so empörend indiskret, daß er sich in höchst peinliche Schwierigkeiten brachte und daraufhin dann später eine Art koketten Verfolgungswahn entwikkelte. Der springende Punkt war, daß er kaum jemals den Mund halten konnte, wenn ihm irgend jemand irgend etwas erzählt hatte. Das geschah in völlig gutem Glauben, denn er war automatisch überzeugt, daß jeder sein Privatleben so bereitwillig zu einer öffentlichen Angelegenheit machte, wie er selbst es unentwegt tat, weil er nichts so interessant fand wie das Privatleben eines Menschen und die Kommentare der anderen dazu. Da seine Neugier so aufrichtig und überwältigend war, war seine Macht im Bereich der Seelenforschung groß, und viele Leute gerieten in Versuchung, ihn in Privatangelegenheiten einzuweihen, die sie keinem anderen ohne weiteres anvertraut hätten. Er sah in diesen oft pikanten Sachverhalten jedoch nur höchst interessanten Stoff für Vorträge über die menschliche Natur und verriet sie ganz unbekümmert, insbesondere, wenn dadurch ein Lacherfolg zu erzielen war. Kurz, er war ein perfektes Enfant terrible. In Donaueschingen hatte dieses Verhalten noch nicht zu ärgerlichen Ergebnissen geführt, und so hallte das Kurhaus, in dem sich die ganze Gesellschaft jeden Abend versammelte, von den Lachsalven wider, die unsere mehr oder weniger brillanten Witze hervorriefen. Kräftig unterstützt wurden wir von einem gewissen Arthur Willner, einem bärtigen Wiener Komponisten von geringerem Format, der den ansteckenden, selbstzerstörerischen Humor besaß, der für viele Juden charakteristisch ist. Erdmann, der einige von Willners ziemlich akademischen, aber gut gemachten Klavierstücken spielen sollte, pflegte zu sagen, Frau Willner sehe wie ein Staubsauger aus, was nur eine von seinen weniger bissigen Bemerkungen war.

Paul Hindemith

Eine andere, allerdings nicht weniger ausgelassene und aufdringliche Stimmung wurde von Hindemith und seiner Clique erzeugt. Meine Beziehungen zu Hindemith waren von Anfang an dadurch bestimmt, daß ich in ihm den mächtigsten und in späteren Jahren offenbar erfolgreicheren Konkurrenten auf meinem Tätigkeitsfeld sah. Zur Zeit der Musiktage in Donaueschingen kannte ich nicht viel von seiner Musik, aber ich wußte bestimmt, daß er im Kommen war und von dem mächtigen Verlag Schott in Mainz als die neue Hoffnung in der deutschen Musik gefördert wurde. Davon abgesehen war er mir gegenüber insofern im Vorteil, als er vier Jahre älter war als ich, so daß er zu einem Zeitpunkt, als die entscheidende Investition gefragt war, bereit war, eine Reihe von bedeutenden Werken herauszubringen. Mir ist allerdings klar, daß das vielleicht ein weniger wichtiger Faktor ist, denn ich hätte es wettmachen können, wenn mir so etwas möglich gewesen wäre.

Unsere persönlichen Beziehungen waren nie besonders herzlich, weil unsere Charaktere zu verschieden waren. Ich betrachtete ihn wie einen sehr tüchtigen, aber derben und ungehobelten Schulkameraden, der zwei Klassen höher war als ich. Vor seinem Können und seiner Leistungsfähigkeit hatte ich gebührenden Respekt, aber gleichzeitig hatte ich das Gefühl, daß ich ihm in den subtileren Angelegenheiten der Kultur und des Geistes überlegen war, und ich dachte, er müsse gespürt haben, daß ich dieses Gefühl hatte, und das tat mir leid und er mir auch, und auch, daß ich es nicht ändern konnte, und ich war bereit, ihm zuzugestehen, daß er dafür mit greifbarem Erfolg in »dieser Welt« entschädigt werden sollte, was, wie ich gleichzeitig wußte, eine Rationalisierung meinerseits war, denn ich wußte auch, daß ich ihn um diesen Erfolg gründlich beneidete. Das alles war sehr kompliziert und klaren zwischenmenschlichen Beziehungen nicht dienlich. Ich kann durchaus nicht sagen, ob ihm all diese Verwicklungen bewußt waren, und ich neige natürlich dazu, seinen Verstand als zu primitiv darzustellen, als daß er solche feinen psychologischen Nuancen hätte einschätzen können, aber ich kann mich irren, und es mag mehr dahinterstecken, als man auf den ersten Blick sieht. Es ist recht erstaunlich, daß es zwischen Menschen, die zur gleichen Zeit leben und einander ab und zu begegnen, derartige Dinge gibt, ohne daß Hoffnung besteht, daß sie jemals geklärt werden. Viele Jahre lang schloß eben die Natur dieser Beziehungen jede Diskussion darüber aus, und nun, da ich das Gefühl habe, genug Gelassenheit zu besitzen, um sie sine ira et studio zu analysieren, scheint sich ein »Gespräch von Mann zu Mann« nicht mehr zu lohnen, selbst wenn sich eine Gelegenheit dazu bieten sollte.

In jenen frühen Jahren schienen Hindemiths hervorstechende Eigenschaften die eines Witzbolds zu sein. Unermüdlich erfand er alle möglichen unglaublichen Gags, um sein Gefolge zu unterhalten, wobei er sich hauptsächlich über ehrwürdige Musik lustig machte, indem er Jazzarrangements von Bach und Beethoven improvisierte und ähnliche Vorstellungen gab. Bei diesen Tätigkeiten nutzte er unbekümmert sein wirklich außergewöhnliches Geschick als musikalischer Handwerker, seine meisterliche Fertigkeit in allem, was durch schnelle und brillante Bewegung von Mund und Fingern zu erreichen war. In all den Jahren, die ich ihn kenne und beobachte, bin ich zu dem Schluß gekommen, daß diese manuelle Kunstfertigkeit der eigentliche Schlüssel zu seinen imponierendsten Leistungen ist. Ich erinnere mich, daß die Berliner Hochschule einige Jahre später einen Mann namens Trautwein anstellte, einen Elektroingenieur, der an neuen Verfahren der Klangerzeugung herumbastelte und schließlich ein Instrument entwickelte, das eine Art Hammondorgel oder Orgatron war, soweit ich das beurteilen kann. Ich wäre nie auf die Idee gekommen, dieses Instrument als etwas anderes zu betrachten, denn als einen merkwürdigen Mechanismus, der ziemlich charakterlose und wenig ansprechende Töne hervorbrachte. Hindemith jedoch bekam das Ding, das zu Ehren seines Erfinders Trautonium genannt wurde, in die Finger und schrieb in kürzester Zeit ein Konzert für Trautonium und Orchester, das eindeutig klang, als wäre es genau die angemessene Musik für das Instrument, so als hätte der Komponist entweder nur darauf gewartet, daß dieser Apparat erschien, um seine langgehegten Bedürfnisse zu erfüllen, oder als hätte er seit Jahren damit gelebt. Übrigens glaube ich, daß Hindemiths Faszination für das Trautonium in hohem Maß für die wissenschaftliche Grundlage seines Buches *Unterweisung im Tonsatz** verantwortlich ist. Aber ihm war jedes Instrument recht. Hindemith konnte gleichermaßen adäquat für alles zwischen Piccolo und Baßtrommel komponieren, nur nicht für Klavier, denn ich finde seinen Klavierstil bemerkenswert phantasielos.

Sein Hobby sind mechanische Apparate, zum Beispiel elektrische Spielzeugeisenbahnen. Ich weiß von Karl Ulrich Schnabel, der zu Hindemiths Berliner Kreis gehörte, daß er der Oberbefehlshaber einer ganzen Clique von Eisenbahnnarren war. Nachdem sie monatelang Fahrpläne vorbereitet und in pseudoamtlicher Korrespondenz mit entsprechenden Formularen und allem Drum und Dran ausgearbeitet hatten, versammelten sie sich in einer Wohnung und ließen ihre Miniaturzüge stundenlang nach den genehmigten Fahrplänen fahren. Wie ich höre, baut Hindemith sehr gerne Möbel und macht andere Tischlerarbeiten. Auch Schönberg beschäftigt sich nebenbei mit Tischlerei und Buchbinderei, aber in seinem Fall sind das Tätigkeiten, die er deutlich als Kontrast zu und Entspannung von seiner gewohnten Arbeit empfindet. Außerdem spielt eine gewisse Sentimentalität mit hinein, denn Schönberg hat in seiner frühen Jugend als Buchbinderlehrling angefangen und findet wahrscheinlich eine verzeihliche Befriedigung darin, sich zu beweisen, daß er noch zu »praktischer« Arbeit imstande ist. Ich glaube, daß diese Tätigkeiten für Hindemith nur eine andere Art sind, dasselbe zu machen, was er in der Musik macht. Seine Methode, an die Musik heranzugehen, ist die eines Handwerkers, und in seinen Büchern gibt es mehr als eine Stelle, die diese Einstellung verrät. Die Kommentatoren und Kritiker, die in Deutschland sein Lob sangen, bezeichneten ihn oft als eine Reinkarnation des »Musikanten«, des robusten Burschen aus alter Zeit, des Alleskönners, der beim geringsten Anlaß Musik macht, auf der Fiedel, mit der Trompete, auf der Trommel, auf dem Kamm, jodelnd, singend, summend, pfeifend, wie es sich gerade ergibt, kurz ein toller Kerl, bei dem selbst ein Furz eine musikalische Äußerung ist, denn er kann nicht anders.

Ungeduldig und mit wenig Neigung zu Toleranz, wie die meisten jungen Leute, machte ich mich oft über Hindemiths Oberschülerattitüden und seine ungeheuren Anstrengungen beim Streichespielen lustig, und in solchen Fällen wurde mir häufig von seinen Anhängern gesagt, daß das alles ein Abwehrmechanismus sei, den seine

* 1939/1940

zarte und empfindsame Seele einsetzen würde, um seine geistige Existenz vor profanen Störungen zu schützen. Sie sagten, er lese erstaunlich viel tiefgründige Literatur, er würde sich bloß nicht herablassen, über derart wesentliche Dinge mit respektlosen Intellektuellen zu sprechen; deshalb die Nebelwand von Lärm und dummem Zeug, mit der er sich umgebe. Ich bezweifle nicht, daß Hindemith eine imponierende Anzahl schwieriger Bücher gelesen hat. Seine eigenen Schriften bieten reichlich Beweis dafür. Ich glaube aber, daß seine geistigen Interessen nicht im Widerspruch zu einer Deutung seiner Persönlichkeit stehen, die aus seiner Kunstfertigkeit und dem Hang zu billigen Scherzen in seiner Jugend abgeleitet ist.

Schnabel, der Hindemith seit vielen Jahren gut kennt und immer mit ihm befreundet war, auch wenn er dieser Freundschaft seit kurzem skeptisch gegenübersteht, pflegte zu sagen, daß Hindemiths Wesensart vollständig aus seiner Abneigung gegen seine Herkunft aus einer bescheidenen proletarischen Umgebung zu erklären sei und aus seinem ständigen Ehrgeiz, die Spuren dieser unscheinbaren Anfänge durch raffinierte, modische oder intellektuell imponierende Leistungen zu verwischen. Das klingt wie ein recht grausames Urteil, dessen Wert ich nicht richtig einschätzen kann, weil ich über den sozialen Status von Hindemiths Vorfahren nicht genug weiß. Doch selbst wenn man diese Umstände nicht berücksichtigt, scheint es durchaus angemessen zu sein, daß ein Mann, der sein wie auch immer geartetes Ansehen seiner Gewandtheit, seiner Geschicklichkeit und seiner Anpassungsfähigkeit auf einem bestimmten Gebiet verdankt, das heißt also einer glücklichen Veranlagung seines weltlichen Wesens, und nicht seiner Phantasie, seiner schöpferischen Kraft, seinem Genius, also einer einzigartigen Erhöhung seines gesamten Wesens, einen unverhältnismäßigen Respekt vor den intellektuellen Mechanismen des Lernens hat, der manchmal rührend und sympathisch, in der Regel aber snobistisch und widerwärtig ist. Hindemiths gewaltiges und verzweifeltes Bemühen, das Komponieren mit Methoden auszustatten, die wegen ihrer logischen Ableitung von den Lehren der »exakten« Wissenschaften unfehlbar und unabänderlich sind, ist ein vielsagendes Symptom für seinen Respekt vor dieser Wissenschaft, einen Respekt, der tatsächlich überall für den »gemeinen Mann« typisch ist, der immer noch unter dem Bann des Mythos steht, den das neunzehnte Jahrhundert im Hinblick auf die allmächtige Wissenschaft gefördert hat.

Zu der Zeit, über die ich jetzt schreibe, hatte Hindemith noch nicht das feierliche Ornat des Gelehrten angelegt. Wenn Schnabels Theorie richtig war, war er damals sehr darauf bedacht, seine Eignung für einen höheren sozialen und künstlerischen Status durch

Forschheit, saftige Späße und Schlauheit zu beweisen. Es war die Zeit, als er an seiner Klaviersuite 1922 arbeitete, für die er den Pianisten anwies, alles zu vergessen, was er im Klavierunterricht gelernt habe, sich keine Gedanken darüber zu machen, ob er das Fisis mit dem vierten oder mit dem sechsten Finger anschlagen solle, und das Klavier wie ein interessantes Schlaginstrument zu behandeln (ich zitiere aus dem Gedächtnis). Er arbeitete auch an seinen drei einaktigen Opern. Für eine hatte er sich ein superexpressionistisches Stück von Oskar Kokoschka ausgesucht – meiner Überzeugung nach aus dem einzigen Grund, daß weder er selbst noch sonst jemand daraus schlau werden konnte. Die zweite war ein widerwärtiges Stück über eine Nonne, die sich in sexuelle Ekstase versetzte, indem sie den Körper des Heilands am Kreuze betrachtete. Es wurde von der katholischen Kirche als Blasphemie gebrandmarkt, und das mit gutem Grund. Die dritte Oper war eine gewagte Farce, …n Clou darin bestand, daß der Hauptperson, einem Prinzen von hina oder Burma oder einem anderen derartigen Land, von einem agenhaften Ungeheuer, einem Alligator oder einer ähnlichen Kreatur, die Geschlechtsorgane abgebissen wurden.

Ich bezweifle nicht, daß Hindemith in seinem Interesse für derartige Themen subjektiv aufrichtig war, denn er war, wie jedermann in der Jugend, vom Zeitgeist beeinflußt. Letzten Endes ist der »Zeitgeist« ebensosehr Produkt der Neigungen, Geschmacksrichtungen und Wertvorstellungen, die von den schöpferischen Menschen einer Epoche entwickelt und verwirklicht werden, wie er diese Menschen beeinflußt. Ich habe selbst daran teilgehabt und werde in dieser Hinsicht einige Sünden bekennen müssen. Hindemiths Haltung in diesen Dingen war jedoch nie so, daß sie den allzu leicht aufkommenden Verdacht, von einem gewissen Maß an List und Berechnung nicht ganz frei zu sein, hätte zerstreuen können. Ich möchte kein Urteil über sein Verhalten während der ersten vier Jahre des Naziregimes abgeben, weil ich darüber sehr wenig Information aus erster Hand habe, und was man damals über andere hören konnte, war Klatsch, der stark von den heftigen Emotionen beeinflußt war, den das Phänomen hervorrief. Die Tatsache jedoch, daß Hindemith überhaupt vier Jahre brauchte, um sich weniger über die Nazis eine Meinung zu bilden als darüber, ob und wie er mit ihnen leben könnte, die Geschichten, die über diese Vorgänge bekannt wurden, und das wenige, was ich selbst beobachtet habe, sind noch weniger geeignet, den Argwohn, der häufig die Beurteilung seines Charakters begleitet, auszuräumen.

Der Leser wird kaum überrascht sein, wenn ich sage, daß ich mich mit Hindemith nie ganz wohl fühlte. Meine Haltung war vermutlich etwas unnatürlich und gespreizt, weil ich versuchte, für seine humoristischen Bemühungen, die mir so wesensfremd waren, Anerkennung vorzutäuschen, und er war zweifellos sensibel genug, um das zu spüren, so daß er mißmutig und stur wurde und seine ermüdenden Späße nur noch hartnäckiger trieb. Da Erdmann meine Gefühle völlig teilte und sich kaum bemühte, sie zu verbergen, kam es zu einigen etwas angespannten Situationen, die aber keine ernsten Folgen hatten.

Das Hindemith-Quartett, mit Lico Amar als erstem Geiger – den Namen des zweiten habe ich vergessen –, Hindemith als Bratschisten und entweder Hindemiths Bruder Rudolf oder dem dicken Holländer, Maurits Frank, als Cellisten, führte mehrere Stücke des Programms mit hoher Perfektion und viel Begeisterung auf, darunter auch Hindemiths *Drittes Quartett*, ein sehr effektvolles Stück mit einem schwungvollen Finale. Ich war von der Komposition recht beeindruckt, stimmte aber allgemein Erdmann zu, der sie zu »opernhaft« fand, was als kritische Bemerkung zu verstehen war, denn Erdmann war dem Operngenre gegenüber in der Regel argwöhnisch, weil es sich auf etwas zu verlassen schien, das er »Wirkung ohne Ursache« nannte. Ich ging sogar weiter als er, indem ich, wahrscheinlich als Reaktion auf Schreker, den seichten Charakter der Oper verdammte, wobei ich damals kaum ahnte, daß ich bald selbst beginnen würde, mit diesem Medium zu experimentieren, und daß ich ihm später meinen größten Erfolg zu verdanken haben würde.

Wieder habe ich von dem Programm der Musiktage nicht viel behalten. Meine Serenade gelang recht gut, aber nach der Aufführung meines Streichquartetts in Nürnberg hielt ich nicht mehr viel davon, weil sie mir nicht mehr »modern« genug war. Nach der Aufführung wurde ich Richard Strauss vorgestellt, der den Musiktagen als Ehrengast beiwohnte. Er sah so gelangweilt aus, wie er es wahrscheinlich auch war, denn er hatte schon lange jedes Interesse an der Musik anderer verloren. Seine einzige Bemerkung war, er glaube, daß er ein schlechter Lehrer sei (womit er erklären wollte, warum er nie unterrichtet hatte), denn wenn ich ihm mein Stück gezeigt hätte, hätte er mich darauf aufmerksam gemacht, daß das Hauptmotiv – die kurze Phrase, die Schreker aufgefallen war, weil sie in seinen Ohren »italienisch« klang – dem Hauptthema von Beckmessers unglückseligem Ständchen in den *Meistersingern* zu ähnlich sei, und das hätte mich wahrscheinlich davon abgehalten, ein ansonsten hübsches Stück zu komponieren. Merkwürdigerweise hatte er recht, aber weder Schreker noch ich selbst, noch sonst jemand hatte jemals daran gedacht, obgleich wir alle unsere *Meistersinger* auswendig kannten. Eigentlich glaube ich nicht, daß die Ähnlichkeit viel ausmachte, weil jede Gruppe von sechs Tönen ohne weiteres in vielen anderen Kompositionen vorkommen kann. Originalität, das Losungswort der modernen Kunstkritik, ist gewiß nicht mit der Fähigkeit identisch, Tonkombinationen ausfindig zu machen, die noch nie vorher verwendet wurden, wie die sogenannten »Melodiedetektive« zu glauben scheinen. Es ist klar, daß ein Komponist, dem es gelingt, jedes von Wagner verwendete melodische Detail zu vermeiden, trotzdem Musik komponieren kann, die wie eine perfekte Nachahmung Wagners klingt, und die Literatur besteht zu einem großen Teil aus genau solchen Kompositionen.

Von den Veranstaltungen außerhalb des Programms ist mir ein großer Abendempfang im Park des Fürstenbergschen Schlosses in Erinnerung geblieben, bei dem das Amar-Quartett auf einem Podium saß, das in das Geäst eines riesigen alten Baumes hineingebaut worden war. Dort bearbeiteten sie ein Streichquartett von Mozart, das man für passend und stimmungsvoll hielt. Die Gäste bekamen alle einen Kupferstich von der denkwürdigen Szene als Souvenir. Außerdem wurden wir mit dem Zug zur nahe gelegenen Benediktinerabtei Beuren gebracht, wo wir vermutlich authentischen, schön vorgetragenen Gregorianischen Gesang hörten. Da der Ausflug am frühen Morgen begann, war ich wegen unserer nächtlichen Zecherei im Kurhaus nicht sehr aufnahmefähig. Zudem war ich törichterweise zu sehr an Modernität um jeden Preis orientiert, als daß ich eine derartig »veraltete« Musik hätte würdigen können, zumal sie auch noch von einem so »altmodischen« Verein wie katholischen Mönchen dargeboten wurde. Ich hätte es besser wissen müssen, aber um das zu erkennen, brauchte ich noch viele Jahre.

Während dieser ersten Donaueschinger Musiktage wohnte ich im Hause eines pensionierten Generals namens Lamey. Ich vermute, daß ich nur sehr wenig Zeit in diesem Haus zubrachte, aber ich erinnere mich, daß die Leute sehr nett und die Töchter des Generals recht attraktiv waren. Sie ähnelten dem Bild, das ich mir von französischen Frauen gemacht hatte, und mir fiel auf, daß in diesem Teil Deutschlands viele Menschen solche Züge aufwiesen.

Urlaub im Hochgebirge

Nach den Musiktagen bereitete ich mich auf einen Urlaub im Hochgebirge vor, zu dem ich wieder von den guten Demuths eingeladen worden war. Ich nahm den Zug nach Konstanz, der südlichsten Stadt Deutschlands, die sich südlich des Rheins auf Schweizer Territorium vorschiebt, eine Stadt von historischer Bedeutung, denn sie war der Schauplatz des Konzils von Konstanz und, im frühen fünfzehnten Jahrhundert, der Verbrennung von Jan Hus, dem tschechischen Rebellen und Reformator. Dort bestieg ich das Dampfschiff, das den beeindruckenden Bodensee in seiner ganzen Ausdehnung von West nach Ost überquerte, und kam in der malerischen bayerischen Stadt Lindau an, die gleich vor der Uferkante auf einer Insel liegt. Da wir den Abend zuvor ausgiebig gefeiert hatten, sah ich, auf dem Deck des Dampfers vor mich hindösend, von der interessanten Landschaft nicht viel. Lindau ist nur drei oder vier Kilometer von der österreichischen Grenze entfernt, und so reiste ich zum erstenmal vom westlichen Ende her in mein Heimatland ein, über Vorarlberg. Während das übrige Österreich geographisch zum Donaugebiet gehörte, war Vorarlberg der einzige Landesteil, der an den Rhein grenzte, dort, wo dieser aus den Schweizer Bergen kam, bevor er in den Bodensee floß. Daraus erklären sich viele eigenartige Merkmale dieses Gebietes, die ich erst später zu würdigen lernen sollte.

Erst einmal war ich vor allem von der Eisenbahnlinie beeindruckt, die durch den engen Flaschenhals des berühmten Skigebietes Arlbergpaß hindurchführte, der Wasserscheide zwischen Rhein und Donau und der einzigen Verbindung zwischen Österreich und dem Westen. Die Strecke wurde immer noch mit Dampflokomotiven befahren, so daß die Durchquerung des Arlbergtunnels, die etwa fünfzehn Minuten dauerte, alles andere als vergnüglich war. Obgleich alle Fenster geschlossen waren, drang nach und nach erstickender Rauch in die Waggons ein, und der Gedanke, daß der Zug vielleicht aus irgendeinem Grund im Tunnel anhalten müßte, war furchterregend. Später, als die Strecke elektrifiziert wurde, war die Gefahr abgewendet, und außerdem fuhren die Züge auch viel schneller. In jenen frühen Tagen hatte die Reise noch gewisse heldenhafte Aspekte, etwas von einer Pionierleistung. Im Winter blieb das auch so, weil die Strecke trotz beträchtlicher und teurer Schutzkonstruktionen weiterhin der Gefahr von Lawinenabgängen ausgesetzt war, die den Verkehr hin und wieder für ein paar Tage lahmlegten. Ich erinnere mich, daß ich während des Hitler-Regimes in Deutschland den Zustand der Arlbergstrecke besorgt beobachtete, wenn ich eine Reise in die Schweiz oder weiter nach Westen geplant hatte, denn eine Unterbrechung des Verkehrs hätte einen Umweg durch deutsches Gebiet bedeutet, das ich damals peinlich mied.

Vom Arlberg herabkommend, stieg ich in dem kleinen Bahnhof Ötztal am Inn in Westtirol aus. Die Demuths hielten sich in Vent auf, einem winzigen Dorf am oberen Ende des Ötztals, welches sich südlich vom Inn bis an die neue italienische Grenze erstreckt. Es ist eines der längsten Nebentäler in den österreichischen Alpen und gewiß das schönste. Da der Postverkehr in jenen Tagen noch kaum motorisiert war, mußte man im Gasthof an der Bahnstation übernachten und am nächsten Morgen mit der Postkutsche weiterfahren, die fast zwölf Stunden brauchte, um das Quellgebiet der Ötztaler Ache zu erreichen, eines wilden Bergflusses, der aus den riesigen Gletschern der Südkette entspringt. Wie in allen Tälern, die durch Gletschereinwirkung entstanden sind, wechseln im Ötztal flache Talmulden mit saftigen Wiesen und engen, tiefen Schluchten ab, die zur nächsthöheren, still und heiter daliegenden Ebene hinaufführen. Während die Pferde munter vorwärtstrabten, wenn es über die verschiedenen Terrassen ging, verfielen sie bei der Fahrt durch die düsteren Engpässe in ein Schneckentempo. Die Reisenden stiegen häufig aus und gingen ein Stück zu Fuß, um sich die Beine zu vertreten und die Pferde zu schonen.

In dem Dorf Umhausen wurde eine längere Mittagspause eingelegt. Dort wartete ein köstliches Mahl mit einer berühmten Nachspeise, von der die erfahrenen Touristen schon im voraus schwärmten. Eine weitere Zwischenstation wurde höher im Tal in Lengenfeld gemacht, wo es eine ausgiebige Jause gab. Alle diese Dörfer sind höchst reizvoll. Viele der großen, alten Steinhäuser mit ihren ausladenden, mit Felsbrocken beschwerten Dächern tragen an den Außenmauern naive, aber leuchtend farbige, barocke Malereien. Sie stellen gewöhnlich Heilige dar, unter denen der Heilige Florian der beliebteste ist, denn er ist bekannt dafür, daß er die Häuser vor Feuer schützt. Sein Bild ist manchmal von dem menschenfreundlichen Spruch begleitet: »Lieber Sankt Florian, beschütz' mein Haus, zünd' andere an«. Es gab unzählige Wegkreuze oder Marterln mit ähnlich deftigen Inschriften, insbesondere, wenn sie eines Unfalls gedachten, der sich an der Stelle ereignet hatte und bei dem es entweder zu einem schrecklichen Tod oder einer wunderbaren Rettung gekommen war. Der Gasthof in Lengenfeld zeichnete sich durch zwei kunstvolle Wandmalereien aus, die so ungewöhnliche Figuren wie Alexander den Großen und Julius Caesar abbildeten. Diese pittoresken, merkwürdigen und originellen Einzelheiten sind es, welche die europäische Landschaft so reich und menschlich machen.

Gegen Abend erreichte die Postkutsche Sölden, den bedeutendsten Ort im oberen Tal, drei oder vier Kilometer vor dem eigentlichen Ziel, denn das letzte Stück der Straße war durch sintflutartige Regenfälle zerstört worden. In Sölden war die Flut in die oberen Stockwerke eines Gasthofs eingedrungen und hatte die Möbel durch die Fenster gespült, so daß sie ins Tal hinuntergestürzt waren, denn das Haus war an einen Steilhang gebaut, und so war das Erdgeschoß auf der Rückseite von der Vorderseite her gesehen das dritte Stockwerk. Es war ein bemerkenswerter Anblick. Ich glaube, daß ich noch am selben Abend nach Zwieselstein hinaufwanderte, wo die Straße endete. Hier gabelt sich das Tal. Am Ende des östlichen Teils liegt Gurgl, das später als Wintersportort und Landeplatz von Picards Stratosphärenballon auf einem nahen Gletscher berühmt wurde. Im westlichen Seitental liegt Vent, wohin ich unterwegs war. Es war immer noch eine vierstündige Wanderung. Beide Dörfer sind die höchsten Ansiedlungen in den österreichischen Alpen, etwa zweitausend Meter über dem Meeresspiegel, und in ganz Europa gibt es nur ganz wenige Orte, die höher liegen. Vent schmiegt sich an den Fuß eines steil aufragenden Berges, genau dort, wo sich dieses Seitental zum letztenmal teilt. Von hier aus führten nur Bergpfade zu den Gipfeln und Pässen der Hauptkette, die damals die Grenze zu Italien bildete. Vor dem Krieg konnte man die Kette ohne Schwierigkeiten überqueren und in das mediterrane Etschtal in Südtirol absteigen, nach Meran und nach Bozen.

Die Demuths wohnten in dem komfortablen Hotel Vent, in der Begleitung eines etwa neunzehnjährigen jungen Mannes namens Hofheinz, eines Heidelberger Freundes von Fritz Demuth. Er schien sehr begabt zu sein, aber einen unausgeglichenen und undisziplinierten Geist zu haben. Ich sah ihn nach diesem Zusammentreffen nicht wieder, hörte aber, daß er im folgenden Jahr Selbstmord beging. Ich muß ihm von meinen Versuchen auf dem Gebiet der Unterhaltungsmusik erzählt haben, und das begeisterte ihn so, daß er vorschlug, wir sollten gemeinsam eine Operette schreiben. Ich nahm das Projekt nicht sehr ernst, und Fritz Demuth war strikt dagegen, trotzdem brauten wir ein paar Liedchen zusammen, für die Hofheinz entsprechend alberne Texte schrieb. Ob wir eine Handlung für unser Stück ausarbeiteten, weiß ich nicht mehr. Ich machte das Ganze mehr oder weniger zur Entspannung und gab es sogleich auf, als wir Vent verließen. Damals wußte ich noch nicht, daß das nur das erste von verschiedenen Experimenten in einem Genre war, das mich noch jahrelang verführen und verfolgen sollte.

Während der etwa zwei Wochen, die ich in Vent verbrachte, unternahm ich meine ersten und mehr oder weniger letzten richtigen Hochgebirgstouren. Die erste hatte den Similaun zum Ziel, einen schön geformten, symmetrischen Eiskegel, ungefähr 3600 Meter hoch. Alle Touren, die mit Gletscherüberquerungen verbunden waren, wurden so organisiert, daß man am späten Nachmittag zu einer Berghütte aufstieg, dort übernachtete und morgens um vier Uhr den Weg zum Gipfel antrat, so daß man um elf Uhr die Gletscher mühelos hinter sich gelassen hatte, denn danach hätte das durch die Sonnenbestrahlung verursachte Abschmelzen die Überquerung sehr erschwert und für Leute, die wenig oder gar keine Erfahrung hatten, so wie ich, sogar gefährlich gemacht. Ich war von dem gewaltigen und außergewöhnlichen Phänomen der riesigen Eismassen vollkommen fasziniert und begeistert. Ihre Starre und ihre ungeheuren Ausmaße machten sie zu einem sprechenden Symbol des Todes als vollkommener Abwesenheit von Leben, aber zugleich waren sie auf eine unheimliche Weise sehr lebendig, und dieses Leben machte sich durch die vielstimmigen, unaufhörlichen Geräusche sichtbarer und unsichtbarer Wasserläufe bemerkbar, die über und unter dem Eis rauschten und durch Ritzen, Spalten und Schluchten strömten.

Die Oberfläche des Gletschers, der aus der Ferne gesehen eine einzige gewaltige, glänzende, blendende, majestätische Gestalt war, wirkte aus der Nähe betrachtet wie ein zerklüftetes Feld mit tausendfältigen, phantastischen Mustern. Wo der Gletscher die Moräne berührte, den hohen Damm von Fels und Sand, den er an seinen Rändern aufgeworfen hatte, war er abgeschmolzen, und dort war gewöhnlich eine tiefe und ziemlich breite Spalte, ein dunkler, unheimlicher Abgrund, den man überqueren mußte, bevor man das Eis betrat. Dann mußte man langsam und vorsichtig weitergehen und dabei häufig den Boden überprüfen, bevor man den Fuß aufsetzte, weil Spalten oft, besonders nach regnerischen Tagen, von einer dünnen Schicht gefrorenen Schnees zugedeckt waren und ein unvorsichtiger Schritt den Sturz in den Bauch des Ungeheuers hätte bedeuten können. Wir hatten uns angeseilt, so daß, falls einer von uns ins Eis einbrechen sollte, die beiden andern ihn halten und herausziehen konnten. Der Anblick der Gletscherspalten mit ihren phantastisch geformten grünen und blauen Eiswänden war furchteinflößend und faszinierend. Überall in den unsichtbaren Tiefen tosten bedrohlich die Wassermassen. Manchmal war aus der Ferne ein grauenerregendes Donnern zu hören, wenn nämlich ein Eisblock oder eine Lawine von den hohen Gipfeln losbrach und in die unergründliche Tiefe rutschte oder sprang. Die dünne Bergluft, das schwindelerregende Weiß der ungeheuren Weiten, gegen das der tiefblaue Himmel fast schwarz wirkte, und die kalte Hitze, die das Eis infolge der starken Reflexion ausstrahlte, versetzten mich in einen einzigartigen fieberhaften Zustand, der zu den Empfindungen gehört, nach denen ich mich seither sehne.

Die letzte Wegstrecke führte auf einem schmalen, steilen Kamm mit tiefen Abgründen zu beiden Seiten entlang, mitunter über hartgefrorene, vortretende Eisdächer. Auf dem Rückweg machten wir in einer kleinen Berghütte Rast, die ein paar hundert Meter jenseits der italienischen Grenze lag und deren Benutzung Wanderern, die von der österreichischen Seite kamen, gestattet war, vorausgesetzt, sie gingen nicht weiter, was leicht zu kontrollieren war, weil die Italiener dort oben einen Militärposten errichtet hatten. Es war aufregend, sich plötzlich unter Italienisch sprechenden Soldaten wiederzufinden und guten italienischen Wein zu trinken.

Unsere zweite Tour führte uns auf die Ötztaler Wildspitze, die mit ihren annähernd 3800 Metern der höchste Berg in der Gegend ist. Die Gletscher dort waren schwerer zu bewältigen, weil sie verschiedene Steilhänge bildeten, an denen man Stufen in das Eis hacken mußte, um sich einen festen Halt zu verschaffen. Die Aussicht von diesen Berggipfeln war überwältigend, denn die nähere Umgebung gewährte eine besondere Fülle an spektakulär geformten Gipfeln und herrlichen Gletschern, und außerdem boten sich wunderbare Ausblicke, im Westen auf die Schweizer Berge, im Süden auf die Höhenzüge Südtirols und im Osten entlang der Hauptkette der österreichischen Alpen. Ich wurde mit der Technik der Gletschertouren recht gut vertraut, so daß ich mich seither in der Gletscherwelt zu Hause fühle. Die Finessen des Kletterns im Fels habe ich nie kennengelernt, und ich würde eine Bergwanderung über noch so große Eis- und Schneefelder jederzeit der Besteigung eines kleinen Felsgipfels vorziehen, auch wenn technisch versierte Bergsteiger behaupten, daß erstere objektiv gefährlicher ist als letztere.

Einige kleinere Ausflüge führten uns zu den verschiedenen Berghütten der Umgebung, jede etwa drei bis vier Wanderstunden entfernt. Sie befanden sich auf herausragenden Terrassen über dem Tal, etwas unterhalb der Gletscherzone, und gewährten einen herrlichen Ausblick auf die nahen Gipfel und die Bergkette auf der anderen Seite des Tals. Sie wurden normalerweise nach der Sektion des Alpenvereins benannt, die sie gebaut hatte. Man hatte die gesamten Alpen in Hunderte von kleinen Bezirken eingeteilt, die jeweils einer der Sektionen zugeteilt waren, die dann für die Anlage und Erhaltung von Wegen und Hütten zuständig war. Das System war an sich lobenswert und funktionierte in friedlichen Verhältnissen sehr gut. Wie ich früher schon darlegte, wurde es zu einer Quelle der politischen Zersetzung, als der Verein zu einem Instrument der Nazipropaganda verkam, denn er bot den Repräsentanten der Zerstörung ausgezeichnete Möglichkeiten, durch die Sektionsfunktionäre auf die Gesinnung der Einheimischen einzuwirken, an die die Hütten verpachtet worden waren. Aber 1921 konnte man die großen Vorteile der Organisation noch friedlich genießen. Das Essen in den Hütten war gewöhnlich sehr gut, insbesondere eine bestimmte Nachspeise, der Kaiserschmarrn, der mit Himbeersaft gegessen werden mußte und unbeschreiblich gut schmeckte. Nach dem Essen war es herrlich, sich vor der Hütte zu sonnen, Enzian zu pflücken, der in unzähligen, wunderschönen Arten reichlich vorkam, und andere Bergblumen, oder durch das Fernrohr Bergsteigergruppen zu beobachten, die in der Ferne eine Eiswand erklommen.

Den Rest des Sommers verbrachte ich in Wien, ohne daß sich, soweit ich mich entsinnen kann, etwas Bemerkenswertes ereignet hätte. Ich arbeitete vermutlich an meinem *Zweiten Streichquartett*, denn ich erinnere mich, daß ich auf der Heimfahrt von Tirol im Zug Notizen dazu machte. Im Herbst machte ich auf der Rückreise nach Berlin in München Station, um Goering zu besuchen. Er hatte das Medizinstudium aufgegeben und versuchte, sich wieder der Literatur zu nähern, indem er im Laden eines Münchener Buch- und Kunsthändlers eine Stelle als kleiner Büroangestellter annahm. Er hatte sich mit einem Mädchen zusammengetan, das er zu heiraten beabsichtigte. Sie war Tänzerin, und ich fand sie weder besonders attraktiv noch in irgendeiner anderen Hinsicht hervorragend. Sie war jedoch sehr nett, und wenn er sie gern hatte, wie er sagte, sollte es mir recht sein. Wir trafen uns mit Freunden der beiden in ihrer Wohnung zu einer merkwürdigen Party und blieben die ganze Nacht auf, weil ich die Ausgabe für ein Hotel sparen wollte. Es endete damit, daß alle in ihren Sesseln vor sich hindösten und in den kühlen Stunden vor Tagesanbruch fröstelten.

Ich erinnere mich genau, daß ich irgendwo an einem Zaun ein Plakat oder ein Flugblatt mit einem Hakenkreuz darauf sah und Goering fragte, was er darüber wisse, worauf er erwiderte, daß es da einen Mann namens Hitler gäbe, der gelegentlich flüchtig Aufmerksamkeit errege, indem er in kleinen Versammlungen von Spinnern, von denen es im Gefolge der verschiedenen blutigen Auseinandersetzungen in den vorausgegangenen Jahren eine ganze Menge in der Stadt gab, großes Geschrei machte. Damals hörte ich zum ersten Mal den Namen des Unmenschen, der später die ganze Welt peinigen sollte.

Am nächsten Tag machte ich einen Ausflug an den etwas südlich von München gelegenen Starnberger See, und während ich auf die fernen Berge blickte, kam mir die Idee zu meinem *Ersten Concerto Grosso*. (Mein *Zweites Streichquartett* hatte ich offenbar vorher in Wien fertiggestellt.) Die Annäherung an den Stil des sechzehnten und siebzehnten Jahrhunderts im Aufbau und in der allgemeinen Gestaltung der Form war das erste Ergebnis der anrollenden Welle des Neoklassizismus. Ich glaube, daß mein Concerto für sechs Soloinstrumente und Streichorchester komponiert war. Im Augenblick war jedoch die Hauptsache, daß ich die kuriose Idee hatte, den Umriß der Berge vor mir auf das Notenpapier zu übertragen und diese wellenförmige Linie zum Hauptthema des ersten Satzes zu machen, das vom ganzen Orchester unisono zu spielen war. Ich erwähne das insbesondere deshalb, weil der brasilianische Komponist Heitor Villa Lobos kürzlich viel Aufhebens um ein kleines Klavierstück gemacht hat, in dem er die Kammlinie von einigen seiner Heimatberge auf genau die gleiche Weise abgebildet hat. Ich habe das vor zwanzig Jahren in viel größerem Maßstab getan, aber ich habe nicht darüber gesprochen, weil ich das für einen unbedeutenden privaten Scherz hielt.

Hermann Scherchen dirigiert die Erste Symphonie

Bald nach meiner Rückkehr nach Berlin begannen die Vorbereitungen für die Aufführung meiner Symphonie, das heißt, ich trat mit Hermann Scherchen in engeren Kontakt, der, ich weiß nicht, mit wessen Unterstützung, ein Konzert mit dem Philharmonischen Orchester organisiert hatte. Scherchen ist immer ein Mann gewesen, für den Bewunderung und Sympathie meinerseits in direktem Verhältnis zu der Entfernung zwischen uns zunahmen. Er hatte in einem der kleineren Berliner Orchester Bratsche gespielt, als seine Ambition, Dirigent zu werden, ihn veranlaßte, sein Interesse an moderner Musik als Vehikel zu benutzen, weil er auf diesem Gebiet ohne große Konkurrenz weiterkommen konnte. Abgesehen von seiner gründlichen Kenntnis des gewählten Gegenstandes waren Willenskraft und Vitalität die hervorstechenden Eigenschaften Scherchens. Leider drückte sich beides gewöhnlich in abstoßender Weise aus. Leute, die seine Anfänge als Dirigent miterlebt hatten, behaupteten einmütig, daß sich kaum jemand jemals an diesem Handwerk versucht habe, der weniger ersichtliches Talent dazu besessen habe. Trotzdem gelang es Scherchen, dieses belanglose Hindernis zu überwinden, und innerhalb weniger Jahre wurde er einer der fähigsten Spezialisten für zeitgenössische Orchestermusik und ein vielgepriesener Erzieher vor allem neuer Orchester, die sich aus jungen, ungeübten Spielern zusammensetzten. Seine Verdienste auf beiden Gebieten sind unbestreitbar, obgleich seine Methoden und sein Benehmen in der Regel gräßlich waren.

Er war ein alle überragender, hochgewachsener, Mann, der stark schwitzte, und auf dem Podium begann er zu schwitzen, bevor er noch zum ersten Mal den Taktstock gehoben hatte. So kam es, daß er während eines Konzerts verschiedene Stadien kompletter Auflösung durchmachte, was einen mehrmaligen Kleiderwechsel mit sich brachte. Diese Prozedur ging mehr oder weniger öffentlich vor sich, weil er nicht eine Minute schweigen konnte und selbst während der privatesten Momente seines physischen Daseins Gesellschaft brauchte. Nachdem ich dieses Benehmen wiederholt beobachtet und widerwillig die Details seiner Anatomie betrachtet hatte, konnte ich die sonderbare Macht, mit der er eine beträchtliche Anzahl von Frauen jeder Art anzog, einfach nicht verstehen. Im Gegensatz zu seinem voluminösen Körper stand eine überraschend dünne und hohe Stimme, und seine Sprache wurde durch die Schärfe seiner Zischlaute noch unangenehmer.

Es hieß, daß Scherchen aus sehr kleinen proletarischen Verhältnissen aufgestiegen war, und mit seiner Bildung war es möglicherweise nicht weit her. Er hatte wirklich sehr anerkennenswerte Arbeit geleistet, um sie aufzubessern, was ein Zeugnis für seine Energie und seine Fähigkeit, Werte zu erkennen, war.

In bezug auf Manieren und Charakter waren seine autodidaktischen Bemühungen weit weniger erfolgreich. Sein geistiger Horizont war mehr oder weniger der eines Mitglieds der proletarischen Jugendbewegung, eine Mischung von pseudoromantischen Vorstellungen, wie Gitarrespielen am Lagerfeuer und mit unschuldigen, flachsblonden Mädchen auf dem Heuwagen fahren, und blutrünstigen Absichten, wie Barrikaden besteigen und fetten Bankiers die Bäuche aufschlitzen. Ich weiß nicht, ob er Mitglied der kommunistischen Partei war, aber er hat jedenfalls nichts getan, um solche Gerüchte zu widerlegen. Trotzdem brachte er es wenige Jahre später fertig, in Eisenbahnzügen antisemitische Schriften zu verteilen. So wankelmütig und unbeständig er seine Meinungen wechselte, so stur und doktrinär verbreitete und verteidigte er die eine, die er sich gerade zu eigen gemacht hatte. Der wilde Eifer, mit dem er sich über seine verschiedenen Grundsätze auszulassen pflegte, war wegen seines bemerkenswerten Mangels an Humor noch ermüdender. Doch sein Enthusiasmus war insofern zu begrüßen, als er ihn auf die Förderung und Aufführung zeitgenössischer Musik anwandte, und das tat er konsequent, so lange ich ihn kannte. Als ich in engeren Kontakt mit ihm kam, wohnte er mit seiner Mutter und seiner zweiten Frau in Thyrow, einem gottverlassenen kleinen Dorf südlich von Berlin, in einem gottverlassenen Teil der Märkischen Heide, wo er in einer gottverlassenen sandigen Gegend ein Häuschen gemietet hatte. Seine Frau Augusta, die er August oder auch Gustav zu rufen pflegte, wenn ich mich recht erinnere, war eine nicht sehr attraktive Rothaarige mit einer seltsamen, getarnten Heftigkeit. Sie hatte einem linksorientierten Wandervogelverein angehört, wie die deutsche Jugendbewegung genannt wurde. Scherchen überraschte mich mit seiner Partiturkenntnis, als er mir, ohne in meine Partitur zu schauen, solche Fragen stellte, wie zum Beispiel, ob das Des in der Stimme der zweiten Klarinette drei Takte nach 18 richtig sei. Natürlich wußte ich darauf keine Antwort, aber das kümmerte mich wenig, denn ich meinte, er sei derjenige, der solche Dinge wissen müsse.

Bald sickerte durch, daß Schreker Kestenberg bearbeitete, er solle seinen Einfluß auf Scherchen nutzen, um ihn dazu zu bringen, den Gedanken an die Aufführung meiner Symphonie fallen zu lassen. Schreker fürchtete angeblich, daß mein »unmögliches« Stück seinem Prestige als Lehrer schaden könnte. Das war nicht nur eine hinterhältige, sondern auch eine ziemlich dumme Vorgehensweise, weil er ohne weiteres jede Verantwortung für mein Werk hätte zurückweisen können, falls ihn jemand darauf hätte festlegen wollen, was recht unwahrscheinlich war. Der wahre Grund, der dem armen, verwirrten Schreker vielleicht nicht ganz bewußt war, war der, daß ihm die Fortschritte seiner Schüler und ihr Erfolg in der Öffentlichkeit große Angst einjagten. Er fühlte wahrscheinlich, daß sein Glücksstern im Untergehen begriffen war, und er konnte sich dem Wandel des allgemeinen Geschmacks, der sich endlich den von Schönberg, Strawinsky, Bartók und anderen in der Frühzeit des Jahrhunderts eingeführten neuen Tendenzen in der Musik annäherte, nicht anpassen. Sein Erfolg als Opernkomponist begann damals nachzulassen, und er geriet zunehmend in Panik, denn er hatte sich mit seinem äußerlichen Erfolg so vollständig identifiziert, daß er unfähig war, seine schöpferischen Kräfte für einen selbständigen und spontanen Neuanfang zu mobilisieren. Kestenberg hatte Schrekers Persönlichkeit jedenfalls ganz falsch beurteilt, und zu jenem Zeitpunkt bedauerte er bereits sehr, ihn nach Berlin gerufen zu haben. Es war Schrekers verhängnisvoller Fehler, daß er diesem Ruf gefolgt war, aber sein Fehler war verzeihlicher als der Kestenbergs, denn Schreker hatte wahrscheinlich noch weniger über sich selbst gewußt als sein neuer Chef, und er hatte der Versuchung einfach nicht widerstehen können.

Die Position, die er im Wiener Musikleben innegehabt hatte, war ihm gut bekommen, weil er nolens volens zur Opposition gegen den offiziellen Stil dort gehört hatte. In der Akademie hatte er eindeutig links von der Mitte gestanden, und wenn er Anerkennung erhalten wollte, hatte er sie sich durch besondere und ungewöhnliche Anstrengungen, wie die bemerkenswerten Aufführungen des Philharmonischen Chors, verschaffen müssen. Seine Befriedigung hatte er also daraus ziehen müssen, daß er in nicht sehr großen Kreisen als ungewöhnlicher Komponist, als Lehrer, der gewissenhafter und anspruchsvoller war als der Durchschnitt, und als Protagonist unkonventioneller und seltener Musik bekannt gewesen war.

In Berlin hatte sich das alles zu seinem Nachteil verändert. Er sah sich plötzlich an der Spitze einer riesigen Bildungseinrichtung, der viele heterogene Persönlichkeiten angehörten und die durch Kestenbergs rastlosen Geist ständig im Fluß und in einem oft beunruhigenden experimentellen Zustand gehalten wurde. Der Charakter, durch den das Institut somit geprägt war, hätte einen sehr scharfen, wendigen Geist erfordert, mit großem organisatorischem Einfallsreichtum und Geschick, um alle die sprühenden Ideen zu verfolgen, die ständig an und über die Schwelle der Schule getragen wurden. Schreker war weder fähig, solchen Anforderungen gerecht zu werden, noch war er an den Gegenständen interessiert. Und außerhalb der Schule leistete er gar nichts. Eine Zeitlang wurde er von der Berliner Gesellschaft wegen seiner Stellung und seines Erfolgs zu Abendessen eingeladen, aber dann wurde er nicht mehr besonders beachtet, denn er steuerte keine neuen, überraschenden Gedanken bei, und man stellte fest, daß seine Opern eher rückständigen Provinzlern, die nach primitiven Sensationen hungerten, Nahrung boten als kultivierten Großstädtern. Schreker näherte sich damals seiner letzten tragischen Phase, und wenige Jahre später verspürte ich großes Mitgefühl mit ihm. Aber zu jenem Zeitpunkt war ich einfach wütend auf ihn, genauso wie er auf mich, und beide schienen wir gute Gründe dafür zu haben. Jedenfalls scheiterte sein Plan, denn Kestenberg unternahm nichts, und meine Symphonie wurde aufgeführt wie geplant.

Die Proben waren recht spannend. Ich war sehr aufgeregt, als die komplizierte Orchestermaschinerie zum ersten Mal auf mein Geheiß in Gang gesetzt wurde, und wie oft ich das seither auch erlebt habe, etwas von dieser Aufregung verspüre ich immer wieder. Eigentlich gab es nur sehr wenige Stellen in der Partitur, die anders klangen, als ich es erwartet hatte. Ich glaube nicht, daß das daran lag, daß ich alles so meisterhaft vorausgeplant hatte. Die Haltung, die man in solchen Situationen einnimmt, ist weitgehend Temperamentssache. Manche Komponisten verlieren geradezu den Verstand vor lauter Enttäuschung und finden ihr Werk gewöhnlich genauso schlecht wie seine Wiedergabe, gleichgültig, wie gut beides sein mag. Andere geraten ebenso unkritisch in einen Freudentaumel. Es erfordert einige durch Erfahrung gewonnene Reife, um zu einer vernünftigeren, gemäßigteren Einstellung zu finden. Als ich diese Symphonie viele Jahre später in Wien, wieder unter Scherchen, hörte, war ich in einer bedeutend besseren Position, um ihre relativen Vorzüge und Mängel einzuschätzen. Im ganzen erschien sie mir immer noch als gut abgerundetes und recht originelles Werk, das durch ein paar geeignete Kürzungen gewinnen würde.

Die Struktur ähnelte im großen und ganzen der des *Streichquartetts*, denn das Stück bestand wiederum aus einem Satz, wobei ein Scherzo und ein langsamer Satz in die Durchführung des Hauptteils eingearbeitet waren. Wiederum war die thematische Substanz weitgehend vereinheitlicht, die verschiedenen Themen glichen sich allmählich einander an und gaben sich als verschiedene Ausprägungen des einen Grundgedankens zu erkennen, der sie hervorgebracht hatte. Dieser Grundgedanke war wieder ein »geometrisch« organisiertes Muster, diesmal komplexer und ausgedehnter als das Dreitonmotiv des Quartetts; es war ein keilförmig expandierender melodischer Gedanke mit charakteristischen Abwärtssprüngen in Quarten am Ende. Ich bin ziemlich sicher, daß ich damals Schönbergs *Erstes Streichquartett*, wahrscheinlich auch das Zweite und seine *Kammersymphonie*, bereits gut kannte und gründlich studiert hatte. Die Auswirkungen dieses Studiums auf meine *Erste Symphonie* sind nicht zu übersehen. Ein sehr persönliches Merkmal, das ich für sehr gelungen halte, war eine schnelle Einleitung, die mit einer raschen und ziemlich schwierigen Violinpassage beginnt, welche im weiteren Verlauf an Gewicht und Substanz gewinnt. Diese Elemente traten am Schluß des Stücks wieder auf, so daß die Komposition aus dem leeren Raum zu kommen und dorthin zurückzukehren scheint, indem sie in dünnen, bruchstückhaften Linien verklingt. Dieser strukturelle Gedanke gefällt mir immer noch sehr gut, und er taucht in verschiedenen späteren Kompositionen von mir wieder auf. Es gab auch ein paar Stellen in der Durchführung, wo sich die feste Form in ein phantastisches Gewirr zerstreuter Fragmente aufzulösen schien, auch ein Element, das ich später wieder aufgriff und das ich sehr originell und bedeutsam fand. Die Idee kann bis zu mehreren Stellen in den Symphonien Mahlers zurückverfolgt werden.

Der Erfolg des Werkes und die Reaktion, die es auslöste, waren mit der Wirkung des Streichquartetts in Nürnberg zu vergleichen, wenn auch in kleinerem Maßstab, denn dieses Konzert war nur eines unter vielen. Doch meine Stellung als wichtiger Repräsentant der modernen Musik war zunächst einmal gesichert. Wieder behauptete Schreker, der gekommen war, um das Konzert zu hören, ohne eine Miene zu verziehen, er sei immer schon überzeugt gewesen, daß meine Symphonie ein ausgezeichnetes Werk sei, und er sei sehr stolz darauf.

Urheberrechtsfragen

Im Laufe dieses Winters wurde mir irgendwann nahegelegt, einer der Urheberrechtsgesellschaften beizutreten, von denen es in Deutschland damals zwei gab. Sie arbeiteten ganz ähnlich wie in Amerika die ASCAP (American Society of Composers, Authors and Publishers), obgleich es zwischen den amerikanischen Urheberrechtsgesetzen und der entsprechenden europäischen Gesetzgebung hinsichtlich der Autorenrechte einige Unterschiede gibt. Weil es für den Komponisten unmöglich war, alle Aufführungen seiner Werke im Auge zu behalten, übertrug er sein gesetzlich verbrieftes Recht, Genehmigungen für die Aufführung seiner Werke zu erteilen, der Gesellschaft, deren Mitglied er war, und ermächtigte sie, solche Genehmigungen für ihn zu erteilen und die ihm zustehenden Gebühren dafür zu kassieren. Die Gesellschaft ihrerseits bemühte sich, mit den großen Aufführungsinstitutionen Sammelverträge abzuschließen, die letztere berechtigten, gegen Bezahlung eines Pauschalbetrags alle Kompositionen der Mitglieder der Gesellschaft aufzuführen. Diesen Pauschalbetrag verteilte die Gesellschaft dann unter ihre Mitglieder, entsprechend der Anzahl der Aufführungen, die die Betreffenden in einer bestimmten Zeitspanne vorweisen konnten, oder, falls keine vollständigen Aufzeichnungen vorlagen, nach anderen Prinzipien.

Die von Richard Strauss gegründete Genossenschaft Deutscher Tonsetzer (GDT) war die ältere und ehrwürdigere der beiden Gesellschaften. Ich konnte ihr nicht beitreten, weil eine Klausel in meinem Vertrag mit der Universal Edition sich nicht mit ihren Satzungen vertrug. Solche Hindernisse gab es bei der anderen Gesellschaft, genannt GEMA – ich weiß nicht mehr, wofür die Initialen standen –, nicht, und so wurde ich Mitglied der GEMA. Das war letztendlich vielleicht ein Vorteil, weil sich diese Organisation hauptsächlich aus Komponisten von Unterhaltungsmusik zusammensetzte und wahrscheinlich auch von diesen gegründet worden war, weil die GDT ihre Interessen nicht gut genug vertrat. Auf die eigenartige Einstellung dieser Komponistengruppe werde ich noch zu sprechen kommen, denn ich lernte sie sehr genau kennen, als ich Präsident der Staatlich genehmigten Gesellschaft der Autoren, Komponisten und Musikverleger Österreichs (AKM) wurde. Der springende Punkt ist, daß der niedere Charakter ihres Gewerbes sie durchaus befangen machte und sie sich sehr bemühten, nachzuweisen, daß sie nicht ausschließlich daran interessiert waren, Geld für sich selbst herauszuschlagen, sondern daß ihnen echte »kulturelle« Werte am Herzen lagen. Deshalb war die GEMA sehr bestrebt, »ernste« Komponisten an sich zu ziehen, indem sie ihnen bei der Verteilung der Einnahmen eine bevorzugte Behandlung gewährte, um zu zeigen, daß sie keine Geschäftemacherei von Schlagerkomponisten war.

Der Gedanke, daß für jede Aufführung eines Musikwerkes gesetzlich vorgeschriebene Tantiemen zu entrichten waren – und zwar in Mitteleuropa bis dreißig, später fünfzig Jahre nach dem Tod des

Komponisten –, hatte sich recht langsam durchgesetzt, weil es den Leuten nicht ohne weiteres in den Kopf wollte, daß der Kauf von Noten sie nicht zu deren unbeschränktem Gebrauch berechtigte. Ich beobachtete wiederholt, daß Normalverbraucher wie Gastwirte, die Musikkapellen oder ähnliche Ensembles beschäftigen, sehr wenig oder gar nicht bedachten, daß Noten von jemandem niedergeschrieben werden müssen, bevor sie in Musikalienhandlungen verkauft werden können. Natürlich gibt es da den beliebten Einwand, daß ich, wenn ich ein Auto kaufe und es als Taxi benütze, um damit Geld zu verdienen, auch nicht jeweils einen Teil vom erhaltenen Fahrgeld an den Erfinder der Maschine bezahlen muß. Auf diesem Gebiet sind die Bedürfnisse des Erfinders aber zumindest theoretisch durch die vom Patentrecht vorgesehenen Lizenzen abgedeckt. Dem modernen Urheberrechtsgesetz zufolge ist das Aufführungsrecht ein unveräußerliches Eigentum des Autors und kann ihm weder vom Verleger noch von sonst jemandem ganz abgekauft werden. Deshalb bestand die Tätigkeit der Urheberrechtsgesellschaften hauptsächlich darin, ständig Gerichtsprozesse gegen widerspenstige Nutznießer von Unterhaltungsmusik zu führen.

Das Widerstreben von Interpreten der Kunstmusik stützte sich auf das spitzfindigere Argument, daß Aufführungen von zeitgenössischer Musik nicht nur kostspieliger waren als jene von alter, ungeschützter Musik (wegen der größeren Anzahl erforderlicher Proben), sondern auch weniger gute Einnahmen versprachen. In vielen Fällen lehnten Orchester oder Solisten zeitgenössische Musik mit genau diesem Vorwand ab. Ich war, aus naheliegenden Gründen, sehr für das System. Da ich meine Lebensaufgabe vor allem im Komponieren sah, begrüßte ich jedes Programm, das mir greifbaren Gewinn aus dieser Arbeit sicherte. Mein Hauptgegner in dieser Hinsicht ist bis auf den heutigen Tag Artur Schnabel, der, seinen aristokratischen und isolationistischen Ansichten entsprechend, behauptete, daß die Zusammenrottung der Komponisten um des Geldes willen unwürdig, unmöglich und unfair sei. Er wies darauf hin, daß junge Interpreten ihre ersten Konzerte nur mit kolossalen finanziellen Opfern geben konnten, und wenn sie noch eine gute Tat mehr tun wollten, indem sie zeitgenössische Werke auf ihr Programm setzten, von den Komponisten, deren Förderung sie beabsichtigten, durch eine spezielle »Besteuerung bestraft« wurden. Darauf gab ich zur Antwort, daß die »kolossalen« Ausgaben daraus resultierten, daß jeder bezahlt werden wollte, vom Manager über den Drucker des Programms und die Gesellschaft, die den Lichtstrom lieferte und so weiter, bis hin zu den Platzanweisern und den Putzfrauen, und daß es sonderbar sei, daß der Komponist, der den eigentlichen Gegenstand der Veranstaltung liefere, der einzige sein solle, der nichts bekam. Außerdem schlug ich vor, daß die Stars unter den Interpreten, die für ihre Darbietungen märchenhafte Gagen erzielten, mühelos ein Prozent davon für einen Fonds opfern könnten, der der Unterstützung der ersten Versuche ihrer jungen Kollegen dienen sollte, genauso wie die Komponisten von Unterhaltungsmusik einen Teil ihres Einkommens (in Österreich war es ein Zwölftel) über die Urheberrechtsgesellschaften für Bonusse für die »ernsten« Komponisten zur Verfügung stellten und so der Tatsache Rechnung trugen, daß die Bedeutung der Arbeit letzterer in der Geldsumme, die sie mit ihren seltenen und finanziell weniger ergiebigen Aufführungen verdienten, nicht adäquat zum Ausdruck kam. Dieses Argument schien Schnabel besonders zu mißfallen. Wir sind in dieser Sache nie zu einer Einigung gelangt.

Im Zusammenhang mit meinem Beitritt zur GEMA machte ich die Bekanntschaft eines gewissen Cahn-Speyer, eines bärtigen Juden, der als Dirigent bezeichnet wurde, sich aber mehr für den Sozialstatus der Musiker zu interessieren schien. Er sah zufällig den Vertrag, den ich mit der Universal Edition abgeschlossen hatte, und behauptete wutentbrannt, das sei ein typischer Fall von Halsabschneiderei, wie rücksichtslose Ausbeuter sie jungen Komponisten gegenüber wahrscheinlich oft praktizierten. Ich weiß nicht mehr, was er im besonderen an dem Vertrag auszusetzen hatte, abgesehen davon, daß die vereinbarten Tantiemen zu niedrig waren. Er bestand darauf, daß wir deswegen einen Rechtsanwalt aufsuchten, was mir überhaupt nicht zusagte, weil ich fürchtete, die Universal Edition, die ich für den einzigen ansprechbaren Verlag hielt, zu verärgern. Natürlich irrte ich mich in dieser Annahme, aber ich habe mich nie gern auf Streitereien eingelassen und stets wenig Neigung verspürt, meine Angelegenheiten geschickt politisch auszuspielen, weil ich keine Spielernatur bin und es hasse, Risiken einzugehen. Wer die Geschichte meines Lebens bis hierher gelesen hat, wird davon nicht überrascht sein. Ich hatte außerdem Bedenken hinsichtlich Cahn-Speyers Aufrichtigkeit, denn möglicherweise war er ein gewohnheitsmäßiger Unruhestifter, dem es darum ging, sich als unerbittlicher Anwalt der Gerechtigkeit und der Fairneß zu profilieren. Es gelang mir jedoch nicht, mich aus der Sache herauszuziehen, und wir gingen zu Herrn Osterieth, der angeblich eine Autorität auf diesem Gebiet war und sagte, er werde sich der Sache aus Fairneß annehmen, ohne etwas dafür zu verlangen. Aus irgendeinem Grund habe ich für die Welt des Rechts immer viel übrig gehabt, und ich lese immer noch Prozeßberichte, nicht so sehr wegen der interessanten Gegenstände, sondern weil ich an den logischen Tricks der Anwälte, an der Strategie der Zeugenbefragung und an dem verwickelten Stil der Juristensprache meine Freude habe. Osterieth wechselte etliche Briefe mit der Universal Edition, und obgleich Hertzka nicht verbarg, daß er meine Haltung in Anbetracht »all dessen, was sie für mich getan hatten«, sehr unerfreulich fand, war das Ergebnis, daß mein Vertrag durch einen neuen mit annehmbareren Bedingungen ersetzt wurde. Trotzdem war ich noch acht Jahre lang an die UE gebunden. Das nächste Werk, das sie von mir herausbrachte, war mein *Erstes Streichquartett*.

Ein ungewöhnlicher Mensch

In diesem Winter lernte ich bei den Erdmanns einen der ungewöhnlichsten Menschen kennen, denen ich je begegnet bin. Er hieß Hans Jürgen von der Wense und war ein großer, schlanker Mann mit einem kleinen Schnurrbart und wildem Blick, Abkömmling einer der ältesten Adelsfamilien Hannovers, die im Mittelalter mit dem Haus der Welfen verbündet und in den erbitterten Kampf dieser Dynastie um den Kaiserthron verwickelt war. Es scheint ziemlich albern zu sein, solche Fakten zu erwähnen, weil die betreffenden Probleme schon vor Hunderten von Jahren erledigt wurden und für jetzt lebende Menschen überhaupt nicht von Interesse sind. Doch für Personen wie von der Wense waren sie alles andere als gelöst, und er äußerte dezidiert seine preußenfeindliche Gesinnung, wobei er zutiefst mißbilligte, daß Hannover nach dem unglücklichen Krieg von 1866, als die letzten Welfenkönige von Hannover in Österreich Zuflucht fanden, mit Preußen vereinigt wurde.

Dieser von der Wense, der ein paar Jahre älter gewesen sein muß als ich – er sah ziemlich alterslos aus –, war wegen seiner musikalischen Interessen mit Erdmann bekannt, aber man konnte ihn durchaus nicht als Musiker betrachten, denn seine Begabungen und Möglichkeiten waren auf viele Gebiete verteilt. Er hatte das Zeug zu einem Genie im wahrsten Sinn des Wortes, denn bei allem, was er tat, zeigte sich eine völlig verblüffende schöpferische Phantasie. Doch er blieb auf jedem dieser Gebiete Dilettant, weil ihm Ausdauer, System und methodische Disziplin fehlten. Das einzige, woran ich ihn lange Zeit festhalten sah, war die Astrologie, freilich eine ziemlich fragwürdige Sache. In allem, was er machte, zeigte sich eindeutig ein Anflug von echtem Wahnsinn, so daß er ein Musterbeispiel für den Allgemeinplatz war, daß die Grenze zwischen dem Genie und dem Narren unscharf ist. In Wirklichkeit ist sie durchaus nicht undeutlich, denn das wahre Genie zeichnet sich genau dadurch aus, daß es kein Narr ist. Nichtsdestoweniger waren die Möglichkeiten von der Wenses höchst beeindruckend.

Wenn ich mich recht erinnere, war er in der letzten Phase des

Krieges Flieger gewesen. Danach hatte er versucht, die Musik zu seinem Beruf zu machen, aber das hatte er ebenso plötzlich aufgegeben, wie es ihn überkommen hatte. Zu der Zeit, als ich ihm zum ersten Mal begegnete, war er Zollbeamter in Warnemünde, einem kleinen Ostseehafen nördlich von Berlin. Erdmann ließ mich einige seiner Briefe lesen, die erstaunliche Dokumente waren, eine Mischung aus tiefgründigen philosophischen Erkenntnissen, die in eine wunderschöne poetische Sprache gekleidet waren, und blankem Unsinn. Manche seiner Naturbeschreibungen könnten sich ohne weiteres mit den schönsten Passagen in Adalbert Stifters Werk messen, und das will etwas heißen.

Von seinen Kompositionen sah ich einige Klavierstücke, die alle die kompromißlose Strenge und die explosive Innerlichkeit Weberns besaßen, und seltsame Lieder, in denen Schuberts Ausdrucksweise zu einem beunruhigenden Grad an Aggressivität gesteigert war. Eine unheimlich komprimierte Spannung bewirkte, daß alles aus den Nähten platzte. Jeder Takt war Dynamit, obgleich schwer zu sagen gewesen wäre, warum. Seine Lieder standen im folgenden Jahr auf dem Programm der Donaueschinger Musiktage, und nachdem er sie begleitet hatte, mußte der Flügel gereinigt werden, denn er war ganz blutig, weil von der Wense sich bei seinem zu harten Anschlag verletzt hatte. Dieser verheerende Furor kennzeichnete auch seine Musik.

Damals hatte er bereits begonnen, sich mit der Astrologie zu beschäftigen, und komponierte, glaube ich, nicht mehr. Er hatte entdeckt, daß er eine Reinkarnation von Kaiser Karl V. war, da ihrer beider Horoskope angeblich identisch waren. Er stellte noch mehr überraschende Behauptungen auf, zum Beispiel, daß die Horoskope aller deutschen Kriegsschiffe, die bei Scapa Flow versenkt worden waren, wenn man die Stunde ihres Stapellaufs als Geburtsstunde ansah, Suizid voraussagten. Er hatte enorme Karten und Tabellen ausgearbeitet, mit denen er Wetterkatastrophen, Erdbeben und andere Naturereignisse analysierte, und überall die überraschendsten Bestätigungen astrologischen Denkens gefunden. Ich habe diese Pseudowissenschaft stets mit großer Skepsis betrachtet, teile aber nicht die Ansicht der Vertreter der exakten Wissenschaften, welche die Astrologie als »mittelalterlichen« Aberglauben ablehnen. Erstens hege ich große Bewunderung für das Mittelalter, das ich, was ethische Normen betrifft, keineswegs barbarischer finde als unsere eigene Epoche und alles andere als »finster«, und ich bin überzeugt, daß der blinde Glaube an die Ergebnisse der »exakten« Wissenschaft nicht weniger Aberglaube ist als jeder andere blinde Glaube.

Ich sehe nicht, wie Sternenkonstellationen die Ereignisse im menschlichen Leben bestimmen sollten, aber wenn das Universum ein System koordinierter Prozesse sein soll, ist es durchaus nicht abwegig, anzunehmen, daß bestimmte Sternkombinationen vielleicht mit bestimmten anderen Kombinationen von Materie und Geist zusammenfallen und für diese symptomatisch sind. Ich muß jedoch zugeben, daß in den wenigen Fällen, in denen ich spaßeshalber populäre astrologische Voraussagen für bestimmte Tage im Hinblick auf die Ergebnissse meiner eigenen Handlungen oder mich betreffende Ereignisse überprüfte, die Resultate absolut negativ waren. Von der Wense stellte mir ein Horoskop und sagte mir hohes Alter und einen einsamen Tod voraus. Ich ließ mir später viele Male ein Horoskop stellen; von den Ergebnissen weiß ich nichts mehr. Das Sonderbare ist, daß ich den nicht überprüfbaren Teil solcher Aussagen, das heißt die Vorhersagen über die Zukunft, sehr schnell vergesse, obgleich die meisten Menschen gerade darauf besonders neugierig sind. Ich bin recht beeindruckt, wenn solche Analysen Fakten aus meiner Vergangenheit aufdecken, von denen der betreffende Astrologe wahrscheinlich nichts gewußt hat. Eigentlich bin ich mehr daran interessiert, die Leistungen dieser obskuren Disziplin zu überprüfen, als an den neuen Informationen, die sie gewöhnlich zu vermitteln vorgibt. Aber selbst wenn der Test insofern positiv ausfällt, als die Astrologen etwas zu entdecken scheinen, was ich bereits weiß, verleiht das ihren Voraussagen in meinen Augen noch keine Autorität. Im übrigen sind die Voraussagen in der Regel so vage und hypothetisch, daß sie auf fast jedes Geschehen passen würden.

Wie dem auch sei, von der Wense vermittelte nicht nur in seiner astrologischen Arbeit, sondern in seinem allgemeinen Zugang zu jedem Gegenstand den überzeugenden Eindruck, daß er mit einer Art magischem Gespür begabt war, mit einem ungewöhnlichen Vermögen der unmittelbaren, ursprünglichen Beziehung zu den Geheimnissen der Seele und des Geistes. Ich halte an dem Gedanken fest, daß es so etwas gibt – glücklicherweise sehr selten –, und daß ich das Glück hatte, einen Fall zu kennen. Diese erstaunliche Ansammlung schöpferischer Gaben schien keine nutzbaren Resultate zu zeitigen, aber das Leben von der Wenses schien sich in einer so einzigartigen und entlegenen Sphäre abzuspielen, daß die Frage nach nutzbaren Resultaten nebensächlich und unangemessen war.

Walter Spies

Ein anderer junger Mann, der in manchen Eigenheiten von der Wense ähnelte und gleichfalls ein guter Freund der Erdmanns war, war Walter Spies. Er hatte weit weniger von einem Besucher aus einer anderen Welt als von der Wense, doch auch er war recht sonderbar und originell. Sein Metier war die Malerei, und er malte ziemlich ungewöhnliche Bilder, die einen großen Zauber hatten. Er war ein sehr angenehmer Mensch, hatte allerdings die typisch weibischen Eigenschaften der Homosexuellen. Er war ein in Rußland geborener Deutscher und ließ sich gern Valja nennen. Später wanderte er nach Niederländisch-Ostindien aus, wurde Musikdirektor am Hof eines Sultans in Java und ließ sich danach als freischaffender Maler und Privatier auf Bali nieder. Diese Lebensweise ist immer mein Traum gewesen, und als ich von Spies' Abenteuern hörte, nagte der Neid an mir. Natürlich weiß ich, daß ich dafür nicht geschaffen bin, weil ich überhaupt nicht fähig wäre, als Deckshelfer oder blinder Passagier nach Java oder in ein derartiges Land zu reisen, so wie Valja das tat, und ich tröste mich mit dem Gedanken, daß ich letzten Endes unglücklich sein würde, wenn ich für den Rest meines Lebens in einem Bungalow auf Bali eingesperrt wäre, und sei er noch so luxeriös.

Walter Spies hatte einen Bruder, Leo, der als Ljofka bekannt war. Er war Musiker und studierte eine Zeitlang mit mir zusammen Komposition. Ihm verdanke ich meine einzige Erfahrung im Komponieren von Filmmusik. Er war einer der Dirigenten in einem der führenden Berliner Kinos, dem Ufa-Palast am Zoo. In dieser Zeit des Stummfilms stellten die kleineren Lichtspielhäuser die Musik, die sie brauchten, aus Bruchstücken klassischer Musik zusammen, die für diesen Zweck adaptiert und in Leihbibliotheken erhältlich waren, die diese Auszüge, nach den in den Filmen zu erwartenden Situationen und Stimmungen geordnet, auf Lager hatten. Die großen Filmtheater jedoch bestanden darauf, daß für ihre ehrgeizigen Orchester Originalmusik komponiert wurde. Die Ufa bereitete damals die Galapremiere eines Films vor, der nach einem Roman von Gerhart Hauptmann gedreht worden war, anläßlich seines sechzigsten Geburtstags, wenn ich nicht irre. Der Dichter, der in seiner Jugend ein großer Dramatiker und eine revolutionäre Begabung gewesen war, wurde damals gerade von der Reklame in eine Reinkarnation des alten Goethe verwandelt, dem er sogar vom Aussehen her zu ähneln begann. Seine Schriften waren zu einer Art Hochglanzmagazin-Literatur für Anspruchsvolle geworden.

Leo Spies hatte den Auftrag, die Musik zu dem Hauptmann-Film zu komponieren. Die Zeit war wie üblich viel zu kurz, und als Spies merkte, daß er die Arbeit nicht würde zu Ende führen können, bat er mich, ihm zu helfen und schleunigst die Musik für den letzten Teil des Films, etwa fünfzehn Minuten, zu Papier zu bringen. Obwohl wir nur zwei Tage hatten, erklärte ich mich bereit, es zu versuchen, um Spies zu helfen und auch, weil ich neugierig war, wie so etwas gemacht wurde. Man brachte mich ins Filmstudio, das sich in einem abgelegenen Teil von Berlin befand, und zeigte mir den entsprechenden Abschnitt des Films. Ich hatte keine Ahnung, was vorher geschah, und niemand machte sich die Mühe, es mir zu erzählen, ich fragte aber auch nicht danach, weil jede Minute kostbar war. Ich entsinne mich nur, daß es sich um eine Mordszene in einem verlassenen Haus handelte, eine Szene voll unheimlicher Spannung. Man sagte mir nur, daß in einem bestimmten Moment ein gewaltiges Krachen in der Musik erwartet wurde. Wir bestimmten diesen Moment sorgfältig mit einer Stoppuhr, und ich wurde entlassen. Ich überlegte mir ein geeignetes Grundtempo für die Musik, stellte es auf dem Metronom ein und rechnete die Anzahl der Takte aus, die erforderlich waren, um richtig auf das Krachen hinzuarbeiten.

Fünfzehn Minuten Musik ist viel, wenn man alle Noten aufschreiben muß, die ein Symphonieorchester in dieser Zeit spielen soll. Natürlich arbeitete ich ziemlich viel mit Wiederholungen und Dacapos. Es gelang uns, mit der Arbeit rechtzeitig fertigzuwerden, und ich bekam Karten für den Premierenabend. Das Sonderbare war, daß die Wiederholungen, die ich aufs Geratewohl und ohne die Einzelheiten der Handlung zu berücksichtigen, eingefügt hatte, motivische Bedeutung annahmen, wenn man sie im Zusammenhang mit dem Film hörte, und an mehreren Stellen klangen sie wie psychologisch scharfsinnige Interpretationen von offenkundigen oder versteckten Bedeutungen der Handlung. Das war ziemlich komisch, aber auch ein wenig beunruhigend, weil es ein seltsames Licht auf den tieferen Sinn, auf die expressive und interpretative Bedeutsamkeit der Musik warf.

Irgendwann im Herbst wurde mein zweites Quartett in der Berliner Singakademie gespielt von einem Ensemble, dessen Leitung Gustav Havemann hatte. Er war Professor an der Hochschule und in späteren Jahren der für die Schule zuständige offizielle Vertreter der Nazipartei. Im Jahr 1921 hatte er nichts dagegen, mit »Juden« und »Bolschewiken« zusammenzuspielen, aber er sah immer aus wie einer, dessen nationales Erwachen nicht lange auf sich warten lassen würde. Ich habe von diesem Streichquartett nicht viel im Gedächtnis behalten, nur daß ich versuchte, bestimmte Merkmale eines neuen Quartetts von Schnabel nachzuahmen, das mich sehr beeindruckt hatte. Natürlich war das Stück extrem »modern«, voll herber Dissonanzen. Es hatte einen sehr heftigen letzten Satz, der mit bedrohlicher Entschlossenheit dahinjagte. Was in meinem ersten Quartett und in meiner Symphonie instinktives Tasten und vorsichtige Ausführung gewesen war, war nun zum bewußten Kalkül geworden. Es mag sein, daß dies als eine Schwäche der Komposition empfunden wurde, aber ich neige dazu, die kühle Aufnahme, die ihr zuteil wurde, der psychischen Reaktion auf meinen früheren Erfolg zuzuschreiben. Wenn man Vorgänge welcher Art auch immer beobachtet, geistige, künstlerische, ökonomische, politische, militärische, private oder öffentliche, kann man immer wieder bemerken, daß sich Angelegenheiten nie konstant in eine Richtung entwickeln, sondern daß es ein Auf und Ab gibt, das einem beinahe mechanischen Gesetz zu gehorchen scheint.

Angriffe von Kritikern

Ich erinnere mich nicht, wann die Gegner moderner Musik unter den Kritikern zum ersten Mal die Nachricht verbreiteten, daß ich ein Ostjude sei, der es darauf abgesehen habe, die heiligen Brunnen deutscher Kunst zu vergiften. Da solche Angriffe nur aus der tiefsten Provinz der nationalistischen Presse kamen, wurden sie von niemandem beachtet, es sei denn, daß man sie sehr komisch fand, weil die Verteidiger teutonischer Reinheit in einem Stil zu schreiben pflegten, der sie in jeder Volksschule zu einem Quell der Heiterkeit gemacht hätte. Einer der Anführer der Clique hörte auf den reizvollen Namen Paul Zschorlich, was vermutlich eine schauerliche Verunstaltung eines ursprünglich polnischen Namens war. Vielleicht hätten wir diese Vorgänge aufmerksamer beobachten und mit Korrekturen und Berichtigungen einschreiten sollen. In Europa ist der Brauch, Leserbriefe zu schreiben, nicht in dem Maße bekannt wie in den englischsprachigen Ländern, zumindest nicht zum gleichen Zweck. Wenn jemand eine Falschmeldung in bezug auf seine Person berichtigen wollte, würde er normalerweise keinen Leserbrief schreiben, denn er würde annehmen, daß die falsche Darstellung sowieso in feindseliger Absicht geschah, so daß die Zeitung den Brief kaum drucken würde. Statt dessen würde er eine Berichtigung verlangen und sich dabei auf das Gesetz über die Veröffentlichung von Nachrichten berufen. Die Zeitung kann sich weigern, die Berichtigung zu drucken, wenn der Herausgeber meint, er habe ausreichend Beweise für die Richtigkeit seiner Darstellung. Ist er nicht in der Lage, solche Beweise beizubringen, kann eine Verleumdungsklage gegen ihn erhoben werden, wenn das Opfer der Falschmeldung das für angebracht hält. Aber davon abgesehen, macht er sich einer Straftat schuldig, die vom Generalstaatsanwalt verfolgt werden muß.

Gewiß, wenn jemand behauptete, ich sei Jude, hätte ich ohne weiteres einen öffentlichen Widerruf dieser Aussage verlangen können.

Aber ich hielt eine solche Bemerkung weder für wichtig genug, um der Zeitung von einem Rechtsanwalt drohen zu lassen, so daß sie die Berichtigung druckte, noch brachte ich es fertig, durch eine solche Handlung implizit zu verstehen zu geben, daß ich es für eine Schande hielt, als Jude bezeichnet zu werden. Ich habe an diesem Grundsatz auch dann festgehalten, als ich Unannehmlichkeiten und Ärger hätte vermeiden können, wenn ich dieser Unwahrheit widersprochen hätte, denn ich fand, daß es in der Zeit der furchtbarsten Judenverfolgung feige und entwürdigend gewesen wäre, den Umstand, daß ich Nichtjude war, auszunützen. Ich bedaure, daß es einen Augenblick gab – glücklicherweise nur einen –, in dem ich in diesem Punkt schwach wurde, aber gleichfalls glücklicherweise hatte dieses kurze Schwanken keine Folgen, und wurde nicht bekannt. Ich werde später darüber berichten.

Unter den Berliner Kritikern gab es insbesondere einen, der sehr treu meine Sache unterstützte, Walter Schrenk von der »Norddeutschen Allgemeinen Zeitung«. Er war ein netter, recht ernsthafter Mann, der einige Mühe auf sich nahm, um seine natürliche Sympathie für moderne Tendenzen mit dem Studium des Gegenstandes zu untermauern. Leider mußte er früh sterben. Adolf Weissmann galt damals als der führende fortschrittliche Kritiker, eine Stellung, die er wahrscheinlich zum Teil seinen gesellschaftlichen Verbindungen und zum Teil seinem kritischen Umgang mit dem »Patienten« verdankte, der in einer Art impressionistischer, launenhafter Schreibweise zum Ausdruck kam. Wenn ich nicht irre, schrieb er für die »BZ am Mittag«, ein billiges, sensationslüsternes Mittagsblatt mit ziemlich großer Verbreitung, das dem faden Mittagessen der Berliner Schreibtischarbeiter etwas Würze gab. Weissmann sah ein wenig wie eine Klosettbürste aus und hatte nicht viele gesellschaftliche Umgangsformen, die das hätten kompensieren können. Von Musik schien er nicht sehr viel zu verstehen, aber das kompensierte er, indem er zwar vage, aber geheimnisvoll bedeutsam klingende, kühne Bemerkungen über die gewaltigen und unermeßlichen Veränderungen der Musik während der Weltkrise und ähnliches von sich gab. Er und seinesgleichen waren teilweise dafür verantwortlich, daß das Berliner Musikleben in den folgenden Jahren immer hektischer wurde.

Das wichtigste taktische Mittel, mit dem diese Kritiker ihre Stellung als »faszinierende« Journalisten verteidigten, bestand darin, daß sie ständig hochgespannte Erwartungen an die großen, entscheidenden Offenbarungen aufbauten, die jedes neue Stück, das in irgendeinem Programm angekündigt war, bringen sollte, und daß sie nach der Aufführung eines jeden dieser Stücke regelmäßig ihre Enttäuschung kundtaten. Künstler und Laien, die sich von solchen Artikeln beeinflussen ließen, wurden folglich in ein ständiges Zittern versetzt, und die Konsequenz war ein recht gesunder, hoher Verbrauch an neuer Musik. Praktisch keine neue Komposition wurde ein zweites Mal gespielt, weil Dirigenten und andere Künstler sich an die Vorstellung gewöhnten, daß das neue Stück die vagen, aber gespannten Erwartungen sowieso nicht erfüllen würde, so daß sie begierig nach einem noch neueren griffen, während sie mit der letzten Novität noch nicht einmal ganz fertig waren. Im Laufe der Zeit wäre es für jeden halbwegs anerkannten Komponisten leicht geworden, jedes Jahr mit jedem der hundertsoundsoviel deutschen Symphonieorchester eine Uraufführung zu organisieren, aber selbst für den größten Künstler wäre es sehr schwer geworden, ein Werk ein zweites Mal aufzuführen, denn wenn ein Dirigent in Dortmund ein Werk zur »Welturaufführung« gebracht hatte, rührte sein Kollege in Stettin es nicht mehr, obwohl keine dieser beiden Städte mehr Bedeutung hatte als Portland, Maine, oder Mobile, Alabama. Natürlich war nach wenigen Jahren ein Punkt der Sättigung und Ermüdung erreicht, und die meisten Menschen begannen, der modernen Musik insgesamt den Rücken zu kehren, weil sie eines Stoffes überdrüssig wurden, dessen entscheidendes Merkmal zu sein schien, daß er, jenen »klugen« Kritikern zufolge, nie die Erwartungen erfüllte. Die politische Reaktion, die sich in den späten zwanziger Jahren immer stärker artikulierte, tat ein übriges.

Daß Weissmanns Haltung nicht auf außergewöhnlich hohe Maßstäbe oder strenge Prinzipien zurückzuführen war, sondern ausschließlich auf die professionelle Nervosität des Journalisten, zeigte sich, als er ein paar Jahre später von einer Reise nach London zurückkehrte, wohin er zu einer Konferenz in Zusammenhang mit der Gründung der Internationalen Gesellschaft für Neue Musik gerufen worden war. Er sollte einem vorbereitenden Ausschuß deutscher Komponisten und Musiker, der die Beteiligung Deutschlands an der Gesellschaft organisierte, Bericht erstatten. Dieser Bericht war in der Hauptsache eine Aufzählung der Mittagessen und Diners, zu denen er von seinen großzügigen englischen Freunden eingeladen worden war. Weissmann schwärmte von dem wunderbaren Geist der Herzlichkeit, der Kooperation der gegenseitigen Verständigung und was nicht allem, und er war ganz aufgebracht, als wir – ich war Mitglied in diesem Ausschuß – nach den künstlerischen Grundsätzen, Maßstäben und Verfahrensweisen der geplanten Organisation zu fragen begannen. Das erschien ihm als pedantisches Herumreiten auf Kleinigkeiten. Im Grunde gehörten seine Sympathien eigentlich dem schicken, glitzernden Stil Strawinskys und der neuen französischen Schule.

Ich weiß nicht, ob die beruflichen und ethischen Maßstäbe der Kritiker so niedrig waren, wie jedermann zynischerweise annahm. Ich meinerseits war im Sinne der Lehren von Karl Kraus natürlich bereit, alles zu glauben, was in dieser Hinsicht herumerzählt wurde. Man nannte für einige dieser Burschen ganz offen die Preise, zu denen ihre Gunst zu kaufen war, und manche wirkten durchaus so, als steckte in diesem Klatsch mehr als nur ein Körnchen Wahrheit. Einigen sagte man nach, daß sie sich etwas umständlicherer Methoden bedienten, wie Max Marschalk, einer der älteren Kritiker, von dem das Gerücht behauptete, der einfachste Weg für einen Sänger, sich eine positive Kritik zu verschaffen, bestehe darin, ein paar Gesangstunden bei Frau Marschalk zu nehmen, die sich als Gesanglehrerin niedergelassen hatte. Ich hatte keine Möglichkeit, diese Dinge zu überprüfen, da ich weder daran interessiert noch dazu in der Lage war, jemanden zu bestechen, und vielleicht war das der Grund dafür, daß mir nie sittenwidrige Angebote gemacht wurden. Im übrigen lag mir nichts daran, die Wahrheit herauszufinden, weil ich sowieso das Schlimmste für wahr hielt. Andere ältere Kritiker waren Professor Hermann Springer, ein sehr freundlicher Herr mit guten Umgangsformen, und Leopold Schmidt, der für das sehr einflußreiche »Berliner Tageblatt« schrieb, und zwar in vollkommen idiotischer und gehässiger Weise.

Der ganze Bereich der Kritik ist zweifellos einer der wundesten Punkte des üblen Schlamassels, in dem das zeitgenössische künstlerische Leben auf der ganzen Welt steckt. Das fängt mit der allgemein anerkannten Tatsache an, daß niemand wirklich weiß, welches die wahre und legitime Funktion von öffentlichen Besprechungen sein kann oder sein soll. Wenn die Zeitung tatsächlich nichts anderes enthielte als einen Bericht darüber, was geschah, würden Schilderungen von Konzerten einfach die Programme aufführen und die Namen der Ausführenden aufzählen. Doch die Zeitung berichtet nicht nur, sondern sie verbreitet durch die Art, wie sie berichtet, auch Meinungen; Meinungen können Einstellungen schaffen, besonders wenn sie einer großen Anzahl von Menschen nahegelegt werden, und auf diese Weise wird die Zeitung ein machtvolles Propagandainstrument. Ob der einzelne Kritiker es will oder nicht, seine Meinung wird ein Teil der Propagandamechanismen seiner Zeitung, und an seiner Kritik interessiert die meisten Leser nur, ob sie »für« oder »gegen« etwas oder jemanden ist. Die praktische Bedeutung der so ausgeübten Macht ist äußerst fragwürdig. Nur wenige Zeitungsleser schenken dem Musikteil überhaupt Aufmerksamkeit, und das Maß, in dem sie sich von ihm beeinflussen lassen, variiert je nach dem Grad der Beliebtheit, die der einzelne Kritiker bei seinen Lesern genießt, nach der Art der Leserschaft, auf die die Zeitung eingestellt ist, nach den Traditionen des Blattes und des jeweiligen Ortes und ähnlichen Faktoren.

Diejenigen, die dauerhaft und selbstverständlich an Musikkritik interessiert sind, sind die betroffenen Künstler, nicht nur, weil es sie verständlicherweise fasziniert, ihre Namen und das daran geknüpfte Urteil gedruckt zu sehen, sondern auch, weil sie instinktiv zu dem Gedanken neigen, daß alle dieses Urteil lesen und es glauben. Sie meinen, daß die Kritik ihre Karriere wesentlich beeinflußt, und darin haben sie insofern recht, als es in ihrem Gewerbe noch eine andere Gruppe von Menschen gibt, die das Zeug ebenso eifrig lesen und sich davon beeinflussen lassen, und zwar Konzertveranstalter, maßgebliche Rundfunkleute, Verleger und andere Mittelsmänner. Auch sie handeln in der Annahme, daß ihre Kundschaft, die Öffentlichkeit, die Attraktionen, für die Geld auszugeben sie sich entscheidet, nach den Ratschlägen der Kritiker auswählt. Niemand scheint willens zu sein, diese Annahmen durch das einfache Experiment zu überprüfen, daß er sie ignoriert, obgleich die Geschichte voll lächerlicher und kläglicher Beispiele dafür ist, wie jämmerlich Kritiker selbst in bezug auf die Qualitäten des Erfolgs versagten, den sie den Gegenständen ihrer Aufmerksamkeit zugemessen hatten, ganz zu schweigen von der künstlerischen Qualität dieser Gegenstände, mißt man sie an etwas beständigeren Kriterien als dem des äußerlichen Reizes.

Die Personen, die diese Macht ausüben, welche ungeachtet ihres fragwürdigen Fundaments in vielen Fällen höchst real ist, sind mit sehr, sehr wenigen Ausnahmen weder beruflich noch ethisch in der Lage, die Verantwortung auf sich zu nehmen, die ihnen vom Apparat der Presse, von dem sie selbst ein ganz unbedeutender Teil sind, übertragen wird. Kritiker, die mit irgendeiner Berufsausbildung prahlen, sind gewöhnlich Personen, die auf einem anderen musikalischen Tätigkeitsfeld frustriert wurden, oft Komponisten, die nichts erreichten, oder Musiker, die ihren Ehrgeiz nicht befriedigen konnten. Sie haben oft eine unbewußt boshafte Haltung, weil sie sich für ihr eigenes Versagen mit Artikeln über erfolgreichere Kollegen entschädigen. Sie haben, wiederum mehr oder weniger unbewußt, eine schlechte Meinung von ihrer Tätigkeit, denn sie glauben, zu etwas Besserem bestimmt zu sein. Gleichzeitig genießen sie zynisch das Gefühl der Überlegenheit und Sicherheit, das derjenige, der kein Risiko mehr einzugehen braucht, gegenüber denjenigen hat, die weiterhin mit Risiken leben müssen.

Karl Kraus hat Kritiker, die sich gleichzeitig noch als Autoren betätigten, immer scharf aufs Korn genommen. Er behauptete, daß es ihnen nicht möglich sei, Personen, die vielleicht als potentielle Vermittler ihrer Werke in Frage kamen, objektiv zu beurteilen, und daß es unmoralisch sei, eine derartige Objektivität von ihnen zu erwarten, denn eine positive Kritik ihrerseits würde als Bestechung und eine negative als Erpressung ausgelegt werden. Ein Musterbeispiel ähnlicher Art besaß Wien in dem höchst einflußreichen, führenden Kritiker Julius Korngold, der seine kritischen Aktivitäten leidenschaftlich und geschickt mit der Werbung für seinen Sohn Erich Wolfgang verband, der sich inzwischen in Hollywood einen Namen gemacht hat. Ich werde auf seinen Fall später noch ausführlich zu sprechen kommen müssen, denn ich wurde eines der prominenten Objekte seiner Machenschaften.

Während der ethische Hintergrund dieses Kritikertyps höchst fragwürdig ist, mag sein professionelles Rüstzeug in einigen Fällen zumindest annehmbar sein. Häufig jedoch wird die Musikkritik Personen übertragen, die von musikalischen Dingen nicht die geringste Ahnung haben. Das trifft besonders auf kleinere Städte zu, wo das Verfassen von Musikkritiken keine Vollzeitarbeit ist und in der Musikspalte die haarsträubendsten Greuel akzeptiert werden. Es ist ein Beweis für die beinahe vollständige Isolation, in der die Musik sich heutzutage befindet, daß man diesen Schreiberlingen derart hanebüchenen Unsinn durchgehen läßt. In jedem anderen Ressort der Zeitung könnte sich ein Berichterstatter oder ein Redakteur nicht einen Tag lang halten, wenn er es wagte, einen derartigen Schwachsinn zu schreiben und zu redigieren, wie er in der Musikkritik toleriert wird. Der Musikkritiker darf sich jedoch getrost darauf verlassen, daß seine Durchschnittsleser, wenn er überhaupt welche hat, noch weniger informiert sind als er selbst, und daß seine wenigen sachverständigen Leser, die Musiker, nicht den Mut aufbringen werden, ihm zu widersprechen. Wie Karl Kraus es ausdrückt: Die Magie des gedruckten Buchstabens ist so stark, daß jeder es sich leisten kann, in einer Zeitung Dinge zu veröffentlichen, die mündlich zu äußern er nie wagen würde, weil er fürchten müßte, als unerträglicher Flegel oder Dummkopf aus jedem Kreis gebildeter Menschen hinausgeworfen zu werden.

Die Tatsache, daß Kritiker, die auf dem Gebiet ihrer literarischen Tätigkeit eine so ehrfurchtgebietende Macht auszuüben scheinen, unter den Mitarbeitern einer Zeitung ungefähr die geringste Achtung genießen (was sich gewöhnlich in ihrer Bezahlung ausdrückt), trägt auch nicht gerade zu ihrer Moral oder ihrem beruflichen Ehrgeiz bei. Mit wenigen Ausnahmen setzten alle Kritiker, die ich kannte, den Wert ihrer eigenen Arbeit herab und zeigten sich ziemlich überrascht, wenn man sie ernst nahm. Das wundert mich nicht, denn ich kenne die Bedingungen, unter denen sie arbeiten mußten. Häufig mußten sie auf dem Höhepunkt einer Konzertsaison an einem Abend drei oder vier Konzerte besprechen, die an verschiedenen Orten stattfanden. Gewöhnlich benutzte so ein Kritiker für seine Tour ein Taxi, das draußen auf ihn wartete, um ihn zum nächsten Konzerthaus auf seinem Programm zu bringen. Dort huschte er verstohlen in den Saal, setzte sich auf einen freien Platz gleich am Eingang, warf schnell einen Blick auf das Publikum und hörte sich etwa einen halben Satz eines Kammermusikwerkes an, dann schlich er sich wieder hinaus, raste zu einem weiteren Aufführungsort und verdaute unterwegs den Eindruck, den er gewonnen hatte. Kein Wunder, daß diese gehetzten Menschen zu etwas Zuflucht nahmen, das wir »Fernkritik« nannten, das heißt, sie besuchten das Konzert gar nicht und verließen sich auf ein Programm, das sie sich im voraus beschafft hatten. Natürlich geschah es nicht selten, daß Programmänderungen vorgenommen oder ganze Konzerte abgesagt wurden, was zu recht peinlichen Situationen führte.

Wiederum glaube ich, daß eine derart grobe Vernachlässigung beruflicher Pflichten auf jedem anderen Gebiet streng bestraft werden würde. Im Kritikergewerbe jedoch ruft sie kaum ein Lächeln und ein Schulterzucken hervor. Warum sollte man den Angehörigen dieses Berufes vorwerfen, daß sie zynisch und verantwortungslos sind, wenn sie doch wissen, daß sie mit solchen Methoden durchkommen? Manchmal hatten diese reisenden Kritiker in einigen der Konzerte Strohmänner sitzen, mit denen sie sich nachher im Kaffeehaus trafen, um sich von ihnen berichten zu lassen, was angeblich geschehen war. Aber selbst jene, die die Konzerte besuchten, hatten häufig so überhaupt keine eigenständige Meinung oder waren von der Tretmühle ihres Berufes so erschöpft, daß sie versuchten, nahezu jedem, den sie im Foyer zu fassen bekommen konnten, Ideen zu entlocken. Ich war nicht wenig erstaunt, als ich bei verschiedenen Gelegenheiten meine eigenen Bemerkungen, die ich einem Kritiker gegenüber gemacht hatte, der mich in der Garderobe festgehalten hatte, fast wortwörtlich in der Morgenzeitung gedruckt fand. Die legitime Entrüstung über solche Methoden sollte mit Mitgefühl gepaart sein, denn verpflichtet zu sein, im Laufe einer langen Saison allabendlich präsent zu sein und so insgesamt ein paar hundert Konzerte hören und über jede dieser Darbietungen ein druckreifes und lesenswertes Urteil abzugeben, ist wahrlich ein Hundeleben.

Wenn von schlechter Moral und Zynismus im Kritikerberuf die Rede ist, muß auch erwähnt werden, daß die Kritiker nicht selten von den Redakteuren mehr oder weniger deutliche Hinweise bekamen, wie dieser oder jener Künstler zu beurteilen sei, weil die Redakteure persönliche Beziehungen pflegen wollten oder greifbare Gegenleistungen erwarteten. Ich erinnere mich, daß sich ein Kritiker in Wien, der wegen einer Sängerin, über die er unmöglich etwas Gutes sagen konnte, auf diese Weise unter Druck gesetzt worden war, aus der Affäre zog, indem er schrieb: »Fräulein X muß für ihre Darbietung ein Lob ausgesprochen werden«, was schließlich nichts als die Wahrheit war.

In bezug auf neue Kompositionen fand ich zwei ständig wiederkehrende Formeln der Kritiker besonders ärgerlich. Eine davon ist eine Bemerkung, die häufig an Berichte über unleugbare Erfolge geknüpft wird, nämlich daß die wohlwollende Reaktion des Publikums »offensichtlich« den großartigen Leistungen der Ausführenden galt, nicht der Musik selbst. Es erfordert sicherlich ein unglaublich scharfes Gehör und unheimliche seherische Gaben, um in den Geräuschen klatschender Hände so feine Nuancen der Absicht zu unterscheiden. Im übrigen ist der Kritiker kaum jemals in der Lage, zuverlässig die Qualität der Aufführung eines Werkes zu beurteilen, das er noch nie gehört hat. Es besteht die Wahrscheinlichkeit, daß die betreffende Aufführung normalerweise unzulänglich ist. Übrigens sollte diese Gepflogenheit der Kritiker Musiker dazu anspornen, regelmäßig moderne Musik zu spielen, weil sie in diesem Fall beinahe sicher sein können, daß sie für ihre »selbstlose Begeisterung« Lob ernten, gleichgültig, wie kläglich sie versagt haben, denn ihre Darbietung entzieht sich dem Vergleich mit einer anderen Darbietung des unbekannten Werkes. Die zweite empörende Bemerkung, die oft über neue Musik gemacht wird, ist die kühne Prophezeiung, daß das Werk, obwohl es gestern Abend recht erfolgreich war, sicher keine Zukunft hat. Die Kritiker müssen einer magischen Versuchung erliegen, mit solchen Aussagen ihrer Boshaftigkeit zu frönen, obwohl ihnen klar sein muß, wie lächerlich ihre Vorgänger in dieser Hinsicht versagt haben. Eine sehr einfache Überlegung sollte sie veranlassen, den entgegengesetzten Standpunkt einzunehmen und jedes neue Werk zu loben. Wenn nämlich eine neue Komposition wirklich dazu verdammt ist, der Vergessenheit anheimzufallen, wird niemand sich je die Mühe machen, zeitgenössische Kritiken nachzulesen. Wenn man sich dagegen auch in Zukunft an das Werk erinnert, wird jeder den ersten Kritiker für seinen Scharfsinn rühmen, der ihn befähigte, die Vorzüge der Komposition schon beim ersten Hören richtig zu bewerten.

Ein weiterer Punkt, der das Niveau der Kritik herabsetzt, ist der Zwang, unmittelbar für die Morgenzeitung zu berichten. Dieser verheerende Brauch beruht auf der törichten Annahme, daß Kritik Neuigkeitswert hat und daß die Zeitung nur solche Berichte veröffentlichen darf, die zur Verfügung stehen, bevor irgendwo ein anderes Blatt herauskommt. Natürlich ist die Tatsache, daß Miss Louella Jones die Schmuckarie aus Gounods *Faust* gestern und nicht vorgestern gesungen hat, vollkommen unwichtig, und den Leser muß ich erst noch sehen, der sich überhaupt für Miss Jones' Darbietung interessiert und verzweifelt seine Zeitung wegwirft, weil er über das grandiose Ereignis nicht gleich an dem Morgen informiert wurde, nachdem es sich zugetragen hatte. Aber um so lohnender wäre es, über die Premiere von Beethovens *Großer Fuge* zu schreiben, nachdem ein oder zwei oder hundert Tage vergangen wären, und der Kritiker, der mit dem Bericht über diese Leistung betraut worden wäre, wäre bestimmt besser in der Lage, sie zu beurteilen, wenn er so viel Zeit gehabt hätte, seine Gedanken zu ordnen. Mehr als einmal sah ich diese armen Kerle zu einer Telefonzelle rennen, um ihre schicksalsschweren Urteile dem Nachtredakteur durchzusagen. Das Resultat kann man sich leicht vorstellen.

Die ganz wenigen Male in meinem Leben, als ich selbst Musikkritiken schreiben mußte, entweder in Vertretung eines Freundes oder aus einem anderen besonderen Anlaß, erlebte ich eine Art kleineres Martyrium, nicht nur weil ich das Gefühl hatte, gegen Karl Kraus' Gebot in bezug auf Kritiken schreibende Autoren zu verstoßen, sondern auch, weil ich erkannte, daß es fast unmöglich war, dem fraglichen Phänomen in einer so kurzen Zeit und auf so engem Raum gerecht zu werden, obgleich ich auf diese kleinen Artikel sicher viel mehr Stunden verwendete, als ein Berufskritiker Minuten brauchen würde. In späteren Jahren schrieb ich viele Buchrezensionen, ich glaube, einige hundert. Dagegen hatte ich keine solchen Bedenken, weil es möglich war, jedes geschriebene Wort noch einmal zu überprüfen, indem man erneut das Buch zu Rate zog – was bei einer flüchtigen Aufführung selbstverständlich nicht möglich ist –, und auch deswegen nicht, weil der Leser meiner Rezension zumindest theoretisch immer in der Lage war, sich selbst ein Urteil zu bilden, wenn er mit meinem nicht zufrieden war. Die Frage, welches die wahre Funktion der Musikkritik ist oder sein könnte und wie Musikkritik ausgeübt werden sollte, habe ich noch nicht gelöst.

Busonis Theorie der Oper

In jenem Winter in Berlin erlag ich der Versuchung, eine Oper zu schreiben oder zumindest ein Bühnenwerk mit Musik – trotz meiner erklärten Abneigung gegen dieses Genre. Ich glaube, daß einer der unmittelbaren Anlässe ein Artikel von Busoni über das Medium Oper war, der in irgendeiner Zeitschrift erschien. In diesem Artikel analysierte Busoni die grundlegenden Elemente der Oper in einer recht abstrakten, rein künstlerischen Weise, die mir sehr gefiel. Er schrieb, die Oper habe nichts mit Psychologie zu tun, und diese neue Theorie stand, wie er sehr sorgfältig erklärte, in Widerspruch zu Wagners Lehren. Die Oper beschäftige sich nicht mit besonderen, »interessanten« Einzelfällen, sondern ziele auf typische, universelle, allgemein menschliche Erfahrungsbereiche ab. Die Personen der Oper stünden für allgemein bekannte Typen menschlicher Möglichkeiten, die ein für alle Mal geprägt und nicht aufgrund ihres spezifischen individuellen Schicksals den bunten Veränderungen des seelischen Wandels unterworfen seien. Wenn eine Person zum ersten Mal auftrete, forderte Busoni, müsse sie sogleich als Ritter, Bettler, König oder was auch immer zu erkennen sein und dürfe ihr Gesicht während des ganzen Stückes nicht ändern. Busonis Essay enthielt noch mehr Gedanken dieser Art, die mir sehr gefielen, weil sie einer Art des Operntheaters den Weg zu öffnen schienen, die sich von Schrekers neurotischen Phantasien vielleicht grundlegend unterschied, und ich war natürlich ebenso entschlossen, mich von diesem Vorbild so weit wie möglich zu entfernen, wie es mich lockte, mich an dem Medium zu versuchen, in dem er eine Zeitlang so erfolgreich gewesen war.

Ich diskutierte Busonis Theorie sehr ausführlich mit Fritz Demuth, mit dem Ergebnis, daß er mir zu meiner großen Überraschung anbot, das Libretto für mein Opernexperiment zu schreiben. Wegen der großen Veränderungen, denen dieses Libretto später unterzogen wurde und von denen ich zu gegebener Zeit berichten werde, erinnere ich mich nicht mehr an seine ursprüngliche Form. Der zentrale Gedanke jedoch, der unverändert blieb, war folgender: Das Ganze war eine Art Allegorie, ein symbolisches Stück ohne klar definierte Zeit und klar definierten Ort. Die Hauptperson war ein mythischer Leiermann (von Busoni hatten wir gelernt, daß Figuren mit musikalischen Attributen für gute Opernhandlungen von Nutzen sind), der durch sein Spiel eine geheimnisvolle Macht auf jeden ausübte, der ihn hörte, und der seine ganze Sippe zu rhythmischen, disziplinierten Bewegungen zwang. Sein Spiel wurde daher zum Symbol für Sklaverei und Despotismus. Irgendwie wurde er in seiner anstrengenden musikalischen Tätigkeit für einen Tag unterbrochen, und die Menschen waren befreit. Während des folgenden Freiheitsrausches bekamen sie Mitleid mit dem Alten und bestanden darauf, daß er sein Spiel fortsetze. Natürlich war es in dem Augenblick, da sie ihn freiließen, damit er wieder spiele, mit ihrer eigenen Freiheit vorbei, und sie fielen in ihr altes Elend zurück.

Ich bin sicher, daß ich hier einige der subtileren Beweggründe des Geschehens ausgelassen habe, weil ich mich nur daran erinnere, wie sie in der endgültigen Fassung erschienen, über die ich noch sprechen werde. Jedenfalls waren das die Grundzüge der Handlung, die ich zu vertonen begann, wobei ich meine Absicht im Auge behielt, eine Oper zu komponieren, die frei von »unlogischen« emotionalen und psychischen Eskapaden sein und als reine Musik Geltung haben sollte, so daß die Vokalpartien ebensogut von geeigneten Instrumenten ausgeführt werden konnten, ohne daß sich der Charakter des Ganzen änderte. Es ist gut möglich, daß ich zu diesem Zeitpunkt schon etwas über Alban Bergs *Wozzeck*, seine neue, noch unveröffentlichte Oper, gehört hatte, von der nur das Gerücht umging, sie bestünde ganz und gar aus »absoluten« musikalischen Formen, Fugen, Variationen und dergleichen mehr. Mein Projekt war natürlich ziemlich albern, obgleich es aufgrund dieser Beschreibung noch absurder erscheinen mag, als es tatsächlich war. Es ist jedenfalls interessant zu verfolgen, welche verschlungenen Wege der menschliche Geist gehen muß, um zu irgendeiner Art von Wahrheit zu gelangen.

Erste Begegnung mit Anna Mahler

Während ich noch mit diesem Projekt beschäftigt war, hatte ich eine persönliche Erfahrung, die meine Entfaltung zu einem vollständig entwickelten Menschen rasch vorantreiben und den Horizont meines Daseins entscheidend verändern sollte. Die Aufgabe, die verschiedenen Phasen dieser Ereignisse zu beschreiben, ist schwierig, weil sie im allgemeinen als privater gelten als alles andere im Privatleben eines Menschen. Deshalb ist es auch schwierig zu beurteilen, als wie interessant sich eine Schilderung derartiger Angelegenheiten erweisen könnte, denn es ist gut möglich, daß die betreffenden Geschehnisse absolut banal und alltäglich erscheinen, zumal fast jeder ganz ähnliche Erfahrungen gemacht hat. Ich befinde mich in dieser Hinsicht in einem vielleicht eigentümlichen Zustand der Unwissenheit, weil ich mit Männern über solche Dinge nie gesprochen habe.

Der Gedanke, mit Männern über Liebe oder sogar Sex zu reden, ist mir immer äußerst zuwider gewesen, und ich vermeide das Thema so sorgsam, daß ich nicht einmal weiß, ob die Mehrheit der Männer diese Abneigung teilt oder nicht. Andererseits gibt es natürlich nur sehr wenige Frauen, mit denen man über Erfahrungen dieser Art spricht, und ein solches Gespräch ist sehr selten theoretisch, weil es gewöhnlich stark von den höchst subjektiven Emotionen beeinflußt wird, die die Gelegenheit zu einer solchen Unterhaltung schaffen. Doch obwohl der Gegenstand einer der typischsten im menschlichen Leben ist und von praktisch jedem lebenden Menschen unvermeidlich erfahren wird, erscheint die Form, in der er erfahren wird, jedem einzelnen Menschen als absolut einzigartig und ursprünglich, und die Reaktionen auf diese Erfahrung sowie die Konsequenzen, die sie im Einzelfall hat, sind sicherlich viel verschiedenartiger als die Sache selbst.

Die Erinnerung an einstige Liebeserlebnisse bringt noch eine andere Schwierigkeit mit sich. Ganz sicher gibt es keinen anderen Gegenstand, der dem verzwickten Mechanismus des Gedächtnisses und der Vergeßlichkeit so ausgesetzt ist, denn jedes neue Gefühlserlebnis weist das Unterbewußtsein mit großer Bestimmtheit an, die Erinnerungen an frühere Erlebnisse dieser Art in den dunklen Abgrund des Vergessens zu stoßen. Und auf keinem anderen Gebiet werden die Bemühungen des Bewußtseins, die Tatsachen vor der Zerstörung durch die langsam mahlenden Mühlen der Zeit zu retten, auf dem gesamten Weg der Annäherung ständig durch Lücken vereitelt. Trotz all dieser Schwierigkeiten und trotz des instinktiven Widerwillens, den ich bei der Behandlung des Themas empfinde, glaube ich, daß diese Geschichte unvollständig oder sogar bedeutungslos wäre, wenn ich es umgehen würde, einen Bericht von meinen Erfahrungen mit dem anderen Geschlecht zu geben, denn sie waren für den weiteren Verlauf meines Lebens und für die Bildung meiner ganzen Persönlichkeit zweifellos von entscheidender Bedeutung.

Es war in jenem Winter, daß Schreker mich bei einem der offiziellen Hochschulbälle dem einzigen lebenden Kind Gustav Mahlers, seiner Tochter Anna, vorstellte. Beim Niederschreiben meiner Lebensgeschichte habe ich wiederholt bemerkt, daß es mir fast unmöglich ist, das Aussehen von Menschen zu beschreiben, und ich bin mir durchaus der Tatsache bewußt, daß die wenigen Versuche, die ich in dieser Richtung unternommen habe, noch unbefriedigender und ungeschickter sind als der übliche Stil meiner literarischen Bemühungen. Ich glaube, daß ich absolut unfähig bin, auch nur die wenigen gängigen Phrasen, die mir zu Gebote stehen, anzuwenden, um einen Menschen zu beschreiben, der mir einige Jahre lang so nahe war wie Anna Mahler, und deshalb werde ich es dabei bewenden lassen. Ich bezweifle nicht, daß die junge Dame mir von Anfang an sehr attraktiv erschien, aber ich bezweifle auch nicht, daß der Gedanke, mich mit einem Sprößling des hochverehrten Meisters zu unterhalten, meiner Eitelkeit schmeichelte. Und ich habe auch keinen Zweifel daran, daß ich das Mädchen begehrte, aber das bedeutet nicht viel, weil jeder normale Mensch ständig von Wünschen dieser Art bedrängt wird. Sicher ist viel mehr und etwas ganz anderes erforderlich, um den Effekt zu erzeugen, den man als sich verlieben bezeichnet. Was das ist und wie es eindeutig festgestellt werden kann, vermag ich ebensowenig zu erklären wie vermutlich jeder andere.

Die englische Sprache verwendet den Ausdruck »to care for somebody« [jemanden gern mögen, sich um jemanden kümmern, für jemanden sorgen], um das Phänomen zu charakterisieren. Im Hinblick auf den heutigen Sprachgebrauch ist dieser Ausdruck sicher sehr schwach, denn man wird ständig gefragt: »Would you care for more salad?« (Möchtest du noch Salat?) oder: »Would you care to go to a movie?« (Möchtest du ins Kino gehen?) Offenbar kommt man dem ursprünglichen Sinn des Wortes näher, wenn man es mit »worry« (Sorge) assoziiert. Ich habe das Gefühl, daß man eine Frau wirklich liebt, wenn man beginnt, sich um sie zu sorgen, wenn man sich darum »kümmert«, ob sie genug zu essen hat, sich wohl fühlt und was sie tut, wenn man nicht mit ihr zusammen ist, und insbesondere, welchen Umgang sie pflegt. Es kann gut sein, daß das wahre Anzeichen für Liebe Eifersucht ist, doch das hieße nur, ein Symptom durch ein anderes zu erklären. Ich habe von dem grausigen und tragischen Gesetz gehört, wonach in einer Liebesbeziehung der Partner, dessen Gefühl stärker und intensiver ist als das des anderen, dazu verdammt ist, der Verlierer zu sein und aus seinem Erlebnis voller Narben und Enttäuschung hervorzugehen. Das wiederum kann sehr wohl eine Rationalisierung *ex post facto* sein, denn Enttäuschung und Frustration sind leichter zu ertragen, wenn man die Befriedigung hat, überzeugt zu sein, daß die eigene Investition größer war als der andere verdiente. Tatsächlich werden selbst die ernsthafteste und gründlichste Analyse und Selbstanalyse die Intensität eines Gefühls niemals in meßbaren Werten offenbaren. Ganz offensichtlich zielt das Verhalten von Liebenden, in dem sich bewußte Schlauheit und instinktiver Trieb auf höchst seltsame Art mischen, auf den im Idealfall ausschließlichen Besitz des geliebten Objekts. In der Regel stellte ich fest, daß die Instinkte der Frauen weniger anhaltend besitzergreifend waren als meine eigenen, und das verschaffte ihnen in solchen Fällen, in denen ich mich stärker gebunden fühlte als sie, einen Vorteil. In anderen Fällen wirkte sich dieser Umstand zu meinen Gunsten aus, und natürlicherweise neige ich zu der Annahme, daß ich jene letzteren weniger unglücklich machte, als die ersteren mich. Ich bin mir aber sehr wohl der Tatsache bewußt, daß dieser Gedanke ebensosehr Trost für mein Leiden ist – zeigt er doch, daß meine Gefühle so viel verdienstvoller waren als ihre und an diese Frauen einfach verschwendet –, wie der gegenteilige Gedanke, nämlich daß es mir gelang, sie leiden zu machen, als süße Rache erschiene.

Eine weitere Frage, die zu erwägen ich manchmal geneigt bin, ist, ob intimerer körperlicher Kontakt der Liebe förderlich ist oder ob er ihr Ergebnis ist. Wahrscheinlich kann man beides nicht sauber trennen, aber ich möchte gerne glauben, daß Menschen, mit denen ich je solche Kontakte haben werde oder hatte, ihr Zustandekommen nicht zulassen würden oder nicht zugelassen hätten, wenn sie mich nicht liebten oder geliebt hätten. Doch das wirft nur wieder die Frage auf, was Liebe wirklich ist. Ich würde nur höchst ungern zugeben wollen, daß meine Einstellung dazu bloß auf Eitelkeit und einer besitzergreifenden Wesensart beruht, das heißt, daß ich es für selbstverständlich halten würde, daß Frauen, die eine derartige Beziehung zu mir eingehen, ein tieferes Gefühl für mich hegen würden, als ich vielleicht für sie, während ich für mich ein anderes Maß an Freiheit in Anspruch nehmen würde. Im Gegenteil, ich bin davon überzeugt, daß in jenen Fällen, in denen ich mich wirklich »kümmerte«, mein Gefühl intensiver war als das der Geliebten, wobei der höhere Intensitätsgrad eben darin zum Ausdruck kam, daß ich mich »kümmerte«. Daraus sollte ich schließen, daß in den gegenteiligen Fällen die Gefühle der Frauen stärker waren und daß sie folglich die Verlierer gewesen sein müssen. Sollte das darauf hinweisen, daß die sogenannten »glücklichen« Liebeserlebnisse denjenigen gewährt werden, die weniger in sie investieren? Oder sollte das Durchmachen der Höllenqual eigener Gefühlsintensität letztendlich zu einem höheren Glück führen als ein müheloser und schnell vergessener Sieg?

Aber was ist Glück überhaupt? Ein Fall scheint bei dieser kuriosen Buchführung über Erotik vollständig ausgelassen worden zu sein, und zwar derjenige, in dem die Investitionen beider Partner sich völlig die Waage halten. Aufgrund meiner eigenen Erfahrung scheint mir, daß ein solcher Fall in der Regel nur in einem reiferen Alter eintreten kann als in dem, von dem ich jetzt in bezug auf mich selbst spreche, dann nämlich, wenn beide Beteiligten bereit sind, darauf zu verzichten, allzu eifrig zwischen den Zeilen zu lesen, und die menschliche Natur so hinnehmen, wie sie ist. Damals war ich von diesem Entwicklungsstand noch weit entfernt, und ich mußte noch so manche stürmische Phase durchmachen, bevor ich das große Glück hatte, der Frau zu begegnen, die die richtige Art von Liebe zu mir hegte.

Obgleich ich mit sogenannten »liberalen« Ansichten zu diesen Problemen aufgewachsen bin, habe ich immer gefunden, daß die

Bedeutung, die ihnen beigemessen wurde, stark übertrieben und hauptsächlich auf Vorurteile und gesellschaftliche Tabus zurückzuführen war. Da meine Mentalität und meine Empfindungsweise in hohem Maße ein Produkt der letzteren sind, würde ich mich vielleicht nicht ganz wohl fühlen, wenn sie nicht existierten, aber oft wünschte ich mir, ich hätte in einer Zeit gelebt, in der sie anscheinend nicht solche Bedeutung hatten wie heute. In dieser Hinsicht habe ich große Bewunderung für die Mentalität des achtzehnten Jahrhunderts entwickelt, wie sie sich in den Memoiren Casanovas zeigt. Ich erinnere mich nicht, ob ich dieses erstaunliche Buch zu der Zeit las, von der hier die Rede ist, oder etwas später. Die Vertrauenswürdigkeit der Erzählung ist natürlich höchst zweifelhaft. Aber ich stimme Goethe zu, der sagte, wenn das Buch ein wahrer Tatsachenbericht sei, müsse sein Autor ein höchst bemerkenswerter Mann gewesen sein, und wenn es Fiktion sei, müsse er einer der bemerkenswertesten Schriftsteller gewesen sein. Wie dem auch sei, die Welt, die Casanova beschrieb, hielt es anscheinend für selbstverständlich, daß jeder Mann und jede Frau, die sich unter normalen Umständen begegneten, automatisch die eine Sache im Sinn hatten, um die es hier geht, und der Sittenkodex der Zeit beruhte angeblich auf dieser Annahme.

Ich kann nicht umhin, diese Zustände als beneidenswert glückliche anzusehen, obgleich sie verschiedene Nachteile gehabt haben mögen, die wir uns in unseren gegenwärtigen Verhältnissen nicht vorstellen können. Die französische Literatur scheint zu beweisen, daß diese Einstellung in Frankreich noch in unseren Tagen vorherrschte, doch meine eigenen Beobachtungen ließen darauf schließen, daß das eher Dichtung als Wahrheit war. Jedenfalls habe ich stets den Eindruck gehabt, daß unsere gegenwärtigen Tabus und Vorurteile mehr Probleme, Frustration und Kummer als nötig verursachen. Andererseits bin ich mir durchaus der Tatsache bewußt, daß unser Denken in keiner anderen Angelegenheit als in dieser bestimmt unglaublich primitiv und animalisch würde, und ich würde mich nicht wundern, wenn ich der erste wäre, der gegen die Freiheit protestieren würde, wenn sie anderen als mir selbst zugestanden würde.

Winterferien in Wien

Ich erinnere mich nicht, wann und wie oft ich Anna damals sah, aber ich weiß, daß ich fest entschlossen war, ernsthaft um sie zu werben. Trotzdem wollte ich auf meine Winterferien in Wien nicht verzichten, und diese müssen bald nach meiner ersten Begegnung mit Anna begonnen haben. Diesmal fuhr ich über Prag, ausgestattet mit verschiedenen Empfehlungen von Alois Hába, auf dessen Wunsch ich bestimmte Leute in Prag kennenlernen sollte. Hába hatte die Hoffnung, daß es ihm gelingen werde, mich schließlich doch reumütig zu den Tschechen zurückzubringen, nicht aufgegeben. Hin und wieder hatte er ein gemeinsames Essen in der tschechischen Gesandtschaft in Berlin arrangiert. Der tschechische Gesandte war damals Herr Tusar, der früher bei der Zeitung gewesen war, wenn ich nicht irre. Er war ein freundlicher, stark hinkender Mann ohne weitere auffällige Besonderheiten, und er war mit einer lebhaften und nicht unattraktiven Frau verheiratet. Manchmal war es ein bißchen komisch, diese neuen republikanischen Beamten bei ihren verlegenen Anstrengungen zu beobachten, den Eindruck zu erwecken, daß sie mühelos die feierlichen Traditionen der Vorkriegsdiplomatie übernommen hatten, von der sie so gut wie nichts wußten, und mitanzusehen, wie sie versuchten, ihre Schnitzer als Ausdruck des neuen Geistes der Demokratie zu erklären. Vielleicht hätte ich mich an diesen Mahlzeiten nicht beteiligen sollen, zumal ich ganz sicher war, daß ich meine Seele nicht für ein Linsengericht hergeben würde (wie Hába meinen Gastgebern vielleicht versprochen hatte), aber das Linsengericht war so außergewöhnlich gut, daß meine Begeisterung für gute tschechische Küche mühelos den Sieg über meine leichten Gewissensbisse davontrug. Jedenfalls muß die ganze Sache einen kleineren Gesandtschaftsangestellten geärgert haben, denn lange Zeit nachdem ich meine Besuche dort eingestellt hatte, hörte ich, daß er Gerüchte verbreitet hatte, denen zufolge ich eine Art Doppelagent gewesen sein sollte. Das hatte aber keine Bedeutung, und alle lachten herzlich darüber.

Nach meiner Ankunft in Prag besuchte ich den Dirigenten Václav Talich, der erklärte, er sei an meiner Symphonie interessiert. Natürlich war diese Erklärung das letzte, was ich von ihm hörte. Bereits damals begann die Welt in kleine Sippschaften von Parteigängern zu zerfallen, die unter allen Umständen fest zusammenhielten und niemanden sonst an den Kuchen heranließen, von dem sie sich ein paar dünne Scheibchen abgesäbelt hatten. Die »befreiten« Tschechen waren mindestens ebenso engstirnig und provinziell wie ihre angeblichen Unterdrücker es gewesen waren, oder sogar noch schlimmer, denn während all die berühmten tschechischen Komponisten früherer Zeiten wie Smetana, Dvořák, Novák, Suk und andere nicht nur tschechische Nationalhelden gewesen waren, sondern dazu auch alle Privilegien österreichischer Staatsbürger genossen hatten, so daß ihr Ruhm größtenteils auf der Anerkennung basierte, die sie in Wien gefunden hatten, hüteten die neuen »liberalen«, »freien« tschechischen Republikaner ihre neu gewonnenen Vorrechte äußerst eifersüchtig und ließen keinen Außenstehenden an ihre kostbaren Errungenschaften heran. Diese Haltung änderte sich in späteren Jahren ein wenig, aber zum Zeitpunkt meines ersten Besuchs in Prag konnte ich überhaupt keine brauchbaren Kontakte herstellen.

Ich traf mit einigen Komponisten wie Štěpan, Vomáčka und Vyčpálek zusammen, wobei der letztgenannte mit einigen ausdrucksvollen Arrangements tschechischer Volkslieder einen starken Eindruck auf mich machte. Außer diesen tschechischen Musikern möchte ich einen sonderbaren Menschen namens Max Taussig erwähnen, für den ich, von ich weiß nicht wem, eine Empfehlung hatte. Obgleich ich ihn noch nie gesehen hatte, bezahlte er in Prag meine Hotelrechnung, und es kostete mich selbst dann einige Anstrengung, mit ihm zusammenzutreffen, als ich das Bedürfnis hatte, wenigstens Dankeschön zu sagen. Ich fand ihn kurz vor der Abfahrt meines Zuges in einem Kaffeehaus, und er war ganz überrascht, als er hörte, daß ich mir diese Umstände nur gemacht hatte, um ihm für seine Freundlichkeit zu danken. Er bot mir Geld an, falls ich welches brauchte, und schien noch mehr überrascht zu sein, daß ich es nicht annahm. Er war ein österreichischer Jude, der in der Tschechoslowakei geschäftliche Interessen verfolgte, und eines jener Originale, an denen die alte Monarchie so reich gewesen war. Er war als Wohltäter in kleinem Maßstab bei Intellektuellen in ganz Mitteleuropa bekannt, und jeder, der nach Prag kam, wußte, daß er sich mit allen kleineren Problemen an »Maxl« Taussig, wie er liebevoll genannt wurde, wenden konnte. Er war äußerst bescheiden in bezug auf seine Haltung und hatte an der Dankbarkeit seiner Schützlinge nicht das geringste Interesse. Die Befriedigung, die er seinen guten Taten abgewann, war selbstlos bis zur Exzentrizität. Ich frage mich, ob es noch irgendwo Menschen dieser Art gibt.

Von Prag war ich stark beeindruckt. Die Stadt war damals im Begriff, ein blühendes Zentrum aller möglichen Aktivitäten zu werden, denn sie war die Hauptstadt eines aufstrebenden, ehrgeizigen und reichen Landes voller Vitalität und Elan. Prag liegt wunderschön an den bergigen Ufern der Moldau mit ihren zahlreichen Windungen, und es bietet eine Fülle höchst bemerkenswerter historischer Gebäude, darunter einige seltene Beispiele für schöne Barockarchitektur. Jeder Quadratmeter Boden in Prag trägt die Spuren der dichten, lebendigen und zu Zeiten tragischen Geschichte einer hochbegabten, stolzen und eigensinnigen Nation, der einsamen westlichsten Vorhut des riesigen slawischen Volkes, die gefährlich in das deutsche Territorium vorstößt. Die geographische Lage des Landes macht seine Integration in die es umgebenden politischen Formationen seiner deutschen Nachbarn unbedingt erforderlich. Die Geschichte zeigt, daß dieser Sachverhalt für die Tschechen bis jetzt entweder bedeutete, nach dem Süden zu greifen und über Österreich zu herrschen, wie es im 13. Jahrhundert geschah, oder von Österreich beherrscht zu werden, wie das in der Zeit von 1618 bis 1918 der Fall war.

Die tschechische Unabhängigkeit hat sich als eine – vielleicht schöne – Schimäre erwiesen, denn früher oder später endet sie, wie jüngste Ereignisse gezeigt haben, damit, daß das Land von Deutschland verschluckt wird. Die einzige Lösung des Problems wäre eine Form der Integration, bei der die Tschechen weder Herrscher noch Beherrschte wären, und wir können nur beten, daß Gott jenen, die die Macht haben werden, eine Regelung zu treffen, die Weisheit schenken möge, für diese Integration ein geeignetes Verfahren zu finden. Offenbar waren die Zustände, die von 1618 bis 1918 herrschten, für die tschechische Nation alles andere als ideal, aber ich bin sicher, daß die intelligenteren Tschechen jetzt fairerweise zustimmen, daß diese Zustände im allgemeinen weit besser waren als alles andere, womit sich die tschechische Nation abfinden mußte, als die kurze Phase ihrer vollständigen Unabhängigkeit zu Ende gegangen war.

Zu der Zeit, die ich hier beschreibe, hatte niemand im Land eine Ahnung von der Katastrophe, die die Tschechen weniger als zwanzig Jahre später heimsuchen sollte. Ein gewaltiger Bauboom war im Gange, und durch das Land zu fahren war, als würde man durch Pionierland im Goldrausch reisen. Überall in der schlammigen Wildnis wuchsen moderne Fabriken und Bürohäuser empor und warteten darauf, daß die alten verschlafenen Dörfer mit der neuen, stürmischen Expansion Schritt hielten. Das alles sah eigentlich sehr erfreulich aus, obgleich es auf mich ein wenig traurig wirkte, denn ich wußte, daß ein großer Teil dieser Energien daraus genährt wurde, daß Wien und Österreich ausbluteten.

Prager Schinken und Würste waren schon immer besonders berühmt gewesen, und während sie in bester Qualität in Wien selbst vor dem Krieg nur in bestimmten Spezialgeschäften zu haben waren, denen ich in jenen vergangenen Zeiten mit meiner Mutter manch einen Besuch abstattete, waren diese Delikatessen nach dem Krieg natürlich ganz aus Österreich verschwunden. Bevor ich Prag verließ, kaufte einer meiner neuen tschechischen Freunde mehrere Pfund dieser köstlichen Ware für mich, die ich beim Passieren der Zollkontrolle in Gmünd verstecken mußte. Alles ging gut, und ich erinnere mich mit seltsamer Deutlichkeit an den tiefen und glücklichen Schlaf, in den ich fiel, kaum daß der Zug den Grenzbahnhof verlassen hatte. Ich wachte erst auf, als er drei Stunden später über die Weichen des Heiligenstädter Bahnhofs ratterte. Aus irgendeinem Grund habe ich das Gefühl, daß ich in meinem ganzen Leben nicht so gut geschlafen habe. Ich wußte, daß mit meiner Rückkehr nach Berlin ein neuer, möglicherweise glücklicher, jedenfalls aber aufregender und unvergleichlicher Abschnitt meines Lebens beginnen würde – und hier war ich wieder in meiner Heimat, um noch einmal vier Wochen in der altgewohnten Weise zu verbringen, bevor ich mich auf das etwas beunruhigende Abenteuer einließ. Die Müdigkeit nach den wenigen Tagen in Prag und die kleine Aufregung beim Zoll taten ein übriges. Seither hat das Bild von einem Mann, der nach langer Abwesenheit schlafend in sein Heimatland zurückgebracht wird, eine seltsame, magische Bedeutung behalten. Ich war sehr bewegt, als ich diese Vorstellung in Jean Giraudoux' Roman *Siegfried* in eine schöne, poetische Form gebracht sah.

Sehr bald besuchte ich Yela, und ich bin ziemlich unsicher, ob es nun schwer zu erklären ist oder nicht, warum ich das tat und was daraufhin geschah. Ich muß eigentlich sehr gut gewußt haben, daß unser Verhältnis dem Ende zuging, denn ich hatte mich in anderer Richtung eingelassen. Ich bin aber nicht sicher, ob mir das damals völlig klar war. Was jedenfalls offenkundig für mich war, war die Tatsache, daß die Annäherung an Anna mir einen Teil meiner früheren Hemmungen genommen hatte. Auch der gewichtige Faktor der Eitelkeit spielte eine Rolle. Ich wußte, daß Anna Mahler, obgleich sie vier Jahre jünger war als ich, nach einer kurzen Ehe mit jemandem, den ich nicht kannte, bereits geschieden war, und der Gedanke, daß ich ihr ohne handfeste erotische Erfahrung begegnen sollte, war mir unerträglich. Was Yela damals bewog, auf meine Haltung in unmißverständlicher Weise zu reagieren, weiß ich nicht. Sie empfing mich in der Stadtwohnung, die die Reischs im Winter benutzten, und alle anderen waren für den Nachmittag ausgegangen. Die Dinge nahmen den Lauf, den sie schon ein paar Jahre früher hätten nehmen sollen. Ich sage ohne Zögern, daß ich selbst nur das eine bedaure, daß es nicht schon früher geschah.

Ich muß zugeben, daß wir es nicht besonders geschickt anstellten, aber das spielt jetzt keine Rolle. Ich möchte hinzufügen, daß mir eine gewisse Anregung, die Balzac in einer seiner entzückenden *Contes drôlatiques** gibt, nie so komisch und frivol erschien, wie sie of-

* *Die hundert tolldreisten Geschichen …*, 1832–1853

fenbar gemeint war. Die Geschichte beschreibt das Dilemma, in dem sich ein jungverheiratetes Paar angesichts der unmittelbar bevorstehenden Aufgabe sieht, da die beiden infolge ihrer strengen Erziehung nicht die geringste Ahnung haben, was sie nun als nächstes tun sollen. Die Lösung besteht darin, daß beide unabhängig voneinander die großartige Idee haben, einen befreundeten älteren Angehörigen des jeweils anderen Geschlechts um Rat zu fragen. Und Rat wird beiden auf großzügige und höchst praktische Weise erteilt, und sie leben glücklich und in Frieden bis an ihr seliges Ende. Ich sehe nichts Lächerliches darin, und ich finde, daß dieses Verfahren als höchst nützlicher Brauch akzeptiert werden sollte.

Am nächsten Tag erhielt ich vom Berliner Schauspielhaus ein Telegramm mit der Bitte, sofort zurückzukommen und die Bühnenmusik für ein weiteres Schauspiel zu schreiben. Da es nicht nur um eine beträchtliche Geldsumme, sondern auch um ein gewisses Prestige ging, hatte ich kaum eine Wahl und mußte meine Ferien, die gerade erst begonnen hatten, abbrechen. Zweifellos kennzeichnete dieses Telegramm einen entscheidenden Wendepunkt in meinem Leben. Wäre es nicht gekommen, hätte meine Affäre mit Yela, wenn wir sie so fortgesetzt hätten, wie wir sie begonnen hatten, meine Einstellung zu Anna möglicherweise sehr wesentlich verändert, und es hätte sehr gut sein können, daß ich früher oder später Yela geheiratet hätte. Jetzt waren die Würfel durch äußere Umstände gefallen, und ich ging geradewegs auf das zu, was mir bereitet war.

Die Zweite Symphonie

Das Stück, das ich diesmal mit meiner Musik schmücken sollte, war eine wilde, ausgefallene Tragödie über Napoleon, verfaßt von dem deutschen Romantiker Grabbe, dessen kurzes und ziemlich ausschweifendes Leben in den dreißiger Jahren des vorigen Jahrhunderts endete, wenn ich nicht irre. Sowohl er als auch sein Zeitgenosse Georg Büchner (dessen Drama *Wozzeck* das Libretto zu Alban Bergs Oper geliefert hatte) lagen den deutschen Expressionisten besonders am Herzen. Beide hatten sehr wenig geschrieben, weil sie ungefähr mit Anfang zwanzig gestorben waren, und beide hinterließen einige der wildesten und eigenartigsten Texte deutschsprachiger Literatur. Sie bedienten sich eines sozusagen supershakespearschen Stils, der in gepfefferten Wendungen von unübertrefflicher Leidenschaftlichkeit, aber gleichzeitig durch eine poetische Vision von überwältigender, ursprünglicher Kraft beseelt war. Ein Jahrhundert lang waren sie von den Literaturprofessoren als Außenseiter behandelt und nur als Beispiele äußerster Lasterhaftigkeit und Verworfenheit erwähnt worden. Es kam den Expressionisten zu, diese vergessenen Genies auszugraben und sie als Wegbereiter der neuen Kunstrichtung ins rechte Licht zu rücken. Übrigens wurden im späten achtzehnten Jahrhundert, in der Zeit des Sturm und Drang, noch ein paar mehr Genies von diesem Typus entdeckt, wie Jakob Lenz und Gerstenberg. Ich erinnere mich insbesondere an eine schreckliche Tragödie des letzteren mit dem Titel *Ugolino*, die in allen entsetzlichen Details das langsame Verhungern einer italienischen Familie schildert, die von ihren Todfeinden in einen Turm eingeschlossen wurde. Auch einige der beinahe grotesk schauerlichen Gedichte von Gottfried August Bürger gehören in diese Kategorie. Sicher eignet dieser Literatur eine Art jugendlicher Unreife. Aber andererseits gaben diese Dichter ihrem Mitgefühl mit den grausamsten Formen menschlichen Leidens auf fast erschreckende Weise Ausdruck, und selbst ihre unbeholfensten und mangelhaftesten Produkte – es ist ganz typisch, daß die meisten ihrer Werke unvollendet blieben –, haben eine Aura beängstigender Größe, die ich stets außergewöhnlich fesselnd und aufregend fand.

In seinem *Napoleon* frönt Grabbe einer wahrhaft shakespeareschen Mißachtung szenischer Praktikabilität, indem er aufständische Massen, riesige Bankette und Schlachtfelder mit kompletten, strategisch operierenden Divisionen auf der Bühne vorsieht. Das war offensichtlich genau das Richtige für Jessner. Meine Aufgabe war mehr oder weniger ähnlich wie im Vorjahr. Ein größeres Problem bestand allerdings darin, auf den Instrumenten ein Geräusch zu erzeugen, das das Pfeifen durch die Luft schwirrender Geschosse andeutete. Wir probierten alle Arten chromatischer Läufe aus, die jedoch als viel zu artikuliert abgelehnt wurden, bis einer der Flötisten in größter Verzweiflung von oben in seine Querflöte pustete, was ganz unvorschriftsmäßig ist. Als Jessner den so hervorgebrachten, sonderbar heulenden Ton hörte, rief er freudig, daß sei genau das, was er wolle, und wir ließen es dabei bewenden. Wahrscheinlich fühlte er sich in seiner Überzeugung bestätigt, daß ordentliche Musik für seine höheren Zwecke ein sehr schlechtes und ungeeignetes Medium sei.

Was meine eigenen musikalischen Bemühungen angeht, so war das *Concerto grosso* wahrscheinlich im Frühherbst fertig. Abgesehen von dem bereits erwähnten Eingangsthema habe ich von dem Stück nicht viel im Gedächtnis behalten. Neben der Arbeit mit Fritz Demuth an der Oper war ich mit einem Werk für Kammerorchester beschäftigt, um der Einladung zu den zweiten Donaueschinger Musiktagen nachkommen zu können. Es war eine symphonische Musik in zwei Sätzen für vier Holzblasinstrumente und fünf Streicher. Der erste Satz war ein kraftvolles Allegro, dessen Thema in seinen rhythmischen Grundzügen und seiner Struktur dem Eingangsthema von Schuberts C-Dur-Symphonie folgte. Das Thema alterniert mit einigen, teils ruhigeren Nebengedanken, die aber alle den gleichen trotzigen Charakter und einen starken rhythmischen Vorwärtsdrang haben, von dem ich damals so eingenommen war, daß Erdmann ein wenig fürchtete, er könnte zum aufdringlichen Manierismus werden. Er wurde nicht müde, mich auf Beispiele rhythmischer und metrischer Freiheit hinzuweisen. Solchen Ermahnungen schenkte ich damals keine besondere Beachtung, weil das elementare Stampfen der Musik Strawinskys und ähnlicher Komponisten einen starken Reiz auf mich ausübte. Nichtsdestoweniger behielt ich die Bedenken Erdmanns und anderer Freunde, die dem Kreis um Schönberg nahestanden, im Sinn, und wahrscheinlich bewirkten sie zu einem späteren Zeitpunkt gewisse Veränderungen meines Stils. Der zweite Satz meiner *Symphonischen Musik für neun Instrumente* (opus 11) ist ein ausgedehntes Adagio mit einer langen, fugenartigen Einleitung für Streicher und verschiedenen, davon abgeleiteten Passagen, wobei die Coda in eine rondoartige Paraphrase des thematischen Materials aus dem ersten Satz übergeht. In beiden Sätzen wurden beachtliche Versuche unternommen, mit traditionellen Strukturschemen zu brechen, und spätere Aufführungen der Komposition schienen zu beweisen, daß diese Versuche erfolgreich waren. Das ganze Stück hindurch blieb ich dem komplexen kontrapunktischen Stil treu, den ich in meinem *Ersten Streichquartett* verwendet hatte und der ein charakteristisches Merkmal meiner gesamten musikalischen Produktion zu sein scheint.

Nachdem ich diese Arbeit hinter mich gebracht hatte, fühlte ich mich vor allem durch die rasch fortschreitende Intensivierung meiner Beziehung zu Anna inspiriert, ein neues symphonisches Werk von großem Umfang zu beginnen, das meine *Zweite Symphonie* werden sollte. Was die Frage betrifft, ob und in welchem Ausmaß jemand durch persönliche, insbesondere erotische, Erfahrungen zu schöpferischen Leistungen angeregt wird, habe ich der romantischen Theorie, die der seichte Heinrich Heine so ausdrückt, daß er aus seinen großen Schmerzen die kleinen Lieder mache*, stets große Skepsis entgegengebracht. Ich bin sicher, daß unglückliche Liebe, oder übrigens Unglück jeder Art, mich keineswegs zu sonderlich bedeutsamen künstlerischen Äußerungen anregt. Der Gedanke, daß man seinen Kummer in Musik (oder Dichtung oder

* »Aus meinen großen Schmerzen«, *Lyrisches Intermezzo* 1822–1823, Nr. XXXVI

etwas dergleichen) umsetzen und sich dadurch von ihm befreien kann, ist naiv und materialistisch zugleich. Der Mechanismus der Seele ist weitaus komplexer. Der Künstler lebt viel mehr von seiner Phantasie, als der Laie zu glauben geneigt ist. Tatsächlich ist es eben die Fähigkeit, eine breite Skala menschlicher Möglichkeiten in seinem Innern zu erfassen, die einen großen Künstler ausmacht. Er braucht nicht zu hungern, um die Qualen des Verhungerns intensiv zu erleben. Und er muß nicht von seiner Geliebten betrogen werden, um bewegenden Ausdruck für das Gefühl der Enttäuschung zu finden. Im Gegenteil, es ist möglich, daß er, falls und wenn ihm solches widerfährt, so niedergeschlagen ist, daß er überhaupt nichts hervorbringt. Insbesondere in der Musik, die sich nur vage äußeren Umständen zuordnen läßt, beruht der Eindruck, daß der Komponist etwa die Gefühle eines enttäuschten Liebhabers bewegend dargestellt hat, auf der abstrakten emotionalen Intensität der Musik, und die Assoziation mit einer äußeren Ursache für derartige Gefühle wird vom Hörer nach eigenem Belieben und aufgrund seiner eigenen Stimmung und Erfahrung hergestellt.

Nichtsdestoweniger ist es ganz plausibel, daß die allgemeine Steigerung der emotionalen Vitalität, die mit einer sich entfaltenden erotischen Erfahrung naturgemäß verbunden ist, die schöpferischen Möglichkeiten eines Menschen, der solche Möglichkeiten besitzt, stimuliert, denn seine schöpferische Fähigkeit bietet ein höchst befriedigendes Ventil für die überschüssige Energie. Die emotionale Note, die die Hörer eines Werkes, das unter solchen Umständen geschaffen wurde, diesem zuschreiben, hat mit den Umständen nichts zu tun. Es ist gut möglich, daß es zutiefst tragischen Charakter hat, ungeachtet der Tatsache, daß der Schöpfer des Werks überaus glücklich war, als er es komponierte, aber die Intensität und die Tiefgründigkeit der tragischen Atmosphäre sind vielleicht durch die höhere Vitalitätsebene bedingt, zu der der Komponist während des Komponierens Zugang hatte.

Während ich diese Zeilen schreibe, stehe ich unter dem Eindruck der Proben, die ich zufällig während der letzten beiden Wochen mitangehört habe und die die Aufführung meiner *Zweiten Symphonie* unter der Leitung von Dimitri Mitropoulos in Minneapolis vorbereiten. Ich habe das Werk seit zwanzig Jahren nicht gehört und glaube, daß ich ihm ganz objektiv gegenüberstehe. Da ich die anscheinend seltene Gabe besitze, Musik schneller zu vergessen als die meisten meiner Freunde und Kollegen, erlebe ich jetzt beim Hören dieses frühen Werkes nicht einmal jene blitzartigen Momente des Wiedererkennens, die ähnliche Erfahrungen anderer Menschen zu begleiten scheinen. Von diesem distanzierten Standpunkt aus betrachtet, finde ich die *Zweite Symphonie* nicht besonders fröhlich, sondern über weite Strecken eher trostlos. Allerdings finde ich sie tatsächlich sehr eindringlich, und ich wage zu sagen, daß es mir in wenigen meiner Kompositionen gelang, einen so hohen Grad an Spannung so lange aufrechtzuerhalten, denn das Stück ist wahrscheinlich das längste, das ich je geschrieben habe, wenn man von den Opern absieht, in denen jedoch viel mehr Mittel eingesetzt werden als in einem reinen Orchesterwerk.

Das Erlebnis, diese Symphonie hier und jetzt zu hören, ist eine so ungewöhnliche Ergänzung zu meinen derzeitigen Bemühungen, das Bild der Vergangenheit wiederzufinden, daß ich etwas länger dabei verweilen möchte. Wenn ich den Eindruck analysiere, den ich bisher durch objektives Zuhören gewonnen habe, finde ich, daß die ersten beiden Sätze das Bild eines Riesen heraufbeschwören, der in einem Käfig oder in einer Höhle herumtobt. Der erste Satz ist voller gewaltiger Anstrengungen, die Wände der Höhle oder die Gitterstäbe des Käfigs zu zertrümmern, trotziges Hämmern und Stampfen scheinen die vorherrschenden Ausdrucksqualitäten der Musik zu sein; das einzige lyrische Detail, das in den Vordergrund tritt, ist traurige Resignation. An einer Stelle werden die kleinen Intervalle, die den Satz im Pianissimo von Celesta und Violinen einleiten und eine diesige, dunstige Atmosphäre andeuten, im Fortissimo von Streichern und Blechbläsern wiederholt: Das klang in meinen Ohren wie die Schreie der armen Seelen im Fegefeuer. Der zweite Satz hört sich wie ein Ergebnis solcher Resignation an: ein Dulden der Enge, in die der Riese eingesperrt ist, eine Art verzweifelten Tanzes, in dem er aus der Not eine Tugend macht und wild in der Höhle oder dem Käfig herumspringt. Wieder sind, wie im ersten Satz, einige melancholische Lyrismen zu hören, gleichsam ein schwacher Widerhall der Freuden in der freien Welt außerhalb des Gefängnisses. Der dritte, langsame Satz ist ganz anders, denn er basiert auf sehr expressiven, ausgedehnten Klanggruppen. Er klingt jedoch nicht nach eroberter Freiheit wie vielleicht das Finale der Fünften Symphonie Beethovens, sondern eher wie das leidenschaftliche Gebet um Freiheit, das jemand hervorbringt, der endlich die Hemmungen überwunden hat, die ihn bislang davon abhielten, ein solches Gebet auszustoßen. Und es hört sich eindeutig so an, als wüßte er, daß der Gegenstand seines Gebets nahezu unerreichbar ist. Der gewaltige Höhepunkt am Schluß mit seiner Kombination von thematischem Material ist, wie ich es jetzt empfinde, eher von erhebendem als von niederschmetterndem Ausdruck, aber er fungiert nicht als Lösung des Konflikts, sondern klingt vielmehr wie ein rasender Versuch, die Widersprüche als von einer höheren Macht gewollt anzunehmen und die im Widerstreit liegenden Elemente in einer Art kosmischen Pandämoniums zu integrieren.

Deutet diese Analyse von Ausdrucksqualitäten darauf hin, daß das Liebeserlebnis, welches seinen Anfang nahm, als ich dieses Werk schrieb, letztendlich ein unglückliches werden sollte? Und ist diese Analyse ex post facto durch mein Wissen darum bestimmt, wie sich dieses Erlebnis entwickelte? Hat die Tatsache, daß seitdem zwanzig Jahre vergangen sind, etwas mit meiner gegenwärtigen Reaktion zu tun? Und wie wird diese Reaktion von meiner gegenwärtigen Gefühlslage beeinflußt, über die ich jetzt nichts sage, weil diese Aufzeichnungen kein Tagebuch, sondern eine Schilderung vergangener Ereignisse sind, so daß gegenwärtige Angelegenheiten erst besprochen werden, wenn sie Teil der Vergangenheit geworden sind?

Von einem rein musikalischen Standpunkt aus könnte man, meine ich, behaupten, daß die Ausdrucksqualität von schmerzlicher Spannung, welche die ganze Symphonie, besonders aber den letzten Satz, kennzeichnet, einem stilistischen Dualismus zuzuschreiben ist, weil nämlich die atonale Landschaft, in der das Stück angesiedelt ist, regellos mit Relikten des tonalen Idioms durchsetzt ist. Der Eindruck, der von diesen isolierten Elementen ausgeht, ist oft sehr kläglich und ruft eine melancholische Empfindung von Nostalgie wach, wie man sie beim Besichtigen von Ruinen verspüren würde, die inmitten mächtiger, aber strenger und bedrohlicher moderner Bauten an eine glücklichere Vergangenheit erinnern. Ich bin sicher, daß ich derartige Effekte keineswegs vorsätzlich geplant hatte, denn ich war mir der Dualität des Idioms gar nicht bewußt. Die philosophische Deutung des Gehalts der Komposition im Hinblick auf Knechtschaft und Freiheit ließe sich ohne weiteres mit der obigen stilistischen Analyse verbinden. Doch auf welcher Seite sollte die Freiheit ihren Platz haben? Es wird von der Perspektive des Betrachters abhängen, ob er die »alten Freiheiten« sieht, dargestellt von den tonalen Relikten, die von der Starre der neuen atonalen Prinzipien verschlungen werden, oder ob er die endgültige Freiheit eher mit dem totalen Sieg der Atonalität identifiziert und annimmt, daß das Zwielicht des vorliegenden Stückes darauf zurückzuführen ist, daß die letzten Fesseln der Tradition noch nicht völlig abgestreift wurden. Die Wahl zwischen den beiden Deutungen wird von der Theorie des Betrachters abhängen, welchen Weg die Musik geht, und vielleicht von seinem Wunsch, welchen Weg sie gehen sollte. Wenn er den Umfang seiner Analyse auf meinen persönlichen Fall beschränkt, wird er in Erwägung ziehen müssen, welchen Weg meine Musik tatsächlich eingeschlagen hat, und das wird die Sache nicht weniger verwirrend machen.

Noch ein weiterer Aspekt könnte als Bezugsrahmen herangezogen werden, nämlich die politischen und sozialen Umstände. Die Symbole der Gefangenschaft und der Sehnsucht nach Freiheit könnten ohne weiteres als Ausdruck der Mentalität des deutschen Volkes nach dem Vertrag von Versailles interpretiert werden, oder der Betrachter könnte, wenn er dem kleinen Detail Beachtung schenkte, daß ich schließlich kein Deutscher war, zufriedenstellendere Parallelen in dem Kampf der unterprivilegierten Massen um soziale Freiheit sehen oder ein anderes Beispiel für Unterdrückung und das Ringen um Freiheit wählen, ganz nach Belieben. Und diejenigen, die meine Komposition überhaupt nicht mögen, werden sie wahrscheinlich als ein typisches Produkt chaotischer, steriler und allgemein ungesunder Nachkriegsverhältnisse ansehen.

Worauf läuft das alles hinaus? Daraus, daß so divergente und sogar widersprüchliche Interpretationen möglich sind, wäre leicht zu schließen, daß Musik überhaupt keine Bedeutung hat und daß die einzig verläßliche Methode, sich damit auseinanderzusetzen, die rein technische Analyse ist, die den musikalischen Prozeß beschreibt und weiter nichts. Wenn ein Komponist aber genau das tut, wirft man ihm prompt vor, er habe »theoretische« oder »intellektuelle« Musik ohne »menschliche« Bedeutung geschrieben, die daher für jene, die Musik als die Sprache des Gefühls »genießen« wollen, nicht von Interesse sei. Wenn er sich in seiner Deutung über den technischen Bereich hinauswagt, schenkt man seinen Darlegungen in der Regel keinen Glauben und tut sie als »nachträgliche Überlegungen« oder als »subjektive« Äußerungen mit apologetischem Charakter ab. Ich habe oft bemerkt, daß selbst wohlmeinende Freunde von mir zögerten, dem, was ich über meine Werke zu sagen hatte, irgendeine Bedeutung beizumessen. Im Lichte des oben Gesagten ist die Entdeckung, daß solche Darlegungen subjektiv sind, ein Gemeinplatz, den der Komponist selbst kaum anzweifeln würde. Die meisten seiner Kritiker würden jedoch nur ungern zugeben, daß ihre eigene Deutung natürlich um nichts weniger subjektiv ist. Aus all diesen Gründen gehört die Diskussion über zeitgenössische Musik zu den unbefriedigendsten Tätigkeiten des menschlichen Geistes, und die Gefühle, die daraus resultieren, steigern sich häufig zu einem so überwältigenden Ekel, daß man nicht nur versucht ist, nie wieder den Mund aufzumachen, sondern beinahe auch, das Komponieren ganz aufzugeben.

Ich muß aus den gegebenen Anhaltspunkten schließen, daß ich die Symphonie, die nahezu eine Stunde dauert, in einem unheimlichen Tempo geschrieben habe, vermutlich in einer Art Fieberhaftigkeit, so daß ich mich nicht einmal erinnere, in jenen Frühlingsmonaten besonders oder außergewöhnlich beschäftigt gewesen zu sein. Ich erinnere mich nur, daß ich den zweiten Satz am Morgen nach meiner ersten Nacht mit Anna begann, in einem Gasthof am Ufer eines kleinen Sees östlich von Berlin, wohin wir uns begeben hatten, um unser Verlangen zu befriedigen. Es ist recht bezeichnend, daß ich mich nicht erinnern kann, wie der Ort hieß, obgleich ich für geographische Fakten und Namen ein außergewöhnlich gutes Gedächtnis habe. Wir verbrachten dort einige Tage in dem Gefühlstaumel, der mit solchen Ereignissen glücklicherweise verbunden ist. Der Himmel weiß, warum wir zwei getrennte Zimmer genommen hatten, zumal wir die einzigen Gäste in dem winzigen Gasthof waren und niemand den geringsten Zweifel im Hinblick auf den Zweck unseres Besuches hegen konnte. Ich stellte fest, daß die physischen Ressourcen, die mir für das betreffende Spiel zur Verfügung standen, bemerkenswert waren (und zwar ungewöhnlich, wenn ich späteren Kommentaren glauben soll), was mir verzeihliche Befriedigung, später aber auch einigen Kummer verursachte. Nach diesem »Versuch« beschlossen wir, unsere Beziehung in der neuen Form fortzusetzen, und unser nächstes Anliegen war, die praktischen Gegebenheiten dafür zu schaffen.

Anna und Alma Mahler

Über Anna fand ich heraus, daß sie ein frühreifes, eigenwilliges und, von einem konventionellen Standpunkt aus gesehen, höchst exzentrisches Kind gewesen war. Ihr Vater war gestorben, als sie sieben Jahre alt war – sie erinnerte sich noch, mit ihm in New York im Central Park spazieren gegangen zu sein, als Mahler während seiner letzten Lebensjahre Dirigent der New Yorker Philharmoniker war. Danach wuchs sie unter der Obhut ihrer Mutter auf und genoß eine Erziehung, die etwas ungeregelt gewesen sein muß, um es sehr milde auszudrücken. Nach allem, was Anna mir von jener Zeit erzählte, sah ich einer Begegnung mit dieser Frau, die für die nahe Zukunft geplant war, mit größter Besorgnis entgegen. Anna behauptete, sie habe das wohlbekannte physische Attribut der Jungfräulichkeit nie besessen – ich weiß nicht, ob sie damit bestimmte psychologische Merkmale erklären wollte, die ihr ungewöhnlich vorkamen, oder ob es ihr einfach nur interessant erschien. Mediziner, denen gegenüber ich dieses Detail erwähnte, erklärten es für absolut unmöglich. Natürlich konnte ich den Wahrheitsgehalt nicht überprüfen, und mir lag auch gar nichts daran, aber wahrscheinlich fand ich es ebenfalls höchst interessant.

Es mag sein, daß das jüdische Blut, das Anna von ihrem Vater geerbt hatte – ihre Mutter war so »arisch« wie nur möglich –, die vorzeitige Reife bewirkt hatte, die bei Orientalen gewöhnlich zu finden ist. Die Atmosphäre des Hauses war zudem nach Mahlers Hinscheiden sexuell höchst stimulierend, um es vorsichtig auszudrücken. Fast noch im Kindesalter schien Anna die Gewohnheit entwickelt zu haben, sich in die Liebhaber ihrer Mutter zu verlieben, deren es nicht wenige gab. Aufgrund dieser Erfahrungen hatte sie einen Komplex aus Frustration und Haß entwickelt und nahm die erste Gelegenheit wahr, der Hölle dieses Hauses zu entfliehen. Diese Gelegenheit bot sich ihr in der Gestalt eines gewissen Koller, dem ich einige Zeit später begegnete (den Vornamen habe ich vergessen, er kann August gewesen sein, was recht passend erscheinen würde). Er war ein Wiener Musiker, ein großer, schlanker Bursche und ein recht sympathischer Kerl, aber ohne die flotte, verführerische Eleganz oder die dämonische intellektuelle Statur, die für die Lieblinge Alma Mahlers kennzeichnend waren und von denen man hätte annehmen sollen, daß sie Vorbedingung gewesen wären, um das junge Mädchen anzuziehen, das in dem kultivierten und überreizten Haushalt der Lustigen Witwe aufgewachsen war. Anna erzählte mir später, sie glaubte, daß sie Koller eigentlich nur geheiratet hätte, weil sie sich, ohne es zu wissen, in seinen Vater verliebt hatte, aber das schien mir eine ziemlich hoffnungslose Rationalisierung eines dummen Fehlers zu sein, besonders nachdem ich den betreffenden Herrn viele Jahre später kennenlernte; er war ein ziemlich gewöhnlicher jüdischer Geschäftsmann mit den Ansichten eines Amateurphilosophen.

Jedenfalls heiratete Anna den jungen Koller und folgte ihm nach Elberfeld, wo er einen Posten als Dirigent am Städtischen Opernhaus hatte. Nach dem, was ich von ihr über diese Zeit hörte, erscheint es recht plausibel, daß sie sehr unglücklich war und sich nach wenigen Monaten von ihrem Mann trennte. Was ich damals nicht begriff, war, daß die Kraft, die eigentlich ihre Ehe zerstört hatte, die unheimliche Macht ihrer Mutter war, der gegenüber Anna eine so große Abneigung bekundete. Ich glaube, der stärkste Instinkt von Annas Mutter, Alma Mahler, war ihre unbezwingliche Gier nach Macht über andere Menschen, und ihr ausschweifendes Liebesleben war weniger auf die Intensität ihrer erotischen Leidenschaften zurückzuführen als auf den Umstand, daß die Natur sie so ausgestattet hatte, daß die Strategie des Sexes das geeignetste Mittel für ihre Machtpolitik wurde. Ich glaube auch nicht, daß Anna besonders leidenschaftlich war. Im Gegenteil, ihre physische Verfassung hinderte sie einigermaßen an intensiverem Vergnügen, denn sie hatte vom Liebesakt schnell genug und er wurde ihr gleichgültig, was nicht auf

Frigidität hinauslief, dieser aber recht nahe kam. Wiederum schien es, als würde sie ihre beachtlichen erotischen Reize unbewußt als Vehikel für ihre Ausbrüche aus dem bedrückenden Einflußbereich ihrer Mutter benutzen. Die Folge war, daß es ihr nicht gelingen konnte, eine dieser Eskapaden in eine dauerhafte eigene Lebensform umzuwandeln, ein Versagen, das ihre Mutter geschickt ausnützte, um sie immer wieder in die alte Sklaverei zurückzuholen. Natürlich konnte ich all das am Anfang unserer Beziehung nicht durchschauen. Als mir diese Verhältnisse klarer wurden, war es zu spät, um etwas zu ändern. Ich weiß nicht, wie sich Annas Leben später entwickelte. Wenn es sich nicht wesentlich geändert hat, fürchte ich, daß es alles andere als glücklich sein muß, und ich empfinde tiefes Mitgefühl für sie.

Bald nach den oben angedeuteten Begebenheiten kam Alma Mahler nach Berlin, und ich sollte sie kennenlernen. Ich war für diese Begegnung allzugut vorbereitet, so daß ich ziemlich gehemmt und nicht gerade brillant war. Seltsamerweise wurde Anna immer noch von der Angst ihrer frühen Jugend geplagt, ich könnte Almas übermäßig gepriesenem Zauber verfallen. Anna war zwar erleichtert, daß nichts dergleichen geschah, doch meine Bekanntschaft mit ihrer Mutter begann nicht gerade unter günstigen Vorzeichen, weil ich einige bissige oder sogar taktlose Bemerkungen im Berliner Dialekt machte, in den ich damals unabsichtlich und gegen mein ästhetisches Empfinden in Momenten der Verlegenheit zu verfallen pflegte. Die erfahrene Dame tat so, als hätte sie das beleidigt, was ich allerdings nicht einen Augenblick lang glaubte, und so gab es anfangs eine gewisse Reibung, die jedoch scheinbar nicht von langer Dauer war. Im übrigen glaube ich, daß sie mich genausowenig mochte wie ich sie, und sie meinte vielleicht, den Grund für ihre Abneigung zu kennen, war ich doch potentiell einer der Kerle, die ihr ihre Tochter für immer entfremden konnten. Ich hätte Alma Mahler aus dem entgegengesetzten Grund hassen können, aber ich kannte ihr Wesen nicht, und ich mochte sie einfach instinktiv nicht.

Sie war damals Anfang Vierzig und sicherlich für jedermann ein lohnender Anblick, ein prächtig aufgetakeltes Schlachtschiff, etwas korpulent, doch nicht zu sehr, und voll unerschöpflicher und scheinbar unzerstörbarer Vitalität. Sie hatte tatsächlich das Zeug dazu, das Leben zu einem schwindelerregenden Karussell zu machen. Ihr Verhalten war gegenüber allen, die ihr nahe kamen, äußerst simpel. Sie war automatisch darauf aus, sie zu hilflosen Untertanen ihrer Macht zu machen, und dabei ging sie mit überwältigenden Frontalangriffen vor, indem sie die Betreffenden nach allen Regeln der Kunst betörte und bezauberte. Ihre Strategie Frauen gegenüber mag komplizierter gewesen sein, aber wahrscheinlich war sie an Frauen nur insofern interessiert, als sie ihr dazu dienten, die Männer neben oder hinter ihnen zu erreichen. Die Grundelemente ihrer Strategie waren ziemlich primitiv: Essen und Trinken. Ich bin kaum jemals mit ihr zusammengetroffen, ohne raffinierte, komplizierte und sichtlich teure Speisen und vor allem reichlich schwere Getränke aller Art serviert bekommen zu haben. Sie war in Hochform, wenn Sinne und Verstand ihres Gefolges gleichzeitig benebelt und erregt waren.

Alma Mahler war die Tochter eines Wiener Malers namens Emil Jakob Schindler, von dessen Werk ich nicht viel gesehen hatte, mit Ausnahme einiger außergewöhnlich schöner und einfühlsamer Zeichnungen im spätromantischen Stil der 1870er Jahre.

Besser in Erinnerung geblieben war er wegen seiner Extravaganz und seiner verschiedenen exzentrischen Verhaltensweisen. Seine Frau, die beträchtlich viel jünger gewesen sein muß als er, stammte aus Hamburg. Sie war eine sehr feine alte Dame, und ich mochte sie von der ganzen Gesellschaft am liebsten. Sie hatte wieder geheiratet, wieder einen Wiener Maler namens Karl Moll. Seine Leistungen als Maler wurden nur wenig beachtet, und er schien sich viel mehr mit seiner kaufmännischen Begabung nützlich zu machen, denn er handelte mit Gemälden und anderen Kunstgegenständen von hohem Wert, die er in entlegenen Orten in Italien und in anderen Ländern entdeckte und deren Transport zu dankbaren Kunden er organisierte. Ich bin sicher, daß der geschickte Mann es immer verstand, sich an die kniffligen Gesetze zu halten, die diesen Handel regeln. Auch er war ganz nett, aber nicht sehr. Aus dieser zweiten Ehe hatte Frau Moll noch eine weitere Tochter, Almas viel jüngere Stiefschwester Maria, eine nicht unattraktive Person mit ausgeprägtem Geschäftssinn und ziemlich ordinärem Benehmen.

Gustav Mahler war zwanzig Jahre älter gewesen als Alma und über vierzig, als sie heirateten. Ich habe nie herausgefunden, welcher Art diese Ehe war, und ich denke, daß mich eine gewisse Ehrfurcht vor dem großen Meister davon abhielt, jemals nach diesem Kapitel seines Lebens zu fragen. Es bestand sowieso kaum die Chance, von den überlebenden Zeugen dieser Zeit die Wahrheit zu erfahren. Mahlers erstes Kind, Annas Schwester, war früh gestorben, und in den wenigen Jahren, die ihm blieben, war er, besonders nach seinem dramatischen Abgang von der Wiener Oper, die meiste Zeit todkrank gewesen. Daher ist es wohl gerecht, wenn man annimmt, daß das Leben weder für ihn noch für seine junge Frau leicht war, und das erklärt vielleicht die Entwicklung von Almas Charakter, als er sich nach Mahlers Tod unverhüllt zeigte. Es scheint, daß ihr Schlafzimmer zu einer Art schickem Durchgangslager für Berühmtheiten auf den Gebieten der schönen Künste, der Literatur und der Musik und obendrein für verschiedene nicht berühmte Männer wurde.

Während des Ersten Weltkriegs heiratete sie den Architekten Walter Gropius, den späteren Begründer der berühmten progressiven Architekturschule, die als Bauhaus bekannt ist. Aus dieser Ehe stammte eine weitere Tochter, Alma Manon, Annas viel jüngere Stiefschwester, ein Geschöpf, von dem viel Aufhebens gemacht wurde. Alban Berg mochte sie sehr gern und widmete ihrem Andenken sein Violinkonzert. Ich muß leider sagen, daß ich sie überhaupt nicht mochte, weil mir schien, daß sie argwöhnisch und hinterlistig war und für ihre Mutter den Lockvogel und die Spionin spielte. Möge Gott mir verzeihen, wenn ich darin irre. Die Ehe mit Gropius ging bald auseinander, und nach ein paar Intermezzi hatte Alma sich Franz Werfel ausgesucht, der zu dem Zeitpunkt, als ich sie kennenlernte, ihr Favorit war. Damals beschloß sie, endlich seßhaft zu werden, und in ihrem späteren Leben scheint er zum ständigen Inventar geworden zu sein.

Alma Mahlers Stil war generell etwas altmodisch. Sie war es gewohnt, lange, fließende Gewänder zu tragen, um ihre Beine nicht zu zeigen, die vielleicht ein weniger bemerkenswertes Detail ihres Körperbaus waren. Ihr Stil war der von Wagners Brünhilde, transponiert in die Atmosphäre der *Fledermaus*. Das schien auf Männer der älteren Generation gewaltigen Eindruck zu machen. Mich, der ich in der Zeit der kurzen Damenkleider aufgewachsen war, beeindruckte es überhaupt nicht, denn ich war besonders empfänglich für das freizügig gezeigte weibliche Bein und bin das immer geblieben. Der österreichische Schriftsteller Franz Blei, angeblich eine Autorität in Sachen Erotik, behauptete, daß der neuere Brauch, in der Öffentlichkeit immer größere Teile des weiblichen Körpers zu entblößen, auf ein Abnehmen erotischer Energien hindeute, weil nur das Verhüllte Neugier und sexuelles Begehren wecke, und daß heutzutage praktisch nur noch die Entblößung der Vagina übrigbleibe, um den Effekt zu erzielen, der früher durch das Herzeigen eines Fußknöchels erreicht wurde. Ich verstehe, was er meint, aber die Theorie überzeugt mich nicht ganz, denn das, was ich jeden Tag sehe, hat für mich nichts von seinem herausfordernden Charme verloren. Jedenfalls bin ich mir manchmal im unklaren darüber, ob meine eigene Art, auf diese Dinge zu reagieren, inzwischen so veraltet ist, wie die Alma Mahlers mir zu sein schien, denn ich bin jetzt ungefähr so alt, wie sie war, als ich sie kennenlernte. Es scheint jedoch, daß sie sich trotzdem ausgezeichnet amüsierte, und zudem besteht zwischen den Alterungsprozessen von Männern und Frauen vielleicht ein wesentlicher Unterschied. Während letztere offenbar schneller reif werden als erstere, scheinen die Männer im allgemeinen mehr Durchhaltevermögen im Wettlauf mit der Zeit zu besitzen.

Nach einigen Tagen mit üppigen Mahlzeiten und reichlichem Alkoholkonsum verschwand Alma, und wir kehrten zu unseren eigenen Problemen zurück. Als wir beschlossen hatten, unsere Liebe ganz auszukosten, waren nicht die geringsten Heiratsabsichten im Spiel. Zu jener Zeit war es durchaus üblich, daß ein Liebespaar in einer Wohnung oder in anderen geeigneten Verhältnissen zusammenlebte, ohne die traditionellen Zeremonien, die als eine Art überholte Bürokratie betrachtet wurden. Anna wohnte damals in einer Pension nahe dem Wittenbergplatz, die nichts von der erwünschten Privatsphäre bot. Und auch mein eigenes schäbiges Zimmer eignete sich nicht für das Leben, das wir planten. Ein paar Mal besuchte Anna mich dort. Da ich im praktischen Umgang mit solchen Dingen unerfahren war, gab ich mir keine besondere Mühe, die Spuren unseres lebhaften Treibens im Zimmer zu beseitigen, und eines Tages erklärte Frau Rocholl, sie sei schockiert, denn sie habe Haarnadeln auf meiner Couch gefunden, und die Decke derselben sei zerknüllt gewesen. Ich antwortete ihr, daß die Dame, die mich besucht hatte, meine Verlobte gewesen sei, was alle Bedenken meiner Wirtin wie durch Zauberei zu zerstreuen schien. Im übrigen erzählte ich ihr, daß ich sowieso beabsichtige, im Herbst auszuziehen, woraufhin sofort alles in Ordnung war.

In der Zwischenzeit boten uns die Erdmanns, die wir als erste in unsere Pläne eingeweiht hatten, an, für einen Teil des Sommers ein Häuschen an der Ostsee mit ihnen zu teilen, das ihnen wiederum von aristokratischen Freunden angeboten worden war. Anschließend wollten wir zu den Musiktagen nach Donaueschingen fahren, und danach würde ich den Rest des Sommers mit Anna in Alma Mahlers Sommerhaus im Semmeringgebiet südlich von Wien verbringen. Schließlich wurde vereinbart, daß wir im Herbst zwei Zimmer in der riesigen Wohnung von Erdmanns Mutter in Berlin beziehen würden, die alte Dame vermietete nämlich immer mehrere der vielen Räume an verschiedene Pensionsgäste. Ich weiß nicht recht, warum wir uns entschlossen, in Berlin zu leben, denn mein Studium, das informell seit langem beendet war, hatte mit dem

Ende des akademischen Jahres, wenn ich nicht irre, auch einen mehr oder weniger formalen Abschluß gefunden. Es gab keine Abschlußfeier. Auf höchst unzeremonielle Weise bekam ich irgendein Diplom ausgehändigt, das ich nie angeschaut habe, und eine Partitur der *Meistersinger*, als Anerkennung für meine hervorragenden Leistungen, was mir angesichts meines Krachs mit Schreker geradezu wie ein Hohn vorkam. Jedenfalls hatte sich damals allgemein die Ansicht durchgesetzt, daß ein Musiker, der Zukunft haben wollte, in Berlin leben mußte. Ich glaube, die Annahme, Berlin entwickle sich zum Nabel der Kunstwelt, hatte auch Anna als Vorwand gedient, sich nach ihrer Scheidung dort niederzulassen. Sie kultivierte mit ziemlich verzweifelter Hartnäckigkeit ein mittelmäßiges Maltalent, von dem ich nicht besonders viel hielt, denn ich hatte das Gefühl, daß auch dies eine ihrer Listen war, die dazu dienten, sich dem Einflußbereich ihrer Mutter zu entziehen. Anna besuchte einige Kurse an einer Berliner Kunstschule, aber ohne viel Ausdauer, und versuchte sich auf eigene Faust an Illustrationen, Holzschnitten und dergleichen.

Im Spätfrühling fuhren wir mit den Erdmanns in das versprochene Sommerhaus an der Ostsee. Es befand sich in der Nähe eines kleinen Fischerdorfes mit dem Namen Lippe-Newerstorff, welches man wiederum von der alten, für ihre Architektur berühmten Stadt Lübeck aus auf langsamen, gewundenen Nebenstrecken mit der Eisenbahn erreichen konnte. Der letzte Teil der Reise wurde mit Pferd und Wagen zurückgelegt, und ich erinnere mich, daß ich ganz aufgeregt war, denn ich sollte zum ersten Mal das Meer sehen. Wie in vielen derartigen Fällen war ich ein wenig enttäuscht, denn das Phänomen sah dann fast genauso aus, wie ich es mir vorgestellt hatte. Vielleicht war der Anblick deshalb nicht besonders eindrucksvoll, weil das Meer dort auf lange Strecken von sumpfigen und morastigen Lagunen begrenzt war, und viele Leute pflegten zu sagen, daß die Ostsee sowieso nicht das Wahre sei, denn sie sei nicht der Ozean. Trotzdem hatte sie das, was mir eins der typischen Attribute des Meeres zu sein scheint, man konnte nämlich das gegenüberliegende Ufer nicht sehen, und das Wasser reichte bis an den Horizont. Außerdem stellte sich heraus, daß an stürmischen Tagen auch die Ostsee so aufgewühlt war, wie man es sich nur wünschen konnte.

Meine Reaktion auf das Meer ist seither stets die gleiche geblieben. Ich freue mich für kurze Zeit an seinem Anblick, aber das Element als solches ist mir alles andere als sympathisch. Die monotone Ruhelosigkeit macht mich nervös und depressiv, und da ich mich eigentlich in Höhen zwischen zweitausend und gut dreitausend Metern wohl und körperlich fit fühle, trägt die drückende Atmosphäre wahrscheinlich dazu bei, daß meine Verfassung an der Küste nicht gerade glänzend ist. Die von vielen Menschen gepriesene wunderbare Entspannung durch stundenlanges Dösen am Strand ist mir versagt. Ich habe das Gefühl, daß ich das flüssige Ungeheuer ständig beobachten muß, damit es mich nicht mit irgendeinem bösen Streich überrascht, und das ermüdet mich sehr. Ich habe bemerkt, daß die meisten Menschen, die Freude an den Bergen haben, meine Einstellung zum Meer teilen und daß diejenigen, die das Meer lieben, auf die Berge ähnlich reagieren wie ich auf das Meer. Übrigens scheinen letztere viel zahlreicher zu sein. Was ich wirklich sehr gerne mag, sind Berge in Küstennähe, von denen ich weit über das Meer sehen kann, wie das an vielen Stellen der Mittelmeerküste und in Kalifornien der Fall ist.

Während unseres Aufenthalts in Lippe-Newerstorff machte ich ein paar völlig zwecklose Versuche, mich an der Wasseroberfläche zu halten, was anderen Leuten mühelos zu gelingen scheint, mittels einer Tätigkeit, die als Schwimmen bekannt ist. Daraufhin begnügte ich mich damit, ins Wasser zu waten und die Wellen gegen mich an- und über mich hinwegrollen zu lassen, was ich unterhaltsam und belebend fand. In der Regel war das Wasser unangenehm kalt, aber wir fanden es stilvoll, so spärlich bekleidet wie möglich herumzuspazieren, was eine verstärkte Intensität bei den Übungen bewirkte, die schließlich der Hauptzweck unseres Unternehmens waren.

Toccata, Chaconne und Suite

Zu dieser Zeit muß ich die Partitur meiner *Zweiten Symphonie* fertiggestellt haben, denn ich erinnere mich, daß Irene Erdmann einmal spätabends am Eßzimmertisch mir gegenüber saß, während ich den letzten überwältigenden Höhepunkt der Symphonie orchestrierte, und im flackernden Licht der Kerzen, die wir zur Beleuchtung benutzten, eine Porträtzeichnung von mir machte; sie zeigte mein Gesicht in einer kühnen Verkürzung, weil ich meinen Kopf fast horizontal über das Papier gebeugt hielt. Gleichzeitig beschäftigte ich mich aber schon mit einer anderen größeren Komposition, einem Klavierwerk, um das Erdmann mich gebeten hatte. Er wünschte sich ein ausgewachsenes und »sehr schweres« Stück in einem »modernen« Idiom, und er bekam es. Es wurde *Toccata und Chaconne* betitelt und bestand aus einem freien, phantasieartigen Satz mit brillanten Passagen und fugenartigen Abschnitten sowie einer Passacaglia, in der das Eingangsthema der Toccata als stereotype melodische Figur verwendet wurde. Ich glaube, ich begann dieses Stück im Zug von Berlin nach Lübeck und gab Erdmann die Seiten, während ich an der Komposition weiterarbeitete, so daß er schon anfing zu üben, bevor sie überhaupt fertig war. Da er im Grunde genommen faul und hedonistisch war, machte ihm das Üben keinen großen Spaß, und er hatte die Angewohnheit, sich dadurch zu unterhalten, daß er zu den einzelnen Phrasen, die er ständig wiederholen mußte, Worte erfand, und diese oft völlig absurden Texte brüllte er beim Spielen aus voller Kehle.

Diese Eigentümlichkeit war die Ursache von etwas, von dem ich wünschte, es wäre ungeschehen geblieben, weil es unerfreulichere Folgen hatte, als wir vorausgesehen hatten. Die Reihe feierlicher Akkorde, mit der mein Stück anfing und die über dem Baß der Chaconne aufgebaut waren, inspirierte Erdmann zu den Worten »Ja, ich glaub' an Jesum Christum, Gottes eingeborenen Sohn«. Da er diese Worte jedesmal rief, wenn das Thema auftauchte, schlug er schließlich den etwas diabolischen Scherz vor, sie zum festen Bestandteil des Stücks zu machen und so zu tun, als handle es sich um eine Toccata und Chaconne über den Choral »Ja, ich glaub'« und so weiter. Ich verstand sofort und hielt das für einen gelungenen, geistreichen Scherz, der künftigen Kritikern meiner Komposition als Falle dienen sollte. Wir erwarteten, daß sie sich natürlich weder die Mühe machen würden, herauszufinden, ob solch ein Choral überhaupt existierte, noch Verdacht schöpfen würden, weil die Melodie mit ihren großen Sprüngen und den chromatischen Fortschreitungen einem Choral so überhaupt nicht ähnelte, sondern daß sie sich je nachdem in Bemerkungen über die Behandlung oder die Mißhandlung des »wohlbekannten« Chorals ergehen würden. Es war nicht schwer, vorauszusagen, daß wir völlig richtig kalkulierten.

Wir ließen es jedoch nicht dabei bewenden. Als Irenes Geburtstag, der 30. Juni, nahte, beschloß ich, ihr ein musikalisches Geschenk zu machen, saß eine Nacht lang in meinem Bett wach und schrieb eine kleine Suite in sechs Sätzen über dasselbe Passacaglia-»Choral«-Thema. Die Suite sollte witzig sein. Sie begann mit einer Allemande im Bach-Stil, darauf folgten Sarabande und Gavotte von eher romantischem Charakter, dann ein schwungvoller Walzer nach Art des *Rosenkavalier* und eine Fuge, die als Parodie auf den »atonalen« Stil beabsichtigt war – zu meiner Überraschung aber war sie keineswegs eine Parodie, sondern ein recht gutes modernes Stück, dessen satirischer Tenor sich auf ein paar lächerlich expressionistische Spielanweisungen beschränkte – und den Schluß bildete ein »Foxtrott«, die damals populärste Form des Jazz oder was immer wir dafür hielten. Ich bedaure aus mehr als einem Grund, diese stilistische Promenadenmischung veröffentlicht zu haben, denn sie war so bezaubernd und leicht, daß sie recht bekannt wurde – Beweis dafür ist beispielsweise die Tatsache, daß sie, abgesehen von den Klavierstücken, die ich selbst eingespielt habe, die einzige Komposition von mir ist, die in diesem Land auf Schallplatte veröffentlicht wurde, so daß die meisten Menschen mein Werk nur von solchen kleinen, armseligen Nebeneffekten her kennen und sich normalerweise nicht die Mühe machen, weiter zu suchen. Jedenfalls war Erdmann hocherfreut über dieses belanglose Stückchen, das seiner Vorstellung von Spaß und extrovertiertem Klavierspiel vollkommen entsprach, und er beschloß sofort, das Stück nach der *Toccata und Chaconne* als Zugabe zu spielen und anzukündigen, daß es auf demselben »Choral« basiere. Die Universal Edition hatte keine Einwände dagegen, beide Kompositionen zusammen zu drucken, mitsamt dem witzigen Titel, den ich, die blumige Diktion der Bach-Zeit bespöttelnd, der Suite gegeben hatte.

Alles verlief plangemäß. Nicht nur hielten sich Hörer und Kritiker nicht damit auf, herauszufinden, daß ein derartiger Choraltext nie existiert hatte und daß meine Melodie unmöglich eine Choralmelodie sein konnte, sondern diejenigen, die der neuen Musik feindlich gesinnt waren, verdammten mich einmütig für den blasphemischen Einfall, das geistliche Thema durch die Gosse zügelloser, obszöner Jazzrhythmen zu zerren, nachdem ich es durch die »kakophonen« Orgien der Atonalität geschändet hatte. Natürlich hatten wir genau das erwartet und geplant, aber damals hatte ich nicht damit gerechnet, daß ich es Jahre später nicht immer lustig finden würde, den Vorwurf der Respektlosigkeit gegenüber der Religion der Ahnen erst in der reaktionären und später in der Nazi-Presse dauernd wiederholt zu sehen. Wie üblich richtete die Erklärung, daß kein Choral in dem Stück vorkomme, gegen die gehässige Propaganda überhaupt nichts aus. Im Gegenteil, wo peinlich offenbart wurde, daß die Kritik eher der Ignoranz und dem Vertrauen auf Vorurteile entsprang als der unvoreingenommenen Bewertung der Kunst, verschanzten sich die Betreffenden erst recht hinter ihrer Haltung, indem sie behaupteten, daß ich, auf ihre Unwissenheit spekulierend, wirklich den Eindruck hatte erwecken wollen, daß ein authentischer Choral dieser Behandlung unterzogen worden sei, und prahlerisch demonstrierten, daß die »moderne« Musik nicht einmal vor einer solchen Schandtat zurückschrecke. Das Gegenargument, daß ich in diesem Fall besser daran getan hätte, einen echten und gut bekannten Choral zu verwenden, fruchtete wenig.

Ein recht amüsanter Vorfall ereignete sich im nächsten Winter, kurz nachdem Erdmann die Stücke in Berlin gespielt hatte. Es war gleich nachdem sein zweites Kind, ein Sohn, geboren worden war, und er hatte mich und einige andere Freunde gebeten, die Patenschaft zu übernehmen. Nach der Taufzeremonie, die in Erdmanns Wohnung stattfand, gab es für die Anwesenden einen kleinen Empfang, und der Pfarrer, der den Gottesdienst abgehalten hatte, nutzte die Gelegenheit, um Erdmann zu fragen, wie er als gottesfürchtiger Christ so schreckliches, gottloses Zeug spielen könne, wie er es den Presseberichten zufolge getan habe. Der gute Mann hatte die Liste der Taufpaten offenbar nicht sehr genau studiert, oder aber er verband meinen Namen nicht mit dem des Übeltäters, der das anstößige Werk auf dem Gewissen hatte, und ganz bestimmt bemerkte er nicht, daß ich während dieser geistlichen Ermahnung neben ihm saß. Natürlich genoß Erdmann die Situation außerordentlich, und er erwiderte, ohne eine Miene zu verziehen, daß Bach genau dasselbe getan habe und daß zwischen einer Sarabande und einem Foxtrott kein wesentlicher Unterschied bestehe.

Nachdem wir uns über unseren Streich mehr gefreut hatten, als eigentlich angemessen war, leisteten wir uns noch einen ähnlichen, sogar noch alberneren Spaß, allerdings mit glücklicherweise harmlosem Ergebnis. Der Verlag Schott, der sich in Deutschland für fortschrittliche Musik einsetzte – so wie die Universal Edition in Österreich, nur mit vernünftigerer Planung – brachte eine Monatszeitschrift mit dem Titel »Melos« heraus, das Gegenstück zum Wiener »Anbruch«. Wir fanden ihren Herausgeber, einen gewissen Fritz Fridolin Windisch, höchst lächerlich und die Zeitschrift wegen ihres geschwollenen expressionistischen Geschwafels widerlich. Deshalb beschlossen wir, Herrn Windisch einen Streich zu spielen, indem wir ihm für die Musikbeilage des Blattes eine kleine Komposition anboten. Es war ein Quartett für eine völlig verschrobene Kombination von Instrumenten, etwa Piccoloflöte, Kontrafagott, Mandoline und kleine Trommel, und es entstand, indem jeder von uns Vieren unabhängig von den anderen eine Stimme schrieb, nachdem wir uns auf ständig wechselnde und völlig absurde Taktvorgaben geeinigt hatten. Das Ergebnis war natürlich barer Unsinn, und wir hofften, beweisen zu können, daß Windisch nicht fähig war, ernstzunehmende moderne Musik von absurdem Quatsch zu unterscheiden. Der Test funktionierte nicht, denn entweder konnte Windisch Qualität und Blödsinn doch auseinanderhalten, oder wir hatten uns verraten, indem wir zu viele offensichtlich satirische Ausdrucksbezeichnungen in die Partitur gesetzt hatten. Und die verrückte Idee, das Kontrafagott »kontra-fa-Gott« zu schreiben und damit auf eine Art expressionistische, kosmisch-symbolische Bedeutung dieses Instrumentennamens anzuspielen, ging offenbar zu weit. Wir bekamen unser Stück mit einem höflichen Brief zurück, der zumindest nicht erkennen ließ, daß Windisch den Streich durchschaut hatte. Das Schreiben deutete eher darauf hin, daß er der Sache nicht ganz sicher war und es nicht wagte, sich festzulegen, indem er sich darauf einließ.

Der Vorfall wäre kaum den Platz wert, den ich ihm hier einräume, wenn er nicht einen äußerst wichtigen Aspekt unserer damaligen Mentalität enthüllte. Der stilistischen Einordnung nach waren wir damals jedenfalls eingefleischte Expressionisten, aber wir fanden es nicht nur schick, sondern hielten es fast für einen legitimen Bestandteil unseres expressionistischen Credos, uns darüber und über uns selbst lustig zu machen. Es mag sein, daß wir damit unbewußt unser Gewissen von der Last befreiten, mit soviel offenkundigem Schund in Verbindung gebracht zu werden, der unter dem Etikett des Expressionismus gehandelt wurde. Ich reagierte infolge meiner Schulung an den erbarmungslosen Kriterien von Karl Kraus sehr empfindlich darauf. Andererseits erkannten wir nicht, daß wir durch eine derartige Haltung unsere eigene Position untergruben. Es ist klar, daß wir der Reaktion ein unschätzbares Argument geliefert hätten, wenn unser Scherz mit »Melos« gelungen wäre. Denn das Ergebnis wäre nicht etwa die Entfernung des armen Herrn Windisch aus den Reihen der Auserwählten gewesen, weil er die Sache nicht würdig vertreten hatte, sondern das Triumphgeheul unserer Feinde, weil die Urheber des Übels überzeugend demonstriert hätten, daß auf dem Gebiet der sogenannten neuen Musik blanker Unsinn von angeblich ernsthaften Bemühungen nicht zu unterscheiden sei, mit anderen Worten, daß es keine Rolle spiele, ob solche Musik ernsthaft komponiert oder mit solchen Methoden hergestellt würde, wie wir sie angewandt hatten.

Zweifellos trugen Geisteshaltungen, wie sie durch diesen unbedeutenden Scherz veranschaulicht werden, dazu bei, den Durchschnittskopf so sehr zu vernebeln, daß sich der einfache Mann in größter Verzweiflung schließlich Hitler an die Brust warf, weil er darauf vertraute, daß er in dem verheißenen Paradies der Schwachköpfe nie wieder von diesen verfluchten, neunmalklugen Intellektuellen zum Narren gehalten werden würde. Aber selbst angesichts der katastrophalen Folgen bringe ich es nicht über mich, unsere Haltung völlig zu verurteilen, war sie doch durch den – zugegebenermaßen unrealistischen – perfektionistischen Wunsch motiviert, unser Haus zu reinigen und den lärmenden Haufen der Mitläufer hinauszuwerfen.

Einer der stärksten Gründe für die Faszination, die Karl Kraus auf mich ausübte, war, daß er diejenigen, die sich für berechtigt hielten, auf seiner Seite gesehen zu werden, genauso hart oder sogar noch härter angriff als die offenkundigen Gegner. Erst viel später erkannte ich, daß, um dieses Prinzip durchzusetzen, ein Mann vom Format eines Propheten oder eines Religionsstifters nötig war, dem es, im vollen Bewußtsein aller Implikationen, gleichgültig war, wenn »diese Welt«, und er mit ihr, in dem Feuer, das er angezündet hatte, untergehen würde. Karl Kraus war das nicht ganz, aber nahezu.

Während des Sommers baten unsere aristokratischen Gastgeber (ihres Namens entsinne ich mich nicht) uns zum Tee, womit ein Spaziergang von etwa drei Kilometern zu ihrem Herrenhaus verbunden war. Das Ganze war eine Tortur, da wir uns für diesen Anlaß etwas vollständiger bekleiden mußten, als wir es gewohnt waren. Die einzige komische Situation wurde von Erdmann herbeigeführt, der so verwirrt und geistesabwesend war, daß er sich verbeugte, als er einem Kammerherrn von Plessen, einem hochgewachsenen alten Mann, vorgestellt wurde, und dem Baron zu dessen größtem Erstaunen die Hand küßte. Der junge Graf erwiderte den Besuch einige Zeit darauf und schien bei unserem unkonventionellen Lebensstil seinerseits ein wenig in Verlegenheit zu geraten. Als ihm eine von Erdmanns schönen Katzen auf den Schoß sprang, bekam er fast einen Anfall und entfernte das Tier, indem er es zwischen Daumen und Zeigefinger am Nacken hielt, wie ein widerliches Insekt. Die Anwesenheit von Anna, die als Frau Koller vorgestellt werden mußte, schien ihn beträchtlich zu interessieren und zu verwirren, und die Erklärung, warum Herr Koller nicht da war, überzeugte ihn sichtlich nicht, obgleich er natürlich nichts sagte.

Wieder in Donaueschingen

Anfang Juli kehrten wir nach Berlin zurück, um uns ein zweites Mal nach Donaueschingen aufzumachen. Ich fuhr mit Anna über Frankfurt und Heidelberg, wo wir ein paar Tage voller Lieben und Trinken verbrachten, denn wir hatten in dem nahe gelegenen Neckargemünd ein Gasthaus entdeckt, wo griechischer Wein ausgeschenkt wurde. Einer der Hauptimporteure hatte dort sein Lager und ein schönes altes Wirtshaus, das »Zur Harfe« hieß und dessen herrliche Terrasse Ausblick über das berühmte, malerische Neckartal gewährte. Ich wünschte, ich wüßte, woher das Geld für alle diese vergnüglichen Ausflüge kam, denn ich erinnere mich nicht, nennenswerte Summen verdient oder etwas Besonderes getan zu haben, um überhaupt Geld zu verdienen. Obgleich ich in meinen Geldangelegenheiten immer sehr genau gewesen bin und sie so gehandhabt habe, daß ich nie jemandem auch nur einen Pfennig schuldete, scheint mich meine finanzielle Lage nicht sehr beunruhigt zu haben. Ich vermute, daß Alma Mahler etwas schickte, und wahrscheinlich mußten zudem die Kollers Unterhalt an Anna zahlen. Ich muß gestehen, daß ich in bezug auf meine Geldquellen nie besonders wählerisch war, solange sie nur sprudelten.

In Donaueschingen war ich etwas verärgert, weil Anna als vornehmer Gast auf Einladung des Fürsten im Schloß wohnen mußte, während ich, der ich nur einer der Komponisten war, ein Privatquartier bezog; ich entsinne mich nicht, ob es dasselbe war wie im Vorjahr oder ein Hotelzimmer. Doch da wir bei einer so offiziellen Gelegenheit ohnehin nicht gut zusammen hätten wohnen können, war es eine ganz akzeptable Lösung. Das gehörte zu den Nachteilen, die sich daraus ergaben, daß wir nicht verheiratet waren, aber im großen und ganzen waren sie schließlich erträglich. Die alte Clique hatte sich wieder versammelt, und ein paar neue Gestalten traten in Erscheinung. Ein denkwürdiges Ereignis war Erdmanns Ankunft, die seine völlige Mißachtung der Konventionen und seinen beneidenswerten Mangel an Hemmungen demonstrierte. Als ich ihn vom Bahnhof abholte, stieg der riesige Kerl in einem nicht ganz stilgemäßen, damals als Cutaway bezeichneten Gehrock und gestreiften Hosen aus dem Zug, ohne Hut auf dem widerspenstigen Haar, aber mit einem Rucksack auf dem Rücken, aus dem eine ungeheure Pappschachtel hervorsah, die seine mehr als ein Meter achtzig große Gestalt hoch überragte. In diesem Karton hatte er seine Abendkleidung verstaut, und das entsprach seiner Vorstellung vom »Reisen mit leichtem Gepäck«. Er zögerte nicht, zu Fuß vom Bahnhof durch die Hauptstraße der Stadt zum Schloß des Fürsten zu gehen, wo man ihm als einem der hervorragenden Solisten ein Zimmer zuwies. Bei jedem Schritt machte die Pappschachtel eine kleine Verbeugung, so wie jene Türmchen, die die Elefanten der Könige von Siam zu tragen pflegten, wenn ich den Bildern trauen kann, die ich gesehen habe, und die Bevölkerung von Donaueschingen amüsierte sich köstlich. Erdmann kümmerte das Schauspiel, das er bot, jedoch überhaupt nicht, und er ließ sich während des ganzen Weges über Musikphilosophie oder ein verwandtes Thema aus.

Scherchen war ebenfalls anwesend, als Dirigent meiner *Symphonischen Musik* und einiger anderer Stücke. Er war wie gewöhnlich laut und taktlos und übertraf darin alle anderen. Eines Abends im Kurhaus, als der mittlerweile verstorbene englisch-holländische Komponist van Dieren an der Tür erschien, rief Scherchen ihm quer durch den ganzen Raum zu: »Van Dieren, altes Haus, Sie sehen schrecklich aus, Sie sehen wie ein Epileptiker aus.« Worauf der arme Kerl ganz ruhig sagte: »Gewiß. Das bin ich ja auch.« Auch Hans Jürgen von der Wense war gekommen, um seine erstaunlichen Lieder zu begleiten. In der Menge war er ziemlich scheu und zurückhaltend, und Scherchen mißbrauchte ihn zu dummen Experimenten mit Münzen, die er in seinen verschwitzten Pfoten versteckt hielt, und anderen Pennälerspäßen, um zu beweisen, daß Wense ein Schwachkopf war und nicht das von Erdmann angekündigte Genie. Nach seinem Auftritt sagte Wense, er habe es ungeheuer genossen, auf dem Klavier herumzudonnern, und er sei sich vorgekommen wie ein wahnsinniger König, der seinen zitternden Untertanen eine Standpauke hält. Er hatte in der Tat einen reichlich verrückten Anblick geboten, mit einem Monokel im bleichen, ausgezehrten Gesicht und den blutigen Fingern, mit denen er die Klaviertasten verschmierte.

Hindemith war wieder da, diesmal mit einem gewissen Hans Flesch im Gefolge, der sein Schwager werden sollte. Weiterhin gehörte zu der Clique ein gewisser Hainisch, ein Maler, der wie der Rausschmeißer eines drittklassigen Bordells aussah. Diese Burschen waren sogar noch ausgelassener als im Jahr zuvor, wenn das möglich war. Ich erinnere mich nicht an die zahlreichen Streiche, die sie verübten, aber aus unerfindlichen Gründen bleibt mir eine Strophe von einem endlosen Studentenlied, das sie immer brüllten, mit beunruhigender Hartnäkkigkeit im Gedächtnis. Sie geht so: »Was müssen das für Bäume sein, / wo die großen / Eléphanten spazieren gehen, / ohne sich zu stoßen? / Meine Herr'n, meine Herr'n, / meine Herr'n, wir sind fidel.«

Meine Beziehung zu Hindemith hatte sich nicht wesentlich geändert, aber nach außen hin standen wir auf sehr freundschaftlichem Fuße, wie es von zwei führenden Repräsentanten der neuen Musik erwartet wurde. Wir einigten uns darauf, einander zu duzen, und kamen auch überein, daß ich ein Streichquartett für das Amar-Hindemith-Ensemble schreiben sollte, und ich beschloß, es Paul zu widmen.

Meine *Kammersymphonie* wurde unter Scherchens Leitung vorzüglich aufgeführt und hatte großen Erfolg. Einer der Kritiker schrieb in dem etwas megalomanischen Stil der Zeit, daß der in meinem Stück geschaffene Typus der symphonischen Form künftig als »Donaueschinger Symphonie« bekannt sein werde, so wie die klassische Symphonie unter dem Namen Mannheimer Symphonie in die Geschichte eingegangen war. Obgleich das etwas übertrieben war, weil es für mein Stück ein paar Präzedenzfälle gab, wie etwa Schönbergs *Kammersymphonie*, war an dieser Bemerkung doch etwas dran. Aus verschiedenen Gründen ist aber nichts dergleichen geschehen. Was mich selbst betrifft, so hatte ich nicht die geringste Ahnung, daß es jetzt an der Zeit war, einen einigermaßen klaren und stimmigen Schaffensplan aufzustellen, wenn ich mir in der Musikwelt eine anerkannte Position sichern wollte. Vielleicht war es damals zuviel erwartet, daß jemand bewußte Anstrengungen in dieser Richtung unternahm. Ich glaube jedoch, daß Komponisten wie Beethoven und insbesondere Wagner in dieser Hinsicht mit einer gleichsam einspurigen Denkweise gesegnet waren, so daß sie instinktiv einer bestimmten Richtung folgten, die für das zeitgenössische Verständnis relativ einfach und klar war. Dadurch begegneten diese Komponisten zum Teil Schwierigkeiten, die aus dem Umstand resultierten, daß die einzelnen Leistungen, die sie beim Fortschreiten in ihrer jeweiligen Richtung vollbrachten, beträchtliche Verwirrung und Opposition verursachten. Ich dagegen war so beeindruckt von der enormen Mühelosigkeit, die es mir erlaubte, praktisch jedes Problem, das mir einfiel, geschickt und zudem mit Erfolg zu lösen, daß ich jeder wie auch immer gearteten Versuchung nachgab und mir den phantastischen Luxus erlaubte, zu komponieren, was auch immer mir gerade in den Sinn kam.

Da ich ein williges Opfer jeder und insbesondere jeder intellektuellen Versuchung war und wahrscheinlich immer noch bin, kamen mir viele erstaunliche Richtungen in den Sinn. Hindemith, der eine ähnliche Veranlagung hatte, wie mir scheint, allerdings weniger ausgeprägt, schützte sich zumindest, indem er sich vor allem von den manuellen Aspekten der Musik versuchen ließ, so daß sich das Komponieren »praktischer« Stücke für eine zugegebenermaßen verwirrende Anzahl von Gelegenheiten, Möglichkeiten und Umständen als Hauptrichtung seiner künstlerischen Entwicklung ergab, und das hat sich für ihn gut bezahlt gemacht. Ich hingegen muß eine empfindliche Strafe dafür bezahlen, daß ich immer das getan habe, wozu ich gerade Lust hatte, und der Welt ein so verwirrendes Bild von meiner schöpferischen Ader geboten habe, daß sie es insgesamt schließlich vorzog, mir keine Aufmerksamkeit zu schenken. Die letztendliche Erklärung für all das liegt meiner Meinung nach darin, daß es mein »Lebensmuster« ist, in keine Schablonen zu passen, die die Welt anzubieten hat, oder bestenfalls nur annäherungsweise und vorübergehend. (Dieses subjektive Gefühl wird oft dadurch überdeckt, daß ich mich offenbar erstaunlich gut in bestimmte praktische Anordnungen einfüge, denn ich besitze einen ausgeprägten

Sinn für Verfahrensweisen und organisatorische Probleme und erfasse sie schnell, ein Vorteil, der nur einen weiteren Beitrag zu dem verwirrenden Bild liefert, das meine Persönlichkeit bietet.)

Die Wahrheit der obigen Erklärung zeigt sich in meiner starken Affinität zu Karl Kraus. Es gibt viele Momente in meiner Laufbahn, in denen ich wünschte – und immer noch wünsche –, ich könnte meine Schöpferkraft auf dem Gebiet der Musik außer Kraft setzen und ganz offen ein Antipode dieser Welt werden, so wie Kraus einer gewesen ist. Tatsächlich bin ich ziemlich sicher, daß er einen solchen Akt der Außerkraftsetzung vollzog, als er sich entschloß, mit der Publikation seiner Zeitschrift zu beginnen. Er hatte Glück, daß er im Alter von vierundzwanzig Jahren seine Situation so klar erkannte, was ein erstaunliches Phänomen ist. Sein Entschluß wurde allerdings durch die Tatsache erleichtert, daß die satirischen Kanäle, in die er seine schöpferische Kraft fortan fließen ließ, mit demselben Medium gefüllt werden sollten, in dem seine Begabung sich von Anfang an entfaltet hatte, nämlich der Sprache.

In meinem Fall hätte das eine totale Änderung meines Ausdrucksmediums bedeutet. Die Versuchung, in die meine Natur mich hier führt, war und ist immer noch beträchtlich, weil ich das deutliche Gefühl habe, auch für den sprachlichen Ausdruck ansehnliches Talent zu besitzen. Es kann gut sein, daß das eine weitere Ursache für meine problematische Situation ist, weil es die Zahl der Versuchungen, denen ich ausgesetzt bin, unermeßlich erhöht. Und es erhöht auch die Verwirrung, die meine Äußerungen offenbar in den Köpfen meiner Zeitgenossen hervorrufen, die nicht bereit und willens sind, sich ehrlich und geduldig mit einem Phänomen von solcher Komplexität auseinanderzusetzen, das, wie ich mit aller gebührenden Bescheidenheit zu sagen wage, mehr Aufmerksamkeit verdient, als ihm zuteil wird, ganz gleich, wie groß der objektive Wert meiner Leistungen letzten Endes auch sein mag.

Reise in die österreichischen Alpen

Auch Fritz Demuth war nach Donaueschingen gekommen, so daß wir zusammen zu unserer zweiten Reise in die österreichischen Alpen aufbrechen konnten, die wir im frühen Winter geplant hatten, bevor ich Anna kennenlernte. Ich weiß nicht, ob Demuth sich dessen bewußt war, daß unsere Freundschaft zu Ende ging. Er war der einzige meiner Berliner Mittagstischfreunde, den ich Anna vorgestellt hatte, denn er war letztlich der einzige Freund, den ich in dieser Runde hatte. Die anderen hatte ich mehr oder weniger im Stillen fallenlassen, kaum daß mein Leben ein neues Gesicht angenommen hatte. Anna, die ohne besonderes Können Cello spielte, war einige Male mit zu den Demuths gekommen, und wir hatten Triomusik gespielt, aber aus diesen wenigen Zusammenkünften ergab sich keine freundschaftliche Atmosphäre. Mein Freund und meine zukünftige Frau hatten so unterschiedliche Wesenszüge und Temperamente, daß nur wenig Verständigung möglich war.

Als wir Donaueschingen verließen und auf dem gleichen Weg nach Österreich reisten, den ich im Vorjahr eingeschlagen hatte, kam es zu einer Krise, und zwar durch einen Vorfall, dem ich im Augenblick des Geschehens kaum Beachtung schenkte. Ich weiß, daß ich aufgrund solcher Beispiele oft den Eindruck erwecke, gefühllos oder instinktlos zu sein. Tatsache ist, daß ich vielleicht egozentrischer bin als andere Menschen oder daß meine Ichbezogenheit mich abstumpft, wohingegen sie andere achtsamer macht, als sie es gewöhnlich sind. Die Folge ist, daß ich unsichtbare psychische Ausstrahlungen recht deutlich wahrnehme, wenn ich selbst nicht beteiligt bin, wohingegen ich auf solche Vorgänge weniger achte, wenn ich es tun sollte. Als wir an der österreichischen Grenze bei der Zollkontrolle unsere Koffer öffnen mußten, ließ ich Anna meine Sachen ordnen, nachdem der Zollbeamte sie einigermaßen durcheinandergebracht hatte. Fritz Demuth gefiel die Art, wie sie mit meinen Dingen umging, nicht – vielleicht gefiel ihm nicht, daß sie es überhaupt machte, weil es ein schockierendes Zeichen von Intimität war oder was auch immer –, und er ließ eine scheinbar beiläufige Bemerkung in diesem Sinne fallen, die ich nicht beachtete. Zu meiner großen Überraschung kam nicht nur er später ein paarmal auf den Vorfall zurück, sondern auch Anna hatte ihn nicht vergessen, und als sie ihn mehrere Wochen danach wieder zur Sprache brachte, gab sie mir zu verstehen, daß sie den Herrn lieber nicht wiedersehen würde. Da ich sehr in sie verliebt war, oder, wenn es doch keine Verliebtheit war, zumindest sehr abhängig von dem geworden war, was sie mir zu bieten hatte, war es überhaupt keine Frage, was ich zu tun hatte. Ich bin sicher, daß mein Benehmen in dem Fall erbärmlich war, aber ich stelle mit Bedauern fest, daß meine emotionelle Erziehung mich bis jetzt nicht gelehrt hat, was ich hätte tun sollen. Natürlich könnte ich sagen, daß ich einfach meinem Instinkt folgte, indem ich das wählte, was mir zu jener Zeit wichtiger erschien, aber mir ist klar, daß das das ethische Problem, um das es geht, damit nicht gelöst ist, von jener ungreifbaren säkularisierten Form der Ethik, die man Takt nennt, ganz zu schweigen.

Wir trennten uns an dem Eisenbahnknotenpunkt Jenbach in Tirol, Anna fuhr weiter nach Wien, Demuth und ich nahmen die Nebenstrecke, die ins Zillertal führt, wo wir mit Gerd Hans Goering zusammentreffen sollten, den Demuth zur Teilnahme an unserem Gebirgsurlaub eingeladen hatte. Ursprünglich hatten wir eine umfassende Tour geplant, die uns durch die Zillertaler Alpen zum Südhang der Hohen Tauern führen sollte, der wichtigsten und höchsten Kette der österreichischen Berge, und wir wollten die Partie mit ein oder zwei Besteigungen der höchsten Gipfel in diesem Gebiet beschließen. Das Wetter war jedoch so unfreundlich, und wir waren so lustlos, daß wir den Plan nach einem recht anspruchslosen Aufstieg im Zillertal fallenließen. Ich hatte ein Vorurteil gegen dieses Tal, für das es keinen anderen Grund gab als ein sentimentales Pseudovolkslied darüber, das ich in meiner Kindheit zu oft gehört hatte. Doch ich bin immer noch bereit, dieses Vorurteil zu rationalisieren, indem ich »objektiv« beweise, daß das Zillertal auch bei Aufbietung aller Phantasie nicht mit dem Ötztal zu vergleichen ist, und selbst wenn mir eben jetzt die Gelegenheit geboten würde, würde ich es mir nicht im Traum einfallen lassen, meinen Fuß in dieses verflixte Tal zu setzen. Die Hauptsache war natürlich, daß ich in Gedanken ganz woanders war und daß ich die Tage zählte, bis ich wieder mit Anna zusammen sein konnte, und ich mochte es überhaupt nicht, wenn Demuth mich deswegen neckte. So brachen wir unsere Tour nach wenigen Tagen ab, und ich fuhr eilends nach Wien, von wo aus ich mich sofort zu Alma Mahlers Sommerhaus bei Breitenstein in den Bergen des Semmeringgebiets begeben sollte.

Alma Mahler und Franz Werfel

Der Bahnhof von Breitenstein war ungefähr zwei Bahnstunden von Wien entfernt, und von dort aus waren es etwa drei Kilometer bis zu der Villa, die Gustav Mahler für sich geplant hatte, deren Fertigstellung er aber nicht mehr erlebt hatte. Die Entwürfe für sein Traumhaus hatte er in Amerika machen lassen, und nach diesen Plänen, die dem heißen, hügeligen Gelände in Texas eher zu entsprechen schienen als den kühlen Höhen der österreichischen Alpen, wurde es gebaut. Es hatte ringsherum große Veranden, die zum Schattenbaden einluden, zu diesem Zweck aber kaum brauchbar waren. Ihre hauptsächliche Wirkung bestand darin, daß sie die angrenzenden Räume dunkel und trübsinnig machten. Es gab ein geräumiges Wohnzimmer mit einem riesigen Kamin, der von einem gewaltigen Wandgemälde von Kokoschka, wenn ich nicht irre, umgeben war. Jedenfalls hatte dieser zu den oben erwähnten Berühmtheiten gehört. Die Schlafzimmer befanden sich oben, und auch der luftige Dachboden wurde in dieser Weise genutzt, und zudem beherbergte er Werfels Allerheiligstes.

Franz Werfel, der damals der »Hausschreiber« war, der er auch für immer blieb, war ein lebhafter, gutmütiger und wohlgenährter Jude, viele Jahre jünger als seine Geliebte. Vor dem Krieg, als er noch einer der hoffnungsvollen Jungdichter in der deutschen Literaturszene Prags war (einer recht vornehmen, hochkultivierten und etwas komischen Gesellschaft), war er unter den Expressionisten der ersten Stunde eine große Begabung gewesen. Einige seiner frühen Gedichte sind wirklich bemerkenswerte Literatur, obgleich sie eine etwas irritierende Neigung zum Geschwollenen haben. Diese Tendenz wurde ziemlich widerwärtig, als er am Ende des Krieges seine revolutionäre Periode begann und sich den Kommunisten anschloß. Er verfiel in das kosmische Stottern der literarischen Sansculotten und schwelgte in ihrem brutalen und ausfälligen Blabla. Es muß zu jener Zeit gewesen sein, daß Alma ihn zu fassen bekam. Mit wahrhaft bewundernswertem Weitblick muß sie sein Potential für das erkannt haben, was sie aus ihm machen wollte, und mit ebenso erstaunlicher Energie beschloß sie, sich auf ihre Geisteskräfte zu verlassen, um den gewünschten Wandel herbeizuführen. Als ich Werfel kennenlernte, war der Prozeß, aus einem ungebärdigen Bolschewiken, der im November 1918 die Massen von einer Barrikade aus angefeuert hatte, den Palast des Wiener Bankvereins zu stürmen, einen würdigen deutschen Klassiker zu machen, in vollem Gang. Zweifellos war Alma auch entschlossen, ihn zu ihrem Ernährer heranzubilden. Ich habe nie richtig gewußt, woher das Geld kam, um diesen aufwendigen Haushalt zu führen. Man sagte, daß Mahler einen Teil seiner New Yorker Einnahmen in Amerika gelassen hatte, wo sie während des Krieges treuhänderisch verwaltet wurden (glücklicherweise, wie Alma sagte, sonst wären sie vergeudet worden), und daß Alma von diesem Geld lebte, seit es ihr nach dem Krieg zurückerstattet worden war. Es erschien jedoch unwahrscheinlich, daß das für ihre Bedürfnisse ausreichte. Jedenfalls waren neue Einnahmequellen angezeigt, und Werfel wurde zur Hauptquelle ausgebildet.

Ich erinnere mich nicht, ob es während meines ersten oder zweiten Sommers in Breitenstein war, daß er seinen Verdi-Roman fertigstellte. Wann immer es auch war, er las uns das ganze langatmige Buch an mehreren Abenden vor, und Alma machte ihre wohlüberlegten Bemerkungen, die darauf hinausliefen, daß das Buch so gut sein müsse, wie nur irgendeiner von »diesen Klassikern«, sich aber zugleich zum Verkauf an den Zeitungsständen der Bahnhöfe eignen solle. Und Werfel erwies sich als fabelhaft anpassungsfähig. Dahin waren die himmelsstürmerischen Bemühungen des Expressionisten, der sich nicht mit weniger zufriedengeben wollte als mit Weltrevolution, Mord, Brandstiftung und detaillierten Beschreibungen von Bordellen auf jeder zweiten Seite und dem Jüngsten Gericht am Schluß, abwechselnd mit raffiniertem Psychologisieren mit ein paar pikanten Glanzlichtern da und dort und bloß einem Hauch von hochgestochener Pseudophilosophie, damit der Durchschnittsleser das gute Gefühl hatte, für klüger gehalten zu werden, als er sich selbst einschätzte, und der Anspruchsvolle über seine Gewissensbisse hinweggetröstet wurde, die ihm der Genuß der Schundliteratur-Aspekte des Ganzen vielleicht verursachte.

Das einzige Charakteristikum, das Werfel von seinen Anfängen bis heute behalten hat, ist seine Vorliebe für Themen großen Stils, die grundsätzliche Bedeutung haben. In dieser Hinsicht unterscheidet er sich von den bescheideneren und vielleicht aufrichtigeren Bemühungen der ehrlichen Bestsellerautoren wie Vicki Baum, J. P. Marquand oder Margaret Mitchell. Dieser Zug ehrt ihn ebenso, wie er ärgerlich ist, denn seine Hauptbeschäftigung scheint in der Verwandlung der Tausenddollarnoten der großen Ideen, die so schwer zu erwerben sind, in die kleinen Münzen des Normalbürgers zu bestehen, mit dem überraschenden Ergebnis, daß er selbst reichlich mit Zehntausenddollarnoten versorgt aus dem Prozeß hervorgeht.

Sobald durchsickerte, daß ich an einem Opernprojekt arbeitete, wurden Alma und Franz sehr neugierig, denn die Oper war ihre erklärte große Liebe. Werfel war ein Verdi-Freund, und sie gingen stundenlang die Klavierauszüge von Verdis Opern durch, wobei Werfel in recht angenehmer Weise alle Vokalpartien sang. Dieser Verdi-Enthusiasmus bei Personen, deren »Modernität« keinem Zweifel zu unterliegen schien, verblüffte mich einigermaßen, denn Verdi war damals meiner Meinung nach der Urheber von widerwärtig rührseligem und veraltetem Kitsch. Nichtsdestoweniger machte ich die beiden mit meinem Stück über den mythischen Leiermann bekannt, und zu meinem Erstaunen erklärte Werfel, daß er sich des Librettos annehmen würde, damit eine wirkungsvolle Oper von literarischem Wert entstehen könne. Natürlich nahm ich sein Angebot an, denn eine Ablehnung wäre nicht nur sehr unhöflich gewesen, sondern ich war mir auch der offenkundigen künstlerischen Mängel von Fritz Demuths laienhaften Bemühungen bewußt.

Es kann kaum einen Zweifel daran geben, daß Werfel sein Angebot mit Almas Zustimmung machte. Vielleicht hatte ihn die Möglichkeit der »gesellschaftlichen Bedeutung«, die in meinem Opernversuch steckte, dazu veranlaßt. In seinen Augen war das Angebot vielleicht ein Lösegeld, das er zahlen mußte, weil er auf die Produktion von Lesestoff für Eisenbahnreisende umgestiegen war. Und was Alma betrifft, so mag sie gedacht haben, wenn ich schon nicht sofort zu einer profitableren Produktionsstufe zu bekehren war, konnte man mir immerhin unter die Arme greifen, um einen völligen Fehlschlag meiner Experimente zu verhüten, der eine Schande für die berühmten Leute gewesen wäre, zu denen ich dank Annas erotischer Launen gestoßen war. Es wurde vereinbart, daß Werfel meinen Text umschreiben würde, daß sein Name aber im Zusammenhang mit dem Werk nicht genannt werden sollte, eine Maßnahme, die angeblich durch seine Bescheidenheit begründet war, denn schließlich war er nicht der Autor. Es mag noch andere Gründe gegeben haben, die man mir nicht nannte, sondern die ich nur vermuten konnte. Da Demuth schon vorher darum gebeten hatte, nicht als Textdichter genannt zu werden, blieb der Librettist bei der Veröffentlichung des Werkes anonym.

In der endgültigen Version von Franz Werfel spielt das Stück auf einem Platz vor dem Palast des mystischen Diktators. Der Leiermann spielt, und das Volk bewegt sich marionettenhaft im Rhythmus dazu. Nun erscheint ein Bote, der berichtet, den Despoten habe eine sonderbare Anwandlung von Menschlichkeit befallen und veranlaßt, zu befehlen, daß der Leiermann einen Tag lang mitten auf dem Platz an einem Pfahl festzubinden sei und die Untertanen somit für diese Zeitspanne die Freiheit erhalten sollten. Es geschieht wie befohlen: Die Sklaven beginnen, ihre Freiheit zu genießen, jeder auf seine Art. Einzelne, die sich aus der Masse lösen, demonstrieren Freiheit auf verschiedenen Ebenen. Einige betrinken sich einfach, andere schwelgen in den höheren Formen der Freiheit, insbesondere einer, ein Künstler, stellt eine riesige Statue fertig, mit der er sich in seiner freien Zeit in der Sklaverei abgemüht hatte. Schließlich wenden sie sich dem gefesselten Leiermann zu, der in einer Art Ballade die mythische Erklärung für sein furchtbares Amt liefert. An die Einzelheiten der Ballade erinnere ich mich nicht, aber aufgrund erprobter Opernrezepte war ein uralter Fluch mit im Spiel. Das ruft die Entrüstung der Massen hervor, die plötzlich für ethische Werte empfänglich werden und einen Angriff auf das Schloß vorbereiten, um die Tyrannei für immer zu besiegen. Und die erste Handlung unter der neuen Ordnung besteht natürlich darin, das Unrecht, das dem Leiermann angetan wurde, wiedergutzumachen und ihn von seinen Fesseln zu befreien. Vergeblich bemüht sich der Alte, das Volk zu warnen, daß seine Befreiung den Rückfall in die Sklaverei bedeuten würde, denn dem alten Fluch zufolge wäre er gezwungen, sein Orgelspiel wieder aufzunehmen, sobald seine Hände frei würden, mit allen bösen Folgen. Während das Volk auf das Schloß des Diktators zueilt, wird der arme Leiermann losgebunden und beginnt natürlich gleich wieder zu spielen, und das Volk fällt sofort wieder in die alten mechanischen Bewegungen zurück. Die Merkmale der Freiheit, eben noch hochgelobt, werden nun zum Gegenstand bitterer Schmähungen. Die Trinker sind aufgebracht über ihre Trunkenheit und vergessen, daß sie ihnen recht vergnüglich erschien, bevor der Leiermann sein Spiel wieder aufgenommen hatte, und der Bildhauer zerschlägt sein Monument und läßt sich von den Trümmern seiner Arbeit begraben, weil ihm nichts daran liegt, unter dem alten Gesetz zu leben. Was nun?

Werfel geriet offenbar in ein Dilemma, denn die Geschichte schien zu beweisen, daß Revolution hoffnungslos war, und auf diese Meinung wollte er sich nicht festlegen. Wenn andererseits das Symbol des befreiten Leiermanns darauf hindeuten sollte, daß eine Revolution nicht rührselig sein darf, wenn sie erfolgreich sein soll – denn wenn das Volk den Leiermann nicht befreit hätte, hätte der Sturm vielleicht zum Sturz des Tyrannen geführt –, hätte das möglicherweise zu Schlußfolgerungen führen können, die einem Mann, der beschlossen hatte (oder für den beschlossen worden war), daß er fortan diejenigen versorgen würde, die Erbauungsliteratur an Bahnhofskiosken kauften, nicht eben lieb waren. Also hängte Werfel einen Epilog an, zu dem der Leiermann vor den Vorhang tritt, um die traurige Lage seines Volksstammes zu beklagen und eine vage Prophezeiung vorzutragen, die beinhaltet, daß irgendwann in unabsehbarer Zukunft ein geheimnisvoller Erlöser erscheinen werde, um die Dinge auf seine Weise in Ordnung zu bringen, und daß die arme unterdrückte Menschheit nur geduldig bis dahin warten solle.

Das war ein geschickter Notbehelf, der wahrscheinlich in recht spontaner und aufrichtiger Weise dem jüdischen Hintergrund eines Mannes entsprang, der – zu jener Zeit unbewußt – seine Annäherung an den Katholizismus vorbereitete. (Werfel ist immer noch nicht zum Katholizismus konvertiert, wie er im Vorwort seines *Lied von Bernadette** sagt, aber er kam einer Konversion sehr nahe.) Jedenfalls ist die Handlung dieses kuriosen Bühnenwerks durch Werfels Manipulationen in ideologischer Hinsicht zu einem rechten Mischmasch geworden. Der Titel, den wir nach verschiedenen Beratungen wählten, war *Zwingburg*.

Damals war ich natürlich überhaupt nicht in der Lage, alle Feinheiten dieser literarischen Taschenspielertricks sowie ihre Implikationen und Konsequenzen zu erkennen. Ich war froh, ein Libretto aus der Hand einer hochgelobten Berühmtheit zu bekommen, und ich muß zugeben, daß es tatsächlich verschiedene vorzügliche Möglichkeiten für sehr wirkungsvolle Opernaktion bot. Ich wäre der Letzte, der bestreiten würde, daß Werfel außergewöhnliches Talent

* 1941 in Stockholm publiziert

und Können besaß, die Möglichkeiten eines jeden literarischen Mediums so intensiv wie nur möglich zu nutzen. Leider habe ich zuviel über die verborgenen Beweggründe seiner künstlerischen Aktivität erfahren.

Die Mahler-Villa in Breitenstein

Es ist mir peinlich zu sagen, daß ich nicht genau weiß, was meine Eltern über all diese neuen Wendungen in meinem Leben dachten. Ich war von den neuen Erfahrungen und der ungewöhnlichen Umgebung, in die ich wie durch Zauberhand geraten war, so überwältigt, daß ich völlig vergaß, mir Gedanken darüber zu machen, was sie wohl davon hielten. Da ich zwei Sommer in Breitenstein verbrachte, erinnere ich mich nicht genau, ob es im ersten oder im zweiten Sommer war, daß meine Eltern sich entschlossen, ein paar Wochen in der Nähe zu sein, um wenigstens ein bißchen von mir zu haben, bevor ich wieder nach Berlin abreisen würde. Die Villa der Mahlers lag hoch auf dem Rücken einer sanft gekrümmten Erhebung mit dem Namen Kreuzberg, zwischen dem Semmeringpaß im Süden und dem bereits beschriebenen felsigen Rax-Gebirge im Norden. Zwischen letzterem und dem Kreuzberg lag ein tiefes Tal, in dem sich das Dorf Prein befand. Dort richteten meine Eltern sich in einem kleinen Gasthof ein, und an manchen Nachmittagen wanderte ich hinunter, wobei ich meine Zeit zwischen ihnen und der neuen, aufregenden Umgebung des Mahler-Haushalts teilte. Ich erinnere mich, daß diese Regelung höchst unbefriedigend war, denn sie zeigte mir mit schmerzhafter Intensität die Diskrepanz zwischen dem materiellen und intellektuellen Luxus (beides weitgehend unecht) der neuen Umgebung und der betrübenden, allerdings völlig aufrichtigen Einfachheit des Lebensstils, mit dem ich aufgewachsen war.

Der Gasthof, in dem meine Eltern wohnten, war mehr als bescheiden, denn er entsprach dem, was sie sich damals leisten konnten. Ich entsinne mich nicht, ob mein Vater zu diesem Zeitpunkt seinen Militärdienst bereits ganz quittiert hatte, aber sicher war es bis zu seinem Abschied nicht mehr lang, da sich die Dienststelle, in der er beschäftigt war, selbst auflöste, so daß der Personalstand beständig abnahm. Ich bin ziemlich sicher, daß diese Phase zu den bedrückendsten in seinem Leben gehört haben muß, abgesehen wahrscheinlich von der, die er jetzt gerade durchmacht – falls er noch am Leben ist –, seit der Besetzung Österreichs durch Hitler. Nicht nur war der Lebensstandard meiner Eltern, der nie besonders hoch gewesen war, auf ein Bruchteil seines früheren Niveaus abgesunken, sondern sie mußten auch mitansehen, wie ihr einziger Sohn in ein soziales Umfeld hineinschlitterte, dem anzugehören sie niemals hoffen konnten, selbst wenn sie das gewollt hätten, was nicht der Fall war. Trotzdem beklagten sie sich nie, weil sie, wie sie es immer getan hatten, mein Recht respektierten, mein Leben nach meinen eigenen Wünschen zu gestalten.

Auch für mich war die Situation nicht gerade erfreulich, weil ich in der neuen Umgebung wirklich nicht glücklich war, wenn ich von meinem Leben mit Anna absehe. Zu vieles ging da vor sich, was meinen Neigungen und Vorstellungen ganz und gar zuwiderlief, und zu viele Leute waren da, die ich sehr wenig schätzte, weil mir die meisten von ihnen wegen ihrer lärmenden Prahlerei und Anmaßung wie die Geister von Personen vorkamen, die auf den Seiten von Karl Kraus' »Fackel« längst niedergemetzelt worden waren. Da Werfel zu denen gehörte, die nach einem jugendlichen Flirt mit Kraus von diesem unbarmherzigen Richter nach draußen in die Dunkelheit verstoßen worden waren, erwähnte man seinen Namen bei den Mahlers lieber nicht, und ich schäme mich immer noch einigermaßen dafür, daß ich für meine erotische Neigung ein so großes intellektuelles Opfer in Kauf nahm.

Ich erinnere mich nicht an all die zahlreichen Besucher, die während jener beiden Sommer ins Haus kamen. Die meisten von ihnen waren Angehörige der sogenannten intellektuellen und künstlerischen Kreise Wiens, Musiker, Maler, Schriftsteller, Journalisten, Geschäftsleute und dergleichen mehr. Ich werde später über jene berichten, die infolge wiederholter Begegnungen während der nächsten Jahre einen mehr als flüchtigen Eindruck auf mich machten. Eine ziemlich bunte Gestalt war ein Italiener namens Balboni, der wie ein Gauner aussah und mit einer ganzen Schar von Frauen erschien, die, soviel ich weiß, durchaus eine Art Harem gewesen sein können. Sein Besuch schien mit Almas Absicht zusammenzuhängen, in Venedig, wo sie sich gelegentlich aufhalten wollte, einen kleineren Palazzo zu kaufen.

Almas Sympathien für Italien und die aufstrebende faschistische Bewegung schienen recht ausgeprägt zu sein, was sie nicht daran hinderte, ins sozialistische Horn zu blasen, wann immer jemand in ihrer Nähe war, der vielleicht darauf hereinfallen würde. Mit gleicher Überzeugung konnte sie ihr tiefstes Verständnis für die Nöte der von den alliierten Blutsaugern ausgebeuteten Deutschen bekunden, wobei sie, ohne eine Miene zu verziehen, behauptete, Mahler habe sich stets als Deutscher gefühlt und beabsichtigt, seine *Achte Symphonie* der deutschen Nation zu widmen, und daneben jemand anderem zustimmen, daß die Deutschen der Abschaum der Menschheit seien, und feierlich erklären, daß Mahler eigentlich ein tschechischer Komponist sei und sich immer wie ein treuer Sohn des tschechischen Volkes verhalten habe. Diese Purzelbäume des Intellekts und des Charakters wurden mit der größten Leichtigkeit und so geschwind vollführt, daß die hoffnungslose Wut unschuldiger Zuschauer schließlich der Bewunderung für eine so ungezügelte Vitalität und eine so unmittelbare Macht der Gerissenheit wich, die sich ihrer Wirkung stets sicher waren. Wenn Werfel sie zögernd und schüchtern in die Enge trieb, sagte sie mit dem Gesichtsausdruck einer Raffaelschen Madonna: »Es ist die Natur der Frauen, daß sie in vielen Kirchen beten können.«

Während dieses Sommers vertonte ich ein paar Gedichte Werfels, die unter der Opusnummer 15 erschienen (*Zwingburg* hatte die Nummer 14, *Toccata und Chaconne* war Nummer 13). Eines der Lieder trägt die Widmung »M. B. L.«, die Anna gilt. Die Buchstaben bedeuten »Mein blaues Licht«. Ich hatte beobachtet, daß manche der dunkelblauen Lichter, die im Eisenbahnbetrieb als Signallichter verwendet werden, einen seltsamen, fast magischen Reiz auf mich ausübten. Da sich Werfels Gedicht auf die recht mystische, erlösende Wirkung eines blauen Lichts bezog, beschloß ich, es aus diesem Grund zu vertonen und derjenigen zu widmen, die ich damals für eine Verkörperung dieses magisch anziehenden blauen Lichtes hielt.

Alban Berg

Bevor wir abreisten, um unseren ersten Winter in Berlin zu verbringen, verbrachten wir wahrscheinlich einige Zeit in Wien, und es mag damals gewesen sein, daß ich die Bekanntschaft Alban Bergs und seiner Frau machte, die zum festen Inventar des Mahler-Haushalts gehörten. Im Sommer waren sie dort nicht erschienen, weil sie diese Jahreszeit in einem alten Landhaus der Familie im steirischen Trahütten verbrachten. Sie schienen so vertraute Freunde der Mahlers zu sein, daß ich ganz überrascht war, als ich später erfuhr, daß sie eine ziemlich neue Errungenschaft Almas waren.

Alban war ein sehr feiner, ich möchte sagen, ungewöhnlich feiner Mensch, den ich wirklich aufrichtig gern hatte, obgleich es mir nicht recht möglich war, und anderen vielleicht auch nicht, bis auf möglicherweise sehr wenigen Menschen, eine wirklich herzliche Beziehung zu ihm herzustellen. Er war groß und sah gut aus und wurde oft als jener Typus bezeichnet, den Oscar Wilde im Sinn gehabt haben muß, als er *Das Bildnis des Dorian Gray* konzipierte. Bei oberflächlicher Betrachtung hätte man ihn leicht für einen Homosexuellen halten können, und es gab Gerüchte, daß er impotent war. Ich erwähne das nur, weil es zu dem Eindruck beiträgt, den seine äußere Erscheinung machte. Er war, nach meiner Auffassung vom »österreichischen Wesen«, einer der echtesten Österreicher, die ich je kennengelernt habe. (Ich fand übrigens, daß dies für die meisten Angehörigen des Schönberg-Kreises galt, auch für Schönberg selbst, ungeachtet der Tatsache, daß sie praktisch alle von ihren Landsleuten als Abtrünnige verurteilt und verachtet wurden, die durch fremde Einflüsse verdorben worden waren.) Alban Berg besaß all jene kompromißlosen intellektuellen Züge, die die jüngste und letzte Blüte des österreichischen Geistes, deren vollkommenste Verkörperung Karl Kraus war, kennzeichneten. Zugleich war ihm die sprichwörtliche österreichische Herzensgüte zu eigen, und er suchte unermüdlich Brücken über den unheimlichen Abgrund zu bauen, der ihn von dem Durchschnittsösterreicher trennte, welcher in einem unbeschreiblichen Sumpf geistigen und moralischen Verfalls lebte.

Alban Bergs radikalstes Hauptwerk ist wahrscheinlich die Oper *Wozzeck*, von der ich später sprechen werde. Es ist bezeichnend, daß sie komponiert wurde, lange bevor er sich mit der Zwölftontechnik beschäftigte, und seitdem er das tat, wurde sein Schaffen zu einer langwierigen Bemühung, Atonalität und Tonalität miteinander in Einklang zu bringen, obgleich die öffentliche Meinung normalerweise annimmt, daß die Zwölftontechnik weit »radikaler« sein müsse als alles, was ihr vorausgegangen ist. So war Bergs bedeutendster Wesenszug seine permanente Anstrengung, seine geistige und künstlerische Kompromißlosigkeit und seinen Hang zur allumfassenden Harmonie auf einen Nenner zu bringen. Es war kein billiges Verlangen seinerseits, allen zu gefallen, sondern sein tief empfundener Wunsch, daß gemeinsame Grundsätze und gegenseitiges Verständnis auf der Grundlage der Überzeugung aufgebaut würden, daß alle bedeutenden Prinzipien und Ideen, die durch redliches und kluges Denken zu erlangen sind, auf allumfassenden Wahrheiten beruhen. Ich bin sicher, daß er viele der dubiosen Vorgänge in Alma Mahlers Umgebung aufs äußerste mißbilligte, aber er dachte vermutlich, daß sein Rat und sein Einfluß das Schlimmste verhüten und die Dinge auf einem Niveau halten würden, das mit dem Andenken des großen Mannes, unter dessen Namen der Zirkus lief, zu vereinbaren war.

Helene Berg, Albans Gattin, war eine sehr liebenswerte Frau, etwas korpulent und hoheitsvoll, aber sehr attraktiv. Es wurde gemunkelt, sie sei ein uneheliches Kind des Kaisers Franz Joseph, und das kann durchaus der Fall gewesen sein, obgleich sie, wenn man das jeweilige Alter der beiden betrachtete, ein erstaunlich spätes Produkt der Lenden des alten Herrn gewesen sein muß. Ihre angeborene Güte wurde von Alma weidlich ausgenützt, so daß Helene in Wien die Rolle einer

Art Hofdame rings um den Thron der Königin oder häufiger noch um das Bett herum spielte, in dem Alma so manchen Tag zuzubringen pflegte, wobei sie ihre Besucher wie eine Rokokofürstin empfing. Sie hatte auch noch eine weitere Sklavin in ihrem Gefolge, eine junge Ungarin, die angeblich Manons Kindermädchen war. Sie war stark hysterisch, oder war das geworden, und wurde oft entlassen und wieder eingestellt. Im Wiener Domizil, einer weitläufigen Wohnung im vierten Stock eines Hauses in der Elisabethstraße, ging es ebenso lebhaft zu wie in der Villa in Breitenstein, oder sogar noch lebhafter. Alma war eine große Feinschmeckerin und sehr gefräßig, da sie aber wußte, daß die Nahrungsmengen, die sie zu sich nahm, ihre Figur ruinieren würden, griff sie zuweilen auf den alten römischen Brauch des künstlich herbeigeführten Erbrechens zurück und begann dann noch einmal von vorn mit ihrer Mahlzeit. Während des Mahler-Festes in Amsterdam im Jahre 1920 hatte sie in Holland viele Freunde gefunden, und sie wurde stets gut mit ausgezeichneten, wenngleich schweren holländischen Spirituosen versorgt. Sex war das Hauptgesprächsthema, und meistens wurden lärmend die sexuellen Gewohnheiten von Freunden und Feinden analysiert, wobei Werfel eine ernste und intellektuelle Note einzubringen versuchte, indem er sich feierlich über die Weltrevolution verbreitete. Da diese Seiten erst für die Öffentlichkeit freigegeben werden sollen, wenn die darin enthaltenen Informationen ihren Wert als Klatsch verloren haben, wird der zukünftige Leser verstehen, daß diese Berichte nur dem Zweck dienen, ihn mit der Tatsache vertraut zu machen, daß ich einige Zeit meines Lebens an einem Ort verbracht habe, der wie ein Irrenhaus anmuten muß, und es ist Sache des Lesers, seine Schlüsse daraus zu ziehen.

Zurück in Berlin

Ich war wirklich froh, als wir nach Berlin zurückkehren und uns ein eigenes Leben aufbauen konnten, und ich wußte, daß Anna sich ebenfalls darauf freute, denn sie litt unter den Verhältnissen im Haus ihrer Mutter kaum weniger als ich. In Berlin nahmen wir wie geplant in den möblierten Zimmern von Frau Erdmann Quartier, und diese Regelung schien unsere Grundbedürfnisse nach Privatsphäre und Unabhängigkeit zu erfüllen, obgleich die Räume ziemlich düster und trist waren und das Drumherum bedrückend. Das Unerfreulichste waren die unsägliche Verschmutzung und Verkommenheit, denen die alte Dame ihre Wohnung überlassen hatte. Sie war eine alte, dicke, gedrungene Frau, die von einigen tatsächlichen Leiden heimgesucht wurde und lautstark über hundert weitere klagte.

Ihr Sohn, Eduard, haßte sie und sagte, er könnte seinem verstorbenen Vater niemals verzeihen, daß er so weit unter seinem Stand geheiratet habe. Die schreckliche alte Hexe hauste in einer höhlenartigen Nische im hinteren Teil der Wohnung, den nie jemand zu betreten wünschte oder wagte. Als sie einige Jahre später starb, sagte Irene, daß den Leuten, die mit der Entfernung von Schmutz und Müll beauftragt worden waren, eine Sonderzulage ausbezahlt werden mußte, und daß Ungeziefer von unbekannter und fürchterlicher Art gefunden wurde. Die sehr seltenen Gelegenheiten, bei denen es unmöglich war, ihre Einladung zu einem trübsinnigen Mahl in ihrem praktisch unbenützten, großen und tristen Wohnzimmer abzulehnen, waren entsetzlich und schwer zu überstehen, denn alles, vom Geruch der Gastgeberin bis zum Anblick der Gerichte, war widerwärtig.

Über die weiteren drei oder vier Untermieter, die die anderen Zimmer im vorderen Teil der Wohnung bewohnten, weiß ich nichts. Seltsamerweise scheine ich mich an diesen Winter, den ich mit Anna in Berlin verbrachte, weniger gut zu erinnern als an manche früheren Zeiten. Ich begreife kaum, wie wir unsere Zeit zubrachten. Ich hatte keine Verbindung mehr zur Hochschule und keine Arbeit, die mich regelmäßig beschäftigt hätte. Hin und wieder hatte ich, wie im Vorjahr, ein paar Schüler, aber sie nahmen nicht viel von meiner Zeit in Anspruch. Ich traf keinen meiner früheren Freunde, und soweit ich mich erinnere, stellte ich auch keine neuen Kontakte zu Annas Bekannten her. Ich nehme fast an, daß sie nur sehr wenige hatte, denn sie war im Vergleich zu ihrer Mutter ziemlich zurückhaltend und in sich gekehrt, vermutlich als bewußte oder unbewußte Reaktion auf das Getümmel im Haus ihrer Mutter. Wenn sie allein war, neigte sie dazu, beliebig lange in einer Art sinnlicher, apathischer Trägheit zu Hause zu bleiben, auf der Couch zu liegen und ununterbrochen zu lesen und zu rauchen.

Unter ihrem Einfluß begann ich, Zigaretten zu rauchen, und ich entwickelte eine Vorliebe für das stark parfümierte, süßliche Aroma der englischen Marken. Wie wir es mit dem Essen hielten, weiß ich nicht mehr. Wir verfügten über einen äußerst primitiven Apparat, eine Art Spirituskocher, der keine komplizierten Aktionen zuließ, und Anna hatte in bezug auf das Kochen weder Erfahrung noch Interesse. Das einzige, was sie gerne zubereitete, war extrem starker türkischer Kaffee, für den sie spezielles Gerät besaß. Der Nachteil dieses wirklich vergnüglichen Unternehmens war, daß der Kaffee in einer besonderen Mühle stundenlang gemahlen werden mußte. Nichtsdestoweniger genossen wir diese Köstlichkeit häufig; oft kauften wir teure Zigaretten dazu und eine spezielle Sorte Süßigkeiten, die wir besonders gern mochten, und machten die Nacht durch. Die einzigen Menschen, mit denen wir uns regelmäßig und sehr oft trafen, waren die Erdmanns, wodurch meine musikalische Ausbildung weiterging wie bisher. Auch die Beziehungen zu den Schnabels hielten wir aufrecht. Von den verschiedenen Menschen, die ich in diesem Winter bei den Erdmanns kennenlernte, erinnere ich mich aus besonderem Grund für immer an die australische Geigerin Alma Moodie, denn sie war es, in deren Gestalt das Schicksal die nächste gefährliche Falle für mich aufgestellt hatte. Zu jenem Zeitpunkt hatte ich nicht die leiseste Ahnung davon. Aus Klatsch und Tratsch erfuhren wir, daß sie auf die Frage, ob sie Anna für intelligent halte, geantwortet hatte: »Ich weiß nicht; ich bin um Mitternacht fortgegangen«, was für die Zukunft nicht gerade sehr herzliche Beziehungen vorherzusagen schien. Nun, uns dreien standen Beziehungen von eigentümlicher Art bevor, ohne daß es damals jemand wußte oder auch nur vermutete. Diese vollkommene Unkenntnis dessen, in was wir hineinstolpern, erfüllt mich immer mit Ehrfurcht und Angst. Jedenfalls war Alma Moodie, die in Berlin lebte, eine gute Freundin der Erdmanns, und wir trafen dort wiederholt mit ihr zusammen.

Inzwischen blieben meine erotischen Neigungen nicht ganz auf eine Richtung fixiert. Trotz meiner Vernarrtheit in Anna blieb ich weiterhin lebhaft an Irene interessiert, obgleich ich sehr wohl wußte, daß daraus niemals etwas werden würde. Vielleicht war das sogar die Entschuldigung dafür, daß ich mir gestattete, dieses Interesse wachzuhalten. Ich wußte damals nicht, daß wir später, während einer ernsthaften Krise, einander gefährlich nahekommen sollten. Ich machte mir einen alten, mitteleuropäischen Brauch zunutze, um meine Zuneigung auf eine vorgeblich unschuldige Weise zu offenbaren. Der Brauch war folgender: Wenn man Mandeln knackte und zufällig eine mit zwei Kernen hatte, durfte man jemanden aus der Runde bitten, einen Kern zu verzehren, während man den anderen selbst aß, und damit war irgendeine alberne, für beide Partner verpflichtende Bedingung verbunden wie etwa, nicht miteinander zu sprechen oder Fragen nur mit Ja oder Nein zu beantworten und ähnliches mehr. Sobald einer der beiden Beteiligten versehentlich gegen die Abmachung verstieß, konnte der andere ihn um einen Gefallen bitten, der nicht verweigert werden durfte. Ich bekam eine solche Mandel und bat Irene, sie mit mir zu teilen. Unsere Abmachung war, daß wir einander von nun an in der dritten Person Singular anreden würden, eine völlig veraltete deutsche Höflichkeitsform, die im siebzehnten und achtzehnten Jahrhundert in der gestelzten und formalisierten Sprache bei Hofe verwendet wurde.

Wie ich gehofft hatte, versprach sich Irene sehr bald, indem sie mich wie gewöhnlich in der dritten Person Plural, nämlich mit Sie, anredete. Und der Gefallen, um den ich sie bat, bestand darin, daß wir einander von nun an duzen sollten, was jedem zeigen würde, wie eng unsere freundschaftliche Beziehung war. Eduard, den meine rasch ersonnene List ein wenig verblüfft hatte, sah nicht ganz, wie er sich auf elegante Weise der Regelung anschließen konnte, und zu meiner großen Befriedigung genoß ich das Privileg, Irene mit dem vertraulichen Du anreden zu dürfen, während ich ihren Mann weiterhin siezte. Das Ganze erscheint ziemlich lächerlich, aber mir bedeutete es sehr viel.

Der Sprung über den Schatten

Im Herbst muß ich meine *Dritte Symphonie* (opus 16) fertiggestellt haben, ein Werk, über das ich so gut wie nichts mehr weiß. Es hatte drei Sätze, war verhältnismäßig kurz und für kleines Orchester instrumentiert, und als ich es in Frankfurt hörte – ich entsinne mich nicht, wann –, gefiel es mir nicht besonders, und es wurde von allen vergessen, mir selbst auch. Danach entschloß ich mich, wieder ein Opernprojekt in Angriff zu nehmen, diesmal eine komische Oper, zu der ich selbst den Text schreiben wollte. Der Titel war *Der Sprung über den Schatten*, und ich wurde durch eine Art Sprichwort dazu angeregt, das Erdmann oft gebrauchte, wenn er auf die Grenzen eines Menschen hinweisen wollte: »Niemand kann über seinen Schatten springen.« Die unausweichliche Wahrheit dieses Sprichworts faszinierte mich sehr und bewog mich, eine Handlung zu erfinden, die ich aus dem Gedächtnis kaum rekonstruieren kann, und eine Partitur steht mir jetzt nicht zur Verfügung.

Es ging um einen lächerlichen ältlichen Großherzog, der über ein lächerliches kleines Land voller Schiebungen und politischer Korruption regierte. Seine junge Frau war in einen Dichter vom romantischen Typ verliebt, der sie aus der Ferne anbetete und es nicht wagte, sich ihr zu erklären, während der alte Trottel es in seinem Schloß mit einer Kammerzofe trieb. Es gab eine Hofdame, eine liebeskranke Jungfer, die dazu diente, alle möglichen Intrigen voranzutreiben, und vor allem war da ein mephistophelischer Advokat, der auf raffinierte Tricks und Listen versessen war und sich zum führenden Kopf der ganz verwickelten Geschichte machte, was dazu führte, daß er am Ende mit leeren Händen dastand, denn er hatte versäumt, die eine Möglichkeit einzukalkulieren, die tatsächlich Wirklichkeit wurde, nämlich daß der junge Dichter aus seiner träumerischen Lethargie erwachen und sein Schicksal selbst in die Hand nehmen würde, indem er die junge Herzogin aus dem Gefängnis befreite, in das sie im Laufe der im Hintergrund brodelnden Revolution geraten war, die der Handlung eine tiefere Bedeutung geben sollte. So war der Dichter eigentlich der einzige, der wirklich über seinen Schatten springen konnte, indem er durch die Kraft der Liebe und der Phantasie sein Lebensmuster änderte.

Wer *Jonny spielt auf* kennt, wird ohne weiteres sehen, daß dieses jugendliche Experiment eine Art Vorstudie zu der späteren Oper war. Ebenso leicht ist ersichtlich, daß ich mich mit der Gestalt des Dichters identifizierte. Wenn jemand sich die Mühe machen würde, eine philosophische Analyse meines Werkes zu erstellen, würde er bemerken, daß der Gedanke, der sich bis zu einem gewissen Punkt vereinheitlichend durch alles hindurchzieht, das Problem der Freiheit des Individuums im Gegensatz zu den verschiedenen Erscheinungsformen des Zwanges – politisch, sozial und psychologisch – ist. In der *Zwingburg* hatte ich die künstlerischen Symbole übernommen, die andere vorgegeben hatten, die mich aber ohne Zweifel anzogen, weil sie einen wesentlichen Punkt meines eigenen Wesens ansprachen; im *Sprung* dagegen versuchte ich zum ersten Mal selbst, die oben erwähnten Faktoren zu verbinden. Da ich seit meinem unglückseligen Versuch zu Schrekers Musik selbst nichts Literarisches mehr hervorgebracht hatte, machte mich der Gedanke, das Libretto selbst zu verfassen, etwas befangen.

Anna ermutigte mich sehr, diese Aufgabe in Angriff zu nehmen, und ich bin ihr dafür zu großem Dank verpflichtet, denn obgleich dieser erste Versuch alles andere als befriedigend war, bedeutete er für mich den Beginn eines Weges, der später zu meinen erfolgreichsten Unternehmungen führen sollte. Mein Libretto war, was die literarische Ausdrucksweise anging, äußerst unbeholfen und kindisch, zumal ich mich entschlossen hatte, eingedenk der Theorien Busonis hinsichtlich des im Grunde formellen Wesens und der Beispielhaftigkeit der Oper, den Text in gereimten Versen zu verfassen. Meine einzige Entschuldigung war, daß ich eine komische Oper schrieb und hoffte, daß die Mängel des literarischen Stils zumindest als witzig aufgefaßt werden würden. Doch das Libretto schien schließlich ein ausgesprochenes Talent zu offenbaren, dessen ich mir überhaupt nicht bewußt war, während ich daran arbeitete. Es bestand in einer Begabung für und einer lebhaften Phantasie in bezug auf die Gestaltung dramatischer Vorgänge und wirkungsvoller Situationen auf der Bühne. Als Hommage an Mozarts *Figaro*, den ich immer sehr bewundert habe, begann meine Oper ebenfalls mit einem Duett, in dem eine der Personen Zahlen rief – er maß zwar nicht die Länge und die Breite eines künftigen Schlafgemaches aus, aber ich glaube, es war der dämonische Advokat, der seine Verehrerpost zählte oder etwas in der Art –, und das Stück war von weiteren derartigen Anspielungen durchzogen, die von Busonis *Arlecchino* inspiriert waren, in den der Autor eine Reihe feiner Hinweise auf seine künstlerischen und persönlichen Vorlieben hatte einfließen lassen.

In der Musik zu dieser Oper wagte ich mich zum ersten Mal auf das Gebiet der zeitgenössischen Unterhaltungsmusik vor, indem ich verschiedene Nummern im Stil der damals gängigen amerikanischen Tanzmusik einbezog. Damit erzeugte ich eine Art stilistischen Mischmasch, denn das Grundidiom blieb die aggressive atonale Sprache, die ich in den Instrumentalkompositionen jener Phase kultiviert hatte. Durch diese Gegenüberstellung von heterogenen Elementen, deren Ergebnis ich nicht vorhersah, da ich einfach beide Elemente hineinbringen wollte und nicht wußte, wie ich es anders hätte machen sollen, näherte ich mich unbewußt der Sphäre des Surrealismus. Das Konzept dieser Ausdrucksform reizte und verfolgte mich später sehr, aber es gelang mir nie, sie mir bewußt zu eigen zu machen. Ich nehme an, daß mehrere meiner Werke in diese Kategorie eingeordnet werden könnten, aber ich wußte nie, wann ich diesen Stil verwendete.

Wiederum muß ich mit unglaublicher Geschwindigkeit gearbeitet haben, denn im gleichen Winter stellte ich noch eine weitere Komposition fertig, ein *Klavierkonzert* mit Orchester, opus 18. Die Aufführung meiner Oper dauerte mindestens zweieinhalb Stunden, und das bedeutet eine enorme Menge von Noten, wenn ein großes Orchester die ganze Zeit über beschäftigt werden soll. Wie ich das fertigbrachte, weiß ich einfach nicht. Das Klavierkonzert, das ich wieder für Erdmann schrieb, war insofern ein Experiment in eine andere Richtung, als Erdmann mir nahelegte, zur Abwechselung eine Komposition im tonalen Idiom zu versuchen. Im Hinblick auf den zeitlichen Zusammenhang klingt das ziemlich albern, denn es war gar nicht so lange her, daß ich aufgehört hatte, »tonale« Musik zu komponieren. Aber meine Produktion seit dem *Ersten Streichquartett* erschien so gewaltig, daß ein Ausflug in das Gebiet der Tonalität meinen Freunden wie eine nahezu empfindsame Reise in eine längst vergessene Heimat vorkam.

In Übereinstimmung mit meiner Bereitschaft, jede Versuchung oder Herausforderung anzunehmen, willigte ich sofort ein, ein solches Stück zu schreiben, ohne damals zu wissen, daß die zukünftige Erstaufführung neue Perspektiven eröffnen und eine weitere schicksalhafte Änderung meiner Lebensumstände herbeiführen würde. Das Konzert stand in Fis-Dur und begann mit einem feierlichen Klaviersolo, das in ein lebhaftes und kantiges Allegro überging; darauf folgten ein langsamer Abschnitt in der Art eines Intermezzos und dann eine Kadenz und ein spritziges Rondo mit verschiedenen munteren Themen; den Schluß bildete das langsame Klaviersolo des Anfangs. Der Gedanke, daß ein Konzert mit dem Soloinstrument allein anfängt und aufhört, gefällt mir immer noch sehr gut, und ich habe ihn in allen drei Konzerten, die ich komponiert habe, realisiert. Es machte mir sehr viel Freude, dieses Konzert zu schreiben, weil es mir die Gelegenheit bot, viele der tonalen Kunstgriffe anzuwenden, die ich inzwischen von Schubert gelernt hatte.

Eine kleinere Aufgabe ähnlicher Art, an der ich gleichzeitig arbeitete, war die Fertigstellung der beiden unvollendeten Sätze von Schuberts C-Dur-Sonate, womit ich wiederum einer Anregung Erdmanns folgte. Ich glaube nicht, daß es vermessen von mir war, diese Arbeit durchzuführen, denn in beiden Sätzen war das thematische Material vollständig vorhanden, so daß ich nicht so tat, als würde Schubert sozusagen in der Person eines Stellvertreters weiterkomponieren, sondern nur mein Wissen um und mein Gespür für seinen Stil und seine Technik einzusetzen brauchte, um das zu ergänzen, was er vielleicht selbst ergänzt hätte. Ich glaube, daß ich recht anerkennenswerte Arbeit leistete, obgleich der letzte Satz unter Schuberts Händen möglicherweise viel länger ausgefallen wäre, als das in meiner Version der Fall war.

Mit Anna in Wien

Obgleich ich keine Winterferien mehr hatte, die ich zu einer Heimreise hätte nützen können, bin ich sicher, daß wir in diesem Winter einige Zeit in Wien verbrachten, wobei Anna damals mit mir bei meinen Eltern wohnte. Offiziell galt sie als Gast meiner Eltern, aber niemand hatte Zweifel an ihrem tatsächlichen Verhältnis zur Familie. Ich glaube nicht, daß meine Eltern unseren Lebensstil besonders guthießen, und ich erinnere mich, daß meine Mutter gelegentlich ihre Verwunderung darüber zum Ausdruck brachte, daß wir nicht heirateten, wenn wir doch so weiterleben wollten, wie wir das taten. Ich weiß nicht, was ich darauf antwortete, nur daß die Sache nicht ausführlich besprochen wurde, denn es war damals, wie schon erwähnt, nicht ungewöhnlich, unter solchen Bedingungen zu leben.

Natürlich verbrachten wir viel Zeit in Almas Affenzirkus, in dem es wie immer hoch herging. Eine recht auffällige Erscheinung in diesem Kreis war Egon Friedell, eine der mitleiderregenden Figuren in der grotesken Tragödie Wiens, von der damals gerade der vorletzte Akt gespielt wurde. Er war zweifellos ein sehr begabter Mensch, aber völlig ruiniert, denn er hatte sein Leben lang in Verbindung mit dem Wiener Journalismus gestanden, und zwar als Schreiberling für das gräßliche »Neue Wiener Journal«. Abgesehen davon, daß er dieses Skandalblatt belieferte, verdiente er seinen Lebensunterhalt damit, daß er in Häusern wie der Mahler-Residenz als gemieteter Clown auftrat, der für sein Abendessen unbeschreiblich minderwertige und vulgäre Liedchen aus eigener Produktion sang. Ich schämte mich, daß ich mich gezwungen sah, ihn bei diesen erbärmlichen Darbietungen am Klavier begleiten zu müssen. Niemand wußte damals, daß der arme Kerl seit Jahren an nichts Geringerem arbeitete als an einer Kulturgeschichte Europas, die einige Jahre später in zwei oder drei Bänden erschien.* Ungeachtet seines geschwätzigen Charakters und seines nachspenglerschen Schemas war das Buch eine bemerkenswerte Leistung seitens eines völlig ungeschulten Mannes. Als Friedell 1938 die Nazis die Treppe zu seiner Wohnung hinaufkommen hörte, machte er der traurigen Farce seines Lebens ein Ende, indem er aus dem Fenster sprang.

Von den musikalischen Koryphäen ist mir Richard Specht in Erinnerung geblieben, ein Journalist der älteren Generation, der so blumig schrieb, daß es ekelhaft und unverständlich war. Er hatte sich in dem Haus dadurch beliebt gemacht, daß er ein Buch über Mahler geschrieben hatte. Und dann war da Paul Stefan, damals Herausgeber des »Anbruch«, der Musikzeitschrift der Universal Edition. In seiner Jugend muß er einer der militanten Juden gewesen sein, ein Mann, der Mahler bei seinem Ringen und Schönberg bei seinen frühen Kämpfen durch Unerschrockenheit und die Gewandtheit seiner Schreibweise zur Seite gestanden hatte. Auch er war durch die entsetzliche Tretmühle der professionellen Kritik völlig gebrochen. Von seinem Verstand war nichts als ein weiches und formloses, quallenartiges Konglomerat übriggeblieben, als ich ihn kennenlernte. Trotzdem schätzte Alma ihn sehr als Berater in Werbeangelegenheiten und bei der Herausgabe von Mahlers Briefen, mit der sie sich damals beschäftigte.

Es gab noch unzählige andere Leute, Psychoanalytiker, Politiker, Geschäftsleute und alle möglichen anderen, von denen ich mich nur an einen holländischen Diplomaten erinnere, der versuchte, Anna gegenüber unverschämt zu werden. Es kann sein, daß Maria, Almas Stiefschwester, bei der Diskussion über diesen Vorfall den interessanten Vorschlag machte, sie könne Anna mit Liebhabern versorgen, die bereit seien, beträchtliche Summen für ihre Dienste

* *Kulturgeschichte der Neuzeit* (3 Bde., 1927–1931), *Kulturgeschichte des Altertums* (2 Bde., 1936/1949).

zu zahlen. Ich bezweifle nicht, daß Anna diese Beleidigung nicht einen Augenblick lang für etwas anderes hielt als für einen schlechten Witz, aber als wir spät abends heimkamen, wurde ich so wütend über den Sumpf, in den ich geraten war, daß ich eine schreckliche Szene machte und einen Schrank oder etwas ähnliches zerschlug, was Beschwerden seitens der anderen Hausbewohner nach sich zog, so daß meine armen Eltern irgendeine Erklärung abgeben mußten. Nichtsdestoweniger glaubte ich, ich könnte mit der Situation umgehen, und ich bin sicher, daß ich das auch gekonnt hätte, wenn Anna nicht an einem bestimmten Punkt nachgegeben hätte.

Wir statteten auch Schönberg in Mödling einen Besuch ab. Ich war im Jahr zuvor das erste Mal dort gewesen, und damals war es ein schönes Stück Arbeit gewesen, in die unmittelbare Nähe des großen Mannes durchzudringen, denn er war unbekannten Besuchern gegenüber sehr mißtrauisch. Als mir in den Sinn kam, daß ich von einem Gespräch mit Schönberg profitieren könnte, waren etliche Telefonate mit Mittelsmännern, Mitgliedern seines inneren Kreises und seiner Leibwache nötig. Als ich schließlich vorgelassen wurde, fand ich ihn allein in seinem Arbeitszimmer in einer bescheidenen Vorstadtwohnung, und er war offensichtlich bemüht, den Besuch kurz zu halten, indem er behauptete, er habe schreckliche Zahnschmerzen. Ich ließ mich jedoch nicht so leicht abwimmeln und bemerkte sinngemäß, ich hielte Schubert für einen bedeutenderen Komponisten als Beethoven. Das war zwar vielleicht nicht ganz genau meine Meinung, aber es deckte sich doch soweit mit meinen Überzeugungen, daß es als Herausforderung dienen konnte, und das tat es auch. Schönberg vergaß seine Zahnschmerzen und versuchte, mein Urteil zu entkräften, indem er nachwies, daß Schubert das Hauptthema des Finales von seinem d-Moll-Quartett aus dem Finale von Beethovens Kreutzersonate gestohlen hatte. Das war ein schwaches Argument, weil die rhythmische Ähnlichkeit der beiden Themen nicht viel bedeutet, und wenn Haarspaltereien gewünscht werden, könnte man sogar zeigen, daß Schuberts Thema dem Beethovens überlegen ist.

Unser Gespräch dauerte etwa zwei Stunden. An weitere Einzelheiten kann ich mich nicht erinnern, aber ich gewann von Schönberg den Eindruck, daß er einen recht außergewöhnlichen Verstand besaß, der beständig sehr anregende und oft verblüffende Gedanken hervorbrachte, daß er in seiner Denkweise aber gleichzeitig sehr rechthaberisch und starr sein konnte, so daß er sich eher auf offenkundigen Unsinn versteifte, als daß er eingeräumt hätte, das abweichende Argument eines anderen könnte vielleicht haltbar und seiner Aufmerksamkeit würdig sein. Gewöhnlich gelang es ihm, seinen Standpunkt durchzusetzen, indem er überwältigend kategorisch wurde und seine Autorität als Genie von unvergleichlicher Größe einsetzte. Ich habe bemerkt, daß in vielen Fällen ein Mensch, der stur, unbefangen und ununterbrochen von sich selbst behauptet, er sei ein großer Mann, seine Umgebung dazu zwingt, das für die Wahrheit zu halten, ein anscheinend recht einfaches Rezept für alle, die als Genies angesehen werden möchten. Wahrscheinlich braucht es jedoch einen wirklich großen Mann, um sich so verhalten zu können, ohne sich lächerlich zu machen oder zu fürchten, daß man lächerlich erscheint.

Für eine wirklich gute Diskussion, die mir ungeheuren Spaß macht, ist es wesentlich vorteilhafter, Gegenargumente vorläufig oder teilweise zu akzeptieren und sie zu einem Teil der eigenen Rüstung zu machen. Die Haltung des »großen Mannes« ist in dieser Hinsicht völlig nutzlos, denn er genießt den Kampf nicht, sondern will seine Breitseiten auf schutzlose Positionen abfeuern und ausschließlich den Donner der eigenen Kanonen hören. Vermutlich habe ich sowieso nicht das Zeug zu einem »großen Mann«, aber anscheinend habe ich gerade so viel davon, daß es mir kein Vergnügen macht, die öffentlichen Monologe anderer großer Männer anzuhören.

Als ich Schönberg das zweite Mal, mit Anna zusammen, besuchte, war die Atmosphäre natürlich eine andere, weil ich jetzt als Angehöriger des Mahler-Kreises auftrat und Schönberg in einer Art Schüler-Lehrer-Beziehung mit dem Meister verbunden gewesen war. Der Ton war entspannter, und Schönberg unterhielt uns hauptsächlich damit, daß er Kopien von sarkastischen und kritischen Briefen vorlas, die er an verschiedene Gegner geschrieben hatte. Was seine eigene Musik betraf, so wurde darüber überhaupt nicht gesprochen. Anna Mahler betrachtete ihn pflichtgetreu als Genie, wann immer die Situation das erforderlich zu machen schien, und als Irren, wenn sie aufrichtig war. Ich hatte mich noch nicht entschieden. Ich nehme an, daß zu jener Zeit verschiedentlich über die Zwölftontechnik gesprochen wurde, obgleich noch keine nach dieser Methode geschriebene Komposition aufgetaucht war. Allgemein schien die Ansicht zu herrschen, daß sie der Inbegriff des Verrückten war.

Kokoschka und Orpheus und Eurydike

Nach unserer Rückkehr nach Berlin reiste ich nach Hannover, weil man mir mitgeteilt hatte, daß der Leiter des dortigen Opernhauses Interesse an meiner *Zwingburg* habe. Die Reise war angenehm, blieb aber ergebnislos, aus Gründen, an die ich mich nicht mehr erinnere, weil mir, wie jedem Komponisten zu jeder Zeit, im Laufe meiner Karriere zu viele davon überzeugend dargelegt worden sind. Eine andere Reise, die viel bedeutendere Folgen hatte, führte mich nach Dresden. Kestenberg ließ mich wissen, daß Oskar Kokoschka, der große österreichische Maler, der auch einige Experimente auf literarischem Gebiet unternommen hatte, seine Tragödie *Orpheus und Eurydike* vertont haben wolle, und Kestenberg hatte mich als geeigneten Mann für diese Arbeit vorgeschlagen. Ich interessierte mich sogleich lebhaft dafür, nicht nur, weil ich Kokoschkas Malerei sehr bewunderte, sondern auch weil ich so viel über seine Beziehung zu Alma Mahler gehört hatte. Zudem hatte er einige ausgezeichnete Porträts von Karl Kraus geschaffen und war überhaupt der Typ von Mann und gehörte zu jener Gruppe von Menschen, mit denen ich verkehren wollte. Die Tatsache, daß Hindemith eines von Kokoschkas Theaterstücken vertont hatte, trug gewiß ebenfalls zu meinem Interesse bei.

Kokoschka unterrichtete damals an der Akademie der schönen Künste in Dresden, wohin er von der Revolution verschlagen worden war, ebenso wie Schreker nach Berlin. Kestenbergs Vorschlag verdanke ich die Bekanntschaft mit einem der seltsamsten Menschen, denen ich je begegnet bin, und in vieler Hinsicht eine sehr bedeutsame Erfahrung. Kokoschka war ein sehr gutaussehender Mann undefinierbaren Alters – in den fünfzehn Jahren meiner Bekanntschaft mit ihm schien er sich nicht zu verändern oder eher noch jedesmal jünger auszusehen. Tatsächlich war er Anfang Dreißig, als ich ihn kennenlernte. Er hatte eine zögernde und beunruhigend sprunghafte Art, in breitem Wiener Dialekt zu reden, die mir von Anfang an ungemein gefiel, obgleich es sehr anstrengend und oft geradezu unmöglich war, seinem phantastischen Diskurs zu folgen. Er hatte eine sehr schöne Wohnung, die ihm der Staat zur Verfügung gestellt hatte, in einem der entzückenden Rokokopavillons, die die sächsischen Könige in dem riesigen Park erbaut hatten, der an das königliche Schloß in Dresden grenzte.

Dort wohnte Kokoschka mit einer hübschen, aber nicht sehr gebildeten Frau und einem Koch aus Wien oder aus Böhmen, der ihn mit Herr Rittmeister anredete, dem Rang gemäß, den er im Krieg angeblich innegehabt hatte. Er erzählte auch eine Geschichte, wie er von einem russischen Ulanen verwundet worden war und einige Zeit in sibirischer Gefangenschaft verbracht hatte, aber alle diese Geschichten hatten etwas von Schwindelei, ohne aber jemals den Eindruck dummer Aufschneiderei zu erwecken, denn sie wurden so vorgebracht, daß man dachte, dem Erzähler würde es nicht viel ausmachen, wenn man ihm nicht glaubte, vorausgesetzt nur, daß man seine reiche Phantasie würdigte. Als wir essen gingen, entdeckte Kokoschka plötzlich in einer seiner sehr ungewöhnlichen grünen Socken ein Loch, was ihm höchst peinlich zu sein schien. Um den Defekt zu beseitigen, pflückte er von einem nahen Busch ein großes grünes Blatt und stopfte es in seinen Schuh, wobei er allen Ernstes behauptete, dadurch würde der Schaden weniger auffällig, obwohl das Gegenteil offensichtlich zu sein schien.

Ich las sein Drama, und ich gestehe, daß ich sehr wenig davon verstand. Es war expressionistisches Blabla in höchster Potenz, wie mir schien. Doch in einem verborgenen Winkel meiner Seele war ich von diesem äußerst ungewöhnlichen Versuch tief bewegt und beschloß, eine Oper daraus zu machen, ganz gleich, wie. Ich staune immer noch über meine Furchtlosigkeit, die wahrscheinlich einem mehr als naiven Selbstvertrauen zuzuschreiben war, das der Waghalsigkeit gleichkam. Wenn reine Vitalität etwas mit Kunst zu tun hat, dann habe ich mich sicherlich als großen Künstler ausgewiesen. Wenn mir etwas mehr Selbstkritik und mehr Fähigkeit zum Planen gewährt worden wären, wäre ich möglicherweise einer geworden. Als ich Kokoschkas verlockendes Produkt las, wußte ich nur eines, nämlich, daß es viel zu lang war, um ganz vertont zu werden, denn ich hatte – möglicherweise von Busoni – die Faustregel gelernt, daß jeder Operntext auf die dreifache Länge des Originals anwächst, wenn man ihn durchkomponiert. Daher wollte ich vom Autor Vorschläge für Kürzungen haben und bot ihm an, ihm das Stück vorzulesen und Möglichkeiten einer Straffung mit ihm zu diskutieren. Daraus wurde jedoch nicht viel, denn Kokoschka war, während ich vorlas, völlig in ein chinesisches Puzzle vertieft, das er gerade bekommen hatte und das die Zusammensetzung zahlloser kleiner Teilchen erforderte, damit die Form eines Eis von der Größe eines Straußeneies entstand. Kokoschka war in der ganzen Angelegenheit sehr liebenswürdig und überließ es mir völlig, die Änderungen vorzunehmen, die ich für nötig hielt, denn er hatte entschieden, daß er mich gern mochte.

Damals war ich über diese Haltung ziemlich verwundert, vermutlich, weil ich noch nicht reif genug war, um meinem eigenen psychologischen Urteil zu trauen. Ich wollte eindeutige Kriterien und idiotensichere Methoden. Ich halte es für ein Zeichen dafür, daß ich schließlich doch einigermaßen erwachsen geworden bin, daß ich heute bereit bin, Kokoschkas Haltung in dieser Hinsicht zu respektieren und einem Menschen, zu dem ich eine tiefe menschliche Verbindung spüre, in allem zu vertrauen, was er oder sie unternehmen mag. Ich glaube, daß ich zu dieser offeneren und menschlicheren

Betrachtungsweise in gewissem Maße von Karl Kraus erzogen wurde, wovon ich zu gegebener Zeit sprechen werde.

Damals hatte in Deutschland die rasende Inflation ihren Anfang genommen. Ich erinnere mich, daß ich, als ich den Musikdirektor der Dresdner Oper, Fritz Busch, besuchte und wir zum Mittagessen ausgingen, beim Bezahlen der Rechnung, die sich auf einige tausend Mark belief, einige Verwirrung zeigte, was Busch zu der halb ärgerlichen Bemerkung veranlaßte, es sei für die Österreicher höchste Zeit, rechnen zu lernen. Ich nehme an, daß das die Zeit der Besetzung des Ruhrgebiets durch die Franzosen war, die im ganzen Land einige Aufregung hervorrief. Ich entsinne mich, daß ich auf meinen Eisenbahnfahrten Gespräche mitanhörte, in denen einige der kühnen Biertischstrategen den glühenden Wunsch äußerten, baldigst erneut den Krieg zu erklären. Meine Sympathien galten damals ganz dem Standpunkt der Franzosen, und das hat sich nie geändert. Für mich war der Versailler Vertrag ein Vertrag, der von den gesetzmäßigen Vertretern der deutschen Nation ordnungsgemäß unterzeichnet worden war und an den letztere sich zu halten hatten, gleichgültig was sie von seinem Wert hielten. Die angebliche Tatsache, daß die Unterschrift mit vorgehaltener Pistole erzwungen worden sei, erschien mir belanglos, denn die Deutschen hatten die Entscheidung mit Waffengewalt heraufbeschworen und konnten sich nicht darüber beklagen, daß die Angelegenheit sich zu ihrem Schaden entwickelt hatte. Es ist meine Überzeugung, daß die einzige Chance, die dieser Welt geboten wurde, um einem weiteren und schlimmeren Verhängnis zu entgehen, darin bestand, die Bedingungen von Versailles als unveränderlichen Ausgangspunkt anzunehmen, ganz gleich, wie »ungerecht« und »unvernünftig« sie sein mochten.

Keine Situation ist so unerträglich, daß ihre Veränderung einen Feldzug rechtfertigen würde. Im übrigen bin ich überzeugt, daß die Propaganda der Deutschen, die sie vom allerersten Friedenstag an verbreiteten und die zum Inhalt hatte, daß sie unter der neuen Ordnung unmöglich leben konnten, ein gigantischer Schwindel war. Jeder weiß oder sollte mittlerweile wissen, daß die Inflation, die von den deutschen Politikern als teuflischer Trick der früheren Feinde dargestellt wurde, von der herrschenden Schicht in Deutschland zu ihrem eigenen Nutzen in Gang gebracht worden war, denn sie hörte wie durch Zauberkraft auf, kaum daß sie ihren Dienst getan hatte, das heißt, als sie die Regierung von ihren inländischen Schulden befreit und genug Elend geschaffen hatte, um die Alliierten mit der Tatsache zu beeindrucken, daß das arme Deutschland wirklich nicht in der Lage war, seinen Verpflichtungen nachzukommen, und um dem Volk einzupauken, daß es zum unschuldigen Opfer erbarmungsloser Unterdrücker aus dem Ausland geworden sei. Mehr darüber ist in Leopold Schwarzschilds Buch *World in Trance* zu lesen, das in jeder Zeile meine Ansichten über deutsche Nachkriegspolitik und -mentalität wiedergibt. Obgleich ich für den Autor, den ich später persönlich kennenlernen sollte, keine besonderen Sympathien hege, glaube ich, daß er einer von den wenigen ist, die eine richtige Sichtweise von der Sache haben. Im übrigen muß ich sagen, daß ich nie im Leben widerwärtigere und unmenschlichere Unterhaltungen mitangehört habe als in deutschen Eisenbahnwagen, die vor allem von Handelsreisenden benutzt werden, einer der abscheulichsten Sippschaften auf dieser Erde.

Bekanntschaft mit Paul Bekker

Bevor ich mich mit Kokoschkas höchst problematischem Stück befaßte, erfüllte ich meine Pflicht, ein Streichquartett für Paul Hindemith zu schreiben. Wiederum nützte ich eine Eisenbahnreise für die ersten Skizzen. Diesmal fuhr ich nach Darmstadt, der einstigen Residenz der Großherzöge von Hessen–Darmstadt, wo sich ein bedeutendes Opernhaus befand, dessen Direktor, Gustav Hartung, Interesse an meiner neuen komischen Oper bekundet hatte, vermutlich auf Anregung meines früheren Kollegen Josef Rosenstock, der Musikdirektor der Darmstädter Oper war. Ich weiß nicht mehr viel von meinem Besuch, außer daß Hartung, ein sogenannter fortschrittlicher und literarisch engagierter Regisseur, ernsthaft an dem Projekt interessiert war, aber einige der üblichen Schwierigkeiten bemerkte, die verhinderten, daß sein Interesse aktiv wurde, und daß ich eine Party im Haus der Koloratursängerin Fritzi Jokl besuchte, der Freundin Rosenstocks, mit der ich heftig flirtete. Auf meiner Rückreise machte ich eine nicht eingeplante Zwischenstation in Frankfurt, die weit erfolgreicher war als die Reise nach Darmstadt, weil der Musikdirektor der bedeutenden Frankfurter Oper, Ludwig Rottenberg, den *Sprung über den Schatten* zur Aufführung annahm. Meine Erinnerungen an Frankfurt sind etwas verschwommen, denn folgende, mit dem Ort verbundene Ereignisse kann ich zeitlich nicht mehr zuordnen: die erste Aufführung meines *Ersten Concerto Grosso*, eine Aufführung meiner *Ersten Symphonie*, meine Bekanntschaft mit Paul Bekker und die Premiere meiner *Dritten Symphonie*. Irgendwie scheint mir, daß Bekker mich Rottenberg vorstellte, aber dann entsinne ich mich nicht, wie und wann ich ersteren kennenlernte. Ich werde diese Männer also unabhängig von den Umständen beschreiben müssen, unter denen ich sie vielleicht kennenlernte.

Paul Bekker war damals einer der profiliertesten Musikkritiker in Deutschland und schrieb regelmäßig für die »Frankfurter Zeitung«, die ihrerseits eine der profiliertesten liberalen und demokratischen Zeitungen des Landes war, mit viel höherem Niveau in allen Ressorts als irgendeines der Berliner Blätter. Bekker hatte sich durch sein bedeutendes Buch über Beethoven einen Namen gemacht, das ihn als treuen Anhänger der romantischen Schule der Musikinterpretation auswies. In jüngerer Zeit hatte er allerdings modernere Einstellungen übernommen, und sein Buch über Mahler, das gerade erschienen war oder erscheinen sollte, ist ein sehr anerkennenswerter Versuch, die Entwicklung der Symphonie im Licht zeitgenössischer musikalischer Ideen darzustellen. Außerdem hatte Bekker ein Büchlein über die Symphonie veröffentlicht, in dem er verschiedene Aspekte dieser Form unter soziologischen Gesichtspunkten zu erläutern versuchte, und eine Broschüre über moderne Musik, die zeitgenössische Tendenzen kurz charakterisierte. Schließlich hatte er noch eine Monographie über Schreker geschrieben, in der er die Ansicht vertrat, daß letzterer der einzige wirklich originelle Opernkomponist seit Wagner war, was einiges heißen will, aber trotz meiner Aversion gegen Schreker gefiel mir der Gedanke, daß ich bei einem so bedeutenden Mann studiert hatte, und Bekker hatte auch eine ungewöhnlich überzeugende Art, seinen Standpunkt zu vertreten.

Ich war von Bekkers Schriften sehr beeindruckt und wollte ihn unbedingt kennenlernen, besonders als ich hörte, daß er als Kritiker außergewöhnliche Integrität besaß, so daß er nicht davor zurückschreckte, die verschiedenen einflußreichen Kreise des Frankfurter Musiklebens gegen sich aufzubringen, wenn seine Grundsätze das erforderlich zu machen schienen. Ich hatte selbst einen Beweis von Bekkers Kompromißlosigkeit erfahren, als man ihn im Laufe der früher erwähnten Verhandlungen um die Aufnahme Deutschlands in die IGNM gebeten hatte, dem Komitee beizutreten, und er in einer langwierigen Korrespondenz so viele peinliche Fragen stellte, daß ich beinahe glaubte, er müsse ein Beauftragter von Karl Kraus sein.

Doch in Wirklichkeit war Bekker nichts dergleichen. Ich weiß nicht, ob er Jude, Halbjude oder Arier war. Seine Gegner behaupteten natürlich, daß er Jude sei. Er war ein kräftiger, stämmiger Mensch, etwa vierzig, nehme ich an, und er hatte einen großartigen Sinn für Humor, der ihm später völlig abhanden kam. Selbst damals war er schon etwas unberechenbar, da er gelegentlich Zornesausbrüche bekommen konnte, die so heftig waren, daß es fast komisch war. Hinter seiner umgänglichen und überzeugenden Art verbarg sich eine ziemlich tyrannische Natur. Er war damals zum zweiten Mal verheiratet, mit einer attraktiven, weltgewandten Frau aus höchsten Frankfurter Bürgerkreisen, einer Hanna von Rath. Ihr Vater war einer der Magnaten der allmächtigen IG-Farben, des bedeutendsten Chemiekonzerns in Deutschland. Bekkers erste Frau, von der er einen halbwüchsigen Sohn hatte, erschien häufig bei ihm zu Hause, einem komfortablen Landhaus in Hofheim, einem der vielen reizenden Urlaubsorte im Taunus, dessen Berge den Main nach Westen hin bis zu seiner Mündung in den Rhein in der Nähe von Wiesbaden säumen. Frau Bekker, die mit ihrer Nachfolgerin auf gutem Fuß zu stehen schien, war ziemlich unattraktiv, eine Intellektuelle vom Typ der Schulmeisterin. Die Atmosphäre des Hauses wirkte harmonisch und glücklich, wenn man von den gelegentlichen Neigungen des Hausherrn zu Verdrießlichkeit und Zank absieht. Diese aber waren nicht besonders ärgerlich, weil sie einer recht anerkennenswerten Besorgtheit um ein reibungsloses und perfektes Funktionieren des Haushalts zu entspringen schienen. Bekker und ich mochten uns auf den ersten Blick, und ich schätzte seine Freundschaft sehr, ohne damals zu wissen, daß wir uns irgendwann voller Enttäuschung und Kummer trennen sollten, einer Frau wegen, von der keiner von uns zu diesem Zeitpunkt auch nur die leiseste Ahnung hatte.

In seinem künstlerischen Urteil war Bekker häufig willkürlich und stur, wie etwa im Fall Schreker. Ein weiterer Liebling von ihm war Ludwig Rottenberg, den er in seinem kleinen Buch über moderne Musik rühmte. Der Arme kam zu dieser Ehre wie Pontius Pilatus ins Credo, um es mit einem deutschen Sprichwort zu sagen. Er hatte praktisch überhaupt keine Musik veröffentlicht und betrachtete sich selbst in keiner Weise als bedeutenden Komponisten, sondern komponierte ab und zu als Hobby. Rottenberg war ein sanftmütiger kleiner österreichischer Jude aus Czernowitz, der der Frankfurter Oper viele Jahre treu und geduldig gedient hatte, so daß er schließlich eher durch seine langjährige Zugehörigkeit als durch Ambition oder besondere Leistung ihr musikalischer Leiter wurde. Als ich ihn kennenlernte, muß er ungefähr sechzig gewesen sein. Ungeachtet seiner bescheidenen Haltung war er ein sehr guter und sensibler Musiker, mit einem wachen Sinn für die Merkmale neuer Musikstile. Seine Kompositionen – eine einaktige Oper, einige Lieder und eine Folge von Klaviervariationen, die Erdmann zu spielen beschlossen hatte – waren seltsam dilettantisch, doch, wie es bei den Bemühungen ehrlicher Seelen häufig der Fall ist, voller unerwarteter, origineller Ideen und unvorhersehbarer, ausdrucksvoller Einzelheiten. Als Dirigent war er ziemlich hilflos, weil ihm die elementarsten Führungseigenschaften fehlten, aber wiederum konnte er gelegentlich sehr verblüffende und bewegende Wirkungen erzielen, die viel erfahreneren, routinierten Dirigenten in der Regel versagt bleiben. Aus unerfindlichen Gründen hatte er über seinem Stand geheiratet, denn seine Frau war die Tochter eines berühmten Frankfurter Exbürgermeisters namens Adickes. Sie war ein Original, und ich mochte sie sehr, obgleich ihre Schärfe und ihr Sarkasmus, Ergebnis lebenslanger Frustration, für viele schwer zu ertragen waren.

Sie hatten zwei Töchter, Gertrude und Ella, beide hübsch. Gertrude war sehr ehrgeizig und ziemlich respekteinflößend und wurde später Paul Hindemiths Frau, während Ella, die nur hübsch war, in aller Eile den nichtsnutzigen Arzt Hans Flesch heiraten mußte, und zwar wegen eines Unfalls, den der Kerl hätte verhüten können sollen, wenn er ein besserer Arzt gewesen wäre. Der gute alte Rottenberg war wegen seines Mißgeschicks ganz niedergeschlagen; er wußte nicht, daß seinem unglückseligen Schwiegersohn eine glänzende Karriere bevorstand. Das jämmerliche Ende dieser glänzenden Laufbahn, über das ich später berichten werde, hat er allerdings nicht mehr erlebt.

In diesem Frühling des Jahres 1923 muß ich noch mehr Reisen gemacht haben. Da ich die Erstaufführung meines *Concerto Grosso Nr. 1* gegenwärtig nicht anders einordnen kann, nehme ich an, daß sie zu jener Zeit in Frankfurt stattfand, im Rahmen eines örtlichen Musikfestes. Da meine komische Oper ein Jahr später wiederum in Frankfurt aufgeführt wurde, und zwar unter ganz ähnlichen Umständen anläßlich des Festivals des Allgemeinen Deutschen Tonkünstlervereins, kann ich nicht mehr sagen, ob bestimmte unbedeutendere Ereignisse mit der Aufführung des einen oder des anderen Werkes verbunden waren. Auf jeden Fall hörten wir noch mehr Hindemith, eines seiner zahlreichen Kammerkonzerte im glatten Stil Händels, dessen Klavierpart Emma Lübbecke-Job übernommen hatte, eine gute Pianistin, die bemerkenswert war, weil ihr Gatte, ein strenger Beamter der Stadtverwaltung, große Anstrengungen machte, um die malerische Altstadt von Frankfurt von ihren vielen Bordellen zu befreien.

Eine weitere Komposition Hindemiths war der sehr schöne Zyklus *Marienlieder* nach Worten von Rilke, den die wirklich großartige Sopranistin Beatrice Sutter-Kotlar sang. Die Hindemith-Clique fiel oft auf, und bei einer Party lieferten sie eine wirklich umwerfende Parodie auf eine Kino-Wochenschau. Hindemith war von der Stadt Frankfurt in einem der alten Türme, die von den mittelalterlichen Festungsanlagen übriggeblieben waren, untergebracht worden. Den größten Vorzug der Abgeschiedenheit, die ihm dadurch gewährt wurde, schien er in der Möglichkeit zu sehen, zu jeder Tages- und Nachtzeit die absonderlichsten Geräusche zu machen. Bei einer seiner Partys schlug er als Höhepunkt des Vergnügens eine Krachorgie vor. Eine Menge Zeit wurde damit zugebracht, alles erdenkliche lärmerzeugende Gerät herbeizuschaffen, und dann brach ein wahrhaft höllischer Krach aus. Mir scheint, daß wir während dieser Tage in Frankfurt meistens ziemlich betrunken waren. Bei einem Empfang im Römer, dem wunderschönen gotischen Rathaus Frankfurts, lernte ich Otto Klemperer und seine Frau, die damals recht attraktiv war, kennen. Er war sehr besorgt wegen ihres Benehmens und insbesondere ängstlich darauf bedacht, daß sie nicht zu viel trank. Erdmann, der auch dabei war, verwickelte Klemperer sehr schnell in ein hochphilosophisches Gespräch, während ich eifrig daranging, Johanna betrunken zu machen, indem ich ihr ein Glas Sekt nach dem anderen brachte. Ich gefiel ihr recht gut, was anzuhalten schien, selbst nachdem sie wieder nüchtern geworden war. Jedenfalls war Otto, als wir fertig waren, verwundert, seine Frau in einem Zustand vorzufinden, den er sehr mißbilligte, ohne zu erraten, wie es dazu gekommen war. Mehr über Klemperer später. Ein weiteres großes Essen gab es irgendwo auf dem Land, und dort erlebte ich einen der mysteriösen Ausbrüche Bekkers. Er sprach nicht viel und brütete meist allein vor sich hin. Plötzlich schlug er mit der Faust auf den Tisch, brüllte wild: »Ich muß hier raus!« und raste davon wie ein Verrückter. Dazu wurde nie eine Erklärung abgegeben.

Eine amüsante Geschichte erzählte man sich über Maurits Frank, den dicken Holländer, der im Amar-Quartett das Cello spielte. Es hieß, seine Frau treibe es während seiner Abwesenheit mit einem Liebhaber, den sie über den Stand der Dinge informierte, indem sie Anzeigen in die Zeitung setzte, die nichts weiter enthielten als Namen deutscher Städte: Frankfurt (was bedeutete »Frank ist fort«) und Mannheim (»Mann daheim«). Als Frank das herausfand, warf er die Frau hinaus und setzte die Anzeige »Schweinfurt« in die Zeitung. Die Geschichte war wahrscheinlich erfunden und nur durch die gleichlautenden Wörter angeregt. Das waren die Sitten und Vergnügungen deutscher Musiker nach dem großen Krieg.

Aufführung der Zweiten Symphonie

Ein sehr wichtiges Ereignis war die erste Aufführung meiner *Zweiten Symphonie* beim Fest des Allgemeinen Deutschen Tonkünstlervereins in Kassel im Mai oder so. Ich glaube, daß ich auf einer meiner Reisen nach Westdeutschland dort Station gemacht hatte, um dem Dirigenten Anweisungen zu meiner Partitur zu geben. Ich hatte damals keine Ahnung, wie eng ich in wenigen Jahren mit dieser Stadt verbunden sein würde und daß dort die Frau lebte, die meine jetzige Ehefrau werden sollte. Die Stadt gefiel mir nicht besonders, obgleich sie mit ihren verschiedenen architektonischen und künstlerischen Denkmälern (darunter eine der besten Rembrandt-Sammlungen der Welt) durchaus reizvoll war und zudem schön gelegen zwischen dem lieblichen Fuldatal und dem Bergland der Wilhelmshöhe, wohlbekannt wegen des prächtigen Rokokoschlosses, in dem Napoleon III. nach seiner Niederlage von Sedan gefangengehalten wurde. Kassel besaß ein großes, perfekt ausgestattetes Opernhaus, das vom preußischen Staat verwaltet wurde, und das Orchester dieser Einrichtung war mit der Aufführung meines Werkes betraut worden. Der Dirigent, ein älterer Durchschnittsmusiker, hatte nicht die geringste Ahnung, auf was er sich eingelassen hatte. Bei der ersten Probe hielt er eine kleine Ansprache, völlig ernst und ohne jede Bosheit: »Meine Herren, wir werden jetzt etwas spielen, das keiner jemals verstehen wird. Trotzdem werden wir unser Bestes tun. Wenn jemand meint, ein Thema zu haben, möge er bitte laut spielen.« Das waren seine ersten und letzten Anweisungen, und danach wurde das Stück gespielt.

Ich hatte meine Eltern zu der Aufführung eingeladen. Es war das erste Mal, daß sie eine wirklich große, ausgewachsene Komposition von mir hörten, und es war ihre erste Reise nach Deutschland. Wir trafen uns in Neckargemünd, dem Weindorf bei Heidelberg, das ich ihnen unbedingt zeigen wollte, und von dort aus fuhren wir über Frankfurt nach Kassel. Anna stieß, von Berlin kommend, zu uns, aber wir wohnten nicht zusammen, aus Geldmangel, wie mir scheint, so daß ich ein schäbiges Privatquartier beziehen mußte, während meine Eltern und Anna im Christlichen Hospiz wohnten, einer Art Jugendherberge mit all den dazugehörigen bedrückenden Merkmalen. Trotzdem hatten wir wahrscheinlich einigermaßen schöne Tage, aber im Rückblick erscheinen mir alle diese Begleitumstände meines früheren Lebens ziemlich schrecklich und traurig, viel schlimmer, als ich sie damals wahrscheinlich empfunden habe, begeistert, wie ich von den vielen großartigen öffentlichen Veranstaltungen, bei denen meine Werke auftauchten, nun einmal war. Meine Symphonie war erwartungsgemäß ein Riesenereignis.

Lange Zeit erschien sie mir als die lauteste Musik, die ich je gehört habe, vielleicht mit Ausnahme des Finales von Milhauds *Orestie*, das allerdings einen riesigen Chor enthält. Als ich die Symphonie kürzlich wieder hörte, schien sie mir nicht mehr so überwältigend laut zu sein, was nicht ausschließlich daran liegen kann, daß in der Aufführung in Minneapolis zwei klanggewaltige Instrumente fortgelassen werden mußten, nämlich das sechste Horn und die Kontrabaßposaune. Ich glaube, es ist eher das eigenartige Gefühl, das man hat, wenn man nach vielen Jahren in sein Elternhaus zurückkommt und plötzlich alles viel kleiner erscheint, als man es in Erinnerung hatte. Nichtsdestoweniger befällt mich beim Herannahen des letzten Höhepunktes auch heute noch jedesmal, wenn ich das Stück höre, eine sonderbare Erregung, selbst wenn ich mir wiederholt die Schallplattenaufnahme vorspiele, die von dem Konzert in Minneapolis gemacht wurde. Ich nehme an, daß das nichts mit der meßbaren Dynamik dieser Stelle zu tun hat, sondern vielmehr einer der Musik innewohnenden Eigenschaft zuzuschreiben ist, die ich bereits zu analysieren versucht habe.

Das Stück machte jedenfalls einen gewaltigen Eindruck und löste beim Publikum wildes Geschrei und leidenschaftliche Äußerungen verschiedener Art aus. Die Reaktion war so heftig, daß ich zu der Annahme neige, dem allgemeinen Eindruck sei ein Element primitiver Furcht beigemischt gewesen, womit ich die Tatsache zu erklären suche, daß niemand das Stück wieder in Angriff nehmen wollte, bis 1938, als Scherchen es in der Schweiz zu Gehör brachte, worüber ich sonst nichts weiß, und 1943, als Mitropoulos die Partitur in einem New Yorker Antiquariat entdeckte und sich entschloß, es aufzuführen. Charakteristischerweise hat auch diese verspätete Wiederaufnahme Erschütterungen hervorgerufen, die rational kaum zu erklären sind. Es ist, als hätte wiederum eine verborgene Sprengkraft dieser Musik ihre verwirrende Macht gezeigt.

Ich glaube, mich zu erinnern, daß es bei diesem Anlaß war, daß der berühmte Wilhelm Furtwängler mit einer verdrießlich anerkennenden Bemerkung auf mich zutrat und erklärte, er sei daran interessiert, eine (andere) Komposition von mir zu dirigieren. Das war die erste und letzte Äußerung dieser Art, die ich von ihm hörte. Ich habe nie besondere Bewunderung für den Mann gehegt, von dem im allgemeinen so viel gehalten wurde, und deswegen hatte ich mit meinen Freunden viele Auseinandersetzungen. Es ist schon richtig und offensichtlich genug, daß meine Meinung von Musikinterpreten stark von ihrer Einstellung zur zeitgenössischen Musik beeinflußt ist. Ich glaube sogar, daß ich in dieser Hinsicht ein wenig objektiver bin, als es scheint, insofern als meine Kritik an Interpreten, die moderne Werke vernachlässigen, auf mehr beruht als auf meinem Groll darüber, daß sie meiner eigenen Produktion gegenüber gleichgültig sind. Wenn ihre Haltung nicht nur durch die übliche Furcht bedingt ist, etwas zu tun, das ihren Gönnern mißfallen könnte, sondern ideologische Gründe hat, wie zum Beispiel, daß sie moderne Musik nicht »verstehen« oder nicht an ihre »Ernsthaftigkeit« glauben, hege ich den starken Verdacht, daß sie zur Musik insgesamt keine echte und unmittelbare Beziehung haben. Jemand, der Beethoven »versteht« und mehr über ihn weiß, als daß er eine todsichere Stütze der Konzertprogramme ist, sollte mit Schönberg und ähnlichen Komponisten keine wesentlichen Schwierigkeiten haben, und die umgekehrte Schlußfolgerung erscheint mir durchaus zulässig. Furtwängler war so einflußreich, daß er jedes Programm riskieren konnte, und damals war der Trend der Zeit noch keineswegs ungünstig für moderne Musik.

Als er eine höchst einflußreiche Position in Berlin hatte und zur selben Zeit in Frankfurt die Museumskonzerte dirigierte, nützte er die unbedeutendere Stellung dazu, das Orchester manchmal eine moderne Partitur vom Blatt spielen zu lassen, damit er sich ein gründliches Studium ersparen konnte, und dabei ließ er es gewöhnlich bewenden. Er war nicht der einzige, der diese Einstellung hatte. Übrigens fand ich seine Wiedergabe der Klassiker nicht so überwältigend wie die meisten anderen Leute. Allerdings kann ich die Vorzüge einer Aufführung als solcher vielleicht nicht recht beurteilen, es sei denn, sie ist einfach unmöglich, denn ich bin fast ausschließlich an der Musik interessiert, so daß es mir gleichgültig ist, wie eine bestimmte Person beispielsweise die Klaviersonate von Liszt spielt, weil ich nicht einsehe, warum jemand die Lisztsonate überhaupt spielen sollte, und andererseits höre ich Bach oder Beethoven mit Interesse, ganz gleich, wer diese Komponisten spielt, ein bestimmtes technisches Niveau und vor allem musikalisches Verständnis natürlich vorausgesetzt.

Nach dem Fest in Kassel kehrten meine Eltern nach Wien zurück, und wir fuhren wieder nach Berlin, um uns auf einen weiteren Sommerurlaub mit den Erdmanns vorzubereiten. Inzwischen hatte Eduard an der Ostseeküste ein Sommerhaus gekauft, das ihm sehr lieb war, weil es ihn an seine lettische Heimat erinnerte. Es befand sich in Langballigau, einem Fischerdorf in Schleswig-Holstein, nahe der dänischen Grenze. Ich muß leider sagen, daß ich die Landschaft nicht sehr reizvoll fand. Das Meer war an der Stelle schmal, denn es bildete eine Art Meeresarm, der nach der langweiligen Provinzstadt an seiner Spitze Flensburger Förde hieß. Die Gegend bestand aus hügeligem Land, das in unzählige quadratische Felder eingeteilt war und von staubigen Nebenstraßen durchquert wurde, die nirgends Ausblicke gewährten, weil sie von hohen und dichten Hecken gesäumt waren. Das Haus war einfach und nicht sehr elegant, aber geräumig und freundlich, auch wenn viele Einrichtungsgegenstände fehlten, weil Erdmann ständig finanzielle Schwierigkeiten hatte. Es scheint, daß er damals zu der Maßnahme gegriffen hatte, einen Manager für seine Geldangelegenheiten anzustellen, der seine Honorare einkassierte, Schulden bezahlte, für die erforderlichen Ausgaben aufkam und seinem Chef ein monatliches Taschengeld auszahlte. Ich glaube nicht, daß sich diese Regelung je bewährte. Insgesamt erinnere ich diese Zeit als eine relativ glückliche, nicht nur wegen der allgemeinen Umstände, sondern auch, weil sie wahrscheinlich der Höhepunkt meiner Beziehung zu Anna war.

Vertonung von Orpheus und Eurydike

Ich ging sofort daran, Oskar Kokoschkas Stück zu vertonen. Das *Dritte Streichquartett* hatte ich innerhalb von ungefähr zwei Wochen noch im Mai fertiggestellt. Erdmann war bei der Erklärung von Kokoschkas schwer verständlichem Text sehr hilfreich und schlug vernünftige Kürzungen vor. Damals begann ich, den tiefen poetischen Sinn der Tragödie zu verstehen, für den ich bis dahin nur ein vages Gefühl gehabt hatte. Ich weiß nicht, ob ich sie aus dem Gedächtnis richtig rekonstruieren kann, denn wieder steht mir keine Partitur zur Verfügung. Hauptthema des Stücks war die Problematik von Treue und Erinnerung, und die tragische Geschichte von Orpheus und Eurydike war wunderschön mit der herrlichen Sage von Amor und Psyche verwoben. Während in der Sage die junge Frau aus Neugierde, wie ihr geheimnisvoller nächtlicher Liebhaber aussah, bei einer ihrer Zusammenkünfte eine Fackel entzündete, wodurch sie ihn nicht nur blendete, sondern auch verlor, zerstörte Orpheus sein Leben, indem er allzu eifrig zu erkunden suchte, was seine Gemahlin während ihrer Abwesenheit in der Unterwelt getan hatte.

Das war eine geniale, moderne psychoanalytische Interpretation des alten Mythos, demzufolge es Orpheus verboten war, sich nach Eurydike umzudrehen, nachdem er sie durch die Macht seines Gesanges aus dem Hades befreit hatte. Es gab eine unheilschwangere erste Szene, die den verhängnisvollen, unbegründeten Verdacht andeutete, der das offenkundige Glück des Paars überschattete. Eine wichtige Rolle spielte ein Ring, in den die Worte ᾿Αλως μακαϱ eingraviert waren (»Glück ist anders« oder »unter anderen Umständen glücklich«). Die griechischen Worte bilden ein Anagramm von Alma und Oskar und stellen so einen unergründlichen autobiographischen Symbolismus dar, der sich auf Kokoschkas Liebesverhältnis mit Alma Mahler bezieht. (Kokoschka liebte derartige Anspielungen; ich hatte ein schönes, handgefertigtes Medaillon aus Ton von ihm, das er selbst entworfen hatte und in das er ein kompliziertes lateinisches Wortspiel über die Worte »Anima« und »Mania« eingebrannt hatte. Praktisch alle seine figürlichen Bilder beinhalten Selbstporträts, und die Mehrzahl aus der Zeit seiner Beziehung zu Alma enthalten Porträts von ihr.)

Dann erschienen in der Tragödie die drei Furien, brachten die unausweichliche Einladung des Herrn der Unterwelt vor und ließen Eurydike sterben. Von dem Mädchen Psyche begleitet, das ihm als Gespielin Eurydikes vorgestellt worden war, stieg Orpheus in den Hades hinunter, um seine Geliebte zurückzuverlangen. Die Begegnung zwischen den beiden war eine der bewegendsten Szenen des Stücks. Zu dieser Szene hatte Kokoschka mir einen der deutlichsten Hinweise gegeben, welche Musik dazu erklingen sollte. Er sagte, das Inferno solle durch Klänge charakterisiert werden, die die Vorstellung von winzigen, andauernd surrenden elektrischen Maschinen wecken. Das war ein sehr typischer von seinen unvergleichlichen Geistesblitzen. Ich wußte, was er meinte, ohne es explizit zu verstehen, und ich glaube, daß ich sehr eindrucksvolle Musik für diese Szene geliefert habe.

Danach wurden die wiedervereinten Liebenden auf ein Schiff geführt, das sie in die Heimat bringen sollte. Die drei Furien waren wieder anwesend und beschworen Unheil herauf, indem sie sich zunutze machten, daß ein betrunkener Matrose, der zur Mannschaft gehörte, leidenschaftlich gerne fischte. Er angelte einen Schädel aus dem Meer, der den verhängnisvollen Ring zwischen den Zähnen hielt. An die Einzelheiten erinnere ich mich nicht, jedenfalls konstruierte der zornige Orpheus aus diesem Vorfall immer überzeugendere Beweise dafür, daß Eurydike etwas getan hatte, das er keinesfalls billigen konnte, und nach einem langen Monolog ihrerseits tötete er sie und schickte sie in die Geisterwelt zurück, aus der er sie unter solchen Mühen befreit hatte.

Der dritte Akt zeigte Orpheus als Geisteskranken. Der Irre spielte auf seiner Leier, was eine Horde betrunkener Rowdies anlockte (die Anhänger des Dionysos im ursprünglichen Mythos), die sein Haus anzündeten und ihn umbrachten. Diese Szene war durch kräftige Gesellschaftssatire und saftige Sprache gekennzeichnet. Die Katastrophe reinigte die Atmosphäre, und der Epilog stellte Psyche dar, die Orpheus' verwaiste Leier gefunden hatte und Hoffnung und Zuversicht in bezug auf die Versöhnung mit Eros zum Ausdruck brachte. Diese Darstellung der höchst verwickelten und psychologisch überladenen Geschichte ist so unbeholfen, wie sie vermutlich ungenau ist, was meinen Gedächtnislücken zuzuschreiben ist.

Die Musik, mit der ich dieses Opus ausstattete, gehört zweifellos zu den bedeutendsten Werken, die ich je komponiert habe. Einige Zeit vorher hatte ich einen Akkord entdeckt, der einen tiefen emotionellen Eindruck auf mich machte. Es war die Kombination von D, E und A (von unten nach oben), die in dem wunderbaren Orchestervorspiel zum letzten Akt von Debussys *Pelléas et Melisande* vorkommt. Der Zusammenhang, in dem dieser Akkord erklingt, und die Atmosphäre dieser Passage trugen zu meiner ungewöhnlichen Reaktion bei, aber selbst unabhängig von diesem Kontext hat der Akkord immer einen nahezu magischen Reiz auf mich ausgeübt. Deshalb begann und schloß ich *Orpheus* mit diesem Klang und ließ ihn während des ganzen Stückes als eine Art Orientierungspunkt auftreten. Als besonders gelungen erinnere ich die Szene der Furien und Eurydikes ersten Tod, die Erkennungsszene in der Unterwelt, den Chor der schläfrigen Matrosen an Bord des Schiffes, Eurydikes langen Monolog, der ohne Begleitung anfing und schloß, Orpheus' Wahnsinnsmonolog im letzten Akt und Psyches Epilog. Wieder muß ich wie besessen gearbeitet haben, denn obgleich ich nicht mehr weiß, wann ich dieses wichtige Werk beendete, kann ich meinen Aufzeichnungen entnehmen, daß ich im gleichen Jahr noch eine Reihe kleinerer Projekte fertigstellte.

Inflation in Deutschland

Zu jener Zeit war die Inflation in Deutschland in vollem Gange. Der Geldwert schwand dahin, während man die Banknoten anschaute. Die Preise stiegen täglich drei- oder viermal. Jeder Einzelhändler war eifrig damit beschäftigt, bei seiner Bank nach dem jüngsten Londoner oder New Yorker Kurswert der deutschen Mark zu fragen, um seine Inventarliste entsprechend anzupassen. Löhne und Gehälter wurden täglich oder zweimal täglich ausgezahlt, und jemand, der für einen halben Tag Arbeit mehrere Millionen Mark bekommen hatte, konnte leicht um seinen Lohn geprellt werden, wenn er länger als eine Stunde brauchte, um ihn wieder loszuwerden. Es ist leicht einzusehen, daß solche Vorgänge auf die Öffentlichkeit wie eine Seuche wirkten und daß die Menschen fast wahnsinnig davon wurden, daß sie monatelang unter solchen Bedingungen lebten. Ich glaube, ich bekam durch Erdmanns Vermittlung von einem deutschen Flötisten namens Draber, der sich in Zürich niedergelassen hatte, den Auftrag, den bezifferten Baß von drei Sonaten für Flöte und Klavier von Bach für ihn auszuschreiben. Das erledigte ich in ein paar Tagen, und er bezahlte mir für die Arbeit fünfzig Schweizer Franken, unter normalen Umständen etwa zwölf US-Dollar. Für diese zwölf Dollar machten Anna und ich zwei Wochen Urlaub in

Vent; darin enthalten waren die Reisekosten von Flensburg nach Wien, eine Fahrt von ungefähr tausend Kilometern.

Da wir jedoch nicht die geringste Ahnung davon hatten, wieviel das Geld in unseren Taschen wert war, gaben wir es sehr vorsichtig aus, und unsere Reise begann ziemlich trübselig. Wir wußten nicht, ob uns eine Übernachtung in einem Flensburger Hotel unser halbes Vermögen oder nur ein paar Pfennige kosten würde, und nahmen daher die Gastfreundschaft eines Bankangestellten aus Erdmanns Bekanntschaft an, der mit der Aussicht auf einige überzählige, kuriose Exemplare aus der Briefmarkensammlung meines Vaters zu seiner Einladung bestochen worden war. So weit, so gut. Aber die Gastfreundschaft bestand in dem Vorschlag, mit ihm und seiner Frau, oder mit ihm allein, das einzige Schlafzimmer zu teilen, was wir sehr unbefriedigend fanden. Zwar wurde schließlich eine Lösung des Problems gefunden, aber soweit ich erinnere, war niemand glücklich damit. Wir beeilten uns, über Berlin an die österreichische Grenze zu gelangen und fanden uns plötzlich noch im Besitz von so viel deutschem Geld (das im Ausland praktisch wertlos war), daß wir es in den letzten Stunden auf deutschem Boden ausgaben, indem wir ein paar Flaschen Champagner leerten, nur um es loszuwerden.

Während dieser Zeit des wirtschaftlichen Martyriums, das dem Volk von seinen eigenen Herren auferlegt worden war, waren in Deutschland nahezu alle in dieser Stimmung. An der Grenze ließ der österreichische Zöllner mich ohne weitere Kontrolle passieren, obgleich ich Vorräte an Zigaretten und anderen zollpflichtigen Waren mitführte, aber dann schöpfte er Verdacht, weil er meine ausgebeulte Tasche sah, und ich zog ein Neues Testament in griechischer Sprache hervor, das Erdmann mir gerade geschenkt hatte, angesichts dessen der gottesfürchtige Mann nur respektvoll sagte: »O, ein Gebetbuch.« Ich erinnere, wie erleichtert wir waren, als wir, während wir uns in dem österreichischen Zug niederließen, eine langsame und bedächtige Unterhaltung von zwei Einheimischen mitanhörten, bei der es um das erstaunliche Problem ging, welchen Veränderungen das Gewicht eines Menschen im Laufe eines Tages unterliegt. Es war einfach nicht zu fassen, daß zwei Durchschnittsbürger über etwas anderes sprachen als über den Wert des Geldes.

Wir fuhren nach Vent, dem hochgelegenen Dorf im Ötztal, das mir zwei Sommer vorher so gut gefallen hatte, und verbrachten dort zwei wunderschöne Wochen. In Vent kam mir auch die Idee zu einem neuen Opernprojekt. Es wurde nichts daraus, aber es ist recht bemerkenswert, weil einige der Elemente später in *Jonny spielt auf* erschienen, allerdings in völlig veränderter Form. In einer der Berghütten, die wir auf unseren Ausflügen besuchten, hatte ich ein Jahrbuch des Alpenvereins durchstudiert, und meine Phantasie war durch einen Artikel geweckt worden, in dem ausgeführt wurde, daß Menschen, die in die Spalten von großen Gletscher gestürzt und darin umgekommen waren, nach dreißig oder mehr Jahren in gut erhaltenem, gefrorenem Zustand vom Gletscher an der Mündung (dort, wo die verschiedenen zusammenlaufenden Ströme die eisige Hülle verlassen) ausgestoßen wurden. Diese seltsame Tatsache assoziierte ich mit der alten Sage vom griechischen Philosophen Empedokles, der sein Leben angeblich beendet haben soll, indem er in den Krater des Ätna auf Sizilien sprang. Ich weiß nicht mehr, zu welchen sonderbaren Kombinationen von Eis und Feuer ich inspiriert wurde, indem ich diese heterogenen Elemente zusammenbrachte. Es kam zwar nichts Greifbares dabei heraus, aber der Gedanke beschäftigte mich noch lange Zeit.

Zwischen Breitenstein und Berlin

Den Rest des Sommers verbrachten wir wieder in Breitenstein, unter ganz ähnlichen Umständen wie im Jahr zuvor. Merkwürdigerweise scheint keine noch so große Anstrengung meines Erinnerungsvermögens weitere Informationen über Einzelheiten dieser Zeit hervorzubringen. Offenbar hat mein Unterbewußtsein nur allzu erfolgreich Erinnerungen an eine Zeitspanne ausgelöscht, in der meine damalige Lebensform immer unbefriedigender wurde und der Auflösung entgegenging, die sonderbarerweise oberflächlich gesehen eher wie eine Konsolidierung wirkte. Die Bindung an Breitenstein schien sich zu festigen, da beschlossen wurde, daß wir unsere Berliner Wohnung aufgeben und auch im Winter das Haus in den Bergen zu unserem Hauptwohnsitz machen sollten. Obgleich ich sicher bin, daß dabei nur an eine vorübergehende Regelung gedacht war, weiß ich nicht mehr, wie und wann und in welche Richtung eine Änderung stattfinden sollte, denn was Weihnachten 1923 tatsächlich geschah, wußte damals noch niemand.

Falls finanzielle Gründe ins Spiel kamen, bin ich nicht in der Lage, diese näher zu bestimmen, denn mir scheint, daß die Universal Edition damals bereits eine Sondervereinbarung mit mir getroffen hatte, wonach sie mir unter dem Titel einer Tantiemenvorauszahlung eine – recht bescheidene – monatliche Zuwendung auszahlte. Ich hatte etwas Einkommen aus meinen veröffentlichten Werken, aber das war natürlich nicht hoch, und deshalb mußten mich die monatlichen Zahlungen bei meinem Verlag bald in die roten Zahlen bringen. Das waren jedoch keine realen Schulden, da vereinbart worden war, daß ich sie niemals bar würde zurückzahlen müssen und daß der Verlag sich an meinen künftigen Tantiemen schadlos halten würde. Es kam nicht mehr in Frage, daß ich eine Arbeit von der Art annehmen würde, die Schreker seinen Schülern versprochen und einigen von ihnen auch verschafft hatte. Ich war als Komponist schon zu bekannt, als daß man mir derlei auch nur vorgeschlagen hätte, und ich verspürte keine Neigung, irgendeine untergeordnete Routinearbeit an einem Theater zu machen. Mein Entschluß, ausschließlich zu komponieren, war auch der Grund, warum ich mit meiner Doktorarbeit nicht weiterkam. Die Universität war völlig aus meinem Blickfeld verschwunden, und ich hatte nicht die Absicht, sie jemals wiederzusehen, und eine andere Universität übrigens auch nicht.

Die Breitenstein-Regelung funktionierte sehr schlecht, wie jeder vernünftige Mensch hätte voraussagen können. Das leere Haus wurde äußerst bedrückend, als sich der Herbst über die Berge ringsherum ausbreitete. Das Gebäude war mehr als kühl, da wir nur einen Raum heizen konnten, und die Ernährungslage war prekär. Es gab ein ausgezeichnetes Restaurant, den Orthof, den man zu Fuß in etwa zehn Minuten erreichte. Aber es war ein typisches Sommerlokal, das im Herbst und Winter traurig und verlassen wirkte, und es war kein Vergnügen, durch Regen und Matsch oder Schnee und Eis dorthin zu gehen. Aus hunderterlei Gründen mußte ich, oder mußten wir beide, öfter nach Wien, als wir vorausgesehen hatten, und wenn wir mit einem späten Zug nach Breitenstein zurückkehrten, lag stets ein einstündiger Fußmarsch durch Dunkelheit, Nebel, Regen und andere Widrigkeiten der Jahreszeit vor uns. Das Ganze erscheint mir so töricht, daß ich kaum glauben kann, es je geplant und ausgeführt zu haben. Jemand muß überzeugende Gründe dafür gehabt haben, aber ich bin jetzt völlig außerstande, sie zu rekonstruieren.

Zweifellos fuhren wir in diesem Herbst auch mehrmals nach Berlin, und es ist möglich, daß ein paar Ereignisse, die ich erwähnen möchte, mit diesen Besuchen zusammenhingen, obgleich sie vielleicht auch früher stattfanden. Das erste, von geringerer Bedeutung, war, daß ich mit Strawinsky zusammentraf, der in Berlin spielte oder dirigierte. Ich weiß nicht, wer mich ihm vorstellte, aber ich erinnere mich jedenfalls, daß ich in seinem Hotelzimmer saß, zusammen mit verschiedenen Leuten, Journalisten und anderen, die dort herumlungerten. Strawinsky erschien in einem sehr dekorativen Pyjama mit einem großen russischen Kreuz auf der Brust; er rauchte eine Zigarette durch eine lange Elfenbeinspitze, wie ein seltsamer, von fernen Inseln importierter Vogel, und spielte uns seine *Serenade* für

Klavier vor. Ich erinnere mich weder an die Musik noch daran, wie sie mir gefiel, und ich kann nicht sagen, daß er mir besonders symphatisch war. Doch als der erste Bote aus einer Welt, die ganz anders war als die, in der ich lebte, machte er einen faszinierenden Eindruck auf mich. Natürlich hatte ich verschiedene Musiker und Künstler aus Westeuropa und Amerika gesehen und kennengelernt, aber Strawinsky war der erste, der mir sehr nachhaltig eine Vorstellung davon vermittelte, wie verschieden jene Sphäre von unserer war.

Mit dem Gedanken, daß die Nachkriegswelt streng in zwei Zonen eingeteilt war, diejenige, in der wir Mitteleuropäer lebten, und die »Außenwelt« der Sieger, war ich seit langem vertraut. Da meine Sympathien stets auf der Seite der Alliierten gewesen waren, wurde mir diese Teilung zunehmend schmerzlicher bewußt, und manchmal grenzte die Bedrücktheit, die ich empfand, weil ich im Kreis der Geknechteten und Bezwungenen lebte, an Klaustrophobie. Es ist durchaus möglich, daß die Intensität dieses Gefühls dazu beitrug, jene Umstände herbeizuführen, welche die Barrieren zu Fall bringen sollten, ein Schritt, der ungeheure Auswirkungen auf mein ganzes Leben hatte. Von anderen Künstlern aus der »Außenwelt« sind mir insbesondere der französisch-amerikanische Komponist Edgar Varèse in Erinnerung geblieben, der damals versuchte, in Berlin für seine International Composers' Guild Propaganda zu machen und durch den ich Georges Antheil kennenlernte, und der amerikanische Kritiker Cesar Saerchinger, der mit Schnabel befreundet war. Diese Leute erschienen mir ein wenig merkwürdig, ohne mich weiter zu beeindrucken.

In Berlin lernten wir auch Berthold Viertel kennen, den außerordentlich begabten österreichischen Regisseur und verdienstvollen Dichter. Er führte in einem der kleineren Berliner Theater ungewöhnliche Stücke auf, mit einer erlesenen Truppe von hochbegabten und -spezialisierten Schauspielern. Er war ein vertrauter Freund von Kraus, und diese Tatsache weckte wahrscheinlich mein Verlangen, ihn kennenzulernen. Er sah wie eine Figur aus einem Roman des phantastischen Romantikers E. T. A. Hoffmann aus, ein Mann voller Ideen und mit einem stürmischen Temperament. Als ich ihn bei der Arbeit sah, wurde mir die ganze Problematik der Krausschen Einstellung vollkommen klar. Dieser Mann war von dem kompromißlosen Geist des Meisters vollständig indoktriniert und versuchte, ihn in »dieser Welt« zu verwirklichen. Offensichtlich schuftete er sich halbtot, um dem trägen und widerspenstigen Material die erträumte Idealform zu geben, und er erreichte gewiß sehr viel. Nichtsdestoweniger setzte er sich bitterster Kritik aus, nicht seitens der Weltkinder, die sowieso nicht verstanden, was er wollte, sondern seitens des inneren Kreises der Freunde, die darauf beharrten, daß, wenn hundert Prozent nicht zu haben seien, gar nichts vorzuziehen sei.

Wir trafen Viertel in Wien wieder, bei Alma. Die Situation war etwas gespannt, weil sein Erscheinen und sein Gespräch mit Werfel eine sehr auffällige Demonstration seiner Unabhängigkeit vom Kraus-Zirkel war. Doch das Blatt wendete sich in dem Moment, in dem er sich an Almas Tisch setzte, denn jetzt trat er nachdrücklich für den kompromißlosen Geist ein, den verraten zu haben die andere Seite ihm vorwarf. In meiner Haltung muß etwas gewesen sein, das ihn bewog, Anna und mich zu Karl Kraus mitzunehmen. Aus Gründen, die wahrscheinlich ausführlich erklärt werden könnten, die zu erraten ich aber lieber dem Leser überlasse, ist mir von diesem Besuch, der in einem Kaffeehaus stattfand und nur wenige Minuten dauerte, überhaupt nichts in Erinnerung geblieben. Vermutlich war ich völlig sprachlos und benahm mich wie ein Schulbub. Ich möchte gerne glauben, daß es eher meine unterbewußte Intelligenz war, die mich zu einem solchen Verhalten bewog, denn mein Instinkt muß mir gesagt haben, daß ich dem größten Lehrer, den ich je gehabt habe, unter völlig falschen Voraussetzungen begegnete und daher lieber so tun sollte, als hätte dieses Zusammentreffen niemals stattgefunden, und auf angemessenere Umstände warten sollte, falls mir je die Auszeichnung zuteil werden sollte, mit Karl Kraus wirklich bekannt zu werden.

Ich muß gestehen, daß die Umstände, unter denen das schließlich geschah, kaum günstiger oder eher sehr viel ungünstiger waren, weil Berthold Viertel immerhin ein enger Freund von Kraus und sicherlich ein geeigneterer Mittelsmann war als der zweifelhafte Geselle, der mich Kraus ein zweites Mal vorstellte. Es war allerdings nicht die Person Viertels, die es mir unangenehm machte, Kraus vorgestellt zu werden, sondern der Umstand, daß ich als Angehöriger, ja praktisch als Familienangehöriger des Mahler-Werfel-Clans erschien. Ich entsinne mich, daß ich diesen Besuch bei Karl Kraus beinahe sofort aus meinem Gedächtnis tilgte, obgleich er eines jener Ereignisse war, auf die ich mich mehr gefreut hatte als auf alles andere.

Wir machten auch eine Fahrt nach Stuttgart, aber das könnte ebensogut im Winter davor gewesen sein. Der Zweck dieser Reise war es, die Premiere eines Stückes von Werfel zu besuchen. Ich erinnere mich, daß mir die Stadt sehr gut gefiel, so wie mir die meisten Orte in jenem Teil Deutschlands gefielen, weil sie mir viel humaner und anziehender erschienen als das übrige Land. In der reizenden alten Stadt Heilbronn machten wir Halt und aßen köstlichen Kuchen. Und auf dem Weg entweder von oder nach Stuttgart verbrachten Anna und ich ein paar Tage in Wimpffen am Berg, einer sehr eindrucksvollen, winzigen mittelalterlichen Stadt hoch auf einem Berg über dem Neckar, mit verschiedenen schönen Klosteranlagen und architektonisch bedeutenden Kirchen. Die Stadt war besonders schön, weil sie noch nicht vom kommerziellen Tourismus verdorben war.

In Stuttgart passierte nichts Bemerkenswertes, insofern als mich Werfels Stück nicht sonderlich beeindruckte. Der Direktor des Theaters bekundete, wahrscheinlich von Alma angestoßen, ein mäßiges Interesse an meiner Oper *Zwingburg*. Es wurde nichts daraus, weil die Landesregierung schließlich Bedenken wegen der »revolutionären« Tendenz des Buches hatte. Das Lustige war, daß ein wenig später die Verwaltung des russischen Sowjettheaters, der die Oper wahrscheinlich von der Universal Edition angeboten worden war, das Stück wegen seiner offenkundig »reaktionären« Tendenz ablehnte.

Im Stuttgarter Hotel hatten wir zwei Zimmer genommen, angeblich eins für Werfel und mich und eins für Alma und ihre Tochter, denn bei einem offiziellen Anlaß konnten wir unmöglich anders buchen, was wir sonst natürlich taten. Natürlich wurden die Räume in Wirklichkeit ganz anders bewohnt, und es bereitete uns ein mäßiges, wenn auch ziemlich lästiges Vergnügen, die Zimmer jeden Morgen in einen Zustand zu bringen, der bei den Zimmermädchen den Anschein erwecken sollte, daß die Räume unserer Buchung entsprechend genutzt wurden. Ich bezweifle, daß wir irgend jemanden täuschten, und es interessierte sowieso niemanden.

Mahlers Zehnte Symphonie

Ein weiteres Vorhaben Almas, das mir wenig Befriedigung und viel Ärger bereiten sollte, kam etwa zu jener Zeit ans Licht. Seit dem Mahler-Fest in Amsterdam im Jahre 1920 wurden Mahlers Symphonien immer häufiger in Konzerten in ganz Europa gespielt, und Alma muß recht hübsche Tantiemen kassiert haben. Ihre finanzielle Lage verbesserte sich auch dadurch beträchtlich, daß ihre Ausbildung Werfels zu einem hervorragenden und gleichzeitig populären deutschen Klassiker Früchte zu tragen begann. Trotzdem hatte sie nicht genug, und sie beschloß, daß es eine gute Idee sei, Mahlers neun Symphonien eine zehnte hinzuzufügen, denn es schien ein einfaches Rechenexempel zu sein, daß zehn Symphonien in den Konzertprogrammen mehr bringen würden als neun. Die Quelle, aus der die zehnte Symphonie hervorgehen sollte, waren die Skizzen zu einem solchen Werk, die Mahler tatsächlich hinterlassen hatte, und da Alma nun einen Komponisten von einigem Ansehen in ihrem Gefolge hatte, schien es nicht nur angebracht, sondern auch billig zu sein, ihn diese Skizzen in eine ausgewachsene Symphonie von Gustav Mahler verwandeln zu lassen. Heute erscheint mir dieses Projekt blödsinniger und unverschämter als je zuvor, obgleich ich es auch damals schon widerwärtig fand. Doch was sollte ich tun? Ich war gefühlsmäßig immer noch an den goldenen Käfig gekettet, in dem meine Sinnlichkeit mich gefangen hatte, und es war leicht, sich einzureden, daß das Projekt vielleicht doch Möglichkeiten beinhaltete, die die Arbeit daran als seltene Ehre hätten erscheinen lassen. Ich freue mich, sagen zu können, daß ich selbst in dem konfusen Geisteszustand, in dem ich mich damals befand, die Standhaftigkeit besaß, jede unredliche Manipulation abzulehnen, und daß ich mich der Arbeit, die ich schließlich leistete, nicht zu schämen brauche.

Ich bekam die Skizzen gezeigt und stellte fest, daß die Symphonie fünf Sätze haben sollte. Der erste Satz war ein Adagio, das sowohl als Klavierskizze als auch als Partitur vollständig ausgeführt war. Letztere enthielt nur einige offenkundige Schreibfehler, die jeder erfahrene Musiker, der die Skizze zu Rate zog, mühelos korrigieren konnte. Das Stück hatte viel vom Geist des letzten Satzes der Neunten Symphonie, Struktur und Orchestrierung waren von größter Einfachheit und der expressive Gehalt tief bewegend. Der zweite Satz war eine Art mäßig bewegtes Scherzo im Zweivierteltakt, »Purgatorio« überschrieben. Auch er zeichnete sich durch jene erhabene Einfachheit aus, welche die letzten Werke fast aller großen Meister kennzeichnet. Der Volksmusikcharakter, der das ganze Werk Mahlers durchzieht, tauchte wieder auf, fast unverhüllt und doch viel weniger auffällig als in einigen seiner früheren Werke und in eine Atmosphäre weltferner Heiterkeit und Gelassenheit transponiert. Dieser Satz war als Klavierskizze ganz ausgeführt, und mehr als zwei Drittel waren vollständig orchestriert. Danach bot sich ein ziemlich verworrenes Bild.

Leider ist mir von den folgenden Sätzen nur das Scherzo in Erinnerung geblieben, ein langes, wildes Stück Musik, etwa in der Art des großartigen Scherzos der *Siebenten Symphonie,* von herzzerreißender Trostlosigkeit und Verzweiflung. Im ganzen Stück gab es seltsame Momente der Stille, die nur von einzelnen Schlägen der großen Trommel unterbrochen wurde. Man erklärte mir, die Idee dazu sei Mahler gekommen, als er die Musik hörte, die den Leichenzug eines Feuerwehrmannes begleitete, den Mahler von seinem Hotelzimmer in New York beobachtet hatte. Zweifellos hatte er sich selbst gesehen, den Feuerwehrmann, der von seinem Posten abberufen wurde, kurz bevor die Zivilisation, die er kannte, in Schutt und Asche fiel, und in einem Sarg fortgetragen wurde, und mit fiebrigen Händen hielt er diese Vision auf den letzten Seiten fest, die er vor seinem endgültigen Abschied mit Noten bedecken sollte. Doch die Skizzen dieser letzten drei Sätze waren offenbar unvollständig. Seitenlang waren nur die führenden Stimmen notiert, ohne Akkorde oder Gegenstimmen. Die Handschrift wurde immer hastiger, stellenweise war sie so gut wie unleserlich. Es war ganz klar, daß aus diesen Skizzen absolut nichts abgeleitet werden konnte, was den Erfordernissen einer öffentlichen Aufführung genügt hätte. Es hätte der schamlosen Kühnheit eines unsäglichen Barbaren bedurft, um den Versuch zu wagen, dieses leidenschaftliche Gekritzel eines sterbenden Genies zu orchestrieren.

Alma war zutiefst enttäuscht und verstimmt, als ich ihr diesen Stand der Dinge erklärte. Ich freue mich, daß ich hart blieb und nicht einmal im Traum daran dachte, bei einer abscheulichen Betrügerei behilflich zu sein. Ich erklärte bestimmt, daß ich die ersten zwei Sätze edieren könne, da meine Aufgabe in diesem Fall praktisch darin bestehen würde, etwa fünfzig Takte zu orchestrieren, die nichts anderes enthielten als eine Wiederholung musikalischer Gedanken, die der Komponist in dem fertiggestellten Teil seines Werkes klar niedergelegt hatte, daß ich jedoch keine einzige Note der nachfolgenden Sätze anrühren würde. Nach einigem Gezänk zeigte Alma sich damit einverstanden und gab sich mit der Hoffnung zufrieden, daß zwei Sätze der Zehnten Symphonie Mahlers immerhin mehr Profit abwerfen würden als gar keiner.

Sie entschied, daß zumindest die vollständigen Skizzen aller Sätze in einer teuren Faksimileausgabe veröffentlicht werden sollten. Ich hatte im Prinzip nichts dagegen einzuwenden, sofern es sich um die ersten zwei Sätze handelte, denn das würde jedem die Gelegenheit geben, genauestens zu prüfen, was ich bei der Herausgabe dieser Sätze getan hatte und was nicht. Ich fand es jedoch äußerst geschmacklos, die Faksimiles der letzten drei Sätze zu publizieren, denn die Seiten waren über und über mit Randbemerkungen bedeckt, Ausbrüchen einer verzweifelten Leidenschaft, die an Alma gerichtet waren, wahnsinnigen Äußerungen eines Mannes, der mit dem Tode rang und dem kaum bewußt war, worauf er schrieb. Es war mir peinlich genug, diese Aufschreie einer gequälten Seele zu lesen, und mir graute bei dem Gedanken, daß sie der Öffentlichkeit zugänglich gemacht werden sollten, während der Gegenstand dieser vertraulichen Monologe eines Genies noch lebte und bereit war, aus der Sensation, die so aus dem ordinären Beweggrund gewöhnlicher Habgier geschaffen worden war, Kapital zu schlagen.

Schließlich wurde beschlossen, daß die peinlicheren Eintragungen entfernt oder beim Fotokopieren überdeckt werden sollten. Ich erinnere mich nicht, ob Alma zu dem barbarischen Verfahren griff, einige der Randnotizen wegzuschneiden, aber ich glaube es beinahe.

Einladung in die Schweiz

Ich glaube, daß die Vorfälle, die mit diesem Projekt zusammenhingen, mich so anwiderten, daß ich die Gelegenheit, meine Lebensumstände vollkommen zu verändern, die mir damals angeboten wurde, als Geschenk des Himmel betrachtete. Dieses außergewöhnliche Ereignis war mit der ersten Aufführung meines bereits erwähnten Klavierkonzerts verbunden. Im Jahr zuvor war Hermann Scherchen zum Dirigenten des Städtischen Orchesters von Winterthur bestellt worden, und er schlug dem Vorstand vor, Erdmann als Solisten für mein Konzert zu engagieren. Die Situation in Winterthur war einzigartig, denn das Orchester war eine der ältesten noch existierenden Konzertvereinigungen Europas, es wurde 1629 gegründet und hat seinen Namen, Collegium musicum, bis heute behalten. Die Stadt Winterthur rühmte sich, obgleich sie nicht mehr als etwa fünfundzwanzigtausend Einwohner hatte, eines der ersten Orchester des Kontinents zu besitzen, was durch die Großzügigkeit einiger wohlhabender Bürger möglich gemacht wurde, von denen besonders einer, Werner Reinhart, das Unternehmen sehr unterstützte. Von ihm und der ganzen sehr eigenartigen Situation der Schweiz soll im folgenden Abschnitt dieser Geschichte ausführlicher die Rede sein.

Vorläufig mag es genügen zu sagen, daß Anna und ich von Reinhart eine Einladung erhielten, der Uraufführung meines Konzerts kurz vor Weihnachten 1923 beizuwohnen, und natürlich fuhren wir mit Freuden hin, nicht ohne von Alma ermahnt worden zu sein, bald wiederzukommen, weil das Vorhaben »Zehnte Mahler« gerade eine der vielen Krisen durchmachte, die mit jedem Projekt Almas verbunden waren. Man hatte schließlich vereinbart, daß die Uraufführung der beiden Eingangssätze als Sonderkonzert in der Wiener Staatsoper stattfinden sollte, und ich hatte deshalb Franz Schalk, den Direktor der Oper, aufgesucht. Auch er wird in einem späteren Teil meiner Erzählung deutlicher in Erscheinung treten. Damals empfing mich der Herr, der wie eine boshafte alte Ziege aussah, sehr kühl, offenbar voller Argwohn in bezug auf meine Manipulationen an den Mahlerschen Skizzen. Da er an meiner Arbeit keinen anderen Fehler finden konnte, machte er die dumme Bemerkung, daß Mahler seiner Ansicht nach alle Takte in der Partitur, in die er keine Pausen eingetragen hatte, noch mit Musik hatte ausfüllen wollen, denn Mahler sei ihm als sehr sorgfältiger Handwerker bekannt, der überall dort, wo keine Noten stehen sollten, Pausen notierte.

Das war offenkundiger Unsinn, da Mahlers Manuskript in jenen Takten, in denen bestimmte Instrumente nicht spielten, überhaupt keine Pausen aufwies, und wenn Schalk recht gehabt hätte, hätte das bedeutet, daß alle Instrumente ununterbrochen hätten spielen müssen, ohne jegliche Pausen. Obgleich Schalk dieses Argument nicht gut widerlegen konnte, blieb er skeptisch und herablassend. Ich frage mich oft, wie es kommt, daß ich bei Menschen einer bestimmten Art anscheinend unmittelbare, heftige, unvernünftige und unheilbare Feindseligkeit hervorrufe, obgleich ich ihnen friedlich, vernünftig, höflich und ohne die Absicht, sie zu kränken, gegenübertrete. Mögliche Erklärungen dieses Rätsels sind wahrscheinlich zu einfach, als daß ich sie gelten lassen könnte.

Ich erinnere mich nicht, ob jenes Gespräch irgendwelche unerfreulichen Auswirkungen hatte, aber auf jeden Fall »brodelte« etwas, wie immer in der Folge von Almas nervenaufreibenden Mätzchen. Als wenn es nicht ohnehin schon genug latente Schwierigkeiten gegeben hätte, erfand sie gewöhnlich noch weitere und schuf durch ihre verzweifelten Anstrengungen, eine günstige Atmosphäre herzustellen, zusätzliche Komplikationen. Ich muß zugeben, daß dies insofern eine typisch österreichische Haltung ist, als ein Österreicher, der der Tradition seines Landes treu ist, instinktiv annimmt, daß es Sache des gemeinen Volkes ist, Rechte zu haben, und daß es etwas ordinär ist, wenn man darauf besteht. Tatsächlich war dieser echte Österreicher oft so zynisch oder so realistisch, daß er dachte, das gesamte Konzept »Rechte zu besitzen«, sei ein Beruhigungsmittel, das an die unteren Klassen verteilt werde, um sie ruhig zu halten. Der Herr verließ sich lieber nicht auf Rechte, weil das weder elegant noch klug war, sondern auf Beziehungen, Freunde und Einfluß. Sanfte Bestechung, Trinkgelder, kleine erwiesene oder angenommene Dienste und dadurch entstandene gegenseitige Verpflichtungen schienen ihm gangbarere Wege zum Erfolg zu sein als die langweiligen Pfade des Gesetzes.

Diese Geisteshaltung war natürlich ein Erbe aus feudaler Zeit, als die Gunst, die einem bei Hofe erwiesen wurde, mehr wert war als kodifiziertes Gesetz und mühelos über dessen Entscheidungen siegte, und sie ist für lateinische und orientalische Länder, deren Denkweisen Österreich so stark beeinflußt haben, immer typisch gewesen. Ich nehme an, daß der öffentliche Haß, der sich auf Karl

Kraus konzentrierte, zum Teil auf die Tatsache zurückzuführen war, daß er diese Haltung äußerst heftig brandmarkte, obgleich er privat bei weitem nicht frei davon war. Ich muß gestehen, daß ich sie als Phänomen immer sehr sympathisch fand, aber auch ich verabscheute sie als eine Herabsetzung menschlicher Würde und rationalisierte damit vielleicht nur die bedauerliche Tatsache, daß ich immer völlig unfähig gewesen bin, »Freunde zu gewinnen und Menschen zu beeinflussen«.

Jedenfalls war ich sehr froh, Almas Hexenküche wenigstens für eine Weile zu entkommen, und wir fuhren vergnügt in die Schweiz. Meinen Eindruck von diesem Land, dem ich so viel verdanke, und meine Bewertung behalte ich einem späteren Abschnitt dieser Niederschrift vor. Hier berichte ich nur, daß allein das Passieren der Grenze mir blitzartig klar machte, daß ich eine andere Welt betrat und daß ich nie wieder derselbe sein würde. Lächerliche Einzelheiten, wie das wohlgeordnete und reichhaltig ausgestattete Büfett im Grenzbahnhof Buchs – dem geliebten Buchs, das später, als ich viele Male Zwischenaufenthalte dort einlegte, das gefühlsmäßige Bindeglied zwischen der zärtlich geliebten Heimat, die ich, wie ich wußte, eines Tages verlieren würde, und der Freiheit und Rettung verheißenden Außenwelt werden sollte –, die bequem aussehenden Uniformen der Schaffner, der heitere Anblick der Lokomotiven mit ihren goldbemalten, glänzenden Domen, all das erweckte in mir die Vorstellung, ein Märchenland zu betreten, eine Oase ewiger Ferien.

Doch ich weigerte mich noch, mir einzugestehen, wie überwältigt ich war, und ich bemühte mich, die Tatsache, daß die Menükarten im Speisewagen französisch gedruckt waren, als ein Zeichen lächerlicher Angeberei zu deuten. Ich beschloß, diese Eitelkeit anzukratzen, indem ich den Kellner französisch anredete, und erinnere mich noch, wie erstaunt ich war, als der Bursche mir in derselben Sache fließend antwortete. Gewiß, auch mancher österreichische Kellner hätte verstanden, was ich gefragt hatte, aber es wäre mir nie eingefallen, eine Probe zu machen.

Bei unserer Ankunft in Winterthur, das ungefähr dreißig Kilometer von Zürich entfernt ist, wurden wir in Reinharts Wohnsitz, einer schönen, altmodischen Villa in einem großen Garten, nicht weit vom Stadtzentrum entfernt, fürstlich empfangen. Allerdings war in dieser Miniaturstadt nichts weit vom Zentrum entfernt. Alma Moodie, die australische Geigerin, trat im Haus auffällig in Erscheinung, und bald wurde bekannt, daß sie zu unserem Gastgeber, einem Junggesellen in den Vierzigern, eine mehr als freundschaftliche Beziehung unterhielt. Offenbar war es ihrem Einfluß zuzuschreiben, daß Reinhart seine Freude über die sehr gelungene Aufführung meines Konzerts zu erkennen gab, indem er Erdmann und mir je eintausend Franken zukommen ließ, die wir für einen Weihnachtsurlaub in den Bergen ausgeben sollten. Das war das erste von vielen Zeichen einer außergewöhnlichen, bescheidenen und echten Großzügigkeit, die ich von diesem ungewöhnlichen Mann, einem der größten Wohltäter zeitgenössischer Musiker, die ich je kannte, empfangen sollte.

Ich hatte noch nie im Leben so viel Geld gesehen, und schon gar nicht so wunderschöne Geldscheine wie die schweren, prächtig geprägten Banknoten der Schweizerischen Nationalbank. So fuhren wir in die Berge, in das berühmte Tal des Engadin, wo Reinhart in dem alten Hotel »Weißes Kreuz« in Zuoz Zimmer für uns hatte reservieren lassen. Ich war ganz bezaubert von den winterlichen hohen Bergen, dem phantastischen Schweizer Land, dem seltsamen, exotischen Kanton Graubünden, der Eleganz und der Leichtigkeit des Lebens, und lebte in einem Zustand ständiger Benommenheit. Ich glaube nicht, daß wir uns ganz so benahmen, wie Reinhart es von uns erwartete. Wir fuhren ein paarmal in den außerordentlich schicken und teuren Kurort St. Moritz im oberen Teil des Tals, begaben uns in das schickste und teuerste Hotel, ließen uns in der Cocktailbar nieder, vor uns eines der faszinierendsten Panoramen der Welt, denn das riesige Fenster bot einen herrlichen Ausblick auf den St. Moritzer See und die hohen Gipfel der Bernina-Gruppe, und bestellten ein Glas nach dem anderen, die ganze reichhaltige Getränkekarte hinunter. Ich darf sagen, daß Anna und ich vielleicht noch etwas Mäßigung gezeigt hätten, aber Erdmann, obgleich älter als wir, war absolut unbezähmbar. Als wir auf unserem Rückweg nach Zuoz in Bevers umsteigen mußten, redete er die Eisenbahnbediensteten in allen ihm bekannten Sprachen an, darunter auch Russisch und Lettisch, wodurch wir mäßiges Aufsehen erregten.

In Zuoz verriet Erdmann uns eines Abends ein Geheimnis. Reinhart hatte den Wunsch geäußert, uns vor unserer Rückreise nach Wien noch einmal zu sehen, was uns ein wenig sonderbar vorkam, weil es einen ziemlich großen Umweg erforderlich machte. Erdmann erklärte uns den Sinn dieses Vorschlags, denn Alma Moodie hatte ihn in die Sache eingeweiht. Es ging darum, daß Reinhart beschlossen hatte, mir ein Stipendium von zehntausend Franken anzubieten, unter der Voraussetzung, daß wir in der Schweiz lebten, solange das Geld reichte, ohne jede andere Bedingung.

Obgleich sich der angebotene Betrag in amerikanischer Währung auf kaum mehr als zweitausend Dollar belief, bedeutete er, gemessen an der damaligen Kaufkraft des schweizerischen Geldes, etwa zwei Jahre sorgloses Leben. Und was konnte ich während dieser Zeit nicht alles tun, um mein Einkommen zu verbessern und so möglicherweise die Zeit des paradiesischen Lebens ausdehnen, die doppelt reizvoll war, weil wir uns außerhalb von Almas Reichweite befinden würden.

Es gab da allerdings ein Detail, auf das Erdmann uns sogleich hinwies: Wenn ich das Angebot annehmen wollte, würden wir heiraten müssen. Es ist sehr wahrscheinlich, daß Erdmann von Alma Moodie zu diesem Gespräch veranlaßt worden war, die ihre Instruktionen wiederum von Reinhart bekommen hatte. Aber auch ohne das klang seine Predigt durchaus spontan, denn in dieser Hinsicht war er ganz und gar bürgerlich, trotz seiner beunruhigenden Freizügigkeit in anderen Dingen, und wahrscheinlich hatte er unsere Art des Zusammenlebens schon die ganze Zeit mißbilligt. (In Zuoz hatte es wieder Komplikationen hinsichtlich unserer Hotelzimmer gegeben, da Reinhart ein Einzel- und ein Zweibettzimmer bestellt hatte, vorgeblich in der Annahme, Anna und ich seien verheiratet, denn sonst hätte er uns wahrscheinlich gar nicht unter einem Dach aufgenommen. Ich weiß bis heute nicht, ob er die Wahrheit wußte und sich bloß verstellte, oder ob er wirklich glaubte, was er glauben wollte. Der Besitzer des »Weißen Kreuzes«, offenbar ein Mann von Welt, löste schließlich das Problem, das darin bestand, ein zusätzliches Zimmer zu finden, das nicht zur Verfügung stand, indem er erklärte, es sei ihm gleichgültig, wie wir die Zimmer nutzten, solange wir dafür bezahlten, was nur recht und billig war, wenngleich nicht gerade erbaulich im Sinne der Konventionen, auf die wir wenig Wert legten.) Abgesehen von Reinharts Einstellung, die unter den gegebenen Umständen durchaus kein unbedeutender Faktor war, war Erdmanns Argument auch deswegen überzeugend, weil die Vorstellungen, die die Schweizer von diesen Dingen hatten, im allgemeinen anders waren als die der Deutschen oder der Österreicher, konservativer, wie uns schien, denn die Schweiz hatte im Gegensatz zu uns keinen kompletten Zusammenbruch der politischen und sozialen Ordnung erlebt.

So bekam die Frage der Heirat plötzlich größte Bedeutung, denn sie war mit der Möglichkeit verknüpft, eine Zeit von beträchtlicher Länge in finanzieller Unabhängigkeit und in einer Umgebung zu leben, die mir mehr als wünschenswert erschien. Ich glaube, daß Anna und ich dann und wann über das Problem gesprochen hatten, aber mehr oder weniger theoretisch, und daß wir es aus unseren Gedanken verbannt hatten, weil es uns nicht von wesentlicher Bedeutung zu sein schien. Vielleicht hätten wir es in einem anderen Licht betrachtet, wenn wir Kinder hätten haben wollen. Ich habe jedoch in meinem ganzen Leben niemals ein derartiges Verlangen gehabt, und keine der Frauen, mit denen ich liiert war, trug sich mit einem

Wunsch in dieser Richtung. Was mich selbst betrifft, muß ich zugeben, daß ich Kinder einfach nicht mag, wahrscheinlich weil ich überhaupt keinen Sinn für ihre Lebensweise habe. Natürlich bin ich so aufgeklärt, daß ich die übliche moderne Überzeugung teile, daß Kinder von ihren Eltern und Aufsichtspersonen nicht gezüchtigt werden sollten, und ich denke höchst ungern daran, daß so etwas passiert. Doch wenn ich von solchen Vorfällen hörte, kam mir nie auch nur für einen Moment in den Sinn, daß das Verprügeln von Kindern als pädagogische Maßnahme gedacht war, sondern es erschien mir immer als die letzte, verzweifelte Reaktion von Erwachsenen, die gegenüber einer widerspenstigen, boshaften Sippschaft unmenschlicher Teufel ihr unbestreitbares Recht auf Selbstverteidigung behaupteten. Ich bin bereit, das Urteil anzunehmen, daß diese Einstellung mich zu einem Feind der Menschheit macht, aber ich mußte so viele Urteile dieser Art annehmen, daß es für mich kaum noch eine Rolle spielt.

Leider muß ich sagen, daß ich absolut unfähig bin, ein Kind als »niedlich« oder als »kleinen Schatz« zu betrachten, und daß ich Kinder allgemein für absonderlich und entsetzlich halte. Erstaunlicherweise mögen Kinder mich gewöhnlich sehr gern. Im Notfall habe ich ein ganz wunderbares Mittel, um mit ihnen auszukommen, und das besteht darin, sie als Erwachsene zu behandeln; das ist die einzige mir bekannte Art, mit Wesen umzugehen, die angeblich Menschen sind. Ich glaube nicht, daß meine Methode einen anderen Vorteil hat als den, daß sie die Kinder aufs äußerste überrascht, denn offenbar behandelt sie sonst niemand so. Ich verhalte mich Kindern gegenüber höflich, förmlich und absolut vernünftig, und das wirkt zumindest so lange vorzüglich, bis die Kinder von jemandem weggeholt werden und ich von ihrer Anwesenheit befreit bin.

Was die Frauen betrifft, so habe ich nur solche gekannt, die sich vor den Schmerzen bei der Entbindung fürchteten, auch wenn sie vielleicht im Hinblick auf das Großziehen und die Betreuung der Kinder keine Bedenken haben mochten. Was ihre Motive auch gewesen sein mögen, ich akzeptierte jedenfalls die Konsequenzen, denn ich bin seit jeher der Meinung, daß nicht alles Sache aller ist, und weil ich überzeugt bin, daß das Verlangen nach Nachkommenschaft lediglich eine Form der dem Menschen angeborenen Sehnsucht nach Unsterblichkeit ist, habe ich mir die Tatsache eingestanden, daß meine eigene Sehnsucht, mich unsterblich zu machen, auf andere Ziele gerichtet war, und ich bin mir dessen stets sehr bewußt gewesen. So anmaßend es klingen mag, die Frage der Unsterblichkeit beschäftigt mich ständig sehr, und ich werde später noch mehr darüber zu sagen haben.

Als wir während unseres Urlaubs in Zuoz begannen, über das Heiraten zu diskutieren, legte Anna beträchtlichen Widerstand an den Tag, und ich muß sagen, daß sie die Situation und sich selbst besser einschätzte als ich. Zweifellos war ich sehr in sie verliebt, und nicht nur aus Gründen der Sinnlichkeit, obgleich dieser Faktor jedenfalls eine bedeutende Rolle spielte, denn ich beobachtete, daß mein physisches Naturell gänzlich auf eine ständige Verbindung mit Frauen angelegt war. Allein schon unter diesem Gesichtspunkt wagte ich kaum daran zu denken, daß ich die Frau, die ich liebte, verlieren könnte, denn ich hatte das Gefühl, daß mir der Abenteuergeist fehlte, der viele Menschen veranlaßt, das Objekt ihrer Zuneigung häufig zu wechseln. Wahrscheinlich war ich weniger an den Feinheiten der Annäherung interessiert – obgleich ich sagen darf, daß ich sie sehr schätze – als am Ergebnis, so daß ich recht gut für das geeignet war, was man eine »feste Beziehung« nennt.

Was Anna betrifft, so bin ich ganz sicher, daß sie mich ebenfalls sehr liebte, aber ihrem Wesen gemäß interessierte das Ergebnis einer Liebesbeziehung sie nicht mehr, sobald diese zur Gewohnheit zu werden begann. Anna fühlte sich eher von flüchtigen Abenteuern mit zwei oder drei höchst erregten Begegnungen angezogen, mit langen Pausen dazwischen, in denen ihr sinnliches Ego vollkommen ruhte. Das scheint immerhin zu erklären, warum ich über ihr späteres Leben so wenig erfuhr, und es wirft ein bezeichnendes Licht auf ihre Haltung zu unserer Eheschließung. Zweifellos war es bedauerlich, daß am Ende Erdmanns und meine Argumente den Ausschlag gaben. Diese Argumente waren nicht immer besonders elegant, denn ich erinnere mich, daß sich Erdmann einmal sehr grob ausdrückte, als er nämlich sagte, es sollte ihr schließlich ziemlich egal sein, wer der Mann sei, der über ihr keuchte. Jedenfalls wurde schließlich beschlossen, daß wir heiraten würden, sobald wir nach Wien zurückgekehrt waren, um unsere Angelegenheiten zu regeln, bevor wir in die Schweiz gingen.

Zuerst reisten wir wieder nach Winterthur und erfuhren offiziell von Werner Reinharts großzügigem Angebot, das wir ordnungsgemäß als die Überraschung aufnahmen, als die es beabsichtigt war. Um nach Wien zurückzukommen, mußten wir einen Umweg machen, weil die Arlbergstrecke gerade durch Lawinenabgänge unterbrochen war. Von den beiden möglichen Routen, einer über München und der anderen über Mailand, wählten wir die südliche, weil sie interessanter zu sein schien und außerdem etwas länger, denn keiner von uns beiden hatte es eilig, heimzukommen, weil wir wußten, daß Alma wegen des Ärgers mit der Zehnten Symphonie kochte.

Zum ersten Mal überquerte ich die Alpen auf der berühmten Gotthardstrecke, und ich fand diese Fahrt unglaublich faszinierend. Obgleich ich diese Strecke später viele Male fuhr, ist sie für mich immer eine Sensation geblieben. Der elektrisch angetriebene, schmucke und saubere Zug fuhr mit unverminderter Geschwindigkeit den Nordhang des Gotthardpasses hinauf, vorbei an der berühmten, majestätischen Landschaft des Vierwaldstätter Sees, der geheiligten Wiege der Schweizer Eidgenossenschaft. In Göschenen, dem höchsten Punkt nördlich der Wasserscheide, gab es einen kurzen Aufenthalt, der einen Besuch des verschwenderisch ausgestatteten Büfetts erlaubte. Meterhohe Schneemassen bedeckten das enge Tal, das von ungeheuren Bergen umgeben war, deren Gipfel sich in dichtem, drückendem Nebel verloren. Dann grub sich der Zug in den etwa fünfzehn Kilometer langen Gotthardtunnel hinein, und als wir aus der scheinbar endlosen Röhre herauskamen, grüßte uns der erste italienische Name, Airolo. Wir waren im Kanton Ticino angekommen, dem italienischen Teil der Schweiz. Wir befanden uns etwa auf gleicher Höhe mit Göschenen, etwa sechzehnhundert Meter hoch, und auf den Dächern lag noch viel Schnee, aber er begann schon zu schmelzen, und der schwere Nebel, der die Gipfel im Norden verhüllte, schien sich in der Gegenrichtung aufzulösen.

Dann fuhr der Zug in schnellem Tempo das Ticinotal hinunter, an steilen Abhängen entlang und durch schwindelerregende Haarnadelkurven und verblüffende Spiralen, und praktisch jede Minute der raschen Fahrt bot einen neuen aufregenden Ausblick auf das Land des ewigen Frühlings, in das wir wie auf einem fliegenden Teppich getragen wurden. Bald waren auf den Feldern des breiter werdenden Tals nur noch Schneeflecken übrig, jetzt war gar kein Schnee mehr da, jetzt sahen wir die ersten Kastanienbäume, und jetzt brach die Sonne durch den dahinschwindenden Dunst, wir öffneten die Wagenfenster und atmeten die balsamische Luft eines vollkommenen Frühlingstages, kaum eine Stunde, nachdem wir mühsam über die Schneewälle auf dem düsteren und frostigen Bahnsteig von Göschenen gestapft waren. Bald erreichte der Zug Bellinzona und Lugano, die Traumstadt mit Palmen am Ufer des tiefblauen Sees, der von hohen, schneebedeckten Bergen mit sanften, klassischen Konturen umgeben war, gekrönt vom Kegel des Monte San Salvatore, der dem Zuckerhut von Rio de Janeiro so sehr ähnelt. Auf der anderen Seite des Sees erschien das beherrschende Massiv des Monte Generoso, das im tief purpurfarbenen Licht des Winterabends magisch leuchtete, ein Anblick, den ich nie vergessen werde. Ich war damals ganz sicher, daß die Schweiz dem Paradies auf Erden am nächsten kam, und ich glaube immer noch, daß sie das auf mehr als eine Art ist.

Eine eigenartige Kombination geographischer Faktoren schafft am Südhang der Alpen klimatische Verhältnisse, die erst mehrere hundert Kilometer weiter südlich wiederzufinden sind. Das dazwischenliegende Norditalien hat wenig von der zauberhaften Sanftheit des Gebiets um die Seen herum, die in geringer Zahl in den Tälern verteilt sind, wo die Flüsse das schnell zurückweichende Alpenmassiv verlassen. Mailand erschien uns kühl und trübe, so daß wir nur kurze Zeit dort zubrachten, die für einen Besuch der berühmten Brera-Kunstgalerie ausreichte, und dann fuhren wir eilig nach Wien zurück, über Venedig, von dem wir bei dieser Gelegenheit nichts sahen.

Als wir in Wien ankamen, fanden wir Alma wie gewöhnlich in ihrem Bett; sie weinte, sie sei von allen ihren Freunden im Stich gelassen worden, und verfluchte die Menschheit. Die Probleme, welcher Art sie auch waren, erwiesen sich als weitgehend frei erfunden und waren schnell gelöst. Danach widmeten wir uns unserer Hochzeit, die ebenso schnell organisiert wurde. Ich kann mich nicht erinnern, was Alma dazu zu sagen hatte, wenn sie überhaupt etwas dazu sagte, weil die Sache mit der Symphonie sie so vollständig in Anspruch nahm. Meine lieben Eltern waren über unsere Entscheidung sicherlich erleichtert, ohne zu ahnen, daß sie zu einem Zeitpunkt getroffen worden war, als sich bereits die Trennung abzeichnete. Anna, die der lutherischen Kirche angehörte (was ein wenig überraschte, da ihre Eltern vermutlich beide Katholiken waren, als sie geboren wurde – aber wahrscheinlich hatte sie sich den Protestanten angeschlossen, um die Ehefrau des Juden Koller zu werden, oder etwas in der Art), konnte wieder heiraten, aber solange ich Mitglied der römisch-katholischen Kirche war, konnte ich sie nach dem Gesetz nicht heiraten, weil sie geschieden war.

Im alten Österreich waren Staat und Kirche nicht getrennt, sondern der Staat agierte als der weltliche Zweig der Kirche, so wie es der Tradition und der Bedeutung des Heiligen Römischen Reiches in alten Zeiten entsprach. Verschiedene Glaubensbekenntnisse waren zugelassen und anerkannt, und ihre Angehörigen konnten in den Grenzen der Zivilrechtsordnung die Lehren ihrer Religion befolgen, aber wenn es um Katholiken ging, machte der Staat es sich zur Aufgabe, dem kanonischen Recht Geltung zu verschaffen. Die Revolution schaffte das alles ab, aber nachdem sich die Sozialdemokraten aus der Regierung zurückgezogen hatten, tat diese, die von der Partei des Klerus, den Christlichsozialen, beherrscht war, alles, was sie innerhalb der Möglichkeiten der neuen Verfassung tun konnte, um die Position der Kirche wiederherzustellen. Obgleich die Trennung von Staat und Kirche, die in der Verfassung festgeschrieben war, nicht einfach mißachtet werden konnte, konnte der Staat zumindest solche zivilen Akte unterlassen, deren Vollzug die Kirche in ihrem eigenen Geltungsbereich aufgrund ihrer Doktrinen nicht zulassen würde.

Der wichtigste dieser Akte bestand in der Wiederverheiratung von Geschiedenen. Die Wiener Stadtregierung jedoch, die mit überwältigender Mehrheit links war, hatte im Labyrinth dieser Bestimmungen ein Schlupfloch gefunden. Da Wien, wie ich schon erwähnte, nicht nur eine Stadt war, sondern auch eines der Bundesländer, konnte der Bürgermeister in seiner Funktion als Landeshauptmann Trauungen vornehmen. Und während die Landesgesetzgebung Katholiken die Scheidung und Wiederverheiratung untersagte, konnte kein Gesetz den Wiener Landeshauptmann daran hindern, Personen ohne Religionszugehörigkeit zu trauen. Dieser schlaue Trick verursachte in der Partei der Hausmeister und Kerzelweiber viel Heulen und Zähneknirschen, denn das Ergebnis, das die Wiener Stadtregierung mit ihren Heiratsbestimmungen erzielte, war, daß sie für viele Menschen einen gewaltigen Anreiz lieferte, aus der katholischen Kirche auszutreten.

Mein eigener Fall war absolut typisch, und eingedenk der Geistesverfassung, in der ich mich damals hinsichtlich meiner Religionszugehörigkeit einerseits und meiner erotischen Wünsche andererseits befand, zögerte ich nicht einen Augenblick, meine Mitgliedschaft in der römisch-katholischen Kirche aufzugeben, was in zwei Minuten geschah, indem ich beim Standesamt im Rathaus einen Zettel einreichte. Die Trauungszeremonie, die unmittelbar danach folgte, war denkbar wenig beeindruckend. Ein Beamter vollzog sie in einem düsteren Büro, vor dem viele Leute zum gleichen Zweck Schlange standen. Ich weiß nicht einmal mehr, welche Personen als Trauzeugen auftraten, aber ich nehme an, daß Franz Werfel dazugehörte.

Ich hatte mit Sicherheit nicht den Eindruck, daß ich meinen Glauben aufgab, indem ich meiner Treue zur katholischen Kirche abschwor, denn höchstwahrscheinlich dachte ich damals, ich hätte gar keinen Glauben. Die ganze Sache gehörte für mich einfach zu der ermüdenden Bürokratie, mit der man fertigwerden mußte, wenn man zufällig in einem Staat geboren wurde, der für seine jahrhundertealte Tradition eines ausgefeilten Bürokratismus berühmt ist. Heute, nachdem ich meinen Status als Katholik unter ernsteren Umständen und mit eindeutigen persönlichen Überzeugungen wiedererworben habe, sehe ich die Sache ganz anders. Trotzdem muß ich schlußfolgern, daß die katholische Kirche letzten Endes sogenannte illegitime sexuelle Beziehungen befürwortet, denn ihre Herrscher können sich unmöglich Illusionen darüber hingeben, wie sich die Anordnungen gegen die Ehescheidung praktisch auswirken, ganz abgesehen von dem ebenso strikten Verbot der »freien Liebe«. Niemand kann bezweifeln, daß nur die ersteren praktische Folgen haben, insofern, als sie durchgesetzt werden können, indem man Geschiedenen eine erneute Eheschließung verweigert, wohingegen die letzteren offenbar jeder Kontrolle entzogen sind. Es ist nicht meine Sache, über die Weisheit dieser Politik nachzudenken, aber mein Vertrauen in die fundamentale Weisheit der Kirche ist heute so groß, daß ich ihre offenkundige Vorliebe für »ungesetzliche« sexuelle Beziehungen als etwas wahrscheinlich sehr Weises akzeptiere.

Als die lächerliche Zeremonie vorbei war, gab es eine weitere Tortur durchzustehen, einen Besuch Almas in meinem Elternhaus. Sie war befangen und verlegen, wahrscheinlich in dem Gedanken, mit so »gewöhnlichen, unintellektuellen, primitiven« Leuten zu verkehren, und bestand darauf, nicht nur Werfel mitzubringen, was schließlich unvermeidlich war, sondern auch Alban Berg und seine Frau, um von vertrauenswürdigeren Freunden, Bewunderern, Souffleuren und Begleitern umgeben zu sein. Der Nachmittag verlief befriedigend. Die Krönung war Werfel, denn er war so gesprächig, daß alle anderen ihre Hemmungen verloren. Meine Eltern waren bei der Geschichte ganz reizend, obgleich sie sich als Gastgeber so vieler »berühmter« Leute sehr unbedeutend vorkamen. Ich erinnere mich mit Tränen in den Augen, daß das Porträt von Kaiser Franz Joseph, das in unserem Speisezimmer hing, durch das von Gustav Mahler ersetzt worden war, und voller Stolz kann ich sagen, daß das nicht Alma zuliebe geschehen war, sondern ausschließlich, weil mein Vater zu der Ansicht gekommen war, daß die Züge des Mannes, der die neun Symphonien und das *Lied von der Erde* komponiert hatte, der täglichen Betrachtung eher wert seien als die des Kaisers, der beim Untergang seines Reiches den Vorsitz gehabt hatte, obgleich er nahezu vierzig Jahre lang der Oberkommandeur meines Vaters gewesen war.

Es mag zwar übertrieben klingen, aber ich zögere nicht, das Verhalten meiner Eltern in dieser ganzen Zeit als geradezu heroisch zu bezeichnen. Es muß damals gewesen sein, daß mein Vater eine Stelle als Leiter eines Schuhgeschäftes annahm, wozu er gezwungen war, weil das schrumpfende Arbeitspensum im liquidierenden Kriegsministerium seine Entlassung aus diesem Amt und eine weitere Schmälerung seines Einkommens zur Folge hatte. Das Geschäft war eine der vielen Wiener Verkaufsstellen der Humanic-Schuhfabrik und befand sich in dem erzproletarischen Bezirk Ottakring. Was für ein Abstieg für einen Mann, der in Ehren aus der Armee entlassen worden war, der er annähernd vierzig Jahre lang gedient hatte, am Schluß im Rang eines Generals!

Es erfüllt mich mit Bewunderung, daß es meinem Vater, der auf die Sechzig zuging, gelang, seine Bitterkeit und Enttäuschung hinunterzuschlucken und seine Angestellten und Kunden nie fühlen zu lassen, daß er ein Schauspieler war, der in dieser unmöglichen Rolle eine Fehlbesetzung war. Im Gegenteil, obgleich er nie seine Distanz verlor und sich anbiederte, freundete er sich mit den einfachen Leuten an, die zum Geschäft gehörten, sowie mit denen, die zum Schuhekaufen kamen und zugleich ihre Sorgen und Probleme abluden, so daß er in der Nachbarschaft bald als ein Herr von ungemeiner Liebenswürdigkeit und reizender Art bekannt war, Charaktereigenschaften, die von den Geschäftsleuten eines der rauhesten Bezirke der Stadt sehr selten an den Tag gelegt wurden. Er brauchte zwar keine schwere Arbeit zu verrichten, wie Schachteln zu tragen oder den Kunden Schuhe anzuprobieren, aber täglich acht Stunden hinter dem Ladentisch zu sitzen, mit zahllosen Menschen zu sprechen, die Registrierkasse zu bedienen und die verschiedenen Geschäftsangelegenheiten zu regeln, war anstrengend genug und einer Verbesserung seiner Gesundheit nicht förderlich.

Ich bin sicher, daß meine Entscheidung, die Jahre meiner finanziellen Unabhängigkeit in Wien zu verbringen, zum Teil durch mein Pflichtgefühl bedingt war, denn in der Phase, die ich jetzt beschreibe, war ich nicht in der Lage, etwas zur Erleichterung der traurigen Umstände beizutragen, unter denen meine Eltern leben mußten. Ich hoffe, daß ich jene späteren Jahre für meine Eltern etwas angenehmer gestalten konnte, obgleich ich jetzt weiß, daß ich mehr für sie hätte tun können, und es betrübt mich tief, daß ich während der letzten sieben Jahre wiederum nichts zu ihrem Glück beitragen konnte, was der Rede wert wäre.

Zweites Resümee

Nachdem diese Angelegenheiten alle erledigt waren, nahmen wir zum zweiten Mal innerhalb von vier Wochen den Zug nach Westen und fuhren nach Zürich, das für die folgenden Monate unser Aufenthaltsort werden sollte. Ich unterbreche meine Erzählung an dieser Stelle, um mich meinem damaligen Entwicklungsstand zuzuwenden und ihn für einen Moment mit jenem zu vergleichen, von dem ich am Ende des Ersten Kapitels berichtete. Was meine künstlerische Entwicklung angeht, so habe ich mich hinsichtlich sowohl des äußeren

Erfolgs als auch des inneren Wachstums sprunghaft fortbewegt. Es gab keinen Zweifel mehr daran, daß die Musik, und insbesondere die musikalische Komposition, meine wahre Berufung und möglicherweise auch mein Beruf war. Ich hatte mich in der öffentlichen Meinung Mitteleuropas und selbst darüber hinaus als einer der führenden jungen Komponisten etabliert, nicht nur als talentierter Musiker, der auch ein paar interessante Stücke komponiert, so daß nicht nur der Gedanke an eine berufliche Laufbahn außerhalb der Musik, sondern auch die Vorstellung, daß ich irgendeine untergeordnete musikalische Tätigkeit annehmen könnte, die es mir erlauben würde, mein schöpferisches Hobby in der Freizeit auszuüben, anscheinend für immer aufgegeben wurden. Natürlich verdiente ich mit meinen Kompositionen noch nicht genug Geld, um mich und meine Frau ganz ernähren zu können, aber mit den monatlichen Vorschüssen der Universal Edition und Reinharts Stipendium sowie in Anbetracht meiner außergewöhnlichen Produktivität sollte es nicht schwer sein, die bloße Anzahl meiner Kompositionen in kurzer Zeit so weit zu erhöhen, daß wir schließlich davon würden leben können, vorausgesetzt, daß das öffentliche Interesse an moderner Musik bestehen bleiben würde, und daran zweifelte man nicht, denn der Verbrauch war immer noch im Steigen begriffen.

Was mein inneres Wachstum angeht, so hatte ich von Menschen wie Schnabel und Erdmann und durch meine eigene beachtliche Produktivität und die Tatsache, daß ich bis auf die Opern und ein paar Lieder alle meine Kompositionen aufgeführt hören konnte, ungeheuer viel gelernt. Die Erfahrung, eigene Kompositionen bei Proben und Aufführungen anzuhören, ist für jeden Komponisten von unschätzbarem Wert, nicht so sehr wegen der Möglichkeit, daß vieles anders klingt, als der Komponist es sich vorgestellt hat, so daß er es das nächste Mal besser weiß, sondern vielmehr wegen des Schocks, dem Zusammenprall von privater Phantasie und öffentlicher Maschinerie ausgesetzt zu sein. Die Haltung der Dirigenten und der Interpreten – klug oder ungebildet, begeistert oder widerstrebend –, die Kommentare der zynischen Rüpel, aus denen sich die Orchester gewöhnlich zusammensetzen, und die verwirrenden Zeitungskritiken sind Faktoren, die zur Charakter- und Bewußtseinsbildung eines Komponisten beitragen; ohne sie bleibt er eine abstrakte und private Erscheinung. Was all diese Dinge angeht, habe ich in den Jahren, die im vorliegenden Teil dieser Aufzeichnungen behandelt werden, eine sehr gründliche Ausbildung erhalten.

Im Hinblick auf meine eigentliche schöpferische Entwicklung glaubte ich, daß ich mir die Möglichkeiten des modernen Idioms, was auch immer das war, recht gut zu eigen gemacht hatte. In dieser

Beziehung habe ich mich gründlich geirrt, wie meine Entwicklung in den folgenden Jahren zeigen sollte. Viel später sollte ich lernen, daß meine musikalische Ausbildung bei weitem nicht abgeschlossen war, und ich bezweifle, daß sie es jetzt ist und daß sie es je sein wird, vorausgesetzt, man bezeichnet meine unaufhörliche Entwicklung und Veränderung als Ausbildungsprozeß. Meiner Lebensphilosophie zufolge betrachte ich diese Veranlagung als Segen, denn ich fände es äußerst trist, mich auf einem eingefahrenen Gleis zu bewegen. Im Hinblick auf meinen äußeren Erfolg war meine Neigung, jede gerade erworbene künstlerische Position zum Ausgangspunkt für neue Abenteuer zu machen, alles andere als hilfreich, wie ich bereits dargelegt habe. Zu jener Zeit jedoch konnte ich die Implikationen noch nicht alle sehen und war entschlossen, mit der alten Vehemenz fortzufahren.

Meine Entwicklung als Persönlichkeit war an einen Punkt ähnlicher oder sogar noch trügerischer Stabilität angelangt. Ich hatte es geschafft, mich mit einer jungen Frau mit sehr ungewöhnlichen Eigenschaften zu verbinden, und diese Verbindung war durch eine Zeremonie bestätigt worden, die sie, obgleich ich ihr keine Bedeutung beimaß, im Licht bestehender Konventionen solide und dauerhaft machte. Damals sah ich die Vorstellung von einer glücklichen und beispielhaften Ehe in der Verbindung von Eduard und Irene Erdmann verwirklicht, und ich dachte, indem ich Anna geheiratet hatte, hätte ich genau dasselbe für mich erreicht. Ich habe beobachtet, daß ich, wenn ich mir etwas sehr stark wünschte, bereit war, jede Annäherung an dieses Ziel zu akzeptieren, indem ich den Unterschied zwischen dem Ideal und seiner tatsächlichen Verwirklichung in der Phantasie ausglich. Das hängt offenbar mit meinem extremen Mangel an Geduld zusammen. Bis zu einem gewissen Grad bin ich in den seither vergangenen zwanzig Jahren weiser und realistischer geworden, aber im Grunde habe ich mich nicht sehr geändert, wie mir scheint. So hielt ich angesichts verschiedener sehr deutlicher Zeichen, denen ich hätte entnehmen sollen, daß ich mir im Hinblick auf mein Verhältnis zu Anna etwas vormachte, die Augen geschlossen.

Andererseits war die zentrale Erfahrung, die ich in diesen Jahren machte, daß ich sehr beträchtliche sexuelle Möglichkeiten und Ansprüche hatte und mich nicht nur daran gewöhnt hatte, sie zu befriedigen, sondern davon auch in hohem Maße abhängig geworden war. Zweifellos hoffte ich, daß der Umstand, mit mir verheiratet zu sein, Anna schließlich dazu bewegen würde, eine gewisse Reserviertheit in dieser Hinsicht aufzugeben. Wiederum hätte ich eigentlich klüger sein müssen, als ich es in dieser Beziehung war, aber ich bin nicht sicher, ob man von einem Dreiundzwanzigjährigen vernünftigerweise erwarten kann, daß er so aufgeklärt ist, wie ich es hätte gewesen sein sollen, und ich bin nicht ganz bereit, meine äußerst ungenügende Erziehung in diesen Dingen für das Ergebnis verantwortlich zu machen, denn ich glaube, daß es sich hier um Probleme handelt, die kaum durch die Lektüre von Büchern oder den Besuch von Vorlesungen geklärt werden können, ja nicht einmal durch kluge Gespräche mit Eltern oder Freunden.

Theoretisch meine ich, daß etwas ältere Freunde die geeignetsten Berater bei solchen Problemen wären, aber ich hatte nicht viele und war infolge meiner einsamen Kindheit nicht gewöhnt, ihnen mein Herz auszuschütten. Die Erdmanns waren eine Ausnahme, aber gerade Eduard war es, der alles tat, was in seinen Kräften stand, um mich zu dem zu überreden, was ich unter allen Umständen hätte vermeiden sollen. So sollte das, was zunächst etwas Positives zu sein schien, bald zu einer bitteren Lehre werden, und ich mußte noch einige weitere solcher Lektionen schlucken, bevor ich einen Zustand relativer emotioneller Stabilität erreichte.

In Anbetracht all dessen scheint das Bild meiner Persönlichkeit Ende 1923 nicht weniger verwirrend zu sein als das drei Jahre zuvor. Als Mensch hatte ich immer noch bei weitem nicht den Status erreicht, den ich als Künstler erlangt hatte. Ich bin mir bewußt, daß das seltsam klingt, denn es impliziert, daß der Künstler und der Mensch zwei verschiedene Wesen sind. Die Tatsache, daß sie in bestimmter Hinsicht wirklich getrennt sind und in anderer Hinsicht natürlich nicht, wird wohl wahrscheinlich immer ein Rätsel bleiben, sowohl für den Künstler selbst, als auch für den sogenannten Laien. Das Leben eines Künstlers wird ebenso dadurch bestimmt, daß er Künstler ist, wie sein künstlerisches Dasein von seinem Alltagsleben beeinflußt wird. Und doch gibt es viele Beweise dafür, daß beide Prozesse auf verschiedenen Ebenen stattfinden, und zwar keineswegs aufeinander abgestimmt. Das erklärt wahrscheinlich die Komplexität der Persönlichkeit des Künstlers, seine eigentümliche Fähigkeit, Dinge zu tun und sich zugleich dabei zu beobachten, seine im Grunde ironische Geisteshaltung und die komplizierte Dialektik seiner geistigen Prozesse, die ihn aus der Sicht der Einfaltspinsel oft zu einem Scheusal macht.

In den letzten Monaten des Jahres 1923 hatte ich eine Gruppe von Chorkompositionen (opus 22) auf Texte von Matthias Claudius geschrieben, auf den ich aufmerksam geworden war, weil Karl Kraus ihn häufig abdruckte. Claudius' Hauptwerk war die Herausgabe einer Art Bauernalmanach gewesen, die der *Wandsbeker Bote* hieß, so genannt nach dem Städtchen Wandsbek bei Hamburg, in dem Claudius Pfarrer gewesen war. Ich war sehr fasziniert von seinem einfachen und ausdrucksstarken Stil; ein schönes Beispiel dafür ist in Schuberts Lied »Der Tod und das Mädchen« zu finden. Außerdem verfertigte ich eine zweite *Symphonische Musik für neun Instrumente* (op. 23), die ich Schünemann widmete. Ich weiß nicht mehr viel von diesem Produkt, außer daß ich es bald so minderwertig fand, daß ich es offiziell aus meinem Werkeverzeichnis herausnahm und nie wieder erwähnte, außer auf diesen Seiten.

Meine Umsiedlung nach Zürich führte nicht sofort zu einer vollständigen Änderung meiner Lebens- und Kompositionsweise, aber sie war letztendlich für beides verantwortlich, wie die Fortsetzung meiner Erzählung zeigen wird, und deshalb erscheint es logisch, an dieser Stelle ein neues Kapitel des Berichtes über mein Leben zu beginnen.

DRITTES KAPITEL

In der Schweiz

Als Anna und ich im Januar 1924 in die Schweiz zurückkehrten, wurde beschlossen, daß wir in Zürich wohnen sollten. Aber bevor wir uns dort niederließen, wollte Anna für drei oder vier Wochen in den Kanton Bern fahren, wo sie im Haus eines Malers zu Gast sein sollte, um bei ihm zu studieren. Ich würde unterdessen in Winterthur bleiben und als Gast Werner Reinharts im Hotel Lion wohnen.

Der Maler, Cuno Amiet mit Namen, war in seiner Heimat ein ziemlich bekannter Künstler, obwohl sein Stil recht altmodisch war, so daß mir nicht ganz klar war, was Anna, die sich zu modernen Neigungen bekannte, von ihm lernen sollte. Jedenfalls glaube ich nicht, daß Anna von diesem Besuch in bezug auf ihre künstlerische Entwicklung einen Gewinn erwartete. Ich bin auch ganz sicher, daß sie keine Abenteuer anderer Art suchte, die es auf dem Landsitz dieses etwas langweiligen Familienvaters mittleren Alters kaum gab. Was sie offenbar, bewußt oder instinktiv, anstrebte, war ihre endgültige Flucht aus einer Situation, die sie in zunehmendem Maß mißbilligte. Ich glaube, daß ich das gespürt habe, denn obgleich ich nichts dagegen gehabt hätte, aus dem einen oder anderen Grund vorübergehend von ihr getrennt zu sein, machte dieser spezielle Schritt keinen sehr günstigen Eindruck auf mich.

Unterdessen wohnte ich in dem guten, altmodischen Gasthof in Winterthur und hatte genug Muße, um meine neue Umgebung zu erkunden, die mich sehr faszinierte. Wie ich schon sagte, kam ich mit einem sehr ausgeprägten Vorurteil zugunsten der Schweiz in dieses Land, so daß ich mich mit großer Begeisterung daran machte, mich dem Schweizer Lebensstil anzupassen. Ich lieh mir die Geschichte des Kantons Zürich aus und studierte sie gründlich, so daß ich bald mehr darüber wußte als so mancher Einheimische.

Da ich aus dem verarmten Österreich und dem hektischen Deutschland kam, war ich zuerst von dem Reichtum und der Stabilität der Schweizer Republik beeindruckt. Alles, von der Nahrung bis hin zur Straßenbeleuchtung, war im Vergleich zu dem, woran wir uns in den Kriegsjahren gewöhnt hatten, reichlich vorhanden, und es gab nicht nur viel sehr Altes, das wie neu aussah, weil es so solide hergestellt worden war, sondern auch die neuen Dinge, die gerade entstanden, sollten sichtlich jahrhundertelang halten. Es gab nichts Improvisiertes, Unsolides oder Billiges; nur die besten und teuersten Materialien wurden verwendet. Das zeugte nicht nur von einem hohen Lebensstandard, sondern insbesondere von ungeheurem Vertrauen in die Dauerhaftigkeit des Landes und seiner Verhältnisse, das auf einer stolzen sechshundertjährigen Geschichte beruhte, die ruhig verlaufen war, auch wenn manchmal ein gefährlich eingleisiger Kurs gesteuert worden war.

Eine andere Tatsache, die meine Aufmerksamkeit in Anspruch nahm und meine Bewunderung weckte, war, daß auf einem kleinen, stark überbevölkerten Gebiet drei Nationen – Deutsche, Franzosen und Italiener – vollkommen friedlich zusammenlebten, was um so bemerkenswerter war, als die überwältigenden Mehrheiten jeder dieser Nationen mächtige Staaten gebildet hatten, die direkt an das Schweizer Territorium, das von den abgespalteten Minderheiten bewohnt wurde, angrenzten. Aus einem Land kommend, das ein Jahrhundert lang unter nationalen Zwistigkeiten gelitten hatte und schließlich an diesem Übel zugrunde gegangen war, war ich von diesem wunderbaren Phänomen natürlich fasziniert. Man kann immer wieder hören, daß die Vereinigten Staaten von Amerika die gleiche friedliche Symbiose verschiedener Rassen und Nationalitäten zustandegebracht haben, aber tatsächlich sind die Voraussetzungen hier ganz andere. Denn die Siedler der verschiedenen Nationen sind nicht als organisierte Gruppen eingewandert, sondern als Einzelpersonen, mit der bewußten oder unbewußten Absicht, etwas anderes zu werden, als sie gewesen waren, nämlich Amerikaner. Die Schweiz jedoch ist aus verschiedenen internationalen und regionalen Gruppen hervorgegangen, die das Gebiet bereits vor der Errichtung des Bündnisses bewohnt hatten. Ich glaubte, den Schlüssel dazu in dem alten Namen des politischen Organismus der Schweiz zu finden. Die Schweizer nannten ihn Eidgenossenschaft und bewahrten so die Erinnerung an den feierlichen Schwur, mit dem sich die ursprünglich vier Kantone (die Vier Waldstätten) im 13. Jahrhundert zusammengeschlossen hatten und mit dem sie gelobt hatten, die Feudalherrschaft der Habsburger abzuschaffen und nach demokratischen Grundsätzen zu leben.

Danach wuchs die Schweiz, indem sie neue Kantone in die Eidgenossenschaft aufnahm, sobald diese bereit waren, die durch den Eid besiegelten Grundsätze zu billigen. In dieser Hinsicht besteht eine Ähnlichkeit mit der Einbürgerung von Einzelpersonen seitens der Vereinigten Staaten.Ich war sehr stark beeindruckt von der Tatsache, daß ein politischer Organismus kraft einer von seinen Gründern proklamierten Idee existierte und nicht, weil seine Herrscher Macht und Land gewinnen wollten oder weil eine nationale Einheit regieren wollte. Ich möchte das betonen, weil es für meine spätere Einstellung zu den Problemen der österreichischen Politik nach Hitlers Aufstieg zur Macht eine große Rolle spielte. Weiterhin wurde mein Interesse von dem außerordentlich hohen Grad an Regionalismus gefesselt, der in der Schweiz herrscht. Diese Republik mit ihren wenig mehr als vier Millionen Einwohnern besteht aus nicht weniger als sechsundzwanzig Bündnisstaaten, den Kantonen, von denen einige winzig klein sind. (Ich kenne sie heute noch alle, ebenso wie ihre Hauptstädte, und die Farben von vielen, die auf den hübschen Nummernschildern der Schweizer Autos zu sehen waren.) Nicht nur die Staaten sind sich ihrer Eigenheiten und Vorrechte in hohem Maß bewußt und hüten sie eifersüchtig, sondern auch innerhalb dieser Miniaturhoheitsgebiete gibt es zahllose Nuancen sehr ausgeprägter Eigentümlichkeiten. In Baden, einem kleinen Kurort etwa acht Kilometer unterhalb von Zürich, ist man sehr stolz darauf, einen eigenen Dialekt zu haben, mit einem Wortschatz, der in Zürich nicht ohne weiteres verstanden wird. In der Stadt Bern werden drei verschiedene Dialekte gesprochen, die angeblich sehr wenig gemeinsam haben. Die Stadt Winterthur, die etwa dreißig Kilometer von Zürich entfernt ist, ist sich ihres eigenständigen und möglicherweise überlegenen kulturellen und gesellschaftlichen Lebens voll bewußt und hat auch manchen Grund dazu. Ich könnte noch viele Beispiele dieser Art aufzählen.

Ein weiteres höchst eindrucksvolles Phänomen waren die sprachlichen Fähigkeiten der Schweizer, besonders der Bewohner des deutschen Teils. Da sie im dreizehnten Jahrhundert ihr eigenes republikanisches System errichtet hatten und seit 1648 vom Heiligen Römischen Reich Deutscher Nation getrennt sind, haben sie sich eine Art antiquiertes Deutsch mit starker regionaler Färbung, das sogenannte Schwyzerdütsch, bewahrt, das sie untereinander selbst in den kompliziertesten Unterhaltungen gebrauchen. Obgleich es unverkennbar Deutsch ist, kann es von deutschsprachigen Ausländern nur mit Mühe und nach einiger Übung verstanden werden. Wegen seiner Ähnlichkeit mit dem Deutschen ist es für Deutschsprachige, mit Ausnahme von sehr jungen Menschen, praktisch unmöglich, Schwyzerdütsch korrekt sprechen zu lernen. Ich habe es nie fertiggebracht, mehr als ein paar unbedeutende Sätzchen von mir zu geben. Neben ihrer Muttersprache lernen die Schweizer in der Schule Hochdeutsch, als wäre es eine Fremdsprache. Da das Schwyzerdütsch etwa ebenso viele Varianten hat, wie es in dem Land Dörfer gibt, entzieht es sich allen Versuchen, zu einer phonetisch einheitlichen Schreibweise zu gelangen, und so ist die geschriebene und gedruckte Sprache das Hochdeutsche. Dieses wird im allgemeinen auch in Unterhaltungen verwendet, wenn deutschsprachige Ausländer zugegen sind. Aber selbst das schweizerische Hochdeutsch ist voll seltsamer, teils veralteter Wörter und Ausdrücke, so daß es sich recht eigentümlich und pittoresk liest.

Jeder Deutsch-Schweizer spricht selbstverständlich Französisch, und zwar so fließend wie seine eigene Sprache, und die meisten Französisch-Schweizer sprechen Deutsch, weil es in den meisten Schweizer Familien üblich ist, die Kinder eine Weile auf eine Schule in einem anderen Sprachgebiet zu schicken. Viele Angehörige beider Nationalitäten sprechen außerdem Italienisch, und wegen des großen Zustroms von englischen und amerikanischen Besuchern sprechen die meisten Geschäftsleute bis hinunter zu den Kellnern und Eisenbahnschaffnern auch Englisch. In einigen Kantonen, wie Basel, Solothurn, Bern und Fribourg, die französische und deutsche Einwohner haben, ist man so daran gewöhnt, beide Sprachen zu gebrauchen, daß oft mitten im Satz von einer in die andere gewechselt wird, ohne daß die Sprecher es merken.

Das Schwyzerdütsch, das von den meisten Ausländern als grotesk und ungehobelt kritisiert wird, erschien mir sehr sympathisch. Es ist reich an harten Gutturallauten, zugleich aber recht melodiös und voller phonetisch farbiger und ausdrucksstarker Elemente. Es kann so feierlich und ehrfurchtgebietend klingen wie das schwerfällige Fluchen zorniger Riesen oder so süß und bezaubernd wie ein Liebeslied. Die Sprache, die in den Bergen gesprochen wird, ist besonders schwerfällig, so daß mein Freund Othmar Schoeck zu sagen pflegte, es sei kein Wunder, daß die Leute dort so schweigsam seien, denn es sei so anstrengend, ihre Sprache zu sprechen. Eine liebenswerte Eigentümlichkeit des Schwyzerdütsch ist sein Reichtum an Diminutiven (auch die österreichischen Dialektformen haben viele davon). Indem ich mir diese Tatsache bewußt mache, wird mir klar, daß das, was mir an der englischen Sprache anfangs als nüchtern und nahezu karg auffiel, vielleicht an dem nahezu vollständigen Fehlen von zärtlichen Diminutiven liegt.

Bald wurden mir auch die religiösen Aspekte der schweizerischen Kultur bewußt. Bis dahin hatte ich nur Österreich gekannt, wo der Katholizismus ein völlig unproblematisches, allgegenwärtiges Element des Alltagslebens war, eher eine Art institutionalisierter Gewohnheit als eine Überzeugungs- und Glaubenssache, und das revolutionäre Deutschland, wo ich hauptsächlich mit emanzipierten und agnostischen Juden verkehrt hatte. Die Schweiz schien von einer typisch protestantischen Atmosphäre durchdrungen zu sein, die nördlichen Kantone vom Protestantismus zwinglischer Prägung, der, soweit ich erkennen konnte, ein Mittelding war zwischen dem Luthertum, das Norddeutschland beherrschte, und dem Calvinismus, dessen Zentrum in den französischsprachigen Kantonen lag. Doch selbst hier wucherten Regionalismus und Individualismus, so daß beispielsweise die Calvinistische Kirche des Kantons Waadt nicht ganz das gleiche war wie die des nur wenige Kilometer entfernten Kantons Genf. Die ursprünglichen Kantone waren katholisch, ebenso wie die französischsprachigen Kantone Fribourg und Valais, aber auch im Norden gab es bedeutende katholische Zentren wie Sankt Gallen mit seinem berühmten Kloster und andere.

Das alles wirkte sehr kompliziert, und die Menschen waren sich der religiösen Verhältnisse stets bewußt. Das vorherrschende Element war, so wie ich es jetzt sehe, das calvinistische, sogar in den katholischen Landesteilen. Das heißt, im öffentlichen und gesellschaftlichen Leben herrschten eine gewisse Nüchternheit und Strenge vor, obwohl die Schweizer glücklicherweise sehr viel Sinn für die schönen Dinge des Lebens hatten, besonders für Essen und Trinken, und sich aufrichtig daran erfreuten. Doch mir scheint, daß sie glaubten, solche Dinge haben zu müssen, weil die richtigen und reichen Leute in der Welt draußen sie hatten und für Menschen mit einem so sprichwörtlich hohen Lebensstandard wie dem der Schweizer nur das Beste gut genug war, und nicht so sehr, daß sie einem inneren Drang ihres Wesens folgten.

Der Schweizer Weinproduzent betrachtete es als eine hohe Verpflichtung, seine Erzeugnisse nach den strengsten Grundsätzen seines Metiers herzustellen, weil weniger einfach nicht reichte, und diese Tätigkeit war ein feierliches Geschäft. Natürlich hatte er nichts dagegen, daß sich sein Wein als ungewöhnlich köstlich erwies. Doch alles geschah in Maßen und im Einklang mit den strengen Prinzipien der verschiedenen Kirchen. Die Temperenzlervereine besaßen so viel Macht, daß sie selbst für Großstädte wie Zürich eine allgemeine Sperrstunde um Mitternacht erwirken konnten, die nur zur Folge hatte, daß nach Mitternacht in den Privatwohnungen vermehrt getrunken wurde. Dagegen, daß sich die Arbeiter zum Frühstück mit Kirsch, dem Nationalgetränk, vollaufen ließen, konnten die Vereine wenig tun.

Ein Nachtleben gab es in der Schweiz nicht, und Prostitution war sehr selten. Böse Zungen behaupteten, sie mache sich nicht bezahlt, weil die Konkurrenz der Töchter aus gutem Haus zu stark sei. Im Zusammenhang damit hörte ich eine amüsante Geschichte, die die besonders stumpfsinnige, asketische und kommerzielle Einstellung gewisser aristokratischer Kreise in Basel veranschaulichte. Ein junger

Mann aus sehr reicher und vornehmer Familie führte ein so langweiliges und lustloses Leben, daß einige seiner Freunde beschlossen, etwas dagegen zu tun, und ihn in einen Puff mitnahmen. Als sie sich anschließend neugierig nach seinen Eindrücken erkundigten, sagte er: »Die Empfindungen sind angenehm, die Bewegungen lächerlich und die Kosten beträchtlich.« Wenn diese Geschichte im Schweizer Dialekt erzählt wird, ist sie noch witziger und sehr typisch.

Ohne allzuviel über die theologischen Lehren des Calvinismus zu wissen, habe ich festgestellt, daß er im allgemeinen mit einem bedauerlichen Anflug von Heuchelei verbunden ist, was ungefähr das einzige ist, das meiner Meinung nach die ansonsten hervorragenden und bewundernswerten Eigenschaften ein wenig beeinträchtigt, die an den Schweizern im allgemeinen und an meinen Freunden im besonderen zu beobachten ich reichlich Gelegenheit hatte.

Politisch erschien die Schweiz als eine Oase der Ruhe und des Friedens, und anscheinend passierte überhaupt nichts. Ich bemerkte, daß in den Bundes- und Länderversammlungen verschiedene Parteien vertreten waren, aber für jemanden, der an die völlig verschiedenen und unversöhnlichen Programme der verschiedenen Parteien in Österreich und Deutschland gewöhnt war, war es schwer zu erkennen, in welcher Hinsicht sich die politischen Bewegungen in der Schweiz unterschieden. Wie in allen wohlhabenden Ländern waren die Kommunisten, die ein unverwechselbares politisches Credo hatten, von ihrer Anzahl und ihrem Einfluß her völlig unbedeutend, und die anderen Parteien schienen alle den gleichen gemäßigten Kurs zu verfolgen, sie waren vorsichtig progressiv und im Grunde konservativ.

Ich bewunderte die Stabilität der demokratischen Institutionen und die Achtung, die man ihnen entgegenbrachte, sehr. Während diese Institutionen in unserem Land stets das Ziel gutmütigen bis gehässigen Spotts waren, teils weil unser Volk sich daran gewöhnt hatte, die Regierung an sich als jämmerlichen und grotesken Fehlschlag zu betrachten, teils weil Elend und Enttäuschung nach dem Zusammenbruch von 1918 törichterweise den neuen Institutionen (statt den alten) angelastet wurden, wäre es in der Schweiz als sehr geschmacklos angesehen worden, die Regierung zu schmähen, nicht weil man glaubte, sie sei über jede Kritik erhaben, sondern weil jeder in den gewählten Vertretern seine eigene Würde als politischer Mensch symbolisiert sah. Und ich stellte mit Verwunderung fest, daß zum Beispiel Postbeamte als Diener der Öffentlichkeit handelten und sich auch so benahmen und nicht versuchten, ihre Kunden herumzukommandieren, wie ihre Kollegen in Deutschland das taten, die sich mit der heiligen und schrecklichen Autorität des Staates gesalbt fühlten.

Die Stadt Winterthur, die hübsch in dem Tal eines kleinen Nebenflusses des Rheins liegt, hatte zu jener Zeit ungefähr fünfundzwanzigtausend Einwohner. Gesellschaftlich und wirtschaftlich wurde sie weitgehend von zwei Familien beherrscht, den Sulzers und den Reinharts. Die Sulzers besaßen die bedeutendste Lokomotivenfabrik des Landes (vielleicht mit Ausnahme von Brown-Boveri in Baden, die Elektroloks herstellten), und verschickten die Produkte ihrer riesigen Werkstätten in die ganze Welt. Sie schienen an künstlerischen Dingen nicht interessiert zu sein, so daß ich nie ein Mitglied dieser Sippe kennenlernte.

Die Reinharts verdankten ihren Reichtum und ihre soziale Stellung dem Besitz des Geschäftshauses der Gebrüder Volkart, einer der größten Importfirmen des Kontinents. Das Wesen dieses Betriebes war für mich auf anziehende Weise geheimnisvoll, und ich verstand nie ganz, wie man damit reich, geschweige denn so reich werden konnte, denn das Vermögen der Reinharts war sagenhaft. Sie importierten alle Arten von Waren, hauptsächlich aus Indien, aber auch aus anderen Teilen Asiens, und vertrieben sie in ganz Europa und sogar in Amerika. Die Güter, die beim Verkauf diese enormen Erträge abwarfen, kamen mit Winterthur nie in Berührung, denn sie wurden über weit entfernte Häfen an ihre Bestimmungsorte transportiert. Das großartige neue Bürohaus, das die Reinharts in der Nähe des Winterthurer Bahnhofs errichtet hatten, enthielt lediglich Warenmuster. Was ich dort und in Werner Reinharts Wohnhaus sah, waren hauptsächlich seltene Gewürze, kostbare Hölzer und teuerste und herrlichste Textilien aller Art. Es gab indische Keramik, chinesische Vasen, Statuen und Gongs, Gemälde, Teppiche, Räucherwaren, Duftkerzen, javanische Musikinstrumente, balinesische Puppen, japanische Schriftrollen, exotische Farben, Devotionalien ferner Stämme und Berge von anderen Dingen dieser Art, sorgfältig klassifiziert und katalogisiert. Sie verliehen den Büroräumen und den Wohnhäusern eine seltsame Atmosphäre domestizierter Abenteuerlichkeit, denn die ganze exotische Wildheit und Irrationalität des Orients wurde in den sicheren, ruhigen und unveränderlichen Lebensstil dieser cleveren, weltgewandten und dennoch frommen und erzkonservativen Schweizer Superbourgeois hineintransponiert.

Die Familie Reinhart war in den Besitz der Firma gelangt, weil der alte Reinhart die Erbin des Unternehmens geheiratet hatte, das im neunzehnten Jahrhundert von einem gewissen Volkart gegründet worden war. Der alte Reinhart, der etliche Jahre, bevor ich nach Winterthur kam, gestorben war, wurde als eine Persönlichkeit von ungewöhnlicher Kraft, großem Charme und bemerkenswertem Weitblick beschrieben, und den vier Söhnen, die er hinterlassen hatte, machte der Schatten der Erinnerung an den großen Mann offenbar ziemlich zu schaffen. (Es gab auch eine Schwester, aber sie lebte anderswo und trat kaum in Erscheinung.) Die vier Söhne waren Georg, Oskar, Hans und Werner, und sie lebten alle in Winterthur. Georg war der einzige, der geheiratet hatte. Er war auch der »normalste« von den vieren, ein mittelmäßiger Geschäftsmann ohne besonders auffällige Interessen. In seiner Villa auf einem der Hügel, die die Stadt überragten, sammelte er privat Chinoiserien, aber ich glaube, er tat das hauptsächlich, weil der Familientradition gemäß irgendein kulturelles Interesse von ihm erwartet wurde und weil eine derartige Sammlung eine gute Reklame für sein Geschäft war. Georg war der eigentliche Chef der Firma und verbrachte den größten Teil seiner Zeit im Büro.

Oskar Reinhart war der extrovertierteste der Brüder und hatte die wenigsten Hemmungen, und er war vergnügungssüchtig und dabei nicht immer sehr wählerisch. Das Geschäft interessierte ihn nicht besonders, obgleich er formell damit zu tun hatte. Sein Hobby war das Sammeln von Gemälden, und dem widmete er sich mit großer Begeisterung und Sachkenntnis in größtmöglichem Maßstab. Auf einem der Hügel über der Stadt hatte er sich einen richtigen Palazzo gebaut, und dieses Haus beherbergte ein Museum, das der Stolz so mancher großstädtischen Einrichtung hätte sein können. Ich weiß nicht, wie viele Millionen an den Wänden dieses bürgerlichen Wohnsitzes hingen. Auf dem Kaminsims seines Schlafzimmers hatte Oskar Reinhart eine der ganz wenigen Zeichnungen von Matthias Grünewald stehen, ein Objekt von unschätzbarem Wert. Im Hauptsaal seines Museums stand eine wunderschöne Orgel, und im Untergeschoß befand sich ein Swimmingpool, der, so wurde in der Stadt geflüstert, dann und wann Schauplatz sogenannter gewagter Orgien war, was immer diese stumpfsinnigen Bürger darunter verstehen mochten. Er reiste weit und oft und hatte etwas Kosmopolitisches an sich, und wenn er daheim war, zeigte er sich angesichts der Engstirnigkeit seiner kleinstädtischen Umgebung ein wenig nachsichtig.

Der dritte Bruder, Hans, war ein Außenseiter, der sich für einen großen Dichter hielt. Er war ein melancholischer, grüblerischer Mensch und saß stundenlang schweigend da und kaute an seinen Fingernägeln. Wenn er sprach, waren seine Äußerungen oft wirr und meistens bedeutungslos. Er war nicht wirklich verrückt, so daß er im Alltag ohne merkliche Schwierigkeiten zurechtkam, aber er war offensichtlich »seltsam«, wie die Leute das nannten, indem sie aus Achtung vor dem Geld, das der Mann auszugeben hatte, einen stärkeren Ausdruck vermieden. Er war ein begeisterter Anhänger der Anthroposophie, dieser Mischung aus Pseudowissenschaft und Pseudoreligion, deren Sitz sich in Dornach bei Basel befand. Ihr Prophet, Rudolf Steiner, hatte eine eigenartige Begabung, insbesondere viele wohlhabende Schweizer für seine Bewegung zu interessieren, und das Geld floß nur so in die geistigen Gefäße, die der kluge Mann aufgestellt hatte. Mir fiel auf, daß die Schweiz ein fruchtbarer Boden für verschiedene derartige pseudoreligiöse Organismen war, und damals glaubte ich, das hätte etwas mit dem Alter der Nation und mit einer Art inzuchtbedingter Schwäche des geistigen Widerstandes zu tun. Da ich jetzt sehe, daß Amerika in einer ganz ähnlichen Situation ist, frage ich mich, ob nicht die Vorherrschaft der calvinistischen Denkweise dafür verantwortlich ist, daß die Menschen sich allen möglichen fragwürdigen Evangelien öffnen, weil sie Angst und Unsicherheit in bezug auf den eigentlichen Sinn des Lebens erzeugt. Aber das ist bloß eine Mußmaßung, so gut wie jede andere.

Hans Reinharts Dichtung war nicht ganz und gar schlecht. (Seine Übersetzung von Strawinskys, oder vielmehr Ramuz', *Geschichte vom Soldaten* ist durchaus akzeptabel.) Es war Stoff aus zweiter Hand, der mystisch sein sollte, in Wirklichkeit aber eher verworren als mystisch inspiriert war. Um ihm eine Freude zu machen, vertonte ich ein paar seiner Gedichte, aber später schämte ich mich dessen ein wenig, so daß ich, als er nicht abließ, mich wegen Kopien zu plagen, vorgab, ich hätte das Manuskript verloren.

Felix Petyrek, mein Studienkollege von der Wiener Musikakademie, von dem hier schon die Rede war, hatte weit weniger Skrupel im Umgang mit dem kauzigen Kerl. Hans Reinhart hatte eine Art mystisches Märchen geschrieben, aus dem er sehr gerne eine Oper machen lassen wollte, und irgendwie – ich weiß nicht, wie – setzte er sich mit Petyrek in Verbindung, um ihn für das Projekt zu interessieren. Der schlaue Bursche erkannte sofort die grandiose Gelegenheit, die sich ihm bot, und bekundete seine Begeisterung für die Idee, wandte aber ein, daß ein so tiefgründiges und einzigartiges Unternehmen viel Zeit und konzentrierte Arbeit verlangen würde. Er brachte es fertig, sich über Jahre hinweg von Hans Reinhart an verschiedene Orte einladen zu lassen, wo er angeblich hart an der Musik für das Stück arbeitete. Schließlich landete er, was er für seinen Meistertreffer hielt, und erklärte, daß er jetzt erst das Licht sehe, daß alle frühere Arbeit umsonst gewesen sei und daß er das erhabene Werk unmöglich vollenden könne, wenn Hans Reinhart ihm nicht im Salzburger Land ein Sommerhaus bauen ließe.

Natürlich gab der arme Narr Petyrek tatsächlich das Geld, und das Haus wurde nach seinen Plänen gebaut und als »Johanneshaus« bekannt, vermutlich nach dem Namen des Spenders. Doch aus irgendeinem Grund hielt Petyrek es für nötig, das Geld, das er bekommen hatte, für andere Zwecke auszugeben, und er dachte, er könnte es sich leisten, den beauftragten Firmen mitzuteilen, sie sollten die Rechnungen an Hans Reinhart schicken. Er muß die Geistesschwäche seines Gönners überschätzt haben, denn dieser hatte nicht vergessen, daß er bereits im voraus bezahlt hatte. Das war selbst Hans Reinhart zuviel, und so endete eine gute Freundschaft, und die Oper blieb unvollendet, soviel ich weiß. Als ich nach Winterthur kam, wohnte Hans bei Werner Reinhart. Später bekam er ein eigenes Haus, weil das Leben mit ihm wahrscheinlich zu anstrengend wurde.

Werner Reinhart, der zu jener Zeit mein Wohltäter war, bewohnte das Elternhaus, den sogenannten Rychenberg, eine schöne, altmodische Villa, die von mehreren Morgen wunderbar gepflegter alter Gartenanlagen umgeben war, unten im Tal, nicht weit vom Stadtzentrum entfernt. In der Firma hatte er die Stellung eines Direktors oder Vizepräsidenten oder einen ähnlichen Posten inne, und er erfüllte seine Pflichten dort peinlich genau, obgleich er sich viel Zeit zur Pflege seines Hobbys, der Musik, nahm, der er sich mit ebensolchem, wenn nicht sogar mit größerem Ernst widmete wie dem Geschäft.

Er war damals gerade vierzig, ein sehr gut aussehender, hochgewachsener Mann, dessen Gesicht Herzensgüte, Charakter und Sinn für Humor verriet. Ich empfand vom ersten Augenblick an eine sehr große persönliche Zuneigung für ihn, und später erhielt ich viele Beweise dafür, daß er dieses Gefühl erwiderte. Allerdings war er in Gefühlsangelegenheiten noch zurückhaltender, als die Schweizer es allgemein schon sind, so daß es nicht leicht war, ihm nahezukommen. Er war immer außerordentlich liebenswürdig, großzügig und umgänglich, aber er hatte auch etwas sehr Unnahbares, das schwer zu durchdringen und zuweilen wirklich ermüdend war. Ich fand bald heraus, daß er die treibende Kraft und die größte Stütze des Musiklebens in Winterthur war.

Dieses Leben ging fast ausschließlich vom Musikkollegium aus, einer Vereinigung von Bürgern, die das Städtische Orchester, eine Musikschule und einige kleinere musikalische Unternehmungen förderte. Dieser Verein war 1629 unter dem gleichen Namen von einigen Laien gegründet worden, die einmal in der Woche zum Musizieren zusammenkamen, und bestand seitdem, eine der ältesten musikalischen Organisationen in Europa. Zu meiner Zeit setzte sich das Orchester natürlich aus Berufsmusikern zusammen, und nur gelegentlich wurden einige fähige Amateure zur Verstärkung herangezogen. Einer von ihnen war Werner Reinhart, der recht gut Klarinette spielte, und es war rührend zu sehen, wie der große Mann bei solchen Anlässen auf das Orchesterpodium schlich, vor Verlegenheit über das ganze Gesicht errötend, und bescheiden seinen Platz als dritter Klarinettist einnahm, obgleich jeder wußte, daß er die ganze Veranstaltung bezahlte. Da sich der Konzertsaal im Rathaus im Laufe der Zeit als zu klein erwies, ließ Reinhart ihn 1929 zum dreihundertjährigen Jubiläum des Musikkollegiums vergrößern, wobei man sorgfältig darauf achtete, daß das Gebäude nicht verschandelt wurde, ein sehr schönes Beispiel der klassizistischen Baukunst des frühen neunzehnten Jahrhunderts, errichet von dem berühmten österreichischen Architekten Semper.

Das Orchester, das sich mit jedem Orchester der Metropolen Europas messen konnte, stand damals unter der Leitung von Hermann Scherchen, von dem ich bereits berichtet habe. Der rüpelhafte, rohe Proletarier aus Berlin schien in die kultivierte und exquisite und zugleich etwas verschlafene und extrem bürgerliche schweizerische Kleinstadtatmosphäre hineinzupassen wie der Elefant in den Porzellanladen. Es war recht erstaunlich, daß sich Werner Reinhart, der überkorrekte Gentleman, mit den Launen dieses ungehobelten Kerls abfand, der die Badezimmer mit Abfällen übersäte, die Möbel ruinierte, zu den Bediensteten grob und unhöflich war und in puncto Bedienung und Gage große Ansprüche hatte. Es stellte sich jedoch heraus, daß Reinhart, der Musik nicht beruflich ausübte, aber ein sehr guter Musikkenner mit großer Erfahrung, ausgezeichnetem Geschmack und fundierter Urteilsfähigkeit war, einen Berater hatte, einen Freund aus der Knabenzeit, auf dessen Urteil er sich blind verließ. Das war ein Dr. Ernst Wolff, von dem ich später ausführlich sprechen werde.

Dieser Dr. Wolff, der eine Zeitlang bei Schönberg studiert hatte, als dieser vor dem ersten großen Krieg in Berlin gelebt hatte, hatte Scherchen gekannt und empfohlen, und das genügte Reinhart, um zu dem Mann zu stehen, ganz gleich, wie unerfreulich das mitunter war. Im übrigen brauchte er die Wahl, was künstlerische Belange anging, nicht zu bereuen, denn Scherchen leistete nicht nur bei der Auswahl und Aufführung seiner Programme, sondern auch bei der Weiterbildung des Orchesters ausgezeichnete Arbeit. Er war intelligent genug, um zu erkennen, was diese Stellung für ihn bedeutete, so daß er sie, trotz aller stürmischen Phasen, die er in seiner Laufbahn durchmachte, bis zum heutigen Tag behalten hat.

Soweit ich mich erinnere, gab das Orchester in den Wintermonaten fast jede Woche ein Abonnementkonzert. Zusätzlich wurden an Sonntagnachmittagen volkstümliche Konzerte mit freiem Eintritt veranstaltet, weiterhin eine ansehnliche Reihe von Kammermusikabenden sowie eine Anzahl von Soloabenden und einige sogenannte Studiokonzerte, in denen das Orchester hauptsächlich zeitgenössische Werke spielte. Wenn man bedenkt, daß es außerdem noch die üblichen lokalen Veranstaltungen von Chören und ähnlichen Organisationen gab, kann man über die musikalische Vitalität und Aufnahmefähigkeit einer Stadt von fünfundzwanzigtausend Einwohnern nur staunen. Verglichen mit amerikanischen Verhältnissen nahm Winterthur etwa die gleiche Menge an musikalischen Darbietungen auf wie die Twin Cities* mit nahezu einer Million Einwohnern es tun, und manch eine noch größere amerikanische Stadt hat musikalisch sogar noch weniger zu bieten.

In den ersten Wochen meines Aufenthalts in Winterthur muß ich mein *Viertes Streichquartett* beendet haben, eine weitere Komposition, von der ich so gut wie nichts mehr weiß, außer daß sie sechs kurze Sätze hatte und einer davon von einer Schallplatte mit spanischer Volksmusik inspiriert war, die Reinhart mir während unseres ersten Besuches zu Weihnachten vorgespielt hatte, ein tänzerisches Stück mit erregend stürmischen Gitarren- oder Mandolinentremoli, die ich auf den Streichinstrumenten zu imitieren suchte.

Im zweiten Stück, das ich gleich darauf begonnen haben muß, meinem *Zweiten Concerto grosso*, op. 25, zeichnet sich eine neue Tendenz in meinem Komponieren ab. Später, als die Partitur veröffentlicht wurde, versah ich sie mit einer zweisprachigen Widmung, »Hommage an meine Freunde in der Schweiz«. Ich weiß nicht genau, ob es damals war, daß ich zum erstenmal Strawinskys *Pulcinella Suite* hörte, das erste einer langen Reihe von Werken in Verkleidung sozusagen, die dieser eigenartige Komponist seither hervorgebracht hat. Ich war von dem klar konturierten, irgendwie stählernen, polierten, glitzernden und stromlinienförmigen Charakter dieser ansprechenden Paraphrase der lebhaften und schelmischen Melodien Pergolesis sehr beeindruckt. Offenbar war ich durchaus zu einer Neuorientierung bereit, sonst hätte ich meine neuen Lebensumstände nicht so begeistert angenommen. Ich fühlte mich immer mehr von einem musikalischen Ideal angezogen, das dem überschwenglichen, zügellosen, leidenschaftlichen und scheinbar schwerfälligen expressionistischen Stil eher entgegengesetzt war.

Wie viele andere Komponisten dieser Zeit – Paul Hindemith zum Beispiel – erwartete ich, einen neuen Ansatz zu finden, indem ich mich den Textur- und Strukturformen des Orchesterstils des siebzehnten und frühen achtzehnten Jahrhunderts annäherte. Das Stück, das ich schrieb, ist eine meiner erfolgreicheren Kompositionen im

* Minneapolis und St. Paul

»modernen« Stil geworden. Es war für drei Soloinstrumente – Violine, Viola und Cello – und ein mittelgroßes Orchester, in dem die Streicher, den alten Vorbildern entsprechend, abwechselnd als »tutti« oder als »ripieno« behandelt wurden, wobei letzteres bedeutet, daß eine kleinere Gruppe die Soloinstrumente begleitet. Das Stück hatte, glaube ich, fünf Sätze, und der erste und der letzte waren den entsprechenden Sätzen der *Brandenburgischen Konzerte* nachgebildet. Einer der Mittelsätze enthielt Abschnitte wie Sarabande und Menuett. Das Idiom ähnelte noch sehr dem meiner früheren atonalen Werke, und einer der langsamen Sätze hatte einen überwältigenden Höhepunkt, der an ähnliche Passagen in meinen Symphonien erinnerte. Das Stück hatte jedoch etwas von einer neuen Stimmung, etwas »Praktisches«, das dem Gedanken der »Gebrauchsmusik« verwandt war, für die sich Hindemith und andere damals mit ihren Kompositionen einzusetzen begannen.

Im übrigen war mein Leben in Winterthur ziemlich einsam, wenn man von den Essen und anderen gesellschaftlichen Ereignissen im Hause Reinhart absieht, die gewöhnlich in Zusammenhang mit den Abonnementkonzerten stattfanden. Ich erinnere mich nicht, welche Leute ich bei solchen Gelegenheiten kennenlernte, aber es ist sehr wahrscheinlich, daß es dieselben waren, mit denen ich später in Zürich näheren Kontakt hatte, so daß ich noch auf sie zurückkommen werde. Nach den Konzerten begaben wir uns gewöhnlich in das Gebäude des Musikkollegiums, wo die ortsansässigen Mitglieder die Gelegenheit hatten, die Künstler kennenzulernen. Es war ganz offensichtlich, daß diese braven Bürger und treuen Musikliebhaber ein weit niedrigeres intellektuelles und künstlerisches Niveau hatten als Werner Reinhart, so daß diese Zusammenkünfte nicht sehr anregend waren. Es herrschte aber stets eine sehr erfrischende Atmosphäre von Aufrichtigkeit, Herzlichkeit und echtem guten Willen, die durch den großzügigen Ausschank von gutem Schweizer Wein gefördert wurde, und das war nach dem hektischen Snobismus Berlins und den zynischen Ausschweifungen des Mahler-Zirkusses recht angenehm.

Was Werner Reinharts Privatleben betraf, so war es ein offenes Geheimnis, daß er eine Liebesaffäre mit der australischen Geigerin Alma Moodie hatte. Ihr offizieller Wohnort war Berlin, aber wann immer die Reiseroute dieser sehr erfolgreichen Solistin es zuließ, machte sie in Winterthur Halt und wohnte bei Werner Reinhart. Mir wurde nie ganz klar, warum die beiden nicht heirateten, denn beide schienen das zu wollen, jeder auf seine Art. Doch gleichzeitig hatten beide abwechselnd Hemmungen, einen solchen Schritt zu unternehmen – soweit ich sehen konnte –, und so wurde nichts daraus.

Alma Moodie war eigentlich im üblichen Sinne nicht attraktiv, vielleicht nicht einmal auf besondere Weise. Aber sie war mit Sicherheit eine große Künstlerin und besaß außerordentliche Vitalität, Lebhaftigkeit und einen leicht geheimnisvollen, fast exotischen Charme. Sie war in Brisbane, Australien, geboren und, wie mir scheint, irischer Abstammung – sie war katholisch –, war in Belgien aufgewachsen und hatte in Berlin studiert, so daß sie Englisch, Französisch und Deutsch nahezu gleichermaßen perfekt sprach. Was ich später über ihr Leben herausfand, deutete darauf hin, daß sie wohl ein wenig zögerte, sich in dem goldenen Käfig des Rychenbergs halb gefangennehmen zu lassen, selbst wenn Reinhart einverstanden gewesen wäre, daß sie ihre Karriere weiterverfolgte. Andererseits mochte der Schweizer Patrizier, der mit tausend Banden gesellschaftlicher und familiärer Tradition an einen bestimmten Lebensstil gefesselt war, letztendlich den Gedanken gescheut haben, für den Rest seines Lebens den seltsamen Vogel bewachen zu müssen. Jedenfalls war Alma Moodie damals eine sehr einflußreiche Persönlichkeit auf dem Rychenberg, so wie sonst nur noch Dr. Wolff, der Freund, der volles Vertrauen genoß.

Bald sickerte durch – vielleicht bekam ich von Alma einen Wink –, daß Werner Reinhart bei seiner großzügigen Einladung in die Schweiz den Hintergedanken gehabt hatte, daß ich enger mit diesem Dr. Wolff verkehren solle. Reinhart sagte kein einziges Wort in dieser Richtung; das wäre ganz gegen seine Art gewesen, hätte wahrscheinlich ein derart tiefes Erröten erforderlich gemacht, daß selbst er es nicht zustande gebracht hätte. Es scheint aber, daß Wolff, der kam, um sich mein Klavierkonzert anzuhören, etwas über meine bemerkenswerte Begabung gesagt hatte, aber auch, daß ich in den höheren Finessen der Kunst etwas mehr Übung brauche. Es war nie davon die Rede, daß ich bei Dr. Wolff ein formelles Studium aufnehmen sollte, doch es wurde stillschweigend von mir erwartet, daß ich häufig mit ihm zusammenkam, um von seiner Klugheit zu profitieren. Zuerst gefiel mir der Gedanke gar nicht, denn ich glaubte, weit über das Stadium hinaus zu sein, in dem jemand mir etwas beibringen konnte, und schon gar nicht irgendein obskurer, provinzieller Schweizer, der keine allgemein bekannten Werke vorzuweisen hatte. Allerdings meinte ich, mich den Wünschen meines Gönners fügen zu müssen, und besuchte Wolff, der damals in Küsnacht wohnte, etwa fünfzehn Kilometer von Zürich entfernt, am oberen Seeufer.

Es freut mich zu sagen, daß mein Kontakt mit ihm höchst interessant und angenehm wurde, auch wenn ich nicht glaube, daß ich in der Kompositionstechnik viel von ihm lernte. Dr. Wolff war ein sehr eigenartiger und unterhaltsamer Mensch. Er war zufällig in Rumänien geboren und aufgewachsen, da sein Vater dort geschäftlich zu tun gehabt hatte. Doch er war ein waschechter Schweizer und sehr stolz darauf, und noch stolzer war er auf die aristokratische Tradition seiner Familie. Als ich in seinem Haus ein schön gestaltetes Wappen sah und bemerkte, daß ich es schön fände, erwiderte er: »Mich interessiert nicht, ob es schön ist. Es ist alt, und das ist die Hauptsache.« Diese beiläufige Äußerung verblüffte mich, weil ich nie zuvor gehört hatte, daß jemand so unverblümt das gesamte Gewicht allein auf den Faktor der verstrichenen Zeit legte, und ich mußte bei vielen späteren Gelegenheiten an diesen kleinen Vorfall denken.

Ganz anders als die meisten anderen Schweizer, die ich gekannt habe, war Wolff außergewöhnlich lebhaft und besaß ein quecksilbriges Temperament. Der große, korpulente, rotwangige Mann sprach in atemberaubendem Tempo, wobei er sich einer sehr ausgefeilten, farbigen und originellen Diktion bediente, sei es im Schwyzerdütschen, im Hochdeutschen oder im Französischen. Er hatte einen perfekt geschulten philosophischen Verstand und konnte in höchst verwickeltem Philosophenjargon stundenlang fließend sprechen. Zugleich besaß er einen wunderbaren Sinn für Humor und konnte die lustigsten Geschichten erzählen und sie auch mit größtem Vergnügen anhören. Seine Haltung bestand in einer weisen und übermütigen Distanz zur Verrücktheit dieser Welt, die er von einem Standpunkt der inneren Sicherheit und nahezu Arroganz aus betrachtete, welchen er sich auf der Basis seiner aristokratischen Prinzipien erarbeitet hatte. Er lebte mit seiner Frau und drei Kindern von den bescheidenen, aber ausreichenden Zinsen, die das Vermögen seines Vaters abwarf, ohne etwas anderes zu tun, als seinen musikalischen Studien nachzugehen. Er betrieb sie in einem Arbeitszimmer, das er ein paar Straßen von seinem Haus entfernt gemietet hatte, und pflegte dieses für einige Stunden täglich aufzusuchen, so als ginge er in ein Büro.

Leider war ich nicht imstande, die wahre Natur dieser Studien zu verstehen, obgleich ich so manche Stunde damit verbrachte, seinem sturzbachartigen Diskurs zu lauschen. Er hatte nur sehr wenige Kompositionen vollendet, wenngleich er damals vierzig oder älter gewesen sein muß, und er wollte mir nie etwas davon zeigen, weil er sie unzulänglich und unwichtig fand. Das einzige Stück von ihm, das ich je kennenlernte, war eine kurze Ouvertüre, die Scherchen bei einem der Musikfeste in Frankfurt dirigierte. Es war ein etwas gestautes und hochexplosives Stück, das an seine Art zu sprechen erinnerte, nicht besonders charakteristisch – dafür war es viel zu kurz –, aber es ließ eine ungewöhnliche Persönlichkeit erkennen, die um Selbstausdruck rang. Aber allem Anschein nach war es ein frühes Werk, dem Wolff keinerlei Bedeutung beimaß. Seither verbrachte er täglich viele Stunden mit der Komposition von Stücken, die er Übungen nannte, und er zeigte mir viele davon. Ich bin nicht in der Lage zu erklären, worum es dabei ging oder was letztendlich der Zweck dieser Arbeit war. Die meisten dieser »Übungen« klangen schwungvoll und launig wie eine Art Beethoven-Skizze, seltsam verkürzt und mit »falschen« Tönen gewürzt.

Das beherrschende Thema von Wolffs Diskurs war das »Intervall«, das, wenn man ihm glauben sollte, der eine und einzige Schlüssel zum Geheimnis der Musik war, und bisher hatte niemand sein wahres Wesen verstanden. Viel später legte er seine Theorie in einem Buch von ehrfurchtgebietender philosophischer Kompliziertheit nieder, bei dessen Veröffentlichung ich ihm half. Ich weiß nicht, ob ich sie zu jener Zeit viel besser verstand. Sein Buch legte jedoch einen weiteren Gedanken dar, der mir sehr zusagte, und zwar das Konzept der Autonomie der Musik. Von Wolffs Beharrlichkeit herausgefordert, skizzierte ich im weiteren Verlauf des Jahres ein Musikstück, in dem ich angewandt zu haben glaubte, was immer ich von seinen Ideen zu begreifen schien. Als ich es Erdmann zeigte (der von Wolffs Theorien nichts wußte), sagte er, es schiene ihm viel sorgfältiger komponiert zu sein als die meisten meiner früheren Werke, zugleich aber etwas pedantisch und weniger spontan. Ich glaube, daß er recht hatte, und ich vollendete das Stück nie.

Nach einiger Zeit ließ Wolffs Eifer, mich zu bekehren, nach, und unser Verhältnis wurde weniger anstrengend, zumal er mich als das akzeptierte, was ich war. Eine wunderbare Freundschaft entwickelte sich zwischen uns. Ich versäumte nie, ihn zu besuchen, wenn ich in die Schweiz kam, und wir verbrachten manch einen Abend mit ebenso lustigen wie aufschlußreichen Gesprächen und ausgezeichnetem Wein. Ernst Wolff ist einer jener Menschen, die ich sehr gerne wiedersehen würde. Ich glaube sogar, daß fast alle Europäer, denen ich wiederbegegnen möchte, Schweizer sind oder in der Schweiz leben. An den übrigen liegt mir nicht viel.

Als Wolff mir sein Wappen zeigte, wies er mit Stolz darauf hin, daß es seinen Vorfahren noch vom Kaiser verliehen worden war. Damit wollte er nur die Würde und die uralte Herkunft dieses Emblems betonen, denn nach der Trennung der Schweiz vom Reich wäre etwas derartiges nicht mehr geschehen. Wolffs republikanische Einstellung war über jeden Zweifel erhaben. Reinhart hatte jedoch ein paar deutsche Freunde, die ihn manchmal besuchten, und diese vertraten, was Deutschland betraf, stark monarchistische Ansichten. Zugleich betonten sie aber ihre Sympathie für und ihre Verwandtschaft mit den deutschsprachigen Schweizern, da sie zum gleichen germanischen Stamm, den Alemannen, gehörten. Diese Freunde, die aus Freiburg in Südbaden kamen, das etwa fünfzig Kilometer nördlich von Basel liegt, waren in der Hauptsache ein Dichter, Hermann Burte, und ein Maler, Carl von Freyhold. Südbaden war in der Tat von einem Zweig der Alemannen bewohnt, der einen Großteil der deutschschweizerischen Bevölkerung ausmachte, die allerdings durch starke keltische Einflüsse gekennzeichnet war. Ich glaube, Caesars *De bello Gallico* gibt eine detaillierte Darstellung dieser Rassenverhältnisse.

Burte machte aus seinen deutschnationalen Gefühlen und aus seiner Sympathie für eine starke deutsche Monarchie kein Hehl. Aber er und seine Landsleute betonten stets, daß sie infolge ihrer engen Verbindung mit dem Elsaß und der französischen Kultur jenseits der Vogesen ganz besondere Deutsche seien. Sie wollten sich nicht von den neuen preußischen Emporkömmlingen, die versuchten, alles von Berlin aus zu lenken, herumkommandieren lassen. Für diese kultivierten Männer aus dem Südwesten war Berlin eine Barbarensiedlung in der nordischen Wüste. Burte war ein riesiger, massiger Kerl. Seine Dichtung, zum großen Teil im alemannischem Dialekt geschrieben, war voll zarter und starker Gefühle, wenngleich etwas brutal. Da ich damals ein überzeugter Republikaner war und meine politischen Ansichten auf die Revolution von 1918 stützte, mochte ich diese Burschen überhaupt nicht und mißbilligte Reinharts Verbindung zu ihnen. Später meinte ich, sie etwas besser zu verstehen. Ich fürchte aber, daß sie schließlich Nazis wurden (obgleich ich nichts darüber weiß) und inzwischen sehr enttäuscht sein müssen.

Nach vier Wochen fuhr ich zu Amiet in der Nähe von Herzogenbuchsee im Kanton Bern, um Anna nach Zürich zu holen. Ich verbrachte ein oder zwei Tage auf dem bauernhofähnlichen Besitz des Malers und fand ihn genauso langweilig wie seinen Herrn. Aber es war Winter, kalt und neblig, und ich war vielleicht nicht in der Stimmung, um die Umgebung richtig einschätzen zu können. Vor unserer Rückkehr in den Norden fuhren wir nach Bern, denn ich wollte Professor Ernst Kurth, den Wiener Musikwissenschaftler, besuchen, dessen Buch über den linearen Kontrapunkt mich so stark beeindruckt hatte. Die Bundeshauptstadt liegt imponierend auf einem hohen Steilufer in einer Krümmung der Aare, vor dem gewaltigen Hintergrund der Berner Alpen, die hinter einigen niedrigen Ausläufern aus der Ebene jäh auf etwa fünftausend Meter ansteigen; die enormen Eismassen, die von den Gipfeln herabströmen, lassen sie noch gigantischer erscheinen. Der Ausblick von der Terrasse des Bundeshauses, des Schweizer Capitols, ist zu Recht als einer der spektakulärsten Europas bekannt. Die Stadt Bern mit ihren mittelalterlichen Toren und Türmen und der alten Kathedrale ist malerisch und anziehend, wenngleich vielleicht ein wenig zu gewollt pittoresk, wie das Meisterwerk eines Zuckerbäckers. Was sie noch merkwürdiger macht, ist die Tatsache, daß die verschlafene, mittelgroße Stadt durch die eigentümliche Stellung der Schweiz insbesondere im Ersten Weltkrieg ein Zentrum der Weltpolitik geworden ist. Da sie sehr nah an der Grenze zwischen deutschem und französischem Territorium liegt und auch infolge der internationalen Verbindungen sind die Berner es gewohnt, ihre Sprachen auf abenteuerliche Art und Weise zu vermischen.

Es stellte sich heraus, daß Dr. Kurth, der an der Berner Universität lehrte, in Spiez am Thunersee wohnte, dreißig Kilometer westlich der Stadt, am Fuß jener gigantischen Berge. Wir fuhren für einen Tag dorthin, aber ich war sowohl von dem Ort enttäuscht, da man die Berge wegen einer Wolkendecke nicht sehen konnte, als auch von dem Professor, weil er nicht der Prophet eines neuen musikalischen Evangeliums war, für den ich ihn gehalten hatte. Die Tatsache, daß seine Ideen eine revolutionäre Wende im Denken einiger zeitgenössischer Komponisten herbeigeführt oder zumindest gefördert hatte, erschien ihm nicht sehr positiv, denn er war nicht der Meinung, daß man seine präzise Bach-Analyse auf andere Probleme anwenden sollte als die, die ihr ursprünglicher Gegenstand bot. Er schwärmte von den musikalischen Großtaten eines August Halm, eines Musikpädagogen, der in Wickersdorf, einer Art fortschrittlicher Knabenschule in Deutschland, tätig war, und gewissenhafte, aber keineswegs originelle und ziemlich mittelmäßige Musik im Bachstil komponierte.

Nach diesem Besuch kehrten wir nach Zürich zurück und mieteten uns in der Pension Rittershaus ein, in der Nähe einer der Schluchten am Abhang des Zürichbergs. Die Stadt Zürich war damals die weltoffenste von allen Schweizer Städten. Wie die meisten anderen auch ist sie wunderbar gelegen, am unteren Ende des langen, relativ schmalen Zürichsees, der sich von den Ausläufern der Alpen bis in die Rheinebene erstreckt. Er ist von sanft welligem Hügelland umgeben, und das Seeufer ist dicht bevölkert, besonders in der Nähe der Stadt. Abends war der Anblick der Abertausenden von Lichtern, die die Berge bedeckten und das dunkle Wasser säumten, wirklich zauberhaft. Das alte Viertel der Stadt, mit vielen malerischen Häusern, engen Gäßchen und überwölbten Durchgängen, liegt an der Limmat, die den Abfluß des Sees bildet. Die Wohnviertel liegen vor allem auf dem recht hohen Nordhang des Zürichbergs, von dem aus man einen herrlichen Blick über die Stadt, den See und die hohen Berge im Süden hat. Weitere Wohngegenden erstrecken sich am

Südufer des Sees, der sogenannten Enge, entlang; dort liegt auch die berühmte Villa der Wesendoncks, in der Wagner den *Tristan* schrieb. Die Hauptstraße ist die Bahnhofstraße, mit vielen eleganten und teuren Geschäften und einem der besten Restaurants mit einer der vorzüglichsten Konditoreien der Welt, Huguenin.

Die Pension Rittershaus war mittelmäßig elegant und wurde hauptsächlich von Intellektuellen mit bescheidenen Mitteln bewohnt, die den Wunsch nach einer respektablen Adresse hatten. Wir hatten dort zwei winzige Zimmer mit einer recht hübschen Aussicht. Das Essen war mittelmäßig und die Gesellschaft ziemlich langweilig, aber im Vergleich zu dem, was wir von früher her gewohnt waren, waren die Verhältnisse recht angenehm und akzeptabel.

Bald nahm ich mit Schweizer Musikern Verbindung auf und merkte, daß das eine etwas heikle Angelegenheit war. Zweifellos gab es in diesem Land viele echte und originelle Begabungen, aber wegen seiner geringen Größe und des berechtigten Nationalstolzes seiner Einwohner hatten diese Musiker es ziemlich schwer, die Anerkennung zu finden, die sie sich wünschten. Der enge Raum, auf dem sie lebten, bot natürlich nur eine sehr beschränkte Anzahl von Erwerbsmöglichkeiten, und das war der Grund, warum die Schweizer Musiker, wie übrigens auch die Angehörigen aller anderen Berufe, angesichts der Fremden, die seit dem Ersten Weltkrieg in diese Oase des Friedens und des Wohlstands hineindrängten, einige Befürchtungen hatten. Ich bin immer der Meinung gewesen, daß die Musik Schweizer Komponisten im Ausland nicht so gewürdigt wird, wie sie es verdient hätte, aus Gründen, die sich leider irgendwie gegenseitig verstärkt haben. Im allgemeinen hat das Ausland ein verzerrtes Bild von der Schweiz, es hält sie für ein Land, das von Kuhhirten, Jodlern, Bergführern und Kellnern bewohnt ist, und runzelt daher ungläubig die Stirn, wenn jemand von Schweizer Musik spricht. Die Schweizer sind in diesem Punkt sehr empfindlich und befangen, und das mit Recht. Die Folge ist, daß Schweizer Künstler, wenn sie nicht emigrieren und in Paris leben, wie insbesondere einige Maler und Bildhauer es getan haben, etwas introspektiv werden, was praktisch provinziell bedeutet, und das wiederum trägt dazu bei, die im Ausland bereits bestehenden Vorurteile zu verstärken. Unter solchen Umständen ist es für einen ausländischen Künstler nicht leicht, die richtige Art von Beziehung zu seinen Schweizer Kollegen zu finden. Es freut mich, sagen zu können, daß es mir gelungen ist, zu allen Schweizer Musikern, die ich gekannt habe, sehr erfreuliche Beziehungen zu unterhalten, was ich weniger einer bestimmten Taktik zuschreibe als vielmehr meiner echten Sympathie und meinem guten Willen.

Der prominenteste Schweizer Komponist, den ich kennenlernte, ist einer meiner sehr guten Freunde geworden. Es ist Othmar Schoeck, ein Komponist mit wahrhaft großer Begabung und Schöpfer vieler inspirierter und bemerkenswerter Werke. Er stammte aus dem Kanton Schwyz, dem ursprünglichsten der vier ursprünglichen Kantone und der Wiege des Bundes. Er war ein vergnügter, freundlicher Mensch und leidenschaftlich den guten Dingen des Lebens, Frauen, Essen und Trinken, ergeben. Als ich ihn kennenlernte, war er Junggeselle und hatte sich eine Art nationalen Ruhm als Herzensbrecher erworben. Sein Hauptquartier waren die Kronenhalle, ein Restaurant in der Nähe der Bellevuebrücke, oder der Gasthof Zum Pfauen, ein paar Straßen weiter bergauf, eine Art Anbau an das Zürcher Schauspielhaus. Dort verbrachten wir so manchen Abend mit Gesprächen über Musik, Kunst (er betätigte sich nebenbei recht erfolgreich als Maler) und Literatur, in der er sich vorzüglich auskannte, und aus Protest gegen die Mitternachtssperre, die der Temperenzlerbund über Zürich verhängt hatte, zogen wir uns gewöhnlich mit mehreren Flaschen Wein in Schoecks Wohnung am Zeltweg zurück, um das Symposium fortzusetzen, und während er am Klavier wunderschön Straußwalzer spielte, dösten wir in die frühen Morgenstunden hinein.

Zu jener Zeit wurde Schoeck langsam zu einer Art Nationaldenkmal, vor allem wegen seiner Lieder, von denen er eine sehr große Anzahl geschrieben hatte, bis dahin hauptsächlich im Stil Hugo Wolfs, den er über alles verehrte. Doch obgleich er ein eingefleischter Romantiker war, hatte alles, was er schrieb, einen sehr persönlichen Klang, der mich sehr ansprach. Ich erinnere mich, daß ich Jahre zuvor in Wien ein Lied von Schoeck gehört hatte, das einen unvergeßlichen Eindruck auf mich gemacht hatte. Er war ein profunder Kenner der romantischen Literatur, wobei seine Lieblinge Dichter wie Kleist, Eichendorff und Lenau waren und vor allem der wirklich überragende Schweizer Genius Gottfried Keller. Es war eine glückliche Fügung, daß auch ich Keller sehr gern mochte, sowohl seine Schriften als auch seine Persönlichkeit. Dieser Dichter des späten neunzehnten Jahrhunderts, der im Kanton Zürich das Amt eines Stadtschreibers innehatte, muß so typisch schweizerisch gewesen sein wie nur irgendwer.

Man erzählt sich die Geschichte, daß er mit einem Freund stundenlang in einer Zürcher Schenke zu sitzen und seinen Wein zu schlürfen pflegte, ohne ein einziges Wort zu sprechen. Kellers Freund hatte seinerseits einen Freund, der den großen Mann unbedingt kennenlernen wollte, und Keller stimmte nach einigen Verhandlungen zögernd zu, sich den Fremden vorstellen zu lassen. Der Mann kam und sagte guten Abend, woraufhin die gewohnte Stille herrschte. Nach einiger Zeit ging der Eindringling, ein wenig verlegen, und Keller sagte nur: »Geschwätziger Dummkopf, nicht wahr?« und wieder kehrte zufriedenes Schweigen ein.

Jedenfalls hat Keller nicht nur viele ausdrucksstarke und großartige Gedichte geschaffen, sondern auch wahre Wunderwerke deutscher Prosa, insbesondere die Novellensammlung *Die Leute von Seldwyla*, die in der rauhen und etwas anstrengenden Sprache der Schweizer geschrieben ist und manchmal eine vernichtende Ironie aufweist. (Es ist der besondere Reiz deutsch-schweizerischer Schriftsteller, daß sie ein vollständig ausgeprägtes Sprachgefühl haben und dennoch so sorgfältig und behutsam mit der Sprache umgehen, als wäre sie eine Fremdsprache.) Wie dem auch sei, meine Liebe zu Gottfried Keller war ein sehr wichtiger Faktor für die Entwicklung von Verständnis und Freundschaft zwischen Schoeck und mir.

Besonders interessierte sich Schoeck, ein wenig in der Art eines Heranwachsenden, für die erotischen Aspekte von Literatur, und er suchte beständig nach neuem und wirkungsvollem Material für entsprechende Kompositionen. Neben anderen Projekten beschäftigte er sich damit, aus Kleists Tragödie *Penthesilea* eine Oper zu machen, und dieses ehrgeizige Projekt markierte in gewisser Weise einen Wendepunkt in seinem Kompositionsstil, und zwar insofern, als er sich bemühte, weniger traditionelle Elemente in sein romantisches Idiom aufzunehmen. Auch wenn zwischen unseren musikalischen Denkweisen Welten lagen, habe ich ihn immer sehr gemocht, und ich glaube, daß auch er mir große Sympathie entgegenbrachte.

Einige Zeit vorher war Schoeck zum Dirigenten des Städtischen Orchesters von St. Gallen bestellt worden, einer recht reizvollen Stadt und Hauptstadt des gleichnamigen Kantons, ungefähr zwei Stunden Bahnfahrt nordöstlich von Zürich. Schoeck fuhr etwa jede zweite Woche dorthin, um die Abonnementkonzerte zu dirigieren. Als ich ihn kennenlernte, war er im Begriff, die Aufführung eines seiner Lieblingsstücke, der Oper *Corregidor* von Hugo Wolf, am St. Gallener Schauspielhaus vorzubereiten. Da Österreich damals gerade von der Inflationskrankheit befallen worden war, war es leicht für ihn, erstklassige Sänger von der Wiener Oper zu bekommen. Er lud mich ein, der Aufführung des reizenden, aber vollkommen undramatischen Werkes beizuwohnen, das zu den Stücken gehört, die professionellen Musikern und Kennern stets sehr am Herzen liegen, beim Publikum aber wegen eines sonderbaren Mangels an Bühnenwirksamkeit nicht ankommen. Ich verbrachte etliche angenehme Stunden in dem Haus, in dem Schoeck während seiner Aufenthalte in St. Gallen zu Gast war, bei wohlhabenden Bürgern namens Gsell, die zwei oder drei sehr attraktive Töchter hatten. Eine von ihnen war in das Schweizer Musikidol ganz verschossen, so sehr, daß sie später den Wunsch äußerte, ein

Kind von ihm zu haben, ohne von ihm zu erwarten, daß er sie heirate, weil sie meinte, daß er daran kein Interesse habe. Wie ich hörte, stimmte er ihr völlig zu und tat ihr mit Vergnügen den Gefallen.

Selbst abgesehen von solch recht außergewöhnlicher Gunst war die Arbeit in St. Gallen ein sehr glücklicher Umstand für Schoeck, denn sie bot ihm die Möglichkeit zu praktischer Betätigung, wie sie meiner Meinung nach jeder schöpferische Mensch braucht. Das St. Gallener Orchester, finanziell nicht so glänzend unterstützt wie das von Winterthur, war natürlich ein wenig zweitklassig, in der Größe begrenzt und nicht in der Lage, Spitzenmusiker zu beschäftigen. Aber es war mehr als gut genug, um die Standardwerke aufzuführen und sogar gelegentlich anspruchsvollere Aufgaben in Angriff zu nehmen, wenn es durch Mitglieder der großartigen deutschen Militärkapelle aus dem nur wenige Kilometer entfernten Konstanz verstärkt wurde. Nichtsdestoweniger behaupteten Schoecks übereifrige Freunde beharrlich, daß er eine bedeutendere Stellung verdiene, wie zum Beispiel die des Dirigenten des Zürcher Symphonieorchesters, denn sie waren überzeugt, daß der größte Schweizer Komponist notwendigerweise auch der beste Dirigent, eigentlich der Beste überhaupt, sei. Dem war natürlich nicht so, denn Schoeck war gewiß ein hervorragender Musiker, aber er war eigentlich kein Dirigent. Das bedeutet nicht, daß er mit seinem zweitrangigen Orchester nicht gelegentlich Aufführungen zustandebrachte, die in ihrem Geist solchen von berühmten Orchestern weit überlegen waren.

Ich erinnere mich noch, daß seine Darbietung eines so schwierigen und ungewöhnlichen Stücks wie meiner *Fragmente aus Karl V.* im Jahre 1936, überraschend temperamentvoll und lebendig war, verglichen mit einer etwas pedantischen und gekünstelten Aufführung des gleichen Werks durch das Winterthurer Orchester unter der Leitung des alten Schlachtrosses Hermann Scherchen. Aber in St. Gallen war das möglich, weil Schoeck es sich dort als Komponist – nicht als Dirigent – leisten konnte, sich plötzlich durch eine herausfordernde Aufgabe, die seine Phantasie entzündete, inspirieren zu lassen und vielleicht am gleichen Abend eine ganz einfache Haydn-Symphonie total zu ruinieren, weil sie ihn im Moment nicht interessierte. In Zürich hätte er andauernd im Rampenlicht der Öffentlichkeit gestanden und wäre von eifrigen Konkurrenten beobachtet worden, und dort hätte er seinen Ruf als Dirigent bestimmt sehr schnell verloren. Wie dem auch sei, die Propaganda seiner kurzsichtigen Freunde genügte, um zwischen ihm und dem Leiter des Zürcher Symphonieorchesters, Volkmar Andreae, eine leicht gespannte Atmosphäre zu erzeugen.

Andreae war ein Mann von etwa fünfzig Jahren und ganz anderer Wesensart, ein typischer Gschaftlhuber, ein »konstruktives Element«

und ein nützlicher Bürger, Präsident so mancher Vereinigung zur Förderung von diesem oder jenem (darunter des Zürcher Konservatoriums), Oberstleutnant der Schweizer Armee, wahrscheinlich sehr gut im Kegeln, Fischen, Jagen und dergleichen männlichen Fertigkeiten. Auch er war Komponist, und er produzierte eine stattliche Anzahl von Routinekompositionen im Stil von Richard Strauss. Sein Dirigieren war ebenfalls Routinearbeit, geschäftsmäßig und stets ordentlich, aber ohne jede Spur von schöpferischer Kraft. Doch er war in erster Linie Politiker, und das ist es, was diese Welt anscheinend auf solchen Positionen wie der seinigen haben wollte. Obgleich mir dieser Menschentyp als Kategorie gründlich mißfällt, empfand ich eine gewisse Zuneigung für Andreae als Individuum, zumal mich die lokalen Angelegenheiten, mit denen er sich größtenteils beschäftigte, nichts angingen, und als Person war er so nett, wie solche Leute es normalerweise und von Berufs wegen sind.

Andreae hatte ein sehr schönes Haus an der Enge, nicht weit von der Wesendonck-Villa entfernt, und dort hatte er einen Brauch eingeführt, der viel zu verlockend war, als daß man weltlicher Verwicklungen wegen hätte wählerisch sein dürfen. Einmal in der Woche gab es dort ein Mittagessen, bei dem mehr oder weniger jeder willkommen war, der dazukam. Es bestand aus einer Orgie aus allen möglichen Arten von gekochten und gegrillten Würsten, und in der Schweiz gibt es viele Arten davon, die alle vorzüglich sind. Dieses Mahl wurde von einem reichhaltigen Angebot an wunderbarem Wein aus Neuchâtel, der einer meiner Schweizer Lieblingsweine geworden ist, gekrönt; seine Position wurde ihm nur von den fabelhaften Rebsäften aus dem Kanton Wallis streitig gemacht. Die Weißweine von Neuchâtel gehören zu einer Sorte, die die Schweizer »Sternliwy« nennen. Das ist ein Wein, der leicht und natürlich perlt, ohne wirklich zu »moussieren«, so daß die Bläschen, wenn der Wein ins Glas gegossen wird, schnell zur Mitte ziehen und an der Oberfläche der Flüssigkeit einen kleinen Stern bilden. Ich weiß nicht warum, aber irgendwie war ich von diesem schönen Phänomen, das Glück und Harmonie zu bedeuten schien, immer tief bewegt.

Im Laufe der Zeit begegnete ich noch anderen Schweizer Dirigenten, hauptsächlich in Winterthur, wo wir einige der interessanteren Konzerte besuchten. Da Reinhart gelegentlich kritisiert wurde, weil er eine derart wichtige Position dem »Ausländer« Hermann Scherchen übertragen hatte, war er sehr darauf bedacht, alle bedeutenderen oder auch nur hoffnungsvollen Schweizer Dirigenten abwechselnd als Gäste zu den Abonnementkonzerten einzuladen. Einer von ihnen war Fritz Brun, der Leiter des Berner Symphonieorchesters, ein ziemlich sturer und launenhafter, aber netter Kerl. Er war auch ein recht fähiger Komponist und schrieb wie die meisten seiner Schweizer Kollegen dieser Generation Musik im Stil der deutschen Romantik, aber mit einer gewissen reizvollen Ungeschliffenheit und gelegentlichen Holprigkeit. Seine Frau war von nahezu rührender Häßlichkeit, und es wurde gemunkelt, daß er die Gesellschaft der Berner Sopranistin Mia Peltenburg bevorzuge, die wirklich recht attraktiv war und eine gute Sängerin, was ihre stimmlichen Qualitäten anlangte, in jeder anderen Hinsicht aber kalt und gleichgültig wie ein Stein.

Ein Dirigent von viel größerem Format war Ernest Ansermet, der Leiter des Genfer Orchesters. Die Französisch-Schweizer, zu denen er gehörte, fühlten sich Frankreich viel stärker verwandt als die Deutsch-Schweizer Deutschland. Während es für die Intellektuellen aus La Suisse Romande eine Selbstverständlichkeit war, sich an Paris zu orientieren und so oft wie möglich dorthin zu fahren, dachten von den Deutsch-Schweizern nur sehr wenige oder niemand daran, nach Berlin zu fahren, es sei denn aus geschäftlichen Gründen. Tatsächlich reisten sie ebenfalls oft genug nach Paris, das auch geographisch gesehen viel näher war als Berlin. Ungeachtet der Tatsache, daß die echten Franzosen auf ihre Schweizer Vettern als auf etwas komische Provinzler herabzublicken pflegten, waren die Französisch-Schweizer stets viel französischer als die Deutsch-Schweizer jemals deutsch waren. Deshalb gab sich Ansermet so, als käme er aus Paris, nicht aus Genf, und er hielt sich wirklich oft in der französischen Hauptstadt auf. Er hatte sich als Strawinskyspezialist einen Namen gemacht. Tatsächlich hörte ich, daß er von Strawinsky entdeckt worden sei, denn er war Mathematikprofessor mit einem Hang zur Musik gewesen, bevor er Dirigent wurde. Wie die meisten Franzosen, die ich gekannt habe, war er sehr nett, mehr als höflich, charmant und umgänglich und vollkommen unverbindlich. Er war ein außergewöhnlich begabter Dirigent mit einem bemerkenswerten Talent, Partituren komplizierter zeitgenössischer Werke mit einem Blick zu erfassen.

Zu den anderen Musikern, denen ich damals begegnete, gehörte der vorzügliche Pianist Walther Frey, der mit einer ebenso guten Sängerin verheiratet war; beide waren nette und freundliche Menschen, die ich sehr gern hatte. Dann war da Felix Loeffel, Basso serioso an der Berner Oper, der Schoecks Lieblingsinterpret war und alle Premieren der Lieder des beliebtesten Melodienschöpfers der Nation sang. Er war ein phlegmatischer Bursche, der offenbar häufig zur Flasche griff und auf den ersten Blick wie ein Einfaltspinsel wirkte. Tatsächlich war er ein wahrhaft großer Künstler und ein sehr kultivierter und belesener Mann. Dank seiner schönen Stimme hätte er überall reizvolle Engagements haben können, aber er zog es vor, in seiner Heimat zu bleiben, und begnügte sich mit dem lokalen Ruhm, den er durch Schoeck erworben hatte. Da waren ferner der Pianist Franz Joseph Hirt, auch aus Bern, der etwas glatt und oberflächlich war, die Sopranistin Colette Wyss, eine recht attraktive Frau und eine großartige Künstlerin, halb deutsch, halb französisch, weiter Ernst Isler, der bedeutendste Musikkritiker der einflußreichen Neuen Zürcher Zeitung, ein schlauer und ziemlich reaktionärer Kerl, und Willi Schuh, der spätere Herausgeber der Schweizerischen Musikzeitschrift, ein Verfechter moderner Musik und ein echter und bewährter Freund.

Irgendwann im Frühling dieses Jahres* nahm Reinhart mich zum Schweizer Musikfest mit, das jedes Jahr an einem anderen Ort stattfand und damals in Schaffhausen abgehalten wurde, der nördlichsten Stadt der Schweiz, die praktisch auf allen Seiten von deutschem Territorium umgeben ist. Dort lernte ich etliche der jüngeren Komponisten des Landes kennen, namentlich einen gewissen Blum, dessen Vornamen ich vergessen habe, Conrad Beck und vielleicht auch Willy Burkhard, der, wie sich später herausstellte, bei weitem der begabteste aus der Gruppe war. Den Bedingungen entsprechend, unter denen diese Leute arbeiteten, suchten sie aufrichtig nach neuen Ausdrucksmöglichkeiten, zugleich aber machten sie nur sehr vorsichtig Gebrauch davon, weil sie stets mißtrauisch waren, daß es sich um »ausländischen« Einfluß handeln könnte, den sie besonders im expressionistischen Stil Schönbergs und seiner Schüler verwirklicht sahen. Aus verschiedenen Gründen fürchteten sie sich weit weniger vor den Einflüssen des französischen Impressionismus, Strawinskys und Hindemiths, wobei der wahre Grund, wie ich glaube, war, daß es leichter und vielversprechender war, diesen Vorbildern nachzueifern.

Schaffhausen ist eine hübsche und gepflegte kleine Stadt mit vielen Spuren mittelalterlicher Architektur. Oben auf der Munot, einer Art mittelalterlicher Festung, die, ähnlich wie die Engelsburg in Rom, mit einer riesigen Terrasse bedacht war, fand eine Tanzvorführung statt. Wir besichtigten auch die berühmten Rheinfälle, die von scheußlichen Kuriositätenläden umgeben sind, wo man die grauenhaftesten Dinge kaufen kann, die ich je gesehen habe, alles mit eingebauter Spieluhr, von Barometern bis zu Toilettpapierrollen. Unterhalb der eindrucksvollen Wasserfälle überquerten wir mit einem Ruderboot den Fluß und landeten in einem Restaurant, wo man exzellente Forelle servierte, glücklicherweise ohne eingebaute Musik.

* 1924

Persönlich wurde ich, wie schon erwähnt, von all diesen Menschen sehr freundlich empfangen, von manchen vielleicht, weil sie es für klug hielten, dem neuen Protegé des mächtigen Herrn Reinhart gegenüber höflich zu sein, aber bei den meisten waren die freundlichen Gefühle spontan und echt.

Obgleich ich Ausländer war, wurde ich eingeladen, dem Komitee beizutreten, das der Schweizer Sektion der Internationalen Gesellschaft für Neue Musik vorstand, und als Mitglied war ich berechtigt, über die Stücke mit abzustimmen, die Schweizer Komponisten für die internationalen Musikfeste bei dem Komitee einreichten. Das vertrug sich durchaus mit den Grundsätzen der Gesellschaft, aber vor allem war es eine schöne und großzügige Geste der Schweizer Musiker, ein Schritt, zu dem sie keineswegs verpflichtet waren. Ich hege den Verdacht, daß alles ganz anders gewesen wäre, wenn ich irgendeine Stellung oder Arbeit gesucht hätte. Das war nie der Fall, und wenn in späteren Jahren Freunde gelegentlich vorschlugen, mich auf die eine oder andere Art in Dienst zu nehmen, stießen sie unweigerlich auf Ablehnung.

In der Schweiz durfte ein Ausländer keine Arbeit annehmen, ohne eine besondere Erlaubnis der Bundesregierung zu haben, und eine solche Erlaubnis wurde nur nach ermüdenden und langwierigen Untersuchungen gewährt, die beweisen mußten, daß kein Schweizer Bürger gefunden werden konnte, der zu der fraglichen Arbeit fähig war. Diese Vorschriften wurden immer weiter verschärft, und schließlich mußten Veranstalter selbst für einzelne Vorträge oder Konzerte solche Beweise erbringen. Auf einem Gebiet wie dem der Musik ist es natürlich sehr schwer, nachzuweisen, daß kein Schweizer Künstler ein Klavierkonzert von Beethoven so gut spielen kann wie der Pianist, der eingeladen werden sollte. Für solche Anlässe wurden diese Bewilligungen in der Regel schließlich erteilt, aber es war für die Sponsoren kein Vergnügen, dieses Theater durchzustehen, und wahrscheinlich war der Hauptgrund für diese Vorschriften, daß die Einladung von Ausländern schwieriger und unangenehmer gemacht werden sollte. Bislang hatte ich keine Probleme dieser Art, weil ich von Reinharts Geld lebte, wie jeder vermuten konnte. Offiziell war ich ein Tourist, der seine Freizeit in der Schweiz verbrachte, und deshalb hatte ich auch mit der Aufenthaltserlaubnis keine Probleme.

Außer den erwähnten Musikern lernten wir einen weiteren Maler kennen, der in Zürich lebte, einen Österreicher namens Franz Wiefele, den aufzusuchen uns gleichfalls Karl Moll empfohlen hatte. Soweit ich mich erinnere, kam nicht viel dabei heraus, denn er war ein recht verschlafener Mensch, der sehr langsam und sorgfältig in einer verfeinerten naturalistischen Manier malte, aber praktisch nie etwas fertigstellte – er behauptete, weil sein ungeheures Verantwortungsbewußtsein ihn davon abhielt, jemals etwas als vollendet zu betrachten, aber ich vermutete aus Faulheit. Obgleich ich durchaus Sinn für Fragmente habe und mich auf geheimnisvolle Weise davon angezogen fühle – einige der Kunstwerke, die meine größte Bewunderung wekken, sind Fragmente, zum Beispiel die riesigen Sklavenfiguren von Michelangelo oder die Romane Franz Kafkas, um nur einige zu nennen –, wußte ich persönlich immer wenig mit Leuten anzufangen, die nicht genug Ausdauer und Konzentration aufbringen konnten, um etwas fertigzustellen. Ich selbst habe nur sehr wenige Projekte unfertig liegengelassen, und damit war ich alles andere als zufrieden.

Durch Schoeck lernten wir den Schweizer Bildhauer Haller kennen, der ein netter Mann war. Sein Werk schien recht anerkennenswert zu sein, aber es machte keinen großen Eindruck auf mich, weil ich für die Bildhauerei nie echtes Verständnis entwickeln konnte. In Reinharts Kreis trafen wir den deutschen Maler Karl Hofer, der einen gemäßigt expressionistischen Stil pflegte.

Ein völlig unbedeutender Bekannter war ein gewisser Ferdinand (glaube ich) Rieser, der mit einer Schwester Franz Werfels verheiratet war. Er war Geschäftsmann gewesen, der eine ganze Menge Geld angehäuft hatte, indem er Dampflokomotiven nach Südamerika verkaufte, die die Schweizer Bundesbahnen im Zuge einer rasch fortschreitenden Elektrisierung ausrangiert hatten, und jetzt war er damit beschäftigt, dieses Geld zu verschleudern, indem er das Zürcher Schauspielhaus, das sogenannte Pfauentheater, leitete. Er hatte es gekauft, weil seine Frau gerne Bühnenbilder und Kostüme entwarf. Schließlich schien er seinen Geschäftssinn wiederzuerlangen und machte das Theater zu einem fast ebenso einträglichen Unternehmen, wie das Lokomotivengeschäft es gewesen war. Frau Rieser war ganz hübsch, aber etwas hysterisch, und wir sahen von den beiden nicht viel.

Im Wallis

Als der Frühling kam, wurden wir von Hans Reinhart, dem mißratenen Dichter, zu einer Reise in die Südschweiz eingeladen, wo er Freunde besuchen wollte. Danach sollten wir in den französischen Kanton Valais oder Wallis weiterreisen, wohin Werner Reinhart uns eingeladen hatte. Wir fuhren also zuerst nach Locarno, wieder mit der phantastischen Gotthardbahn, die ich bereits beschrieben habe. Locarno gefiel mir nicht so gut wie Lugano, dessen Umgebung meiner Ansicht nach weit spektakulärer ist, aber schließlich gehörte Locarno ebenfalls zu dem bezaubernden südlichen Land. Die Stadt breitet sich wunderschön am Ufer des Lago Maggiore aus, und der Ausblick von den höher gelegenen Stadtteilen, besonders von der kleinen Kirche Trinità del Monte, ist mehr als herrlich. Während die Berge bei Lugano eher dramatisch wirken, weil sie sich an die Stadt herandrängen und kühn in den schmalen, gewundenen See hineinragen, sind sie am Lago Maggiore weiter entfernt und folgen der ungebrochenen Uferlinie in ruhigen, majestätischen Schwüngen.

Fünf oder sechs Kilometer südlich von Locarno liegt das Dorf Ascona, das damals als eine Art Narrenparadies berühmt geworden war. Wohl wegen der sehr niedrigen Lebenshaltungskosten war es zu einem Refugium für viele Künstler und Intellektuelle geworden, die anderswo nicht zurechtkamen. Es gab einige wenige echte Nonkonformisten unter ihnen, aber die meisten waren Außenseiter und Ausgestoßene, und viele von ihnen waren kurz davor, wahnsinnig zu werden. Ihr Hauptquartier war der Monte Verità, eine Art Sanatorium, Hotel, Bordell und Irrenanstalt, alles in einem. Eine Zeitlang war es eine Nudistenkolonie gewesen, aber diese Periode war vorüber, als ich dort zu Besuch war. Zu jener Zeit wurde das Projekt von einer Gruppe deutscher Künstler auf die denkbar unrationellste Weise geleitet, und bald darauf machten sie Bankrott. Der billige, spritzige Wein der Gegend war reichlich vorhanden, und das Leben schien fröhlich und allgemein ungeregelt zu sein. Da ich ein Jahr später nach Ascona zurückkam, werde ich dann ausführlich darüber sprechen.

In Locarno begegneten wir einem gewissen Klose (seinen Vornamen habe ich vergessen), einem alten deutschen Komponisten und semi-erlauchten Relikt der neogermanischen Schule. Ich habe seinen Namen bereits im Zusammenhang mit einer von Schrekers Aufführungen mit dem Wiener Philharmonischen Chor erwähnt. Außerdem machten wir die Bekanntschaft eines Arztes, der ein großes Sanatorium am Berghang besaß. Ich nenne seinen Namen nicht, aus Gründen, die später erklärt werden sollen. Im übrigen ist mir von diesem Aufenthalt in Locarno nicht viel in Erinnerung geblieben, außer daß ich in einer Bar eine Melodie hörte, die ich seitdem nie wieder gehört habe und die mir einfach nicht aus dem Kopf geht. Ich erwähne das, um zu veranschaulichen, wie völlig unerklärlich mein musikalisches Gedächtnis arbeitet.

Eines der schönsten Merkmale der italienischen Schweiz war der sogenannte grotto di vino, die »Weingrotte«. Das war keine wirkliche Höhle, sondern gewöhnlich ein kleiner Garten oder der Vorhof eines Hauses, zu dem ein in den felsigen Hang gehauener Weinkeller gehörte. Dort konnte man an Steintischen sitzen, den dunklen

Rotwein der Gegend trinken, der in riesigen blauen Kannen serviert wurde, und die hohen, schneebedeckten Bergketten und den unendlich stillen blauen See betrachten, der sich von der warmen Sonne der ersten Frühlingstage bescheinen ließ. Einmal wanderten wir zu einer Kapelle namens San Bartolomeo, die auf dem Gipfel eines der höheren Berge lag, von wo aus man viele Kilometer weiter westlich den weit entfernten Monte Rosa, eine der höchsten Erhebungen der Walliser Alpen, sehen konnte. Die ungeheure Eiskuppel, die fast fünftausend Meter hoch ist, schien auf dem dunklen Dunst, der die dazwischenliegenden, noch winterlichen Täler füllte, zu schweben, so daß man ihren Fuß überhaupt nicht sehen konnte. Es war ein phantastischer und ehrfurchtgebietender Anblick.

Von Locarno aus fuhren wir auf der neuangelegten Strecke der elektrischen Schmalspurbahn durch das Valle Centovalli westwärts nach Domodossola, wo man die Simplonbahn erreicht, wobei man italienisches Gebiet durchquert, was Reisenden auf dem Weg vom Tessin in die Westschweiz damals ohne Paßformalitäten gestattet war. Durch den Simplontunnel, soviel ich weiß, der längste der Welt (etwa zwanzig Kilometer), kamen wir in die Schweiz zurück, ins Wallis, das sofort meine Lieblingslandschaft unter den Schweizer Landschaften wurde; ich mochte es sogar noch lieber als das Märchenland Tessin.

Der Kanton Wallis, einer der größten Kantone der Schweiz, erstreckt sich über das obere Tal der Rhône, von ihrer Quelle bis fast hinunter zum Genfer See. Er besteht zu ungefähr gleichen Teilen aus deutschem und französischem Gebiet, wobei die obere Hälfte deutsch ist. Der Fluß, der in dem spektakulären Rhônegletscher am Furkapaß entspringt, fließt zunächst durch ein unwegsames, enges Tal mit mehreren Schluchten. In Brigue, wo die Simplonbahn den langen Tunnel verläßt, beginnt sich der Charakter des Tals zu verändern, und wenige Kilometer weiter abwärts nimmt es jene Eigentümlichkeiten an, die mich über alle Maßen bezauberten. Das Tal verläuft von Osten nach Westen und wird zu beiden Seiten von den beiden höchsten Alpenketten gesäumt. Flußabwärts aber wird es immer breiter und füllt sich allmählich mit einem komplizierten System von Bergen und Hügeln, die sich sozusagen in ein Gewirr von Flächen aufgliedern, von denen jede einige ganz besondere Merkmale besitzt; gleichsam zusammengehalten wurde das Ganze von den alles überragenden Bergketten zu beiden Seiten. Es ist die am stärksten gegliederte Landschaft, die ich je gesehen habe, ein vollendetes Beispiel von Einheit in der Vielfalt.

Der Ort, in den Werner Reinhart uns eingeladen hatte, lag genau auf der Grenze zwischen deutschem und französischem Gebiet und hieß auf deutsch Siders und auf französisch Sierre. Es war eine kleine Stadt mit wenigen tausend Einwohnern, die von der Rhône durch eine Gruppe von schön mit Wein bewachsenen Bergen getrennt war. Durch diese Berge zu wandern war immer wieder ein Abenteuer, denn man stieß jedesmal auf ein überraschendes und schönes Detail, ein kleines Dorf, ein mittelalterliches Herrenhaus, eine interessante Kapelle, einen kleinen See oder ein ländliches Kloster. Die größte Überraschung war es, von dem südlichsten Berg in die tiefe Schlucht des Flusses hinabzuschauen, wo eines der größten Aluminiumwerke der Schweiz lag, dessen glühende Schmelzöfen und betriebsame Verschiebebahnhöfe mitsamt dem infernalischen Lärm von allen Seiten her fast völlig verborgen waren. Jenseits des Flusses kletterte in langen Serpentinen eine Landstraße den steilen Südhang hinauf, zum Tal von Anniviers, durch das man den fein geformten, mit einer Eiskappe bedeckten Kegel des Zinal Rothorns und den schwarzen, felsigen Turm des Besso sehen konnte.

Der Nordhang des Tals war nicht weniger spektakulär. Er stieg langsam und sanft in unzähligen Terrassen zur Hochebene von Montana an, einem beliebten Kurort für Lungenkranke, mit riesigen Hotels und Sanatorien. Darüber ragten noch höhere, einzeln abgesetzte Felsterrassen auf, die mit dunklen Nadelwäldern bewachsen waren und allmählich zu den felsigen Graten anstiegen, an denen deutlich die Eisränder der Gletscher zu sehen waren, die von der unsichtbaren Nordseite herabhingen. Wegen der Fülle von Details, die sich über den hohen Abhang ausbreiteten, wirkten diese Ränder weiter entfernt und höher als alles, was ich je gesehen habe. Durch diese unerschöpflich reiche Landschaft zu streifen, die überall von dem majestätischen Rahmen der mächtigen fernen Bergketten beherrscht wurde, war ein unvorstellbares Vergnügen. Dazu kam die außergewöhnliche klimatische Vielfalt in diesem Tal. Die Talsohle hatte ausgesprochen mediterranen Charakter. Es war, als hätte der Fluß, der Hunderte von Kilometern weiter südlich in der Nähe von Marseille ins Mittelmeer mündet, die Eigenschaften seines Mündungsgebietes auf seinen Oberlauf zurückprojiziert.

Sierre sah ganz wie eine französische Stadt in der Provence aus, trocken und heiß. Die hohen Pappeln wurden ständig von jenem göttlichen, erregenden Wind bewegt, der von Afrika über das Meer weht und den Staub der blendend weißen Straßen himmelhoch aufbläst. Die braunen Felsschluchten, deren Ränder von dem düsteren Gemäuer einer mittelalterlichen Festungsanlage mit Turm gekrönt werden, sahen wie ein heroisches Bild aus dem Spanien Don Quichotes aus, und man konnte spüren, wie die Sonne in den herrlichen Weinbergen arbeitete. Weiter den Hang hinauf wurde es kühler und frischer, und die Weiden und Wiesen von Montana waren so grün und saftig wie überall in den Alpen.

Das Haus, in dem wir in Sierre wohnten, war das Grand Hotel Château Bellevue, einer jener charakteristischen Schweizer Gasthöfe, die in dem großzügigen und luxuriösen Stil der achtziger Jahre des vorigen Jahrhunderts geplant und seither immer wieder behutsam modernisiert wurden. Das Gebäude war ein schönes, altes Schloß, das in ein recht elegantes Hotel umgebaut worden war. Es wurde in der Hauptsache von reichen Briten, adeligen Witwen, Offizieren im Ruhestand und ähnlichen Personen besucht. Es hatte eine schöne Terrasse mit riesigen, alten Bäumen, von der man einen Blick auf die Gleise der Simplonbahn hatte, auf denen wir jeden Abend donnernd den Simplon Expreß vorbeifahren sehen konnten, der Paris und London mit Athen und Istanbul verband. Jenseits der Bahnschienen waren auf den dunstigen Hängen die Weinberge zu sehen und in weiter Ferne die leuchtende, schimmernde Pyramide des Zinal Rothorns.

Der Wein der Gegend war eine besondere Freude und Offenbarung. Er war schwerer und schäumte von Natur aus weniger als der Neufchâtel, aber er hatte mehr Körper und einen ganz eigenen Charakter. Es gab viele Sorten Weißwein, von dem anspruchslosen Fendant bis zu dem extravaganten und üppigen Hermitage und dem Vin des Paiens, dem »Wein der Heiden«, der von den höchsten Weinbergen der Schweiz in der Nähe von Viège kam. Der ungewöhnlichste war der »Gletscher«, der Gletscherwein, der vierzig Jahre und länger in Fässern unter dem Schnee ferner Gletscher aufbewahrt wurde, unter ständiger Aufsicht von Bergführern, die von Zeit zu Zeit den Inhalt der Fässer prüften, Wein eines jüngeren Jahrgangs zusetzten oder das wertvolle Naß auf andere Weise hegten und pflegten. Auf den Etiketten der teuren Flaschen konnte man ihre Unterschriften sehen. Der Wein war sehr stark und konzentriert und schmeckte oft eher wie Weinbrand.

Rainer Maria Rilke

Werner Reinharts Besuch in Sierre diente angeblich dem Zweck, sich um ein Anwesen zu kümmern, das er dort besaß, das Château de Muzôt, und seinen Bewohner, den österreichischen Dichter Rainer Maria Rilke, zu besuchen. Das Château de Muzôt war ein kleiner, befestigter Turm aus dem dreizehnten Jahrhundert, der auf einer der tieferen Terrassen des nördlichen Talhangs stand, ungefähr eine halbe Stunde Fußweg von der Stadt entfernt. Rilke, ein sehr feiner, zerbrechlicher und sensibler Mann von Ende vierzig, hatte nach dem Krieg, den er in Österreich und Deutschland erlebt hatte, und dem Zusammenbruch der beiden Länder, der einen Zustand der Verwirrung und Depression bei dem Dichter ausgelöst hatte, in der Schweiz Zuflucht gesucht. Er hatte Reinhart gekannt, und dieser hatte sich eine Zeitlang um ihn gekümmert, aber Rilke hatte nicht zur Ruhe kommen können. Auf seinen Wanderungen durch die Schweiz hatte er Sierre entdeckt und sich in die seltsame Schönheit des Ortes verliebt. Wie er mir erzählte, war er dort geblieben und hatte sich ständig nach einer Wohnung umgesehen, aber keine gefunden, so daß er schließlich beschloß, abzureisen und es anderswo zu versuchen. An seinem letzten Abend im Hotel hatte es so stark geregnet, daß er nicht wie gewohnt quer über den Hof gehen konnte, sondern zum erstenmal den Gehsteig benutzen mußte, und zum erstenmal bemerkte er einen winzigen Laden, eine Art Lebensmittel- oder Schreibwarengeschäft, in dessen Fenster eine Ansichtskarte ausgestellt war, die das Château de Muzôt zeigte und die Aufschrift »Zu verkaufen« trug. Blitzartig erkannte Rilke, daß dies das Haus war, in dem er wohnen wollte.

Er kaufte die Postkarte und schickte sie Reinhart, mit der halb scherzhaften Frage, ob er das Château nicht erwerben wolle. Reinhart seinerseits erkannte, daß die kleine Burg mit jenem Gebäude identisch war, das auf einem Gemälde des Freiburger Malers Freyhold dargestellt war. Reinhart hatte dieses Bild vor Jahren gekauft, nicht so sehr, weil es ein besonders gutes Gemälde war, sondern weil ihm das dargestellte Objekt gefallen hatte. Er kam sofort nach Sierre, sah sich die Burg an, kaufte sie und bot Rilke an, sie so lange zu bewohnen, wie er wollte. Diese Geste war für Reinhart typisch. Im Laufe der Zeit fand ich heraus, daß es buchstäblich zahllose Musiker, Dichter und andere Künstler gab, für die er Ähnliches getan hatte und weiterhin tat, vielleicht nicht immer etwas so Spektakules wie den Kauf einer mittelalterlichen Burg, aber doch genug, um ihnen über schwierige Zeiten hinwegzuhelfen oder sie bei der Fertigstellung des einen oder anderen Projektes zu unterstützen. Und niemals waren an seine Geschenke irgendwelche Bedingungen geknüpft, noch ließ er seine Schützlinge jemals seine ökonomische Überlegenheit spüren.

Er war im wahrsten Sinn des Wortes ein großer Mann, der das sehr schwierige Problem, reich zu sein, fast tadellos gelöst hatte, mit soviel gesellschaftlicher Würde, wie man sie von einem Mann in seiner Position nur erwarten kann, und zu einer so großen Befriedigung seiner Freunde und seiner selbst, wie man sie aus der rein quantitativen Tatsache, eine Menge Geld zu haben, überhaupt ziehen kann. Wenn man die Grausamkeit und die Unmenschlichkeit sieht, die aus unseren gesellschaftlichen Bedingungen resultieren, ist es leicht, einen Menschen zu verdammen, der zufällig reich ist, und seine Probleme zu verharmlosen. Ich glaube aber, beobachtet zu haben, daß es, abgesehen von den technischen Einzelheiten, für einen sehr reichen Mann ungefähr genauso schwierig ist, seine Würde als anständiger Mensch zu bewahren, wie für einen sehr armen.

Rilke, der sehr berühmt war, soweit Dichter je berühmt werden, war von einer Atmosphäre der Feierlichkeit umgeben, allerdings auf recht angenehme Weise. Er war in seinen Gewohnheiten sehr einfach und bescheiden und von äußerster Feinheit und Eleganz, sowohl geistig als auch körperlich. In dem Château gab es praktisch keinen einzigen Gegenstand, der nicht wegen seines exquisiten Stils, seiner Schönheit, Seltenheit oder historischen Bedeutung ausgewählt worden war. Jedes zweite Stück war über Generationen vererbt oder von einer außergewöhnlichen historischen Persönlichkeit benützt worden oder Geschenk eines bedeutenden Menschen. Dennoch sah es nicht wie in einem Museum aus, noch war der Bewohner des Hauses in irgendeiner Weise anmaßend oder snobistisch wegen dieser Dinge. Es war einfach seine Art, sich in das soziale Gewebe einzufügen, wie sie durch Herkunft, Bildung und Neigung bedingt war.

Rilke war der Sproß einer alten österreichischen Aristokratenfamilie, die, wenn ich nicht irre, aus Kärnten stammte und später ihren Wohnsitz in Prag hatte. Von einigen Abschnitten seiner Familiengeschichte gab er in dem erfolgreichsten Buch seiner Jugendzeit, *Die Weise von Liebe und Tod des Cornets Christoph Rilke*, eine poetische Schilderung. Sein Vater hatte ihn zu einer Militärlaufbahn gezwungen, die ihn unerträglich unglücklich machte, so daß er ausbrach und das Leben eines melancholischen und verstörten freien Schriftstellers begann. Seine glücklichste Zeit verlebte er vor dem großen Krieg in Paris, wo er einige Jahre lang Sekretär des großen Bildhauers Rodin war. Dadurch wurde er mit der französischen Literatur und Kultur beinahe vertrauter als mit der deutschen, was die tiefe Verwirrung erklärt, die ihn ergriff, als er Frankreich wegen des Krieges verlassen mußte. Danach gelang es ihm nicht recht, die Kontakte mit Frankreich wiederherzustellen, bis er sich damit abfand, im strengen und großartigen Wallis zu leben, genau an der Grenze zu französischem Gebiet. Für ihn war es eine Art selbstgewählten Exils, und er bestand darauf, im Château de Muzòt ein recht asketisches, mönchisches Leben zu führen, obgleich er von all den exquisiten Gegenständen umgeben war, die er als Zeichen eines besseren, glücklicheren Lebens betrachtete.

Persönlich besaß Rilke einen ungewöhnlichen Charme, und im Gespräch war er brillant und geistreich. Er war damals mit den Werken beschäftigt, welche seine letzte, äußerst konzentrierte philosophische Dichtung werden sollten, die wenig von der fast zu mühelosen, spielerischen Eleganz seiner früheren Arbeiten hatte. Rilke schrieb sehr langsam und gewissenhaft und stellte höchste Ansprüche an sich selbst. Einen großen Teil seiner Zeit verwendete er auf die Korrespondenz, die er mit allen Teilen der Welt pflegte, zumeist mit Damen der Hocharistokratie. Er betrachtete diese Briefe als Teil seiner literarischen Arbeit und widmete ihnen fast ebensoviel Zeit und Mühe wie seiner Dichtung. Nach vielen Vorstufen legte er die letzte Fassung in vollendet schöner Handschrift auf einem extra angefertigten, schweren blauen Briefpapier nieder, das sein anmutig entworfenes Wappen, ein Einhorn, trug. Alle seine Briefe wurden eingeschrieben befördert, und es gelang ihm, den Eindruck zu erwecken, einen Brief von Rilke zu erhalten sei gleichbedeutend mit der Ehre, eine Botschaft vom Kaiser persönlich zu bekommen.

Zu jener Zeit hatte Rilke gerade einen Band Gedichte, die *Duineser Elegien*, vollendet, und wir wurden zu seiner Lesung des Werkes eingeladen. Das Château war nur wenig modernisiert worden, denn Rilke wollte nicht, daß sein ursprünglicher Charakter verändert werde. Es war ein kleiner, gotischer Turm mit drei Stockwerken und nur zwei Räumen auf jeder Etage. Er war im dreizehnten Jahrhundert von einem Gutsherrn erbaut worden, als das Gebiet, glaube ich, zu Savoyen gehört hatte. Rilke hatte die Geschichte des Hauses erforscht, die mehr als aufregend und verworren war. Alle Arten von Bluttaten waren innerhalb der alten, dicken Mauern des düsteren Turms verübt worden. Doch er war auf seine Art reizvoll, mit dem massiven Alabastergeländer an der Wendeltreppe, das unter den Händen vieler Generationen eine fast menschliche Form angenommen hatte, mit dem kleinen Balkon in der zweiten Etage, der einen Ausblick auf die majestätische Silhouette der Berge im Süden bot, mit dem hübschen kleinen Weinberg davor, dem Kruzifix am Wegrand unter der stets schwankenden Pappel, mit dem murmelnden Brunnen in dem winzigen Hinterhof und der kleinen gotischen Kapelle auf der anderen Straßenseite. Rilke, der kein glühender Katholik war, aber ein leidenschaftlicher Traditionalist, war stolz darauf, Schirmherr der Kapelle zu sein, und bestand darauf, daß sie renoviert wurde. Am Tag des Schutzheiligen ließ er vom Dorfpriester dort eine Messe lesen. Natürlich duldete er in dem alten Gebäude kein elektrisches Licht, sondern ließ es verschwenderisch von Kerzen in schönen Leuchtern erhellen. Er freute sich daran, die Rolle eines seiner Ahnen zu spielen, die in vergangenen Jahrhunderten unter solchen Bedingungen gelebt hatten.

Sein Vortrag war sehr deutlich und ausdrucksvoll, und es war fast überraschend zu hören, daß der mystische Romantiker außerordentlich klare, rationale, philosophische Erklärungen zu seinen ungeheuer schwierigen Gedichten abgab. Obgleich ich Rilke gegenüber etwas voreingenommen war, weil Karl Kraus wie üblich einige sehr kritische, wenn auch respektvolle, Schmähreden gegen ihn verfaßt hatte, mochte ich ihn sehr, und als wir nach seiner Lesung zum Essen in die Stadt hinuntergingen, unterhielten wir uns sehr angeregt. Ich war nicht überrascht, als er sagte, daß ihm die Musik, die verschiedene Komponisten zu einigen seiner Gedichte geschrieben hatten, nicht gefalle, denn ich glaubte, daß seine Dichtung sich nicht zur Vertonung eignete, und da ich mich nie versucht gefühlt hatte, aus irgendeinem seiner Gedichte ein Lied zu machen, dachte ich damals nicht weiter darüber nach.

Während unseres etwa einwöchigen Aufenthaltes in Sierre sahen wir Rilke mehrmals, und ich erinnere mich, daß ich ihm in einem der Salons des Hotels etwas auf dem Klavier vorspielte. Wahrscheinlich begleitete ich Alma Moodie, die auch dort war, beim Vortrag einiger Violinstücke, aber ich spielte auch ein wenig von meinen eigenen Kompositionen, erinnere mich aber nicht mehr, welche. Rilke hörte gerne zu, ließ aber kein besonderes Urteilsvermögen, geschweige denn technisches Verständnis erkennen. Ich hielt seine Bemerkung über meine Musik eher für eine Höflichkeit als für ein Anzeichen einer besonderen Reaktion. Das ist wichtig im Hinblick auf das, was einige Zeit später geschah.

Ich komponierte damals einige Sätze meiner zwei *Klaviersuiten op.* 26, die ich später Artur Schnabel widmete, ohne zu erwarten, daß er sie spielen würde. Wieder war es Erdmann, der sie zur Uraufführung brachte. Es mag von einigem Interesse sein, daß ich im dritten Satz der ersten Suite ein Verfahren anwandte, das in einem späteren Stadium meiner Entwicklung eine größere Bedeutung bekam. Der letzte Teil dieses Satzes ist identisch mit dem ersten, rückwärts gespielt. Ich weiß nicht, ob mich zu diesem Kniff vielleicht die Tatsache bewog, daß ich gehört hatte, er spiele eine wichtige Rolle in der Zwölftontechnik, über die unter Musikern immer mehr geredet wurde.

Reise nach Italien

Bald nach der Rückkehr nach Zürich entschloß Anna sich, nach Venedig zu fahren, um ihre Mutter zu besuchen, die sich in ihrem kürzlich erworbenen Palazzo niedergelassen hatte. Ich sollte ihr später für ein paar Tage dorthin folgen und sie mit zurück nach Zürich nehmen. Von der Fahrt weiß ich nur noch, daß ich infolge eines Durcheinanders in Chiasso, dem schweizerisch-italienischen Grenzbahnhof, den Anschlußzug versäumte, so daß ich in Venedig einige Stunden später ankam, als ich erwartet wurde, und das verdarb die Stimmung für den Besuch. Im übrigen war ich von Venedig sehr beeindruckt und ein wenig verwirrt; ein Gefühl, das sich bei allen meinen späteren Besuchen in dieser rätselhaften Stadt immer wieder einstellte. Venedig war damals mit dem Festland durch eine Eisenbahnbrücke verbunden, die von der österreichischen Regierung errichtet worden war, als die Stadt noch zum Reich gehörte, also vor 1886. Aber selbst später, nachdem Mussolini neben der Eisenbahnbrücke eine seiner schnellen Autobahnen hatte anlegen lassen, durften Autos nicht in die Stadt, in der sie freilich ohnehin nicht hätten fahren können, weil die Straßen nicht für Autos gebaut waren. Das scheinbar simple Detail, daß eine Stadt nur von Fußgängern belebt wird und völlig frei ist von den gewohnten Geräuschen rollender Räder, schafft eine unglaublich seltsame, traumhafte Atmosphäre. In Venedig wird diese natürlich wegen der vielen Wasserwege noch verstärkt.

Venedig besitzt zwei voneinander völlig unabhängige Kommunikationssysteme: die meist engen, krummen Gassen mit ausgetretenem Pflaster, in denen sich Scharen von Fußgängern drängen, und die meist ebenso schmalen und krummen Kanäle, auf denen langsam und verträumt die Gondeln dahinschaukeln. Diese beiden Systeme verlaufen kaum je parallel zueinander, so daß man, wenn man weiß, wie man auf dem Wasserweg an sein Ziel gelangt, noch keinen Hinweis darauf hat, wie man zu Fuß dorthin kommt. Die Fußwege kreuzen die Kanäle mit jenen charakteristischen kleinen Brücken, die an jedem Ende ein paar Stufen haben, verlieren sich schnell in einem dunklen Torbogen und tauchen nach ein paar verwirrenden Krümmungen an einem völlig anderen Kanal wieder auf, der vom ersten aus vielleicht nur über einen komplizierten Umweg zu erreichen ist. Trotz ihrer begrenzten Ausdehnung, denn sie ist auf dem kostbaren, knappen festen Boden zusammengedrängt, ist die Innenstadt von Venedig ein höchst verwirrendes Labyrinth. Nur in den Eingeborenenvierteln afrikanischer Städte erlebte ich noch dieses Gefühl, mich völlig verirrt zu haben, das ich in Venedig oft hatte. Die einzige Durchfahrtsstraße, die so breit ist, daß sie unverkennbar ist und Ausblick auf Türme und Kuppeln bietet, die als Orientierungsmerkmale dienen können, ist der Canale Grande, aber auch dieser ist ein trügerischer Wegweiser, denn er windet sich in Form eines großen S durch die Stadt, und man weiß nie, an welchem Punkt des Bogens man sich gerade befindet. Diese Stadt hat etwas seltsam Verlockendes und Erregendes, das durch die recht phantastische Architektur und das exotische Leben noch verstärkt wird. Nicht ohne Folgen ist Venedig jahrhundertelang Europas Tor zum Orient gewesen.

Venedigs Architektur ist stark von orientalischen Vorbildern beeinflußt, ziemlich pompös und überladen und nicht immer sehr geschmackvoll. Aber der Charakter der Stadt ist so stark und ausgeprägt, daß in dem silbrigen maritimen Dunst und unter der grellen mediterranen Sonne alles so, wie es ist, bezaubernd und vollkommen aussieht, wenn auch ziemlich unwirklich. Es scheint so viele Kirchen zu geben, wie nirgends sonst, außer vielleicht in Rom, und viele sind voll von außergewöhnlichen Kunstschätzen. Die Stadtbezirke sind nach den Pfarreien benannt, was ich sehr schön fand. Besonders reizvoll ist der italienische Brauch, sogar Bahnstationen nach den Pfarrbezirken zu benennen, in denen sie liegen. Es ist viel netter, in Venezia Santa Lucia oder Firenze Santa Maria Novella anzukommen als auf einem namenlosen Zentralbahnhof. Wie reizvoll wäre es, einen Zug in New York Saint Agnes zu nehmen (ich glaube, das ist die Kirche, die der Grand Central Station am nächsten ist) und in Los Angeles Nuestra Senora de Los Angeles anzukommen! Natürlich wäre das in einem Land, in dem Pfarrbezirke zahlloser Konfessionen sich auf dem gleichen Gebiet befinden, nicht möglich. In Italien gab es dieses Problem nicht.

Von Alma Mahlers »Palazzo« habe ich nicht viel in Erinnerung behalten. Er war eher klein und lag in einem nicht besonders vornehmen Stadtteil, nicht weit entfernt von der Kirche Dei Frari und der Semola San Rocco, einer museumsähnlichen Halle mit vielen bemerkenswerten Gemälden der venezianischen Schule nach Tintoretto, wenn ich nicht irre. Das Haus hatte einen kleinen Hof mit ein paar Bäumen, ein seltener Anblick in Venedig, wo der Platz knapp und fester Boden wertvoll ist. Zum Essen gingen wir oft in ausgezeichnete Restaurants, und Alma teilte immer noch reichlich aus, obgleich ihr klar gewesen sein muß, daß die Tage meiner Mitgliedschaft in der Familie gezählt waren. Tatsächlich war dies das letzte Mal, daß ich sie als Schwiegersohn besuchte. Außerdem besichtigten wir verschiedene Kunstschätze und besuchten den Markusdom, den Werfel wegen des überladenen und aufdringlichen orientalischen Stils nicht zu Unrecht Gottes Schießbude zu nennen pflegte. Wir wanderten auch über den Lido, die schmale Landzunge, die einige Kilometer weiter draußen die Lagune vom Meer trennt. Sie ist von einem Ende zum anderen mit teuren Hotels, Gasthöfen und Nachtclubs zugebaut, und der Strand ist überfüllt wie Coney Island. Sie gefiel mir ganz und gar nicht. Mit Werfel machte ich eine Gondelfahrt, um das berühmte Colleoni-Denkmal zu besichtigen. Der Gondoliere verirrte sich und begann lautstark über die schrecklichen Kopfschmerzen zu klagen, die er zu erleiden habe, weil er unter der gnadenlose Sonne herumrudern müsse, bis Werfel ihm sagte, er hätte einen Beruf wählen sollen, in dem er nicht so viel mit dem Kopf hätte arbeiten müssen.

Der Faschismus entwickelte in Italien zu jener Zeit seine ganze Macht. Anders als Hitler 1933 brauchte Mussolini, nachdem er Premierminister geworden war, mehrere Jahre, um seine totalitäre Tyrannei aufzubauen. In späteren Jahren, als wir selbst vor einem totalitären System geflohen waren, war die sinnlose Frage, wessen Terrorismus der schlimmere sei, der Mussolinis oder der Hitlers, ein Lieblingsthema erregter Debatten unter deutschen und italienischen Emigranten. Natürlich glaubte jedes Opfer, sein Diktator sei der Inbegriff der Grausamkeit. Ich bin immer noch der Meinung, daß die italienische Form des Despotismus die mildere der beiden war, vor allem, weil sie nach der langen humanitären Ära des Liberalismus im neunzehnten Jahrhundert der erste Versuch in dieser Richtung war und weil sich viele der frühen Faschisten der Möglichkeiten des unbeschränkten Terrors nicht sofort voll bewußt waren oder in dieser Hinsicht noch einige Hemmungen hatten. Aus demselben Grund war die Opposition gegen den Faschismus einigermaßen aktiv und ausgeprägt, so daß die Faschisten zumindest eine Zeitlang einen ernstzunehmenden Gegner hatten, was bei den Nazis nie der Fall war. Schließlich wurde sogar die vielgerühmte Disziplin, die der Faschismus Italien auferlegte, durch die Schlampigkeit und Ungenauigkeit dieses Volkes abgemildert. Wie in solchen Fällen üblich, bemerkte der Reisende aus dem Ausland nichts von den düsteren Eigenschaften des Systems. An der Grenze wurde er von einem ungewöhnlichen Aufgebot grimmig dreinschauender Beamter in adretten, wenn auch phantastisch überladenen Uniformen begrüßt, die geschäftig herumsprangen, die Hacken zusammenschlugen und mit mörderischem Gesichtsausdruck einander salutierten. Wenn sie die Pässe kontrollierten, blätterten sie in Büchern vom Format eines mittelgroßen Telefonbuches, offenbar um herauszufinden, ob der Name des Besuchers auf ihren schwarzen Listen stand. Tatsächlich habe ich nie gesehen, daß jemand zurückgeschickt oder verhaftet oder sonstwie bei der Einreise behindert wurde.

Im Innern des Landes wurde man an die Existenz des Faschismus nur durch die allgegenwärtigen jungen Burschen in vielerlei unglaublicher Kleidung erinnert, deren Grundbestandteil immer das schwarze Hemd war. Niemand wußte, was ihre Aufgabe war. Alle sahen aus wie kein Geringerer als Julius Caesar in einem Karnevalskostüm, und die meisten bemühten sich, zumindest den strahlenden Blick, wenn nicht auch das Mammutkinn ihres Herrn zu imitieren, dessen Bild einen durchdringend aus jedem Schaufenster anstarrte. Das alles sah ein wenig komisch aus und nicht im geringsten gefährlich, zumal diese Kerle die Mitteleuropäer, die an die Schäbigkeit und den schlechten Ruf gewöhnt waren, die inzwischen Kennzeichen der militärischen Einrichtungen in ihren eigenen Ländern waren, an den harmlosen Chor einer Offenbach-Operette erinnerten. Ich entsinne mich, daß es mich besonders erheiterte, wenn sich die grimmigen Burschen bemühten, ihren faschistischen Gruß auf den überfüllten Vaporettos auszuführen, den kleinen Dampfschiffen, die als einziges öffentliches Verkehrsmittel von Venedig den Canale Grande auf und ab fuhren. Dabei mußten die Kerle ihre Arme auf viele lächerliche Arten verdrehen, bis sie sie dann forsch über die Köpfe der teilnahmslosen Zivilisten hinwegstrecken konnten.

Wenn man sich vorsichtig und beiläufig nach dem Wesen des Faschismus erkundigte, hörte man, daß sein größter und einziger angeblicher Segen darin bestand, daß die Eisenbahnzüge pünktlich waren. Offenbar hatten sich die Bahnen vorher tatsächlich in einem Zustand jämmerlicher Unordnung befunden, und der Besucher aus dem Ausland, der sie benutzen mußte, war über diese Veränderung recht erfreut. Man konnte auch hören, daß Mussolini das Land davor bewahrt habe, eine Beute des Bolschewismus zu werden, aber das klang ziemlich abstrakt, wenngleich im allgemeinen annehmbar, weil die Menschen im großen und ganzen den Bolschewismus nicht für wünschenswert hielten. Ich erwähne diese Dinge, weil es ebenso unglaublich wie charakteristisch ist, in welchem Ausmaß ein ausländischer Reisender über die wirklichen Lebensverhältnise in einem Land getäuscht werden kann, auch wenn er glaubt, er habe vollen Zugang zu den Tatsachen und seine Beobachtungen vielleicht durch gelegentliche Gespräche mit Einheimischen ergänzt.

Etwa zu jener Zeit muß sich die berühmte Matteotti-Affäre* ereignet haben. Ich glaube, es ist ein weiteres Zeichen für den Unterschied zwischen dem Faschismus in seinen Anfängen und dem späteren Nazismus, daß für Mussolini die Ermordung seines Hauptgegners unter den Sozialisten noch eine gefährliche Krise bedeutete, weil dieses Verbrechen in Italien beträchtliche Aufregung und im Ausland ernsthafte und folgenschwere Entrüstung hervorrief. Nichts dergleichen geschah, als Hitler begann, seine politischen Gegner massenweise zu foltern und abzuschlachten, und nicht einmal, als er mehrere Jahre später Tausende unparteiische Juden vernichtete.

Der Sprung über den Schatten in *Frankfurt am Main*

Bald nach unserer Rückkehr aus Venedig machten wir uns wieder auf die Reise, diesmal nordwärts, nach Frankfurt am Main, wo Dr. Rottenberg die Uraufführung meiner komischen Oper *Der Sprung über den*

* Giacomo Matteotti (geb. 1885) wurde am 10. Juni 1924 in Rom von Faschisten ermordet.

Schatten vorbereitete, von der im vorhergehenden Kapitel die Rede war. Die Aufführung war ein Beitrag zu den damals sehr zahlreichen Musikfesten, ich erinnere mich nicht, ob es eins der Internationalen Gesellschaft für neue Musik oder ein lokales war. Das Erlebnis, zum ersten Mal ein Bühnenwerk von mir aufgeführt und die faszinierende Maschinerie der Opernbühne aus der Nähe zu sehen, war aufregend und verwirrend. Mir scheint, daß der Regisseur Walter Brügmann war, den ich in späteren Jahren besser kennenlernen sollte. Jedenfalls entsprach das Regiekonzept ganz seinem Stil. Er war ein eminent begabter Mensch, aber seine Phantasie ging oft mit ihm durch. Seine Gefahr war seine Vorliebe für merkwürdige Apparate, so daß sich seine Regiearbeit stets in eine Reihe von schwindelerregenden Tricks aufzulösen drohte, die etwas schockierend und gewöhnlich eher erheiternd waren, und es kümmerte ihn nicht sonderlich, ob Heiterkeit jeweils angebracht war oder nicht. Er mag sogar gedacht haben, daß Theater auf jeden Fall amüsieren müsse. Da meine Oper lustig sein sollte, war diese Eigenheit Brüggmanns nicht ganz fehl am Platze. In einer Szene, die eine Art Nachtclubatmosphäre verlangte, ließ er eine Menge spärlich bekleideter Choristinnen auf ein riesiges Gerüst klettern, auf dem sie in mehreren Reihen übereinander vor und zurück zu schaukeln schienen, während sich im Zentrum dieses nicht gerade stabilen Bauwerks ein beleuchtetes Rad drehte.

Der musikalische Teil der Aufführung war so gut, wie der liebe alte Dr. Rottenberg ihn mit seiner inspirierten, aber schwachen Führung eben zustandebrachte. Soviel ich weiß, war es das erste Mal, daß Opernsänger diese Art »atonaler« Musik in Angriff nahmen, und sie hatten einige Mühe damit. Ich erinnere mich, daß bei der zweiten oder dritten Aufführung einer der Hauptdarsteller zehn oder zwölf Takte nach seinem Einsatz auf die Bühne kam, aber das schien ihn überhaupt nicht zu stören, er sang gleich los, ohne Rücksicht darauf, daß das Orchester so viele Takte voraus war, bis jemand anders, der zur richtigen Zeit einsetzte, ihn zu seinem Erstaunen mitten in der Phrase unterbrach. Abgesehen von solchen Vorfällen, die sich, wie ich später erfahren sollte, in Opernvorstellungen öfter ereignen, als man glaubt, war die Aufführung recht eindrucksvoll, wenngleich für das Publikum im allgemeinen und für die meisten Kritiker etwas verwirrend. Paul Bekker war einer der wenigen, die das Werk zu schätzen wußten, und besonders lobte er mein Gespür für das Theater.

Der allgemeinen Tendenz meines Naturells zu jener Zeit entsprechend, gefielen mir besonders die heiteren, jazzigen Züge meiner Musik, und damals muß ich beschlossen haben, mich an einer richtigen Operette, einer musikalischen Komödie im Stil der ungeheuer erfolgreichen Werke von Lehár, Kalman, Fall und anderen, zu versuchen. Dazu forderten mich hauptsächlich Erdmanns kleine Experimente in diesem Genre heraus, und ich sah nicht ein, warum ich mein offenkundiges Talent in dieser Richtung nicht nutzen sollte, um einen richtigen Erfolgstreffer zu komponieren, der auch eine Menge Geld einbringen würde. Ich war noch naiv genug anzunehmen, daß alles, was man auf einem bestimmten Gebiet zum Erfolg brauche, Talent und entsprechendes handwerkliches Können sei, kombiniert mit Selbstvertrauen und Geschicklichkeit.

Ich unterrichtete die Universal Edition von meinem Wunsch, und sie schickten mir nur zu gerne einige Libretti, die sie dort auf Lager hatten. Ich wählte eines von einem gewissen Gribble aus, einem Engländer, dessen Verdienste unbekannt waren. Das Buch lag in einer deutschen Übersetzung vor. Es handelte von einer merkwürdigen Rechtslage in bezug auf Eheschließungen, die angeblich in einem schottischen Dorf herrschte, und gab, glaube ich, die weithin bekannten sonderbaren Verhältnisse in Gretna Green wieder. Ich erinnere mich weder an irgendwelche Einzelheiten noch an den Grund, warum ich diese Geschichte aussuchte, die nicht besonders interessant zu sein schien. Ich glaube, daß die Handlung eine Reihe von sehr komischen Situationen bot und nicht so sentimental war wie die üblichen Wiener Operettenlibretti, die sich am Ende des zweiten Akts zuspitzten und unvermeidlich auf die Tränendrüsen drückten, wenn sich nämlich die Hauptpersonen aufgrund irgendwelcher alberner und unnötiger Mißverständnisse in eine pseudotragische Situation hineinmanövrierten, die dann im dritten Akt mühsam entwirrt werden mußte. Ich nehme an, daß man in der Universal Edition Zweifel an dem Projekt hegte und jemanden zu Rate zog, der wahrscheinlich vorschlug, das Buch gründlich zu überarbeiten. Diese Aufgabe wurde einem Mann übertragen, der für Komponisten, die mit dem Verlag in Verbindung standen, schon verschiedene Libretti geliefert hatte, einem gewissen Baron von Levetzow, der zufällig auf Korsika lebte. Er nahm die Arbeit an Gribbles Stück auf, und zwischen uns entwickelte sich eine recht lebhafte Korrespondenz darüber. Ich werde auf diesen seltsamen Alten später noch zu sprechen kommen, da ich meiner Verbindung mit ihm einige sonderbare Erlebnisse verdanke.

Ich erinnere mich nicht, ob es bei jenem Frankfurter Festival oder bei einem anderen Musikfest in dieser Stadt war, daß ich zum erstenmal die Auszüge hörte, die Alban Berg von seinem *Wozzeck* für Konzertaufführungen gemacht hatte. Inzwischen kannte ich den Klavierauszug der Oper, und wann immer auch ich die Fragmente hörte, machten sie großen Eindruck auf mich. Doch das hatte keine unmittelbaren Folgen, weil ich mich in eine ganz andere Richtung treiben ließ.

An etwas anderes aber erinnere ich mich sehr gut. Ein oder zwei Tage nach der Premiere meiner Oper lud Dr. Rotttenberg mich ein, mit ihm eine andere Aufführung im Opernhaus zu besuchen, und als ich in einer der Balkonlogen Platz genommen hatte, sprach mich ein junger Jude an, der hinter mir saß. Er sagte ein paar nette Worte über mein Werk und drückte ganz unverblümt sein Mißfallen an der Wiedergabe aus, was sehr peinlich war, weil Rottenberg jedes Wort der Unterhaltung mit anhören mußte. Es schien auch, daß dieser aufdringliche Kerl lästig geworden war, weil er an den Eingängen des Opernhaues Pamphlete politischen Charakters verteilt hatte. Er hatte einen sonderbar stechenden Blick und eine überdeutliche, aggressive Sprechweise, und ich mochte ihn überhaupt nicht. Er hieß Theodor Wiesengrund Adorno, ein Name, den ich für äußerst lächerlich hielt. Eben dieser Mann sollte in späteren Jahren einer meiner besten Freunde werden und mitunter einen recht bedeutenden Einfluß auf mich ausüben.

Als wir nach Zürich zurückkamen, machten wir Pläne für den Sommer, und mit Rücksicht auf unsere finanzielle Lage schien es am vernünftigsten, in die österreichischen Alpen zu fahren, weil die Schweizer Sommerkurorte recht teuer waren. Außerdem wollte ich einige Zeit mit meinen Eltern verbringen, und auch für sie schien es viel einfacher zu sein, in Österreich zu bleiben. Bevor wir dorthin fuhren, wurden wir jedoch eingeladen, ein paar Wochen in einem Haus mitzuwohnen, das Alma Moodie in Pura, einem Dorf am Westufer des Luganer Sees, gemietet hatte. Sie erschien dort mit einer Freundin, Duzzi Schrader, einer mageren, knochigen Deutschen, die die Rolle einer Art Gesellschafterin und Hofdame für die kapriziöse kleine Geigerin spielte. Ich nehme an, daß wir uns in gewissem Maße an den Kosten für diesen Aufenthalt beteiligten. Ich weiß nicht mehr viel davon, außer daß es da unten in der Regel sehr heiß war. Wir erkundeten das umliegende Land, das sogenannte Malcantone, ein sehr entlegenes und vergleichsweise einsames und wildes Gebiet des Tessin, das wenig von Touristen besucht wurde. Es gefiel mir sehr, und ich beschloß spontan, unsere Sommerpläne zu ändern und meine Eltern dorthin einzuladen, zumal wir in dem Dorf Bedigliora, hoch oben in den Bergen nahe der italienischen Grenze, eine sehr preiswerte Pension entdeckt hatten. Mir lag sehr viel daran, meinen Eltern diese einzigartige Gelegenheit, ins Ausland zu fahren, zu bieten und ihnen das Land zu zeigen, das, wie ich fast hoffte, meine neue Heimat werden würde.

Zu sehen, welche Freude diese Reise meinen Eltern bereitete, verschaffte mir unermeßliche Befriedigung. Ich fuhr nach Zürich, um sie dort abzuholen, und wir verbrachten ein paar Tage in der Stadt, bevor wir ins Tessin fuhren. Weniges hat mir in meinem Leben so viel Vergnügen bereitet, wie mit meinen Eltern zu reisen und insbesondere, sie in fremden Orten, die ich gut kannte, herumzuführen. Sie waren das dankbarste Publikum, das man sich für solche Unternehmungen vorstellen konnte. Sie freuten sich nicht nur ungeheuer über alles, was ich für sie tat, denn sie sahen dergleichen nie als Selbstverständlichkeit an oder als etwas, das ich ihnen schuldig war, weil sie mir so viel Gutes und Liebes erwiesen hatten, sondern sie waren außerdem auf sehr bewegende Weise eifrig an allem Neuen interessiert, da sie zu ihrer Zeit sehr wenig gereist und nie im Ausland gewesen waren, und zugleich begegneten sie diesen neuen Dingen mit großer Aufmerksamkeit und Offenheit, allerdings eher auf sachlicher als auf intellektueller Ebene, weil sie keine philosophische Bildung und nicht einmal Neigungen in dieser Richtung hatten.

Wir verbrachten zwei sehr ausgefüllte und vergnügliche Tage in Zürich. Meine Eltern bewunderten alles, von der verschwenderischen Beleuchtung einer Stadt, die von wirtschaftlichem Zusammenbruch und Revolution verschont geblieben war, bis zum Essen, das sie unglaublich köstlich fanden. Unser Hauptquartier in dieser Hinsicht war die Locanda Ticinese, die es wert ist, an dieser Stelle erwähnt zu werden, weil sie vorzügliche italienische Speisen und eine großartige Auswahl an Schweizer Weinen bietet.

Danach reisten wir ins Tessin, wobei wir noch einmal die freudige Erregung der Fahrt über die Gotthardroute auskosteten. Mein Vater war begeistert, denn die südliche Landschaft ließ seine Erinnerungen an ähnliche Züge Südtirols wiederaufleben, das er nach fast vierzig Jahren so gerne wiedersehen wollte. Bedigliora war ein recht sonderbarer Ort, weil es nichts von der herausgeputzten Ordentlichkeit der meisten Schweizer Dörfer hatte. Es war so weit von den Hauptverkehrsadern entfernt und der italienischen Grenze so nahe, daß es viele der urzeitlichen Merkmale des Landes bewahrt hatte. Weil es an einen sehr steilen Hang gebaut war, waren die alten, düsteren Häuser praktisch übereinander errichtet worden, sehr ähnlich wie in einem indianischen Pueblo, so daß das ganze Dorf beinahe wie ein einziges, ungeheuer ausgedehntes und kompliziertes Bauwerk aussah, das von schmalen Pfaden durchzogen war, die sich durch niedrige, gewundene, dunkle Gänge gruben. Die wenigen Fenster waren klein, um sowohl die glühende Sommerhitze als auch die rauhen Herbststürme draußen zu halten. Im gleißenden Licht der Julitage sah das Innere des Dorfes doppelt düster und schmucklos aus, zumal es meistens praktisch verlassen war, abgesehen von den mageren Katzen, die an den heißen Mauern entlangschlichen.

Wir wohnten in einem »modernen« Gebäude auf der anderen Seite der Hauptdurchgangsstraße, einer engen, kopfsteingepflasterten Gasse, in der sogenannten Pensione Fastenrath, die in anderer Weise merkwürdig war. Sie war von einem Deutschen aus Köln namens Fastenrath errichtet worden. Wie die meisten Ausländer, die sich in dieser gastfreundlichen, aber hoffnungslos entlegenen Gegend niedergelassen hatten, muß er eine Art Spinner gewesen sein, ein Maler oder Zeichner mit literarischen Ambitionen, die predigerhaften Beigeschmack hatten. Das Haus war voller Bücher, Broschüren und Bilder von ihm. Betreut wurde es von zwei Töchtern oder Nichten des verstorbenen kleinen Propheten. Die »Pensione« war für Schweizer Verhältnisse äußerst billig, wie das ganze Gebiet, das selten von Touristen besucht wurde, und die Unterkunft war kaum noch bescheiden zu nennen. Meine Eltern bewohnten ein Zimmer, das die Bibliothek des alten Mannes gewesen war und durch das ein unverwüstliches Ameisenvolk eine Straße gebaut hatte, von einem Riß in dem alten Gemäuer zum anderen hinüber. Das Essen war mittelmäßig, aber erträglich. Meistens, wenn nicht sogar immer, waren wir jedoch die einzigen Gäste in diesem seltsamen Gasthof, und wir nahmen unsere Mahlzeiten auf der Terrasse ein, von wo man unter einem dichten Weinspalier hindurch den Blick über das tiefe Tal hinweg auf die Berge der italienischen Seite hatte.

Besonders erfreut waren wir, als wir einen Schuhmacher entdeckten, der in der Nähe in einem höhlenartigen Loch des riesigen Dorfbaus wohnte und sich bereit erklärte, nach dem Mittagessen einen echt italienischen Kaffee für uns zu kochen. Das geschah in einem wunderschönen Kupferkessel, der an einer ebenso schönen alten Kette über dem Feuer im offenen Kamin aufgehängt wurde, und das Getränk war unbeschreiblich köstlich. So verbrachten wir jeden Tag etwa eine halbe Stunde in der Höhle des Schusters und schlürften den wunderbaren Kaffee, während mein Vater glücklich sein halb vergessenes Italienisch ausgrub und wir versuchten, einige Brocken der Mundart aufzuschnappen.

Einige Male plagte uns der Ehrgeiz, auf den Gipfel eines der Berge in der Umgebung zu steigen, um eine bessere Aussicht auf die höheren Berge in der Ferne zu bekommen. Diese bescheidenen Unternehmungen waren ungeheuer anstrengend, weil es in der gnadenlosen Hitze ein Problem war, auch nur ein paar Meter zu klettern. Später machte ich wiederholt die gleiche Erfahrung: Während mir der Anstieg auf eine Höhe von ein paar tausend Metern nichts ausmacht, vorausgesetzt, daß ich auf zweitausend Metern oder höher anfange, fühle ich mich selbst bei unbedeutenden Anstiegen in geringerer Höhe vollkommen erschöpft. Zudem sind die Ziele in diesen geringen Höhen kaum jemals lohnend, so daß das Fehlen eines ausreichenden psychologischen Anreizes die Müdigkeit noch vergrößert. Außerdem waren die Wege sehr unübersichtlich, viel verwirrender als in den wirklich hohen Bergen, und mehrmals verirrten wir uns in diesen lächerlichen Hügeln ganz und gar. Auch das scheint ein allgemeines Merkmal kleiner Berge zu sein. So gaben wir unsere ehrgeizigen Pläne bald auf und begnügten uns, was das Wandern anging, damit, uns zu ein paar Bänken in der Nähe zu schleppen, die einen recht schönen Blick auf das Tal und die dunstigen Berge im Süden boten. Hin und wieder gab es Gewitter von einer Heftigkeit, wie ich sie nur in Amerika wiedererlebt habe, und auch dort nur selten. Eine halbe Stunde lang war der Himmel ein einziges blendendes Feuermeer, und der Donner dröhnte ununterbrochen, ganz zu schweigen von den schrecklichen Wolkenbrüchen, die die furchterregende Erscheinung begleiteten und ebenso plötzlich aufhörten, wie sie begonnen hatten. Alles in allem war es eine sehr schöne Zeit, an die ich nicht ohne nostalgische Gefühle zurückdenken kann.

Nach ungefähr zwei Wochen reisten wir wieder in die Westschweiz, wobei wir abermals durch das Centovalli-Tal mit der Schmalspurbahn und weiter mit der Simplonbahn fuhren. Anna und ich waren von Alma Moodie oder Werner Reinhart oder von beiden zu einem Aufenthalt in Chandolin in der Nähe von Sierre eingeladen worden. Ich freute mich sehr, daß ich dadurch eine Gelegenheit bekam, meinen Eltern das Wallis zu zeigen, das ich so sehr liebte, und ein paar Tage mit ihnen in Sierre zu verbringen.

Bevor wir nach Sierre fuhren, hielten wir uns einige Tage in Riederfurka auf, einem höchst bemerkenswerten Ort im oberen Rhônetal. Er liegt auf einem Berg, der sich wie ein Vorgebirge zwischen die Schlucht des Flusses und den Aletschgletscher schiebt, den größten Gletscher Europas, der von den steil aufragenden Bergen des Berner Oberlands herunterfließt. In Riederfurka stand ein hübsches kleines Hotel direkt neben einer phantastisch luxuriösen und prunkvollen Villa, die ein englischer Millionär hatte bauen lassen und die später vom Hotel als Dependance übernommen worden war. Es war beinahe anstößig, auf einem Berg von annähernd dreitausend Metern Höhe in so überladenen viktorianischen Räumen zu wohnen. Die Hauptattraktion der Gegend war das Eggishorn, das der Baedeker zu den drei oder vier schönsten Aussichtsbergen zählt, die es überhaupt gibt. Auf den Gipfel zu klettern, war nicht schwer, nur der Anstieg bis zu seinem Fuß war äußerst lang und ermüdend, weil man oft den Weg verlor. Im allgemeinen waren die Wege in den Schweizer Alpen längst nicht so sorgfältig markiert wie in den österreichischen, da das Bergsteigen in der Schweiz ein weit weniger populärer Sport war als in Österreich, so sonderbar das erscheinen mag. Aber für die Aussicht vom Eggishorn hätte sich sogar eine größere Anstrengung gelohnt. Man konnte nicht nur den gewaltigen Gletscher in seiner ganzen Ausdehung, von seinem hohen Ursprung bis hinunter zu der Stelle, wo er sich in der dunklen Schlucht verlor, überschauen, sondern auch die ganze Bergkette des Berner Oberlands, wo ein Name berühmter war als der andere: Mönch, Eiger, Jungfrau, Finsteraarhorn, und jenseits des Tals, nicht weniger eindrucksvoll, wenngleich weiter entfernt, die Kette des Wallis mit dem Monte Rosa und dem berühmtesten von allen, dem legendären Matterhorn, einem Berg mit unglaublich majestätischen und beredten Zügen, fast wie ein menschliches Wesen. Ich habe es immer bedauert, nie nach Zermatt gefahren zu sein und den Gornergrat bestiegen zu haben, um das einzigartige Phänomen aus der Nähe zu sehen. Die Fahrt mit der ausgeklügelt angelegten elektrischen Bahn, die zu dem sagenhaften Ort hinaufführt, kostete unmäßig viel. Einen besonders zauberhaften und ungewöhnlichen Anblick bot der Märjelensee, ein winziges Gewässer auf dem Grund einer Schlucht in der Nähe des Eggishorns. Es war von tief blaugrüner Farbe, und ein naher Gletscher spuckte Eisstückchen hinein, die in der leuchtenden Flüssigkeit umherschwammen wie Eiscremebrocken.

Von Sierre aus fuhren wir auch nach Sion, der Hauptstadt des Wallis, die ein paar Kilometer flußabwärts liegt und einer der bemerkenswertesten Orte ist, die ich kenne. Die kleine Stadt, die aus einem unscheinbaren modernen Teil und einigen mittelalterlichen, krummen Gassen besteht, ist um eine Gruppe von drei sehr steilen und felsigen Hügeln herum angelegt, die von der Talsohle aus gerade hochschießen. Der eine wird Tourbillon genannt und trägt die Ruine eines alten Schlosses, der zweite ist von der Kathedrale, La Valère, gekrönt, einem imposanten romanischen Bau von sehr hohem Alter, architektonisch bemerkenswert und voller interessanter Kunstgegenstände. Besonders gefiel mir ein sehr altes Gemälde, welches das Niedermetzeln der Märtyrer bei St. Maurice darstellt. Es schien mir die vollendeteste bildliche Darstellung der Walliser Landschaft zu sein, die ich je gesehen habe. Den Namen und die Bedeutung des dritten Hügels habe ich vergessen. Alle drei verliehen dem Ort etwas Phantastisches und ein wenig Schwindelerregendes. Die Umgebung von Sion ist fast noch bezaubernder als die von Sierre, weil das breite Tal noch weiter wird und die endlosen Terrassen mit ihrem unermeßlichen Reichtum an Weingärten, Wiesen, Wäldern, Dörfern, alten Schlössern, Kirchen, Kapellen und Türmen und dem Labyrinth kreuz und quer verlaufender Straßen und Wege noch ausgeprägter werden.

Am Marktplatz von Sion gibt es außerdem einen entzückenden Gasthof, das Hôtel de la Paix, in dem echter Schweizer und echter französischer Stil kombiniert sind. Man serviert vorzügliche Forellen und Brathühnchen, vor allem aber das Meisterstück der westschweizer Küche, das Fondue, ein Gericht, für das Käse in Weißwein geschmolzen wird und das kochendheiß in einer Schüssel aufgetragen wird, unter der eine offene Flamme dafür sorgt, daß es ständig weiterköchelt, während die Glücklichen, die an dem Mahl teilnehmen, mit langen Gabeln kleine Weißbrotwürfel in die goldene Flüssigkeit tunken. Es ist eine spannende Mahlzeit, weil das geringste Sinken der Temperatur bewirkt, daß der geschmolzene Käse zu endlosen Fäden verklumpt, die keine Macht der Welt durchtrennen kann, was jedes weitere Vorgehen ziemlich schwierig macht. Ich weiß nicht, ob die ewige Scherzfrage, ob das Fondue aus Neuchâtel oder das aus dem Wallis, die beide aus dem Wein und dem Käse der jeweiligen Region hergestellt werden, vorzuziehen ist, jemals gelöst werden wird. Ich weiß nur, daß es mich, so Gott will, sehr glücklich machen würde, sachdienliche Untersuchungen fortzusetzen, und daß außerhalb dieser beiden Gebiete an ein anständiges Fondue nicht einmal zu denken ist. Bei der Erwähnung des Hôtel de la Paix darf ich von den phantastischen Weinen, die man dort zu den herrlichen Mahlzeiten serviert, gar nicht erst anfangen.

Nach unserem nur allzu kurzen Besuch in diesen Orten fuhren meine Eltern nach Zürich, um bis zu unserer Rückkehr in unseren Zimmern in der Pension Rittershaus zu wohnen, und wir reisten nach Chandolin. Das ist ein winziges Dorf hoch oben am Osthang des Val d'Anniviers, südlich von Sierre, und in der einschlägigen Literatur wird es als der höchste Ort in Europa angegeben, wo noch Weizen angebaut wird. Er liegt in einer Höhe von ungefähr zweitausend Metern. Es gibt im Kanton Graubünden nur einen ständig bewohnten Ort, der noch höher liegt. Beide Orte liegen nur wenig höher als das Dorf Gurgl im österreichischen Ötzal, eine Tatsache, die mich ein bißchen ärgerte, allerdings nicht sehr, weil ich froh war, daß wir von der Schweiz geschlagen wurden und nicht von Deutschland, was mir unerträglich erschienen wäre.

Um nach Chandolin zu gelangen, nahm man den Bus von Sierre nach einem bestimmten Ort im Val d'Anniviers, und von dort aus mußte man ungefähr zwei Stunden aufsteigen, bis man das schöne, altmodische und ziemlich teure Hotel erreichte, das hoch über der bescheidenen kleinen Ortschaft lag. Alles thronte über dem tiefen, schattigen Tal, und die Aussicht, besonders nach Westen, war herrlich. Wir schauten über den unteren Teil des Rhônetals hinweg auf das wunderschön geformte Massiv des Dent du Midi, das wirklich wie ein riesiger Zahn aussah, der in seiner Krone einen vollkommen runden Gletscher einschließt, glänzend wie ein Diamant in seiner erhabenen Höhe. Im Süden sahen wir einen Teil des gewaltigen Gletschers der Hauptkette der Walliser Alpen. Das Hotel lag ganz nahe der Baumgrenze, so daß selbst kurze Wanderungen uns in jene Bergregionen führten, die ich über alles liebe, die weiten grünen Weiden und die endlosen Felshänge, wo der Blick ungehindert über riesige Stein- und Eisflächen zu den nahen und fernen Gipfeln wandert. Von Chandolin aus machten wir eine Tour auf die Bella Tola, einen kleinen Bergkegel in der Nähe, was wegen schlecht markierter und vernachlässigter Wege wieder sehr ermüdend war.

In Chandolin erlebte ich zum erstenmal die Feierlichkeiten zum Schweizer Nationalfeiertag, dem 1. August, an dem der Gründung des Bundes gedacht wird. Das übliche Mahl bestand aus Consommé Federal, einer von Tomaten rot gefärbten Brühe, in der kleine, weiße Kreuze schwammen, Poulet Rôti und Chalet Suisse, einer Nachspeise aus Waffeln in Form kleiner Schweizerhäuser mit Schlagobers. Nach dem Essen erhob sich jemand und las ein kurzes Kapitel aus einem Geschichtsbuch vor, das von den berühmten Taten Wilhelm Tells berichtete. Das Essen war sehr gut und die Zeremonie sehr einfach und würdevoll. Ich war sehr beeindruckt davon, weil sie die beste Seite des Schweizer Nationalcharakters widerspiegelte, einen stillen, aber beachtlichen Stolz auf etwas gleichermaßen Beachtliches.

Ständiger Wohnsitz Zürich

Es muß zu jener Zeit gewesen sein (obgleich es auch etwas früher, während unseres Aufenthalts in Pura, gewesen sein könnte), daß Alma Moodie uns ihren Plan darlegte, als ständigen Wohnsitz ein Haus in Zürich zu mieten, in dem zu wohnen sie uns anbot, damit es in den langen Zeiten ihrer Anwesenheit nicht leerstünde. Es hatte sich herausgestellt, daß der Flötist, für den ich die bereits erwähnten Bach-Arrangements gemacht hatte, ein gewisser Draber, sein Haus aufgeben wollte, um sich ins Tessin zurückzuziehen, weil seine Frau im Begriff war, ihn zu verlassen. Alma hatte ein Auge auf dieses Haus geworfen, und es lag ihr sehr daran, es so schnell wie möglich herrichten zu lassen. Ich werde nie wissen, welche Hintergedanken sie hatte, als sie diese Regelung vorschlug, ob sie Reinhart näher sein wollte, ohne zu auffällig Gebrauch von seiner Gastfreundschaft zu machen, oder ob sie im Gegenteil größere Distanz zu ihm schaffen wollte, ohne die Beziehung sofort abzubrechen. Welche Aufgabe wir im einen oder anderen Fall hatten, weiß ich auch nicht. Scheinbar war Alma einfach nur nett zu uns, indem sie uns half, länger mit Reinharts Stipendium auszukommen, denn wir sollten keine Miete bezahlen müsen. Und vielleicht war wirklich nicht mehr dahinter, aber nachdem ich sie besser kennengelernt habe, wäre es für mich nicht überraschend, wenn sie irgendwelche Hintergedanken gehabt hätte, obgleich es mir ein Rätsel wäre, welche das sein könnten.

Ich glaube, ich muß damals psychisch recht schwerfällig gewesen sein (und ich bin nicht sicher, ob ich seither wacher geworden bin, abgesehen von der Tatsache, daß ich Erfahrungen gesammelt habe, die mich gelehrt haben, bestimmte Situationen als ziemlich typisch zu erkennen). Vielleicht war ich bloß in meine Arbeit vertieft, obgleich es scheint, daß ich in jenen Jahren in der Schweiz weniger fieberhaft arbeitete als vorher. Jedenfalls hielt ich es anscheinend für selbstverständlich, daß sich die Dinge nach meinen Wünschen entwickelten, das heißt so blieben, wie sie waren. Deshalb achtete ich nicht besonders darauf, was in Anna vorging, und schenkte auch der Tatsache wenig Beachtung, daß ihre Gleichgültigkeit in bezug auf das Eheleben eher wuchs als abnahm, was der einzige Faktor gewesen wäre, der für meine Haltung gesprochen hätte. Ich weiß nicht, ob Anna für die Zukunft schon entschieden hatte, und vielleicht war das nicht der Fall, weil sie sehr dazu neigte, von einem Moment zum nächsten zu leben. Zu Almas Plan äußerte sie sich jedenfalls in keiner Weise; sie nahm die Dinge passiv hin, wie sie kamen, sei es aus allgemeiner Trägheit, oder weil sie wußte, daß sie an dem neuen Arrangement ohnehin nicht beteiligt sein würde. Deshalb erklärten wir uns mit Almas Vorstellungen so, wie sie uns vorgetragen wurden, einverstanden und bereiteten uns auf den Umzug in das neue Haus vor.

Auf unserem Rückweg nach Zürich unterbrachen wir die Fahrt für ein paar Stunden in Fribourg, weil Rilke den Anblick dieser Stadt als einen der interessantesten in der Schweiz gerühmt hatte. Er hatte recht, denn die alte katholische Stadt war auf verschiedenen Ebenen zu beiden Seiten des Flusses erbaut worden, (ich neige zu der Annahme, daß es die Aare ist), und diese Terrassen sind durch eine Reihe kühner Brücken von verschiedenen Höhen miteinander verbunden, die einander oft kreuzen und phantastische Muster bilden, wie ich sie nur in Constantine in Nordafrika wiedergesehen habe.

Meine Eltern hatten unsere Zimmer in der Pension Rittershaus bewohnt, bis wir dorthin zurückkehrten. Meine Erinnerung an die unmittelbar anschließende Zeit ist etwas verschwommen. Ich weiß noch, daß ich im Frühherbst ungefähr vier Wochen in Sierre verbrachte, aber es fällt mir schwer, mich zu erinnern, ob das in diesem Jahr oder im nächsten war. Es spricht einiges dafür, daß es 1924 gewesen sein muß, aber das würde heißen, daß sich die Ereignisse im Herbst jenen Jahres sehr drängten. Jedenfalls sehe ich mich in Almas neuem Haus herumsitzen und zusehen, wie Duzzi Schrader und sie Vorhänge nähen, wobei sie Jazzplatten auf dem Grammophon spielen, von denen mir eine schwungvolle Nummer mit dem Titel »In Mexico« und eine andere über eine »Holzpfeife«, die »nicht pfeifen wollte«, lebhaft in Erinnerung geblieben sind. Überall waren Handwerker an der Arbeit, das Haus war voller Lärm, und es roch nach frisch geschlagenem Holz und frischer Farbe.

Es war das Haus Nummer 100 in der Susenbergstaße, der höchsten Straße auf dem Zürichberg, und es bot einen ganz herrlichen Ausblick auf die Stadt, den See und die Alpen in der Ferne. Unser Zimmer – das bald mein Zimmer werden sollte – lag in der obersten Etage, und an schönen Tagen konnte ich die Gipfel des Berner Oberlandes sehen, 150 Kilometer weit entfernt, wie winzige kleine Kristalle, die in der strahlenden Wintersonne funkelten, während dichter, brauner Nebel, der aus dem See aufstieg, die Stadt tief unten einhüllte, so daß man kein Dach und keinen Turm erkennen konnte.

Ich weiß auch, daß Anna bei solchen Gelegenheiten nicht bei mir war, obgleich ich mich erinnere, daß sie mindestens ein- oder zweimal mit war, nachdem die von Alma veranlaßten Umbauten abgeschlossen worden waren. Andererseits weiß ich, daß, falls ich in diesem Herbst nach Sierre fuhr, es gewesen sein muß, als Anna sich entschlossen hatte, wieder nach Venedig zu ihrer Mutter zu reisen, und ich weiß auch, daß sie mich von dort aus über ihren endgültigen Entschluß unterrichtete, unser Eheleben zu beenden. Offenbar kam sie noch einmal von Venedig zurück, um in Zürich ihre Angelegenheiten zu regeln, was erklären würde, warum sie in dem Haus war, obgleich wir dort eigentlich nicht mehr zusammen wohnten.

Von meinem Besuch in Sierre weiß ich vor allem noch, daß ich dort ungewöhnlich einsam war, selbst wenn man bedenkt, daß mir das leicht passiert, wenn ich nicht in irgendeine Form von gesellschaftlichem Leben hineingestoßen werde. Ich wohnte im Hotel Château Bellevue und sprach tagelang kein einziges Wort mit anderen, denn der einzige Mensch, den ich während dieser vier Wochen ab und zu traf, war Rilke. Wir aßen gemeinsam entweder in meinem Hotel oder im Turm von Muzôt, und Rilke wurde nicht müde, mit außerordentlichem Charme und Humor Geschichten aus seinem Leben zu erzählen, die alle mit einer Art melancholischer Resignation durchsetzt waren. Ein ganz besonderes Vergnügen wurde mir zuteil, als er mir seine Quatrains Valaisans vorlas, die er gerade vollendet hatte, zauberhafte kleine Gedichte in französischer Sprache, die dem Land gewidmet waren, das er zur Heimat erwählt hatte. Darunter war besonders eines, das ich über alles liebte, ein Gedicht über die kleinen, blauen Schmetterlinge, die in so großer Zahl die Wege im Wallis belebten. Der Dichter verglich sie mit den Fetzen eines Liebesbriefes, den er gerade auf seinem kostbaren blauen Papier geschrieben und zerrissen hatte, weil die Geliebte, an die er adressiert war, zufällig zur Tür hereinkam. Ich bestaunte damals die Fähigkeit des Dichters, in einer Sprache, die ursprünglich nicht die seine gewesen war, so vollendete kleine Juwelen zu gestalten. Ohne daß mir auch nur im Traum einfallen würde, meine literarischen Versuche mit den Leistungen eines großen Dichters wie Rilke zu vergleichen, darf ich doch sagen, daß mir das jetzt nicht mehr so unheimlich erscheint, nachdem ich gelernt habe, mich in der englischen Sprache auszudrücken, so gut ich kann.

Da ich immer noch, und andauernd, unter dem Einfluß von Karl Kraus stand und wußte, daß er von Rilke keine sehr hohe Meinung hatte, wollte ich Rilkes Einstellung zu Kraus kennenlernen, um mir über meinen eigenen Standpunkt Klarheit zu verschaffen und mich in bezug darauf, daß ich ihm Gesellschaft leistete, zu beruhigen. Ich zögere nicht zu sagen, daß ich ihn vielleicht fallengelassen hätte, wenn er etwas Unfreundliches über Kraus gesagt hätte, so stark war dessen Macht über mein Gewissen. Und es wäre nicht überraschend gewesen, wenn Rilke Kraus abgelehnt hätte, denn der engelhafte Mystiker und der politische Satiriker hatten nicht viel gemeinsam. Rilke sprach jedoch mit Respekt über Kraus; er sagte nur, daß er die Einstellung eines Mannes nicht teile, der einseitig die Eigenschaften einer Rasierklinge entwickelt habe und nichts anderes könne als schneiden, wo auch immer er zu Taten herausgefordert werde. Das schien mir nur recht und billig, und ich war froh, daß ich meine Verbindung zu Rilke unter diesen Voraussetzungen aufrechterhalten konnte. Ich nehme an, daß das ziemlich albern klingt, aber ich muß darüber berichten wie über alles andere auch.

Ich erinnere mich nicht genau, was ich in dieser ganzen Zeit gemacht habe. Gewöhnlich saß ich auf der Hotelterrasse, las oder komponierte, hauptsächlich mit jener unfertigen Komposition beschäftigt, in der ich Wolffs Ideen anzuwenden versuchte. Hin und wieder lief ich den Nordhang des Tals hinauf, um mir kräftig Bewegung zu verschaffen, vielleicht auch, um müde zu werden, damit ich nicht von Gedanken belästigt wurde, die im allgemeinen eher trübe waren. Damals begann mir zu dämmern, daß mein Leben wegen

Annas Fortgehen ein ganz neues Gesicht bekommen würde, daß viele Gewohnheiten, die ich angenommen und für selbstverständlich gehalten hatte, gründlich geändert werden mußten. Ich frage mich, ob ich sie sehr vermißte, und das veranlaßt mich, die Frage zu stellen, ob sie mir als Mensch jemals sehr viel bedeutet hat. Ich bin außerstande zu entscheiden, ob das tatsächlich so war, oder ob meine gegenwärtige Unfähigkeit, diese Frage zu klären, auf die inzwischen vergangene Zeit und auf die Tatsache zurückzuführen ist, daß neue und stärkere emotionale Erfahrungen die Erinnerung an jene früheren Ereignisse verdrängen und trüben. Wenn ich von meinem heutigen Standpunkt aus auf die Zeit meiner ersten Ehe zurückblicke, scheint es mich zu verwirren, wenn ich versuche herauszufinden, ob sie im ganzen glücklich war. Wiederum weiß ich nicht, ob meine undeutliche Erinnerung oder die Tatsache, daß Glück ein außerordentlich schwer faßbarer und mehrdeutiger Begriff ist, die Ursache dafür ist. Zweifellos gab es viele Augenblicke, die so, wie sie waren, vollkommen erscheinen. Doch die Tatsache, daß meine Verbindung mit Anna, was den Sinn und Zweck einer Ehe im Licht bestehender Konventionen betrifft, letzten Endes fehlschlug, trübt den Gedanken an jene glücklichen Augenblicke ein wenig. So wie ich es jetzt sehe – und ich glaube, daß ich diese Einsicht schon damals hatte, wenn auch zu spät –, hätte unser Verhältnis nie eine Ehe mit den weiterreichenden geistigen Implikationen dieses Begriffs sein sollen, denn wir hatten uns auf die notwendigen Formalitäten eigentlich nur deshalb eingelassen, weil das für die Fortführung unserer sexuellen Beziehungen günstiger erschien.

Beziehung zu Alma Moodie

Es muß nach meiner Rückkehr nach Zürich gewesen sein, daß ich mich für Alma Moodie auf andere Weise zu interessieren begann als zuvor. Die Renovierung des Hauses war damals so gut wie abgeschlossen, und es blieben uns ein paar Tage, ehe sie nach Berlin fahren mußte, wohin auch ich bald reisen sollte, um der Uraufführung meines ersten Opernexperiments, *Zwingburg*, beizuwohnen, die in der Staatsoper vorbereitet wurde. Ich bin nicht ganz sicher, ob Anna damals bereits klar gemacht hatte, daß ihr Entschluß endgültig war, aber auf jeden Fall hatte sie angekündigt, daß sie nicht nach Berlin kommen würde, und es war offensichtlich, daß das das Ende unserer ehelichen Verbindung bedeutete. Natürlich mußte ich Alma die Neuigkeit mitteilen, weil sich daraus eine gewisse Änderung in der Benutzung des Hauses ergab. Diese Gespräche schufen recht spontan eine zunehmend intime Atmosphäre des Vertrauens zwischen uns beiden, und bald war klar, daß unsere Beziehung nie mehr die gleiche sein würde wie vorher, eine Beziehung, die auf gemeinsamem Interesse an der Musik beruhte und distanziert freundlich war.

Kurz danach fuhren wir nach Berlin, allerdings nicht gemeinsam. Ich verbrachte nur wenige Tage dort, und ich erinnere mich nicht, wo ich gewohnt habe. Auch von den Proben zu meiner Oper, von denen ich einige besucht haben muß, habe ich nicht viel behalten. Die Aufführung war sehr gut vorbereitet, denn die Mittel der Berliner Oper waren praktisch unerschöpflich. In der *Zwingburg* gibt es lange Chorpassagen, die, gemessen an dem, was man damals gewohnt war, ziemlich schwierig erschienen. Sie wurden vom Opernchor unter der Leitung Rüdels, meines ehemaligen Lehrers an der Hochschule, vorzüglich ausgeführt. Auch das Orchester war ausgezeichnet, Dirigent war der energiegeladene Erich Kleiber, ein sehr verdienstvoller Interpret, auch wenn ich ihn als Menschen nicht besonders mochte. Im übrigen wurde meiner Meinung nach zu viel Theater um die ganze Sache gemacht, die Aufführung wurde nämlich als beispielloser Vorstoß ins Unbekannte angekündigt. Da die Oper nur einen Akt hat, der etwa fünfzig Minuten dauert, war es erforderlich, den Abend mit anderen Programmpunkten aufzufüllen. Man ließ den Hauptdarsteller vor den Vorhang treten und zuerst das Libretto lesen, was schon von vornherein keine sehr gute Idee war. Außerdem verringerte es das Interesse an dem, was kommen sollte, und rief ungerechtfertigte Befürchtungen in bezug auf die tiefgründige Mystik der Dichtung Werfels wach. Übrigens blieb das Geheimnis seiner Urheberschaft gewahrt, zumal aus der Familie Mahler niemand anwesend war. Soviel ich weiß, war auch Dr. Demuth, der Urheber der Idee zu dem Stück und der Autor der ersten Fassung, nicht da, zumindest sah ich ihn nicht. Es ist ein seltsamer und etwas beunruhigender Gedanke, daß ich in der relativ kurzen Zeit zwischen der ersten Idee zu diesem Werk und seiner Premiere meine Lebensumstände so radikal verändert hatte, daß keine der Personen, die in den verschiedenen Phasen seiner Entstehung Bedeutung für mich gehabt hatten, noch mit mir in Verbindung stand.

Nach der überflüssigen Lesung des Textes (oder vielleicht auch davor) spielte das Orchester den ersten Satz meiner *Zweiten Symphonie*, was auch keine sehr gute Idee war. Wenn ich nicht irre, war es Busoni, der uns darauf aufmerksam gemacht hatte, daß symphonische Musik und Bühnenmusik zwei ganz verschiedene Gattungen sind, die überhaupt nicht zusammenpassen. Obgleich eine Opernouvertüre alle Strukturmerkmale des ersten Satzes einer Symphonie haben kann, ist es in der Regel nicht möglich, einen solchen Satz, selbst wenn er sehr dramatisch ist, an die Stelle einer Ouvertüre zu setzen. Echte Opernmusik hat etwas spezifisch Theatralisches, einen bestimmten Typus rhetorischer Gestik, der sehr schwer zu definieren ist. In der symphonischen Musik fehlt das normalerweise, daher leidet sie darunter, wenn man sie ins Opernhaus verpflanzt. Genaugenommen ist Opernmusik im Konzertsaal ebenso fehl am Platz, was man nicht so unmittelbar merkt, weil Opernfragmente auf Konzertprogrammen als Programmpunkte erscheinen, die erklärtermaßen aus einem anderen Bereich geborgt sind. Im übrigen machen sie oft ohnehin keinen sehr guten Eindruck. Deshalb kam mein Symphoniesatz trotz seiner beträchtlichen dramatischen Lebhaftigkeit nicht besonders gut an.

Die Aufführung der Oper in der Inszenierung von Ludwig Hoerth war sehr eindrucksvoll, mit einer Art kubistischem Bühnenbild in einem Stil, der monumental wirken sollte, und mit imposanten Massenbewegungen. Als das Volk die Burg des unsichtbaren Tyrannen stürmte, entrollte es eine riesige rote Fahne, die in einem künstlichen Wind wehte, der auf die Bühne geblasen wurde. Es ist wichtig, zur Kenntnis zu nehmen, daß Werfels Regieanweisung »eine Fahne« verlangte, ohne die Farbe anzugeben, denn die Nazipresse behauptete später, die *Zwingburg* sei wegen der roten Fahne, die ich angeblich gefordert hätte, ein kommunistisches Propagandastück, und es wurde sogar gesagt, daß die gedruckte Partitur auf dem Umschlag eine rote Fahne zeige, obgleich dieser überhaupt keine bildliche Darstellung trug. Die Aufführung wurde vom Publikum gut aufgenommen, wenn auch die Zeitungsberichte, soweit ich mich entsinne, nicht allzu positiv waren, und ich war von meinen Leistungen gebührend beeindruckt, denn ich hatte in einem Jahr zwei sehr unterschiedliche Bühnenwerke von mir an zwei sehr wichtigen Opernhäusern Deutschlands aufgeführt gesehen. Allerdings lag mir *Zwingburg* nie sehr am Herzen.

Meine Beziehung zu Alma Moodie muß sich in jenen wenigen Wochen zwischen meiner Rückkehr von Sierre und der *Zwingburg*-Premiere sehr schnell zu einer ausgewachsenen Liebesaffäre entwikkelt haben, denn die letzten Schritte dazu vollzogen wir eben an dem Abend der Opernaufführung, und dieser letzte Vollzug war keineswegs die Folge einer plötzlich aufflammenden, überwältigenden Leidenschaft. Wir hatten uns in stillschweigendem Einvernehmen vorher entschlossen, diese Brücke zu überqueren. In der Aufregung über das, was da kommen sollte, benahm ich mich ziemlich töricht, als ich bemerkte, daß in der Loge, in der ich saß, ein Platz frei war. Es kann gut sein, daß er, der für Anna reserviert worden war. Ohne im geringsten daran zu denken, welchen Eindruck das hervorrufen würde, schickte ich jemanden zu Alma, die irgendwoanders Platz genommen hatte, und ließ sie bitten, den freien Platz neben mir einzunehmen. Die professionellen Klatschmäuler hatten zwar bereits bemerkt, daß Anna der Vorstellung nicht beiwohnte, aber Almas Umzug in meine Loge während der ersten Pause war natürlich himmlische Nahrung für ihre Zungen, und am nächsten Morgen wußte praktisch ganz Deutschland, daß ich eine Affäre mit Alma hatte. Und sie hatten recht. Nach der Vorstellung gab Max von Schillings, der damalige Direktor der Berliner Oper, mir zu Ehren ein offizielles Bankett, und es machte die Sache nicht besser, daß ich, nachdem ich abwesend und schmorend am Tisch gesessen hatte, die Gesellschaft vorzeitig verließ unter dem Vorwand, daß ich noch eine andere Verabredung hätte, was schließlich der Wahrheit entsprach. Das war aber nicht nur peinlich, sondern auch unklug, denn im Interesse meiner Karriere hätte ich die Gelegenheit nutzen sollen, mir die anhaltende Gunst der Großen dieser Welt zu erwerben, mit denen das Schicksal mich in so vielversprechenden Kontakt gebracht hatte. Ich habe es jedoch nie gut verstanden, solche Situationen auszunutzen, und besonders Aussichten erotischer Natur waren immer geeignet, mich alles andere vergessen zu lassen, nicht so sehr, weil ich einer besonderen Versuchung nicht widerstehen konnte, sondern vielmehr, weil mir so außergewöhnlich viel daran lag, keine Gelegenheit, die sich mir auf diesem Gebiet bot, zu versäumen, denn ich hatte ständig den Eindruck, daß mir solche Gelegenheiten längst nicht häufig genug geboten wurden.

An dieser Stelle verläßt mich in bezug auf die chronologische Reihenfolge der Ereignisse wieder mein Gedächtnis, denn was ich jetzt zu berichten habe, hätte sich logischerweise vor den gerade geschilderten Ereignissen zutragen müssen. Die einzige Überlegung, die das zweifelhaft erscheinen läßt, ist, daß die Zeitspanne, in der sich alle diese Begebenheiten abspielten, dann noch kürzer werden würde. Die Sache ist die, daß ich irgendwann in dieser Zeit in Langballigau erschien, um Irene Erdmann zu besuchen. Da der Hauptgrund für diesen Besuch mein unwiderstehlicher Drang war, mit einem befreundeten Menschen, dem ich vertraute, über meine Schwierigkeiten zu sprechen, muß es vor den Berliner Ereignissen gewesen sein, da diese meine Probleme hätten beseitigen oder mir zumindest den Eindruck hätten verschaffen müssen, daß sie gelöst waren. Meiner Erinnerung an den Gemütszustand zufolge, in dem ich mich befand, als ich in Erdmanns Haus ankam, muß es sogar noch früher gewesen sein, das heißt zu einer Zeit, in der ich noch überhaupt nicht sicher war, wie sich meine Beziehung zu Alma entwickeln würde. Jedenfalls war Irene allein zu Haus, als ich ankam, denn Eduard befand sich auf einer Konzerttournee in Finnland.

Ich war verzweifelt und hielt mich in Liebesdingen für einen kompletten Versager, denn ich war offenbar nicht fähig gewesen, Anna zufriedenzustellen. Ich schilderte in allen Einzelheiten meine Erfahrungen und Nöte bei der Liebe, wodurch ich ganz naiv Irenes Mitgefühl weckte und sie zugleich zu weiteren intimen und heiklen Geständnissen ihrerseits herausforderte. Diese Art von Gespräch führten wir zwei oder drei Tage lang in völliger Isolation bis spät in die Nacht, so daß es nicht ausbleiben konnte, daß einige recht kritische Situationen zwischen uns beiden entstanden. Ich weiß nicht, ob es für uns spricht, daß wir es schafften, nicht völlig den Kopf zu verlieren. Jedenfalls war »nichts geschehen«, als ich nach drei Tagen wieder abreiste, anscheinend im Geist getröstet, wenn auch nicht im Fleische, und wahrscheinlich ermutigt, die Beziehung zu Anna fortzusetzen. Irenes seelisches Gleichgewicht war jedoch so erschüttert, daß sie es angebracht fand, in einem Brief an Eduard eine Art seelenreinigendes Geständnis abzulegen, was ihn veranlaßte, sein Engagement in Finnland abzubrechen und nach Hause zu eilen, um die Stabilität seiner Ehe wiederherzustellen. Ich erfuhr davon erst später, als er mich bei einem Besuch in der Schweiz um eine förmliche Erklärung der Situation bat. Seltsamerweise eröffnete er dieses etwas peinliche Gespräch mit der Feststellung, daß nun der richtige Zeitpunkt für uns wäre, in der Anrede das freundschaftliche Du zu verwenden und damit den anomalen Zustand zu beenden, daß ich Irene duzte und ihren Ehemann immer noch siezte. Unser Gespräch fiel zur völligen gegenseitigen Befriedigung aus, und unsere Beziehung blieb genauso herzlich, wie sie es bis dahin gewesen war.

All das war äußerst aufregend, und meine Geistesverfassung damals war eine sehr glückliche, hauptsächlich, weil Alma auf meine erotischen Annäherungen mit sehr deutlichen Zeichen vollkommener Befriedigung reagierte, wie ich sie von Anna kaum jemals erhalten hatte. Später fand ich heraus, daß diese Reaktion seitens der Frauen, mit denen ich schlief, eine wesentliche, wenn nicht überhaupt die wesentlichste Bedingung dafür war, daß ich in einer derartigen Beziehung glücklich war. Ich weiß nicht genau, ob ich mich in dieser Hinsicht sehr von anderen Männern unterscheide, aber einige Anhaltspunkte scheinen mir darauf hinzuweisen, daß die Mehrzahl der Männer diesem Faktor keine so überragende Bedeutung beimessen, wie ich es tue. Je nachdem, welchen Blickwinkel ich wähle, kann ich diesen Sachverhalt als ein Zeichen schöner Uneigennützigkeit meinerseits interpretieren, indem ich annehme, daß die meisten Männer so gefühllos sind, daß sie damit zufrieden sind, für sich selbst die physische Reaktion zu erhalten, die man als natürliches Ergebnis des Geschlechtsverkehrs von ihnen erwartet, oder ich kann mein Bedürfnis als Ausdruck ungewöhnlicher Eitelkeit interpretieren, insofern als ich einen spürbaren Beweis für die Effizienz und die ausgezeichnete Qualität meiner Leistung haben möchte. Eigentlich glaube ich, daß beide Faktoren eine Rolle spielen. Es ist nur natürlich, daß ich die Frau, die ich liebe, als Ergebnis dieser Liebe glücklich sehen möchte, und es ist ebenso natürlich, daß ich stolz darauf bin, sie glücklich machen zu können. Es mag wohl sein, daß meine Enttäuschung in dem Fall, daß diese Wirkung nicht eintritt, größer ist als die anderer Männer, vielleicht weil meine erste wesentliche erotische Erfahrung von so negativen Ergebnissen begleitet wurde, und Anna zögerte nicht, mich wissen zu lassen, daß sie keine Befriedigung erlebte, außer in ein paar Einzelfällen, was mich schließlich sehr traurig machte, obgleich sie mir nie die Schuld an diesem Mißerfolg gab, wie ich fairerweise sagen muß.

Mit Alma schien in dieser Hinsicht alles so völlig anders zu sein, und ich glaubte mit Recht annehmen zu können, daß ich jetzt einen Zustand dauerhaften Glücks erreicht hatte. Zu meiner Überraschung war sie es, die in den ersten Tagen unserer Liebesbeziehung gelegentlich den Gedanken äußerte, daß wir heiraten sollten. Da sie auch katholisch war, wünschte sie sich eine schöne kirchliche Trauung und was nicht noch alles. Folglich schlug sie vor, daß ich sofort Schritte unternehmen sollte, um eine Scheidung von Anna zu erwirken, und vielleicht beschäftigte sie das wirklich am meisten, weil es ihr bewiesen hätte, daß sie einen absoluten Triumph davongetragen hatte. Andererseits wies sie wiederholt darauf hin, daß sie zwei Jahre älter war als ich, was sie für einen sehr wesentlichen Altersunterschied zu halten schien, der über die tatsächliche Anzahl von Jahren weit hinausging. Das sollte mir als Warnung dienen, daß die Entwicklung einer dauerhaften Bindung zwischen uns sehr unwahrscheinlich war. Natürlich wollte ich das nicht glauben, denn ich sah nicht, daß der Altersunterschied, der mir sowieso unbedeutend erschien, unserem derzeitigen Glück im Weg stand. Andererseits war der Gedanke, die Scheidung einzureichen, nicht gerade verlockend für mich, nicht weil ich jemals daran gedacht hätte, zu versuchen, meine Beziehung zu Anna wieder aufzunehmen, sondern eher, weil die Aussicht auf die langwierige Prozedur mich abschreckte, so daß ich wahrscheinlich dazu neigte, den Dingen ihren Lauf zu lassen, zumindest eine Zeitlang. So wurde die erste Phase unserer Liebesbeziehung durch die Umstände etwas durcheinandergebracht und verkompliziert, aber das Glücksgefühl war eindeutig vorherrschend, und ich glaube, nicht nur bei mir.

Nach der Rückkehr nach Zürich bemerkte ich bald, daß ich zu naiv angenommen hatte, ich könnte meine frühere Lebensweise mehr oder weniger fortsetzen, bloß mit einer kleinen Personalveränderung sozusagen. Alma war nicht nur ein vollkommen anderer Mensch als Anna, sondern sie führte als vielgefragte Konzertgeigerin auch ein völlig anderes Leben. Nach dem Beginn der Konzertsaison war sie mehr auf Reisen als zu Hause, und wenn sie kam, war es jeweils nur für eine sehr begrenzte Zeit, die zum großen Teil vom Üben für die Programme und von gesellschaftlichen Verpflichtungen beansprucht wurde.

Wenn ich das alles bedenke, überrascht es mich einigermaßen, daß wir offenbar immer noch genug Zeit für uns hatten, so daß ich den Zustand anfangs nicht für unerfreulich hielt. Almas Gesellschafterin, die knochige Deutsche Duzzi Schrader, war bei uns, denn ich erinnere mich, daß ich den beiden aus Karl Kraus' Zeitschrift »Die Fackel« vorlas, während sie noch dies oder jenes nähten und letzte Hand an das Haus legten, das ein recht elegantes Aussehen annahm. Alma hatte auf ihren Europareisen mit sehr gutem Geschmack eine große Anzahl reizvoller Gegenstände gesammelt und weitere von Werner Reinhart geschenkt bekommen. Ich mochte Duzzi nicht besonders, was nur natürlich war, weil ich lieber mit Alma allein gewesen wäre, denn für die Außenwelt war unsere Liebesaffäre natürlich ein Geheimnis. Duzzi muß zwar alles gewußt haben, aber in ihrer Gegenwart gab es keine Vertraulichkeiten. Es gab auch noch eine ältliche, etwas griesgrämige schweizerische Köchin und Haushälterin namens Emilie. Nichtsdestoweniger schienen wir im großen und ganzen ohne allzu viele Schwierigkeiten zu bekommen, was wir wollten.

Soweit ich mich erinnere, hatte das Haus ein mittelgroßes Speisezimmer im Erdgeschoß. Dort befand sich auch die Küche und ein Zimmer für die Haushälterin. In der ersten Etage hatten wir ein Wohnzimmer, das Musikzimmer und Almas Schlafzimmer. Mein eigenes Zimmer, dessen Wände nach meinen Wünschen pompejanisch rot bemalt worden waren, befand sich im obersten Geschoß und bot einen herrlichen Blick über die Stadt, den See und die weit entfernten Bergketten.

Dort widmete ich mich meiner Arbeit, was auch immer das damals war. Nach meiner Liste muß ich zu jener Zeit mein *Concertino, op. 27* geschrieben haben. Das war eine kleine Komposition, zu der ich durch ein Konzert inspiriert worden war, das die Münchener Cembalistin Li Stadelman in Winterthur gegeben hatte. Ich war von dem zarten, metallischen Klang des kleinen Instruments ganz entzückt und entschloß mich deshalb, etwas dafür zu schreiben, und so entstand mein *Concertino für Cembalo, Flöte, Violine und Streichorchester.* Es ist ein sehr leichtes, spielerisches Stück, eher tonal als sonst etwas, mit einem fröhlichen Finale in der Art der entsprechenden Sätze von Bachs *Brandenburgischen Konzerten*. Es enthält einen kurzen Satz nur für die Soloinstrumente, einen Kanon für Violine und Flöte, wobei das Tasteninstrument während des ganzen Stückes nur einen einzigen Akkord in der Form eines Ostinatos wiederholt. Ich stellte mir vor, daß dieser Akkord mit ständig wechselnden Registern auf den verschiedenen Manualen des Cembalos gespielt werden und dabei immer an- und abschwellen sollte. In dieser Originalversion habe ich die Komposition nie gehört, obgleich sie, wie berichtet wurde, von Li Stadelmann und anderen so aufgeführt wurde. Als ich das Stück selbst oft spielte, benützte ich immer ein Klavier, und das einzige Mal, als ich es auf einem Cembalo versuchte, war ich überhaupt nicht zufrieden, wahrscheinlich weil ich mit dem Instrument nicht vertraut genug war. Im übrigen war meine Begeisterung für das Cembalo eher flüchtig als dauerhaft. Ich finde das Instrument immer noch ganz reizvoll, aber normalerweise habe ich den etwas maschinenähnlichen Klang nach ein paar Minuten satt.

Ein weiteres Stück, das ich meinen Aufzeichnungen zufolge in dieser Zeit komponiert habe, ist die *Kleine Suite für Klarinette und Klavier*, die ich zu Werner Reinharts Geburtstag ganz schnell zu Papier brachte. Ich erinnere mich, daß es nichts Besonderes war. Vermutlich habe ich nicht viel daran gearbeitet, denn höchstwahrscheinlich war ich nicht mit dem Herzen dabei. Meine Beziehung zu Reinhart bekam einen etwas seltsamen Beigeschmack, denn offiziell galt er als Almas Liebhaber. Die beiden trafen sich weiterhin, denn für die Außenwelt hatte sich an der Situation nichts geändert, und Alma mußte zu Konzerten und anderen Gelegenheiten wiederholt in Wintherthur erscheinen. Ich zögerte nachzuforschen, was vor sich ging, und verließ mich auf Alma, wenn sie gelegentlich umständlich andeutete, daß sie zu ihm keine sexuelle Beziehung mehr unterhielt. Aber natürlich wußte ich nicht, ob oder was er von meiner Affäre mit Alma wußte, oder was er aufgrund des Geredes vermutete, das durch Annas fortgesetzte Abwesenheit und die Tatsache, daß ich ohne sie in Almas Haus wohnte, natürlich entstanden war. Es war ein glücklicher Umstand, daß mein Verkehr mit Reinhart durch seine wortkarge Art geprägt war, so daß keine Gefahr bestand, daß ein peinliches Gespräch aufkommen könnte. Wir berührten das Thema nur ganz leicht und für wenige Minuten mehrere Jahre später, als Alma für uns beide sozusagen zu einer historischen Figur geworden war.

Irgendwann in dieser Phase begann ich wahrscheinlich auch, an meinem *Violinkonzert* zu arbeiten, da es logisch erscheint, daß ich etwas für Alma komponieren wollte und daß sie mich um ein solches Werk bat. Es wurde ein ziemlich erfolgreiches Stück, relativ einfach in Struktur und Form, voll Schwung und Vitalität. Obgleich

Alma mich in bezug auf den Solopart beriet, sind infolge meiner Unkenntnis der letzten Feinheiten des Instruments ein paar ungeschickte Stellen geblieben. Da ich den unablässigen rhythmischen Schwung, der für meine früheren Werke charakteristisch ist, beibehielt, ließ die Vereinfachung der Struktur einige meiner Werke dieser Periode oberflächlich betrachtet den bekannten Merkmalen von Strawinskys Stil ähnlicher erscheinen, als sie es dem Geist nach wirklich waren.

Ein weiterer Umstand, der jetzt im Rückblick auf meine Jahre in der Schweiz meine Aufmerksamkeit auf sich zieht, ist der, daß ich mich von den Großprojekten meiner frühen Periode abgewandt hatte und viel Zeit auf verhältnismäßig kleine Stücke verwendete. Dafür scheinen verschiedene Faktoren verantwortlich gewesen zu sein. Einerseits war ich ein wenig reifer geworden und spürte insbesondere unter dem Einfluß von Dr. Wolffs endlosen Reden über die ungeheuren Schwierigkeiten, die den Weg des Komponisten als Schöpfer pflastern, eine erhöhte Verantwortung beim Komponieren, entwikkelte mehr Selbstkritik und folglich gewisse Hemmungen, sehr große Projekte in Angriff zu nehmen. Dann vollzog sich ein genereller Wandel in meinen Vorstellungen von der wesentlichen Bedeutung und dem Zweck der Musik, der sich bald in einer drastischen Veränderung meines Kompositionsstils manifestieren sollte.

Meine Unzufriedenheit mit dem, was ich tat, wurde durch eine Bemerkung Almas verstärkt, die mich über jedes vernünftige Maß hinaus verfolgte. In der Zürcher Oper sahen wir gemeinsam Händels *Julius Caesar*, ein Ergebnis der »Händelrenaissance«, die zu jener Zeit begonnen hatte, angeregt von Oskar Hagen, der damals an der Universität Göttingen tätig war. Ich war bezaubert von der gestelzten Verspieltheit des barocken Schauspiels, das die große Tragödie in ein kompliziertes Zeremoniell stilisierter Bühnenstrategie zu verwandeln schien, ohne daß dabei etwas von der dramatischen Wucht der wirkungsvollen Handlung verlorenging; der belebende Faktor war dabei offenbar die vitale und ausdrucksstarke Musik, die im allgemeinen entwaffnend einfach strukturiert und vollkommen transparent war. Als ich meiner Bewunderung Ausdruck gab, sagte Alma, das läge an der »fließenden Empfindung«, die ihrer Ansicht nach meiner Musik fehlte. Natürlich hätte mich alles, was sie gesagt hätte, nachdenklich gemacht, aber diese spezielle Äußerung beschäftigte mich mehr als fast alles andere, weil sie an eine Sphäre rührte, über die ich keine Kontrolle zu haben glaubte. Ich war gewohnt, Musik von einem technischen Standpunkt aus zu erörtern, und auf dieser Herangehensweise hatte ich auch meine Philosophie künstlerischen Schaffens aufgebaut, wenn ich ein so großes Wort verwenden darf.

Vielleicht war es diese Einstellung, die Almas Kritik hervorrief, weil sie zu Protesten von Menschen führte und immer noch führt, die Kunst mittels gefühlsbetonter Assoziationen erleben und Angst bekommen, wenn die intellektuellen oder, wie sie es manchmal nennen, »vergeistigten« Aspekte in die Diskussion gebracht werden.

Die Kunst der Komposition

Ich habe immer behauptet, daß ein Komponist relativ wenig Macht hat, seine Musik bewußt zu einem wirkungsvollen Ausdruck seiner Gefühle zu machen. Der bloße Wunsch, das zu tun, reicht sicherlich nicht aus, denn dann wären all die erbärmlichen Stammeleien hilfloser Dilettanten Meisterwerke, leben sie doch ausschließlich von dem aufrichtigsten und leidenschaftlichsten Willen zum emotionalen Ausdruck. Und selbst der fähige Komponist wird in dieser Hinsicht die sonderbarsten Enttäuschungen erleben, denn in manchen Fällen, in denen er einen sehr beredten Gefühlsausdruck gefunden zu haben meinte, wird er bemerken, daß das fertige Produkt nicht nur im Hinblick auf die Beredtheit des Gefühls beim Zuhörer seine Wirkung verfehlt, sondern sogar ihn selbst kalt und gleichgültig läßt. Das übliche Urteil läuft in solchen Fällen darauf hinaus, daß der Komponist entweder eine empfindungslose Seele hat (»er hat nichts zu sagen«) oder daß er Gefühle vortäuscht, die er nicht hat (»er ist unaufrichtig«). Ich hege den Verdacht, daß in der Mehrzahl dieser Fälle der wirkliche Grund des Fehlschlags darin liegt, daß der Komponist sich gerade zu sehr auf die Aufrichtigkeit und Intensität seines Gefühls verlassen hat, so daß er der Wahl wirklich orgineller und ästhetisch unanfechtbarer Ausdrucksmittel zu wenig Aufmerksamkeit geschenkt hat. Zugegeben, irgendwo im Kern dieses Phänomens gibt es ein Element der Vitalität, das sich der weiteren Analyse und Kontrolle entzieht, genauso, wie ein solches Element dem Sexappeal oder dem persönlichen Charme zugrundeliegt, etwas, das durchaus den theologischen Beigeschmack des Begriffes der Gnade verdient, aber selbst diese Aspekte können in sehr hohem Maße unter technischen Gesichtspunkten erklärt werden, und im gleichen Ausmaß sind sie absichtsvoller Kontrolle und vorsätzlicher Manipulation zugänglich, vorausgesetzt, daß der jeweilige Komponist die richtige professionelle Ausbildung hat.

Der Beweis für diese Tatsache ist, daß die Kunst der Komposition mit Erfolg gelehrt werden kann, wiederum bis zu jenem bestimmten Punkt, an dem die göttliche Gnade weiterhilft oder auch nicht. Kein Unterricht kann ein Genie hervorbringen, nämlich einen Menschen, der von außergewöhnlich reicher und einzigartiger Gnade erfüllt ist, aber ein Mensch, der Genie *hat*, also Gnade von ungewöhnlicher Fülle und besonderem Charakter besitzt, kann und muß geführt werden, damit er seine Kräfte aufs Beste nutzt, wenn er die originellsten und wirksamsten Mittel zum Ausdruck seiner Gefühle und Gedanken im künstlerischem Medium seiner Wahl sucht. Im übrigen habe ich beobachtet, daß die meisten Menschen Gefühlsausdruck nur dann gelten lassen, wenn er Mittel verwendet, die sie gewohnheitsmäßig mit einem solchen Ausdruck assoziieren. Sobald neue Mittel Eingang in den Prozeß finden, schließen diese Menschen in der Regel vom Ausbleiben ihrer gewohnten Reaktion auf einen Mangel an Ausdruckswillen beim Künstler, was ebenso ungerecht ist, als würde man annehmen, daß Dichter, die in einer fremden Sprache schreiben, offensichtlich nichts zu sagen haben, einzig aus dem Grunde, daß der Rezipient zufälligerweise diese Sprache nicht versteht.

Trotz dieser Argumente habe ich insbesondere solche Bemerkungen über mein Werk, die mit seinem emotionalen Gehalt zu tun hatten, immer sehr irritierend gefunden, denn sie schienen einen Zweifel am Kern meiner Persönlichkeit selbst zu beinhalten. Es gab Zeiten, da nahm ich mir solche Bemerkung so sehr zu Herzen, daß ich bereit war, den relativ begrenzten Erfolg meines Schaffens in dieser Welt den Persönlichkeitsmängeln zuzuschreiben, die bei einer solchen Kritik angedeutet wurden. Zu meinem Trost stellte ich fest, daß Musik, die von erfolgreicheren Kollegen komponiert wurde, bar jeder emotionalen Anziehungskraft ist, zumindest was meine eigene Reaktion darauf betrifft. Doch in dem gerade geschilderten Fall beeindruckte mich die Kritik sehr tief, angesichts des Menschen, von dem sie kam, und der Tatsache, daß ich so jung war, daß ich annahm, ich könnte etwas daran ändern.

Allgemein neige ich zu der Überzeugung, daß die Zeit, in der ich aufgewachsen bin, hinsichtlich der Frage der Charakterbildung außergewöhnlich skeptisch war, wenn man sie zum Beispiel mit der Ära der Aufklärung und dem größeren Teil des neunzehnten Jahrhunderts vergleicht. Die Literatur jener früheren Zeiten belegt, daß die Menschen damals sehr ernsthaft an die Möglichkeiten der Erziehung und insbesondere der Selbsterziehung glaubten. Die Künstler arbeiteten unentwegt und bewußt an sich selbst, sie formten ihre Persönlichkeit, um die Quellen und Kanäle für den schöpferischen Fluß zu verbessern, der ihnen entströmen sollte. Zu meiner Zeit wurde diesen Faktoren wenig Aufmerksamkeit geschenkt. Wir rühmten uns in dieser Hinsicht sogar einer gewissen Arroganz, denn wir hielten Erziehung für ziemlich hoffnungslos und Selbsterziehung für schlichtweg lächerlich. In jüngerer Zeit habe ich, vielleicht aufgrund meiner

Tätigkeit im Bildungsbereich und des ständigen Verkehrs mit jungen Menschen, sehr viel mehr Interesse für meine Persönlichkeit entwikkelt, und das ist in vielen Fällen sogar zu einem richtigen Problem geworden, aber ich bin immer noch weit davon entfernt, einen Zusammenhang zwischen diesem Prozeß und künstlerischen Bestrebungen herzustellen. Ich beschäftige mich viel intensiver mit dem Problem, mich in befriedigendem Maße an mein gesellschaftliches Umfeld anzupassen, was ich in jenen frühen Jahren eigentlich nicht als Aufgabe betrachtet hatte, die es zu erfüllen galt.

Liebe und Sexualität

Später im Herbst kam Anna zu einem kurzen Besuch aus Venedig zurück, um in Zürich ihre Angelegenheiten zu regeln und um mit mir erste Schritte zu einer Scheidung zu unternehmen. Ich erinnere mich nicht mehr, ob ich, von Alma veranlaßt, wie bereits erwähnt, als erster den Vorschlag machte, oder ob es, auf Betreiben ihrer Mutter, Annas Wunsch war. Keiner von uns beiden schien an der Sache persönlich interessiert zu sein, so daß wir sie ganz lässig angingen. Ein Anwalt mußte eingeschaltet werden, und ich glaube, wir suchten einen auf, den Rieser, Werfels Schwager, uns empfohlen hatte. Er war, soweit ich mich erinnere, ein gutaussehender, eleganter Mann, und wir trafen zwei- oder dreimal in einer so witzigen Atmosphäre mit ihm zusammen, daß er schließlich andeutete, wir sollten zumindest den Anschein erwecken, Streitigkeiten oder Auseinandersetzungen zu haben, sonst hätte er keinen Fall. Nach den Gesetzen des Kantons Zürich mußten wir auch vor einem Friedensrichter erscheinen, der verpflichtet war, den Versuch zu machen, uns zu versöhnen. Er war ein alter Mann, das Musterbeispiel eines Einheimischen, vielleicht ein Gemüsegärtner oder ein kleiner Geschäftsmann, und er war absolut unfähig zu verstehen, worum es ging. Ich vermute, daß Anna und ich uns wie hochnäsige Intellektuelle benahmen, die sich einem rührenden Fossil aus dem hintersten Winkel der Schweizer Alpen gegenübersahen. Wir widerstanden seinen müden Ermahnungen, unsere Ehe fortzusetzen, die er in umständlichem, irgendwie alttestamentarischem Hochdeutsch vorbrachte, und ließen ihn schließlich zu Protokoll nehmen, daß seine Bemühungen sich als erfolglos erwiesen hatten, weil meine Frau den Charakter einer Einsiedlerin besaß, Einsamkeit über alles liebte und nicht für die Ehe geschaffen war. Die ganze Prozedur erschien uns ebenso lächerlich wie schrecklich, und ich glaube, wir beschlossen an Ort und Stelle, sie vorläufig nicht fortzusetzen, da wir es beide nicht eilig hatten, uns in naher Zukunft wieder zu verheiraten. Anna kehrte endgültig nach Italien zurück, diesmal mit der Absicht, sich in Rom niederzulassen, wieder unter dem Vorwand, die schönen Künste zu studieren.

Die Beschreibung dieser Ereignisse klingt erschreckend kühl und gleichgültig, was leicht damit zu erklären wäre, daß sie relativ weit zurückliegen. Doch obgleich sie damals, als sie geschahen, mehr Aufregung und emotionale Spannung verursachten, als ich anscheinend heraufzubeschwören vermag, wenn ich an diese Zeit zurückdenke, vermute ich, daß ich auch damals nicht das Gefühl hatte, eine Tragödie zu durchleben. Das wiederum könnte als Beweis dafür genommen werden, daß ich Anna nicht wirklich liebte, was ich aber als übertriebene Vereinfachung zurückweise. Zweifellos war ich sehr egoistisch, so sehr, daß ich gefühllos erschien, denn ich akzeptierte nur eines als wirklich wichtig und als unverrückbaren Eckstein meines Lebensgebäudes, und das war mein Werk und alles, was damit zusammenhing. Dieser Eckstein war von so ausschließlicher Wichtigkeit, daß es mich kaum interessierte, wie das Gebäude aussah, das sich ringsherum auftürmte. Diese Haltung war ein sehr wirksamer Schutz, obgleich ich sie eigentlich nicht als solchen würdigte. Im Gegenteil, ich bedauerte stets, daß das Leben an mir vorbeiging, daß ich nicht genug herausholte, und die selbstauferlegte Sklaverei unter meiner »schöpferischen Mission« gefiel mir absolut nicht.

Ich war oft bereit, die Situation damit zu erklären, daß ich einfach kein Talent für das »wirkliche Leben« hatte, daß ich zu dumm und zu phantasielos war, um das zu schaffen, was ich verschwommen unter einem erfüllten und interessanten Leben verstand, daß ich eine unattraktive und uninspirierende Persönlichkeit besaß und daß meine Musikkritzelei ein Fluchtmittel war, eine Fassade, die ich errichtet hatte, um meine Unfähigkeit zum »wirklichen« Leben zu vertuschen und mich und andere glauben zu machen, daß ich für die Trivialitäten des Lebens einfach keine Zeit hatte, weil ich zu sehr damit beschäftigt war, meine Verpflichtungen der Ewigkeit gegenüber zu erfüllen. Es war gewissermaßen meine private Version der Freudschen Interpretation der Kunst als Sublimierung der Libido. Ich muß gestehen, daß mir diese gedankliche Richtung auch jetzt alles andere als fremd ist. Wenn ich all das bedenke, könnte es durchaus sein, daß die ganze Sache mir eine heimliche, kindische Befriedigung verschaffte, weil sie mich am Prozeß des »wirklichen« Lebens teilhaben ließ, auch wenn die schrecklichen Begleitumstände gar nicht nach meinem Geschmack waren und ich unter der emotionalen Anspannung, für die die Geschichte sorgte, wirklich litt. Zudem waren meine Gefühlskräfte damals ganz von der Entwicklung meiner Beziehung zu Alma in Anspruch genommen, die genug

Aufregung lieferte, um meinen Durst nach dem wirklichen Leben zu stillen, wenn auch vielleicht nicht auf genau die Weise, wie ich es erwartet hatte.

Es war ein Vorfall, der sich kurz darauf ereignete, der meiner Meinung nach auf die Entwicklung meiner Gefühlswelt einen ungeheuren Einfluß hatte und dazu beitrug, daß ich langsam zu einer Art Reife gelangte, indem er mir auf schmerzliche Weise meine recht erstaunliche Unreife enthüllte. Die Sache an sich war äußerst trivial, aber gerade das macht sie im Zusammenhang damit, was ich damals daraus machte, erwähnenswert. Ich war eines Nachmittags mit Alma allein im Haus. Keiner von uns brauchte wegzugehen, wir erwarteten niemand, nur die griesgrämige Haushälterin war da, aber sie hatte sich in ihr Zimmer unten zurückgezogen, um herumzukramen oder zu meditieren oder was auch immer, und es war ihr freier Nachmittag. Ich dachte, das sei eine ideale Gelegenheit, um sich zu lieben, und äußerte mich in diesem Sinn. Aus einem unbekannten Grund reagierte Alma nicht so, wie ich es gewünscht hätte, sondern gab vor, wir könnten uns wegen der Anwesenheit der Alten nicht sicher fühlen. Das ließ ich nicht als Ausrede gelten, denn mir schien, daß es wiederholt ähnliche Umstände gegeben hatte und daß diese nicht als Hindernisse betrachtet worden waren, und wir hatten unserem Verlangen oft unter viel ungünstigeren Bedingungen nachgegeben. Ich wurde etwas hartnäckig, doch Alma weigerte sich beharrlich, es sich anders zu überlegen, und wir stritten ein wenig, allerdings überhaupt nicht heftig, und schließlich wandten wir unsere Aufmerksamkeit anderen Dingen zu.

Ich kann Almas Haltung nicht erklären, aber die ganze Geschichte sollte eigentlich so unwichtig erscheinen, daß jede Erklärung überflüssig ist. Nichtsdestoweniger fühlte ich mich unbeschreiblich gekränkt, und viel tiefer, als mir im Augenblick wahrscheinlich klar war, obgleich ich mich erinnere, daß ich sofort einen völlig unbekannten Schock spürte. Tatsächlich war unsere Beziehung danach nie wieder wie früher, und obwohl wir viele Stunden in scheinbar vollkommener körperlicher und seelischer Harmonie verbrachten, war uns beiden bewußt, daß unsere Liebe eine höchst problematische Angelegenheit geworden war, immer wieder diskutiert und überprüft und analysiert. Seit jenem unglücklichen Nachmittag erfüllte mich ein Gefühl von Spannung, Erregung, Wut und Enttäuschung, das zum Teil den üblichen Beschreibungen der Eifersucht entsprechen würde, aber so einfach war es nicht, und zudem gab es, zumindest damals, niemanden, auf den eifersüchtig zu sein ich Grund gehabt hätte. Selbst jetzt noch ist es für mich sehr schwierig zu verstehen, was in mir vorging. Die einfachste Erklärung wäre, daß ich mich in meinem Stolz verletzt fühlte, als ich sah, daß meine Aufmerksamkeiten ohne erkennbaren Grund abgelehnt wurden. Wahrscheinlich war ich enttäuscht, weil ich naiverweise angenommen hatte, Alma sei so vollkommen anders als Anna und eine so ideale Frau und Geliebte, daß nicht das kleinste Wölkchen jemals den eben eroberten, ewig strahlenden Horizont trüben könnte.

Soweit ich mich erinnere, liebte ich Alma mit viel größerer Intensität, als ich Anna je geliebt hatte, obgleich ich zum jetzigen Zeitpunkt nicht entscheiden kann, ob das darauf zurückzuführen war, daß die beiden Frauen mir in unterschiedlichem Maße begehrenswert erschienen, oder auf die Tatsache, daß meine emotionalen Fähigkeiten im Laufe der Zeit und durch Erfahrung gewachsen waren. Ich kann auch nicht sagen, ob dieses intensive Gefühl für Alma vielleicht durch ihren vorübergehenden Rückzug hervorgerufen oder stimuliert wurde, oder ob ihr unerwartetes Verhalten nur die Intensität meiner Empfindung ans Licht brachte oder mir bewußt machte. Ich weiß nicht, ob Almas Haltung kokett war oder sein sollte, aber ich glaube, ich weiß, daß meine Gefühle sich nach dem, was ich damals durchmachte, etwas verhärteten – vielleicht fürchtete ich mich einfach vor einer Wiederholung der Tortur und bekam heraus, was mir bevorstand –, so daß ich kaum jemals wieder auf Koketterie hereinfiel.

Als Alma bald nach jenem Vorfall eine ihrer Konzerttourneen antrat, wurde ich Opfer einer Depression, die schlimmer erschien als alles, was ich je erlebt hatte, und ich fühlte mich so elend, daß ich fast sicher war, daß mir, wenn ich diese Krise überlebte, kaum jemals etwas Schlimmeres widerfahren könnte. Ich wurde von einer Art allumfassender und unbestimmter Eifersucht gequält, denn ich nahm ohne weitere Überprüfung an, daß Alma an meinen Aufmerksamkeiten nicht interessiert sei, weil sie auf ihren Reisen in weit entfernte Städte unzählige Gelegenheiten hatte, unendlich verlockendere und lohnendere emotionale Erfahrungen zu machen.

Ich war immer der Meinung gewesen, daß Frauen jederzeit schlafen konnten, mit wem immer sie wollten, und ohne weitere Überlegung setzte ich stillschweigend voraus, daß sie das nicht nur wollten, sondern auch wirklich taten. Es würde sich lohnen, diese Geisteshaltung kritischer zu analysieren, als ich es kann. Bis zu einem gewissen Grad kann ich sie auf Literatur zurückführen, der ich in den prägenden Jahren meiner Entwicklung ausgesetzt war, auf Autoren wie Strindberg, Wedekind, Weininger, indirekter auf Nietzsche, in ganz anderem Sinne auf Karl Kraus und auf einem beträchtlich niedrigeren Niveau auf Franz Schreker, der jedoch einen besonders starken Einfluß auf mich ausübte, weil ich ihm persönlich so ergeben war.

Sofern diese Autoren sich mit sexuellen Beziehungen beschäftigten – und das taten sie in sehr hohem Maße –, war das Bild, das ich aus ihren Schriften zusammentrug, daß die Frau ein Wesen von unwiderstehlichem Charme war, auf rätselhafte Weise mit dem magischen Kern der Natur gleichgesetzt, unbewußt oder sogar bewußt im Besitz vollkommener Kontrolle über ihre verheerenden Kräfte, dazu geschaffen, unendliches Vergnügen aus ihrer Stellung zu ziehen, und im Grunde herzlos, wohingegen der Mann in der Regel eine traurige Karikatur war, von der magischen Quelle durch eben den Intellekt geschieden, mit dem er sich bewundernswert, aber hoffnungslos bemühte, den tragischen Abgrund zu überbrücken, für immer in seine lächerliche Emotionalität verstrickt und zu Frustration, Leid und Zerstörung verdammt.

Kurz, es schien mir, daß nur der Mann aus dem Paradies vertrieben worden war, während die Frau es irgendwie geschafft hatte, die göttliche Macht um ihre Rache zu betrügen. Das ist aber keine endgültige Erklärung, denn wahrscheinlich könnte man aus dieser Literatur andere Aspekte ableiten, so daß das Problem nur auf eine zweite Ebene verlagert werden würde, insofern als ich nun würde erklären müssen, warum ich mir die obige Interpretation zurechtgelegt hatte. Oder, wenn es zuträfe, daß jene Autoren wirklich hatten sagen wollen, was ich aus ihren Werken herausgelesen hatte, würde das zeigen, daß sie eine allgemeinere Geistesverfassung zum Ausdruck brachten, an der ich teilhatte, und in diesem Fall müßte ich nach weiteren Erklärungen für diese Mentalität suchen. Wenn ich meine frühe Erziehung und die Umstände meiner Jugend als Grund für meine Denkweise anführte, würde das nur die Frage aufwerfen, warum ich mich in dieser Hinsicht so entscheidend von jenen Verhältnissen beeinflussen ließ, während ich in intellektuellen und künstlerischen Dingen stets ein bemerkenswertes Maß an Unabhängigkeit gezeigt hatte.

An diesem Punkt scheinen meine analytischen Fähigkeiten zu versagen. Es ist sehr wahrscheinlich, daß eine Untersuchung mit Freudschen Methoden durchaus einleuchtende Ergebnisse zutage fördern würde, aber ich bin nicht sicher, daß sie letztendlich schlüssig sein würden. Was die Sache selbst angeht, so war ich mir der Tatsache bewußt, daß der Mann sich durch die Einführung käuflicher Prostituierter einen einfachen Ausweg aus der Situation geschaffen hatte, aber das schien mir nicht nur eine sehr unbefriedigende Lösung zu sein, weil sie sich auf die Illusion stützte, daß das Gefühlsdilemma auf einen rein physischen Drang reduziert werden konnte, sondern es schien auch sehr überzeugend zu beweisen, daß der Gefühlsnotstand tatsächlich existierte.

Seitdem ich auf diesen Seiten die Geschichte meines ersten wirklichen Liebeserlebnisses mit jenem Mädchen in Wien erzählt habe, das ich verließ, nachdem es sich mir hingegeben hatte, habe ich das Gefühl, daß dieser Vorfall geeignet ist, mich als elenden Schuft erscheinen zu lassen. Ich glaube, die allgemeine Haltung, die ich in diesen Aufzeichnungen zu erkennen gebe, macht es überflüssig, darauf hinzuweisen, daß ich nicht einen Augenblick lang zögere, mich in diesem Licht darzustellen. Deshalb sollte es klar sein, daß meine gegenwärtige Erörterung nicht dazu gedacht ist, billige Entschuldigungen vorzubringen, um mich besser zu machen, als ich war. Die Sache ist die, daß ich erst jetzt, beim erneuten Lesen dieser Seiten, merke, daß meine Haltung möglicherweise so interpretiert werden könnte. Tatsächlich bin ich ganz sicher, daß ich mir nicht vorstellte, das Mädchen könnte vielleicht in irgendeiner Weise enttäuscht sein, weil ich sie verlassen hatte, oder sich sogar nach meiner Rückkehr sehnen oder etwas in der Art. Wenn ich versuche, der Sache auf den Grund zu gehen, muß ich sagen, daß ich in der Annahme lebte, Frauen seien von Natur aus mit der Eigenschaft gesegnet, kein emotionales Engagement zu spüren, sie lebten nur im jeweiligen Augenblick, ohne die Last der Erinnerung oder das Verlangen nach einem Wiederaufleben früherer Erfahrungen mitzuschleppen. Das könnte durchaus so interpretiert werden, als hätte ich Frauen als eine Art untermenschlicher Wesen betrachtet, die der Liebe nicht fähig sind. Doch so sah ich es nicht, denn diese vermeintliche geistige Verfassung ließ mir die Frauen eher als eine Art übermenschlicher Geschöpfe erscheinen, frei von den Demütigungen, denen der Mann aufgrund seiner starken Gefühlsbetontheit ausgesetzt war.

Offenbar wurde ich von einem Minderwertigkeitskomplex heimgesucht, der mich zu der Annahme bewog, daß ich in einer Liebesaffäre von jedem ersetzt werden konnte, der richtig funktionierende Geschlechtsorgane hatte, so, als würde meine Persönlichkeit überhaupt nicht zählen. Vielleicht bin ich gegenüber jenen, die mich geliebt haben, sehr ungerecht gewesen, aber die Wahrheit ist, daß das, sollte es der Fall gewesen sein, nicht daran lag, daß ich gefühllos oder leichtfertig gewesen wäre, sondern nur daran, daß ich zu dumm war, um ihre Liebe zu mir zu erkennen. Ich glaube, daß ich in den zwanzig Jahren, die seitdem vergangen sind, in dieser Beziehung einen kleinen Fortschritt gemacht habe, und ich bete darum, daß ich solche Fehler nicht wieder mache und daß ich nicht wieder jemanden kränke, der mir lieb und teuer ist. Daß ich noch mehr verletzt war, ist nur ein schwacher Trost, das ist mir klar. Doch ich wünsche mir sehr, daß der Leser mir glauben möge, wenn ich erkläre, daß meine Überzeugung, tiefer verletzt worden zu sein als meine Partnerin, nicht der Vorstellung entspringt, ich sei wertvoller oder feiner strukturiert, sondern allein meinem mir angeborenen Gefühl, daß ich für die Frau unmöglich eine so große emotionale Bedeutung haben kann wie sie für mich. Falls sich das letztendlich nur als eine besonders raffinierte Form des Selbstmitleids erweisen sollte, bin ich bereit, diese Interpretation zu akzeptieren, nicht ohne freilich zu erwähnen, daß ich nie ganz verstanden habe, warum man diese Einstellung gewöhnlich für verwerflich hält.

Das einzige, woran ich mich mit Sicherheit erinnern kann, ist, daß ich in jenen Wochen im Spätherbst 1924 ungeheuer litt. Ich begann endlose, anstrengende Spaziergänge durch die Wälder um den Zürichsee herum zu unternehmen, versäumte die Essenszeiten und weigerte mich zu essen, wenn ich heimkam, zur Verzweiflung und Bestürzung der griesgrämigen Haushälterin. Ich weiß nicht, was die schwerfällige Person über all das dachte, wieviel sie erriet, falls sie an irgend etwas anderem interessiert war, als daran, den Haushalt plangemäß zu führen. Ich bekam leichte Herzbeschwerden, weil ich mir Sorgen machte, ein ungeregeltes Leben führte, unzählige Zigaretten rauchte und, statt zu schlafen, im Zimmer auf und ab ging.

Als Alma von ihrer Reise zurückkam, führten wir unser Leben mehr oder weniger so fort wie vorher, doch für mich war es nicht mehr das gleiche, weil ich eine anhaltende Spannung zwischen uns spürte, ein Unbehagen, das schwer zu erklären war und immer noch ist, aber es war stark genug, um mich einsehen zu lassen, daß das Glück, das ich von dieser Verbindung erwartet hatte, sich nicht einstellen würde. Dennoch liebte ich Alma vorläufig eher mehr als weniger.

In Paris: Begegnungen mit Strawinsky, Kokoschka, Milhaud

Als Alma gerade im Begriff war, wieder eine Reise anzutreten, hörte ich zu meiner Freude, daß Oskar Kokoschka sich für einige Zeit in Paris aufhielt; das war für mich eine willkommene Gelegenheit, selbst zu verreisen, anstatt allein in dem verlassenen Haus herumzusitzen. Die Wende, die meine musikalische Entwicklung genommen hatte, hatte ein großes Interesse bei mir geweckt, in die Atmosphäre einzutauchen, die Strawinsky und die jungen französischen Komponisten umgab, die so leichte und »nützliche« Musik schrieben. Und meine wachsende Abneigung gegenüber Deutschland und allem, wofür es stand, bewirkte, daß ich dieser ersten Reise in die wirkliche Welt »draußen«, in einen der früheren Feindstaaten, mit freudiger Erregung entgegensah. Der vorgebliche Grund für die Reise war, daß ich mit Kokoschkas Hilfe die Möglichkeiten einer Aufführung unseres *Orpheus* in Paris erkunden wollte. Selbst ohne dort gewesen zu sein, wußte ich, daß von solchen Experimenten kein großer Erfolg zu erwarten war, und was Kokoschka mir geschrieben hatte, war auch nicht sehr ermutigend. Aber ich hatte mich entschlossen, trotzdem zu reisen, und sah unser Vorhaben eher als ein Mittel, um Kontakte herzustellen, denn als Unternehmen, das Erfolg versprach.

Es war meine erste Reise in ein Land, in dem ausschließlich eine Fremdsprache gesprochen wurde (die wenigen Tage, die ich in Italien verbracht hatte, zählten nicht, weil ich dort nicht gezwungen gewesen war, die Sprache zu sprechen), und obgleich ich damals recht gut Französisch sprach, fand ich das Ganze ziemlich schwierig, besonders, weil mir sehr daran lag, nicht zu schnell als deutschsprachiger Ausländer erkannt zu werden, wovon ich mir unangenehme Folgen erwartete. Glücklicherweise sprach ich Französisch zwar stockend und mit ausländischem Tonfall, aber nicht mit eindeutig deutschem Akzent, so daß die kurzen Gespräche in Hotels, Restaurants und Eisenbahnen ohne Zwischenfälle verliefen, und die Menschen, denen ich privat vorgestellt wurde, wußten ohnehin, woher ich kam. Im übrigen machten die Franzosen in ihrer gefühlsmäßigen Einstellung einen deutlichen Unterschied zwischen Deutschen und Österreichern, weil sie spürten, daß letztere in dem Kampf, in den die Deutschen sie hineingezogen hatten, nicht mit dem Herzen dabei gewesen waren.

Auf meinem Weg nach Paris legte ich in Genf einen Halt ein, hauptsächlich aus Neugier, vorgeblich um ein Konzert zu besuchen, das Werken Strawinskys gewidmet war. Trotz ihrer schönen und freundlichen Lage an beiden Ufern des Sees, der sich an dieser Stelle zum Ausfluß der Rhône verengt, hat die Stadt immer spießig und düster auf mich gewirkt. Ungeachtet der Tatsache, daß sie damals die weltoffene Organisation des Völkerbunds beherbergte, hatte sie unauslöschlich den Charakter behalten, den sie von ihrem größten oder zumindest lautesten Sohn, Calvin, bekommen hatte. Die engen dunklen Gassen rund um den bedrohlichen Dom herum sahen so aus, als könnte dort jeden Augenblick eine Hexenjagd beginnen. Der kosmopolitische Einfluß des Völkerbunds beschränkte sich offenbar auf die wenigen Hotels, in denen die verschiedenen Abgesandten, Delegierten, Amtsinhaber, Spione und Gauner residierten. Wahrscheinlich ging dort im Geheimen viel Merkwürdiges und Unorthodoxes vor sich, aber der zufällige Besucher merkte nichts davon. Im Gegensatz zu dem provinziellen Puritanismus, der allgemein herrschte, legten Genfs Intellektuelle und die feine Gesellschaft eine Art besonders pariserisches Gehabe an den Tag, denn sie wurden ständig von der Angst verfolgt, die echten Pariser könnten sie als die armen Verwandten betrachten. Ich erwähnte schon, daß die deutschsprachigen

Schweizer in der Regel von derartigen Minderwertigkeitsgefühlen Deutschland gegenüber frei waren. Aber schließlich hatte die Vereinigung in Deutschland auch viele hundert Jahre später stattgefunden als in Frankreich, und selbst innerhalb des Deutschen Reiches gab es viele, die von den Vorteilen dieser Errungenschaft keineswegs überzeugt waren, und endlich war Berlin auch, was Glanz, Tradition und kulturelle Bedeutung anging, sicherlich nicht Paris.

Wenn ich mich recht erinnere, fand das Strawinsky-Konzert in einer Kirche oder in einem für religiöse Zusammenkünfte bestimmten Gebäude statt, in dem der Völkerbund seine ersten Versammlungen abgehalten hatte. Ich nehme an, daß Strawinsky mich bei einem seiner Besuche in Winterthur dazu eingeladen hatte. Wahrscheinlich war es damals gewesen, daß er während einer Probe zu seinem Klavierkonzert eine sehr charakteristische Bemerkung machte. Das Konzert hat eine lange, langsame Einleitung, die Andreae, der Dirigent des Abends, zu beleben suchte, indem er die Musiker zu einem leichten Espressivo ermunterte. Strawinsky protestierte heftig, und als Andreae ihm sagte, er glaube, die Einleitung könnte ohne jedes Espressivo etwas langweilig sein, rief er: »C'est exactement ce que je veux. Il faut s'embêter à la musique.«*

Von dem Genfer Konzert erinnere ich nur noch, daß Strawinsky sein *Oktett für Bläser* dirigierte, das mir sehr gut gefiel, obgleich er nicht immer zu wissen schien, was in dem kleinen Ensemble vorging. Zum Schluß stellte er ein geräuschvolles Arrangement vom *Lied der Wolgaschiffer* vor, wobei Ansermet ihm die Ehre erwies, die große Trommel zu schlagen. Als Strawinsky mich sah, umarmte er mich nach russischer Art überschwenglich, was mich törichterweise stolz machte, obgleich es sicher nichts bedeutete. Nach dem Konzert gab es einen Empfang, bei dem ich einige der französisch-schweizerischen Musiker kennenlernte. Es kam nichts dabei heraus, wie stets bei solchen Gelegenheiten, und ich fuhr nach Paris weiter.

Kokoschka hatte in dem alten und berühmten Hôtel Foyot, gegenüber dem Senatsgebäude, dem Palais du Luxembourg, ein Zimmer für mich reserviert. Es war ein kleines, altmodisches Hotel mit kaum mehr als dreißig Zimmern. Das Restaurant war zwar eines der feinsten und teuersten der ganzen Stadt, aber das Hotel war einfach und preiswert. Es hatte den malerischen Charme des achtzehnten Jahrhunderts, der für viele alte Dinge in Paris so typisch ist. Auf den Kaminsimsen standen alte Uhren und an den Wänden hingen Rokokostiche. Die Umgebung des Hotels ist als das Quartier Latin bekannt, denn sie grenzt an die Sorbonne, die Pariser Universität, und war an-

* »Genau das will ich. Man muß sich bei der Musik langweilen.«

geblich hauptsächlich von Studenten bewohnt. Verschiedene hochinteressante Sehenswürdigkeiten befanden sich gleich nebenan: der Jardin du Luxembourg, die Kirche St. Sulpice, das Odeontheater, das Panthéon, das Musée de Cluny und mehrere andere. Es gab manche tadellosen und nahezu tadellosen Speiselokale, von denen ich das Cochon de Lait erwähnen möchte, weil ich es sehr gern mochte und manch einsames Mahl dort einnahm, sowie das Petit Trianon, wo man eine gedruckte Karte bekam, die für einen Monat im voraus ein wechselndes Repertoire an regionalen Gerichten aus ganz Frankreich enthielt, so daß man sich die interessantesten kulinarischen Attraktionen aussuchen konnte, und zwar schon Tage vorher. Beide Restaurants befanden sich in unmittelbarer Nachbarschaft des Hotels Foyot. Es scheint mehr als überflüssig zu sein, über das Essen in Paris zu sprechen. Ich tue es trotzdem, weil die sprichwörtliche Vorzüglichkeit der Pariser Küche für mich einer der Hauptanziehungspunkte der grandiosen Stadt geblieben ist.

Von dem Augenblick an, als ich an einem regnerischen Herbstabend des Jahres 1924 Paris zum erstenmal betrat, bis zum Sommer 1938, als ich es zum letztenmal sah, war mein stärkster Eindruck von der Stadt, daß sie verführerischen Charme und unbeschreibliche Schwermut ausstrahlte. Der Charme existierte in der Realität und wurde außerdem durch literarische und persönliche Werbung erzeugt, und er war verführerisch, weil ich immer das Gefühl hatte, daß es in der Atmosphäre dieser Stadt etwas Undefinierbares gab, das ich nie und nimmer zu fassen bekommen würde. Schon das allein machte mich melancholisch, aber diese Stimmung wurde noch durch die Einsamkeit vertieft, die ich in Paris stärker erlebte als in anderen großen Städten, die alle dazu angetan sind, alleinreisenden Besuchern das Gefühl zu geben, einsam zu sein. Mehr als in anderen derartigen Städten hatte ich unwillkürlich den Eindruck, daß das »wirkliche Leben« wie eine phantastische, fröhliche, berauschende Kavalkade um mich herum tobte, ohne daß ich jemals in der Lage sein würde, auch nur das kleinste Stückchen davon zu fassen zu bekommen. Mehr noch, was immer mir unterkam, schien trist, alltäglich, belanglos, feindselig und korrupt zu sein. Bis auf den heutigen Tag bin ich nicht in der Lage, zu erkennen, ob dieses sagenhafte »Leben« überhaupt jemals existiert hat. Die Menschen, die ich kannte und die in Paris glücklich waren, konnte man in zwei Kategorien einteilen: Entweder hatten sie bereits eine Zeitlang dort gelebt und eine Gruppe geistesverwandter Freunde gefunden – aber solche Gruppen sind fast an jedem Ort zu finden, obgleich Paris obendrein noch einige sehr angenehme Aspekte des täglichen Lebens zu bieten hatte –, oder es waren Touristen, die die volle Verwirklichung des »Lebens« in Nachtclubs und Bordellen fanden. Da ich keiner dieser beiden Gruppen angehörte, ist Paris für mich einer der Fälle unerwiderter Liebe geblieben, obgleich ich nicht weiß, ob ich es jemals wirklich geliebt habe. Ich hatte ziemlich viel Angst vor dieser Stadt.

Kokoschka war so unberechenbar wie immer und mir beim Einstieg in das Pariser Leben nicht sehr hilfreich. Ich war darüber nicht enttäuscht, denn er hatte nichts versprochen. Er nahm mich ein paarmal mit, unter anderem in den »Salon« von Madame Bériza, einer der Damen der großen Gesellschaft, die sich angeblich für Musik interessierte und einige Privataufführungen kleiner Opern von Milhaud oder anderer Komponisten der jüngeren Generation gefördert hatte. *Orpheus*, der für ein gut ausgestattetes Opernhaus mit einem großen Orchester und einem ständigen Ensemble erstklassiger Sänger konzipiert war, überstieg die Mittel, die diese Frau aufbringen konnte, bei weitem, selbst wenn sie ihn hätte aufführen wollen. Natürlich wollte sie das gar nicht, denn *Orpheus* überstieg einfach ihr Begriffsvermögen. Ich wußte das alles im voraus, aber ich bearbeitete ihr Klavier pflichtgetreu etwa eine halbe Stunde lang, woraufhin sie mir zu meiner Leistung gratulierte, und das war alles.

Durch Kokoschka machte ich auch die Bekanntschaft eines seiner damaligen engen Freunde, eines gewissen Sliwinsky, eines polnischen Buchhändlers, der mir wie ein Schwindler vorkam, so wie alle Menschen in Kokoschkas Umgebung. Eines Morgens bat Kokoschka mich, ihn in ein Spital zu begleiten, wo er eine kranke Hure besuchen wollte, über die er eine unwahrscheinlich sentimentale Geschichte erzählte, wie er sie in beklagenswerter Verfassung von der Straße aufgelesen habe, und daß er sich im Spital um sie kümmere. All das wirkte albtraumhaft und verrückt, und ich verstand nicht im geringsten, was los war und worum es ging, was meinen Aufenthalt in Paris noch unwirklicher und bedrückender erscheinen ließ.

Wenn ich allein war, was meistens der Fall war, bemühte ich mich mit fanatischem Eifer, so viel vom französischen Leben aufzunehmen, wie ich konnte und wie meine Natur es zuließ. Ich kaufte mir eine Menge Bücher, wobei ich entdeckte, wie billig französische Bücher im Vergleich mit den Büchern in anderen Ländern waren. Ich ging ins Odeontheater und in einige der progressiven Schauspielhäuser in den verschiedenen Stadtteilen. Damals war es auch, daß ich in der Comédie des Champs Elysées die Premiere von Marcel Achards »Marlborough s'en vat-en guerre« mit dem außergewöhnlichen Louis Jouvet in der Hauptrolle sah, was ein großes Vergnügen und ein wunderbares Erlebnis war. Jouvet spielte auch den Docteur Knock in Jules Romains' Komödie, die eine der erfrischendsten ist, die ich je gesehen habe. Ich war jedenfalls froh, daß ich genug Französisch konnte, um diesen Stücken folgen zu können. Als jemand erwähnte, ich müßte Aristide Briant kennenlernen, begab ich mich sofort zu einer entlegenen Vaudevillebühne, um den berühmten Komödianten einige seiner Liedchen singen zu hören. Ich ging in ein oder zwei Revuetheater am Montmartre und war von den dargebotenen Späßen beeindruckt.

Ich unterzog den Louvre einer gründlichen Inspektion und verliebte mich in ein frühgotisches Bild der Schule von Avignon. Ich kaufte eine schöne Reproduktion davon, die ich sehr liebte. Ich wünschte, ich hätte sie noch oder wüßte zumindest, wo sie ist. Ich wanderte durch viele Straßen und schaute in viele Kirchen hinein, Notre Dame, Madeleine, Sacré Coeur, und besuchte Napoleons Grab. Ich erinnere mich nicht, ob es damals oder später war, daß ich auf den Eiffelturm hinauffuhr und das Schloß von Versailles besichtigte. Das alles beeindruckte mich gewaltig und in zunehmendem Maße, und es machte mich in zunehmendem Maße unruhig und unglücklich, denn ich war allein und von dem glühenden Wunsch erfüllt, mich mit dem ungeheuren Phänomen zu identifizieren, während ich mich dazu immer unfähiger fühlte.

Ich kompensierte das, indem ich in Paris und Frankreich Dinge sah, die wahrscheinlich gar nicht vorhanden waren. Aber was für ein Unterschied besteht zwischen geistigen Dingen, die angeblich existieren, und solchen, die wir kraft unserer Deutung für existent halten, die ihrerseits von unserem Wunschdenken geleitet wird? Ich kam zu dem Schluß, daß die Franzosen mit einem geheimnisvollen Talent für das »wirkliche Leben« gesegnet waren und daß praktisch alles, was sie taten, im metaphysischen Sinn richtig war. Meiner Meinung nach lebten sie in einem Zustand vollkommenen Gleichgewichts, genossen die natürliche Fruchtbarkeit des Lebens und vereinbarten ihre intellektuellen Angelegenheiten auf glückliche Weise mit dem allgemeinen Muster ihres Daseins. Die Tatsache, daß Darius Milhaud ein Ballett *Le Boeuf sur le toit* komponiert hatte und daß jemand einen Nachtclub nach diesem Stück benannt hatte, schien mir ein Beweis für die Popularität der modernen Musik in Frankreich zu sein, und bitter stellte ich dem gegenüber, wie absolut unmöglich es war, daß jemand ein Restaurant in Berlin nach meiner Oper *Zwingburg* taufen würde, obgleich ich diesen Namen für ein deutsches Speiselokal sehr passend fand. Während gutes Essen in Frankreich eine unerläßliche Voraussetzung für normales Leben und etwas ganz Alltägliches war, wirkte das Interesse daran in Deutschland sündhaft und frivol. Ich hatte eine sehr lange Liste solcher Punkte, die man alle an vielen Beispielen hätte erläutern können.

Was würde es bedeuten, wenn ich jetzt sagte, daß in all dem ein Körnchen Wahrheit steckte, aber daß meine damalige Bewertung dieser Phänomene sehr übertrieben und einseitig war? Es würde bedeuten, daß in meiner gegenwärtigen Geistesverfassung die Merkmale französischen und deutschen Lebens nicht mehr denselben Stellenwert haben wie vor zwanzig Jahren, weil sie nicht mehr brauchbare Symbole für die Probleme sind, mit denen ich mich jetzt konfrontiert sehe. Wenn ich sage, daß meine gegenwärtige Meinung über Frankreich objektiver ist, bedeutet das nur, daß ich meine jetzigen Beobachtungen, sofern ich welche mache, anders interpretiere, und meine gegenwärtige Deutung der Symbole, die ich für meine jetzigen Probleme wähle, kann später durchaus ebenso einseitig erscheinen wie diejenige, die ich soeben analysiert habe.

Etwas, das mir schon bei meinem ersten Besuch in Frankreich auffiel, war die Tatsache, daß man, wenn man aus Deutschland kam, leicht den Eindruck gewinnen konnte, daß von den beiden Ländern Frankreich dasjenige war, das den letzten Krieg verloren hatte. Die öffentlichen Gebäude, Postämter, Bahnhöfe, sahen alt und heruntergekommen, schmutzig und vernachlässigt aus, wohingegen in Deutschland alles so hergerichtet war, daß es wie geleckt, neu und dynamisch wirkte. Zum großen Teil konnte das mit den nationalen Eigenheiten und Traditionen der Franzosen erklärt werden, denen das Aussehen einfach nicht besonders viel bedeutete und die sich lieber amüsierten, anstatt mehr zu arbeiten, als unbedingt nötig war. Aber letzten Endes hatte Frankreich offensichtlich wirklich mehr und länger unter dem Krieg gelitten als Deutschland, was durch die Ereignisse des gegenwärtigen Krieges bestätigt zu werden scheint. In mir wuchs die Überzeugung, daß das vielbeschriebene Elend des armen und mißhandelten Deutschland ein frecher Betrug war, und die jüngste Geschichte bestätigt mich darin.

Nach dem Essen ist das Sexualleben eines der am häufigsten besprochenen Themen des französischen Sittenkodex. Ich habe auf diesem Gebiet keine eigenen Erfahrungen und nur ganz wenige Beobachtungen gemacht, denn obgleich ich mit der Zeit viele Franzosen kennenlernte, erfuhr ich über ihr Leben nicht viel, weil sie, wie die meisten Romanen, anderen nur sehr ungern Zutritt zur Privatsphäre ihres Heimes gewähren. Was ich jedoch beobachtete, schien sich nicht wesentlich von dem zu unterscheiden, was man in anderen Ländern sehen oder folgern konnte. Ich glaube nicht, daß in Frankreich mehr verheiratete Frauen Liebhaber haben, während ihre Männer außereheliche Beziehungen unterhalten, als in anderen Ländern. Es kann allerdings sein, daß die allgemeine Einstellung diesen und verwandten Phänomenen gegenüber insofern etwas anders ist, als man sie mit Gelassenheit hinnimmt und bespricht, weder mit dem begeisterten Exhibitionismus, der im Mitteleuropa der Nachkriegszeit oft mit diesen Dingen verbunden war, noch mit dem heuchlerischen Vertuschen, das für puritanische Länder so kennzeichnend ist. Es schien, daß die allgemeine Haltung darin bestand, sexuelle Beziehungen als etwas ganz Natürliches und als einen Lebensbereich zu betrachten, der großes Vergnügen und viel Unterhaltung bereithielt und zivilrechtlich ausreichend geregelt war, so daß er in das normale gesellschaftliche Leben hineinpaßte, ohne jene, die erotischen Abenteuern nachgingen, weiter mit albernen Konventionen zu belästigen, die das Leben vergällen, ohne irgend etwas Vernünftiges zu leisten. Ich muß allerdings einräumen, daß ich diese Eindrücke eher aus der Literatur und weniger anspruchsvoller Lektüre wie satirischen Zeitschriften und wöchentlichen Witzblättern sammelte als durch tatsächliche Beobachtungen, so daß jeder sich diese Meinung bilden kann, ohne nach Paris zu fahren, es sei denn, die Tatsache, daß die allgemeine Atmosphäre den Eindruck zu bestätigen schien, ist erwähnenswert.

Ich glaube, daß ich während dieses ersten Besuches in Paris die Bekanntschaft von Darius Milhaud und Arthur Honegger machte. Ich mochte Milhaud vom ersten Augenblick an sehr gern und habe mir seitdem immer gewünscht, ein guter Freund von ihm zu sein. Es kann durchaus sein, daß ich ihm so nah bin, wie man es unter diesen Umständen nur erwarten kann, denn wir sehen uns nicht öfter als durchschnittlich einmal im Jahr, und unsere Beziehung ist sehr herzlich, obgleich ich stets das Gefühl hatte, daß es eine unsichtbare und ungreifbare Barriere zwischen uns gibt, die ich nie überwinden konnte. Ich fing gleich an, ein bißchen für Madeleine Milhaud zu schwärmen, die eine hübsche und kecke, etwas kokette kleine Frau ist und mich immer gerne neckt. Das macht mir eigentlich nichts aus, weil es zu beweisen scheint, daß sie mich ganz gern mag. Das einzige Problem ist, daß sie in einem mir unvertrauten Tonfall und mit schwindelerregendem Tempo Französisch spricht, was es mir sehr schwer macht, ihre geistreichen Bemerkungen prompt und angemessen zu erwidern. Die Milhauds bewohnten eine kleine, altmodische Wohnung am Montmartre, 10, Boulevard de Clichy. Sie war mit Möbeln vollgestopft, und der Eindruck von einem überfüllten Pfandleihhaus wurde durch Milhauds Flaschensammlung noch verstärkt, die jeden nicht anders genützten Platz einnahm. Er hatte die typisch mediterrane und ganz unbefangene Vorliebe für auffallende und bizarre Gegenstände und zögerte nicht, sich mit dem schrecklichsten Trödel zu umgeben, den er in kleinen Läden an der Riviera und im Hafenviertel von Marseille aufgelesen hatte. Ich vermute, daß vieles von dem, was in die Philosophie und Ästhetik des Surrealismus eingegangen ist, sich aus dem kindlichen Vergnügen ableitet, das die Südländer unter den Repräsentanten dieser Bewegung daran fanden, chaotische Haufen von seltsam aussehenden, phantastischen, manchmal häßlichen und immer provozierenden Gegenständen aufzutürmen, einfach so zum Spaß. Als ein Beispiel unter vielen erwähne ich Salvador Dali.

Ich bewunderte Milhaud in hohem Maß wegen seiner Fähigkeit, erstaunliche Mengen interessanter, »moderner« und trotzdem »brauchbarer« Musik hervorzubringen, und aus der Tatsache, daß die Bemühungen von Leuten wie Hindemith, etwas ähnliches zustandezubringen, mir vergleichsweise angestrengt, umständlich und im allgemeinen langweilig erscheinen, schloß ich etwas in der Richtung, daß Frankreich von Natur aus gesegnet war. Selbst damals schon hätte ich es besser wissen können, wenn ich bereit gewesen wäre, Milhauds Klagen ernstzunehmen, daß keines seiner bedeutenden Werke von größerem Umfang in Paris wirklich Beachtung fand, daß seine Stellung vor allem die eines Außenseiters war, der gelegentlich von irgendwelchen snobistischen Kreisen der feinen Gesellschaft gerufen wurde, um sie als deftiger Komiker mit seinen modernen Possen zu unterhalten, daß er sich als Musiker nicht selbst ernähren konnte und von Geldern abhängig war, die er gewöhnlich von seinem Vater, einem wohlhabenden Obstbauern in Aix-en-Provence, zu bekommen pflegte. Selbst in späteren Jahren, als Milhaud den Ruf hatte, einer der führenden Komponisten seines Landes zu sein, wurden seine wichtigsten Werke, darunter die Oper *Christoph Colomb*, zuerst in Deutschland aufgeführt, ehe Paris überhaupt Notiz davon nahm, und in den meisten Fällen geschah das auch dann nicht. Meine Ansichten über Frankreich beruhten also zweifellos zum großen Teil auf Illusionen, aber ich hielt trotzdem lange daran fest, und sie wurden zu einem wichtigen Faktor meiner neuen Lebensphilosophie.

Meine Bekanntschaft mit Honegger blieb viel oberflächlicher, weil ich keine besondere Sympathie für ihn empfand. Er war in Frankreich als Kind schweizerischer Eltern zur Welt gekommen, so daß er schweizerischer Staatsbürger war, und er hatte es immer verstanden, seine Zugehörigkeit zu zwei Nationen geschickt auszunutzen. In Frankreich war er ein französischer Komponist, Mitglied der fortschrittlichen »Groupe des Six«, während die Schweiz ihn stolz als besonders erfolgreichen Einheimischen für sich beanspruchte. Er wohnte nicht weit von Milhaud entfernt, irgendwo in der Nähe der

Place Pigalle. Er lud mich einmal zum Essen ein, und wir plauderten freundlich miteinander, ohne daß es weitere Folgen hatte. Wahrscheinlich lernte ich noch ein paar andere der jungen Komponisten meines Alters kennen, aber über einige von ihnen werde ich anläßlich späterer Parisbesuche sprechen.

Hinsichtlich meiner Lebensphilosophie war die wichtigste Erkenntnis, oder was ich dafür hielt, daß Glück auf der Fähigkeit beruhte, einen Augenblick nach dem anderen zu leben, statt das eigene Leben als Kontinuum zu betrachten, in dem jeder Moment voller Beziehungen zur Vergangenheit und voller Verantwortung gegenüber der Zukunft war, auf der Fähigkeit, aus jedem Augenblick so viel wie möglich herauszuholen und sich bei der Verwirklichung dieser Absicht vor allem auf sich selbst zu verlassen. Mir war klar, daß es mir schwerfallen würde, diesen Vorstellungen entsprechend zu leben, denn vom Wesen her schien ich in die entgegengesetzte Richtung zu tendieren. Mein Glück schien von Kontinuität und Stabilität abzuhängen, das hielt ich für eine angeborene Charaktereigenschaft, die ich rational erklärte, indem ich behauptete, daß allein Kontinuität dazu tauge, meine Arbeit von Störung freizuhalten, und da die oberste Bedeutung meiner Arbeit ein unverrückbarer Eckstein meiner Lebensphilosophie war, glaubte ich, mein Leben auf Kontinuität hin ausrichten zu müssen.

Die Ereignisse der unmittelbaren Vergangenheit hatten mich gelehrt, daß meine Versuche, Kontinuität in mein Leben zu bringen, fruchtlos waren, und folglich zweifelte ich nun an den Grundsätzen dieser Denkweise und fiel ins andere Extrem. Ich erkannte allerdings, daß nur ein Mensch mit der Natur eines Einsiedlers imstande sein würde, ohne besondere Anstrengungen und mit hoher Erfolgswahrscheinlichkeit das Muster eines Lebens im Augenblick und eines eigenständigen Daseins zu verwirklichen, weil er in der Lage sein würde, die erforderlichen Elemente des Lebens aus seinem Innern hervorzubringen. Jeder, der von gesellschaftlichem Verkehr mit anderen Menschen abhing, würde beträchtliche Kraft und Ausdauer aufwenden müssen, um ständig die gewünschten Situationen herbeizuführen, die es ihm ermöglichen würden, aus jenen flüchtigen Augenblicken das beste zu machen. Er würde auch große Flexibilität und Widerstandsfähigkeit besitzen müssen, damit es ihm nichts ausmachte, wenn einige oder sogar viele dieser Versuche fehlschlügen, so daß er zeitweilige Einsamkeit mit demselben Gleichmut ertragen würde, mit dem der Einsiedler die dauernde erträgt. Eben dieser Punkt war der Kern der neuen Einstellung: daß ein solcher Mensch sich um nichts sorgen würde, weil er über so viel Lebenskraft und Einfallsreichtum verfügte, daß er sofort alles vergessen könnte, was schief gegangen oder nicht seinen Wünschen und Erwartungen entsprechend verlaufen war, und daß er sich sogleich mit unverminderter Begeisterung anderen Dingen zuwenden könnte. Ich glaubte nicht einen Augenblick, daß ich für diese Lebensweise irgendeine Begabung besaß, aber als Ideal schien sie mir äußerst verlockend zu sein, und zu jener Zeit sah ich für mich keinen anderen Weg.

Ich muß zugeben, daß das hier umrissene Problem mich seitdem stets beschäftigt hat, und zwar so sehr, daß jemand, der mich zum Zeitpunkt dieser Aufzeichnungen gut kennt, leicht denken könnte, ich würde meine gegenwärtigen Gedankengänge unbewußt auf die jetzt zwanzig Jahre zurückliegende Zeit projizieren. Ich bin jedoch ganz sicher, daß ich meine damaligen Grübeleien hier wahrheitsgemäß deute. Wenn ich kurz rekapituliere, welchen Lauf mein Leben in den dazwischenliegenden zwanzig Jahren genommen hat, scheint mir, daß ich mich nach meinem Aufenthalt in Paris etwa drei Jahre lang mit wechselndem Erfolg bemühte, dem neuen Muster gemäß zu leben. Ich glaube, daß meine zweite Ehe und insbesondere mein Entschluß, mich in Wien niederzulassen, dieser Tendenz ein Ende machten. Mir ist jetzt klar, daß das Leben in Wien im Grunde genommen eine Regression auf die Verhältnisse der Kindheit bedeutete, etwas wie ein Zufluchtsuchen in der Sicherheit des Elternhauses. Der Beweis für die Tatsache, daß ich es unbewußt so erlebte, scheint mir darin zu liegen, daß mich die ganze Zeit über der schlimme Wunsch quälte, etwas möge geschehen, das das Schneckenhaus, in das ich mich zurückgezogen hatte, zerstören würde, und außerdem darin, daß sich die entgegengesetzte Tendenz, nämlich die Tendenz zum vom Augenblick bestimmten, nicht kontinuierlichen Leben allmählich wieder durchsetzte, nachdem das Schneckenhaus zerbrochen war, also nach meiner Umsiedlung in die Vereinigten Staaten. Die Einzelheiten dieses Prozesses werden später zu analysieren sein.

Bezeichnenderweise dachte ich auch über Projekte nach, in denen ich dem Gedanken der Diskontinuität künstlerisch Ausdruck verleihen wollte, ohne den tieferen Zusammenhang bewußt zu erfassen. Ich erinnere mich, daß mich die Idee der musikalischen Revue faszinierte, wie ich sie in den Folies Bergères und in ähnlichen Pariser Lokalen gesehen hatte. Natürlich war das Genre keineswegs auf Paris beschränkt, und ich hatte in Berlin und in Wien viele Aufführungen dieser Art gesehen. Aber in gewisser Weise hielt man sie damals für ein echt pariserisches Produkt, so daß meine Erwartung sich darauf richtete. Außerdem fiel mir dieses Genre im psychologisch richtigen Moment auf, sonst hätte ich womöglich das Gegenteil empfinden können, nämlich in meinen Erwartungen enttäuscht zu werden.

In meinem einsamen Hotelzimmer im Foyot sitzend, begann ich über ein Bühnenstück nachzudenken, das nach den Prinzipien der musikalischen Revue aufgebaut sein oder vielmehr einem Prinzip folgen würde, das von der Abwesenheit jedes strukturellen Prinzips hergeleitet werden sollte, die für diese Art der Unterhaltung so charakteristisch ist. Es würde überhaupt keine zusammenhängende Handlung aufweisen, und die Logik des Inhalts würde ausschließlich auf der Schlüssigkeit der Abfolge von Stimmungen beruhen, die von einer sorgfältig arrangierten Folge von ansonsten unzusammenhängenden Szenen ausgehen sollten. Ich wußte nicht, wie ich so etwas zustandebringen sollte, und ich kam über die Phase des Nachdenkens darüber nicht hinaus. Ich bin überzeugt, daß diese Idee etwas für sich hatte, und ein Teil davon ist wahrscheinlich ein wesentlicher Bestandteil der Oper. Zu viele Leute behaupten, daß sie sich an einer Oper erfreuen können, ohne ein einziges Wort des Textes zu verstehen, so daß die Möglichkeit eines Stücks »ohne Bedeutung« nicht ohne weiteres abgetan werden kann. Dafür spricht auch die Tatsache, daß man sich eine Oper, die in einer fremden Sprache gesungen wird, anhören kann, ohne sich völlig albern vorzukommen. (Ich glaube, daß die erklärenden Hilfsmittel, die gewöhnlich angeboten werden – Inhaltsangaben in Programmheften, Übersetzung des Librettos – eigentlich keinem richtigen Zweck dienen.)

Natürlich ist einem selbst in einer Oper, die man nicht versteht, bewußt, daß sie schließlich doch eine Handlung hat, und die Tatsache, daß diese Handlung nur in vagen Umrissen erraten werden kann, während die Einzelheiten ein Rätsel sind, das aufzulösen der Phantasie des Hörers überlassen bleibt, kann ein Faktor sein, der zum Vergnügen beiträgt. Natürlich nahm ich einige Zeit später einen ganz anderen Standpunkt zum Problem der Oper ein, und meine praktischen Experimente auf diesem Gebiet zielen bis heute darauf ab, äußerste pragmatische Klarheit und recht ehrgeizige geistige Tragweite zu erzielen. Nichtsdestoweniger hat das gegenteilige Konzept seine Attraktivität durchaus nicht verloren, und ich neige vielleicht mehr denn je dazu, etwas in dieser Art zu versuchen, wenn sich eine Gelegenheit dazu ergeben sollte.

Zurück nach Zürich

Nach etwa zehn Tagen in Paris kehrte ich nach Zürich zurück, wobei ich, wie es meine Gewohnheit war, einen Abstecher machte, um mir Sehenswürdigkeiten anzuschauen. Ich reiste mit dem Nachtzug nach Straßburg, wo ich den Tag verbrachte, hauptsächlich in die Betrachtung des berühmten Münsters versunken, das Goethes jugendliche Begeisterung für gotische Kunst wachgerufen und ihn bewogen hatte, sich der Bewegung des Sturm und Drang anzuschließen. Von der Stadt war ich nicht besonders beeindruckt, denn ich fand, daß sie durch die verschiedenen wuchtigen, häßlichen Regierungsgebäude verschandelt worden war, die die Deutschen während ihrer vierzigjährigen Herrschaft über Elsaß-Lothringen errichtet hatten. Erst bei einem viel späteren Besuch lernte ich den ausgeprägten, malerischen Charakter der Stadt schätzen. Abends fuhr ich in südlicher Richtung nach Colmar weiter, wo ich die Nacht verbrachte. Die Gewohnheit der Elsässer, beim Sprechen Französisch und Deutsch ständig zu vermischen, irritierte mich ein wenig. Als ich den Hoteldirektor auf französisch anredete, antwortete er auf Deutsch, was mich nicht wenig ärgerte, weil ich glaubte, meine fehlerhafte Aussprache hätte mich verraten, und andererseits fühlte ich mich für meine neuen Freunde, die Franzosen, indirekt beleidigt, denn wenn mein Französisch für Paris gut genug gewesen war, sah ich nicht ein, warum der Kerl von seinen Deutschkenntnissen Gebrauch machen sollte, wenn er jemandem antwortete, der sein Bestes getan hatte, um ihn auf französischem Boden in der Sprache dieses Landes anzureden. Als ich jedoch in einem Geschäft Deutsch sprach, um dieser meiner Meinung nach demütigenden Erfahrung aus dem Weg zu gehen, antwortete die Frau auf Französisch, vielleicht um mir zu zeigen, daß das die Sprache war, die eigentlich hier gesprochen wurde.

Vielleicht war das alles Gedankenlosigkeit dieser Menschen, denn ich beobachtete, daß sie selbst im Gespräch miteinander ständig von einer Sprache in die andere wechselten, oft mitten im Satz. Im übrigen war ihr Deutsch ein Dialekt, der dem Schwyzerdütsch sehr ähnlich war. Ich erfuhr, daß die Elsässer ein wankelmütiges Völkchen seien, mit dem man so wenig glücklich werden könne, wie sie es unter allen erdenklichen politischen Verhältnissen sein würden. Nachdem sie Jahrhunderte lang zwischen Franzosen und Deutschen hin und her gestoßen worden waren, hatten sie die Haltung entwickelt, mit jedem unzufrieden zu sein, der gerade ihr Oberherr war. Solange sie von Preußen regiert wurden (was praktisch der Fall war, obwohl Elsaß-Lothringen offiziell »Reichsgebiet« war), waren sie glühende französische Patrioten. Kaum waren sie 1918 von den Alliierten »befreit« worden, als sie auch schon sehnsüchtig über den Rhein zu blikken begannen. Der bemerkenswerte Elsässer René Schickele hat den komplizierten und problematischen Charakter seiner Landsleute in seinen Romanen auf bewundernswerte Weise dargestellt.

Mein Hauptanliegen in Colmar war ein Besuch im Museum, welches damals den berühmten Isenheimer Altar von Matthias Grünewald beherbergte. Diese beeindruckenden Tafeln waren jahrhundertelang in dem kleinen Kloster Isenheim in der Nähe von Colmar versteckt gewesen. Um sie vor den Gefahren des Krieges zu schützen, hatten die Deutschen sie 1914 nach München gebracht, im psychologisch richtigen Moment für ihre Entdeckung durch die deutschen Expressionisten. Praktisch über Nacht wurden die phantastischen Stücke des rätselhaften Malers berühmt, und in Büchern und Artikeln wurden sie als die große Prophezeiung des Expressionismus gerühmt. Dem Friedensvertrag gemäß wurde der Altar an Frankreich zurückgegeben, aber wegen seines neuen weltweiten Ruhms wurde er nicht wieder in das entlegene Kloster gebracht, sondern im Colmarer Museum ausgestellt. Von diesen Gemälden mit ihren grellen Farben und den unerhörten Verzerrungen der menschlichen Gestalt geht in der Tat eine überwältigende Faszination aus. Ich bin froh, daß ich die Idee zu diesem Abstecher hatte, so daß ich die Originale dieser oft reproduzierten Meisterwerke sehen konnte.

Im Rathaus der Stadt oder einem derartigen Gebäude befand sich auch ein kleines Kriegsmuseum, das ich, ich weiß nicht warum, gleichfalls besuchte. Dort waren die üblichen Exponate zu sehen, Waffen, Flaggen, Uniformen, Geschosse aller Art, Proklamationen und anderes Gedrucktes und Greuelbilder. Mein Besuch in Paris hatte mich in meiner Sympathie für die Alliierten und meiner Aversion gegen Deutschland so bestärkt, daß dieses recht triviale Zeug eine Art heiligen Zorn in mir entflammte, den ich in einem Brief an Alma festhielt, wobei ich mich in beißenden Schmähungen gegen Deutschland erging und das Martyrium Frankreichs rühmte, wahrscheinlich in einer etwas oberschülerhaften Art. Ich erinnere mich, daß Alma über diesen Brief ziemlich schockiert war, zumal sie damals wie auch später die deutsche Sache immer unterstützte, und zwar in einem Maß, das ich entschieden mißbilligte.

Von Colmar begab ich mich nach Basel, das nicht einmal zwei Bahnstunden entfernt ist, und war froh, nach all dieser Aufregung wieder in der ruhigen Schweiz zu sein. Ich besuchte meine Freunde, die Schöns, die Erdmann im Grunewald Unterkunft gewährt hatten. Schön hatte damals schon die gute Idee, aus Deutschland zu verschwinden, was er ohne weiteres tun konnte, weil er, wie ich erwähnte, von einem Gehalt lebte, das seine Familie ihm für die Verwaltung ihres Vermögens bezahlte, das hauptsächlich aus Industriebesitz in Polen oder irgendwo dort bestand. Wahrscheinlich war die Schweiz für seine finanziellen Transaktionen besser geeignet als Deutschland. Die Schöns hatten ein kleines Haus in Basel, und dessen friedliche und kultivierte Atmosphäre mochte ich sehr gern, ebenso wie die melancholische Ironie des Hausherrn und den Charme seiner anmutig alternden Frau. Ihre Tochter besuchte eines der berühmten Mädchenpensionate in Lausanne und ihr Sohn ein College in England. Sie waren Kosmopoliten so recht nach meinem Geschmack und strahlten eine philosophische Gelassenheit aus, die ich sehr genoß.

Bei meiner Rückkehr nach Zürich, kurz vor Weihnachten, fand ich es etwas schwierig, meine neue Lebensphilosophie in entsprechendes Handeln umzusetzen. Ich glaube mich zu erinnern, daß ich meinte, ich sollte Alma gegenüber eine distanziertere und scheinbar unbeschwerte Haltung einnehmen, und ich hatte den Eindruck, daß dies sie wenigstens zeitweilig zärtlicher machte. Aber ich konnte nie sicher sein, von welcher Art von Gefühlen, Instinkten, Impulsen und Berechnungen und in welche Richtung sie tatsächlich bewegt wurde.

Was meine Arbeit angeht, so ist es mir im Moment nicht möglich, eine genaue Chronologie der Stücke, die ich in diesem Winter* geschrieben habe, aufzustellen. Zweifellos hatte ich damals mein *Violinkonzert* für Alma fertiggestellt. Außerdem schrieb ich eine *Sonate für Violine solo*, die ihrer Opuszahl entsprechend (33) nach den *Sieben Orchesterstücken* (op. 31) und den *Vier Chören für Männerchor a cappella und Altsolo* nach Texten von Hölderlin (opus 32) komponiert worden sein müßten. Von der Sonate weiß ich nur noch, daß sie in einer Art Raserei komponiert worden war, auf einem Höhepunkt meiner Liebesbeziehung zu Alma, so daß sie wahrscheinlich vor 1925 entstand. Ich schließe daraus, daß ich das Violinkonzert noch früher schrieb, sogar noch bevor unsere Beziehung intim wurde. Die Form der Solostücke für Streichinstrumente habe ich immer sehr geliebt, und Bachs Leistungen auf diesem Gebiet bewunderte ich sehr. Ich ging mit einem Gefühl großer Verantwortung an diese Komposition heran, und ich hielt sie für sehr gut. Ich übergab das Manuskript mit allen Entwürfen Alma, die dieses Stück nie gespielt hat, und ich habe seither nie wieder etwas davon gehört. Es kann durchaus sein, daß es nicht mehr existiert. Die *Sieben Orchesterstücke* waren, soweit ich mich erinnere, ein letzter Versuch, die Ideen Dr. Wolffs, oder was ich dafür hielt, in die Praxis umzusetzen. In bezug auf die Instrumentierung hatte ich die phantastische Idee, die tatsächliche Anzahl der Instrumente, die in den einzelnen Gruppen verwendet werden sollten, je nach Größe des Saals der Entscheidung des Dirigenten zu überlassen, und gab nur das zahlenmäßige Verhältnis zwischen den verschiedenen Gruppen an. An einer Stelle schrieb ich beispielsweise:

* 1925

4 Violinen, 1 Trompete, 2 Oboen, wobei ich mir vorstellte, daß ein Dirigent, der einen großen Saal mit einem großen Orchester hatte, alles zum Beispiel mit zwei multiplizieren würde. Ich bin sicher, daß dies ein ziemlich sinnloses Arrangement war, es ist auch nie wirklich ausprobiert worden denn diese Stücke sind meiner Kenntnis nach nur einmal in Winterthur gespielt worden, unter Scherchens Leitung, und diese Aufführung habe ich nicht gehört.

Die Hölderlin-Chöre wurden als Geschenk für den guten alten Dr. Rottenberg in Frankfurt am Main geschrieben, vielleicht zu einem Geburtstag oder einfach, weil ich ihn liebte. Ich hatte tief bewegende Fragmente gefunden, zu Gedichten, die der große Romantiker in der langen Phase der Geisteskrankheit geplant hatte, der er nach einer glanzvollen, aber kurzen Zeit jugendlicher Produktivität zum Opfer gefallen war. Seit ich die Rhapsodie von Brahms gehört hatte, liebte ich die Kombination von Altsolo und Männerchor. Nach Dr. Rottenbergs Tod war seine Witwe so klug, mir das Manuskript zurückzugeben, und dem Umstand, daß ich in späteren Jahren eine Aufführung dieser Komposition in Wien organisieren konnte, verdanke ich die Tatsache, daß sie gedruckt wurde, so daß einige Exemplare selbst jetzt noch erhältlich sind. Ich mag dieses Stück sehr gerne, es wechselt zwischen introspektiver Grübelei, bitterer Qual und einer Art reiner Heiterkeit. Ich bin sicher, daß ich die *Violinsonate* fertigstellte, bevor ich nach Paris ging, denn ich erinnere mich, daß ich sie Pfitzner vorspielte, den Alma unbedingt zum Essen bei uns haben wollte. Sie hatte ein gewisses Faible für Pfitzners Violinsonate und auch für den »Professor« mittleren Alters, der ein leidenschaftlicher Deutschnationaler war. Ich mochte den größten Teil seiner Musik nicht, obgleich manches davon von der Konzeption, wenn auch nicht von der Gestaltung her, eine unleugbare Größe besaß, und ich haßte ihn wegen seiner reaktionären und chauvinistischen Mentalität. Alma zuliebe war ich sehr höflich zu ihm und brachte sogar eine Art halbwegs intelligentes Gespräch zustande, wie ich es vor allem unter Zwang gut führen kann, besonders wenn ich dadurch herausgefordert werde, daß jemand mir das nicht zutraut. Pfitzner hörte sich ebenso höflich meine Sonate an, die ich widerwillig spielte, und äußerte, daß sie als Versuch, ein langes Stück ohne Melodie zu komponieren, sehr interessant sei. Das reichte mir, und ich glaube nicht, daß ich danach noch viel sagte.

Kurz nach Weihnachten kam Erdmann auf einer Konzerttournee in die Schweiz, und ich fuhr nach Basel, wo er unter der Leitung von Suter mein Klavierkonzert spielte. Der gute Mann war völlig verloren, obgleich die Partitur nicht zu dem beunruhigenden Typus »moderner« Musik zählte, sondern eher romantischen Charakter hatte, wie ich bereits erwähnt habe. Es war eines der ersten Male, daß ich erlebte, wie ein Dirigent bei dem bloßen Gedanken an die sprichwörtlichen Komplikationen moderner Musik in Panik geriet, obwohl alle verfügbaren Anhaltspunkte seine Befürchtungen hätten zerstreuen müssen. Mein Ruf und die Tatsache, daß mein Name auf der Titelseite stand, genügten, um ihn die einfachsten Stellen verpatzen zu lassen, und die Aufführung war durch recht sonderbare Pannen gekennzeichnet.

Um sich noch etwas länger an meiner Gesellschaft zu erfreuen, lud Erdmann mich ein, ihn nach Glarus zu begleiten, eine Stadt, die etwa zwei Stunden von Zürich entfernt in einem recht abgeschiedenen Alpental lag und in der er ein Konzert geben sollte. Es machte mir großes Vergnügen, die alte Hauptstadt des gleichnamigen Kantons zu besichtigen, eines der zwei Kantone, in denen die wichtigsten Staatsangelegenheiten immer noch durch offene Abstimmung bei einer alljährlichen Versammlung aller wahlberechtigten Bürger auf dem größten Platz der Stadt geregelt werden, und zwar seit ungefähr dem 14. Jahrhundert. Etwas anderes, das den Ruf des Kantons Glarus begründet, ist Schlagsahne (über Glareanus, den ich jetzt an dritter Stelle nennen würde, wußte ich damals noch nichts). Wir wurden eingeladen, im Haus eines gewissen Dr. Galati, des Präsidenten der Konzertvereinigung, zu wohnen, und mit Bergen von dem berühmten Produkt dieses gesegneten Landes bewirke. Das dortige Ritual schrieb vor, daß die geschlagene Sahne beim Verzehr nicht durch Zucker verfälscht werden durfte, und sie war in der Tat sehr gut, wenngleich auf die Dauer etwas anstrengend, so daß angemessene Mengen von Kirsch eingesetzt werden mußten, um ein vernünftiges Gleichgewicht in unseren Mägen aufrechtzuerhalten.

Irgendwann in diesem Winter, wahrscheinlich im Januar 1925, fuhr ich nach Bern, um dort mein *Zweites Concerto grosso* in einer Aufführung des städtischen Orchesters unter der Leitung von Fritz Brun zu hören, den ich bereits erwähnt habe. (Andreae hatte es zuvor in Zürich dirigiert, und überhaupt erschienen meine Kompositionen häufig auf den Konzertprogrammen verschiedener Schweizer Städte, was ich immer sehr zu schätzen gewußt habe.) Ich war in Bern fremd und hatte in dem Konzert einen Platz zwischen zwei Herren, die mich nicht kannten und die ich auch nicht kannte. Rechts von mir saß ein Kerl mittleren Alters mit arrogantem Gesicht, und der andere war ein alter, wahrscheinlich etwas schwerhöriger Mann. Beide unterhielten sich ständig über meinen Kopf hinweg, das heißt, der Jüngere bemühte sich offensichtlich, die Aufmerksamkeit des Alten auf sich zu ziehen, der wie irgendein hohes Tier aussah. Ich fand dieses Benehmen ein wenig unhöflich und geradezu beleidigend, als der Arrogante seinen Freund während der Aufführung meines Stücks in dem üblichen Berner Gemisch aus Französisch und Deutsch darüber unterrichtete, daß er es gräßlich, saumäßig und überhaupt unmöglich fand. Ich hatte soviel Sinn für Humor, ihn mit seinen abfälligen Bemerkungen fortfahren zu lassen, bis ich nach dem Stück aufstand und zum Podium ging, um dem Dirigenten zu danken und mich zu verbeugen. Als ich für den Rest des Konzerts zu meinem Platz zurückkehrte, war der hochnäsige Kerl nicht mehr arrogant, sondern rot im Gesicht und hielt bis zum Ende des Konzertabends den Mund.

Als ich anschließend mit den Künstlern in einem Restaurant zum Abendessen zusammentraf und ihnen von dem Vorfall erzählte, wurde der Mann sofort als ein Monsieur von Herrenschwand identifiziert, Mitglied der höchsten Kreise der Berner Aristokratie, der offenbar mehr als einmal lästig geworden war. Als ich erwähnte, daß ich Lust hätte, ihm einen Brief zu schreiben, ermunterte Fritz Brun mich enthusiastisch, denn er hatte ein persönliches Interesse daran, dem jungen Spund eins auszuwischen. Ich brauchte keinen großen Anstoß, denn das war etwas, was ich liebend gerne tat, da ich meinte, daß solche Briefe im Sinne von Karl Kraus seien, dem ich nacheifern wollte. An Ort und Stelle schrieb ich einen sarkastischen Brief in derselben Mischung aus Französisch und Deutsch, die von Herrenschwand verwendet hatte, teils um sein Kauderwelsch zu verspotten, teils um ihn wissen zu lassen, daß ich seine französischen Bemerkungen genausogut verstanden hatte wie seine deutschen, denn er hatte möglicherweise angenommen, daß mir als ungehobeltem Fremden sein parfümiertes Französisch nicht geläufig war. Ich bekam keine direkte Antwort. Alma, die kurz darauf nach Bern kam, hörte die ganze Geschichte und war überhaupt nicht erfreut über mein Verhalten, weil es vermutlich nicht ihren Ansichten und Prinzipien in bezug auf den Umgang eines Künstlers mit der feinen Gesellschaft entsprach. Jedenfalls ließ von Herrenschwand die ganze Stadt wissen, daß er mich, falls ich es wagen sollte, mich noch einmal in Bern zu zeigen, ohrfeigen würde. Ich bin seither viele Male in Bern gewesen, und natürlich warte ich immer noch darauf, daß von Herrenschwand seine Strafe an mir vollzieht.

In diesem Januar machte ich vermutlich auch eine Bekanntschaft, die später große Bedeutung bekommen sollte. Kokoschka hatte seinen Aufenthalt in Paris beendet und kam durch Zürich, auf seinem Weg nach Berlin, Rußland, Persien, Indien, China oder wohin auch immer – erst viel später fand ich heraus, daß die meisten dieser phantastischen Reisen, über die er sehr viel redete, nach Wien führten, wo er mehr Zeit im Haus seiner Mutter verbrachte, als die Außenwelt wissen sollte. Da er meinte, er hätte mir in Paris nicht genug Aufmerksamkeit gewidmet, bat er mich, mich zwischen den Zügen im Hauptbahnhof mit ihm zu treffen, um darüber zu sprechen. Ich glaubte nicht, daß er mir dieses Treffen schuldete, ging aber jedenfalls hin und fand ihn in Begleitung eines sehr gutaussehenden, etwas zurückhaltenden jungen Schweizers namens Friedrich T. Gubler. Beim Mittagessen sprachen wir über nichts Bestimmtes; Kokoschka kam wie gewöhnlich vom Hundertsten ins Tausendste, betonte nur nachdrücklich, daß Gubler einer seiner besten Freunde sei und er ihn meiner ganz besonderen Zuneigung anempfehle. Ich machte mir darüber nicht viel Gedanken, weil ich annahm, daß es sich nur um eine von Kokoschkas unvorhersehbaren Launen handelte, aber nachdem er gegangen war, bat mich dieser Gubler auf rührende und unkonventionelle Weise, mich wiedersehen zu dürfen, und ich stimmte einem baldigen Treffen zu.

Ich glaube, er war ein wenig jünger als ich. Zu jener Zeit war er Generalsekretär des Schweizer Werkbunds, einer Vereinigung von Kunsthandwerkern, die Glasobjekte, Teppiche, Keramik, Möbel und dergleichen herstellten. Auch Architekten gehörten dieser Gruppe an. Es stellte sich heraus, daß Gubler ein recht ungewöhnlicher Mensch, wenngleich irgendwie ein typischer Schweizer war. Seine Eltern waren einfache Landbewohner aus einem Dorf in der Nähe von Zürich, und er hatte Gymnasiallehrer werden sollen. Ihm war jedoch eine brennende Sehnsucht nach der Welt, wo sie anders aussieht, angeboren, und als Junge riß er von zu Hause aus und wanderte die ganze Strecke, etwa sechzig Kilometer, zu der berühmten Benediktinerabtei Einsiedeln im Kanton Schwyz. In einer dunklen Nacht klopfte der Knabe, der nach den Lehren Zwinglis protestantisch erzogen worden war, an die Klosterpforte, genauso wie in einer Geschichte aus dem Mittelalter, und ein gütiger Mönch, Pater Romuald, öffnete ihm und nahm ihn auf, ohne Fragen zu stellen. Gubler verbrachte einige Zeit bei den Mönchen, bevor er nach Hause zurückkehrte, und eine Weile blieb er ruhig. Dann packte ihn wieder der unwiderstehliche Drang, und eines Tages stahl er sich, die Taschen mit Taschentüchern und Unterwäsche vollgestopft, zum Bahnhof und löste eine Fahrkarte nach Dresden, weil er einige Zeit vorher ein Mitglied der damals berühmten Tanzgruppe Mary Wigmans kennengelernt hatte, die in Dresden beheimatet war.

Durch Vermittlung von irgend jemand fand er in einer aristokratischen Familie in der Nähe eine Stelle als Hauslehrer für ein paar Jungen, und während dieser Zeit machte er die Bekanntschaft Kokoschkas, der sich von einem so abenteuerlustigen Burschen natürlich sehr angezogen fühlte. Später kehrte er in die Schweiz zurück und bekam vermutlich durch seine Beziehungen zur Welt der schönen Künste die Position, die er innehatte, als ich ihn kennenlernte. Er vertraute mir an, daß es sein großer Wunsch sei, Schriftsteller zu sein, und daß er alles andere als Umweg zu dem angestrebten Ziel betrachte. Er sprach vage und verworren über ein Stück, das er zu schreiben überlegte. Mein Denken war immer auf sofort greifbare, praktische Ergebnisse ausgerichtet, und ich drängte ihn, das Stück niederzuschreiben und es mir zu zeigen. Bezeichnenderweise habe ich in all den Jahren, die ich Gubler kenne, nichts Geschriebenes von ihm gesehen, von einigen unbedeutenden Rezensionen in Zeitungen abgesehen. Ich bin sicher, daß er meine Fähigkeit, Dinge zu erledigen, ebenso bewunderte, wie ich von seinem phantastisch umherschweifenden, sehr expressionistischen Geist angezogen wurde. Er ließ mich auch wissen, daß er in ein junges Mädchen aus einer sehr vornehmen Winterthurer Familie verliebt sei, deren Eltern aber entschieden dagegen seien, daß er sie heirate, so sehr, daß sie das Mädchen nach Genf in ein Internat geschickt hatten, aber für sie beide spiele das überhaupt keine Rolle.

Hans Arp und Dada, Ernst Toller und Max Rychner

Ich sah Gubler oft, und durch ihn wurde ich mit mehreren Leuten bekannt, die mit den schönen Künsten zu tun hatten. Die schillerndste Gestalt unter ihnen war der bekannte Dadaist Hans Arp, wirklich ein sehr seltsamer Vogel. Seine Spezialität waren mannshohe Skulpturen, die durch ihre kurvenreichen Linien und das glatt polierte Material eindeutig sehr obszöne Assoziationen weckten, ohne je auf ein bestimmtes Detail des menschlichen Körperbaus anzuspielen. Außerdem stellte er jene bekannten merkwürdigen Objekte her, die das billige Vergnügen der Banausen sind, Leinwände, die über und über mit Zeitungsausschnitten und Flaschenetiketten beklebt waren und aus denen Nägel hervorstanden, an denen Schnur- oder Drahtstücke und anderer Krimskrams hingen. Darüber hinaus schrieb Arp Gedichte, die in kleinem Maßstab das Idiom von *Finnegans Wake* vorwegnahmen und voller Kunstwörter waren, die wieder verschiedene versteckte Bedeutungen nahelegten, ohne einen konkreten Sinn zu ergeben. Gewöhnlich löst diese Art Kunst zwei verschiedene Formen von Reaktionen aus. Die Mehrheit des Publikums lehnt sie ab, denn sie ist von ihrer anstößigen Frivolität schockiert und erklärt ihre Urheber für geisteskrank oder unaufrichtig. Eine kleine Gruppe von Snobs ergeht sich in Bewunderung, indem sie sich dem Phänomen in der Haltung nähert, in der die »richtigen« Leute sich der »wahren« Kunst nähern, Michelangelo zum Beispiel oder Beethoven.

Diese letztere Haltung wurde auf lächerliche Weise von einem gewissen Giedion zur Schau getragen, einem reichen Snob, den ich ebenfalls bei Gubler kennenlernte. Er sprach gewandt und ehrfurchtsvoll über die Erscheinungsformen des Dadaismus, starrte auf eine von Arps Ansammlungen von zerbrochenen Bierflaschen und Drähten und erklärte feierlich, er müsse mit diesem Kunstwerk mehrere Wochen »leben«, ehe er sich eine endgültige Meinung darüber bilden könne. Wenn es jemanden gab, der noch snobistischer war als Giedion, dann war das seine Frau. Über sie erzählte Gubler mir die Geschichte, wie das ehrenwerte Paar einen Skiausflug machte und Frau Giedion ihrem Mann zurief: »Pepp« – so nannte sie ihn – »Pepp, hast du schon Kontakt mit der Natur bekommen?«, während der ernsthafte Clown auf seinem Allerwertesten den Berg hinabsegelte.

Ich glaube, daß keine dieser Haltungen dem Phänomen des Dada gerecht wird. Ich denke seit jeher, daß die Meinung eines Künstlers über sich selbst und sein Werk alle Aufmerksamkeit verdient, und Hans Arp zu beobachten machte mir ganz deutlich, was von seinem Tun zu halten war. Zweifellos betrachteten diese Burschen sich und ihre Werke als Ärgernis, und *épater le bourgeois* war eines ihrer Hauptanliegen. Darin beschränkten sie sich nicht auf ihre künstlerischen Schöpfungen, sondern sie nahmen jede Gelegenheit wahr, um ihre Zeitgenossen zu schockieren, indem sie beispielsweise ehrbar aussehende Damen auf der Straße anhielten und sie höflich nach der Adresse des nächsten Bordells fragten. Viele ihrer Aktivitäten waren Possen jugendlicher Schelme. Aber die Idee, der Gesellschaft bewußt zu machen, daß sie ein höchst unsicherer Ort zum Leben war, hatte einen ernsten Hintergrund und war an sich löblich. Das gleiche galt für die künstlerischen Bemühungen der Gruppe, deren Mitglieder zum Teil ein sehr hohes Maß an handwerklichem Können und Phantasie erkennen ließen. Ihr Unsinn war ambivalent, denn er hatte sowohl die Verspieltheit von Studentenstreichen als auch die drohende, explosive Kraft echter Geisteskrankheit.

Hans Arp schien ein träger, launenhafter, gewinnender Mensch zu sein, der sein verrücktes Geschäft mit dem spöttischen Ernst eines Industriemagnaten betrieb, der im Urlaub Mausefallen herstellt. Seine Frau sah freundlich und bekümmert aus und arbeitete hart als Lehrerin für Weberei an der Schule für Kunsthandwerk. Ich lernte auch den Direktor dieser Schule kennen, Herrn Altherr, der später vorschlug, daß ich die Bühnenmusik zu einem Stück von Ernst Toller schreiben sollte, das Gubler als Puppentheater inszenieren sollte. Ich hatte mit Toller korrespondiert, als ich noch in Berlin gewesen war, und es kann gut sein, daß es dabei um dasselbe Stück ging, das ich möglicherweise als Vorlage für eine komische Oper in Erwägung zog.

Ernst Toller war ein junger Mann, der an dem kommunistischen Regime beteiligt gewesen war, das nach 1918 einige Wochen lang in München existiert hatte.* Nach dessen Sturz war Toller zu mehreren Jahren Festungshaft in Landsberg verurteilt worden, in der gleichen Festung, in die Hitler nach seinem Bierkellerputsch für einige Zeit geschickt wurde, und von dort aus hatte Toller mit mir korrespondiert. Das Stück hieß *Die Rache des verhöhnten Liebhabers*, die Handlung stammte von Boccaccio, wenn ich nicht irre. Es ging um einen jungen Mann, der sich dafür rächt, daß er von dem Objekt seiner Zuneigung abgewiesen wird, indem er die Dame in eine Situation bringt, in der sie nackt, nur mit verhülltem Gesicht, entzückten Gästen eines Herrenabends vorgeführt wird, wobei seine größte Befriedigung darin besteht, daß ihr eigener Ehemann die Dame nicht erkennt.

Zu der Zeit meiner Bekanntschaft mit Gubler wurde Toller gerade aus der Festungshaft entlassen und in der Schweiz von seinen Freunden, Dr. Katzenstein und seiner Frau, erwartet, denen Gubler mich ebenfalls vorstellte. Sie waren vor der deutschen Justiz geflohen, weil auch sie an dem kommunistischen Aufstand in Bayern beteiligt gewesen waren. Sie hatten mehr Glück gehabt als Toller, denn sie waren nach dem Zusammenbruch der Bewegung verschwunden, und man sagte, daß es für sie auch wichtiger gewesen war, sich abzusetzen, weil Dr. Katzenstein wahrscheinlich hingerichtet worden wäre, denn es ging das Gerücht, daß er für die berüchtigte Erschießung der aristokratischen Geiseln während der Revolution in der Münchner Kaserne persönlich verantwortlich gewesen sei. Ich hielt es nie für angebracht, ihn danach zu fragen. Ich kann nur sagen, daß er ein äußerst freundlicher, humaner Mann mit sehr angenehmen Manieren und brillantem Verstand war.

Er war an einem der Zürcher Spitäler als Psychiater beschäftigt, hoch angesehen und sehr gefragt. Seine Frau war sehr aktiv und hatte literarische Ambitionen, wobei sie ihre Begabung hauptsächlich für Übersetzungen nutzte. Sie engagierte sich auch in verschiedenen Hilfsaktionen im Zusammenhang mit der ständigen Auswanderung von Juden, die damals im Vergleich mit der späteren Entwicklung kaum nennenswert war. Frau Katzenstein war nicht besonders attraktiv, schielte ein wenig und war etwas korpulent, doch sie strahlte einen gewissen matronenhaften Charme aus, und ich mochte sie sehr gern, weil ich stets nach Frauen suchte, denen ich meine Probleme anver-

* Toller wurde im April 1919 zum Vorsitzenden der bayerischen Arbeiter-, Bauern- und Soldatenräte gewählt.

trauen konnte. Es kam mir nie in den Sinn, Männer ins Vertrauen zu ziehen. Ich nehme an, daß es mir schon in der frühen Kindheit peinlich gewesen sein mußte, mit anderen Knaben oder auch mit älteren Männern über meine Gefühle zu sprechen, weil ich fürchtete, daß das Unwissenheit in bezug auf gewisse Dinge verraten würde, die ich eigentlich hätte wissen müssen, wobei ich nicht bedachte, daß ich sie kaum hätte wissen können, es sei denn, ich hätte eben die Gespräche geführt, die ich vermied. Als ich älter wurde, sprach ich gern mit Frauen über solche Dinge, weil mir die leicht zweideutige Atmosphäre, die durch solche Unterhaltungen geschaffen wurde, zusagte. Die Katzensteins und besonders Gubler wurden sehr gute Freunde von mir, und ich würde sie sehr gerne wiedersehen, falls ich das Ende der gegenwärtigen Schrecken erlebe.

Gubler stellte mich auch Max Rychner vor, dem Herausgeber der Neuen Schweizer Rundschau, der führenden Literaturzeitschrift der deutschsprachigen Schweiz. Ich kannte seinen Namen aus der »Fakkel«, weil Kraus ein paarmal aus Rychners Briefen zitiert hatte. So sonderbar es scheint, allein schon diese Tatsache nötigte mir Respekt ab. Es ist vermutlich schwer zu erklären, ohne daß es albern klingt, daß ein Mann, dessen Name Kraus erwähnte, ohne ihn in Stücke zu zerreißen, mir sozusagen wie ein geweihtes Mitglied eines geheimen Ordens erschien. Rychner war ein eleganter, etwas hohler Mann von der ästhetischen Sorte, etwas besser als ein literarischer Playboy. Seine Zeitschrift hatte jedoch hohe Qualität, und dann und wann organisierte er in Zürich einen Vortrag für Karl Kraus, was ihn in unseren Augen zu einer Art Held machte. Ein solcher Vortrag fand etwa zu der Zeit statt, als ich Rychner kennenlernte, und ich ging mit Gubler hin, um dem Meister zu lauschen. Er hatte eine sehr kleine Zuhörerschaft, die er in einer einleitenden Bemerkung als das »geistige Zürich« ansprach, womit er die Wahrscheinlichkeit zum Ausdruck brachte, daß alle anderen in die Oper gegangen waren, um seinem »erfolgreicheren« Landsmann Franz Lehár zuzuhören, der an diesem Abend eine seiner Operetten dirigierte.

Um meine neue Lebensphilosophie in die Tat umzusetzen, beschloß ich, Tanzstunden zu nehmen. Ich ging in eine Tanzschule, die mir empfohlen worden war, von wem, weiß ich nicht. Ich erinnere mich auch nicht mehr, mit wem ich einige Male zum Tanztee ins Hotel Dolder auf dem Zürichberg oder ins Baur-au-Lac ging, doch mir scheint, daß es eine Gruppe von Leuten war, die zum Kreis um Gubler gehörten. Mir gefiel diese Art der Bewegung recht gut, wenn ich auch nicht begeistert davon war, und ich glaube, daß ich mich dabei nicht allzu ungeschickt anstellte. Es besteht kein Grund, die

Tatsache zu verbergen, daß ich mir vorstellte, diese Art von Aktivität würde mich irgendwie automatisch mit Frauen in Kontakt bringen, die bereit wären, sich auf eine Liebesaffäre mit mir einzulassen, denn ich war ganz sicher, daß das der einzige Sinn und Zweck von Tanzveranstaltungen war. Ich war sehr enttäuscht, als solche Ergebnisse ausblieben, und es verrät nur meine beständige und erschreckende Unwissenheit in bezug auf die simplen Angelegenheiten dieser Welt, daß ich bis heute nicht weiß, ob meine Annahme falsch oder meine Methode unzulänglich war. Tatsächlich habe ich wahrscheinlich nicht einmal einen bemerkenswerten Versuch unternommen, denn soweit ich mich erinnere, habe ich mit keiner Dame getanzt, die ich nicht schon vorher gekannt hatte, so daß ich nicht den Umweg über den Tanzboden hätte nehmen müssen, wenn das, was ich vorhatte, überhaupt machbar gewesen wäre. Vielleicht war ich nicht unternehmungslustig genug, weil ich, wie das stets bei mir der Fall war, kein Risiko eingehen wollte, so daß ich mir nicht gut vorstellen konnte, ein Nein einzustecken, während der perfekte Don Juan wahrscheinlich zehn Nein für ein Ja hinnehmen muß, ohne sich seine Stimmung und seine Abenteuerlust verderben zu lassen.

Wie dem auch sei, ich glaube, daß ich ein großer Narr war, weil ich ängstlich vermied, einen Narren aus mir zu machen. Wegen der Umstände in meiner frühen Kindheit, als ich entweder allein war oder in der Gesellschaft von Erwachsenen, fiel es mir sehr schwer, dem Sex gegenüber jene spielerische und vergnügte Haltung aufzubauen, die angeblich ein Privileg der Jugend ist und sich bei Menschen, die unter normalen Bedingungen heranwachsen, von selbst einstellt. Das kann jedoch durchaus die späte rationale Erklärung für einen Wunschtraum sein, da ich jetzt über diese Dinge kaum mehr weiß als je zuvor. Meine Beobachtungen auf diesem Gebiet sind alles andere als objektiv, weil ich sie nicht vom Standpunkt fortgeschrittenen Alters aus mache, sondern immer noch stark am Spiel beteiligt bin. Jedenfalls wurde mein Talent zum Flirten, falls ich je welches hatte, nie richtig entwickelt, so daß ich auch jetzt kaum weiß, was Flirt ist. Ab und zu kommt es mir vor, als hätte ich jetzt ein gewisses natürliches Gespür dafür bekommen – vorausgesetzt, daß ich wirklich über den richtigen Gegenstand spreche –, aber ich vermute, daß dieses Gespür nur dann erwacht, wenn ich an der Sache ernsthafter interessiert bin, als die korrekte Definition es erforderlich machen würde. Auch scheint der Flirt mit den Objekten, die heutzutage diese Art des Interesses bei mir hervorrufen könnten, größtenteils fehl am Platze, während jene Personen, denen ich mich möglicherweise auf diese Art nähern könnte, mir gewöhnlich nicht gefallen.

Im Zusammenhang mit diesen Tanzexpeditionen lernte ich eine

Madame Perret (so schrieb man den Namen, glaube ich) kennen, eine Französisch-Schweizerin, anscheinend ungebunden, vielleicht geschieden. Ich erinnere mich nur schwach an sie, aber nach allem, was ich noch erinnere, kam sie wohl dem Frauentyp, den ich als mögliches Objekt meiner Bemühungen in Erwägung zog, am nächsten. Ich fand jedoch nicht die richtige Annäherungsweise, und im übrigen kann meine Erinnerung an sie jetzt falsch sein. Damals wünschte ich mir aufrichtig, die Sitten jener Zeit hätten es einem erlaubt, jede Frau mit der einfachen Frage anzusprechen: »Gnädige Frau, Ihre Physis weckt mein sexuelles Potential; möchten Sie mit mir schlafen?«, und die gleichen Sitten hätten eine Antwort ermöglicht wie diese: »Ihr interessantes Angebot, mein Herr, schmeichelt mir, aber ich bin zur Zeit anderweitig engagiert«, ohne die Gefühle des Mannes zu verletzen, der das Angebot gemacht hatte. Natürlich wäre ich hocherfreut gewesen, wenn die Frauen sich den Männern auf die gleiche Weise hätten nähern können. Das Komische ist (das heißt, ich zwinge mich dazu, es komisch zu finden), daß ich nicht absolut sicher bin, daß damals nicht diese Sitten herrschten und daß es nur an meiner Dummheit und meinem Pech lag, wenn ich nicht richtig darüber informiert war. Obgleich ich keinen konkreten Beweis dafür besitze, glaube ich Grund zu der Annahme zu haben, daß die gegenwärtigen Sitten nicht von dieser Art sind. Es scheint, als wäre es ganz leicht, das herauszufinden, indem man einfach Tests macht und derartige Fragen stellt. Leider bin ich nicht Dadaist genug, um das auszuprobieren.

Ungefähr um diese Zeit, im Januar 1925, ging ich eines Abends in die Zürcher Oper, um eine Tanzvorstellung von Rudolf von Laban und einer mitwirkenden Tänzerin zu sehen. Laban war ein bekannter Vertreter der sogenannten modernen Tanzbewegung, neben der noch berühmteren Mary Wigman. Ich habe mich für Tanz, sei es moderner oder anderer, nie besonders interessiert, denn für mich ist die Bühne immer ein Podium für das Wort gewesen, sei es in gesprochener oder gesungener Form. Die rein dekorative Kunst des klassischen Balletts sagte mir aus einem tief verwurzelten Grund nicht zu, der übrigens derselbe sein könnte, der mich daran hinderte, die Bildhauerei richtig zu würdigen. Und der »moderne« Tanz mit seinem ausgeprägten Streben nach Gefühlsausdruck und dramatischer Beredtheit ließ mich immer wieder fragen, warum sie denn nicht den Mund aufmachten und sagten, was in ihnen vorging, anstatt auf künstlicher Stummheit zu beharren. Doch weil ich mich pflichtgemäß für alle modernen Ausdrucksformen interessierte, schaute ich mir Labans Aufführung an, die mich im ganzen langweilte, wie ich erwartet hatte. An einer Stelle jedoch war ich total entsetzt. Das war, als er mit seiner Partnerin einen langwierigen Tanz ohne jede Musik ausführte, selbst ohne jene Trommeln und exotischen Schlaginstrumente, die zum üblichen Instrumentarium »moderner« Tanzgruppen geworden waren. Für mich sah es völlig verrückt aus, als sich diese beiden erwachsenen Menschen mit ernsten Gesichtern auf der riesigen Bühne eines zu zwei Dritteln leeren Opernhauses umherbewegten, in vollkommener Stille, abgesehen von einem gelegentlichen Klopfen oder Schlurfen ihrer emsigen Füße. Ich stürzte voller Panik nach draußen und rannte zum nahe gelegenen Hotel Baur-au-Lac hinüber, wo ich mich niederließ, um zu den üblichen Klängen einer Jazzband etwas zu trinken. Ich erinnere mich, daß es da und dort war, daß ich auf einem Zettel die allerersten Ideen zur Handlung von *Jonny spielt auf* festhielt. Ich weiß nicht, was diese erste Skizze enthielt, denn viele wichtige Einzelheiten der Geschichte wurden unter dem Eindruck von Ereignissen erfunden, die sich später in jenem Jahr zutrugen.

Versuch einer Operette

Vermutlich etwa zur gleichen Zeit wurde ich gebeten, für die bevorstehenden Donaueschinger Musiktage eine Chorkomposition zu liefern, die von Hugo Holles berühmtem Stuttgarter Madrigalchor aufgeführt werden sollte. Wieder wählte ich vier Gedichte von Hölderlin, *Die Jahreszeiten*, und vertonte sie für A-cappella-Chor. Diese Stücke sind mir lieb und teuer geblieben, und manche von meinen Freunden behaupten, sie gehörten zum Besten, was ich je komponiert habe.

Mittlerweile hatte die Arbeit an meiner Operette einen Punkt erreicht, an dem ich sie entweder aufgeben oder ernstnehmen mußte. Leider entschied ich mich für das letztere, hauptsächlich, weil es einen Vorwand für eine weitere aufregende Reise bot, aber auch, weil ich immer noch an die Grundsätze glaubte, die ich mir bei meinen Studien der Unterhaltungsmusik unter Erdmanns Einfluß zurechtgelegt hatte, wie ich an anderer Stelle dieser Aufzeichnungen bereits berichtet habe. Ich dachte immer noch, ein Komponist mit meinem Ehrgeiz und meinen Zielen könnte sein Niveau nach Belieben senken, in den üppigen Sümpfen der Unterhaltung die süße Ernte reicher Tantiemen einfahren und dann ungeschädigt in die dünne Atmosphäre der Gipfel zurückkehren, die er als seine ständige Wohnstätte betrachtete. Ich erkannte nicht, daß diejenigen, die erfolgreich die Sümpfe kultivieren, sie so betrachten, als wären sie Gipfel, oder daß sie, wenn sie sich ihres Sumpfbewohnerdaseins bewußt sind, von dem brennenden Verlangen verzehrt werden, sich darüber zu erheben.

Jedenfalls versorgte der Baron von Levetzow, der von der Universal Edition beauftragt worden war, aus dem seltsamen Werk des mysteriösen Mr. Gribble ein kommerziell vielversprechendes Operettenlibretto zu machen, mich weiterhin laufend mit Texten für passende Lieder, einige davon im Stil der traditionellen komischen Oper, andere imitierten ziemlich kindisch die charakteristischen Elemente amerikanischer Schlager. Ich konnte in diesen angeblich sehr lustigen Texten nicht viel Sinn finden, zumal von Levetzow auch an der Handlung herumflickte, indem er zum Beispiel für das übliche »tragische« Ende des zweiten Akts sorgte. Ich konnte den Zweck dieser Eingriffe nicht recht erkennen, vertraute jedoch blind auf die kommerzielle Weisheit der Universal Edition in solchen Dingen, denn wenn sie wirklich so schlaue und hartgesottene Geschäftsleute waren, wie jeder behauptete, würden sie bestimmt alles in ihrer Macht Stehende tun, um diesem Projekt zu einem glänzenden Erfolg zu verhelfen. Deshalb vertonte ich die Texte weiter, wie ich sie erhielt, bis es notwendig erschien, ein Treffen mit ihrem Produzenten herbeizuführen, um unsere Bemühungen zu koordinieren. Es hatte sich herausgestellt, daß dieser Herr ausgerechnet auf der Insel Korsika lebte, und das regte meine Phantasie natürlich sehr an, zumal ich bemüht war, soviel wie möglich von Zürich wegzukommen, wenn Alma nicht dort war.

Expedition nach Korsika

So brach ich im Februar zu einer Expedition nach Korsika auf, und die bunten und merkwürdigen Erfahrungen, die ich dabei machte, sind ungefähr das einzige, was mich davon abhält, zu bedauern, daß ich so viel Zeit auf ein Projekt verwendet habe, das ich selbst damals schon als äußerst dumm und hoffnungslos hätte erkennen sollen. Wieder reiste ich über Genf – ich weiß nicht mehr, ob ich dort Station machte, aber möglicherweise tat ich das, um Ansermet einen Besuch abzustatten – und in südlicher Richtung weiter nach Marseille, wo ich zwei oder drei Tage bleiben wollte, bevor ich mich nach Korsika einschiffte. Ich war fasziniert von der großen und ungeheuer lebhaften Stadt, der ersten, die ich in Südfrankreich kennenlernte, in dieser Gegend, die mir später so lieb werden sollte. Es war regnerisch und kühl, obgleich das Wetter nach der schneekalten Frische des Schweizer Winters mild und erregend lau wirkte. Ich hatte ein Zimmer in einem kleinen Hotel, nicht weit vom Vieux Port, in einem Viertel, das wegen der Kriminalität und des Lasters dort zu den berüchtigsten Gegenden in ganz Europa zählte.

Natürlich beobachtete ich keine Anzeichen dafür, vielleicht weil ich nicht danach suchte oder weil es keine gab. Ich ging in das berühmte Restaurant Mont Ventoux, das von Levetzow mir empfohlen hatte, und aß die ebenso berühmte Bouillabaisse mit Aioli, typische südfranzösische Gerichte, die mich vollkommen zufriedenstellten. Mit Vorliebe saß ich auf der Terrasse eines Cafés auf dem Bürgersteig der Rue de la Cannebiere und beobachtete, wie sich endlose Mengen von Einheimischen, Orientalen, Arabern aus Nordafrika und Seeleuten aller Nationen vorbeischoben. Ich schlenderte durch den alten Hafen und besah mir die enorme Brückenkonstruktion des Pont transbordeur und die stürmische Silhouette des Mittelmeers, das gegen die in winterlichen Nebel gehüllten Felsen des Château d'If peitschte. Ich unternahm in heftigen Regenstürmen lange Spaziergänge über die Hügel zu der hoch aufragenden Kirche Notre Dame de la Garde und durch verschlafene Gassen mit malerischen kleinen Häuschen entlang der Küste. Von allen Städten, die ich später kennenlernte, erinnerte mich San Francisco am lebhaftesten an Marseille, obgleich es im ganzen nüchterner, moderner und zivilisierter ist.

Ich war allein und von Melancholie erfüllt, denn ich sah all dieses strahlende, fröhliche, pulsierende Leben, an dem ich nicht den geringsten Anteil hatte, und ich hatte auch keine Hoffnung, jemals dazuzugehören. Mein einziger Kontakt mit jenem »wirklichen« Leben entwickelte sich genau so, wie ich es hätte vorhersehen können. Eines Morgens ging ich an den Piers des neuen Hafens entlang und betrachtete die Docks und die Schiffe, weil ich neugierig war, von welchem Anlegeplatz aus ich meine erste Seereise antreten würde. Ich dachte an nichts Bestimmtes, als ich von einem Mann angesprochen wurde, der ein paar Bemerkungen über das Wetter oder ein ähnlich ausgefallenes Thema machte. Aus meiner Aussprache des Französischen wagte er zu schließen, daß ich Schweizer sei, was mir sehr schmeichelte, denn es lag mir sehr daran, nicht für einen Deutschen gehalten zu werden. Dann sagte er, er sei Matrose und habe Urlaub oder etwas ähnliches, und bot mir eine Führung durch den Hafen an. Er sah harmlos aus, und außerdem wußte ich nicht recht, wie ich sein Angebot ablehnen sollte, und so nahm ich es an.

Wir gingen über einige Piers, wo nichts besonders Interessantes zu sehen war, jedenfalls nichts, was ich nicht auch allein hätte entdecken können, als der Matrose auf eine Gruppe von Männern zeigte, die im Windschatten eines Lagerhauses standen, und vorschlug, hinzugehen und ihnen zuzuschauen, da sie ein typisches Spiel der Seeleute spielten. Wieder sah ich nicht, wie ich ablehnen sollte, und ich dachte auch, ich würde vielleicht einen interessanten volkstümlichen Brauch kennenlernen, und war recht stolz darauf, daß ich mich unbefangen unter einfache Leute mischte. Das Spiel der Männer war ein Kartentrick, den einer von ihnen vorführte. Das Prinzip war ganz ähnlich wie in dem Spiel, bei dem man rät, unter welcher Muschel die Erbse liegt. Der Bursche zeigte eine Karte, legte sie unter eines von drei Kartenspielen, und seine Mitspieler mußten sagen, unter welchem sie lag. Nachdem einige der anderen mit wechselndem Erfolg geraten hatten, dachte ich, ich wüßte, was da vor sich ging, und probierte es auch. Ich brauche nicht zu sagen, daß ich nie richtig riet, und innerhalb weniger Minuten verlor ich bei diesem Spiel vierhundert französische Francs, aufgrund des damaligen Umrechnungskurses keine sehr große Summe, für meine Begriffe aber doch alarmierend hoch. Ich roch Lunte und hatte so viel Energie, mich kurzerhand aus dieser zweifelhaften Gesellschaft zurückzuziehen.

Ich war ganz sicher, daß der Kerl ein gemeiner Betrüger war und der freundliche Führer, der sich angeboten hatte, mir den Hafen zu zeigen, sein Handlanger, der die Dummen herbeischaffen sollte, die auf diese Gaunerei hereinfielen. Vielleicht hatte der Schwindler einen Fehler gemacht, indem er mich nicht ein paarmal hatte gewinnen lassen, denn das hätte mich vielleicht davon abgehalten, Verdacht zu schöpfen. Jedenfalls stellte ich zu meiner Überraschung fest, daß ich mich anscheinend leicht zum Spielen verführen ließ, eine Eigenschaft, von der ich glaubte, daß sie meinem Wesen völlig fremd sei. Dieses Erlebnis erschreckte mich einigermaßen, und ich habe seitdem nie wieder gespielt. Unter keinen Umständen würde ich daran denken, um Geld zu spielen, und sei es auch nur um Pfennige. Anscheinend ist mir schon der bloße Gedanke an Chance und Risiko in jedem Zusammenhang widerwärtig und hat nichts Verführerisches oder Herausforderndes. Andererseits weiß ich, daß es auf dem Grund meines Wesens ein Verlangen nach jenem Element der Gesetzlosigkeit gibt, das mich in verschiedenen Verkleidungen verfolgt, wie ich auf diesen Seiten wiederholt erwähnt habe. Tatsächlich scheint der Konflikt zwischen den beiden gegensätzlichen Strömungen in meinem gesamten geistigen System ein motivierender Faktor von größter Bedeutung zu sein.

Der Tag, an dem ich meine erste Seereise antrat, war dunkel und stürmisch. Da ich nach Bastia, dem östlichen Hafen Korsikas, anstatt zur Hauptstadt Ajaccio fahren mußte, mußte ich einen kleinen, alten und langsamen Dampfer der Companie Freyssinet nehmen, dessen Namen ich nicht mehr weiß. Die Reise sollte etwa zwanzig Stunden dauern, und wir verließen Marseille mittags. Ich betrachtete das bewegte Wasser am Horizont mit einiger Besorgnis, aber weil das

Schiff ruhig vor Anker lag, beschloß ich, davon auszugehen, daß Seekrankheit nur ein Märchen war, das von ängstlichen Leuten in die Welt gesetzt wurde, und daß ich sie einfach ignorieren würde. Kurz nach dem Ablegen wurde das Mittagessen serviert, und ich ging hinunter in den Speisesaal und war überrascht, daß ich ihn ziemlich leer vorfand. Das Hors d'oeuvre wurde gebracht, und ich bemerkte mit Erstaunen, daß ich es nicht sehr schmackhaft fand, obgleich ich diesen Bestandteil der französischen Speisekarte besonders schätzte. Als ich zufällig durch das Bullauge hinausblickte, sah ich mit Schrekken, wie der Horizont sich mit unbegreiflicher Geschwindigkeit hob und der gräßliche Schaum von etwas, das wie riesige Wellen aussah, vor dem Saal stand, als sollten wir jeden Augenblick überflutet werden. Wenige Sekunden später kam der Horizont zurück, er raste abwärts, und ich sah mich dem weiten Himmel gegenüber, der von galoppierenden Wolken überzogen war. Gleichzeitig verschwanden die Oliven von meinem Teller und tanzten trotz der Kanten, die die Tischplatte umgaben, durch den ganzen Saal. Der Steward brachte mit unerschütterlicher Ruhe und großem Geschick andere Oliven, aber ich schob sie lustlos und mit einem seltsamen Angstgefühl nur ein bißchen mit der Gabel herum. Dann hatte ich gerade noch Zeit, auf die Toilette zu eilen, wo ich eine beträchtliche Weile blieb. Als die Elemente anscheinend nichts mehr aus mir herausbekamen, taumelte ich in meine Kabine, völlig erschöpft und äußerst elend, bereit, auf der Stelle zu sterben.

Die Kabine war klein, dunkel und roch übel, und drei Mitleidende krümmten sich bereits in verschiedenen Stadien der Erschöpfung in ihren Kojen. Vorläufig sah ich keine andere Möglichkeit, als mühsam in meine obere Koje zu kriechen und die horizontale Lage auszuprobieren. Sie half allerdings nicht viel, denn bald bemerkte ich das beunruhigende Phänomen, daß mein Magen ein vom Gleichgewicht meines Körpers ziemlich unabhängiges Organ war. Während ich in der Lage war, eine mäßig stabile Position beizubehalten, indem ich mich am Geländer meines Bettes festhielt, wanderte mein Magen in meinem Innern herum und folgte den Launen des Schiffs, das wie verrückt auf den Wellen umhergeworfen wurde. Ich fand, daß das auf die Dauer absolut unerträglich war, aber ich wußte nicht, was ich dagegen tun sollte.

Glücklicherweise erreichte das Schiff, das auf Kurs nach Osten in einiger Entfernung an der französischen Küste entlangfuhr, am späten Nachmittag ein relativ ruhiges Gebiet, das durch die Iles d' Hyères vor Toulon geschützt war. Ich nutzte diese Ruhepause, um an Deck zu gehen, denn ich hatte die stickige Luft in der tristen Kabine satt. Es war kalt und windig, aber es gab wenigstens frische Luft. Ich fand es absolut gemein, daß ich die Lichter all der berühmten und angeblich reizvollen Orte an der Cote d'Azur sehen konnte, in denen ich nie gewesen war, während ich fröstelnd und krank auf einem stinkenden alten Kahn saß. Ich konnte sehen, wie wir uns bereits dem Ende der schützenden Inselkette näherten, und ich zerbrach mir den Kopf, um herauszufinden, wie ich mich verhalten sollte, um nicht in die schreckliche Kabine zurückkehren zu müssen. Auf das Mittel, das ich fand, bin ich ziemlich stolz, denn später bestätigten erfahrene Seeleute mir, es sei das einzige, das helfe, so daß meine Instinkte vielleicht doch nicht allzu degeneriert sind.

Teils von diesen Instinkten, teils von rationalen Überlegungen geleitet, entschloß ich mich, im Heck des Schiffes Platz zu nehmen, genau in der Mitte, und sorgfältig die Mastspitze zu beobachten. Ich dachte mir, das sei der Punkt, der, weil er vom Zentrum der störenden Bewegung am weitesten entfernt war, diese Bewegung im größten Maßstab und am langsamsten wiedergeben würde, so daß man genau sehen könnte, was gerade vor sich ging. Ich begann mit der extrem langweiligen und anstrengenden Übung, den Schwingungen des Schiffes sozusagen mit Gegenbewegungen meines Körpers zu folgen. Wenn ich bemerkte, daß der Mast die Tendenz zeigte, sich nach rechts zu neigen, bereitete ich mich darauf vor, mich nach links zu lehnen, und umgekehrt. Wenn ich sah, daß der Mast sich zu mir neigte, beugte ich mich vor, und so weiter. Diese Übung erwies sich als vollkommen erfolgreich, und ich hatte keine Anfälle von Seekrankheit mehr, auch nicht, nachdem wir das ruhige Gebiet verlassen hatten. Als ich merkte, daß die beängstigenden Sprünge des Schiffes zu keiner Katastrophe führten, weil es sein labiles Gleichgewicht stets wiedergewann, erschrak ich nicht mehr, wenn ich die Wellen vor mir aufsteigen oder den Horizont in schwindelerregende Tiefen hinabfallen sah, und begann sogar, das merkwürdige Schauspiel zu genießen. Als die Dunkelheit hereingebrochen war, war mir so kalt, und ich war so erschöpft, daß mir alles ziemlich gleichgültig war, und ich zog mich in die Kabine zurück.

Ich stand früh auf und war sogar in der Lage, eine Tasse heißen Kaffee zu genießen, den ein paar Matrosen an Deck kochten. Mir war immer noch übel, und ich fühlte mich vollkommen erledigt und sah nicht, wie ich mich je wieder erholen sollte. Um so froher war ich, als ich die traditionell beglückende Erfahrung machte, daß die Seekrankheit völlig vergessen ist, sobald das Schiff den Hafen erreicht und man den Fuß auf festen Boden setzt. Kaum jemals hat mir ein Frühstück besser geschmeckt als jenes, das ich in einem kleinen Café in der Nähe des Bahnhofs von Bastia zu mir nahm, wo wir am frühen Morgen ankamen. Die Methode, die ich mir ausgedacht hatte, um die Seekrankheit ganz allein zu bekämpfen, stärkte mich psychologisch so sehr, daß ich nie wieder Opfer dieser Krankheit wurde, die ebenso entmutigend wie lächerlich ist. Selbst einige sehr stürmische Überfahrten über den berüchtigten Ärmelkanal konnten meiner Widerstandskraft nichts anhaben.

In Bastia mußte ich einen Zug nehmen, der an der Ostküste Korsikas entlang noch etwa sechzig Kilometer südwärts fuhr, um den Wohnort von Levetzows, das Dorf Prunete-Cervione, zu erreichen. Die korsische Bahn schien ein Relikt aus der Pionierzeit des Eisenbahnwesens zu sein. Die Waggons hatten querliegende Abteile und keinen Längsgang, so wie manche der Züge unterster Kategorie sie in Österreich in meiner frühen Kindheit mit sich führten. Geheizt wurde mittels länglicher flacher Behälter, die mit heißem Wasser gefüllt und zwischen die Bänke gelegt wurden, so daß die Reisenden ihre Füße daraufstellen konnten. Der Zug ratterte träge durch die Landschaft und hatte oft lange Aufenthalte, während derer sich auf den Bahnsteigen viele Menschen ansammelten und sich laut und aufgeregt mit den Fahrgästen unterhielten. Wie die Namen der Städte und Dörfer anzeigten, war ihre Sprache eher Italienisch als Französisch, aber es war ein Dialekt, von dem ich kein Wort verstand. Schließlich kam ich in Prunete-Cervione an, einem Dorf in einer sumpfigen Ebene an der Küste. Landeinwärts waren bescheidene Hügel zu sehen, und am westlichen Horizont ragten schneebedeckte Berge auf.

Das Haus, das von Levetzow bewohnte, stand auf einem Hügel, vielleicht zwanzig Meter über dem Meeresspiegel und erschien mir, gelinde gesagt, äußerst bescheiden. Trotzdem war es in der Nachbarschaft als das Château bekannt, hauptsächlich aus zwei Gründen: Es war an so hoher Stelle erbaut worden, daß es nicht von Moskitos heimgesucht wurde, die alle anderen Anwesen in der Nachbarschaft mit Malaria verseuchten, und es hatte ein Klosett mit Wasserspülung, im Umkreis von vielen Kilometern eine einzigartige Einrichtung. Es war so berühmt, daß von Levetzow ab und zu an Sonntagnachmittagen Gesellschaften für die Landbewohner geben mußte, die allein deswegen kamen, um die phänomenale Vorrichtung zu bestaunen. Einige der kühneren Abenteurer zogen an der Kette, und ein paar Unerschrockene mögen dieses Wunder der modernen Technik vielleicht sogar für seinen eigentlichen Zweck benutzt haben.

Warum Levetzow in dieser gottverlassenen Gegend lebte, wurde mir nie ganz klar. Anscheinend hatte er sich mit seiner Familie, die ein Schloß und ein großes Gut in der Tschechoslowakei, zwischen Wien und Brünn, besaß, überworfen, weil er ihren klassenbewußten Lebensstil satt hatte und sich, nach recht viktorianischen Vorstel-

Ernst Krenek mit seiner Mutter (um 1914)...

... mit dem Vater (um 1925)

Die Eltern (um 1930)

Ferruccio Busoni

Franz Schreker (rechts) und
Gustav Brecher (um 1924)

Karl Kraus

Franz Schreker (um 1920)

Alma Mahler

Anna Mahler (um 1924)

Helene Berg, Alma Mahler, Franz Werfel, Alban Berg (v. l. n. r.)

oben links:
Artur Schnabel
rechts:
Eduard Erdmann (um 1928)

Irene und Eduard Erdmann
(um 1921)

Alma Moodie (1927)

Die Künstler der »Kammermusikaufführungen zur Förderung zeitgenössischer Tonkunst« im Sommer 1921 in Donaueschingen: Richard Strauss, Krenek (auf der Treppe), Alois Hába, Philipp Jarnach, Wilhelm Grosz, Eduard Erdmann u.a., vorne im Bild Prinz Max zu Fürstenberg

Walter Gieseking, Paul Hindemith, Alma Moodie, Ernst Krenek (v. l. n. r.)

Bei den Proben zu *Orpheus und Eurydike* (1920): Oskar Kokoschka (sitzend), der Dirigent Zulauf, Ernst Krenek, Paul Bekker

Donaueschingen 1924: Arnold Schönberg, Otto Klemperer, Hermann Scherchen, Anton Webern, Erwin Stein (v. l. n. r.)

Werner Reinhart, Alma Moodie, Rainer Maria Rilke

Donaueschingen 1922: Felix Petyrek, Hermann Grabner, Max Butting (stehend, v.l.n.r.); Richard Zöllner, Hans Jürgen v. d. Wense, Paul Hindemith, Ernst Krenek, Bernard van Dieren (sitzend, v. l. n. r.)

Die Zwingburg (1922), Aufführung in Bielefeld 1990

Der Sprung über den Schatten (1923), Aufführung in Bielefeld 1989

Orpheus und Eurydike (1923), Aufführung in Graz 1973

Marionetten zu Marcel Achards *Marlborough s'en va-t-en guerre* (Kassel 1925)

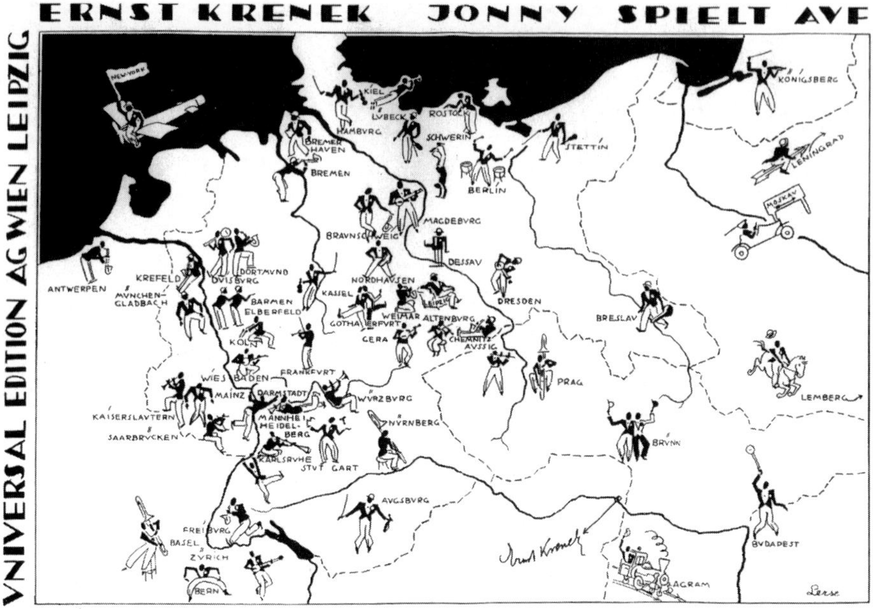

Jonny spielt auf (1926) – die Landkarte eines Welterfolgs

Collage zur Oper aus dem Jahr 1927

ꞩchmähplakat der Wiener
NSDAP zur Aufführung von
onny *spielt auf* in Wien 1928

Wiener und Wienerinnen!

Die Zersetzung und Vergiftung unserer bodenständigen Bevölkerung durch das östliche Gesindel nimmt einen gefahrdrohenden Umfang an. Nicht genug, daß unser Volk durch die Geldentwertung einer durchgreifenden Ausplünderung zugeführt wurde, sollen nun auch alle sittlich-kulturellen Grundfesten unseres Volkstumes zerstört werden.

Unsere Staatsoper,

die erste Kunst- und Bildungsstätte der Welt, der Stolz aller Wiener,
ist einer frechen jüdisch-negerischen Besudelung zum Opfer gefallen.

Das Schandwerk eines tschechischen Halbjuden

„Jonny spielt auf!"

in welchem Volk und Heimat, Sitte, Moral und Kultur brutal zertreten werden soll, wurde der Staatsoper aufgezwungen. Eine volksfremde Meute von Geschäftsjuden und Freimaurern setzt alles daran, unsere Staatsoper zu einer Bedürfnisanstalt ihrer jüdisch-negerischen Perversitäten herabzuwürdigen. Der **Kunst-Bolschewismus erhebt frech** sein Haupt. Die Schamröte muß jedem anständigen Wiener ins Gesicht steigen, wenn er hört, welch ungeheuerliche Schmach und Demütigung der berühmten Musikstadt Wien durch volksfremdes Gesindel angetan wurde.

Da die christlich-großdeutsche Regierung diesem schamlosen Treiben untätig zusieht und von keiner Seite eine Abwehr versucht wird, so rufen wir alle Wiener zu einer

Riesen-
Protest-Kundgebung

auf, in welcher über die Wahrheit der jüdischen Verseuchung unseres Kunstlebens und über die der Staatsoper angetane Schmach gesprochen werden wird.

Christliche Wiener und Wienerinnen, Künstler, Musiker, Sänger und Antisemiten erscheint in Massen und protestiert mit uns gegen diese unerhörten Schandzustände in Oesterreich.

Ort: Lembachers Saal, Wien, III., Landstraße Hauptstraße.
Zeitpunkt: Freitag, den 13. Jänner 1928, 8 Uhr abends.
Kostenbeitrag: 20 Groschen. / Juden haben keinen Zutritt!

Nationalsozialistische deutsche Arbeiterpartei
Großdeutschlands.

ꞁlder aus der Propaganda-
hau »Entartete Musik«,
üsseldorf 1938

rnst Krenek propagierte in „Jonny
pielt auf" die Rassenschande als die
Freiheit der „Neuen Welt"

Schwergewicht oder Die Ehre der Nation (1927), Aufführung des Staatstheaters Stuttgart 1990

Leben des Orest (1928/29), Aufführung in Dortmund 1930

Kehraus um St. Stephan (1930), Aufführung in Wien 1990

Karl V. (1932/33), Aufführung in Essen 1950

Willi Reich

Emil Hertzka

Joseph Roth (um 1936)

Theodor W. Adorno (um 1935)

Igor Strawinsky (um 1934)

Ernst Krenek und Berta Hermann (1939)
in Poughkeepsie, N.Y., USA

Ernst Krenek in seinem Arbeitszimmer an der Hamline University, St. Paul, Minnesota, zur Zeit der Niederschrift der ersten Teile von *Im Atem der Zeit*

lungen vom Künstlerleben, wie ein »freier Künstler« verhalten wollte. Er war ein hochgewachsener, etwas grimmig aussehender Gentleman gegen sechzig, und obgleich er offenbar in sehr bescheidenen Verhältnissen lebte, stellte er die herrischen Verhaltensweisen eines Aristokraten alten Stils zur Schau, die aber bei ihm so echt wirkten, daß sie kaum komisch erschienen. Irgendwie konnte man verstehen, daß ihm Korsika als Umgebung entsprach, denn diese Insel war sozusagen vorwiegend von Bettlern hoch zu Roß bewohnt.

Er lebte in seinem »Château« mit einem jungen Einheimischen, einem Amilcare Bergonzi, zusammen, der ungefähr in meinem Alter war und mir als Levetzows Adoptivsohn vorgestellt wurde. Dieser junge Mann war der Sproß einer sehr alten Familie (in Korsika gab es fast ausschließlich sehr alte Familien) und ein echtes Original. Er überraschte mich einigermaßen, als er mir, ohne eine Miene zu verziehen, erzählte, daß er ursprünglich phönizischer, das heißt, karthagischer Abstammung sei, ein direkter Nachkomme von Hamilkar Barkas, einem von Hannibals Generälen in den Punischen Kriegen, die mehr als zweitausend Jahre zurücklagen. War nicht sein Name, Amilcare Bergonzi, ein ausreichender Beweis dafür? Er hatte auch ausgetüftelt, daß Levetzow der Name einer westgotischen oder Wandalenfamilie war, die die Gewässer rund um Korsika befahren hatte, was der Name einer winzigen Felsgruppe im Mittelmeer, der Isole Lavezzi, beweisen sollte. Ich fand bald heraus, daß diese Beschäftigung mit endlosen genealogischen Spekulationen eine Leidenschaft war, die den meisten Korsen gemeinsam war. Es war insofern etwas daran, als dieser Stamm die Insel praktisch in mythischen Zeiten besiedelt hatte und eine Ewigkeit dort geblieben war, wobei die meiste Zeit Inzucht herrschte, die kaum durch spätere Einwanderungen aufgelockert wurde. Ich entsinne mich, daß Amilcare einmal über eine Familie von Neuankömmlingen aus Neapel sprach, die irgendwo in der Nähe lebten und als Fremde betrachtet wurden, die sich nicht integriert hatten. Es stellte sich heraus, daß sie im sechzehnten Jahrhundert eingewandert waren.

Einige Korsen hatten das Land verlassen und als Soldaten, Abenteurer und Spieler in verschiedenen Teilen Europas Karriere gemacht, wie zum Beispiel die Herrscherfamilie von Monaco, die Grimaldis, oder die Baldazzis, die im achtzehnten Jahrhundert unter der Herrschaft Maria Theresias Mitglieder der österreichischen Aristokratie geworden waren. Obwohl diese Menschen als degeneriert betrachtet wurden, weil sie ihr Land verlassen hatten, wurden ihre Schicksale und insbesondere ihre Verbindungen zur Aristokratie von ihren stolzen Landsleuten sorgfältig registriert; denn sie glaubten sich, und waren es tatsächlich auch in gewissem Maße, auf diese Weise mit den meisten europäischen Königshäusern verwandt. Es war ein ganz verrücktes Erlebnis, einen dreckigen Säufer an der Straßenecke von seinem »Cousin« Wittelsbach reden zu hören, womit der Kronprinz von Bayern gemeint war, und obgleich er ein Vetter soundsovielten Grades war, bestand theoretisch ein Verwandtschaftsverhältnis. Viele dieser Verwandtschaftsbeziehungen beruhten auf Ehen, die Mitglieder der Familie Bonaparte geschlossen hatten, und praktisch jeder gebürtige Korse war irgendwie mit den Bonapartes verwandt.

Diese Menschen hatten die primitiven nationalistischen Gefühle eines urzeitlichen Stammes, die sich auf familiären Zusammenhalt gründeten. Sie haßten die Italiener über alles, weil sie ihrer Sprache und ihrer italienisch klingenden Namen wegen oft mit ihnen verwechselt wurden, so daß insbesondere das faschistische Italien Ansprüche auf Korsika erhob. Die Franzosen mochten sie nicht besonders, aber sie tolerierten sie aufgrund der naiven Fiktion, daß Frankreich ein Teil des großkorsischen Reiches sei (Napoleons wegen natürlich) und nicht umgekehrt.

Der Lebensstil der Korsen war jahrhundertelang hinter den Standards der europäischen Zivilisation zurückgeblieben. Die Menschen lebten immer noch im großen und ganzen wie Nomaden. Obgleich sie feste Siedlungen hatten, streiften sie mit ihren Schafherden durch die Landschaft und wechselten die Weiden, wann immer sie abgegrast waren. Wenn der Boden nicht genügend Gras hergab, fällte der Schäfer einfach einen nahen Baum, um seine Schützlinge mit den schmackhaften Blättern zu versorgen, und die Gemeinde wartete darauf, daß die Regierung einen neuen Baum pflanzte.

Die Standardausrüstung eines korsischen Landbewohners waren ein Gewehr und ein Schirm. Das Gewehr war eine Erinnerung an die heroischen Zeiten der Vendetta, als er auf der Hut sein mußte, um Vergeltungsanschläge feindlicher Sippen abzuwehren, und der Schirm war ein trauriges Zeichen dafür, daß er moderner Degeneration und Verweichlichung erlegen war. Die Vendetta, die private Fehde, die Familien nach dem Prinzip »Aug' um Aug', Zahn um Zahn« bis zur gegenseitigen Vernichtung austrugen, wenn jemand in seiner Ehre gekränkt worden war, war zwar nicht völlig verschwunden, aber unter dem »verweichlichenden« Einfluß des Liberalismus im neunzehnten Jahrhundert recht selten geworden. Diese Menschen waren degeneriert, arm und schmutzig, aber nicht im geringsten willens, etwas dagegen zu tun. Sie waren faul, aber nicht wie verwerfliche Herumtreiber in den Slums moderner Städte, sondern wie Könige aus dem Märchen. Trotz der jämmerlichen Armut und Schäbigkeit des Daseins hatte die ganze Atmosphäre etwas Homerisches.

Levetzows Château war ein düsterer und kühler Bau, schmutzig und heruntergekommen wie alles andere auch. In der Speisekammer lagen alle Nahrungsmittel auf Holzbrettern, die an Schnüren unter die Decke hochgezogen wurden, damit die Mäuse nicht herankamen. Wenn man ein Buch von den bescheiden bestückten Regalen nahm, huschten gewöhnlich zwei oder drei Mäuse, die sich hinter den Büchern versteckt hatten, mit unheimlichen Geräuschen davon. Im Flur stand eine riesige Schiffslaterne, die mehr Dunkelheit als Licht zu verbreiten schien. Aber man wies mich stolz darauf hin, daß ihr Licht aufgrund der genial angeordneten Linsen mehrere Kilometer weit zu sehen sei. Sie war ein Beitrag Amilcares, der Seemann gewesen war, bis der Rheumatismus ihn arbeitsunfähig gemacht hatte, und zwar ein »wahrer« Seemann, der auf Segelschiffen sechsmal rund um die Welt gefahren war, nicht einer jener verachtenswerten »Maschinisten«, die heutzutage mit ihren lächerlichen Dampfschiffen die sieben Meere unsicher machten. Er hatte große Sehnsucht nach dem Meer und wollte uns immer auf eine Bootsfahrt mitnehmen, was ich heftig ablehnte, denn ich sah die Regenschauer und Sturmwolken über dem unruhigen Wasser dahintreiben und erinnerte mich an die kürzlich erlittene Tortur. Wenn ich jedoch sehnsüchtig nach den Bergen blickte und an einem völlig ruhigen, sonnigen Tag den Wunsch äußerte, einen Ausflug dorthin zu machen, deutete Amilcare entsetzt auf eine kleine Wolke am Horizont und rief, es sei absolut riskant, sich bei so schrecklichem Wetter den gefährlichen Bergen zu nähern.

Amilcare war für die Küche verantwortlich und hatte das Essen für uns drei zu besorgen, was eine Ganztagsarbeit war. Es war nicht landesüblich, in ein Geschäft zu gehen und zu kaufen, was man haben wollte. Vor allem gab es keine Geschäfte. Der junge Mann brach jeden Morgen mit seinem Maulesel auf und besuchte alle Nachbarn, die möglicherweise etwas Eßbares hatten. Aber er konnte nicht einfach ins Haus gehen und um ein Dutzend Eier bitten. Er mußte sich zu einem geselligen Schwätzchen hinsetzen und fragen, wie es den Kindern ging und ob es Neuigkeiten von Tante Cornelia in Bonifacio gäbe. Dann ließ er einfließen, daß ein vornehmer Herr im Château zu Gast sei, und daß es schön wäre, wenn man ein Omelett für ihn zubereiten könnte. Natürlich würde man dazu ein paar Eier brauchen, und natürlich wußte jeder, daß keine Eier da waren. Der andere sagte dann: »Ja, zu dumm, es sind keine Eier da.« Nun, natürlich, fuhr Amilcare vorsichtig fort, könnte man treue Freunde um Hilfe bitten, im Namen der alten, traditionellen Stammessolidarität und so weiter. Ja, das könnte man, war daraufhin die Antwort. Also gut, wie wäre es damit, vielleicht hätte seine berühmte Henne gerade ein paar Eier gelegt? Aber nein, um Himmels willen, jeder wußte doch, daß Hennen in diesen korrupten Zeiten nicht mehr waren, was sie einmal gewesen waren, und die Familie war hungrig, und Großmutter war krank, und sie erwarteten, daß Vetter Aurelio jeden Augenblick aus Bastia eintreffen würde und so weiter.

Hierauf folgte dann ein langes Gespräch über die Angelegenheiten Aurelios, aber das Eierthema kam schließlich erneut zur Sprache, und zuletzt sagte der gute Nachbar, nun ja, also gut, in Erinnerung an die alten Zeiten und in Anbetracht besonderer Freundschaft und ganz ausnahmsweise und natürlich, ohne einen Präzedenzfall zu schaffen, könnte er vielleicht mal nachsehen gehen, und wahrhaftig, war es nicht ein echtes Wunder, die Henne hatte gerade ein paar Eier gelegt, und er würde sie zu einem guten Preis verkaufen.

Dann ritt Amilcare auf seinem Maulesel zur nächsten Hütte weiter und versuchte, grüne Bohnen und Kartoffeln und Mehl zu bekommen, und am nächsten Morgen fing das ganze Theater wieder von vorne an. Die ganze Zeit wußte er ganz genau, daß der Kerl ein paar Eier hatte und sie sehr gern verkaufen wollte, und der andere wußte ebensogut, was von ihm erwartet wurde und daß er es tun würde, aber nie im Leben hätte einer von beiden auf die komplizierten Präliminarien verzichten wollen. Das war ihre Vorstellung von einem würdevollen gesellschaftlichen Leben, und sie hatte etwas für sich, obschon das ganze Schauspiel lächerlich war und alles andere als effizient.

An einigen Abenden unterhielt Amilcare mich mit Seemannsliedern, die er auf seinen vielen Reisen gelernt hatte. Einige davon waren recht merkwürdig und schön, und ich schrieb sie nieder und fügte eine einfache Begleitung hinzu, in ein kleines Album, das ich Alma schenkte. Ich habe es wie die Violinsonate aus den Augen verloren. Später erinnerte ich mich nur an eines dieser Lieder und verwendete es als Trio für ein Scherzo für vier Klarinetten, das ich 1938 auf Wunsch von Boosey, Hawkes und Belwin, einem Verlag für Schulmusik in New York, schrieb. Es war angeblich ein Lied aus der Bretagne, der erste Vers lautete etwa so: »Lève l'ancre à la fleur de l'eau, ivarao, ivarao«*.

Wegen unserer geteilten Ansichten über das Meer und die Berge kam ich auf Korsika nicht viel nach draußen. Die einzige derartige Gelegenheit war ein Jagdausflug, auf dem Levetzow bestand. Er nahm sein Gewehr, und wir pirschten durch die Macchia, eine Art sumpfiges Unterholz am Meeresufer. Das Gehen war anstrengend, weil der Boden naß und die Vegetation dornig war. Das Gebiet schien mir bemerkenswert verlassen von jeglichem Tierleben zu

* »Lichtet den Anker über den Wasserspiegel, heho, heho.«

sein, was Levetzow sehr ungewöhnlich fand. Wir sichteten von ferne ein paar unbestimmbare Vögel, und mein Gastgeber feuerte zwei oder drei Schüsse ab, ohne ein greifbares Resultat zu erzielen. Vielleicht brachte ich Unglück, denn ich hatte eine ausgesprochene Aversion gegen die ganze Sache.

Was die Operette angeht, so stellten wir jene Abschnitte zusammen, in denen die Musik bis zu einem gewissen Grad der Bühnenhandlung folgen mußte, also hauptsächlich die Finales und die Eingangsnummern von jedem der drei Akte, und wir glätteten verschiedene Stellen in den Liedern. Wahrscheinlich komponierte ich noch ein paar hinzu. Ich glaube, daß mir das Ganze auch damals schon ziemlich schwachsinnig vorkam, aber ich war immer noch überzeugt, daß das eine Voraussetzung für eine erfolgreiche Operette war, und einige der Musiknummern, die ich komponiert hatte, gefielen mir wirklich gut. Da der Entwurf in Wien ist, kann ich nicht sagen, wie ich heute darauf reagieren würde, aber die schwache Erinnerung, die ich an einige Stücke habe, läßt mich vermuten, daß sie nicht allzu schlecht waren. Der erste Akt spielte in einem Bahnhof (ich frage mich, ob ich darauf bestanden hatte), was Gelegenheit zu verschiedenen Nummern bot, die dem Phänomen der Fortbewegung auf der Schiene gewidmet waren, und dafür habe ich immer gute Ideen gehabt. Insbesondere das Finale, das aus unerfindlichen Gründen Auto und Flugzeug zum Thema macht, hat eine bewegende Melodie. Der »Große Walzer«, ein sentimentales Duett, wie es herkömmlicherweise von den Hauptdarstellern verlangt wird, war wahrscheinlich sehr schwach. Eine gleichfalls erforderliche Nummer, die auf amerikanischen Jazzmotiven basierte, war besser. Es gab zwei oder drei sehr hübsche Lieder, an die ich mich mit Vergnügen erinnere, und das dritte Finale war effektvoll und solide angelegt, wahrscheinlich zu opernhaft und zu schwierig. Stilistisch war das Ganze eine Mischung aus deutscher komischer Oper, Offenbach, amerikanischem Jazz und Wiener Schmalz.

Nachdem ich zwei Wochen auf Korsika verbracht hatte, kehrte ich über Italien in die Schweiz zurück. Das bedeutete eine Überfahrt von nur sechs Stunden, von Bastia nach Livorno, die ich an einem ruhigen, sonnigen Nachmittag ohne Zwischenfälle hinter mich brachte. In Livorno nahm ich einen Spätzug nach Florenz, wobei ich, wie bereits berichtet, durch Empoli kam. In Florenz blieb ich drei Tage, die mit Besichtigungen bis zur Erschöpfung ausgefüllt waren. Von den wenigen italienischen Städten, die ich gesehen habe, gefiel mir Florenz am besten, vielleicht mit Ausnahme von Rom, das ich aber nicht gut genug kenne. Geduldig und gewissenhaft arbeitete ich mich durch die endlosen Kunstgalerien, Museen, Kirchen und Paläste hindurch, und ich war tief beeindruckt von dem unvergleichlichen Reichtum an Kunstgegenständen höchsten Ranges, die in dieser einen Stadt versammelt sind. Erst als ich abgereist war, fiel mir ein, daß ich vergessen hatte, die Medici-Gräber von Michelangelo zu besichtigen, wohl den berühmtesten von all den berühmten florentinschen Schätzen. Ich hatte jedoch die unvollendeten Sklavenfiguren Michelangelos gesehen, und ich glaube immer noch, daß sie zu seinen eindrucksvollsten Schöpfungen gehören. Vermutlich war meine Beeinflussung durch den Expressionismus dafür verantwortlich, daß ich diese Fragmente mehr schätzte als manches vollendete Werk. Das zeigt, daß jeder sieht, was er sehen will und zu sehen erwartet, ganz gleich, was und wieviel er betrachtet.

Von Florenz fuhr ich ohne Unterbrechung nach Basel, um mich mit Irene Erdmann zu treffen, die bei den Schöns zu Besuch war. Ich erinnere mich, daß ich nach der langen, vierundzwanzigstündigen Fahrt am späten Abend ankam, aber ich war so aufgeregt, weil ich alle die wunderschönen Dinge gesehen hatte, wieder in der geliebten Schweiz war und mich in Gesellschaft Gleichgesinnter befand, daß wir die Nacht durchmachten und ich zum Vergnügen meiner Freunde die ganze Operette vorspielte. Es war eine jener Begebenheiten, die so vollkommen erscheinen, ohne im geringsten vorausgeplant zu sein, daß sie sich dem Gedächtnis unauslöschlich einprägen, obgleich nichts Bemerkenswertes geschah.

Im ganzen scheint die Zeit, in der ich in Zürich wohnte, wegen meiner vielen Reisen sehr ruhelos gewesen zu sein. Trotzdem habe ich rückblickend den Eindruck, daß ich in diesen zwei Jahren wirklich in der Schweiz lebte. Als ich nach Zürich zurückkam, muß ich mich sofort wieder auf die nächste Reise vorbereitet haben, diesmal nach Wien. Ich weiß nicht mehr, ob es damals war oder in einem ähnlichen Augenblick während dieses Jahres, daß ich eine sonderbare Komposition zu Papier brachte, die nicht in meinem Verzeichnis steht, weil sie »nicht für die Öffentlichkeit bestimmt« sein sollte. Es war eine Gruppe von drei oder vier Liedern nach französischen Texten von Verlaine (oder war es Verhaeren? Ich glaube aber nicht) mit Begleitung von zwei oder drei Instrumenten. Die Gedichte bewegten mich sehr, denn sie schienen in unheimlichem Maße zu meiner Gefühlslage zu passen. Das erste Gedicht begann etwa so:

> Dans ces temps troublés des adieux et des retours
> Mes jours toujours plus lourds …*

* In diesen wirren Zeiten des Scheidens und der Wiederkehr
Werden mir die Fragen immer schwerer …

Von der Musik habe ich nichts im Gedächtnis behalten, außer daß sie mir selbst recht sonderbar vorkam und nichts ähnelte, das ich bis dahin komponiert hatte, obgleich ich sie kaum beschreiben könnte. Die Lieder waren wie Notizen in ein Tagebuch flüchtig hingeworfen worden, und sie wurden nie aufgeführt, und ich wollte auch nicht, daß sie veröffentlicht wurden. Sie sind verschwunden wie so viele andere meiner Manuskripte.

Gubler lud mich zu einem Besuch im Kloster Einsiedeln ein, wo er ab und zu Pater Romuald, den Beschützer seiner Kindertage, aufzusuchen pflegte. Da die Stadt Einsiedeln von einem Bahnhof an der Hauptstrecke nach Österreich aus zu erreichen war, beschloß ich, diesen Besuch als Abstecher mit meiner Reise nach Wien zu verbinden. Das Kloster war einer der luxuriösen und prachtvollen Barockbauten, die für den Benediktinerorden charakteristisch sind. Es war von Herbergen, Pensionen, Gasthöfen und Kuriositätenläden umgeben, ähnlich wie bei uns die Basilika von Mariazell, denn Einsiedeln war auch ein Heiligtum der Jungfrau Maria, nur kleiner, kultivierter und ordentlicher als das Gegenstück in den Ostalpen. Wir sprachen ein wenig mit Pater Romuald, der ein freundlicher alter Geistlicher war, und er zeigte uns das Kloster, die übliche imposante Bibliothek und die prachtvoll ausgeschmückte Barockkirche, in der er mich Orgel spielen ließ. Obgleich wir nicht am Klosterleben teilnahmen, war ich sehr beeindruckt davon. Ich hatte gerade Thomas Manns *Zauberberg* gelesen und fand, daß der Grundgedanke des Klosters dem der Heilstätte von Davos, wie Mann sie geschildert hat, eng verwandt war. Die allgemeine Stimmung der Niedergeschlagenheit, in der ich mich damals befand, ließ mir die Flucht in die Krankheit oder in jede Art von Alltag, der von außen diktiert wurde, höchst reizvoll erscheinen.

Begegnung mit Eisler und Heinsheimer in Wien

Mein Besuch in Wien war nicht dazu angetan, meinen Trübsinn zu vertreiben, denn mir standen einige Gespräche im Zusammenhang mit der Trennung von Anna bevor. In den Briefen, die ich meinen Eltern geschrieben hatte, hatte ich es vermieden, auf irgendwelche Details einzugehen, und den Antworten entnahm ich, daß der Stand der Dinge meine Eltern etwas beunruhigte, wie ich erwartet hatte. Selbst in Wien gelang es mir, das unvermeidliche Gespräch abzukürzen, indem ich andeutete, daß die ganze Sache ausschließlich meine Angelegenheit sei, und obgleich meine Eltern diese Einstellung gelten ließen, da sie mich immer alles auf meine Art hatten machen lassen, war die allgemeine Stimmung nicht gerade fröhlich. Mein Vater war immer noch in der Schuhbranche tätig, aber ich erinnere mich nicht, ob er noch die Zweigstelle in Ottakring leitete oder bereits die bessere in unserem Wohnbezirk, nur wenige Straßen von seiner Wohnung entfernt, wo er während der letzten Phase dieser merkwürdigen kaufmännischen Episode beschäftigt war.

Verwöhnt durch mein komfortables Leben in der reichen, glücklichen Schweiz und meine Reisen in glanzvolle Städte, fand ich Wien unerträglich düster, arm, schäbig und trist. Ein Glanzlicht in diesen trübseligen Tagen war ein Besuch Erdmanns, der mit den Wiener Symphonikern mein Klavierkonzert spielte, unter der Leitung von Reichwein, wenn ich nicht irre. Die Aufführung war wegen der Mittelmäßigkeit des Dirigenten nicht besonders eindrucksvoll. Er wurde später ein führender Nazimusiker, was man hätte voraussagen können, wenn man ihn bei seiner Arbeit beobachtete. Erdmann war in einer seiner häufigen, ausgelassen-wildspitzbübischen Stimmungen und leistete mir bei meiner Verachtung für alles Wienerische Gesellschaft. (Ich entsinne mich jetzt, daß er uns schon früher einmal in Wien besucht hatte, wann, weiß ich nicht mehr. Er war auf der Heimreise von einer Italientournee zwischen zwei Zügen unerwartet bei uns hereingeschneit. Meine Mutter hatte damals, bewegt von der ungestümen Forderung nach Essen, die der mächtige Riese von sich gab, ein großartiges Mahl improvisiert. Erdmann schwärmte noch jahrelang von diesem fabelhaften Essen, das mit immer wieder erneuerten Vorräten von Wermut hinuntergespült wurde, den meine Mutter in mehreren Partien von einem kleinen Restaurant in der Nähe holte.) Bei diesem späteren Besuch war unsere Stimmung ziemlich trostlos. Wir nahmen ein Taxi und fuhren zum Restaurant am Cobenzl hinauf, was keine sehr gute Idee war, weil der kühle und neblige Märztag den Reiz dieses schönen Ortes hoch oben auf den Bergen über der Stadt nicht zur Geltung brachte. Das riesige Restaurant war kalt, düster und verlassen und das Essen schlecht. Erdmann bestellte Wein, der uns nicht schmeckte, und da uns die Nachspeise auch nicht schmeckte, goß er zur Entrüstung des Kellners den Wein über die Torte, um seine äußerste Verachtung zu zeigen.

Gemeinsam besuchten wir den Komponisten Hanns Eisler, einen jungen Menschen, der bei Schönberg studiert hatte und militanter Kommunist war. Er war halb Jude, halb Deutscher, halb Österreicher und »halb« noch manches andere, ein sehr wacher und ziemlich intelligenter Bursche mit einer der schärfsten Zungen, die ich jemals erlebt habe. Er hatte gerade eine Klaviersonate geschrieben, ein recht bemerkenswertes Stück, aber zu jener Zeit begann er, sich einer ziemlich langweiligen Art kommunistischer Gebrauchsmusik zuzuwenden, und komponierte Chorsätze für Arbeiter und ähnliches. Er war im Grunde abstoßend, aber daher zugleich höchst unterhaltsam, zumindest für mich, den das Feuerwerk auf brillante Weise destruktiver Geister stets fasziniert hatte.

Damals war der Treffpunkt dieser Art Intelligentsia die Reiss Bar, die für solche Wiener Lokale typisch war. Die Wände waren mit Zeichnungen und Photographien der Künstler bedeckt, die es frequentierten, ein Pianist spielte leise stundenlang endlose Paraphrasen der damals gängigen Schlager, während die Gäste ihre Cocktails tranken. Ich ging mit Erdmann ein paarmal dorthin, und bei einer dieser Gelegenheiten beobachtete ich das faszinierende Schauspiel, wie Eisler einen gewissen Ellenbogen, einen dicken Juden mit einem übergroßen Spazierstock und keiner bestimmten Beschäftigung, buchstäblich vernichtete. Er war eine Art Trottel mit künstlerischen Neigungen, kurz, eine typische Greenwich-Village-Gestalt. Die Behandlung, die Eisler dem armen Kerl zuteil werden ließ, war ebenso grausam, gemein und widerwärtig, wie sie aufregend und amüsant war. Am Ende von Eislers verbaler Auspeitschung drückte der bemitleidenswerte Mensch sich in seinen Stuhl, wobei ihm dicke Tränen über die Wangen liefen. Leider muß ich sagen, daß ich großes Vergnügen daran hatte. Offenbar war meine Moral ziemlich tief gesunken, und mein Verlangen nach Erfahrungen der Vernichtung (offensichtlich eine Projektion selbstzerstörerischer Neigungen) war sehr groß.

Einer, der bei diesen Zusammenkünften zu uns stieß, war Dr. Hans Heinsheimer, der mich, wie er sagte, bei der Premiere von *Zwingburg* in Berlin kennengelernt hatte, als Vertreter der Universal Edition. Er kam aus Karlsruhe, wo er in Jura promoviert hatte. Wie und warum er ins Musikgeschäft geraten war, weiß ich nicht. So wie ich ihn einschätze, hätte er sich mit dem gleichen Glück in jedem Geschäft etablieren können. Er war im Grunde genommen ein Spieler und betete weltlichen Erfolg an, und von den Künsten fühlte er sich vielleicht besonders angezogen, weil ein Element unberechenbarer Phantasie mitspielte. Da er in meinem Alter war, entwickelte sich zwischen uns eine Beziehung, die zeitweilig vielleicht wie Freundschaft aussah, doch obgleich ich mich manchmal von ihm angezogen fühlte, war ich ebensooft von seinem primitiven Zynismus schockiert, so daß ich keine wärmeren Gefühle für ihn hegte.

Solange ich ein einigermaßen erfolgreicher Komponist war, der noch mehr Erfolg versprach, trafen wir uns, weil wir eine Menge Spaß miteinander hatten, denn Heinsheimers wacher und schneller Verstand, seine Vielseitigkeit, seine Kenntnis der neuesten Literatur und seine Bereitwilligkeit, in den verschwörerischen Anspielungen im Stil von Karl Kraus zu sprechen, gefielen mir. Immer, wenn ich Erfolg hatte, wirkte er begeistert und war bereit, die Anerkennung für seine Werbeaktivitäten einzustecken, die das erwünschte Resultat angeblich herbeigeführt hatten. Wenn die Kurve meiner weltlichen Leistungen Abwärtstendenzen zeigte, war er schnell mit der Erklärung bei der Hand, daß die Welt offenbar etwas anderes verlangte und daß er weder in der Lage noch willens sei, etwas dagegen zu tun. Seine Fähigkeit bestand in der Hauptsache darin, Erfolge auszunutzen, indem er mehr Menschen zu etwas überredete, was eine Mehrheit sowieso zu tun bereit war, aufgrund von Eigenschaften, mit deren Produktion er nicht das geringste zu tun hatte. Ich nehme an, daß dies das eigentliche Wesen des Promoters ist, der im Grunde ein Parasit am Erfolg ist, den er selbst nicht herbeigeführt hat. Im Prinzip ist Heinsheimer ein gutmütiger Mensch mit einem ausgezeichneten Gespür dafür, wo es etwas zu holen gibt. Abgesehen von seinen angenehmen persönlichen Eigenschaften repräsentiert er einen Typus, der für die Entwicklung von Kultur und Zivilisation eindeutig schädlich ist. Ich werde später noch häufig auf ihn zu sprechen kommen müssen.

Kurz nach meiner Rückkehr nach Zürich muß ich den Auftrag bekommen haben, ein Ballett für den damals berühmten Ballettmeister der Münchener Oper, Heinrich Kröller, zu komponieren. Es hieß *Mammon* und handelte offenbar von der zerstörerischen Macht des Geldes, indem es zeigte, wie die idealen Bedingungen der Menschheit in einer Art goldenem Zeitalter auf den Hund kamen, als die Leute gierig nach dem schmutzigen Geld wurden. Ich nehme an, daß ich den Auftrag aus genau diesem Grund annahm, denn der Schatz, den Werner Reinhart für mich deponiert hatte, ging allmählich zuende, und andererseits war ich an Ballett nicht besonders interessiert. Also wurde eine weitere Reise ins Auge gefaßt, diesmal nach München.

Gleichzeitig war ich mit dem Projekt beschäftigt, noch eine Oper zu schreiben, und da ich der Idee zu *Jonny spielt auf* noch nicht traute (den Titel gab es damals noch nicht), suchte ich jemanden, der ein Libretto für mich schreiben würde. Ich weiß nicht, wer es war, der mir einen deutschen Schriftsteller namens Axel Lübbe empfahl, der in Freiburg im Breisgau lebte. (Ich nehme an, daß er von einem von Reinharts Freunden erwähnt wurde, von denen die Rede war.)

Bevor ich jene Reise antrat, hatte ich ein ziemlich unerwartetes Erlebnis. Frau B. aus Locarno, die ich bereits als eine jener Personen nannte, die ich durch Hans Reinhart kennengelernt hatte, kam für zwei oder drei Wochen nach Zürich zu Besuch und mietete sich in der Pension Rittershaus ein. Ich sah sie ein paarmal und entdeckte plötzlich, daß ich ein ganz besonderes Interesse für sie entwickelte, das offenbar erwidert wurde. Als sie erwähnte, daß sie mehr über meine Musik wissen wollte, bat ich sie zu mir nach Hause; Alma war gerade auf einer Tournee. Ich vermute, daß der wachsame Drache, Emily, auch fortgewesen ist. Ich spielte einige Partien aus *Orpheus*, und wir gerieten so in Erregung, daß wir taten, was wir uns in den Kopf gesetzt hatten, gleich an Ort und Stelle, auf dem Fußboden neben dem Flügel. Frau B., die zehn oder mehr Jahre älter war als ich, war leidenschaftlicher als die Frauen, die ich bis jetzt gekannt hatte, und reagierte mit beinahe erschreckender Heftigkeit. Ich schloß daraus, daß ältere Frauen allgemein bessere Geliebte waren als junge, eine Theorie, die, wie alle Theorien, durch verschiedene plausible Gründe gestützt werden kann, und die, wie alle Theorien, der Korrektur bedarf. Nur eine umfassende Untersuchung könnte aufdecken, ob die Theorie schlicht falsch ist. Es kann auch sein, daß die viel ersehnte physische Reaktion nicht ausschließlich von physiologischen oder biochemischen Faktoren abhängt, eine Ansicht, die mir sehr zusagt. Wenn das so ist, könnte ich annehmen, daß durch die einseitige Entwicklung meiner Persönlichkeit zu jener Zeit, also durch die Entwicklung meiner künstlerischen Schöpferkraft, die Elemente hervorgehoben worden waren, die dazu angetan waren, reifere Personen zu beeindrucken und ihr erotisches Interesse und ihre Empfindsamkeit wachzurufen. Aber auch das ist reine Spekulation.

Ich besitze ein Bild von mir, das früheste, das ich zur Hand habe, das ungefähr um diese Zeit auf dem Balkon des Hauses in Zürich aufgenommen worden sein muß. Es zeigt einen schlanken, jungen Mann mit ausgeprägtem Profil und einem etwas melancholischen Gesichtsausdruck, und Menschen, die dieses Bild jetzt sehen, geben mir zu verstehen, daß ich anscheinend attraktiv ausgesehen habe. Wenn das der Fall war, war ich mir dessen kaum bewußt und erwartete sicher nicht, jemanden mit meinem Aussehen zu beeindrukken, was vielleicht ein Grund dafür ist, daß ich es offenbar nicht tat. Welche Motive Frau B. auch für ihre Haltung mir gegenüber gehabt haben mag, dieser blitzartige Ausbruch von Leidenschaft wühlte mich ziemlich auf, und ich war recht stolz auf meine Leistung. Ich besuchte Frau B. danach mehrmals in der Pension Rittershaus, auch nachdem Alma zurückgekehrt war, und es verschaffte mir verzeihliche Befriedigung, daß ich in der Lage war, beide am selben Tag ausgiebig zu lieben.

Auf meinem Weg nach München machte ich in Schaffhausen Station, um Gubler zu treffen, der ein paar Wochen lang in einem nahen Dorf an der Oberschule unterrichtete. Ich erinnere mich nicht, ob er seine Stellung beim Werkbund aufgegeben hatte (was, glaube ich, nicht der Fall war) oder ob es für dieses Intermezzo einen anderen Grund gab, vielleicht den Umstand, daß er seinen Lehrberuf ab und zu ausüben mußte, um seine Genehmigung nicht zu verlieren, oder etwas in dieser Art. Er führte mich in das Haus sehr wohlhabender Leute namens Christen ein, die eine sagenhafte Lebensmittelfabrik in Basel besaßen und dadurch reich geworden waren, daß sie die großen Ozeandampfer mit frischem Brot versorgten, ein Vorgang, der mir absolut phantastisch erschien. Ich verbrachte einen Abend in diesem Haus, das einen wunderschön gestalteten Garten auf einer Terrasse hoch über dem Rhein hatte. Die Atmosphäre war etwas sonderbar, und ich hatte das bestimmte Gefühl, daß Gubler mit Frau Christen, einer sehr gut aussehenden Dame, ein Verhältnis hatte. Meiner Gewohnheit gemäß bemühte ich mich nicht, etwas darüber zu erfahren, denn mir war schon in früher Kindheit eingeprägt worden, daß das Privatleben eines der kostbarsten Güter ist, die man haben kann, und ich hatte instinktiv das Gefühl, daß mein eigenes Privatleben von anderen in dem Maße respektiert werden würde, wie ich das ihre respektierte. Ich bin sicher, daß auch diese Einstellung für meine Einsamkeit verantwortlich war und für meine Unwissenheit in bezug auf die grundlegenden Tatsachen und Möglichkeiten menschlichen Umgangs.

Gegenwärtiger Zustand und frühere Erfahrungen

An diesem Punkt meiner Erzählung merke ich, daß ich während des Schreibens zunehmend eine Stimmung der Unzufriedenheit mit meinem früheren Leben betone, und ich habe unwillkürlich das Gefühl, daß dabei zumindest ebenso viel Erinnerung an meinen damaligen Zustand beteiligt ist wie Mißfallen an der geistigen Verfassung, in der ich diese Seiten schreibe. Das wäre ein weiterer Beweis für die Theorie, daß mein gegenwärtiger Zustand ebenso ein Ergebnis meiner früheren Erfahrungen ist, wie meine Erinnerungen an diese Erfahrungen durch meine gegenwärtige Denkweise bestimmt sind. Meine Erzählung muß in zunehmendem Maß den Eindruck erwekken, daß mein Leben im Grunde unglücklich war, was natürlich nicht ganz richtig ist, denn subjektiv gesehen hatte ich oft schöne Zeiten. Es ist eher so, daß ich im Licht gegenwärtiger Einstellungen, Maßstäbe und Gefühle zu dem Gedanken neige, daß ich mir etwas vormachte und daß das, was ich damals als »schöne Zeit« akzeptierte, diese Qualifikation nicht verdiente. Der eben erwähnten Theorie zufolge würde das bedeuten, daß ich mit dem, was dieses frühere Leben aus mir gemacht hat, nicht zufrieden bin, denn sonst würde ich es nicht mit Enttäuschung betrachten. Wenn ich mich aber im Hinblick darauf prüfe, was mich so denken läßt, kann ich kaum einen Grund finden, außer den diabolischen Hang meiner Natur, der in Kokoschkas Anagramm zum Ausdruck kommt: – ἄλλως μάκαϱ auf andere Art glücklich. Damit meine ich nicht, daß ich die Faktoren ändern möchte, die mein gegenwärtiges Glück ausmachen; ganz im Gegenteil, ich wünschte, ich könnte diejenigen ändern, die mich veranlassen, meine gegenwärtige geistige Verfassung als Ergebnis vorherrschend unglücklicher Umstände zu betrachten. Letzten Endes finde ich mich auf den Grundsatz zurückgeworfen, den ich durch viel emotionale Not zu erkennen gelernt habe und nach dem zu leben mir ständig weitere Not bringt, nämlich, daß Glück ein Seelenzustand ist, den man im Innern produziert, ziemlich unabhängig von äußeren Bedingungen. Im Licht dieser Einsicht erscheint es angemessener, mein früheres Leben mit Betonung auf jenen Fakten zu beschreiben, die ich damals für einen ausreichenden Grund hielt, mich ziemlich glücklich zu fühlen, anstatt sie aufgrund gegenwärtiger Spekulationen darüber zu mißbilligen, was sie hätten gewesen sein sollen, um meinen gegenwärtigen Ansichten über das Glück zu entsprechen.

Es ist natürlich eine offene und sinnlose Frage, ob ich mich jetzt anders fühlen würde, wenn ich so gelebt hätte, wie ich meine, gelebt haben zu sollen. Wenn ich wirklich nach dem ἄλλως μάκαϱ-Prinzip geschaffen bin, würde das keinen Unterschied machen, denn dann hätte ich wieder an allem etwas auszusetzen, was ich getan hätte. Man könnte sagen, wenn ich anders gelebt hätte, hätte ich ein ganz anderer Mensch *sein* müssen. Ich hege jedoch den Verdacht, daß ich, wenn ich anders gelebt hätte, vielleicht ein anderer Mensch hätte *werden* können und die Gewohnheit abgelegt hätte, Glück als das zu betrachten, was ich nicht habe.

Von Schaffhausen fuhr ich mit einem kleinen Dampfschiff den Rhein aufwärts, besuchte die alte Stadt Stein und das Schloß und nahm in Lindau den Zug nach München. Von dem Gespräch mit Kröller in München weiß ich nichts mehr, außer daß ich mich davon überzeugte, daß das Ballett nicht sehr interessant war. Ich erhielt die nötigen Angaben und beschloß, das Ganze so schnell wie möglich hinter mich zu bringen. Von München aus fuhr ich weiter nach Freiburg im Breisgau, um meinen künftigen Librettisten, Axel Lübbe, kennenzulernen. Es stellte sich heraus, daß er ein netter, ernsthafter Mensch war, etwas steif und förmlich, denn er war in jungen Jahren preußischer Offizier gewesen. Er hatte zwei oder drei Stücke veröffentlicht, die recht interessant und von bemerkenswerter literarischer Qualität zu sein schienen. Ich erinnere mich nicht an die Einzelheiten des Plans, den er für unsere Oper entworfen hatte, außer daß die Hauptperson jemand war, der sprach statt sang, ein König der Philosophen, der die Welt ins Lot bringen wollte, indem er rationalistische Reden hielt, während die anderen Charaktere ihre emotionale Verfassung enthüllten, indem sie sangen und Musik machten.

Wir führten ein paar interessante Gespräche über dieses Projekt, doch ich konnte mich nie richtig dafür begeistern und war ziemlich sicher, daß am Ende nichts daraus werden würde, womit ich recht hatte. Mein kurzer Besuch war ansonsten sehr erfreulich, denn ich machte mit den Freyholds (es war der deutsch-nationalistische Maler, der mit Reinhart befreundet war) einen Ausflug auf den Kaiserstuhl westlich von Freiburg. Das war eine kleine Gruppe vulkanischer Berge mit seltsamen, fast exotischen Merkmalen, die sich über der kleinen, alten und merkwürdigen Stadt Breisach erhoben, die auf einer Terrasse über dem Rhein eine schöne gotische Kirche besaß. Das Rheintal selbst, heiß und sumpfig, sah mehr wie tropischer Urwald aus als wie eine deutsche Landschaft. Die Gegend wurde dadurch noch anziehender, daß es dort einen sehr schweren speziellen Wein gab, der an den Hängen des Kaiserstuhls wuchs. Wahrscheinlich unter dem Einfluß dieses Weins fand ich Freyholds politische Thesen erträglich, obwohl sie mir sonst eindeutig widerwärtig waren.

Angebot aus Kassel

Von Freiburg kehrte ich nach Basel zurück, um mit meinen Freunden, den Schöns, in ihrem Auto eine Fahrt nach Lausanne zu machen. Ich hatte mich entschlossen, drei oder vier Wochen in Ascona in der Nähe von Locarno zu verbringen, zum Teil, weil ich das Ballett für München schreiben wollte, und zum Teil auch, weil Alma, wenn ich mich recht erinnere, für einige Zeit ein paar Freunde in dem Haus in Zürich zu Gast hatte. Die Schöns fuhren nach Lausanne, um ihre Kinder zu besuchen, und ich wollte diese Gelegenheit zu einer Fahrt über Land nutzen und außerdem eine Art Historienspiel oder Volksstück sehen, das jedes Jahr in einem Dorf bei Lausanne aufgeführt wurde, denn in diesem Jahr hatte Honegger die Musik dazu geschrieben.

Die Fahrt war sehr schön und spannend, da ich mit dem Auto noch nie eine so große Entfernung zurückgelegt hatte. Ich saß neben Schön, der fuhr, und hatte die verantwortungsvolle Aufgabe, die Hupe zu betätigen, was ziemlich wichtig war, denn die Straße war an vielen Stellen eng, kurvenreich und nicht leicht zu überschauen. Ich erinnere mich aber auch, daß ich etwas deprimiert war, als wir ankamen, weil ich mich ausgeschlossen und allein fühlte, nachdem sich die Familie Schön mit viel fröhlichem Lärm vereinigt hatte. Ich überlege, ob ich damals schon wußte, daß sich meine Zeit in der Schweiz dem Ende näherte.

Irgendwann in diesem Frühling erhielt ich fast gleichzeitig zwei Briefe, einen von Kestenberg, der mich fragte, ob ich an einer Lehrtätigkeit an der Berliner Hochschule interessiert sei, den anderen von Paul Bekker, der wollte, daß ich ihm in einer nicht genau umschriebenen Funktion in seinem neuen Amt als Direktor des Staatstheaters in Kassel assistierte. Beide Stellen waren im Herbst 1925 frei. Als ich Alma zu diesen Angeboten um Rat fragte, vertrat sie die Meinung, daß ich eines davon annehmen sollte. Ich weiß nicht, ob sie in dieser Entwicklung der Ereignisse eine willkommene Gelegenheit zur Beendigung unserer Beziehungen sah. Ich glaube, daß sie nicht in erster Linie daran dachte, sondern eher meinte, die Beziehung würde mehr oder weniger so weitergehen wie bisher, unter sogar noch günstigeren Umständen, was sie anging. Insbesondere, wenn ich nach Berlin ging, würde sie mich ungefähr so oft sehen wie in Zürich, und gleichzeitig würde es leicher sein, weil ich nicht in ihrem Haus wohnen würde, was mit der Zeit einigen Klatsch verursachte und ihr außerdem lästig war, aus Gründen, die ich erst später richtig erkannte.

Natürlich war ich über ihre Haltung sehr enttäuscht, denn ich hätte gerne gehört, daß sie wünschte, ich solle in der Schweiz bleiben. Außerdem war ich zu dem Schluß gekommen, daß das Leben in der Schweiz an sich etwas so Wunderbares war, daß jede Veränderung als Demütigung erschien. Andererseits konnte ich nicht übersehen, daß alle praktischen Erwägungen dafür sprachen, eines der beiden Angebote aus Deutschland anzunehmen, denn Reinharts Geld wurde knapp, zwar nicht auf alarmierende Weise, aber ich konnte den Boden des Fasses schon sehr gut sehen. Aufgrund der allgemeinen Situation war es immer noch aussichtslos, in der Schweiz eine bezahlte Arbeit zu bekommen, und der Ertrag aus meinen Kompositionen war nicht wesentlich höher geworden. Jedenfalls waren die monatlichen Zahlungen, die ich von der Universal Edition erhielt, immer höher als die Tantiemen, mit denen sie verrechnet werden sollten, so daß ich schließlich ziemlich tief in den roten Zahlen stehen würde, vorausgesetzt, der Verlag war bereit, diese Zahlungen fortzusetzen.

Ich entsinne mich nicht, was mich schließlich bewog, Paul Bekkers Einladung anzunehmen. Ich glaube, daß ich im Hinblick auf die Lehrtätigkeit nicht viel Selbstvertrauen hatte, denn mir schien, daß ich nicht recht wußte, was ich lehren sollte, und die Stellung, die Kestenberg mir angeboten hatte, schien aus mancherlei Gründen nicht sehr verlockend zu sein. Auch Bekkers Vorschlag begeisterte mich nicht allzu sehr, weil er in bezug auf die mir zugedachte Tätigkeit am Theater ziemlich vage war. Als ich ihn um genauere Auskunft bat, sagte er nur, die Stelle wäre das, was ich daraus machen würde, und daß er mir eine derartige Frage beinahe übelnahm, zeigte, wie empfindlich er war. Jedenfalls nahm ich sein Angebot an und wußte also, daß ich Ende August das Paradies verlassen und in ein Land gehen würde, das ich eindeutig als Exil betrachtete. Diese Umstände trugen nicht gerade dazu bei, daß ich in diesem Sommer besonders fröhlich war, ganz abgesehen von der Tatsache, daß die Entwicklung meines Verhältnisses zu Alma mir keine Befriedigung mehr verschaffte. Es könnte ein Gegenstand interessanter, wenngleich sinnloser Spekulationen sein, was aus mir geworden wäre, wenn ich Kestenbergs Einladung gefolgt wäre statt der Bekkers. Das einzige, was man mit einiger Sicherheit sagen könnte, ist, daß ich dann wahrscheinlich niemals meine jetzige Ehefrau kennengelernt hätte. Vielleicht hätte ich auch *Jonny spielt auf* nicht geschrieben. Da beide Fakten mein Leben sehr wesentlich beeinflußt haben, darf man annehmen, daß meine Entscheidung von größter Bedeutung war. Natürlich war mir das damals keineswegs bewußt. Meine Entscheidung hing wie gewöhnlich in solchen Fällen von Überlegungen ab, bei denen es um die momentane Zweckmäßigkeit ging.

Am Tag nach meiner Ankunft in Lausanne fuhr ich am späten Nachmittag mit der Bahn nach Mezières, einem kleinen Dorf in den Bergen bei Lausanne, wo das Volksfest stattfand. Aus unbekannten Gründen hatte es irgendein Durcheinander gegeben, und es gab an diesem Abend keine Aufführung, und keiner der Autoren und Darsteller war da. Es gab keinen Zug zurück nach Lausanne, und ich saß in einem miserablen kleinen Gasthof in einem langweiligen Dorf ohne irgend etwas Interessantes fest, oder zumindest konnte ich nichts Interessantes finden, meiner Stimmung und der allgemeinen Beschränkungen meines Wesens entsprechend, die mich daran hindern, aus solchen Situationen das beste zu machen, indem ich mich etwa in ein Kartenspiel mit Einheimischen stürze oder etwas in der Art, wozu Menschen mit gesellschaftlicher Phantasie fähig sind, oder zumindest stelle ich mir das so vor.

So verbrachte ich einen weiteren Abend in völliger Verlassenheit und trat am nächsten Morgen die Reise nach Locarno an, wie ich es geplant hatte. Ich fuhr mit der Simplonbahn nach Brigue, wo ich in die Kleinbahn nach Gletsch, das in den oberen Regionen des Rhônetals liegt, umstieg. Von dort wanderte ich auf der berühmten Bergstraße, die in einem engen Bogen um den spektakulären Rhônegletscher führt, über den Furkapaß. In dem Hotel unterhalb des Gipfels machte ich Station und besichtigte das höhlenreiche Innere des Gletschers, tiefgrüne, gespenstische Hohlräume unter dem Eis. Die Bergstraße führte weiter abwärts in das trogähnliche Becken des Tals von Andermatt, am Fuß des Gotthardpasses, dem Zentrum des Schweizer Systems von Befestigungsanlagen. Es muß um den 1. Juni herum gewesen sein, aber auf dem Gipfel wirbelte Schneegestöber, und das hohe, baumlose Tal sah unter den dichten Wolken, die die Berggipfel verhüllten, trostlos und tragisch aus. Die Landschaft schien meiner Stimmung zu entsprechen und machte meine verzweifelte Wanderung zu einem romantischen Unternehmen in der Art von Schuberts *Winterreise*. Von Andermatt fuhr ich mit der Zahnradbahn nach Göschenen hinunter, wo ich Anschluß an die Gotthardbahn hatte. Noch einmal war ich unterwegs in das sagenhafte Land des Südens, vielleicht zum letzten Mal, so dachte ich.

Begegnung mit Toller in Ascona

Ascona prangte in üppiger subtropischer Vegetation. Ich hatte ein Zimmer im Erdgeschoß des Hauses von einem Fräulein Pfaffenbach, wenn ich nicht irre, gemietet, einer ältlichen und etwas griesgrämigen Person. Den Eingang zu meinem Zimmer erreichte man über einen schmalen Weg, der durch ein Dickicht aus dschungelähnlichen Pflanzen führte. Riesige Eidechsen huschten in ihre Verstecke, wenn man die grüne Wildnis durchquerte, und ab und zu begegnete man einer Schlange, die sich still auf der Steinmauer zusammengerollt hatte. Das ganze Anwesen schien verhext und voller Gespenster zu sein. Ich habe diesen Eindruck im Süden oft gehabt, aber kaum irgendwo so stark wie in Ascona, wo der Kontrast zwischen dem ewig heiteren Himmel und den Formen von Tod und Verfall auf der Erde so erschreckend deutlich ist.

Ich nahm meine Mahlzeiten in einem kleinen Gasthof am Wasser ein, der von einer vergnügten Ungarin geführt wurde. Sie hatte die Gewohnheit, ihre Gäste einander vorzustellen und eine Art »fröhlichen« Gemeinschaftsgeist unter ihnen zu wecken. Wie es meiner Natur entsprach, tat ich genau das Gegenteil von dem, was ich hätte tun sollen. Ich erklärte ihr, daß ich unter einer Nervenkrise leide (in Ascona konnte man so etwas ohne weiteres sagen, denn die Einheimischen wären erstaunt gewesen, wenn einer der dort wohnenden Fremden nicht in irgendeiner Weise ein Spinner gewesen wäre), und daß ich niemandem vorgestellt werden und auch mit niemandem sprechen wolle, so daß sie Abstand davon nehmen möge, mich in ihre gesellschaftlichen Bemühungen einzubeziehen, wenn sie nicht einen Gast verlieren wolle.

Bald trafen die Katzensteins ein, die ein kleines Sommerhaus in Saleggi hatten, einem flachen, sumpfigen Gebiet am Seeufer, und kurz darauf kaum auch Ernst Toller, der aus seiner Haft in Landsberg entlassen worden war. Ich sah sie mehrmals und beobachtete, daß zwischen ihm und Frau Katzenstein ein beträchtlicher Grad an Intimität bestand, offensichtlich schon seit langer Zeit. Toller war ein sehr gut aussehender junger Jude mit deutlich erkennbaren epikureischen Neigungen, die sich nicht recht mit den radikalen kommunistischen Grundsätzen vertrugen, für die er ins Gefängnis gegangen war. Als Dichter und Schriftsteller mit bemerkenswertem Talent war er zum offiziellen Märtyrer für die kommunistische Sache geworden und mußte für den Rest seines Lebens diesen Anspruch erfüllen, obgleich ich oft den Eindruck hatte, daß er sich im tiefsten Innern in dieser Rolle als Fehlbesetzung betrachtete. Mir erschien er als sensibler, warmherziger junger Mann aus einer sogenannten guten Familie, der sich, dem Trend der Zeit folgend, aufgrund seiner humanitären Neigungen und seiner schönen Gefühle in die revolutionäre Bewegung hatte verstricken lassen, und seiner Begabung entsprechend hatte er diesen Gefühlen literarischen Ausdruck gegeben. Die Haft in Landsberg war nicht mit demütigender Behandlung oder Elend und Not verbunden gewesen, aber für den mitteilsamen und überschwenglichen jungen Menschen muß sie recht verwirrend gewesen sein. Seine Verwirrung endete nicht, als er aus der Festung entlassen wurde, denn wenn ich ihn richtig eingeschätzt habe, hätte er die politischen Faktoren, die ihn in Schwierigkeiten gebracht hatten, am liebsten ganz vergessen und das normale Leben eines Dichters geführt, sofern Dichter ein »normales« Leben führen können. Aber seine ehemaligen Kameraden wollten ihn nicht loslassen, und auch er selbst glaubte, daß seine Erfahrungen ihm eine gewisse moralische und geistige Verpflichtung auferlegten.

Wir führten so manches Gespräch, während wir durch die Landschaft streiften. Ich erinnere mich an einen typisch »asconischen« Anblick, der sich eines späten Abends vor uns auftat. Irgendwo in einer schattigen Biegung der Straße, die am Seeufer entlang zur italienischen Grenze führte, stand ein ziemlich großes Gebäude. Es wirkte vollkommen verlassen und ein wenig unheimlich, ein Eindruck, der bis zum Furchterregenden verstärkt wurde durch ein schwaches Geräusch, das aus dem Innern des Gebäudes drang, wie von einer Maschine. Und irgendwo im Obergeschoß konnte man in regelmäßigen Abständen eine geisterhafte Gestalt am Fenster vorbeihuschen sehen. Um das Bild in seiner expressionistischen Albtraumhaftigkeit vollständig zu machen, erschien plötzlich wie aus dem Nichts ein riesiges weißes Pferd und jagte über den Hof, um unter den üppigen

Bäumen in der Dunkelheit zu verschwinden. Die Erklärung für diese ungewöhnlichen Phänomene war ernüchternd. Das Gebäude war eine Spaghettifabrik, und das Gespenst im Fenster des Obergeschosses war ein rotierendes Gestell, auf dem die Nudeln von einer Maschine im Kreis gedreht wurden, um über Nacht zu trocknen. Der Schimmel gehörte natürlich auch zu dem Haus. Nur in Ascona konnte eine so vollkommen nüchterne Konstellation ausgesprochen surrealistische Züge annehmen.

An einem anderen Abend kam ich ziemlich spät mit Toller von einem Besuch zurück, vermutlich bei den Katzensteins, als er plötzlich bemerkte, er habe Lust, bei den Ludwigs hereinzuschauen. Emil Ludwig war bereits als erstaunlich produktiver Hersteller von Bestsellern auf dem Gebiet der Biographie berühmt. Er hatte über Napoleon und Bismarck und verschiedene andere Helden geschrieben. Ich bin jetzt nicht sicher, ob es nur boshafter Klatsch war oder ob er wirklich an einer »Biographie« Christi arbeitete, aber es hieß, daß dies das Ende seiner Karriere sein würde, denn nach Christus bliebe nur noch ein Mensch übrig, der der Aufmerksamkeit des großen Biographen würdig sei, und das sei Emil Ludwig selbst. Nicht nur Karl Kraus, sondern viele ernsthafte oder einfach erfolglose Schriftsteller verachteten ihn aus vielen offenkundigen Gründen. Ich fand heraus, daß er für seine Nachforschungen und Materialsammlungen an verschiedenen Orten eine große Anzahl von Hilfskräften beschäftigte, und dazu gehörte auch Frau Katzenstein, eine Tatsache, für die sie sich sehr schämte, weil sie Ludwig selbst wie auch seine Schriften ablehnte.

Jedenfalls meinte Toller, es wäre ein Spaß, den berühmten Mann aufzusuchen, und so stiegen wir zu seinem Haus hinauf, einer luxuriösen Villa hoch über dem See, die gegen jede Sicht abgeschirmt war. Nach einer beachtlichen Klettertour erweiterte sich der Weg zu einer Lichtung, und das einzige, was man deutlich sehen konnte, war ein Wandgemälde eines alten Meisters, das die Heilige Jungfrau darstellte, magisch beleuchtet wie in einem Technicolorfilm, im Eingang des Hauses auf der anderen Seite der Lichtung. Der Effekt war eindrucksvoll, allerdings außerordentlich kitschig. Die Ludwigs saßen auf der Terrasse, und bald waren wir in eine weitschweifige Unterhaltung verwickelt, wie sie nach Mitternacht leicht entsteht. Frau Ludwig, eine Jüdin aus Irland, bekundete ein besonderes Interesse an Astronomie, wahrscheinich unter Einbeziehung astrologischer Gesichtspunkte, und wir betrachteten eine Weile durch ihr kleines Teleskop die Sterne, bis die Dämmerung diesem Zeitvertreib ein Ende machte. Emil Ludwig erschien mir als der, für den ich ihn gehalten hatte, ein oberflächlicher Opportunist, der Journalistenschläue besaß, und daß ich ihn nun persönlich kannte, machte ihn mir nicht sympathischer, als er mir aufgrund der Lektüre seiner Bücher bisher gewesen war.

Durch die Katzensteins lernte ich noch jemanden kennen, der mich wesentlich mehr beeindruckte, einen Schweizer namens Köbi (Jakob) Flach. Er war Künstler gewesen, Maler oder etwas ähnliches, in Zürich. Wegen einer persönlichen Enttäuschung, die mit einem allgemeinen Ekel vor der Welt verbunden war, hatte er sich entschlossen, eine Art Einsiedlerdasein zu führen. Er bewohnte eine alte, verfallene Mühle im Wald oberhalb von Ascona, an einer abgelegenen Stelle, die kaum jemals von Menschen besucht wurde. Seine Zeit verbrachte er hauptsächlich damit, sich seine Nahrung zu beschaffen, und zwar soweit möglich durch eigene Anstrengungen wie Fischen, Jagen und bescheidenen Gemüseanbau. Gelegentlich stellte er wohl auch einige kleine Kunstgegenstände her, die jemand für ihn in den Städten verkaufte. Er war im Grunde melancholisch, aber weder grimmig noch verbittert, und trotz seiner erstaunlichen Lebensweise schien er recht normal zu sein. Ich besuchte ihn ein paarmal in seinem Schlupfwinkel, und bei einer dieser Gelegenheiten schlug er vor, ein Experiment zu machen, nämlich Rauschgift zu rauchen, das ihm ein Freund aus Afrika mitgebracht hatte, Haschisch oder Opium oder etwas ähnliches. Ich war von der Wirkung ziemlich enttäuscht, denn ich hatte erwartet, für längere Zeit in eine aufregende Traumwelt versetzt zu werden. Alles, was ich bemerkte, war eine leichte Schläfrigkeit, wie man sie vielleicht nach einer schweren Mahlzeit mit reichlich Wein verspürt, und selbst die hielt nicht lange an. Köbi Flach zeigte typischere Reaktionen, als er an einem bestimmten Punkt begann, stöhnend im Zimmer herumzukriechen, aber ich bin nicht sicher, ob er nicht Theater spielte, um die Sache etwas unterhaltsamer zu machen.

Frau Katzenstein, Köbi Flach und ich taten uns zusammen, um einen Berg bei Locarno zu besteigen, der eine bemerkenswerte Aussicht auf die höheren Bergketten im Norden bieten sollte. Das erwies sich, obwohl der Berg keineswegs besonders hoch war, als ganz schöne Tortur, denn wir waren in geringer Höhe aufgebrochen. Wir mußten in einer Hütte übernachten, in der die Bergbewohner ihr Heu aufbewahrten, und als wir keuchend auf dem Gipfel ankamen, war der Ausblick alles andere als bemerkenswert, denn der dichte sommerliche Dunst verdeckte alles. Auf dem Rückweg beschloß ich, mich bei einer Quelle an einem Trog zu rasieren, der für die in der Nähe weidenden Kühe aufgestellt worden war. Ich war gerade damit fertig, als die Tiere zu ihrem Morgentrunk kamen. Da ich aber das Rasiermesser und den Pinsel in dem Trog ausgewaschen hatte, wandten sie sich entrüstet ab und fingen an, wütend zu brüllen. Das schien das bemerkenswerteste Ergebnis dieses Ausflugs zu sein.

Von Ascona aus fuhr ich zwei- oder dreimal hinüber nach Locarno, um Frau B. in ihrem Haus aufzusuchen, während ihr Mann nicht da war, und alles verlief zu unserer größten Befriedigung. Als ich meinen Besuch wiederholen wollte, bekam ich die Nachricht, daß sie eine Blutung erlitten hatte und in ein Spital gebracht worden war. Ich habe sie nie wieder gesehen, und ich habe gehört, daß sie etwa zwei Jahre später starb. Sie war eine begabte Hobbymalerin gewesen, und zum Zeichen ihrer Zuneigung schenkte sie mir eines ihrer Bilder, ein ziemlich großes Ölgemälde, das eine verlassene Straße in einem Dorf im Tessin unter glühender Sonne darstellt. Ich mochte dieses Bild sehr gern, und es wurde schließlich im Wohnzimmer meiner Eltern aufgehängt. Ich glaube nicht, daß ich jemals in diese Frau verliebt war, und ich hoffe, daß sie es auch nicht in mich war. Aufgrund dessen habe ich eine sehr schöne Erinnerung an sie, und ich wünschte, ich hätte von genau dieser Art Verhältnis in jüngeren Jahren noch viele mehr gehabt, denn ich stelle mir vor, daß ich dann jetzt viel glücklicher wäre. Das mag durchaus bloße Einbildung sein, und es gibt kein Experiment, das beweisen könnte, ob ich mich in diesem Punkt irre oder nicht.

Alles, was ich weiß, ist, daß die Niederschrift dieser Memoiren mit einem stetig wachsenden Gefühl der Enttäuschung und Frustration hinsichtlich der frühen Phasen meines Lebens verbunden ist, so sehr, daß ich ein wenig Angst davor bekomme, welche Auswirkung diese Arbeit wohl auf meine gegenwärtige geistige Verfassung haben mag, eine Folge, an die ich überhaupt nicht gedacht hatte, als ich vor drei Jahren mit diesen Aufzeichnungen anfing. Möglicherweise tragen auch noch andere Faktoren zu meiner jetzigen Ansicht über diese früheren Phasen meines Lebens bei, so daß mein Urteil alles andere als objektiv ist. Aber, noch einmal, was bedeutet Objektivität? Was ich damals empfand, ist unentwirrbar mit dem verwoben, was ich jetzt empfinde, und zwar eben durch den Akt des Niederschreibens in der Stimmung, in der ich jetzt bin, die wiederum sowohl durch die Verfassung bedingt ist, zu deren Schaffung jene frühen Erlebnisse beigetragen haben, als auch durch die Empfindungen, die von der Erinnerung hervorgerufen werden. Es geht mir darum, daß ich zunehmend heftigere Qualen erleide, als bewegte sich mein gegenwärtiges Leben auf eine Krise zu, die jener vergleichbar ist, die ich jetzt in meiner Erzählung beschreiben werde. Das klingt ziemlich phantastisch, aber ich bin geneigt, an ein solch geheimnisvolles Wechselspiel zwischen dem, was ich tue, und dem, was ich lebe, zu glauben. Die Zeit wird uns das Ergebnis zeigen. Vielleicht gelingt es mir, die finstere Macht auszutreiben, indem ich ihr einstiges Wirken in Worte fasse, was erklären mag, warum ich wie durch Zauberei immer wieder von dieser Niederschrift angezogen werde, trotz der seelischen Qual, die sie mir bereitet.

Mit den Eltern in Tirol

Als meine Zeit in Ascona um war, reiste ich wieder nordwärts, um mich mit meinen Eltern zu einem dreiwöchigen Urlaub im Ötztal zu treffen. Um den Zug nach Österreich zu erreichen, mußte ich in einem Bahnhof namens Thalwil, ein paar Kilometer oberhalb von Zürich, wo die beiden Strecken zusammenliefen, umsteigen. Ich fühlte mich sehr einsam und niedergeschlagen, denn ich wußte, daß sich meine Zeit in der geliebten Schweiz dem Ende zuneigte, und ich war es müde, in der Fremde herumzuwandern, ohne Zuhause und ohne die wohltuende Fürsorge eines liebenden Menschen. Ich beschloß daher ganz spontan, Alma von Thalwil aus anzurufen, in der Hoffnung, sie würde mich bitten, wenigstens für einen Tag oder auch mehrere heimzukommen. Ich bemerkte, daß sie über meinen Anruf keineswegs erfreut war, denn er regte sie auf und verdarb die schöne Zeit, die sie mit diesen Freunden verbrachte, die zu jener Zeit das Haus okkupierten, ich habe vergessen, wer es war. Ich merkte deutlich, daß sie alles andere als aufrichtig war, als sie darauf bestand, daß ich unter keinen Umständen ihretwegen meine Pläne ändern sollte. Ich begriff, was sie meinte, und mit großer Bitterkeit im Herzen nahm ich den Zug, der mich in wenigen Stunden nach Österreich brachte, in mein Heimatland, das mir damals als bloßer Vorgeschmack auf das dauerhaftere Exil erschien, in das ich bald verbannt werden sollte. Ich übernachtete in dem österreichischen Grenzort Feldkirch, einer schönen, alten Stadt, von der ich nichts sah, denn ich schaute sehnsüchtig den wenigen Autos mit Schweizer Kennzeichen nach, die ab und zu durch die Stadt fuhren und glücklichere Menschen in das verlorene Paradies zurückbrachten.

Am nächsten Tag traf ich meine Eltern auf dem Bahnhof im Ötztal, und wir fuhren wiederum die Bergstraße nach Sölden hinauf, wo mein Vater Zimmer reserviert hatte. Wir hatten uns für diesen etwas weniger beeindruckenden Ort entschieden, weil das geliebte Vent zu teuer schien. Unser Aufenthalt in Sölden war alles andere als angenehm, nicht nur weil meine Stimmung auf einem Tiefpunkt angelangt war, sondern auch, weil die österreichische Inflation ihren Höhepunkt erreicht hatte, was der Grund dafür war, daß der Ort von deutschen Touristen überschwemmt wurde, die mit ihrem frisch stabilisierten Geld mein Heimatland plünderten. Die Inflation in Österreich nahm nie die verheerenden Züge an, die sie in Deutschland gehabt hatte. Die österreichische Krone wurde abgeschafft, als 14 000 Kronen ungefähr 20 Cents wert waren, und diese Einheit wurde unter dem neuen Namen »österreichischer Schilling« stabilisiert. Das war jedoch schlimm genug, so daß eine Schweizer Brauerei jenseits der Grenze österreichische Kronenscheine als Bierflaschenetiketten verwendete, denn diese Scheine gegen Schweizer Währung in einer Bank zu kaufen war billiger, als in der Schweiz Etiketten drucken zu lassen.

Worunter wir damals am meisten litten, war die Tatsache, daß wir in dem bescheidenen Hotel, in dem wir wohnten, außer dem Besitzer und den Kellnerinnen praktisch die einzigen Österreicher waren. Das war eine wirklich erniedrigende Erfahrung, denn die deutschen Touristen, die zu den übelsten Repräsentanten dieser gefürchteten Rasse gehörten, benahmen sich so, als hätten sie ein feindliches Land besetzt, ohne die geringste Rücksicht auf die ursprünglichen Bewohner. Es hätte meinen schwachsinnigen Landsleuten eine Lehre sein sollen, weil es ihnen einen Vorgeschmack darauf hätte geben können, wie es ihnen ergehen würde, wenn ihre deutschen Brüder mit schwerem Geschütz anstatt mit Bargeld anrücken würden, dann hätten sie sich vielleicht anders verhalten, als das 1938 tatsächlich geschah. Aber wenn ein von Natur aus idiotischer Gastwirt habgierig wird, sind es schlechte Zeiten für Vernunft und Humanität. Und der Himmel weiß, daß meine Tiroler Landsleute nicht gerade mit Verstand gesegnet sind. Jedenfalls hatte die gräßliche Horde des deutschen Pöbels von allem, was in Sichtweite war, Besitz ergriffen und füllte Foyer und Speisesaal, Tal und Berggipfel mit ihrem unbeschreiblich häßlichen Jargon, von dem ein Mensch, der in gepflegtem Deutsch großgezogen worden war, glücklicherweise nur jedes zehnte Wort verstehen konnte. Sie zogen im Eßzimmer ihre Schuhe aus und trockneten ihre Unterwäsche am Ofen. Sie beschwerten sich über das Essen, weil es nie genug und nicht nach ihren schweinischen Methoden zusammengekocht worden war. Nichts war recht und nach ihrem Geschmack, obgleich sie fröhlich rülpsten, und es gab ständig Gezänk wegen der Preise, obgleich sie alles fast umsonst bekamen.

Ich erinnere mich an diese Zeit als an einen echten Albtraum, denn sie vermittelte mir eine Vorstellung davon, wie ich mich fühlen würde, wenn ich unter diesen Barbaren leben würde. Wir reduzierten unsere Zeit im Hotel auf ein absolutes Minimum und flohen in die Wälder, wo wir gewöhnlich verärgert, niedergeschlagen und stumm saßen und in einen der tosenden Gebirgsbäche starrten. Schließlich konnten wir es nicht länger ertragen und beschlossen, nach Vent hinaufzuziehen, ganz gleich, wieviel das kostete. Alles war sofort viel besser, und wir verbrachten unsere letzte Woche in gepflegter Umgebung, verhältnismäßig ruhig und ohne das Gefühl, in unserer eigenen Heimat Ausgestoßene zu sein. Die teutonischen Schweine mieden das Hotel Vent in der Regel, weil es ihnen bei ihrer Knauserigkeit wahrscheinlich zu teuer war, und sie sich an einem Ort, wo das Furzen im Speisesaal nicht als Höhepunkt des Vergnügens betrachtet wurde, nicht wohl gefühlt hätten.

Meine Stimmung wurde dadurch, daß ich mit meinen Eltern kaum über meine Schwierigkeiten reden konnte, nicht gerade gebessert. Ich weiß nicht, was sie über meine Affäre mit Alma wußten oder was sie vermuteten, und der Stil unserer Beziehungen lud nicht zu Gesprächen über solche Themen ein. Sie merkten, daß ich Kummer hatte, und schrieben das wahrscheinlich meiner Trennung von Anna zu, ohne sich dazu zu äußern, da sie bereits erkannt hatten, daß ich nicht bereit war, darüber zu sprechen.

Alma und Anna

Nach diesem Intermezzo fuhr ich für ein paar Tage nach Zürich zurück. Alma war mittlerweile abgereist, und ich fand das Haus von einem ungarischen Mädchen bewohnt, einer Schülerin Almas, einem recht attraktiven und gepflegten Geschöpf, das wegen eines eigenen, unbekannten Problems melancholisch zu sein schien. Ohne uns gegenseitig unseren Kummer zu entdecken, begegneten wir einander in unserer Traurigkeit und hatten eine Art flüchtigen, melancholischen Flirt miteinander. Ich reiste nach Donaueschingen ab, um bei den Musiktagen die erste Aufführung meiner *Jahreszeiten* anzuhören. Ich weiß nicht mehr viel von den Musiktagen, außer daß sie wie gewöhnlich laut waren und mehr oder weniger dieselben Gestalten in Erscheinung traten. Ich verbrachte einen Abend mit heftigem, tollkühnem Flirten mit der Tänzerin Yvonne Georgi, die damals eine merkwürdige und exotisch aussehende, schlanke und geschmeidige Person war. Ich war ein wenig enttäuscht, als ich sie vierzehn Jahre später in Washington, D. C., wiedersah.

Weil meine Rastlosigkeit einen Höhepunkt erreichte, jagte ich von Donaueschingen nach Venedig, wo ich mich mit Anna verabredet hatte, vorgeblich, um alles zu besprechen und herauszufinden, wie wir nach einem Jahr der Trennung zueinander standen. Ich glaube nicht, daß ich von dieser Begegnung irgendeinen Sinneswandel erwartete, und ich bin ganz sicher, daß mein Hauptmotiv war, herumzureisen und die Zeit mit dem Zurücklegen von Entfernungen totzuschlagen, und auch, soviel wie möglich von der Welt »draußen«, auf die ich so versessen war, zu sehen, bevor ich ins deutsche Exil ging, was in meiner Vorstellung immer mehr dem Weg ins Gefängnis und zur Hinrichtung glich.

Anna war allein in dem »Palazzo«, und wie zu erwarten gewesen war, begannen wir damit, uns gegenseitig ins Vertrauen zu ziehen. Sie sagte, sie hätte in der Zwischenzeit keine sexuellen Beziehungen gehabt, außer mit irgendeinem Italiener, den sie im Zug nach Rom aufgegabelt hatte und dem sie für drei Tage in seine Wohnung gefolgt war, woraufhin sie ihn nie wiedergesehen hatte, und ihrer Ansicht nach sei das die einzige Art sexuellen Kontaktes, den sie genießen könne. Leider veranlaßte mich diese Mitteilung, ihr von meiner Affäre mit Frau B. zu erzählen, wobei ich nicht damit rechnete, daß sie es für angebracht halten würde, diesen Leckerbissen für Klatschmäuler ausgerechnet Erdmann weiterzureichen, der im September zum Musikfest nach Venedig kommen sollte, und natürlich sah er keinen Grund, diese Information nicht über die ganze zivilisierte Welt zu verbreiten, so daß sie sehr bald Alma erreichte. Zu der Zeit, als das geschah, beunruhigte es mich aber nicht weiter, denn ich hatte damals meinerseits einige interessante Informationen über sie gesammelt. Aber das nimmt einen späteren Abschnitt dieser Geschichte vorweg.

Jedenfalls mußten derartige Gespräche meine schlummernden Gefühle für Anna wieder erwachen lassen, und ich griff sie mit einiger Heftigkeit an, indem ich sagte, ich wolle keinesfalls andeuten, daß wir unser Eheleben wieder aufnehmen sollten, aber wenn sie die Umarmungen irgendeines Eisenbahnreisenden genießen könnte, konnte sie ebensogut mich als attraktiven Vorübergehenden betrachten, der nach zwei Tagen für immer verschwinden würde. Nach einigem Zögern gab sie nach, und wir liebten uns zwei Tage heftig und leidenschaftlich, was vermutlich keiner von uns beiden im eigentlichen Wortsinn genoß, aber aus irgendeinem Grund fühlte ich mich besser, als ich Venedig verließ, diesmal in westlicher Richtung, mit Frankreich als Ziel, das ich noch einmal sehen wollte, bevor ich mich unter den Heiden und Kannibalen vergrub.

Bei Strawinsky in Nizza

Ich fuhr nach Nizza, vorgeblich in der Absicht, Strawinsky, der auf diesem gesegneten Fleckchen der französischen Riviera ein sehr schönes Haus hatte, einen Besuch abzustatten. Wie ich erwartet hatte, war ich von dem klassisch mediterranen Charakter des Landes bezaubert, von dem »ewig« blauen Himmel und dem ruhigen Meer (obgleich beides im Februar, als ich nach Korsika gefahren war, ganz anders ausgesehen hatte) und von der unendlich reizvollen Verbindung von Meer und hohen Bergen. Mein Besuch bei Strawinsky war nett, wenn auch etwas formell. Ich war daran interessiert, Frau Strawinsky kennenzulernen, da ich ihn bisher immer in Gesellschaft einer anderen, recht attraktiven Russin gesehen hatte. Wie man mir sagte, hatte er sein Leben sehr praktisch organisiert, so daß er zu Hause mit seiner Frau und den beiden Söhnen zusammenlebte, während er auf seinen Reisen von seiner Geliebten begleitet wurde; eine Regelung, die alle Beteiligten zu befriedigen schien.

Ich war sehr erfreut, als Strawinsky mich zu einer Fahrt über die Grande Corniche einlud, die berühmte Straße in einer Höhe von 300 Metern oder höher, die viele Kilometer weit an der Küste entlangführt und einen herrlichen Ausblick auf die dicht bevölkerte Küste bietet, auf Monte Carlo, Mentone und all die anderen berühmten Urlaubsorte und Tummelplätze. Es war ein wunderbarer Abend, als wir über La Turbie nach Eze fuhren, in das alte, verwitterte, aus dem Felsen gehauene Dorf, wo wir eine köstliche Mahlzeit zu uns nahmen. Strawinsky bestand darauf, daß ich viel Salat mit reichlich Olivenöl aß, denn das würde mich stark machen, so daß die Frauen mich lieben würden. Er erwähnte auch, daß er sehr gern die Originalinstrumentation der Walzer von Johann Strauß kennenlernen würde, und da ich zufällig eine dieser seltenen Partituren besaß, sandte ich sie ihm später mit Dank für den wunderschönen Abend.

In Nizza entdeckte ich, daß ich auf der Rückreise in die Schweiz statt den Zug zu nehmen einen Automobildienst nutzen konnte, der vom PLM, dem großen Eisenbahnnetz Südostfrankreichs, angeboten wurde. Das war wirklich eine faszinierende Aussicht, und ich reservierte mir sofort einen Platz für diese Reise, die in drei Tagen durch die interessantesten Gebiete der französisch-italienischen Alpen führte und in Chamonix, am Fuße von Europas höchstem Berg, dem Montblanc, endete. Die Reise war bewundernswert organisiert, mit reservierten Plätzen im Wagen, Hotelzimmern, Mahlzeiten und allem anderen, eine Leistung, auf die eine deutsche Agentur maßlos und unerträglich stolz gewesen wäre, wohingegen die französische alles mindestens ebenso reibungslos und effizient abwickelte, und zwar als Routinesache und ohne allen prahlerischen Lärm. Die riesigen, offenen Wagen waren geräumig und mit komfortablen Sitzen ausgestattet, so daß man die herrlichen Ausblicke in aller Ruhe genießen konnte. Die ausgezeichnete Straße führte jeden Tag über mehrere Bergketten, stieg zu eindrucksvollen Pässen an und senkte sich tief hinunter in die bewohnten Täler.

Einer der eindrucksvollsten Anblicke war die Casse Deserte, eine weite Hochebene ohne Vegetation, die mit Felsen bedeckt war, die wie die Knochen phantastisch geformter, prähistorischer Tiere aussahen. Als wir diese furchterregende Gegend durchquerten, hatte ich die Idee zu einem Lied auf eigene Worte, das mit der Zeile »Auf den hohen Bergen liegt Schnee« beginnt. Es wurde später in die Oper *Jonny spielt auf* eingefügt. In Briançon, der kleinen Festungsstadt an der italienischen Grenze, war das Hotel im Bahnhof, eine Besonderheit, die mir sehr gefiel und die ich zu meiner Freude in Amerika in den Harvey-Hotels an der Santa-Fe-Strecke wiederfand. Da das Hotel aber ausgebucht war, hatte man für unsere Gruppe in einer Reihe von Schlafwagen, die auf den Schienen standen, Quartiere eingerichtet, was noch ungewöhnlicher und romantischer war. Für einen Teil der Reise saß ich neben einem PLM-Inspektor, der, als er merkte, daß ich Österreicher war, mich immer wieder ängstlich fragte, ob ich meinte, daß seine Berge ungefähr genauso schön seien wie Tirol, was ich sehr rührend fand.

Der Höhepunkt der Reise war die Überquerung der beiden Pässe Col du Galibier und Col du Lautaret, wobei die Straße ganz nah an die höchste aller europäischen Bergstraßen heranreicht, die Strecke über das Stilfser Joch in Südtirol. Der Col du Lautaret war ein ausgedehntes Becken voller saftiger Bergwiesen, etwa 2500 Meter hoch, vor dem wunderbaren Gletscher La Meije. Das köstliche Mittagessen, das in dem hübschen PLM-Häuschen serviert wurde, war der Landschaft ringsherum durchaus würdig. Durch die Täler von Savoyen, in denen es von unzähligen Denkmälern einer jahrhundertealten, reichen und dramatischen Geschichte wimmelte, fuhren wir nach Grenoble und hinauf zur Grande Chartreuse, dem berühmten Kartäuserkloster, in dem der wohlbekannte, kostbare grüne Likör hergestellt wurde, bevor die Mönche wegen der antiklerikalen Politik der republikanischen Regierung Frankreich verließen. Die Gebäude des alten Klosters waren höchst eindrucksvoll, und die kleinen zweistöckigen Wohnungen dieser epikureischen Einsiedler sahen so anziehend aus, daß man versucht war, an Ort und Stelle Kartäusermönch zu werden.

Wir fuhren durch Chambéry, die alte Hauptstadt Savoyens, hielten in Aix-le-Bains, dem luxuriösen Kurort am Ufer des Lac de Bourget, und erreichten das reizende Annecy mit seinem hübschen See. Danach fuhren wir nach Hochsavoyen hinein und näherten uns über die Hochebene von Mégève dem ehrfurchtgebietenden Massiv des Montblanc. Chamonix, die Endstation der Strecke, ist eine Art alpines Atlantic City, völlig zerquetscht unter der Masse des gewaltigen Berges, der viertausendachthundert Meter hoch über dem engen Tal aufragt. Ich kann gut verstehen, daß einige die Stadt als bedrückend empfinden, denn es ist fast unmöglich, dort umherzugehen, ohne ständig den Kopf zu recken und die Augen zum Himmel zu verdrehen, als wäre man auf dem Grund eines Brunnens begraben. Ich bestieg die Zahnradbahn, die auf den Montanvert führt, einen Aussichtspunkt über dem riesigen Gletscher der Mer de Glace, der einen Blick auf die phantastische Welt der Aiguellies bietet, gewaltige Felstürme und -nadeln gefährlichster Art, die einen auffallenden Kontrast zu der sanften, flachen Rundung der glatten, polierten Kuppel des Meisters, des Montblanc, darstellen. Von Montanvert wanderte ich nach Westen zu einer Hütte, deren Namen ich vergessen habe, direkt am Fuß des ehrenwerten Präsidenten der europäischen Berge. Außerdem machte ich einen Ausflug zu dem wilden, zerklüfteten Glacier d'Argentières und genoß drei wunderschöne Tage mit klarem Himmel, den es in dieser Gegend selten gab, wie man mir sagte. Dasselbe Glück hatte ich, als ich mehrere Jahre später nach Chamonix zurückkehrte. Ich erinnere mich, daß das sehr glückliche Tage waren, weil ich das Gefühl hatte, trotz all der Widrigkeiten, die das Schicksal über mein Leben verhängt hatte, das Paradies gesehen zu haben.

Von Chamonix aus fuhr ich, wie ich glaubte zum letzten Mal, in die Schweiz, und zwar mit der Kleinbahn, die nach St. Moritz im Wallis führt. Noch einmal reiste ich durch das geliebte Land, legte einen kurzen Aufenthalt in Sion ein und nahm den berauschenden Anblick dieser Landschaft meiner Träume in mich auf, denn ich war eingeladen, ein paar Tage mit Werner Reinhart und Alma in Riederfurka zu verbringen. Ich kam gerade zu meinem Geburtstag dort an, und Reinhart hatte im Eßzimmer des extravaganten Landhauses, von dem schon die Rede war, eine sehr schöne Party mit Fondue und reichlich Wein organisiert. Es stellte sich heraus, daß Hindemith in Belalp, einem Berghotel auf der anderen Seite des gewaltigen Aletsch-Gletschers, Urlaub machte, und Alma schlug vor, daß wir hinüberwandern sollten, um mit ihm zu Mittag zu essen. Das war ganz nach meinem Sinn, da ich von der Idee, den riesigen Gletscher zu überqueren, begeistert war. Der Ausflug war überhaupt nicht gefährlich, da der Weg durch die Fußspuren unzähliger Touristen, die ihn ausgetreten hatten, deutlich markiert war. Nichtsdestoweniger verlangten die besonderen Eigenschaften des Eises gesteigerte Aufmerksamkeit, denn es sieht ganz anders aus, als es aus der Ferne wirkt, wenn man sich mittendrin befindet, und Alma, die mit diesem Phänomen nicht vertraut war, bekam es mit der Angst zu tun, weil die Durchquerung der gefrorenen Wildnis weit über eine Stunde dauerte.

Wir kamen jedoch sicher in Belalp an und fanden Hindemith in Gesellschaft seiner Frau und des deutschen Pianisten Walter Gieseking, des weltberühmten Spezialisten für die Klaviermusik der französischen Impressionisten. Der korpulente Mann mit dem nahezu idiotischen Gesichtsausdruck war eine recht paradoxe Erscheinung, denn niemand hätte geglaubt, daß dieser phlegmatisch aussehende Teutone bei der Darbietung der morbiden, eleganten, pianistischen Träume Debussys und Ravels eine fast einzigartige Zartheit und Empfindsamkeit an den Tag legen würde. Seine phänomenale Musikalität war etwas wie ein unterbewußter Wesenszug. Ich erinnere mich, daß ich ihn einige Jahre vorher bei Schreker in Berlin kennengelernt hatte, als er zum Erstaunen der Zuschauer einige komplizierte moderne Stücke vom Blatt spielte, wobei er einen noch idiotischeren Gesichtsausdruck aufsetzte als sonst, und ich erinnere mich auch an die Stichelei von Joachim Beck, der sagte, Giesekings Blattspiel würde das Bild eines Kriegsblinden, der Schreibmaschine schreibt, heraufbeschwören. Der erstaunliche Mann widmete sich mit Leidenschaft dem Hobby des Schmetterlingsammelns. Als wir vor dem Belalp-Hotel auf der Terrasse saßen, beteiligte er sich am Gespräch im wesentlichen mit einsilbigen Bemerkungen und leerem Gesichtsausdruck. Aber als irgendein unscheinbarer Falter vorbeiflog, war es recht erstaunlich, zu sehen, wie der Riesenkerl mit funkelnden Augen über das Geländer setzte und leichtfüßig über die Felsen in den Abgrund sprang, um das flüchtige Tierchen zu fangen.

Auszug aus der Schweiz

Der Tag nahte, an dem ich die Schweiz verlassen mußte, um mich nach Kassel, meinem neuen Bestimmungsort, zu begeben. Ich weiß nicht mehr, ob ich noch einmal in Sierre Station machte, oder ob ich über die kürzere Lötschbergroute zurück nach Zürich fuhr. Ich erinnere mich aber, daß einmal, als ich Sierre verließ, Rilke zum Bahnhof kam und daß ich den auffallend mageren, zerbrechlichen Mann lange am Ende des Bahnsteigs stehen sah, so lange, wie er den Zug sehen konnte, der mich mit fortnahm. Und ich erinnere mich, daß mich das einigermaßen bewegte, weil es Gefühle zu offenbaren schien, die ansonsten nicht sehr deutlich geworden waren. Was einige Zeit später geschah, schien die Existenz solcher Gefühle auf Rilkes Seite zu bestätigen. Da ich ihn seit jener Zeit nicht wiedergesehen habe, assoziiere ich die kleine Szene gern mit meinem kläglichen Auszug aus der Schweiz.

Ich kam in Zürich in das leere Haus zurück, das nur von Emily, der griesgrämigen Wächterin, bewohnt war, um meine Angelegenheiten abzuschließen. Ich fühlte mich elender als je zuvor, und in dieser Stimmung wurde meine Aufmerksamkeit von einem Brief angezogen, der im Eßzimmer auf dem Büffet lag. Er war von Alma geschrieben und an einen gewissen Daniel Stroescu in Bukarest adressiert, wegen einer falschen Anschrift oder aus einem ähnlichen Grund aber zurückgekommen. Ich erinnerte mich vage, daß ich diesen Namen einmal in einem beiläufigen Gespräch gehört hatte. Ich spürte eine wachsende Versuchung, den Brief zu öffnen und zu lesen, und nach einigem Ringen mit meinem Gewissen gab ich nach. Ich war nicht mit Methoden vertraut, solche Dinge so zu tun, daß man den Brief wieder hätte versiegeln können, und zudem erinnere ich mich, daß ich aufgrund eigentümlicher Schlußfolgerungen ein solches Vorgehen unwürdig fand und daß mir die Folgen meiner Handlung in gewisser Weise gleichgültig waren. Ich öffnete den Brief einfach und fand heraus, was ich im Unterbewußtsein ohnehin geargwöhnt hatte, denn sonst hätte mich der Brief gar nicht interessiert.

Es war ganz offenkundig, daß Alma eine Affäre mit dem Burschen, einem rumänischen Sänger, hatte. Es ist nach all der Zeit jetzt schwer zu beschreiben, was ich bei meiner Entdeckung empfand. Ich glaube nicht, daß ich vorher schon Anzeichen für etwas derartiges wahrgenommen hatte, aber ich muß eine Ahnung gehabt haben, daß es möglich war, sonst hätte ich nicht nach einem Beweis gesucht. Ich erinnere mich, daß meine erste Reaktion große Befriedigung darüber war, daß ich meine Affäre mit Frau B. gehabt hatte, denn damit war meine Rechnung mit Alma beglichen, zumindest im Prinzip, wenn vielleicht auch nicht zahlenmäßig, denn ich konnte nicht sagen, ob sie anderswo nicht noch viel mehr Liebhaber gehabt hatte. Meiner Philosophie entsprechend hegte ich keinen besonderen Groll gegen sie, denn der Vorfall bewies nur, daß sie so lebte, wie ich die ganze Zeit seit meiner Rückkehr aus Paris gerne gelebt hätte, und ich bedauerte nur, daß ich mit dieser Lebensweise nicht schon viele Jahre früher begonnen hatte.

Offen gesagt bedauere ich das bis zum heutigen Tag. Ich erkannte blitzartig, daß ich meine Beziehung zu Alma genauso hätte handhaben sollen wie die zu Frau B., oder wie sie selbst mit ihrer Beziehung zu diesem Stroescu und einer unbekannten Anzahl ähnlicher Beaus umgegangen war. Unglücklicherweise war ich sehr in sie verliebt gewesen und hatte ihr Verhalten zu Beginn unserer Beziehung so gedeutet, daß es ihr in bezug auf mich ebenso ging. Das Problem war nicht so sehr, daß sie mich »betrog«, sondern daß ich ihr hartnäckig treu bleiben wollte. Vielleicht hätte ich nicht nur selbst viel glücklicher sein können, sondern hätte auch sie hinsichtlich unserer Verbindung glücklicher machen können, wenn ich von Anfang an unbekümmerter an die Sache herangegangen wäre. Damals schien mir das ziemlich fragwürdig, denn ich hatte das Gefühl, daß sie in bezug auf mich ziemlich eifersüchtig war. Selbst nach einige Monaten noch versuchte sie, mir wegen Frau B., von der sie durch Erdmanns Indiskretion erfahren hatte, Vorwürfe zu machen. Zu dem Zeitpunkt vermochte ich das natürlich lachend als Ausdruck gewöhnlichen Besitzerinstinkts und verletzter Eitelkeit abzutun, konnte ich doch die Tatsache Stroescu gegen sie ausspielen.

Als Emily mich am nächsten Morgen nach dem verschwundenen Brief fragte, war ich zu sehr mit meinen Gedanken beschäftigt, als daß ich zu der simplen Lüge hätte greifen können, ich hätte ihn an Almas derzeitige Adresse geschickt. Wahrscheinlich hätte Alma dann nie erfahren, daß der Brief zurückgekommen war. So antworte ich nur knapp, ich hätte keinen Brief gesehen, und ließ es dabei bewenden. Irgendwie wollte ich mir wohl auch unterbewußt vorstellen, daß Alma erfuhr, daß ich ihr auf die Schliche gekommen war. Jedenfalls war das ein weiterer Mißton, der zu den unerfreulichen Umständen, die meine Abreise aus der Schweiz begleiteten, hinzukam. Der Bursche Daniel Stroescu, den ich nie gesehen und von dem ich nie wieder etwas gehört habe, ist in der Figur des Violinvirtuosen Daniello in meine Oper *Jonny spielt auf* eingegangen. Der aufmerksame Leser dieser Aufzeichnungen wird keine Mühe haben, noch viele weitere autobiographische Elemente in der Oper zu entdecken.

Noch ein weiterer leichter Mißton erklang, als ich meinen letzten Abend mit Dr. Wolff in seinem neuen Haus in dem schönen alten Dorf Weiningen verbrachte, einige Kilometer unterhalb von Zürich an der Limmat. Es war ein altes Pfarrhaus, wenn ich nicht irre, eine stattliche Villa, die neben einem hübschen kleinen Weinberg lag. Wolff hatte das Haus gekauft, um sich dort für den Rest seines Lebens niederzulassen. Dabei hatte er feierlich erklärt, daß er von nun an nicht mehr so viel reisen werde, obgleich seine Reisen jahrelang nur in gelegentlichen Fahrten von fünfzehn oder zwanzig Kilometern nach Zürich oder Winterthur bestanden hatten. Im Vergleich zu mir war er ein Muster an Beständigkeit, und dennoch glaubte er, sein Leben in Küsnacht sei ruhelos und der Konzentration abträglich gewesen. Wir machten einen kleinen Spaziergang zu dem Kloster Fahr am Flußufer und aßen anschließend zu Abend.

Natürlich sprach ich über meine Niedergeschlagenheit und mein Bedauern darüber, daß ich die Schweiz verlassen mußte. Anstatt mich zu trösten und zu ermutigen, antwortete Dr. Wolff mit einer seltsamen Weisheit, indem er sagte, jemand, der nicht wisse, was er mit seiner Zeit anfangen solle, müsse es dulden, daß andere ihn anwiesen, wie er sie nutzen solle. Das klang nicht nur schroff, sondern war auch überraschend, denn mir war nicht bewußt, daß ich nicht wußte, was ich mit meiner Zeit anfangen sollte. Das war jedoch Dr. Wolffs Art, sein leises Mißfallen daran, wie ich die zwei Jahre in seinem Land verbracht hatte, zum Ausdruck zu bringen, und ich gebe zu, daß ich mir später oft eingestand, wieviel relative Wahrheit in seinem Diktum steckte. Im Moment war es aber kein bißchen hilfreich, und ich fuhr mit einem späten Zug ab, mit großer Bitterkeit im Herzen. Ich möchte gleich hier hinzufügen, daß ich später viele Male zu Dr. Wolff zurückkehrte und mit ihm und seiner Familie viele schöne Stunden in seinem Haus verbrachte. Es war nur damals, daß ich dachte, alles sei zu Ende. Ich reiste über Basel nach Frankfurt am Main, wo ich Zwischenstation machte und ausgerechnet die zweite Frau Scherchen traf, mit der ich ins Kino ging. Dann fuhr ich nach Kassel weiter und bereitete mich auf mein Dasein in Erniedrigung und Exil vor, wie ich es damals sah. Das war um den 1. September 1925.

Drittes Resümee

Wie am Schluß der vorausgegangenen Kapitel möchte ich auch hier meinen Zustand am Ende der im vorliegenden Abschnitt beschriebenen Periode zusammenfassen. Zweifellos hatte mein Leben in jenen zwei Jahren sowohl äußerlich als auch innerlich Schwung bekommen. Ich hatte in einem neuen, andersartigen Land gelebt, und ich hatte ausgedehnte Reisen unternommen und so neue Perspektiven gewonnen, insbesondere durch meine Fahrten nach Paris und Korsika und in gewissem Maße durch die Besuche in Venedig und Florenz. Ich war mit einer großen Anzahl von Menschen in Berührung gekommen, die zu verschiedenen nationalen und kulturellen Gruppen gehörten, nicht nur, indem ich sie unverbindlich traf, sondern indem ich sie bei sich zu Hause aufsuchte. Mein persönlicher und geistiger Horizont war durch diese Erfahrungen enorm erweitert worden, und in einem beträchtlichen Ausmaß auch dadurch, daß ich große Mengen von einer mir bis dahin unbekannten Literatur aufgenommen hatte, denn in jenen beiden Jahren hatte ich zweihundert oder mehr französische Bücher gelesen, die unweigerlich bedeutsame Spuren in meinem Denken hinterlassen mußten.

Sehr wenig hatte sich in meinen politischen Ansichten verändert. Ich betrachtete mich immer noch als einen ausgesprochen linken Republikaner und Demokraten von der Art, die man heutzutage hier in Amerika als »liberal mit radikaler Tendenz« bezeichnet. Mein Interesse für den Kommunismus als eine neue Form sozialer Organisation war versiegt, ohne besonderen Grund, wahrscheinlich, weil es immer schon ein peripheres Element meiner intellektuellen Natur gewesen war und auch, weil ich sowohl willentlich als auch unwillkürlich viele politische Einstellungen der westlichen Welt aufgenommen hatte, die vergleichsweise konservativ oder sogar reaktionär waren. Zudem hatte ich mich an die Verhaltensweise gewöhnt, die im allgemeinen als angemessen betrachtet wird, wenn man als Ausländer, als Gast, in einem fremden Land lebt, nämlich taktvolles Schweigen zu bewahren, wenn politische Fragen diskutiert wurden. In den Schweizer Jahren wurde mir das so sehr zur Gewohnheit, daß ich schließlich gegenüber der Politik überhaupt eine im großen und ganzen reservierte Haltung einnahm.

Von großer Bedeutung dafür war der Einfluß von Karl Kraus, der nach einer Phase, in der er sich sehr für die neue republikanische Regierung Österreichs engagiert hatte, wieder zu seiner allumfassend skeptischen Haltung zurückgekehrt war, weil ihn die Politik seiner zeitweiligen Freunde, der Sozialdemokraten, in zunehmendem Maße enttäuscht hatte. Obgleich meine Sympathien in allen kritischen Momenten immer der Linken gehörten, interessierte mich die Politik zunehmend eher als ein faszinierendes Spiel denn als Mittel zu einem gewünschten Zweck, und ich glaube, daß diese Entwicklung einen gewissen Zuwachs an geistiger Reife offenbarte.

Während all das auf der Habenseite meiner Bilanz verbucht werden kann, ist das Bild weit weniger erbaulich, wenn ich über mein künstlerisches Wachstum nachdenke, und größtenteils unbefriedigend, was die Entwicklung meiner Persönlichkeit angeht. Mit Ausnahme des *Zweiten Concerto grosso* und des *Violinkonzerts* hatte ich kein größeres Werk von Bedeutung geschrieben, und selbst diese Stücke waren vom Format her kleiner und weniger ehrgeizig als viele der Werke, die ich in früheren Jahren komponiert hatte. Eine Komposition, die ich an ihrem chronologischen Platz zu erwähnen vergaß, weil ich sie nicht richtig lokalisieren konnte, ist das Opus 34, dem ich den französischen Titel *Symphonie pour instruments à vent et batterie* (Symphonie für Blasinstrumente und Schlagzeug) gab, zweifellos, weil ich meinte, es sei in meinem neu erworbenen »französischen« Stil geschrieben.

Es war eine Art Mißgeburt, eine ziemlich laute Geschichte mit hochkomplizierten rhythmischen Mustern, vermutlich so nahe an Strawinsky, wie ich in meinem Komponieren jemals gekommen bin. Als ich einige Zeit später, im Herbst 1925, in Frankfurt die einzige Aufführung hörte, unter der Leitung Scherchens, war ich sehr enttäuscht. Von den kleineren Werken dieser Periode sind die beiden Gruppen *Hölderlin-Chöre* das einzige, das es immer noch wert zu sein scheint, geschrieben worden zu sein. Die *Sonate für Violine solo* gehört vielleicht auch in diese Kategorie, aber gegenwärtig kann nichts darüber gesagt werden. Mein Stil schien eher zu zerfallen, als sich zu festigen, wobei letzteres als Zeichen wachsender Reife ein wünschenswerter Abschluß dieser Phase gewesen wäre.

Was meine Stellung und meinen Erfolg angeht, so hatten die beiden betreffenden Jahre nicht gebracht, was ich erhofft hatte, als ich Reinharts Angebot annahm. Es war mir nicht gelungen, sein Geld so zu verwenden, daß ich mit meinen Kompositionen meinen Lebensunterhalt bestreiten und auf eigenen Füßen stehen konnte, als ich sein Geschenk aufgebraucht hatte. Und mein Ruhm war ebensowenig gewachsen wie meine finanzielle Unabhängigkeit. Meine Kompositionen wurden an vielen Orten gespielt und standen regelmäßig auf den Programmen der IGNM-Feste (*Viertes Quartett, Zweites Concerto grosso*) und der Donaueschinger Musiktage, und in der Schweiz hatte ich meinem Werk so etwas wie eine ständige Aufmerksamkeit gesichert. Aber ich hatte es nicht fertiggebracht, die Möglichkeiten der Situation auszunutzen, um auf der richtigen Seite derer da oben mitzumischen, was eigentlich dazu hätte dienen müssen, meine Stellung in der Welt sicher und dauerhaft zu machen.

Aus welchem Blickwinkel ich es auch betrachte, mein Privatleben zu jener Zeit scheint ein Fehlschlag gewesen zu sein. Wenn ich das Kriterium eines erfolgreichen, »glücklichen« Lebens im weiteren Sinn anwende, muß ich als erstes die Trümmer meiner Ehe als Totalverlust abschreiben. Der Grund dafür war ein vollkommen fehlendes Urteilsvermögen bei der Bewertung der Voraussetzungen, unter denen diese Ehe geschlossen wurde. Es wären nur ein kleines bißchen mehr Intelligenz und ein bißchen weniger Sturheit nötig gewesen, um zu erkennen, daß ich Anna gar nicht hätte heiraten sollen, insbesondere nicht zu dem Zeitpunkt unserer Eheschließung. Etwa ein Jahr früher wäre dieser Schritt vielleicht noch zu entschuldigen gewesen, aber zu der Zeit, als er vollzogen wurde, war er völlig idiotisch. Wenn ich versuchen würde, Erdmanns Einfluß dafür verantwortlich zu machen, würde ich meine eigene Schuld nur vergrößern, denn ich hätte es damals besser wissen müssen, als dem Rat eines äußerst brillanten Kopfes zu folgen, der von der Wirklichkeit menschlichen Lebens auf fast pathologische Weise abgeschnitten war.

Was ich nach diesem Schiffbruch unternahm, um mein Leben in eine annehmbare Form zu bringen, war nicht minder erfolglos, denn ich stürzte mich mit blinder Entschlossenheit sofort in eine andere Bindung, die ich mindestens genauso ernst nahm wie die eben beendete, wenn nicht noch ernster, was bewies, daß ich aus meiner schmerzlichen Erfahrung nichts gelernt hatte. Was ich meine post-Pariser Philosophie genannt habe, kam viel zu spät, als daß es mir in meinem Dilemma wirklich hätte helfen können, denn damals war die neue Falle bereits zugeschnappt, und ich besaß nicht genug Widerstandskraft und Phantasie, um mich zu befreien. Außerdem war ich nicht mit den ganz einfachen gesellschaftlichen Techniken ausgerüstet, die notwendig gewesen wären, um meine neue »Philosophie« in die Praxis umzusetzen, was an meinem vollkommenen Mangel an gesellschaftlicher Erfahrung lag, so daß meine neuen Vorstellungen vom Leben reine Theorie blieben.

Während dieser Phase mußte ich zum erstenmal in meinem Leben für die Anomalie meiner Persönlichkeitsentwicklung teuer bezahlen. Ich habe bereits an anderer Stelle gesagt, daß ich gefühlsmäßig unterentwickelt gewesen war. Ich glaube, das traf auf den frühen Teil meines Lebens bis zum neunzehnten oder zwanzigsten Lebensjahr zu. Als die Zeit den Deckel hob, unter dem meine emotionalen Fähigkeiten geschlummert hatten, brachen sie mit ungewöhnlicher Intensität hervor. Ich war jedoch auf den Ansturm dieser Elementargewalten geistig überhaupt nicht vorbereitet. Da ich die spielerische Seite des Gefühlslebens kaum gekannt hatte, wirkten sich diese Dinge viel stärker auf mich aus, als gut für mich war, und so war es unvermeidlich, daß ich verletzt wurde.

Heute bin ich mehr denn je der Meinung, daß die Tatsache, daß ich gleichzeitig auf zwei verschiedenen Altersstufen aufwuchs, sehr schädliche Folgen hatte. Natürlich erfüllte es mich mit Stolz und großer Genugtuung, intellektuell auf einem Niveau zu leben, das meinem Alter weit voraus war. Während das, was ich mit Anfang zwanzig komponierte, zweifellos unreife Züge aufweist und die Jugend seines Urhebers verrät, lassen diese Werke zugleich auf einen Hintergrund und auf Fähigkeiten schließen, die ich, objektiv gesehen, nur in ganz wenigen Werken von Komponisten diesen Alters gefunden habe und kaum jemals in Werken, die zu meiner Zeit komponiert wurden. Genau dieser Faktor war es, der Erdmann zu der Annahme bewog, daß ich jung würde sterben müssen, und es kann durchaus sein, daß es eben jener kleine Spielraum zwischen meinen tatsächlichen Leistungen und der letzten Vollendung war, der mich vor diesem Geschick bewahrte.

Aus diesem Blickwinkel betrachtet, würden die Leiden meiner Schweizer Zeit und mein Stillstand als Komponist zusammengenommen einen Versuch meines Wesens bedeuten, die unzusammenhängenden Bruchstücke meiner Persönlichkeit zusammenzubringen. Indem ich mich seelischen Qualen aussetzte und den Umfang meiner künstlerischen Arbeit reduzierte, bemühte ich mich unbewußt, mich selbst einzuholen. Daß dies der Fall war und daß der Prozeß sinnvoll war, wird vielleicht durch die Tatsache bewiesen, daß ich in der folgenden Periode in der Lage war, ein Werk von so außergewöhnlicher Vitalität wie *Jonny spielt auf* hervorzubringen, ganz gleich, wie man seinen künstlerischen Wert letztlich einschätzen mag. In konventionellem Sinne war *Jonny spielt auf* viel jugendlicher und daher meinem tasächlichen Alter viel eher angemessen als *Orpheus*, der drei Jahre früher entstanden war. Gemessen an der Bedeutung des Gegenstandes und des Stils, muß *Orpheus* unreifer sein als *Jonny*, aber es ist, als ob ich damals von einer Art Dämon besessen gewesen wäre, der es mir ermöglichte, in dieser Komposition weit über mich hinauszuwachsen. Ich mußte diesen Dämon damit bezahlen, daß ich mich gegenüber der anderen Seite des Lebens, dem vielgepriesenen »wirklichen« Leben, blind machte. Nach 1923, offenbar nachdem ich auf meine Weise in dieses »wirkliche« Leben eingetreten war, das heißt ernsthaft Liebe erfahren hatte, verlor der Dämon seine Gewalt über mich, aber jetzt mußte ich das Lösegeld bezahlen, von denen ich vorher nichts geahnt hatte.

Intellektuell über meinem Niveau zu leben bedeutete offenbar, alle jene Eigenschaften meiner Persönlichkeit, die meine Frühreife widerlegt hätten, gewaltsam zu unterdrücken. Um meine Stellung als Schöpfer von Dingen zu behaupten, die andere erst in Angriff nehmen, wenn sie über vierzig sind, mußte ich die Bereiche, in denen ich mich natürlicherweise wie ein Zwanzigjähriger verhalten hätte, sorgfältig meiden. Niemand wird je die Frage beantworten, ob sich das gelohnt hat. Bislang ist nicht nachgewiesen worden, daß meine frühen Werke überragenden oder auch nur beträchtlichen oder überhaupt irgendeinen Wert für die Menschheit im allgemeinen haben, und im übrigen habe ich nicht das Gefühl, der Menschheit insgesamt etwas schuldig zu sein. Meine subjektive Meinung in dem Moment, in dem ich dieses schreibe, ist, daß es sich eindeutig nicht gelohnt hat.

Es ist meine Überzeugung, daß es, als ich zwanzig war, zu spät war, noch etwas zu ändern. Die entscheidenden Jahre waren aus meiner jetzigen Sicht diejenigen zwischen vierzehn und achtzehn, und in diesen Jahren war nichts unternommen worden, um dem Dämon entgegenzuwirken, der damals von mir Besitz ergriff. Natürlich merkte das niemand, aber das war die Zeit, als der Schaden entstand. Meine Eltern waren glücklich, wenn ich glücklich war, und ich war natürlich glücklich, wenn ich meinen Neigungen freien Lauf lassen konnte. Unglücklicherweise paßten diese Neigungen genau in das hinein, was meine Eltern für eine wünschenswerte Lebensweise hielten. Ich war ein ausgezeichneter Schüler, der in seinen geistigen Beschäftigungen aufging, und das schien nicht nur an sich gut und vielversprechend zu sein, sondern auch Schwierigkeiten am wenigsten zu begünstigen, und so ließ man mich uneingeschränkt tun, was mir Spaß machte. Ich frage mich, ob meine Eltern so vollkommen damit einverstanden gewesen wären, daß ich auf meine Weise glücklich gewesen wäre, wenn ich die Neigung verspürt hätte, Mädchen nachzulaufen oder Knaben oder mich an Glücksspielen zu beteiligen oder etwas dergleichen. Wahrscheinlich hätten sie alles Mögliche versucht, um diese Tendenzen auszugleichen und mich für geistige Dinge zu interessieren. Aber wenn ein junger Mann studieren soll und sich dabei auch wirklich bewährt, scheint es wenig Anlaß zu geben, in diesen wünschenswerten Zustand einzugreifen.

Unbemerkt von mir selbst jedoch war die Tatsache, daß ich ein aufgeweckter, intelligenter Schüler war, ein Deckmantel, unter dem jener undurchsichtige Dämon Besitz von mir ergriff, so daß ein Teil meiner Persönlichkeit unter einer gefährlichen Atrophie litt, die weit über die Grenzen einer natürlichen Betonung der intellektuellen Aspekte des Lebens hinausging. Ich erinnere mich jetzt dunkel daran, daß mein Vater bei verschiedenen Gelegenheiten ernste Besorgnis darüber äußerte, daß ich angesichts der Realitäten der äußeren Welt erschreckend unbeholfen war. Ich versuche angestrengt, mich daran zu erinnern, welche Gelegenheiten das waren und wann das geschah. Da er in den ersten beiden Kriegsjahre meistens nicht zu Hause war, muß es entweder vor 1914 oder 1916 beziehungsweise 1917 gewesen sein. Ich glaube nicht, daß wir derartige Gespräche führten, als ich in den Militärdienst eintrat oder danach. Ich meine, mich erinnern zu können, daß ich äußerst unwillig und ängstlich war, wenn ich jemanden offiziell aufsuchen mußte, etwa den Schuldirektor in einer schulischen Angelegenheit, oder mich in ein Amt begeben sollte, auch wenn es nur um reine Routinesachen ging. Wahrscheinlich hatte ich dieselben Hemmungen, wenn ich auf gesellschaftlicher Ebene Menschen begegnete, aber das geschah ohnehin so selten, daß es nicht sehr ins Gewicht fiel. Ich vermute, daß sich die Ermahnungen meines Vaters auf solche Fälle bezogen, in denen ich großes Theater machte, um mich unangenehmen Verpflichtungen dieser Art zu entziehen. Leider haben meine guten Eltern nichts, oder sicherlich nicht das Richtige getan, um mich von diesen Hemmungen zu befreien. Am Ende bekam ich immer meinen Willen, und ein anderer, das heißt mein Vater oder meine Mutter, erledigte die lästige Sache für mich.

Natürlich habe ich schließlich gelernt, wie man mit solchen Situationen fertig wird, und in vielen Fällen bin ich mit den hohen Tieren sehr gut ausgekommen, und meistens habe ich bekommen, was ich von ihnen wollte. Aber zugleich habe ich gelernt, daß es sehr bequem für mich war, die Tatsache zu betonen, daß solche Bemühungen meiner künstlerischen Arbeit schadeten, denn mit dieser Begründung konnte ich gewöhnlich jemand anderen überreden, diese Pflichten für mich zu übernehmen. Das Ergebnis war, daß meine gesellschaftlichen Hemmungen eher aufrechterhalten als abgebaut wurden. All das wäre gut und schön gewesen, wenn es mich glücklich gemacht hätte, unter solchen Bedingungen zu leben. Das Hauptproblem meiner frühen Jahre und meiner Erziehung war offenbar, daß meine Eltern annahmen, ich sei glücklich, und ich keine drastischen Maßnahmen ergriff, um sie zu widerlegen, so daß sie nicht erkannten, daß ich von einem ziemlich ungewöhnlichen Verlangen nach gesellschaftlichem Leben besessen war. Zu ihren Gunsten muß ich sagen, daß dieses Bedürfnis erst in späteren Jahren, insbesondere nach meiner Rückkehr nach Wien im Jahr 1928, richtig deutlich wurde, und von da an wuchs es ständig, bis es zu einer Art Obsession und einem meiner ernsthaftesten Probleme wurde. Vor dieser Zeit war es von dem allgemeinen Unbehagen verdeckt gewesen, das die meisten jungen Menschen ab und zu in wechselnden Intensitätsgraden erfahren und das man im Deutschen als Weltschmerz bezeichnet. Als individuelles Problem war es mir kaum bewußt geworden.

Das Sonderbarste an der hier vorgelegten Analyse ist, daß sie keineswegs darauf hinausläuft, meine Kindheit und Jugend als unglückliche Phasen meines Lebens darzustellen. Im Gegenteil, sie sind mir als im großen und ganzen hell und heiter in Erinnerung geblieben, und dafür muß ich meinen Eltern dankbar sein, denn sie waren es, die natürlicherweise und beinahe ausschließlich mein persönliches Leben leiteten und formten. Ich kann mir gut vorstellen, daß diese Phasen in meiner Erinnerung als weit weniger glücklich dastehen würden, wenn meine Eltern mich in ein gesellschaftliches Leben hineingezwungen hätten, das ich mir damals nicht wünschte, etwa indem sie mich in ein Internat geschickt hätten. Es ist vielmehr so, daß ich im Licht viel später erworbener Maßstäbe und Anschauungen das Gefühl habe, daß ich um zahllose Freuden, die mir unter anderen Umständen verfügbar gewesen wären, betrogen wurde, und das verursacht mir zu dem Zeitpunkt, da ich dieses schreibe, fast unerträglichen Kummer.

Ich glaube, daß meine beiden Jahre in der Schweiz im großen und ganzen ausreichten, um eine Art vorläufiges Gleichgewicht zwischen den beiden Altersstufen zu schaffen, auf denen ich bis dahin gelebt hatte, so daß ich einigermaßen erfolgreich weitermachen konnte, obgleich es eine harte Kur gewesen war. Keine Behandlung, welcher Art auch immer, wird mir jedoch darüber hinweghelfen, daß ich niemals nachholen kann, was ich versäumt habe. Den Schallplattenaufnahmen meiner *Zweiten Symphonie* zuzuhören ist zum Beispiel angesichts meiner Gefühle der Frustration nur ein sehr schwacher Trost. Es verschafft mir sehr wenig Befriedigung, dieses Werk komponiert zu haben oder innerlich für diese Komposition bereit geworden zu sein, während andere ihren Spaß hatten, so wie ich ihn in dem Alter auch hätte haben sollen. Die Crux ist, daß ich unter dieser Enttäuschung jetzt anscheinend viel stärker leide als damals, da ich nur ein vages und typisch jugendliches Gefühl hatte, daß das »wirkliche« Leben an mir vorbeiging.

Offenbar bin ich immer noch nicht ganz erwachsen, denn ich kann selbst heute noch Beklemmungen erfahren, die einem Achtzehnjährigen angemessen wären, so daß ich mich ihrer in meinem jetzigen Alter eigentlich schämen müßte. Das einzig Erfreuliche daran ist, daß es mir das Gefühl gibt, im Herzen sehr jung zu sein. Doch das kann ebensogut auf ein weiteres Dilemma hinweisen, denn es scheint zu implizieren, daß ich wieder unter demselben Widerspruch leiden werde wie in meiner Jugend und nicht einmal im entgegengesetzten Sinn, nur daß mein intellektuelles Niveau jetzt einigermaßen meinem Alter entspricht, während mein emotionales Ego weit zurückgeblieben ist, voller aufgestauter Energien, die ich in einem früheren Alter hätte verbrauchen sollen. Aber Gott allein weiß, wofür dies alles schließlich vielleicht gut sein wird. Möge Er den Leser dieser Aufzeichnungen segnen und beschützen, ebenso wie ihren Verfasser, Seinen ergebenen und unwürdigen Diener.

Sommer 1944 bis Januar 1945

St.Paul, Minnesota /
Bear Lake, Colorado /
Los Angeles, California /
Black Mountain, North Carolina /
New York, N.Y. /
St.Paul, Minnesota

VIERTES KAPITEL

An der Oper in Kassel

Nach meiner Ankunft in Kassel verbrachte ich ein paar Tage in dem bescheidenen Hotel Schwaneberg in der Nähe des Bahnhofs, wo ich wartete, bis das möblierte Zimmer, das man für mich reserviert hatte, bezugsfertig war. Als ich in das Theater kam, das mein neues Wirkungsfeld werden sollte, fand ich Paul Bekker intensiv mit der Vorbereitung der Pergolesi-Oper *Die heimliche Ehe* beschäftigt. Es stellte sich heraus, daß er die Produktion von Kammeropern vorläufig zu seinem Lieblingsprojekt gemacht hatte, teils weil er dieses Genre liebte, teils weil er klug kalkulierte, daß es von Vorteil sein würde, sich beim Publikum mit etwas einzuführen, das bis dahin nicht gespielt worden war. Die Aufgabe, die mir sogleich zugeteilt wurde, bestand darin, ein Duett dieser Oper zu orchestrieren, das zwar im Klavierauszug, aber nicht als Orchestermaterial vorlag. Ich hatte im Vorzimmer von Bekkers Büro einen Schreibtisch. Der zweite Schreibtisch in diesem Raum wurde von Hans Schlenk benützt, einem gutaussehenden, schneidigen jungen Mann, der Schauspieler war und Redakteur der wöchentlich neu erscheinenden Programmhefte des Theaters.

Hier sind wohl einige Worte über die Art, Organisation und Geschichte des Kasseler Theaters am Platz. Die Stadt Kassel mit ihren rund zweihunderttausend Einwohnern war die alte Hauptstadt von Hessen gewesen, genauer von Hessen-Kassel (oder in der alten, vertrauteren Schreibweise, Cassel, denn es gab in Deutschland mehrere Bezirke, die Hessen hießen, wie Hessen-Nassau, Hessen-Darmstadt, Rheinhessen und so weiter). Das Oberhaupt dieses Kleinstaates war ein Landgraf, wenn ich nicht irre. Der Landgraf hatte, wie alle diese kleinen Souveräne im achtzehnten Jahrhundert, eine Theatereinrichtung von höchst respektablem Niveau unterhalten. Zur Zeit Napoleons war Kassel die Hauptstadt des kurzlebigen Königreichs Westphalen, das von Jérôme, dem fröhlichen Bruder des Diktators, regiert wurde. Das Theater florierte beträchtlich. Später scheint Hessen-Kassel zum Königreich Hannover gehört zu haben, und das Theater florierte weiter. Das Königreich wurde nach dem räuberischen Krieg Preußens gegen Süddeutschland und Österreich im Jahre 1866 schließlich von Preußen verschluckt. Die Könige von Hannover wurden enteignet und fanden Zuflucht in Österreich, wo Kaiser Franz Joseph ihnen ein Schloß bei Gmunden im Salzkammergut schenkte. Es gab eine beachtliche Opposition gegen die neuen Herrscher dieser Provinzen, und ich habe gehört, daß der König von Preußen, um die Aufsässigen zu beschwichtigen, insbesondere dafür sorgte, daß wenigstens das Theater weiterhin florierte, da er nicht verhindern konnte, daß das Land selbst eine ziemlich langweilige Provinz ohne wirtschaftliche und kulturelle Vitalität wurde. So war das Kasseler Theater zusammen mit dem Wiesbadener das einzige Schauspielhaus außerhalb Berlins, das von der Krone verwaltet wurde und nicht von der betreffenden Stadt. Das Ergebnis war, daß Kassel eine viel ambitioniertere und größere Bühne besaß, als es andernfalls gehabt hätte oder sich hätte leisten können.

Das Gebäude war verhältnismäßig neu, wahrscheinlich kurz vor dem Ersten Weltkrieg fertiggestellt. Es lag prächtig und beherrschend am Südrand des ungewöhnlich großen zentralen Platzes der Stadt (er muß für Militärparaden angelegt gewesen sein), auf einem mäßig hohen Steilufer mit Blick über das Fuldatal. Die Aussicht von den verschiedenen großen Terrassen war sehr reizvoll. Das Haus war außerordentlich gut ausgestattet, hatte freundliche, helle Räume mit viel Platz, um die Angelegenheiten eines modernen Theaterbetriebes zu regeln, und eine ausgezeichnete Bühne mit nahezu perfekter Maschinerie.

Das Theater war Opern- und Schauspielhaus in einem und bot von September bis Anfang Juni jeden Abend eine Vorstellung. Die Angestellten erhielten Monatsgehälter auf der Basis von Jahresverträgen. Wie fast alle Bühnen auf dem europäischen Kontinent wurde das Kasseler Theater als Repertoiretheater geführt, das heißt, es hatte ein ständig wechselndes Programm. Die meisten Karten wurden an Abonnenten verkauft, was angesichts der begrenzten Anzahl potentieller Käufer bedeutete, daß jedes Theaterstück oder jede Oper wenigstens viermal gespielt werden konnte, aber danach hatten alle Abonnenten es gesehen, so daß nur wenige Produktionen längere Spielzeiten hatten. Es gab gewisse Organisationen, wie Gewerkschaften, Landgemeinden und andere, die ab und zu ganze Vorstellungen kauften, wenn sie ihren Mitgliedern zusagten. Die Klassiker und einige besonders populäre Stücke konnten öfter wiederholt werden, aber nicht einmal das erfolgreichste Schauspiel brachte es auf mehr als zwölf Vorstellungen in einer Spielzeit, und viele auf nicht mehr als vier. Gemessen an Broadway-Maßstäben war daher ein gewaltiges

Repertoire erforderlich, was an Schauspieler und Sänger die größten Anforderungen stellte. Diese Leute hatten nicht nur ein sehr großes Spektrum verschiedenartiger Aufgaben zu bewältigen, sondern sie waren auch ständig damit beschäftigt, neue Rollen zu lernen. Dasselbe galt auch für den Chor und das Orchester, so daß die Produktion einer beträchtlichen Anzahl neuer Werke in jeder Saison eine höchst effiziente und peinlich genaue Organisation erforderte, wenn man mit Zeit und Energie haushalten wollte. Natürlich hatte ein Theater dieser Art keine Stars auf dem Programm, aber es ist nur gerecht, festzustellen, daß die Gruppe durchschnittlicher Künstler, die dort versammelt war, viel härter und mit mehr Ideenreichtum und Phantasie arbeitete, als es sich die meisten Broadway- und Hollywood-Akteure je träumen lassen würden. Und ihre Leistungen waren durchaus nicht unbedeutend. Manchmal erreichten sie ein mehr als achtunggebietendes Niveau.

Zu Kaisers Zeiten war der Intendant in der Regel ein Adliger gewesen, der sich für die Mädchen vom Ballett interessierte und diese Stellung bekam, weil der König ihm einen Gefallen tun wollte. Die Revolution hatte das geändert, und nun bekamen Personen mit künstlerischer Verantwortung diese Position. Paul Bekker nahm seine Pflichten sehr ernst und widmete sich der Sache mit nicht erlahmender Begeisterung. Es zeigte sich, daß er sein Leben lang davon geträumt hatte, ein Theater zu leiten. Seine erste Aufgabe bestand darin, die Arbeit der Oper mit der des Schauspielhauses zu koordinieren, denn beide gaben drei bis vier Vorstellungen in der Woche. Einmal wöchentlich fand beim Intendanten eine Konferenz statt, in der ein detaillierter Probenplan aufgestellt wurde. Eine Oper zu inszenieren dauerte zwischen drei Wochen und drei Monaten. Man mußte berechnen, wieviele Stunden die einzelnen Sänger für die Einstudierung benötigten, wobei die persönliche Intelligenz, die Lerngewohnheiten und der Umfang der Partie zu berücksichtigen waren. Daraus ergab sich der Zeitpunkt, zu dem die gesamte Besetzung der Oper zu Ensembleproben zusammengeholt werden konnte. Die Chorarbeit mußte darauf abgestimmt werden. Sobald die Sänger das ganze Werk im Ensemble singen konnten, wurden sie auf einer speziellen Probenbühne vom Regisseur auf den schauspielerischen Teil ihrer Rollen vorbereitet. Hier mußte der Dirigent, der die musikalischen Partien zum Teil selbst einstudiert und den Rest beaufsichtigt hatte, natürlich anwesend sein, nicht nur, um den musikalischen Part zu dirigieren, sondern auch, um darüber zu wachen, daß die Bühnenarbeit nicht das Ergebnis der musikalischen Bemühungen zunichte machte. Kurz darauf begann das Orchester, die Oper ohne Sänger zu proben. Schließlich wurde das Sängerensemble noch für ein paar zusätzliche Proben mit Klavier auf die große Bühne geholt. Die vorletzte Phase war erreicht, wenn das Orchester hinzukam, so daß die Oper zum erstenmal als Ganzes aufgeführt wurde. Der nächste Schritt war, daß die Sänger ihre Kostüme bekamen. Dann wurden vielleicht noch eine oder mehr Sonderproben angesetzt, die der Ausarbeitung von Szenenwechseln und Beleuchtung dienten. Wenn diese Elemente alle aufeinander abgestimmt waren, war die Zeit für die Kostümprobe gekommen.

Das organisatorische Problem bestand darin, von der Stunde Null an richtig rückwärts zu zählen. Die schwierigste Aufgabe war natürlich, diese ganze Maschinerie in Gang zu bringen, während das Theater Abend für Abend zahlreiche Stücke spielte, in denen die Mitwirkenden des neuen Stücks größtenteils auch beschäftigt waren. Man konnte von einem Künstler, der tagsüber schwierige Proben mitgemacht hatte, nicht erwarten, daß er am selben Abend eine völlig andere große Rolle spielte oder sang. Zudem mußte der Plan auf jene Tage Rücksicht nehmen, an denen die weiblichen Mitglieder der Truppe aus biologischen Gründen voraussichtlich unpäßlich sein würden, was auf einem besonderen Kalender festgehalten wurde. Es war oft eine ungeheure Aufgabe, alle diese Faktoren zu koordinieren. Ich weiß nicht, wieviel natürliches Organisationstalent ich besitze. In jenen Jahren der Theaterarbeit ist es mit Sicherheit beträchtlich entwickelt worden.

Für die Oper bestand die Leitung aus drei Dirigenten. Der Chefdirigent war ein gewisser Herr Laugs (seinen Vornamen habe ich vergessen), derselbe, der zwei Jahre zuvor meine *Zweite Symphonie* dirigiert hatte. Er war ein fröhlicher, gutmütiger Mann, wußte aber von der Kunst, die er ausüben sollte, mehr oder weniger gar nichts und war ein sehr mittelmäßiger Dirigent. Bald sickerte durch, daß Bekker beschlossen hatte, ihn abzusägen und für alle bedeutenden neuen Aufgaben Ernst Zulauf, den zweiten Mann, heranzuziehen. Dieser war zwar auch nicht gerade ein Genie, hatte aber eine ernsthaftere und fundiertere Einstellung zur Musik als seine Kollegen, war fleißiger und gewissenhafter und blühte in der unerwarteten Gunst seines neuen Chefs auf, so daß er zu recht beachtlichem Format heranwuchs. Das war nicht die einzige Veränderung machtpolitischer Konstellationen, die unter Bekkers Leitung stattgefunden hatte, und in der gesamten sensiblen Theatergemeinschaft gab es viel Spannung und Reibung. Der dritte Dirigent, Pauli, war ein untergeordnetes Arbeitstier und in der Hauptsache für das Proben mit dem Chor zuständig. Gelegentlich dirigierte er Operetten oder andere Sachen, die sonst niemand dirigieren wollte. Bei den Proben mit den Solisten wurden diese Dirigenten von einem gewissen

Maurick unterstützt, einem schlampigen und zynischen jungen Kerl, der sich über die Bedeutung meiner vage umschriebenen Position den Kopf zerbrach und mich eines Tages recht unverblümt fragte, ob ich beabsichtige, ihn zugrunde zu richten. Ich versicherte ihm gern, daß ich keine Ambitionen hätte, mehr Einstudierungen zu übernehmen als unbedingt nötig, und daß er seine Arbeit von mir aus ewig weitermachen könne. Der Chefregisseur der Oper war Derichs, ein Routinearbeiter ohne jegliche Phantasie, der das neue Regime als lästige Plage betrachtete, die die törichte Revolution mit sich gebracht hatte, und dazu neigte, es still zu sabotieren, soweit er das konnte, ohne in Schwierigkeiten zu geraten. Der zweite Mann war ein gewisser Warbeck, ein ehemaliger Sänger ohne besondere Qualitäten, aber ganz begierig und voller Hoffnung darauf, seine Stellung verbessern zu können, zumal er sah, daß sein älterer Kollege nicht kooperierte. Wieder betraute Bekker ihn mit wichtigeren Aufgaben und beaufsichtigte seine Tätigkeit persönlich, während er das Gespann Laugs-Derichs weiterwursteln ließ und darauf wartete, daß sie etwas falsch machten.

Der Chefregisseur des Schauspielhauses war ein Dr. Prasch, ein recht netter, jugendlicher Mann mit reizenden Manieren und Ideen, aber ohne viel Autorität. Bekker hatte von Anfang an beschlossen, daß er ihn nicht mochte, und wollte ihn loswerden, was leicht war, weil Prasch auch ein Neuling war, wohingegen die anderen seit vielen Jahren Mitglieder der Oper waren. Der arme Prasch bekam daher überhaupt keine Chance. (Nach meinen sieben Jahren College-Erfahrung in Amerika kommt mir die Personalpolitik hier erstaunlich vertraut vor, wenn ich mich an die Verhältnisse am Kasseler Theater erinnere.) Der zweite Regisseur war Behrend, ein alter Hase und eine etwas schillernde, orginelle Figur, aber müde und bereit, frühzeitig in Pension zu gehen. Das Schauspiel war folglich in ziemlich schlechtem Zustand, und dabei blieb es auch, da Bekker in dieser Abteilung des Theaterbetriebs mit seinen Besetzungen weiterhin Pech hatte und auch dadurch benachteiligt war, daß die Schauspieler überzeugt waren, daß sein Metier die Oper sei und sie ohnehin nie gerecht behandelt werden würden.

Da war auch der Kostümbildner Sterra, ein etwas lächerlicher Herr, der einen scheußlichen Geschmack an den Tag legte, wenn er sich selbst überlassen wurde. Ein sehr angenehmer Mensch war der technische Direktor, Wasmuth, sehr still und absolut kompetent. Seine Abteilung funktionierte stets reibungslos, und wenn sich eine Krise zusammenbraute, was oft der Fall war, war es tröstlich, ein wenig mit Wassmuth zu plaudern und sich seine einfachen philosophischen Bemerkungen anzuhören. Ich erinnere mich nicht, wer in meinem ersten Jahr der Bühnenbildner war. Später war es ein gewisser Schöncke, alles andere als ein Michelangelo, aber verläßlich und einfallsreich.

Das Opernpersonal setzte sich aus Sängern zusammen, die mehr oder weniger mittelmäßiges Niveau hatten. Die meisten von ihnen waren leicht schwachsinnig, so wie alle Opernsänger. Die Schlimmsten in dieser Hinsicht sind Tenöre, was vielleicht mit der Wunderlichkeit dieser Sängerspezies zu tun hat. Irgendwie scheint der Mann nicht dafür geschaffen zu sein, so hoch zu singen. Eine werdende Mutter im neunten Monat kann kaum so andauernd und unausstehlich Theater um ihre körperliche Verfassung machen, wie Tenöre das ständig tun. Es gibt fast kein Thema, das man in Unterhaltungen mit Angehörigen dieser Zunft erfolgreich zur Sprache bringen kann, außer ihrer Stimme, den hohen Tönen, die sie produzieren können oder zu produzieren hoffen, ihrer völligen Verzweiflung darüber, daß sie es nicht können, und natürlich der totalen Inkompetenz und lächerlichen Unfähigkeit ihrer Kollegen. Die Kasseler Oper besaß eines der perfektesten Exemplare dieser Gattung in dem lyrischen Tenor Martin Kremer, einem gutaussehenden jungen Mann mit einer sehr anziehenden Stimme; er stammte aus dem Weingebiet am Rhein und war ein Quell geradezu unglaublicher Dummheit. Die Rolle seines Pendants in den schweren Wagner-Partien mußte mit Gästen besetzt werden, denn Tenöre sind ebenso rar wie dumm. Als nächste kommen, was die Dümmlichkeit angeht, die Bassisten, die dem Charakter ihrer Stimme entsprechend normalerweise langsam und wenig reden, was für sie spricht. Die intelligentesten Sänger sind die Baritone, die auch die natürlichste Stimmlage haben. Wir hatten für dieses Fach Victor Mossi, einen sehr fähigen Sänger und annehmbaren Schauspieler. Natürlich gab es auch für die kleineren Aufgaben etliche Leute, an die ich mich nicht erinnern kann.

Sängerinnen sind im allgemeinen intelligenter als Sänger, und man kommt besser mit ihnen aus. Diese Ansicht beruht natürlich möglicherweise zum Teil auf dem günstigen Vorurteil, das ich allgemein Frauen gegenüber hege, und zudem betrachtet man ein gewisses Maß von Hysterie bei Frauen als selbstverständlich und nicht so tadelnswert wie bei Männern. Für die großen dramatischen Rollen war Fräulein Clema zuständig, eine rundliche Bayerin, die philosophische Gelassenheit und viel Sinn für Humor besaß und recht tüchtig war. Die Koloraturpartien wurden von Fräulein Hirschmann gesungen, einer hoffnungslosen, langweiligen Hausfrau. Frau Tanner, die von ihrem Mann getrennt lebte, sang anspruchslose lyrische Partien und war für Bekkers geliebte Kammeropern wie geschaffen. Man munkelte, daß er sich nicht nur für ihre künstlerischen Fähigkeiten interessierte. Frau Keysell, die Gattin des Chordirektors, spielte Operettenrollen, was zu ihrem leicht frivolen Äußeren paßte. Sie war eine attraktive, gutmütige Person, die ich gern mochte, besonders, nachdem wir herausgefunden hatten, daß wir am gleichen Tag Geburtstag hatten. Das Ballett, das aus einem »Schwarm« Stadtschönheiten vom Oberschultyp bestand, wurde von Fräulein Margot geleitet, einer energischen Frau ohne allzuviel Charme.

Obgleich ich es bei meiner Arbeit zumindest vorerst hauptsächlich mit der Oper zu tun hatte, interessierte ich mich von Anfang an mehr für die Mitarbeiter des Schauspielhauses. Im allgemeinen sind Schauspieler ähnlichen psychischen Behinderungen unterworfen wie Sänger. Doch nicht nur beeinträchtigt ihr Handwerk ihre Intelligenz in geringerem Maße, sondern es erfordert zudem einen etwas höheren Intelligenzgrad, als jenen, mit dem es sich als Sänger glücklich leben läßt. Schauspieler sind nicht so ausschließlich mit dem Zustand eines bestimmten Organs beschäftigt, und sie werden in der Regel nicht durch die zufällige Beschaffenheit ihrer Physis dazu getrieben, ihren Beruf zu ergreifen, so wie es bei vielen Sängern der Fall ist. Sänger sind Menschen, die es einer Laune der Natur verdanken, daß sie eine schöne Stimme haben. Das bedeutet durchaus nicht, daß sie schauspielerische Begabung besitzen, und es ist wohlbekannt, daß sie manchmal nicht einmal den geringsten Bezug zur Musik als Kunst haben. Niemand hat sich je dazu entschlossen, Pianist oder Violinvirtuose zu werden, weil er von seiner Tante ein schönes Klavier oder eine kostbare Geige geerbt hat. Er würde das nicht tun, ohne eine angeborene Fähigkeit zum Umgang mit solchen Instrumenten zu entdecken und zu erkennen, daß ihn das Spiel darauf in hohem Maß befriedigt. Doch es gibt unzählige Anekdoten, die berichten, wie die größten Opernstars entdeckt wurden, wenn ein Talentsucher einen Straßenkehrer oder eine Wäscherin aus Leibeskräften brüllen hörte, Leute, die sich nie hätten träumen lassen, jemals eine Bühne zu betreten, geschweige denn, sich in angemessener Form mit Musik zu beschäftigen. Aus diesem Grund kann man beliebig viele Sänger finden, die, einem deutschen Wortspiel zufolge, einen Violinschlüssel nicht von einem Abortschlüssel unterscheiden können.

Zudem ist das Material, mit dem Schauspieler umgehen müssen, umfassender als jenes, mit dem ein Sänger durchkommt. Ich habe viele Opernsänger gesehen, die nicht die geringste Ahnung davon hatten und nicht das leiseste Interesse dafür zeigten, wovon die Oper handelte, in der sie aufzutreten hatten. Sie wurden für ihre Partien gedrillt wie Tiere für eine Zirkusnummer, und auf der Bühne waren sie ausschließlich damit beschäftigt, die eingeübten Bewegungen auszuführen und im übrigen nach den Regeln ihres Handwerks, so wie sie sie verstanden, ihre verschiedenen Töne hervorzubringen. Was den Text anlangt, so hätte er ebensogut Chinesisch oder Ojibwa sein können. Es stimmt, daß es ein paar Schauspieler gab, deren Mentalität nicht weit davon entfernt war, aber sie waren bestimmt Ausnahmen. Daher war es im allgemeinen viel interessanter, mit Schauspielern zu sprechen als mit Sängern, und ich hatte bald viele Kontakte zu den Mitarbeitern der Schauspielbühne.

Die auffälligste Erscheinung unter den Schauspielern war ein gewisser Kurt Uhlig, der als äußerst brillanter, vielseitiger und phantastisch begabter Darsteller und als sehr männlicher Typ, als Casanova und Herzensbrecher mit außergewöhnlichen Fähigkeiten, angesehen werden wollte. Tatsächlich war er in beiderlei Hinsicht recht tüchtig, aber in weitaus geringerem Maß, als seine sorgfältige Propaganda glauben machen wollte. Er war talentiert, eitel, ehrgeizig, sah auf provinzielle Weise gut aus und redete sehr viel. Seiner Eigenwerbung zufolge hatte er praktisch mit jedem weiblichen Wesen im Theater und mit zahllosen sogenannten Damen der Gesellschaft in der Stadt geschlafen. Es war jedoch nicht schwer, herauszufinden, daß das eine gewaltige Übertreibung war. Seine »feste« Beziehung war Gertrud Tandar, die die großen klassischen Rollen und ähnliche Partien spielte, die deutliche Charakterdarstellung und viel Geschrei verlangten. Ich werde später ausführlicher über sie berichten müssen. Uhlig und Tandar hielten trotz der Eskapaden, die sie sich gegenseitig gestatteten, wie Pech und Schwefel zusammen, und sie waren entschlossen, sich auf die Seite der Mächtigen zu stellen, ganz gleich, wer das war. Deshalb traten sie begeistert der Bekker-Partei bei und vergaßen darüber schnell frühere Parteizugehörigkeiten, was einige ihrer Kollegen bewog, sich dem Trend zu widersetzen und mit ihrem glücklosen unmittelbaren Vorgesetzten, dem Regisseur Dr. Prasch, zu sympathisieren.

Unter diesen war Berta Hermann, die jetzt Frau Krenek ist. Sie war eine sehr begabte Schauspielerin, stimmte jedoch nie ganz mit Paul Bekker überein, da sie stets gewohnt war, sich für den Schwächeren einzusetzen, und das war in diesem Fall Prasch. Außerdem sah sie in Bekker, was das Theater anging, eine Art Amateur, weil er in dem Metier nicht aufgewachsen war, und wie andere auch war sie davon überzeugt, daß er vielleicht ein gewisses Verständnis für die Oper hatte, aber nie ein dauerhaftes Interesse für das Schauspiel zeigen würde. Ein recht liebenswürdiger und intelligenter Mensch war Wehlau, eines der wenigen jüdischen Mitglieder des Ensembles, ein nachdenklicher Schauspieler, aber konfus und mit unzuverlässigem Gedächtnis. Ebhardt war verläßlich, aber farblos, Schrader ein gutmütiger, aber lärmender Trunkenbold. Fräulein Hoffmann war die »Naive«, und ihre Intelligenz hatte beinahe das Niveau der Sänger. Fräulein Weinert war eine »süße Kleine«, und Fräulein Ulrici, die später auftauchte, umgab sich mit einer Aura faszinierender Lasterhaftigkeit. Wiederum gab es auch andere, weniger bedeutende Personen, an die ich mich jetzt nicht mehr erinnere.

Das Orchester hatte die übliche Größe eines Symphonieorchesters, war für ein Provinzorchester nicht schlecht, besaß aber weder hervorragende Musiker noch künstlerischen Ehrgeiz und Inspiration. Den gesetzlichen Bestimmungen nach mußten die Männer nach einem Jahr Probezeit entweder gefeuert oder auf Dauer als Staatsbedienstete eingestellt werden, was hieß, daß sie vor ihrer Pensionierung kaum entlassen werden konnten. Der Direktor mußte daher entweder jedes Jahr Neulinge ersetzen oder einen Haufen von Instrumentalisten beschäftigen, die für die nächsten dreißig Jahre ihre Sitze warmhalten würden. Es geschah nicht selten, daß sich ein neuer Mann in seinem ersten Jahr große Mühe gab und dann, sobald er endgültig angestellt war, faul wurde und stetig nachließ. Das Orchester gab außerdem eine Reihe von Abonnementkonzerten in der Stadthalle, einem Saal von enormer Größe, wenn man europäische Maßstäbe zugrundelegt. Er hatte mehr als fünftausend Plätze, wohingegen die regulären Konzertsäle höchstens zweitausendvierhundert Menschen fassen, wie die Symphony Hall in Boston.

Die Konzerte wurden von Laugs geleitet und daher von Bekker als Ärgernis betrachtet. Eigentlich war dieser Laugs gar nicht so schlecht, trotz seiner etwas flüchtigen Vorgehensweise und seiner vagen Sachkenntnis. Er hatte ein gewisses Gespür für interessante Musik und konnte sie lebendig vermitteln, obgleich er oft nicht wußte und sich auch nicht besonders dafür interessierte, was das Orchester gerade spielte. Er hatte auch keine konsequenten künstlerischen Prinzipien und besaß nur wenig kritisches Urteilsvermögen.

Irgendwann in jenem Herbst dirigierte ich in einem dieser Konzerte mein *Zweites Concerto grosso*, dem man in Erinnerung an meine *Zweite Symphonie* mit einiger Erwartung entgegensah. Von jener Aufführung wurde immer noch mit einer Ehrfurcht gesprochen, die jener nicht unähnlich ist, die in jüngerer Zeit der Abwurf der Atombombe hervorgerufen hat. Ich hörte das häufig von einigen Schauspielern, die das denkwürdige Konzert nicht selbst besucht hatten, denn wenn das Orchester in der Stadthalle spielte, mußte das Theater immer ein Stück aufführen, in dem die Mehrzahl der Schauspieler beschäftigt war, aber die Horrorgeschichten, die ihnen zugetragen worden waren, nahmen in ihren Nacherzählungen dieser Berichte besonders lebhafte Farben an.

Kurz vorher hatte ich meine erste Erfahrung mit dem Dirigieren im Theater gemacht. In dem Zyklus der Kammeropern, die in Sonntagsmatineen gespielt wurden, wollte Bekker in einem kleinen Stück das Ballett vorführen. Dieses Werk sollte so entworfen werden, daß es zu einer Partitur paßte, die ich aus verschiedenen größeren Werken Rameaus zusammenstellen sollte. Während der Herrschaft von Napoleons Bruder war die französische Oper in Kassel sehr kultiviert worden, und in unseren Archiven stand eine beträchtliche Anzahl von französischen Partituren aus dem achtzehnten Jahrhundert zur Verfügung, viele davon in Manuskriptabschriften. Ich wurde beauftragt, sie zu studieren, da sie wahrscheinlich Material für das Kammeropernprojekt enthielten, und ich machte in der Tat verschiedene interessante Entdeckungen. Unter anderem stieß ich auf einige Opern Piccinis, Glucks Rivalen in Paris. Über die Kontroverse zwischen den »Gluckisten« und den »Piccinisten« wird in allen Geschichtsbüchern ausführlich berichtet, zumal es zwischen den streitenden Parteien sogar Straßenschlachten gab. Doch praktisch niemand hat je eine Partitur von Piccini gesehen. In Anbetracht der Heftigkeit, mit der sich die beiden Schulen bekämpft zu haben scheinen, erwartete ich, in Piccini einer starken Persönlichkeit mit ausgeprägten Eigenschaften zu begegnen. Zu meiner Überraschung war es kaum möglich, irgendwelche stilistischen Eigentümlichkeiten zu finden, die man bei Gluck nicht ebensogut hätte entdecken können. Der offenkundige Unterschied bestand in der künstlerischen Vollendung der Eleganz, dem Einfallsreichtum, der Phantasie, der Originalität – die, verglichen mit Gluck, bei Piccini alle in unerheblichem Maße vorhanden waren. Ansonsten scheinen die beiden Komponisten jedoch ziemlich in die gleiche Richtung tendiert zu haben. Offenbar läßt der zeitliche Abstand Unterschiede, die den Zeitgenossen wesentlich erscheinen, verschwinden. Mir fällt auf, daß auch die vielgerühmte Kluft zwischen Wagner und Brahms, die zu ihrer Zeit die Musikwelt teilte und in meiner Jugend noch greifbare Realität war, heute bereits viel von ihrer einstigen Bedeutung verloren hat.

Für das Ballett stellte ich verschiedene reizvolle Tanzstücke aus den Opernpartituren Rameaus zusammen und orchestrierte sie neu, so daß sich eine Länge von etwa zwanzig Minuten ergab, und Fräulein Margot bastelte eine »niedliche« Geschichte zurecht, von einer Marquise im achtzehnten Jahrhundert, die sich im Garten ihres Schlosses mit einem jungen Pagen amüsiert, bis sie gewarnt wird, daß der eifersüchtige Marquis sich nähert, woraufhin sie den Knaben unter ihrem Reifrock versteckt und feierlich fortgeht. Die etwas schlüpfrige Geschichte bekam den Titel *Der vertauschte Cupido*, warum, weiß ich nicht mehr, wahrscheinlich, weil der Page den Platz einer Cupidostatue im Garten eingenommen hatte, oder wegen eines ähnlichen vermeintlichen Rokokoscherzes.

Die Aussicht, zum erstenmal ein Orchester zu dirigieren, versetzte mich nicht wenig in Aufregung. Meine Einstellung zu dieser Art musikalischer Betätigung ist seither mehr oder weniger die gleiche geblieben. Ich freue mich an dem Gedanken, es hin und wieder zu tun, aber wenn ich dann dirigiere, fühle ich mich nicht recht wohl, und ich bin ziemlich sicher, daß ich es nicht besonders gut mache. Ich weiß sozusagen nicht genau, worum es beim Dirigieren eigentlich geht, obgleich ich unzählige Dirigenten kenne und beobachtet habe, als Komponist ihrer Arbeitsweise ausgesetzt war und die Probleme ihres Handwerks bis zur Erschöpfung diskutiert habe. Nachdem ich auf diesem Gebiet einige Erfahrung gesammelt hatte, kam ich zu dem Schluß, daß der Dirigent seine wichtigste Aufgabe im allgemeinen in den Proben zu erfüllen hat und dort auch seine wirklichen Qualitäten unter Beweis stellt. Das gilt insbesondere für die Oper, und ich gebe gern zu, daß es ein großer Unterschied ist, ob man eine Oper oder symphonische Musik dirigiert, aber dieser Unterschied scheint mir kein wesentlicher zu sein. In der Oper entscheidet der Dirigent bei seiner ersten Begegnung mit den Sängern über Erfolg oder Mißerfolg, wenn er nämlich ihre Partien mit ihnen einzustudieren beginnt. Wenn es ihm gelingt, den Sängern mit einfachen technischen Erklärungen eine völlig klare, eindeutige und detaillierte Vorstellung von ihren Aufgaben zu vermitteln, darf er auf eine solide und verläßliche Aufführung hoffen, die seiner Vorstellung von dem Werk entspricht. Wenn er das nicht kann, dann wird es bis zur letzten Minute Unsicherheit, Verwirrung und Mangel an Stil und Präzision geben, und keine spätere Bemühung wird die anfänglichen Fehler wieder gutmachen können. Ich habe beobachtet, daß viele Dirigenten das nicht wußten und daher die Anfangsarbeit Repetitoren anvertrauten, die entweder überhaupt zweitklassig oder über die Gesamtvorstellung ihres Chefs nicht gut informiert waren. Es ist außerdem wesentlich, alle Anweisungen in standardisierter, technischer Sprache zu geben. Philosophische, literarische und ästhetische Erklärungen sind im großen und ganzen nutzlos, weil der Sänger nicht weiß, wie sie in Handlung umzusetzen sind, und dringend wissen möchte, wie er seine Töne produzieren soll, das einzige, worauf er von Berufs wegen vorbereitet ist. Er schert sich den Teufel darum, ob er einen ungewöhnlich grausamen mittelalterlichen König oder einen Liebenden aus dem neunzehnten Jahrhundert oder einen griechischen Helden darstellt, er will nur wissen, wie er Konsonanten behandeln, Vokale färben, mit dynamischen Schattierungen umgehen soll und dergleichen mehr. Wenn dieses Fundament gelegt ist, können gründlich instruierte Repetitoren den erforderlichen mechanischen Drill übernehmen. Im Laufe der Proben sollte der Dirigent immer seltener glänzende Ideen und phänomenale Eingebungen beisteuern müssen. Seine Arbeit beschränkt sich immer mehr darauf, aktiv darüber zu wachen, daß seine früheren Anweisungen exakt ausgeführt werden.

Während der Aufführung ist er kaum mehr als ein besserer Verkehrspolizist, der den verschiedenen Gruppen Zeichen gibt, damit sie die völlig mechanisierten Bewegungen zur richtigen Zeit ausführen. Was auch immer er nach Ansicht des Publikums darüber hinaus noch tut und was er das Publikum in dieser Hinsicht vielleicht glauben machen möchte, ist im großen und ganzen sentimentaler Unsinn, einmal abgesehen von der Tatsache, daß ein Dirigent, der Selbstvertrauen, guten Willen, Autorität und Kooperationsgeist ausstrahlt, natürlich bessere Resultate erzielen wird als einer, dem diese Qualitäten fehlen. Die gleichen Bedingungen gelten mehr oder weniger auch für die Leitung eines Symphonieorchesters, was bedeutet, daß kein Blitz dämonischer Inspiration dem Orchester während des Konzertes etwas Bestimmtes entlocken wird, das nicht durch sorgfältige technische Anweisungen und angemessenes Üben in den Proben vorbereitet wurde. Natürlich will ich nicht leugnen, daß es ungreifbare Elemente gibt, wie eine allgemein elektrisierende Atmosphäre, die dadurch verstärkt werden kann, daß der Dirigent in Hochstimmung ist und durch eine besonders lebhafte Vorstellung von dem zu spielenden Werk inspiriert wird. Sein Taktstock (wenn er einen benutzt) ist jedoch kein Zauberstab.

Ich glaube, daß ich aus dem gleichen Grund, aus dem ich überhaupt kein guter ausführender Künstler bin, auch kein guter Dirigent bin. Ich bin ein geborener Blattleser, so daß ich wenig Geduld habe und keine Methode, nach der ich üben könnte. Selbst wenn ich ein Musikstück viel geübt habe, muß ich es bei der Aufführung so betrachten, als wäre es mir vollkommen neu, sonst langweile ich mich, und mein Vortrag ist wenig überzeugend. Wie ich bereits sagte, kann ich aus diesem Grund nicht auswendig spielen. Nun ist das Dirigentenpult kein guter Platz, um interessiert eine neue Partitur zu lesen, das aber ist die Versuchung, die mich leicht überkommt. Ich weiß, daß ich lieber ein Auge auf den zweiten Flötisten haben sollte, damit er auch bestimmt seinen Einsatz nicht verpaßt, aber ich neige eher dazu, die Partitur mitzuverfolgen, um herauszufinden, wie es klingt, wenn er seine Passage spielt. Natürlich kann ich mich dazu bringen, das zu tun, was von mir erwartet wird, und ich finde einiges Vergnügen daran, die Aufsichtsperson über all diese

Vorgänge zu spielen, aber eigentlich ist es nicht mein Gebiet, und die Ergebnisse machen mich nicht sehr glücklich.

Mir ist bewußt, daß gutes Dirigieren eine Art dominierenden Geist erfordert, von dem ich sehr wenig besitze, weil ich anscheinend so mit meinen inneren Problemen beschäftigt bin. Der tüchtige Dirigent hat etwas von der Haltung eines Löwenbändigers, er ist leidenschaftlich darauf bedacht, seine permanente Herrschaft über die Musiker unter seinem Kommando auszuweiten. Sie scheinen so auf diese geistige Sklaverei konditioniert zu sein, daß sie anfangen, falsch zu spielen und dumme Fehler zu machen wie launische Kinder, wenn sie nicht andauernd die Peitsche spüren. In dieser Mentalität zeigt sich der Unterschied zwischen dem Orchestermusiker und dem Musiker, der Kammermusik spielt. Der letztere behält, wenn er wirklich gut ist, stets seine Eigeninitiative und stellt sie intelligent in den Dienst eines gemeinschaftlichen Unternehmens. Der erstere wird nichts tun, ohne gestoßen und herumkommandiert zu werden. Gleichzeitig ärgert er sich über diese Unterordnung und Entpersönlichung, ähnlich wie ein Fabrikarbeiter am Fließband. Sein Fall ist jedoch bedauerlicher, weil der Orchestermusiker weiß, daß er trotz seines Sklavendaseins an dem Medium der Kunst teilhat, deren wesentliches Prinzip die Freiheit ist. Er wird mit diesem Widerspruch nie ganz fertig, deshalb lehnt er instinktiv die Existenz von Komponisten ab, beneidet die Solisten und ist immer bereit, weniger erfahrenen Dirigenten gemeine Streiche zu spielen, wie kampferprobte Soldaten sie gerne gegen neue Feldwebel aushecken.

Fast alle Orchestermusiker betrachten sich gerne als frustrierte Solisten und sind von rebellischer Bitterkeit oder lähmender Resignation erfüllt. Diese Gefühle sind in den letzten Jahrzehnten durch die unverhältnismäßige Überschätzung der Funktion des Dirigenten sehr verstärkt worden. Es scheint, daß das ungesunde Verlangen dieses Zeitalters nach »starken Führern« den Dirigenten zu einer Art allmächtigem Diktator gemacht hat, durch dessen magische Kräfte Musik erst entsteht. Der Komponist scheint ein untergeordneter Handwerker zu sein, den man irgendwie für ein bißchen Vorarbeit braucht, um ein paar Zeichen zu Papier zu bringen, die es dem Dirigenten ermöglichen, seine übernatürlichen Fähigkeiten zu entfalten, und die Musiker im Orchester sind einfach eine beliebig große Menge anonymer Werkzeuge in den Händen des großen Genies. Fairerweise muß gesagt werden, daß kaum ein seriöser Dirigent diese Ansichten als richtig gelten läßt, auch wenn die meisten von ihnen den daraus resultierenden Ruhm, die Ehre und das Geld mehr oder weniger verlegen genießen, was menschlich durchaus verständlich ist.

Wenige Tage nach meiner Ankunft übersiedelte ich in mein neues Quartier, ein möbliertes Zimmer praktisch dem Theater gegenüber in der Straße »Schöne Aussicht« oder »Bellevue«, wie einige der älteren Einheimischen sie nach dem Namen, den sie unter dem französischen Regime gehabt hatte, immer noch bezeichneten. Es war eine sehr reizvolle, ruhige Straße mit einfachen, aber geschmackvollen Bauten aus dem achtzehnten Jahrhundert, und sie folgte dem Rand des Steilufers, auf dem das pompöse Theatergebäude errichtet worden war. Diese Straße, mit ihrer schönen Aussicht über das Fuldatal und die bläulichen Berge der hessischen Landschaft, hatte noch etwas von der fröhlichen und melancholischen Atmosphäre, die mir eine vollendete Verkörperung des »galanten« Zeitalters zu sein scheint. In Kassel gab es ein paar Ecken, die etwas von dieser Atmosphäre hatten. Im übrigen war der Ort zu einer tristen und ziemlich häßlichen preußischen Stadt mittlerer Größe geworden, schrecklich provinziell, mit derben Sitten und wenig Sinn für einen eleganten Lebensstil. Etwas weiter oben an der Bellevue befand sich die kleine, aber exquisite Staatliche Gemäldegalerie, die eine der besten und umfangreichsten europäischen Sammlungen von Rembrandtgemälden beherbergte, wie ich bereits erwähnt habe. (Ich nehme an, daß die Rembrandts während dieses Krieges in irgendeinem Salzstock eingesalzen wurden, wie glücklicherweise so viele deutsche Kunstschätze. Von einem meiner amerikanischen Studenten, der mit der amerikanischen Armee in Deutschland war und die Stätte meines Wirkens sehen wollte, hörte ich, daß das riesige, prächtige Theater so vollständig verschwunden ist, daß er nicht einmal seinen Standort ausmachen konnte.)

Bald lernte ich den Direktor der Gemäldegalerie kennen, einen umgänglichen Herrn – ich glaube, er hieß Luthmer –, der mich bat, zu gewissen, wöchentlich oder vierzehntägig stattfindenden Mittagsgesellschaften bei einem gewissen Czibulla, einem Apotheker, zu kommen. Dieser besaß ein wunderschönes altes Haus in einem Gäßchen in der Innenstadt, und den niedrigen Speiseraum erreichte man über eine dunkle Wendeltreppe, nachdem man durch die wunderbar altmodische Apotheke gegangen war. Ich liebte diese Zusammenkünfte – wer sonst noch daran teilnahm, weiß ich nicht mehr –, weil mich die Atmosphäre an die Schweiz erinnerte, die ich nicht vergessen konnte. Lange Zeit, oder vielmehr die ganze Zeit, die ich in Kassel verbrachte, konnte ich das Gefühl nicht loswerden, daß ich in einem demütigenden Exil lebte, obgleich ich während dieser Zeit viele sehr glückliche Augenblicke erlebte. In mancher Beziehung erinnert mich dieser Gemütszustand an das, was ich jetzt im Hinblick auf St. Paul, Minnesota, empfinde.

Ich habe offenbar einen äußerst ausgeprägten Sinn für geographische Angemessenheit, um es so auszudrücken, und die Welt ist für mich sehr eindeutig und spürbar in »richtige« und »falsche« Wohnorte eingeteilt. Unglücklicherweise scheint mein Lebensmuster zu sein, daß ich die meiste Zeit an den »falschen« Orten verbringen muß. Die Schweiz war bislang der einzige »richtige« Ort, an dem ich gelebt habe. Auch Wien ist ein »richtiger« Ort, aber das zählt eigentlich nicht, weil es meine Heimatstadt war und es daher kein Verdienst war, dort gelebt zu haben. Allgemein gesagt würde ich gern ständig an einem Ort leben, wo andere Leute Ferien machen.

Das Gebiet unterhalb des Theaters und der Bellevue war die sogenannte Aue. Es war ein natürlicher Park, in dessen Mitte sich die Staatliche Akademie der schönen Künste befand. Ich wünschte, wir hätten mehr Kontakt zu dieser Institution gehabt, aber sie wurde von einem gewissen Dülberg geleitet, einem modernen Künstler und einer der vielen Personen, gegen die Bekker ein starkes Vorurteil hatte, und daher bekamen wir von den Aktivitäten der Akademie wenig mit. Dülberg wurde von Klemperer sehr geschätzt, und dieser lud ihn später ein, nach Berlin zu kommen, als er die sogenannte Kroll-Oper übernahm. Etwas mehr Kontakt bekam ich zu einem anderen Mitglied der Akademie, einem Bildhauer namens Vocke; darüber später mehr.

Irgendwann während meines Aufenthaltes in Kassel feierte die Akademie ihr hundertfünfzigjähriges Bestehen, mit einem Staatsbesuch des preußischen Erziehungsministers Becker, einem netten und vornehmen, obgleich etwas farblosen und unnahbaren Herrn. Ich wurde gebeten, für dieses Ereignis einen kleinen Chorsatz zu komponieren, den Zulauf mit einem kleinen Vokalensemble aufführte, und eine Intrada für Blechbläser, die ich von einem Absatz der prächtigen Marmortreppe der Akademie aus dirigierte. Irgendwie entsinne ich mich auch undeutlich einiger Waldhörner, die auf einem Boot spielten, das langsam auf dem Kanal entlangglitt, der die Aue zum Akademiegebäude hin durchquerte, aber es kann gut sein, daß ich mir da etwas zusammenphantasiere.

Die Umgebung der Stadt war sehr schön, ja sogar spektakulär, denn Kassel wurde von der erstaunlichen Anlage der Wilhelmshöhe überragt. Es gab eine schnurgerade Allee von mehreren Kilometern Länge, was in Amerika nichts ist, in Europa aber, wo Straßen in der Regel gewunden und voller Kurven sind, ganz ungewöhnlich; diese Allee führte zu dem Schloß der hessischen Kurfürsten hinauf (irgendwann müssen die bescheidenen Landgrafen zu Kurfürsten des Reichs geworden sein – wann und wie das geschah, ist mir entfallen). Das Schloß stand auf halber Höhe eines ziemlich großen Hügels, ein riesiger Komplex in einem etwas strengen Spätbarockstil, späteres achtzehntes Jahrhundert, nehme ich an, und umgeben von zum Teil französischen Gärten nach dem Vorbild von Versailles. In der Nähe gab es ein ziemlich schickes Gasthaus mit sehr annehmbaren Speisen. Gepflegte Wege führten auf den Gipfel des Berges, ein paar hundert Meter über der Stadt. Er wurde von der gewaltigen Statue eines keuleschwingenden Herkules überragt; sie war ungefähr so groß wie die Freiheitsstatue. Genauso wie dort konnte man im Innern des Monstrums hinaufsteigen und durch die Augen des Riesen schauen, was einen hübschen Ausblick über die bergige Landschaft bot.

Weiter nordwestlich gelangte man auf das Gebiet des ehemaligen Fürstentums Waldeck, einem von Hunderten winziger souveräner Staaten, die das Heilige Römische Reich Deutscher Nationen gebildet hatten. All das war jetzt Preußen, gewiß, aber es bestand immer noch eine mehr oder weniger gutmütige Rivalität zwischen den einst halb unabhängigen Ländern. Als besonders witziges Zeichen dafür ist mir ein scheinbar argloses Füllsel in Erinnerung geblieben, das eine Kasseler Zeitung zwischen ernsthafte politische Nachrichten plaziert hatte. Es lautete so: »Eine kürzlich vorgenommene Untersuchung des Waldecker Viehbestands hat einen Mangel an Kühen ergeben. Esel jedoch fand man in Hülle und Fülle.« Ein hübsches Fleckchen in Waldeck war ein künstlicher See, der durch einen in der Eder errichteten Staudamm entstanden war. In diesem Krieg wurde er von den Briten völlig zerbombt, weil sie die Stromversorgung unterbrechen wollten, was in der Gegend um Kassel eine verheerende Überschwemmung zur Folge hatte.

Mehr in östlicher Richtung lag die alte Stadt Hannoversch-Münden, dort, wo aus dem Zusammenfluß von Fulda und Werra die Weser entsteht. Sie war insofern bemerkenswert, als Gustav Mahler dort in den achtziger Jahren, als er am Kasseler Theater zweiter Kapellmeister gewesen war, ein sensationelles Chorfest organisiert hatte. Es gab immer noch ein paar Leute, die sich mit Ehrfurcht an den erschreckenden Furor erinnerten, mit dem sich der junge Mann der Aufgabe gewidmet hatte, etliche ländliche Gesangsvereine aus hessischen Bauerntölpeln seinen ehrgeizigen Absichten dienstbar zu machen.

Ich erinnere mich nicht, wie schnell ich Bekanntschaft mit der Familie Rubensohn machte oder diese vielmehr erneuerte. Ich entsann mich kaum, daß ich Frau Rubensohn vor zwei Jahren während des Musikfestes kennengelernt hatte, sie aber sehr wohl. Sie trat mit dem Angebot an mich heran, in ihrem Haus zu wohnen, was mich nicht nur nichts kosten, sondern mir auch das Vergnügen verschaffen sollte, ihren Flügel zu benützen. Das klang nach einem sehr großzügigen Angebot und war es in der Tat auch, sobald sie die Bedingungen vergaß, die sie vielleicht daran zu knüpfen gehofft hatte. Ich nahm an und zog in das Haus der Rubensohns um, das an der sogenannten Terrasse lag, der eleganten, halbaristokratischen Fortsetzung der Bellevue. Es war eine stille Sackgasse, am Rand des wiederholt erwähnten Steilhangs.

Ernst Rubensohn war Generaldirektor einer mittelgroßen Textilfabrik, die vor allem eine Faser verarbeitete, die aus Indien kam. Das Gewebe, das er produzierte, wurde in der Hauptsache für Taschen verwendet, aber mir scheint, daß das Werk auch feinere Stoffe lieferte. Rubensohn war kein reicher Mann, aber recht wohlhabend und in Lebensstil und Geisteshaltung entschieden ein Kapitalist. Die Rubensohns waren eine alte jüdische Familie, in ihrer religiösen Einstellung nicht orthodox und völlig an die deutsche Lebensweise angepaßt, so daß man in Deutschland keine besseren Patrioten hätte finden können, als sie es waren. Einer von Ernsts Brüdern, der in Berlin Studienrat für klassische Sprachen war, war in seiner deutschen Gesinnung eindeutig nationalistisch. Diese Haltung kam Ernst übrigens teuer zu stehen, als die Nazis die Macht ergriffen. Es war eine Denkweise, die unter den deutschen Juden weit verbreitet war. Das Sonderbare daran war, daß sie wie die Mehrzahl der anderen Deutschen fühlten und sich auch so benahmen, aber zugleich in bestimmten Situationen mit besonderer Rücksicht auf ihr Judentum behandelt werden wollten, und es war nicht immer leicht zu entscheiden, welche Situationen das waren.

Der politischen Orientierung nach waren diese Menschen gewöhnlich liberal, aber oft auch deutlich rechts von der Mitte. Ernst Rubensohn war ein kleiner, dicker Mann in den Fünfzigern, fröhlich und gutgelaunt. Manchmal hatte er Probleme mit seinen Beinen, offenbar, wie ich später erfuhr, infolge einer Geschlechtskrankheit, die er sich in früheren Jahren zugezogen hatte. Vielleicht ist das der Grund, warum die Rubensohns keine Kinder hatten. In ihrem Eheleben schienen sie sich für gegenseitige Zurückhaltung entschieden zu haben, und unter diesen Umständen kamen sie ohne große Schwierigkeiten miteinander aus.

Emy Rubensohn war ungefähr so groß wie ihr Mann, etwas korpulent und nicht gerade attraktiv. (Sie pflegte die Geschichte zu erzählen, daß sie einmal auf einer ihrer Reisen in die Nähe einer Schafherde geraten war und Ernst sie davor gewarnt hatte, sich unter die Schafe zu mischen, weil man sie unter den Tieren dann nicht wiederfinden würde.) Sie stammte aus einer jüdischen Familie mit höherem intellektuellem und gesellschaftlichem Niveau, den Franks aus Leipzig. Da ihr Eheleben sie in mehr als einer Hinsicht frustrierte, hatte sie ein übersteigertes Interesse an intellektuellen und künstlerischen Aktivitäten entwickelt und verwandte viel Zeit und Geld auf die Förderung der Kunst, insbesondere der Musik, reiste zu Aufführungen, kaufte Partituren und so weiter. Ich merkte bald, als ich nämlich an einem meiner ersten Abende im Haus der Rubensohns heimkam, daß sie ihr Interesse liebend gern auch auf die Personen ausgedehnt hätte, die mit der Produktion von Musik befaßt waren. Ohne viele Worte machte ich behutsam, aber bestimmt klar, daß ich das nicht als Bestandteil unserer Vereinbarung über meine Wohnung betrachtete und daß ich erwartete, mein Schlafzimmer für mich allein zu haben. Es spricht sehr für Emy, daß sie danach niemals mehr auf das Thema zurückkam, und wir sind die besten Freunde geblieben, obgleich mich ihre intellektuelle Beharrlichkeit und ihr fast snobistischer Eifer manchmal ein wenig ungeduldig machten.

Mein Schlafzimmer befand sich im obersten Stock des Hauses, das wegen des sehr steilen Hangs unter dem Straßenniveau lag und über eine kleine Brücke zu erreichen war. Mein Arbeitszimmer lag im gleichen Stockwerk auf der anderen Seite des Hauses, und das war das dritte Geschoß über dem Garten. Das Zimmer hatte einen kleinen Balkon mit einer sehr hübschen Aussicht über das Tal und die fernen Berge. Der Flügel stand unten in dem großen Wohnzimmer, in dem sich tagsüber praktisch nie jemand aufhielt. Außerdem konnte ich im Haus fast zu jeder beliebigen Zeit Essen bekommen, aber ich machte wenig Gebrauch davon, wenn ich nicht besonders dazu aufgefordert wurde. Jedenfalls waren die Lebens- und Arbeitsbedingungen so perfekt, wie ich es mir unter den gegebenen Umständen nur wünschen konnte. Mein Gehalt am Theater war sehr bescheiden, aber da ich für Miete, Wäsche und dergleichen keine und für Essen nur wenige Ausgaben hatte, konnte ich mir alle möglichen Dinge leisten, die ich sonst nicht hätte haben können, und ich konnte sogar etwas Geld sparen.

Was meine Arbeit am Theater betrifft, so stellte sich bald heraus, daß sie in der Hauptsache darin bestehen würde, mit einigen der Sänger zu proben, besonders mit jenen, die bedeutende Rollen in bedeutenden Opern bekamen, und das hieß enge Zusammenarbeit mit Dr. Zulauf, denn er war es, der die »bedeutenden« Opern zu dirigieren hatte, während die Werke, an denen Bekker nicht besonders interessiert war, Laugs und Maurick überlassen wurden, die sie einstudierten, so gut sie es verstanden. Darüber hinaus erwartete man von mir als »Hauskomponisten«, daß ich zu den Stücken, die aufgeführt werden sollten, Bühnenmusiken schrieb, und normalerweise war eine Menge Musik erforderlich, weil sich die Kunst der Bühnenregie unter dem Einfluß von Max Reinhardt und der Berliner Expressionisten immer mehr dem Einsatz seltsamer Effekte hinter der Bühne, phantastischer Beleuchtung und vieler mechanischer Apparate zuwandte. Zudem bekam ich die Aufgabe, musikalische Anmerkungen für das Programmheft, einführende Bemerkungen zu den Opern und dergleichen mehr zu schreiben.

Dann und wann dirigierte ich in einer Oper einen Chor oder Musik hinter der Bühne, doch es gelang mir bald, mich vor solchen Pflichten zu drücken, denn sie waren langweilig, verantwortungsvoll und undankbar. Man saß hinter der Bühne vor einer kleinen Gruppe von Chorsängern oder zwei Trompetern oder einem ähnlichen Ensemble und beobachtete nervös den »Telegraphen«, eine Anzeigetafel, auf der durch elektrische Übertragung die Ziffern 1 bis 4 sichtbar gemacht werden konnten, die der Dirigent mit der linken Hand auf einer kleinen Tastatur anschlug, während er seine Leute auf der Bühne und im Orchestergraben mit dem Taktstock zusammenhielt. Wenn der Zeitpunkt für den Einsatz der Musik hinter der Bühne näherrückte, signalisierte der Dirigent ein paar Takte im voraus die Schläge 1...2 oder 1...2...3 oder 1...2...3...4 auf seinem kleinen Apparat, und man begann, sein eigenes Ensemble zu dirigieren, indem man das Zeitmaß vom »Telegraphen« ablas. (Ich weiß nicht, was wir getan hätten, wenn wir einen 5/4-Takt hätten spielen sollen – das kam eben nie vor.) Jedenfalls, wenn der Mann im Orchestergraben nervös war, was meistens der Fall war, wurden seine Taktangaben zwangsläufig etwas ungenau.

Wenn man mit der Arbeit hinter der Bühne anfing, konnte man sich vielleicht noch auf sein Gehör verlassen, obgleich der Lärm und das Treiben hinter der Bühne ziemlich verwirrend waren und die Kulissen häufig den Orchesterklang verschluckten. Aber in dem Moment, in dem der eigene Chor oder die Instrumentalgruppe einsetzte, konnte man von vorne überhaupt nichts mehr hören und war ganz auf sich selbst gestellt und von dem verflixten Telegraphen abhängig. Plötzlich sausten zum Beispiel die 2 und die 3 in einem 4/4-Takt schnell vorbei – was war geschehen? Hatte der Dirigent einen Takt kürzen müssen, weil einem Sänger ein Schnitzer unterlaufen war, so daß er vorausgeeilt war und das Orchester ihn wieder einholen mußte? Es war nicht herauszubekommen, weil nichts zu hören war. Man mußte allein entscheiden und mit einem Stoßgebet weitermachen. Und doch war der Effekt möglicherweise katastrophal, denn im Zuschauerraum konnte man natürlich sehr gut hören, was auf und was hinter der Bühne geschah. Ich mochte diese Sachen nicht und schaffte sie mir vom Hals, indem ich behauptete, ich hätte bei so vielen Stücken die Bühnenmusik zu dirigieren, daß man nicht von mir erwarten könne, außerdem noch soviel Opernarbeit zu leisten.

Die Bühnenmusik für die Theaterstücke war viel weniger unangenehm, weil in der Regel keine so strenge Synchronisation mit der Bühne erforderlich war. Außerdem war mir die Gesellschaft der Schauspieler hinter der Bühne lieber als die der Sänger, die gewöhnlich Lampenfieber hatten und stumpfsinnig mit ihren Stimmen beschäftigt waren, bevor sie aus den Kulissen hinaustraten. Abgesehen von den genannten Aufgaben hatte ich ein Anrecht darauf, in vernünftigen Grenzen richtige Dirigate zu verlangen, wenn ich sie mir zutraute. Wie ich schon erwähnt habe, waren meine ersten Versuche auf diesem Gebiet das kleine Rameau-Ballett und mein *Concerto grosso* in der Stadthalle.

Die erste Bühnenmusik, die ich komponierte, war für eine wunderbare Tragödie von Calderon bestimmt, einem jener spanischen Mantel-und-Degen-Stücke des Barockzeitalters, die ich sehr gern mag. Unter anderem schrieb ich ein bemerkenswertes Fugato für vier Trompeten, das zu einer Gefechtsszene, dem Höhepunkt der ganzen Geschichte, gespielt werden sollte. Es war gut, aber bei den Musikern nicht sehr beliebt, weil es die Anwesenheit aller verfügbaren Trompeter des Orchesters erforderlich machte, und sie zogen eine Bühnenmusik vor, bei der jeweils nur ein Musiker einer Instrumentengruppe nötig war, so daß sie sich abwechseln konnten. Ich sah das ein und komponierte später vernünftigere Arrangements. Schließlich bekam ich soviel Erfahrung, daß in manchen Stücken nicht einmal mehr meine Anwesenheit erforderlich war. Diese erste Musik dirigierte ich natürlich persönlich, und ich wurde fast wahnsinnig bei dem Versuch, meine Einsätze zu finden, während der Regisseur, der neben mir stand, Pistolenschüsse abfeuerte und mit verschiedenen Apparaten andere kriegsähnliche Geräusche produzierte und Chorsänger mit Hellebarden und wildem Kampfgeschrei hin- und herrannten, dabei ständig die Notenpulte in Gefahr brachten und über die Kabel stolperten, die meine vier Trompeter mit Licht versorgten. Später gewöhnte ich mich an das übliche Durcheinander hinter der Bühne, und es gelang mir, gute und sichere Plätzchen für mein Instrumentarium zu finden.

Wie es bei mir stets der Fall gewesen ist, so fühlte ich mich auch diesmal anfangs von der fremden Umgebung und den ungewohnten Verhältnissen allgemein abgestoßen und fand sie mehr oder weniger unerträglich. Nach einer Weile aber gefiel mir das Ganze, und bald wurde ich ein wenig theaterverrückt. Immer noch finde ich schon den Geruch der Bühne, diese Mischung aus frischer Farbe, frischem Holz, Pappe, Staub und schwachem Parfümduft, sehr aufregend. Er ist sehr kennzeichnend für diese fiktive, törichte und doch so schrecklich ernste Welt, in der Provisorisches, Imitationen, Illusionen und fadenscheiniger Unsinn ungeheure symbolische Bedeutung annehmen. Künstlerisches Schaffen in einem legitimen Medium wie Musik, Literatur oder Malerei ist natürlich mit dem metaphysischen Gedanken des Erschaffens sehr viel direkter verbunden als das Werk des Bühnenkünstlers, aber auf spielerische Weise schafft letzterer Realität in einem sehr viel greifbareren Sinne als jeder andere Künstler. Buchstäblich aus dem Nichts bringt er prächtige Paläste, Gärten, Wälder, Berge und Meere hervor, die aufgrund des stillschweigenden Übereinkommens, auf dem das Bühnenspiel beruht, Wirklichkeit sind, nicht »nur« Kunstbilder, die Wirklichkeit darstellen.

Während der Proben ist die Bühne wahrhaftig die Welt im Zustand des Erschaffenwerdens. Die phantastische Unordnung und das Chaos sind faszinierend, es sind die schwindelerregenden Möglichkeiten einer Welt, die in jedem Augenblick alles werden kann, indem man einen toten Holzklotz verschiebt, aus einem unerwarteten Winkel Licht auf die Bühne wirft, die Farbverteilung verändert, die Perücke eines Schauspielers umfrisiert oder ihn anders schminkt. Wer immer Sinn für diesen Zauber hat, kann sich der Faszination, die von diesem erstaunlichen Spiel ausgeht, nicht entziehen. Sie verhexte mich so, daß ich unwillkürlich alle Erscheinungen im Leben und in der Natur wie ein Bühnenbild betrachtete. Ich liebte es, während der Proben im dunklen Zuschauerraum zu sitzen und zu beobachten, wie die Dinge auf der Bühne Gestalt annahmen. Manchmal schien das Chaos überwältigend und hoffnungslos zu sein. Man konnte sich nicht einmal vorstellen, daß das Stück je aufführungsreif werden würde. Aber dann vollbrachten der Bühnenbildner und seine Leute anscheinend Wunder, wobei sie oft bis spät nachts arbeiteten, und wenn wir am nächsten Morgen wieder zur Probe kamen, sah alles anders aus, wunderbar organisiert und hoffnungsvoll. Das Direktorium des Theaters hatte eine Loge im ersten Rang neben der Bühne, direkt über dem Orchester. Man konnte aus- und eingehen, ohne das Publikum zu stören, und das waren ideale Bedingungen, um die Werke als Fachmann wirklich genießen zu können. Ich konnte ohne weiteres meiner Arbeit im Büro nachgehen, mir dann eine bestimmte Szene anschauen, die mich interessierte, hinter die Bühne gehen, plaudern und meinen Spaß haben, eine weitere Szene sehen oder das Orchester beobachten und jederzeit weggehen, wenn ich genug hatte.

Erste Arbeit an Jonny spielt auf

Meine neue Theaterbegeisterung und die gewaltige Steigerung meiner Vitalität, die sie mit sich brachte, gingen bald in die Komposition von *Jonny spielt auf* ein, die Oper, die mein größter Erfolg in »dieser Welt« werden sollte, die Quelle eines vergleichsweise sagenhaften Einkommens und der Grund manchen Kopfzerbrechens, das für verschiedene entscheidende Wendungen in meinem Leben verantwortlich war. Zu dieser Zeit, im Herbst 1925, muß ich eine ziemlich detaillierte Vorstellung von der Handlung gehabt haben, denn ich erinnere mich, daß ich an einer recht späten Stelle des Stückes ernsthaft mit der Komposition begann, nämlich mit der Arie des Max, der im Polizeiauto sitzt, also der vorletzten Szene der Oper. Ich hätte das nicht gut tun können, wenn ich nicht gewußt hätte, wie sich diese eigenartige Situation aus den früheren Phasen des Stücks ergeben hatte. Warum ich diese Szene wählte, weiß ich nicht. Wie ich es auch heute noch oft mache, wenn ich mit einem großen Werk beginne, suchte ich mir einen scheinbar weniger wichtigen Abschnitt aus und tat so, als wäre das ein rein experimenteller, unverbindlicher Anfang und als könnte ich die ganze Sache immer noch wegwerfen und an einer anderen Stelle ganz neu beginnen. Gewöhnlich bin ich bald ganz vertieft in die Arbeit, der Abschnitt erweist sich als alles andere als unwichtig, und ich verwerfe meine erste Skizze selten, obgleich ich sie möglicherweise wesentlich verändere. Wenn ich mit dem Anfang eines Stückes beginne, ist es wahrscheinlicher, daß ich meine ersten Notizen wegwerfe.

Jedenfalls erinnere ich mich, daß Emy Rubensohn mich zufällig hörte, als ich die schnell pulsierenden Sechzehntel der Begleitung dieser Arie auf ihrem Flügel ausprobierte. Anschließend fragte sie mich, was das gewesen sei. Für sie hätte es wie »viele kleine marschierende Neger« geklungen. Es mag an einigen Stellen leicht jazzartige Anklänge gegeben haben, aber es bedurfte eines sehr wachen Gehörs oder einer Art Eingebung, um so etwas sagen zu können, und ich war sehr beeindruckt. Denn wenn auch in dieser Szene keine Neger marschierten, so war doch die Hauptperson der Oper ein Neger, und das Jazzidiom sollte eine bedeutende Rolle darin spielen.

Im Herbst ging die Arbeit an der Oper wahrscheinlich ziemlich langsam und zögerlich voran, denn ich schloß den ersten Teil nicht vor Mai 1926 ab. Abgesehen von der Musik, die ich für das Theater schreiben mußte, beendete ich nur meine *Fünf Klavierstücke*, op. 30. Diese komponierte ich, um sie selbst zu spielen, denn Frau Behrend, die Frau des zweiten Regisseurs, die irgendwie in der Arbeiterbewegung aktiv war, hatte mich gebeten, als Pianist in einer Veranstaltung aufzutreten, die sie für irgendeine Arbeiterorganisation vorbereitete. Da ich mir nicht vorstellen konnte, »richtige« Musik zu spielen, die von einem großen Meister komponiert war, hielt ich es für anständiger, etwas von mir selbst zu spielen, denn auf diese Weise würde ich als Ausführender nur mir selber schaden. Und weil mir alle meine früheren Klavierwerke viel zu schwer erschienen, entschloß ich mich, etwas Neues zu schreiben. Ich kann nicht behaupten, daß es mir sehr leicht fiel, die Stücke zu spielen, aber schließlich kam ich damit zurecht. Sie haben später mäßigen Erfolg gehabt, und ich habe sie in den dreißiger Jahren oft im Radio gespielt.

Diese Klavierstücke nehmen meine stilistische Kehrtwendung, die sich im *Jonny* so auffallend zeigte, vollständig vorweg. Die Wende war in dem vorausgegangenen Jahr, seitdem ich aus Paris zurückgekommen war, vorbereitet worden, wie ich bereits berichtet habe. Meine beginnende Theatererfahrung beschleunigte und intensivierte die Entwicklung. Insbesondere war es die ungeheure Betonung der praktischen Verwendbarkeit, die bei meiner neuen Arbeit ständig erwartet wurde, die meine neuen Ideen vom Charakter der Musik als Teil des Lebens bestätigte. Offenbar näherte ich mich der Ideologie der »Gebrauchsmusik«, die die theoretische Rechtfertigung für meinen vollständigen Orientierungswechsel zu liefern schien. Ich ließ nicht nur alle Überlegungen zu Stil, Idiom und Technik fallen, sondern ich wandte mich aktiv gegen den Modernismus, wie ich ihn praktiziert hatte, gegen den Expressionismus und gegen die Atonalität, gegen Schönberg und seine Zwölftontechnik, obgleich ich über letztere fast nichts wußte.

Zusammensein mit Alma Moodie

Eine Gelegenheit, meine neuen Ideen darzulegen, bot sich, als ich eingeladen wurde, einen Vortrag bei einem Kongreß für Musikästhetik zu halten, der in jenem Herbst in Karlsruhe stattfinden sollte. Ich hatte die Einladung hauptsächlich deshalb angenommen, weil Alma und ich vereinbart hatten, daß wir uns dort treffen würden. Einige Zeit vorher war Alma zu einem kurzen Besuch in Kassel vorbeigekommen, und wir hatten eine Auseinandersetzung wegen ihrer Affäre mit dem rumänischen Geiger und meinem Verhalten gegenüber Frau B. und Anna gehabt. Unter diesen veränderten Umständen war keine Tragik mit im Spiel, denn irgendwie waren wir quitt, und aus meiner Kasseler Perspektive war diese Phase unseres Lebens jetzt anscheinend abgeschlossen. Wie es oft geschieht, wenn man Menschen, die man in einer bestimmten Umgebung gekannt hat, in einem anderen Zusammenhang wiedersieht, wurde mir klar, daß Alma nie in die Kasseler Gesellschaft passen würde, selbst wenn ich mir das gewünscht hätte, was eigentlich nicht mehr der Fall war. Obgleich ihre Ansichten über moralische Verpflichtungen und Konventionen in sexuellen Beziehungen offensichtlich ziemlich liberal waren, schien sie über die Zügellosigkeit, die ihrer Meinung nach den Lebensstil am Theater prägte, leicht schockiert zu sein, als ich in meinem Zimmer an der Bellevue mit ihr schlafen wollte. Wie dem auch sei, wir trafen uns in Karlsruhe wieder, wo sie es in Ordnung fand, daß ich den größten Teil der Nacht in ihrem Hotelzimmer verbrachte. Offenbar entsprach das elegante Ambiente des anonymen Hotels ihr mehr als mein Privatzimmer.

Mein Vortrag war ein weiteres »erstes Mal« für mich, denn ich hatte noch nie öffentlich gesprochen, außer in der Schule, was nicht zählte. Meine Vortragsweise war nicht sehr wirkungsvoll, aber ich lernte viel, und wieder wurde eine Tätigkeit, bei der schon allein der Gedanke daran mich abgestoßen hatte, später äußerst reizvoll und eine Quelle großer Befriedigung und eines bescheidenen Einkommens für mich. Unglücklicherweise entschloß sich ein Kölner Verleger, meinen Vortrag in einen Band »Von neuer Musik« aufzunehmen, in dem er verschiedene Essays über moderne Musik sammelte. So wurde Schönberg darauf aufmerksam, der sich zu Recht aber unverhältnismäßig stark über einige unfreundliche Bemerkungen erzürnte, die ich über einen Mann gemacht hatte, der in seiner Abgeschiedenheit eine Art musikalische Patience spielte, nach absurden Regeln, die er selbst erfunden habe. Schönberg fühlte sich davon so getroffen, daß er mich sogar im Vorwort zu seinen *Satirischen Chören* erwähnte, und zwar mit einem ziemlich greulichen Wortspiel zu meinem Namen. Die ganze Episode war höchst bedauerlich, denn nicht nur war mein Vortrag recht unreif und voll von unhaltbarem Unsinn, sondern auch Schönbergs Satiren waren ein Werk, von dem ich zuversichtlich hoffe, daß er manchmal wünschte, es nicht geschrieben oder zumindest nicht veröffentlicht zu haben. Ich wurde natürlich von seinem Kreis sofort geächtet und mit dem großen Bannfluch belegt. Es kostete mich viel Mühe, das alles später wieder gut zu machen, und ich bedauerte den dummen Streich bitterlich. Es kann durchaus sein, daß meine ganz besonderen Anstrengungen, jede Spur des Fiaskos zu tilgen, mich in verschiedenen späteren Unternehmungen entscheidend beeinflußt haben.

Entweder in Karlsruhe oder schon früher bat Alma mich, sie in Gotha in einem ihrer Konzerte zu begleiten. Ich weiß nicht, warum sie vorher nie daran gedacht hatte, denn sie hatte immer gerne mit mir am Klavier musiziert. Vielleicht war ihr regulärer Begleiter, ein sehr talentierter Schüler Schnabels, namens Riebensahm, allerdings ein etwas schlampig aussehender Bursche, nicht verfügbar, oder sie wollte mir etwas Geld zukommen lassen, oder sie mag sogar beabsichtigt haben, mich wieder enger an sich zu binden, weil sie gefühlt haben muß, daß ich mich von ihr entfernte. (Der Grund wäre sicher nicht Liebe gewesen, sondern vielmehr das Verlangen zu dominieren oder verletzte Eitelkeit, obgleich sie mich wahrscheinlich bis zuletzt in gewissem Maß liebte.) Ich willigte ein, teils wegen des Geldes, teils, weil mir das Konzert einen Vorwand lieferte, von Kassel fortzukommen, und teils, weil mir der Gedanke gefiel, ab und zu mit ihr Geschlechtsverkehr zu haben, auch wenn ich vermutete, daß mein tatsächliches emotionales Interesse nun in andere Richtungen ging. Für mich repräsentierte Alma immer noch die glänzende und kultivierte Welt, aus der ich verbannt worden war, und sie zu besitzen gab mir das Gefühl, daß ich immer noch etwas von den begehrenswerteren Seiten des Lebens besaß.

In Gotha sollte ich Musik anderer Komponisten spielen, Mozart, Beethoven, oder was auch immer das klassische Stück auf dem Programm sein mochte, und Regers C-Moll-Sonate. Wie ich schon sagte, fühlte ich mich nicht fähig, öffentlich Klavier zu spielen, und deshalb entschloß ich mich, Schnabel in dieser Sache zu Rate zu ziehen. Ich erinnere mich nicht, in diesem Herbst nach Berlin gefahren zu sein. Tatsächlich kam ich sehr selten nach Berlin, weil ich es ohnehin nicht besonders mochte, und zudem entwickelte ich auch bald einen gewissen Stolz auf meine Position in der Provinz und vertrat die Ansicht, daß die eingebildete Elite Berlins sehr wenig Grund hatte, sich gegenüber uns »Bauerntölpeln« als große Herren aufzuspielen, und diese Ansicht beruhte auf fundierte Fakten, denn wir leisteten wirklich viel ehrlichere und erfolgreichere Arbeit als die Kollegen in der Hauptstadt, die wie alle Hauptstädte zum Großteil von Scharlatanen und Schwindlern regiert wurde. Ich bin jedoch sicher, daß ich Schnabel im Zusammenhang mit dem Gothaer Konzert aufsuchte und ihn fragte, ob ihm mein Spiel für einen solchen Zweck gut genug schien. Er tat so, als verstünde er mich nicht, bis ich darauf bestand, ihm etwas vorzuspielen, um seine professionelle Meinung und seinen fachmännischen Rat zu hören. Ich litt noch immer unter dem Schock, den Schrekers beiläufige Bemerkung, von der ich bereits berichtet habe, mir versetzt hatte.

Ich spielte einen Satz aus einer Mozartsonate, wenn ich nicht irre, und Schnabel sagte: »Mein Lieber, ich weiß nicht, warum Sie sich Gedanken machen. Spielen Sie nur, was immer Sie wollen. Sie sind ganz und gar fähig, alles zu spielen, was Sie vortragen wollen, denn Sie sind kein Pianist, sondern ein Musiker.« So sehr mich diese Bemerkung auch in Hochstimmung versetzte, ich drängte ihn doch, mir technische Ratschläge zu geben, und fragte ihn, was und wieviel ich üben solle, worauf er erwiderte, daß ich nichts üben solle, außer den Stükken, die ich spielen wolle. Das war eine wunderbare Neuigkeit für mich und stellte mein Selbstvertrauen vollständig wieder her. Seitdem hatte ich keine Bedenken mehr, etwas öffentlich vorzutragen, bei dem ich absolut sicher war, daß ich seinen musikalischen Sinn verständlich machen wollte. Da solche Musik meine technischen Fähigkeiten kaum je überforderte, erzielte ich gewöhnlich das gewünschte Ergebnis. Mir ist klar, daß Schnabels Rat für den sogenannten durchschnittlichen Klavierschüler vielleicht nicht sehr hilfreich und für den durchschnittlichen Klavierlehrer wahrscheinlich ein Greuel ist. Es versteht sich von selbst, daß Schnabels Ansatz ein gewisses, vielleicht beträchtliches technisches Können voraussetzt. Das sagte er jedenfalls, und er fügte hinzu, daß es ihm ziemlich gleichgültig sei, wie jemand dieses Können erworben habe. Er verglich sich mit einem Dichter oder Literaturprofessor, dem es auch gleichgültig sei, nach welcher Methode seine Schüler lesen gelernt hätten. Aber selbst, wenn ausreichendes technisches Rüstzeug vorliegt, könnte man argumentieren, daß Schnabels Denkweise jeden Dilettanten rechtfertigt, denn der Dilettant hat den aufrichtigen Wunsch, seine Musik zu vermitteln. Doch genau da liegt der Unterschied: Es ist nicht die Intensität des subjektiven Wunsches, eine Wirkung zu erzielen, die einen Künstler ausmacht, sondern die Genauigkeit, Vollständigkeit, Deutlichkeit, Anschaulichkeit und Lebendigkeit des Bildes, das er sich im Geiste von dem Kunstwerk gemacht hat.

Meine Reise nach Gotha war mit einer Aufgabe verbunden, die ich für mein Theater zu erledigen hatte, das heißt, ich mußte mir drei Kandidaten für die freie Stelle eines Heldentenors anhören. So mußte ich an drei aufeinanderfolgenden Abenden in den Städten Eisenach, Weimar und Erfurt in den *Tannhäuser* gehen, weil alle drei Opernhäuser diese Oper zufällig auf ihrem Spielplan hatten. Das war mehr, als ein Mensch ertragen kann, und außerdem kam keiner der Sänger in Frage. Das Konzert in Gotha war gut. Von den Stücken, die wir spielten, ist mir nur Regers C-Moll-Sonate in Erinnerung geblieben, ein sehr schönes und ziemlich schwieriges Werk. Ich entsinne mich nicht, ob die Reise in den Harz, die ich mit Alma machte, mit diesem Konzert verbunden war. Sie kann eine separate Unternehmung gewesen sein, in welchem Fall ich wiederum sehe, daß ich in diesem Herbst ziemlich viel unterwegs gewesen sein muß. Möglicherweise hat sie auch ein Jahr früher stattgefunden, aber sie paßt in die früheren Ereignisse nirgends hinein.

Wie dem auch sei, ich weiß, daß es im frühen Winter war, denn es lag etwas Schnee. Aus irgendeinem Grund entsinne ich mich auch vage, daß ich auf dieser kurzen Reise eine viel längere und reizvollere nach Zürich ins Auge faßte, die für Neujahr 1926 geplant wurde. Jedenfalls fuhr ich mit Alma nach Wernigerode im Harz, um den Grafen – oder vielleicht war er Fürst – von Stolberg-Wernigerode in seinem Schloß zu besuchen. Er scheint während des Ersten Weltkriegs ein großes Tier in der deutschen Militärregierung in Belgien gewesen zu sein, und dort war er Alma begegnet, die in einem belgischen Kloster erzogen worden war, wahrscheinlich als Waise. Warum sie als britische Staatsbürgerin nicht aus Brüssel weggeholt wurde, als die Deutschen kamen, weiß ich nicht. Jedenfalls fand dieser Graf oder Fürst Interesse an ihr und finanzierte ihre musikalische Ausbildung, verlangte jedoch das Opfer ihrer Jungfräulichkeit auf dem Altar seiner brennenden Leidenschaft, oder was auch immer die richtige viktorianische Ausdrucksweise wäre, um dieses viktorianische Melodrama zu beschreiben. Falls ich in diesem Bericht irgend etwas durcheinanderbringe, hoffe ich, daß der Herr mir gütig vergeben möge, denn es geschieht nicht absichtlich, und warum sollte er außerdem nicht getan haben, was mir meiner Erinnerung zufolge anscheinend von ihm erzählt wurde! Alma pflegte ihren Wohltäter von Zeit zu Zeit zu besuchen, nachdem ihre Beziehung längst ausschließlich den Charakter einer Beziehung zwischen Onkel und Nichte angenommen hatte. Ich denke, daß ich aus reiner Neugier mitfuhr und weil wir auf der kurzen Bahnreise Gelegenheit zum Schmusen hatten. Ich erinnere mich, daß das Schloß, das auf einem nebelverhangenen Berggipfel im Wald lag, wie ein furchteinflößendes Weihnachtsspielzeug aussah und riesige, echt gotische Salons hatte. In einem davon wurde uns das Mittagessen serviert. Der Graf oder Fürst, oder von mir aus sogar Herzog, war ein kleiner Mann mit einem seltsam runzeligen Gesicht und rötlichem Haar, wenn ich mich recht erinnere. Einige Fürstinnen waren auch da und, dessen bin ich sicher, mehrere riesige Hunde. Alma schien die fürstliche Umgebung mit etwas snobistischem Respekt und ehrlicher Befriedigung darüber zu genießen, daß sie als Gleichgestellte behandelt wurde und sich als solche zu benehmen wußte.

In diesem Herbst gab es noch eine weitere Reise, die ich Almas wegen unternahm. Sie lud mich ein, nach Amsterdam zu kommen, um sie mit dem berühmten Concertgebouw-Orchester unter der damaligen Leitung von Pierre Monteux mein *Violinkonzert* spielen zu hören. Ich erinnere mich vage, daß ich das Konzert bereits vorher mit ihr und einem anderen Orchester in Deutschland gehört hatte, aber ich kann jetzt nicht mehr genau sagen, bei welcher Gelegenheit das war. Es war nicht die erste Aufführung des Stückes, welche meinen Aufzeichnungen zufolge in Dessau stattfand, denn soviel ich weiß, bin ich nie in Dessau gewesen. Das ist eine der Einzelheiten in dieser Geschichte, die ich im Moment nicht klären kann. Jedenfalls gefiel mir die Aussicht auf eine Reise nach Holland sehr, denn das war nicht Deutschland, was meiner Ansicht nach schon an sich ein Vorteil war, und es gehörte zu der wunderbaren Welt »draußen«. Ich sollte erwähnen, daß ich zu jener Zeit mit sehr eleganter Garderobe ausgestattet war, denn ich war dem schicksten Herrenausstatter Kassels in die Hände gefallen, der Wert darauf legte, die prominenteren Mitglieder der Schauspieltruppe zu kulanten Bedingungen zu versorgen. Er überredete mich, verschiedene, sehr gepflegte Kleidungsstücke, von der Unterwäsche bis hin zum Pelzmantel, zu bestellen. Ich habe nie in meinem Leben so stutzerhaft ausgesehen wie in dieser Phase, obgleich aufgrund der provinziellen Interpretation großstädtischen Geschmacks seitens dieses Mannes alles ein wenig übertrieben war. Ich besaß eine schwarze Melone und eine Sammlung von Spazierstöcken, die mir sehr gut gefielen. Eigentlich hatte ich mir schon viel früher angewöhnt, einen Stock zu tragen, nachdem ich in Wien ein altes Erbstück von meinem Großvater entdeckt hatte, einen wirklich bemerkenswerten Stock, der aus einem flexiblen Material wie Krokodilleder oder ähnlichem hergestellt war, mit einem schönen Silberknauf. Dieser sehr vornehme Gegenstand war leider nach wenigen Jahren abgenutzt, und seither kaufte ich Spazierstöcke von aktuellerem Aussehen.

In all dieser Herrlichkeit reiste ich nach Holland, denn es gibt ein Foto, das mich mit Alma und ihrer holländischen Freundin, Frau Tadema, auf der Landungsbrücke von Scheveningen zeigt und auf dem ich ungefähr so aussehe wie eine Kleinstadtimitation von Maurice Chevalier mit einem Kater. Jetzt fällt mir ein, daß diese Hollandreise eher Anfang 1926 als Ende 1925 stattgefunden haben muß, denn ich trug die Krönung meiner Dandy-Ausstattung bei mir, ein Monokel (keine Linse, einfach gewöhnliches Glas) an einer sehr schönen Platinkette, die ich von Berta Herrmann zu Weihnachten bekommen hatte. Ich erinnere mich, daß ich dieses Ding bei mir hatte, denn auf der Rückreise von Holland probierte ich seine Wirkung an einem deutschen Zollbeamten aus. Als er mich in der üblichen arroganten Art der Über-Rasse aufforderte, meinen Koffer zu öffnen, klemmte ich mein Monokel ins Auge und sagte etwas wie »Verzeihung?«, und der Narr zog sich tatsächlich unter heftigem Salutieren zurück, denn das Monokel war das Symbol der Über-Elite der Über-Rasse, der preußischen Junker.

Trotzdem, die Geschichte dieser Reise kann ich gleich hier erzählen. Ich wurde eingeladen, bei Almas Freunden, den Tademas, in Haarlem zu wohnen, das im Nahverkehrsbereich von Amsterdam liegt. Als ich nach einer ermüdenden Nachtfahrt durch Westdeutschland die Grenze passierte, beeindruckte mich insbesondere die Tatsache, daß Holland, ein Land vielleicht von der Größe Minnesotas, eine ganz eigene Uhrzeit hatte, zwischen mitteleuropäischer Zeit und Greenwich Time. In Amsterdam nahm ich einen der Züge, die zu jeder vollen Stunde auf der Hauptstrecke des kleinen Königreichs verkehrten und alle bedeutenden Städte miteinander verbanden: Haarlem, Leyden, Delft, Den Haag, Rotterdam und Doordrecht. Es war etwa so wie die Verbindung zwischen New York und Washington, aber damals war das für mich neu. Die Züge wurden elektrisch angetrieben, waren sauber und sehr schnell, und in allen Bahnhöfen hatten die Bahnsteige die gleiche Höhe wie die Türen der Waggons. Ich verstehe nicht, warum das nicht überall der Fall ist, sondern nur in sehr wenigen Großstadtbahnhöfen. Die Holländer schienen wohlgenährt zu sein, gut gekleidet und äußerst zufrieden mit sich selbst, eine Haltung, die mir für alle Nationen, die während des Ersten Weltkriegs neutral geblieben waren, kennzeichnend zu sein schien.

Von Amsterdam und der Aufführung meines Konzerts habe ich nichts in Erinnerung behalten. Ich weiß aber noch sehr wohl, daß ich das berühmte Rijksmuseum besucht und die noch berühmtere »Nachtwache« von Rembrandt gesehen habe, die einen Raum ganz für sich hatte, mit besonderer Beleuchtung. Ich war enttäuscht, weil ich nichts Außergewöhnliches in diesem Gemälde sehen konnte, das aus Rembrandt, dem erfolgreichen und vielversprechenden Maler seiner Zeit, einen gefährlichen und asozialen Narren machte und ihm Elend und Ruin brachte. Erst viele Jahre später, nach einem sorgfältigen Studium seiner früheren Gemälde und der Werke anderer Maler, die ähnliche Sujets wie die »Nachtwache« behandelt haben, konnte ich die Sache würdigen. In Haarlem besichtigte ich das Frans-Hals-Museum und andere Sehenswürdigkeiten, und ich erinnere mich auch gut an einen Besuch in dem entzückenden Maurits Huijs, einem kleinen Museum in Den Haag, das ich der großen Amsterdamer Einrichtung bei weitem vorzog. Ich weiß nicht, ob ich bei dieser Gelegenheit auch Delft besuchte und ob ich bereits meine ganz besondere Begeisterung für Vermeer entwickelt hatte. Mir scheint, daß ich mich erst später in sein Gemälde mit der Ansicht von Delft verliebte. Ansonsten weiß ich nicht mehr viel von Den Haag, außer daß wir im Hotel Royal aßen und uns dem umwerfendsten Aufgebot von Hors d'oeuvres gegenübersahen, dem ich je begegnet bin, und ich beurteilte das nicht nach den Maßstäben eines Kasseler Bauerntölpels, sondern ich hatte eine ganze Reihe davon in der Schweiz und in Paris vor mir gehabt. Von Den Haag aus fuhren wir auch an den nahen Strand von Scheveningen, wo jenes Foto gemacht wurde. Es war das erste Mal, daß ich den Atlantik sah, aber eigentlich sah ich überhaupt nichts, denn der Nebel war so dicht, daß man nicht mehr als drei Meter Wasser erkennen konnte, und das Meer war so ruhig wie das Wasser in einer Badewanne. Im ganzen war es eine sehr flüchtige Bekanntschaft mit dem sehr bemerkenswerten und charaktervollen Holland, und meine eigentlichen Eindrücke von diesem Land stammen von mehreren Besuchen, die viele Jahre später stattfanden.

Theateratmosphäre

Was meinen Lebensstil angeht, so erkannte ich bald, daß die Theateratmosphäre weitgehend dem entsprach, was ich im Sinn hatte, seit ich meine »Pariser« Philosophie entdeckt hatte. Viele glauben, daß alle Theaterleute in einem permanenten Zustand der Ausschweifung leben und in jeder Hinsicht schlecht sind. Das ist natürlich nicht wahr. Die Mehrzahl der Mitglieder der Kasseler Truppe waren solide Bürger mit dem üblichen Familienleben, pünktliche Steuerzahler und sogar Kirchgänger. Einige waren anders, aber derartige Unterschiede kann man in allen Bevölkerungsschichten finden. Wahrscheinlich gibt es sogar Postbeamte, die zu Trunkenheit und Ausschweifungen neigen. Es ist allerdings wahr, daß die meisten Theaterleute eine exhibitionistische Ader haben, natürlicherweise, denn das ist ein Kennzeichen ihrer Begabung. Die Notwendigkeit, Abend für Abend und von Berufs wegen gefühlsbestimmte Verhaltensmuster darzustellen, ist gewohnheitsbildend, selbst bei Menschen, die ursprünglich vielleicht nicht sehr dazu neigen. Schauspieler und Opernsänger sind es daher gewohnt, sich sehr gefühlsbetont zu geben, und sie denken sich nicht viel dabei, einander in der Öffentlichkeit oder anderswo zu tätscheln und zu küssen, was aber nicht bedeutet, daß sie alle ständig promiskuitiven Geschlechtsverkehr beabsichtigen oder praktizieren. Trotzdem machen Flirten und Zweideutigkeiten den Grundtenor der Unterhaltung aus. Ich gebe zu, daß ich das sehr genoß, denn die allgemeine Atmosphäre befreite mich von vielen meiner früheren Hemmungen. Ich konnte mich immer noch nicht überwinden, viele Affären zu haben, teils weil ich den Vollzug einer sexuellen Beziehung zu ernst nahm, teils weil sie peinliche Folgen hätte haben können, teils weil es ständig Gerüchte gab, daß diese oder jene Frau Trägerin einer üblen Krankheit war, und teils weil die Affären, die ich tatsächlich hatte, meine Wünsche ohnehin befriedigten. So beschränkte ich mich außerhalb dieser Affären auf die üblichen Flirts und auf mehr oder weniger weitgehendes Schmusen, was auch für sich genommen angenehm und unterhaltsam war.

Es war Gertrud Tandar, mit der ich bald in die fortgeschritteneren Phasen des Spiels einstieg. Nachdem wir ein paarmal miteinander zum Essen ausgegangen waren, fuhren wir gemeinsam nach Frankfurt, um jene Aufführung meiner *Symphonie für Blasinstrumente* zu hören, die ich bereits erwähnt habe. Wir nahmen den späten Abendzug zurück nach Kassel und verbrachten die Zeit mit erotischem Vorspiel, inspiriert von ein paar Flaschen Wein, die sie mitgenommen hatte. Es war bald klar, daß dieser Anfang nach mehr verlangte. Es ging das Gerücht, daß sie nicht ruhte, bevor sie nicht mit jedem Neuem am Theater geschlafen hatte. Was sie selbst erzählte, war ganz anders und folgte dem bekannten Schema, daß sie von einem frühen Liebhaber verführt und verlassen worden war, woraufhin sie sich mit Kurt Uhlig, dem großen Casanova, zusammengetan hatte wobei sie ihm seine Abenteuer, die Stadtgespräch waren, lächelnd verzieh. Die Wahrheit lag wahrscheinlich irgendwo dazwischen. Sie war eine sehr intelligente Frau mit echtem Interesse an Literatur und Musik, eine leidenschaftliche und perfekte Geliebte mit gewaltigen Körpermaßen und einem sehr gesunden Appetit, und eine wunderbare Köchin. Ich glaube, daß sie mich wirklich liebte, sicherlich ernsthafter, als ich sie liebte, was sie mir keineswegs verübelte, denn sie wußte, daß ich sie, obgleich ich ihre Umarmung aufs äußerste genoß, verlassen würde, sobald mich eine ernstere Leidenschaft ergriff. Ich habe keinen Grund, daran zu zweifeln, daß sie mir für die Dauer unserer Affäre absolut treu war. Sie überschüttete mich mit Geschenken und kochte bemerkenswerte Mahlzeiten für mich. Besonders eine bestimmte Schokoladentorte werde ich nie vergessen. Eines Tages brachte sie Austern und Champagner in mein Büro im Theater, gleichsam ein zweites Frühstück, und sie hatte zahlreiche Ideen dieser Art, die das Leben erfreulich machten.

Einige Zeit später trug sich, als ich einmal sehr spät abends noch bei Gertrud war, eine recht dramatische und zugleich lächerliche Episode zu. Nach ausgiebigem Liebesspiel war ich im Begriff zu gehen, als plötzlich ihr kleiner Hund anschlug und unruhig wurde, so daß man deutlich spüren konnte, daß jemand in der Nähe war. Bald entdeckten wir dann tatsächlich auch Uhlig, der um das Haus herumstrich. Er konnte noch nicht sehr lange dagewesen sein, denn der Hund hätte sonst früher reagiert. Es war unwahrscheinlich, daß Eifersucht ihn veranlaßt hatte, zu so später Stunde den ziemlich langen Weg von seiner Wohnung hierher zurückzulegen. Wahrscheinlicher erschien, daß er auf dem Heimweg von einer Party oder was auch immer war und Lust hatte, vorbeizuschauen. Jedenfalls sprang er durch das hintere Fenster ins Zimmer und machte ein gewaltiges Theater, schrie und schlug auf den Tisch, brüllte und fluchte. Als er den Höhepunkt erreichte, nahm er sein Bild, das Gertrud auf ihrer Frisierkommode stehen hatte, zerschlug es in tausend Stücke und schwor, daß es zwischen ihnen endgültig aus sei. Danach waren nicht mehr viele dramatische Effekte übrig, und so machte er sich recht kleinlaut wieder auf den Weg, diesmal durch die Tür. Anfangs hatte ich ein wenig Angst, wie ich gerne zugebe, aber bald erkannte ich, daß dieser Auftritt als starker Mann größtenteils gespielt war und daß er sich mit seinem Geschrei ganz verausgaben würde, wenn man ihm nicht widersprach, und weder Gertrud noch ich dachten daran, ihn bei seinem Monolog zu stören. Das Ganze blieb ohne Folgen. Ich schlief weiter mit ihr, und sie blieb weiter bei ihm, nachdem ich gegangen war.

Begegnung mit Berta Herrmann

Während dieser ganzen Zeit entwickelte ich eine wachsende und echte Zuneigung zu der Frau, die später meine Ehefrau werden sollte, und da sie zur Zeit dieser Aufzeichnungen auch noch meine Ehefrau ist, halte ich es für angebracht, an dieser Stelle nicht auf Einzelheiten dieser Beziehung einzugehen. Wir hatten mehrere Gespräche über künstlerische Dinge geführt, und ich bemerkte, daß Berta zwar mit allen Kollegen auf gutem Fuß stand, aber was ihre Lebensweise anging, viel für sich blieb. Sie lebte mit ihrer Mutter in einer kleinen Wohnung in der Hohenzollernstraße 70, und obgleich sie oft auf Partys ging und an anderen »offiziellen« Vergnügungen teilnahm, war sie mit keinem Mitglied der Truppe in irgendwelche privaten Beziehungen verstrickt. Ich nehme an, daß sie meine Aufmerksamkeit anfangs auf sich zog, weil sie anders war als die Gruppe, in der ich sie kennenlernte, und obgleich sie beträchtlich viel älter war als ich – fünfzehn Jahre, wie ich bald herausfand –, wuchs mein Interesse schnell. Ich weiß nicht mehr, wie bald ich ihrer Mutter vorgestellt wurde und ob ich in irgendeiner Weise offiziell als »Freier« akzeptiert wurde.

Bertas Mutter war die Witwe eines Herrn Haas, eines Geologieprofessors an der Universität Kiel, der Stadt, in der Berta geboren war. Er war vor dem Ersten Weltkrieg gestorben und muß eine Persönlichkeit gewesen sein. Seine Vorfahren waren süddeutsch und französisch mit jüdischem Einschlag. Er hatte offenbar ein beträchtliches Vermögen geerbt und führte das Leben eines Grandseigneurs, der es sich leisten konnte, die lächerlichen akademischen und sozialen Bräuche einer kleinen preußischen Universität zu ignorieren. Da Kiel der zentrale Marinestützpunkt Deutschlands war, war es für Frau Haas beschlossene Sache, daß ihre vier Söhne die ruhmreiche Laufbahn von Marineoffizieren antreten würden, zur großen Bestürzung des Vaters, der schwäbischer Demokrat war und alles Preußische und Militärische verachtete. Aber Frau Haas, die aus einer Familie von dänischen Fischern und Seeleuten stammte, war in gesellschaftlichen Dingen so ehrgeizig wie ihr Mann ihnen gleichgültig gegenüberstand, und sie hatte ihre Art, sich durchzusetzen. Die Familie lebte in großem Stil, und nur das beste war für den feinen und teuren Geschmack des vornehmen Professors gut genug. Als er plötzlich starb (wie es scheint, gab es Anzeichen für einen Selbstmord), stellte sich heraus, daß nicht nur das Vermögen seit einiger Zeit verbraucht war, sondern daß beträchtliche Schulden zurückgeblieben waren. Das Haus in Kiel und der schöne Sommersitz im bayrischen Bad Kreuth mußten mit vielen anderen Wertgegenständen zusammen verkauft werden.

Berta, die einige Zeit vorher zum Theater gegangen war (gegen den Widerstand ihrer Familie, weshalb sie den Namen Herrmann annehmen mußte), lebte seither mit ihrer Mutter zusammen, die jetzt die lukrative Seite der Schauspielerei zu schätzen wußte. Berta hatte verschiedenen Schauspieltruppen mit zum Teil ausgezeichnetem Ruf angehört, wie dem Düsseldorfer Schauspielhaus von Madame Dumont und der berühmten Truppe des Großherzogs von Meiningen. Aus verschiedenen Gründen, die zum Teil in ihrer kompromißlosen Persönlichkeit, ihrem fehlenden Sinn für Intrigen und ihrem hartnäckigen Einsatz für Recht und Gerechtigkeit zu finden waren, erreichte sie nie die oberste Stufe: Berlin, Frankfurt oder München und Hamburg. Sie hing mit fanatischer Hingabe an ihrem Beruf und hatte den echten Ehrgeiz, eine glänzende Karriere zu machen, aber sie konnte sich nie von der Illusion befreien, daß Qualität allein zählt, obgleich sie genug gegenteilige Erfahrungen gemacht und eine sehr realistische Einstellung zu dieser Sache entwikkelt hatte.

Zwei von Bertas Brüdern waren bereits gestorben. Einer war ein junger Offizier in einem protzigen preußischen Kavallerieregiment gewesen und hatte wegen der üblichen dummen Geldschwierigkeiten Selbstmord begangen, der andere, der einzige, der des Vaters Aversion gegen das Militär geerbt hatte, war im Krieg gefallen. Die übrigen beiden waren Marineoffiziere gewesen und wurden nach 1918 arbeitslos. Walter, der Kriegsgefangener in England gewesen war, änderte seine Einstellung vollkommen, gab seine militärischen

Ambitionen auf, wurde ein ernsthafter Republikaner und versuchte sich in verschiedenen Zivilberufen. Eine Zeitlang war er Verwaltungsdirektor des Bauhauses, der berühmten revolutionären Hochschule für Gestaltung, die Gropius und Moholy-Nagy in Weimar gegründet hatten und die später nach Dessau verlegt wurde. Danach wurde Walter Vertreter für Agfa, die führende deutsche Fotofirma. Der andere Bruder, Herrmann, war mit mehr oder weniger mysteriösen Aktivitäten im Zusammenhang mit der geheimen Aufrüstung der deutschen Armee befaßt. Es war nie ganz klar, wovon er lebte, und oft genug brachte er sich in ärgerliche Schwierigkeiten. Er hatte, gelinde gesagt, einen sehr unzuverlässig strukturierten Verstand, und in vielen Fällen stellte sich heraus, daß seine Geschichten das Produkt einer seltsamen Phantasie oder sogar einfach phantastische Lügen waren. So fiel es Berta zu, ihre Mutter zu ernähren, die, wie ich zugebe, den Schicksalsschlägen mutig standhielt. Die alte Dame ihrerseits übernahm die Verantwortung für alle Einzelheiten des kleinen Haushalts, so daß Berta sich ausschließlich ihrem Beruf widmen konnte. Das alles ist im Hinblick auf meine persönliche Geschichte sehr wichtig, weil es viele Charaktereigenschaften Bertas erklärt, die für die Entwicklung meines eigenen Lebens bedeutsam waren.

Das erste Mal, daß ich Berta auf der Bühne sah, war an einem meiner ersten Abende im Theater, und ich kannte sie damals noch nicht persönlich. Sie war der Puck im *Sommernachtstraum*, und ihre Darstellung gefiel mir nicht besonders, obgleich ich sehen konnte, daß sie sehr sorgfältig ausgearbeitet worden war, mit Begeisterung gespielt wurde und weit über dem Durchschnitt lag. Ich lernte ihr Schauspieltalent besser kennen und schätzen, als wir gemeinsam an einer Rolle arbeiteten, in der sie ein wenig zu singen und verschiedene Phasen ihres Spiels auf die Musik abzustimmen hatte. Das Stück war *Vom lieben Augustin*, eine halbernste, märchenhafte Komödie eines sudetendeutschen Dichters namens Dietzenschmidt. Ich hatte eine ziemlich umfangreiche Bühnenmusik mit verschiedenen Wiener Liedern und Tänzen beizusteuern, was mir viel Spaß machte, weil die musikalische Thematik reizvoll war. Das Stück hatte einen gewissen Charme, obgleich es vielleicht mittelmäßig und im ganzen unbeholfen war. Aber die Musik war so wichtig, daß sie im Orchestergraben gespielt und dirigiert wurde anstatt hinter der Bühne, und das verlieh meiner Aufgabe einen zusätzlichen Reiz. Die Aufführung hatte großen Erfolg, und ich erinnere mich, daß Hindemith, der aus irgendeinem Grund vorbeigekommen war und eine Vorstellung besuchte, die Musik sehr gefiel.

Danach ging ich mit Berta oft zum Essen aus, was nach mitteleuropäischem Brauch nach der Vorstellung war, so daß es spät wurde. (Gewöhnlich begannen die Vorstellungen um sieben oder halb acht und waren um zehn Uhr aus, so daß wir selten vor eins oder halb zwei nach Hause kamen.) Wir gingen meistens in das Restaurant Nobis, ein eher kleines Lokal in der Art einer »Weinstube«, wo man zum Essen Wein statt Bier trank, anders, als es in gewöhnlichen Gaststätten üblich war. Die Bezeichnung »Weinstube« machte ein Restaurant automatisch exklusiver, denn es war teurer. Nobis war bei weitem das beste und kultivierteste Speiserestaurant in Kassel, und als der Besitzer, der auch der Küchenchef war, uns besser kennenlernte, bereitete er häufig spezielle Gerichte nach französischen Rezepten zu, die er kannte, aber gewöhnlich nicht verwendete. Zudem hatte er einen bemerkenswerten Weinkeller, von dem wir erschöpfende Kenntnis erwarben. Was deutsche Weine angeht, kam ich schließlich zu dem Schluß, daß mir die Weine von Mosel und Saar am besten schmeckten. Diese Weine hatten eine wundervolle Blume und moussierten von Natur aus ein wenig, was überaus anregend war. Verwandt damit waren ein paar Weine von Nahe und Ruwer. Während meines kurzen Aufenthalts in Wiesbaden sollte ich zum Kenner der berühmten Rheinweine werden, aber sie waren für meinen Geschmack im allgemeinen zu berauschend, denn ich trinke Wein gerne über unbegrenzte Zeit, ohne betrunken zu werden oder mich sonstwie unwohl zu fühlen. Das gleiche galt für den sehr schmackhaften, aber schweren Steinwein aus der Gegend um Würzburg am Main. Einige sehr gute, aber nur örtlich bekannte Weine kamen aus der Rheinpfalz, westlich von Mannheim, und vom Kaiserstuhl bei Freiburg, den ich bereits erwähnt habe.

Einige Wochen, nachdem meine Beziehung zu Gertrud zu der erwarteten Erfüllung geführt hatte, war es klar, daß ich mich mit Berta in gleicher Weise verbinden würde, und wir beschlossen, den Silvesterabend in Frankfurt zu verbringen, da weder ihre noch meine Wohnung für diesen Zweck geeignet schien. Ich gestehe, daß ich mich bei der Aussicht auf diese Neujahrstage etwas geschmeichelt fühlte, denn am 30. Dezember war ich mit Gertrud verabredet und am Neujahrstag mit Alma in Zürich, und ich legte Wert darauf, alle drei Termine einzuhalten. Nachdem ich den größten Teil der Nacht mit Gertrud verbracht hatte, fuhr ich nachmittags mit Berta nach Frankfurt, wo wir zuerst eine Vorstellung von einer amerikanischen Truppe, den Chocolate Kiddies, besuchten. Danach zogen wir uns in unser Hotel zurück, und am nächsten Morgen nahm ich den Zug nach Zürich, wo ich meinen letzten Verkehr mit Alma hatte, nachdem sie mich zu einem äußerst schicken Abendessen im Huguenin ausgeführt hatte. Sie war enttäuscht, daß ich nicht zum Silvesterabend gekommen war, aber ich sagte, wir hätten Silvester eine sehr wichtige Probe gehabt, was zufällig der Wahrheit entsprach, weil wir Schillers *Jungfrau von Orleans* inszenierten, wieder mit Bühnenmusik von mir. Als ich irgendwann erwähnte, daß ich etwas müde sei, sagte Alma, sie sei froh, daß ich jetzt, da ich auch Berufspflichten hätte, endlich verstehen würde, wie sie sich so oft gefühlt habe. Ich murmelte wohl, daß sie in Bukarest nicht so müde gewesen sei, und ging schlafen. Wenn unser Zusammentreffen in Holland später stattgefunden haben sollte, was wahrscheinlich ist, glaube ich trotzdem, daß eigentlich dieser Besuch in Zürich das Ende unserer Beziehung war.

Ich habe sie seitdem nie wieder gesehen. Etwas später hörte ich, daß sie in Köln einen gewissen Dr. Schröder oder so ähnlich geheiratet hatte. Ich weiß nicht, wieviel später das geschah, aber jedenfalls traf ich sie nicht wieder, obgleich ich in den folgenden Jahren häufig nach Köln kam. Ich hörte, daß dieser Schröder ein Geschäftsmann sei, eine etwas zwielichtige Erscheinung, und daß er sich später als Nazi entpuppte. Es scheint, daß Alma sich ihren fortdauernden prodeutschen Neigungen entsprechend vollkommen assimilierte. Es kann gut sein, daß es Werner Reinhart war, der mir die Nachricht von ihrer Heirat übermittelte. Ich erinnere mich jedenfalls, daß die Tatsache in einem Gespräch, das wir unter vier Augen führten, erwähnt wurde. Und ich erinnere mich, daß ich vorsichtig bemerkte, ich hätte immer den Eindruck gehabt, daß sie zumindest ein Doppel-, wenn nicht sogar ein Mehrfachleben führte, womit ich meinte, daß die Neuigkeit in diese Richtung wies, da keiner von uns je von Herrn Schröder gehört hatte. Reinhardts Kommentar dazu war nur: »Mmhmm«, und damit war das Kapitel endgültig abgeschlossen.

In der Weihnachtszeit hatte ich Kontakt mit dem Kasseler Rundfunk aufgenommen, und zwar insofern, als sie ein Weihnachtsspiel mit mehreren Schauspielern des Theaters produzierten, zu dem ich wiederum die Begleitmusik schreiben und dirigieren mußte. Wie fast alle Rundfunksender in Europa unterstand auch dieser der Regierung, denn nach den geltenden Gesetzen war die Kommunikation über Post, Telegraf und Telefon, ob drahtlos oder nicht, eine öffentliche Dienstleistung, für die der Staat zuständig war. Die Hörer mußten jährlich eine ganz kleine Summe bezahlen, um diesen Dienst in Anspruch nehmen zu können, und für dieses Lösegeld genossen sie das Privileg, nicht von Reklame belästigt zu werden. Obwohl die Gebühr sehr gering war – etwas wie ein Dollar im Jahr oder weniger –, gehörten die Rundfunkanstalten, die normalerweise in einer

Art Dachgesellschaft organisiert waren, in der die Post die Mehrzahl der Anteile besaß, zu den wohlhabendsten und leistungsfähigsten Sponsoren öffentlicher Unterhaltung. So hatten kleine, lokale Sender ihre eigenen Orchester und beschäftigten Musiker, Dozenten, Schauspieler und so weiter, ohne daß diese vorher von Werbeagenturen angeheuert werden mußten. Und da viele Direktoren dieser völlig dezentralisiert organisierten Anstalten sehr gebildete Männer mit intellektuellem und kulturellem Ehrgeiz waren, bot das europäische Radio den zeitgenössischen Künstlern eine große Zahl wertvoller Möglichkeiten, von denen in Amerika niemand auch nur träumen würde. Diese Entwicklung hatte in jüngerer Zeit, aber sehr schnell stattgefunden.

Der Kasseler Rundfunksender war im obersten Stockwerk des Postamts untergebracht, aber bereits 1925 war das schon etwas ganz anderes als der andere Sender, den ich zwei Jahre zuvor in Frankfurt kennengelernt hatte, als Flesch mit einem Assistenten und behelfsmäßigen Geräten auf dem Dachboden des Hauptpostamts vor sich hin arbeitete. Doch selbst zu jener Zeit war er schon in der Lage gewesen, mir für eine lächerliche kleine Tanznummer, die eine Gruppe, die sich aus einigen seiner wilden Freunde zusammensetzte, in den Äther schickte, dreihundert Mark anzubieten.

Nach jenem ersten Kontakt war ich etwa einmal im Monat im Kasseler Rundfunk zu hören, mit Berichten über bevorstehende Theaterproduktionen oder allgemeine künstlerische Themen, oder als Dirigent eines Kammerorchesters. Ein besonders hübscher Programmpunkt bei einem dieser Konzerte war ein Flötenkonzert von Friedrich dem Großen, und so sehr mir die politische Einstellung dieses Monarchen mißfiel, in dem ich einen der Hauptrepräsentanten der bösen Kräfte sah, die in der deutschen Nation schlummerten, seine entzückende musikalische Begabung und sein bemerkenswertes handwerkliches Können erkannte ich gern an.

Über den Direktor des Rundfunksenders, einen Dr. Block, lernte ich seine Assistentin, Frau Gruneberg, kennen, eine hübsche Person, die meinen Flirtversuchen mit einer entmutigenden Hochnäsigkeit begegnete. Etwas mehr Erfolg hatte ich bei einer äußerst eleganten und attraktiven, obgleich nicht eigentlich schönen Frau, Frau Israel, die mit ersterer befreundet war. Sie war die Frau eines Rechtsanwalts, über den zweideutige Gerüchte kursierten. Trotz seines alttestamentarischen Namens war er ein reiner Arier aus einer sehr alten hessischen Familie. Frau Israel war temperamentvoll und kapriziös, kleidete sich teuer im Pariser Stil und mischte gern französische Ausdrücke in ihre Sätze. Ich glaube, daß sie mich in gewissem Maße wirklich mochte, weil sie manchmal mit unerwarteter

Wärme auf mich einging, was zu ihrem glitzernden Glamourgehabe einen bewegenden Gegensatz bildete. Vielleicht war ich zu besonnen, als ich den gebotenen Verlockungen nicht erlag, aber vielleicht war ich auch eben besonnen genug, denn einerseits hatte ich gehört, daß Dr. Israel seine Frau als Köder benutzte, um reiche Trottel in kompromittierende Situationen zu bringen, die er zu seinem Vorteil ausnutzte, und obgleich ich für seine Erpressungsmanöver sicher ein sehr ungeeignetes Objekt gewesen wäre, ahnte ich andererseits die Möglichkeit unangenehmer Konsequenzen, als Dr. Israel, während er mir seine Wohnung zeigte, mit einer Art von kauzigem Humor darauf hinwies, daß das Schlafzimmer seiner Frau nur den einen Nachteil habe, daß man dort nicht hören könne, wenn sich auf dem Flur Schritte näherten. Das war sicherlich ein sonderbarer Ausspruch, und ich weiß nicht, ob ich ihn richtig verstand, aber es erschien mir vernünftig, mich vorzusehen. Auf dieser Grundlage verbrachte ich mit beiden Israels, die immer schöne Getränke anzubieten hatten, viele sehr angenehme Abende, und manche auch mit Frau Israel allein. Sie war Amateurschauspielerin, und dieser Eigenschaft wegen hatte ich etwas mehr Kontakt zu ihr, worauf ich noch zurückkommen werde.

Erich Lewinsky und Leonhard Nelson

Mir scheint, daß es Rubensohns waren, durch die ich mit Dr. Erich Lewinsky und seiner Familie, allesamt bemerkenswerte Leute, zusammentraf. Als ich Lewinsky kennenlernte, war er Rechtsanwalt mit extrem linken Neigungen, der Gewerkschaften und Kommunisten vor Gericht vertrat. Er war ein sehr dicker, vergnügter Mensch mit ausgesprochen jüdischen Zügen, etwas jünger als ich, obgleich er wegen seiner imposanten Statur älter aussah. Er hatte eine sehr hübsche Schwester und einen jüngeren Bruder im Studentenalter, der eine Art jüdischer Riese war. Es gab noch andere Verwandte, einige davon in Südafrika, was mir damals phantastisch erschien. Die Lewinskys hatten jedoch die Schwierigkeiten der Emigration früher durchgemacht als wir anderen. Sie hatten in Ostpreußen gelebt und waren im Gefolge der Umwälzungen des Ersten Weltkrieges von zu Hause vertrieben worden oder hatten sich entschlossen, fortzugehen. Sie waren sehr intelligente und hochgebildete Menschen mit ungewöhnlichen Begabungen, und zugleich hatten sie alle etwas von der fröhlichen Forschheit und der jugendlichen Begeisterung von Pfadfindern.

Bald nachdem ich ihn kennengelernt hatte, schloß Dr. Lewinsky sich einer sonderbaren sozialistischen Bewegung an, deren Führer ein gewisser Leonhard Nelson war, der von seinen Anhängern als eine Art Prophet verehrt wurde. Soweit ich erkennen konnte, setzte er sich für eine sehr radikale Form des Sozialismus mit antidemokratischen Merkmalen ein, gleichzeitig aber hatte er einige ernsthafte Auseinandersetzungen mit den offiziellen Kommunisten. Meiner jetzigen, ziemlich flüchtigen Kenntnis dieser Dinge zufolge würden seine politischen Grundsätze ihn heute wahrscheinlich zu einer Art Trotzkisten machen, aber ich vermute, daß ihm dieses Etikett auch nicht gefallen hätte.

Seine offizielle und erklärte Beschäftigung und sein Hauptanliegen war aber nicht die Politik, sondern die Philosophie, und er hatte etliche Wälzer und gelehrte Schriften über philosophische Themen veröffentlicht. Auf Lewinskys Veranlassung las ich einige davon, und sie schienen das Ergebnis sehr ernsthafter Studien zu sein. Wenn ich mit einigen seiner entscheidenden Schlußfolgerungen und Empfehlungen nicht einverstanden war, dann lag das eher an meiner instinktiven gefühlsmäßigen Abneigung dagegen als an einer ernsthaften philosophischen Beweisführung, für die es mir seit jeher an Rüstzeug und Ausbildung fehlt. Nelsons Einwand gegen die Demokratie war, daß das Regieren eine Wissenschaft wie jede andere sei und nur von ausgebildeten Fachleuten betrieben werden könne, und diese könnten nie durch Mehrheiten gewählt werden, denn das würde bedeuten, daß diejenigen, die offenbar weniger von der Sache verstanden als die Experten, entscheiden würden, wer die Experten seien. Er sagte, das wäre genauso absurd, als wenn die Kranken in einem Spital ihren Arzt durch Mehrheitswahl bestimmten, obgleich sie natürlich nichts von Medizin verstünden. Deshalb sollte das Regierungsamt von den »Weisesten« übernommen werden, und die Weisesten waren diejenigen, deren Auswahl und Schulung von »Führern« vorgenommen wurde, die ihrerseits von dem Initiatior des ganzen, dem erleuchteten Genie, das hieß natürlich von Leonhard Nelson, ernannt wurden. Der Aufbau der ganzen Sache ähnelte offenbar sehr dem Führerprinzip der Nazis, wobei der wesentliche Unterschied natürlich in der Tatsache bestand, daß Nelson und Hitler sich ungefähr genauso sehr voneinander unterschieden wie Plato und – nun ja, Hitler. Ich habe vergessen, wie Nelson sein System in die Praxis umsetzen wollte, aber das war auch nicht sehr wichtig, weil er wegen des hohen intellektuellen Anspruchs seiner Lehren auf internationaler Ebene nur einen sehr kleinen Kreis von Anhängern hatte.

Er betrieb eine Schule für potentielle Führer in der Walkermühle, einem Gut, das ein konvertierter Kapitalist ihm geschenkt hatte, etwa dreißig Kilometer von Kassel entfernt. Lewinsky lag sehr viel dran, daß ich den großen Mann kennenlernte, und er richtete es ein, daß ich meinen Karlsruher Vortrag in Nelsons Anwesenheit vor dieser Zuhörerschaft hielt. Mir gefiel diese Idee nicht besonders, und meine Bedenken bestätigten sich, als wir in Nelsons Schule kamen, denn dort herrschte die Pfadfinderatmosphäre, die ich immer ausgesprochen widerwärtig gefunden hatte. Menschen, die sich in ihrer Kindheit in Lagern aufgehalten haben, wären weniger schockiert gewesen, aber ich war als gelehrter Großstadtpinkel aufgewachsen und gewohnt, diese Eigenschaft in einer Zeit, in der entgegengesetzte Ideale populär geworden waren, übermäßig zu betonen. Außerdem schien mir allein schon das Wort »Lager« nach Militär zu schmecken, und dagegen habe ich immer schon die größte Abneigung gehabt. Noch dazu waren die Anhänger von Nelsons Doktrin Vegetarier, Antialkoholiker und Nichtraucher, wohl aus hygienischen und ethischen Gründen, und das versprach einen noch freudloseren Abend. Man servierte uns ein fades Abendessen in einem scheunenartigen Raum, und danach entledigte ich mich meines Vortrags, der sich mit Themen beschäftigte, die weit außerhalb des Interessenspektrums dieser kämpferischen Spartaner lagen, die alles über die Lebens- oder Sterbensbedingungen von Bergleuten in der östlichen Mandschurei wußten, aber nichts über Musik in Deutschland. Nelson nahm an dem erkenntnistheoretischen Relativismus Anstoß, den bestimmte, allgemeine Passagen meines Vortrags seiner Meinung nach auszudünsten schienen, und er wies mich darauf hin, daß das eine unhaltbare Position sei, denn entweder müßte ich behaupten, daß der Satz »Es gibt keine absolute Wahrheit« absolut wahr wäre, was eine contradictio in adjecto wäre, oder ich müßte zugeben, daß auch dieser Satz durch seinen eigenen Inhalt eingeschränkt würde, in welchem Falle er bedeutungslos würde.

Wenn ich mich recht erinnere, wollte ich nur erklären, daß ästhetische Urteile von bestimmten Annahmen abhängen, und es mag sein, daß ich diese Aussage etwas unvorsichtig verallgemeinerte. Wie ich schon erwähnte, hat die Vorstellung von der Relativität der Werte mein Denken immer stark beeinflußt. Zu einem späteren Zeitpunkt meiner Entwicklung wäre ich viel eher bereit gewesen, Nelson oder sonst jemandem beim Postulat der absoluten Wahrheit zuzustimmen, wenn auch aus ganz anderen Gründen und wahrscheinlich im Hinblick auf ein ganz anderes Wertesystem. Heute neige ich vielleicht wieder zu einer ziemlich relativistischen Sichtweise, aber ich würde sie nicht mehr benutzen, um damit die unreifen Behauptungen zu stützen, die ich in diesem Vortrag zugunsten einer etwas billigen Alltagsfunktion der Kunst im Sinn der damals gängigen Gebrauchsmusik und meiner »Pariser« Lebensphilosophie aufstellte. Jedenfalls wurde die Diskussion bald recht wirr, wie es leider bei den meisten philosphischen Diskussionen zwangsläufig der Fall ist, und das Erlebnis war ziemlich unbefriedigend.

Eine relativ ehrgeizige Arbeit war die Bühnenmusik zu Goethes *Triumph der Empfindsamkeit*. Ich hatte das Stück für die Kammeropernreihe vorgeschlagen, denn ich hatte es immer sehr gern gehabt. Es ist eine eigenartige Satire, die Goethe nach seiner Konversion zum Klassizismus geschrieben hatte, um die gefühlsmäßig überspannten literarischen Bemühungen seiner jugendlichen Phase des Sturm und Drang zu karikieren. Die Hauptfigur war ein Fürst, der so vornehm und sensibel war, daß die echte Natur seinem Bedürfnis nach sentimentalen Ergüssen nicht genügte, weil sie viel zu roh und barbarisch war. Deshalb trug er eine künstliche Natur mit sich herum, Schachteln, aus denen Wasserfälle herauskamen, Nachtigallen und Mondlicht und alles, was ein romantisches Herz begehrte. Inmitten seiner ausgeklügelten Apparaturen sitzend, wandte er sich an das Objekt seiner Leidenschaft, die Gemahlin eines ihm bekannten Königs. Diese Königin litt gleichfalls an der romantischen Krankheit der Empfindsamkeit und liebte es, schwer geprüfte Heldinnen der Mythologie darzustellen. Das war die Rechtfertigung für einen ganz herrlichen und völlig ernstgemeinten Monolog, in dem sie das Schicksal der Proserpina, der unglücklichen Göttin der Unterwelt, nachspielte. Schließlich ersannen drei kluge, junge Hofdamen ein Komplott, um den Fürsten von seinem lächerlichen Gemütszustand und zugleich den König von seiner Eifersucht zu kurieren, die völlig unbegründet war, denn als die Damen in das Allerheiligste des Fürsten eindrangen, stellten sie fest, daß das wahre Objekt seiner Verherrlichung eine die Königin darstellende Puppe war. Wiederum hatte er die Wirklichkeit verschmäht. Die Puppe wurde aufgeschnitten, und es zeigte sich, daß sie mit empfindsamer Literatur einschließlich Goethes *Werther* und ähnlichen gängigen Schriften ausgestopft war, deren Entdeckung von bissigen Bemerkungen begleitet wurde. Mit der Zerstörung der Puppe brach die Fiktion des Fürsten zusammen, und die allgemeine Zufriedenheit war wiederhergestellt.

Das war natürlich ein Stück für Kenner, ohne jede Publikumswirksamkeit. Aber wir verwendeten viel Liebe darauf und hatten großen Spaß damit, obgleich einige Leute es mehr oder weniger verrückt fanden. Die Szene mit den Büchern wurde natürlich aktualisiert, und wir erweiterten Goethes Text um eine Anzahl von Späßen über Zeitgenossen. Damals hatte ein sehr witziges Stück von Zuckmayer,

Der fröhliche Weinberg, einige Kontroversen ausgelöst, denn an vielen Orten hatten verschiedene Organisationen wegen seiner ziemlich freimütigen Sprache dagegen protestiert. Als Bekker die Aufführung für unser Theater ankündigte, drückte der Kasseler Polizeipräsident, ein gewisser Baron von Korff, sein Mißfallen aus. Er war ein Mann von vorrevolutionärer Tradition und ein überzeugter Katholik. Persönlich hatte ich nichts gegen ihn, weil er ein ganz reizender Herr mit drei sehr netten, nur ein klein wenig altjüngferlichen Töchtern war, mit denen ich ab und zu mit großem Vergnügen gesellschaftlich verkehrte. Aber unter den gegebenen Umständen nahmen die Katholiken in kontroversen Fragen gewöhnlich eine konservative, wenn nicht reaktionäre Haltung ein, und ich hatte bereits eine Auseinandersetzung mit einem Beamten des öffentlichen Schulsystems gehabt, der mich in der katholischen Zeitung wegen einer meiner Artikel im Programmheft des Theaters und wegen eines Radiovortrags angegriffen hatte. Ich hatte ihm in der sogenannten liberalen Zeitung geantwortet, im besten Karl-Kraus-Stil, wie ich meinte. Deshalb bestand ich darauf, in Goethes Stück auch eine Spitze gegen den Baron von Korff einzufügen, auf die er sehr nett und gentlemanlike reagierte.

Meine Musik zu dem Stück war recht umfangreich, eine Art verjazzter Stil des achtzehnten Jahrhunderts. Da Goethes Schluß kein wirkungsvolles musikalisches Finale zuließ, hatten wir ein Gedicht von Goethe ausgewählt (es war übrigens Gertrud, die es gefunden und vorgeschlagen hatte), und ich setzte es für vier Solostimmen. Die Musik war für ein kleines Symphonieorchester geschrieben. Später zog ich eine Suite heraus, in der das Finale enthalten war und die man entweder mit Koloratursopran oder rein instrumental aufführen konnte. Erstere Fassung wurde von Bruno Walter im Leipziger Gewandhaus uraufgeführt, mit der berühmten Maria Ivogrün als Solistin. Beide Versionen waren ungemein erfolgreich und wurden überall viele Male aufgeführt.

Ein weiteres kleineres Werk, das ich damals fertigstellte, waren die *Drei lustigen Märsche für Blasorchester*, ein Auftragswerk für die Donaueschinger Musiktage, die 1926 Musik für Blaskapellen auf dem Programm hatten, wahrscheinlich, weil ihnen die anderen Sachen ausgegangen waren und auch, weil das dem Trend zur Gebrauchsmusik entsprach, auf die besonderer Wert gelegt wurde, seit Hindemith der Chefberater dieser Unternehmung geworden war. Wenn ich nicht irre, habe ich nie eine Aufführung dieser Märsche gehört, obgleich auch sie recht erfolgreich wurden. Es war leichte Musik, ohne weitere Bedeutung.

Irgendwann in jenem Winter reiste ich mit Frau Rubensohn nach Dresden, um der »Welturaufführung«, wie man solche Ereignisse zu nennen begann, von Hindemiths Oper *Cardillac* beizuwohnen. Wir fuhren in Herrn Rubensohns Auto und machten in Leipzig Halt, das etwa sechs Autostunden von Kassel entfernt war. Unterwegs planten wir, in Naumburg anzuhalten, um den berühmten mittelalterlichen Dom zu besichtigen, aber Rubensohns Chauffeur, der ein Original war, schien Einwände gegen diesen Plan zu haben, und verfehlte konsequent alle Straßen, die nach Naumburg abzweigten, wobei er behauptete, daß die Karte falsch und die Straßen schlecht gekennzeichnet seien, obgleich beides für mich ganz eindeutig aussah. Es war nicht zu ändern. In Leipzig übernachteten wir bei Emys Bruder, der eine recht elegante Wohnung hatte, und die Familie Frank, reizende Menschen, sorgte sehr gut für uns. Am nächsten Morgen fuhren wir nach Dresden weiter, das etwa zwei Stunden entfernt war. Hindemiths Oper wurde mit allem Drum und Dran eines großen Ereignisses aufgeführt, und alle bedeutenden Regisseure, Dirigenten und Kritiker Deutschlands waren anwesend. Damals ahnte ich nicht, daß ich schon ein Jahr später selbst im Mittelpunkt einer solch illustren Versammlung stehen würde. Fritz Busch dirigierte, und das exzellente Dresdener Orchester machte seine Sache großartig. Ich war nicht sehr begeistert von der Oper, die bewies, daß Hindemith keine echte Theaterbegabung besaß. Das Werk hatte trotz seiner scheinbar spannenden Handlung kein wirkliches dramatisches Leben. (Es war eine Adaption einer Geschichte E. T. A. Hoffmanns, die von einem dämonischen Goldschmied handelte, der in seine Arbeit so verliebt war, daß er die Produkte seiner Kunst immer wieder zurückhaben wollte und nicht einmal davor zurückschreckte, seine Auftraggeber zu ermorden, um wieder in den Besitz der Schmuckstücke zu gelangen, die er vorher verkauft hatte.) Die Musik war ein weiteres Beispiel für die allgemeine Tendenz, in der Oper die »absolute« musikalische Form wiederherzustellen, als Reaktion auf Wagner, in dessen Werk die musikalische Struktur bloß eine Funktion der minutiösen psychologischen Deutung des Textes zu sein schien. In dieser Hinsicht war Hindemiths Versuch zweifellos ein Beitrag zum Neoklassizismus, wie er von Busoni formuliert worden war. In gewisser Weise versuchte Alban Berg in seinem *Wozzeck* etwas Ähnliches, aber er war nicht nur viel origineller als Hindemith, weil er eine profunde und umfassende Vision des Ganzen hatte, sondern es gelang ihm auch, seine konstruktiven Experimente vollständig in das dramatische Leben der Oper zu integrieren. Statt kühn eine neue Interpretation alter Formen zu wagen, kehrte Hindemith ganz offen zum Typus der Händel-Arie zurück, und die musikalischen

Einheiten, die er in diesem Stil schuf, waren gewissermaßen auf das Schauspiel aufgepfropft, das sich in seinem eigenen, ziemlich schwerfälligen Tempo bewegte, von der Musik kaum unterstützt. Die Instrumentation war ausgesprochen trocken und reizlos, und die Sänger schwelgten meistens in jener Art anstrengender, schwerer Koloraturen, die man oft bei Aufführungen von Bach-Kantaten hört.

Weitere Arbeit an Jonny

Ich nehme an, daß ich nach Neujahr mit verstärkter Intensität an *Jonny* arbeitete. Ich entwickelte bald eine Methode, die ich in allen nachfolgenden Opern bis *Karl V.* anwandte, nämlich Text und Musik gleichzeitig zu schreiben. Selbstverständlich hatte ich eine klare und detaillierte Vorstellung davon, was in jeder Szene geschehen und wo der Dialog hinführen sollte. Aber ich fand es vorteilhafter, die tatsächliche Textgestaltung bis zum Augenblick der Komposition aufzuschieben, statt mich an ein vorgefertigtes Libretto zu binden, denn dadurch war ich in der Lage, sowohl die Musik als auch den Text im jeweiligen Moment so zu gestalten, wie beide es zu verlangen schienen. Was meine Ideen betrifft, so folgte ich meinem Instinkt, der mich drängte, das prächtige Spielzeug, das ich kennengelernt hatte, die moderne Bühne, bis zum Äußersten auszunutzen. Um meine intellektuellen Neigungen zu befriedigen, untermauerte ich mein Verfahren mit verschiedenen rationalen Erwägungen, die ich hauptsächlich von den Theorien Busonis ableitete. Im übrigen packte ich die Sache völlig naiv an, und mir war nicht im mindesten klar, welche Kontroversen ich auslöste und in was für einen Wirrwarr von haarsträubenden Mißverständnissen ich mich hineinbegab.

Ich traf sowohl Berta als auch Gertrud regelmäßig, manchmal am selben Tag. Oft aß ich jetzt bei Berta zu Abend, und nachdem die alte Dame sich zurückgezogen hatte, wandten wir uns unseren Privatangelegenheiten zu. Ich vermute, daß sowohl Berta als auch Gertrud von der Beziehung der jeweils anderen zu mir wußte, aber es wurde nie ausdrücklich erwähnt. Mit Berta sprach ich oft über meine Oper, und sie erfand schließlich den Titel, der zum Erfolg dieses Stückes zweifellos sehr beigetragen hat.

Als die Karnevalszeit ihren Höhepunkt erreichte, besuchte ich ein paar Bälle. Einer davon wurde nach einem alten, überall in Europa gepflegten Brauch vom Theater gegeben, und er wurde überall als sehr schicke Angelegenheit betrachtet und war einer der Höhepunkte der Saison. Ich steuerte zu dem Ereignis ein Liedchen bei, das von Mary Keysell gesungen und von einer einheimischen Jazzband gespielt wurde. Leider waren weder die Komposition noch die Darbietung besonders brillant, und nachdem wir uns im Festsaal eine Weile herumgeschoben hatten, zog ich mich mit Gertrud zurück, die sich in schwarze Spitze gekleidet hatte und einen beachtlichen, vielsprechenden Anblick bot. Doch alles in allem entdeckte ich, daß mir die Atmosphäre des großen Balls besser gefiel, als ich erwartet hatte, deshalb besuchte ich noch einen weiteren, der vom Kleinen Theater gegeben wurde.

Bezeichnenderweise war nämlich selbst eine verhältnismäßig langweilige Stadt wie Kassel nicht damit zufrieden, ein überdimensioniertes Staatstheater zu besitzen, sondern es gab noch ein anderes, privates Haus, das Theateraufführungen bot. Es war sehr klein, hatte nur etwa vierhundert Plätze und lebte sowohl in finanzieller als auch in künstlerischer Hinsicht von der Hand in den Mund, aber dafür war es nicht schlecht und zeigte manchmal interessante Stücke, die aus irgendwelchen Gründen zu experimentell oder zu gewagt waren, als daß sie im Staatstheater hätten gespielt werden können. Es gab dort einen Regisseur namens Chmelnitzky, der nicht unbegabt war und den ich zu meiner Überraschung vor zwei Jahren als Schauspiellehrer an der University of California in Los Angeles entdeckte. Einer der Schauspieler, mit Namen Kleinau, war ein begabter Dichter und Dramatiker, und eine Zeitlang dachte ich daran, aus einem seiner Stücke eine Oper zu machen. Es gab noch andere schillernde oder zwielichtige Gestalten am Kleinen Theater, an die ich mich jetzt nicht erinnere. Ab und zu geriet das Theater in Schwierigkeiten, so etwa, als es aufgrund eines Stückes von dem Frankfurter Dramatiker Glaeser wegen Blasphemie angeklagt wurde. Gewiß, das Stück war ordinär, vulgär und geschmacklos, aber die Liberalen fanden es lächerlich, daß die Republik ein Gesetz vollstrecken wollte, das Gott vor Beleidigung schützte, denn sie meinten, daß Gott selbst auf sich aufpassen könne. Die Gerichtsverhandlung führte zu nichts, weil der Direktor des Theaters anhand des Souffleurtextes nachweisen konnte, daß die Passagen, auf denen die Anklage beruhte, gestrichen worden waren und nie auf der Bühne gesprochen wurden. Die eifrigen Verteidiger der institutionalisierten Religion hatten aus einer gedruckten Ausgabe des Stücks zitiert und die Aufführung wahrscheinlich überhaupt nicht gesehen. Wie gewöhnlich diente die Affäre nur als Reklame für das Theater und das Stück.

Bei Eduard Erdmann in Köln

Mein Interesse an öffentlichen Tanzveranstaltungen bewog mich, mit großem Vergnügen eine Einladung der Erdmanns nach Köln zum vielgerühmten Karnevalsfest anzunehmen. Einige Zeit vorher hatte Eduard eine Stelle als Klavierlehrer an der Staatlichen Hochschule für Musik in Köln angenommen (einem weiteren Amtsbezirk des allmächtigen Kestenberg). Ich wollte die Erdmanns sehr gerne wiedersehen, und der Kölner Karneval war in Mitteleuropa so berühmt wie der von New Orleans in Nordamerika, wenn nicht noch berühmter. Das Rheinland war streng katholisch, und die religiösen Bräuche und Grundsätze wurden dort mit viel größerem Eifer befolgt als beispielsweise in Österreich, denn die rheinischen Katholiken waren im protestantischen Preußen eine Minorität und vertraten ihre Religion deshalb viel bewußter als die österreichischen. Deshalb wurde auch das dionysische Element des Katholizismus viel stärker betont, und das bedeutete, daß das Karnevalsfest sehr gründlich gefeiert wurde. Der Höhepunkt waren die letzten drei Tage des Karnevals, Sonntag, Rosenmontag und Fastnachtsdienstag. Während dieser drei Tage wurde durchgehend gefeiert, das bürgerliche Leben kam praktisch zum Stillstand. Am Dienstag um Mitternacht, Schlag Zwölf, hörten die Saturnalien auf, die Feiernden begaben sich zu einer Fastenmahlzeit aus Zwiebelsuppe oder Hering und besuchten eine frühe Aschermittwochsmesse, um sich ein Aschekreuz auf die Stirn malen zu lassen, als Symbol der Reue und des Bewußtseins, daß sie aus Staub waren und wieder zu Staub werden mußten. Und danach wurde nicht mehr getanzt.

Ich wohnte in Köln im Hotel »Zur ewigen Lampe«, hauptsächlich, weil ich den Namen außerordentlich reizvoll fand. Passenderweise stand es am gleichen Platz wie der berühmte Dom, allerdings diesem und dem Hauptbahnhof gegenüber. Ich entschied gleich zu Beginn, daß Köln von allen deutschen Städten die einzige war, die mir wirklich gefiel, und wiederholte Besuche bekräftigten meinen guten Eindruck. Wenn man von Kassel kam, war es, als käme man in ein fremdes Land. Daß dem wirklich so war, fand ich später bestätigt, als eine Reise von Köln nach Brüssel einen viel geringeren Kontrast bedeutete, als eine Fahrt von Mitteldeutschland ins Rheinland, trotz der Tatsache, daß Belgien ein ausgesprochen antideutsches Land mit einer anderen Sprache war. In späteren Jahren, als ich eine ziemlich genaue Kenntnis aller größeren Städte zu beiden Ufern des Rheins von seiner Quelle bis zur Nordsee erworben hatte, stellte ich die Theorie auf, daß die starke Eigenart dieses Flusses die angrenzenden Gebiete mit bestimmten gemeinsamen Merkmalen ausgestattet habe, ungeachtet der reichen Vielfalt von Völkern, die diese Gebiete bewohnten. Faßbarer war vielleicht die Tatsache, daß das Rheinland jahrhundertelang die Ostgrenze des römischen Kolonialreichs gewesen war, und ich behauptete, daß man fast riechen konnte, ob ein Ort an der klassischen Zivilisation teilgehabt hatte oder nicht. Das gesamte Deutschland östlich des Rheins hatte es nicht, und das schien ein gewichtiger Grund für das Gefühl zu sein, in eine andere, viel kultiviertere und humanere Atmosphäre einzutreten, wenn man nach Köln kam. Ich liebte die schmalen, hohen Häuser in den engen Gassen der Innenstadt und die unzähligen Kirchen, von denen viele im romanischen Stil erbaut waren. Wenn Städte von bestimmten Perioden geformte und festgelgte Physiognomien haben, dann hatte Köln das Gesicht des dreizehnten Jahrhunderts, des militanten und überschwenglichen Katholizismus, düster und heiter zugleich, das Gesicht des Albertus Magnus und der scholastischen Philosophie. Die Straßennamen waren komisch und bezaubernd und wiesen auf eine glorreiche, im Zwielicht des Mittelalters verborgene Vergangenheit hin, die doch lebendige Realität war. Der Dialekt, den die Menschen sprachen, war breit und farbig und sehr schwer zu verstehen, denn er war näher mit dem Flämischen verwandt als mit dem Hochdeutschen, was das Gefühl, in einem fremden Land zu sein, noch verstärkte.

Zweifellos wurde meine Liebe zu Köln wesentlich durch die herzerwärmende Gastfreundschaft der Erdmanns und ihrer Freunde gefördert und durch die absolut wunderbare Zeit, die ich mit ihnen verbrachte. Erdmann, der damals schon vier Kinder hatte, wohnte in einem der hohen, schmalen Häuser in der Innenstadt an einer Straße, die St. Pantaleon Kloster oder so ähnlich hieß. Das Gebäude war sehr alt, hatte eine enge, schiefe Treppe und kaum mehr als ein Zimmer in jedem Stockwerk. Als Lehrer am Kölner Konservatorium und als Pianist von beträchtlichem Ansehen hatte Eduard ein sehr hübsches Einkommen, doch seine Finanzen waren trotzdem ständig in Unordnung, so daß er bald beschloß, seine Geldangelegenheiten einem eigens damit beauftragten Verwalter zu übergeben, der ihm ein monatliches Unterhaltsgeld ausbezahlte und mit dem Rest von Eduards Einkommen Schulden beglich und einen möglichen, aber unwahrscheinlichen Überschuß auf einem Sparkonto anlegte. Eduard hatte einen unheilbaren Hang zu höchst extravaganten Hobbys, und er war jederzeit bereit, ein glänzendes dialektisches Theater aufzuführen, um zu beweisen, daß es viel vernünftiger war, sein Geld für diese Dinge auszugeben, als Schuhe für seine Kinder zu kaufen, was, wie er demonstrierte, das Absurdeste war, was er je gehört hatte. Zur Zeit jenes ersten Karnevals in Köln war er damit beschäftigt, seltene Tiere zu sammeln, wie sie in Deutschland nur ganz wenige Personen besaßen. In seinem Wohnzimmer konnte man einer seltsamen Ratte aus Tibet oder einer Wüstenspringmaus aus Australien begegnen, ganz zu schweigen von etlichen kostbaren und phantastischen Exemplaren aus der Familie der Katzen, von denen eines auf den Namen Jerusalem hören sollte. Diese Tiere wurden nicht nur für beträchtliche Summen erworben, sondern verlangten auch eine ziemlich kostspielige Pflege und Unterhaltung. Trotzdem gediehen sie in der abgeschlossenen und verrauchten Atmosphäre der mittelalterlichen Kölner Wohnung nicht gerade gut, und wenn ein paar von ihnen eingingen, wurden sie durch etwas noch Ausgefalleneres und Teureres ersetzt.

Wie früher schon war Eduard ein fanatischer Anhänger exquisiter Speisen, und bald machte er mich mit den beiden besten Restaurants in Köln bekannt. Beide waren wirklich bemerkenswert, weit über die Grenzen der Stadt und sogar Deutschlands hinaus, und ich glaube, daß ich in der Lage bin, ein Urteil darüber abzugeben, weil ich das Glück hatte, beinahe alle berühmten Restaurants jenes Landes zu kennen, von denen es freilich nicht viele gab. Das Lokal mit dem besseren Essen war Wiesel, eine alte, solide »Weinstube« irgendwo in der Altstadt. Das andere war die Bastei, eine moderne Gaststätte mit einem halbkreisförmigen Speisesaal mit ungeheuren Fenstern, der weit über den Rhein hinausragte und einen wunderbaren Ausblick über das malerische Ufer, die Türme des Doms und den majestätitschen Fluß mit seinem nicht abreißenden Schiffsverkehr bot. Die Bastei war ein Restaurant für die Schickeria und hatte eine ausgezeichnete Jazzband. Wenn wir dorthin gingen, waren wir gewöhnlich unter den letzten Gästen, und die Band beschloß den Abend dann, indem sie auf unsere Bitte hin spezielle Arrangements spielte. Danach gingen wir heim und unterhielten uns bei zwei oder drei Flaschen köstlichen Moselweins, den ich mit Kennereifer ausgesucht hatte, weiter, bis fünf Uhr früh oder länger. Es war eine ganz wunderbare Zeit.

Unter Erdmanns Freunden hatte ich besonders zu Philip Jarnach Kontakt, einem Komponisten, der Schüler Busonis war. Er war Spanier, der sich, obgleich er praktisch sein ganzes Leben in Deutschland verbracht hatte, noch viele von den förmlichen Manierismen der spanischen Rasse bewahrt hatte. Ich mochte ihn nicht besonders, aber ich fühlte mich von seinem etwas exotischen und ein wenig gestelztem Gehabe angezogen. Als Komponist hatte er beachtliche Leistungen vorzuweisen, obgleich seine Musik gewöhnlich reserviert, etwas akademisch und blutleer war. Unmittelbare Zuneigung und Freundschaft entstand zu Heinrich Jalowetz, der damals zweiter Dirigent der Kölner Oper war und zu Schönbergs frühen Schülern gehört hatte. Es ist schwer vorstellbar, daß jemand diesen reizenden, völlig konfusen und warmherzigen Kerl nicht hätte sympathisch finden können. Gewiß, er war kein Genie, noch zeichnete er sich in irgendeiner Hinsicht durch herausragende Leistungen aus. Aber er war nicht nur ein hochbegabter und fähiger Musiker, sondern auch ein Mann mit vielen ausgezeichneten Ideen, die er gewöhnlich auf bescheidenste und – leider – uneffektivste Art vorbrachte. Er erweckte so viel Sympathie, weil es offenkundig war, daß sein wirklicher Wert unendlich viel höher war als das, was er in »dieser Welt« jemals aus sich machen konnte. Seine Beharrlichkeit war ebenso ermüdend wie entwaffnend, weil sie vollkommen unbefangen war und einen Anflug von bemerkenswertem Humor hatte. Seine Frau, mit der er fast ununterbrochen gutmütig stritt, war anscheinend genauso konfus wie er, aber tatsächlich war sie viel tüchtiger. Er gehörte zu den liebenswertesten Menschen, die ich gekannt habe. Mittlerweile ist der arme »Jalo« auf seinem Posten am Black Mountain College, den ich ihm besorgen konnte, als er ins Exil ging, gestorben.

Der Direktor des Konservatoriums war Walter Braunfels, ein recht begabter Komponist, wenn auch Vertreter einer etwas schwerfälligen, aufgeklärten deutschen Neoromantik. Er war ein netter Kerl, und ich sollte ihm viel später in anderem Zusammenhang wiederbegegnen. Ebenfalls an der Hochschule unterrichtete Hermann Abendroth, der Dirigent des Kölner Symphonieorchesters, ein guter Mann vom Typ des deutschen »Generalmusikdirektors«. Hermann Unger war Dirigent eines weiteren Instrumentalensembles, wenn ich nicht irre, und übrigens ein drittklassiger Musiker. Fräulein Thalheimer war eine energiegeladene Jüdin, die in Köln eine Gruppe leitete, welche an zeitgenössischer Musik interessiert war. Diese Menschen waren alle sehr lebhaft, man kam gut mit ihnen aus, und sie unterhielten untereinander sehr angenehme gesellschaftliche Beziehungen, wie ich sie mir immer gewünscht habe. Erdmann hatte etliche sehr nette und begabte Schüler, von denen mir besonders ein junger Schweizer namens Baumgartner, ein ganz großartiger Pianist, im Gedächtnis geblieben ist, und Trude Rittmann, eine sehr eifrige und intelligente junge Jüdin.

Der prominenteste von Erdmanns Bekannten außerhalb des musikalischen Kreises war Max Scheler, der berühmte katholische Philosoph. Er war ein älterer, kahlköpfiger Herr mit imposanten Gesichtszügen und dem Auftreten eines Lebemanns mit recht eleganten Gewohnheiten. Wenn ich nicht irre, war er zum Katholizismus konvertiert, und wie es in solchen Fällen oft vorkommt, war er ein besonders erfolgreicher Missionar in Kreisen der Intelligentsia. Er hatte sehr viele Personen zur römisch-katholischen Kirche bekehrt, unter ihnen Otto Klemperer, als dieser Dirigent der Kölner Oper war. Das war sicherlich eine von Schelers spektakulärsten Taten, nicht nur wegen der Persönlichkeit seines Jüngers, sondern auch, weil Klemperer im Kölner Dom getraut wurde und zu diesem Anlaß eine selbst komponierte Messe lieferte. Wenn Scheler in der Bastei saß, umringt von ihn bewundernden jungen Damen, Champagner nippte und wie ein Kardinal der Renaissance aussah, während er in geistreichen Paradoxen über die katholische Philosophie sprach, bot er einen faszinierenden Anblick. Alles das war typisch für Köln.

An zwei Abenden während des Karnevals gingen wir auf öffentliche Bälle, für die die Erdmanns Karten, oder was auch immer zum Eintritt berechtigte, hatten. Der eine wurde im Gürzenich, dem Saal des Symphonieorchesters, der andere im Rathaus oder in einem ähnlichen Gebäude veranstaltet. Man mußte kostümiert erscheinen, aber jede Andeutung einer Verkleidung genügte. Da ich für komplizierte Vorbereitungen nichts übrig hatte, zog ich normalerweise die schwarzen Hosen meines Abendanzugs an und dazu ein buntes Jackett, das Oberteil eines Schlafanzugs oder etwas ähnliches, das bequem und lustig war. Ich erinnere mich nicht, warum Irene für Eduard auf einem ziemlich komplizierten Kostüm bestand, an dem, während er es anzog, noch genäht werden mußte. Obgleich er an dieser Art von Unterhaltung eigentlich nicht interessiert war, weil er nicht tanzte und solche unphilosophischen Angelegenheiten im allgemeinen verachtete, hatte er nichts dagegen, mitzukommen und die Vorgänge vom Rand aus zu beobachten, vorausgesetzt, daß immer jemand da war, mit dem er sprechen konnte, was sorgfältig organsiert werden mußte, da die meisten Leute aus anderen Gründen auf einen Ball gingen, als an der Wand zu sitzen und halbphilosophischen Klatsch zu diskutieren. Eduard war ebenfalls sehr an den technischen Einzelheiten seines Kostüms interessiert. Wie es aussah, war ihm vollkommen gleichgültig, er wollte nur wissen, wie er damit umgehen mußte, wenn er sich auf die Herrentoilette begab.

Wir gingen mit einer Gruppe von mehreren Freunden zum Ball, und zunächst tanzten wir miteinander. Später wechselten wir die Partner, und die Gruppe wurde unmerklich größer, weil Freunde ihre Freunde trafen, und schließlich tanzten alle mit völlig fremden Menschen. Ich genoß das außerordentlich, auch wenn ich mich nur vage an die Einzelheiten erinnere. Ich glaube nicht, daß viel getrunken wurde – einiges allerdings wahrscheinlich schon, aber die Atmosphäre des ganzen war unbeschreiblich wunderbar, eine phantastische Unbeschwertheit, wie ich sie vorher oder nachher nie wieder erlebt habe. Fast alle waren sehr geistreich, und die ganze Zeit fand ein höchst erfrischender Schlagabtausch statt, wie er anderswo in Deutschland sehr selten zu finden ist. (Über Bälle in Kassel oder selbst in Berlin pflegten wir zu sagen: Bis Mitternacht langweilig, nach Mitternacht vulgär.) In Köln war es weder langweilig noch vulgär. Selbst nach Mitternacht begannen die Leute nicht, sich öffentlich abzuknutschen, was ich ganz allgemein nicht sehr geschmackvoll finde, aber auch noch um sieben Uhr morgens waren sie zu einem sehr guten, unmißverständlichen, schnellen Flirt fähig. Der Tanz ging auf den Straßen weiter, und nach einem guten, kräftigen Frühstück in einem Restaurant in der Innenstadt gingen wir in einer wunderbaren Benommenheit nach Hause, diskutierten über das Weltgeschehen, hielten ein Schläfchen, nahmen wieder eine Mahlzeit mit Wein zu uns und machten uns fertig für die nächste Runde. Diese Karnevalstage in Köln waren eindeutig der Höhepunkt meiner gesellschaftlichen Beziehungen zu »dieser Welt«. Nie wieder habe ich mich in kleinen oder großen Zusammenkünften dieser Art so vollkommen glücklich und wohl gefühlt. Hin und wieder würde ich gerne wissen, wer die sehr flachsblonde Frau war, die in meiner Erinnerung aus der Menge auftaucht. Einige Telefonanrufe oder andere Nachrichten sind mit dieser Erinnerung verbunden. Aber es hat keinen Sinn – all das entschwindet in einem bunten Wirbel aus Lichtern und Konfetti, wenn ich versuche, es in meinem Gedächtnis deutlich zu sehen.

Aufführung des Orpheus *und Abschluß von* Jonny

Aus dem Frühling des Jahres 1926 bleiben ein paar mehr oder weniger unzusammenhängende Ereignisse zu erwähnen. Ich dirigierte noch eine der Sonntagsmatinee-Kammeropern, einen Einakter von Duni, einem italienisch-französischen Komponisten des achtzehnten Jahrhunderts, mit dem Titel »Das Milchmädchen und der Jäger« oder so ähnlich. Ich erinnere mich, daß das leicht zu sein schien, in Wirklichkeit war es aber eine heikle Arbeit, weil die Musik meistens sehr schnell war. Ich lernte, daß es eine der schwierigsten Aufgaben eines Operndirigenten ist, Sänger zu begleiten, die in schnellem Tempo eine große Anzahl von Silben produzieren müssen. Die Ouvertüre dieser kleinen Oper schilderte ein Gewitter, und wir entwarfen dafür eine Kulisse, die zeigte, wie sich die Bäume im Rhythmus der Musik bewegten, während es blitzte. Es war großartig.

Das größte Projekt während Bekkers Kasseler Opernkarriere war die Produktion meines *Orpheus*. Allen vernünftigen Erwägungen zufolge schien das in Anbetracht der musikalischen Schwierigkeien des Werkes ein ziemlich unmögliches Unterfangen zu sein. Aber Bekker hatte sich nun einmal dazu entschlossen, und die scheinbar hoffnungslose Aufgabe wurde auf den Produktionsplan des Theaters gesetzt, obgleich das nicht weniger als ein volles Jahr Arbeit bedeutete. Seine Sturheit in solchen Dingen war absolut bewundernswert. Er entschied, daß Martin Kremer den Orpheus singen sollte, was einen ganz schönen Drill bedeuten würde, fast so, als wollte man einen Schimpansen den Umgang mit einem Radargerät lehren. Ein noch größeres Problem war, wer die Eurydike spielen sollte, denn in der Truppe war keine Sängerin, die den musikalischen und physischen Anforderungen der Rolle gewachsen war. Aber das konnte die zähe Entschlossenheit eines Mannes wie Bekker nicht erschüttern. Eines Morgens wurde ich in sein Büro gerufen, und mit den Worten »Ich möchte Sie mit Eurydike bekanntmachen« stellte er mir eine junge Frau vor. Sie war Ungarin und hieß Grete Reinhart, und Bekker hatte sie, ich weiß nicht wie und wo, entdeckt. Mir scheint, daß sie keine Bühnenerfahrung besaß und gerade die Wiener Musikakademie absolviert hatte. Aus irgendeinem Grund glaubte er, sie sei die Richtige für die Rolle in meiner Oper, und, so merkwürdig es scheint, er hatte recht. Was er damals wahrscheinlich noch nicht wußte, war, welche Rolle diese Frau in meinem und insbesondere in seinem eigenen Leben spielen sollte. Vorläufig machten Dr. Zulauf und ich uns an die Aufgabe, Herrn Kremer und Fräulein Reinhart für eine Aufführung vorzubereiten, die vorläufig für das nächste Jahr geplant war. Für mich bedeutete es natürlich zunächst einmal, Dr. Zulauf in die Geheimnisse meiner Partitur einzuweihen, der er sich mit Intelligenz und Begeisterung zuwandte. Trotzdem sah die ganze Sache ziemlich phantastisch aus.

So sehr mir der Gedanke, daß *Orpheus* produziert werden sollte, auch gefiel, ich war doch etwas skeptisch, denn ich arbeitete mit voller Kraft an *Jonny*, der in jedem Takt dem Stil der früheren Oper zu widersprechen schien. Ich muß mit *Jonny* sehr beschäftigt gewesen sein, denn die gesamte Oper war im Juni 1926 fertig. Wahrscheinlich war ein großer Teil schon früher fertig gewesen, denn ich erinnere mich, daß Gertrud irgendwann im späten Frühling ankündigte, daß ihr enger Freund, der Direktor der Hamburger Oper, Leopold Sachse, sie besuchen würde, und sie wollte, daß ich ihm meine neue Oper vorspiele. Wahrscheinlich spielte ich den ersten Teil, der im Mai fertig war, und Sachse schien sehr beeindruckt zu sein, obgleich er sich nicht entschließen konnte, die Oper zur Aufführung anzunehmen. Vermutlich tut ihm das bis heute leid, nicht nur, weil die Geschichte von seiner Ablehnung aus sonderbaren Gründen

Eingang in manche der biographischen Anmerkungen über mich, die in verschiedenen aktuellen Lexika stehen, gefunden hat. Mich beeindruckte seine Haltung nicht sonderlich, denn ich war es gewohnt, daß man meine Werke so schwer fand, daß sie nicht sofort angenommen wurden, und ich war nicht überrascht, daß es auch bei diesem Werk Komplikationen gab und ich auf eine weitere Gelegenheit warten mußte.

Ungefähr zur gleichen Zeit bekam ich Besuch von Gustav Hartung, dem Direktor des Darmstädter Staatstheaters, einem mäßig progressiven Regisseur vom expressionistischen Typus. Er eröffnete mir, daß man ihm die Leitung des Theatersommers übertragen habe, mit dem die Stadt Heidelberg ihre Touristen und Besucherzahlen erhöhen wolle. Die Aufführungen sollten im Hof des berühmten Heidelberger Schlosses stattfinden, mit den erhabenen Ruinen des schönen Renaissancebaus als Hintergrund. Eines der geplanten Stücke war *Ein Sommernachtstraum*, und Hartung wollte, daß ich dazu eine neue Musik schrieb, weil die klassische von Mendelssohn für eine Freiluftaufführung zu dünn und zu zart sei. Scherchen war als Dirigent für den Sommer engagiert worden, und ich nahm den Auftrag an, weil die Arbeit recht gut bezahlt wurde. (Ich bin nicht ganz sicher, daß das 1926 geschah. Es scheint eher in die Struktur des Jahres 1927 zu passen, aber die Werkfolge, die ich in meinem Verzeichnis festgehalten habe, weist auf 1926 hin.) Von der Musik ist mir nicht viel in Erinnerung geblieben, außer daß ich sie hauptsächlich für Blasinstrumente schrieb und sie im Hinblick auf die Bedingungen im Freien ziemlich blechlastig besetzte. Ich glaube, ich hatte auch einige Chöre eingefügt, die im Schloß gesungen wurden, wo niemand die Ausführenden sehen konnte.

Zu den außerberuflichen Aktivitäten dieses Frühlings gehörte ein Ausflug zu der heiligen Stätte deutscher Mathematik, der kleinen Universitätsstadt Göttingen, die nicht sehr weit entfernt war. Es war aber nicht die Mathematik, was uns anzog, sondern das Händel-Opernfest, das vor einigen Jahren eine feste Einrichtung in Göttingen geworden war und jeden Frühling wiederholt wurde. Es war von einem Kunsthistoriker, Oscar Hagen, ins Leben gerufen worden, der musikalische Interessen und einiges Wissen besaß. Er gehört zu jener Kategorie von Menschen, die ungewöhnliches Geschick und eine glückliche Hand dafür haben, sich auf interessanten und wichtigen Positionen einzurichten, gerade so originell, daß ihr Beitrag als einzigartig betrachtet wird, aber nicht so ausgefallen, daß er Anstoß erregen könnte. Obgleich ich das Händel-Fest zweimal besuchte, lernte ich Hagen nicht dort, sondern erst viele Jahre später kennen, als er als Direktor der Abteilung für Kunstgeschichte an der University of Wisconsin eine sehr geachtete Autorität auf dem Gebiet der amerikanischen Kunst geworden war. Welche Händel-Opern wir in Göttingen sahen, weiß ich nicht mehr. Sie gehörten derselben Kategorie an wie *Julius Caesar*, über den ich bereits berichtet habe, aber sie wirkten nicht so originell und so frisch. Trotzdem war ich wieder von der Atmosphäre der Barocktragödie beeindruckt, von den komplizierten und blutigen Handlungsabläufen und dem völligen Fehlen von Psychologie. Die Personen ähnelten weniger menschlichen Wesen als Papierpuppen, die zu einer Art zweidimensionalen Welt gehörten. Diese künstliche Beschränkung schien ein Quell besonderer und großer Kraft zu sein, und sie schien jener Art musikalischer Stilisierung, die Händel in seinen Opern praktizierte, besonders angemessen.

Eine weitere Unternehmung außerhalb der Stadt war ein Ausflug des Kasseler Automobilklubs, in dem Rubensohn Mitglied war. Der Klub bestand hauptsächlich aus wohlhabenden Geschäftsleuten, denn damals war es in Mitteleuropa bei Durchschnittsbürgern noch nicht üblich, einen Wagen zu besitzen und zu fahren. Das war mehr oder weniger den Reichen vorbehalten, die sich einen Chauffeur leisten konnten. Also setzte sich eine ansehnliche Kavalkade zu einer Überlandfahrt durch die thüringischen Berge in Bewegung. Das Ganze endete mit einer Art improvisierter Wettfahrt auf der Landstraße von Gotha nach Eisenach, die töricht und nicht ungefährlich war, und mit einem großen Essen im Rautenkranz-Hotel in Eisenach.

Von meinen Theaterfreunden abgesehen, kam ich oft mit den Kreisen um Lewinskys und Rubensohns zusammen, der gehobeneren jüdischen Mittelschicht der Stadt. Manche von ihnen waren recht originelle Menschen, die meisten sympathisch. Einer von Rubensohns Brüdern lebte mit seiner Familie in Kassel, verzehrte seinen Anteil an einem bescheidenen Familienvermögen und widmete sich dem privaten Studium der Philosophie. Er rühmte sich, Vorsitzender der Ortsgruppe der gelehrten Kant-Gesellschaft zu sein. Er war ein fröhlicher älterer Herr, der so aussah und sich so benahm wie ein pensionierter Lehrer einer ländlichen Oberschule und nicht wie der räuberische Orientale, als den die Nazis den deutschen Juden hinstellten. Er hatte mehrere Kinder, die verheiratet waren und selbst Kinder hatten. Aber auch andere Verwandte, die anderswo lebten, hatten Kinder, und alle Angehörigen der Sippe erschienen oft in kleineren oder größeren Gruppen in Rubensohns Haus. Ich bin nie gut darin gewesen, mir Verwandtschaftsbeziehungen vorzustellen, wahrscheinlich weil meine eigene Familie eine so besonders einfache Struktur hatte, so daß ich die Verwandten der Rubensohns nie richtig einordnen konnte. Die meisten von ihnen waren als Lehrer, Ärzte oder Rechtsanwälte tätig, und alle hatten echtes Interesse an Kunst, Literatur oder Musik, sehr typische deutsche Mittelschichtsangehörige von guter Art.

Weiter gehörten die Familien Fröhlich und Wallach, die allerdings keine Verwandten waren, zu dem Kreis. Es gab mehrere Fröhlichs, aber ich erinnere mich nur an einen, der gegenüber von den Rubensohns wohnte. Er war ein dicklicher und in gewissem Sinn furchtbar vulgärer Geschäftsmann, der im allgemeinen als Schwachkopf verachtet wurde. Er liebte gutes Essen und Trinken und hatte eine hübsche, zierliche blonde Frau, die ihm alles andere als treu war. Ich mochte beide recht gern. Die Wallachs waren ähnlich, wenn auch nicht so auffallend und bürgerlicher. Eine Verwandte von jemandem in diesem Kreis war eine gewisse Frau Marx, die in Berlin lebte und gelegentlich in Kassel auftauchte. Obgleich sie fast schon mittleren Alters war, war sie hinreißend schön und umwerfend elegant und sehr angenehm im Umgang. Ein sehr intelligenter und freundlicher Jude war Herr Oppenheim, der in der Nähe des Theaters mit seiner Schwester zusammen eine moderne Buchhandlung betrieb. Ich schaute oft dort herein, um in seinen deutschen und französischen Neuerscheinungen zu schmökern und mit ihm oder anderen Besuchern im Hinterzimmer zu plaudern. Die Buchhandlung als informelles Zentrum intellektuellen Austausches war für Europa sehr typisch, und ich bedaure es, daß sie in diesem Land nicht zu gedeihen scheint. Wahrscheinlich sind es wieder die in erster Linie kommerzielle Einstellung und der Mangel an intellektueller Tradition, die dem im Wege stehen. Natürlich war Oppenheim am Verkauf seiner Bücher ebenso interessiert wie jeder andere Händler am Verkauf seiner Ware, aber wenn man seinen Laden besuchte, hatte man den Eindruck, sich eher in einer halb privaten Bibliothek zu befinden als in einem Geschäft. Es machte ihm ebensoviel Freude, über seine Bücher zu reden, und das konnte er, weil er die meisten Neuerscheinungen selbst gelesen hatte und die Buchbesprechungen mit kritischem Urteilsvermögen verfolgte. Kurz, er hatte eine persönliche Beziehung zu seinem Gewerbe und zu seiner Ware, und das gab seinem Laden etwas Anziehendes, das dort, wo die Verkäufer ebensogut Strümpfe oder Bügeleisen anbieten könnten, nicht zu erwarten ist. Von arischen Bekannten in der Geschäftswelt erinnere ich mich nur an einen Herrn Weiler, der im Stadtzentrum eine Art Lebensmittelmarkt besaß und einen Sohn hatte, der nebenbei ein bißchen komponierte. Diese Leute waren nett und aufrichtig, soweit ich weiß, aber geistig primitiv und unbeholfen, und abgesehen von einigen schönen Abendgesellschaften kam bei dieser Verbindung nichts heraus.

Trotz der guten Zeit, die ich in so vieler Hinsicht gehabt zu haben scheine, war das, was mir in dieser Saison wirklich Auftrieb gab, die Aussicht auf eine sechswöchige Reise durch Frankreich und die Schweiz, die Berta und ich für den kommenden Sommer beschlossen hatten. Ich kaufte einen Guide Bleu, der eine Art französischer Baedeker war, und wir studierten gewissenhaft die Beschreibungen aller Örtlichkeiten, die wir besuchen wollten. Außerdem sparte ich Geld, wovon glücklicherweise nicht allzuviel gebraucht wurde, weil Frankreich damals von der Nachkriegskrankheit der Inflation angesteckt worden war, so daß die deutsche Währung im Verhältnis zum französischen Franc ziemlich viel wert war. Wir sehnten uns beide nach dem Westen, Berta wegen ihrer alten Liebe zu Frankreich, ich, weil ich mich in meiner Gefangenschaft unter den Barbaren immer noch gedemütigt fühlte. Das einzige, was mich noch mit der Schweiz verband, war etwas ziemlich Lächerliches, aber auch dieses Band wurde schließlich zerrissen. Eher aus Sentimentalität als aus geschmacklichen Gründen hatte ich mir eine Zeitlang von einem Händler in Sierre, den Rilke mir empfohlen hatte, Wein schicken lassen. Das war nicht billig, weil diese Importe verzollt wurden, und schließlich bekamen wir Schwierigkeiten, weil sich herausstellte, daß wegen einer merkwürdigen Klausel im Friedensvertrag nur Rotwein zum Import nach Deutschland zugelassen war, zumindest für Privatleute, und der Wein aus Sierre war weiß. Das teilte mir die Versandfirma mit, welche die Sendungen in Kassel in Empfang nahm. Da mehrere davon ohne Schwierigkeiten durchgekommen waren, fragte ich den Angestellten, wie das möglich gewesen sei, und er antwortete, er hätte es verstanden, die Zollbeamten davon zu überzeugen, daß der Wein rot gewesen sei. Das war ein wenig überraschend, denn die Unbestechlichkeit der deutschen Beamtenschaft war sprichwörtlich. Rubensohn war nicht so überrascht, als ich ihm von dem Vorfall erzählte. Er erinnerte sich, daß das Militär zu Kriegsbeginn für einen riesigen Produktionsauftrag um Angebote gebeten hatte. Eines Tages war Rubensohn zum Leiter der Abteilung gerufen worden, der ihm mitteilte, daß sein Angebot weit niedriger sei als alle anderen, so daß seine Fabrik den Auftrag bekommen würde. Der Beamte bot Rubensohn an, ihm die Differenz zwischen seinem und dem nächsthöheren Angebot bekanntzugeben, vorausgesetzt, Rubensohn würde seinen Preis bis knapp unter den Preis des höheren Angebots anheben und die Differenz mit dem Beamten teilen.

Trotz solcher Erfahrungen, von denen es mehr gab, als man auf den ersten Blick sah, glaubten Rubensohn und viele andere Juden fest an die deutsche Tugend, Integrität und allgemeine Vortrefflichkeit. Die politische Szenerie sah in diesen Jahren recht hell und hoffnungsvoll aus, was zum Teil eine Folge des anscheinend stetig wachsenden Wohlstands war. Ich konnte das nur auf meinem Gebiet aus eigener Erfahrung beurteilen. Obgleich mein Gehalt am Theater sehr bescheiden blieb (ich glaube, es war etwas wie dreihundert Mark monatlich), gab es für künstlerische Unternehmungen jeder Art überall Geld, und die Honorare für besondere Leistungen, Aufträge, Konzerte und dergleichen waren anständig. Das Geld strömte ins Land hinein, und das öffentliche wie das private Bauwesen florierten. Neue Postämter, Bahnhöfe, gigantische Brücken und Straßen schossen überall aus dem Boden. Gleichzeitig klagte Deutschland lauthals, daß es von den ungerechten Reparationszahlungen, die ihm durch den Friedensvertrag aufgezwungen worden waren, erstickt würde. Als ich Rubensohn um eine Erklärung für diesen Widerspruch bat, sagte er, daß die Reparationszahlungen keine nennenswerte Belastung für die Volkswirtschaft darstellten, selbst wenn Deutschland ihnen nachkäme, was nicht der Fall sei. Er gab offen zu, daß das Geschrei über die niederdrückende Last ein politisches Propagandamanöver war. Als Geschäftsmann wußte er sicher, wovon er sprach. Doch er war weit entfernt davon, diese Machenschaften zu kritisieren, denn er hielt sie für schlau und patriotisch.

Angesichts der allgemein günstigen Entwicklung der öffentlichen Angelegenheiten dachten wir, die Weimarer Republik sei über den Berg und könne als konsolidiert betrachtet werden. Verschiedene weniger erwünschte Symptome hätten Anlaß für uns sein sollen, auf der Hut zu bleiben, aber wir zogen es vor, darin die langsam schwindenden Überreste des alten Regimes zu sehen, und nicht beunruhigende Anzeichen für eine künftige Katastrophe. Während meiner Jahre in Kassel entstand eine Bewegung, die die abgesetzten deutschen Fürsten wegen ihrer Verantwortung für die Propagierung des Weltkriegs zur Rechenschaft ziehen wollte, indem sie einen Teil ihrer ungeheuren Besitztümer konfiszierte. Die Frage löste gewaltige Aufregung aus und wurde schließlich zum Gegenstand einer Volksabstimmung gemacht. Männer wie Rubensohn wetterten allein schon gegen den Gedanken, jemandem etwas wegzunehmen, das sein Privateigentum war, gleichgültig, wie es erworben worden war und welche Stellung der Eigentümer innehatte. Rubensohn erklärte, man könnte ebensogut und mit großen Erfolgschancen einen Volksentscheid zu der Frage veranstalten, ob alle Personen, deren Name mit K beginnt, zum Nutzen aller anderen enteignet werden sollten.

Da die Leute mit K eine Minderheit darstellten und alle Menschen habgierig seien, würde die Maßnahme sofort gebilligt werden, so argumentierte er, und die Demokratie zur Farce machen. Es nützte nichts, zu antworten, daß niemand daran dachte, gegen die Fürsten vorzugehen, weil sie nur wenige waren, sondern daß die Absicht darin bestand, sie zur Rückgabe dessen zu bewegen, was ihre Ahnen auf zweifelhafte Art und Weise erworben und zum Schaden ihrer damaligen Untertanen benutzt hatten. Vielleicht war die Maßnahme nicht gut genug geplant gewesen, jedenfalls wurde sie bei dem Referendum abgelehnt, zu Rubensohns großer Befriedigung, denn er sah in diesem Ergebnis einen Beweis dafür, daß sich das deutsche Volk seinen Sinn für Anstand und seinen Respekt vor der ruhmreichen Vergangenheit bewahrt hatte.

Es gab viele kleine Vorfälle, die zeigten, daß die reaktionären Kräfte noch nicht ganz aufgegeben hatten. Aber das sah alles nicht sehr bedeutend aus. Niemand erwähnte je die Nazis. Sie hatten unter den etwa fünfhundert Reichstagsabgeordneten eine Handvoll von Vertretern, und hin und wieder wurde einer von ihnen sarkastisch in den Zeitungen zitiert, weil er irgendwelche besonders dummen und grotesken Bemerkungen gemacht hatte. Der italienische Faschismus wurde gewöhnlich als eine ziemlich komische Auswirkung der opernhaften Neigungen dieser gewollt dramatischen Sippschaft von Spaghetti essenden Drehorgelspielern verlacht. Wenn jemand behauptet hätte, daß in weniger als zehn Jahren der deutsche Liberalismus und das Judentum in Konzentrationslagern zu Tode geprügelt werden würden, hätte man ihn in ein Irrenhaus gesteckt.

Reise nach Frankreich

Zu Beginn der Sommerferien traten Berta und ich unsere erste Reise nach Frankreich an. Das war finanziell möglich, weil die französische Währung zu jener Zeit einen inflationären Tiefpunkt erreicht hatte, und so lebten wir auf unserer Reise wie die Könige. Wir machten in Köln Station, um einen Abend in dem üblichen Erdmann-Stil zu verbringen, und fuhren dann nach Brüssel weiter, wo wir ein paar Tage blieben, um die schöne alte Stadt zu besichtigen und Ausflüge in die mittelalterlichen Städte Gent und Brügge zu machen. Von Brüssel aus fuhren wir nach Paris, wo Berta nicht mehr gewesen war, seit sie viele Jahre zuvor am dortigen Konservatorium ein Jahr lang Gesang studiert hatte. Sie war von dem Erlebnis ziemlich bewegt und wollte viele der alten Stätten wiedersehen, aber ich drängte weiter Richtung Süden, wohin ich mich die ganze Zeit über gesehnt hatte. Deshalb fuhren wir schnell weiter nach Avignon, das wir zum Ausgangspunkt etlicher Ausflüge in die wunderbare Provence machten. Ich war völlig verzaubert von dem blendenden südlichen Licht, dem ständig wehenden, erregenden Südwind, der Hitze, dem ewigen Sonnenschein, der prickelnden Lufttrockenheit, den silbrigen Olivenbäumen in den Ebenen und auf den kahlen, sonnverbrannten Hügeln. Die Architektur der alten Städte Arles, Aix und Nîmes war überwältigend, das Leben unfaßbar bezaubernd. Meine Begeisterung für Frankreich und meine neue Lebensphilosophie wurden nachdrücklich bestätigt. Das Essen war himmlisch und der Wein, den wir mit der Gründlichkeit von Forschern verkosteten, wunderbar. Ich kam zu der Ansicht, daß die spezielle Küche des Südens mit ihrer Fülle an Olivenöl und Knoblauch in Verbindung mit der trockenen Hitze, die alles zu kochen und zu destillieren schien, es möglich machte, ohne schädliche Folgen beträchtliche Mengen Wein zu konsumieren. Besonders eindrucksvoll war der Ausflug nach Aigues-Mortes, einer einsam gelegenen alten Stadt im Rhônetal westlich von Marseille. Der verschlafene kleine Ort war immer noch vollkommen von den mittelalterlichen Schutzwällen eingeschlossen, von denen man einen wunderbaren Ausblick über die weite, öde, sumpfige Ebene hatte, die sich bis zum Mittelmeer erstreckte. Von Aigues-Mortes aus besuchten wir Les-Saintes-Maries-de-la-Mer, eine sehr alte, festungsartige kleine Kirche am Meer, ein malerisches Heiligtum, das alljährlich von Zigeunersippen besucht wird.

Von der Provence aus fuhren wir an der Küste entlang an die Riviera und verbrachten ein paar Tage in Grasse, einer hübschen, lebendigen kleinen Stadt in den Bergen oberhalb der Küste, die für ihre Parfümherstellung berühmt war. Dafür wurden die unzähligen Blüten verwendet, die die Stadt umsäumten und die ganze Landschaft mit kräftigen, berauschenden Düften erfüllten. In Grasse komponierte ich *Vier A-cappella-Chöre* nach Gedichten von Goethe. Dieses Opus 47 widmete ich Paul Bekker. Wir fuhren nach Nizza hinunter und waren vom wunderbaren Meeresufer fasziniert. Ein Besuch im berüchtigten Casino von Monte Carlo war etwas enttäuschend, da das Haus eine Phase sichtbaren Abstiegs durchzumachen schien. Die fadenscheinige, verblaßte Eleganz wirkte jämmerlich, und die schäbigen Kleinstädter in ihren Alltagsanzügen, die mit Fünffrancmünzen statt mit Millionen spielten, verbesserten den Eindruck nicht. Aber die unglaubliche Schönheit der Landschaft überwog so sehr, daß nichts anderes zählte. In Nizza nahmen wir wieder die ausgezeichneten PLM-Busse über die Route des Alpes, die ich im Jahr zuvor ausprobiert hatte, aber statt nach Chamonix fuhren wir geradewegs nach Briana am Genfer See, von wo aus wir mit dem Schiff nach Lausanne gelangten. Ich weiß nicht mehr, ob wir nach Sierre fuhren, das ich Berta gerne zeigen wollte. Jedenfalls machten wir in Zürich halt, wo ich einige Sachen abholte, die ich in dem Haus auf dem Berg in der Susenbergstraße zurückgelassen hatte. Das Haus war völlig verlassen, und der Besuch weckte melancholische Gefühle. Doch die Reise hatte mich sehr aufgemuntert, denn ich hatte mir bewiesen, daß ich in Eigeninitiative und aus eigener Kraft in die gesegnete »Welt draußen« zurückfahren konnte, und der Gedanke an die Rückkehr ins »Exil« deprimierte mich nicht mehr so sehr wie früher.

Orpheus *in Kassel*

Das zweite Jahr in Kassel war für mich von zwei Ereignissen von größter Bedeutung gekennzeichnet: Es waren die Erstaufführungen meiner beiden Opern *Orpheus* und *Jonny*. Es erscheint recht sonderbar, daß ich ohne die Zuhilfenahme von Dokumenten nicht mehr in der Lage bin, mich zu erinnern, welche Aufführung zuerst stattfand. Ich weiß nur, daß *Jonny spielt auf* im Februar 1927 in Leipzig aufgeführt wurde. Es kann sein, daß *Orpheus* in Kassel vor diesem Datum fertig war. Jedenfalls wende ich mich dieser Oper gerne zuerst zu, weil sie einer früheren Periode angehört, die durch die Aufführung in gewissem Sinn abgeschlossen wurde. Die Vorbereitungen hatten mehrere Monate gedauert, unterbrochen von der Sommerpause, nach der sie mit verstärkter Intensität fortgesetzt wurden. Paul Bekker übernahm persönlich die Regie und widmete sich der Aufgabe, die eines seiner Lieblingsprojekte geworden war, mit außergewöhnlicher Sorgfalt.

Dieser Paul Bekker war eine sehr eigenartige Persönlichkeit. Als er Musikredakteur der Frankfurter Zeitung gewesen war, hatte ich mich von ihm angezogen gefühlt, weil er eine kompromißlose Haltung bewahrte, den Mut hatte, für unpopuläre Werte einzutreten, und charakterlich integer war, wie sich in seiner Haltung zeigte, und zudem, weil er einen scharfsinnigen, dabei aber distanzierten und anscheinend objektiven Schreibstil besaß. Seine Hauptschwäche als analytischer Musikkritiker bestand darin, daß er oft von etwas phantastischen, kühnen Verallgemeinerungen ausging und sich mit unbeugsamer Hartnäckigkeit daran festklammerte, ganz gleich, wie sehr die offenkundigen Tatsachen verdreht und wie sophistisch sie interpretiert werden mußten, damit sie als Beweis für die Richtigkeit seiner vorgefaßten Meinungen dienen konnten. Diese Meinungen waren oft so brillant und so einleuchtend, daß der Leser bereit war, über die schlaue Manipulation offensichtlicher Fakten hinwegzusehen. Ich stellte fest, daß dieses Überstrapazieren eines so gesunden

Prinzips schöpferischer Gelehrsamkeit ein Fallstrick war, dem nur die besten deutschen Gelehrten selten entgingen. In der Theaterarbeit wurden Bekkers ausgezeichnete Absichten und seine schönen Begabungen durch eben diese Fehler ständig beeinträchtigt. Seine allgemeine Strategie basierte auf einer bemerkenswerten Erkenntnis der wesentlichen Werte und auf einem sehr realistischen Gespür für den Umgang mit den Persönlichkeiten, die mit der Ausführung seiner idealistischen Pläne betraut waren. Seine Prämissen in dieser Hinsicht waren jedoch so durchsetzt mit Vorurteilen, die er nicht korrigieren konnte und wollte, daß er viele seiner Mitarbeiter, die für die Durchsetzung seiner Absichten sonst vielleicht relativ nützlich gewesen wären, unnötig gegen sich aufbrachte. Wenn er seine Meinung darlegte, daß Brahms' Symphonien im Vergleich zu denen Beethovens eigentlich überdimensionierte Kammermusik seien, war das eine ausgezeichnete und produktive Beobachtung. Wenn er hingegen befand, daß Franz Schreker der einzige erwähnenswerte Opernkomponist nach Wagner oder der nette kleine Rottenberg der wichtigste Liederkomponist des zwanzigsten Jahrhunderts war, schoß er offenbar weit übers Ziel hinaus, duldete aber keinen noch so vernünftigen Einwand. Widerspruch bewog ihn nur, noch sturer an seinem willkürlichen Diktum festzuhalten.

Als Regisseur entwickelte er einen sehr bemerkenswerten, intelligenten und ausdrucksvollen Stil, aber nur sofern er durch die Musik unterstützt wurde; sie war das Medium, durch das er die Bühne begriff. In seinem zweiten Jahr in Kassel machte er seinen einzigen Versuch, ein Schauspiel zu inszenieren, nämlich Shakespeares *Wintermärchen*. Es wurde ein totaler Reinfall, denn er behandelte das Stück genauso wie jene Opern, die ihm am besten gefielen und die er am besten kannte, Opern im Stil der klassischen Tragödie. Bei diesen erzielte er seine besten Wirkungen, indem er die Sänger daran hinderte, das zu tun, was sie einer melodramatisch-sentimentalen Konvention nach wahrscheinlich getan hätten, und ihnen einen würdevollen, verhaltenen, statischen Stil beibrachte. Je weniger alberne und bedeutungslose Bewegungen sie ausführten, desto ausdrucksvoller wurden sie. Aber Shakespeares Stück – ohnehin eines seiner problematischsten – wurde bei dieser Behandlung ausnehmend langweilig, ein Eindruck, der durch die kubistischen Kostüme, die ein mit Bekker befreundeter Maler beigesteuert hatte, nicht abgemildert wurde.

Der Vorbereitung des *Orpheus* widmete Bekker sich mit Herz und Seele. Mit den Solisten und dem Chor, der im dritten Akt besonders schwierige Aufgaben hatte, wurden unzählige Klavierproben abgehalten. Mir scheint, daß wir zunächst Kokoschka, der das Drama ja verfaßt hatte, das Bühnenbild malen lassen wollten. Aber er lehnte ab, weil er meinte, er dürfe das Werk, das er geschrieben habe, nicht durch das andere Medium, das sein Hauptausdrucksmittel geworden war, interpretieren. Ob das nun ein triftiger Grund war oder nicht, er ersparte uns wahrscheinlich eine Menge Ärger. Die Bühnenbilder, die unser Schönke herstellte, waren zurückhaltend und würdevoll und fanden die Zustimmung des großen Malers.

Kokoschka kam, um unsere Aufführung zu sehen, und mietete sich im Hotel Schirmer ein, begleitet von seiner mehr oder weniger festen Freundin, einer attraktiven Russin. Meine Beziehung zu ihm war von Anfang an herzlich und stützte sich auf gegenseitige Bewunderung, auch wenn ich ihm anscheinend nie wirklich nahekam. Ich erinnere mich jetzt, daß ich ihn ein oder zwei Jahre vorher in Wien ausfindig machen wollte, weil ich mit der Komposition der Oper fertig war und wollte, daß er die Musik kennenlernte. Obgleich ich meine Geburtsstadt wirklich gut kannte, konnte ich plötzlich sein Haus nicht finden, dessen Lage mir ungefähr angegeben worden war. Ich wanderte in der ziemlich engen Schlucht des Liebhartstals umher, ohne das Gebäude zu entdecken. Es war ein Wintertag, und die geschlossenen Gartenrestaurants und kleinen Weinschänken wirkten seltsam und unwirklich; das Ganze erinnerte mich an die expressionistische Atmosphäre der Gemälde des Mannes, den ich suchte. Schließlich erinnerte ich mich, daß sein Vater vor einiger Zeit gestorben war, und meine letzte Möglichkeit bestand darin, zum Ottakringer Friedhof hinunterzugehen und mich in der Verwaltung nach Kokoschkas Domizil zu erkundigen. Der Angestellte gab mir zuerst die Grabnummer, und als ich ihm den wirklichen Zweck meiner Anfrage erklärte, schöpfte er Verdacht und zögerte sehr, mir die Adresse der Familie bekanntzugeben. Aus irgendeinem Grund fand ich den Vorfall für die Art meiner Beziehung zu Kokoschka besonders charakteristisch. Später kam er in unsere Wiener Wohnung, und ich spielte ihm die Musik von *Orpheus* vor. Schließlich schenkte ich ihm die Bleistiftskizze der Partitur, was ihn zu Tränen rührte.

In Kassel war er friedfertig und guter Laune und alles, was wir machten, gefiel ihm. Mir scheint, daß meine Eltern nach Kassel kamen, um die Aufführung zu sehen, und wir verbrachten einen Abend mit Kokoschka in seinem Hotelzimmer. Er trank Rum in beachtlichen Mengen und ohne jegliche beunruhigende Wirkung, außer daß er sich immer stärker inspiriert fühlte, Geschichten zu erzählen. Die komischste und typischste war sein Bericht, wie er beinahe König von Portugal geworden wäre. Er erzählte, er hätte mit seiner Staffelei in einer Straße in Lissabon gesessen und eine Ansicht gemalt, als er plötzlich Lärm hörte und eine Menge nahen sah, offenbar im Zusammenhang mit einem gerade stattfindenden politischen Aufruhr. Wie er sagte, bekam er es mit der Angst zu tun und entschied nach logischem Überlegen, die sicherste Methode, der Gefahr für seine Person zu entgehen, sei, die Führung der revolutionären Massen zu übernehmen. Und als es dem Mob beinahe gelang, den Königspalast zu stürmen, dachte Kokoschka, jetzt würde er gleich König von Portugal werden. Doch fügte er in breitem Wiener Dialekt unschuldig hinzu: »I hob hoit ka Zeid ghobt, deswegn is nix draus wurn.« Es gab noch mehr Geschichten dieser Art, alle so phantastisch wie entwaffnend, denn er schien sie alle selbst zu glauben, wenn er sie erzählte.

Von der Produktion der Oper sind mir als besonders eindrucksvoll die Szenen des zweiten Akts in Erinnerung geblieben, die auf einem Schiff spielten, das Orpheus und Eurydike vom Ausgang des Hades an die Gestade der Oberwelt zurückbringt. Auf sehr kluge, ja geniale Art hatte Kokoschka das alte Sagenmotiv, daß Orpheus sich, während er seine Gemahlin aus dem Hades herausführt, nicht nach ihr umdrehen darf, in die psychologisch plausible Anordnung verwandelt, daß er sie nicht fragen durfte, was in den sieben Jahren ihrer Abwesenheit vorgefallen war. Während die gepeinigten Liebenden auf dem Schiff nach Hause fuhren, braute sich Unheil zusammen. Die Furien, die Eurydike im ersten Akt dazu bewegt hatten, ihnen in den Hades zu folgen (statt daß sie, wie im ursprünglichen Mythos, von einer Schlange gebissen wurde), wurden abermals aktiv. Während das Schiff ruhig durch die Nacht segelte (ein Chor der schläfrigen Matrosen gehörte zu den besten Partien meines Werkes), bearbeiteten die Furien einen törichten Ruderer, indem sie ihn betrunken machten und überredeten, im Meer zu fischen. Was er fing, war ein Totenschädel, der zwischen den Zähnen den Ring hielt, den Orpheus Eurydike geschenkt hatte und der die rätselhafte Inschrift ἄλλως μάκαϱ* trug. Der Narr überreichte Orpheus seinen Fang, nachdem er brutal in die Kabine der Liebenden eingedrungen war. Und Orpheus, der diese geheimnisvolle Fügung als belastenden Beweis betrachtete und von Eifersucht gepackt wurde, stellte jene Fragen, die er niemals hätte stellen dürfen. Eurydike wurde schließlich zu einem langen und ausführlichen Geständnis gezwungen, auf das ich viel Arbeit verwendet hatte. Am Ende tötete Orpheus, von Eifersucht übermannt, Eurydike und verlor sie so für immer.

Ich erinnere mich auch, daß die letzte Szene der Oper sehr eindrucksvoll war. Mit einem Geniestreich war es Kokoschka gelungen,

* Auf andere Art glücklich.

die Geschichte von Orpheus und Eurydike in einer Art umgekehrtem Kontrapunkt mit der von Amor und Psyche zu verbinden. War es Orpheus verboten, sich nach Eurydike umzusehen, als er sie aus dem Hades mitnahm, so war es Psyche verboten, ihren heimlichen Liebhaber Amor zu sehen, der sie im Dunkel der Nacht besuchte. Orpheus übertrat das Verbot (in Kokoschkas Version durch seine indiskreten Fragen), und das war sein Verderben. Psyche, die als Eurydikes jüngere Gespielin eingeführt wurde, machte sich schuldig, indem sie während eines der Besuche Amors eine Fackel anzündete, so daß er blind wurde. (In Kokoschkas Stück trat Amor übrigens nicht in Erscheinung.) Aber Psyches Geschichte hatte kein tragisches Ende – ihre Sünde wurde ihr vergeben, und die Oper endete heiter und hoffnungsvoll nach der Schreckensszene, in der Orpheus wahnsinnig und von dem betrunkenen dionysischen Pöbel getötet wurde. Es hat mich immer fasziniert, daß beide Geschichten in der Interpretation Kokoschkas als eigentümliche Variationen des zentralen Motivs der Lohengrinsage erscheinen.

In Anbetracht der beschränkten Möglichkeiten des Kasseler Theaters war die Aufführung der Oper eine höchst bemerkenswerte Leistung. Für alle Beteiligten war es die erste Erfahrung mit dem »atonalen« Stil, der damals in der Oper sehr selten angewendet wurde. Im übrigen ist er auch seitdem nicht viel benutzt worden. Kremer und Reinhart als Hauptdarsteller erfüllten ihre Aufgabe mit Auszeichnung. Frau Tanner machte, dank Bekkers hartnäckiger Einstudierung, den erfolgreichen Versuch, in der Rolle der Psyche eher poetisch als niedlich zu sein. Der Chor war ausgezeichnet, und Dr. Zulauf als Dirigent des Orchesters und musikalischer Leiter der ganzen Produktion erhob sich weit über sein übliches Niveau. Der Erfolg war, den Erwartungen entsprechend, nicht spektakulär, aber würdig. Die Sensibleren im Publikum waren über das Maß dessen, was sie bei solchen Gelegenheiten gewöhnlich erlebten, hinaus beeindruckt und bewegt und hatten das untrügliche Gefühl, Zeugen eines in der Geschichte des Opernhauses einzigartigen Ereignisses gewesen zu sein.

Vertonung von Rilke-Gedichten

Im Frühherbst des Jahres 1926 schrieb ich drei Lieder nach Gedichten von Rainer Maria Rilke unter dem Titel *O Lacrimosa* … Wie ich schon sagte, erinnere ich mich, mit Rilke nur ein einziges Gespräch über das Verhältnis seiner Dichtung zur Musik geführt zu haben, und ich hatte ihm zugestimmt, daß seine Gedichte für die Vertonung nicht besonders geeignet erschienen. Umso überraschter war ich, als er mir irgendwann im vorhergehenden Jahr einmal das schöne Manuskript dieser drei Gedichte schickte und schrieb, er habe sie während eines Besuchs in Paris für mich geschrieben, und den Wunsch äußerte, ich solle sie vertonen. Ich war sehr stolz auf dieses Geschenk, das mich zum einzigen Besitzer eines neuen lyrischen Werks des großen Dichters machte. Wie sich später herausstellte, hatte er nicht einmal seinem Verleger, der eine Gesamtausgabe der Werke Rilkes vorbereitete, eine Abschrift geschickt, und so wurde *O Lacrimosa* … erst später in einem Ergänzungsband gedruckt, wenn ich nicht irre. Ich zeigte mich für diese große Auszeichnung erkenntlich, indem ich Rilke als Weihnachtsgeschenk einen alten Stich mit einer Ansicht von Kassel schickte. Ich war überrascht und sehr gerührt, als ich nach Rilkes Tod das Château Muzot besuchte und bemerkte, daß er mein kleines Bild in einem seiner Zimmer an einen ziemlich auffallenden Platz gehängt hatte.

Eine ganze Weile wußte ich nicht, was ich mit den schönen, etwas rätselhaften Gedichten anfangen sollte. Ihre feierliche, zarte und dunkle Sprache war von der turbulenten Welt des *Jonny*, in die ich damals eingetaucht war, zu weit entfernt. Als wäre ich von einer Vorahnung dazu gedrängt worden, schrieb ich die Musik ziemlich schnell im September 1926. Es mag sein, daß mir nahegelegt wurde, etwas für Tiny Debüser zu schreiben, eine etwas kapriziöse und sprunghafte, aber sehr musikalische Sängerin mit einer hohen Sopranstimme, die in Köln lebte und für ihr Interesse an neuer Musik bekannt war. Es könnte leicht frivol erscheinen, daß ich Rilkes wohlüberlegtes und offenbar tief bedeutsames Geschenk verwendete, um einem momentanen Wunsch nachzukommen. Was wäre gewesen, wenn es sich bei der betreffenden Person nicht um einen Koloratursopran, sondern um einen Heldenbaß gehandelt hätte? Hätte ich Rilkes Gedichte ebensosehr in seinem Sinne interpretiert, wie ich es tat, um etwas für Madame Debüser fertigzustellen? Die Frage wird nie beantwort werden. Wie es der Zufall wollte, schien der Satz für eine extrem hohe Sopranstimme absolut überzeugend zu sein und sowohl die Atmosphäre als auch die mögliche Bedeutung von Rilkes Worten vollkommen auszudrücken. Ich gebe zu, daß ich einige Jahre später eine Fassung für mittlere Stimme schrieb (ohne die Begleitung oder die Tonart der Komposition zu ändern), um die Lieder weniger spezialisierten Interpretinnen zugänglich zu machen, und diese Fassung schien der Stimmung der Gedichte ebenso angemessen zu sein, obgleich ich sie vom rein musikalischen Standpunkt aus nicht ganz so befriedigend und wirkungsvoll fand. Vielleicht war es ein glücklicher Zufall, daß ich gerade zu diesem Zeitpunkt gebeten wurde, etwas für Madame Debüser zu komponieren und eine Art

Eingebung meinerseits, daß ich meinte, ihr Stimmtypus würde dem Ausdruck entsprechen, den Rilkes Gedichte verlangten, sonst hätte ich vielleicht für diesen Zweck andere Texte gewählt. Aber ich erinnere mich auch, daß ich einen gewissen Zwang fühlte, die Komposition von Rilkes Werk nicht länger aufzuschieben, was wiederum auf eine Fügung hinweisen würde, vielleicht durch Vorahnung gefördert. Eine Sache, über die man spekulieren kann, ist, ob der hypothetische Satz für einen tieferen Baß möglicherweise eine ganz andere, aber gleichermaßen überzeugende musikalische Deutung der Gedichte ergeben hätte. Aller Wahrscheinlichkeit nach hätte in diesem Fall niemand einen hohen Sopran als Alternative in Betracht gezogen. Auch diese Frage kann nicht beantwortet werden.

Ich zögerte noch, Rilke von der Fertigstellung des kleinen Werkes zu benachrichtigen, vielleicht weil ich mir wegen seiner Qualität nicht ganz sicher war oder weil die Umstände der Komposition mich etwas verlegen machten. Schließlich teilte ich ihm Anfang Dezember die Neuigkeit in einem Telegramm zu seinem Geburtstag mit. Ich war tief erschüttert, als ich zur Antwort ein Dankesbriefchen erhielt, das mit Bleistift auf einen Zettel gekritzelt worden war, ein jämmerlicher Kontrast zu den fröhlichen, feierlichen Meisterwerken der Kalligraphie, die wir normalerweise in eingeschriebenen Briefen erhielten, sorgfältig versiegelt und mit dem alten Wappen geschmückt. Rilke war schwer krank und lag auf dem Totenbett. Ich nehme an, daß ich auf diese Weise zum Empfänger einer der letzten schriftlichen Botschaften des großen Dichters wurde. Wenige Tage später fand sein Leiden ein Ende.

Auf Wunsch seines Verlegers schrieb ich später für das »Inselschiff«, das literarische Magazin des Verlagshauses, einen kleinen Artikel über meine Beziehung zu Rilke und über die Geschichte von *O Lacrimosa* ... Ich glaube, einen gewissen rätselhaften Aspekt der Beziehung, die ihn während seiner letzten beiden Lebensjahre an mich zu binden schien, habe ich nie richtig durchdrungen, etwas, das Rilke in seinen beiden Briefen an mich mit wenigen Worten ganz behutsam berührte oder das er in einigen Gesprächen in Sierre andeutete. Es war eine seltsame, irgendwie unbewußte Freundschaft, die auf, wir wissen nicht welchen, tief verborgenen Elementen der menschlichen Natur beruhte.

Es war vielleicht später in dieser Saison, daß Madame Debüser die Lieder tatsächlich in einem Konzert für zeitgenössische Musik in Köln aufführte, in einer Fassung für sechs Holzbläser und Harfe.* Das erste Lied, im 7/4-Takt komponiert, schien Abendroth, der das

* Erstaufführung der Klavierfassung am 28.1.1927 in Köln.

Ganze dirigierte, ein wenig Schwierigkeiten zu machen, und halb im Scherz bat er mich, den Taktstock zu übernehmen, denn ich hätte mir das sperrige Metrum ja ausgedacht. Ich kämpfte mich durch, so gut ich konnte, und als Abendroth mich wieder ablöste, ging alles reibungslos. Ich ärgerte mich ein wenig darüber, weil er mir die notgedrungen grobe und unbefriedigende erste Interpretation überließ, während er beobachtete, wo die Schwierigkeiten lagen, und sich überlegte, wie man sie überwinden konnte. Die Klavierfassung der Lieder wurde später bei nachdenklichen Sängerinnen, die eine ungewöhnliche Aufgabe suchten, recht erfolgreich, und *O Lacrimosa* ... ist eine meiner beliebteren Kompositionen.

»Die Kunstfreunde«

Eine Unternehmung, die in jenem Jahr einen großen Teil meiner Zeit in Anspruch nahm, war die Organisation einer Gesellschaft zur Förderung neuer Kunst, »Die Kunstfreunde« genannt. Die Idee stammte ursprünglich von Erich Lewinsky. Wir beschlossen, eine Vortragsreihe zu veranstalten (vielleicht auch Konzerte, dessen bin ich nicht ganz sicher). Was die praktische Seite dieses Projekts anging, so schlug ich eine Organisationsform vor, die ich seitdem bei dieser Art von Unternehmungen immer als die einzig effiziente ansehe: keine Mitgliedschaft, keinen schwerfälligen Apparat gewählter Funktionäre, Vorstände, Komitees und dergleichen, weil diese aller Wahrscheinlichkeit nach nur in Debattierklubs ausarten, Meinungsverschiedenheiten vergrößern und peinliche Situationen heraufbeschwören, wenn einige Mitglieder versuchen, der Organisation ihre Verwandten und Freunde als Darsteller, Künstler, Direktoren und so weiter aufzudrängen. Ich schlug vor, ein kleines Aktionskomitee zu bilden, das, glaube ich, aus Lewinsky, Oppenheim und mir bestand und ein komplettes Programm für die Spielzeit vorlegen und festlegen sollte, wie viele Abonnenten bei einem bestimmten Preis vonnöten sein würden, um das Programm zu verwirklichen. So gaben wir der Öffentlichkeit zu verstehen, daß es an ihr lag, das Angebot anzunehmen oder nicht. Unser Konzept funktionierte zu unserer vollen Zufriedenheit, wie es das in ähnlichen Situationen bis jetzt immer getan hat. Ich weiß nicht mehr, welche Attraktionen wir anbieten konnten. Ich glaube, daß wir, Paul Bekker und ich, beide einen Vortrag hielten. Es muß noch einige andere Redner gegeben haben.

Für den Abschluß der Reihe hatten wir beschlossen, etwas Besonderes zu bieten, und ich kam auf die Idee, ein Marionettentheater zu inszenieren, vermutlich weil mich wieder der Gedanke herausforderte, etwas zu tun, was ich noch nie getan hatte. Eigentlich hatte ich keine Ahnung, wie ich es anfangen sollte, denn meine Kenntnis von Marionetten beschränkte sich wahrscheinlich darauf, daß ich Kleists wunderschönen Essay über dieses Thema gelesen hatte. Ich hatte jedoch gehört, daß es einen Puppenspieler in der Stadt gab, einen Mann mit dem skurrilen Namen Magersuppe, und ich wußte, welches Stück ich aufführen wollte. Es war Marcel Achards *Marlborough s'en va-t-en guerre*, dessen Uraufführung ich in Paris gesehen hatte, mit dem unvergleichlichen Louis Jouvet in der Titelrolle. Ich verstehe nicht, wie ich die Energie aufbrachte, diese Sache auf die Beine zu stellen, denn ich mußte nicht nur Herrn Magersuppe und seine kleine Truppe von dem Wert des Projekts überzeugen, sondern ich mußte auch jemanden finden, der die Puppen nach meiner Vorstellung von den Figuren und nach den technischen Anweisungen des Puppenspielers schnitzte und einkleidete, und schließlich mußte ich auch die Schauspieler, die die Rollen hinter der Bühne lesen sollten, zusammenbringen und anleiten, denn es kam nicht in Frage, daß die Puppenspieler, die gewohnt waren, kleine volkstümliche Stücke auf Jahrmärkten aufzuführen, die subtilen Dialoge des französischen Schauspiels lernten und dazu die verschiedenen raffinierten Bewegungen ausführten, die ich mir für die Puppen vorstellte.

Ich staune immer noch über den ausgeprägten Kooperationsgeist, den ich bei allen Beteiligten fand. Herr Vocke, der Bildhauer der Akademie der Künste, war bereit, die Puppen zu skizzieren und ihre Herstellung zu beaufsichtigen, die einige seiner Studenten übernahmen. Es waren mindestens zehn oder zwölf Figuren zu schnitzen, was eine ganz spezielle Arbeit war, denn man mußte die verschiedenen Schwerpunkte bestimmen, planen, welche Glieder in welcher Weise während des abendfüllenden Stückes zu bewegen waren, und entscheiden, wo und wieviele Fäden anzubringen waren, um die Bewegungen der Marionetten richtig auszuführen. Die Figuren von Lord und Lady Marlborough waren besonders schön. Nach der Aufführung nahm ich sie als Andenken mit und hängte sie in meiner Wohnung in Wien an die Wand. Besonders komisch war Marlboroughs Armee, die durch vier Soldaten dargestellt war, welche als ein Stück geschnitzt und so konstruiert waren, daß ihre Bewegungen vollkommen mechanisch und synchron abliefen. Es gab satirische Anspielungen auf die allgemeine Stupidität des Militärwesens. Ein anderes Mittel, das ich mir ausdachte, um die Sache komplizierter zu machen, war eine Art beweglicher Kulisse für den Eröffnungsteil des Stücks. Als Prolog hatte der Autor dem Werk das alte Volkslied über Marlboroughs ruhmreiche Taten vorausgeschickt. Ich beschloß, es von den Schauspielern hinter der Bühne singen zu lassen, während zwei der

Nebenfiguren es auf der Puppenbühne im Stil einer alten Ballade, die von wandernden Bänkelsängern vorgetragen wird, darstellten. So mußte zu jeder der vielen Strophen des Liedes ein anderes Bild gezeigt werden, auf das eine der Marionetten mit einem Zeigestock deutete, während eine andere mit einer Gitarre in einer Ecke saß und so tat, als würde sie das Lied begleiten. Die Bilder wurden auf einen langen Papierstreifen gemalt, wahrscheinlich mit Wasserfarben, von wem, weiß ich nicht, und als Hintergrund abgerollt, während die Strophen gesungen wurden. Selbstverständlich mußte ich auch die Musik zu dem Stück schreiben, die ich größtenteils selbst hinter der Bühne auf dem Klavier spielte. Die Musik basierte in der Hauptsache auf der alten Volksweise und war anscheinend sehr schön. Sie ist wahrscheinlich verlorengegangen, wie die meisten meiner anderen Gelegenheitswerke aus der Kasseler Zeit, die während des Krieges in Rauch und Asche aufgingen.

Die Vorbereitungen waren zeitraubend und mühsam. Ich erinnere mich, daß ich mit den Puppenspielern über lange Zeit zwei- oder dreimal wöchentlich in einer nicht mehr benutzten Werkstatt zusammenkam, die gewöhnlich kalt und feucht war. Ich las ihnen das Stück mit allen Betonungen vor, die ich dem Text geben wollte, und deutete ihnen die Bewegungen an, die sie zu meiner Lesung ausführen sollten. Später mußte ich mit den Schauspielern üben, das Stück so zu lesen, wie ich es mir vorgestellt hatte. An die männlichen Schauspieler erinnere ich mich nicht mehr. Berta war Lady Marlborough, und Frau Israel, die sich nach der Bühne sehnte und ein begrenztes, aber hübsches Talent besaß, Texte flott vorzutragen, stellte eine frische Naive dar. Bei den letzten Proben kamen die Schauspieler dann hinter die Bühne, und die Puppenspieler mußten sich daran gewöhnen, ihre Bewegungen mit der Lesung des Textes zu koordinieren.

Die Aufführung fand in einem Saal statt, den wir für wenig Geld mieten konnten. Das Problem war, daß er durch eine Öffnung in der Decke Tageslicht bekam. Sie mußte abgedeckt werden, was mit Hilfe von nicht durchscheinenden Stoffen geschah, die Rubensohn freundlicherweise aus seiner Fabrik zur Verfügung stellte. Die Wirkung des Stückes war höchst erfreulich, und alle hatten ungeheuren Spaß an der Sache. Das Medium der Marionetten hat einen geheimnisvollen Reiz. Da die Puppen nur eine begrenzte Anzahl von genau bestimmten Bewegungen ausführen können, ist das Spiel hochstilisiert und statisch. Aber in diesen Grenzen wird jede kleine Bewegung höchst ausdrucksvoll. Der Gesamteffekt ist unwirklich und traumhaft, hat aber zugleich die verdichtete Intensität von Träumen. Ein eigentümliches Charakteristikum des Puppentheaters wurde unabsichtlich enthüllt, als gegen Ende des Stücks einer der Puppenspieler versehentlich, oder um verwickelte Fäden zu entwirren, mit der Hand in den Rahmen des kleinen Bühnenkastens griff. Das Publikum war mehr schockiert als erheitert, denn die Augen gewöhnten sich, wie man mir hinterher erklärte, so sehr an die Proportionen dieser magischen Welt, daß niemand mehr wußte, wie groß oder wie klein die Figuren tatsächlich waren. Sie hatten sich dem empfänglichen Organismus der Zuschauer als Norm eingeprägt, und die Hand des Spielers erschien plötzlich als die eines furchtbaren Riesen. Ich war von diesem Phänomen sehr beeindruckt und spielte mit dem Gedanken, es absichtlich in einem Puppenspiel, das ich selbst schreiben wollte, einzusetzen. Daraus wurde jedoch nichts.

Bei Otto Klemperer

Irgendwann im Herbst 1926 wurde ich einmal nach Wiesbaden geschickt, um mir eine Opernaufführung anzusehen, wahrscheinlich wegen eines Sängers, dessen Engagement Bekker in Erwägung zog. Ich wußte damals nicht, daß ich mit dem Wiesbadener Theater für eine kurze, etwas schwierige und allgemein bedrückende Phase in Verbindung treten sollte. Damals war Otto Klemperer der musikalische Leiter dieses Theaters, das wie unseres in Kassel vom preußischen Staat in Gestalt Kestenbergs betrieben wurde. Ich sah eine ganz ausgezeichnete Aufführung der *Hochzeit des Figaro*, unter der Leitung von Klemperer, eine der besten, die ich je gesehen habe. Der Gesang war ganz allgemein erfreulich und ausdrucksvoll, das Spiel zügig, lebendig und intelligent, die Regie klar, logisch und äußerst geschmackvoll. Besonders beeindruckte mich die Tatsache, daß jedes einzelne Wort des Textes zu verstehen war, was für mich stets eine Grundbedingung für eine gute Opernaufführung gewesen ist, die leider in der überwältigenden Mehrzahl der von mir beobachteten Fälle sehr vernachlässigt wird.

Nach der Vorstellung aß ich bei den Klemperers zu Abend, was, im Gegensatz dazu, eines der bedrückendsten Erlebnisse jener Zeit war. Es war eine Gruppe von sechs oder sieben jungen Leuten da, alle Assistenten des Chefs, Repetitoren und dergleichen. Ihre Anzahl beeindruckte mich, da wir in Kassel anscheinend mit viel weniger Personal auskommen mußten, nicht aber ihr Verhalten, denn der Meister schien sie in elender Sklaverei zu halten. Als wir uns zu Tisch setzten, stellte er eine Flasche Wein vor mich hin und erklärte, daß sie nur zu meinem persönlichen Gebrauch bestimmt sei und niemand sonst etwas von ihrem Inhalt haben dürfe. Dann begann er ein Gespräch mit mir, wobei er mich mit einer Art übertriebener Achtung behandelte und allen anderen absolutes Schweigen auferlegte. Die Armen wagten kaum zu flüstern, wenn sie sich Salz oder Brot reichen lassen wollten. Ich gebe zu, daß mich das Weiterreichen von Speisen und Zutaten mit den begleitenden Phrasen, Protesten, Nötigungen und freundlichen Ablehnungen während der Mahlzeiten oft sehr nervös macht, und ich kann verstehen, um was es Klemperer ging, aber ich kann ihm kaum verzeihen, wie er sich aufführte. Als Frau Klemperer einmal eine dieser üblichen Bemerkungen flüsterte, hielt er gerade einen großen Teller voller Sardinen in der Hand. Ganz unerwartet verlor er die Beherrschung, brüllte mit voller Lautstärke etwas Schreckliches, drehte den Teller um und schmetterte ihn auf den Tisch. Den Effekt kann man sich vorstellen, und das Gespräch, dessen Unterbrechung er bedauert hatte, wurde danach nicht gerade angenehmer. Angesichts dessen, was ihm später widerfuhr, erscheint es logisch, solche undisziplinierten Ausbrüche der Krankheit zuzuschreiben, die ihn etwa fünfzehn Jahre danach befallen sollte. Doch vielleicht wäre es ihm möglich gewesen, sich einigermaßen im Zaum zu halten, und mit Sicherheit wäre es praktisch gewesen.

Arbeit am Kasseler Theater

Im Kasseler Theater entwickelten sich die Dinge nicht zum besten. Prasch, der Direktor des Schauspielhauses, war durch einen gewissen Tralow ersetzt worden, einen riesigen, dicken Mann, der sich für einen Schriftsteller mit expressionistischen Neigungen hielt. Er war derb und hatte schlechte Manieren, war allgemein abstoßend und in seiner Redeweise unangenehm vulgär. Zweifellos war er viel kompetenter und tüchtiger als sein Vorgänger, aber sein Geschmack war fragwürdig, seine Sturheit beträchtlich und seine Art, mit Menschen umzugehen, unliebenswürdig. Berta, die Prasch gern gehabt hatte, war von Anfang an gegen ihn und klagte darüber, daß er ihr gegenüber voreingenommen sei. Fairerweise muß gesagt werden, daß sie vom Alter her über die Rollen, die sie lieber als alle anderen spielte, vielleicht schon ein wenig hinaus war. Aber Tralow war unnötig taktlos, als er dies betonte. Mein eigenes Verhältnis zu ihm basierte auf eisiger Höflichkeit. Da meine Stellung zu Berta wohlbekannt war, nahm er stillschweigend an, daß ich ihn verachtete. Andererseits kannte er mein Verhältnis zu Bekker und sah, daß ich durch meinen Erfolg als Komponist an Bedeutung gewann, so daß er es für klüger hielt, sich mit mir zu arrangieren. Ich glaube, die letzte Rolle, die Berta in ihrer Theaterlaufbahn wirklich von ganzem Herzen genoß, war die Cleopatra in Bernhard Shaws Stück während meines ersten Jahres in Kassel. Damals hatte sie auch ihren ersten schweren Ischiasanfall, der sie ein paar Wochen lang arbeitsunfähig machte und ihr großen Kummer bereitete. Im zweiten Jahr hatte sie kaum eine einzige Aufgabe, bei der sie sich wohl fühlte.

In einem ziemlich albernen expressionistischen Stück mußte sie in schicker Unterwäsche auftreten, was mich sehr faszinierte und erregte. Zwischen den einzelnen Szenen dieses Stückes gab es Pausen, die mit kurzen Filmsequenzen gefüllt wurden, welche im Theater hergestellt wurden und bestimmt nicht sehr gut waren. Diese mußten mit Musik begleitet werden, und weil ich zu faul war, etwas zu komponieren, beschloß ich, an einem Klavier hinter der Bühne, von wo aus ich die Leinwand von hinten sehen konnte, dazu zu improvisieren. Das machte sehr viel Spaß, denn ich mischte alle möglichen amerikanischen Melodien, die mir gerade einfielen, in meine Improvisationen, darunter insbesondere »Dinah«, einen meiner damaligen Lieblingsschlager.

Ein anderes Stück, das mir sehr gut gefiel, war *Zweimal Oliver* von Georg Kaiser, dem brillanten deutschen Bühnendichter und einem der wenigen echten Dramatiker jener Zeit. Es war eine sehr aufregende Geschichte über einen Darsteller berühmter Persönlichkeiten. Eine Szene spielte in einer Zirkusmanege, in der er seine Kunststücke vorführte, und dazu wurde eine Menge Musik gebraucht, die in einem speziellen Graben im Hintergrund der Bühne gespielt wurde, da das Publikum den Zirkus von hinter der Bühne aus miterleben sollte, den Zirkusbesuchern, die auf einen Prospekt aufgemalt waren, gegenübersitzend. Ich schrieb eine recht umfangreiche Folge von Jazznummern für dieses Schauspiel, von denen einige ziemlich mitreißend waren, wie ich erinnere. Alles das ist für immer verloren. Eine weitere umfangreiche musikalische Aufgabe war Rabindranath Tagores *Vasantasene*, aber dieses Stück mochte ich nicht sehr.

In der Oper dirigierte ich ein Ballett, *La Giara*, von Casella, dem italienischen »Modernen«. Es war nichts Besonderes, aber ziemlich schwierig, weil häufig Taktwechsel darin vorkamen, wie bei Strawinsky. Ich glaube nicht, daß ich meine Sache gut machte. Weit mehr befriedigte mich Offenbachs *Orpheus*, der außergewöhnlichen Erfolg hatte, so daß wir ihn sechzehn Mal spielten. Bekkers Regie war etwas schwerfällig, und der Humor mutete recht provinziell an, aber das Ganze wurde mit viel Begeisterung gespielt und löste große Heiterkeit aus.

Von den Opernereignissen dieser beiden Jahre in Kassel sollte ich noch zwei weitere erwähnen, den *Armen Heinrich* von Hans Pfitzner, der ziemlich früh in Bekkers Ära herausgebracht wurde, und *Die Ge-*

zeichneten von Franz Schreker, die gegen Ende seines Regimes aufgeführt wurden. Pfitzners Oper war eine super-wagnersche Treibhaustragödie mit dem üblichen passiven und todkranken Helden, einem weiteren, noch morbideren Amfortas, der durch die Liebe einer reinen Jungfrau geheilt werden konnte, die im Laufe des Geschehens natürlich ebenfalls zugrundeging, wenn ich mich recht erinnere. Bekker, der heftige literarische Auseinandersetzungen mit Pfitzner gehabt hatte, mochte dieses frühe Werk des reaktionären Komponisten seltsamerweise gern, und ich nehme an, daß er mit der Produktion seine unparteiische Objektivität demonstrieren wollte. Er lud Pfitzner sogar ein, die erste Vorstellung zu dirigieren. Mir war das Ganze so fremd wie der Charakter des eingebildeten, mürrischen und chauvinistischen Komponisten. Die Aufführung, die von Laugs schlampig vorbereitet worden war, gelang recht gut, wobei Pfitzner sich hauptsächlich mit dem Orchester beschäftigte, dem er großen Lärm entlockte. Mich ließ sie völlig kalt.

Schrekers Oper wurde Dr. Zulauf anvertraut, und ich hatte bei der Einstudierung eine Menge Arbeit, besonders mit Grete Reinhart, der die weibliche Hauptrolle übertragen worden war. Es war zu jener Zeit, daß ich ein mehr als künstlerisches Interesse für die rätselhaft sinnliche Person entwickelte, obgleich wir über intensives Flirten noch nicht hinausgingen. Undeutlich spürte ich, daß Probleme im Anzug waren, weil es offenkundig war, daß Bekker seine Entdeckung als eine Art persönliches Eigentum betrachtete, auch wenn es zu jener Zeit nicht ganz klar war, wie weit die Affäre gediehen war. Grete ihrerseits zeigte nicht die geringste Abneigung, welche Interessensbekundungen auch immer ich für angebracht hielt.

Obgleich sie in Geist und Idiom ganz anders waren als Pfitzners Oper, hatten *Die Gezeichneten* die überspannte Atmosphäre morbider Sinnlichkeit mit dieser gemein. Es war die Geschichte einer leidenschaftlichen Künstlerin, die sich in einen häßlichen, aber höchst »interessanten« und komplizierten Mann verliebte. Ein völlig oberflächlicher, aber schneidiger Romeo überwältigte sie und, bedingt durch eine Herzkrankheit, starb sie nach seiner Umarmung in Ekstase. Ein Massenmord, der dadurch gerechtfertigt war, daß die Geschichte in die überhitzte Atmosphäre der italienischen Renaissance verlegt wurde, machte diesen Vorgängen ein Ende. Wie schon erwähnt, machte diese pseudoanspruchsvolle Wiederbelebung der *Carmen*, durch die Brille Otto Weiningers gesehen, einen gewaltigen Eindruck auf mich, als ich die Oper in Wien zum erstenmal sah. Als ich sie in Kassel mit den Sängern einstudieren mußte, war ich weit weniger davon eingenommen. Vieles davon schien reines Füllwerk zu sein, von dürftigem Geschmack, naiv und manchmal peinlich. Ich weiß nicht, ob Bekker sich verpflichtet fühlte, eine Oper von Schreker anzusetzen, weil er auf den Komponisten aufmerksam gemacht hatte. Jedenfalls faßte er das Stück nicht allzu sanft an, obgleich er wieder Regie führte und die Rollen den besten Mitgliedern des Ensembles anvertraute. Er bat mich, den dritten Akt ziemlich gnadenlos zusammenzustreichen, und ich sah Komplikationen vorher, weil ich wußte, daß der recht kindische Renaissancepomp, der den größten Teil dieses Aktes ausmachte, Schreker sehr am Herzen lag. Er glaubte wohl, damit eine Art Super-Tannhäuserbacchanal geschaffen zu haben.

Selbstverständlich war Schreker, als er kam, mit den Streichungen ganz unzufrieden. Als er sich bei mir darüber beklagte, legte ich keinen Wert darauf, meinen Anteil daran preiszugeben. Aber als er anfing, abschätzige Bemerkungen über Grete Reinhart zu machen, warnte ich ihn, sie nicht vor Bekker zu wiederholen, wenn sein Besuch friedlich verlaufen sollte. Ich glaube, daß das meine letzte Begegnung mit Schreker war. Innerhalb von drei oder vier Jahren waren wir einander völlig fremd geworden. Mir schien, daß in seiner Haltung etwas Seniles, Schwammiges und Dekadentes war. Er gefiel sich offenbar immer noch in der Rolle des Parvenus oder des Neureichen, raste in einem riesigen Automobil, das er speziell für sich hatte konstruieren lassen, durch die Stadt und machte dumme und sinnlose Bemerkungen. Offensichtlich besaß er nicht die Fähigkeit, sich mit der Tatsache abzufinden, daß sein kurzlebiger Ruhm und Glanz überall ringsherum rasch in sich zusammenfielen. Ich bin in der Lage, einschätzen zu können, daß das in der Tat eine erschrekkende und bittere Erfahrung ist und wahrscheinlich um so schwieriger durchzustehen, je später im Leben sie einem zustößt. Doch sie ist zu jeder Zeit unglaublich qualvoll. Schreker stand ein sehr düsteres Ende bevor, und obgleich er sich vieles davon selbst zuzuschreiben hatte, ist er vom Schicksal grausam behandelt worden.

Endgültige Trennung von Anna

In diesen Jahren muß meine Trennung von Anna irgendwann die rechtmäßige Form einer Scheidung angenommen haben, aber ich erinnere mich nicht, wie bald nach jenen ziemlich lächerlichen Präliminarien in Zürich wir die unglaublich ermüdende Geschichte begannen. Da wir uns über die ganze Sache vollkommen einig waren und keine weiteren Probleme, weder finanzieller noch sonstiger Art damit verbunden waren, schien das Ganze eine äußerst einfache Sache zu sein. Doch sobald sie den unvermeidlichen Anwälten in die Hände fiel, wurde alles zunehmend komplizierter und scheußlicher. Zunächst wurde vorgeschlagen, das rechtliche Vorgehen für beide Parteien in die Hände von Dr. Freund zu legen, dem ständigen Berater Alma Mahlers und einem Freund Gustav Mahlers. Er schien mir ein redseliger Langweiler und alles andere als tüchtig zu sein. Nach einigen Gesprächen, die durchaus liebenswürdig, aber vollkommen sinnlos waren, gab er bekannt, er könne nun doch nicht beide Parteien vertreten, und ich brauche einen eigenen Rechtsanwalt. Wenn ich nicht irre, empfahl Freund einen gewissen Dr. Reiter, mit dem ich alles noch einmal durchgehen mußte, obwohl ich gehofft hatte, ich hätte das hinter mir. Das einzige greifbare Ergebnis war, daß die Rechnungen dieser juristischen Genies hübsch in die Höhe gingen. Ich hatte den Eindruck, daß sie eigentlich bedauerten, daß der Fall nicht mehr Stoff für Konflikte und Komplikationen bot. Weil Annas ordentlicher Wohnsitz sich damals in Wien befand, kam der Fall dort vor Gericht. Nach österreichischem Gesetz bestimmte der Staat einen Anwalt, der die Ehe verteidigte (den wir natürlich auch bezahlen mußten). Man hatte sich darauf geeinigt, mit gegenseitiger Unverträglichkeit als Scheidungsgrund zu argumentieren. Es gab keine wirklichen Komplikationen, außer daß einer dieser Anwälte, ich entsinne mich nicht, welcher, mir vor Gericht das Geständnis entlocken wollte, daß ich Anna zu einem bestimmten Zeitpunkt vorgeschlagen hätte, mit ihr und einer anderen, nicht näher bezeichneten weiblichen Person in einem Dreiecksverhältnis zu leben. Ich denke, es muß ein Routineversuch ihres Anwalts gewesen sein, einen Vorteil für sie herauszuschlagen. Da das nicht nur schädlich für mich gewesen wäre, sondern dazu nicht stimmte und in der Vorbereitung des Falls nie ein derartiges Argument erwähnt worden war, wies ich diese Unterstellung zurück.

Seltsamerweise wurde ich dafür anschließend von meinem eigenen Anwalt gerügt, denn er glaubte, mein Eingeständnis wäre ein starkes Argument gegen den Verteidiger der Ehe gewesen. Das wäre es zweifellos gewesen, aber ich hatte nicht die Absicht, die Scheidung um diesen Preis zu bekommen. Offenbar besaß der Verteidiger mehr Verständnis und Sympathie als unsere eigenen Anwälte, und er erhob überhaupt keine Einwände gegen die Scheidung, die den Richter daran gehindert hätten, sie auszusprechen. Von den Einzelheiten der Verhandlung weiß ich nichts mehr, außer daß alles trist, schäbig und abstoßend war. Das Gericht tagte in einem der prunkvollen Säle des Justizpalastes, aber trotz des augenscheinlichen Bombastes der Örtlichkeit mußte ich auf einem Stuhl sitzen oder vielmehr zu sitzen versuchen, dessen Sitzfläche eingebrochen war, so daß ich mich irgendwie auf dem Rand abstützen mußte. Und das war das Ende meiner ersten Ehe.

Uraufführung von Jonny spielt auf *am 10. Februar 1927*

Das wichtigste Ereignis des Jahres 1927 war die erste Aufführung von *Jonny spielt auf* in Leipzig, am 10. Februar. Ich erinnere mich nicht, wann die Oper dort angenommen wurde und wie bald ich zu vorbereitenden Gesprächen nach Leipzig fuhr. Der Direktor des Opernhauses war Gustav Brecher, den ich etliche Jahre zuvor in Berlin kennengelernt hatte. Es freut mich, berichten zu können, daß unser erneuter Kontakt sich zu einer aufrichtigen und dauerhaften Freundschaft entwickelte, und es schmerzt mich sehr, daß der hervorragende Mann, seine bezaubernde Frau und seine großartige Schwiegermutter in den Selbstmord getrieben wurden, als sie nicht wußten, wie sie in Marseille der Bedrohung durch die Nazis entkommen sollten.

Brecher war ein wunderbarer Musiker und, meiner Meinung nach, ein vorzüglicher Dirigent, obgleich er einige äußerst seltsame Angewohnheiten hatte, die sehr viele Routinemusiker befremdeten. Sein Dirigieren war in der Tat ein verblüffendes Schauspiel, da er sehr selten einen deutlichen Grundschlag ausführte, den die meisten Musiker als das Alpha und Omega des Dirigierens betrachten. Er behauptete – und das war im Prinzip gewiß richtig –, daß der Grundschlag etwas rein Mechanisches sei, das ein gut vorbereitetes Orchester eigentlich nicht brauchen sollte. Der Dirigent sollte Phrasen gestalten und nicht den Takt schlagen. Diese Theorie führte zu einigen der außergewöhnlichsten Taktstockwirbel, die ich je gesehen habe. Daß es funktionierte, war immer wieder ein Wunder. Möglich war es nur, weil Brecher etwa fünfmal so gründlich und intensiv probte wie alle anderen. Ihm stand nicht nur eine beeindrukkende Gruppe sehr guter Repetitoren zur Verfügung, sondern er studierte auch selbst jede Rolle mit den Sängern, bis sie sie im Schlaf konnten und jedes einzelne Detail vollständig »mechanisiert« war, wie er es nannte. Und dennoch war der Aufführung von diesem gewissenhaften Drill nichts anzumerken, weil das Ziel der Mechanisierung darin bestand, die Interpreten für jede Wendung in ihrer Aufgabe so absolut sicher zu machen, daß sie den Eindruck von völliger Freiheit und Gelöstheit erwecken konnten.

Das scheint ganz einfach und selbstverständlich zu sein, aber um es zu erreichen, braucht man unglaubliche Geduld und Ausdauer, wie nur wenige Menschen sie besitzen. Seltsam und bezaubernd war die Tatsache, daß diese eiserne Energie in einem etwas weichen, skeptischen, kultivierten, unaufdringlich eleganten, fast ein wenig dekadenten jüdischen Bonvivant wohnte. Durch seine Ehe mit der Tochter von Deutsch, dem größten Produzenten elektrischer

Maschinen in Deutschland, war Brecher ungeheuer reich und daher ziemlich verwöhnt. Zweifellos hat das sein unglückliches Ende verursacht. Frau Brecher war nicht schön, aber recht attraktiv, obgleich durch die Folgen einer frühen Kinderlähmung ein klein wenig behindert. Sie war ziemlich auffällig elegant und laut bis an die Grenze einer gelegentlichen Taktlosigkeit von der Art, wie man sie sehr reichen Leuten leicht vergibt. Ich wurde in ihrem Haus sehr gut aufgenommen und reagierte sofort auf die Atmosphäre, die mir ungeheuer gefiel.

Die Inszenierung meiner Oper war Walter Brügmann, Brechers Partner in der Leitung des Theaters, anvertraut. Er war in vieler Hinsicht das Gegenteil von Brecher und ein ziemlich typisch deutscher Künstler. Zweifellos besaß er eine geniale Begabung für die Bühne, aber seine Phantasie ging mit ihm durch, und er brachte sich ständig in Schwierigkeiten, was seinen Stolz verletzte und seinen brennenden Ehrgeiz dämpfte, so daß er abwechselnd launenhaft, mürrisch und deprimiert und dann wiederum grenzenlos begeistert war. Er hatte fabelhafte und kühne Ideen, allerdings zu viele und manchmal sehr unpraktische, die er uns zu unvorhersehbaren Zeitpunkten aufdrängte. Der endlose Konflikt zwischen Musikern und Bühnenleuten resultiert, wie ich bemerkt habe, normalerweise aus der Tatsache, daß die Musiker, so seltsam es scheint, langfristige Planung und methodisches Denken gewohnt sind. Das kommt den Leuten auf der Bühne oft pedantisch vor und weckt ihre temperamentbedingte Ungeduld, denn sie neigen viel stärker zu brillanter, ganz spontaner Improvisation. Der Musiker seinerseits hat das Gefühl, daß die Bühnenkünstler besser daran tun würden, sich etwas von seinem sorgfältigen, schrittweisen Vorgehen anzueignen und an den einmal getroffenen Entscheidungen festzuhalten.

In *Jonny spielt auf* gibt es eine Szene, in der der Gletscher geheimnisvoll spricht oder vielmehr singt, um den verzweifelten Helden Max, der in seinen geliebten Bergen Zuflucht gefunden hat, zu trösten. Der Gesang wird von einem nicht sichtbaren Frauenchor vorgetragen, und ich hatte natürlich nie an etwas anderes gedacht als an eine ordentlich beleuchtete Bühne, auf der Max still lauscht, auf was immer die Stimmen der Natur ihm zu sagen haben. Brügmann hatte jedoch die glänzende Idee einer mystischen Animation des Gletschers in Form eines verschwommenen mondähnlichen Gesichts, das im Takt der Musik den Mund bewegt. Dazu stellte er sein eigenes – sehr gut aussehendes – Gesicht zur Verfügung und verwendete unendliche Mühe darauf, einen Film davon drehen zu lassen, in dem er den Chortext im Takt der Musik und in dem in der Partitur angegebenen, von Brecher gebilligten Tempo sprach. Selbstverständlich entwickelte sich diese Erfindung zu einem Problem erster Güte. Der Filmprojektor wurde hinter der Bühne aufgebaut und warf das Bild auf den Prospekt, auf den der Gletscher aufgemalt war. Der von einem der Assistenten Brechers dirigierte Chor saß in einem versteckten Winkel, und sein Gesang wurde über einen Lautsprecher in den Zuschauerraum übertragen. Sowohl der Filmvorführer als auch der Chordirigent mußten exakt auf elektrische Signale hin einsetzen, die von Brecher kamen, dem einzigen, der das Ganze vom Dirigentenpult aus überschauen und die zeitlichen Abläufe koordinieren konnte. Sobald der Film anlief, mußte er beim Dirigieren jedoch Brügmanns Mundbewegungen folgen und diese durch elektrische Signale dem Chorleiter übermitteln, damit der Gesang in dem abgeschiedenen Raum hinter der Bühne mit dem Film übereinstimmte. Und natürlich war da auch noch das Orchester von etwa einhundert Musikern, das dem auf diese Weise festgelegten Schlagtempo Brechers folgen mußte. Das Durcheinander, das durch dieses Arrangement verursacht wurde, war ganz außergewöhnlich. Zudem stellte sich bald heraus, daß der Anblick von Brügmanns beseeltem Antlitz auf dem Gletscher ein albernes Schauspiel war.

Ernste und nächtelange Diskussionen waren die Folge, doch der Urheber der Sache konnte nicht dazu bewegt werden, sie vollständig fallen zu lassen. Lieber wollte er für ein Gerät sorgen, das auf dem Dirigentenpult montiert wurde und ein mit dem Filmprojektor synchronisiertes Bild der Partitur zeigte (damals war das etwas Neues, heute ist der Apparat in den Tonstudios üblich, glaube ich), und von diesem Gerät sollte der Dirigent sein Tempo bekommen. Glücklicherweise willigte Brügmann auch ein, den Film so weit abzudunkeln, daß schließlich nichts mehr zu sehen war als eine verschwommene, schattenhafte Bewegung auf dem bläulichen Eis des Gletschers. Das Endresultat dieser schrecklichen, kostspieligen Unternehmung war praktisch gleich Null, aber sie erregte großes Aufsehen, und das war es vielleicht, was Brügmann im Grunde gewollt hatte.

Offenbar war der Stil des *Jonny* ganz nach Brügmanns Geschmack, denn er regte seine verspielte Phantasie an. Besondere Aufmerksamkeit widmete er den Schlußszenen, in denen ein Bahnhof in einen kosmischen Raum verwandelt wird, den Schauplatz von Jonnys endgültigem Triumph. Trotz der ziemlich beschränkten technischen Möglichkeiten der Leipziger Bühne wurde ein wahrhaft phantastischer Effekt erzielt. Die Regie war im großen und ganzen sehr lebendig und überzeugend, in den pompösen und verrückten Szenen mehr noch als in den kontemplativen und lyrischen, weil Brügmann für ruhige, verhaltene Stimmungen nicht viel Sinn hatte. Die

Überbetonung der ersteren hat zweifellos zu der verzerrten Meinung beigetragen, die man sich allgemein von meiner Oper bildete. Brecher, dessen Verständnis für mein Werk viel umfassender und tiefgründiger war, bemühte sich sehr, Brügmanns spielerischen Überschwang einzudämmen, und hatte in einigen Fällen auch Erfolg, aber nicht in allen.

Wie dem auch sei, die Produktion war in jeder Hinsicht großartig und hatte gewaltigen Erfolg, wie man weiß. Das lag, abgesehen von den aufsehenerregenden Eigenschaften des Werkes, deren ich mir bewußt wurde, als ich es sah, an der unkomplizierten farbigen Charakterisierung der Menschen, die ich auf die Bühne gebracht hatte.

Als das Spektakel vorbei war, wurde mir innerhalb von wenigen Tagen klar, daß ich über Nacht zu einem der berühmtesten Komponisten Mitteleuropas geworden war. Während ich diese Zeilen niederschreibe, fällt mir auf, daß sich der Fluß meines Diskurses immer weiter verlangsamt und ich mich zunehmend gehemmt fühle, über diese Ereignisse zu berichten und sie zu kommentieren. Der Grund ist wahrscheinlich, daß mich dieser plötzliche, unerwartete Erfolg völlig aus dem Gleichgewicht brachte, worunter ich bis auf den heutigen Tag leide. Wenn ich die Konsequenzen dieses Erfolges zusammenfasse, stelle ich fest, daß die Befriedigung oberflächlich, wenngleich beträchtlich war, der materielle Gewinn hübsch, aber kurzlebig und das Leiden intensiv und dauerhaft. Deshalb ist es für mich schwieriger, über dieses nach außen hin höchst wichtige Ereignis in meinem künstlerischen Leben zu sprechen, als von sehr vielen, scheinbar weniger bemerkenswerten Dingen zu berichten. Nur mit merklichem Widerstreben liefert mein Gedächtnis Material, wahrscheinlich, weil der Schock, den dieses Ereignis auslöste, immer noch nicht verarbeitet ist.

Vorläufig geschah nichts Dramatisches. Ich fuhr nach Kassel zurück und erfüllte meine Pflichten wie bisher. Ich arbeitete bereits eifrig an meinem nächsten Opernprojekt, drei Einaktern, die an einem Abend aufgeführt werden sollten. Als sich sehr bald erstaunliche Nachrichten darüber häuften, daß ein Opernhaus nach dem anderen *Jonny* zur Aufführung erwarb, glaubte ich immer noch nicht, daß sich das auf mein Lebensmuster auswirken würde. Zudem hatte ich nicht die leiseste Ahnung, wie ich diese wunderbare Wende in meinem Leben ausnutzen sollte.

Als Bekker mir eröffnete, daß er für die nächste Theatersaison die Stelle des Direktors am Staatstheater Wiesbaden angenommen hatte (Klemperer war nach Berlin berufen worden), wußte ich nicht, was ich anderes tun sollte, als ihm dorthin zu folgen und mit meiner Tätigkeit mehr oder weniger in der gleichen Funktion fortzufahren, wie ich sie in Kassel ausgeübt hatte. Das einzige, was mich zögern ließ, war die Trennung von Berta, denn sie würde vorerst in Kassel bleiben müssen, aber wir waren uns einig, daß dies die einzig vernünftige Lösung war und daß wir uns bemühen würden, die Sache irgendwie zu regeln, zumal die Entfernung zwischen den beiden Städten für häufige Besuche nicht zu groß war. Heute erscheint es mir ganz dumm, daß ich das auch nur in Erwägung zog, denn es funktionierte, wie jeder vernünftige Mensch vorhersehen konnte, überhaupt nicht. Allerdings scheint in solchen Dingen niemand vernünftig handeln zu können, und ich bin sicher, daß ich jederzeit wieder ähnliche Fehler machen könnte.

Die drei Einakter machten schnelle Fortschritte. Natürlich bestanden sie in der Hauptsache aus »Paralipomena« zu *Jonny*, dessen Stil ich einfach auf verschiedene Gegenstände und Aspekte anwandte, die ich in der Oper nicht hatte unterbringen können. Ich schrieb die Libretti wiederum selbst. Da ich für dichterische Darstellung kein wirkliches Talent habe, sondern nur die Phantasie eines Dichters besitze, leiden meine dramatischen Bemühungen unter einer gewissen Einfachheit und Naivität, wenn man sie unter literarischen Gesichtspunkten betrachtet. Ich glaube, daß ich nur in *Karl V.* einem wirklich beachtlichen literarischen Niveau und so etwas wie einem poetischen Stil nahegekommen bin, wobei mich die tiefgründigen philosophischen Implikationen des Stoffes anregten. Die Mängel meiner dichterischen Begabung zeigen sich höchst peinlich in den Texten, die ich zu einigen meiner Liederzyklen geschrieben habe. Darüber später mehr. In meinen Operntexten konnte ich die beschriebenen Schwächen in Vorteile umkehren, denn der Mangel an poetischer Dichte erlaubt eine gesunde Direktheit. Ich glaube, daß ich als Librettist (wenn ich *Karl V.* ausnehme) annähernd die Fähigkeiten und Qualitäten Da Pontes besitze. Da ich den Text von *Don Giovanni* für ein Meisterstück halte, bin ich mit dieser Klassifizierung ganz zufrieden.

Die erste der drei Kurzopern war eine blutige Mordgeschichte aus dem Privatleben eines zeitgenössischen Diktators. Da diese abscheuliche Spezies damals ausschließlich von Mussolini verkörpert wurde, bekam ich später etwas Angst, als ich italienisches Gebiet betrat. Aber entweder hatten die Faschisten meine Oper nicht beachtet, oder sie glaubten nicht, daß sie dem Ruf ihres Herrn schaden könnte, und nichts Unangenehmes geschah.

Die zweite der drei Opern war ein Märchen, welches das einfache Leben verherrlicht, die Hingabe an die Natur, die Freude an den kleinen Dingen und den Verzicht auf Ehrgeiz, Ruhm und Glanz. Es ist interessant, daß ich diese Philosophie in dem Augenblick entwickelte, in dem ich selbst Ruhm und Ehre erlangte, freilich ohne sie mir gewünscht zu haben. So wie ich es jetzt sehe, war diese Einstellung eine Art Synthese aus meiner »Pariser« Philosophie und dem Karl Krausschen Ekel vor »dieser Welt«. Wenn ich dafür plädierte, ja zum Leben zu sagen, wie das eine Pariser Prostituierte oder ein Marseiller Fischer in meiner gefühlsseligen Phantasie vermutlich taten, wollte ich zugleich nein zur modernen Zivilisation sagen, die meiner Meinung nach in entmenschlichter Hast, erniedrigender Kommerzialisierung und allgemeiner hoffnungsloser Korruption bestand.

Das dritte Stück brachte etwa die gleichen Gefühle zum Ausdruck, allerdings in satirischer Form, was viel befriedigender war. Den Anstoß dazu gab ein Bericht über eine unglaubliche Äußerung, die der damalige deutsche Botschafter in den Vereinigten Staaten anläßlich eines Besuchs von Max Schmeling oder eines derartigen deutschen Übermenschen von sich gegeben hatte. Er hatte gesagt, daß heutzutage Preisboxer die eigentlichen Kulturträger seien, nicht mehr Wissenschaftler oder Künstler. Davon angestachelt schrieb ich eine kleine Operette, die einen dieser Helden, der als »Stolz der Nation« bejubelt und mit einem Ehrendoktorat ausgezeichnet wird, als widerwärtigen Schwachkopf bloßstellt und ihn in den beschämendsten privaten Situationen zeigt.

Musikalisch gesehen machte ich in diesen Stücken weniger vom Jazzidiom Gebrauch als in *Jonny*, abgesehen vom letzten natürlich, in dem ich meinem aufgestauten Verlangen nachgab, einen wirklich populären Schlager zu schreiben. Mit dem ersten Einakter, den ich *Der Diktator* nannte, trat ich schamlos in Puccinis Fußstapfen. Im zweiten, *Das geheime Königreich*, schwelgte ich in einem süßlich romantischen, eher vorwagnerschen Stil, ein wenig »atonal« gewürzt, Schubert nahekommend, dem Ideal meiner »mittleren« Phase. Im letzten Stück, *Schwergewicht oder Die Ehre der Nation*, schrieb ich nach Herzenslust Pasodobles (à la »Valencia«, damals ein ganz großer Schlager), Tangos, Blues und alle solche Sachen. Diese Opern waren für kleines Orchester instrumentiert, und alle hatten sehr wirkungsvolle Vokalpartien, besonders die zweite, für die ich eine hübsche Koloraturpartie komponierte, die der törichten Königin.

Obgleich Bekker sich nie ausdrücklich geäußert hatte, bemerkte ich bald, daß er sich im Stillen ärgerte, weil ich die *Jonny*-Premiere Brecher überlassen hatte. Ich versprach ihm deshalb die drei neuen Opern für Wiesbaden. Brecher, der aufgrund des Erfolges, den er mir verschafft hatte, mein neues Werk für sein Haus hätte beanspruchen können, war viel vernünftiger und verstand meine Situation.

Das nächste große Opernhaus, das *Jonny* herausbrachte, war die Hamburger Oper. Sachse beeilte sich, den Fehler, den er gemacht hatte, als er das Werk im Vorjahr abgelehnt hatte, zu korrigieren. Die Aufführung war sehr gut, besonders in bezug auf die Musik, die der ausgezeichnete Egon Pollak dirigierte. Dort gewann ich aus nächster Nähe einen Eindruck davon, welcher Art von Ausbeutung ein Spitzenmann damals in Deutschland unterworfen war. Während die Proben für *Jonny* stattfanden, mußte Pollak eine Reihe von Gastauftritten an der Berliner Oper absolvieren. Es geschah mehr als einmal, daß er nach dem Ende der Probe, etwa um zwei Uhr nachmittags, eilends zum Bahnhof gebracht wurde und einen Schnellzug bestieg, der gerade in Berlin ankam, als in der Oper der Vorhang aufging, so daß Pollak im Zug seine Abendkleidung anlegen mußte. Oft wußte er eben noch, welche Oper er dirigieren würde, aber kaum, mit welcher Besetzung. Sobald er den Taktstock niedergelegt hatte, raste er wieder zurück zum Bahnhof, wo er den Nachtzug nahm, um pünktlich zur Morgenprobe in Hamburg zu sein. Es mag dieser Art von Sklaverei zuzuschreiben sein, daß der großartige und liebenswerte Mann wenige Jahre später, noch im besten Alter, plötzlich starb.

Die Hamburger Inszenierung war sehr spektakulär, denn es gab dort unter beziehungsweise über der Bühne noch eine weitere, komplett ausgestattete Spielebene, und das Ganze konnte mittels riesiger Aufzüge bewegt werden, so daß man auf einer der beiden Bühnen eine vollkommen andere Kulisse aufbauen und sie durch Heben oder Senken der ganzen Ebene schnell an Ort und Stelle bringen konnte. Das geschah gewöhnlich hinter geschlossenem Vorhang, in der letzten Szene meines Werkes jedoch wurde der Mechanismus vor den Augen des Publikums in Bewegung gesetzt, was eine sensationelle Wirkung hervorrief.

Ich erinnere mich nicht, ob Gertrud, Sachses alte Freundin, zu einer Aufführung kam. Unsere Affäre ging ungefähr um diese Zeit zu Ende. Zu ihrer großen Überraschung war Gertrud schwanger geworden. Da ein Arzt ihr gesagt hatte, ihr Körper sei so gebaut, daß eine Schwangerschaft unmöglich sei, hatte sie nie irgendwelche Vorsichtsmaßnahmen getroffen. Während ich mich törichterweise ein wenig freute, daß ich das angebliche Hindernis der Natur hatte überwinden können, sorgte ich mich natürlich wegen der Folgen. Der Schwangerschaftsabbruch, den sie von einem anderen befreundeten Arzt hatte vornehmen lassen, war eine ziemlich komplizierte Sache, und sie war eine ganze Weile lang krank. Der Arzt, der glücklicherweise ein Musiknarr war, wie viele Ärzte es sind, wollte kein Honorar annehmen, wenn ich etwas für ihn komponierte. Ich glaube, er spielte Bratsche, deshalb habe ich für ihn wohl einen Wiener Walzer oder etwas dergleichen für Viola komponiert. Ich habe ihn nie kennengelernt, und ich weiß nicht, ob ihm bekannt war, welche Rolle ich in der Sache spielte. Jedenfalls sah ich Gertrud, nachdem sie sich erholt hatte, kaum noch außerhalb des Theaters. Wir hatten allerdings auch vorher schon gewußt, daß unsere Beziehung so gut wie zu Ende war. Sie hat mich glücklich gemacht, wenn wir einander liebten, und es bereitet mir große Befriedigung, daß ich sie sogar noch glücklicher machen konnte, was ihre gerechte Belohnung dafür war, daß sie mich so liebte, wie sie es tat.

Zweite Reise mit Berta

Inzwischen hatten Berta und ich eine weitere Urlaubsreise nach Frankreich geplant. Diesmal wollten wir die Region der Pyrenäen erkunden, welche die Grenze zwischen Frankreich und Spanien bilden. Sobald die Theatersaison zu Ende war, reisten wir, wieder über Köln, nach Paris, wo wir uns nur wenige Stunden aufhielten, und fuhren gleich nach Biarritz weiter, dem berühmten Badeort an der Atlantikküste nahe der spanischen Grenze. Dort blieben wir ein paar Tage und machten verschiedene Ausflüge in das interessante Land der Basken, eines jener sonderbaren kleinen Stämme, von denen einige wenige in verschiedenen Winkeln Europas übriggeblieben sind. Ich erinnere mich, daß ich ein kleines bißchen enttäuscht war, weil das Land nicht so »südlich« aussah, wie ich es erhofft hatte. In diesen Breiten findet man die ausgeprägte Atmosphäre des Südens anscheinend nur an den Mittelmeerküsten. Aber das Gebiet war interessant genug, um den Besuch zu einem Vergnügen zu machen. In Biarritz traten wir eine Reise über die »Route des Pyrénées« an, eine Bergstraße, auf der ausgezeichnete Busse verkehrten, ganz ähnlich wie auf der »Route des Alpes«. Die Strecke war etwas weniger spektakulär als jene über die Alpen, weil sie eine ganze Weile lang nur über die Ausläufer des Gebirges führte. Wir kamen durch verschiedene Kurorte wie Eaux-Bonnes, Canteret und andere, die mäßig interessant waren. Um einen der angeblich spektakulärsten Abschnitte wurden wir betrogen, den Tourmalet-Paß nämlich, weil die Straße nicht in Ordnung war. Man gab den Reisenden einen kleinen Geldbetrag zurück, um sie für den Verlust zu entschädigen, was mich zu dem Wortspiel veranlaßte: »Pour cette monnaie vous pouvez vous acheter un faux col«. (Wörtlich: Mit diesem Geld können Sie sich einen »künstlichen Paß« kaufen – nämlich einen Hemdkragen, denn auf französisch heißt »col« sowohl Gebirgspaß als auch Hals, und ein »faux col« ist ein falscher oder künstlicher Hals, sprich ein Hemdkragen.) Dieses Wortspiel wurde von unserer Reisegruppe sehr bewundert, vor allem, weil ein Ausländer es geprägt hatte. Von St. Sauveur aus machten wir einen Abstecher zu dem berühmten »cirque« von Gavarnie, den ich von einem Bild in meinem Geographielehrbuch für die Unterstufe her kannte. Es ist ein wahrhaft phantastischer Ort, ein Becken, das von senkrechten Felswänden eingekreist ist, die an die tausend Meter hoch aufragen und von denen viele Wasserfälle hinunterstürzen.

Die eigentliche Sensation kam gegen Ende der Reise, als die Straße schließlich die kahlen Berghänge hinaufzuklettern begann und sich der Grenze von Andorra näherte, jener merkwürdigen, winzigen Schäferrepublik zwischen Frankreich und Spanien. An einem sehr hohen Punkt bot sich plötzlich der Blick auf das breite Cerdagnetal, das über die Grenze hinunter in die Provinz Katalonien führte. Wir erreichten das Berghotel von Font Romeu, eines der elegantesten und kultiviertesten Gasthäuser, die ich je im Leben gesehen habe. Es war schrecklich teuer, was mir ein wenig Sorgen bereitete und unseren Aufenthalt begrenzte. Wenn ich gewußt hätte, wie reich ich in kurzer Zeit sein würde, hätten wir viel länger bleiben können.

Während wir über die trockenen Berghänge der Umgebung wanderten und die phänomenalen Ausblicke über das katalanische Tiefland genossen, so wie ich sie später nur in Afrika, Spanien und den amerikanischen Bergstaaten Montana und West Virginia fand, kam mir die erste vage Idee für meine Oper *Leben des Orest*, obgleich die Figur des Orest zunächst noch sehr undeutlich im Hintergrund stand. Auf einem unserer Spaziergänge entdeckten wir nicht weit von dem phantastisch eleganten Hotel entfernt einen Wunderbrunnen, ein sehr bescheidenes Heiligtum, das die Schäfer vom Land aufsuchten, um dort für die Befreiung von ihren Leiden zu beten. Kurz zuvor hatten wir den berühmten Wallfahrtsort Lourdes besucht, wo das Wunder zum Gegenstand einer ganz unglaublichen kommerziellen Ausbeutung geworden war. Während Berta, die Zolas Roman über Lourdes gut kannte, von den endlosen Prozessionen der Pilger, den organisierten Gebeten und all den technischen Aspekten des Übernatürlichen sehr beeindruckt war, war ich ziemlich verwirrt und abgestoßen. Damals hatte ich zu den Glaubenssätzen der katholischen Kirche noch keine neue Beziehung entwickelt. Trotzdem faszinierte mich die Vorstellung vom Wunder als einer sozialen und möglicherweise politischen Kraft in einem vollkommen agnostischen Zeitalter sehr, und als ich den primitiven, gewissermaßen zeitlosen Wallfahrtsort neben dem vornehmen Hotel sah, begann ich, über eine Oper nachzudenken, in der ein katholischer

Priester und eine sehr weltliche Königin (die ich vage als Königin Maria von Rumänien identifizierte) wichtige Rollen spielen sollten. Es kann durchaus sein, daß mir zur selben Zeit die Idee zu *Leben des Orest* kam.

Ich wurde vermutlich zum Teil von Strawinskys *Oedipus Rex* beeinflußt, aber noch stärker von Cocteaus *Antigone* und *Höllenmaschine*, denn es ging mir hauptsächlich um die Darstellung des alten Mythos in modernem Gewand. Ich weiß, daß mich besonders jene Passage der Sage fesselte, in der Iphigeneia sich danach sehnt, ihren Bruder wiederzusehen. Ich ließ sie deshalb auf der Suche nach Orest durch Zeit und Raum reisen und schließlich im heutigen Amerika landen, wo sie von Tausenden von Plakaten mit Werbung für »Iphigeneia«, den neuesten Superbüstenhalter, begrüßt werden und Orest schließlich als Tellerwäscher und Tankwart entdecken würde. Alle diese Ideen blieben damals noch sehr vage.

In Font Romeu überraschten und schockierten uns Zeitungsberichte über die Revolte der Linken am 15. Juli 1927 in Wien. Der Aufstand wurde durch einen Prozeß ausgelöst, bei dem es um einen ziemlich verworrenen und anscheinend unbedeutenden Fall ging. Protofaschistische Schläger, die in Schattendorf, einem winzigen Dorf im Burgenland, gewalttätig geworden waren, waren freigesprochen worden. Wahrscheinlich war das ein unheilverkündendes Vorzeichen für die Dinge, die da kommen sollten, aber zum damaligen Zeitpunkt konnte niemand verstehen, warum der Vorfall bei den Wiener Arbeitern solche Entrüstung hervorrufen konnte, daß eine Menge sich auf den Weg machte und den Justizpalast in Brand steckte, so daß das stolze Gebäude praktisch zerstört wurde. Es scheint, daß der Wiener Polizeipräsident, ein damals eher unauffälliger Mann namens Schober, den Kopf verlor und beschloß, mit Gewalt zurückzuschlagen. Das Ergebnis waren siebzig oder mehr Tote. Wenn man die Nachrichten in den französischen Zeitungen verfolgte, gewann man den Eindruck, daß ganz Wien ein Schlachtfeld war, und ich schickte meinen Eltern ein verzweifeltes Telegramm, um zu erfahren, ob sie wohlauf waren. Obgleich die Antwort prompt eintraf und beruhigend war, machte ich mir Sorgen wegen der ganzen Geschichte und entschied, daß wir unsere Reise mit einem Besuch in Wien abschließen sollten.

So fuhren wir also von Font Romau nach Perpignan hinunter, wo wir auf die Bahn umstiegen. Wir unterbrachen die Reise in Narbonne, wo wir in dem ehrwürdigen »Hôtel de la Dorade« wohnten, das mir als typisches Beispiel einer französischen Herberge alten Stils in Erinnerung geblieben ist. Von der Stadt aus konnte man das niedrige »La Clape«-Gebirge an der Küste sehen, das wie riesige, weiße, am Strand liegende Knochen aussah, wie manche der phantastischen Objekte in den Gemälden von Yves Tanguy und anderen Surrealisten. Außerdem statteten wir Carcassonne einen Besuch ab, der mittelalterlichen Festung, die, glaube ich, von Viollet Le Duc restauriert wurde. Obgleich sie im Vergleich zu Aigues-Mortes ein wenig artifiziell erscheint, macht die von Mauern umgebene Stadt einen gewaltigen Eindruck. Im »Hôtel de la Cité« aßen wir sehr gut zu Mittag, und in einem kleinen Hof irgendwo miten in der Festung tranken wir Champagner. Daran erinnerte ich mich, als wir sieben Jahre später unter ganz anderen Umständen genau am gleichen Ort die gleiche Sorte Champagner tranken.

Ich glaube, daß wir uns in Avignon so lange aufhielten, daß wir im Hotel Terminus zu Abend essen konnten, in dem es uns im Jahr zuvor sehr gut gefallen hatte, und dann fuhren wir schnell nach Genf weiter. Ich hatte einen weiteren Zwischenaufenthalt in St. Cergue geplant, einem kleinen Ort im Schweizer Jura oberhalb von Nyon, von wo aus man einen atemberaubenden Blick auf den Genfer See und auf den Mont Blanc in der Ferne hatte. Wir verbrachten dort einige Tage und fuhren dann nach Wien weiter.

Beginn eines »leidenschaftlichen Patriotismus«

Berta wurde von meinen Eltern, die natürlich bald errieten, welcherart unsere Beziehung war – wenn sie es nicht schon vorher gewußt hatten –, gut aufgenommen. Sie spielten noch nicht darauf an, daß eine Eheschließung der vernünftige und respektable Schritt sei, aber ich konnte sehen, daß sie den derzeitigen Stand der Dinge nicht gerade richtig fanden. Wir blieben nur wenige Tage in Wien, und ich konnte mich davon überzeugen, daß die Schwierigkeiten, die es hier wenige Wochen zuvor gegeben hatte, keine beklagenswerten Spuren hinterlassen hatte, abgesehen von den Trümmern des Justizpalastes und den frischen Gräbern auf dem Zentralfriedhof, die freilich als sehr ernstes Vorzeichen zu werten gewesen wären. Aber damals lebten wir noch in einer Ära zunehmenden Wohlstands, und mein eigener Erfolg wuchs von Tag zu Tag, so daß es verständlich war, daß ich die Dinge leicht nahm.

Es machte mir großes Vergnügen, Berta die Stadt zu zeigen, und ich entdeckte, daß Wien wirklich eine erstaunliche Stadt war. Es machte mich sehr stolz, und das war wahrscheinlich der Anfang des leidenschaftlichen Patriotismus, den ich einige Jahre später entwickelte. Ich dachte mir eine gute Methode aus, nach der ich Besuchern die Sehenswürdigkeiten Wiens zeigte, die ich für die wichtigsten hielt, und ich habe diese Methode danach noch viele Male angewandt. Die Vorstellung von Wien und Österreich beschäftigte mich plötzlich sehr, in einem Maße, das ich erst viel später erkannte.

Von Wien fuhren wir nach Heidelberg, um Hartungs Produktion des *Sommernachtstraum* anzuschauen. Ich erinnere mich, daß ich Schwierigkeiten mit ihm hatte, weil er glaubte, er hätte das Aufführungsrecht für meine Musik erworben, indem er gezahlt hatte, was für den ersten Sommer vereinbart worden war, wohingegen ich den Standpunkt vertrat, daß die von ihm geleistete Zahlung nur die erste Saison abdeckte und daß für weitere Aufführungen Tantiemen gezahlt werden müßten. Schließlich wurde die Sache in die Hände von Lewinsky als meinem Anwalt gelegt, und das Ergebnis war, daß das Heidelberger Musikfest mehr Geld rausrücken mußte. Das waren wirklich herrliche Zeiten.

Die Aufführung war recht beeindruckend, und ich entsinne mich, daß ich sie besser fand, als ich erwartet hatte. Einige sehr gute Schauspieler gehörten zur Besetzung, und der Gesang aus dem Bühnenhintergrund, also aus den Ruinen des alten Schlosses, war sehr wirkungsvoll. Ich fand jedoch meine Meinung bestätigt, daß alle Arten von Aufführungen im Freien in unserer gemäßigten Zone in der Phantasie besser sind als in der Realität. In der Regel ist es nie warm genug, und man kann sich nicht darauf verlassen, daß Regen oder drohender Donner oder dergleichen ausbleiben.

Die ganze Reise, so angenehm und spannend sie auch war, wurde von der Gewißheit überschattet, daß wir uns am Ende würden trennen müssen, ohne daß eine eindeutig festgelegte Wiedervereinigung in Sicht war, und deshalb war die Stimmung während des letzten Teils, besonders nachdem wir Wien verlassen hatten, niedergeschlagen und bedrückt. Von Heidelberg fuhren wir nach Wiesbaden, nicht eben weit, damit Berta mich in meinem neuen Quartier unterbringen konnte. Ich weiß nicht, durch wessen Vermittlung ich eine Art möblierter Suite in der Wohnung einer Witwe, glaube ich, bekommen hatte, in einem Nebengebäude des Hotels »Die Jahreszeiten«, nur einen Block vom Theater entfernt. Die Wohnung war recht elegant und gut eingerichtet, allerdings düster und in einem grauenhaften viktorianischen Stil möbliert. Ich erinnere mich, daß ich den ersten Nachmittag damit zubrachte, zahlreiche schwere Bronzestatuen zu entfernen, mit denen alle horizontalen Flächen vollgestellt waren, die man für vernünftigere Zwecke verwenden konnte. Die Witwe hatte jedoch nichts dagegen. Sie hatte auch eine bemerkenswert liberale Ansicht darüber, welche Besucher ich in meiner Wohnung empfangen konnte. Ob das gut war oder schlecht, würde sich herausstellen. Jedenfalls begann hier und jetzt ein neuer Abschnitt meines Lebens, kein sehr glücklicher, wie man bald sehen wird.

In Wiesbaden

So sehr mir das Rheinland als Ganzes auch gefiel, so wenig konnte ich mit Wiesbaden anfangen. Es schien mir heiß, feucht und stickig zu sein, erfüllt von einer Luft wie in einer Waschküche. Die Stadt war um das Thermalbad herum angelegt, wo heiße Quellen ich weiß nicht welche Leiden zu heilen versprachen. Auf der einen Seite erstreckte sich das graue Industrieviertel in die Ebene bis an den Rhein, auf der anderen füllten Wohnbezirke mehrere enge und dunkle Schluchten, die den Taunus durchzogen. Was mir am meisten mißfiel, war der Charakter der Stadt, der die bombastischen, protzigen und häßlichen Züge der Ära zeigte, die auf die preußischen Siege von 1870 folgte, dieses schrecklichen deutschen Gegenstücks zum viktorianischen Zeitalter, was schlimm genug ist. Ich fand die falsche, billige Monumentalität bedrückend und abstoßend.

Ein ausgleichendes Moment war meiner Meinung nach die Tatsache, daß Wiesbaden damals noch von den Briten besetzt war. Die deutschen Nationalisten außerhalb der Besatzungszone taten natürlich so, als bereite ihnen diese Schande schlaflose Nächte. Die Deutschen drinnen wußten es besser. Die fremden Soldaten benahmen sich äußerst korrekt, hielten Frieden und Ordnung aufrecht, wobei sie viel höflicher waren als der Durchschnittspolizist, und brachten Geld in Umlauf. Im übrigen sah man nicht viel von ihnen, abgesehen von einer Loge im Opernhaus, die für den britischen Kommandeur reserviert war, und in ein paar Seitenstraßen der Innenstadt roch man Fisch und Chips, weil es dort einige Küchen gab, die diese Spezialität für die »Tommys« zubereiteten.

Das Theater, das neben dem Thermalbad lag, war in gewisser Weise weniger provinziell als das in Kassel, aber das Gebäude war alt und im gleichen stupiden wilhelminischen Stil errichtet wie alles andere, und es war hinsichtlich der technischen Ausstattung sehr unpraktisch. Die Menschen wirkten trübsinniger und farbloser, und es gab viel mehr Bürokratie. Ich war ganz sicher, daß mir weder meine Arbeit noch die Begleitumstände gefallen würden. Wieder gab es Oper und Schauspiel, aber die Theaterstücke wurden gewöhnlich in einem anderen, kleineren Saal irgendwo im Zentrum gespielt. In Wiesbaden hatte ich viel weniger Kontakt zum Theater als in Kassel, was ich bedauere, weil ich die Gesellschaft von Schauspielern immer interessanter fand als die von Sängern.

Die einzigen Theaterleute, die ich häufig sah, waren Lili Eisenlohr und ihr Mann Fred. Sie war eine recht gute Schauspielerin und eine sehr pikante und reizvolle Person, die es mir vorübergehend angetan hatte. Es zeigte sich, daß sie recht großes Interesse an mir entwickelte und wir eine größere Affäre hätten haben können, wenn Fred nicht so deutlich in Erscheinung getreten wäre, was Lili aber anscheinend nicht ändern konnte oder wollte, obgleich sie mir später anvertraute, sie sei untröstlich gewesen, als sie hörte, daß ich Berta heiraten würde. Fred Eisenlohr war ein nicht unbegabter Schriftsteller, allerdings ziemlich faul und undiszipliniert. Ich mochte das Ehepaar besonders wegen ihrer Begeisterung für Frankreich und ihrer kritischen Einstellung gegenüber allem Teutonischen. Wir hatten mehrere nächtelange Sitzungen, bei denen wir Unmengen von französischem Wein konsumierten.

Klemperers Stelle als Dirigent an der Oper wurde von meinem alten Freund Rosenstock übernommen. Es war schön, ihn in der Nähe zu haben, und wegen unseres gemeinsamen Werdegangs verstanden wir einander ausgezeichnet, was die Arbeit betraf. Es war jedoch schwer, an diesen ordentlichen, korrekten, aber etwas formellen und unnahbaren kleinen Mann heranzukommen. Wir machten in seinem Auto ein paar schöne Ausflüge aufs Land, aber das war so ungefähr alles.

Einer von Rosenstocks Assistenten war ein junger Mann namens Kurt Havelland, den Bekker auf meine Empfehlung hin aus Kassel mitgebracht hatte. Er war ein Schüler Schnabels, ein sehr guter Pianist und ein außergewöhnlich angenehmer, intelligenter und gebildeter Jude. Leider starb er, glaube ich, nicht allzu lange, nachdem ich Wiesbaden verlassen hatte.

Im übrigen sind mir nicht viele Ensemblemitglieder in Erinnerung geblieben, außer einer hübschen, aber völlig zerfahrenen Koloratursängerin mit dem holländischen Namen Kruyswick und dem dramatischen Sopran, einer gewissen Edith Maerker, einer ziemlich stämmigen, aber recht attraktiven und intelligenten Frau, vom Typ her etwa wie Gertrud. Ich mochte sie sehr, und wir aßen ein paarmal zusammen zu Abend. Sie reagierte jedoch auf meine Annäherungen nicht gleich auf eine Art, die zu jenen Intimitäten geführt hätte, die mir lieb gewesen wären, und ich drängte nicht weiter, denn bei Grete Reinhart, die Bekker gleichfalls in seinen neuen Wirkungskreis gefolgt war, fand ich eine viel bessere Aufnahme.

Da ich gegen Wiesbaden und die ganze Situation eine so gründliche Abneigung hegte, fand ich auch Bekker verändert und betrachtete ihn kritischer. Es kann durchaus sein, daß er bereits spürte, was zwischen mir und Grete geschah, und deshalb in seiner Haltung mir gegenüber zurückhaltender wurde. Äußerlich schien alles so weiterzugehen wie bisher. Der überwältigende Erfolg des *Jonny* machte es fast unvermeidlich, daß Bekker diese Oper als erstes neues Stück unter seiner Direktion ansetzte. Er war aber nicht mit dem Herzen dabei, wahrscheinlich weil er neidisch war, daß er die Uraufführung des Werkes nicht bekommen hatte, zum Teil auch, weil ich mit dieser Oper offensichtlich über den Status einer Entdeckung von ihm hinausgewachsen war, zum Teil wegen der – vorläufig ganz leichten – persönlichen Spannung zwischen uns beiden, und schließlich, weil ihm der Stil des Stückes einfach nicht gefiel. Von der Aufführung, die irgendwann in jenem Herbst stattfand, habe ich nicht allzuviel im Gedächtnis behalten. Sie war sorgfältig vorbereitet worden und wurde gekonnt dargeboten. Rosenstock war für die Musik verantwortlich. Die Regie, unter Bekkers persönlicher Leitung, war korrekt, aber schwerfällig und uninspiriert.

Ich mußte mit Grete proben, die die weibliche Hauptrolle sang, so daß ich sie täglich treffen mußte. Im Laufe dieser Proben erreichten wir auf recht natürliche Weise den Punkt, daß wir das beiderseitige Verlangen stillten.

Davor führte ich in Wiesbaden ein recht einsames und trübsinniges Leben. Viele Mahlzeiten nahm ich allein in einer »Weinstube« zu mir, die im Gebäude des »Jahreszeiten«-Hotels lag oder gleich um die Ecke. Ich bemerkte, daß es mir nichts ausmachte, allein zu essen, wenn ich genug Geld hatte, weil mir gutes Essen und guter Wein immer schmeckten, vorausgesetzt, daß ich zwischen den Gängen etwas zu lesen hatte. Der einzige Nachteil dieser Angewohnheit war, und ist es wahrscheinlich noch, daß ich dabei zunehme.

Jedenfalls machten mich diese einsamen Mahlzeiten zu einem richtigen Kenner des Weinbaus im Rheinland, denn aus reiner Langeweile achtete ich darauf, alle Sorten der außergewöhnlich umfangreichen Karte dieses Restaurants zu verkosten. Außerdem machte ich mehrere Ausflüge in die berühmten Weinorte am Rhein, zwischen Wiesbaden und Assmannshausen, jenem kurzen Landstrich, der die Mehrzahl der Weine hervorbringt, die dem Rheinwein seinen Weltruhm eingebracht haben. Vor allem ein Lokal gab es, das ich sehr gern mochte, ein kleines, bescheidenes Gasthaus in dem Dorf Eltville, das nicht nur wunderbaren Wein ausschenkte, sondern auch eine Terrasse über dem Fluß hatte, von der aus man den endlosen Verkehr beobachten konnte, während man einen edlen Wein schlürfte, der anderswo ein Vermögen gekostet hätte. Dort servierten sie diese kostbaren Produkte in dunklen Halbliterflaschen ohne Etikett, wie sie bei großen Auktionen den Weinverkostern gereicht wurden. Ich erfuhr, daß diese erstaunlichen Leute in der

Lage waren, jeden Wein durch fortlaufendes Probieren zu identifizieren und schließlich ihre Überzeugung ausdrückten, daß eine bestimmte Sorte auf diesem und jenem Weinberg direkt oberhalb der Eisenbahngeleise angebaut wurde, zweihundert Meter östlich von der Landstraße nach Langenschwalbach oder wie auch immer. Das beeindruckte mich sehr. Ich kann hinzufügen, daß mir das Rheinland, sobald ich aus dem tristen Wiesbaden heraus war, sehr gut gefiel. Es hatte den unverkennbaren Reiz aller Weinbaugegenden, eine höchst verlockende, mittelalterliche Atmosphäre, die durch den prächtigen Anblick des großen Stromes belebt wurde.

In diesem Herbst ereignete sich ein alberner, aber charakteristischer Vorfall. Da ich englische Virginiazigaretten sehr gern mochte, organisierte Rubensohn über einen seiner Londoner Geschäftsfreunde, daß ich einmal in der Woche eine Originalpackung als Geschenk bekam. Eine Zeitlang klappte das gut, bis ich eines Tages zum Zollamt zitiert wurde und für den Import dieser Zigaretten eine phantastische Rechnung bekam. Als ich sagte, daß ich sie unter diesen Bedingungen nicht haben wolle und mich umdrehte, um das Büro zu verlassen, geriet der Mann außer sich und rief, das sei nicht so einfach und er müsse sich mit seinem Chef beraten. Darauf antwortete ich, ich hätte die Annahme nun verweigert, und er könne nicht von mir erwarten, daß ich noch mehr Zeit auf die Sache verschwenden würde, und er sollte mit den Zigaretten verfahren wie es ihm beliebe. Diese Drohung, die Angelegenheit so unorthodox und regelwidrig zu beenden, ohne daß Formblätter dreifach zu den Akten gelegt wurden, erschreckte den Mann so übermäßig, daß er sich schnell eine andere Lösung ausdachte, die seinen Vorschriften zufolge offenbar möglich war. Er öffnete das Päckchen und bat mich, ihm eine Zigarette zu entnehmen, was ich tat. Darauf sagte er: »Da die Packung jetzt beschädigt ist, können Sie sie zollfrei mitnehmen.« Aber ich hielt es für besser, diesen Handel nicht weiter fortzusetzen.

Während meines Aufenthalts in Wiesbaden machte ich mehrere Ausflüge nach Mainz, das auf der anderen Rheinseite liegt und mit der Straßenbahn in einer halben Stunde zu erreichen war. Das war eine Stadt so ganz nach meinem Geschmack, unverdorben von dem gräßlichen wilhelminischen Lebens- und Architekturstil und beherrscht von dem geheimnisvollen, großartigen Dom. Auch dort gab es ein Opernhaus, viel weniger pompös als das Wiesbadener, aber meiner Meinung nach seriöser geführt und mit besserer künstlerischer Ausrichtung. Dort erlebte ich nicht nur eine sehr einnehmende, wenn auch bescheidene Aufführung von *Jonny*, sondern auch

Strawinskys *Oedipus Rex*, beide von dem ausgezeichneten Paul Breisach dirigiert, einem weiteren Wiener Musiker mit beachtlichem Können. Ich kannte die Partitur von *Oedipus Rex*, und die Aufführung bestätigte meine hohe Meinung von diesem sehr eigentümlichen und einzigartigen Produkt der neoklassischen Schule. Es hat wahrscheinlich auf seine Weise meine Vorstellung von *Leben des Orest*, an dem ich damals noch nicht arbeitete, beeinflußt.

Trotz meiner Beziehung zu Grete pendelte ich recht häufig zwischen Wiesbaden und Kassel, um mit Berta zusammen zu sein. Bekkers Nachfolger war Ernst Legal, ein sehr tüchtiger Theatermann mit glänzenden praktischen Ideen, aber ohne allzuviel Geschmack oder Phantasie. Während seines Aufenthalts in Kassel scheint er eine ziemlich merkwürdige Affäre mit Frau Rubensohn begonnen zu haben, die im Leben beider eine feste Einrichtung geblieben ist. Er führte *Jonny* ebenfalls auf, aber je weniger Worte man darüber verliert, desto besser. Eine andere Oper, die er herausbrachte, war eine Art Satire über die Geschichte von Christoph Columbus, die von einem jungen Wiener namens Dressel, glaube ich, ausgebrütet worden war. Er erschien persönlich, unter der Obhut eines gewissen Zweininger, einem der widerwärtigsten Exemplare des widerwärtigen Genus Saxonium, der das Libretto geschrieben hatte. Es war unglaublich vulgär und geistlos. Wie mir scheint, existierte damals bereits Darius Milhauds *Christoph Colomb*, was die ganze Sache doppelt schockierend machte. Ich konnte beobachten, daß Berta immer unglücklicher wurde, denn Legal hatte nicht viel Verständnis für sie, und daher war ich mehr und mehr überzeugt, daß ich sie von dort, und möglicherweise von der Bühne überhaupt, wegholen mußte.

Es ist wahrscheinlich, daß ich damals auch eine Aufführung von *Jonny* in Mannheim besuchte, die besonders gut und eindrucksvoll war. Ich glaube, es war die einzige, die ich gesehen habe, in der die lyrischen und tragischen Szenen mit Max allein nicht gekürzt worden waren, dank des ausgezeichneten Verständnisses von Richard Lert, dem Dirigenten. Eine andere Reise führte mich von Wiesbaden nach München, wo endlich mein Ballett *Mammon* aufgeführt wurde. Von ein paar Einzelheiten abgesehen, erschien mir das ganze, sowohl das Werk als auch die Aufführung, ziemlich albern, und ich war alles andere als stolz auf dieses Stück.

Was meine eigene Arbeit betrifft, so muß ich etwa um diese Zeit vier Lieder nach alten Gedichten fertiggestellt haben, die ich einer Anthologie alter deutscher Dichtung entnommen hatte, welche Heinrich Fischer, ein Freund von Karl Kraus, herausgegeben hatte. Ich nehme an, daß dieses Werk, mit Ausnahme des *Concertinos* von 1924, meine größte Annäherung an den strengen Neoklassizismus darstellt, weil es ganz offen händelsche Verfahrensweisen aufgreift. Dabei ist es jedoch ganz frisch und originell, und die beiden mittleren Lieder auf etwas spitzbübische Gedichte von Weckherlin mag ich recht gern.

Die Situation, in der ich diese Zeilen schreibe, verleiht der Erinnerung an einen sonnigen Tag in jenem Herbst, an dem ich Berta auf Rubensohns Veranda in Kassel bei einer Flasche Wein meine Wiesbadener Sünden gebeichtet haben muß, einen sehr eigenartigen Rahmen. In Anbetracht dessen, was wir jetzt durchmachen, nach einer ähnlichen Beichte auf dem Rasen eines unscheinbaren, düsteren Hauses in Albuquerque, New Mexico, erkenne ich nicht ohne Schrecken die Wirkung von einundzwanzig verflossenen Jahren.

Jenes Erlebnis bewog mich, drei *Lieder auf Texte von Goethe* zu komponieren, von denen besonders das letzte, mit dem Titel *Fragment*, Bezug zu der Situation hat. Es ist ein teilweise schwer verständliches, unvollendetes Gedicht, das genau auf die Umstände zu passen schien. Ich zweifle nicht daran, daß Goethe das Gedicht schrieb, als er auf einer Reise seiner wahren Liebe untreu geworden war. Ich habe dieses Lied besonders gern.

Ein weiteres Produkt dieser Zeit ist ein *Potpourri* für Orchester, das ich für eine Aufführung in Köln schrieb und meinem dionysischen Eindruck von dieser Stadt widmete. Soweit ich mich erinnere, ist es ein sehr unbeschwertes Stück, in dem sich Jazzelemente mit Domglocken mischen, oberflächlich, albern, naiv, aber sehr effektvoll.

Ebenfalls sehr neoklassisch ist eine Arie, die ich auf Wunsch von Madame Hussa schrieb, einer ausgezeichneten Sängerin, die in Hamburg die weibliche Hauptrolle in *Jonny* gesungen hatte. Der Text ist einem Monolog aus Goethes *Stella* entnommen. Auch das ist ein wirkungsvolles, obgleich etwas oberflächliches Stück, so wie ich es jetzt sehe.

Später im Herbst wurde *Jonny* im Opernhaus in Frankfurt am Main, etwa eine halbe Bahnstunde von Wiesbaden entfernt, aufgeführt. Als ich mehrmals zu Proben dorthin fahren mußte, hielt ich das für eine gute Gelegenheit, in einem dortigen Hotel eine ganze Nacht mit Grete zu verbringen. Wir dachten, wir hätten unsere Verschwörung sehr schlau ausgeheckt, denn wir fuhren mit verschiedenen Zügen und so weiter. Doch Bekker mußte etwas geahnt haben, denn er beobachtete Grete auf Schritt und Tritt. Sie mußte ihm daher erzählen, daß sie aus irgendeinem Grund nach Frankfurt fuhr, was ihn sehr beschäftigte, so daß er ihr sogar einen riesigen Wecker verschaffte, damit sie den vorgeblichen Termin nicht versäumte. Obgleich ich über mich nichts gesagt hatte und an diesem Tag im Theater keine Verpflichtungen hatte, rief Bekker mich sehr früh am Morgen in meiner Wohnung an und wiederholte diese Anrufe ständig, so daß er leicht herausfinden konnte, daß ich fort war.

Als ich schließlich zurückkam, konnte ich nicht vermeiden, mich mit ihm zu treffen, und nachdem ich eine Weile so getan hatte, als wäre ich zum Finanzamt zitiert worden oder etwas derartiges, mußte ich aufgeben, denn ich sah, daß er ohnehin wußte, was gespielt wurde. Er war in einer ziemlich verzweifelten Verfassung und fragte mich, ob ich Grete heiraten wolle, in welchem Fall er seine Beziehung zu ihr sofort abbrechen würde. Er sagte auch, er habe gehofft, daß ich mich in Edith Maerker verlieben würde, weil sie ihn an Gertrude erinnere, die offenbar mein Typ sei. Mir blieb nichts anderes übrig, als zu erklären, daß ich nicht die Absicht hatte, Grete zu heiraten, und daß ich natürlich sofort meine Kündigung einreichen und fortgehen würde. Es war ziemlich bewegend, Bekkers Erleichterung zu sehen, als ich dieses Angebot machte. Er war so glücklich, mich loszuwerden, daß er mich sogar fragte, ob ich genug Geld hätte, um meine Stelle am Theater aufgeben zu können. Dank *Jonny* hatte ich eine Menge davon, und ich konnte ihn in diesem Punkt beruhigen.

Ein etwas peinliches Nachspiel dieser Geschichte ereignete sich etwa einen Tag nach diesem Gespräch, als ich plötzlich einen Besuch von Frau Bekker bekam, die mich fragte, ob wir nicht gemeinsam zu Abend essen könnten. Das Komische daran war, daß am gleichen Abend Bekker mit Grete zu Abend aß, um ihre schlimm zugerichtete Beziehung zu reparieren. Wie erwartet, rügte Hanna Bekker mich, weil ich ihr Grete nicht vom Hals geschafft und damit ihrer Ehe mit Paul noch eine Chance gegeben hätte. Als wir nach dem Essen einige Zeit in meiner Wohnung verbrachten, merkte ich, daß sie durchaus willens war, sich für das, was ihrer Ansicht nach zwischen ihrem Mann und Grete zur selben Zeit an einem anderen Ort vorging, zu rächen, indem sie das gleiche mit mir tat. Ich war aber nicht mehr in der Stimmung, weitere Komplikationen heraufzubeschwören, denn ich war froh, dem ganzen Schlamassel in ein paar Tagen den Rücken kehren zu können, und ich fühlte mich auch von Hanna überhaupt nicht angezogen.

Wie üblich fuhr ich nach Köln, etwas mitgenommen und natürlich frustriert, weil ich Gretes wohltuende Umarmungen entbehren mußte. Erdmann, der die ganze Sache mit der gewohnten psychologischen und distanzierten Neugierde durchschaute, machte ein paar zynische Bemerkungen, die mein Gleichgewicht schließlich wiederherstellten.

Ich nehme an, daß diese Dinge irgendwann Anfang Dezember geschahen. Zum erstenmal seit Jahren wurde mir bewußt, daß ich völlig frei war und alles tun konnte, was ich wollte, und gehen konnte, wohin es mir gefiel, da ich mit Geld gut versorgt war. Bekker und ich hatten vereinbart, daß ich im Frühling 1928 für kurze Zeit nach Wiesbaden kommen würde, um an der Vorbereitung meiner *Drei Einakter* mitzuarbeiten, deren Aufführung für das Fest im Mai geplant war. Bis dahin gab es zwei Projekte, denen ich mich zuwenden mußte: die *Jonny*-Premiere in Wien, die am Silvesterabend stattfinden sollte, und die Vorbereitung einer *Jonny*-Aufführung in Paris, wegen der die Universal Edition eine ganze Weile verhandelt hatte. All das vertrug sich gut mit meiner Rastlosigkeit und meinem Wunsch, mich schnell und weit zu bewegen. Ich muß in jenem Jahr eine erstaunliche Anzahl von Kilometern durch ganz Westeuropa zurückgelegt haben.

Winterurlaub in der Schweiz

Bevor ich nach Wien fuhr, beschloß ich, mir einen kurzen Winterurlaub in der Schweiz zu gönnen, wie ihn sich angeblich nur sehr vornehme Leute leisten konnten. Ich entsann mich des schwindelerregenden Zaubers jener wenigen Tage, die ich vor fünf Jahren mit Anna und Erdmann im Engadin verbracht hatte, und ich wollte wieder davon kosten.

Zuerst verbrachte ich als Gast meines Freundes F. T. Gubler ein paar Tage in Zürich. Inzwischen hatte er Ella geheiratet, nachdem er die Hindernisse, die ihre Familie ihnen hartnäckig in den Weg gelegt hatte, überwunden hatte. Ellas Vater war ein wohlhabender Anwalt italienischer Herkunft, der sich, wahrscheinlich von seiner ehrgeizigen Frau angetrieben, eine Position ganz nah an der obersten Schicht der Winterthurer Aristokratie verschafft hatte, womit hauptsächlich die Dynastien Reinhart und Sulzer gemeint sind. Die Eltern betrachteten es als eine ausgemachte Schande, daß ihre einzige Tochter einen hergelaufenen Jungen mit literarischen und künstlerischen Neigungen heiraten sollte, einen Bauernsohn, den man als Landtölpel verachtete. Das Problem war, daß auch Ella künstlerische Neigungen besaß und keines der Vorurteile ihrer Eltern teilte. Sie war eine prächtige, sehr sensible und intelligente Frau, nicht eigentlich hübsch, aber äußerst charmant und erfüllt von jener Gefühlskraft, die so viele Schweizer unter einer streng beherrschten und disziplinierten Oberfläche uralter Konvention verbergen.

Wir verbrachten eine wunderbare Zeit miteinander, mit vielen langen und anregenden Gesprächen und inspiriert von manch einem Tropfen ausgezeichneten Kirschs. Fritz, der damals Sekretär des Schweizer Werkbunds war, einem Zusammenschluß fortschrittlicher Künstler und Architekten, hatte zu unzähligen interessanten Menschen in der Stadt Kontakt. Obgleich er sich danach sehnte, selbst etwas zu schaffen, gelang ihm das nie recht, und ich glaube, das machte ihm eine Zeitlang großen Kummer. Er besaß jedoch das außergewöhnliche und beneidenswerte Talent, auf charmante Art Menschen zusammenzubringen und sie auf viele Weisen zu Produktivität anzuregen.

Prominenter Gast auf einer Party, die die Gublers gaben, war Max Pulver, ein berühmter Graphologe. Er war ein ziemlich unangenehmer Mensch, ungeheuer eingebildet und zügellos. Aber die Proben, die er von seiner Fähigkeit der Handschriftenanalyse gab, waren erstaunlich, unheimlich und nahezu beängstigend.

Nach diesem höchst vergnüglichen Intermezzo reiste ich in das Winterparadies St. Moritz, wo ich ein Zimmer in dem alten, soliden und nicht übermäßig teuren »Privathotel Badrutt« nahm. Ich genoß die wenigen Tage halbluxuriöser Isolation sehr. Die Berge und das Tal lagen wie gewöhnlich unter einer tiefen Schneedecke, aber die Sonne schien fast jeden Tag von einem wolkenlosen Himmel. Hin und wieder gab es ein kurzes Schneegestöber, das der Landschaft etwas eigentümlich Geisterhaftes verlieh. Ich spazierte durch die Straßen der phantastisch luxuriösen Stadt und wanderte zu dem Bergdorf Chantarella hinauf. Irgendwo vor mir fuhr ein Kutscher langsam mit seinem Schlitten zum Dorf und stieß von Zeit zu Zeit einen seltsam nostalgischen, musikalischen Ruf aus, der mich tief beeindruckte. Ich konnte ihn nicht vergessen, und viel später fügte ich ihn in die Partitur des *Orest* ein, sozusagen als Motiv der Vergänglichkeit in dem textlosen Chor, der die zweite Szene des dritten Akts einleitet. Wenn es dunkel wurde, zog ich mich in mein behagliches Hotelzimmer zurück und arbeitete an einigen anstehenden literarischen Projekten.

Das wunderbarste Erlebnis war eine Fahrt mit der Schmalspurbahn über Pontresina nach Alp Grüm, ungefähr fünfzehn oder achtzehn Kilometer von St. Moritz entfernt. Alp Grüm liegt auf der Höhe des Berninapasses, von wo aus man in das italienischsprachige Tal von Poschiavo gelangt. Die kleine Bahnstation liegt etwa 2700 Meter hoch, direkt unterhalb der alles überragenden Berninagruppe mit ihren rund viertausend Metern Höhe. Es gab dort einen kleinen Speiseraum mit einer Terrasse im Freien, die von mindestens fünf Meter hohen Schneewänden umgeben war. Aber die Sonneneinstrahlung war so intensiv, daß man beim Mittagessen in Hemdsärmeln draußen sitzen konnte. Das Erstaunlichste war, daß man auf der einen Seite die ungeheuren Schnee- und Eismassen sehen konnte, welche die hohen Berge bedeckten, das vollkommene Abbild des nördlichen Winters, während man auf der anderen Seite den Südhang des Passes hinunter sah, mehrere tausend Meter weit, wo der Schnee allmählich verschwand, und ganz unten im Tal konnte man das tiefe Blau des winzigen Poschiavosees erkennen, umgeben von saftigen grünen Wiesen, Verheißung der ewigen Seligkeit des Südens. Und in weiter Ferne, auf der anderen Seite des Tals, sah ich die eisbedeckten Gipfel der Adamellogruppe in Südtirol, von der mein Vater mir soviel erzählt hatte. Es war ein unvergeßlicher Eindruck.

Jonny spielt auf in *Wien und Paris*

Von St. Moritz aus fuhr ich gleich nach Wien, um mir die Schlußproben für *Jonny spielt auf* anzusehen. Es war in vieler Hinsicht ein höchst aufregendes Erlebnis, denn es war nicht nur die erste Aufführung eines meiner Werke an einer wirklich großstädtischen Bühne, sondern auch das erste und bisher einzige Mal, daß mir meine Heimatstadt die höchste Ehre erwies. Ich konnte sehen, daß hier nur das Allerbeste gut genug war. Franz Schalk, der damals Direktor der Oper war, hatte mein Werk eher zögernd angenommen, aber, wie ich erwähnt habe, lag es in seinem Wesen, alles zögernd und mit einem negativen, zynischen Ansatz zu machen. Nach der Aufführung soll er gesagt haben: »Gewöhnlich machen wir Oper ohne Kassa, im Fall von *Jonny* machen wir Kassa ohne Oper.« Während einer Probe hörte ich ihn zu Berta, die das großartige Schauspiel bewunderte, sagen: »Wir fahren selten, aber wenn wir fahren, dann vierspännig.«

Ausnahmsweise war der Dirigent nicht der brillanteste Kopf in der Besetzung. Es war Robert Heger, ein Deutscher, der, wie es scheint, später Nazi wurde, ein sehr kompetenter und absolut verläßlicher Mann, aber etwas trocken und akademisch und nicht gerade vor Ideen sprühend. Diese stammten zumeist von dem Bühnenbilder Oskar Strand, einem fortschrittlichen Architekten, der sich, wie er mir sagte, fast ausschließlich der Welt des Scheins auf der Bühne zugewandt hatte, denn dort konnte er seine architektonischen Träume in Pappe und Leinwand ausführen, viel leichter als in der Welt der trüben Realität. Mit den Mitteln des Wiener Opernhauses schuf er wahrhaft großartige Bühnenbilder für meine Oper, so wie ich sie danach kaum noch gesehen habe. Der Regisseur war Lothar Wallenstein, ein recht brillanter Mann mit gewissen konventionellen Zügen. Er belebte Strands schöne Bühne in angemessener Weise und führte die Sänger in einem Stil, der gewissermaßen von Puccinis Naturalismus abgeleitet war, was recht gut war. Die Besetzung war hervorragend, mit Jerger in der Titelrolle, einem großartigen Sänger und sehr vielseitigen, sportlichen Schauspieler, der vielleicht ein wenig zur Clownerie neigte. Elisabeth Schumann war als Yvonne bezaubernd und sang sehr schön. Ein weiterer perfekt schauspielernder Sänger war Hans Duhan als Daniello, vielleicht der beste Künstler im ganzen Ensemble. Auch alle anderen, deren Namen ich nicht mehr erinnere, waren ausgezeichnet. Für jede Partie gab es ein oder zwei Ersatzleute, die fast so gut waren wie die eigentliche Besetzung. Über die Mittel dieses Opernhauses konnte man nur staunen. Ich sollte auch nicht vergessen, das ausgezeichnete Wiener philharmonische Orchester zu erwähnen, auch wenn ich stets das Gefühl hatte, daß, von den zum großen Teil hervorragenden einzelnen Musikern abgesehen, das Orchester als Ganzes ein wenig überschätzt wurde.

Da alles, was mit der Oper zusammenhängt, in Wien eine öffentliche Angelegenheit ersten Ranges ist, etwas, wie die Baseball-Meisterschaftsspiele in Amerika, wurde mein Werk die Sensation des Tages, zumal da die Premiere am Silvesterabend stattfand, an dem jahrelang Johann Strauss' *Fledermaus* gegeben worden war, eine der seltenen Gelegenheiten, an denen sich die erhabene Oper aus Respekt vor dem lärmenden Geist dieses Tages zur niederen, beliebten Komödie herabließ. Diese Ausnahme rief endlose Kommentare hervor. Einige Leute glaubten, mein Werk sei wahrscheinlich etwas in der Art der *Fledermaus*, so daß es diese ersetzen könnte, andere klagten, es sei offenbar eine der Folgen der verfluchten Revolution, daß ein weiterer geheiligter alter Brauch zugunsten eines jener verrückten Radikalen geopfert wurde.

All das trug dazu bei, jene Atmosphäre fieberhafter Erwartung zu schaffen, die traditionellerweise mit den wirklich epochemachenden Ereignissen in der Theaterwelt verbunden ist. Die Premiere ging mit allen Kennzeichen einer derartigen Sensation vonstatten. Tagelang vorher stellten die teuersten Modegeschäfte im Zentrum in ihren Schaufenstern die Kleider und Roben aus, die die Spitzen der feinen Gesellschaft an dem großen Abend tragen würden. Das ausverkaufte Haus knisterte unter der typischen elektrischen Spannung, die solche Ereignisse begleitet. Der Erfolg war ungeheuer, und mein Werk wurde in Wien etwa fünfzigmal wiederholt, was höchst ungewöhnlich war. Nach der Vorstellung gab es ein sehr vergnügliches Silvesteressen in dem italienischen Restaurant Lido am Neuen Markt. Meine Eltern waren da, Berta war aus Kassel gekommen, und auch Hertzka, Heinsheimer, Heger und einige andere nahmen teil. Dieser Abend war in gewissem Sinn der Höhepunkt meiner Karriere in »dieser Welt«.

Und dennoch, selbst damals schon spürte ich undeutlich, daß mir mein gewaltiger Erfolg entglitt, wie, wußte ich nicht. Nach dem Erfolg in Wien, das in Europa größtenteils immer noch als das erste Zentrum der Opernproduktion betrachtet wurde, gab es in Deutschland kaum ein Opernhaus, das *Jonny* nicht anforderte, und es gab beinahe hundert deutsche Opernhäuser. Die Länder des Ostens, die Tschechoslowakei, Ungarn, Jugoslawien, Polen und Finnland, schlossen sich bald an. Die Pariser Aufführung wurde festgelegt, und kurz darauf erwarb die Metropolitan Opera in New York das Werk. Mein Erfolg konnte nicht größer sein. Doch sofern ich als Mensch betroffen war, der in »dieser Welt« lebte, nutzte ich die Situation nicht aus, um mich in der Oberschicht jener Zeitgenossen zu etablieren, die sogenannte Bestseller vorweisen konnten.

Die Gründe dafür sind mannigfaltig und schwer zu analysieren. Vor allem besaß ich weder die Kenntnisse noch den Instinkt, um sofort die richtigen Schritte zu unternehmen, welche auch immer das gewesen sein mögen – denn das weiß ich bis heute nicht. Ferner gab es in meiner Umgebung niemanden, der sich auskannte und sich der Sache hätte annehmen können. Diejenigen, die mir nahestanden, hatten nicht die geringste Erfahrung in solchen Dingen und waren völlig überrascht. Ein weiterer Faktor war, daß ich völlig von dem durchdrungen war, was ich als Karl-Kraus-Mentalität bezeichne, etwas, das mich sofort allem gegenüber mißtrauisch machte, was »diese Welt« mir bot. Deshalb reagierte ich auf die Tatsache, daß mein Erfolg (meiner Meinung nach) vor allem auf einem gründlichen Mißverständnis meiner Absichten beruhte, eher mit Verwirrung als mit einem an Zynismus grenzenden Humor, der angemessener und nützlicher gewesen wäre. Ich erkannte bald, daß die meisten Kritiker dachten, ich hätte eine amoralische Satire schreiben wollen – eine Satire auf was? –, und daß *Jonny* im Grunde ein heiteres Stück sei, ein frischer und frecher Streich, wie man ihn einem jungen Witzbold ein einziges Mal vergeben mag. Niemand schien die im Stück enthaltene Tragödie zu beachten, die ich weiß Gott wirklich sehr ernst genommen hatte. Man sieht, daß ich mehr und mehr das Gefühl hatte, mich lächerlich gemacht zu haben. Zudem beobachtete ich, daß jene »ernsthaften« Musiker, die ich am meisten verehrte (grob gesagt der Kreis um Schönberg), sich von mir abwandten, was teilweise eine Folge unbewußten Neides gewesen sein mag und teilweise die Folge der aufrichtigen Überzeugung, daß ein derart großer Erfolg in »dieser Welt« ein Beweis dafür war, daß mit dem Mann, der diesen Erfolg hatte, etwas nicht stimmte. All das gab mir sehr zu denken, und während ich schließlich auf rein materielle Weise wenigstens einen kleinen Teil der finanziellen Ergebnisse meines Erfolgs zu genießen begann, hinderten diese Grübeleien mich daran, das Geld nach den Spielregeln »dieser Welt« festzuhalten. Folglich wurde es verplempert, und da sich nach Hitlers Machtergreifung auch die materiellen Ergebnisse in Luft auflösten, stehe ich jetzt mit leeren Händen da.

Einige dieser Befürchtungen muß ich instinktiv gleich gehabt haben, denn unmittelbar nach der Wiener Premiere machte mich der Gedanke, mir noch eine Aufführung von *Jonny* anzuschauen, in zunehmendem Maß nervös. Wegen des großen Erfolges wurde die Vorstellung am Neujahrstag oder einen Tag später wiederholt. Aber ich brachte es nicht über mich, sie anzusehen. Ich verbrachte die Zeit in einem nahegelegenen Café und ging nur ins Opernhaus hinüber, um mich vor dem Vorhang zu zeigen. Seither habe ich mich stets bemüht, den Aufführungen so gut ich konnte auszuweichen. Ich frage mich, ob ich jetzt eine andere Einstellung hätte, wenn ich mir eine Vorstellung anschauen müßte, aber zur Zeit gibt es nirgendwo eine.

Nach den Wiener Ferien, denen wahrscheinlich ein kurzer Besuch in Kassel folgte, begab ich mich nach Paris, um mich mit den Leuten zu treffen, die in der französischen Hauptstadt *Jonny* veranstalteten und auf ihre Art vorbereiteten. Es war der Beginn eines der enttäuschendsten Kapitel in meinem Leben. Der Mann, der die Idee zu dieser Produktion gehabt hatte, war ein schleimiger Wiener namens Eugen Steinhoff, der sich Bildhauer nannte, obgleich ich nie ein Beispiel seiner Arbeit auf diesem Gebiet gesehen habe. (Zu der Zeit, in der ich dieses Exemplar meiner Niederschrift vorbereite, ist er erneut in meinem Blickfeld aufgetaucht, diesmal bezeichnet er sich als Architekt.) Er erschien mir eher wie ein Veranstalter verschiedener künstlerischer und halbkünstlerischer Unternehmungen, die zumindest einen bescheidenen Betrag als Entgelt für seine Bemühungen abwarfen. Er war ein schwammiger, leisetreterischer, Zigarre kauender, unangenehmer Kerl mit einer unattraktiven, bleichen Frau, die als Nichte von Edouard Herriot, dem liberalen französischen Politiker, herumgereicht wurde. Wahrscheinlich war diese Verwandtschaftsbeziehung einer der wichtigsten Faktoren bei der Beförderung von Steinhoffs Projekten. Sein Plan im vorliegenden Fall war, für die Produktion des *Jonny* den Apparat nutzbar zu machen, den Firmin Gémier unter dem Namen Internationales Theater oder so ähnlich aufgebaut hatte oder dem er zumindest vorstand. Dieser Gémier war ein alter Schmierenkomödiant am staatlichen Odéon-Theater, der sich offenbar eine sehr einflußreiche Stellung als Wächter über kulturelle Angelegenheiten aller Art geschaffen hatte und über enorme Geldmittel verfügte, wo auch immer diese herkamen.

Den Grundsätzen der Zeit entsprechend setzte er sich für Brüderlichkeit unter den Menschen, für Völkerversöhnung und dergleichen ein. Ich hatte den Eindruck, daß er sich genauso für das genaue Gegenteil stark gemacht hätte. Er war ein eitler, ziemlich unzivilisierter Mensch ohne irgendwelche Prinzipien oder Überzeugungen, wie mir schien, und ein linkischer Ignoramus obendrein. Doch Steinhoff war es gelungen, sein Projekt an Gémiers größeres Unternehmen anzuhängen, und es wurde beschlossen, daß *Jonny* als Teil jener internationalen Reihe im Mai im Théatre des Champs Elysées aufgeführt werden sollte. Gémier würde Regisseur und Steinhoff Bühnenbildner sein, Steinhoffs Frau sollte das Libretto übersetzen, was insgesamt einige Stücke von dem internationalen Kuchen einbringen würde, für jedes Mitglied der Bande eins. Glücklicherweise war Hertzka, dem durchaus klar war, wie zwielichtig das Ganze war, so klug, eine erhebliche Vorauszahlung zu verlangen und zu kassieren, welche die Tantiemen für eine weit größere Anzahl von Aufführungen deckte, als das Unternehmen je zustandebringen konnte. In diesem wichtigen Punkt war ich also wenigstens abgesichert. Noch ein weiterer Mann war beteiligt, der Mauprey hieß. Er fungierte als eine Art Manager in Gémiers Organisation, half bei der Übersetzung und machte sich auf verschiedene Weisen unbeliebt, denn er war ein widerlicher Kerl.

Während der Wochen, die ich in Paris verbrachte, führte ich mit diesen Leuten zahlreiche Gespräche, die den verschiedenen Problemen in bezug auf Produktion, Übersetzung, Besetzung, Orchester, Dirigent, Bühnenbildner und so weiter gewidmet waren. Im Vergleich zu dem, was ich an deutschen Bühnen gewohnt war, war alles sehr konfus, sehr unklar und ständig von einer Reihe unberechenbarer Umstände abhängig. Ich sah ein, daß ich es nicht mit einem wohlorganisierten, dauerhaften Unternehmen zu tun hatte, wie das in Deutschland jedes kleine Stadttheater war, und ich berücksichtigte den improvisatorischen Charakter des ganzen. Aber zugleich machte ich mir immer mehr Sorgen darüber, ob überhaupt eine Produktion zustandekommen würde und was für eine Wiedergabe meines Werkes ich in diesem Fall erwarten konnte. Anschließend fand ich heraus, daß ich mir nicht so viele Gedanken hätte machen sollen, denn in Paris erwartete ohnehin niemand etwas Gutes und Solides, und niemandem schien das etwas auszumachen, weil das Publikum allgemein keinen Sinn für Werte hatte, außer in einer sehr oberflächlichen Sphäre der Unterhaltung. Jetzt sehe ich, daß Paris in dieser Hinsicht verschiedene Eigenschaften hatte, die ich später in Amerika ebenso ermüdend fand.

In dieser Zeit in Paris hatte ich meine ersten wirklichen Kontakte zu Amerikanern, und das war eine sehr sonderbare und nicht ausschließlich erbauliche Erfahrung. Durch Vermittlung von Heinsheimer wurde ich mit dem amerikanischen Komponisten George Antheil bekannt. Es stellte sich heraus, daß er nur ungefähr einen Block vom Hôtel Foyot entfernt wohnte, in dem ich wieder ein Zimmer genommen hatte. Ich war Antheil schon früher, in Donaueschingen und Berlin, begegnet, aber nur zufällig. Aus unserem Zusammentreffen in Paris wurde eine dauerhafte, wenngleich etwas frustrierte und allgemein bedeutungslose Freundschaft. Er hat unsere erste Begegnung in seinem Buch *Bad Boy of Music** beschrieben, und ich glaube, daß seine Schilderung mehr oder weniger korrekt ist. Als ich in seiner Wohnung erschien, war er nicht zu Hause, aber ich wurde von Böske, seiner reizenden ungarischen Frau, eingelassen, einer Nichte des Wiener Dramatikers Arthur Schnitzler. Während ich auf George wartete, schaute ich mich bei seinem Klavier um und fand die Partitur meines *Jonny* neben den Skizzen zu seiner Oper *Transatlantic*, an der er damals gerade arbeitete. Er hat die Verlegenheit, in der er sich vermutlich befand, als er zurückkam und sah, daß ich die Situation beobachtete, etwas übertrieben, so als hätte er gedacht, daß ich ihn verdächtigte, meine Partitur zu plagiieren, während er an seiner arbeitete. In Wirklichkeit hatte ich keine derartigen Gedanken, obgleich ich wußte, daß er mein Werk sehr bewunderte. Heinsheimer hatte vorgeschlagen, daß ich ihn bei einigen Problemen seiner Oper ein wenig beraten könne, um sie für eine Produktion auf mitteleuropäischen Bühnen geeignet zu machen. Wir verstanden einander in dieser Hinsicht ausgezeichnet, und ich glaube, daß ich Antheil wirklich eine Hilfe war, als wir Einzelheiten der Handlung und des dramatischen und musikalischen Aufbaus diskutierten. Jedenfalls ist er nie müde geworden, mir zu versichern, welchen ungeheuren Wert meine Hilfe bei seinem Projekt hatte, und er fühlt sich mir dafür bis auf den heutigen Tag zu Dank verpflichtet, zumindest sagt er das.

Ich mochte und mag Antheil sehr gern, und wenn er meinte, in der Musik etwas von mir gelernt zu haben, dann wünschte ich, ich hätte von ihm mehr, als es der Fall war, darüber gelernt, wie man mit der Welt, die uns umgibt, umgeht, also mit gesellschaftlichen Beziehungen, obgleich ich einräumen muß, daß mich seine Leistungen in dieser Hinsicht in letzter Zeit etwas weniger beeindruckt haben, als sie das lange Zeit taten. Antheils Erfolg, soweit er welchen hat, beruht auf seiner echten Begabung, die ihn instinktiv Verbin-

* New York 1945

dung zu der fortschrittlichsten, skandalösesten Avantgarde suchen läßt, verbunden mit einer sehr realistischen Gewitztheit, die ihn veranlaßt, zur richtigen Zeit das Praktische zu tun, selbst wenn es im Augenblick seinem radikalen Idealismus zu widersprechen scheint. Der Widerspruch wird durch ein Zwinkern seiner weit geöffneten blauen Augen aufgelöst, die ihm das Aussehen eines ewig erstaunten kleinen Kindes verleihen, das gerade vom Himmel gefallen ist und noch nicht bis drei zählen kann. Die Aufrichtigkeit seines Idealismus ist ebenso bemerkenswert wie seine Fähigkeit, ihn wechselnden Situationen anzupassen. Aber ich stelle mir vor, daß man ähnliche Dinge auch über mich sagen könnte.

Ich verbrachte ziemlich viel Zeit mit den Antheils, und durch sie wurde ich mit einer Reihe von Amerikanern bekannt, die damals in Paris lebten. Die meisten waren wohlhabende Leute, die den niedrigen Kurs der französischen Währung nutzten, um der Prohibition zu entgehen, denn in Paris konnten sie viel mehr, viel bessere und viel billigere Drinks bekommen als in Amerika, ohne sich wegen des Gesetzes Gedanken machen zu müssen. Die Anführer dieser speziellen Gruppe leichtsinniger, aber sympathischer Rumtreiber waren Charles Norris und seine Frau, beide sehr erfolgreiche Autoren populärer Romane, und Vincent Youmans, der schwerreiche Komponist von *No, no, Nanette* und *Hit the Deck*. Sie bewohnten luxuriöse Suiten im Hotel Brighton, wo wir uns gelegentlich zu Trinkgelagen von gigantischen Ausmaßen versammelten. Obgleich die meisten dieser Amerikaner seit Jahren in Paris lebten, machten sie sich nicht die Mühe, auch nur ein einziges Wort Französisch zu lernen. Die einzigen Einheimischen, die sie kannten, waren Kellner, Taxifahrer und Verkäuferinnen und Verkäufer in den teuersten Läden, und die sprachen Englisch. Die Amerikaner hatten nicht das leiseste Verlangen, etwas über ihre Umgebung zu erfahren, und sie waren auch nicht im geringsten neugierig darauf. Ich vermute, daß es einige tausend von ihnen gab. Sie hatten ihre eigenen Clubs und Versammlungszentren und lebten vollständig in ihrer eigenen Welt. Ihr Hauptinteresse bestand darin, sich zu betrinken, und sie waren tatsächlich praktisch vierundzwanzig Stunden am Tag betrunken. Für mich war das ein völlig ungewohntes, ein wenig erheiterndes und etwas erschreckendes Schauspiel.

Ich erinnere mich besonders an einen langen Abend, der in der Suite der Norris' im Hotel Brighton begann. Als wir ankamen, waren praktisch alle horizontalen Flächen in den Räumen, wie Tische, Sekretäre, Kommoden, Schränke, Heizkörper und das Klavier mit Flaschen aller Art vollgestellt. Das Gelage mußte schon stundenlang im Gang sein. Wir leisteten ihnen eine Weile beim Trinken Gesellschaft, und dann begab sich die ganze Gruppe in mehreren Taxis zu dem ausgezeichneten Restaurant Larue, wo ein besonderer Raum im Obergeschoß reserviert worden war. Dort stand ein Klavier, und Vincent Youmans begann sofort, allerlei Jazzlärm zu produzieren. Weitere Getränke wurden bestellt. Als die Kellner begannen, ein wirklich himmlisches Essen aufzutragen, waren die Amerikaner mehr oder weniger sinnlos betrunken. Wenn man ihnen statt der Köstlichkeiten, die sie teuer bezahlten, gekochte Kartoffeln serviert hätte, hätten sie den Unterschied nicht bemerkt. Ich frage mich, ob er ihnen aufgefallen wäre, wenn sie nüchtern gewesen wären. Es störte mich etwas, daß sie während der Mahlzeit rauchten, was in Europa nicht üblich war, und ich war schockiert, als sie die Asche auf die Teller fallen ließen, von denen sie gerade aßen. Ich hielt das für eine Schweinerei. Ich glaube, ich war der einzige, der das Essen zu schätzen wußte, obgleich es bei all dem Lärm und Rauch schwer war, es zu genießen.

Ich war sowieso in einer etwas albernen Situation, weil ich damals überhaupt kein Englisch sprach, und meine rudimentäre Kenntnis einiger weniger Wörter dieser Sprache reichte einfach nicht aus, um dem Gespräch folgen zu können. Nach dem Essen kehrten wir ins Hotel zurück, und sofort wurden weitere Getränke bestellt, hauptsächlich Champagner, denn so gehörte es sich in Frankreich, ob er einem schmeckte oder nicht. Als einziges relativ nüchternes Mitglied der Gesellschaft bemerkte ich, daß der Kellner jedesmal, wenn er zwei oder drei neue Flaschen brachte, eine leere unter das Klavier stellte, was offenbar ein einfaches Mittel war, Norris' Rechnung zugunsten des Hotels zu erhöhen. Vielleicht hätte Norris gar nichts dagegen gehabt, wenn er den Trick bemerkt hätte. Es war ohnehin alles so billig. Zu der Gruppe gehörte auch ein gewisser Schoen oder so ähnlich, der als Rechtsanwalt aus Chicago galt, obgleich er eher wie ein Gangster aussah. Vielleicht war er beides. Mit der Hartnäckigkeit, die für Betrunkene charakteristisch ist, bestand er darauf, sich mit mir auf Deutsch zu unterhalten, und versuchte, mir etwas von einer Kugel zu erklären, die er seit dem letzten Krieg im Körper hatte. Da sein Deutsch ungefähr so gut war wie mein Englisch, schlug ich ihm schließlich vor, seine Geschichte auf Englisch fortzusetzen, dann würde ich sie wahrscheinlich besser verstehen. Diese Bemerkung machte ihn außergewöhnlich wütend, und er mußte sich mit ein paar weiteren Drinks beruhigen. Bald kippte er mitten im Raum um, wovon niemand besondere Notiz nahm. Man stieg einfach über ihn hinweg.

Der einzige in der Gesellschaft, den ich verstand und mochte, war

Vincent Youmans, der einige ganz bezaubernde Lieder komponiert hatte, die ich kannte und oft spielte. Ich glaube, daß wir bei einer anderen Gelegenheit in seiner Suite am Klavier viel Spaß hatten, indem wir mäßig tranken und Jazz spielten.

Ein weiteres Trinkgelage fand statt, als ich mit dem Wiener Photographen Loewy zusammentraf, einem begabten, aber weibischen und degenerierten älteren Mann, der in Paris ein schickes Studio hatte. Er machte ein paar alberne Bilder, auf denen ich mit einer dreißig Zentimeter langen Zigarettenspitze, mit der ich damals herumlief, zu sehen bin, vor einem gemalten Hintergrund mit tanzenden Negern. Alles natürlich wegen *Jonny*. Ich ging mit dem alten Herrn ein paarmal aus, und in einer kleinen Bar in der Nähe des Hôtel Foyot tranken wir kräftig und hatten unseren unschuldigen Spaß mit den Prostituierten, die sich dort aufhielten. Das nahm plötzlich ein Ende, als mir klar wurde, daß Loewy seine Aufmerksamkeit in einem Maße auf meine physische Person richtete, das über das Berufsinteresse eines Photographen weit hinausging.

Ein außergewöhnlich angenehmer Ort, den ich mehrmals aufsuchte, war die österreichische Gesandtschaft in Paris, die Grünberger leitete, ein professionell charmanter, sachlicher Herr, zusammen mit seiner eleganten und laienhaft charmanten Frau. Sie boten ausgezeichnete Mittag- und Abendessen an, und die Atmosphäre war angeregt und unbeschwert. Man konnte sich vorstellen, daß immer noch etwas von dem Glanz der alten österreichischen Botschaft aus der Zeit des Fürsten Metternich vorhanden war, wenn auch um einige Tonarten heruntertransponiert in die etwas sorgenvolle und kommerzialisierte Stimmung der Republik. Ich ging jedoch gern dorthin und wurde gut aufgenommen, weil ich für die Gesellschaft Jazz spielte. Einmal traf ich Elisabeth Schumann dort, und wir gingen die ganze Partie der Yvonne aus *Jonny* durch, die sie damals in Wien sang.

Es gab unzählige Partys, mit Tee, Portwein oder Cocktails, besonders an Sonntagnachmittagen. Die Steinhoffs, darauf bedacht, ihr Unternehmen zu einem Erfolg zu machen, besuchten diese Veranstaltungen unermüdlich und nahmen mich in eine ganze Reihe von Häusern mit, obgleich ich kaum jemals einen guten Grund sah, hinzugehen. Zwischen vier und sieben Uhr nachmittags besuchten wir oft drei oder vier verschiedene »Salons«, was nicht allzu schwierig war, weil die meisten dieser Leute in den Straßen rings um den Etoile wohnten. Es hatte nicht den geringsten Sinn.

Der einzige »Salon«, an den ich mich erinnere, war der von Madame Clemenceau, der Schwägerin des großen Staatsmannes, wenn ich nicht irre. Mir scheint, daß sie Wienerin war, eine geborene Zuckerkandl, die Schwester von Berta Zuckerkandl, der notorischen Klatschbase, die ganz schreckliche Beiträge für das berüchtigte »Neue Wiener Journal« schrieb. Sie war in den Siebzigern, hergerichtet wie eine Mumie, und bestand darauf, das Leben um jeden Preis zu genießen. In ihrer Wohnung lernte ich Painlevé kennen, damals amtierender Minister im französischen Kabinett, einen freundlichen und einfachen alten Herrn, den ich gern mochte. Soviel ich weiß oder hörte, hat er vielleicht ein Verhältnis mit der bemalten Hexe gehabt.

In dieser Umgebung begegnete ich auch der Sängerin Marya Freund, die in einer ernsthaften und gewissenhaften Weise sehr viel für die moderne Musik tat, soweit das in Paris möglich war. Ich erinnere mich an eine Party in ihrem Haus, auf der ich gebeten wurde, etwas aus *Jonny* zu spielen, was ich auch tat. Ich tat alles, worum Leute mich baten, die zu wissen schienen, was ich tun mußte, um dem Projekt zum Erfolg zu verhelfen, und ich fürchte, daß ich es jetzt, zwanzig Jahre später, immer noch nicht besser weiß, außer daß das alles absolut nutzlos war, genauso nutzlos, wie es jetzt ist, wenn ich solche Dinge tue.

Hin und wieder besuchte ich die Milhauds und aß gut bei ihnen. Ich mochte sie beide sehr gern, aber es gelang mir weder, Madeleines flinke, sarkastische, neckende Art noch Darius' liebenswürdige Unnahbarkeit zu durchdringen. Trotz meiner aufrichtigen Bemühungen bin ich diesen liebenswerten Menschen nie nähergekommen. (Ich wäre nicht überrascht, wenn jemand, der mein Verhältnis zu den Milhauds beobachtet hat, ein wenig erstaunt wäre, daß ich das sage, und behaupten würde, er habe nie gesehen, daß ich derartige Anstrengungen unternahm – aber das ist nur eines jener unzähligen Dinge, die mich jahrelang beinahe verrückt gemacht haben. Ich habe mit Sicherheit geglaubt, daß ich mich bemühte ...)

Durch die Milhauds lernte ich andere Musiker kennen, Poulenc, Desormières, Delvincourt, Sauguet und viele mehr. Sauguet, der bezaubernde Musik geschrieben hat, wurde mir recht sympathisch. Besonders gefielen mir seine kleine Oper *Le plumet du colonel* und einige seiner Lieder, obgleich ich nie ganz sicher war, ob sein Stil höchste surrealistische Komplexität oder einfach schlichte Einfalt reflektierte.

Bei den Antheils traf ich noch weitere Amerikaner, insbesondere einen Mann namens Lowenfels, der als Butterhändler vorgestellt wurde, welcher sich nebenbei mit Literatur beschäftigte. Sylvia Beach, die unten ihren Buchladen, »Shakespeare's Bookshop«, betrieb, erschien ab und zu. Leider bin ich nie James Joyce begegnet, der im selben Haus oder irgendwo in der Nähe wohnte. Einmal erlebte ich, wie eine Gruppe amerikanischer Studenten das aufführten, was man, wie ich jetzt weiß, als Jamsession bezeichnet, wobei sie auf Wassergläsern, Kämmen, Wohnungsschlüsseln und was nicht noch allem Jazz spielten und improvisierten. Es war eine wirklich faszinierende und verblüffende Darbietung, die mich mit ungeheurem Respekt vor den echten und originellen musikalischen Begabungen der Amerikaner erfüllte. Die Antheils machten mich auch mit Silvio Lazarus bekannt, einem mittelmäßigen italienischen Komponisten, wie mir scheint, der eine kleine komische Oper geschrieben hatte, in der verschütteter Rotwein unter der Tür hindurch ins Nebenzimmer floß und für Blut gehalten wurde. Auch einem argentinischen Maler namens Figari, glaube ich, stellten die Antheils mich vor; von seinem Atelier aus hatte man einen wunderbaren Blick auf das Panthéon.

Ich selbst erkundete weitere Restaurants in Paris, wie das »De l'Odéon«, das wegen seiner Spanferkel berühmt war, oder das »La Tour d'Argent«, dessen Spezialität gebratene Enten waren, die vom Tag der Eröffnung des Lokals an gezählt worden waren und etwa Zwanzigtausend erreicht hatten, als ich dort war. Ein weiteres kleines Restaurant, vielleicht das beste von allen, befand sich am Quay des Grands Augustins, gegenüber von Notre Dame. Es hieß »La Pérouse«. Das alles führte dazu, daß ich sehr dick wurde.

Zweifellos trug dieser Aufenthalt in Paris dazu bei, meine Leidenschaft für diese Stadt und folglich für Frankreich insgesamt abzukühlen. Während ich bei meinem ersten Besuch in der französischen Hauptstadt bloß müßiger Tourist gewesen war, hatte ich jetzt geschäftlich dort zu tun, und das gab mir sehr viele Gelegenheiten, die Schattenseiten der glanzvollen Metropole zu entdecken. Zugleich fühlte ich mich herausgefordert, denn hier hatte ich eine Chance, die widerspenstige Geliebte zu zähmen. Aber schon damals zweifelte ich sehr an meinen Erfolgsaussichten. Jetzt weiß ich, daß das mein erster und entscheidender Versuch war, mit »dieser Welt« zurechtzukommen, denn in Deutschland hatte ich mich mehr oder weniger auf heimatlichem Boden befunden und es mit Menschen zu tun gehabt, die meine Ansichten bis zu einem gewissen Grad teilten oder zumindest verstehen konnten. In Wien, das ich lieber mit Paris als mit einer deutschen Stadt verglich, war das nicht ganz so. Denn trotz meiner traurigen Erfahrungen in »dieser Welt« war ich Deutschland gegenüber immer undankbar, obwohl es mir Erfolg verschaffte, und nichts begehrte ich mehr als Anerkennung in jener anderen Welt, von der ich mir ein Traumbild geschaffen hatte, das mit der Wirklichkeit kaum übereinstimmte.

Das Resultat dieses eigenartigen Dilemmas, das ein beständiges

Element meiner Veranlagung zu sein scheint, ist, daß ich in keiner dieser beiden Sphären mehr zu Hause bin. Trotz der Intelligenz, die ich mit Sicherheit besitze, habe ich meistens höchst töricht gehandelt. Das einzige, was mich entlasten könnte, wäre der Beweis, daß mein Werk so hohen Wert hat, daß mein Verhalten in diesem Leben damit zu rechtfertigen wäre, daß es für die Schaffung dieses Werkes notwendig war. In diesem Fall wäre es, von einer höheren Warte aus betrachtet, natürlich doch nicht töricht gewesen. Aber wer wird mir zu meinen Lebzeiten einen solchen Beweis liefern? Es müßte ein Prophet sein, und ich müßte ihm glauben – aber dann würde ich mich nicht mehr in meinem eigenen Zeitalter wie ein Narr fühlen, und vielleicht ist genau das erforderlich, wenn jemand seine Zeit überleben will. So werden wir nie wissen, wie wir richtig handeln sollen. Zur Zeit dieser Niederschrift weiß ich eines sicher, nämlich daß ich nach den Begriffen »dieser Welt« immer das Falsche getan habe. Ob etwas von dem, das ich nach den Bedingungen der »anderen« Welt getan habe, meine schöpferische Arbeit also, in einer fernen Zukunft vielleicht Wert erlangt, bleibt abzuwarten. Die Möglichkeit einer solchen Erfüllung reicht nicht aus, mein gegenwärtiges Gefühl bitterer Enttäuschung zu lindern.

Aufführung von Jonny in Berlin

Ich weiß nicht mehr, ob ich von Paris aus gleich nach Wiesbaden zurückkehrte. Es kann sein, daß in diesem Frühling *Jonny* in Berlin Premiere hatte. Jedenfalls kann ich an dieser Stelle ebensogut wie an jeder anderen über dieses äußerst enttäuschende Erlebnis berichten. Die Aufführung wurde an der Städtischen Oper in Charlottenburg vorbereitet, einem riesigen und pompösen Haus, mit dem die Stadt Berlin der Staatsoper »Unter den Linden« Konkurrenz machte. Das Haus wurde von Heinz Tietjen geleitet, einem geisterhaften, unscheinbaren und schwer definierbaren Bürokraten, der auf die Berliner Opernwelt unglaubliche Macht ausübte. Er war so zurückhaltend, daß ein Witz die Runde machte, demzufolge ein Student im Jahr 2000 eine Doktorarbeit über das Thema »Hat Tietjen je gelebt?« schreiben würde. Dieser Mann war allgegenwärtig, was die Wirkung seiner Unternehmungen anging, zugleich aber war er kaum jemals irgendwo zu sehen.

Teils weil ich Berlin haßte, teils weil ich mit anderen Dingen beschäftigt war, beteiligte ich mich nicht an den Vorbereitungen für die Berliner Aufführung meines Werkes. Als ich zu den letzten Proben kam, konnte ich sofort sehen, daß alles in sehr schlechtem Zustand war. Ich entsinne mich nicht, wer der Bühnenbildner und wer der Regisseur war, aber keiner von beiden hatte sich bei seiner Arbeit an meine Anweisungen gehalten. Als ich mir das Arrangement der Szene im Bahnhof anschaute, die beträchtliche Regieprobleme stellte, fiel mir sofort auf, daß sie eine Lösung gewählt hatten, die von den fünfzig oder mehr Möglichkeiten, die ich während der Komposition der Oper auf dem Papier ausprobiert hatte, zu den ersten gehörte, die zu verwerfen waren. Gewiß, die Bühnenbilder waren auffällig und sahen teuer aus, was sie vermutlich auch waren, weil Geld damals keine Rolle spielte. Aber alles war in einem sehr schlechten Pseudo-Hollywood-Geschmack entworfen, übertrieben und vulgär. Die ganze Aufführung betonte die sensationellen Aspekte meines Stücks, und alles, was man hätte ernst nehmen können, überging sie vollständig. Die musikalische Leitung war einem gewissen George Sebastian übertragen worden, einem kleinen ungarischen Aufsteiger, der weder die Fähigkeit noch das Interesse besaß, eine akkurate und sensible Wiedergabe der Partitur vorzubereiten. Alles war laut, derb und chaotisch gleichzeitig.

Bei der Premiere passierte es, daß der erste Sopran, eine Schwedin namens Ljungberg oder ähnlich, in der zweiten Bahnhofsszene zu ihrem Auftritt einfach nicht erschien. Da sie in dieser kurzen Szene nicht viel zu spielen, sondern nur die sehr wichtige oberste Stimme in einem Quartett zu singen hatte, unterbrach der Vorfall den dramatischen Ablauf nicht, stellte aber doch eine grauenhafte Verzerrung und Verstümmelung der Musik dar. Vom Standpunkt der Theaterdisziplin her gesehen war es so ungefähr das Schlimmste, das ein Schauspieler sich zuschulden kommen lassen konnte, und aus Kassel wußte ich, daß ein solches Verhalten eine schwere Geldstrafe für den Übeltäter zur Folge hatte, weil der Schauspieler dafür verantwortlich war, daß er zu seinem Auftritt auf der Bühne zur Stelle war, ebenso wie es dem Inspizienten, der seinerseits dafür verantwortlich war, die Anwesenheit der Schauspieler in den Kulissen zu kontrollieren, einen sehr ernsten Verweis eingetragen hätte. Ich war erstaunt, als ich bemerkte, daß an dem erhabenen Berliner Theater niemand viel Aufhebens um solche kleinen Fehlern zu machen schien. Frau Ljungberg sagte, es täte ihr leid, aber sie sei so durstig gewesen und habe etwas trinken müssen. Die höheren Chargen zuckten nur mit den Schultern.

Ich glaube, ich führte ein recht ernstes Gespräch über die ganze Aufführung mit Tietjen selbst, der ausnahmsweise aus seiner Wolke herabzusteigen geruhte. Natürlich war es völlig nutzlos. Er gab alles zu, entschuldigte sich der Form halber und war im übrigen entlastet, denn der Erfolg des *Jonny* war in Berlin genauso vollkommen wie überall. Es gab ungefähr so viele Wiederholungsvorstellungen wie in Wien. Man könnte versucht sein zu glauben, daß man sich, wenn die Karten richtig gemischt sind, alles erlauben kann, daß aber, wenn sie gegen einen sind, gar nichts hilft, was eine niederschmetternde Philosophie ist. Ich war von Berlin, meiner Oper und meinem Erfolg aufs äußerste angewidert, und meine Verwirrung und Bestürzung wuchsen sprunghaft an.

In Wiesbaden befand ich mich wieder auf vertrautem Terrain. Obgleich der alte Geist von Kassel und die Begeisterung, die mit einer neuen, unerprobten Erfahrung verbunden waren, fehlten, war ich über die Disziplin und die Ernsthaftigkeit, die ich spürte, hoch erfreut. Ich verbrachte etwa vier Wochen dort, beteiligte mich an der Vorbereitung meiner drei Einakter, probte mit den Sängern, begleitete Bühnenproben am Klavier, diskutierte über die Regie und so weiter. Das Verhältnis mit Grete nahm ich nicht wieder auf, denn in uns beiden war das anfängliche, kurzlebige Feuer erloschen. Sie hatte sich offenbar entschlossen, sich auf Dauer an Bekker zu binden, und begnügte sich, wie sie mir sagte, mit der Tatsache, daß niemand ihr wegnehmen konnte, was sie mit mir erlebt hatte. Ich war nicht mehr in der Stimmung, ihre Resignation in Frage zu stellen, denn ich war der ganzen Theateratmosphäre müde und wollte in erster Linie allem entkommen.

An vieles von dem, was in diesen Wochen in Wiesbaden geschah, erinnere ich mich nicht mehr, mit Ausnahme einer Aufführung des *Parsival*, einer der Wagner-Opern, die ich sehr gern habe, trotz der Meinung vieler meiner Freunde und der meisten Kenner. Natürlich ist die zeitliche Ausdehnung dieses Werkes beinahe grotesk. Ich erinnere mich, daß ich um fünf Uhr nachmittags zum Beginn der Vorstellung ins Theater ging. Ich hörte mir einen großen Teil des ersten Aktes an, der ungeheuer ermüdend und langsam ist. Als ich müde wurde, setzte ich mich zu einem geruhsamen Abendessen ins Theaterrestaurant, und als ich in meine Loge zurückkam, sah ich staunend, daß man nicht viel weiter war als vorher. Trotzdem geht eine seltsame Faszination von dem ganzen aus, die der unheimlichen Fähigkeit seines Komponisten zuzuschreiben ist, eine intensive und einheitliche, anhaltende Atmosphäre von außerordentlicher Suggestivkraft zu schaffen.

Das genaue Gegenteil galt für die drei *Minuten-Opern* von Milhaud, die im kleinen Theater im Zentrum gespielt wurden. Diese leicht frivolen, duftigen Miniaturen waren ein Hochgenuß, obgleich sie offenbar nur einige wenige, ästhetisch gesonnene Snobs befriedigen.

Meine eigenen Opern kamen gut an, obwohl der Erfolg natürlich nicht sensationell war. Ein zusammengesetztes Programm scheint immer ein gewisses Handicap zu sein, mit Ausnahme von *Bajazzo* und *Cavalleria*, die bombensichere Schlager geblieben sind. Selbst Puccinis späte Einakter wurden, trotz des entzückenden *Gianni Schicchi*, im allgemeinen vom Publikum nicht angenommen.

Die Premiere meiner drei Einakter wurde mit allen Attributen eines großen Ereignisses ausgestattet. Sogar der preußische Bildungsminister, als oberster Chef des Staatstheaters, war anwesend. Er war ein netter, gelehrter Mann namens Baecker. Bei dem Empfang, der der Vorstellung folgte, hielt er eine recht ansprechende Rede, die an das Schlußstück, die Satire auf das Preisboxen, anknüpfte.

Berta war aus Kassel herübergekommen und übernachtete bei mir in meiner Wohnung. Auch meine Eltern waren da, und wir verbrachten eine ganz nette Woche oder etwas länger miteinander. Ich zeigte ihnen das schöne Rheinland, und an einem Tag fuhren wir nach Assmannshausen, um den ausgezeichneten Rotwein zu kosten, der dort gekeltert wird. Es war der Höhepunkt der Reisesaison, und wir mußten länger als eine Stunde auf unser Mittagessen warten. Wir fuhren über den Fluß nach Bingen, und während wir nach Wiesbaden zurückkehrten, brach ein höllisches Hagelwetter los. Als wir in meiner Wohnung ankamen, fanden wir sie völlig überflutet und teilweise mit Eis bedeckt vor. Und das alles an einem Tag.

Entweder zu dem Zeitpunkt oder etwas früher oder später, während eines meiner häufigen Besuche in Kassel, traf ich mich mit meinem Verleger, Emil Hertzka, der wegen einer meiner Aufführungen oder wegen irgend etwas anderem gekommen war. Jedenfalls führten wir in dem mehr oder weniger leeren Speisesaal des Hotels Schirmer ein Gespräch, in dem er mir eröffnete, daß er von der Familie Mahler beauftragt worden sei, in einer Geldangelegenheit an mich heranzutreten. Da ich durch den Erfolg von *Jonny* offenbar zu viel Geld gekommen sei, erwarteten sie von mir, daß ich die finanziellen Vereinbarungen im Zusammenhang mit meiner Scheidung von Anna, oder vielmehr deren Nichtvorhandensein, neu überdenke. Einerseits gab man mir zu verstehen, daß Alma Mahler recht großen Einfluß darauf gehabt hatte, daß meine Oper in Wien gespielt wurde (was für mich eine überraschende Neuigkeit war, denn ich hatte nie zuvor etwas davon gehört), was angeblich den finanziellen Erfolg meines Werkes entschieden habe. Andererseits wurde angedeutet, daß aufgrund von Beweisen über mein Verhältnis zu Alma Moodie, deren die Mahler-Leute habhaft geworden zu sein behaupteten, eine Wiederaufnahme des Scheidungsverfahrens beantragt werden könnte.

Ich fand das ganze Komplott unglaublich hinterhältig, absurd und widerwärtig. Ich konnte verstehen, daß Anna vielleicht einen Anspruch auf einen Anteil meines Einkommens haben mochte, das aus den während unserer Ehe begonnenen Aktivitäten resultierte. Meine Arbeit an *Jonny* jedoch hatte erst viele Monate, nachdem sie mich endgültig verlassen hatte, begonnen. Was die Werbung anging, die Alma Mahler in Wien für mein Werk gemacht haben sollte, so war diese Behauptung genauso dummes Zeug, denn man hätte die Oper aufgrund ihres bereits erzielten Erfolgs ohnehin aufgeführt und nahm sie bestimmt nicht an, um Alma zu gefallen. Es war ein reines Erpressungsmanöver, das Alma und ihre berühmten Rechtsberater ausgeheckt hatten und an dem Anna bestimmt nicht beteiligt war. Vielleicht hätte ich mich gegen die unverschämte Forderung wehren sollen. Aber mir lag so viel daran, mir die Sache vom Hals zu schaffen – und glücklicherweise hatte ich genug Geld –, daß ich mich entschloß, Anna eine Summe von zehntausend Schweizer Franken zukommen zu lassen, die an eine Schweizer Bank in Basel gezahlt werden sollte. Hertzka entwarf einen schönen Rechtstitel, indem er erklärte, daß es sich hierbei um eine völlig freiwillige Schenkung handle, zu der ich in keiner Weise verpflichtet sei, und zugleich alle etwaigen künftigen Forderungen ausschloß.

Jonny-*Premiere in Paris*

Danach begab ich mich wieder nach Paris, zum zweiten und schlimmsten Teil der Tortur, die die *Jonny*-Produktion in der französischen Hauptstadt für mich darstellte. Die Proben hatten bereits begonnen, und ich wurde bald mit den Beteiligten bekanntgemacht. Wie bei einigen früheren Aufführungen war wieder der Dirigent der führende Kopf des Unternehmens, oder vielmehr der einzige Kopf überhaupt. Er nötigte mir meinen ganzen Respekt ab. Leider war er mit seiner Haltung dem Werk gegenüber und mit seiner Kompetenz völlig allein in der ganzen Gesellschaft, und die Organisation der Produktion, oder vielmehr das völlige Fehlen einer Organisation, hinderte ihn daran, seine Überlegenheit zur Geltung zu bringen. Er hieß D. E. Inghelbrecht und war holländischer und dänischer Herkunft, glaube ich, aber in Frankreich geboren. Er war ein kleines, mageres Männchen mit außergewöhnlicher Energie und integeren Absichten. Er dirigierte hin und wieder, ohne eine feste Anstellung zu haben, und außerdem komponierte er in einem mittelmäßigen, impressionistischen Stil. Er war mit einer bemerkenswert schönen und charmanten Schwedin verheiratet, die Tänzerin war und sich Karina Ari nannte. Sie sah Dolores del Rio sehr ähnlich und war ein ganz entzückender Mensch. Dieser Inghelbrecht war ein absolut kompetenter, sensibler Musiker und Dirigent, der ausgezeichnet in eines der methodischen deutschen Opernhäuser gepaßt hätte, die es mit der Disziplin ziemlich genau nahmen, statt in die unklare, schludrige Atmosphäre des Pariser Musiklebens. Er war daher sehr bitter und sarkastisch geworden und versteckte sein unversehrtes Inneres hinter einer Maske aus fröhlichem Zynismus.

Das nervenaufreibende Substitutensystem der Pariser Orchester ist bekannt. Jedes reguläre Mitglied eines Orchesters kann zu jeder Zeit zu den vorgesehenen Diensten einen Substituten schicken, wenn es an dem Abend zufällig einen besseren Job oder einfach keine Lust zu spielen hat, vorausgesetzt, es bezahlt den Ersatzmann. Das Proben wird auf diese Weise beinahe sinnlos, weil man bei jeder Probe eine beliebige Anzahl fremder Gestalten vor sich hat, die an den vorausgegangenen Proben nicht teilgenommen haben und bei den folgenden möglicherweise nicht mehr erscheinen werden. Und bei der Aufführung ist der Dirigent vielleicht wieder mit neuen Gesichtern konfrontiert, selbst an den wichtigen ersten Pulten.

Eines Abends nahm mich Milhaud in die Opéra Comique mit, zu einer Aufführung seiner schönen, einaktigen Tragödie *Le pauvre matelot*, die mir immer sehr gut gefallen hat. Die Oper wurde als »Vorspiel« zu *Tosca* gegeben, was schon an sich eine grauenhafte Idee war. Als wir ankamen, war der Saal praktisch leer. Während der fünfundvierzig Minuten des *Matelot* herrschte ein ständiges Kommen und Gehen, man klapperte mit den Stühlen und unterhielt sich laut. Die Platzanweiser, die mit den Theaterbesuchern um ihr Trinkgeld feilschten, waren besonders deutlich zu hören. Als Milhaud einen prüfenden Blick in den Orchestergraben warf, zeigte er mir traurig fünf oder sechs Musiker, die seines Wissens ihre Partien noch nie gespielt hatten. Die Aufführung war folglich ungenau, gefühllos, roh und schlampig. Als nach dem Stück die Lichter wieder angingen, war das Haus gut gefüllt, und alles war bereit, den Klängen der *Tosca* zu lauschen.

Bald wurde ich mit der Besetzung von *Jonny* bekannt, die wirklich ein zusammengewürfelter Haufen war. Zu Steinhoffs Ehre (falls er für die Besetzung verantwortlich war) muß ich sagen, daß die meisten Akteure recht gut waren, voll guten Willens und mit Ernsthaftigkeit bei der Sache, wenngleich sie unterschiedliche Fähigkeiten besaßen. Die weibliche Hauptrolle war Mme. Jefferson-Kohn, glaube ich, übertragen worden, der französischen Ehefrau eines reichen amerikanischen oder englischen Geschäftsmanns, der in der Nähe des Etoile ein schönes Haus besaß. Offenbar hatte sein Geld dazu beigetragen, daß sie die Rolle bekam. Sie war eine attraktive Person und trotz ihrer gesellschaftlichen Stellung eine sehr ernsthafte und fleißige Künstlerin. Die Rolle der Yvonne hatte Cecile

Navarre bekommen, eine sehr hübsche, südamerikanische Sängerin, die auf dem Gebiet des Musicals recht erfolgreich wurde. Ich sah sie wenige Jahre später im Mogador mit einer bedeutenden Rolle in Youmans *Hit the Deck*. Beide Damen waren, so unterschiedlich ihr Hintergrund und ihre Ambitionen auch sein mochten, sehr hübsch anzuschauen, und es war angenehm, mit ihnen zu arbeiten. Von den männlichen Ensemblemitgliedern erinnere ich nicht mehr viel, mit Ausnahme eines sehr jungen und bemerkenswert dummen russischen Baritons namens Smirnoff, der aus irgendeinem Grund wie ein Genie behandelt werden mußte.

Alle waren von Inghelbrecht ausgezeichnet vorbereitet worden, und um die musikalische Seite der Aufführung brauchte man sich keine Sorgen zu machen, vorausgesetzt, daß er ein halbwegs anständiges Orchester bekam. Umso schlimmer waren die Aussichten für die dramatische Gestaltung der Produktion. Mir scheint, daß die Bühnenproben im Trocadéro abgehalten wurden, bevor wir in die Champs Elysées umzogen. Gemier, der diese Proben hätte leiten sollen, zeichnete sich durch Abwesenheit aus. Um die kostbare Zeit nicht zu vergeuden, übernahm ich es bald selbst, den Sängern Anleitungen für ihre darstellerischen Aufgaben zu geben, denn obgleich sie von Gemier oder seinen Assistenten anscheinend irgendwann einmal Anweisungen bekommen hatten, war alles äußerst unklar und planlos. Was immer man ihnen in irgendeinem Wohnzimmer oder einem kleinen Arbeitszimmer gesagt haben mochte, bedurfte der völligen Revision, der Änderung und der ständigen Beaufsichtigung, sobald sie auf die richtige Bühne kamen. In endlosen Diskussionen und Versuchen mußte jedes Detail ausgearbeitet werden, denn Steinhoff wollte sich, was die Gestalt und Anordnung der Kulissen anging, durchaus nicht festlegen; sie wurden in einer Werkstatt hergestellt und sollten irgendwann später zur Verfügung stehen. Ich mußte die ganze Arbeit machen, was angesichts der fremden Umgebung, der ungewohnten Psychologie der Künstler und der fremden Sprache, die ich verwenden mußte, ein sehr anstrengendes Geschäft war. Glücklicherweise unterstützte Inghelbrecht mich und stärkte mir mit unerschütterlicher Treue den Rücken.

Auch seinen musikalischen Assistenten, einem Ehepaar, das mit den Sängern und dem Chor probte, sowie dem Inspizienten spreche ich für ihre aufrichtige und einfühlsame Mitarbeit gerne meine Anerkennung aus. Es waren sehr nette, einfache Menschen, ehrliche, tüchtige Arbeiter, die ihr Metier kannten und ihre Aufgaben mit Freude, Verstand und freundlichem Respekt erfüllten.

Einen traurigen Kontrast dazu bildete Gemier, der ein paarmal erschien, worauf ich bestand, denn schließlich war er für das ganze verantwortlich und würde Lob und Tadel gleich welcher Art entgegennehmen müssen. Bald wurde jedem klar, daß er nicht die geringste Ahnung von meinem Werk hatte. Er überspielte seine Ignoranz mit den schäbigen Tricks eines alten Schmierenkomödianten, indem er sich mit einem Blick ins Textbuch schnell über den ungefähren Inhalt einer Szene informierte, während die Sänger weiter agierten. Er machte ein paar idiotische Fehler, verwechselte die Figuren auf der Bühne und gab autoritäre Anweisungen, die offensichtlich falsch waren. Es war höchst peinlich, denn er war immerhin der Chef. Von Musik im allgemeinen und der Musik des *Jonny* im besonderen verstand er überhaupt nichts, und über die Musiker und ihre Arbeit machte er verächtliche Bemerkungen. Wenn es innerhalb eines Dialogs ein paar Takte Musik gab, die natürlich immer eine ganz bestimmte dramatische Bedeutung hatten, war er nicht in der Lage, sie zu verstehen oder sie auch nur zu bemerken. Alle waren erleichtert, als der dumme Stümper gegangen war, und wir mußten viel wertvolle Zeit darauf verwenden, wiedergutzumachen, was er verdorben hatte.

Eine andere ehrfurchtgebietende Figur war ein gewisser Staats, der engagiert worden war, um die Tanznummern im *Jonny*, sofern es welche gab, zu arrangieren und zu beaufsichtigen. Meiner Meinung nach war in der Schlußszene eine Art Ballett von etwa drei Minuten Dauer angemessen. Staats jedoch, dessen Kenntnis meiner Partitur wahrscheinlich von einem beiläufigen Blick auf das Deckblatt herrührte, bestand darauf, daß »dans une opérette il faut danser tout le temps« (in einer Operette die ganze Zeit getanzt werden müsse). Wie er es sich vorstellte, diese Tänze zu arrangieren, ohne einen einzigen Ton oder ein einziges Wort der »Operette« zu kennen und ohne irgendwelche sichtbaren Anstrengungen zu unternehmen, um seinen Informationsstand zu verbessern, habe ich nie herausgefunden. Er betrachtete das ganze bald als einen hoffnungslosen Fall (was es wegen der dominierenden Rolle von Individuen seines Schlags tatsächlich war) und beschränkte seine Arbeit auf ein paar Anweisungen an den Chor für die Schlußszene. Sie hatten ungefähr das Niveau der traditionellen Gesten, die das Absingen von »Under a preading Chestnut Tree« bei Highschool-Picknicks begleiten. Er sah aus und benahm sich wie ein kleiner Gauner, der er wahrscheinlich auch war, und sein Beitrag war keinen Pfennig wert, geschweige denn die paar tausend Francs, die er vermutlich für seine Dienste bekam.

Neues Kopfzerbrechen gab es, als nach und nach Steinhoffs Kulissen eintrafen und wir die Proben in das Théatre des Champs Elysées verlegten. Von allen Bereichen der Opernbühne ist der technische der solideste, zugleich aber auch der unberechenbarste. Er ist vergleichsweise solide, weil, während der Regisseur über Psychologie und Atmosphäre spricht und der Dirigent nach irgendwelchen Ausdruckswerten sucht, der technische Leiter mit Schrauben, elektrischen Anschlüssen, Kabeln und anderen derartigen handfesten Elementen beschäftigt ist. Trotzdem ist seine Arbeit unberechenbar, weil ein scheinbar ganz einfacher Vorschlag etwa zur Beleuchtung dazu führen kann, daß er und seine Leute sich für eine halbe Stunde oder länger hinter den Vorhang zurückziehen und kein Mensch jemals imstande ist, herauszufinden, was sie dort überhaupt ausbrüten. Selbstverständlich ist so etwas unmöglich, während teure Musiker, die nach Minuten bezahlt werden, im Orchestergraben sitzen und ungeduldige, nervöse Sänger in den Kulissen herumstehen. Deshalb werden Spezialproben für das Bühnenbild abgehalten, in denen die Techniker nach Herzenslust in ihren endlosen Experimenten schwelgen können. Da die Bühne tagsüber gewöhnlich für die Spielproben und abends für die Vorstellungen gebraucht wird, werden die technischen Experimente oft in den Nachtstunden ausgeführt.

Daran war ich von Deutschland her gewöhnt, aber dort versuchte man, die Nachtproben auf ein Minimum zu beschränken. In Paris schienen sie etwas Normales zu sein. Es gab viele Nächte, in denen wir uns um Mitternacht oder wann immer das Bühnenbild des gerade laufenden Stückes abgebaut worden war, im Theater versammelten. Gewöhnlich schien eine ganze Weile nichts zu geschehen. Während die reguläre Tagesprobe recht gut organisiert war, so daß man sie in nicht mehr als drei Stunden hinter sich brachte, begann man die Nachtprobe mit der Annahme, daß die Nacht ewig dauern würde. Man konnte mehrere Nickerchen machen, bevor die Kulissen auf ihren Plätzen, die Lichter eingestellt waren und so weiter. Ich glaube, es geschah mehr als einmal, daß wir bis in die frühen Morgenstunden im Theater saßen, woraufhin ich in einem der Cafés am Pont de l'Alma, das gerade aufmachte, schnell frühstückte, ins Hotel ging, um ein Bad zu nehmen, und zur nächsten Probe mit der Truppe ins Theater zurückkehrte. Die Ergebnisse waren trotzdem alles andere als befriedigend.

Ich erinnere mich, daß während einer der Proben Milhaud vorbeikam. Als ich den besorgniserregenden Stand der Dinge beklagte, sagte er ungefähr: »Ich gebe zu, daß es miserabel ist, aber in Frankreich werden Sie nie etwas Besseres sehen.« Das schockierte mich sehr, und ich konnte nicht umhin zu antworten: »In diesem Fall schäme ich mich für Frankreich, das ich von Herzen gern als eine zweite Heimat betrachtet hätte.« Das schien, zumindest für den Augenblick, einen tiefen und traurigen Eindruck auf Milhaud zu machen.

Anscheinend spitzte sich die Sache zu. Wir hielten eine Sitzung bei Jefferson oder bei Kohn ab (wie auch immer er nun hieß), an deren Ende Inghelbrecht mich drängte, Gemier einen ausführlichen Brief zu schreiben. Ich erinnere mich nicht, was der Inhalt war oder worum wir baten, aber ich war beeindruckt, denn als ich den Brief versiegelt hatte, klingelte der Herr des Hauses nach seinem Diener und befahl ihm mit seinem amerikanischen oder britischen Akzent: »Portez ça à Monsieur Gemier«, ohne auch nur den Versuch zu machen, eine vermutete Adresse anzugeben. Es war bemerkenswert, daß er erstens der Post nicht traute und daß er zudem absolut überzeugt war, daß sein Diener alles Notwendige herausfinden würde. Natürlich bewirkte der Brief überhaupt nichts, aber eine Zeitlang waren alle aufgeregt deswegen.

In dieser hektischen Phase waren meine gesellschaftlichen Aktivitäten in Paris viel weniger rege und mannigfaltig als während meines Besuches im vorausgegangenen Winter. Mit den Inghelbrechts war ich oft beisammen, weil ich das Gefühl hatte, daß D. E. der einzige Gleichgesinnte in dem Haufen von Gaunern und Trotteln war, mit denen ich es zu tun hatte. Deshalb schloß ich mich ihm an. Doch abgesehen davon, daß wir über die zermürbenden Bedingungen jammerten, unter denen wir die anstehende Aufgabe ausführen mußten, hatten wir im Hinblick auf künstlerische Neigungen und Grundsätze nicht viel gemeinsam, denn Inghelbrecht hing der typisch französischen, bürokratischen Musiktradition an und begegnete modernen Experimenten mit Sarkasmus. Aber in meiner Musik gab es genug, was ihm aufrichtigen Respekt abnötigte, und unser gemeinsames Leiden unter unseren sogenannten Mitarbeitern brachte uns einander recht nahe. Gewöhnlich verließen wir das Theater zusammen, und oft nahm er mich zum Abendessen in seine Wohnung mit, wo ich die tröstende Gesellschaft seiner reizenden Frau genoß.

Ohne es damals zu wissen, war ich nie wieder so nah daran, eine reiche Frau zu heiraten, wie in dieser Zeit, und selbst das war nicht sehr nahe. Vielleicht über die Antheils und ihren Kreis – ich weiß nicht mehr, wie – lernte ich einen ungarischen Maler namens Vertes kennen (es könnte auch irgendein anderer, halbwegs ungarisch klingender Name gewesen sein), und in seiner Gesellschaft traf ich eine Amerikanerin, Mrs. Byfield, die Witwe oder geschieden war. Sie sah gut aus, war etwas mollig, und ich führte ein paar angenehme, aber völlig unverbindliche Gespräche mit ihr. Als die Premiere des Jonny nahte, lud sie mich ein, vor der Vorstellung mit ihr und einigen Freunden zu essen. Es überraschte mich ein wenig, aber da ich allein war und sonst nichts mit mir anzufangen wußte, nahm ich die Einladung an. Ich entsinne mich nicht, wohin wir gingen, nur daß das Essen, in einem teuren und eleganten Restaurant, sehr gut war und daß ich nicht sehr gesprächig war, weil ich mit meinen Gedanken beschäftigt und bedrückt war, was in Anbetracht des großen Ereignisses verständnisvoll als etwas Natürliches interpretiert wurde. Wir kamen zu spät in die Vorstellung, was man in Paris üblicherweise tut. Mir machte es nichts aus, weil mich die ganze Sache nicht mehr interessierte, und das Zuspätkommen verschaffte mir einen Vorwand, hinter die Bühne zu schlüpfen, wo ich unter dem Einfluß von Cocktails und Champagner die meiste Zeit dahindöste, leise Musik im Ohr und den ärgerlichen Lärm des Publikums, das entschlossen zu sein schien, das ganze für einen absonderlichen Ulk zu halten, und an den falschen Stellen lachte. Es erschütterte mich eigentlich nicht mehr, denn innerhalb von einem Jahr hatte ich mich an den Gedanken gewöhnt, daß ich für meinen Erfolg würde bezahlen müssen, indem ich mich mit der Tatsache abfand, daß niemand sich die Mühe machen würde, meine Oper ernst zu nehmen. Ich weiß nicht mehr, ob es vor oder nach diesem Abend war, daß der ungarische Maler mir gegenüber erwähnte, daß ich Mrs. Byfield jederzeit heiraten könnte, und er empfahl es mir nachdrücklich, weil sie sehr reich und vermutlich verrückt nach mir sei. Vielleicht hätte ich diesem Rat folgen sollen.

Es war offenkundig, daß das Stück unter dem Aspekt des weltlichen Erfolgs ein Reinfall war. Inghelbrecht meinte, man müßte mich trösten oder mir sonstwie über den Schock hinweghelfen, und so gingen wir auf eine Art Sauftour, bei der es noch mehr Champagner gab. Sie endete in den frühen Morgenstunden mit dem traditionellen Spaziergang durch die »Halles«, den Pariser Zentralmarkt, wo die Gärtner und Bauern aus der Umgebung mit ihren Gemüsefuhren ankamen. Das Schauspiel ist seit Zolas Klassiker* viele Male beschrieben worden. Die unglaublichen Mengen an frischem Gemüse, die in riesigen, grausam erleuchteten Hallen zu ganzen Bergen aufgehäuft sind, bieten einen seltsam erregenden Anblick, besonders wenn man sie nach einer durchzechten Nacht betrachtet. Es hat etwas Perverses an sich, zu beobachten, wie abgespannte und betrunkene Mitglieder der feinen Gesellschaft in teurer Abendgarderobe zwischen den ungeheuren Pyramiden unschuldig und deftig riechender Nahrungsmittel umherstreifen. Nach klassischem

* *Im Bauch von Paris* (2 Bde., dtsch. 1882)

Brauch wurde der Ausflug in einem der kleinen Lokale rings um den riesigen Markt beschlossen, in denen man heiße, würzige Zwiebelsuppe ißt und den süßlichen, anregenden Wein von Saumur trinkt. Zu meiner Überraschung kannten die Inghelbrechts diesen Brauch nicht und waren sehr beeindruckt, als sie ihn vorgeführt bekamen. Ungefähr um sieben Uhr morgens kehrten wir in unsere Wohnungen zurück.

Rückkehr nach Wien und Hochzeit

Ich bin sicher, daß ich Paris am nächsten Tag verließ, aufs äußerste angeekelt und für immer geheilt von meiner Verliebtheit in diese Stadt als Zentrum geistiger Aktivität und als Paradigma eines wünschenswerten Lebensstils. Meine Oper wurde ungefähr eine Woche lang gespielt, was gar nicht so schlecht war, zumal eine längere Laufzeit ohnehin unmöglich gewesen wäre, weil das Theater anschließend von einer anderen Gesellschaft besetzt war.

Mit Berta machte ich einen vorläufigen Plan, daß wir uns in Südfrankreich niederlassen würden, nachdem ihr Engagement in Kassel beendet war. Es wurde beschlossen, daß sie zum Ende der laufenden Spielzeit die Bühne verlassen würde, und da wir beide von der Sehnsucht erfüllt waren, im Süden zu leben, und für die Provence schwärmten, hatten wir vor, in einen der wunderschönen Orte im Rhônetal oder an der französischen Riviera überzusiedeln. Vorher wollten wir jedoch einen Sommer in Wien oder sonst irgendwo in Österreich verbringen, um mit meinen Eltern zusammenzusein. Meine finanzielle Lage war damals so, daß ich hingehen konnte, wo ich wollte, und ich war in der Stimmung anzunehmen, daß die Einnahmen aus meinen künftigen Werken es mir ohne weiteres ermöglichen würden, mir diese Situation für den Rest meines Lebens zu erhalten.

Im tiefsten Innern muß es aber einen Zweifel gegeben haben oder eine Furcht, die mich veranlaßte, meine Pläne zu ändern. Als Berta und ich in Wien ankamen, bezogen wir wieder in der alten kleinen Wohnung meiner Eltern Quartier. Trotz meines Wohlstands hätte ich nie daran gedacht, in ein teures Hotel zu gehen. Außerdem war es sehr schön, bei meinen Eltern zu sein, und die enge Wohnung störte niemanden. Meine Mutter kochte köstliche Gerichte, und wir machten kleine Ausflüge aufs Land. Berta war von Wien entzückt, und wir freuten uns darüber, daß es so anders war als Deutschland. Bald kam ich auf die Idee, daß wir eine Ferienreise machen sollten, und zu meiner eigenen Überraschung regte ich an, in die Slowakei, in die Tatra, zu fahren, die ich seit meinem kurzen Besuch im Jahr 1916 so lebhaft in Erinnerung behalten hatte. Offenbar hatte ich den Westen unterbewußt satt, zumindest für eine Weile, und wollte die entgegengesetzte Richtung ausprobieren.

Aber all diese Schritte hatten wahrscheinlich einen noch tieferen, versteckteren Beweggrund. Instinktiv wurde ich von der Sehnsucht getrieben, »nach Hause« zu kommen, wo auch immer das war. Deshalb bekam die Tatsache, daß jenes Gebirge zur Tschechoslowakei, der Heimat meiner Vorfahren, gehörte, eine höhere Bedeutung. Ich hatte von der Welt gekostet, aber ich hatte sie nicht erobert, weil mir die Energie und der echte Eroberergeist fehlten. Mein Erfolg war zweideutig und verwirrte mich mehr, als er mich begeisterte. Obgleich es den Anschein hatte, daß mein Dasein gesichert und ziemlich elegant war, war ich unruhig und verängstigt und wollte nach Hause. Vielleicht hatte ich immer nach Hause gewollt, und der Erfolg, den ich erzielt hatte, diente mir nur als Vorwand, so als würde ich zu mir sagen: »Gut, ich habe genug getan – was kann man mehr von mir verlangen? Ich habe gezeigt, daß ich in der Welt etwas leisten kann, jetzt kann ich nach Hause gehen.«

Daher wurde, noch bevor wir unsere Reise antraten, beschlossen, daß wir nach der Rückkehr nicht nach Südfrankreich gehen, sondern uns in Wien niederlassen würden. Zweifellos trug die überwältigende Freude meiner Eltern über diese Entscheidung dazu bei, daß sie getroffen wurde. Ich war über ihr Glück so gerührt, daß ich das Gefühl hatte, das allein schon rechtfertigte unseren Entschluß.

Unsere Reise war sehr schön. Wir fuhren zuerst für ein paar Tage nach Prag, wo mein lieber Vater seit dreißig Jahren nicht mehr gewesen war. Er war vor freudiger Erregung beinahe außer sich. Während dieser wenigen Tage wanderte er von morgens bis abends umher und suchte die alten Orte wieder auf, von denen einige schwer zu finden waren, weil sich die Stadt besonders in den Jahren seit 1918 schnell und gründlich verändert hatte. Im Vergleich zu Wien, das eine Periode des Niedergangs und des Elends durchgemacht hatte und den Blick weiterhin traurig auf eine glanzvolle Vergangenheit richtete, war Prag eine Metropole im Werden, es sprühte vor Vitalität und dehnte sich sprunghaft in alle Richtungen aus. Dieser Prozeß hatte wie alle Pioniertaten primitive und barbarische Aspekte, aber er war auch belebend. Wir besuchten einige fabelhafte Restaurants und genossen die himmlische Qualität der böhmischen Küche, obgleich ihre kräftige Erdhaftigkeit nicht zuließ, daß man so viel davon zu sich nahm, wie man gerne gewollt hätte. Auf jeden Fall hatten wir eine herrliche Zeit.

Von Prag fuhren wir direkt nach Csorbató, dem Ort, der mir so gut gefallen hatte. Er hieß jetzt Štrbské Pleso und war ein reizvoller Bergkurort geworden. Wir machten verschiedene Wanderungen und Ausflüge zu den kleinen Bergseen, für die die Tatra berühmt ist, und hatten wieder eine schöne Zeit. Es geschah nichts besonders Wichtiges, außer daß ich dort *Leben des Orest* zu komponieren begann, darüber später mehr.

Nach unserer Rückkehr nach Wien mieteten wir eine möblierte Wohnung in Hietzing, dem dreizehnten Wiener Gemeindebezirk, in der Eitelbergergasse 13. Es war ein Wohnviertel mit großen, alten Häusern in ausgedehnten Gärten, wahrscheinlich seit ungefähr 1870 bewohnt. Das Haus, in dem wir vier Jahre lang leben sollten, war eine große »Villa« mit etwa zwanzig Räumen. Es gehörte einem gewissen Fischer, einem wohlhabenden jüdischen Geschäftsmann. Unsere Wohnung war ein Atelier im obersten Geschoß, das ursprünglich für jemanden gebaut und von jemandem bewohnt worden war, der sich mit Malerei beschäftigte. Es war ein einziger, sehr großer Raum mit einem riesigen Fenster unter einer sehr hohen Decke, recht gut, wenn auch nicht elegant möbliert. Es gab ein Badezimmer, aber nur sehr beschränkte Einrichtungen für die Hauswirtschaft, was uns allerdings gleichgültig war, weil Berta nicht kochen konnte und nicht damit belästigt werden wollte. Nach europäischen Maßstäben war die Wohnung einigermaßen komfortabel, in Wirklichkeit allerdings nicht. Heute weiß ich, daß ich mir etwas Besseres hätte leisten können und sollen, aber uns gefiel der unkonventionelle Charakter, und außerdem bin ich nie bereit gewesen, viel Geld für etwas auszugeben, wenn für weniger Geld etwas Ausreichendes zu haben war. Es wäre wohl eine zu große Vereinfachung, mich knauserig zu nennen, aber ich sehe durchaus, daß ich häufig diesen Eindruck erwecke.

Was meine Finanzen betrifft, so stellte sich die Frage, was ich mit dem Geld anfangen sollte, das in beispiellosen Mengen hereinströmte. Ich machte meinen Freund Rubensohn in Kassel zu meinem Berater, und er schlug vor, den größten Teil des Geldes in Hypotheken und Territorialobligationen in Kassel zu investieren. Das war sehr verlockend, weil solche Investitionen damals bis zu zehn Prozent Zinsen abwarfen. Fairerweise ist zu sagen, daß Rubensohn mir erklärte, ein hoher Zinssatz sei stets ein Anzeichen für grundsätzliche Unsicherheit, und damit hatte er vollkommen recht. Er pflegte zu sagen: »Als Investor hast du die Wahl, entweder gut zu essen oder gut zu schlafen«, das heißt, man kann hohe Zinsen bekommen und angenehm leben, muß sich aber Sorgen um die Sicherheit seiner Investition machen, oder man kann sein Kapital an einem sicheren Ort anlegen, wo es erhalten bleibt, aber dann wird man nicht viel herausschlagen können. Hätte ich mein Kapital in der Schweiz oder in Amerika investiert, dann wäre es wahrscheinlich noch da, aber ich hätte nicht so von den Zinsen leben können, wie ich das sechs oder acht Jahre lang tat. Hätte ich gewußt, was ich jetzt weiß, dann hätte ich noch schöner leben können, indem ich das Geld ausgegeben hätte, wie es hereinkam, ganz ohne zu investieren. Für sich genommen waren die Investitionen, die Rubensohn vorschlug, so sicher wie die Bank von England. Meine Schuldner waren sehr solide, ehrliche Leute, die im großen und ganzen für ihre Verpflichtungen aufkamen.

Das Problem war, daß das Geld in Deutschland war, und dort ist es jetzt zusammen mit so vielen anderen Dingen verloren. Allerdings war das Kapital, das ich angehäuft hatte, selbst auf dem Höhepunkt meines Erfolges nicht so groß, daß ich mit den Zinsen große Sprünge hätte machen können. Wenn ich mich auf diese Zinsen als Haupteinkommensquelle hätte verlassen wollen, hätte ich mir ein ganz bescheiden komfortables Leben leisten können, aber nicht mehr. Meinem jetzigen Wissensstand zufolge hätte ich das Geld natürlich so, wie es hereinkam, nach Amerika transferieren sollen. Ich hätte nicht auf hohe Zinsen schauen, sondern die Zinsen, wie niedrig sie auch gewesen wären, als kleine Aufbesserung meiner laufenden Einnahmen betrachten sollen, und ich hätte mich sofort um irgendeine einträgliche Stellung bemühen müssen, wobei ich den Ruf, den ich durch meinen Erfolg erworben hatte, hätte nutzen sollen. Das hätte aber bedeutet, nicht »nach Hause« zu kommen, nicht in Wien zu leben, das keine Möglichkeiten bot, sondern in »dieser Welt« zu bleiben (wahrscheinlich bei nächster Gelegenheit meinem Geld nach Amerika zu folgen) und weiter zu arbeiten und zu kämpfen. Nichts von alledem war mir damals so klar, wie es das jetzt ist. Jedenfalls entschied ich mich so und nicht anders, und seither muß ich dafür bezahlen.

Eine weitere Frage, die sich im Zusammenhang mit meiner Niederlassung in Wien erhob, war die der Heirat. Nachdem ich mit Berta nahezu zwei Jahre zusammengelebt hatte, sah ich keinen Grund, dieses Verhältnis auf konventionelle Art zu legalisieren. Ich weiß nicht, ob ich es getan hätte, wenn wir dem ursprünglichen Plan zufolge nach Südfrankreich gezogen wären, denn ich wußte, daß dort viele Leute ohne amtlichen Segen zusammenlebten und niemand daran Anstoß zu nehmen schien. In Wien war das anders, obgleich ich auch dort die Notwendigkeit eines solchen Schritts nicht ohne weiteres eingesehen hätte, wäre nicht wieder der sanfte Druck gewesen, den meine Eltern wie schon im Fall meiner ersten Ehe ausübten. Sie meinten, es wäre nicht möglich, daß wir weiter so lebten wie bisher, ohne offizielle Bestätigung. Vielleicht hatten sie insofern recht, als es längerfristig nicht möglich gewesen wäre, auf einer so unorthodoxen Basis lohnende gesellschaftliche Kontakte herzustellen. Jedenfalls gab ich nach, denn mein Wunsch »nach Hause« zu kommen, war übermächtig.

Einiges Zögern verursachten auch erneute Überlegungen bezüglich des Altersunterschieds zwischen Berta und mir. Ich glaube, er beunruhigte sie einigermaßen, und sie zeigte in dieser Hinsicht bestimmt mehr Klugheit als ich. Da unser Verhältnis zwei Jahre lang vollkommen glücklich und zufriedenstellend gewesen war, und da ich die ganze Angelegenheit der Eheschließung immer noch als bloße Formalität betrachtete, die von einer sinnlosen gesellschaftlichen Konvention gefordert wurde, maß ich der Sache keinerlei Bedeutung bei. Mir war allerdings bewußt, daß sie in der Zukunft irgendwann zu Problemen führen könnte, aber ich war sicher, daß dieser Zeitpunkt sehr weit entfernt war, und wie in vielen anderen Fällen war ich zuversichtlich, daß die Zeit das Problem lösen würde, das heißt, daß sie vielleicht verhindern würde, daß die Situation jemals eintrat. Wie in anderen Fällen auch war meine Zuversicht leider überhaupt nicht gerechtfertigt.

Um eine Unbedenklichkeitserklärung von dem städtischen Amt zu bekommen, das uns trauen würde, mußte ich einen Nachweis über die Scheidung von Anna vorlegen, und das war wieder ein Fall für den unvermeidlichen Dr. Reiter. Er nahm sich der Sache nur allzu gerne an und entdeckte voller Freude erhebliche Komplikationen, da die betreffenden Dokumente, die im Archiv des Justizpalastes aufbewahrt worden waren, bei dem bereits erwähnten Großbrand vernichtet worden waren. Das war eine wunderbare Gelegenheit, eine ansehnliche Rechnung zu erstellen, von der mir als besonders kostspieliges Detail ein hübsches Sümmchen in Erinnerung geblieben ist, das »für Versuche, Sie am Telefon zu erreichen«, aufgeführt wurde. Da meine Eltern, deren Adresse auch die meine war, kein Telefon hatten, hatten die »Versuche« bestenfalls darin bestehen können, ins Telefonbuch zu schauen oder sich bei der Auskunft zu erkundigen, ob wir ein Telefon hatten, eine Arbeit von etwa anderthalb Minuten. Was ich zu bezahlen hatte, entsprach annähernd einem vollen Arbeitstag von zwanzig Angestellten.

Aber dank dieser und anderer anstrengenden Bemühungen war Dr. Reiter in der Lage, alle Hindernisse aus dem Weg zu räumen, und am 3. September 1928 wurden wir zu meiner zweiten Trauung ins Rathaus bestellt, die ebenso formal und lächerlich war wie die erste. Der Beamte war schockiert, weil wir nicht angemessen gekleidet waren und keine Ringe hatten. Die Zeugen waren Rubensohn, der aus Kassel gekommen war, und der feierliche Emil Hertzka, mein Verleger. Ich glaube, sein umfangreicher Brahms-Bart glich den Mangel an anderen erhabenen Attributen etwas aus. Als Rubensohn erschien, brachte er irgendwo ein Paket unter, das offenbar von Braun stammte, einem sehr eleganten Bekleidungsgeschäft am Graben. Berta, die sicher gewesen war, daß es ein Geschenk für sie enthielt, war schmerzlich enttäuscht, als sich herausstellte, daß es ein Nachthemd war, das Rubensohn für seine Frau gekauft hatte – oder zumindest behauptete er, es für sie gekauft zu haben. Nach der Trauung nahmen wir ein ausgezeichnetes Abendessen mit Rebhühnern zu uns (meinem Lieblingsgeflügel, das ich in diesem Land leider nie bekommen kann), im Churhaus Keller, einem exquisiten Restaurant, das sich eine Zeitlang in einem der Gebäude gegenüber dem Stephansdom, die zum Domkapitel gehörten, befand. Seine gewölbten Räume, die aus dem Mittelalter stammten und mit schönen Barockobjekten geschmückt waren, hatten eine einzigartige Atmosphäre. Es war ein trauriges Symptom der Zeit, daß dieses wirklich wunderbare Restaurant nach wenigen Jahren schließen mußte. Von dort fuhren wir zu einem meiner bevorzugten Weinlokale in Grinzing, wo wir dem erfrischenden »Heurigen« zusprachen. Und wir kehrten fröhlich zurück in unser Heim in Hietzing, um einen neuen Lebensabschnitt zu beginnen.

Viertes Resümee

Hier endet wieder ein Kapitel dieser Geschichte. Äußerlich war es eine Phase großer Leistung und Befriedigung, nicht nur wegen der vielen Dinge, die ich geschaffen und erfolgreich der Welt vermittelt hatte, sondern vor allem, weil ich während dieser Zeit offenbar das Fundament für ein dauerhaftes Dasein in angemessener Zufriedenheit gelegt hatte. Ich hatte eine Frau geheiratet, die ich liebte und die mir aufrichtiger und verläßlicher ergeben war als je ein Mensch zuvor. Ich hatte einen finanziellen Status erreicht, der es mir erlaubte, ein Leben in mäßigem Luxus zu führen, ohne mir um dieses Einkommen über dem Existenzminimum Sorgen machen zu müssen. Ich hatte weltweiten Ruhm erworben, und mein Name war überall bekannt, was mir Autorität unter meinen Zeitgenossen verlieh. Ich hatte das Gefühl, daß ich endlich erwachsen und ein ausgeglichener Mensch geworden war.

Doch jeder dieser glücklichen Aspekte erwies sich früher oder später als trügerisch. Am längsten von allen währte mein privates

Glück, und es schien am solidesten fundiert zu sein. Lange Zeit war ich keiner Versuchung ausgesetzt und wurde nicht von dem Gedanken gequält, daß ich nicht genug »gelebt« hatte. Meine finanzielle Sicherheit und mein Ruf sollten bald genug erschüttert werden, und eigentlich hatten sie von Anfang an auf wackligen Füßen gestanden. Dieser Prozeß wird im folgenden Kapitel beschrieben werden. Wenn ich heute nur zu deutlich erkenne, daß ich mich in einem Narrenparadies eingerichtet hatte, neige ich zu der Annahme, daß das dem Umstand zuzuschreiben war, daß meine Einstellung von einem Verlangen bestimmt war, der Welt, die mein Erfolg mir geöffnet hatte, zu entfliehen. Dafür begann sich die Welt sozusagen sofort zu rächen. Es scheint, daß ich das Geld, das immer weiter floß, als eine Art umgekehrtes Lösegeld betrachtete, als hätte ich einen Vertrag abgeschlossen, der beinhaltete, daß ich als Gegenleistung für die Summen, die die Welt mir zahlte, sie nicht mehr belästigen würde, wobei ich mir aber zugleich das Recht vorbehielt, kraft der Autorität, die ich erworben hatte, meine Meinung zu sagen, wann immer es mir paßte. Ich brauchte viele Jahre, um einzusehen, daß solche Verträge nicht erlaubt sind.

In der vorliegenden Darstellung meines Lebens lege ich anscheinend große Betonung auf meine Stellung in »dieser Welt«. Ich bin mir darüber klar, daß mir dieser Aspekt seit meiner Emigration nach Amerika immer mehr bewußt geworden ist, viel bewußter, als er mir zur Zeit der hier beschriebenen Ereignisse war. Obgleich ich nach außen hin immer noch das vertrat, was ich meine Pariser Philosophie genannt habe, hatte ich sie zu der Zeit, die ich am Ende dieses Kapitels schildere, innerlich bereits aufgegeben. Ich war im Begriff, der Welt gründlicher als je zuvor den Rücken zu kehren. Als mich während meiner ersten Schaffensperiode die Welt nicht interessiert hatte, war das auf die Gleichgültigkeit eines Menschen zurückzuführen gewesen, der sie nicht betreten hatte und durchaus Zufriedenheit in dem Gedanken fand, daß er sie ohnehin nie betreten würde. Wenn ich nun zu der ursprünglichen Position zurückkehrte, war meine Motivation eine ganz andere. Ich hatte »diese Welt« erlebt, und ich fand sie unzulänglich, und meine Hoffnungen für die Zukunft beruhten auf der Illusion, daß die Ergebnisse dieses einen, überraschend erfolgreichen Ausflugs genügen würden, mich davor zu bewahren, je wieder zu versuchen, jene Tore aufzubrechen, die zu einer fremden Art von Glück führen. Im Grunde bestand meine größte Befriedigung damals in dem Gedanken, daß ich nie mehr etwas würde tun müssen, um Zufriedenheit zu erlangen.

Das klingt alles so albern, daß ich mich zu fragen beginne, ob ich nicht gerade das beliebte Mittel der allzu großen Vereinfachung einsetze, wenn ich bestimmte Ereignisse in meinem Leben ex post facto in einem Licht interpretiere, das mir damals einfach nicht zur Verfügung stand und daher vielleicht zu keiner Zeit anwendbar erscheint. Doch wie ich auf diesen Seiten schon viele Male betont habe, sind die Art, wie ich die Ereignisse der Vergangenheit darstelle, und ihre Deutung, ohne die ich sie gar nicht aufschreiben könnte, durch eben diese Ereignisse bedingt, denn was ich jetzt bin, ist das Ergebnis dessen, was ich damals erlebt habe, und so wird zwischen Erlebnis und Deutung, der sogenannten Tatsache und ihrer Beurteilung, zwischen Vergangenheit und Gegenwart, damals und jetzt, ein unauflöslicher Zusammenhang hergestellt.

Im Jahr 1928, im Alter von achtundzwanzig Jahren, hatte ich einen Zustand subjektiven Glücks erreicht. Wenn ich diesen Zustand jetzt ziemlich pessimistisch beurteile, liegt das an späteren Entwicklungen. Es ist nur natürlich, daß ich jetzt versuche, die Ursachen dieser Entwicklungen in bestimmten Merkmalen zu entdecken, die der vergangenen Situation anhafteten, mir aber unter den damals herrschenden Umständen verborgen waren. Das nächste Kapitel, das meinen Wiener Jahren gewidmet ist, wird den anstrengenden Prozeß des Niedergangs zum Gegenstand haben. Fairerweise sollte ich sogleich feststellen, daß dieser äußere Niedergang von einem unerwarteten und bemerkenswerten Wachstum in anderer Hinsicht begleitet, wenn auch nicht kompensiert wurde. Nach den Begriffen »dieser Welt« jedoch sollte mein Fortschritt während der folgenden Jahre immer schwieriger und mühseliger werden, und so ist es bis zum Tag dieser Niederschrift geblieben, nämlich dem 6. August 1948. Der Ort ist die Stadt Albuquerque, New Mexico, in den Vereinigten Staaten von Amerika.

FÜNFTES KAPITEL

Wieder in Wien

Wenn ich jetzt, im Januar 1951, die Geschichte meines Lebens fortsetze, sind nahezu zweieinhalb Jahre vergangen, seitdem ich das vierte Kapitel abgeschlossen habe, das mit meiner Hochzeit mit Berta und meiner Niederlassung in Wien, meiner Geburtsstadt, endet. Während der Gedanke, die Wiener Jahre bis 1937 auf diesen Seiten nachzuerleben, bereits 1948 Befürchtungen in mir erweckt hatte, bietet die Aufgabe jetzt einige wahrhaft abschreckende Aspekte. Als ich 1942 meine Memoiren zu schreiben begann, war ich mehr oder weniger überzeugt, daß ich Wien nie mehr wiedersehen würde, was das Schreiben darüber in gewissem Sinn einfacher erscheinen ließ, da ich etwas anscheinend Vergangenes zu beschreiben hatte, das mit meinem gegenwärtigen Leben überhaupt nichts zu tun hatte. Andererseits war damals, 1942, meine Ehe, die in jenen Jahren in Wien, was meine persönlichen Angelegenheiten betrifft, der dominierende Faktor war, noch intakt und stellte ein lebendiges Bindeglied zu dieser vergangenen Zeit dar. Inzwischen habe ich, entgegen ursprünglichen Erwartungen, Wien wieder besucht, und jener Teil meiner Vergangenheit ist zu neuem, wenngleich unbestimmtem, problematischem und verwirrendem Leben erwacht. Zugleich ist meine Ehe gescheitert, ohne jedoch der Vergangenheit anzugehören und unwiderruflich in historische Ferne gerückt zu sein. Sie ist vielmehr ein reales Problem, das meine Seele Tag für Tag quält. Das Problem ist nicht gelöst und ad acta gelegt, sondern es ist eine dynamische Kraft, die weitere Entwicklungsmöglichkeiten birgt. Wie das Drama, das sich in den vergangenen sechs Jahren mit zunehmender Intensität abgespielt hat, den Fortgang meiner Geschichte beeinflussen wird, weiß ich nicht. Aber die Bereitschaft der Library of Congress, meine Memoiren in Verwahrung zu nehmen, und die Tatsache, daß ich endlich die Abschrift des vierten Kapitels fertiggestellt habe, waren beide Ansporn, mich an der Fortsetzung dieser langen Geschichte zu versuchen.

Um mit nebensächlichen Ereignissen zu beginnen, die mein persönliches Leben am wenigsten berührten: Während der ersten beiden Jahre meines zweiten Aufenthalts in Wien befand Österreich sich, nachdem es sich von dem schweren Schicksalsschlag des Jahres 1918 erholt hatte, auf dem Gipfel seines Wohlstands. Innerhalb von zehn Jahren hatte sich nicht nur die physische Konstitution des Landes erheblich gebessert, sondern es war auch eine Atmosphäre relativer Zufriedenheit und Stabilität zu beobachten, trotz unverantwortlicher und teilweise sogar krimineller Anstrengungen, die auf verschiedenen Seiten gemacht wurden, um jede konstruktive Haltung zu untergraben und Unruhe und Unzufriedenheit zu erzeugen. Die Spannung zwischen dem konservativen Element, das in der Bundesregierung vorherrschte, und den fortschrittlichen, liberalen Sozialdemokraten, die die Stadt regierten, dauerte an, obgleich sie wahrscheinlich mit der Zeit einen erträglichen Gleichgewichtszustand hätte erreichen können, wenn solche Tendenzen nicht von einer finsteren Minorität reaktionärer Kräfte gestört worden wären, deren Führer sehr gut wußten, daß Wohlstand und innerer Friede ihre letzten Chancen zunichte machen würden. Im Licht späterer Entwicklungen sind sie leicht als Nazi-Vorläufer zu identifizieren. Damals jedoch war der Begriff »Nazi« so gut wie unbekannt. Alles, was man über diese Abgesandten der Hölle wußte, war, daß sie in Deutschland eine Handvoll ihrer Vertreter in den Reichstag gewählt hatten, wo sie ab und zu unzivilisiertes Grunzen und barbarische Laute von sich gaben, die immerhin ausreichten, um in Witzen zitiert zu werden. In Österreich war von dieser Plage keine Spur zu sehen.

Anstatt der Nazis hatten wir die Heimwehr, eine halbmilitärische Bande, die sich hauptsächlich aus Arbeitslosen und Ganoven rekrutierte. Sie hatte sich nach dem Aufstand vom Juli 1927 konstituiert, vermutlich, um der Gefahr zu begegnen, daß gewalttätige Linke Ruhe und Ordnung störten. Ihr Anführer war Fürst Rüdiger von Starhemberg, ein schillernder und in mancher Hinsicht sympathischer Playboy, dessen Name einen guten Klang hatte, da einer seiner Vorfahren 1683 der Führer der heldenhaften Verteidiger Wiens gegen die Türken gewesen war. Gewiß, der Fürst konnte als politische Persönlichkeit nicht ernstgenommen werden, aber er war schneidig, elegant, unkonventionell, und ab und zu riß er ein paar geistreiche Witze über seine Gegner. Seine Kohorten stampften in Uniformen, die die nationalen Eigenheiten der österreichischen Bergsteigerkleidung betonten, durch die Straßen und waren ein wenig lästig. Es war ganz klar, daß das Theater, dem es, österreichischer Tradition gemäß, an Stilelementen der Operette nicht fehlte, vom Großunternehmertum bezahlt wurde, das von der alten Angst und dem Haß auf den sozialen Fortschritt dazu angestachelt wurde. In den unteren Schichten zog die Bewegung natürlich alle möglichen bildungsfeindlichen und reaktionären Elemente an, die einfach jede Art von Fortschritt und Aufklärung haßten.

Zwangsläufig entschieden die Sozialisten, daß sie etwas Ähnliches auf die Beine stellen mußten, um Demokratie, Ruhe und Ordnung zu bewahren, und bald sahen wir den Schutzbund, in etwas anderen Uniformen, durch andere Straßen stampfen. Das alles war nicht sehr ernst, aber in einem Land, das nur ein sehr kleines Berufsheer von unerprobter und fragwürdiger Leistungsfähigkeit besaß, erweckte es ein etwas unbehagliches Gefühl. Dem Friedensvertrag zufolge mußte das Heer aus Freiwilligen bestehen, und es spricht für die menschlichen Qualitäten des österreichischen Volkes, daß das erlaubte Kontingent an Soldaten nie erreicht wurde.

Ein weiterer Störfaktor war die Vorstellung, die von vielen Leuten aus verschiedenen Gründen genährt wurde, daß Österreich nicht in der Lage sei, wirtschaftlich auf eigenen Füßen zu stehen. Von jenen, die sich an das alte Reich mit seiner nahezu vollkommen ausgeglichenen Wirtschaftsstruktur erinnerten, wurde das als Axiom anerkannt, und sie wiesen ständig auf das offenbar groteske Mißverhältnis hin, das den mißgestalteten Rest kennzeichnete, indem sie ausführlich erklärten, daß ein Land, in dem ein Drittel der Einwohner in der Hauptstadt lebten, nicht existieren könne. Österreichs Finanzen wurden vom Völkerbund überwacht, den einige Leute aus verletztem Nationalstolz heraus ablehnten. In den folgenden Jahren wurde das von der Nazipropaganda als willkommenes Mittel benutzt, dramatisch hervorzuheben, welche Erniedrigung darin lag, von »ausländischen« Kapitalisten versklavt zu werden, während das große und mächtige Deutsche Reich seinen armen Brüdern an der Donau so uneigennützig helfen wollte. Mir erschienen alle diese Argumente albern, weil sie vor allem durch den Zustand des Landes widerlegt wurden. Gewiß, es gab Arbeitslosigkeit und Armut, aber es sah nicht schlimmer aus als in anderen, wohlhabenderen Ländern, und alle hatten zu essen. Der allgemeine Eindruck war, daß sich die Verhältnisse mit der Zeit besserten, und die allgemeinen Aussichten waren hoffnungsvolll. Zudem gab es andere Länder, die sogar kleiner waren als Österreich, wie die Schweiz, Belgien oder Holland, deren Wirtschaft ebenfalls ein großes Ungleichgewicht aufwies und die sich trotzdem eines beneidenswerten Wohlstands erfreuten, der den größerer und mächtigerer Staaten mühelos übertraf. Natürlich konnte man von Österreich, das erst zehn Jahre zuvor aus einer Katastrophe erster Größenordnung hervorgegangen war, nicht erwarten, daß es Anzeichen ähnlichen Wohlstands zeigte.

Aber falls fünfzig Jahre lang Frieden herrschen würde, sah ich keinen Grund, warum Österreich nicht ein völlig geordnetes und sicheres Land werden konnte. Das Schicksal jedoch hatte anders entschieden.

Da ich mich entschlossen hatte, mich ganz ausdrücklich mit meinem Land zu identifizieren, verfolgte ich die Lokalpolitik aufmerksam, wenn auch nicht aktiv. Meiner früheren Orientierung gemäß beobachtete und beurteilte ich die Vorgänge von Karl Kraus' Warte aus, der sich in jenen Jahren vor allem auf ein besonders verwerfliches Exemplar des Journalistengewürms konzentrierte, auf einen gewissen Imre Bekessy, einen ungarischen Gangster, der »Die Stunde« herausgab, ein Skandalblatt, das nachmittags erschien. In einem langwierigen, bitteren Kampf, den Kraus ganz allein austrug, deckte er schmutzige Wuchergeschäfte und düstere Erpressungsgeschichten dieses gefährlichen Typen auf und erreichte schließlich, daß der Verbrecher sich entschloß, Hals über Kopf die Stadt und das Land zu verlassen. Gleichzeitig entzog Kraus den Sozialdemokraten jegliche Sympathien, die er für sie gehegt hatte, weil die Stadtoberen sich aus Gründen, die ihnen selbst am besten bekannt waren, weigerten, ihn in seinem Kampf für Sauberkeit im öffentlichen Leben zu unterstützen. Seitdem ließ er seiner Wut auf die Partei, von der er 1918 mutige und energische Aktionen im Namen der Menschenwürde in der Regierung erwartet hatte, freien Lauf. Viele hielten das damals für eine abermalige paradoxe Kehrtwendung des unberechenbaren Satirikers. Wenige Jahre später, als es zu einer blutigen Kraftprobe zwischen den führenden politischen Parteien kam, gewann Kraus' Haltung beträchtliche Bedeutung und beeinflußte meine eigene Entscheidung zweifellos auf schicksalhafte Weise.

Ein weiteres Ziel der Krausschen Angriffe war Johannes Schober, der Wiener Polizeipräsident. Kraus war der Meinung, daß der Urheber des Massakers vom 15. Juli 1927 ungeeignet war, sein Amt weiter auszuüben. Obgleich viele Menschen diese Ansicht teilten, war Kraus mehr oder weniger der einzige, der bereit war, entsprechend zu handeln. Er ließ in der ganzen Stadt große Plakate verteilen, auf denen er Schober zum Rücktritt aufforderte. Abgesehen von der Befriedigung, die Kraus vielleicht aus der Tatsache zog, daß Schobers gesamter Polizeiapparat die Beleidigung des Vorgesetzten nicht aus der Welt schaffen konnte, weil Kraus sich ganz innerhalb seines verfassungsmäßigen Rechts bewegte, kam bei der ganzen Sache nichts heraus, und statt daß Schober beschämt zurücktrat, wurde er bald

Bundeskanzler. Er blieb ein bevorzugtes Opfer der satirischen Beschimpfungen Kraus', und er lebt in vielen der aktuellen Strophen fort, die Kraus Offenbachs »Couplets« hinzufügte, und insbesondere in der wunderbaren Neufassung von Offenbachs »Banditen« sowie in einem satirischen Drama, das Kraus diesem sturen, phantasielosen Bürokraten gewidmet hat.

Ich glaube, daß ich mein bürgerliches Recht als Wähler in Österreich nur einmal wahrnahm, und zwar in einer Gemeinderatswahl. Bis heute bin ich nicht sicher, ob man nach allgemeinen Grundsätzen oder mit Rücksicht auf die augenblickliche politische Lage wählen sollte. Nach reiflicher Überlegung entschied ich mich für letzteres und stimmte für die Sozialdemokraten. Unter dem Einfluß von Kraus war ich mit den Grundsätzen der Sozialisten nicht einverstanden, aber aus praktischen Gründen schien es sinnvoller zu sein, die fortschrittliche Politik der Stadtregierung zu unterstützen, als die Haltung, die in der Bundesregierung vorherrschte, zu fördern.

Da ich mich noch nicht entschieden hatte, welche Rolle ich in der Wiener Kunstwelt und ganz allgemein im öffentlichen Leben spielen wollte, war es ganz natürlich, daß ich überhaupt keine spielte. Zu spät wurde mir klar, daß ich gerne irgendeine Stellung im Geistesleben der Stadt eingenommen hätte, und ich ärgerte mich immer mehr darüber, daß sie mir verweigert wurde. Erst jetzt geht mir auf, daß jede Position dieser Art das Ergebnis sorgfältig geplanter und manipulierter Öffentlichkeitsarbeit ist und sehr viel, wenn nicht alles, vom öffentlichen Auftreten einer Person abhängt. Ich habe dieser sehr primitiven Psychologie nie Aufmerksamkeit geschenkt und mir deshalb mehr als einmal jede Chance, die ich vielleicht hatte, verdorben. Als ich mich entschloß, nach Wien überzusiedeln, hätte ich mein Erscheinen sorgfältig vorbereiten müssen, so daß die Öffentlichkeit darauf aufmerksam geworden wäre, daß etwas Wichtiges in der Stadt geschah und daß von meiner Anwesenheit dort ein Ergebnis zu erwarten war. Aufgrund meines Erfolgs mit *Jonny* und der ungeheuren Publizität, die damit verbunden war, wäre es leicht gewesen, beliebig viel Aufmerksamkeit zu erregen. Aber ich zog es vor, praktisch unbemerkt auf die Bühne zu huschen, und begnügte mich mit einem bescheidenen Platz unter den Nebenrollen, deren Auftritt und Abgang nicht angekündigt wird. Von Krausscher Verachtung für jede Art von Publizität erfüllt, bereitete es mir ein fast kindisches Vergnügen, wenn es mir gelang, den schwachen, routinemäßigen Versuchen, meine Person ins Rampenlicht zu stellen, auszuweichen. In dieser Hinsicht erfolgreich zu sein war nur allzu leicht, und bald ärgerte ich mich darüber, daß es mir so gut gelungen war, aber da war es zu spät, weil der psychologische Moment, um die Scheinwerfer auf mich zu ziehen, vorüber war. Etwas ganz Ähnliches geschah, als ich annähernd zehn Jahre später in Amerika die Bühne betrat und wieder durch die falsche Tür hereinkam. Darunter muß ich bis heute leiden, und der Fehler kann nie wieder gutgemacht werden.

Ich vermute, daß ich gemäß meiner natürlichen Veranlagung sehr zu einem ungestörten Privatleben neige, in dem ich mich auf meine schöpferische Arbeit konzentrieren kann, und das ist weniger ein Resultat meiner Indoktrination durch Kraus als vielmehr der Grund für meine Bereitschaft, mir seine Kritik an wichtigtuerischer Publizität zu eigen zu machen. Doch anscheinend brauche ich diese Philosophie, um meine Zurückgezogenheit vor mir selbst zu rechtfertigen. Denn so wenig ich vom Ärgernis des öffentlichen Lebens belästigt werden möchte, so sehr leide ich unter der Isolation, die das Ergebnis meines zurückgezogenen Lebens ist. »Wer sich der Einsamkeit ergibt, ist bald allein«, sagt Goethe (glaube ich). Wahrscheinlich ein weiterer Beleg dafür, daß man nicht alles auf einmal haben kann.

Unter diesen Voraussetzungen nahm unser Leben in Wien einen sehr einfachen und alltäglichen Lauf. Da wir von umständlichem Kochen zu Hause nichts hielten, gingen wir zum Mittagessen und oft auch zum Abendessen aus, was sicherlich eine beträchtliche Zeitverschwendung war. In unserem Bezirk besuchten wir hauptsächlich zwei Restaurants, beide waren ungefähr zwanzig Gehminuten entfernt. Das eine war Weide, ein bescheiden wirkendes Landgasthaus mit einem hübschen Garten, das dort lag, wo die Lainzer Straße die äußere Gürtellinie überquert, die Bahnstrecke, auf der die transeuropäischen Züge von der Ostbahn- auf die Westbahnstrecke verschoben wurden und umgekehrt. Trotz seines unauffälligen Äußeren hatte dieses Gasthaus eine sehr bemerkenswerte Küche, die oft ungewöhnliche Delikatessen anbot. Das andere Restaurant lag in entgegengesetzter Richtung, dem Westtor des Schönbrunner Schloßparks gegenüber, das sogenannte Parkhotel Hopfner. Es war ein elegantes und vergleichsweise teures Lokal. Zu beiden konnte man mit der Straßenbahn fahren, aber wir gingen gewöhnlich zu Fuß, was uns wahrscheinlich guttat, obgleich es langweilig wurde und bei kaltem oder regnerischem Wetter ermüdend war. Ein- oder zweimal in der Woche gingen wir zum Essen zu meinen Eltern, was mit einer ungefähr fünfundvierzigminütigen Straßenbahnfahrt und mindestens zweimaligem Umsteigen verbunden war. Diese Abende, die oft von einem Kinobesuch eingeleitet wurden, waren sehr schön. Meine Mutter erfand immer wieder neue, erstaunliche Gerichte, denn sie stöberte Rezepte auf, wo immer welche zu finden waren, und mein Vater bereitete gewöhnlich aus Zeitungsausschnitten, Nachschlagewerken und anderem Quellenmaterial, das er in den Intervallen zwischen unseren Besuchen sammelte, eine Art intellektuelles Programm vor. Sein unermüdlich forschender Geist beobachtete stets mit großer Aufmerksamkeit alle öffentlichen Angelegenheiten, und so hatten wir in der Regel sehr lebhafte und zuweilen außergewöhnliche Diskussionen über Innen- und Außenpolitik, Kunst, Wissenschaft, Literatur, Philosophie, Musik und alles mögliche andere. Wenn wir in ein Kino in der Innenstadt gingen, nahmen wir unser Abendessen oft gemeinsam in einem der dortigen Restaurants ein, von denen viele von höchster Qualität waren und zum Teil regionale Spezialitäten anboten, insbesondere italienische, jugoslawische, ungarische und tschechische Speisen, und dazu eine verlockende Auswahl an wunderbaren Weinen aus den entsprechenden Ländern. Diese Lokale waren alle sehr nach meinem Geschmack, weil sie einfach, anspruchslos und preiswert waren. Sie aufzuzählen würde diese Geschichte vielleicht ein wenig absurder als nötig machen und sie übermäßig ausdehnen, denn die Liste wäre enorm. Es ist vielleicht bemerkt worden, daß ich mich auf diesen Seiten immer wieder mit Berichten über Essen und Trinken und Restaurants aufhalte, was den Eindruck erwecken könnte, daß ich ein gefräßiger, materialistischer Langweiler bin. Dafür halte ich mich eigentlich nicht. Aber wenn ich die Güte genossener Speisen erwähne, sehe ich das als Ausdruck von erlebtem Glück an, und das macht sie wert, festgehalten zu werden.

Ich erinnere mich nicht, in meinen ersten Wiener Jahren an irgendwelchen öffentlichen künstlerischen Aktivitäten teilgenommen zu haben, nicht einmal an Konzerten, Opern oder Theateraufführungen, mit Ausnahme von Filmen und Vorträgen, oder vielmehr Lesungen, von Karl Kraus. Ich bin nicht sicher, daß ich diese Abstinenz überzeugend erklären kann. Sie ist bestimmt ein Grundzug meines Wesens, denn wenn ich keine Anstöße bekomme und mir selbst überlassen bin, praktiziere ich sie. Wenn ich eine Erklärung versuche, kann ich vielleicht beim offenkundigsten Faktor anfangen, nämlich der Faulheit. Ich fürchte im allgemeinen die Anstrengungen, mich fein anzuziehen und größere Wegstrecken zurückzulegen, um an den Ort des Ereignisses zu gelangen. Die Sache wird verwickelter, wenn ich die Tatsache einbeziehe, daß ich, als ich zunehmend berühmter oder berüchtigter wurde, nie ganz sicher war, was für eine Rolle ich bei solchen Veranstaltungen spielen sollte. Wahrscheinlich war es ein Fehler, auch nur daran zu denken, eine Rolle zu spielen, anstatt natürlich und spontan aufzutreten. Aber ich wurde beständig von einem verwirrenden Gemisch aus Schüchternheit und dem Drang nach Verstellung heimgesucht, das Befangenheit und Unbehagen hervorrief. Wenn es mir auch so schien, als würde mir einfach nichts daran liegen, Premieren, wichtige Konzerte und dergleichen zu besuchen, weil ich zu faul oder zu desinteressiert war, ärgerte und verstimmte es mich doch gleichzeitig, daß man mir keine Freikarten und Einladungen zu solchen Veranstaltungen schickte.

Sehr bald nahm ich mehr und mehr eine Haltung beleidigter Sturheit ein und wies mit grimmiger Befriedigung auf die Verderbtheit »dieser Welt« hin, die ich, wie ich behauptete, immer schon vorhergesehen hatte, und entwickelte vage und skurrile Vorstellungen von einer intellektuellen Verschwörung gegen mich. Ich begann zu glauben, daß ich von Feinden umgeben sei, und quälte mich mit dem Gedanken, daß mir überhaupt nicht bewußt war, wodurch ich mir die Feindseligkeit »dieser Welt« zugezogen haben könnte. Der Ausdruck »diese Welt« stand in meinem Wortschatz für einen Gesamtbegriff, der alles abdeckte, was »offiziell« geschah, wo Glanz, Ruhm, Erfolg, Geld und alle anderen weltlichen Güter von einer Art ungreifbarer Organisation derer verteilt wurden, die »dazugehörten«, einem magischen Kreis, aus dem ich für immer ausgeschlossen war. So etwas existierte selbstverständlich nicht, und viele Bewohner »dieser Welt« wären durchaus bereit gewesen, mir Artigkeiten und Wohlwollen zu erweisen, wenn ich ihnen auf herkömmliche Weise zu verstehen gegeben hätte, daß ich daran interessiert war. Ich bin sicher, daß ich mir diese Interpretation nicht als Hirngespinst zurechtlege, denn ich mache derzeit in Los Angeles genau die gleiche Situation durch. In Momenten, in denen die Bitterkeit gelindert ist, wird mir klar, daß mit ein wenig Anstrengung meinerseits vieles verbessert und meine häufig unerträgliche Qual etwas gemildert werden könnte. Aber bis auf den heutigen Tag habe ich nicht herausgefunden, welche Methoden dahin führen, und niemand vermochte es, mich so aufzurütteln und anzustoßen, daß ich das Richtige tat. Wahrscheinlich sollte ich nicht nach einer Methode suchen, sondern mich einfach entspannen und versuchen, die ganze Sache spontan anzugehen. Das aber würde eine Veränderung meines Wesens erfordern. Da ich während der letzten zehn Jahre mit wachsender Intensität und ohne jeden Erfolg an diesem Problem gearbeitet habe, verzweifle ich allmählich an seiner Lösbarkeit. Ich weiß sehr wohl, daß die Anfänge meines Leidens unter unbefriedigenden gesellschaftlichen Beziehungen in meine frühen Jahre in Wien zurückreichen.

Irgendwann im Jahr 1928, wahrscheinlich bevor ich mich in Wien niederließ, hatte ich zwei kleinere Werke komponiert, die hier erwähnt werden sollten. Sowohl meine *Zweite Klaviersonate* als auch die *Kleine Symphonie* gehörten noch zu den Produkten meiner rückwärtsgewandten, romantischen Haltung, die mit Jazzelementen durchsetzt waren. In der Sonate versuchte ich mich an der Wiederbelebung und Umformung einiger eher Schubertscher Wendungen, wie zum Beispiel im zweiten Satz der deutliche Übergang von schnellem zu langsamem Tempo, während der Grundschlag der gleiche bleibt, nach dem Vorbild des Wechsels vom schnellen 2/4-Takt zu einem gemessenen 3/2-Takt in einem von Schuberts späten *Drei Klavierstücken*, die ich sehr bewunderte, oder einem ähnlichen Übergang im Finale des *Klaviertrios* in B-Dur. Der Stil der Sonate ist eine ziemlich verwirrende Mischung aus Schubert, Chopin, Tschaikowsky (das spritzige zweite Thema meines Finales erinnert mich immer an die schwungvollen Gesten im Scherzo der *Symphonie Pathétique*) und Schumann (das dritte Thema des Finales). Insofern erinnert meine Sonate vielleicht an eines der surrealistischen Montageverfahren Strawinskys, aber die Absicht war eine andere, da ich nicht ironisch oder komisch sein wollte.

Von der *Kleinen Symphonie* erinnere ich weniger, nur daß die zentrale Streichergruppe, also hauptsächlich die Bratschen, durch eine Gruppe von Zupfinstrumenten – Gitarren, Mandolinen, Banjos – ersetzt wurden. Das verlieh dem Klangbild des ganzen Werkes eine gewisse pikante Note, war aber ein ernstes Aufführungshindernis, weil die Jazzmusiker, die diese Instrumente beherrschten, schwer zu bekommen, teuer und im Präzisionsapparat eines Symphonieorchesters recht hilflos waren. Vor allem im ersten Satz kamen schnelle Trompetenfiguren vor, die an die schnellen Märsche der französischen Militärkapellen erinnerten, die mich beeindruckt hatten, wenn ich sie in Frankreich gelegentlich gehört hatte. Das Stück war recht jazzig.

Leben des Orest

Das Hauptprojekt meines ersten Jahres in Wien war die Oper *Leben des Orest*. Ich glaube, ich erwähnte schon, daß ich im Juli 1927 in Font Romeu Skizzen dazu gemacht hatte. Zu jener Zeit wurde das Projekt aus zwei ganz verschiedenen Quellen gespeist. Einerseits begann ich, über die Übertragung eines der klassischen Mythen in die moderne Welt nachzudenken, wobei nicht bloß zeitgenössische Figuren, die die Namen ihrer alten Vorbilder trugen, einem dem Muster der alten Sage nachgezeichneten Schicksal unterworfen werden sollten, wie das da und dort gemacht worden war (zum Beispiel in einer etwas diffusen und willkürlichen Art in Antheils *Transatlantic* oder, in jüngerer Zeit, in subtilerer und schlüssigerer Form in Cocteaus Film

Die ewige Wiederkehr), sondern die Personen des alten Mythos sollten ganz körperlich in das moderne Leben eingehen, auf phantastische und psychologisch enthüllende Weise, wozu mich besonders Cocteaus »Höllenmaschine«* inspiriert hatte.

Ich war von Anfang an entschlossen, wieder das Jazzidiom zu verwenden, aber nicht mit der realistischen Motivation, die diese Wahl in *Jonny* nahegelegt hatte, wo der Jazz als Mittel zur Charakterisierung von Jonnys Berufssphäre eingeführt und darüberhinaus als heutige Umgangssprache verwendet wurde. In dem neuen Werk sollte der Jazz wieder als die *lingua franca* unserer Zeit fungieren, dadurch aber die alte Geschichte als zeitlosen und deshalb auch für uns gültigen Ausdruck ewiger Probleme des menschlichen Herzens zu enthüllen. So hatte ich irgendwann die Idee, Iphigenie als ewige Wanderin auf der Suche nach ihrem Bruder Orest darzustellen, der von seiner Mutter dazu verflucht war, für immer auf der Erde umherzuziehen. Auf dieser Suche sollte Iphigenie schließlich in das heutige Amerika gelangen (deshalb der Jazz) und Orest als Tankwart wiederfinden, während ihr eigenes Bild sie von Plakatwänden anstarrte und »Iphigenie, der neueste Büstenhalter« oder etwas in dieser Art anpries. Wozu all das führen sollte, wußte ich nicht.

Die andere Quelle war die Vorstellung des Wunders, das in einer modernen, skeptischen und agnostischen Welt vollbracht wird. Da war ein Priester, der eine Beziehung zu einer eleganten, weltlichen und leichtlebigen Königin hatte. Das Wunder löste eine Revolution aus. Es ist leicht zu erkennen, daß in meiner Phantasie noch Elemente des *Geheimen Königreichs* nachwirkten. Die Idee des Wunders hat mich übrigens nie losgelassen. Zweifellos lag es daran, daß Emmet Laverys *The First Legion* ein paar Jahre später einen so tiefen Eindruck auf mich machte, was schließlich zu meiner Zusammenarbeit mit Lavery an *Tarquin* führte. Hier wird das Motiv des Wunders wieder aufgegriffen, leider nicht mit der erhofften Wirkung. In der Skizze des Wunders von 1927–1928 gab es eine Szene in einem Radiosender (ein Motiv, das im *Tarquin* wiederverwendet wird!), deren Grundlage die alte Geschichte des armen Hans Flesch bildete, der in Frankfurt den Klang der Carolus-Glocke nachgeahmt hatte. (Der majestätische Klang der uralten Glocke wurde zu Weihnachten immer feierlich übertragen. Einmal war am Heiligen Abend irgendwo irgend jemand über das Anschlußkabel gestolpert, und die Übertragung mußte beginnen, bevor der Schaden behoben werden konnte. So scheuchte Flesch den Schlagzeuger der Oper von seinem Weihnachtsmahl auf und ließ ihn und seine Instrumente mit Tatütata ins Studio kom-

* Drama aus dem Jahr 1934

men. Dort bearbeitete der Mann im Schweiße seines Angesichts fünfzehn Minuten lang seine Töpfe und Pfannen. Flesch zufolge weinten die alten Weiblein hoch oben in den verschneiten Bergen noch mehr, als wenn sie den echten Klang gehört hätten.)

In meiner Geschichte ließ ich das Radio den Triumphzug eines Königs oder Diktators übertragen, und als das Kabel irgendwo riß, setzte der findige Toningenieur den Triumphzug mit Studiorequisiten fort, mit Schallplattenaufnahmen von Kriegsmusik, erfundenen Reden und so weiter, ohne zu wissen, daß der Held eine Minute, nachdem die Übertragung unterbrochen worden war, auf der Straße einem Attentat zum Opfer gefallen war, so daß die Leute allgemein noch glaubten, daß alles plangemäß ablief – was eigentümliche Folgen für die politische Situation und für die Handlung des Stückes haben sollte. Diese Pläne wurden später fallengelassen, aber die Idee des Wunders wurde in *Orest* eingefügt. (Diese frühen Skizzen meiner dramatischen Projekte jener Periode befinden sich jetzt in der Obhut der Wiener Stadtbibliothek.)

Als ich mich schließlich entschloß, den Orest-Stoff zu behandeln, begeisterte mich die Möglichkeit, die ganze ausufernde Sage, von der einzelne Abschnitte für eine große Anzahl von Tragödien und Opern verwendet worden waren, in eine zusammenhängende dramatische Handlung von der Dauer eines normalen Opernabends zu packen. Das interessierte mich nicht nur als technische Herausforderung, sondern es würde mich auch zwingen, die Geschichte in jener Form des schnellen, ereignisreichen Dramas ablaufen zu lassen, die mir dafür vorschwebte. In gewissem Sinn hatte ich die Absicht, ein scheinbar durchsichtiges, beinahe naives Stück zu schreiben, das durch seine rasche, blutige Handlung und durch seine melodramatische Gefühlsbetontheit jeden fesseln würde – sogar jene, die nicht wußten, daß das Thema von den alten Griechen ausgebrütet worden war. Es sollte so unerbittlich ergreifen, daß es nicht einmal zu der introspektiven, feinsinnigen Deutung der mythischen Gestalten einladen würde, die viele Seiten von Hofmannsthals *Elektra* füllt (ein Werk, das mir, nebenbei bemerkt, sehr nahe ist). Zugleich sollte der einfache, volkstümliche Abriß einer sensationellen politischen und familiären Tragödie von einer tieferen Bedeutung durchdrungen sein, die jenen, die dafür empfänglich waren, auffallen würde, ohne daß ausdrücklich darauf hingewiesen wurde, denn das würde den naiven Hörer, der sich nur an einem bunten, aufregenden Spektakel erfreuen wollte, vielleicht verwirren.

Deshalb bemühte ich mich sehr, für die Wendungen, die die ursprüngliche Sage mit Hilfe von übernatürlichen Kräften nimmt, annähernd rationale Erklärungen zu liefern. Diese übernatürlichen Kräfte wurden in meiner Version keineswegs ausgeschlossen, aber ihr Wirken wurde stets als symbolische Projektion dessen plausibel gemacht, was als Ergebnis der inneren psychischen Vorgänge in den Figuren geschehen war. So befriedigte mich beispielsweise die Vorstellung nicht, daß die Götter Agamemnon einfach aufforderten, Iphigenie zu opfern. Es mußte etwas in ihm selbst geben, das eine so schreckliche Tat begreiflich machte, und so wurde Agamemnon in meiner Fassung zu einem von politischem Ehrgeiz zerfressenen Tyrannen. Dadurch wiederum kam ich auf den Gedanken, zwischen ihm und seinem müden, unterdrückten, friedliebenden Volk einen Konflikt entstehen zu lassen, was sogleich deutliche Anspielungen auf unsere eigene Zeit ermöglichte. Das Volk machte ihm zum Vorwurf, daß er nicht bereit sei, die Lasten des Krieges, den er führen will, auf sich zu nehmen, sondern alles Leid seinen Untertanen aufgebürdet. Um Orests Verschwinden glaubwürdig zu machen, ließ ich den Erzschurken des Stücks, Ägisth, dem Agamemnon vorschlagen, wenn er seine Handlungsbereitschaft demonstrieren wolle, solle er seinen Sohn Orest opfern, den er ohnehin fürchtete, beneidete und haßte, weil der liebenswürdige Jüngling so populär wurde. Deshalb wird Orest heimlich von seiner Mutter fortgeschickt, und als die Stunde der groß angekündigten Opferung kam, stand der wahnsinnige Tyrann mit leeren Händen da. Um sein Gesicht nicht zu verlieren, packte er Iphigenie, eine Entscheidung, die so furchtbar war, daß niemand sie erwartet hatte.

Auch der König von Tauris, Thoas, war mehr als ein passiver Empfänger der wunderbaren Sendung einer jungen Griechin, die in seinem Haus eintraf. Er war ein grüblerischer Nordländer, der sich nach dem Süden sehnte, ähnlich wie sich die deuschen Kaiser des Mittelalters nach Italien sehnten, ein faustischer Charakter, der durch magische Handlungen den begehrten Süden heraufzubeschwören suchte. Daher war Iphigenies Ankunft die Erfüllung seiner Gebete.

Der Gegensatz zwischen Nord und Süd, dem kalten, nebligen, schwerfälligen Tauris und dem warmen, sonnigen, leidenschaftlichen, unbeschwerten Griechenland, wurde zum dramatischen Hauptmotiv und zur ideologischen Grundlage meines Stücks, eine spätere und reifere Version des Gegensatzes zwischen Ost und West, aus dem *Jonny* hervorgegangen war.

Ich verwandte viel Mühe darauf, das Wunder am Schluß vorzubereiten, als, dem Mythos zufolge, die Göttin Athene in der Situation der Stimmengleichheit, welche die Richter des Areopags bei Orests Verurteilung wegen Muttermordes herbeigeführt haben, entscheidet und seinen Freispruch erwirkt, indem sie zu seinen Gunsten eine weiße Kugel wirft. Der komplizierte Trick, den ich im zweiten Akt anwandte, um die weiße Kugel an ihren Platz zu bringen, damit ich nicht Athene persönlich als *dea ex machina* bemühen mußte, mag ein wenig gekünstelt erscheinen, aber es ist ein guter Theatereffekt. Der Gedanke, daß die unbewußte Handlung des Kindes, durch die Orest von seiner Schuld freigesprochen wird, die Vergebung symbolisiert, welche eine neue Generation für eine Tat gewährt, die unter der alten, matriarchalischen Ordnung als verbrecherisch betrachtet wurde, ist durch Bachofen inspiriert, von dem bald die Rede sein wird. Offensichtlich war meine Erfindung ein kühner Anachronismus, aber mit solchen spickte ich das Stück absichtlich, denn ich wollte die Zeitlosigkeit der Geschichte betonen, deren ursprünglich griechische, antike Atmosphäre ständig und naiv ausgelöscht wurde, wie in einem Kinderspiel oder in einem Traum. Einer der Anachronismen, der manche Kritiker fortgesetzt ärgerte, war, daß ich Thamar, die Tochter des Thoas, den Ausdruck »um vierzehn Uhr den Mittag suchen« verwenden ließ, die wörtliche Übersetzung der französischen Redewendung »chercher midi à quatorze heures«, die mir vertraut war und die ich liebte. Im Deutschen klingt das zugegebenermaßen seltsam, aber ich fand es aufschlußreich.

Ein weiterer krasser Anachronismus ist der Akkordeonspieler am Ende des ersten Akts, der deutlich von der Schlußszene des *Boris Godunow* inspiriert ist und an einige der melodramatischen Effekte Schrekers erinnert.

Nachdem Orest seine Mutter und Ägisth getötet hat, wird er nicht von den Furien vertrieben, sondern vom Volk aus der Stadt gejagt, das fürchtet, Orests Bluttaten würden die Rückkehr von Agamemnons Tyrannei ankündigen. Alle Figuren des Stücks sind schnell mit dem Dolch bei der Hand und drohen mit Mord und Selbstmord, was mir typisch für den Stil der Vollblutoper zu sein schien und charakteristisch für die übergroßen, mythischen Gestalten, die ständig von elementaren Leidenschaften getrieben werden.

Für das Ende der Oper entschloß ich mich zu einer Wendung, welche mir weiteren Protest seitens der Puristen eintrug, die mir Respektlosigkeit vorwarfen. Während mein Projekt Gestalt annahm, wurde mir immer mehr bewußt, daß ich bestimmte traditionelle Züge der Oper hervorheben wollte, indem ich sie in einem neuen Licht und in überraschendem Zusammenhang erscheinen ließ. Hier ist wohl der Einfluß dessen zu erkennen, was mir in den Werken Cocteaus, Strawinskys, Milhauds und anderer die surrealistische Komponente zu sein schien. Ich erinnerte mich an einige Hinweise, die ich von Busoni und Paul Bekker bekommen hatte, und vertrat daher die Ansicht, daß die echte Oper im Sinne der großen Tradition einen glücklichen Ausgang haben müsse, der durch eine mehrfache Hochzeit offenkundig zu machen sei. Sowieso mußte wenigstens eine Liebesgeschichte erfunden werden, weil dieses Element in dem alten Mythos fehlte. Deshalb verheiratete ich Iphigenie mit König Thoas, was Leute, die Goethes wunderbares Drama verehrten, beinahe für ein Sakrileg hielten (obgleich niemand das endgültige »Leb wohl« in Goethes Drama mehr bewundern konnte als ich). Außerdem vereinigte ich Orest und Thamar, das Kind des Thoas und meiner Phantasie.

Was den philosophischen Hintergrund der Oper betraf, so ging es wiederum um Freiheit, aber nicht so sehr um Freiheit von etwas (die ich früher behandelt hatte, insbesondere in *Sprung* und *Jonny*), sondern um Freiheit zu etwas. Orest war frei, wie er in seinem großen Monolog im dritten Akt erklärte, aber auch von Angst im Sinne Kierkegaards gejagt, weil seine Freiheit ihm wie eine leere Hülse erschien, die mit etwas zu füllen war, das er ganz nach eigenen Willen wählen mußte. (In diesem Monolog sowie in anderen Passagen verwendete ich viele Gedanken über den Symbolismus von Leben und Tod, die ich einige Jahre zuvor in einem faszinierenden Buch des Schweizer Archäologen Johann Jakob Bachofen gefunden hatte – einer beeindruckenden, allumfassenden Analyse von nur zwei antiken Grabsteinen.) Orests Angst ist durchaus gerechtfertigt, denn er benutzt seine Freiheit zu Blutvergießen und abscheulichem Mord. Der letzte Akt, der logischerweise seinen Prozeß vor dem Areopag zeigen mußte, gewann beispiellose und unerwartete Bedeutung, denn hier kam ich auf den Gedanken der Rechtfertigung, der mein gesamtes Schaffen für eine ganze Weile dominieren sollte. Außerdem wurde darin meine vor allem religiöse Orientierung in den nächsten etwa fünfzehn Jahren angedeutet. Der oberste Richter, Aristoboulos, den ich gleichfalls erfand, hatte eine kleinere, aber sehr wichtige Rolle, weil er die Probleme von Rechtfertigung, Recht, Gesetz, Richterspruch und Gnade in einer Folge von Versen darstellen mußte, die ich in der Frage des Pontius Pilatus »Was ist Wahrheit?« gipfeln ließ. (Vielleicht habe ich bereits erwähnt, daß mich die Gestalt des römischen Statthalters, der die schreckliche Verantwortung, das Urteil über Jesus Christus zu fällen, auf sich nehmen mußte, immer sehr interessiert hat.) Offenbar wurde in diesem letzten Akt das moralische und geistige Klima von *Karl V.* vorweggenommen.

Im Hinblick auf die Musik war ich bereit, mich durchweg kräftig ins Zeug zu legen und der Bezeichnung »Große Oper« gerecht zu werden, denn so nannte ich mein Werk im Untertitel. Es sollte Arien, Duette, Chöre, Ensembles (im ersten Akt sogar die »Preghiera«*, die den Opernkomponisten um die Mitte des achtzehnten Jahrhunderts so teuer war) und Ballett geben. Mir scheint, daß die Musik des *Orest* beachtliche Vitalität und gewissermaßen auch eine Einheitlichkeit aufwies, obgleich ich eine Reihe heterogener Stile mit einem Minimum an Skrupeln mischte. Die Oper ist ein Konglomerat vieler Elemente, die in alle Richtungen weisen – zu Mozart, Schubert, Meyerbeer, Verdi, Puccini, Strauss, Strawinsky, Gershwin und anderen. In dem unsichtbaren Chor der Natur, der den Monolog des Orest einleitet (und an die Stimme des Gletschers in *Jonny* erinnert), verwendete ich den melancholischen Refrain, den ich einen Schlittenkutscher in Chantarella oberhalb von St. Moritz hatte singen hören. Der Chor des griechischen Heeres, das von Troja zurückkehrt, wurde aus einem jüdischen Volkslied entwickelt, das mir im Gedächtnis geblieben war, nachdem Dr. Schünemann es mir auf einer Schallplatte vorgespielt hatte, als ich in Berlin studierte. Er stellte mir auch die Aufnahme eines erstaunlichen Flötensolos von einem griechischen Schäfer vor; es ging in das Zwischenspiel ein, das dem Monolog vorausgeht. Ich glaube, daß ich genug Feuer in mir hatte, um alle diese mannigfaltigen Elemente zu einer Art überzeugendem persönlichen Stil zusammenzuschweißen, als ich an diesem ganz schön mächtigen Brocken Musik arbeitete. Heute gefallen mir besonders die erste und zweite Szene des dritten Akts, die Musik der Akrobaten im zweiten Akt und alles von Thoas und Iphigenie. In den vierziger Jahren war ich von *Orest* ziemlich eingenommen und spielte ihn mit Vorliebe Freunden vor, wohingegen ich mich *Jonny* immer noch nur zögernd näherte.

Gesellschaftliche Kontakte

In meinen Wiener Jahren hatte ich natürlich ständig Verbindung mit meinem Verlag, der Universal Edition. Persönliche Kontakte mit Emil Hertzka waren nicht sehr häufig. Hin und wieder gingen wir zum Abendessen in sein Haus am Kaasgraben in Grinzing. Ein großes Grundstück gehörte dazu, auf dem Frau Hertzka eine kommerzielle Gärtnerei in Verbindung, wenn ich mich recht erinnere, mit einer Gartenbauschule betrieb. Sie war eine sehr zupackende Frau mit gewissen männlichen Eigenschaften, geschäftstüchtig, obgleich etwas konfus, betont feministisch eingestellt und für alle fortschrittlich erscheinenden Ideen offen. Bei den Hertzkas wohnte eine große, ziemlich attraktive Frau namens Maria Hofer, die gleichfalls mit männlichen Zügen ausgestattet war. Die Schlußfolgerung lag auf

* Gebet

der Hand. Diese Maria engagierte sich für katholische Angelegenheiten, spielte Orgel (man hatte im Haus ein Instrument für sie gebaut) und komponierte Musik, von der ich nichts kenne. Zu einem späteren Zeitpunkt schenkte sie mir ein spanisches Kreuz aus dem siebzehnten Jahrhundert, zwei Stücke dunkles Holz, die mit Hunderten von winzigen Nägeln beschlagen sind, der Beschriftung nach von einem spanischen Mönch namens Juan de la Madre angefertigt. Ich hatte dieses Stück sehr gern und bin froh, daß ich es jetzt wieder bei mir habe, nachdem ich es zusammen mit allem anderen 1937 in Wien zurückgelassen hatte.

Während Frau Hertzkas Vorliebe für alles Englische und Amerikanische nur ein wenig ermüdend war, war der gleiche Zug bei einer ihrer engsten Freundinnen, Frau Scheu-Rieß, der Frau eines prominenten Rechtsanwalts und Sonntagsliteraten, geradezu widerwärtig. Da die Familie Scheu-Rieß bei uns in Hietzing um die Ecke wohnte, besuchten wir sie gelegentlich. Sie hatten zwei Kinder im Studentenalter, und das Haus war stets voller junger Engländer und Amerikaner. Die Atmosphäre und die Möglichkeiten zum internationalen Gedankenaustausch, die sie bot, hätten mir eigentlich gut gefallen sollen, aber ich blieb stur bei meinem neu entdeckten österreichischen Patriotismus und fühlte mich abgestoßen, weil die Anglomanie so dick aufgetragen war. Ich glaube, es geschah auf Frau Scheu-Rieß' Betreiben, daß Wiens einziges erwähnenswertes Kaufhaus, Gerngroß, eine Erfrischungshalle im amerikanischen Stil eröffnete. Frau Scheu-Rieß beschwatzte ihre Freunde und Bekannten unermüdlich, dieses Wunder der transozeanischen Zivilisation zu besuchen. Ich fand die Einrichtung ungemütlich und die Gebräue abscheulich. Andere müssen das ebenso empfunden haben, denn die Innovation wurde nach nur kurzer Lebensdauer ausrangiert. Was mich angeht, so haben dreizehn Jahre Amerika mich für die Segnungen von Erfrischungshallen nicht empfänglicher gemacht.

Ich nehme an, daß ich schon damals begonnen habe, über Isolation und Kontaktmangel zu klagen, denn entweder führte Frau Hertzka eine Art intellektueller Zusammenkünfte im Café Herrenhof ein, oder sie bat uns, uns dieser möglicherweise bereits bestehenden Einrichtung anzuschließen. Trotz meiner Neigung, alles Wienerische wunderbar zu finden, konnte ich mich mit der eigenartigen Institution des Wiener Kaffeehauses nie anfreunden und deshalb nie von den gesellschaftlichen Möglichkeiten profitieren, die sie bot. Ich habe bereits erwähnt, daß das Kaffeehaus in Wien viele Funktionen des Clubs westlicher Länder auf einer sehr billigen und eher informellen Basis erfüllte. Viele Leute hatten in bestimmten Kaffeehäusern an bestimmen Tagen und zu bestimmten Stunden Stammplätze, und dort empfingen sie ihre Freunde, diskutierten ihre Pläne und wickelten ihre Geschäfte ab. Während meiner Wiener Zeit war ich einfach gezwungen, von dieser Form gesellschaftlichen Lebens Gebrauch zu machen, aber ich hatte nie Freude daran und fühlte mich in diesen zugigen, oft überfüllten und lauten Sälen ziemlich unwohl. Deshalb gewann ich keine Befriedigung aus diesen Abenden im Café Herrenhof, zu denen Frau Hertzka verschiedene Intellektuelle, Ärzte, Anwälte, Künstler, Schriftsteller und schwer einzuordnende »interessante« Personen mit unbestimmbarem Beruf einlud, von denen es in Wien zu wimmeln schien. Ich schreibe es ausschließlich meiner Faulheit und gesellschaftlichen Trägheit zu, daß ich mich für nichts von dem, was gesagt wurde, erwärmen konnte, und auch nicht für diejenigen, die es sagten, obgleich mir scheint, daß die allgemeine Atmosphäre deshalb so trokken und langweilig war, weil auch sonst niemand mehr Spaß daran hatte als ich.

Von den Mitarbeitern der Universal Edition traf ich am häufigsten Heinsheimer, nicht nur, weil ich mit ihm als dem Leiter der Opernabteilung geschäftlich viel zu tun hatte, sondern auch, weil er in meinem Alter und ungebunden war, so daß er ohne Förmlichkeiten zu uns kommen konnte. Ich habe ihn in einem früheren Abschnitt dieser Aufzeichnungen charakterisiert, den Dr. Rosenwald, als er ihn im Januar 1950 in Chicago las, unfair fand, weil ich seiner Ansicht nach in Heinsheimer einen echten Freund hatte. Das ist vielleicht insofern richtig, als Heinsheimer mir Bewunderung, Respekt und Sympathie entgegenbringt. Trotzdem hat er Wesenszüge, die in diametralem Gegensatz zu mir stehen, und weil das den geschäftlichen Bereich betrifft, in dem wir einander begegnen, oder wegen dieses Unterschieds vielleicht nicht begegnen können, beeinträchtigt es auch unsere privaten Beziehungen. Was ich gegen Heinsheimer habe, bezieht sich eigentlich nicht auf seine Persönlichkeit, die ich im allgemeinen sehr sympathisch finde, sondern vielmehr auf ein System, dessen sehr erfolgreicher Exponent er aufgrund seiner Persönlichkeit ist. Es ist unvermeidlich, daß ich, wann immer ich mit diesem System in Konflikt gerate (was sehr oft der Fall ist), seinen Charakter skeptisch beurteile, weil er ein prominenter Vertreter dieses Systems ist. Ich bin sicher, daß er das weiß, und deshalb ist unsere Freundschaft durch das, was ich über ihn denke oder sage, nicht wirklich gefährdet.

Als Heinsheimer hörte, daß ich an einer Oper mit einem klassischen Thema arbeitete, zögerte er nicht zu betonen, daß er angesichts dieses Projektes sehr skeptisch sei. Wer zum Teufel interessiert sich schon für die Probleme von Herrn Agamemnon, fragte er spöttisch. Als die Oper sich als erfolgreich erwies, sprang er auf den fahrenden Zug auf und versicherte jedem, er habe immer gewußt, daß ich ein Genie sei, und schlug für seine Firma Kapital aus einem Erfolg, zu dem er sehr wenig beigetragen hatte. Zu seiner Ehre muß gesagt werden, daß er im Grunde sehr gut wußte, wo die echten Werte lagen, und wann immer er sich gehenließ, machte er kein Hehl daraus, welches Unbehagen es ihm bereitete, dem Geschäft zuliebe für alles mögliche werben zu müssen. Was ihn nicht daran hinderte, es mit Vergnügen zu tun und sich für Waren zu begeistern, von denen er wußte, daß sie Mist waren, und die er »am Morgen danach« auch selbst so nennen würde. Das ist so, solange ich ihn kenne und hat sich auch nicht geändert, als er ein höchst erfolgreicher leitender Angestellter der Firma G. Schirmer in New York wurde. Mit anderen Worten, er ist ein sehr guter Freund, aber ich kann nie damit rechnen, daß er für etwas eintritt, das ich in künstlerischer Hinsicht vielleicht gerade plane, denn ihm liegt nichts daran, für irgendein Prinzip den Kopf hinzuhalten.

Durch Heinsheimer wurde ich mit einem Ehepaar bekannt, das etwa zwei Straßen von uns entfernt in der Lainzerstraße wohnte. Der Name des Mannes war Walter Skutsch; er war Geschäftsführer einer großen Kohlefirma, Tscheche, ein großer, strammer Kerl mit einem goldenen Herzen und jener rührend sprachlosen Beziehung zu geistigen Dingen, die man manchmal bei Geschäftsleuten findet. Es hatte den Anschein, als hätte er in seinem ganzen Leben kein Buch gelesen, könnte Goethe nicht von Gershwin unterscheiden und würde sich auch gar nicht dafür interessieren, wer sie waren, aber dann machte er ab und zu eine schüchterne kleine Bemerkung, die einen erstaunlichen Grad an Empfänglichkeit für solche Dinge verriet. Seine Frau war ein typischer intellektueller Snob, der dauernd unverdaute Bissen »fortschrittlicher« Literatur wiederkäute, leichtgläubig bis zur Idiotie, aber recht gutmütig und sehr angenehm im Umgang. Die Skutschs hatten gern Gäste im Haus, und so besuchten wir sie ziemlich oft zu zwanglosen Tischgesellschaften, die nicht besonders vornehm waren, eher etwas laut und gewöhnlich, aber normalerweise recht lustig und unterhaltsam.

Sie hatten bei sich zu Hause Max Brand Asyl gewährt, dem Playboy-Komponisten, der bei Franz Schreker studiert hatte. Er war stets dabei und trug seine etwas aufdringliche Eleganz zur Schau. Damals war er mit obskuren Filmprojekten beschäftigt, über die monatelang diskutiert wurde, wie das bei Filmprojekten immer der Fall ist, ohne daß sich ein Anfang abzeichnete, was ebenfalls für die meisten Filmprojekte charakteristisch ist. Außerdem beendete Brand gerade seine

Oper *Maschinist Hopkins*, oder hatte sie bereits fertiggestellt, eine Kreuzung zwischen *Jonny* und den mechanistischen Orgien zeitgenössischer sowjetischer Komponisten. Später stellte sich heraus, daß er eine Affäre mit Frau Skutsch hatte, von der ihr Mann anscheinend wußte und die er tolerierte. Typisch und witzig war das Ende dieser Idylle einige Jahre später. Der schwergeprüfte Skutsch schien bereit, alles zu schlucken, aber als der schöne Brand einmal eine der Krawatten seines Gastgebers borgte, ohne um Erlaubnis zu bitten, flog er auf der Stelle hinaus. Das war jedenfalls Heinsheimers Version. Frau Skutsch hielt heroisch an ihrer Wahl fest, ließ sich scheiden und heiratete ihren Liebhaber schließlich.

Bei den Skutschs wurden wir mit den Ehrensteins bekannt. Der Mann hatte eine kleine Werkstatt, in der einige der berühmten Wiener Luxuslederwaren hergestellt wurden. Seine Frau Maria war atemberaubend schön und auf eine etwas naive und natürliche Weise ein reizender Mensch. Sie hatte den Ehrgeiz, Filmstar zu werden, und auf dem Weg zu diesem Ziel kam sie wenigstens so weit, daß sie mit dem berühmten Schöpfer der berüchtigten *Ekstase**, Gustav Machaty, schlief. Nicht einmal auf der Höhe seines Erfolgs konnte er ihr zu Berühmtheit verhelfen, aber sie heirateten schließlich und recht glücklich, wie es scheint, denn ihre Ehe hat bislang der schrecklichen Nervenprobe standgehalten, der dieser eminent begabte und ungewöhnliche Mann in Hollywood viele Jahre lang ausgesetzt war.

Eine weitere Persönlichkeit, die wir bei den Skutschs kennenlernten, war der österreichische Schriftsteller Alexander Lernet-Holenia, ein Dramatiker und Dichter, nicht ohne Talent, aber ohne Tiefe und Richtung; er lebte davon, daß er den kostbaren Wortschatz Rilkes zu Kleingeld machte. Er wurde von seiner Literaturagentin begleitet, einer Jüdin, deren Versnobtheit einen zur Verzweiflung treiben konnte. Heinsheimer und ich waren an diesem Abend zu üblen Scherzen aufgelegt und bearbeiteten das unglückselige Geschöpf mit den schweren Geschützen der Dialektik und der Schmähung, bis sie in Tränen ausbrach, ins Badezimmer stürzte und sich ausgiebig erbrach. Rückblickend scheint mir, daß die Vorstellung für mich wahrscheinlich demütigender war als für sie, obgleich ich zugebe, daß ich es bedaure, daß ich das Gefühl sorgloser Unabhängigkeit, das für solche Streiche nötig ist, nicht mehr habe.

Ein weiterer Kreis war die große Familie Strauss-Jellinek, in die Artur Schnabel uns bei einem seiner seltenen Besuche in Wien einführte. Sein Verhältnis zu der Stadt seiner Jugend war kompliziert und gespannt, was für fast jeden ernsthaften Künstler Wiener Her-

* Kinofilm, der 1933 wegen einer Nacktszene einen Skandal auslöste.

kunft typisch war. Nach außen hin bekundete Schnabel sarkastische Geringschätzung für alles Wienerische, aber es war leicht zu erkennen, daß ihn der Mangel an Anerkennung, den er erfahren mußte, schmerzte und daß er sich nach einem richtigen großen Erfolg in Wien sehnte. Dafür war es offenbar zu spät, und dieser Umstand ärgerte ihn sehr. Ich bin nicht in der Lage, die Gründe dafür zu analysieren, daß er in Wien nicht in dem großen Maßstab anerkannt wurde, an den er anderswo gewohnt war. Zu sagen, daß sein etwas feierliches und strenges Verhalten auf dem Podium ein Publikum kalt ließ, das überschwengliche, sentimentale Gesten gewohnt war, wäre sicher eine zu große Vereinfachung. Zweifellos nahm er seine Sache ernster als jene Virtuosen, denen man in Wien bereitwillig zujubelte, aber er besaß genügend Brillanz und Originalität, um das überdurchschnittliche Vorstellungs- und Urteilsvermögen des Wiener Publikums anzusprechen. Es kam jedenfalls kein Kontakt zustande, und daher waren Schnabels Wiener Konzerte immer von nervöser Spannung gekennzeichnet. Seine Anhängerschaft bestand hauptsächlich aus Menschen, die fähig und willens waren, seine Einstellung zur Musik zu teilen, und aus Gruppen ergebener alter Freunde.

Dazu gehörte Hanni Strauss, geborene Jellinek, irgendwie verwandt oder befreundet mit den Personen, die von Schnabels Familie in Wien übriggeblieben waren. Da waren Schnabels Mutter, eine sehr alte Dame, die schließlich wohl von den Nazis ermordet wurde, und seine Schwester, die mit einem schwer einzuordnenden Geschäftsmann namens Löw-Beer oder ähnlich verheiratet war. Sie hatten eine hübsche Tochter, die später in Amerika eine Zeitlang die Frau eines eingebildeten Burschen, des Cellisten Joseph Schuster, war.

Hannis Mann, Oskar Strauss, war ebenfalls Geschäftsmann, aber ein äußerst eloquenter und origineller Mensch, der sich leidenschaftlich gern im Freien bewegte, wie man es bei Juden selten findet, freimütig und aufrichtig bis zur Rücksichtslosigkeit und Taktlosigkeit, aber wunderbar integer. Sie besaßen ein schönes, von Oskar Strnad erbautes »Avantgarde«-Haus auf der Windmühlhöhe, knapp einen Kilometer jenseits des Türkenschanzparks, mit bezauberndem Ausblick auf das Tal von Grinzing und die Höhen des Wienerwalds. Frau Strauss – Gott hab sie selig – war auf ihre Art ein fabelhafter Mensch, wenn auch etwas schußlig. Auch sie betrieb auf dem Hang unterhalb ihres Hauses eine Gärtnerei.

Ihre Schwester, Nuffi genannt (was immer das bedeutete), war im Vergleich zu der robusten, wettergegerbten Hanni sanft und weiblich, recht attraktiv, wenn auch etwas schlampig auf eine wahrscheinlich typisch wienerische Art. Sie war mit einem Urologen verheiratet, Dr. Lieben, einem sehr sympatischen, vielseitig interessierten Mann, mit dem man sich gut unterhalten konnte. Sie hatten zwei Kinder, glaube ich. Anscheinend ist die ganze Familie im letzten Krieg umgekommen.

Eine weitere Schwester war Augusta Jellinek, unverheiratet, eine Psychologin, die sich schließlich in Italien niederließ, was sie wohl vor dem Schlimmsten bewahrt hat. Mir lag nicht viel an ihr, weil sie sich gern einer schwülstigen, pseudowissenschaftlichen Sprache bediente. In ihrer Nähe war ab und zu ein gewisser Paul Barnay anzutreffen, ein Theaterdirektor aus Breslau, der bei mir keinen Eindruck hinterließ, außer den großer Eitelkeit.

Die Straussens hatten drei Kinder, glaube ich, darunter einen Knaben, der ihnen wegen einer schwierigen Krankheit viel Sorge machte. Sie entkamen rechtzeitig nach Amerika, wo sie in New Jersey mit Erfolg eine Gärtnerei aufzogen. Aber Hanni starb dort nach wenigen Jahren.

Oskar hatte einen Bruder, Richard, der Arzt war, wenn ich nicht irre, und hauptsächlich deshalb bemerkenswert, weil er angeblich einen Verführer seiner Frau erschossen hatte und freigesprochen worden war. Wir gingen oft zu den Straussens zum Essen und waren normalerweise recht gerne dort, weil das Essen gut war und hübsch serviert wurde, und oft hatte man interessante Gesellschaft, die allerdings ziemlich laut und wegen der mit Stentorstimme vorgebrachten kategorischen Bemerkungen des Gastgebers einer nachdenklichen Diskussion nicht förderlich war.

Während Schnabel da war, lernten wir eine amerikanische Schülerin von ihm kennen, Hortense Monath, eine ziemlich begabte, obgleich allzu ehrgeizige und intrigante, hübsche Person, und ihre unmögliche Mutter, Frau Husserl. Hortense wurde später in New York Frau I.R.A. Hirschman und rief, auf Schnabels Anregung hin und unter seiner folgenlosen Führung, The New Friends of Music ins Leben.

Ein anderer Pianist, der dort erschien und als Wunderkind herumgereicht wurde, war Peter Stadlen aus Wien. Er hämmerte die Hammerklaviersonate mit mehr Courage als Empfindung herunter, aber mit offenkundiger Begabung. Zwanzig Jahre später war ich von seinen Leistungen weniger beeindruckt.

Mit Musik zu tun hatte auch Ernst Matheis, einer der wenigen nichtjüdischen Freunde der Straussens. Er war ein aufgeweckter und einigermaßen talentierter Komponist, der mich über seine musikalischen Fähigkeiten hinaus interessierte, weil er aus dem südlichsten Winkel der Steiermark stammte. Von jenen Gegenden Österreichs, wo das Land nicht mehr deutsch war, war ich von Anfang an begeistert. Ich glaube, der arme Kerl, der trotz seines beachtlichen Talents sehr provinziell war und einen engen Horizont hatte, hat nie verstanden, was ich meinte, wenn ich mit ihm sprach. Ich mochte ihn trotzdem und hatte weiterhin Umgang mit ihm. Er ist im letzten Krieg gefallen.

Es war einfacher, die Straussens zu besuchen, wenn Schnabel nicht anwesend war, denn wenn er da war, wurden wegen der Eifersucht alle Beziehungen sofort gespannt und gekünstelt. Weitere Komplikationen ergaben sich aus der Tatsache, daß Schnabel in Wien mit einer alten Liebe, Frau von Scala, verkehrte. Therese begleitete ihn nie nach Wien, das sie eingestandenermaßen haßte – natürlich ein weiterer Ausdruck der Eifersucht. Es gelang uns jedoch ein paarmal, einen Abend mit Schnabel allein zu verbringen, und dann war er völlig entspannt und amüsierte sich.

1928 war das Jahr von Schuberts hundertstem Todestag, und das war Anlaß zu ausgedehnten, anstrengenden und zum Großteil albernen und würdelosen Kundgebungen. Mit Maßstäben amerikanischer Publicity gemessen mag es nicht viel bedeuten, aber damals waren wir entsetzt, als wir entdeckten, daß einige unternehmungslustige Kaufleute Seifenstücke in der Form von Büsten des armen Genies verkauften. Ich bin nicht sicher, ob es im Zusammenhang mit der Schubert-Hundertjahrfeier war, daß Wien von hunderttausend Barbaren heimgesucht wurde, die aus allen germanischen Ländern kamen, um ein großdeutsches Sängerfest abzuhalten. Obgleich sie unbewaffnet waren, machten diese unglaublichen Scharen ungehobelter Bauerntölpel die Stadt tagelang unbewohnbar, da sie meistens betrunken waren und allen möglichen Unfug trieben, wobei sie ein Niveau an Zivilisation demonstrierten, das wir normalerweise in der westlichen Welt für ausgestorben hielten. Es hätte den Wienern eine ernste Warnung davor sein sollen, was sie vom »Anschluß« zu erwarten hatten, aber natürlich bedeutete es nichts, solange die geliebten Brüder ihr Geld in Wien ausgaben, auch wenn die meisten von ihnen arm oder geizig oder beides waren.

Wie mir scheint, lieferte ich zu den Festveranstaltungen zu Ehren Franz Schuberts zwei Beiträge. Ich hielt einen Vortrag über Schubert, gesponsert von ich weiß nicht mehr welcher Gruppe, in irgendeinem Saal in der Nähe der Nationalbibliothek, und eine kurze Rede bei einer offiziellen Veranstaltung, bei der noch mehrere andere Redner auftraten. Ich glaube, es war so etwas wie ein Schubert-Kongreß, den das Ministerium für Unterricht und Kunst veranstaltete. Es gab ein bißchen Aufregung wegen der ganzen Sache, weil der unsägliche Professor Lach, bei dem ich 1919 einige Vorlesungen an der Universität besucht hatte (wie bereits berichtet), in der Öffentlichkeit ein paar trottelige Bemerkungen über Schubert gemacht hatte, die von den Skandalblättern lautstark zu Beleidigungen des Gefeierten aufgebauscht wurden. Wenn ich mich recht erinnere, hatte Lach angedeutet, daß Schubert größere Musik geschrieben und länger gelebt hätte, wenn es ihm gelungen wäre, eine anständig bezahlte Stellung zu finden, und die Tatsache, daß ihm dies mißlang, schien Dr. Lach ein Beweis dafür zu sein, daß Schubert letzten Endes gar kein so großer Künstler war. Der Umstand, daß ich bei dieser Veranstaltung nach Professor Lach, der auch erscheinen sollte, ein par Worte sagen würde, wurde vom »Neuen Wiener Journal«, wenn ich mich recht erinnere, als allgemeine Schlägerei angekündigt, die zumindest einen Faustkampf auf dem Podium versprach, wenn nicht gar einen fröhlichen Tumult im Saal. Die Logik dahinter war nicht klar, denn einerseits wurde angedeutet, daß ich Dr. Lach vernichten wollte, was nur bedeuten konnte, daß ich Schubert gegen professorale Blasphemie verteidigen würde. Andererseits wurde unterstellt, daß ich als notorischer Moderner und schamloser, verbrecherischer Urheber von *Jonny* wahrscheinlich schmutzige Dinge über den ehrwürdigen österreichischen Meister sagen würde. Wie diese Widersprüche aufgelöst werden konnten, war ein Geheimnis, und das Ganze war eine jener für die Wiener Presse typischen, wahnwitzigen und leichtfertigen Erfindungen, zusammengemischt aus Sensationsmache, Schlamperei, Unverantwortlichkeit und schierer Blödheit, die Karl Kraus in jeder Hinsicht rechtfertigten. Natürlich enttäuschte ich Freund und Feind gleichermaßen, denn weder beschimpfte ich Schubert, für den ich nur die größte Bewunderung empfand (wenn auch vielleicht von anderer Art als jene, die in offiziellen Lobreden ausgeschüttet wurde), noch gab ich dem lächerlichen Professor eins auf den Kopf. Wahrscheinlich hätte ich, zu meinem eigenen Wohl, spüren sollen, daß sich mir hier die Gelegenheit einer Sensation bot, und mit ein paar Knallfröschen um mich werfen sollen. Natürlich war das, was ich sagte (was immer es war), in einem höheren Sinn richtig, und ich bedaure keinen Moment lang, daß ich es gesagt habe. Aber meine würdige und wohlüberlegte Haltung machte mich weder berühmter noch berüchtigter. Ich trat nur weiter in den Hintergrund undurchdringlicher Anonymität zurück, und ich mußte mich mit der Möglichkeit zufriedengeben, daß irgend jemand eines Tages meinen Vortrag über Franz Schubert richtig bewerten würde. Er sollte unter den Papieren zu finden sein, die ich 1950 in der Wiener Stadtbibliothek deponierte.

Möglicherweise geschah es in Zusammenhang mit meinem Auftreten bei jenem Kongreß, daß wir zu einem Empfang beim Präsidenten der österreichischen Republik, Michael Hainisch, dem liberalen Politiker alter Schule, eingeladen waren, der als Besitzer von Österreichs größter und produktivster Kuh eine beliebte Zielscheibe von Witzen war. Ich gestehe, daß es mich sehr beeindruckte, in die hochherrschaftlichen, wenn auch etwas höhlenartigen Prunksäle des Kaiserschlosses eingelassen zu werden, die einst nur von Königen und Fürsten betreten wurden. Ich stelle mir vor, daß das eine Art offizieller Anerkennung in meiner Geburtsstadt bedeutete. In Wirklichkeit war ich davon so weit entfernt wie ein Landstreicher auf der Straße.

Ich glaube nicht, daß ich damals irgendwelche Kontakte zum Wiener Musikleben hatte, sofern es so etwas gab. Im Vergleich zu Deutschland, das gegen Ende der zwanziger Jahre begierig alle möglichen neuen Tendenzen und Experimente verbreitete und integrierte, war Wien selbstzufrieden und träge, zaghaft und langsam oder ausgesprochen reaktionär. Die öffentlichen Institutionen, wie die Oper, die Philharmonischen Konzerte und die Staatsakademie für Musik, wurden von alten Käuzen regiert, von zynischen Bürokraten, denen in der Hauptsache daran lag, die Dinge weiter nach der uralten Routine laufen zu lassen, von Altmeistern im Verzögern und Verhindern von jeglichen Ereignissen oder von ausgesprochenen Feinden alles Anderen und Neuen, die jeden ungewohnten Schritt als Alarmsignal für eine subversive Haltung, für den herannahenden Bolschewismus und für das bevorstehende Ende der Welt verdächtigten. Karl Kraus widmete diesen »Troglodyten«, wie er sie nannte, den modernen Repräsentanten des Höhlenmenschen, des Neandertalers, Tausende von kleinen satirischen Glossen, und ich fand seine Bezeichnung eigentümlich passend, obgleich Kraus sie später widerrief, als er meinte, die Neandertaler könnten Österreich vielleicht doch vor den Nazis retten, die unendlich viel schlimmer seien. Darin irrte er wahrscheinlich, denn ebenso wahrscheinlich konnte Österreich sowieso nicht gerettet werden, außer von den Westmächten, die es freilich versäumten, rechtzeitig zu handeln.

Das Musikleben in Wien Ende der zwanziger Jahre

Ich erinnere mich nicht, was damals in der Oper vorging, ob Schalk noch im Amt oder bereits pensioniert oder sogar schon tot war, ob die Herrschaft von Richard Strauss schon verwunden war, oder ob Clemens Krauss sein Regime begonnen hatte. Im Grunde machte es bestimmt keinen Unterschied, aber es ist recht bezeichnend, daß ich mich an viele Dinge besser erinnere als an den Zustand der Oper in meiner Geburtsstadt, der mich, als einen der erfolgreichsten damaligen Opernkomponisten, sehr wohl hätte interessieren sollen. Am Anfang dieses Kapitels habe ich versucht, den psychologischen Hintergrund dieser meiner Haltung teilweise zu erforschen, aber ich bin immer noch nicht davon überzeugt, daß ich ihn ganz ausgelotet habe. Jedenfalls lebte ich in einem Zustand feindseliger Gleichgültigkeit der Wiener Oper gegenüber, obgleich ich nur wenige Monate vorher einer ihrer gefeiertesten Komponisten gewesen war. Ich glaube nicht, daß ich in meinen ersten beiden Jahren in Wien dort auch nur eine einzige Vorstellung besuchte. Dasselbe galt für die repräsentativen Konzerte des philharmonischen Orchesters und der ein oder zwei Symphonieorchester, die damals existierten. Sie spielten nichts von mir, und ich nahm von ihrem Dasein keine Notiz. Deshalb ist es mir nicht möglich, auch nur zu erraten, wer diese Konzerte dirigierte. Ich nehme an, daß Furtwängler seinen Taktstock über den Philharmonikern schwang, während ein gewisser Reichwein für das andere Orchester verantwortlich war. Er war angeblich ein sehr mittelmäßiger Musiker, aber ich machte mir nie die Mühe, das herauszufinden.

Das Wiener Radio, Ravag genannt*, war, was die Musik betraf, in den Händen eines gewissen Kabasta, über dessen Inkompetenz und Bestechlichkeit düstere Geschichten die Runde machten. Es scheint, daß er sich später als aktiver Nazi zu erkennen gab und nach dem Fall Hitlers Selbstmord beging. Als ich nach dem Krieg davon hörte, war alles, was ich zu sagen hatte, daß ich das immerhin für einen Schritt in die richtige Richtung hielte.

Die Staatsakademie für Musik, an der ich studiert hatte, stand unter der Fuchtel von Joseph Marx, und, so erstaunlich das scheint, zu dem Zeitpunkt, da ich dies schreibe, steht sie es immer noch. Der fette Riese aus Graz, der als Komponist von Liedern in der Nachfolge Hugo Wolfs harmlos und sogar sympathisch war, wurde durch seine gefährlichen und schamlosen politischen Aktivitäten allmählich zum öffentlichen Ärgernis. Er riß mehr Macht an sich, als für einen Menschen gut zu sein schien, doch er überstand selbst diese Prüfung. Ich erinnere mich, daß ich ihm bei einem Empfang in der Sowjetischen Botschaft begegnete, wo der Jahrestag der russischen Revolution gefeiert wurde (damals waren die Sowjets noch stark daran interessiert, Kontakte zur zivilisierten Welt zu pflegen). Marx verschlang dort waggonweise Kaviar und denunzierte die österreichische Regierung, deren Angestellter er war, indem er lauthals kundtat, wer auch immer ein Regierungsamt ausüben wolle, müsse beweisen, daß er die Heiligen Sakramente empfangen habe. Was ihn

* Radioverkehrsaktiengesellschaft

nicht daran hinderte, uns anderntags fromm vor dem schleichenden Übel des Kommunismus zu warnen. Anscheinend setzte er, als die Nazis schließlich an die Macht kamen, in letzter Minute aufs falsche Pferd und fiel für einige Zeit in Ungnade. Aber schließlich war er wieder obenauf, wie das bei solchen Leuten stets der Fall ist. Der einzige Fixpunkt im Laufe seiner verblüffenden Metamorphosen war seine unwandelbare Feindseligkeit der neuen Musik gegenüber. Besonders widerwärtig wurde er, als man ihn zum Musikkritiker des »Neuen Wiener Journals« ernannte. Aber das war wohl etwas später als die Zeit, um die es hier geht.*

Wiens Musikleben war so verwirrend und entmutigend, weil es, abgesehen von dem Beitrag der öffentlichen Institutionen, ein Wirrwarr an musikalischen Aktivitäten gab, bei denen jedes kritische Urteilsvermögen fehlte. Eine auf Eigenlob spezialisierte Publicity hatte jedem Wiener bewußt gemacht, daß er aufgrund des ruhmreichen Erbes von Haydn, Mozart, Beethoven, Schubert und so weiter bis Bruckner ein musikalisches Genie war (danach begann die »moderne« Musik, die eine Erfindung des Teufels war, um die auserwählte Stadt zugrundezurichten). Es gab unzählige Gruppen, die sich um Vorstadtgenies, Gesangslehrer, Kirchenorganisten, Klavierpädagogen und schwer zu beschreibende Spinner scharten – von denen jeder die Aufmerksamkeit seiner persönlichen Freunde und Bekannten auf sich zog und absorbierte, so daß diese Menschen für alles, was sich wirklich gelohnt hätte, verloren waren. Damals beobachtete ich diese Vorgänge aus der Ferne, als distanzierter und ein wenig amüsierter Betrachter, wie ein Besucher vom Mars.

Ich erinnere mich nicht, von wessen Agentur ich eingeladen wurde, einen Vortrag im Werkbund, einer Vereinigung von Architekten, Malern und Bildhauern, zu halten, in dem ich über das »Material der Musik« sprach. Ich erinnere mich, daß ich einige Beispiele aus der Musik Schuberts verwendete, die Eduard Steuermann erstaunlich und bemerkenswert fand, was mich wiederum überraschte, weil ich dachte, daß diese Dinge ihm und all den Leuten aus dem Schönberg-Kreis vertraut sein müßten.

Zu Weihnachten beschloß ich, das Erlebnis des Vorjahres zu wiederholen, und fuhr mit Berta nach St. Moritz, wieder in das Privathotel Badrutt, und nach Sierre, wo wir im Château Bellevue an einem englischen Christmas Dinner teilnahmen, denn alle anderen Gäste waren Briten. Wir fuhren mit der Seilbahn nach Montana

* 1931 bis 1938

hinauf und wanderten über die leicht verschneiten Hänge hinunter. Berta litt ein wenig unter einem beginnenden Anfall ihres Ischias. Ich glaube nicht, daß ich das Ganze so genoß wie meinen früheren Besuch in den winterlichen Alpen.

Bertas Leiden machte uns später in diesem Winter große Sorgen. Sie hatte schreckliche Schmerzen und konnte sich schließlich kaum noch bewegen. Ich weiß nicht, wer uns endlich einen jüdischen Arzt, Goldstein, empfahl, der die sogenannte Fango-Heilanstalt leitete. Er hatte ein wirklich wunderbares Heilmittel, das darin bestand, daß eine klebrige, aus verschiedenen, sehr würzigen Elementen zusammengesetzte Mixtur auf den Rücken des Patienten aufgetragen wurde. Sie sah wie Senf aus, und dieser mag auch ein Bestandteil gewesen sein. Man sagte, der Arzt habe das Geheimrezept aus Treviso oder einem anderen italienischen Ort mitgebracht, wo er sich als Patient angemeldet und heimlich eine Probe des scharfen Heilmittels mitgenommen habe, die er anschließend in Wien analysierte und nachmachte. Es war etwas furchteinflößend, weil es die Haut des Patienten angreifen konnte. Berta sprach sehr gut darauf an und genas nach etwa einer Woche vollständig. Während unseres Aufenthalts in Wien mußte die Behandlung noch einmal wiederholt werden, ich weiß nicht mehr genau, wann. (Ich glaube aber, daß es zu der Zeit war, als ich die *Gesänge des späten Jahres* komponierte).

Während ich den *Orest* beendete oder als er schon fertig war, schrieb ich drei kleine A-cappella-Chöre nach Gedichten des viel bewunderten Schweizer Autors Gottfried Keller. Ich nehme an, daß ich einen Grund dafür gehabt habe, auch wenn ich mich nicht mehr daran erinnern kann. Diese Chöre wurden erst einige Jahre später vom Chor der »Freien Typographica« unter der Leitung Erwin Steins aufgeführt.* (Dieser Stein war ebenfalls bei der Universal Edition angestellt, ein winzig kleiner Jude, mit einer Walküre verheiratet, die doppelt so groß war wie er. Er war ein Schüler Schönbergs und ein grimmiger, etwas doktrinärer Anhänger des Meisters. Er veröffentlichte die ersten theoretischen Darstellungen der Zwölftontechnik, in einer weiteren Zeitschrift, die die Universal Edition neben dem »Anbruch« unter dem Titel »Pult und Taktstock« herausgab, denn sie sollte nützliche Informationen für Dirigenten enthalten. Da sie uns widerwärtig übereifrig zu sein schien, nannten wir sie »Pult und Nachtstuhl«. Die hauptsächliche Bedeutung von Steins kritischen Abhandlungen lag darin, daß sie die ersten klaren und einigermaßen

* 1931

zusammenhängenden Erörterungen der »Technik« waren. Als solche werden sie in der Literatur ständig zitiert, als hätte niemand sonst jemals ein Wort darüber fallen lassen. Es sind ehrliche Versuche, das neue Abenteuer zu erklären, aber sie werden dem Gegenstand kaum gerecht, weil sie voll schwerwiegender Mißverständnisse sind. Die Steins hatten eine kleine Tochter, Marion, und niemand konnte ahnen, daß sie eine Art Nichte des Königs von England werden würde. Bevor das geschah, scheint Erwin Stein seine musikalische Einstellung auf wahrhaft verblüffende Weise geändert zu haben, denn er wurde zu einem Lakai Benjamin Brittens. (Daß er damals ein treuer Untertan von Boosey & Hawkes in London war, muß etwas damit zu tun gehabt haben.) Um auf die Gottfried-Keller-Chöre zurückzukommen: Es sind leichte, gefällige, romantische Stücke, von denen ich das Lied über die Erntearbeiter vor dem Sturm und das letzte (»Schifferliedchen«) besonders gern mag.

Im Zusammenhang mit Stein sollte ich Dr. Ernst Roth erwähnen, der in der Universal Edition das Büro mit ihm teilte. Er war für die typographische Gestaltung zuständig – ein feinfühliger, schüchterner, hochintelligenter Mensch, den ich sehr mochte. Leider hatte ich nicht so oft mit ihm zu tun, wie ich es mir gewünscht hätte.

Irgendwann im Frühling 1929 wurde Berta von einem Arzt, den sie wegen einer Menstruationsstörung konsultiert hatte, für schwanger erklärt. Es war schwer zu glauben, daß das der Fall war, weil stets die erforderlichen Vorsichtsmaßnahmen getroffen worden waren, und sie war damals vierundvierzig. Ich wurde das Gefühl nicht ganz los, daß die kleine Operation, die vorgeschlagen wurde und wegen Bertas Alter angezeigt war, uns aufgrund eines Schwindels aufgezwungen wurde, obgleich ich keinen Grund hatte, die beteiligten Ärzte zu verdächtigen, denn sie schienen mir vollkommen seriös und redlich zu sein.

Das Ganze regte mich sehr auf, und meine Stimmung wurde durch eine ganz entsetzliche Aufführung meines *Concertinos* für Flöte, Violine, Cembalo und Streichorchester, die von einer Gruppe sozialistischer Studenten verbrochen wurde, nicht verbessert. Der Unglückliche, der das Ensemble zu dirigieren versuchte, hatte nicht einmal das Niveau eines Anfängers, denn er wußte nicht, wie und wann er den Abwärtsschlag ausführen sollte. Die Aufführung war ein totales Fiasko, wie man es gelegentlich in Albträumen erlebt.

Zur gleichen Zeit besuchte mich Professor Strnad, um die Bühnenbilder für *Orest* mit mir zu besprechen, denn das Werk war von der Leipziger Oper zur Uraufführung angenommen worden, und man hatte ihn mit der szenischen Gestaltung beauftragt. Es war ein großes Vergnügen, mit dem philosophisch gebildeten Mann zu sprechen. Er hatte viele wunderbare Ideen zur Einrichtung der Bühne und zur Kostümierung der Sänger.

Ich weiß nicht mehr, ob es zu jener Zeit oder etwas später war, daß ich mich mit Hanns Eisler ausführlich über das Thema Kommunismus und Musik unterhielt. Mir scheint, Eisler lebte damals in Berlin und versorgte die kommunistischen Arbeiterverbände mit entsprechendem Liedmaterial. Vielleicht war er sogar gerade in Rußland gewesen, obgleich ich glaube, daß das später war. Jedenfalls, als ich ihn in Wien traf – wir aßen gemeinsam zu Mittag –, erläuterte er die Parteilinie, und das klang, als sei er ein bezahlter Propagandist, der herunterrasselte, was immer das Handbuch für den Fall einer Begegnung mit einem wichtigen, aber unwissenden oder zögernden Komponisten verlangte, der noch nicht zum marxistischen Evangelium bekehrt worden war. In solchen Situationen fühle ich mich immer etwas unbehaglich und frustriert, da ich im allgemeinen nicht ausreichend mit Fakten, Daten und Theorien gerüstet bin, um mich gegen die einseitig schlüssige Argumentation zu wehren, und da mir die Geistesgegenwart fehlt, um mich auf mögliche Risse im Panzer meiner Gesprächspartner zu stürzen. Ich weiß nur, daß ich instinktiv und grundsätzlich gegen das bin, was sie mir einreden wollen. Damals war mein ursprüngliches schwaches Interesse am Kommunismus, zu dem ich mich bereits geäußert habe, längst abgeflaut, besonders seitdem ich allen Systemen gegenüber mißtrauisch geworden war, die eine organisierte Verbesserung der menschlichen Lebensbedingungen zum Ziel haben, und seitdem die unmenschliche Stumpfheit und Grausamkeit des Sowjetsystems bekannt geworden waren. Deshalb erklärte ich Eisler nach einer Weile, daß er keine Chance habe, mich zu der Ideologie zu bekehren, die er vertrat, aber daß mich seine inoffizielle Meinung darüber interessieren würde, wie sich die große Revolution auf unsere Kunst auswirken würde. Darauf erwiderte er, sicherlich würde ich die Gleichgültigkeit unseres Zeitalters der zeitgenössischen Musik gegenüber mißbilligen, und deutete an, das alles würde sich nach dem »Tag« ändern. Heute, sagte Eisler, würden die Menschen ausgebeutet und schikaniert und seien überarbeitet, so daß sie sich unmöglich auf die Feinheiten von Kammermusik konzentrieren könnten. Als ich ihn fragte, ob er meine, daß im kommunistischen Paradies jeder nur wenige Stunden täglich arbeiten müsse und daher der Komplexität atonaler Streichquartette viel Freizeit widmen könne (was mir zumindest logisch, wenn auch nicht wahrscheinlich erschien), verneinte Eisler, denn dann würde niemand mehr Streichquartette schreiben. Gut, aber was würde man dann komponieren? Werke, welche die Errungenschaften der Revolution zum Gegenstand haben, war die

Antwort – vielleicht Kantaten zu Ehren von Polarforschern oder zur Feier des ersten Mondflugs oder einer neuen Krebsbehandlung oder dergleichen. Eisler war so ehrlich, mir diesen Teil der marxistischen Theorie zu erklären, obgleich er gewußt haben muß, daß ich ihn abstoßend finden würde. Natürlich sagte ich, daß ich keine Neigung verspürte, solche »funktionalen« Meisterwerke zu schreiben, sondern es vorzöge, im kapitalistischen Chaos zu leben und Streichquartette zu komponieren, selbst auf die Gefahr hin, daß niemand sie hören wolle. Später, insbesondere nachdem ich viel Umgang mit Theodor W. Adorno gehabt hatte, konnte ich zumindest die subjektive Wahrheit in Eislers Argumentation würdigen, welche mir zu jenem Zeitpunkt aber hanebüchen und albern erschien. Auf die Frage des Kommunismus und der Einstellung zu politischen Strömungen im allgemeinen werde ich später ausführlich zu sprechen kommen, wenn ich mich mit einem Zeitabschnitt befasse, in dem diese Probleme übermächtig wurden. In den fernen Tagen von 1929 waren sie uns noch kaum bewußt.

Reisebilder aus Österreich

Im Frühling 1929 entschied ich, daß es für mich an der Zeit sei, das Land zu erkunden, zu dem ich eine eigenartige und leidenschaftliche Liebe entwickelt hatte. Ich entdeckte, daß ich einen großen Teil Österreichs gar nicht kannte, und ich wollte seine entlegenen Wege und Winkel besichtigen. Österreich wurde für mich ein sonderbar teurer Begriff, in dem sich auf seltsame Art Alltagsleben und traumhafte Unwirklichkeit mischten. Ich begann, es zu lieben, wie man ein kleines Kind oder einen liebenswürdigen alten Herrn lieben würde, anders gesagt, mit einem überwältigend zärtlichen Beschützergefühl. Oberflächlich gesehen hatte das mit der Schwäche zu tun, die der Organismus des Landes damals aufwies, das ja ein anscheinend dürftiges Relikt eines einst mächtigen Reiches war. Alles Große und Prächtige (und geradezu überwältigende Mengen an solchen Phänomenen waren überall zu sehen) gehörte der Vergangenheit an und wies auf weltweite Beziehungen und Verflechtungen hin, wohingegen die Gegenwart arm, klein, eng und provinziell war. Schnabel sagte in einer seiner eher abgeklärten Stimmungen, daß Österreich einer angenehmen Zukunft als Land der Schäfer und Oberkellner entgegensehe. Das verletzte mich furchtbar, weil ich zu dem Schluß gekommen war, daß Österreichs Größe nicht von seiner physischen Ausdehnung und Macht abhing, sondern kraft eines Gedanken oder mehrerer Gedanken geschaffen wurde, ein Phänomen des Geistes, das wiederbelebt werden sollte und konnte. Dem wollte ich meine ganze Energie widmen. Ich haßte die Jeremiaden der übriggebliebenen Intellektuellen, die anscheinend nur in Wien verharrten, weil sie zu arm, zu ängstlich oder zu unfähig waren, um es anderswo zu versuchen, und ich haßte diejenigen, die Wien verlassen hatten, weil die barbarischen und großsprecherischen Versuchungen Berlins sie angelockt hatten. Ich meinte, wir sollten zumindest ebenso stolz und selbständig werden wie die Schweiz.

Jedenfalls plante ich eine Pilgerfahrt zu den Heiligtümern der österreichischen Landschaft und Geschichte, und gegen Ende Mai, glaube ich, traten wir unsere etwa dreiwöchige Reise an, zu der ich meine Eltern eingeladen hatte. Es war eine der schönsten Unternehmungen meines Lebens. Wir fuhren zuerst mit der Bahn zu dem uns bereits bekannten Wallfahrtsort Mariazell, wo ich Berta voller Freude die wunderbare Basilika zeigte, mit den Zeichen dafür, daß viele Nationen die Heilige Jungfrau verehrten, und die bunten Läden, die furchtbare und rührende Devotionalien zum Kauf anboten. Mariazell sollte der letzte Ort außerhalb Wiens sein, den mein lieber Vater vor seinem Tod besuchte, und er ließ dort zwei winzige Medaillons mit dem Bild der Heiligen Jungfrau weihen, welche er meiner Mutter hinterließ, die sie mir und Berta geben sollte, wenn sie uns jemals wiedersehen würde. Von Mariazell aus machten wir einen Abstecher zu dem hübschen Erlaufsee, dessen in Franz Schuberts erstem veröffentlichten Lied gedacht ist. Dort gab es ein außergewöhnliches Mittagessen mit frischem Hecht. Mit einem der komfortablen Autobusse der österreichischen Post fuhren wir von Mariazell aus auf der wenig benutzten Straße weiter, die nach Gusswerk hinunter und durch die Schluchten von Wildalpen, unterhalb der Bergfestung des Hochschwabs, nach Gstatterboden im engen Ennstal führt, das dort Gesäuse heißt. Wir hielten in Admont, wo sich eine großartige Abtei mit einer herrlichen gotischen Kirche, einer phänomenalen barocken Bibliothek und einem höchst bemerkenswerten Weinkeller befindet, in dem seltene edle Weine aus den Klostergärten in der Südsteiermark angeboten wurden. Die Reise ging dann nach Bad Aussee weiter, dem südlichsten Kurort des berühmten Salzkammerguts, der allerdings noch in der Steiermark liegt. In Alt-Aussee machten wir Halt und wanderten zum Grundlsee hinüber, sahen hübsche Dörfer mit reicher alter Architektur und vielen neuen Villen, die herrlich zwischen kleinen Seen und bewaldeten Hügeln lagen, vor dem Hintergrund des bedrohlichen Höllengebirges im Osten und des schneebedeckten Dachsteins im Westen.

Unsere nächste Station war Hallstatt, die geisterhafte, melancholische Stadt an den Ufern eines stillen, schwarzen Sees, die von den steilen, aus allen Richtungen hereindrängenden Berghängen beinahe erdrückt wird. Der Bus trug uns hinauf zu dem einfachen Gasthof in Gosauschmied, von wo aus wir zu den Gosauseen hinaufstiegen, in denen sich der kantige Dachstein spiegelte. Er ist der östlichste Berg der Alpen und hat einen großen Gletscher auf dem flachen Gipfel. Von dort fuhren wir wieder mit dem Bus über die einsame Straße nach Abtenau, einem entlegenen Bergdorf über dem Salzachtal, das nach Salzburg führt. Weil wir uns entschlossen hatten, die bekannten und überlaufenen Orte zu meiden, fuhren wir südwärts nach Radstadt und über den Radtstäder Tauernpaß nach Mauterndorf, in der höchsten Region des steirischen Murtals. Diese Paßstraße war schon steil genug, aber es gab eine noch steilere – mit einer der stärksten Steigungen der Welt, die über den Katschberg zu der Kärntner Stadt Gmünd führte.

Da ich für die feinsten Stimmungsnuancen empfänglich war, wurde ich beim Anblick der ungewöhnlichen, ganz umschlossenen alten Piazza von Gmünd sehr aufgeregt, denn ich spürte, daß wir den Süden betreten hatten, und die Vorstellung, daß Österreich sogar in seinem verstümmelten Zustand etwas von dem fabelhaften, ersehnten, gesegneten, ewigen Süden hatte, berauschte mich. Bei genauerem Hinsehen ist daran nicht so viel, wie ich glaubte, denn Kärnten und die Untersteiermark und selbst die südlicheren Provinzen Carnia und Istrien – die jetzt von Österreich abgetrennt sind – sind Schnee und bitterer Kälte ausgesetzt. Aber weil ich es so wollte, fühlte ich etwas in der Luft, das nach Süden duftete, und das versetzte mich in Hochstimmung.

Es ging weiter nach Spittal in der Nähe von Millstatt, in dem ebenfalls beachtlich südländische, italienische Architektur zu sehen ist. Von Millstatt aus, wo sich der See träge unter der dunstigen, heißen Sonne der ersten Junitage ausdehnte, machten wir einige Ausflüge. Dann fuhren wir westwärts durch das Drautal und über den Iselsberg in das berühmte, so oft abgebildete Dorf Heiligenblut mit seinem schönen, eleganten gotischen Kirchturm, der sich klar gegen den ungeheuren Gletscher des Großglockners abzeichnet, dem höchsten Berg Österreichs in seiner neuen, begrenzten Form (früher war es der Ortler in Südtirol). Zu jener Zeit war von der neuen, herrlichen Großglockner Hochalpenstraße noch keine Spur zu sehen. Es gab nur eine schmale, steile Bergstraße, die zum Franz-Josephs-Haus (oder Glocknerhaus?) führte, einer groß ausgebauten Berghütte gerade gegenüber von dem phantastischen Gipfel, hoch über dem riesigen Pasterzengletscher. Wir machten einen Ausflug zu einer der verlassenen Goldminen der Region, der Alte Pocher, wo wir einige gewagte Taktiken anwenden mußten, um einem respektgebietenden Stier auszuweichen, der in der Nachbarschaft weidete. »Alte unnennbare Tage.« Und hinunter ging's nach Lienz, der Hauptstadt von Osttirol, dem abgetrennten Teil der ehrwürdigen alten Provinz, alles, was Österreich geblieben war, nachdem das Märchenland Südtirol fort war. Ich verliebte mich in die kleine Stadt, ihre engen Straßen, ihre farbenfrohen Arkaden, Geschäfte und Märkte und das leicht italienische Flair, das in der Luft lag. Ungefähr dreißig Kilometer westlich begann Italien. Bis hierhin ging unsere Reise. Auf der Rückfahrt mit der Bahn machten wir für einen Tag am Semmering Halt, in dem prächtig altmodischen Hotel Erzherzog Johann, und stiegen zu der Berghütte auf dem Sonnwendstein hinauf, deren überraschend feine Küche einen guten Ruf hatte.

Diese Reise hatte es in sich. Ich glaube, es war das einzige Mal in meinem Leben, daß ein Werk so offensichtlich und unmittelbar durch Erleben inspiriert wurde. Ich entschloß mich auf der Stelle, einen Liederzyklus zu schreiben, der das eben Erlebte zum Ausdruck bringen sollte. Wenige Tage nach der Heimkehr begann ich, das *Reisebuch aus den österreichischen Alpen* zu komponieren, und in zwanzig Tagen beendete ich die zwanzig Lieder, wobei ich Texte und Musik gleichzeitig schrieb, wie ich es von meinen Opern her gewohnt war, und ab und zu komponierte ich zwei Lieder an einem Tag. Das Werk ist fast ein Tagebuch, auch wenn ich es nicht »Reisetagebuch« nennen wollte (wie manche den Titel beharrlich falsch zitieren), zum Teil weil das »Reisetagebuch eines Philosophen« des Grafen Keyserling (den ich nicht mochte) recht populär geworden war (daher das falsche Zitieren meines Titels). Im folgenden sind die Lieder den entsprechenden Orten beziehungsweise Erlebnissen zugeordnet: »Verkehr« bezieht sich auf die elektrische Schmalspurbahn, die nach Mariazell führt, und auf alle Alpenpässe, die die Postautobusse bezwangen, besonders den Katschberg. »Kloster in den Alpen« ist Admont. Wir wurden von einem wirklich eleganten und auch ziemlich arroganten jungen Mönch herumgeführt. »Friedhof im Gebirge« ist Hallstatt. Dort befinden sich der steile Friedhof und der Karner. »Alpenbewohner« ist ein Eindruck vom Glocknerhaus. Der »blutige Hanswurst« in dem Lied »Politik« ist Fürst Starhemberg. »Gewitter« bezieht sich auf Heiligenblut. »Heißer Tag am See«: Millstatt. »Kleine Stadt im Süden«: Lienz.

Zwischen diese Reisebilder sind Reflexionen eingestreut, von denen ich »Rückblick« besonders gern mag. Der Grundton sind liebevolle Ironie, lyrischer Skeptizismus, Pathos, Resignation und Hoffnung. Die seltsamen Verse, die mich zu dem letzten Lied inspirierten, standen tatsächlich über dem Eingang zu einem Weinkeller in Stammersdorf, einem Ort, der ein paar Kilometer östlich [nördlich] von Wien jenseits der Donau liegt und auf eigentümliche

Weise einen ganz orientalischen, asiatischen Charakter hat. Wir fuhren einige Tage nach der Rückkehr von unserer Reise dorthin.

Die Philosophie dieser Lieder erschien mir später naiv, um nicht zu sagen primitiv, und reaktionär. In »Heimweh« sage ich, daß ich dem alten Duft vertrauen will, nicht der »neuen Idee«, was eine leise Anspielung auf die Neuerungen der sozialistischen Wiener Stadtregierung war. Diese Andeutung war mir später peinlich, aber ich kann zumindest sagen, daß ich nicht inkonsequent war, als ich die Haltung einnahm, die ich in den Jahren 1933 und 1934 tatsächlich einnahm. Ich war kein Überläufer, wie so viele andere es in jenen schicksalhaften Jahren waren. Die Lieder betonen durchweg den Kontrast zwischen dem Stadtbewohner, der das lyrische Subjekt des Zyklus ist, und den unverdorbenen Naturerscheinungen, mit denen er während seiner Erkundungsreise konfrontiert wird. Das war damals natürlich eines der grundlegendsten Probleme Österreichs, und in gewissem Maße ist es das immer noch. Die allgemeine Einstellung zu diesem Problem ist jener sehr ähnlich, die in der Oper *Das geheime Königreich* dargestellt wird, von der im vorigen Kapitel die Rede war. »Natur« als der legendäre, paradiesische Zustand der Menschheit wird sehr stark aus der Sicht von Karl Kraus gesehen, in dem Sinn, daß sie vom einzelnen wieder in Besitz genommen werden kann und soll, wie das himmlische Königreich des Evangeliums, das in uns selbst liegt.

Musikalisch kennzeichnen diese Lieder den Höhepunkt meiner »Rückkehr« zu Schubert. Damals hatte ich gerade den Nachdruck der Lieder Schuberts erstanden oder war gerade dabei, die entsprechenden zehn Bände der von Breitkopf und Härtel herausgegebenen Gesamtausgabe zu erwerben. Ich berauschte mich buchstäblich daran, diese einzigartigen, zeitlosen Wunderwerke der Musikliteratur immer wieder zu spielen. Weder vorher noch nachher ist es mir jemals wieder gelungen, Schuberts Kompositionsverfahren so vollendet neu zu erschaffen, ohne die Montagetechnik des Surrealismus anzuwenden, zumindest nicht absichtlich, sondern ganz ernsthaft und daher eigentlich auch ohne die eigene Originalität zu opfern. In einem Lied, »Unser Wein«, kam ich dem Vorbild so nahe, daß ich mich entschloß, den Untertitel »Dem Andenken Franz Schuberts« hinzuzufügen. Erdmann behauptete, daß der »Rückblick«, den ich so gern hatte, Schubert näherkäme als alle anderen Lieder, was vielleicht in einem subtileren, technischen Sinn richtig ist.

Diese Lieder sind der deutlichste und überzeugendste Beweis, den ich überhaupt erbringen kann, um eine Theorie zu unterstützen, die ich damals gegen die Atonalen propagierte, welche erklärten, Atonalität sei notwendig, weil das alte Vokabular erschöpft sei – und meine Theorie besagte, daß es möglich sein sollte, das alte Vokabular zu verjüngen und ihm durch eine neue, ursprüngliche Erfahrung seine alte Lebendigkeit und Frische zurückzugeben. Diese Theorie ist wahrscheinlich falsch, obgleich sie nicht ohne weiteres durch eine entgegengesetzte Theorie widerlegt werden kann, solange ein einziges, auf diese Theorie gestütztes Werk gültig und lebendig bleibt, und heute hat es den Anschein, daß mein *Reisebuch* eine beachtliche Lebendigkeit besitzt. Eine merkwürdige Beobachtung ist, daß das Werk, obgleich es ein Zeugnis tonaler Komposition ist, zumindest an zwei Stellen (am Schluß von »Gewitter« und an dem rezitativischen Anfang des letzten Liedes) Zwölftonreihen aufweist.

Bezeichnend ist weiterhin, daß es nicht möglich war, eine Aufführung des Werkes in Wien zu erreichen, obgleich in Anbetracht dessen, daß es eine Glorifizierung Österreichs darstellte, wie viele Jahre lang nur wenige oder gar keine geschrieben worden waren, nichts selbstverständlicher erschienen wäre. Ich erinnere mich nicht, in dieser Hinsicht besondere Anstrengungen unternommen zu haben, da ich immer noch auf meiner »splendid isolation« beharrte. Trotzdem bereitete die Universal Edition, getreu ihrer alten Tradition der Förderung neuer Musik und infolge meines großen Erfolges mit *Jonny*, eine hübsche Ausgabe des *Reisebuchs* in vier Heften vor, die, um die Erinnerung an frühe Schubert-Ausgaben zu wecken, im Querformat gedruckt wurden. Außerdem wurde eine Luxusausgabe veröffentlicht, in der die vier Hefte in einem Leinenband mit Goldprägung zusammengefaßt wurden, illustriert von vier Radierungen von Herta Matura, einer jungen Künstlerin, die sich leider in der Hauptsache dadurch auszeichnete, daß sie von Hertzka protegiert wurde. Wie dem auch sei, die unaufdringlichen Bilder waren keine Schande für den hübschen Band, von dem, glaube ich, einhundert Exemplare aufgelegt wurden, von mir signiert.

Seltsamerweise ging dieses einzigartige Werk beinahe verloren, bevor es gedruckt wurde, denn eines Abends, als ich es in das Restaurant mitgenommen hatte, wo wir mit Schnabel aßen, ließ ich die Aktentasche mit dem Manuskript in dem Taxi liegen, das uns heimbrachte. Etwas zu verlieren hat mich immer schrecklich aufgeregt, oft ohne jedes Verhältnis zum Wert des verlorenen Gegenstandes. Mir ist klar, daß es nicht der Schaden ist, der mich seelisch aus dem Gleichgewicht bringt, wenn ich einen Bleistift verliere, sondern das erschreckende Gefühl, daß ich unwissentlich dem Handeln einer geheimnisvollen Macht ausgeliefert war, die vorübergehend meine Selbstkontrolle außer Kraft gesetzt hat. Der Verlust dieses Manuskripts war eine ziemlich ernste Sache, und der Vorfall regte mich umso mehr auf, als die Aktentasche auch die Manuskriptkopie eines Streichtrios von Schnabel enthielt, das ich durchsehen sollte. Bemühungen, die verlorenen Noten wiederzufinden, waren ganz und gar vergeblich, obgleich ich sofort zu jenem Restaurant zurückeilte, verschiedene Taxiunternehmer anrief und schließlich ein Inserat in die Zeitungen setzte, in dem ich eine Belohnung versprach. Ich stellte mir vor, daß der Mann, der die Tasche fand, sich diese als Wertobjekt aneignete und die Noten empört als völlig wertlos wegwarf – es sei denn, er ist war Kenner, der die Papiere stillschweigend aufbewahrte, bis er oder seine Erben ohne Gefahr Gebrauch davon machen konnten. Unter diesem Gesichtspunkt wäre nur mein Manuskript von Interesse gewesen, denn Schnabels Trio war glücklicherweise die Abschrift eines Kopisten. Ich war natürlich vollkommen am Boden zerstört, als ich ihm sagen mußte, was passiert war, aber er tröstete mich, indem er mir eben diesen Sachverhalt erklärte. Was mein Werk anlangte, so hatte ich Glück, denn ich besaß eine komplette und detaillierte Bleistiftskizze, nach der ich das Ganze rekonstruieren konnte. Bei dieser Gelegenheit nahm ich eine wesentliche Änderung in einem Abschnitt des Liedes »Alpenbewohner« vor, indem ich einige zu aktuelle satirische Spitzen, die außerhalb Wiens kaum verständlich gewesen wären, herausnahm.

Das Zögern der Wiener Künstler oder der künstlerischen Unternehmen (Konzertagenturen, Radio etc.) dem Werk gegenüber war ärgerlich und offenbar dumm, aber erklärlich. Der Ruhm, den mir *Jonny* eingebracht hatte, hatte zwei Seiten. Einmal war ich als rücksichtsloser, zynischer Moderner bekannt, dem nichts heilig war, so daß er nicht einmal zögerte, die geheiligten Bezirke der Oper mit schmutzigem Jazz und undefinierbaren »Kakophonien« zu schänden. (Ich erinnere mich, daß in einer Kritik zu *Jonny* der erste Akkord der Oper vollständig wiedergegeben wurde, als Beispiel für die schrecklichen Dissonanzen, die ich über unschuldige Hörer verhängte – ein vollkommen harmloser Dominanttredezimakkord mit ausgelassener Undezime, so daß die Tredezime, stets nach streng orthodoxen Regeln, auch als Vorausnahme der Terz des unmittelbar folgenden Tonikadreiklangs interpretiert werden konnte, eine Kombination, die in den alltäglichsten Jazzarrangements tausendmal vorkommt.) Zugleich wurde ich als ehemaliger Moderner betrachtet, dem ein Licht aufgegangen war und dem es jetzt ums Geschäft ging, so daß manche Leute weitere populäre Schlager von mir erwarteten.

Das *Reisebuch* war musikalisch im ganzen sicherlich so einfach, daß es die Hüter der geheiligten Tradition zufriedenstellte, da ich offensichtlich kein dreister Bilderstürmer war, und auch denjenigen gefiel, die weitere »melodische« Äußerungen erwarteten. Es schien jedoch immer noch viel musikalischen Sprengstoff und viele Spitzfindigkeiten zu enthalten und vor allem war der literarische Gegenstand zu umstritten, zu schwermütig und zu ungewöhnlich, als daß er die Bedenken der beiden Parteien hätte ausräumen können. Ich wurde allmählich in die unerfreuliche Situation hineinmanövriert, zwischen zwei Stühlen zu sitzen, und dort befand ich mich in der Tat sehr bald. Die Tatsache, daß ich mir mindestens bis zur Machtübernahme der Nazis, aber auch noch danach (wenngleich in anderem Sinne) eine Philosophie zurechtlegte, die die Position zwischen den Stühlen als den einzig würdigen und einem klugen Zeitgenossen angemessenen Platz rühmte, kann entweder als Zeichen dafür gedeutet werden, daß ich wirklich zwischen zwei Stühlen sitzen wollte und daß letztendlich nichts Überraschendes daran war, daß meine Handlungen zu diesem Ergebnis führten, oder sie kann als rationale Erklärung für die Konsequenzen interpretiert werden, die ich durch meine Handlungsweise für mich heraufbeschworen hatte. Im Grunde laufen beide Deutungen auf dasselbe hinaus.

Ungefähr zur Zeit des *Reisebuchs* muß ich eine weitere, kleinere Komposition geschrieben haben, und zwar auf Anregung Schnabels, der in Berlin zusammen mit Flesch (Violine) und Piatigorsky (Violoncello) eine Reihe von Trio-Abenden gab. Ich nannte sie *Triophantasie*, und das ist alles, was ich darüber weiß und zu sagen habe. Es ist ein ganz und gar minderwertiges Stück, und indem ich es schrieb, versäumte ich eine wunderbare Gelegenheit, von drei Künstlern ersten Ranges aufgeführt zu werden.

Besser erging es mir mit einem Zyklus von sieben kurzen Liedern, der den Titel *Fiedellieder* hat. Die Texte stammten von Theodor Storm und dem Historiker Theodor Mommsen, die sich diese Gedichte, einer romantischen Laune folgend, anscheinend gegenseitig schickten. Heute habe ich für diese etwas niedliche Lebkuchenpoesie nicht mehr viel übrig, obgleich die altmodischen Stückchen schöne Gedanken und Verse enthalten. Musikalisch waren diese Lieder offenbar Nachklänge des *Reisebuch*, das letzte Plätschern nach der ungeheuren lyrischen Aufwallung, die den größeren Zyklus hervorgebracht hatte.

Jonny in *Amerika*

Während des Jahres 1929 wurde gelegentlich die Frage behandelt, ob ich nach Amerika reisen sollte. Die Metropolitan Opera hatte *Jonny spielt auf* angenommen, und es lag durchaus im Bereich meiner Möglichkeiten, hinzufahren und mir diese Produktion anzuschauen. Aber der Gedanke reizte mich nicht im geringsten. Erstens hing mir *Jonny* zum Hals heraus, und ich hatte keine Lust, eine weitere Produktion der Oper zu hören. Eigentlich hatte ich, glaube, ich, schon nach der Wiener Aufführung keine Lust mehr dazu. Zudem lockte Amerika mich überhaupt nicht, trotz der begeisterten Berichte, die Schnabel damals verbreitete. Ich vermute, daß seine Begeisterung meinen Widerstand weckte und mich in meinen Vorurteilen bestätigte. Er erklärte, Amerika sei ein so wunderbares Land, weil dort niemand Ausländer sei, man sehe sich dort einfach hundertdreißig Millionen Europäern aus allen Ländern gegenüber, so daß er, Schnabel, sich wohlfühlen würde in dieser Art kosmopolitischer, allumfassender Atmosphäre, nach der wir uns sehnten und die wir in dem geteilten, von Meinungsverschiedenheiten, Eifersüchteleien und kleinlichen Querelen zerrissenen Europa niemals finden könnten. Schnabel rühmte auch die wunderbare Einstellung der Amerikaner zur Kunst. Sie hätten nichts von dem schwerfälligen, grübelnden Respekt, der in Europa so ermüdend sei, sagte er, sie würden alles als Vergnügen betrachten und es aus ganzem Herzen genießen, als kraftvolle, gesunde Menschen. Mit anderen Worten, was er über Amerika sagte, entsprach ziemlich genau dem Wunschtraum, dem ich in *Jonny* Gestalt verliehen hatte. Doch als Schnabel mit solchen Geschichten auf mich einwirkte, war es, was mich betraf, zu spät, denn ich war damals über diese Phase meiner Lebensphilosophie bereits hinaus. Das Erstaunliche ist, daß er, als ich schließlich nach Amerika kam und mich aus ganzem Herzen bemühte, ein möglichst guter Amerikaner zu werden, einen diametral entgegengesetzten Standpunkt einnahm und Amerika immer wieder mit so bitteren Worten schmähte, wie sie mir zu der Zeit, über die ich gerade schreibe, nie in den Sinn gekommen wären. Ich habe selten eine radikalere Kehrtwendung bei einem Menschen erlebt.

Jedenfalls konnten Schnabels Lobreden meine düstere Ansicht über das Gelobte Land nicht ändern. Nach dem, was ich in Paris von den Amerikanern gesehen hatte und was ich aus Berichten in Zeitungen und Zeitschriften über Amerika wußte, erschien es mir äußerst chaotisch, barbarisch, heuchlerisch und albern. Ich gebe zu, daß mich vor allem die Prohibition abstieß, und ich konnte mich nicht mit dem Gedanken anfreunden, auch nur vorübergehend in einem Land zu leben, wo ich entweder darauf verzichten mußte, nach Belieben ein Glas Wein zu trinken, oder theoretisch zum Kriminellen und Komplizen der schlimmsten Typen aus der Unterwelt werden mußte. Deshalb erwog ich nicht einmal, nach Amerika zu gehen, zu welchem Zweck auch immer, und in meiner schmollenden Haltung der selbstauferlegten Einsamkeit nahm ich keine Notiz von der Produktion meiner Oper in New York, obgleich sie, zumindest oberflächlich betrachtet, symbolisch Jonnys Heimkehr bedeutete. In Wirklichkeit war sie das nicht, denn Jonny war das Produkt eines romantischen Wunschtraums von Amerika, für den es kaum eine Rolle spielte, ob ein solches Land überhaupt existierte. Mein *Jonny* mußte daher in dem Land, das mich zu seiner Schöpfung inspiriert hatte, ein Fremder bleiben. So wie ich dem, was mit meinem Werk geschah, keine Aufmerksamkeit schenkte, so wurde, das muß ich hinzufügen, auch mir keine geschenkt. Bis heute weiß ich nicht einmal, ob die Oper in englischer oder deutscher Sprache gegeben wurde, ob Lawrence Tibett oder Michael Bohnen die Titelrolle sang oder ob sie sich vielleicht abwechselten (einer von beiden muß sie gesungen haben, meine ich), wer die anderen Partien sang oder wie oft die Vorstellung wiederholt wurde. Seltsamerweise weichen die Schilderungen angeblicher Zeugen des Schauspiels in allen diesen Punkten voneinander ab. Und seltsamerweise scheint die Universal Edition keinen offiziellen Bericht über diese Vorgänge bekommen zu haben, sonst hätte ich ihn dort gesehen. Im Rückblick erscheinen mir diese Umstände heute als vielsagendes Zeichen für den recht außergewöhnlichen Gemütszustand, in dem ich mich damals befunden haben muß. Der einzige Beweis dafür, daß immerhin etwas geschehen sein mußte, war ein Telegramm von Charles Norris, einem der Pariser Zechbrüder, der mich einlud, nach der Premiere ein Glas Wein mit ihnen zu trinken. Ich erinnere mich, daß ich etwas erstaunt war, daß er in einem Telegramm ein Glas Wein erwähnen konnte, denn für mich klang das wie die Anstiftung eines Dritten zur Teilnahme an einem gesetzwidrigen Projekt. Aber ich dachte nicht viel darüber nach – wahrscheinlich beantwortete ich seine Botschaft nicht einmal, da ich noch kein Englisch konnte.

Eine weitere Folge dieses merkwürdigen Abenteuers war der Besuch eines furchteinflößenden Kerls namens Goldstein, eines Anwalts aus Berlin. Er bezeichnete sich als Generalbevollmächtigter von Warner Brothers in Hollywood, aber man konnte deutlich sehen, daß er ein Abgesandter der Hölle war. Es war von Anfang an klar, daß Warner Brothers die Filmrechte für *Jonny* erwerben wollte, und zwar nur, um zu verhindern, daß jemand anders sie kaufte. Ich glaubte nicht eine Minute lang, daß sie die Rechte für die Produktion eines Films nutzen wollten, der auch nur den geringsten Bezug zu meiner Oper hatte. Soviel konnte ich mir über das Filmgeschäft zusammenreimen, denn schließlich war ich durch Antheils Berichte über die Vorgänge in Hollywood informiert, trotz meiner ansonsten totalen Unkenntnis in bezug auf Amerika. Deshalb leistete ich Goldstein keinen Widerstand, gleichgültig, was er vorschlug. Er war ohnehin darauf eingestellt, jeglichen Widerstand zu brechen, und setzte fröhlich, kindisch und sadistisch seinen Stolz darein, uns zu zeigen, wie sich ein cleverer Berliner Geschäftsmann als würdig erwies, das superclevere amerikanische Business zu vertreten, was natürlich hieß, daß er supersuperclever erscheinen wollte, denn insgeheim wollte er uns schlampigen Österreichern weismachen, daß Berliner Business sogar noch härter war als amerikanisches Business, das wir seiner Ansicht nach in dieser Hinsicht natürlich als Spitzenleistung betrachteten.

Ich nehme an, daß der Vertrag in Berlin von Goldstein und jemandem, der die Universal Edition dort vertrat, vorbereitet worden war, und daß Goldstein nur nach Wien kam, um zwischen zwei Flügen formal die Unterschriften der Opfer zu bekommen. Ich wurde in Hertzkas Büro bestellt und bekam von Goldstein einen ausführlichen Vortrag über all die Rechte zu hören, die ich nach Unterzeichnung des Vertrages nicht mehr haben würde. Da ich wußte, worum es ging und keinen Ehrgeiz besaß und mir auch keine Illusionen darüber machte, mich mit den Kannibalen des Wilden Westens anzulegen, sagte ich kein Wort (vielleicht zur Enttäuschung des jüdischen Nazis) und unterschrieb wie gewünscht. Ich glaube, daß sie um die zehntausend Dollar zahlten, vielleicht mehr, und dafür das Recht erhielten, zehn Jahre lang mit der Oper zu machen, was sie wollten. Natürlich hörten wir nie wieder von ihnen. In Anbetracht dessen, was die Filmproduzenten später für solche Rechte zahlten, war es bestimmt nicht der Rede wert. Aber schließlich hatten sie eigentlich überhaupt kein Interesse daran, und es gab auch keine Mitbewerber, so daß es vielleicht kein allzu schlechtes Geschäft war. Die UE bekam fünfzig Prozent davon, wie ausgemacht. Goldstein errichtete ich in meiner Oper *Kehraus um St. Stephan*, die ich 1930 komponierte und die bisher noch nicht aufgeführt wurde, ein Denkmal.

Damals ahnte ich nicht, daß Amerika noch vor Ablauf des Vertrages mit Warner Brothers meine neue Heimat werden sollte. Meine Vernarrtheit in Österreich war so heftig geworden, daß ich vergessen hatte, daß erst vor zwei Jahren einer der wenigen Sätze, die ich in englischer Sprache sagen konnte, lautete: »I want to go to California.« Ich erinnere mich, daß ich diesen Satz scherzhaft als eine Art Parole benutzte, nachdem ich zum erstenmal aus Paris zurückgekehrt war, wo mir George Antheil mit phantastischen Geschichten über das Paradies am Pazifik in den Ohren gelegen hatte. Und ich ahnte auch nicht, daß diese Parole fünfzehn Jahre später ein so bedeutsamer Leitsatz meines Handelns werden sollte, daß ich mich schließlich entschloß, für das Privileg, in Kalifornien zu leben, alles aufs Spiel zu setzen.

Reise nach Nordafrika

Im Herbst 1929 verwirklichten wir ein Projekt, das ich schon lange vorher geplant hatte, wenngleich nicht ganz ernsthaft, da es meine finanziellen Möglichkeiten scheinbar weit überstiegen hatte. Nun, da diese Möglichkeiten gegeben waren, meinte ich, es meiner Ehre schuldig zu sein, den einstigen Entschluß in die Tat umzusetzen, obgleich ich nicht mehr mit dem Herzen dabei war, wie ich im Laufe seiner Durchführung erkennen sollte. Der Plan war eine Reise in die französisch besetzten Gebiete Nordafrikas. Wir verließen Wien Ende August, was nach gängigen Vorstellungen noch zu früh war, weil die Reisesaison in Afrika nicht vor November begann. Die Wahl dieses Zeitpunktes machte die Reise ziemlich anstrengend, aber auch lohnend, weil wir das Land ohne die üblichen Verzerrungen durch die Vorgaben der Reisebüros sehen konnten.

Wir fuhren über die Schweiz, wo wir in Bern einen netten Abend mit dem Pianisten Franz Josef Hirt verbrachten, nach Aix-en-Provence, wo wir Darius Milhaud besuchten. Dieser Besuch war sehr schön, obgleich völlig unverbindlich, wie alle Besuche bei Darius. Er saß in dem großen Garten des Stammsitzes seiner Familie, und einige unbedeutende Kleinstädter waren bei ihm und tranken Tee. Das Haus war großartig, wenn auch ziemlich altmodisch. Mehr noch beeindruckte mich das exquisite Hotel Roy René am Rand der Stadt, wo wunderbares Essen serviert wurde. Und ich war bezaubert von Aix, seiner herrlichen Architektur aus rotem Sandstein, dem baumgesäumten Cours Mirabeau und der Atmosphäre, die mir die klassischen Züge des alten Griechenlands widerzuspiegeln schien. Ich schrieb das in einigen sehr beredten Absätzen in einem Artikel über Milhaud auf, für den »Anbruch«, glaube ich. Die kurze Fahrt im Taxi von Aix nach Marseille war aufregend, weil sie immer wieder neue Ausblicke auf das Mittelmeer eröffnete.

In Marseille wohnten wir im Hotel de Noailles, wo uns mein Operetten-Freund Levetzow besuchte. Er hielt sich, wie er es öfter tat, eine Zeitlang in Marseille auf, bei Verwandten seines sogenannten Adoptivsohnes Amilcare. Der Alte war sehenswert, als er ins Hotel hineinstolzierte in einem Anzug, der aus etwas wie einem altmodischen Cutaway, gestreiften Hosen, gelben Schuhen, Strohhut und Monokel bestand. Er sah aus wie ein heruntergekommener Schwindler aus vergangenen Zeiten, der vor vierzig Jahren in Monte Carlo sein letztes Vermögen verloren hatte. Obgleich man ihm normalerweise keinen Groschen Kredit gegeben hätte, hatte er ein so herrisches, unverkennbar aristokratisches Auftreten, daß die Angestellten des schicken Hotels vor ihm buckelten und auf seinen Wink flitzten, als wäre er ein Millionär. Wir aßen bei Pascal zu Mittag, wo Levetzow köstliche Canneloni mit Spinat empfahl, und besuchten dann ein Weinlokal in La Madrague, wo man auf einer Terrasse sitzen und auf das Meer hinausschauen konnte. Dort wurden wir mit gutem Rotwein vollgefüllt und von einer allumfassenden, kosmischen Stimmung erfüllt und philosophierten auf eine Art und Weise, die unserer Trunkenheit entsprach. Bei unserer Rückkehr in die Stadt bestand der Kavalier darauf, für Berta – auf meine Kosten – einige ausgefallene Toilettenartikel bei Lorenzi-Pallanca zu kaufen (ich erinnere mich an diesen Namen, weil ich es sehr lustig fand, ihn französisch ausgesprochen zu hören), und im Hotel tranken wir noch mehr Wein und aßen zu Abend. Ich freue mich bei der Erinnerung daran, daß Berta den ganzen Jux anscheinend sehr genoß.

Leider mußte sie am nächsten Tag dafür büßen, denn als wir uns nach Tunis einschifften, wurde sie sehr seekrank, obgleich es ein klarer, schöner Sommertag mit vollkommen ruhigem Wasser war. Für mich wurde die Reise von hier an recht enttäuschend, denn so sehr ich mich auch bemühte, die richtige Begeisterung dafür aufzubringen, daß ich den seltsamen Kontinent Afrika sah (das erste außereuropäische Gebiet für mich), mußte ich unwillkürlich an die Schönheiten Österreichs zurückdenken und konnte nicht ganz verstehen, warum ich mir dieses Erlebnis zugemutet hatte.

Tunis war unerträglich heiß, sogar für mich, obwohl ich gegen Hitze stets unempfindlich gewesen bin und danach verlange. Vor allem stieß mich der alles durchdringende Schmutz dieses Landes ab. Die Badewanne im Hotel war voller Staub und Schlamm, und das Wasser lief nicht. Überall gab es eine Menge sonderbarer, schrecklich aussehender Insekten. Das Essen war undefinierbar und verdächtig, und bei vielen Dingen mußte man darauf achten, daß man nicht mit den Bazillen in Berührung kam, die alles verseuchten. Die Tatsache, daß man kein Wasser trinken sollte, störte mich nicht sehr, aber selbst zum Zähneputzen mußte man Mineralwasser benutzen. Von der Stadt Tunis ist mir nicht viel in Erinnerung geblieben. Wir besuchten den Palast des Bei, dessen bemerkenswertestes Detail war, daß der Sitz der Privattoilette Seiner Hoheit mit Samt gepolstert war. Wir machten ein paar Autoausflüge in die Umgebung. Die Stätte des alten Karthago machte sehr wenig Eindruck auf mich. Ich habe festgestellt, daß ich mich allgemein nicht sonderlich für archäologische Stätten interessiere, denn gewöhnlich sind diese Plätze so eingeebnet und verschandelt, daß das Auge eines Fachmanns notwendig ist, um sich all das vorzustellen, was man nicht sehen kann. Mir erscheinen sie gewöhnlich wie jeder andere Trümmerhaufen, und die Tatsache, daß irgendein besonderes Stück davon vielleicht zwei- bis viertausend Jahre alt ist, beeindruckt mich nicht. Schöner war der Ausflug nach Hamman-Lif, wo der hügelige Küstenstreifen an Südkalifornien erinnert, das ich damals natürlich noch nicht kannte. Die Bewohner von Tunis schienen mir eine schrecklich arme, rohe und schmutzige Sippe zu sein. Besonders stieß mich der Anblick der Verkäufer von lebenden Hühnern ab, die ihre Ware wie Blumensträuße an den Füßen zusammengebunden trugen, mit herabbaumelnden Köpfen und verzweifelt gackernd. Einer der Burschen legte sein Geflügelbündel auf die Straße, hockte sich an den Randstein, hob seinen Burnus über den Arsch und erleichterte sich gründlich, was ich widerwärtig fand.

Da der während der Saison verfügbare Automobilservice noch nicht funktionierte (niemand in Wien hatte mich darüber aufgeklärt), nahmen wir von Tunis nach Constantine die Bahn, in der Absicht, nach Biskra und dann nach Algier zu fahren. Die Reise verlief ohne Zwischenfälle, weil es sich um einen Zug üblicher europäischer Art handelte, war aber auch nicht besonders interessant. Constantine bietet einen wahrhaft atemberaubenden, einzigartigen Anblick, weil diese ziemlich große Ansiedlung auf einem hohen Felsen errichtet wurde, der fast vollständig von sehr tiefen, steilen Schluchten umgeben ist. Hier begann ich, die phantastischen und aufregenden Eigenheiten eines fremden Kontinents zu genießen und auch etwas von seinem gesellschaftlichen Leben zu beobachten, die Kontraste zwischen französischer, arabischer und jüdischer Lebensweise. Da es von Constantine nach Biskra nur einen Zug täglich, oder vielleicht auch wöchentlich, gab, der bei Nacht fuhr, hätten wir bei der Benutzung dieses Verkehrsmittels vom Land nichts gesehen. Deshalb wurde entschieden, für den Rest der Reise nach Algier einen Wagen zu mieten, und auf Empfehlung des Hotelportiers ging ich einfach auf die Plaza hinaus und fragte den erstbesten Taxichauffeur, ob er uns nach Biskra und Algier fahren würde, eine Reise von mehreren hundert Kilometern. Wie erwartet, sagte er sofort »oui«. Die Araber in diesem Land schienen so wenig Selbstachtung zu haben, daß sie jeden Auftrag eines Europäers annahmen in der Hoffnung, daß er sinnlos Geld ausgeben würde, nur weil er dazu in der Lage war und psychisch dazu getrieben wurde, weil er das Gefühl hatte, sich dumm und dämlich zu zahlen, sei die einzige Möglichkeit, die natürliche Angst davor, in einem fremden Land verloren zu sein, zu überwinden. Wie dem auch sei, dieser Mann, dessen Name Ab-del-Krim war, wie sich herausstellte, erschien am nächsten Morgen im Hotel und fuhr uns südwärts nach Biskra.

Um die Mittagszeit erreichten wir Timgad, den einzigen Ort (außer Rom), wo römische Ruinen einen gewissen Eindruck auf mich machten, weil dort zumindest der vollständige Grundriß der alten Stadt zu sehen war und man sich ohne allzu große Schwierigkeiten vorstellen konnte, was über der Erde gewesen war und jetzt, mit Ausnahme von ein paar einsamen Säulen, natürlich fehlte. Man konnte sogar die Anlage der öffentlichen Toiletten erkennen, die anscheinend als eine Art Klubraum gedient hatten, wo die Herren über Politik diskutieren konnten, während sie ihren Darm entleerten. Mich beeindruckte die Tatsache, daß die Maße der Gebäude, Türen, Durchgänge etc. mit heutigen Normen verglichen extrem klein waren. Denselben Eindruck hatte ich mehrere Jahre später in Rom. Ich weiß nicht, ob das an einer optischen Täuschung liegt, die auf die Unvollständigkeit dessen, was wir von jenen alten Bauten sehen können, zurückzuführen ist, wie mir manche Leute zu erklären versuchten, oder daran, daß – wie ich entgegenzuhalten suchte – die Menschen des Altertums im allgemeinen kleiner waren als die Menschen von heute.

Die Landschaft des Atlas, durch die wir südwärts reisten, begeisterte mich sehr. Sie sah ganz ähnlich aus wie die Wüsten im Südwesten der Vereinigten Staaten, die mich zu jeder Zeit ungeheuer faszinieren. Gegen Abend überquerten wir den Gipfel des Atlas und fuhren durch wunderbare, felsige Schluchten nach El-Kantara hinunter, wo sich die Engstellen plötzlich öffneten und den phantastischen Ausblick auf die Sahara freigaben. El-Kantara ist die erste Oase und umfaßt etwa hunderttausend Dattelpalmen. Die schimmernd weißen Häuser vor dem Hintergrund sich sanft wiegender dunkler Palmen, eine schneeweiße Kaserne, aus der kohlschwarze Negersoldaten aus dem Senegal herauskamen, boten einen unvergeßlichen Anblick. Wir wohnten in dem kleinen Hotel Berthoud, einem altmodischen französischen Gasthof, und während wir auf der Veranda zu Abend aßen, bekamen wir Besuch von einer Gottesanbeterin, die sich auf unserem Tisch niederließ, ihren kleinen Kopf drehte und mit den Vorderbeinen betete, wie es sich gehört. (Die einzige, die ich danach noch sah, war – so unwahrscheinlich es klingt – in New York City in der Nähe der St. Patrick's Kathedrale.)

Am nächsten Morgen starteten wir nach Biskra, das nur wenige Kilometer weiter südlich liegt, eine weitere Oase mit sehr vielen Dattelpalmen. Es war sonderbar, die üppige Vegetation des dichten Palmenwaldes zu sehen, in dem jeder Baum buchstäblich im Wasser stand, und gleich daneben die völlig unfruchtbare Wüste. Von Biskra aus folgten wir einem Weg und hielten nach wenigen Minuten am Rand der Sahara. Es war ein aufregender Moment. Die Hitze war außergewöhnlich. Wir gingen ein paar Minuten lang in die unheimliche Wüste hinaus und überquerten einige erste Dünen. Selbst das war ein furchterregendes Erlebnis, obgleich wir wußten, daß wir nur unsere Spur zurückverfolgen mußten, um Ab-del-Krim und seinen Wagen wiederzufinden. Denn »die Spur zurückverfolgen« war eigentlich nur eine Redewendung. Es waren absolut keine Spuren im Sand zurückgeblieben, und wenn man diese Dünen hinauf- und hinunterging, konnte man sehr schnell die Richtung verlieren, weil es nirgends Orientierungspunkte gab und die Sicht immer durch den nächsten Dünenkamm begrenzt war. Auch die Stille der Wüste war bedrückend. Doch ich war froh, daß wir zu einem so frühen Zeitpunkt gekommen waren, denn wir erfuhren, daß die Handelskammer während der Saison Campingreisen in die Wüste organisierte, mit Zelten, die mit Bar und Grammophon ausgestattet waren, Tanz auf vorgefertigtem Boden und wahrscheinlich auch Arabern, die irgendwo versteckt waren, um in angemessenen Abständen das sprichwörtliche Hyänengeheul nachzuahmen. Diese wenigen Minuten in der Mittagshitze des Septembers vermittelten mir jedenfalls einen vollständigen Eindruck von der Großartigkeit und dem Schrecken der Wüste. Auf diese Fahrt in die Sahara hatte Ab-del-Krim ein Kind mitgenommen, das er aus unerfindlichen Gründen in Biskra aufgelesen hatte. Der Knabe schlief im Wagen und war, besonders um die Augen herum, vollständig mit Fliegen bedeckt. Das schien ihn kein bißchen zu stören, und auch der Chauffeur machte nicht die geringsten Anstalten, die Fliegen zu verjagen. Es ist alles eine Frage der Gewöhnung, wie es scheint, auch die schrecklichen Augenkrankheiten, von denen viele Menschen in diesen Ländern befallen waren.

In Biskra besuchten wir auch eine Moschee, nachdem wir pflichtbewußt unsere Schuhe ausgezogen hatten. Das Gebäude machte überhaupt keinen Eindruck, denn es war schäbig, vernachlässigt und leer. Eine billige Küchenuhr an der Wand wirkte besonders unpassend. Eine Vorstellung von der wirklichen Größe arabischer Architektur bekam ich erst ein paar Jahre später in Spanien.

Von Biskra aus fuhren wir in nordwestlicher Richtung zur Küste, die wir in Bougie erreichten. Unterwegs begegnete man vielen Nomadenkarawanen, die im Sommer an der Küste lebten und im Herbst zu ihren Wohnstätten in der Wüste zurückkehrten. Sie sahen ganz anders aus als die korrupten, von Krankheiten geplagten Araber – es waren stolze und wilde Menschen mit Gewehren, schönen Frauen und Pferden, die sich langsam und leise fortbewegten, ohne von dem Ärgernis der ausländischen Maschine, des Autos, Notiz zu nehmen. Ich möchte hinzufügen, daß die Straßen in Nordafrika ausgezeichnet waren; die einzigen störenden Elemente waren Vieh- und Autokadaver in den Gräben.

Von Bougie, dem kleinen Hafen auf halber Strecke zwischen Tunis und Algier, habe ich nichts in Erinnerung, außer daß Berta der Versuchung nicht widerstehen konnte, einen wunderschön aussehenden Salade Romaine zu essen, der sofort einen ärgerlichen Ausschlag am Mund zur Folge hatte. Von Bougie aus fuhren wir durch das gebirgige Kabylei, von dem Ab-del-Krim stolz berichtete, im Winter gäbe es dort so viel Schnee, daß Leute aus Algier zum Skifahren herkämen. Es war sogar im September ziemlich kühl, und ich war etwas enttäuscht, weil ich beständig auf der Suche nach dem Land des ewigen Sommers war – wie ich es auch heute noch bin. Die Hütten, in denen die Menschen dort lebten, waren sehr merkwürdig, obgleich ich jetzt nicht mehr gut sagen könnte, inwiefern. Wir näherten uns der großen Stadt Algier durch weite, mit Wein bepflanzte Ebenen, die nicht viel anders aussahen als das, was ich in Südfrankreich gesehen hatte.

In Algier erneuerte ich die Bekanntschaft mit Inghelbrecht, der zum Direktor der dortigen Oper bestellt worden war. Natürlich gefiel es ihm dort nicht besser als in Paris, denn es plagte ihn nicht nur die übliche Inkompetenz seiner künstlerischen Mitarbeiter, sondern auch die phantastische Unzuverlässigkeit und Schlampigkeit der Einheimischen. Da unser einziger Berührungspunkt der Ärger über die schlechte Organisation der Pariser *Jonny*-Aufführung war, verlief unsere Begegnung im Hinblick auf neue Denkansätze nicht sonderlich produktiv.

Algier war als Stadt nicht sehr interessant, obgleich der Hafen und das prächtige Hafenviertel recht eindrucksvoll waren. Letzteres erforschten wir gründlich, aber so farbenfroh der Fischmarkt und der angrenzende Kai auch waren, allmählich hatten wir von Schmutz, Verkommenheit und physischem Verfall die Nase voll. Wir besichtigten auch die Kasbah mit ihren gewundenen Gassen, den »Souks« (den langen Reihen gewölbeartig gedeckter Läden, wo ahnungslosen Touristen ihr Geld abgeknöpft wurde – ich kam mit einem Fläschchen Ambra davon, dem berauschenden, irgendwie wunderbaren Parfum, dessen Duft das ganze Land durchdringt), und den labyrinthähnlich engen Gängen, in denen man sich total verirren kann. Besonders beeindruckt war ich von den offenen Feuerstellen, wo man Schafköpfe und Därme kochte und Fleisch verkaufte, das völlig schwarz zu sein schien, bis man näherkam und eine ganze Wolke von Fliegen aufflog und das Fleisch beinahe so rosa zurückließ, wie es hätte sein sollen. Gerüche aus diesen Hexenküchen, gemischt mit dem allgegenwärtigen Ambraduft, machten die Luft in diesen engen Schluchten berauschend und ekelerregend zugleich. Überall wurden wir von Bettlern verfolgt, die mit ein oder zwei Groschen zufriedenzustellen waren. Einmal entschloß ich mich törichterweise, ein Experiment zu machen, und weigerte mich, dem Knaben etwas zu geben. Natürlich siegte er. Er folgte uns ohne Zögern zwei Stunden lang überall hin. Schließlich gab ich auf und schenkte ihm ein Geldstück, woraufhin er sofort verschwand. An solchen Verhaltensweisen waren die Besucher selbst schuld.

In dem Hotel, in dem wir wohnten, war eine Gruppe englischer Reisender eingetroffen, die für einige Stunden in Algier an Land gegangen waren, vermutlich, um sich die Sehenswürdigkeiten anzuschauen, wahrscheinlich aber nur, um zu essen und Karten zu spielen. Obgleich ihr Schiff vom Foyer des Hotels aus deutlich zu sehen und nur ein paar Dutzend Meter entfernt war, engagierten sie arabische »Führer«, um sich von ihnen nur eben über die Straße zum Schiff bringen zu lassen, als dieses abfahrtbereit war. Die französische Herrschaft schien in diesen Ländern zwar aufgeklärter und humaner zu sein als in anderen Kolonien, aber nach dem, was ich in Nordafrika davon sah, hatte ich von dem Benehmen des »weißen Mannes« in fremden Ländern keinen günstigen Eindruck.

Unter diesen Umständen war ich froh, als wir den Staub Afrikas von unseren Schuhen schüttelten und mit einem kleinen französischen Schiff nach Palma de Mallorca weiterfuhren. Die Überfahrt dauerte nur eine Nacht, aber Berta mußte wieder leiden. Die zauberhafte Insel Mallorca erschien uns wie das Paradies. Ich glaube nicht, daß ich je eine Landschaft gesehen habe, die der Vorstellung vom Garten Eden so nahe kommt. Es war meine erste Begegnung mit Spanien, und ich war sogleich begeistert. Die Architektur Palmas wirkte nach den baufälligen arabischen Baracken und den billigen Kolonialbauten Afrikas irgendwie grandios. Sogar private Wohnhäuser waren solide gebaut, schön instandgehalten und peinlich sauber. Ich war besonders vom Patio bezaubert, dem Wohnzimmer im Freien, das für das spanische Haus typisch ist. Die Menschen waren schön, stattlich und gesund. Mag sein, daß wir, wenn wir von Europa gekommen wären, von diesen Eigenschaften nicht so stark beeindruckt gewesen wären, aber unter diesen Umständen waren sie wunderbar. Wir machten einen Ausflug über einige Berge und Pässe zum Hafen von Sollér und kamen an dem Haus vorbei, in dem Chopin gewohnt hatte. Die Landschaft war paradiesisch, üppig und schön gegliedert.

Von Mallorca setzten wir nach Barcelona über, wo wir die Weltausstellung besuchten und Alfonso XIII., Spaniens bislang letzten König, sehen konnten. Die Weltausstellung war nicht allzu eindrucksvoll, weil der Hauptgegenstand solcher Unternehmungen die Darstellung materieller Errungenschaften ist, die mehr oder weniger standardisiert sind und deshalb einen monotonen Anblick bieten. Die Ausstellungen spanischer Kunst jedoch, die in neuen, schönen Gebäuden am Hang des Hügels zu sehen war, auf dem die Weltausstellung ihren Platz hatte (seinen Namen habe ich vergessen), war großartig und verstärkte meine Bewunderung und Sympathie für das Land Spanien. Ich werde später darauf zurückkommen. Wir gingen auf den Berg Tibidabo, der einen herrlichen Ausblick auf die Stadt bietet, die in meinen Augen eher so aussah, wie ich mir südamerikanische Städte vorstellte, als wie ein Ort in Europa, was wahrscheinlich an ihrer regelmäßigen Anlage in quadratischen Blocks und an der gewaltigen Calle Diagonal liegt. Nach meinem Besuch in Brasilien glaube ich, daß mein Eindruck von Barcelona richtig war. Damals jedoch nahm ich die Besonderheiten der spanischen Lebensweise und Zivilisation nicht vollständig wahr, und ich werde im Zusammenhang mit späteren Besuchen ausführlicher darüber schreiben.

Vom Rest der Reise weiß ich nicht mehr allzu viel, außer daß wir mit dem berühmten »train bleu«, dem blauen Barcelona-Expreß, nach Paris und weiter nach Köln und wahrscheinlich Kassel und Leipzig fuhren, was mit den Vorbereitungen der *Orest*-Premiere zu tun gehabt haben müßte.

Da gerade von Vergnügungsreisen die Rede ist, sollte ich erwähnen, daß wir in der Weihnachtszeit des Jahres 1929 wieder in die Berge fuhren, aber nicht mehr in die teure Schweiz, sondern in den erschwinglichen Kurort Obladis in Tirol. Obladis interessierte mich wegen des ungewöhnlichen Namens und weil es in jenem entlegenen Teil des Inntals liegt, der an das Schweizer Engadin grenzt. Da die Region ein Teil des alten rätischen Gebietes war, war sie voller seltsamer Namen und, wie ich herausfand, sonderbarer und ungewöhnlicher Orte. Das Kurhaus Obladis war im Vergleich zu den Schweizer Hotels im Engadin ein bescheidenes Etablissement, aber komfortabel und behaglich, wenngleich ein wenig auf die altmodische, düstere Weise. Es lag auf einem hohen Plateau über dem Inntal und bot einen wunderschönen Blick auf die Bergketten im Osten. Das Plateau war weit und anregend, und schöne Wege führten zu den alten Ortschaften Ladis und Serfaus. Ich weiß nicht, ob wir viele Erkundungsgänge machen konnten, weil reichlich Schnee lag, aber einige Jahre später hatte ich die Gelegenheit, diesen interessanten Winkel meines alten Heimatlandes gut kennenzulernen.

Weltwirtschaftskrise

Das Jahr 1929 bescherte, was in Amerika als die »große Depression« bekannt ist, und Auswirkungen dieses rätselhaften Ereignisses waren nicht viel später auch in Österreich zu spüren. Jetzt scheint mir, daß der berühmte Zusammenbruch der Wiener Creditanstalt der spektakulären amerikanischen Konjunkturpleite sogar vorausging und sie in gewissem Sinn vielleicht auslöste, obgleich ich hier vielleicht verschiedene Phasen dieser länger währenden Katastrophe durcheinanderbringe. Wenn meine Annahme richtig ist, wurden die greifbaren Folgen der verheerenden Zerrüttung monetärer Werte in Österreich erst einige Zeit später offenkundig. Aber trotzdem glaube ich, daß dieser Vorfall in der Phase zwischen den beiden Kriegen der Wendepunkt war. Während bis dahin positive Aspekte überwogen und die Einstellung allgemein optimistisch und hoffnungsvoll war, schlug die Stimmung danach ins Gegenteil um, und am Horizont zogen immer mehr Wolken auf. Natürlich hatten wir noch nicht die leiseste Ahnung von der Größe der Katastrophe, die uns bevorstand, aber wir begannen zu spüren, daß Unglück in der Luft lag. Wie jeder andere fing ich an, mich ernsthaft für Probleme der Ökonomie und der Soziologie zu interessieren, und die Diskussion über Kunst ging von ästhetischen Themen zum Problem der Funktion der Kunst in der Gesellschaft über.

Ich kann nicht sagen, daß ich diese Fragen systematisch studierte, aber möglicherweise hätte ich auch dann die Funktionsweise der Wirtschaft nicht besser verstanden, als ich sie so trotz meines Interesses am Gegenstand begriff. Bis heute verstehe ich zum Beispiel nicht ganz, was der berühmte »Schwarze Freitag« auf dem Aktienmarkt tatsächlich bedeutet. Ich nehme an, daß die Katastrophe der Tatsache zuzuschreiben ist, daß jeder loswerden will, was er hat, ungeachtet des Preises. Aber schließlich kann man nur verkaufen, wenn jemand da ist, der kaufen will, was man anbietet, und es gibt andere Tage, an denen genauso viele Aktien den Besitzer wechseln, und jeder scheint über den Großeinkauf glücklich zu sein. Nun gut, wenn es Käufer gibt, muß es auch Verkäufer geben, und es entzieht sich meinem Verständnis, warum das gleiche Phänomen im einen Fall wunderbar und im anderen katastrophal ist. Natürlich sehe ich, daß die Motivation hinter diesen Transaktionen die Preise zu einem Zeitpunkt zum Ansteigen und zu einem anderen Zeitpunkt zum Zusammenbrechen veranlaßt. Trotzdem, wenn es so viele Verkäufer gibt, wie es geben muß, damit die eifrigen Käufer befriedigt werden können, müßten die Preise schließlich sinken. Mir scheint, daß trotz der Rationalität der Theorie, nach der die Systeme des Kapitalismus und der freien Marktwirtschaft funktionieren sollen, geheimnisvolle Kräfte am Werk sein müssen, die der ganzen genialen Konstruktion trotzen. Ich stimme Spenglers Deutung dieser Dinge durchaus zu, derzufolge, wenn ich mich halbwegs richtig erinnere, Geld ein so abstrakter Begriff geworden ist, daß es sein eigenes, teuflisches Lebensmuster entwickelt hat, welches sich der Kontrolle derer, die es geschaffen haben, entzieht. Obgleich das Jonglieren mit Milliarden in den Staatshaushalten – ein Phänomen, das uns proportional zur Anzahl der angehängten Nullen gleichgültig geworden ist – angeblich völlig rationalen Prinzipien folgt, ist es etwas grundlegend anderes als die Transaktionen, an denen wir beteiligt sind, wenn wir unsere Zigaretten am Ladentisch bezahlen.

Adorno, Kracauer, Benjamin, Bloch

In den Jahren, die dem großen wirtschaftlichen Zusammenbruch folgten, wurde uns – meiner Generation – zunehmend bewußt, daß wir in einer gigantischen Maschinerie gefangen waren, die unaufhaltsam ins Verderben und in die Katastrophe zu rattern schien, und unsere Stimmung wurde von Tag zu Tag pessimistischer. Mir scheint, daß damals ein kontinuierlicher Briefwechsel zwischen mir und Wiesengrund-Adorno begann, denn letzterer wurde Mitherausgeber des »Anbruch«, der von der Universal Edition verlegten Musikzeitschrift. Ich erinnere mich nicht, wer die Idee hatte, ihn zu diesem Zweck einzustellen. Vielleicht war es Heinsheimer in einem seiner Anläufe, sogenannte höhere Ambitionen zu verwirklichen. Der »Anbruch« war natürlich im Grunde ein Propagandablatt, das dazu bestimmt war, für die Erzeugnisse des Verlags zu werben. Aber es schien damals angebracht, die Reklame mit literarischem Stoff zu umgeben, der von sich aus Leser anzog.

Adorno hatte bedeutenden Einfluß auf mich, weil mich seine Gedankengänge als solche faszinierten, und deshalb begann ich, mich für die Ideen zu interessieren, die er in einem merkwürdig dichten, etwas gekünstelten und oft schwer verständlichen Stil zu vermitteln suchte – schwer verständlich, weil Adorno höchst virtuos mit dem sprichwörtlich esoterischen Jargon der deutschen Philosophen jonglierte. Aber gleichzeitig war sein Diskurs offensichtlich aggressiv und provokant. Seine Gruppe hatte eine Haltung angenommen, die ziemlich umfassend mit dem Begriff »kritisch« umschrieben wurde, denn sie kritisierten schlichtweg alles, als wäre Kritik, oder besser das Verfassen kritischer Abhandlungen, ihre Lebensweise, eine Methode, die unvoreingenommen auf alles angewandt wurde, das ihnen unterkam. Es war ziemlich schwierig, zu erkennen, wofür sie waren, denn wenn man Kritik als etwas versteht, das sich gegen etwas richtet, was für falsch gehalten wird, dann waren sie offenbar gegen alles. Natürlich war es keineswegs so einfach. Das Hauptanliegen dieser Gruppe war Gesellschaftskritik aus dem Blickwinkel intellektueller Bestrebungen, und das war es, was mich interessierte. Ich wurde mir in zunehmendem Maß der offenkundigen, entsetzlichen Unzulänglichkeiten der bestehenden Ordnung bewußt, aber ich war nicht aufnahmefähig für die Lektüre von Statistiken, die beweisen sollten, daß alles falsch war, weil jemand den Zuckerimport aus Cuba monopolisieren wollte oder den Kaffeeexport aus Brasilien. Ich habe für »Fakten und Zahlen« dieser Art nie viel Verständnis gehabt, da ich seit jeher dazu neige, Gedanken ernster zu nehmen. Natürlich laufen diese unterschiedlichen Ansätze im Grunde auf dasselbe hinaus. Mir lag einfach die Annäherungsweise über die Gedanken mehr.

Dem äußeren Anschein nach wäre man versucht zu sagen, daß Adorno das war, was man heute als Sympathisanten bezeichnet, denn alles, was er schrieb, wies auf die Vorzüge eines nichtkapitalistischen Systems hin, das, obgleich er nie so primitiv war, das zu sagen, offenbar ein kommunistisches System sein würde. Doch auch dieses System, oder zumindest seine versuchsweise Verwirklichung in Rußland, wurde Gegenstand kritischer Abhandlungen und wurde unvermeidlich für mangelhaft befunden. In dieser Hinsicht erinnerte mich Adornos Haltung an die Kompromißlosigkeit von Karl Kraus, und das war vermutlich auch der Grund, warum sie mich so anzog und faszinierte.

In bezug auf die Musik vertrat Adorno einen ähnlichen Standpunkt. Als ehemaliger Schüler Alban Bergs war er jedenfalls Anhänger der fortschrittlichsten Formen der atonalen Musik. Zugleich aber bewahrte er sich eine kritisch distanzierte Haltung gegenüber der Zwölftontechnik. Dessen sollte ich mir später bewußt werden, als ich diese Technik selber praktizierte. Am Anfang meiner Verbindung mit Adorno fiel mir sein häufiges Lob des Surrealismus stärker auf, und das faszinierte mich sehr. Im großen und ganzen war sein Diskurs voller melancholischer Anspielungen, die auf den Zerfall aller traditionellen Werte hindeuteten. Eines seiner Lieblingsworte war »zerfallene Gehalte«, und er gebrauchte es so oft, daß wir uns schließlich darüber lustig machten.

Durch Adorno wurde ich auf zwei weitere literarische Außenseiter aufmerksam, die ihn stark beeinflußt zu haben scheinen: Siegfried Kracauer und, vor allem, Walter Benjamin. Kracauer beschäftigte sich damals mit soziologischen Studien, die besonders der Mittelschicht und den Angestellten in Deutschland gewidmet waren, befaßte sich aber auch mit einer soziologischen Analyse des Films. Benjamin, der sicherlich der fähigste Kopf der Gruppe war, besaß einen wahrhaft philosophischen Horizont und umfassende Ansichten, aber er liebte es, sie auf undurchsichtige Weise zu formulieren, so daß sie eher wie Fußnoten zu einem scheinbar entlegenen und wenig sensationellen Gegenstand wirkten. Ich glaube nicht, daß er viel geschrieben hat, aber sein schmales Büchlein über die Barocktragödie machte auf mich den Eindruck einer außergewöhnlich originellen und einfallsreichen Analyse, die über die Grenzen des angeblich exklusiven und spezialisierten Themas weit hinausging.* Es war in einem höchst undurchsichtigen, dichten Stil geschrieben, der sehr schwer zu lesen war. Es tut mir leid, daß meine persönliche Begegnung mit diesem großen Mann, als ich ihn um 1930 in Berlin besuchte, zu nichts führte, denn ich mochte ihn persönlich nicht, und wir waren beide gesellschaftlich zu unbeholfen, um ohne Hilfe eines Dritten, der uns beide so gut kannte, daß er die geeigneten Stichworte hätte liefern können, eine produktive Diskussion zu beginnen. (Gubler wäre in dieser Rolle perfekt gewesen.) Ich höre, daß Benjamin in einem Anfall von Verzweiflung Selbstmord beging, als es ihm anscheinend nicht gelang, auf der Flucht vor den Nazis in den Pyrenäen einen Grenzposten zu bestechen.

Ein Vertreter dieser Gruppe von Denkern lebte zu jener Zeit in Wien – oder kurz danach, denn ich wüßte nicht recht, warum er ausgerechnet dort gelebt haben sollte, wenn er nicht von den Nazis aus Deutschland verjagt worden wäre, und diese Art des Exodus begann nicht vor 1933. Es war Ernst Bloch, der als Schriftsteller bezeichnet wurde, obgleich ich von ihm nicht viel Geschriebenes gesehen habe. (Mir scheint, daß das Wort Schriftsteller eine besonders dehnbare Bedeutung hat. Ich habe kaum Leute gesehen, die als Komponisten oder Maler bezeichnet wurden, ohne daß es einen Nachweis für ihre Tätigkeit auf diesen Gebieten gab, aber viele Schriftsteller – besonders in Hollywood –, von deren schriftstellerischen Fähigkeiten oder Leistungen nichts bekannt war, außer daß sie ihren Gehaltsscheck einsteckten.) Dieser Bloch war ein ganz reizender Mensch und einer der größten Geschichtenerzähler, die ich je gekannt habe. Er sprach einen absichtlich breiten Dialekt, der für seine Heimat (Ludwigshafen in der Rheinpfalz) charakteristisch ist, und war voll von höchst faszinierenden, farbigen altjüdischen Geschichten aus den Überlieferungen des Talmud, der Kabbala und der großen polnischen Rabbiner. Ich erinnere mich nicht, wie und wann er mein *Reisebuch* kennenlernte, aber ich weiß, daß er es aus der Sicht des Surrealismus kritisierte. Er meinte, man könne solche Dinge heutzutage nicht mehr ernsthaft sagen. Als ich erwiderte, daß schließlich immer noch Fischlein aus dem Wasser der ruhigen Alpenseen sprängen (dieses Detail in dem Lied »Heißer Tag am See« erregte ihn besonders) und daß ich sie so gesehen und gehört hätte, wie es in dem Lied dargestellt war, gab er zurück, das sei zwar viel-

* *Ursprung des deutschen Trauerspiels*, Berlin 1928

leicht so, aber wir seien nicht mehr in der Lage und auch nicht mehr berechtigt, einen solchen Eindruck unbesehen poetisch zu verwenden. Ich verstand das nicht, und in gewissem Maß verstehe ich es immer noch nicht, denn auch wenn wir zugegebenermaßen in einer Zeit »zerfallener Gehalte« leben, die schreckliche Leiden der Unterprivilegierten impliziert, sah ich nicht ein, warum zum Beispiel Goethe berechtigt gewesen sein sollte, solche poetischen Impressionen nach Belieben und ganz ernstgemeint umzusetzen, wo doch zu seiner Zeit zweifellos ebenso viele Menschen furchtbar unter Elend, Armut, Hunger, Ungerechtigkeit, Krieg und Unterdrückung litten wie zu unserer Zeit. Die Crux war, wie mir scheint, daß ich von meiner geistigen Veranlagung her nicht in der Lage war und nie in der Lage gewesen bin, mich in der doppelbödigen, ironischen und gekünstelten Form des Surrealismus auszudrücken, was wahrscheinlich der Grund dafür ist, daß er mich so anzieht und so fasziniert.

Zu der Zeit, über die ich jetzt berichte, versteifte ich mich auf die entgegengesetzte Haltung und erweiterte sie zu einer theoretischen Erklärung meines »neoromantischen Musikstils«, die besagte, daß es möglich sein müsse, das alte Vokabular durch ein frisches, ursprüngliches Erlebnis zu verjüngen und wiederzubeleben. Das stellte ich ausdrücklich in einem Artikel für den »Anbruch« fest. Offenbar war das eine hundertprozentig reaktionäre Erklärung, wie sie sich zu einer Zeit, in der die Reaktion noch nicht zum Alltag gehörte, nur wenige Leute erlaubten. Das wurde zur Verteidigung gegen die Atonalen gesagt, die behaupteten, die Ausdruckskraft des alten Vokabulars sei verbraucht, was die Suche nach neuen unerprobten Ausdrucksmitteln rechtfertigen sollte. Um ihnen entgegenzukommen, ging ich dann so weit, zu sagen, daß neue Mittel immer willkommen, aber nur Ergänzungen zu dem ewigen Wortschatz seien, die den alten Vorrat nicht entwerteten. Ich sehe jetzt ein, daß solche Überlegungen nur ein Ausdruck der Tatsache waren, daß ich bereits im Begriff war, die Position, die ich so entschieden zu verteidigen suchte, aufzugeben.

Schönberg und die Wiener Schule

Damals kannte ich noch sehr wenig von dem, was man die Wiener Schule nennen könnte, also Schönberg, Berg und Webern. Ich erinnere mich, daß ich zu einer Produktion von *Pierrot Lunaire* unter der Leitung von Erwin Stein im Wiener Radio eingeladen wurde. Es war das erste Mal, daß ich dieses Werk hörte, und ich bin sicher, daß es mich nicht sehr beeindruckte. Ich erinnere mich nicht, ob ich Webern persönlich kannte, aber von seiner Musik kannte ich bestimmt sehr wenig. Alban Berg hatte ich während der Mahler-Episode kennengelernt, aber ich weiß nicht mehr, wie bald wir Kontakt zu ihm aufnahmen. Die Bergs wohnten nur ein paar Straßen weiter in der Trautmannsdorffgasse. Seine Musik war mir weitgehend unbekannt, obgleich ich einen Klavierauszug von *Wozzeck* besaß, der mir wie ein Buch mit fast sieben Siegeln vorkam. Aber ich war sehr darauf bedacht, diesen Musikern und ihrem Werk mit der größten Aufmerksamkeit zu begegnen, denn erstens war ich mir bewußt, daß ich Schönberg in meinem Vortrag in Karlsruhe beleidigt und mir dadurch den Zorn der ganzen Gruppe zugezogen hatte, und zudem hatte ich das Gefühl, daß sie wegen *Jonny* und seines ungeheuren Erfolgs mißtrauisch gegen mich geworden waren. Vom kritischen Geist Kraus' und Schönbergs geprägt und an Diffamierung und Verfolgung gewöhnt, neigten sie automatisch zu der Annahme, daß mit einem zeitgenössischen Stück, das so großen Erfolg hatte wie *Jonny*, etwas nicht stimmen konnte. Und schließlich gebot ihre Haltung dem eigenen Werk und der öffentlichen Reaktion gegenüber höchsten Respekt.

Ihre Werke wurden öffentlich kaum gespielt, und keinem der großen Männer wurde eine nennenswerte Aufgabe anvertraut, während die öffentlichen Musikinstitutionen von Durchschnittsmusikern schlimmster Sorte wimmelten. Nichtsdestoweniger ließen sie es sich nicht im Schlaf einfallen, aufzugeben oder sich zu verkaufen oder den geringsten Kompromiß zu schließen. Wie sie lebten, weiß ich nicht, und in gewissem Sinn ist es auch irrelevant. Ich habe herausgefunden, daß es im Hinblick auf die eigenen Lebensbedingungen völlig nutzlos ist zu untersuchen, auf welche Weise ein anderer seinen Lebensunterhalt verdient. Jeder Fall ist anders, und aus dem Herumschnüffeln in anderer Leute Angelegenheiten kann man nichts lernen. Jedenfalls bekam ich immer mehr Respekt vor der Unnachgiebigkeit und Unbestechlichkeit jener Künstler und bewunderte sie in hohem Maß, obgleich ich vorläufig sehr wenig Kenntnis von ihrem Werk hatte und wenig Zugang dazu.

Mitarbeiter der »Frankfurter Zeitung«

Durch meinen Verkehr mit Adorno erfuhr ich zwar wenigstens von der Existenz von Personen wie Kracauer und Benjamin, aber nähere Bekanntschaft mit ihnen schloß ich erst, als mein Schweizer Freund F. T. Gubler mit der Bitte an mich herantrat, regelmäßig für die »Frankfurter Zeitung« zu schreiben. Er war gerade Feuilletonchef des Blattes geworden. Die »Frankfurter Zeitung« war damals (bereits seit langer Zeit) eine der angesehensten liberalen Zeitungen

Deutschlands, und vom intellektuellen Standpunkt aus gesehen war sie mit Sicherheit das führende Blatt des Landes. Der Auftrag, regelmäßig Beiträge für diese Zeitung zu liefern, kam daher einem Job bei der »New York Times« gleich, oder bedeutete angesichts der Stellung einer solchen Zeitung in Europa vielleicht sogar noch mehr. Ich wußte damals nicht, daß Gubler ein großer Anhänger Benjamins und ein sehr guter Freund Kracauers war, obgleich er Adorno gegenüber, den er achtete, aber nicht mochte, ziemlich mißtrauisch war. Diese Verbindungen hatten einigen Einfluß auf die Leitung des berühmten und begehrten Feuilletons, und wir schwelgten in den »zerfallenen Gehalten«.

Von den Mitarbeitern des Frankfurter Feuilletons mochte ich Joseph Roth besonders gern. Auch er war ein guter Freund Gublers, der die beneidenswerte Fähigkeit hatte, überall wertvolle Freunde zu gewinnen. Dieser Roth war ein österreichtreuer polnischer Jude. Er nahm sich des alten Reichs mit glühender Leidenschaft an, wofür sein Roman *Radetzkymarsch* ein Dokument ist, das jeden zu Tränen rühren sollte. Mehr als einmal beobachtete ich an polnischen Juden österreichischer Herkunft, daß sie ritterliche, vornehme Eigenschaften, die an Verhaltensmuster österreichischer Offiziere der alten Schule erinnerten, merkwürdig bewußt betonten. Rathaus und Rosenstock hatten etwas davon, und Joseph Roth stellte es mit rührender Würde zur Schau. Er war ein typischer Literat und Stadtmensch, allen modernen Tendenzen zum Sport und zur Aktivität im Freien abgeneigt. Man erzählte sich eine amüsante Geschichte, wonach Freunde vergeblich versuchten, ihn zu einem kleinen Bad im Meer zu überreden, als er in Oostende in einem Strandcafé saß. Er sagte: »Warum sollte ich ins Wasser gehen? Kommen die Fische vielleicht ins Kaffeehaus?« Es war eine Illustration der österreichischen Redensart: »Ein Jude gehört nicht in den Wald, er gehört ins Kaffeehaus.« Unglücklicherweise war Roth Alkoholiker und trank sich schließlich zu Tode. Er konnte sich in der tragischen, gewalttätigen Zerrüttung unserer Zivilisation nicht anpassen, ein erschreckendes Beispiel für das furchtbare Unheil, das unser aller Dasein bedroht und nicht nachlassen wird, solange wir leben.

Mit dem Eigentümer und Herausgeber der Zeitung, Heinrich Simon, hatte ich weniger Kontakt, denn Gublers Beziehung zu ihm war nicht immer reibungslos und kongenial, so daß er mich dem großen Chef, der den Eindruck einer quecksilbrigen, brillanten, aber unausgeglichenen Persönlichkeit machte, lieber fernhielt. Allerdings schrieb ich in diesen Jahren eine kleine und ziemlich unbedeutende Musik zu einem Stück von Simon, mit dem Titel *Reineke Fuchs*. Es wurde von Hartung inszeniert, ich glaube in Bad Homburg, eine mehr oder weniger gesellschaftliche Angelegenheit. Ich erinnere mich überhaupt nicht mehr daran und denke, daß nicht viel dabei herauskam.

Zu den Mitarbeitern der »Frankfurter Zeitung« gehörten auch Benno Reiffenberg und Friedrich Sieburg, aber auch sie kannte ich nicht sehr gut. Eine Zeitlang bewunderte ich Sieburgs Buch *Gott in Frankreich* sehr, weil es meinem einstigen Hang zu allem Französischen entsprach und eine kritische Haltung Deutschland gegenüber demonstrierte, die meiner eigenen ähnelte. Gubler deutete an, daß ich Sieburg überschätzte, und da meine »Pariser« Philosophie sowieso immer bedeutungsloser für mich wurde, legte ich auf einen engeren Kontakt mit Sieburg keinen Wert.

Von den satirischen Texten, die ich für die Zeitung schrieb, ist mir als besonders gelungenes Beispiel die Beschreibung einer frühen Tonfilmwochenschau in Erinnerung geblieben, die mir geradezu irrsinnig albern erschien. Meinen damaligen reaktionären Grundsätzen gemäß war ich der Idee des Tonfilms natürlich sehr abgeneigt, denn er schien mir den hohen künstlerischen Standard, den der Stummfilm erreicht hatte, zu ruinieren. Die ersten Tonfilme, die wir zu sehen bekamen, waren wirklich primitiv, unbeholfen und sehr geschmacklos, aber ich hätte es besser wissen sollen, als die Schuld für solche Mängel dem Medium zu geben. Doch meine gesamte Stimmung war nostalgisch. Ich versenkte mich in die erträumte Schönheit alter Zeiten, in die vornehme und elegante Welt des österreichischen Vormärz, mit Nestroy, Raimund und Grillparzer – ich erwarb schöne Gesamtausgaben der Werke des ersteren und des letzteren – und in Österreichs heroische Phase, die Barockzeit von 1680 bis 1750. Deshalb erschien mir die Idee, ein Auto zu lenken, verachtenswürdig, und als Heinsheimer sich ein kleines Steyr-Coupé kaufte und damit in Stadt und Land herumratterte, machte ich mich über ihn lustig. Wiederum hätte ich es besser wissen sollen, und wenn mir Adornos Spöttelei über die »Kleinauto-Generation« nicht so gefallen hätte, hätte ich nicht nur das Reisen aus ganz neuer Sicht genießen können, sondern wäre auch besser auf die Anforderungen des amerikanischen Lebens vorbereitet gewesen. In der Tat, mein Dasein in diesem Land, einschließlich meines Ehelebens, hätte vielleicht eine ganz andere Wende genommen.

In einem weiteren Artikel, der ziemlichen Aufruhr verursachte, machte ich mich über die supereffiziente, typisch deutsche Organisation und die groteske Bürokratie lustig, mit der das riesige Hotel Excelsior in Berlin geführt wurden. Mir gefiel das Haus teils wegen seiner Größe (nach amerikanischen Maßstäben nicht beeindrukkend), teils wegen seiner Lage direkt gegenüber vom Anhalterbahnhof, und in so enger Nachbarschaft zu den Zügen zu wohnen, die einen aus Berlin in den Süden brachten, machte mir die Besuche in der deutschen Hauptstadt, die ich weiterhin nicht mochte, ein wenig angenehmer.

Andere Artikel waren der Verspottung fortschrittlicher Erziehung gewidmet, von der ich nicht viel hielt. Eigentlich schätze ich sie immer noch nicht, obgleich ich ihre Prinzipien billigen kann. Mir ist sie stets als eine überflüssige Verdopplung von Bemühungen erschienen, die frühere Generationen bereits mit Erfolg hinter sich gebracht haben, und ständig auf alle möglichen Analphabeten zu treffen, machte mich sehr ungeduldig gegenüber einer Erziehungspraxis, der es gleichgültig zu sein schien, ob jemand die Dinge, die ich wußte und für selbstverständlich hielt, ebenfalls wußte oder nicht. Aber ich war der Meinung, daß es in unserer Welt so vieles zu wissen und zu lernen gab, daß man seine Zeit nicht mit dem Versuch verschwenden sollte, an der »Entdeckung« der simplen Fakten des Einmaleins sein Vergnügen zu haben, sondern dieses lieber so schnell wie möglich lernen und zu wichtigeren und interessanteren Dingen fortschreiten sollte, die lohnendere Möglichkeiten des Vergnügens boten.

Des weiteren schrieb ich über Beobachtungen, die ich im täglichen Leben machte, und nostalgische, süßlich-melancholische Abhandlungen über die Schönheiten der Natur und das verzerrte, traurige Verhältnis des Menschen zur Natur, ganz im Geist des *Reisebuchs*. Insbesondere der Sommer 1931 drängte mich anläßlich eines Besuchs des geliebten Schweizer Kantons Wallis zu solchen Ergüssen. Ich erinnere mich vor allem an ein Kapitel über die verschiedenen Typen elektrischer Leitungen, die ich dort beobachtet hatte, von der bescheidenen, aus einem einzigen Draht bestehenden ländlichen Telefonleitung bis zu den gigantischen Stromkabeln, die die Elektrizität über Berg und Tal in weit entfernte Städte brachten. Einer dieser Artikel hatte die Wiener »Bundesweinkost« zum Thema, die jedes Jahr am 15. November, dem Tag des Schutzpatrons von Niederösterreich, Leopold, veranstaltet wurde. Mir scheint, daß diese Weinmesse ursprünglich in der Rotunde im Wiener Prater stattfand, und so habe ich sie in meinem Artikel beschrieben.* Später wurde die Messe in die Säle des Konzerthauses verlegt. Es war ein sagenhaftes Ereignis, bei dem Hunderte von Weinbauern ihre allerbesten Produkte feilboten. Getreulich gingen meine Eltern alljährlich mit mir dorthin, ausgerüstet mit Gänsebraten und anderen Delikatessen, und wir legten uns sorgfältig eine Strategie zurecht, um in fünf oder

* *Gedanken unterwegs*, München 1959

sechs Stunden eine maximale Anzahl erstklassiger Sorten zu verkosten, ohne daß uns schlecht wurde oder daß wir betrunken wurden.

In wiederum einem anderen Artikel, den ich recht brillant fand, als ich ihn letzten Sommer in Wien wieder las, beschrieb ich die Wirkungen einer Maschine, die unser Vermieter, Herr Fischer, im Keller seines Hauses aufgestellt hatte, um eine spezielle Art von Schuhen oder Teilen davon herzustellen, die er dann auf den Markt brachte. Der Lärm war nicht sehr groß, aber er erschütterte sanft das ganze Haus, als wäre ein Riese unter der Erde am Werk. Da die Arbeit am frühen Morgen begann, wurde mir im Schlaf oder Halbschlaf dunkel das rüttelnde Stampfen der Maschine bewußt. In meinem Artikel wandte ich einen kunstvoll schludrigen, unzusammenhängenden Stil an, um einige recht unorthodoxe soziologische Gedanken zu vermitteln, indem ich sie als das halbbewußte, unkontrollierbare Nachsinnen eines unruhigen Schläfers darstellte.

Als ich etwas für die Reisebeilage der »Frankfurter Zeitung« schrieb, geriet ich in Teufels Küche. Im Frühling 1930 oder 1931 (eher 1931) beschloß ich, eine weitere Erkundungsreise durch Österreich zu unternehmen, allerdings eine kleinere als die lyrische Reise von 1929. Im Gedanken an die Erfahrung in Afrika mietete ich einen Wagen des Österreichischen Verkehrsbüros, um nicht von Zügen oder Bussen abhängig zu sein, und wir brachen in den nördlichen Teil Niederösterreichs auf, in das Waldviertel, wo ich noch nie gewesen war. Aus unbekannten Gründen war unser Chauffeur britischer Staatsbürger, mit vielen Eigenschaften des sprichwörtlichen englischen Butlers, ein sehr zurückhaltender, etwas pedantischer, aber ganz sympathischer Kerl. Wir fuhren zuerst nach Retz, auf dessen prächtige Weine ich bei den Weinmessen aufmerksam geworden war, und besuchten Znaim, jenseits der tschechischen Grenze, wegen einiger Barockbauten, die ich sehen wollte, obgleich sie kaum sehenswert waren. Dann fuhren wir westwärts durch schönes bewaldetes Bergland, schauten uns viele entlegene und selten besuchte kleine Städte an, die alle beachtliche historische Denkmäler besaßen, alte Kirchen, Rathäuser, Villen, Schlösser und dergleichen mehr. Der Höhepunkt war das wunderbare Zisterzienserkloster Zwettl, wo wir im Hof einen der Patres auf dem Weg in die Lateinklasse der Klosterschule ansprachen. Daraufhin überließ er seine Schüler sich selbst und führte uns durch die Klosteranlage. Nach zwei oder drei Tagen kamen wir in dem schönen und eindrucksvollen Dürnstein an, im berühmten Donautal der Wachau, einem weiteren sehr bekannten Weinflecken, wo wir in dem alten, gemütlichen Gasthof »Richard Löwenherz« übernachteten. Von dort kehrten wir nach Hause zurück, über die großen, interessanten Stifte Göttweig und Herzogenburg, glaube ich.

Da der Reiseteil der »Frankfurter Zeitung« normalerweise mit kleinen Landkarten und Zeichnungen hübsch aufgemacht und die Beiträge appetitanregend geschrieben waren, kam ich auf den Gedanken, mich daran zu versuchen und über meine Reise durch das Waldviertel zu schreiben, wobei ich gleichzeitig für die Schönheiten meines Heimatlandes werben wollte, das in Reisemagazinen des Auslands meistens arg vernachlässigt wurde. Ich hatte mein Manuskript kaum abgeschickt, als ein neues Heft von Karl Kraus' Zeitschrift »Die Fackel« erschien, in dem er eine der letzten Nummern der Reisebeilage der »Frankfurter« mit ätzenden Bemerkungen auseinandernahm. Dort hatte eines der großen Tiere der Zeitung, Bernhard Diebold, über Italien geschrieben, illustriert mit netten Zeichnungen, in einer Art niedlichem, besserwisserischem Stil. Gewiß, Diebold war ein widerwärtiger, oberflächlicher, eingebildeter und opportunistischer Journalist, aber Kraus benutzte die Gelegenheit, die Idee des Reiseblatts als solche anzugreifen, weil es ihm eine unverträgliche Kombination von Literatur und Geschäft zu sein schien, einer jener Fälle, in denen die heilige Kunst des Schreibens wegen finanzieller Interessen zur Prostitution gezwungen wurde. Das Ganze war ziemlich albern, aber ich machte mir solche Sorgen, daß ich etwas tun könnte, das gegen Kraussche Prinzipien verstieß, daß ich Gubler bat, meinen Beitrag zurückzuziehen. Ich glaube, daß ich Folgen insbesondere deshalb fürchtete, weil ich damals bereits in persönlichem Kontakt mit Kraus stand (was die Episode in das Jahr 1931, wenn nicht 1932, einordnen müßte) und nicht ertragen konnte, möglicherweise seinen persönlichen Vorwürfen ausgesetzt zu sein, geschweige denn, aus dem Kreis der Auserwählten, die in seine Nähe durften, ausgestoßen zu werden. Lieber nahm ich eine langwierige und etwas bittere Korrespondenz mit Gubler auf mich, in deren Verlauf ich mehrere umfangreiche Kommentare und Überlegungen zu moralischen und geistigen Prinzipien produzierte. Ich war sicher, daß ich mich mit Gubler schließlich würde einigen können, weil auch er ein Bewunderer von Kraus war, obgleich er vielleicht eine etwas größere Distanz zu ihm hatte als ich. Das geschah auch, aber die ganze Sache war recht peinlich, da sie mir zu erkennen gab, wie sehr ich mir erlaubt hatte, mich von Kraus beherrschen zu lassen – was ich im Grunde nicht bedaure, wiewohl mein Leben, wie ich noch einmal wiederholen muß, ohne diese Dominanz von seiten eines anderen vielleicht anders verlaufen wäre.

Außer diesen allgemeinen Artikeln schrieb ich für das Frankfurter Blatt sehr viele Buchrezensionen, eine Tätigkeit, die ich zuerst als lästige Pflicht betrachtete, später aber sehr gern ausübte. Ich nahm diese Arbeit sehr ernst und las die mir zugeteilten Bücher von der ersten bis zur letzten Seite durch, was, wie ich später herausfand, anscheinend wenige professionelle Buchrezensenten taten. In den wenigen Fällen, in denen ich die Rolle eines Musikkritikers ausüben mußte, habe ich mich, wie ich schon erläuterte, immer unbehaglich gefühlt. Im Fall der Buchrezension war ich weniger gehemmt, vor allem, weil ich nicht unter Zeitdruck stand, und zudem wußte ich, daß jeder Leser meiner Rezension in der Lage war, meine Ergebnisse, wenn er wollte, einfach dadurch zu überprüfen, daß er das betreffende Buch selber las, ein Verifikationsprozeß, der nicht möglich ist, wenn es um eine einzige, vorübergehende Aufführung von Musik geht. Ich entwickelte mit der Zeit eine Methode, mit der ich in wenigen Zeilen das Wesentliche von meiner Meinung über ein Buch vermitteln und es sogar durch ein oder zwei charakteristische Zitate untermauern konnte. Meine Buchrezensionen sind bei weitem nicht das Schlimmste, was ich geschrieben habe, wie mir scheint.

Willi Reich und die »23«

Durch meine Arbeit für den »Anbruch« wurde ich auf Dr. Willi Reich aufmerksam und lernte ihn schließlich auch kennen; seither stehe ich in freundschaftlichem Kontakt mit ihm. Es stellte sich heraus, daß dieser ungewöhnliche Mensch eine Art Doppelleben führte. Unter dem Namen Wilhelm Reich verdiente er seinen Lebensunterhalt als Chemiker, denn er war irgendwie, vielleicht durch eine Erbschaft, in den Besitz eines Drogeriewarengroßhandels gekommen, für dessen Leitung er aufgrund seiner früheren wissenschaftlichen Studien qualifiziert war. Gleichzeitig war er ein leidenschaftlicher und völlig ernsthafter Musiknarr, der an der Universität Musik studierte, um seinen Doktor zu machen, und bei Alban Berg Privatstunden nahm. Sein Hauptinteresse an der Musik war kritischer und journalistischer Natur, und anscheinend hatte er da und dort schon Kritiken veröffentlicht. Wie ich mich jetzt erinnere, hatte er entweder etwas aus einem »Anbruch«-Artikel von mir zitiert oder einen Gedanken aufgegriffen, den ich erörtert hatte, und dadurch den Zorn von Julius Korngold, dem Chefkritiker der »Neuen Freien Presse« und Doyen der Wiener Musikjournalisten erregt, der es der Mühe wert befunden hatte, Reich in einem seiner feierlichen Schmähartikel mit einer spöttischen Bemerkung zu ehren. Ich glaube, daß ich in einem meiner folgenden Artikel im »Anbruch« die Herausforderung annahm. Die Zeitschrift hatte eine Zeitlang eine Art Polemikteil, zu dem ich voller Begeisterung beitrug, denn ich war ja beständig darauf aus, Krausschen Dampf abzulassen. Ich weiß nicht, wie es dazu kam, nebenbei bemerkt, denn diese Praxis entsprach bestimmt nicht den kommerziellen Prinzipien, da sie zwangsläufig dazu führte, daß verschiedenen Leuten, die immerhin potentielle Kunden des Verlags waren, auf die Füße getreten wurde. Ich vermute jedoch, daß auch Heinsheimer vom Kraus-Bazillus angesteckt war (wovon noch die Rede sein wird), und Hertzka, der in allen politischen Angelegenheiten das letzte Wort hatte, nichts dagegen hatte, weil er in seinen letzten Jahren gewissen kriegerischen Haltungen nicht abgeneigt war, nicht so sehr um der Prinzipien willen als vielmehr wegen einer zunehmenden Sturheit, die von einer Kampfstimmung herrührte, in die er durch die wachsenden Schwierigkeiten gebracht wurde, die sich der zeitgenössischen Musik, welche er stets gefördert hatte, in den Weg stellten.

Wie dem auch sei, Alban Berg arrangierte für mich eine Zusammenkunft mit Reich, den ich nicht so sehr als Person sympathisch fand, sondern mehr der Dinge wegen, für die er sich einsetzte und dafür, wie er das machte. Er war ein Jahr älter als ich, ein hochgewachsener Jude, der etwas von der unangenehmen Verstohlenheit eines geschlagenen Hundes hatte, die offenbar dadurch betont wurde, daß er seinen Gesprächspartnern nicht in die Augen schauen konnte. Er war schüchtern und unbeholfen, aber zugleich etwas anmaßend. Später lernte ich, über diese wenig anregenden Einzelheiten hinwegzusehen, auch glaube ich, daß er sich in dieser Hinsicht besserte. Was von Anfang an nicht den Schatten eines Zweifels aufkommen ließ, waren seine unerschütterliche Loyalität der Sache und jedem gegenüber, der sie repräsentierte, und seine kristallklare Integrität. Was ihm fehlte, war der Mut, die Situation zu durchschauen, in die seine ausgezeichneten Fähigkeiten und sein brillanter journalistischer Stil ihn oft brachten. Seine Diktion war leicht pedantisch und verstaubt oder nörgelnd und zänkisch, wenn er satirisch wurde.

Er unterbreitete mir den Plan einer ungewöhnlichen Musikzeitschrift, die er gründen wollte. Sie sollte in erster Linie völlig unabhängig sein, das heißt keine Reklame enthalten, und sie sollte aggressiv und satirisch sein und versuchen, mit dem gräßlichen Morast des Wiener Musikjournalismus aufzuräumen. Daher sollte sie in der Hauptsache aus Artikeln bestehen, in denen die Lügen, Verdrehungen und Verfälschungen, die ständig von korrupten, inkompetenten und unfähigen Kritikern veröffentlicht wurden, korrigiert wurden. Es schien, daß die Idee von Alban Berg stammte, der auch den Titel der kleinen Zeitschrift vorgeschlagen hatte: »23«. Das war eine Anspielung auf den wohlbekannten Paragraphen 23 des österreichischen Pressegesetzes, der besagte, daß jemand, über den in einer Zeitung etwas gedruckt wurde, das nicht den Tatsachen entsprach, die Zeitung auffordern konnte, an der gleichen Stelle und in der gleichen Schriftart eine Berichtigung der Falschmeldung zu drukken. Wenn die Zeitung die Berichtigung verweigerte, hatte sie eine Anzeige durch den Staatsanwalt zu gewärtigen und entweder zu beweisen, daß die ursprüngliche Meldung der Wahrheit entsprach, oder eine hohe Strafe zu zahlen und möglicherweise sogar mit der Inhaftierung des verantwortlichen Redakteurs zu rechnen. Zudem lag es im Ermessen des Betroffenen, eine private Verleumdungsklage anzustrengen. Die Form der Berichtigung war gesetzlich vorgeschrieben, und so konnte man oft, besonders in der Skandalpresse, Einschaltungen wie diese lesen:

»In Ihrer Ausgabe Nummer so und so schreiben Sie: Herr N. hat 10000 Schilling gestohlen. Gemäß § 23 des Pressegesetzes fordere ich Sie auf, in der nächsten Ausgabe an der gleichen Stelle und in der gleichen Schrift folgendes zu drucken: ›Es ist nicht richtig, daß Herr N. 10000 Schilling gestohlen hat. Vielmehr ist richtig, daß Herr N. 10000 Schilling nicht gestohlen hat.‹«

Es war leicht einzusehen, daß eine Musikzeitschrift dieser Art mir viel Spaß bereiten würde, weil sie mir willkommene Gelegenheiten zum Ausleben meiner satirischen Neigungen bieten würde, und ich war natürlich ganz und gar dafür. Die Frage war freilich, wie ein solches Unternehmen finanziert werden konnte. Denn selbst wenn wir nach besten Kräften gegen die Übeltäter vorgingen, war es absolut nicht sicher, daß wir genügend viele Abonnenten haben würden, die für die Kosten aufkamen. Wir wußten sehr gut, daß selbst »Die Fackel«, die seit dreißig Jahren bestand und mit bedeutender literarischer Autorität ausgestattet war, ein Verlustgeschäft war. Reich glaubte aber, daß er die Auslagen in Grenzen aus den Gewinnen seines Großhandels decken konnte, und so begannen wir 1931 oder 1932 das Unternehmen. Ich kann nicht genau sagen, wann, weil ich keine komplette Folge der »23« besitze. Es war ganz klar, daß wir nach 1933 vehement Partei gegen die Nazis ergreifen würden, und daher zerstörten meine Eltern 1938 alles, was nach meiner Abreise nach Amerika an belastendem Material in ihrer Wohnung zurückgeblieben war. Es gibt irgendwo komplette Jahrgänge, und ich glaube, daß Reich mehrere gerettet hat. Ich besitze nur wenige Hefte, die ich um 1942 oder so zu meiner größten Überraschung in der Musikbibliothek der University of Wisconsin fand. Wie sie dorthin gekommen sind, weiß ich nicht – es scheint, daß sie Teil eines Nachlasses waren, den jemand der Musikabteilung übertragen hatte, denn als ich mich erbot, sie zu kaufen, erklärte man mir, sie seien nicht verkäuflich, weil sie ein Geschenk gewesen seien. Mein Freund Carl Bricken jedoch, der damalige Direktor der Musikabteilung, schlug vor, ich sollte sie einfach mitnehmen, da kaum jemand sie vermissen würde, und in dem unwahrscheinlichen Fall einer Nachforschung würde man sagen, daß sie wohl auf dem Transport verlorengegangen seien. (Falls zur Zeit der Freigabe dieser Seiten die hier erwähnten Exemplare noch existieren sollten, wünsche ich, daß sie dem rechtmäßigen Besitzer, der Universität von Wisconsin, zurückgegeben werden, falls man dort noch an ihrem Besitz interessiert ist, und daß Carl Bricken auf diese Weise entlastet wird. Ich bin ihm zu Dank verpflichtet, weil er mir einen Gefallen tun wollte, als ich den Wunsch äußerte, diese, wie ich damals glaubte, letzten Zeugnisse meiner satirischen Tätigkeit in Sachen des Wiener Musiklebens zu besitzen.)

Korngold und die Wiener Musikkritik

Der Zustand der Wiener Musikkritik war in der Tat beklagenswert, wie das gesamte Musikleben der Stadt. Natürlich hätte man auch anderswo eine Säuberungsaktion in Angriff nehmen können, eigentlich überall, denn Unrat gab es, wo man nur hinschaute. Aber unsere Ausbildung in der Schule von Karl Kraus lehrte uns, daß die Kritiker eine besondere, überwältigende und offenbar übertriebene Verantwortung für den Stand der Dinge hatten. Der oben erwähnte Korngold erschien uns wegen der Art, wie er zugunsten seines Sohnes Erich Wolfgang seine Macht und Autorität mißbrauchte, als der Ursprung aller Korruption. Wie er das machte, war ganz offenkundig, so daß ich darauf verzichten möchte, ins Detail zu gehen. Daß er es machte, war leicht zu erklären, und er hätte ein moralischer Herkules sein müsen, um der Versuchung zu widerstehen. Was er hätte tun sollen, als sein Sohn professioneller Komponist wurde, wäre gewesen, sich aus dem Zeitungsgeschäft zurückzuziehen. Doch das tat er nicht, und seither teilte sich die Musikwelt für ihn ganz einfach in Interpreten, die die Musik seines Sohnes förderte und solche, die das nicht taten, und in Komponisten, die natürliche Konkurrenten seines Knaben waren. Darüber hinaus hatte er einen persönlichen musikalischen Geschmack, den er entweder seinem Sohn zur Nachahmung aufzwang oder den er davon ableitete, was der junge Mann gerade komponierte. Ich stand von Anfang an auf seiner schwarzen Liste, und nach dem Erfolg von *Jonny* wurde ich zum Hauptobjekt seiner Diffamierungen. Deshalb könnte man mir nachsagen, daß ich ihm gegenüber voreingenommen gewesen sei, aber ich bin der aufrichtigen Überzeugung, daß ich ihm gegenüber zu keinem Zeitpunkt so voreingenommen war wie er mir gegenüber. Eigentlich wies das Verhältnis zwischen Vater und Sohn tragische Elemente auf, weswegen man Korngold in menschlicher Hinsicht vielleicht Verständnis entgegenbringen mag. Mit all seinen Bemühungen, durch die er ständig riskierte, seine Stellung als Kritiker zu gefährden, tat der alte Mann seinem geliebten Sohn letzten Endes nichts Gutes, sondern trug nur zur Zerstörung einer echten, reichen Begabung bei. Seine Macht verleitete ihn dazu, zu stark zu drängen, und wenn er dem Knaben auch einen phänomenalen Vorsprung zu sichern vermochte, so konnte er ihm nachher nur noch im Weg stehen, indem er überall Mißtrauen gegen das weckte, was auch immer der junge Mann leistete, da niemand jemals genau wußte, ob er es aus eigener Kraft hervorgebracht hatte oder ob es ein Resultat des Drängens und Zerrens, der Bestechungen und Erpressungen mittels der väterlichen Feder war. Der junge Korngold war ein Wunderkind, das seine beste Musik schrieb, als es dreizehn war. Auch damals war sie freilich nachgeahmt, eine Art substraussischen, überschwenglichen Gesprudels. Aber wieviel Originalität will man von einem dreizehnjährigen Jungen erwarten? Zumindest orientierte er sich an einem damals fortschrittlichen Vorbild. Doch ihm war nie erlaubt, einen eigenen Kompositonsstil auszubilden, sondern er wurde auf diesen frühen Stil festgelegt, entweder, weil dieser dem Alten besser gefiel als alles andere, oder weil er sich als erfolgreich erwiesen hatte – was ein Trugschluß gewesen wäre, weil er nicht so sehr aufgrund seiner Qualität erfolgreich war, als vielmehr wegen der Jugend seines Schöpfers und des Versprechens, das darin lag. Folglich wurde der junge Mann seither immer schlechter, und als ich ihn schließlich, ein paar Jahre nach dem Tod seines Vaters, in Beverly Hills persönlich kennenlernte, war er ein gebrochener, desillusionierter Mann, der nichts aufweisen konnte als eine Anzahl unbedeutender, längst vergessener Filmmusiken und mißlungener Versuche auf dem Gebiet der ernsten Musik.

Zu der Zeit, über die ich schreibe, saß der alte Mann bei der »Neuen Freien Presse« fest in seinem Sessel, den er von Hanslick geerbt hatte, einschließlich der ungeheuren Autorität, die sein Vorgänger geschaffen hatte. Was er nicht geerbt hatte, waren Brillanz und Eleganz des Stils. Was er schrieb, hatte stets einen Anflug von Ressentiment, Kleinlichkeit und Eifersucht und war im allgemeinen umständlich und schwülstig. Aber man mußte zugeben, daß er zumindest ein Fachmann war und wußte, wovon er sprach. Es war leicht zu erkennen, daß seine Rezensionen auf gründlicher Vorbereitung und sorgfältigem Studium basierten, und das erklärte bis zu einem gewissen Grad den Respekt, den man ihm entgegenbrachte, denn nur sehr wenige seiner Kollegen konnten es in dieser Hinsicht mit ihm aufnehmen. Zur Zeit meines Verkehrs mit Reich richtete sich mein Groll hauptsächlich deshalb gegen Korngold, weil er seine giftigen *Jonny*-Rezensionen in zahllosen Nachdrucken an Zeitungen, Zeitschriften, Opernhäuser, Schulen, Bibliotheken und so weiter verteilte und er mich häufig in versteckten Andeutungen und Anspielungen als absoluten Bösewicht auf dem Gebiet der Musik hinstellte und dadurch Künstler und Institutionen, die vielleicht an meinen Werken interessiert gewesen wären, einschüchterte. Etwas später fand ich heraus, daß er diese Art von Aktivität nicht auf die Kolumne beschränkte, für die er verantwortlich war, sondern daß er auch direkt intrigierte. Ich weiß nicht mehr genau, wann es war, daß ich den Sekretär der Gesellschaft der Musikfreunde, deren Orchester vorgehabt hatte, eines meiner Werke aufzuführen, den Plan aber dann hatte fallen lassen, zu dem Eingeständnis zwang, man hätte ihm durch Mittelsmänner zu verstehen gegeben, daß die Gesellschaft, falls sie mein Werk aufführen würde, generell eine feindselige Einstellung seitens der Zeitung Korngolds zu gewärtigen habe, was einen Rückgang der Abonnements für ihre Konzerte zur Folge haben könnte. Solche Dinge blieben natürlich immer ungreifbar. Es wäre niemals möglich gewesen, Zeugen anzugeben, um eine Klage vor Gericht zu untermauern, aber jedem war klar, daß die ganze Sache zum Himmel stank.

Während Korngold durch Korrumpierung auf hoher Ebene Anstoß erregte, waren seine Kollegen in der Hauptsache wegen ihrer Schludrigkeit, Unwissenheit, Inkompetenz und ihrer mangelnden Prinzipien zu tadeln. Das bedeutete, daß sie um ihre Stellen bangten, und da sie allgemein den Eindruck hatten, daß sich der Trend gegen die Moderne richtete – was immer das war –, waren sie doppelt dagegen. Die wenigen Ausnahmen waren leider genauso inkompetent und prinzipienlos, so daß sie mehr verdarben als sie halfen. Darunter war der gute alte Paul Stefan, ein müdes Schlachtroß, das einst, im goldenen Zeitalter der künstlerischen Revolution in Wien, zur Zeit von Mahler, vom jungen Schönberg, von Kokoschka, Klimt, Adolf Loos, Peter Altenberg, Egon Schiele und anderen, den progressiven Talenten wacker gedient hatte. Er schrieb für »Die Stunde«, das Blatt, welches Kraus von seinem Obergangster Bekessy befreit hatte. Dort wiederholte er unermüdlich seine alten Phrasen, nicht ohne Talent, aber ineffektiv und routinemäßig. Max Graf schrieb für die Zeitung »Der Tag«. Sein Buch *Composer and Critic*, das in den vierziger Jahren in Amerika erschien, verrät mehr Einsicht in das Geschäft der Kritik, als seine willkürlichen und schludrigen Rezensionen dasjemals taten. Gewiß, das Buch ist auch etwas schludrig, aber es enthält wertvolle Informationen über die Geschichte der Musikkritik und eine treffende Charakterisierung des »impressionistischen« modernen Kritikers, der nicht mehr den Ehrgeiz hat, seine Leser zu unterrichten und ihre Meinungen im Sinn der höheren Einsicht, die er gehabt hat, zu bilden, sondern eher versucht, das Sprachrohr der Mehrheitsmeinung zu sein, jenes »gesunden Menschenverstands«, den er für den Konsens derer hält, die seine Kritik lesen. Ich glaube, Graf bezeichnete zu Recht Hanslick als den Vater dieser Art von Kritik, insofern nämlich, als dieser seine Opposition gegen Wagner, das heißt, gegen die »moderne« Musik seiner Zeit, mit dem billigen und allgegenwärtigen Mißtrauen des einfachen Mannes gegen jegliche Neuerung verband, obgleich Hanslicks Wagner-Kritik viel besser gerechtfertigt war als nur durch den Wunsch, einer Mehrheit von Durchschnittsbürgern zu gefallen.

Eine fortschrittliche Haltung nahm auch Alfred Rosenzweig ein, Stefans Kollege bei der »Stunde«, wenn ich nicht irre. Er war zu jener Zeit ein höchst unangenehmer Bursche, aufdringlich und klebrig, unempfindlich gegen jede, wenn auch noch so rüde Zurechtweisung, beständig und verschlagen darauf aus, den Menschen ihre Meinung zu entlocken. Nach seiner Emigration nach England, wo er vor einigen Jahren starb, scheint er sich gebessert zu haben, denn ich erhielt eine Anzahl langer, nachdenklicher und menschlicher Briefe von ihm.

Das »Wiener Tagblatt« wurde von Heinrich Kralik bedient, einem fairen, wenn auch konfusen und gesellschaftsbewußten Kritiker, der einige Kenntnis, aber wenig Durchschlagskraft besaß. Sein Assistent, Wallis, war ein anständiger Mensch, aber vollkommen bedeutungslos.

Bei der sozialdemokratischen »Arbeiterzeitung« waren David Bach und Paul A. Pisk am Werk. Bach fehlte es nicht an Brillanz und Aggressivität, er war ein altes Schlachtroß der Partei, und als Organisator von musikalischen Aktivitäten für Arbeiter besaß er Weitblick und Energie. Gleichzeitig war er infolge seines lebenslangen Verkehrs mit Politikern etwas zynisch geworden. Er war Vorsitzender der österreichischen Sektion der Internationalen Gesellschaft für Neue Musik und ein guter Freund und Förderer Anton Weberns, den er, zusammen mit ein paar treuen Jüngern, für den größten österreichischen Dirigenten hielt. Er hatte Webern die Leitung des Arbeitersymphonieorchesters übertragen; darüber später mehr. Pisks Hauptbeschäftigung war Komponieren. Sein musikalisches Werk war vom technischen Standpunkt aus betrachtet annehmbar, zeigte aber die gleiche Blässe wie der unscheinbare, unattraktive Mann selbst. Es war schwer zu verstehen, wie er sich neben seiner Ehefrau eine Geliebte in Gestalt der Sängerin Hanna Schwarz zulegen konnte, die ich ungefähr ebenso abstoßend fand wie Hilde Steuermann; beide gehören zu den ganz wenigen Frauen, deren Anblick mich anwidert.

Ich erinnere mich nicht, für welche Zeitung Rudolf Réti schrieb. Außer daß er der Bruder eines Schachmeisters war, war er ein sehr mittelmäßiger Komponist, machte sich aber ernstzunehmende Gedanken über Musik. Im ganzen mögen einige dieser Leute besser gewesen sein als ihre Handlungsweise, aber die meisten von ihnen waren durch ihr Gewerbe und dessen entsetzliche Bedingungen verdorben und besudelt, was durch ihr abstoßendes Aussehen und ihr kaum erträgliches Benehmen offenkundig wurde.

Ich erinnere nicht, wer damals der Chefkritiker des »Neuen Wiener Journals« war, dieses florierenden, aber ekelerregenden Klatschblattes. Ich glaube, es war eine gewisse Elsa Bienenfeld, eine redselige und trottelige alte Jungfer. Ungefähr zu der Zeit, von der hier die Rede ist, bekam Professor Joseph Marx diesen Posten, den er zur unentwegten Diffamierung moderner Musik und zu unhaltbaren, lächerlichen und kindischen Kundgebungen benutzte. Unter sich hatte er einen gewissen Julius Bistron, eine schlicht untermenschliche Existenz.

Ein besonders unausstehlicher Kerl war Hans Liebstöckl, ein alter und boshafter Narr, dessen aufdringliches Geschwätz am Montag in der Frühe in der Zeitung »Der Morgen« zu lesen war, wenn alle anderen Blätter Frieden hielten. Er attackierte mich ebenso ausdauernd und hinterhältig wie Korngold. Es gab noch viele andere – Reitler, Konta, Heller, von denen ich nicht mehr viel weiß, und ich werde es auch müde, diese Gespenster heraufzubeschwören.

Um sein Unternehmen in Gang zu bringen, rief Reich einige Leute zusammen, die möglicherweise daran interessiert waren, es auf die eine oder andere Weise zu unterstützen. Unter ihnen war Heinsheimer, aber bald zeigte sich, daß er es eigentlich nicht befürwortete, denn er bekundete zwar, durchaus für einen gründlichen Hausputz zu sein, meinte aber, anstatt in der Art eines Karl Kraus die publizistischen Symptome des Übels zu bekämpfen, sollten wir die »wahren« Ursachen angreifen. Daher stieg er sofort aus. Nachdem ein paar Nummern der »23« erschienen waren, fühlte er sich gedrängt, uns einen Brief zu schreiben, in dem er seine Ansichten über unsere Grundsätze und Praktiken darlegte. Wir druckten ihn in unserer Zeitschrift ab und beantworteten ihn – das heißt, ich schrieb die Antwort, was etwas komisch war, weil ich Heinsheimer fast täglich in seinem Büro sah, aber keiner von uns beiden sagte auch nur ein Sterbenswörtchen über diese »offizielle« Korrespondenz, die über unsere Druckerei geführt wurde. Doch es sollte noch komischer kommen.

Das Redaktionskomitee bestand schließlich aus Reich, mir und Dr. Rudolf Ploderer, einem guten Freund Weberns; er war Anwalt und ein sehr sympathischer, leiser, melancholischer Mann und wie alle diese Leute von außergewöhnlicher und unerschütterlicher Integrität. Wahrscheinlich infolgedessen beging er später Selbstmord.* Berg hatte versprochen, mitzuarbeiten. Aber sehr bald war klar, daß Reich und ich die ganze Arbeit machen mußten, denn Berg beteiligte sich nur mit ein oder zwei kurzen Absätzen und weiter nichts, und Ploderer brütete seine Gedanken so lange aus, daß man auf eine Konkretisierung in Schriftform nicht warten konnte. Anfangs unterzeichneten wir die Artikel mit Zahlen von 1 bis 23, um den Eindruck zu erwecken, daß wir dreiundzwanzig Mitarbeiter seien, aber das gaben wir bald auf, weil es albern und umständlich war.

Die »23« erschien in unregelmäßigen Abständen über einen Zeitraum von fünf Jahren, wahrscheinlich bis 1937. Ich glaube nicht, daß noch ein Heft erschienen ist, nachdem ich nach Amerika abgereist war. Ich vermute, daß es uns gelang, mindestens dreiundzwanzig Nummern herauszubringen, wozu wir uns aus Stolz und Ehrgefühl verpflichtet fühlten, denn alle möglichen Leute hatten nach jeder Nummer vorausgesagt, daß die Zeitschrift bald eingehen werde. Natürlich erzielten wir keine greifbaren Ergebnisse, außer daß wir viele Leute ärgerten und anderen Erheiterung verschafften sowie uns selbst in Schwierigkeiten brachten. Reich sah sich sehr bald in einen Prozeß verwickelt, den Korngold gegen ihn angestrengt hatte, der natürlich eine unserer bevorzugten Zielscheiben war. In gewissem Sinn war es recht erfrischend zu sehen, daß der arrogante Hohepriester unsere kleine Zeitschrift für so wichtig hielt, daß er sich solche Mühe machte. Wenn ich mich recht erinnere, hatte Reich in einem Beitrag zur »23«, der sich gegen Korngold richtete, eine Stelle aus einem vor einigen Jahren erschienenen Artikel zitiert, die Korngold mit dem Vorwurf der Bestechung belastete. Da dieser Artikel, soweit wir herausfinden konnten, unangefochten geblieben war, war anscheinend gegen das Zitat nichts einzuwenden gewesen. Das war jedoch nicht der Fall, denn wenn Korngold die Beleidigung das erste Mal auch hingenommen hatte, stand es ihm doch frei, bei einer anderen Gelegenheit dagegen anzugehen, wenn er das wollte. Und das tat er. Reich wurde wegen Ehrenbeleidigung vor Gericht gestellt, und da er die Behauptungen in dem alten Artikel, aus dem er zitiert hatte, nicht untermauern konnte, hatte er eine Strafe von 300 Schilling zu zahlen, wenn er nicht einen Widerruf veröffentlichte. Leider konnte er sich die Strafe nicht leisten, und ich war zu vorsichtig (oder zu geizig), um sie für ihn zu bezahlen. Selbstverständlich hätte ich das tun sollen, anstatt mein Geld zu sparen, wie ich es tat, damit

* 1933

Hitler und seine Kumpanen es später kassieren konnten. Wenn Reich wegen dieses Vergehens verurteilt worden wäre, hätte das den alten Schurken in keiner Weise entlastet, denn er hätte seinen Zweck nur deshalb erreicht, weil die fragliche Angelegenheit so weit zurücklag, daß man keine Beweise mehr erbringen konnte. Um seinen Prozeß zu gewinnen, brauchte er nicht zu beweisen, daß die gegen ihn gerichtete Behauptung falsch war, es genügte, daß Reich nicht beweisen konnte, daß sie richtig war. Nachdem das Strafgeld gezahlt gewesen wäre, hätten wir die Sache journalistisch auswerten können, um unseren alten Widersacher endlos weiter zu ärgern. Unter den gegebenen Umständen war es für Reich eine ziemlich demütigende Erfahrung, denn Korngolds Anwälte stellten ihn als mittellosen Drogisten hin, der durch Skandalgeschichten verzweifelt sein Einkommen aufbessern wollte. Reich veröffentlichte einen Widerruf, und wir machten das Beste daraus, indem wir die Tatsache hochspielten, daß er vom Gericht freigesprochen worden war und daß Korngold nur deshalb durchgekommen war, weil er so vorsichtig gewesen war, den ursprünglichen Verfasser der belastenden Behauptung nicht zu belangen, wofür er wohl gute Gründe gehabt haben mußte.

Im großen und ganzen finde ich, daß sich die »23« heute besser liest, als man erwarten sollte. Einige meiner eigenen satirischen Beiträge sind wirklich sehr komisch, und nach der Machtergreifung der Nazis in Deutschland brachten wir ein paar Artikel, die ernsthafte und originelle Gedanken zu den entsprechenden Themen ausdrückten und mit einer gewissen Intensität vorgetragen waren. Reichs Beiträge waren gewöhnlich solide und gut vorbereitet, oft aber ein wenig schwerfällig und schwunglos. Sein Witz war gelegentlich plump und, wenn er sich auf einen unbedeutenden Gegenstand richtete, etwas ermüdend, denn die Behandlung solcher Gegenstände muß durch Eleganz gerechtfertigt sein. Jedenfalls wendeten wir viel Zeit und Mühe für dieses Unternehmen auf und hatten eine ganze Menge Spaß dabei. Da mir die Jahrgänge der »23« nicht komplett zur Verfügung stehen, kann ich künftigen Lesern nicht mit einer Identifikation meiner Beiträge dienen und muß es ihnen überlassen, herauszufinden, wer was geschrieben hat, es sei denn, Reich hat Information zu diesem Punkt bereitgestellt.

Kraus und Offenbach

Eine ziemlich heikle Sache war, daß die »23« ganz nah an die literarische Domäne herankam, die Karl Kraus für sich selbst abgesteckt hatte, denn in bezug auf Zielrichtung, Methoden und Stil folgten wir offensichtlich dem hochverehrten Beispiel und bemühten uns nicht, die Gefolgschaft zu verbergen. Es war mir überlassen, mich darum zu kümmern, denn etwa um die Zeit, als wir mit unserem Unternehmen begannen, wurde ich Karl Kraus zum zweitenmal vorgestellt und in den zweitinnersten Kreis der Auserwählten aufgenommen. Durch eine Ironie des Schicksals geschah das wieder unter Umständen, die mir nicht angemessener erschienen als jene meiner ersten Begegnung mit meinem Leitbild, aber ich wollte nicht länger wählerisch sein. Heinsheimer hatte in seiner unternehmerischen Rastlosigkeit beschlossen, zu versuchen, die Krausschen Übersetzungen und Bearbeitungen der Operetten Offenbachs in die Hände zu bekommen. Damals hatte Kraus angefangen, Offenbachs *Périchole* öffentlich zu lesen, die, wenn ich mich nicht irre, sein elfter oder dreizehnter Offenbach war. Seine Arbeit an diesen Stücken bestand darin, daß er zuerst eine stilistisch brillante und originalgetreue Übersetzung des Textes anfertigte, wobei er den wahren Geist dieser unvergleichlichen Libretti wiederherstellte und sie von albernen, veralteten und minderwertigen Komödienelementen reinigte, die sich bei früheren, nachlässigen Übersetzungen eingeschlichen hatten. Dann verfaßte er neue, aktuelle Refrains zu den Couplets, wobei er für jede öffentliche Lesung neue hinzufügte, die jeweils auf die politischen Tagesereignisse Bezug nahmen. Man konnte sehen, daß das Vortragen dieser Stücke ihm ungeheuren Spaß machte. Kraus las nicht nur alle Rollen so, wie nur er das konnte – ich habe im ersten Teil dieser Aufzeichnungen versucht, das zu beschreiben –, sondern er sang auch alle Lieder, mehrstimmigen Stücke und Chöre. Es ist schwer zu begreifen, wie er das machte, denn er hatte nicht das geringste musikalische Wissen und im Grunde überhaupt keinen Sinn und kein Verständnis für Musik. Die Melodien waren natürlich leicht zu behalten, aber um sie in einem abendfüllenden Stück wiedergeben zu können, mußte man sie nicht nur ungefähr nachsummen können, sondern exakt im Takt singen, sauber phrasieren und in den Einleitungen, Rezitativen etc. die Partitur genau kennen. Kraus brachte sich das mit Hilfe von Franz Mittler bei, der ihn auch auf der Bühne begleitete.

Dieser Mittler war ein guter Musiker, ein sympathischer Kerl und auf eine gewisse, typisch jüdische Art sehr geistreich. Ich habe fast alle Offenbach-Bearbeitungen von Kraus mit grenzenlosem Vergnügen gehört und in Offenbach einen der größten Musikdramatiker bewundern gelernt, den ich heute als Wagner ebenbürtigen Künstler am entgegengesetzten Ende der Skala bezeichnen möchte. Seine Operetten waren keine mehr oder weniger albernen Stücke, die dem Komponisten Gelegenheit gaben, eine Reihe reizvoller und unterhaltsamer Melodien aneinanderzuhängen, wie das meiner Meinung nach bei Johann Strauß und seiner Schule der Fall war, sondern es waren musikdramatische Meisterwerke, in denen die Musik das leichtfüßige Drama transparent machte und dadurch seine ernstzunehmende Bedeutung enthüllte, wie Bühnenmusik das tun sollte. Das Wunder bestand darin, daß die Musik sich auf die einfachen Grundlagen tonaler Harmonie beschränkte und der Form und dem Stil nach völlig einheitlich war. Offenbachs Fähigkeit, innerhalb dieser Grenzen tausend und abertausend entzükkende, funkelnde, umwerfende, atemberaubende, feurige, leidenschaftliche, zarte, melancholische, herzzerreißende Melodien zu erfinden, von denen man kaum eine als schwach oder klischeehaft bezeichnen könnte, ist in der Musikgeschichte nicht einmal annähernd erreicht worden. Nur Mozart und Schubert übertreffen ihn an Erfindungsreichtum, aber sie konnten aus unendlich vielfältigeren Quellen schöpfen.

Heinsheimer war so verwegen zu versuchen, Kraus' Bearbeitungen für die Universal Edition zu erwerben, die sie für Bühnenproduktionen kommerziell vertreiben wollte. Ich glaube nicht, daß er das für eine wichtige geschäftliche Chance hielt. Vielmehr war er von dem Ehrgeiz besessen, der Welt zu zeigen, daß er mit Kraus umgehen konnte, daß Kraus schließlich auch bloß ein Mensch war wie jeder andere und froh sein würde, seine Sachen überall gespielt zu sehen. Die Tatsache, daß Kraus sich mit allen Verlegern, ja eigentlich mit allen, die versucht hatten, sich seiner Angelegenheiten anzunehmen, zerstritten hatte, konnte meinen unternehmungslustigen Freund nicht abschrecken. Sein heimlicher Gedanke war vermutlich, daß er in der Lage sein würde, zu demonstrieren, daß Kraus' berühmte Intransigenz und Integrität zusammenbrechen würden, wenn man ihm echten Ruhm in »dieser Welt« und sogar beträchtliche Einnahmen verspräche. Es war Satan, der den Propheten versuchte. Das Ende war eine Katastrophe, zu meiner vollen Befriedigung, wie ich sagen darf. Doch bevor wir dahin kamen, hatten alle Beteiligten einen schweren Weg vor sich.

Der Anfang war täuschend leicht. Vielleicht war Heinsheimer selbst überrascht, als Kraus seine Annäherungsversuche mit einer Einladung beantwortete – ins Kaffeehaus selbstverständlich. Damals hatte Kraus sein Hauptquartier im Café Parsifal (woher der seltsame Name kam, habe ich nie herausbekommen) in der Walfischgasse, drei Straßen von seiner Wohnung und zwei von der Universal Edition entfernt. Es war so, daß Kraus kaum Vorurteile hatte. Er empfing jeden, den zu empfangen er irgendeinen Grund hatte, in gutem Glauben und erwartete natürlich eine entsprechende Haltung vom andern. Aber genau darin lagen die möglichen Probleme, denn kaum jemand konnte den im Grunde äußerst einfachen Voraussetzungen gerecht werden, die Kraus für selbstverständlich hielt. Für ihn war ein Ja ein Ja, und ein Nein bedeutete ein Nein. Die meisten Menschen waren jedoch durch die Gewohnheit, faule Kompromisse zu schließen, und durch die zweifelhaften Geschäfte, die das gesellschaftliche Leben überall beherrschten, bereits so geprägt, daß sie, ohne es zu wissen oder zu wollen, an dieser einfachen Bedingung für den Umgang mit Kraus scheiterten. Ich bemerkte, daß er wirklich unglücklich werden und über die Moral eines Kellners nachdenken konnte, der vergessen hatte, ihm eine bestimmte Zeitung an den Tisch zu bringen, obgleich er vorbehaltlos versprochen hatte, das zu tun. Für Kraus war ein Versprechen ein Versprechen, so gut wie ein Eid, und der Kellner hatte nicht gesagt, er wolle nachsehen, ob er die Zeitung bekommen könnte, oder etwas dergleichen, er hatte einfach versprochen, sie zu bringen, und dann brachte er sie nicht! Später einmal, während die japanische Invasion in China gerade Schlagzeilen machte, fand ich Kraus allein an seinem Tisch im »Parsifal« sitzen, wo er die Fahnenkorrektur für »Die Fackel« las und über ein Komma nachdachte. Er war milde gestimmt und sagte etwa: »Ich weiß, daß die Leute glauben, ich sei verrückt, weil ich in Zeiten wie diesen so etwas mache. Aber ich sage Ihnen: Wenn jeder sich seiner Sache so gewissenhaft und verantwortungsvoll annähme wie ich, würde Shanghai heute abend nicht brennen.« In gewissem Sinn war das die Essenz seiner Philosophie. Heinsheimer bekam jedenfalls seinen Vertrag für *Périchole*; es war der übliche Vordruck, den alle Autoren unterschrieben, die mit dem Verlag in Geschäftsbeziehungen standen. Für Kraus war der wesentliche Punkt, daß bei Bühnenaufführungen der Operette unter keinen Umständen und unter keiner Bedingung auch nur ein Jota an seinem Text geändert, ausgelassen oder durch etwas anderes ersetzt werden durfte. Heinsheimer versicherte ihm, daß der Vertrag diese Forderung abdecke, und Kraus glaubte ihm. Natürlich war genau das der Punkt, der letzten Endes zur Katastrophe führte.

Kurz nach der Unterzeichnung des Vertrags stellte Heinsheimer mich Kraus vor, der mich sehr nett begrüßte. Er erinnerte sich nicht nur an mich, sondern wußte als sozusagen professioneller Zeitungsleser auch von mir, nicht so sehr wegen meiner Musik, die ihn nicht interessierte, sondern wegen meiner nach *Jonny* umstrittenen Stellung in der Öffentlichkeit. Er hatte dem Fall sogar ein paar seiner aktuellen Refrains gewidmet, was ich nicht wußte, da es geschehen war, bevor ich mich in Wien niederließ. Ich war sehr glücklich darüber, so gut von ihm empfangen worden zu sein, und besuchte den Kreis seitdem etwa einmal in der Woche, wobei ich immer eine

Haltung voller Respekt und schlichter menschlicher Sympathie bewahrte, was Kraus zu gefallen schien. Er hielt seine Freundschaft zu mir (wenn ich es so nennen darf) bis zu seinem Tod aufrecht, worauf ich recht stolz bin, denn in jenen wenigen Jahren erlebte ich, wie selbst die, die dem Thron am nächsten waren, einer nach dem anderen in die Finsternis draußen gestoßen wurden.

Der innere Kreis bestand aus ganz wenigen Personen, soviel ich beobachten konnte. Erstens war da Helene Kann, die viele Jahre lang Kraus' Gefährtin war. Sie war eine recht elegante, weltgewandte Frau in den Fünfzigern, wie ich schätzte, ohne erkennbare ungewöhnliche intellektuelle Eigenschaften, aber danach hatte Kraus bei Frauen nie gesucht, wie man seinen Schriften entnehmen konnte. Was er von Frauen erwartete, waren Spontaneität und Unmittelbarkeit, etwas, das als Intelligenz des Herzens bezeichnet worden ist. Ab und zu erschien Frau Kanns Tochter Eva, die mit einem Industriechemiker namens Roeder verheiratet war. Dieses »Evchen« war ein sehr hübsches, flatterhaftes, etwas nachdenkliches und zugleich äußerst zerstreutes Wesen, das ich sehr mochte. Die treuen Leibwächter waren ein Dr. Münz, ein ernsthafter, emotional unausgeglichener Kunsthistoriker, Dr. Franz Glück, der den gleichen Beruf ausübte, und Dr. Stadler, ein junger Rechtsanwalt, der den harten Burschen spielte. Diese Menschen beeindruckten mich nicht allzu sehr, wenn ich davon absehe, daß sie das anscheinend unerschütterliche Vertrauen des Meisters genossen, denn sie verloren sich mehr oder weniger in unkritischer Lobhudelei und Heldenverehrung. Mir wurde jedoch klar, daß ein Mann von Kraus' Wesensart und Format solche Personen anzog und sich nicht leicht mit jemand anderem anfreunden konnte, denn er war zu sehr auf das konzentriert, was er als sein zentrales Anliegen betrachtete, als daß er sich auf eine richtige Diskussion und einen echten Gedankenaustausch hätte einlassen können. Das Gespräch bestand gewöhnlich aus einem Monolog von Kraus, zu dem die übrigen die Stichworte lieferten, offenbar zur Vorbereitung der Arbeit, die er für die Nacht plante. Seine Taschen waren immer mit Zeitungen vollgestopft, vor allem mit Zeitungsausschnitten, die er herauszog, um sie als unüberbietbare Greuel der Zeit anzuprangern, mit denen er sich während seiner einsamen Nachtwache um der gepeinigten Menschhheit willen würde beschäftigen müssen. Eine gewisse klatschhafte Geschwätzigkeit war diesen Unterhaltungen nicht fremd.

Es stellte sich heraus, daß Kraus viele persönliche Freunde in der Aristokratie des alten Reiches gehabt hatte und noch hatte, und das war eine etwas überraschende Entdeckung. Nur wenige davon erschienen ab und zu im Kaffeehaus, unter ihnen ein Fürst Lobkowitz, ein gewisser Baron, dessen Namen ich vergessen habe, und die Gräfin Dobrzenska, wenn sie zufällig in Wien war.

Einer der wichtigsten Freunde trat nie in Erscheinung. Es war Kraus' Rechtsanwalt, Dr. Samek, der ihn in allen Prozessen vertrat, die gegen ihn angestrengt wurden, und das waren viele. Dr. Samek beriet ihn auch bei der genauen Formulierung von Briefen und anderen Dokumenten, die rechtliche Folgen haben konnten. Kraus traf sich mit Samek gewöhnlich in einem anderen Kaffeehaus, kurz nachdem er aufgestanden war, um sieben oder acht Uhr abends. Ungefähr um zehn begab er sich dann ins »Parsifal«, wo er mit den anderen Freunden zusammenkam. Dort saß er bis Mitternacht oder länger, und wenn er in Gesprächslaune war, übersiedelte die ganze Gesellschaft in ein anderes Kaffeehaus in der Gegend, je nachdem, welches an dem jeweiligen Wochentag bis vier Uhr früh offen war. (Die Wiener Kaffeehäuser wechselten sich damals mit den Nachtöffnungszeiten turnusmäßig ab, und Kraus kannte ihren Plan sehr gut.) Gewöhnlich waren diese Nachtschwärmertreffs schreckliche Lokale, in denen Prostituierte und zwielichtige Gestalten aller Art verkehrten, aber Kraus schenkte dem keine Aufmerksamkeit und fuhr fort, die moralischen und intellektuellen Fragen zu diskutieren, die seinen satirischen Geist gerade beschäftigten. Anschließend ging er nach Hause und ließ sich für mehrere Stunden zu ungestörter Arbeit nieder. Was er nachts schrieb, wurde am nächsten Morgen in die Druckerei befördert, und während Kraus den Tag verschlief, bereiteten die Drukker die ersten Fahnen vor, die Kraus durch einen Spezialboten erhielt, wenn er abends aufstand. Eine unglaubliche Lebensweise, aber vollkommen logisch und angemessen für einen Mann seines Schlages, von denen es nicht viele gab, wenn überhaupt welche.

Für mich und Berta, die mich hin und wieder zu diesen Geheimsitzungen begleitete, bedeutete das, nach einem mit Arbeiten verschiedenster Art angefüllten Tag in die Stadt zu gehen und bis mindestens zwei Uhr früh aufzubleiben. Obgleich diese Gespräche gewöhnlich in leichtem Ton geführt wurden, waren sie äußerst anstrengend, mußte man doch jedes Wort genau abwägen, um sich nicht in logischem Widerspruch zu verfangen, der vom Meister sehr schnell als unbewußtes Eingeständnis von Illoyalität interpretiert wurde. Da ich durch meine langjährige Lektüre der »Fackel« mit den meisten Gegenständen gründlich vertraut war und wußte, was Kraus über wen gesagt hatte, wußte ich automatisch auch, was ich nicht sagen durfte. Berta, der die möglichen Implikationen weit weniger bewußt waren und die einfach versuchte, sie selbst zu sein, war öfter in Gefahr, sich in Schwierigkeiten zu bringen, und einmal tat sie das wirklich. Darüber später mehr.

Ich könnte nicht sagen, daß meine persönliche Verbindung mit Karl Kraus im üblichen Sinne lohnend war, als ein Geben und Nehmen von Gedanken. Ich bemerkte, daß ich mit zunehmendem Alter in Gesprächen mit Gleichaltrigen immer weniger Befriedigung empfand, es sei denn, ich kannte meine Gesprächspartner von Jugend auf. Aber jene wenigen, wie Erdmann, habe ich aus den Augen verloren. Eine Ausnahme ist vielleicht Roger Sessions, mit dem ich mich angenehm, frei und mit dem Gefühl unterhalten kann, daß etwas bei dem Gespräch herauskommt. Von denen, die älter sind als ich, ist, glaube ich, Artur Schnabel der einzige, mit dem ich mich im allgemeinen wohlfühlte, obgleich selbst in diesem Verhältnis in den letzten paar Jahren hin und wieder eine gewisse Spannung zu bemerken war. Mir scheint, die Hauptschwierigkeit liegt darin, daß bedeutende, schöpferische Menschen mit ausgeprägter Persönlichkeit im höheren Alter nicht mehr nach Situationen suchen, in denen sie ihre gefestigte Denkweise, ihre Kunst und Lebensphilosophie rückhaltlos der Diskussion preisgeben müßten, um solchen Situationen etwas abzugewinnen. Sie ziehen es vor, sich mit Menschen zu umgeben, die zufrieden sind, sich anzuhören, was immer die großen Männer zu sagen haben. Im Fall von Kraus war ich etwas frustriert, da ich, selbst ein schöpferischer und unabhängiger Geist, die Rolle eines passiven Jasagers weder spielen konnte noch wollte. Ich war jedoch von seiner offenkundigen Sympathie für mich als Mensch gerührt, und ich war dankbar, daß es mir möglich war, eine persönliche Beziehung zu dem Mann zu unterhalten, den ich mehr bewundert hatte als alle anderen.

Bertolt Brecht

Im Frühling 1930 schrieb ich noch ein weiteres Streichquartett, mein fünftes, sehr zum – nicht ganz ernst gemeinten – Entsetzen Heinsheimers, der darin eine weitere Verstärkung meiner esoterischen Neigungen sah und ein Zeichen dafür, daß ich mich vom Weg des vielversprechenden Geschäfts entfernte. Obgleich im Musikleben Deutschlands (das mein wichtigster »Markt« blieb) allgemein noch kein entschieden reaktionärer Trend zu beobachten war, hatte die Wirtschaftskrise zu verschiedenen Streichungen und zu einer gewissen Zaghaftigkeit bei Operndirektoren, Dirigenten etc. geführt. Das Hauptgewicht wurde jetzt auf Praktikabilität gelegt, was gut zu den Prinzipien der »Gebrauchsmusik« paßte, die von Hindemith und Kurt Weill formuliert und in die Praxis umgesetzt worden waren, wobei letzterer eng mit Bertolt Brecht zusammenarbeitete.

Ich hatte Brechts Experimente mit großem Interesse, aber nicht ohne Bedenken verfolgt. Seine dichterischen Qualitäten und sein origineller, kraftvoller Stil haben mich seit jeher beeindruckt, und sein tiefsinniges und unterhaltsames Stück *Mann ist Mann*, das am Kasseler Theater aufgeführt wurde, während ich dort war, hatte mir sehr gut gefallen. Seine späteren theoretischen Bemühungen überzeugten mich weit weniger, weil ich das Gefühl hatte, daß er in zunehmendem Maß einer starren, rückständigen und doktrinären marxistischen Parteilinie folgte. Obgleich ich mit den Zielen der Kommunisten nur insoweit sympathisierte, als ihre Philosophie im Kern ein beachtliches Konzept von Gerechtigkeit und Gleichheit aufwies, hätte ich Brecht nicht angegriffen oder kritisiert, weil er sich für diese Ideen einsetzte. Aber ich hatte das Gefühl, daß die Art, auf die er sie präsentierte, etwas von einer Veralberung und einer intellektuellen Opferung enthielt, die ich eines so scharfen Geistes und so großen Talents für unwürdig hielt. Weiterhin erschien mir seine Theorie des »epischen Theaters« als rein spekulativ, unrealistisch und antidramatisch. In diesem Punkt habe ich meine Meinung später geändert, aber zu jener Zeit erregte er meinen Widerspruch, besonders, weil er sie auf eine etwas hochnäsige und besserwisserische Art darlegte, und ich schrieb einen sehr scharfen kritischen Essay dagegen, den Gubler aber nicht drucken wollte.

Die praktischen Ergebnisse dieser Untersuchungen erschienen mir nicht weniger dürftig und enttäuschend. Während ich die Oper *Aufstieg und Fall der Stadt Mahagonny*, die ich für das allerbeste Produkt der Zusammenarbeit von Brecht und Weill halte (wobei Brecht die bei weitem stärkere Wirkung hat), immer noch sehr mag, fand ich die kleine Schuloper *Der Jasager*, die damals in einer Wiener Oberschule unter der Regie Heinsheimers aufgeführt wurde (das war etwas, was er noch nicht gemacht hatte, deshalb mußte er es einfach versuchen), schwach, wenig bedeutend und musikalisch ziemlich schlecht. Viel Aufhebens machte man von der Kantate *Der Lindberghflug*, in der die beiden Autoren Lindberghs Atlantiküberquerung feierten. Sie sollte eine neue Art des Dokumentarmusicals sein. Mein schlechter Eindruck von dieser Leistung wurde vollkommen bestätigt, als ich die Kantate kürzlich im Los Angeles City College hörte (übrigens in einer grauenhaften Übersetzung von George Antheil). Sie war langweilig, wertlos, primitiv und absolut unbedeutend und vermittelte keine Begeisterung oder Spannung angesichts des großen Ereignisses, das sie zum Gegenstand hatte.

Obgleich derlei en vogue war und mir oft als Beispiel dafür präsentiert wurde, was ein zeitbewußter Komponist machen sollte, verlockte es mich überhaupt nicht, und ich schrieb das Streichquartett, in dem ich in einer Art Protest zur reinsten und offenbar unpraktischsten Form der Kammermusik zurückkehrte. Das Quartett als solches war nicht besonders abstrakt, denn es folgte im Idiom immer noch dem Vorbild Schuberts. Es ist ein sehr langes Stück in drei Sätzen, deren erster in der traditionellen Sonatenform steht, was soweit geht, daß die Exposition notengetreu wiederholt wird. Es gibt zwar dissonante kontrapunktische Figuren, aber die Anlage auf Es ist eindeutig tonal. Der zweite Satz besteht aus zehn Variationen über ein anscheinend von den Themen des ersten ganz verschiedenes Thema in D-Dur. In einigen Variationen, besonders in der langsamen mit den ausgehaltenen Akkorden, versuchte ich, einige Charakteristika der vielbewunderten Diabelli-Variationen nachzuahmen. Dieser Satz wurde gelegentlich allein aufgeführt. Der letzte Satz ist wegen seiner freien, kontinuierlichen Struktur interessant, und ich mag ihn sehr, trotz offenbar opernhafter, sentimentaler Gesten. Schon die einleitende Phrase erinnert an die charakteristischen Vorhalte in Monteverdis *Lamento d'Arianna*. Die beiden Tonalitäten D- und Es-Dur werden bis zum Schluß im Gleichgewicht gehalten, ein harmonisches Schema, das mit seiner Spannung zwischen C- und Cis-Dur – in größerem Maßstab – auch den Rahmen des *Orest* bildet.

Orest *und* Reisebuch *in Leipzig*

Mein Interesse an der Oper wurde wach gehalten, allein schon wegen der *Orest*-Premiere in Leipzig im Winter. Mit Brecher im Orchestergraben und dem einfallsreichen Brügmann als Regisseur ging alles ausgezeichnet. Um ein paar Passagen für seine Art des Dirigierens (die ich bereits beschrieben habe) sicherer und praktikabler zu machen, hatte Brecher an fünf oder sechs Stellen (soweit ich mich erinnere) vorgeschlagen, in einem Takt eine Pause einzufügen oder einen Takt in zwei Teile zu zerlegen, oder ähnliche leichte rhythmische Veränderungen vorzunehmen, die auf die wesentlichen musikalischen Elemente meiner Partitur natürlich keine Auswirkung hatten. Jemand mußte wohl etwas ausgeplaudert haben (obwohl es kein Geheimnis war), und das Ergebnis war, daß der unsägliche Liebstöckl in Wien in seiner Zeitung berichtete, ich hätte eine inkompetente und unbrauchbare Partitur vorgelegt, die Brecher erst in eine anständige Form bringen mußte, um eine Aufführung zu ermöglichen. Das war typisch für die Methoden der Wiener Journalisten und nichts besonders Ungewöhnliches. Ich glaube, ich habe den Burschen mit Hilfe des § 23 des Pressegesetzes verfolgt.

Brügmanns Regie war eindrucksvoll und ohne allzuviel Chichi, wie die Franzosen das nennen. Für die letzte Szene, in der der Zuschauer den Eindruck haben sollte, daß sich eine ungeheure Menschenmenge versammelte, um Orests Befreiung zu feiern, hatte Brügmann im Hintergrund alle möglichen Treppen und geneigten Flächen aufgebaut, die er mit Schulkindern bevölkerte, die wie Erwachsene aufgemacht und angezogen waren, so daß sie wie Erwachsene erschienen, die man aus der Ferne sieht. Sie bewegten sich auf diesen Treppen so, daß die Illusion entstand, daß eine gewaltige Menschenmenge herannahte. Die Aufführung hatte unmittelbar großen Erfolg, und die Oper wurde noch an demselben Abend von mehreren anwesenden Direktoren und Managern zur Aufführung angenommen. Der äußere Erfolg glich natürlich nicht dem von *Jonny*, aber er war trotzdem sehr befriedigend, weil die meisten deutschen Opernhäuser das Werk spielten. Vielleicht, weil es nicht gleich so einschlug wie *Jonny*, erwies es sich als beständiger, denn während *Jonny* bis heute ruht, war *Orest* die erste meiner Opern, die nach dem Zweiten Weltkrieg in Europa wieder aufgeführt wurde.

Einige Tage vor der Premiere hatte Brecher ein Konzert organisiert, in dem das *Reisebuch* zum erstenmal aufgeführt wurde. Hans Duhan von der Wiener Oper sang, und ich begleitete ihn. Es war typisch, daß wir beide als Wiener nach Leipzig gehen mußten, um ein durch und durch österreichisches Werk vorzutragen – in unserer Heimatstadt wäre das unmöglich gewesen. Dieser Duhan (ich erwähnte ihn im Zusammenhang mit *Jonny*) war ein unglaublicher Mann von phänomenaler Musikalität. Ich ging das *Reisebuch* nur einmal in Wien mit ihm durch, einige Tage, bevor ich nach Leipzig fuhr. Als er am Tag des Konzerts dort eintraf, verzichtete er auf eine weitere Probe und zog es vor, im Hotelfoyer zu sitzen, zu trinken und nach schönen Frauen auszuschauen. Nichtsdestoweniger war seine Darbietung tadellos, besaß unfehlbare musikalische Intelligenz und zeigte ein wunderbares Verständnis der Ausdrucksqualitäten des Werkes. Er wäre ein idealer Interpret beinahe aller wichtigen Baritonrollen in meinen Opern gewesen, aber diese Opern wurden in Wien nicht gespielt. Schließlich wurde er auch ein wenig zu alt, um den rein stimmlichen Anforderungen dieser Partien gerecht zu werden. Ich habe im Lauf der Jahre viele sehr gute Sänger gehabt, aber keinen, der so gut war wie Duhan.

Kehraus um St. Stephan

Zu Anfang des Frühjahrs ging ich ein neues Opernprojekt an, das ich sehr schnell fertigstellte. Es markiert einen deutlichen Wendepunkt in meiner künstlerischen Entwicklung. Ich glaube, die Idee, meiner geliebten Heimat in Form eines Bühnenwerkes ein Denkmal zu setzen und meiner Ergebenheit Ausdruck zu verleihen, hatte bereits eine Zeitlang in mir gearbeitet. Angefangen hatte alles damit, daß ich auf einer Straßenbahnfahrt ein Gespräch mit anhörte, in dem ein Mann einem anderen eine Geschichte erzählte, die er sehr komisch fand, nämlich, daß einer seiner Bekannten versucht hatte, sich umzubringen, indem er sich an einem Baum erhängte, und als man ihn gerade noch rechtzeitig abschnitt, war er mit dem Gesicht in eine Pfütze neben dem Baum gefallen, so daß er beinahe ertrank, ehe er schließlich gerettet wurde.

Dieser Vorfall kristallisierte sich in meinen Gedanken zu einer Szene, die ich für eine eindrucksvolle Anfangsszene für die neue Oper hielt. Da es sehr unsicher ist, ob diese Oper je aufgeführt wird, und da sie bis jetzt nur als einzelne Manuskriptkopie des Klavierauszugs, die in der Universal Edition liegt, und als gleichermaßen einzige Partiturkopie, die die Wiener Stadtbibliothek verwahrt, existiert, will ich die Handlung hier erzählen.*

Es ist der Winter 1918, kurz nach dem Zusammenbruch des alten Reiches. Der Mann, der sich erhängen wollte, ist ein Offizier der alten Armee, Rittmeister Othmar Brandstetter, der nicht nur den Zusammenbruch seiner Karriere erlebt hat, sondern auch das Gefühl hat, daß er in seiner jetzigen Lage als mittelloser Mann der Frau, die er liebt, der verwitweten Gräfin Elisabeth Torregiani, nicht gegenübertreten kann. Er wird von dem alten Sebastian Kundrater, einem Wiener Weinbauern, entdeckt, der mit seinen beiden Kindern, Ferdinand und Mitzi, im Wienerwald nach Brennholz sucht, wie das damals alle taten. Sie schneiden ihn los, er fällt in die Pfütze, und sie nehmen ihn mit nach Hause. Bevor sie sicher sind, daß sie ihn wiederbeleben können, sieht ein Flurwächter auf seinem Rundgang, was er für eine Leiche hält, und notiert den Namen des Rittmeisters für seinen Bericht, in dem es dann heißt: »Verschieden durch Selbstmord«.

Zur selben Zeit kehrt ein anderer Mann aus der Armee zurück, Alfred Koppreiter, ein Industrieller, der als Reserveoffizier gedient hat. Weit davon entfernt, die Dinge so tragisch zu nehmen wie Brandstetter, ist er durchaus bereit, sich der Revolution anzuschließen (an der sich Kundraters Sohn als Führer einer Bande beteiligt, die auf Offiziersabzeichen Jagd macht) und möchte seine Industrieunternehmen so schnell wie möglich wiederaufbauen und erweitern. Dabei stößt er freilich auf Schwierigkeiten, weil die Arbeiter infolge der Revolution Forderungen stellen, die Koppreiter empörend findet. Er hat eine heftige Auseinandersetzung mit einem ge-

* Uraufführung der Oper am 6. Dezember 1990 in Wien.

wissen Schwoistaler, der sich als Gewerkschaftsvertreter zu erkennen gibt. In diesem Moment taucht ein weiterer arbeitsloser Offizier auf, der ungarische Major Keresztheły, der von Koppreiter sofort als Personalchef angestellt wird, weil er ein flotter und gerissener Redner ist, der Typ eines Werbefachmanns mit weitverzweigten Beziehungen. Er soll die Sache mit Schwoistaler ins Reine bringen, während Koppreiter darangeht, seine gesellschaftlichen Kontakte zu erneuern, darunter auch den zu Gräfin Torregiani.

Elisabeth, die Othmar liebt, hat in der Zeitung den falschen Bericht über seinen Selbstmord gelesen und ist in mutloser Stimmung, als sie Koppreiters Besuch erhält. In der Annahme, daß das Leben kein Glück mehr für sie bereithält, toleriert sie Koppreiters höfliche Annäherungsversuche.

Kundrater sucht Othmar dazu zu bewegen, in seinen Weinbergen zu arbeiten, weil der Alte nicht mehr die ganze Arbeit tun kann und seine Kinder kein Interesse daran zeigen. Ferdinand ist in die Politik gegangen, indem er sich bei verschiedenen politischen Parteien für Straßendemonstrationen verdingt, worin er den wahren Segen der Demokratie sieht, während Mitzi allmählich in die Karriere einer Mittelschichtsprostituierten hineinschlittert.

Koppreiter überredet Elisabeth, ihr bescheidenes Vermögen in seine expandierenden Unternehmen zu investieren, während ein neuer Partner und Investor erscheint, Herr Goldstein aus Berlin (ich gab ihm den Namen dieses schrecklichen Abgesandten von Warner Brothers, den ich in der grotesken Karikatur eines Ellbogenmenschen, eines unverschämten, unzivilisierten und habgierigen Berliner Geschäftsmannes zu verewigen suchte). Es gab einige sehr witzige, Kraussche Dialoge, welche die Verwirrung des groben, einfältigen Burschen angesichts der polyglotten und psychologisch komplexen Natur der Österreicher illustrierten. Goldstein wirft ein Auge auf Elisabeth wie auch auf jedes andere weibliche Wesen in Sichtweite. In diesem Moment kommt Brandstetter zufällig vorbei. Koppreiter versucht sogleich, ihn ebenfalls in seine Firma aufzunehmen, denn er erinnert sich, daß sie sich während des Kriegs in einem Gasthof in Mezzocorona in Südtirol begegnet sind (ich war selbst nie dagewesen, aber bezaubert von dem Namen, was ich immer noch bin). Othmar will mit diesen Geschäften, die ihm höchst verdächtig erscheinen, nichts zu tun haben und äußert einige Gedanken über das Leben, zum Erstaunen des tüchtigen Goldstein, der nur eine Erklärung für Othmars Philosophie hat: Da er Geld zu verachten scheint, muß er Kommunist sein. Als Othmar Elisabeth sieht, wendet er sich verzweifelt ab und verläßt sie tief erschüttert von der Erkenntnis, daß er noch am Leben ist. Koppreiter schlägt zur Feier der neuen Partnerschaft ein Fest in Kundraters Heurigen vor. Othmar beschließt, Wien zu verlassen, weil er es nicht ertragen kann, Elisabeth noch einmal zu begegnen. Da er kein Geld hat, gibt Mitzi ihm eine Sammlung pornographischer Postkarten, auf denen sie zum Teil selbst abgebildet ist, damit er sie verkaufen und damit Geld verdienen kann. Während er sich entfernt, erscheint Schwoistaler und spioniert dem Offizier nach, den er in Koppreiters Büro gesehen hatte, um herauszufinden, wie er ihn in seiner Dauerintrige gegen den Chef, den er wegen seiner beleidigenden Haltung bei ihrer ersten Begegnung haßt, benutzen kann. Bald trifft Koppreiters Gesellschaft ein, und der Gastgeber ist in einer nervösen und kampflustigen Stimmung, die sich beim Anblick Schwoistalers verschlimmert. Koppreiter greift ihn physisch an und wirft ihn hinaus. Goldstein ist nach kürzester Zeit sinnlos betrunken, schreit Prä-Naziparolen und übergibt sich über die Hecke hinweg. In aufgelöstem Zustand und voller Ekel ziehen sie ab, und Kundrater beschließt den Akt mit einem bewegenden Monolog, in dem er die Würde des Menschen in dieser höllischen Zeit beschwört, zur Begleitung des Schrammel-Quartetts (zwei Fiedeln, Gitarre und Akkordeon), das auf der Bühne plaziert ist.

Der zweite Akt beginnt damit, daß in einem schmuddeligen kleinen Nachtcafé ein Grammophon spielt (lange bevor der begabte Menotti eine ähnliche Idee für die Aktanfänge seines *Konsul* hatte). Schwoistaler, über den Kereszthely inzwischen herausgefunden hat, daß er gar kein echter Arbeitersprecher ist, sondern ein korrupter Journalist aus Preßburg namens Moritz Fekete, berät sich mit dem vielversprechenden Ferdinand über ein verwickeltes Komplott, das Koppreiter durch eine Verleumdungskampagne der Zeitungen zu Fall bringen soll. Jetzt gibt er sich als patriotischer deutschnationaler Schriftsteller namens Erich Atma Rosenbusch aus. Während sie reden, kommt Othmar herein und bietet seine obszönen Postkarten unter den Gästen des Lokals feil, die reglos, mit vom Publikum abgewandten Gesichtern an ihren kleinen Tischen sitzen. Othmar, verzweifelt und angeekelt, beginnt im Vordergrund, einen Monolog zu halten, und als er an einem bestimten Punkt herausschreit, daß diese Welt von Schweinen verseucht sei, drehen die Gäste sich plötzlich um, und es zeigt sich, daß sie alle Schweineköpfe als Masken tragen. (Auch das war ein von Kraus inspirierter Effekt.) Fekete-Rosenbusch, der Othmar bemerkt, ruft die Polizei und läßt ihn wegen des Verkaufs obszöner Bilder verhaften, während der Chor entrüstet fragt: »Sehn wir vielleicht wie Schweine aus?«

Othmar wird aufs Polizeirevier gebracht, wo derselbe Inspektor Sachs sitzt, der bereits vorher ab und zu zu sehen war, wenn er schwankend seine einsamen Runden drehte und etwas über die miserablen Zustände der Republik vor sich hinmurmelte, die es möglich machten, daß der Mann Brandstetter als tot gemeldet wurde und seine Leiche trotzdem nie gefunden werden konnte. Er erkennt Brandstetter und ruft aus: »Aber, Mann, Sie sind tot. Wo ist Ihr Totenschein?« Er kommt zur Vernunft und begnügt sich damit, die interessanten Postkarten zu konfiszieren und gibt Othmar die Adresse einer Schießbude im Prater, wo er vielleicht einen Job als Ausrufer finden kann.

Koppreiter, der Ernsthaftigkeit und Melancholie Elisabeths müde ist, hat Mitzi, die sich jetzt Rita nennt, zu seiner Geliebten gemacht und ihr ein Hutgeschäft in der Innenstadt gekauft. Dort wird er bald von Goldstein übertroffen, dessen Annäherungsversuchen sie nachgibt, als ihr Bruder sie warnt, daß Koppreiter schnell zu einem hohen Risiko wird und daß Goldstein sicherer sei. Koppreiter, der den Kopf verliert, argwöhnt etwas, gerät außer sich und wird gewalttätig.

Feketes Intrige trägt Früchte, so daß Koppreiters Werk vor dem Bankrott steht und die Arbeiter von Arbeitslosigkeit bedroht sind. Sie inszenieren vor dem Büro eine gefährlich aussehende Demonstration, aber Koppreiter, der das Komplott durchschaut hat, weist auf den wahren Schuldigen hin: Fekete. Ein riesenhafter Arbeiter aus Tirol namens Tobias Lämmergeier tritt langsam und leise vor und erschlägt den elenden Betrüger mit einem leichten Schlag auf den Kopf. Das rettet jedoch die Fabrik nicht, und es gibt nur einen Mann, der helfen kann, indem er zusätzlich Geld einbringt: Goldstein. Mit seinem brutalen und widerwärtigen Zynismus erklärt der preußische Geldsack, er denke nicht daran, auch nur einen Finger zu rühren, solange ihm nicht bedingungslos etwas anderes übergeben würde: der Hutsalon einschließlich seiner charmanten Inhaberin. Das bringt das Faß zum Überlaufen, und Koppreiter beginnt, Goldstein mit dessen eigenem Stock zusammenzuschlagen, den jener in Marias Laden liegengelassen hatte, wo Koppreiter ihn gefunden hatte. Goldstein rennt davon und schreit, daß er Koppreiter wegen betrügerischen Bankrotts und Körperverletzung bei der Behörde anzeigen werde.

Koppreiter muß sofort das Land verlassen, und Kereszthely verspricht, dafür zu sorgen, daß der Haftbefehl mit einem Tag Verzögerung ausgestellt wird, damit der Unglückliche seine Angelegenheiten regeln kann. Er geht zu Elisabeth, um sich von ihr zu verabschieden. Dort trifft er Othmar, der sich mit ihr versöhnt hat. Beide sind zu der Ansicht gekommen, daß sie ihre Hoffnung auf Glück begraben müssen. Othmar bietet Koppreiter an, ihn für die Nacht in der Schießbude zu verstecken.

Dort verkleidet er Koppreiter als Neger, der zu Othmars Anreißerrufen die Trommel schlagen und von Zeit zu Zeit einen wilden Schrei ausstoßen muß. Nebenan findet ein Schönheitswettbewerb statt, den der von Goldstein bezahlte Ferdinand so arrangiert hat, daß Maria gewinnt. Die fröhliche Prozession kommt an der Schießbude vorbei, und der Anblick Marias, die in einem verführerischen Badekostüm an Goldsteins Arm vorüberspaziert, ist mehr, als Koppreiter ertragen kann. Er erschießt sich.

Das Finale, eine allegorische Szene, spielt in Kundraters Heurigen. Elisabeth ist mit Othmar vereint. Symbolische Zeitungsjungen erscheinen mit Extraausgaben und rufen die banalen Slogans der Schlagzeilen, aber jedesmal, wenn Goldstein und Ferdinand versuchen, diese in der üblichen Art zu vervollständigen, enthüllen die Zeitungsjungen eine völlig entgegengesetzte, philosophisch heitere Bedeutung der Schlagzeilen. Goldstein beschließt entrüstet, daß er mit diesen österreichischen Narren nichts mehr zu tun haben will, und kehrt mit seinem Protegé Ferdinand nach Berlin zurück. Im Mittelpunkt der Silhouette Wiens, die den Hintergrund bildet, glänzt der goldene Adler auf der Spitze des Stephansturms magisch in der Nachmittagssonne, und das ist das Ende der Oper.

Ich glaube immer noch, daß es ein sehr gutes Stück ist, was das Libretto angeht. Man kann sich leicht vorstellen, daß ich mit großer Begeisterung an die Komposition heranging, denn es enthielt alle Elemente, an denen ich aufs lebhafteste interessiert war. Auch den Stil der Musik kann man sich denken. Es war der romantische Stil, den ich seit *Jonny* beibehalten hatte, mit vielen Elementen populärer Musik durchsetzt, wie es dem Charakter des Themas angemessen war. Als ich im Dezember 1951 während meines Besuchs in Wien die Noten wieder ansah, fand ich das Stück im ganzen etwas enttäuschend, nicht so schwungvoll, wie ich es in Erinnerung hatte. Die schlichten, populären Melodien schienen mir das beste an der Partitur zu sein, so zum Beispiel der seltsam nostalgische und ungeheuer vulgäre langsame Walzer, der aus dem nahen Nachtklub zu Marias Hutsalon herüberklingt, als Koppreiters Illusionen zusammenbrechen und er beginnt, seinen widerwärtigen Rivalen zusammenzuschlagen. Besonders lieb geblieben ist mir der sehr langsame Walzer im Finale des ersten Teils, der den Kern von Kundraters Monolog bildet. Er scheint mir ein besonders geglücktes Beispiel einer verfeinerten Kompositionsweise zu sein, das die spontane Wirkung der Unterhaltungsmusik hat.

Ich erinnere mich nicht, ob Ernst Matheis einer jener Freunde war, denen ich die Oper zeigte oder vorspielte. Doch als er einige Zeit später Heinsheimer mit einem eigenen Opernprojekt bekanntmachte, warnte dieser ihn, daß es einem Plagiat nahekäme, und deutete auf einige bemerkenswerte Ähnlichkeiten zwischen seinem Werk und meinem hin. Der Arme war darüber schrecklich aufgebracht, und ich mußte die Sache mit ihm besprechen. Es war klar, daß er und Heinsheimer sowieso nie miteinander auskommen würden, weil Matheis wider besseres Wissen irgendwo einen antisemitischen Zug hatte. Das Problem blieb natürlich ein rein theoretisches, weil weder Matheis' Oper noch meine je eine Chance hatten, gespielt zu werden.

Irgendwann in diesen ersten Jahren in Wien – das genaue Datum weiß ich nicht mehr, es muß aber nach Fertigstellung des *Reisebuchs* gewesen sein – erhielten wir den völlig unerwarteten Besuch von Hans Jürgen von der Wense, dieses verrückten Genies aus der alten Erdmann-Zeit. Er befand sich auf einer seiner phantastischen Wanderungen durch die östlichen Länder und war entweder auf dem Weg nach Jugoslawien oder kam von dort zurück und hatte in Wien in einem unglaublich winzigen Gasthof Station gemacht. Er erzeugte sofort eine Atmosphäre einzigartiger, unheimlicher Spannung und hielt uns mehrere Abende lang, die er bei uns verbrachte, in Bann. Von den vielen seltsamen und aufregenden Dingen, die sich ereigneten, ist mir besonders ein chinesisches Werkzeug zum Wahrsagen, das er benutzte, in Erinnerung geblieben. Wie gewöhnlich in solchen Fällen waren die Orakelsprüche, die sich nach geheimnisvollen, mit den einfachen Geräten (Holzstäbchen und -klötzen, wenn ich nicht irre) zusammenhängenden Anweisungen richteten, von orphischer Dunkelheit und konnten offensichtlich auf verschiedene Weise ausgelegt werden, so daß das Orakel gute Chancen hatte, in jedem Fall recht zu haben. Aber Wense hatte eine Art, die Sache so vorzustellen, daß man den rätselhaften Dikta gebannt lauschte. Natürlich habe ich vergessen, was mir prophezeit wurde, aber damals klang es phantastisch richtig und respektgebietend bedeutungsvoll. Nach einigen Tagen verschwand der mysteriöse Besucher wie er gekommen war, aber für eine Weile noch ließ er seinem Besuch eine Anzahl ganz wunderbarer Briefe folgen, die voll herrlicher Naturbeschreibungen und philosophischer Gedanken waren, oft in einer Sprache von ursprünglicher Größe abgefaßt. Ich schätze es ganz besonders, diesen ungewöhnlichen Menschen gekannt zu haben, der mich zumindest eine Zeitlang mit seinem Vertrauen ehrte. Er hatte etwas von einem Propheten, im wahren biblischen Sinne.

Nach Südtirol

In diesem Winter kam ich auf die Idee, die Sommermonate in den österreichischen Alpen zu verbringen, und ich träumte von einem Ort, der dem Märchenland Südtirol so nahe sein sollte wie möglich. Natürlich hätte ich mir auch einen Aufenthalt in Südtirol selbst leisten können, aber ich dachte nicht daran, die politischen Grenzen Österreichs zu verlassen, und ich legte keinen Wert darauf, mich in das Land der verachteten Faschisten zu begeben, die sich in dieser wunderbaren Provinz eingenistet hatten, welche wir 1918 an Italien verloren hatten. Mir scheint, daß ich durch Korrespondenz oder durch eine Zeitungsanzeige auf ein Haus aufmerksam wurde, das ein gewisser Habermann in Dölsach vermietete, wenige Kilometer östlich von Lienz, der wichtigsten Stadt Osttirols (meiner »kleinen Stadt in den südlichen Alpen« aus dem *Reisebuch*). Ich unternahm deshalb mitten im Winter eine Reise dorthin, um mir den Ort anzusehen. Das Haus stand im Drautal, nicht weit von der Kreuzung entfernt, an der die Straße nach Iselsberg von der Hauptstraße in die Gebirgsregion von Heiligenblut abzweigte.

Habermann war ein diplomierter Ingenieur, der umständehalber auf Landwirtschaft umgesattelt hatte und sein Haus den Sommer über vermieten wollte. Es war ein hübsches und geräumiges ländliches Gebäude, recht neu und sehr sauber, und der Besitzer schien bereit zu sein, es ganz nach unseren Wünschen herzurichten, wobei er sogar versprach, zusätzliche Möbelstücke hineinzustellen, um meinem Wunsch nach einem großen Schreibtisch, einem Extratisch für meine Schreibmaschine und dergleichen entgegenzukommen, und das Obergeschoß einer angrenzenden Scheune zu einem Badezimmer auszubauen, für das er bereits die nötige Ausstattung angeschafft hatte, die nur noch an eine Wasserpumpe im Erdgeschoß angeschlossen werden mußte, um zur vollen Zufriedenheit zu funktionieren. Vor dem Haus lag ein ausgedehnter Gemüsegarten, von dem man einen schönen Blick auf die hohen Berge im Süden hatte. Diese Berge besaßen einige typische Merkmale der berühmten Dolomiten in Südtirol, was unter den gegebenen Umständen reichen mußte.

So machten wir uns denn Anfang Juni, glaube ich, dorthin auf den Weg, zu einem Aufenthalt von mehr als drei Monaten. Mit Habermanns Plänen klappte es nicht ganz so wie versprochen, und insbesondere das Badezimmer konnte nie benutzt werden, denn es fehlten immer irgendwelche Teile der Pumpanlage, und trotz Habermanns angeblicher dringender Reklamationen trafen sie nie ein. Dieser Teil der Anlage blieb, was mein lieber Vater als das »Badmuseum« zu bezeichnen pflegte, eine hübsche Ausstellung von Einrichtungsgegenständen ohne Funktion. Der Umgang mit Habermann war etwas schwierig, weil er an einem Minderwertigkeitskomplex litt, weswegen er seine Landwirtschaft als eine gewisse Herabsetzung betrachtete. Wir hatten nur einen einzigen bemerkenswerten Zusammenstoß mit ihm, als wir geräuschvoll Tausende von Fliegen gegen die Wände seines Wohnzimmers klatschten und er wütend hereinkam und schrie, dadurch würde sein Haus unbewohnbar. Ich gab ihm zusätzlich hundert Schilling, damit er sein Zimmer neu ausmalen konnte, und das war's. Was für herrliche Zeiten!

Im übrigen lebten wir dort wie die Fürsten. Ein- oder zweimal wöchentlich fuhren wir mit dem Bus nach Lienz zum Einkaufen, was ein großes Vergnügen war, weil das bunte Städtchen alles bot, was man sich nur wünschen konnte. Wein und Spirituosen (herrlich destillierte Schnäpse aus Kirschen, Himbeeren und dergleichen) in Literflaschen, frisches Gemüse, Obst, ausgezeichnetes Fleisch, Reh und wunderbare Hühner. Jeden Freitag erschien ein Fischer mit Eimern voller lebender Gebirgsforellen. Später kamen wir mit einem Jäger in Kontakt, der uns nach vielen Anläufen Gemsenfleisch, eine Rarität, lieferte, auf das ich sehr neugierig war, aber das kulinarische Erlebnis, welches das zähe, nach Wild schmeckende Fleisch vermittelte, war etwas enttäuschend.

Was die Landschaft angeht, so waren wir ein wenig frustriert, weil das Haus zu tief unten im Tal lag, als daß es Ausgangspunkt ausgedehnter Bergwanderungen hätte sein können. Zudem war die Region nicht so gut durch schöne Wege erschlossen wie die Nordalpen. Ich machte mit Berta nur einen einzigen Ausflug auf den sogenannten Weißenstein auf der Südseite, was äußerst anstrengend war und uns nicht höher als etwa fünfzehnhundert Meter führte. Wir mußten uns daher hauptsächlich auf Wanderungen im Tal beschränken, die recht schön, aber nicht spektakulär waren. Mir machte das nicht so viel aus, weil das Wetter meistens gut war und ich jede Minute mit der Orchestrierung meiner Oper zubrachte, die ich, auf Bertas Anregung hin, vorläufig *Kehraus um St. Stephan* nannte. Obgleich verschiedene Einwendungen gegen diesen Titel gemacht wurden, kam ich, als ich das Werk 1950 in Wien durchsah, zu der Ansicht, daß es immer noch der beste Titel war, der mir einfiel. Ich habe bemerkt, daß, wenn es um Titel geht, der erste Einfall gewöhnlich der beste ist.

Der Höhepunkt dieses Sommers war eine Autofahrt nach Innsbruck, durch den italienischen Teil Südtirols. Bevor wir losfuhren, stattete ich dem Kolisch-Quartett, das den Sommer in Monguelfo verbrachte, einen eintägigen Besuch ab. Kolisch hatte sich bereiterklärt, mein *Fünftes Quartett* uraufzuführen, und als ich in der Universal Edition den Wunsch äußerte, mit ihm darüber zu sprechen, gab man mir die Adresse in Monguelfo. Hinter dem Namen schien sich ein sagenhafter Ort in der Nähe von Neapel zu verbergen, warum ich das vermutete, weiß ich nicht, doch bei Nachforschungen stellte sich heraus, daß es ein Tiroler Dorf einige Kilometer jenseits der Grenze westlich von Lienz war, das früher den bescheidenen Namen Welsberg getragen hatte. Ich fuhr mit gewissen Bedenken dorthin, denn es war das erste Mal, daß ich die italienische Grenze überquerte, nachdem ich den *Diktator* geschrieben hatte. Ich war ernstlich besorgt, daß die Faschisten mich für diese Beleidigung ihres Chefs mit dem quadratischen Unterkiefer einsperren könnten, und meine Eltern, besonders mein Vater, waren wegen meines Ausflugs sehr ängstlich. Natürlich passierte nichts, obgleich die Ansammlung phantastisch uniformierter Wachtposten, Inspektoren, Beamter und Soldaten an der Grenze im Vergleich zu den beiden bescheiden gekleideten Zollbeamten auf der österreichischen Seite höchst eindrucksvoll war. Jeder einzelne der faschistischen Lakaien sah aus wie ein persönlicher Vertreter Mussolinis, wenn nicht Julius Caesars, wenn sie einander stramm salutierten. Sobald der Grenzbahnhof San Candido (Innichen für deutsche Leser) passiert war, war von der blutigen Komödie keine Spur mehr zu sehen, und alles wirkte so altmodisch österreichisch und tirolerisch wie auf unserer Seite der Grenze.

Ich bin sicher, daß ich Kolisch kennengelernt hatte, bevor ich ihn in Monguelfo besuchte, aber ich weiß nicht mehr, wann und wie. Möglicherweise war es bei jenem Verein für musikalische Privataufführungen, den ich bereits beschrieben habe und aus dem Kolisch als Künstler hervorgegangen war. Damals wurde er als Primus seines Quartetts, das auf der ganzen Welt sehr gefragt war, sehr berühmt. Ich mochte ihn sehr gern und fand auch seine Partner, Khuner, Lehner und Benar Heifetz, sehr sympathisch. Kolisch hat einen brillanten Verstand und ist ein perfekter Musiker, wenn auch meiner Meinung nach wegen der rigiden Maßstäbe, zu denen Schönberg ihn erzogen hatte, etwas eingeschränkt. Das macht ihn ein wenig doktrinär und reserviert. Doch gegen seine Grundsätze und Prinzipien als solche ist nicht viel einzuwenden, und man muß seine Kompromißlosigkeit respektieren und vielleicht sogar bewundern, denn die Ergebnisse, die er erzielt, sind, mit wenigen Ausnahmen, makellos. Die einzige Gefahr ist, daß die angestrebte wunderbare Vollendung sich vor lauter Purismus und Korrektheit oft in dünne Luft auflöst und überhaupt nichts passiert. Kolisch machte es sich damals zur Gewohnheit, alle Quartette seines Repertoires auswendig spielen zu lassen. Die Vorzüge dieser Praxis erscheinen mir fragwürdig, denn soviel auch dafür spricht, es gibt ebenso viele berechtigte Einwände dagegen. Ich glaube, daß die Anstrengung, die diese Übung erforderte, schließlich zum Scheitern des Kolisch-Ensembles beitrug. Das Quartett spielte mein Stück zu meiner vollen Zufriedenheit und schien es zu mögen. Nichtsdestoweniger brachte mich das traditionelle Idiom des Werkes ein wenig in Verlegenheit, denn ich wußte, daß die zeitgenössische Musik, die Kolisch wirklich lohnenswert fand, von Schönberg, Berg und Webern stammte und sonst von kaum jemandem. Es waren Begegnungen wie diese, die dazu führten, daß ich meine musikalische Sichtweise nach und nach änderte, und die eine entscheidende Krise vorbereiteten, die bald darauf eintrat.

Erst viel später war es, nach unserer Emigration, daß ich Gelegenheit hatte, Kolisch besser kennenzulernen. Wir wurden gute Freunde, und ich lernte seine Menschlichkeit, Integrität und Wärme und seinen Sinn für Humor schätzen.

Da sich mein kleiner Ausflug über die italienische Grenze als problemlos erwiesen hatte, entschlossen wir uns, uns ein wenig weiter vorzuwagen, und planten eine Autofahrt durch die Dolomiten nach Innsbruck, wo wir meine Verwandten besuchen wollten. Wir mieteten in Lienz einen Wagen und fuhren bei schönstem Wetter über die berühmte Straße, die Österreich durch eine der schönsten Landschaften dieser Erde angelegt hat – leider, wie man zugeben muß, in erster Linie für militärische Zwecke, um entlang der gewundenen italienischen Grenze eine Querverbindung zu schaffen. Sobald Toblach (Dobbiaco) passiert war, führte die Straße um die gewaltigen Drei Zinnen und den malerischen Misurasee herum und dann auf die weite, grandiose Hochebene von Cortina d'Ampezzo. Dann kamen die herrlichen Pässe Pordoi, Falzarego und Sella, und wir fuhren an dem wunderbaren Karersee vorbei hinab nach Bolzano (Bozen), der alten Stadt Walthers von der Vogelweide. Der Anblick der ungeheuren Türme aus rotem Stein, die sich kerzengerade und himmelhoch aus riesigen Flächen saftig grüner Weide erheben, ist von unsagbarer, atemberaubender Schönheit. Nicht weniger eindrucksvoll sind die gigantischen, kuppelförmigen Berge dieser Gegend, von denen mir besonders der majestätische Sella in Erinnerung geblieben ist. Diese ganze Herrlichkeit war in das strahlende Licht der Sonne des Südens getaucht. Ich war von dieser Pracht so überwältigt, daß ich dachte, die Naturschönheiten, die Österreich geblieben waren, nachdem man ihm dieses Juwel weggenommen hatte, seien wirklich kein Grund zur Prahlerei, und ich fühlte mich gleichzeitig in Hochstimmung und elend. Natürlich war das übertrieben, aber ich habe bemerkt, daß ich leicht in emotionelle Extreme dieser Art verfalle. Von Bozen aus fuhren wir nach Meran, einer wunderschönen alten Stadt, an der mir besonders die Arkaden zu beiden Seiten der schmalen Gassen gefielen, und über den Jaufenpaß und den Brenner nach Innsbruck. Auf dem Rückweg hielten wir in Brixen (Bressanone), aber die Fahrt durch das Eisacktal war nach dem Tag in den Dolomiten nicht mehr besonders spektakulär. Bis auf den heutigen Tag bedaure ich, daß wir unsere Reise nicht weiter nach Süden ausdehnten, um Tione und den Gardasee zu besichtigen, den mein guter Vater als junger Mann so geliebt hatte. Es hätte nur ein oder höchstens zwei Tage in Anspruch genommen. Aber ich bin immer zaghaft und ängstlich gewesen, weil ich nicht zuviel Geld ausgeben wollte, und meine Eltern unterstützten diese unglückselige Haltung. Hätten wir doch nur gewußt, was uns bevorstand ... Aber natürlich hätte es in dem Fall nicht viel Mut und Weisheit gebraucht, um mein Geld so schnell wie möglich auszugeben.

Besucher aus Deutschland

Es war vermutlich im folgenden Winter, daß Gubler zu einem kurzen Besuch nach Wien kam. Wir aßen ein paarmal zusammen, was er und Ella zu genießen schienen. Im ganzen machten mich solche Besuche immer ein bißchen nervös, da ich Österreichs wegen an Minderwertigkeitsgefühlen litt und immer Angst hatte, daß nichts gut genug sein würde für die Ausländer, oder jedenfalls nicht so gut, wie sie es gewohnt waren, sei es das Wetter, das Essen, die Verkehrsmittel, die geistigen Anregungen und was nicht noch alles. Durch Gubler lernten wir Soma Morgenstern, den literarischen Korrespondenten der »Frankfurter Zeitung« in Wien, besser kennen. Ich hatte ihn schon häufig gesehen, wenn er einsame Mahlzeiten im Parkhotel Hietzing einnahm, und erinnerte mich schwach an sein höchst charakteristisches Gesicht, aber beiderseitige Unbeholfenheit hatte uns daran gehindert, einfach an den anderen Tisch hinüberzugehen und zu sagen »Guten Tag, sind Sie nicht ...?« Auch er war einer der fanatisch ritterlichen polnischen Juden, ein sehr sympathischer Mensch, mit der attraktiven Tochter von Paul Klenau verheiratet, einem neutralen dänischen Komponisten, der in Wien lebte. Es stellte sich heraus, daß Morgenstern dabei war, als ich Jahre zuvor in jener Bar mit meinem stürmischen, jugendlichen Foxtrott losgelegt hatte, wie ich bereits berichtete.

Andere Besucher waren Gustav Brecher und seine Frau; er verbrachte einen seiner Geburtstage mit uns. Wir aßen an einem extrem kalten Abend bei Weide. Einer jener Winter in Wien war außergewöhnlich kalt, so daß die Donau bis nach Ungarn zufror, was sehr selten und etwas beängstigend ist. Ich sah mir die phantastisch geformten Eiswälle an, die die Brücken gefährdeten und von deren Auftauen man böse Überschwemmungen erwartete. Aber nichts Katastrophales geschah. Ich erinnere mich ferner, daß die Arbeiter, die gekommen waren, um unser Telefon zu installieren, ausgerechnet einen Tag mit einem entsetzlichen Schneesturm wählten, um auf den Dächern der Nachbarhäuser Leitungen zu legen, was ich von unserem riesigen Fenster aus beobachtete und heroisch, aber merkwürdig fand. Es muß derselbe schreckliche Winter gewesen sein, in dem ich nach Kassel fahren mußte, um Berta zu treffen, die dort war, warum, weiß ich nicht mehr. Der Zug fuhr immer langsamer durch die zugefrorene österreichische Landschaft auf Passau zu, den deutschen Grenzbahnhof. Die Heizung fiel aus, und alle froren jämmerlich. Wer aber erwartet hatte, daß sich jenseits der Grenze die Deutschen mit ihrer berühmten Tüchtigkeit der Sache annehmen würden, wurde schwer enttäuscht. Alles wurde noch viel schlimmer, und schließlich kam der Zug, der nach Hamburg und Holland fahren sollte, in irgendeinem entlegenen Bahnhof völlig zum Stillstand, und die Passagiere blieben sich selbst überlassen. Ich mußte stundenlang warten, bis ich einen Kleinbus erwischte, der langsam nach Kassel ratterte, wo ich mit etwa vierzehnstündiger Verspätung ankam. Trotz der Unbequemlichkeit verspürte ich eine gewisse grimmige Befriedigung über die Unfähigkeit der Deutschen, mit der Situation fertigzuwerden.

Hier möchte ich hinzufügen, daß wir es uns auf unseren häufigen Reisen nach Berlin oder nach Westdeutschland zur Gewohnheit gemacht hatten, die Fahrt zu unterbrechen, so daß wir nie nachts reisen mußten. Ich konnte mir die Benutzung eines Schlafwagens zwar ohne weiteres leisten, aber diese Art der Beförderung gefiel mir nicht, weil ich die schmalen, beengenden Abteile nicht mochte. Deshalb übernachteten wir in Passau, Regensburg und Würzburg und genossen nicht nur die Rast in guten Hotels, sondern auch die Besichtigung dieser interessanten alten Städte. Was für ein komfortables, großzügiges Leben das im Vergleich mit späteren Entbehrungen war!

Auch Antheil kam in Wien vorbei und blieb für ein paar Monate, was im Sommer oder zumindest im Spätfrühling gewesen sein muß, denn ich erinnere mich, daß ich ihn zum Heurigen mitnahm, was Böski »reizend« und »naiv« fand, als ob sie in Paris Stammgäste in Lokalen gewesen wären, wo nackte Kellnerinnen Kokain zum Drink servieren oder etwas dergleichen. Ich lud die Antheils zu meinen Eltern zum Abendessen ein, was ein totaler Reinfall war, weil es meine Eltern befangen machte, echte Amerikaner in ihrer bescheidenen Wohnung zu empfangen, und die Gäste waren verlegen und gelangweilt, und ich litt wie gewöhnlich unter meiner gesellschaftlichen Ungeschicklichkeit. Ich weiß nicht, weshalb Antheil in Wien war. Heinsheimer deutete an, daß er vielleicht bei mir studieren wollte, aber ich nahm das nicht ernst, und George dachte nicht daran. Und es war sowieso zu spät dazu, denn während Antheil in jungen Jahren sicher ein solideres Rüstzeug hätte erwerben sollen, konnte man ihm jetzt nichts mehr beibringen, denn mittlerweile hielt er sich für einen großen Mann und für berühmt aufgrund einer Originalität, die, falls sie überhaupt existierte, hauptsächlich auf seiner dilettantischen Unkenntnis vieler Dinge beruhte, die ein besserer Komponist einfach wußte. Zugleich möchte ich anerkennen, daß Antheil stets den aufrichtigen Wunsch gezeigt hat, vollkommen Ernsthaftes und Bedeutendes zu leisten, und seine ständige Beschäftigung mit Partituren von Beethoven, Bruckner und Mahler ist recht bewegend. Doch er ist zu stark in seinen Manierismen befangen, als daß er von irgendeinem Studium profitieren könnte.

1930 oder 1931 muß ich irgendwann mein *Reisebuch* in Dresden aufgeführt haben, mit der ausgezeichneten Sängerin Elisa Stünzner. Vorher hatte sie dort in einem Avantgardekreis unter der Leitung von Paul Aron als Premiere meine *Fiedellieder* gesungen, und wahrscheinlich hatten wir aus diesem Grund zu korrespondieren begonnen. Sie war eine sehr attraktive, hochgewachsene, reife Frau, bei der ich lesbische Neigungen vermutete. Jedenfalls waren in ihrer Umgebung keine Männer zu sehen. Als Sängerin besaß sie große stimmliche Qualitäten und vollkommene musikalische und allgemeine Intelligenz. Mit ihr zu arbeiten, war wirklich ein Vergnügen, und da sie ein sehr beliebtes Mitglied der Dresdner Oper war, waren ihre Konzerte auch äußerlich gesehen höchst befriedigend.

In Dresden kümmerten sich die Schairers um uns. Dr. Schairer kannte ich flüchtig als einen der zahlreichen Freunde Alma Moodies, in deren Haus in Zürich er kurz aufgetaucht war. Seine Frau war Dänin, eine geborene Mendelson. Dr. Schairer hatte Theologie studiert, um protestantischer Pfarrer zu werden, und strahlte einen unwiderstehlichen und völlig aufrichtigen, wenn auch etwas professionellen und vagen Optimismus aus. Er betätigte sich damals in einer Art internationalem Studentenhilfswerk, das in Dresden seinen Hauptsitz hatte. Art und Umfang seiner Arbeit waren mir nie ganz klar, aber letzterer war gewiß beträchtlich, denn als die Nazis allen Unternehmungen dieser Art ein Ende machten, emigrierte Schairer und setzte seine Tätigkeit in einem noch größeren Maßstab in den englischen und amerikanischen Zweigstellen dieser humanitären Organisation fort. Frau Schairer, eine attraktive, zierliche Person, war eine große Freundin von Heinrich Simon, dem Herausgeber der »Frankfurter Zeitung«, der, wie sie sagte, wunderbare Dinge für sie tat. Die Schairers waren reizende Menschen und machten unsere Besuche in Dresden zu einem wahren Vergnügen.

Das Scheitern von Kehraus *in Leipzig*

Die Verhandlungen für eine Produktion von *Kehraus* begannen bald, nachdem ich die Partitur abgeschlossen hatte und nach Wien zurückgekehrt war. Ich glaube, daß die schlichte Machart des Werkes Heinsheimer nicht allzugut gefiel, denn er war immer auf die allgemeine Zugkraft eines Themas bedacht und schnell mit der berühmten Frage bei der Hand: »Wer zum Teufel interessiert sich für Sebastian Kundrater?« und ähnlichen Einwendungen. Natürlich hätte er auch gefragt: »Wer zum Teufel interessiert sich für Jonnys Geige?« nur um danach, ohne eine Miene zu verziehen, zu behaupten, er habe ja immer gesagt, daß alle sich dafür interessieren würden. Die neue Oper war jedoch offenbar ein Bühnenschlager und die Musik so populär, daß er daranging, für sie zu werben. Viel Werbung schien nicht nötig zu sein, denn es stand von vornherein fest, daß wir sie Brecher zur Uraufführung in Leipzig anbieten würden, und es war fast selbstverständlich, daß Brecher sie annehmen würde, was er auch sofort tat. Alle waren ganz begeistert, und Brügmann fertigte schon Skizzen zu den Bühnenbildern an und schickte sie mir. Das Stück entsprach sehr seinem Geschmack, und die Skizzen waren sehr ansprechend. Sie liegen mit anderem Material zu dieser Oper in der Wiener Stadtbibliothek.

Dann ging plötzlich etwas und nach und nach alles schief. Angeblich hatte es mit Organisationsschwierigkeiten zu tun, die in der Leipziger Oper aufgetaucht waren. Der Generaldirektor war entlassen worden, der Staddtrat wollte eine strengere Kontrolle ausüben, die finanziellen Zuwendungen wurden gekürzt, und noch viel derartiges wurde erwähnt. Ich hatte einen ermüdenden und völlig ergebnislosen Briefwechsel mit Brecher, der mir etwas zu verbergen schien. Früher oder später kam es aber doch heraus. Dr. Aber, Chefkritiker der führenden Leipziger Zeitung und ein guter Freund Brechers, der fortschrittlichen Dingen im allgemeinen und mir im besonderen im großen und ganzen wohlgesinnt war, war der erste, der nachdrücklich ernste Bedenken gegen das Thema meiner Oper äußerte. Das Libretto wurde von anderen gelesen, und die Einwendungen vervielfachten sich. Unter den herrschenden politischen Umständen hielt man den Inhalt der Oper für brisant. Es war interessant, daß der wichtigste Grund zur Beschwerde der Name Goldstein zu sein schien, denn er würde den Eindruck erwecken, daß ich antisemitische Tendenzen vertrat. Das klang sonderbar, denn da der wahre Grund für diese ganze Nervosität die rasch ansteigende Welle von Nationalismus und Antisemitismus in Deutschland war, hätte ein Opernhaus, das ein Werk mit antisemitischem Unterton ansetzte, oberflächlich betrachtet nichts zu befürchten gehabt. Aber meine Oper war natürlich eigentlich gar nicht antisemitisch, sondern, wenn irgend etwas, dann antinazistisch, und es war ein Ausdruck meines dialektischen Verständnisses der Lage, daß ich diesen scheußlichen Vertreter des deutschen Nationalismus von einer Figur mit einem jüdischen Namen darstellen ließ, einem Repräsentanten der Big-Business-Raffzähne, die mir die wahre Quelle des Übels zu sein schienen. Offiziell waren die Nazis gegen diese Art kapitalistischer »Räuberbarone« (obgleich sie sich von dem Geld ernährten, das sie genau von diesem Typus des Kapitalisten bekamen), aber das Verwirrende war, daß mein jüdischer Geldsack wie ein Nazi redete.

Ich mußte zugeben, daß das Stück höchst polemisch war, aber sicherlich in subtilerem Sinne als der Einwand, mit dem man mich konfrontierte. Wenn es jedoch auf so primitive Weise zu interpretieren war, konnte man verstehen, daß die Leipziger Oper, die von einem Juden (Brecher) geleitet wurde und weitere Juden als Mitarbeiter hatte, zögerte, sich mit dem Werk zu identifizieren. Um das Bild zu vervollständigen, sollte ich hinzufügen, daß ich seit *Jonny* zur bevorzugten Zielscheibe der rasch anwachsenden barbarischen Sippschaft deutscher Übermenschen geworden war. Besonders die Münchner Aufführungen, die ich nicht sah, wurden ständig von jugendlichen Krawallmachern und anderen bezahlten Gangstern gestört. Das gleiche geschah in Budapest, und auch in Wien hatten einige arbeitslose Rowdys, die gegen Entgelt ihre unverbrüchliche Treue zur deutschen Nation entdeckt hatten, vor dem Opernhaus ein paar laue Demonstrationen inszeniert. In diesem Licht betrachtet war zu verstehen, warum einige Leute die neue Oper als heiße Kartoffel betrachteten. Mein Vorschlag, den Namen Goldstein in den eindeutig arischen Namen »Kabulke« zu ändern, nützte überhaupt nichts, denn das hätte dem Stück eine ausgesprochen antinazistische Tendenz verliehen und es vollkommen unakzeptabel gemacht für ein Theater, an dessen Leitung Juden beteiligt waren, und tatsächlich für jedes Opernhaus, denn bereits zu jener Zeit waren die Menschen aus Angst vor dem wachsenden Ungeheuer wie gelähmt, auch wenn das nur bei so speziellen Anlässen wie der Diskussion um meine Oper sichtbar wurde.

Heinsheimer schlug vor, ich sollte ein Stück mit Gesangseinlagen daraus machen, vielleicht im Stil von Kurt Weill, denn privat geführte Theater mit Linkstendenzen könnten noch den Mut haben, derartig polemische Geschichten als Kampfansage auf die Bühne zu bringen. Ich ging halbherzig an die Sache heran, wußte ich doch, daß ich für solche Sachen eigentlich kein Talent hatte, und schrieb zwei oder drei Couplets, eines für Goldstein, das recht gut war – aber ich gab es bald auf, denn es schien von meiner ursprünglichen Absicht zu weit entfernt zu sein und nur sehr zweifelhafte Aussicht auf praktischen Erfolg zu bieten. Zudem gefielen mir damals die opernhaften Aspekte noch zu sehr, so daß ich nicht erkannte, daß gerade jene Elemente der Musik, die sich für die vorgeschlagene Bearbeitung am besten geeignet hätten, die wertvollsten Stücke der Partitur waren. Ich wünschte, ich hätte aus dem Projekt eine Art Nestroy-Komödie machen können, aber leider konnte ich das nicht. Ich war an einem toten Punkt angelangt. Das war das erste Warnsignal, das meine endgültige Vertreibung aus der deutschen Szene ankündigte. Ich war aufs äußerste beunruhigt und niedergeschlagen, was mich veranlaßte, meinen Status als Künstler und Musiker gründlich zu überprüfen.

Ich war schockiert, weil ich das erste Mal einen starken Rückschlag auf dem Weg erfahren hatte, den ich seit dem Antritt mit meinem *Ersten Streichquartett* im Jahr 1921 für den Weg zum dauerhaften Erfolg gehalten hatte. Natürlich war ich, wie der Leser dieser Aufzeichnungen weiß, auf Hindernisse gestoßen. Aber mit dem Erfolg von *Jonny* im Jahr 1926 glaubte ich ernsthaft, ich sei über den Berg, und von nun an würde alles glattgehen. Die bescheideneren weltlichen Erfolge der drei Einakter und des *Orest* widersprachen dieser naiven Annahme nicht. Aber jetzt mußte ich zur Kenntnis nehmen, daß ich mit einem Stück, das ich für eines meiner Hauptwerke hielt, auf Probleme stieß, die sich völlig meinem Einfluß entzogen. Wahrscheinlich wäre es folgerichtig gewesen, in ein anderes Land zu emigrieren, vorzugsweise nach Amerika, und unter völlig neuen Voraussetzungen ganz von vorne anzufangen. Aber das kam mir nicht in den Sinn, denn Amerika interessierte mich immer noch nicht, und ich klammerte mich weiterhin hartnäckig an meinen österreichischen Patriotismus. Ich kam zu dem Schluß, daß mein romantischer Stil, der ein gewisses Element des Einvernehmens mit populären Musikformen, Jazz oder anderen, enthielt, falsch sei, aber zum Sprung in das entgegengesetzte, »esoterische«, Lager war ich noch nicht ganz bereit. Vorläufig widerte mich die Musik als Ausdrucksmittel nur allgemein an. Unter dem Einfluß der politischen Probleme, die jede andere Überlegung zu verdrängen schienen, hatte ich das Gefühl, daß die Musik ein ungeeignetes Mittel war, da sie zur Meinungäußerung nicht taugte, und ich dachte darüber nach, ob ich die Musik nicht überhaupt aufgeben und mich auf literarische Aussagen konzentrieren sollte, die mir deutlicher und sachbezogener zu sein schienen.

Vertonung von Kraus-Gedichten

In dieser niedergeschlagenen Stimmung hatte ich die Idee, einige von Kraus' Gedichten zu vertonen, wahrscheinlich, weil ich instinktiv spürte, daß eine noch größere Nähe zu ihm mich vor der völligen Verzweiflung retten würde. Tatsächlich zeigte sich, daß ich das, ohne es zu wissen, bereits entschieden hatte. Falls ich je die Wahl hatte, etwas zu tun, um den Forderungen des Tages zu genügen, welche auch immer das gewesen sein mögen (und der Tag verwandelte sich schnell in tiefe, schwärzeste Nacht, so daß es vielleicht gar keine Wahl mehr gab), lehnte ich es ab. Als ich Karl Kraus um Erlaubnis bat, gab er sie mir überraschend leicht, indem er sagte (wie ich erwartet hatte), daß es ihm sowieso gleichgültig sei, weil er nach geltendem Recht niemanden daran hindern könne, seine Gedichte zu vertonen, solange der Komponist sich an das Copyrightgesetz hielte und dem Verfasser der Texte die vorgeschriebenen Tantiemen zahlte. Ich konnte sehen, daß es ihm lieber gewesen wäre, wenn er Komponisten daran hätte hindern können, seine Gedichte zu benutzen (es geschah ohnehin äußerst selten). Er fügte aber auch hinzu, daß er mir die Erlaubnis gerne gäbe, weil er mir als Mensch vertraue, und das reiche ihm. Zu den vielen Dingen, die ich von Kraus lernte, gehörte, daß persönliche Beziehungen im Grunde von rein menschlichen Faktoren gesteuert werden. Das schien seinem strengen Beharren auf dem Buchstaben des Gesetzes zu widersprechen, jedoch nur oberflächlich. Er berief sich nur dann auf diesen Buchstaben, wenn er in dem ehrlichen und uneingeschränkten Vertrauen getäuscht worden war, das er theoretisch allen und praktisch jenen entgegenbrachte, die er dieses Vertrauens für würdig hielt, einfach indem er sie als Menschen beurteilte. Das einzige, worauf er bestand, war, daß er, falls die Lieder gedruckt werden sollten, das Recht haben sollte, Korrektur zu lesen, damit auch nicht die kleinste Einzelheit geändert würde. Das versprach ich, und als die Universal Edition die Lieder druckte, korrigierte er den Text, denn damals stand er mit dem Verlag noch auf gutem Fuß.

Ich wählte sieben Gedichte aus, die mir eine gewisse thematische Einheit zu bilden schienen: Sie stellen die Leiden des Denkers und Dichters in der furchtbaren Nacht seines einsamen Wirkens dar und enden hoffnungsvoll mit dem Gedanken an Gottes Natur, die im

Frühling aufblüht. Die Auswahl enthielt einige meiner Lieblingsgedichte, besonders das über den Traum vom Eisenbahnzug und das »Warten in ewigen Warteräumen«. Es nahm die Stimmung vorweg, die ich, viele Jahre später, in der *Ballad of the Railroads* erneut einzufangen und mit eigenen – englischen – Worten zu formulieren suchte. Ein anderes Lieblingsgedicht von mir war »Fernes Licht mit nahem Schein«. Ich erinnere mich jetzt, daß ich dieses Gedicht mehrere Jahre zuvor als Geschenk für Irene Erdmann mit Gitarrebegleitung vertont hatte. Damals hatte ich eine sehr einfache, volkstümliche Melodie dazu erfunden. Soweit ich mich noch daran erinnern konnte, verwendete ich diese Melodie für die nunmehr wesentlich kunstvollere Fassung des neuen Zyklus. Kraus billigte meine Auswahl. Er fand sie bezeichnend und steuerte auf meine Bitte hin den Titel *Durch die Nacht* bei.

In der Musik dieser Lieder verwendete ich zum erstenmal bewußt Figuren aus zwölf verschiedenen Tönen, zum Beispiel in der Einleitung zum zweiten Lied und anderswo. Das hatte natürlich nichts mit der Zwölftontechnik zu tun, aber es zeigte, daß ich mir der musikalischen Bedeutung solcher Muster einigermaßen bewußt wurde. Im übrigen war das Idiom der Lieder immer noch romantisch und basierte wiederum auf der Spannung zwischen zwei im Tonraum eng benachbarten Tonalitäten, Cis und D (siehe *Orest* und *Fünftes Streichquartett*). Als ich Kraus die Komposition zeigte (ich bin sicher, daß ich keine Gelegenheit hatte, sie ihm vorzuspielen), störte er sich nur an einer Stelle, an der ich einen Vers des Eisenbahngedichts wiederholte, weil dieses Gedicht eine solche Wiederholung nicht enthielt. Sonst habe er keine Bemerkung zu machen, sagte er, weil ein Komponist die Substanz eines Gedichts in etwas ganz anderes verwandle, in dem vom Original ohnehin nichts übrigbleibe, weil das Gedicht in ein Durcheinander von Vokalen und Konsonanten aufgelöst sei, die als Artikulationspunkte für die Musik dienten und weiter nichts. Damit hatte er recht – bis zu einem gewissen Punkt, denn er übersah die Tatsache, daß sich die Musik der Substanz des Gedichts bemächtigt hatte und sie durch ihr eigenes Medium auf eine neue, ganz eigene Weise vermittelte. Aber dafür besaß er einfach kein Wahrnehmungsvermögen.

Kurz danach vertonte ich noch ein Gedicht von Kraus, *Die Nachtigall*, das eigentlich eine deutsche Nachdichtung eines der Monologe aus den *Vögeln* des Aristophanes ist. Das geschah, weil die Schweizer Koloratursopranistin Lucy Siegrist dringend um eine Arie bat. Sie war eine ziemlich unattraktive, alltägliche junge Frau, aber sie hatte eine wirklich außergewöhnliche Koloraturstimme und wollte unbedingt etwas Neues und Schwieriges singen. Das Lied, das ich in zwei Fassungen schrieb, einer mit Klavierbegleitung und einer mit Streichorchester und zwei Flöten, wurde überraschend gut und ist seitdem häufig zu allgemeiner Zufriedenheit aufgeführt worden.

Außerdem transkribierte ich die Begleitung von *Durch die Nacht* für Kammerorchester, und in dieser Fassung wurde der Zyklus zum erstenmal im Leipziger Rundfunk gespielt, Elisa Stünzner sang. Die Klavierfassung von *Durch die Nacht* wurde, glaube ich, Anfang 1932 aufgeführt, in einem Konzert, das ich mit Elisa in Dresden gab. Wir kombinierten den Zyklus mit einer Anzahl wenig bekannter Schubertlieder, was ich für etwas ganz Besonderes hielt. Ich erinnere mich, auf die Auswahl dieser Lieder die größte Sorgfalt verwendet zu haben, weil ich mich nicht entscheiden konnte, welche mir am liebsten waren. Ich wünschte, ich hätte fast alle sechshundert Lieder in meiner Ausgabe aufs Programm setzen können. Kraus, der damals in Berlin Vorträge hielt, besuchte das Konzert, und ich glaube, er war etwas enttäuscht, weil das Publikum den Verfasser der Gedichte nicht aufs Podium rief. Seine Naivität in diesen Dingen war erstaunlich. Anschließend sagte er mir, die Musik habe ihn nicht beeindruckt, abgesehen von einem der Schubertlieder – »Bei dir« –, das bezeichnenderweise jenem Liedstil am nächsten kam, den Kraus am besten kannte und am liebsten mochte, dem des Offenbachschen Couplets.

Ein weiteres Werk, das ich 1931 komponierte, war *Thema und dreizehn Variationen* für Orchester. Soweit ich mich erinnere, setzte sich das Thema aus einer Reihe von elf Tönen zusammen – wiederum eine versuchsweise Annäherung an das Zwölftonkonzept. Wieder aber hatte die innere Organisation des Werkes mit der Zwölftontechnik nichts zu tun. Die Tonreihe wurde vor allem als eine Art ostinater Baß verwendet, und im übrigen war der Stil das spätromantische Idiom, das durch eine Art dissonanten Kontrapunkt, den ich in jener Periode zunehmend anwendete, beträchtlich erweitert wurde. Ich glaube nicht, daß es ein besonders bemerkenswertes Werk war, obgleich es, wie die anderen Kompositionen jener Übergangsperiode, ein höheres Maß an sorgfältigem Handwerk erkennen ließ, etwas, wozu ich in der Zeit meiner flotten, unbekümmerten Schöpfungen von *Jonny* bis *Orest* nicht immer Neigung verspürt hatte.

Ein ausgesprochenes Nebenprodukt waren die *Vier Bagatellen* für Klavier zu vier Händen. Der Titel war eine Untertreibung, denn das Werk ist, wie eine Durchsicht jüngst gezeigt hat, eine ziemlich lange, richtige Sonate. Ich vermute, daß ich ihm den bescheidenen Titel mit einem koketten Blick auf jene ausgedehnten Werke gab, die die alten Meister wie Mozart und Schubert üblicherweise als Phantasie,

Divertimento oder Serenade zu bezeichnen pflegten. Ich weiß nicht genau, warum ich diese Stücke schrieb. Anscheinend hatte es etwas mit einer Bemerkung Heinsheimers zu tun, daß er gerne vierhändig spiele, es aber nichts Passendes gäbe. Natürlich habe ich die Stücke nie mit ihm gespielt. Von diesem Werk brachte ich auch eine Fassung für Bläser heraus, die im Frankfurter Rundfunk gespielt wurde. Die Stücke sind nett und gefällig und sogar gut komponiert. Trotzdem, heute erscheint mir das als eine Menge Leerlauf.

Reise nach Frankreich und Deutschland 1931

Für den Sommer 1931 plante ich ein ziemlich ehrgeiziges Projekt. Ich wollte ein Auto mieten und den größten Teil Westeuropas bereisen. Wir kamen so weit, daß wir mit einer entsprechenden Firma verhandelten und Preise, Fahrtrouten und so weiter diskutierten, ließen das Projekt dann aber fallen, teils weil das Ganze zu teuer erschien, teils weil der Mann kein Cabriolet anbieten konnte und ich das Reisen in einer Limousine für Unsinn hielt. Natürlich waren beide Gründe töricht, und ich bedaure sehr, daß wir diesen Plan nicht ausführten. Ich hätte meinen lieben Eltern so gern all die wunderschönen Orte gezeigt, die ich ihnen beschrieben hatte. Statt dessen beschlossen wir, eine kleinere Reise zu machen, die aber auch recht interessant war. Wir fuhren zuerst in die Schweiz und machten in Chur Halt, von wo aus wir mit der kleinen rätischen Bahn nach Andermatt und über den Furkapaß nach Brigue und Sierre gelangten. Dort verbrachten wir zwei oder drei Wochen in dem geliebten Château Bellevue und reisten dann nach Chamonix weiter. Es war das erste Mal, daß meine Eltern nach Frankreich kamen, und sie waren deswegen ganz aufgeregt, so daß es infolge der nervösen Spannung und der Anstrengung der Reise zu ein paar vorübergehenden Wutausbrüchen kam. Wir hatten wieder das seltene Glück, drei ideale Tage in diesem gewöhnlich verregneten Tal zu verbringen, und genossen die herrliche Aussicht auf die unvergleichlichen Berge.

Dann nahmen wir den PLM-Bus und folgten der Route des Alpes bis zum Col de Lautaret, dem höchsten Punkt der Route und einem wunderschönen Ort. Wir verbrachten dort ein paar Tage in dem etwas primitiven Hotel, was, wie stets in Frankreich, bedeutete, daß es nicht sehr elegant und nicht allzu gepflegt oder sauber, aber höchst behaglich war. Die ausgezeichneten Mahlzeiten nahmen wir auf der Terrasse ein, knapp zweitausendfünfhundert Meter über dem Meeresspiegel, mit Blick über das ungeheure grüne Becken des Passes mit dem gewaltigen La Meije-Gletscher im Hintergrund. Das Wetter war immer noch allgemein günstig. Dann fuhren wir nach

Grenoble hinunter, von wo aus wir eine Autotour zum südlichsten Punkt unserer Reise machten, einem Paß, dessen Namen ich vergessen habe und den wir nach einer Fahrt durch ausgedehnte Wälder und außergewöhnliche, phantastische Schluchten erreichten. Ich hatte eine Art atemberaubenden Eindruck vom strahlenden Süden erwartet, denn der Paß sollte einen Ausblick auf die Provence oder zumindest auf ihr Vorland bieten. Es regnete jedoch den ganzen Tag, man sah gar nichts, und es war kälter als überall sonst auf unserer Reise. Mein Vater sagte etwas geistesabwesend: »Es ist hübsch hier. Man sollte irgendwann im Sommer wieder herkommen.« Es war Ende Juli … Nach Grenoble, einer reizvollen Stadt, die mich irgendwie an Innsbruck erinnerte, machten wir auf der Grande Chartreuse und in Aix-les-Bains Halt, wo wir in einem Gasthaus am See Flußkrebse aßen. Ich hatte Informationen über den »Club des Cent« bekommen, oder wie auch immer diese inoffizielle gastronomische Organisation Frankreichs genannt wird, und ihr Verzeichnis empfohlener Restaurants bekommen. Die Anweisung besagte, beim Besuch eines dieser Restaurants sollte man das Buch auf den Tisch legen, was dem Reisenden bevorzugte Bedienung und spezielle Gaumenfreuden sichern würde. Ich tat das mehrere Male, konnte aber nicht feststellen, daß das Essen, das man uns servierte, anders war als das, was wir ohnehin bekommen hätten. Das einzige, was außergewöhnlich zu sein schien, waren die Preise, die man uns berechnete, denn sie schienen mir höher zu sein als das, was die normalen Touristen bezahlen mußten.

Von Aix fuhren wir nach Dijon, der Hauptstadt Burgunds, das Inghelbrecht mir als das herausragende Zentrum feiner französischer Küche beschrieben hatte. Die Stadt als solche mit ihrer wunderbaren mittelalterlichen Architektur war schon interessant genug, aber das Essen war wirklich etwas, das man sein Leben lang in Erinnerung behalten kann. Auf dem halbkreisförmigen Platz in der Stadtmitte befand sich das Restaurant »Aux trois faisans«, wo wir einige der köstlichsten Gerichte zu uns nahmen, die ich je gegessen habe. Das etwas bescheidenere »Pré aux clercs« war fast ebensogut. Von Dijon aus machten wir einen Autoausflug durch das berühmte Weinland Burgund, wo jedes kleine Nest einen Namen trug, der, wenn man ihn auf einer Weinkarte las, Ehrfurcht und Hochachtung erweckte. Der interessanteste Ort war Beaune mit seinem alten Spital. Ich war von der Auskunft beeindruckt, daß die Anlage der Säle, in denen die Kranken untergebracht werden, seit der Erbauung der Einrichtung im vierzehnten Jahrhundert nicht verändert worden war, weil selbst die fortschrittlichsten Fachleute der Medizin nicht sahen, wie man sie hätte verbessern können. Das war natürlich etwas für mich, weil ich immer noch überzeugt war, daß jene längst vergangenen Zeiten viel besser waren als unser sogenanntes aufgeklärtes Zeitalter. In gewissem Sinn habe ich meine Meinung darüber eigentlich nicht sehr geändert.

Von Dijon aus kehrten wir in die Schweiz zurück, obgleich es ganz leicht gewesen wäre, Paris einen Besuch abzustatten. Aber mir lag nichts daran, Paris wiederzusehen, und meinen Eltern, die theoretisch an einem Parisbesuch interessiert gewesen wären, schien es ebenso lieb zu sein, ihre Streifzüge in unbekannten Gebieten zu beenden. Wir verbrachten ein paar Tage in Neuchâtel und im Seengebiet des Jura, das mir sehr gut gefiel. Dort trennten sich unsere Wege, da meine Eltern nach Hause zurückkehrten, während Berta und ich nach Deutschland fuhren.

Es war bis jetzt das letzte Mal in meinem Leben, daß man sich in Europa frei und ungehindert bewegen konnte, und ich bezweifle, daß diese Verhältnisse zu meinen Lebzeiten wiederhergestellt werden. Der österreichische Paß war ein sehr angenehmes Reisedokument, da wir damit ohne Visum in fast alle mittel- und westeuropäischen Staaten einreisen konnten. Es gab keine Beschränkungen im Hinblick auf das Mitnehmen von Geldbeträgen von einem Land ins andere. Wenn ich in der Schweiz war und französisches Geld brauchte, schrieb ich meiner Bank in Wien einfach einen Brief und bekam innerhalb weniger Tage mit eingeschriebener Post ein dickes Bündel französischer Banknoten. So einfach war das – jetzt, zwanzig Jahre später, fast unglaublich. Während wir in Deutschland waren, verschärfte sich die Krise, die seit zwei Jahren geschwelt hatte, rasch, und überall machten Banken pleite und schlossen. Die ersten monetären Einschränkungen wurden verfügt und bis zum heutigen Tag nicht wieder aufgehoben. Seither ist das Reisen mühsam, muß langfristig geplant werden, damit man an strategischen Punkten die geschätzten Beträge parat hat, und Schmuggeln, Verstecken, Lügen und das Umgehen von Bestimmungen mit komplizierten, oft gefährlichen Tricks wurden zur notwendigen Routine.

Von allen Unannehmlichkeiten, die in den folgenden Jahren über uns hereinbrachen, fühlte ich mich von den Reisebeschränkungen am stärksten betroffen, denn Bewegungsfreiheit ist das, was ich am meisten schätze. Der Gedanke, an irgendeinem Ort – selbst an einem, der mir gefällt – gefangen zu sein, ohne zu wissen, wie ich augenblicklich fortkommen kann, erschreckt mich sehr. Mir ist klar, daß die meisten Menschen nicht so stark betroffen sind, weil sie sich damit zufriedengeben, in ihrem eigenen Land herumzureisen, sofern sie sich das leisten können. Zu ihrer Sicherheit wurden die einschränkenden Vorschriften angeblich erfunden. Ich bin nicht so sicher, daß sie diesen Zweck wirklich weitgehend erfüllen, denn in den Ländern, die die strengsten Bestimmungen haben, scheint das Leben allgemein unbedeutender, ärmer, schäbiger und beschwerlicher zu sein als anderswo, und zwar in einem solchen Maß, daß es ohne die Reglementierung kaum viel schlimmer sein könnte. Jedenfalls erscheinen mir diese Restriktionen wie alles, was in jenen Jahren geschah, ein eklatanter Beweis dafür zu sein, daß es der Menschheit kläglich an sozialem Talent mangelt. In jenen letzten zwanzig Jahren ist das normale Leben so kompliziert und so mühsam geworden, daß man oft zu fragen versucht ist, ob es sich wirklich lohnt.

In Deutschland fuhren wir zuerst nach Badenweiler, einem kleinen Kurort im südlichen Schwarzwald, um Bertas Bruder Walter zu treffen, der wahrscheinlich geschäftlich in der Gegend zu tun hatte. Er war damals Vertreter für Agfa, den deutschen Fotokonzern, eine Tochtergesellschaft der IG-Farben. Er war ein intelligenter und idealistischer Mensch, damals noch mit diffusen sozialistischen Vorstellungen. Von dort fuhren wir nach Frankfurt, wo wir ein paar Tage bei den Gublers verbrachten. Ich glaube, während dieses Buches war es, daß wir vom Fenster aus eine Marschkolonne demonstrierender Nazis beobachteten, in jener Zeit der sich verschärfenden Krise ein nicht ungewöhnlicher, aber noch nicht allzu häufiger Anblick. Ich war von dieser Zurschaustellung stupider, brutaler Barbarei angeekelt und schockiert. Ein gewisser Dr. Faesi, Schweizer Schriftsteller, Dichter und Professor für Ästhetik an der Zürcher Universität, ein Onkel Ellas, beobachtete die widerwärtige Parade ebenfalls und sagte blasiert und gleichgültig: »Nun, sie marschieren recht hübsch, nicht wahr?« Das schien auf eine nicht sehr hilfreiche Haltung der sogenannten neutralen, oder freien, Nation hinzudeuten.

In Kassel machten wir bei den Rubensohns Halt, und die Depression, die mich befallen hatte, als ich Deutschland betreten hatte, wurde von Tag zu Tag stärker. Alle waren in Panik und beobachteten ängstlich ihre Nachbarn, um zu sehen, ob ihr Benehmen gebilligt wurde oder nicht, als ob eine unvorhersehbare Katastrophe in der Luft läge (sie war nur zu vorhersehbar), und gleichzeitig taten sie so, als könnte das, was niemand offen zu erwähnen wagte (ein Sieg der Nazis), im aufgeklärten und fortschrittlichen Deutschland niemals passieren. Doch überall waren düstere Vorzeichen genau dafür zu sehen. Damals wurde Carl von Ossietzky, Redakteur einer linken Zeitschrift, von einem deutschen Gericht wegen Hochverrats zu einer Gefängnisstrafe verurteilt, weil er geheime und illegale Rüstungsvorbereitungen enthüllt hatte.* Ich hatte deswegen mit Gubler eine recht heftige Auseinandersetzung, weil seine Zeitung in etwa die Ansicht vertrat, daß, selbst wenn die Aufrüstung dem Versailler Vertrag zufolge illegal war, die Tätigkeit als solche doch von patriotischen Motiven diktiert war und ein Mann, der sie störte, indem er sie einem potentiellen Feind enthüllte, zu Recht als Verräter betrachtet wurde. Ich war der Meinung, daß der Friedensvertrag für das Land Gesetz sei, selbst wenn die Mehrheit der Nation ihn ablehnte, und daß niemand bestraft werden dürfe, weil er Übertretungen dieses Gesetzes aufgedeckt hatte, daß es friedliche Mittel gebe, mit denen man versuchen könne, die Vertragsbedingungen zu ändern, und zwar im Rahmen des Völkerbundes und der Abkommen von Locarno, die von jedem friedliebenden Menschen als das hoffnungsvollste Ereignis der zwanziger Jahre begrüßt worden waren. Die Theorie, die damals mehr und mehr an Boden gewann, daß nämlich ein entmilitarisiertes Deutschland eine Gefahr für den Weltfrieden sei, war mir vollkommen unverständlich, denn ich war überzeugt, daß das Fehlen von Gewehren die Gefahr, daß geschossen würde, reduziere, und nur das zählte, zumal die einzigen, die man im Verdacht haben konnte, daß sie Gewehre zu Schießzwecken gebrauchen wollten, die Deutschen waren. Es war mehr als offenkundig, daß sonst niemand schießen wollte, abgesehen von den Japanern, und anstatt die Deutschen auf ihren Platz zu verweisen (was eben deshalb unterlassen wurde, weil niemand von ihren Kugeln verletzt werden wollte), überlegte man ernsthaft, die potentiellen Mörder in unserer Mitte mit Waffen auszustatten. Natürlich führte die Auseinandersetzung zu nichts und vertiefte nur meine Depression.

In Leipzig besuchten wir die Brechers, was immer sehr erfrischend war, aber es geschah nicht viel, was meine Stimmung hätte verbessern können, ob nun die Sache mit *Kehraus* bereits, wie schon geschildert, erledigt war oder nicht. Ich vermute, sie war erledigt, und so führten wir wahrscheinlich einige nutzlose Postmortem-Gespräche. Ich kehrte in einem Zustand äußerster Niedergeschlagenheit, vermischt mit kriegerischem und verächtlichem Kampfgeist, nach Österreich zurück. Wir verbrachten ein paar Tage in dem reizenden Gmunden, das mich als Junge bezaubert hatte. Weil es Ende September war, war der prächtige Kurort nahezu verlassen, was ihm zusammen mit den schönen Spätsommertagen, die wir hatten, einen herzzerreißenden, melancholischen Charme verlieh. Die gleiche Atmosphäre herrschte auch in dem nahen Bad Ischl, das

* 1931

wir gleichfalls besuchten. Das ganze Salzkammergut war gesättigt mit Erinnerungen an die alte, ruhmreiche Zeit des späten neunzehnten Jahrhunderts, als der Kaiser, damals noch ein Mann in den besten Jahren, Bad Ischl zu seinem Sommersitz machte, was die Elite der österreichisch-ungarischen Aristokratie und die wohlhabenden Bürgerlichen aus dem ganzen Reich mit ihrem Anhang anzog. Jetzt war das alles unwiderruflich dahin, nur die altmodischen, prunkvollen, zugleich aber schönen und stilvollen Villen waren geblieben, die allmählich verfielen und vom Strom der Zeit verschlungen wurden, und die beständige, gleichgültige Schönheit der Natur.

In dieser Umgebung schrieb ich eine Reihe von langen, leidenschaftlichen Briefen an Gubler, in denen ich meinem Schrecken, meiner Trauer, meinem Trotz und meiner Verachtung freien Lauf ließ. Obgleich die Briefe privaten Charakter hatten und eine große Anzahl persönlicher Anspielungen und Angriffe enthielten, druckte Gubler, ohne mich um Erlaubnis zu fragen, sofort große Teile davon in zwei oder drei Nummern seiner Zeitung ab, unter dem Titel »Briefe eines österreichischen Freundes«. Ich war schockiert, als ich das Blatt, das ich eines Morgens mit der Post erhielt, aufschlug und sah, daß meine unbekümmerten Bemerkungen eine ganze Seite füllten. Ich hielt das für ein etwas eigenmächtiges Vorgehen, konnte aber nicht viel dagegen tun. Schließlich wurde mein Name nicht genannt. Rubensohn jedoch, der etliche der erwähnten Ereignisse ohne weiteres identifizieren konnte, weil sie sich erst vor wenigen Wochen zugetragen hatten, war ziemlich gekränkt, obgleich sein Name natürlich auch nicht genannt war und Gubler die Briefe insofern redaktionell bearbeitet hatte, als er eine ganze Menge meiner spöttischen Bemerkungen über das Verhalten und die Mentalität der deutschen Juden in der heraufziehenden Krise ausgelassen hatte. Das war aus Respekt vor dem liberalen Charakter seiner Zeitung geschehen, die schließlich von einem Juden herausgegeben wurde, und auch, um Goebbels nicht mit billigem Propagandamaterial zu versorgen. Natürlich hatte ich keinen antisemitischen Ton anschlagen wollen. Ich griff nur, wo immer ich sie sah, Dummheit und Bosheit an, die ich für die Hauptübel der Zeit hielt, genauso wie Karl Kraus das tat, und ich sah keine einzige Gruppe, die schuldlos war. Es war nicht leicht, Rubensohn zu beschwichtigen, denn er spürte vielleicht, was zwischen den Zeilen stand, und warf mir vor, ich sei unfair gegenüber seinen germanischen Brüdern. Er wäre noch empörter gewesen, wenn er meine Kritik an einigen seiner Stammesgenossen gesehen hätte, und völlig verblüfft, wenn ich vorausgesagt hätte, daß seine deutschen Brüder ihn schon zwei Jahre später ins Gefängnis werfen würden, einzig und allein aus dem Grund, daß er Jude war.

Von Linz aus nahmen wir den guten alten Dampfer nach Wien, wo ich in einem Zustand der Erregung und Depression ankam. Es kann sein, daß ich in jenem Herbst oder frühen Winter nach Mannheim reiste, um einer Aufführung von *Orest* beizuwohnen. Das Theater wurde von Hubert Maisch geleitet, einem einarmigen Veteranen des Ersten Weltkriegs, der mich als aufrechter Bürger von wünschenswerter Art beeindruckte. Das Orchester dirigierte mein alter Freund Rosenstock, und sie machten ihre Sache sehr gut. In Mannheim hielt ich einen Vortrag über *Orest* im Licht seiner aktuellen Bedeutung, und ich glaube, es war das erste Mal, daß ich ausdrücklich auf religiöse Fragen und Probleme Bezug nahm und die Ansicht äußerte, allein eine religiöse Rückbesinnung im Geist echten Christentums würde in der Krise, die wir durchmachten, Hilfe versprechen.

In Mannheim nahm sich Herr Bodenheimer meiner an, ein wohlhabender Industrieller, der als österreichischer Ehrenkonsul tätig war. Er war ein netter jüdischer Bonvivant. Wir machten eine sehr schöne Autofahrt über den Rhein in die Pfalz, wo wir in einem einfachen Gasthof in den Bergen mit ausgezeichnetem Essen und ebensolchem Wein verwöhnt wurden. Später, nachdem die Nazis an die Macht gekommen waren, traf ich Bodenheimer zufällig in Wien wieder, wo er sich befand, um sich bei seinen diplomatischen Vorgesetzten zu erkundigen, ob er als österreichischer Konsul in einem anstehenden Verfahren wegen Rassenschande, das die Nazis gegen ihn eingeleitet hatten, weil er mit arischen Frauen – wahrscheinlich Prostituierten, die ihn denunziert hatten – Affären gehabt hatte, diplomatische Immunität beanspruchen könne. Das war nur einer jener zahllosen erbärmlichen, mitleiderregenden und lächerlichen Vorfälle, die jene Zeit hervorbrachte.

Noch jemand, der mit Mannheim in Zusammenhang stand, war Hans Ferdinand Redlich, ein Wiener Musikwissenschaftler und Sohn eines österreichischen Finanzministers. Er war ein aufgeweckter und gepflegter junger Mann mit guten Manieren, der sich auf Monteverdi-Forschung spezialisiert hatte. Auch er war Mitarbeiter des »Anbruch«, und ich erinnere mich, daß es zwischen ihm und Adorno ständig Streit gab. Es ist seltsam, daß Menschen, die in allen wesentlichen Fragen im Grunde der gleichen Meinung sind, sich oft über Einzelheiten, die sie als Prinzipiensache verstehen, nicht einigen können. Ich habe das besonders bei intellektuellen Juden festgestellt, die häufig zu Sturheit, Voreingenommenheit und Unnachgiebigkeit neigen. Das hat natürlich auch seine guten Seiten, weil es kompromißlose Integrität bedeutet.

In jenem Herbst gab ich meiner nahezu verzweifelten Geisteshaltung auch in dem Liederzyklus *Gesänge des späten Jahres* musikalischen Ausdruck. Der Titel ist doppeldeutig und bezeichnet sowohl ein spätes Jahr in der Abfolge aller Jahre als auch eine späte Jahreszeit innerhalb irgendeines Jahres. Es waren düstere, trübsinnige Lieder (die Texte schrieb ich wieder selbst), voll von melancholischer Resignation, verbissenem Trotz und gespenstischen Vorgefühlen von drohendem Unheil. Die kafkaeske »Ballade vom Fest« war darunter, eine Vision von Menschen, die zu einer festlichen Versammlung in einem Schloß eingeladen worden waren, aber den Festsaal nicht finden konnten und durch endlose Gänge wanderten, verfolgt von der fröhlichen Musik, die oft ganz nahe zu sein schien, wie sie durch die Mauern klang, aber es gab keine Türen, oder wenn Türen da waren, führten sie nirgendwohin, nur zu anderen Türen und Gängen und fort vom Fest. Der Zyklus enthielt auch ein philosophisches Trinklied, den Monolog eines einsamen Trinkers, der bei Sonnenuntergang in einem herbstlichen Heurigengarten sitzt und über Leben und Tod nachdenkt, und ein noch philosophischeres Liebeslied, weitgehend in der Art von Kraus' dialektischer Lyrik, in dem logische Antithesen in kurze Verse gepackt waren, mit geheimnisvollen Anspielungen auf Raum und Zeit. Auch »Herbstlaub und Regenschauer« gehörte dazu, ein Lied, das ich selbst herzzerreißend und zu Tränen rührend fand, ein kurzes Abschiedslied an die Geliebte, die im kühlen Novemberregen am Gartentor steht. Dann war da ein bitteres Lied, »Heimatgefühl«, in dem ich meine Liebe und Treue zu meiner Geburtsstadt als eine Art unzerreißbare Kette darstellte, mit der ich an die Stätte immerwährender Qual gebunden war, und mich an die frühen Nächte meines Weltschmerzes in der Kammer meiner Großmutter erinnerte, als ich schlaflos auf das Klopfen der Regentropfen an den Fensterscheiben horchte, auf das Klappern einer einsamen Kutsche auf der Straße und auf die herzzerreißenden Pfiffe des weit entfernten Morgenzugs – diese Dinge waren für mich jetzt Symbole der Heimat geworden. Und dann »Vor dem Tode«, wozu ich unmittelbar durch das inspiriert worden war, was ich über Geilhofers langsames Sterben in einem Spital gehört hatte – wie er allmählich ins Koma sank und schon tot zu sein schien, aber jedesmal, wenn man seinen Namen rief, ein schwächeres Lebenszeichen von sich gab, bis auch dieses ausblieb und er entschlief. Hier verewigte ich noch ein weiteres meiner Lieblingssymbole für niederschmetternde Melancholie: die schwachen Klänge eines Klaviers, das jemand zwei oder drei Stockwerke höher spielte, wobei die

Töne leise durch die Wände tropften. Ein Sinnbild beunruhigenderer Art (von dem ich oft träumte) war ein kalter Vollmond, der schnell durch hohe, dünne Wolken flog. Diesem Lied folgte ein Zwischenspiel für Klavier, das ich, nach Kierkegaard, »Der Augenblick« betitelte und das natürlich den Augenblick des Todes darstellte – den Sprung in die Ewigkeit. Es leitete zum letzten Lied, »Der Genuß des Unendlichen«, über, das eine Apotheose der ewigen Freuden war, die uns dort drüben erwarten. Zum erstenmal kam ich (ganz instinktiv) auf die Idee, die Vorstellung von der Ewigkeit mit den charakteristischen Eigenschaften einer Spieldose zu assoziieren, mit dem leisen, dünnen und knarrenden, rhythmisch starren Klimpern mechanisierter Musik. (In größerem Maßstab und mit einheitlicherer Symbolik setzte ich es am Schluß von *Karl V.* wieder ein.)

So wie ich es jetzt sehe, ist der Text der Lieder hinsichtlich des Symbolismus ein wenig überzogen, die Diktion ist ein bißchen zu »literarisch«, zu sehr auf geheimnisvolle philosophische Bedeutung hin angelegt und gegen Ende etwas bombastisch, aber die Lieder aufrichtig, denn ich könnte nahezu jede dieser dialektischen und gefühlvollen Andeutungen mittels einer Assoziation erklären, die, als ich sie hatte, ganz konkret war und vollkommen meiner Erfahrung entsprach. Als ich die Lieder Berta vorspielte, war sie von ihrer emotionellen Eindringlichkeit ganz erschüttert, und da sie die Lieder wörtlich nahm, bedeuteten sie für sie, daß unsere Beziehung zu Ende war. Besonders »Herbstlaub« löste diese Reaktion aus. Natürlich hatte ich das nicht gemeint. Vielmehr stellte ich meine allgemeine Depression als persönliche, emotionelle Tragödie dar, wie es, nach allem, was ich wußte und fühlte, von echter lyrischer Dichtung gefordert wurde.

In musikalischer Hinsicht näherten sich diese Lieder stärker als alles, was ich bis dahin gemacht hatte, atonalen Ausdrucksweisen an. In der »Ballade vom Fest« machte ich bewußt den Versuch, so gut ich es verstand, Zwölftonfolgen zu benutzen. Ich war bereit, die Zwölftontechnik, was auch immer das war, anzuwenden, aber eigentlich wußte ich immer noch nicht, wie sie funktionierte. Ich bin nicht sicher, ob ich bereits begonnen hatte, die neueren Werke des Triumvirats ernsthaft zu studieren. Aber selbst ohne das getan zu haben, hätte ich eine ziemlich genaue Vorstellung davon haben sollen, woraus das Zwölftonverfahren bestand. Ich bin durchaus bereit, meine Unkenntnis der beschämenden Unfähigkeit zuzuschreiben, selbst herauszufinden, wie es funktionierte. Gleichzeitig meine ich aber, daß diejenigen, welche diese Technik anwendeten, sich entweder absichtlich darüber ausschwiegen oder daß sie selbst nicht allzu genau wußten, was das Wesen ihrer Technik war. Ich glaube, letzteres war der Fall, wenn ich mir die vagen, wirren oder schlicht falschen Aussagen vergegenwärtige, die in den Schriften so eingeweihter Anhänger wie Erwin Stein zu finden waren. Es ist bemerkenswert, wie wenig Theoretisches selbst jene, die die Zwölftontechnik praktizierten, darüber sagen konnten, und wie ungenau sie eine Methode erklärten, die angeblich ganz auf Berechnungen und intellektueller Konstruktion beruhte. In dem genannten Lied machte ich nichts anderes, als daß ich die zwölf Töne durchging und mit einer anderen Zusammenstellung wieder von vorne anfing. Mit anderen Worten, ich benützte eine ziemlich große Anzahl von Zwölftonreihen, jede nur einmal. Trotzdem klingt das Stück ganz ähnlich wie echte Zwölftonmusik – was es in gewisser Weise auch ist.

Um Weihnachten herum machte ich meinen bisher letzten »Winterurlaub« und fuhr mit Berta nach Mönichkirchen, einem kleinen, bescheidenen Kurort auf einem Hang des Wechselgebiets, das östlich des Semmerings liegt. Die kahlen Kuppen dieser Mittelgebirgslandschaft waren zwar reizvoll, aber das Ganze war eher nichtssagend, und wir blieben nicht sehr lange. Es war unangenehm kalt, und Berta hatte wieder einen Ischiasanfall. Eines Morgens, während sie aus dem Fenster schaute, sagte sie:

»Die Herren fahren aus zur Jagd,
und langsam fängt es an zu schnei'n.«

Diese, natürlich ganz spontan gesprochenen Zeilen besitzen für mich die Vollendung eines Gedichtes. Sie bewegten mich sehr – es ist schwer zu sagen, warum – und tun es immer noch. Ich habe sie nie vergessen.

Ich nehme an, es war etwa um diese Zeit, daß von einer Inszenierung des *Orest* an der Wiener Staatsoper die Rede war. Man sagte mir, Clemens Krauss, der damals Direktor dieses Instituts war, wolle die Oper aufführen, aber er und sein Regisseur, Dr. Lothar Wallerstein, würden gerne den letzten Akt ändern wollen, weil meine Idee, das Stück mit der Heirat von König Thoas und Iphigenie glücklich ausgehen zu lassen, ihrer Meinung nach der alten Sage, besonders nach ihrer Weihe durch Goethes Drama, zuviel Gewalt antue. Ich gebe zu, daß das ein mögliches Diskussionsthema war, und ich hätte mir die Argumente auch angehört, wenn es sich um eine Welturaufführung gehandelt und ich noch an der Oper gearbeitet hätte. Doch in diesem Fall war das Werk bereits an einem Dutzend oder mehr deutschen Bühnen erfolgreich aufgeführt worden, deshalb fand ich die Haltung der Wiener Herren ärgerlich und übereifrig. Außerdem war mir aufgefallen, daß Wallerstein es sich zur Gewohnheit gemacht hatte, mit Opern, alten und neuen, herumzuspielen, und da er seine Dienste anbot, um die nötigen Arbeiten an meinem Opus vorzunehmen, verdächtigte ich ihn – ob zu Recht oder nicht –, daß er etwas von meinen Tantiemen haben wollte. Zudem war ich auf die Musikbürokratie in Wien ohnehin wütend, wie ich bereits dargelegt habe, und so wies ich das ganze Projekt zurück. Mein Verhältnis zum Opernhaus war gespannt und unfreundlich. Ich bewarb mich nie um Freikarten, wie unzählige Dummköpfe sie jederzeit bekommen konnten, und man bot mir auch nie welche an, und natürlich kaufte ich auch keine Karten, außer einmal, um mir Erich Wolfgang Korngolds Oper *Das Wunder der Heliane* genauer anzusehen, und ich fand sie geistlos, überladen und höchst unbefriedigend. Ich glaube, das war der Höhe(oder Tief-)punkt meiner Isolation in Wien.

In der Internationalen Gesellschaft für Neue Musik

Irgendwann 1932 wurde ich recht informell eingeladen, dem Komitee der Wiener IGNM-Sektion beizutreten, wahrscheinlich im Zusammenhang mit dem internationalen Fest der Gesellschaft, das für Juni, glaube ich, vorbereitet wurde. Ich erinnere mich jedoch nicht, aktiv an diesen Vorbereitungen teilgenommen zu haben. Anton Webern hatte den Vorsitz, und die Mitglieder des Komitees waren in der Hauptsache persönliche Freunde von ihm und eingeschworene Anhänger der Musik Schönbergs, wie David Bach, Josef Polnauer, Erwin Ratz, Dr. Kurzmann und seine Frau und vielleicht noch ein paar andere. Egon Wellesz war, was die Ideologie betraf, die einzige Ausnahme, denn obgleich er, wie mir scheint, eine Zeitlang bei Schönberg studiert hatte, hatte er nie aufgehört, Geschäfte mit »dieser Welt« zu machen. Er schrieb eine Art »gemäßigt moderner« Musik und bemühte sich angestrengt und mit viel umtriebiger Sorge, einen mittleren Kurs zu steuern. Er war zum Katholizismus konvertiert, wovon er später viel Aufhebens machte, und hatte alle möglichen Kontakte zur Gesellschaft und zu offiziellen Kreisen. Außerdem war er Privatdozent an der Universität, wo er sich auf die Erforschung byzantinischer Musik spezialisiert hatte, was einige Leute boshaft als sehr schlaue Wahl bezeichneten, weil niemand sonst die geringste Ahnung hatte, worum es dabei eigentlich ging. Einige hielten es einfach für Schwindel. Ohne viel über den Gegenstand zu wissen, kam ich später aufgrund meiner eigenen historischen Studien zu der Überzeugung, daß seine Forschungen vollkommen seriös waren und daß er interessante Ergebnisse erzielt hatte, obgleich ich ihre Richtigkeit letzten Endes nicht beurteilen kann. Wellesz war ein angenehmer Mann mit guten Manieren, ein wenig schlau und raffiniert, übereifrig bemüht, allen zu gefallen, die irgendwie weltliche Bedeutung zu haben schienen, und etwas lächerlich, wenn er mit verschwörerischer Miene Nebensächlichkeiten besprach und sich dabei an kindischer Geheimniskrämerei freute wie an einem Räuber-und-Gendarm-Spiel.

Die anderen Mitglieder des IGNM-Komitees waren bewährte Anhänger und hielten zusammen wie eine Clique oder wie Ordensmönche. Die Zusammenkünfte fanden gewöhnlich in der Wohnung von Dr. Kurzmann statt, einem Arzt, dessen Frau Rita anerkennenswert Klavier spielte. Polnauer war ein riesiger, dicker Bursche mit beinahe violettem Gesicht und ziemlich rabiatem Temperament. Man sagte, er habe etliche von Schönbergs eindeutigeren Gegnern in Konzerten recht unsanft behandelt, und danach sah er auch aus. Ratz war ein weiterer alter Gefolgsmann, ein ziemlich zurückhaltender Mann mit kommunistischen Neigungen, wie manche sagten. All diese Männer waren Sozialisten und wahrscheinlich Mitglieder der Partei von Dr. Bach. Das galt auch für Webern, der die Versammlungen langsam, leise und behutsam leitete, gewöhnlich mit einem schmerzerfüllten Ausdruck auf seinem verhärmten Gesicht. Seine ruhige Art täuschte ein wenig, denn hin und wieder, wenngleich selten, explodierte er in einem furchtbaren Wutausbruch und schrie, so laut er konnte. Der Umgang mit ihm war schwierig, denn er hatte viel Groll in sich aufgestaut und viel Bitterkeit stillschweigend unterdrückt. Natürlich litt er unter einem fast vollständigen Fehlen von Anerkennung und unter der wirtschaftlichen Not, die das für einen Mann mit fünf Kindern mit sich brachte. Die einzige Entschädigung für diese Frustration war die fanatische Ergebenheit, die Bach und die kleine Gruppe von Anhängern ihm entgegenbrachten. Bach übertrug ihm die Leitung der sozialistischen Orchester- und Chorvereinigung, die in speziellen Gewerkschaftskonzerten und dergleichen auftrat. Das machte Webern in gewissem Sinne zum Gefangenen dieser wohlmeinenden Leute, und ich hatte den Eindruck, daß ihm das ebenfalls widerstrebte. Ich mag mich darin täuschen, und vielleicht sehe ich in Webern, den ich in zunehmendem Maß bewunderte, etwas hinein, was ich in ihm sehen wollte. Mit der Zeit entwickelte ich eine Theorie, nach der Webern als tief religiöser Mensch darunter litt, daß er seinen kargen Lebensunterhalt dadurch bestritt, daß er den theoretisch antireligiösen Sozialisten diente, und sich darüber ärgerte, daß er in eine Gegenposition zum österreichischen Katholizismus gedrängt wurde. Mir ist klar, daß es nicht ganz so einfach war, obgleich meine Theorie möglicherweise ein Quentchen Wahrheit enthielt. Zweifellos hatte Weberns Leid auch andere

Ursachen, von denen einige vielleicht in seiner Beziehung zu Schönberg und Berg zu suchen waren. Was zwischen diesen drei Männern in den zwanzig oder mehr Jahren ihrer engen persönlichen Verbindung vorgegangen war, war niemandem bekannt, mit dem ich je darüber sprach, außer ihnen selbst, und sie erwähnten nie etwas. Aber es war leicht zu spüren, daß vieles vorgefallen sein mußte, das tiefe, unauslöschliche Spuren in ihrer Persönlichkeit hinterlassen hatte, vielleicht sogar bleibende Narben.

Unter den Mitgliedern der Gruppe befand sich auch ein krasser Außenseiter, ein Amerikaner namens Mark Brunswick. Er war uns als Komponist bekannt, obgleich von seiner Musik nicht viel zu sehen war. Er hatte sich dieser fortschrittlichen Gruppe angeschlossen, weil es sein ernsthafter Wunsch war, zu dieser Bewegung dazuzugehören, zu jener Zeit sicherlich eine seltene Ausnahme unter den Amerikanern. Er lebte mehrere Jahre in Wien, vielleicht zehn Jahre, weil seine Frau, eine Amerikanerin aus sehr wohlhabender Familie, eine bevorzugte Schülerin von Sigmund Freud war und ihr Meister sie gern in seiner Nähe hatte. Brunswick war ein sehr netter und freundlicher Mensch, obgleich manchmal etwas reizbar und sensibel, wahrscheinlich weil er immer befürchtete, daß er eher seines Geldes als seiner künstlerischen Verdienste wegen in jenen Kreis aufgenommen worden war, und hin und wieder kam es tatsächlich zu peinlichen Situationen in dieser Hinsicht. Er war wirklich recht großzügig und bewirtete in seinem geräumigen Haus in der Hasenauerstraße nicht nur in größerem Stil, als es unter Wiener Musikern üblich war, sondern half bei unseren Projekten auch häufig mit Geldbeträgen aus. Später, nach der Katastrophe, blieb er seinen alten Wiener Freunden gegenüber äußerst loyal und hilfreich, und wir alle schulden ihm ewigen Dank. Seine Musik, die keinem sehr reichen Quell entsprang, ist etwas blutleer, aber recht originell und bemerkenswert und läßt fraglos ernsthafte Absichten und ein anerkennenswertes Maß an Unabhängigkeit erkennen.

Ich erinnere mich nicht, was bei den ersten Zusammenkünften, die ich besuchte, geschah, und eine Zeitlang war ich wahrscheinlich ein schweigsamer Teilnehmer. Dieser Zustand änderte sich nach 1933 beträchtlich, aber darüber will ich später berichten.

Für das IGNM-Fest des Jahres 1932 wurde *Durch die Nacht* in der Fassung für Kammerorchester ins Programm aufgenommen. Die Sängerin war Hedda Kux, der ich von Karl Kraus oder vielmehr von Frau Kann vorgestellt wurde. Anscheinend hatte es da einen Mann namens Pollak gegeben, der mit dem Kraus-Zirkel zeitweilig in loser Verbindung gestanden hatte, wie ich es jetzt erinnere. Er war schon lange von der Bildfläche verschwunden, weil er an irgendeiner Geisteskrankheit litt, die vage als Melancholie beschrieben wurde. Seine Frau, Alma, war mit Hedda Kux befreundet, und so kam der Kontakt zustande.

Diese Hedda, die Frau eines ziemlich wohlhabenden Bankiers, war eine etwas besser als durchschnittliche Amateursängerin. Sie war eine recht hübsche, elegante Frau, aber von den ärgerlichen, oberflächlichen Kalamitäten ihrer Klasse verwöhnt und betroffen. Alma Pollak war ihre Ratgeberin und wich ihr nicht von der Seite, wie ein Svengali. Offenbar war sie ein frustriertes Geschöpf und verwandte ihre ganze Energie darauf, ihre vornehme, reiche Freundin zu trainieren und zu fördern. Auf solchen Umwegen erhielt Hedda die allerhöchste Erlaubnis von Kraus, beim Fest meine Lieder zu singen. Ich mußte den Zyklus in unzähligen Proben unter der unermüdlichen Aufsicht Almas mit ihr einstudieren. Alma verhielt sich wie ein gesalbter Stellvertreter des Dichters, der den Schlaf des Gerechten schlief, während wir uns abmühten. Es erforderte sehr viel Geduld, Almas Behandlung zu ertragen, denn sie kritisierte jeden Konsonanten und jeden Vokal, jede noch so minimale Modulation von Heddas Stimme, und hatte für jedes kleine Detail endlose Verbesserungsvorschläge. So ärgerlich das auch war, bewirkte es wahrscheinlich doch viel Gutes, denn es gab Heddas etwas glanzlosem und uninspiriertem Gesang schließlich einen Anschein von Leben und Intensität. Ich beneidete sie nicht, denn als ich mit ihr fertig war, nahm Webern sich der Sache an, weil er die kleine Nummer beim Fest dirigieren sollte, und es war bekannt, daß er mit Sängern so probierte, daß sie nach etlichen Wochen harter, zermürbender Arbeit immer noch nicht über die erste Phrase eines wohlbekannten Schubertliedes hinausgekommen waren. Ich war über solche Geschichten erstaunt und zugleich tief beeindruckt davon, denn ich konnte mir kaum vorstellen, was in diesen wilden Sitzungen vor sich ging, da ich schließlich gewohnt war, einen Sänger innerhalb von ein paar Wochen auf eine umfangreiche Opernpartie vorzubereiten. Es war die alte Diskrepanz zwischen idealistischen Forderungen und den Bedingungen »dieser Welt«. Die Leute um Webern verachteten die in dieser Welt herrschenden Methoden natürlich zutiefst und kompromißlos und gaben gern und ernsthaft zu, daß man, wenn es nach ihnen ginge, Musik lieber überhaupt nicht spielen sollte, als sie ohne jene Tortur der Vorbereitung aufzuführen, die für sie die einzig angemessene Art zu sein schien, etwas zu tun. Im Grunde hatten sie recht, fand ich, und ich beneidete sie um ihre unbeirrbare Integrität und um ihren Willen, auf alle Vorteile zu verzichten, die eine andere Haltung ihnen vielleicht eingebracht hätte, und alle Versuchungen in dieser Richtung von sich zu weisen. Ich schämte mich dafür, daß ich nicht die

Energie, den Mut und die Standhaftigkeit aufzubringen vermochte, um solchen Maßstäben gerecht zu werden. Ich war einfach nicht dazu geschaffen.

Die Aufführung von *Durch die Nacht* war in Ordnung, obgleich ich nicht finden konnte, daß das Ergebnis die Notwendigkeit der aufgewandten Mühe auf spektakuläre Weise demonstrierte. Es gab ein typisch Kraussches Nachspiel, sobald der große Mann – der die Aufführung natürlich nicht besuchte – entdeckte, daß in dem gedruckten Programm in einem seiner Gedichte ein Komma falsch gesetzt worden war oder etwas dergleichen. Er ergriff sofort Maßnahmen, deren Ziel vermutlich war, im Idealfall das ganze Fest noch einmal zu veranstalten. Ich glaube, es war Dr. Bach, der, als ihm von der Sache berichtet wurde, das heiße Eisen witterte und Kraus zu verstehen gab, daß die IGNM eine internationale Organisation mit Sitz in London sei und daß sie für alles verantwortlich sei. Es scheint, daß Kraus mit London zu korrespondieren begann, aber das war auch schon das Ende der Geschichte, denn die Londoner IGNM hatte es in der Kunst, Briefe nicht zu beantworten, beispiellos weit gebracht. Natürlich hätte Kraus in London Anwälte einschalten können, und in einem anderen Fall hätte er das wahrscheinlich auch getan, wenn auch nur, um zu beweisen, daß Dr. Bach ihn belogen hatte, denn für den Druck lokaler Programme war natürlich die Wiener Sektion verantwortlich. Jedenfalls – sei es, daß er im Alter abgeklärter geworden war, sei es, daß er auf meinen Anteil an der Sache Rücksicht nahm – ließ er das Ganze auf sich beruhen.

Ein Mann, den ich bei den Zusammenkünften der IGNM, aber auch anderswo öfter sah, war der große Künstler Eduard Steuermann. Auch er war aus Schönbergs Verein für musikalische Privataufführungen hervorgegangen, ein wunderbarer Pianist mit großer Sensibilität und scharfem Verstand und eine sehr sympathische Persönlichkeit, wenn man mit seiner im allgemeinen düsteren, pessimistischen und bissigen Art zurechtkam. Was er sagte, war tiefgründig und geistreich, aber oft mit einem Skeptizismus gewürzt, der einen zur Verzweiflung treiben konnte. Soviel ich weiß, ist er auch ein bemerkenswerter Komponist, der, wie Adorno, sehr wenig schreibt, und ich vermute, daß seine Musik eine ähnliche Dichte und vergeistigte Reinheit aufweist. Er hat sie stets geheimgehalten, was mit dem erbarmungslosen Perfektionismus der Gruppe um Schönberg zu tun hat. Daß diese so streng gegen sich selbst sind, verleiht ihnen leicht etwas Überhebliches, fast Arrogantes, was sie wahrscheinlich irgendwie für die Frustration entschädigt, die sie angesichts des äußeren Erfolges (und sei er noch so gering) weniger gehemmter Kollegen empfinden müssen. Steuermann hat leider kein publikumswirksames Auftreten, deshalb wird seine wirklich große Kunst überhaupt nicht geschätzt. Wenn er das Podium betritt, sieht er niedergeschlagen und traurig aus – wie Adorno es ausdrückte, indem er sich über eben den Perfektionismus, den er selbst auch pflegt, lustig machte: »Wenn Steuermann öffentlich spielen muß, sieht er immer so aus, als würde er bis zur letzten Minute hoffen, daß der Saal einstürzt oder in Flammen aufgeht, damit er nicht anfangen muß.« Als Steuermann Ružena Herlinger, eine halbprofessionelle tschechische Sängerin, die ebenfalls der fortschrittlichen Sache diente, zu begleiten hatte, und sie ihn fragte, ob er nicht versuchen könnte, etwas weniger düster dreinzuschauen und vielleicht zu lächeln, wenn er sich ans Klavier setzte, erwiderte er: »Bitte verlangen Sie das nicht von mir – es würde noch viel schlimmer aussehen.«

Steuermanns Frau, Hilda, war eine abstoßende Person mit den physischen Attributen einer Ratte. Es hieß, daß Schönberg nach dem Tod seiner ersten Frau ein Auge auf dieses Geschöpf geworfen hatte, was sein Gefolge von Speichelleckern veranlaßte, Eduard sofort zu ächten. Zu der Zeit, als ich die beiden kannte, war ihre Ehe offenbar nicht glücklich, zumal ein Kind da war, das am Rande einer Geisteskrankheit zu stehen schien. Der arme Steuermann erfuhr dadurch viel Kummer, und seine Düsterkeit und sein Pessimismus waren vermutlich durchaus begründet. Es ist gut zu wissen, daß er es sich zu der Zeit, da ich dies schreibe, in sehr viel fröhlicheren Verhältnissen eingerichtet zu haben scheint.

Gerd Hans Goering

Auf den letzten paar hundert Seiten dieser Niederschrift habe ich es vernachlässigt, über die Entwicklung der Geschichte meines armen Freundes Gerd Hans Goering zu berichten, obgleich ich ihn Ende der zwanziger Jahre sporadisch gesehen hatte. Da ich glaube, daß diese Geschichte etwa um 1932 ihr trauriges Ende fand, kann ich sie wohl ebensogut an diesem Punkt zusammenfassen. Nach dem Fehlschlag seines kurzlebigen kaufmännischen Experiments mit einer Buchhandlung in Weimar hatte Gerd Hans in Gera eine Stelle als Regieassistent angenommen (ich habe das vielleicht schon erwähnt). Es war dort, daß er eines seltenen und schweren Leidens gewahr wurde, einer Tuberkulose der Wirbelsäule. Er wurde in ein Sanatorium in den Thüringerbergen oberhalb von Gera eingewiesen, wo die frische Luft das Fortschreiten seiner Krankheit aufhalten sollte. Ein anderes Heilmittel stand offenbar nicht zur Verfügung. Ich besuchte ihn dort ein paarmal, und als ich herausfand, daß ein Freund Heinsheimers, Dr. Gerhard Cohen, ein Psychiater, in Gera wohnte, brachte ich ihn mit meinem Freund, der über geistige Einsamkeit klagte, zusammen. Ich lernte Cohen ebenfalls kennen, weiß aber nicht mehr viel über ihn, außer daß er ein sympathischer und intelligenter Mann war und mir erklärte, die meisten Übel unserer Zeit seien eine Folge der Tatsache, daß man die Kunst des effizienten und befriedigenden Geschlechtsverkehrs vergessen habe.

Später wurde Gerd Hans in ein Sanatorium in den bayrischen Alpen verlegt, auf einer Hochebene südlich von Kempten – der Name des Ortes will mir nicht einfallen. Dort besuchte ich ihn auch, zwei oder dreimal, was wegen der Abgeschiedenheit des Ortes etwas kompliziert war. (Wenn ich jetzt daran denke, könnte der Name Isny gewesen sein, vielleicht aber auch nicht.) Das Sanatorium war hübsch und heiter und bot einen schönen Ausblick auf verschneite Gebirgsketten. Die Patienten verbrachten Tag und Nacht, im Sommer wie im Winter, auf nicht überdachten Terrassen und sahen braungebrannt und gesund aus, was natürlich täuschte. Ich abonnierte für meinen Freund »Die Fackel«, die ihm daraufhin regelmäßig zugestellt wurde. Über das Büro der »Fackel« erfuhr ich, daß er gestorben war, als die letzte Nummer, die man ihm geschickt hatte, vom Spital zurückgesandt wurde.

In den Jahren seiner Krankheit hat er nicht viel geschrieben. Ich bewahre allerdings mehrere Skizzen von ihm auf, philosophische und literarische Abhandlungen in dichtem, nachdenklichem Stil, der ein eindeutiges Talent für anspruchsvolle Prosa zeigt. Unter seinen oft sehr langen Briefen fand ich einige, die aggressive Kritik an meinem Libretto von *Karl V.* enthielten. Daraus wäre zu schließen, daß er noch bis weit in das Jahr 1933 hinein gelebt haben muß, aber es erscheint mir unwahrscheinlich, daß wir unter dem Nazi-Regime korrespondierten oder daß ihm in jener Zeit »Die Fackel« zugestellt wurde. Wieder ein chronologisches Detail, das ich nicht ohne weiteres erklären kann.

Nach seinem Tod trat ich an seine Witwe heran, die sich in Weimar als Tanzlehrerin etabliert hatte, mit der Idee, die Schriften meines Freundes zu sammeln – ich weiß nicht, zu welchem Zweck –, aber ich bekam nie eine Antwort. Ich bedaure, daß ich für diesen wahren und guten Freund meiner frühen Jahre nicht mehr zu tun vermochte, aber ich glaube, es war mir nicht möglich, mehr zu tun, als ich tat.

Ich nehme an, es war 1931 oder 1932, daß ich auf ein Wohnungsprojekt für Künstler aufmerksam wurde, wahrscheinlich durch meine verschiedenen Freunde und Bekannten unter den Malern. Ich bin nicht ganz sicher, wie ich zu diesen Kreisen Kontakt bekam, und der

Kontakt war nicht sehr intensiv, denn in der Privatsphäre unserer jeweiligen Wohnungen kam ich nur selten mit ihnen zusammen. Ich erhielt aber stets Einladungen zu allen Ausstellungseröffnungen und besuchte sie auch getreulich, wobei ich ein kleines und kindisches Vergnügen daran fand, daß ich dort mit dem Präsidenten der Republik Tuchfühlung haben konnte. Ich genoß die Aufmerksamkeit, die mir von diesen guten Leuten zuteil wurde, weil es genau die Art von Aufmerksamkeit war, die ich von Musikerkreisen erwartete und die mir, wie ich meinte, vorenthalten wurde.

Die Parteien, die an dem Wohnungsprojekt interessiert waren, bildeten eine Art Genossenschaft, die das erforderliche Baugelände erwerben, einen Architekten bestellen und mit Hilfe von Regierungsgeldern, die für solche Projekte vergeben wurden, etwa zwanzig Wohnungen errichten sollte. Das Gelände, das ausgewählt wurde, war ein sehr reizvolles Fleckchen irgendwo an der Türkenschanze, nicht weit von der elterlichen Wohnung entfernt. Ich wurde also Mitglied der Gruppe und zahlte meinen Beitrag von, ich glaube, 14 000 Schilling. Wir hatten einige Sitzungen mit den Architekten und diskutierten sehr detailliert Pläne und Entwürfe, was viel Spaß machte, obgleich ich nicht so versessen darauf war wie viele andere. Letztendlich wurde nichts daraus, weil es Schwierigkeiten bei der Beschaffung der Regierungsgelder gab, entweder, weil das Gesetz aufgehoben worden war oder weil irgendwelche neuen, einschränkenden Bedingungen gestellt wurden, die die Vereinigung nicht erfüllen konnte, oder etwas dergleichen. Das Projekt wurde aufgegegeben, und die Mitglieder bekamen ihr Geld zurück.

Eine neue Wohnung

Nachdem ich aber so nahe daran gewesen war, ein eigenes Haus zu besitzen, gefiel mir die provisorische Einzimmerwohnung, in der wir lebten, nicht mehr, und ich beschloß, eine größere Wohnung zu mieten und einzurichten. Wir fanden sie in einem neuen Mietshaus, ein paar Straßen von unserer frühen Wohnung entfernt, in der Mühlbachergasse 6, einer Parallelstraße von der Lainzerstraße. Die Wohnung war im dritten Stock und hatte vier Zimmer, Küche, Badezimmer und ein Zimmer für das Dienstmädchen sowie zwei Balkons mit schönem Ausblick nach Osten auf den sogenannten Küniglberg jenseits der Lainzerstraße und auf das Hügelland im Westen, das zu den Anhöhen von Ober St. Veit und zum Lainzer Tiergarten hinaufreicht. Ich war mir meiner Verantwortlichkeiten als Mieter wohl bewußt und fand meine Verhandlungen mit dem Hausbesitzer etwas beklemmend, obgleich eigentlich nichts dabei war. Ich habe Verantwortung jeder Art stets sonderbar ablehnend gegenübergestanden, vielleicht weil ich solche Verantwortlichkeiten übermäßig ernst nahm, genau wie mein guter Vater.

Es wurde beschlossen, die Wohnung von der Firma Frank und Wlach einrichten zu lassen, zwei Architekten, die unter dem Namen »Haus und Garten« ein reizvolles Inneneinrichtungsgeschäft in der Nähe der Oper hatten. Es war mein einziger Versuch in dieser Welt, einigermaßen stilvoll zu wohnen. Die beiden Herren hatten eine gemäßigt progressive Einstellung, die den Stiltendenzen der berühmten »Wiener Werkstätte« verwandt war, was bedeutete, daß sie Funktionalismus betonten, ohne dabei doktrinär zu sein, und Wert auf einen gewissen bescheidenen Luxus und eine gewisse Eleganz legten. Josef Frank war sicherlich der Einfallsreichere und Originellere von den beiden, ein etwas launenhafter und leicht pessimistischer Mensch, der schon damals seine Zweifel an der Dauerhaftigkeit unserer Art der Lebensweise in Wien hatte. Er war mit einer Schwedin verheiratet, und in Schweden fand er nach der Katastrophe auch Zuflucht. Wlach war ein viel einfacher veranlagter, anscheinend vergnügter Mensch, dessen Frau, eine hübsche, zierliche Ungarin, im Geschäft als Empfangsdame tätig war.

Sie hatten einige sehr schöne fertige Möbel, vor allem Stühle. Alle anderen Stücke wurden auf Bestellung angefertigt, wie etwa mein Schreibtisch, der sehr lang und aus hellem Holz war und eine schwarze Linoleumauflage hatte; ein besonderes Schränkchen zur Aufbewahrung meiner Schriften, Briefe etc., eine Art Korb mit grüner Linoleumauflage, in dem ich tagsüber mein Bettzeug verstauen konnte, so daß mein Schlafzimmer tagsüber als zusätzliches Wohnzimmer benutzt werden konnte; ein beweglicher Spiegel mit Beleuchtung von unten für Berta; ein Eßtisch mit beigefarbener Linoleumauflage; ein schöner, großer sardischer Korb, der im Flur stand und für Brennholz oder Schmutzwäsche gedacht war, ich weiß nicht mehr, für welches von beiden; ein spezieller, mit Zink ausgekleideter Behälter für Kohle; und verschiedene andere Gegenstände von dieser originellen und gut durchdachten Art. Frank war der Meinung, daß alle Wände weiß gestrichen werden und daß die Möbel, die Bücherregale und ein paar Bilder den Räumen Farbe geben und für Abwechslung sorgen sollten, daß die Möbel ferner keine stilistische Einheit zu zeigen brauchten, sondern daß alle Stücke, die als solche gut waren, zusammenpassen würden. Deshalb wurden einige der Schränke mit buntem Chintz überzogen, und das gleiche Material wurde für die Vorhänge verwendet. Daß der Lebensstandard in Wien primitiv war, läßt sich aus der Tatsache ersehen, daß selbst ein ganz neues Wohnhaus keine Zentralheizung hatte.

Wir mußten einen sogenannten Dauerbrenner kaufen, der im Herbst einmal angezündet wurde und dann nur ständig mit Anthrazitkohle versorgt werden mußte, einem ziemlich teuren, aber sehr sparsamen Brennstoff. Ich überlegte, einen Kühlschrank anzuschaffen, aber der Preis für ein solches Gerät war unerschwinglich. Man mußte sich mit einer altmodischen Eiskiste behelfen.

Ich kaufte ein paar Bilder von zwei österreichischen Malern, die ich kennengelernt hatte, ich weiß nicht mehr, wie. Der eine war Felix Harta, der auch ein Porträt von mir malte. Er bat mich, mit meinem Spazierstock und ein Paar Handschuhen in der Hand zu posieren, was völlig uncharakteristisch und albern war, und mir lag überhaupt nichts an dem Porträt. Ich erwarb eines seiner anspruchslosen Aquarelle. Der andere war Hans Huber, den ich viel lieber mochte, von ihm kaufte ich zwei reizvolle Ölbilder, eines stellte eine südfranzösische Landschaft dar, das andere ein oberösterreichisches Dorf. Außerdem besaß ich eine schöne Reproduktion von einer der typisch französischen Städte Utrillos (ich habe Utrillo, der mir einige der unvergleichlichen Qualitäten Vermeers wiederaufleben zu lassen schien, sehr gern), und außerdem hängte ich meine alten Lieblingsbilder auf, die Reproduktion der Schule von Avignon, die ich in Paris gekauft hatte, Kupferstiche aus der Schweiz und so weiter. Ich kaufte auch einen neuen Schweighofer-Flügel, der nach vielen Jahren der Ratenzahlung mein Eigentum wurde, lange nachdem ich Europa auf gut Glück verlassen hatte. Alles zusammengenommen wurde die Wohnung zumindest für einige Jahre eine Quelle großen Stolzes und großer Freude, und ich hatte sie in dieser Zeit wirklich sehr gern. Danach habe ich nie wieder einen Versuch dieser Art unternommen, und ich bin ziemlich sicher, daß ich das auch nie wieder tun werde.

Die Wohnung war bezugsfertig, als wir 1932 aus den Sommerferien zurückkamen. Bevor wir Wien verließen, komponierte ich auf Wunsch von Hermann Dubs, dem Leiter des sogenannten Haeussermannschen Privatchors in Zürich, ein Chorwerk. Dieser Dubs, der mit einer Nichte Werner Reinharts verheiratet war und daher über beträchtliche finanzielle Mittel verfügte, war ein seltsamer und schwieriger Mensch, ein sehr guter Musiker und ein ausgezeichneter Chorleiter, aber ziemlich launisch, sprunghaft und unberechenbar, und er hatte alle möglichen abwegigen Interessen, deren stärkstes die Fliegerei war. Er wollte ein Stück für Chor und Solosopran haben, den Lucy Siegrist singen sollte, die Mitglied seiner hochangesehenen und patriarchalisch geleiteten Vereinigung war. Einige Teile sollten a cappella gesungen, andere vom Klavier begleitet werden. Ich wählte eine Gruppe von Gedichten aus der Anthologie »Die Vergessenen« aus, die

Heinrich Fischer aus deutscher Lyrik des siebzehnten Jahrhunderts zusammengestellt hatte. Fischer gehörte dem inneren Kreis um Karl Kraus an, wo er aber nur selten erschien, weil er eine Stellung beim deutschen Rundfunk in Prag hatte. Die Gedichte, die von Autoren wie Gryphius, Fleming, Opitz und Klaj stammten, bewegten mich sehr. Es war sehr beeindruckende Barockdichtung, die zum großen Teil unter dem Eindruck des Dreißigjährigen Krieges geschrieben worden war und menschliches Leid mit außergewöhnlicher Intensität zum Ausdruck brachte. Ich gab dem Werk den Titel *Kantate von der Vergänglichkeit des Irdischen*, und ich glaube, daß es eines meiner besten Werke aus dieser Periode ist.

Es kann irgendwann in jenem Jahr gewesen sein, daß Schnabel, der damals Vorsitzender der Berliner IGNM-Sektion war, in seiner Wohnung vor geladenen Gästen eine Aufführung meines *Reisebuchs* veranstaltete, wobei ein Schüler von Therese sang und Artur den Klavierpart spielte. Die Wiedergabe war natürlich ausgezeichnet und makellos, in gewissem Sinne sogar zu glatt und perfekt (obgleich das ganze Werk nach unten transponiert werden mußte, weil der Sänger ein Bassist war). Unter Schnabels Händen wurde alles so leicht, brillant und mühelos, daß dem Werk ein Teil seiner Wucht genommen wurde. Nicht, daß Artur in virtuose Manierismen verfiel – das war bei ihm ausgeschlossen, aber der natürliche Glanz seines Spiels stand vielleicht ein wenig zu sehr im Vordergrund. Anschließend führte er uns zum Feiern in das berühmte und fabelhafte Restaurant Horcher aus, wo wir ein wunderbares Abendessen einnahmen, das ihn ein kleines Vermögen kostete. Tempi passati!

Ungefähr zu dieser Zeit hielt Arnold Schönberg in Wien einen Vortrag über ein Thema, das ich vergessen habe. Dieser Vortrag war etwas enttäuschend, weil er viel weniger anspruchsvoll zu sein schien, als man erwartet hätte. Offensichtlich begegnete Schönberg seinem Publikum mit Herablassung. Ich erinnere mich jedoch an einen brillanten Satz: »Der Gedanke kann warten, denn er hat keine Zeit.« Schönberg sah äußerst elegant aus; ich glaube, er machte gerade eine Phase verspäteten Dandytums durch. Er war von seinen alten Freunden und Schülern umgeben, aber es war entsetzlich, diese sonst recht unabhängigen Persönlichkeiten in eine klägliche Servilität abgleiten zu sehen. Sie wagten kaum ein Wort zu sagen und hingen in einer Art Ekstase an den Lippen ihres Meisters.

Ein weiterer Vortrag wurde von Bartók gehalten, über osteuropäische Volksmusik. Er war ebenfalls nicht sehr aufregend, recht sachlich, aber auch ein wenig langweilig, voller Fakten, die nicht geordnet waren und nicht so dargeboten wurden, daß sie großes Interesse hätten wecken können.

Es kann zu jener Zeit gewesen sein, daß ich Kolisch wiedertraf, der mittlerweile in Amerika gut Fuß gefaßt hatte. Er hatte dort eine amerikanische Pianistin geheiratet, Josi Soundso, eine anscheinend nette und gutmütige, aber sehr laute und vulgäre Person. Als ich die beiden in ihrem Hotel besuchte, war ich sehr beeindruckt und ein wenig verwirrt von einer gewissen oberflächlich großartigen amerikanischen Atmosphäre, die sie zu umgeben schien.

Karl V.

Das Hauptprojekt, das mich in jenem Jahr beschäftigte, hatte seinen Ursprung etwas früher. Nachdem meine Beziehungen zur Wiener Oper, wie bereits erwähnt, ihren Tiefpunkt erreicht hatten, trat ein Wandel ein, als Clemens Krauss mich zu einem Gespräch einlud, in dem er mir eröffnete, daß ich für sein Haus eine Oper schreiben sollte. Das war in der Tat eine große und aufregende Neuigkeit, und ich glaubte, meine Stellung in meiner Heimatstadt würde endlich zu der werden, die ich mir so sehnlich wünschte. Ich war bereit, die Gleichgültigkeit und Gefühllosigkeit, der ich bis dahin begegnet war, zu vergessen, und gratulierte mir dazu, so lange gewartet zu haben. Ohne auch nur zu ahnen, wie grausam ich enttäuscht werden sollte, machte ich mich mit großer Begeisterung an die Arbeit. Das Thema, für das ich mich entschied, war die Geschichte von Kaiser Karl V. Für diesen geheimnisvollen Menschen hatte ich mich interessiert, seit ich in der Schule von ihm erfahren hatte. Er schien eine jener problematischen, dunklen Gestalten zu sein, die mich schon immer angezogen haben – kein strahlender Held mit einfachen Konturen, kein Mann der unkomplizierten Tat, sondern ein Mensch voller Zweifel und großer Unentschlossenheit, niedergedrückt von den Problemen seines Amtes. Die Tatsache, daß er beispiellose Macht ausübte und sie aufgab, um seine letzten Tage in einem entlegenen spanischen Kloster zu verbringen, faszinierte mich außerordentlich.

Als ich Clemens Krauss über meine Wahl unterrichtete, war er mehr als begeistert, denn der Gegenstand beinhaltete sehr viel österreichische Geschichte, und obgleich wir noch nicht in die Phase der patriotischen Wiederbelebung eingetreten waren, war in gewissen Bereichen der öffentlichen Meinung ein wachsendes Bewußtsein für das Österreichertum zu beobachten. Vielleicht hatte Johannes Schobers gescheiterter Versuch einer Zollunion mit dem Deutschen Reich etwas dazu beigetragen, denn er wurde von einigen als dummer oder sogar verräterischer Kompromiß zugunsten der Interessen der deutschen Schwerindustrie und des deutschen Kapitals interpretiert.

Ich beschloß, mit dem Höchstmaß an Verantwortung, zu dem ich fähig war, an mein Projekt heranzugehen, und bereitete mich auf eine Zeit gründlicher historischer Forschung vor. Es stand außer Zweifel, daß die Österreichische Nationalbibliothek eine große Fülle von Material aufbewahrte, da das Thema ein Teil der Geschichte des Hauses Habsburg war. An dieses Material heranzukommen war jedoch eine ganz andere Sache. Amerikanischen Lesern wird es ziemlich unglaublich erscheinen, daß der Katalog der riesigen Bibliothek der Öffentlichkeit im allgemeinen nicht zugänglich war. Deshalb war es nicht nur unmöglich zu wissen, ob ein bestimmtes Buch, in dem man nachschlagen wollte, überhaupt erhältlich war, sondern es fehlte auch der sonst übliche Stichwortkatalog, so daß man keine Bibliographie zu seinem Gegenstand erstellen konnte. Der Studierende mußte mit den ihm zu Gebote stehenden Mitteln, welche auch immer das waren, eine Liste der Bücher anlegen, die er lesen wollte, und es dann darauf ankommen lassen, ob die Bibliothek diese Bücher hatte oder nicht. Ich glaube, es geschah durch Einwirkung von Professor Gregor, dem Leiter der Theaterabteilung der Bibliothek, daß ich eine besondere und außergewöhnlche Erlaubnis erhielt, den Katalograum zu betreten. Das half ein wenig, aber nicht sehr, weil der Katalog nicht aus Karteikarten bestand, sondern aus unzähligen handschriftlichen Bänden, die man durchgehen mußte, um irgendwie den gesuchten Titel zu finden. Ich glaube, das System wurde mittlerweile modernisiert, aber zu jener Zeit war es wirklich eine mühevolle Arbeit, die entsprechende Literatur ausfindig zu machen. Durch Hinterlegen einer ansehnlichen Geldsumme erwarb ich das Recht, Bücher auszuleihen, aber selbst so mußte ich das, was ich im Katalog gefunden hatte, bestellen und zwei Tage später wiederkommen, um zu erfahren, ob das Buch verfügbar war oder nicht. Mittels derartig zeitraubender Methoden gelang es mir, innerhalb eines Jahres das meiste von dem, was mir lohnend schien und erhältlich war, zu lesen, einschließlich der Memoiren Karls V., der faszinierenden Berichte der venezianischen Botschafter an den kaiserlichen Hof und vieler neuerer Bücher über die Geschichte jener Zeit und über den Kaiser selbst.

Natürlich arbeitete ich eine eigene Interpretation der Geschichte, die ich gewählt hatte, aus, denn mir war von Anfang an klar, daß mein Werk in gewissem Sinne ein politisches Drama werden würde. Mich interessierten weder die buntbewegten Aspekte der Renaissance noch die Schauplätze Spanien, altes Deutschland, Flandern, Italien und so weiter. Ich wollte eine Idee darstellen oder einen Widerstreit der Ideen, wie ich sie in den Gestalten des historischen Panoramas personifiziert sah. Und mir wurde immer klarer, daß ich in Karl V. einen der letzten Repräsentanten der mittelalterlichen Vorstellung von Universalität sehen würde. Meine Sympathie für das sogenannte »finstere Mittelalter« war immer offenkundig gewesen, wahrscheinlich eine Reaktion auf Predigten des fortschrittlichen Liberalismus, die ich in meiner Jugend gehört hatte. Aber meine Vorliebe für jene Zeit war sicherlich tief in meiner Natur verwurzelt. Zu der Zeit, als ich meine Oper konzipierte, war diese Einstellung zum Mittelalter noch nicht mit einer spezifisch österreichischen politischen Philosophie verbunden, obgleich meine Abneigung gegen die gewalttätige Eskalation des deutschen Nationalismus und mein Traum von einem vereinigten Europa und vom Weltfrieden zweifellos mein Interesse am Mittelalter vertieften. Hinzu kam mein verstärktes Bewußtsein für religiöse Werte. So wurde Karl V. unter meinen Händen ein politischer Herrscher, der für seine Zeit zu spät oder zu früh gekommen war, und seine Tragödie resultierte aus der Tatsache, daß das Schicksal ihm scheinbar eine solche Kraft und Fähigkeit zur Einigung der Welt im Namen der mittelalterlichen Ideale gegeben hatte, wie sie keinem seiner Vorgänger, die sich von derartigen Idealen vielleicht hätten anregen lassen, je gewährt worden waren, und daß dies zu einer Zeit geschah, als die Welt für diese Ideen nicht mehr empfänglich war.

Es war offensichtlich, daß meine Oper die ganze Lebensgeschichte des Kaisers umfassen mußte – eine weitere »Vita« nach dem *Leben des Orest*, nur viel komplexer und ausgedehnter. In meiner ersten Skizze griff ich einfach alle wichtigen Episoden aus dem Leben des Kaisers auf und reihte sie in einer losen Folge dramatischer Szenen aneinander. Das Ergebnis war alles andere als befriedigend, denn das Drama wurde endlos lang, schwerfällig und hatte keinen Mittelpunkt, keinen Brennpunkt, mit dessen Hilfe die weit auseinanderliegenden Szenen als sinnvolles Ganzes verstanden werden konnten. Es kann wohl sein, daß Milhauds – oder vielmehr Claudels – *Christophe Colombe* den entscheidenden Hinweis für die Lösung gab, die ich schließlich verwendete. Ich entschied mich für den »Gesprächstypus« des Schauspiels, ohne zu erkennen, daß ich damit dem Gedanken des epischen Theaters ziemlich nahekam, der heftigen Widerstand bei mir hervorgerufen hatte, als ich ihm zuerst in den Lehren Brechts begegnete. Der eigentliche Gegenstand des Dramas wurde jetzt die Rechtfertigung des Kaisers im Licht der geistigen Mission, die er, so wie ich es verstand, mit politischen Mitteln zu erfüllen auf sich genommen hatte. Der Konflikt wurde durch die endgültige Bestätigung seiner Abdankung seitens der Kurfürsten des Reiches ausgelöst. Die Frage war, ob er das Recht hatte, seine irdische Macht niederzulegen, als er sah, daß seine Mission – die politische Einigung der Christenheit – nicht erfüllt worden war. Ich führte deshalb den jungen Mönch Juan de Regla ein, der der Beichtvater des Kaisers war und dem er seine Lebensgeschichte erzählte, als eine Art Generalprobe für das Jüngste Gericht, dem sich der Kaiser, der seinen Tod nahen fühlte, bald würde stellen müssen. Ich war darauf bedacht, keine formale Beichte daraus zu machen, weil die Darstellung eines Heiligen Sakraments auf der Bühne mißbilligt wurde.

Da der Mönch jung und unerfahren war, mußte er um viele Erklärungen bitten, und der Kaiser hatte daher Gelegenheit, seine Geschichte mit vielen Szenen aus seinem vergangenen Leben zu illustrieren. Diese Szenen sollten im Hintergrund der Bühne als Rückblenden dargestellt werden. Dieser Kunstgriff hatte einen doppelten Vorteil: erstens konnte der Mönch sozusagen zum Sprachrohr des Publikums gemacht werden und gewissermaßen jene Fragen stellen, welche die Geschichte für unsere zeitgenössische Öffentlichkeit relevant machen würden. (Ich konnte Heinsheimer schon fragen hören: »Karl V? Schön – aber wen zum Teufel interessiert Karl V.?«) Zweitens würde die Auswahl, die ich aus der ungeheuren Fülle des Materials notwendigerweise treffen mußte, insofern gerechtfertigt sein, als ich nur jene Episoden würde zeigen müssen, die gebraucht wurden, um die Fragen des Mönchs zu beantworten. Diese Rückblenden konnten auch nach Wunsch gekürzt werden, und zwar durch den einfachen Kunstgriff, daß der Mönch den Kaiser bei seinen Erinnerungen mit neuen Fragen unterbrach, wobei er immer auf die Hauptsache abzielte, das Problem der Rechtfertigung. Claudels Verfahren, ein Double der Hauptperson einzusetzen, wandte ich nicht an, nicht nur, weil ich das nach Claudel eigentlich nicht tun konnte, sondern hauptsächlich deshalb, weil es mir etwas künstlich und verspielt vorkam und die Bedeutung der zentralen Persönlichkeit zu verringern schien.

Als dieser Rahmen einmal festgelegt war, war das Umschreiben des Dramas nicht mehr allzu schwierig, zumal mir viele gute und operngerechte Ideen zuströmten, wie zum Beispiel die Stimme Gottes zum Kaiser sprechen lassen, so, als käme sie aus Tizians Gemälde *La Gloria* oder *Das Jüngste Gericht*, das Karl zur Ausschmückung seines Zimmers in San Yuste in Auftrag gegeben hatte. Dieses Gemälde sollte den Hintergrund des Hauptbühnenbildes (des Kaiserzimmers) bilden und sofort auf das religiöse Thema der Oper hinweisen. Eine andere Idee war die Personifikation von vier der widerstreitenden Prinzipien in Gestalt von vier Geistern, womit das Stilmittel der Allegorie wiederbelebt wurde, dessen sich die frühe Barockoper so oft bediente. Die gleichen vier Frauenstimmen sollten am Schluß der Oper die Botschaften von vier der berühmten Uhren verkünden, mit denen Karl sich umgeben hatte und die der Ursprung einer der bestbekannten Anekdoten über ihn waren. Zuletzt erfand ich das Symbol des Apfels, den Karl von seiner geisteskranken Mutter empfängt, ein Symbol, das am Ende der Oper wiederkehrt, um (im Sinne des Erdballs – des Reichsapfels) die irdische Welt anzudeuten, die Karl zu einigen versuchte. Ich verwendete beträchtliche Zeit und Mühe auf die literarische Ausarbeitung des Librettos, und ich glaube, daß es mir gelungen ist, etwas Besseres als einen durchschnittlichen Operntext hervorzubringen.

Ich bin nicht sicher, wann ich die Musik zu schreiben begann, weil die Partitur von *Karl V.* seltsamerweise nur das Datum der Fertigstellung aufweist und nicht, wie fast alle meine anderen Partituren, auch das des Beginns. Ich denke mir, daß ich irgendwann im Sommer 1932 angefangen haben muß, denn der erste Teil wurde spätestens zu Weihnachten jenen Jahres fertig, und zu Beginn machte die Arbeit nur sehr langsame Fortschritte. Das war dem Umstand zuzuschreiben, daß ich mich entschlossen hatte, zum erstenmal die Zwölftontechnik anzuwenden, die ich schließlich in ihren Grundprinzipien zu verstehen gelernt hatte. Das liest sich einfach genug, aber die geistige Qual, die meiner Entscheidung vorausging, war fürchterlich, und die Konsequenzen dieser Entscheidung waren und sind, was mein Leben angeht, von größter Bedeutung. Wie ich gezeigt habe, hatte ich während jener Jahre in Wien ständigen, wenngleich nicht sehr häufigen Kontakt mit den bedeutendsten Komponisten, die diese Technik anwandten, Berg und Webern. Von ihnen konnte ich direkt nichts lernen, weil sie in bezug auf ihre Arbeit zurückhaltend waren und ihre Haltung spüren ließ, daß es keinen Sinn hatte, mit ihnen darüber zu diskutieren, weil es sich um eine Art esoterisches Credo für die Eingeweihten handelte, in deren Kreis man möglicherweise durch eine besondere Genehmigung der Zentrale aufgenommen werden konnte. Ich habe diese Genehmigung nie bekommen – vielleicht, weil mir eigentlich nicht viel daran lag, und deshalb bin ich, was die Bruderschaft der Eingeweihten betrifft, immer ein Außenseiter geblieben, obgleich ich für die Zwölftontechnik mehr getan und gelitten habe als mancher jüngere Mann, der aufgenommen wurde. Darüber werde ich später noch mehr zu sagen haben.

Ich traf allerdings häufig mit einer Reihe von unbedeutenderen Koryphäen zusammen, wie Reich, Stein und anderen, und aus ihren Äußerungen reimte ich mir schließlich zusammen, was es theoretisch über die »Technik« zu wissen gab, was eigentlich nicht sehr viel war. Ich begann, einige der Hauptwerke sehr sorgfältig zu studieren, besonders Schönbergs Bläserquintett und seine Klaviersuite und einige Kompositionen von Webern. Das war anfangs eine mühsame und undankbare Aufgabe, weil ich immer noch wenig Zugang zu den dieser Musik innewohnenden Qualitäten hatte. Zu meiner eigenen Überraschung enthüllte mir dieses rein technische und intellektuelle Studium schließlich eine Welt künstlerischer Schönheit und Vollendung, die ich nie erwartet hätte. Seither bin ich mehr denn je davon überzeugt, daß die nüchterne, analytische Betrachtung der Musik unter rein technischen Gesichtspunkten einer der sichersten Wege zu wirklichem Genuß und ästhetischer Befriedigung ist. Selbstverständlich wird die technische Analyse gewöhnlich durch irgendeinen unmittelbaren Eindruck angeregt werden – das heißt, die Musik wird zuerst spontan auf mich wirken, sie wird mich bewegen, und daraufhin werde ich versuchen herauszufinden, warum das so ist, und wenn ich es herausgefunden habe, werde ich sie noch viel mehr genießen. Im Fall meiner Annäherung an die Zwölftonmusik war der Prozeß jedoch ein anderer, weil ihr ästhetischer Reiz anfangs sehr gering für mich war, wenn er nicht völlig fehlte.

Je tiefer ich mit der Zwölftonwelt vertraut wurde, desto näher kam ich dem Entschluß, selbst in diese Welt einzutreten. Mit dieser Entscheidung war eine ungeheure Verantwortung verbunden, denn erst einmal hatte ich das Gefühl, daß das nichts war, was man versuchen und möglicherweise wieder aufgeben konnte, wenn man nicht zufrieden war. Ich spürte deutlich, daß diese Wahl beinahe den Charakter einer religiösen Entscheidung hatte, daß ich mich für immer verpflichten oder ganz und gar die Finger davon lassen mußte. Das unterscheidet sich ziemlich von dem, was ich meinen Studenten heutzutage sage, wenn sie ihre ersten Versuche in der Technik machen. Aber schließlich sind seitdem zwanzig Jahre vergangen, und die Zwölftontechnik ist nicht mehr, was sie einmal war, und ich bin es auch nicht. Weiterhin wußte ich, daß eine Entscheidung für die Technik bedeutete, sich einen mühelosen Weg zum Erfolg ein für allemal aus dem Sinn zu schlagen. Damals wurde die Zwölftontechnik als schwachköpfige Verirrung betrachtet, als düsterer Kult, den ein paar persönlich ehrenwerte Musiker betrieben, die durch eine furchtbare Laune des Schicksals dazu verleitet worden waren, ihre bemerkenswerten Talente auf eine so vollkommen alberne Art zu verabscheuen. Aber schließlich war ich offenbar in eine Sackgasse geraten, aus der ich herausfinden mußte, wenn ich das Komponieren nicht ganz aufgeben wollte.

Ich litt immer noch unter dem Schock, daß meine Wiener Oper abgelehnt worden war. Das schien mir kein bloßer Zufall zu sein, der einer Verkettung politischer Umstände zuzuschreiben war, sondern ein Zeichen dafür, daß meine Art, eine gefällige Kombination von Romantik und Jazz zu verwenden, zu nichts führte. Der äußere Erfolg dieses Musikstils hatte sich sowieso abgenutzt. Meine Opern wurden nicht mehr so viel gespielt, und andere repräsentative Beispiele, wie das *Reisebuch*, verstaubten nach ein paar Aufführungen. Man könnte versucht sein zu sagen, daß ich die Zwölftontechnik wählte, weil der Erfolg allmählich ausblieb, und daß ich bei einem Stil Zuflucht suchte, der mir erlaubte, den mangelnden Erfolg meines Werks der allgemeinen Abneigung dieser Stilrichtung gegenüber zuzuschreiben, statt meiner Unzulänglichkeit als Schöpfer die Schuld zu geben. Doch ich glaube, das wäre eine allzu große Vereinfachung. Ich verzweifelte weniger an meiner eigenen schöpferischen Kraft als vielmehr an den Mitteln und Wegen, sie in eine dauerhafte und objektiv gültige Form zu bringen. Deshalb entschied ich schließlich, daß der Moment gekommen sei, den Sprung zu wagen, und *Karl V.*, der in so vieler Hinsicht ein ganz neuer Anfang war, schien ein Gegenstand zu sein, der ein so ungeheures Abenteuer in meiner musikalischen Entwicklung wert war.

Ich erinnere mich nicht, nach welchen Kriterien ich die Grundreihe für *Karl V.* aufstellte. Ich arbeitete so intensiv daran, daß ich sie sehr bald im Gedächtnis behielt, und sie ist die einzige Zwölftonreihe aus meinen Werken geblieben, die ich immer noch auswendig weiß. Ich arbeitete pflichtbewußt meine Tabelle der vier mal zwölf Transpositionen der Grundformen der Reihe aus und fing mit mehr Vertrauen auf mein Glück an, als ich gerechtfertigterweise zeigen konnte. Die Arbeit war hart und bitter und ging viel langsamer voran als alles, was ich früher gemacht hatte. Berta sagte mir, als sie hörte, wie ich meine ersten Skizzen auf dem Klavier ausprobierte, habe sie bitterlich geweint, denn das Libretto hatte sie sehr beeindruckt, und sie mochte es sehr gern und konnte nicht verstehen, warum ich es mit dieser Art »Tröpfchen«-Musik ruinierte. Bis jetzt habe ich das Werk nicht gehört, abgesehen von Fragmenten davon bei Aufführungen und von Plattenaufnahmen. Berta erzählte mir kürzlich, sie habe einen Traum gehabt, in dem Gott ihr sagte, ich würde *Karl V.* niemals sehen, und da sie Gott in diesen Tagen möglicherweise wirklich näher ist als ich, könnte an dieser Offenbarung etwas dran sein. Wie dem auch sei, nach dem, was ich über die Eindrücke gehört habe, die Freunde bei Aufführungen des Werkes gewannen, bin ich zu der Ansicht gekommen, daß die Musik vielleicht wirklich dünn und anstrengend war. Die Fragmente, die ich später für Konzertaufführungen auswählte und ein paarmal hörte, befriedigten mich damals nicht ganz. Doch von den Schallplattenaufnahmen, die ich 1950 von der Aufführung in Essen bekam, hatte ich einen anderen Eindruck. Obgleich das Orchester auf diesen Platten schwach und fern klingt, was bei Opernaufnahmen oft der Fall ist, weil die Techniker gerne meinen, das Orchester habe nur Begleitfunktion, klingt es weder dünn noch asketisch, und ich freue mich insbesondere über die außergewöhnliche Ausdruckskraft der Vokallinien. Ich habe das Gefühl, etwas geschaffen zu haben, das in der Zwölftonmusik bis jetzt nicht erreicht wurde.

Mittlerweile hatte ich die Gelegenheit, eine quasi vollständige Aufführung von *Karl V.* von einem Band zu hören, das bei der konzertanten Aufführung des Werkes während des Wiener Musikfestes im Frühling 1951 aufgenommen wurde. Die Aufführung war nur »quasi« vollständig, denn viele wichtige Szenen wurden in dieser Wiedergabe brutal zusammengestrichen oder ganz ausgelassen. Hier ist nicht der Ort für einen detaillierten Bericht über die jammervollen, ja katastrophalen Aspekte dieser höchst unglücklichen Unternehmung. Obgleich das Werk in einer Weise dargeboten wurde, die es für jeden unvorbereiteten Hörer unverständlich gemacht haben muß, konnte ich selbst aus dieser Karikatur schließen, daß meine Überzeugung, daß es hervorragend ist, richtig war.

Für die Musik, die Franz I. von Frankreich zugordnet ist, wählte ich, dem Beispiel Bergs folgend, eine Zwölftonreihe, die ich von der Originalreihe ableitete, indem ich zu jedem fünften oder siebenten Ton weiterging. Überrascht stellte ich fest, daß diese Sekundärreihe sehr ausgeprägte eigene Merkmale hatte (eine Anzahl von Quarten). Das war natürlich reiner Zufall, aber es diente durchaus meinem Zweck.

Mein Hauptproblem bei der Arbeit an *Karl V.* war, daß ich musikalisch noch nicht in Zwölftonkombinationen dachte, und in dieser Hinsicht war es ein dreister Versuch, mich für ein so umfangreiches Werk auf dieses Verfahren festzulegen, ohne bei einer Reihe von kleineren Experimenten Erfahrung gesammelt zu haben. Meine musikalischen Einfälle hatte ich meistens (nicht immer) noch »frei atonal«, wie man sagen könnte, und sie folgten oft genug den Modulationen der Opernmusik, wie ich sie gekannt und komponiert hatte, bevor ich mich auf dieses sonderbare Abenteuer einließ. Daher war ich ständig mit dem Problem konfrontiert, auf meiner Tabelle die Töne zu finden, die ich zur Verwirklichung meiner musikalischen Gedanken brauchte. Wenn ich die gewünschten Töne im weiteren Verlauf der bereits begonnenen Reihenformen nicht finden konnte, hatte ich keine andere Alternative, als eine neue Form und Transposition der Reihe anzufangen, die wenigstens ein paar der gesuchten Töne lieferte. Aber da ich nach den Prinzipien der

Technik, wie ich sie damals kannte, verpflichtet war, jede angefangene Reihe zu Ende zu bringen, hatte ich ständig massenweise Töne übrig, die ich irgendwo in den musikalischen Zusammenhang einfügen mußte, bevor ich es wagen konnte, eine neue Form der Reihe zu beginnen. Das klingt ziemlich lächerlich und scheint einige der alltäglichsten Einwände gegen die Technik zu bekräftigen, nämlich daß sie den Komponisten zwingt, Material zu verwenden, das er seiner musikalischen Inspiration zufolge eigentlich gar nicht verwenden will. Daran ist etwas Wahres, und später lernte ich, von Anfang an im Rahmen der Technik zu denken und solche musikalischen Ideen zu haben, die sich mittels einer ziemlich sparsamen Auswahl von Reihenformen ausdrücken ließen. Ich will jedoch nicht leugnen, daß ich gelegentlich wieder in diese schwierige Lage von früher verfalle, und ich habe eigentlich nichts dagegen, weil dadurch häufig einzigartige Effekte entstehen, die sonst nicht zu erzielen wären. Ab und zu bekommt nämlich eine Idee, die nicht dodekaphonisch entstanden ist, durch das gewaltsame Unterbringen der übriggebliebenen Töne einen Hintergrund von fesselnder Komplexität. In *Karl V.* gibt es sehr viele Beweise für die Tatsache, daß einige melodische Linien von scheinbarer Einfachheit ihre tiefere Bedeutung und ihre hohe Ausdruckskraft eben durch ihren Hintergrund von angesammelten »Rest«tönen enthüllen, auf den sie projiziert werden. Während ich über solche technischen Probleme nachdachte, begann ich mich sehr bald zu fragen, ob es nicht möglich gewesen wäre, dasselbe Resultat zu erzielen, ohne die Zwölftontechnik anzuwenden, und diese Frage ist bei meinen späteren, sehr umfangreichen Überlegungen zu der Technik ein einflußreicher Faktor geblieben. Die Antwort ist damals wie heute, daß es theoretisch durchaus denkbar erscheint, daß solche musikalischen Zusammenhänge, in denen die Zwölftonreihe keine offensichtliche Rolle spielt, vielleicht ohne diese Technik hätten geschaffen werden können. Aber die Frage scheint irrelevant zu sein, weil sie schließlich mit Hilfe der Technik geschaffen wurden – gleichgültig, wie verborgen oder verdreht die Grundreihe sein mag, und das ist eine historische Tatsache, die, wie jede andere historische Tatsache, kein Gegenexperiment zuläßt.

An einer Stelle der Oper stellte ich die Technik in den Dienst der Allegorie: Als Karl gegen Ende der Oper in seiner Vision von der Ewigkeit als von einem komplizierten Uhrwerk sagt, alles sei eigentlich eines, in tausendfacher Verwandlung, verwende ich alle vier Grundformen der Reihe gleichzeitig. Und die Oper schließt natürlich mit einem Zwölftonakkord, der in leisestem Pianissiomo von den Streichern gespielt wird, nachdem das Forte des ganzen Orchesters abrupt aufgehört hat. Mein Freund Othmar Schoeck sagte, dieser Akkord stehe in der Luft wie eine Rauchsäule, was mir sehr gut gefiel.

Sommer 1932 in Kärnten

Den Sommer 1932 verbrachten wir in Kärnten, in Velden, dem berühmten Kurort an der Westspitze des Wörthersees. Ich wählte diese Stadt, weil sie noch »südlicher« zu sein versprach als Dölsach, ja so südlich, wie man es nur haben konnte, ohne österreichisches Gebiet zu verlassen. Der Wörthersee war der am besten bekannte und in mancher Hinsicht der reizvollste der Kärntner »Fingerseen«. Er lag nicht sehr hoch, und es waren auch keine sehr hohen Berge in der Nähe, aber er erstreckte sich kilometerweit zwischen herrlichen Hügeln mit dunklen Pinienwäldern, über deren Kämmen man im Süden die felsige Kette der Karawanken sehen konnte, welche die Grenze zwischen Österreich und Jugoslawien bildete. Wenn der Aufenthalt in Velden auch nicht viel Gelegenheit zum Bergsteigen bot, so versprach er doch, meistens sonnig und heiß zu sein, und das war er auch. Der See war von feinen, aber nicht protzigen oder extravaganten Kurorten wie Krumpendorf und Pörtschach umgeben (das Brahms so gern gehabt hatte). Am Südufer stand auf einer kleinen Halbinsel die alte Wallfahrtskirche Maria Wörth (auf dem Friedhof dort waren eine Reihe von Grabsteinen mit slawischen Inschriften zu sehen, die der Gegend jenen übernationalen altösterreichischen Anstrich gaben, den ich so liebte), und dort lag auch Maiernigg, wo Mahler einige Sommer verbrachte. Zwischen Velden und Maria Wörth hatte Alban Berg sein Sommerhaus. In all diesen Orten gab es hübsche Hotels und Gasthöfe in einem reizvollen, mäßig modernen Stil, der die alten, schönen Merkmale einer alten Zivilisation integrierte. Wir hatten die obere Etage eines alten, aber komfortablen Hauses gemietet, das einer Offizierswitwe gehörte, wenn ich nicht irre. Doch an die Einzelheiten erinnere ich mich kaum noch.

Von Velden aus machten wir verschiedene Erkundungsfahrten durch die alte, sehr interessante Provinz Kärnten. Ihre Hauptstadt, Klagenfurt, war nicht weit vom Ostende des Sees entfernt, und wir konnten mit einem hübschen kleinen Motorschiff dorthin fahren, das langsam den See in seiner ganzen Länge durchquerte und in einem schmalen Kanal in der Nähe der Innenstadt ankam. Es gab ein Rathaus mit schönen Säulengängen und Freitreppen, ganz im italienischen Stil, und ein Denkmal, das zu Ehren einer alten Sage einen Drachen darstellte. Und es gab viele hübsche Geschäfte voller guter Sachen, wo wir etwa einmal in der Woche unsere Vorräte auffüllten. Größere Ausflüge führten uns durch das sogenannte Lavanttal in die mittelalterliche Stadt Gurk mit ihrem großartigen Dom und dem Kloster St. Paul. Nahezu an jeder Straßenbiegung war ein interessantes Denkmal versteckt, eine Kapelle mit bedeutenden Wandmalereien, ein Wegkreuz, eine Burg oder ein Rathaus – alles von hohem künstlerischem Wert und von eminenter historischer Bedeutung.

Auskunft über die historischen Denkmäler Kärntens hatten wir von Dr. Otto Benesch bekommen, einem jungen Kunsthistoriker, den uns Frau Rubensohn empfohlen hatte. Er war damals Assistent des Kurators der Albertina, jener wunderbaren Sammlung von Zeichnungen und Stichen neben der Wiener Oper. Er war ein sehr sympathischer, intelligenter und hochgebildeter Mann, und ich wünschte, ich hätte ihn häufiger gesehen.

Ein weiterer Ausflug führte uns auf die Turracher Höhe, eine Anhöhe an einer wenig befahrenen Bergstraße im Norden, wo wir einen hübschen kleinen Gasthof fanden, der zwischen zwei winzigen Seen hoch oben in den Alpen lag. Dann fuhren wir südwärts und überquerten die jugoslawische Grenze, auf einem Paß, an dessen Namen ich mich nicht erinnern kann (auf österreichischer Seite wurde er für Autorennen benutzt), und besuchten die schöne Kurstadt Bled (Veldes), die den Herrschern Jugoslawiens als Sommerresidenz diente. Es war ein belebter und überfüllter Ort mit etwas barbarischen Aspekten, die mir nicht gefielen. Auf dem Rückweg fuhren wir einige Kilometer auf italienischem Gebiet und kehrten über Kronau und Tarvisio in die Heimat zurück. Die Zurschaustellung von Streitkräften an diesen Grenzübergängen, von denen man eindeutig zu viele passieren mußte, machte mich trübsinnig. Bei einem anderen Ausflug fuhren wir auf den Plöckenpaß, der ein langes Tal, das südlich vom und parallel zum Drautal verläuft (ich glaube, es hieß Gailtal), mit der italienischen Region La Carnia verbindet. Die Berggegend rund um den Paß war einsam und trostlos und zeigte noch Spuren der Kämpfe des Ersten Weltkriegs. Die Straße auf der österreichischen Seite, auf der wir uns der Grenze näherten, wirkte vernachlässigt und war schlecht. Dann, als wir um einen Felsen bogen, sahen wir uns plötzlich dem großen und brandneuen italienischen Zollgebäude gegenüber, auf dem eine riesige italienische Flagge prangte. Die üblichen bewaffneten Männer stürzten heraus und beäugten wachsam unser Auto. Diese plötzliche Konfrontation mit der offenkundigen Macht der Diktatur hatte etwas Dramatisches. Wir erwiderten höflich ihren faschistischen Gruß und kehrten friedlich um.

Es gab viele Wanderwege durch die Kulturlandschaft um Velden herum. Eine unserer ausgedehnteren Touren führte durch das sanfte Hügelland zum Ossiachersee, einem weiteren »Fingersee«. Ich erinnere mich nicht an den Namen der Stadt – es kann St. Veit an der Glan gewesen sein –, in der wir Raunikars Destillerie entdeckten, die köstlichste Kirsch-, Himbeer- und Zwetschkenschnäpse produzierte und zu sehr mäßigen Preisen verkaufte. Ich versorgte mich aus dieser Quelle, solange ich in Wien lebte.

Ich glaube, es war in diesem Sommer, daß wir die ersten deutlichen Alarmzeichen empfingen, die den nahenden Sturm ankündigten, als nämlich die Nazis in Deutschland die bis dahin höchste Anzahl von Abgeordneten in den Reichstag wählten, die sie, wenn ich nicht irre, zur zweitgrößten Partei in dieser Versammlung machten. Der Schock war sofort zu spüren, denn jeder wußte, daß eine Gefahr, die man bis dahin für fern und recht theoretisch gehalten hatte, konkret geworden war und uns unmittelbar bedrohte. Die Propheten, die behauptet hatten, daß es »hier nicht geschehen« könne, wurden widerlegt, und man mußte sich für die Möglichkeit bereithalten, daß es hier doch geschehen könnte. Vielleicht hatte die Wahl schon früher stattgefunden, aber ich erinnere mich, daß die Neuigkeit uns sehr beschäftigte, und als sich eines Tages ein Schwarm lauter Zugvögel in unserem Garten in Velden niederließ und wir Vermutungen anstellten, woher sie wohl kommen mochten, sagte ich düster scherzend: »Was würdest du sagen, wenn diese Vögel plötzlich Heil Hitler riefen?«

Es kann in diesem Sommer gewesen sein – jedenfalls geschah es während meiner Abwesenheit von Wien –, daß die Stadtregierung eine Art historischer Darstellung inszenierte, bei der die Leistungen des Wiener Handwerks in verschiedenen Bereichen gezeigt wurden und deren Höhepunkt ein Festzug der verschiedenen Zünfte auf der Ringstraße bildete. In diesen Zug waren Tanzgruppen eingegliedert, die während des Umzuges Tänze vorführten. Zumindest war das die Vorstellung, die ich mir von dem Projekt machte, als es mit dem Choreographen, Rudolf von Laban, der für die Arrangements verantwortlich war, besprochen wurde. Die Musik zu diesem Schauspiel sollte auf Schallplatten aufgenommen und entlang der Strecke, die der Umzug nehmen sollte, über Lautsprecher wiedergegeben werden. Einer meiner *Lustigen Märsche* wurde dazu ausgewählt, und Wellesz schrieb ebenfalls einen Marsch, der auf die andere Seite der Schallplatte kam. Wie ich hörte, gelang die Sache nicht recht, wahrscheinlich weil die technische Ausrüstung für einen so ehrgeizigen Plan nicht genügte. Doch es war interessant, daß man solche Sachen wenigstens versuchte.

Gegen Ende unseres Aufenthalts in Velden erhielt ich die Nachricht, daß Hermann Scherchen über Wien hereingebrochen war und ein Orchester gegründet hatte, mit dem er meine *Erste Symphonie* spielen wollte. Er zog damals in Europa herum und gründete unterwegs Orchester, so wie Alexander der Große Städte gegründet hatte. Er fand immer Leute, die »Arbeitsgruppen«, »Seminare«, »Sommerschulen«, »Workshops« und dergleichen vorübergehende hektische Unternehmungen förderten. Reich erzählte mir Schauergeschichten über Scherchens Eroberung von Straßburg, wo er ein derartiges Projekt geleitet hatte, das anscheinend viele Merkmale eines koedukativen Pfadfinderlagers aufwies, mit »freier Liebe« als außerlehrplanmäßiger Unterhaltung.

Da ich meine *Erste Symphonie* seit den ersten Aufführungen in Berlin und Frankfurt nicht mehr gehört hatte, beschloß ich, nach Wien zu fahren, um sie anzuhören. Aber weil unser Mietvertrag in Velden noch nicht abgelaufen und die neue Wohnung in Wien noch nicht fertig war, fuhr ich allein und blieb für ein paar Nächte in einem Hotel – das erste und letzte Mal, daß ich das in Wien machte. Die Aufführung war in Ordnung, und das Orchester, das Scherchen zusammengestellt hatte, leistete gute Arbeit. Es waren alles junge, begeisterte Musiker, und es ehrte Scherchen, daß er in der Lage war, innerhalb von etwa zwei Wochen ein Orchester zu organisieren und so schwierige Musik mit ihm einzustudieren. Wie gewöhnlich waren es seine derben und barbarischen Methoden, die mir das Ganze ziemlich widerwärtig machten.

Außer meiner Symphonie spielte er das Adagio aus Mahlers *Zehnter Symphonie* und die *Fünf Orchesterstücke* von Webern. Diese beeindruckten mich sehr, wie Weberns Musik es immer getan hatte, seit ich die bereits erwähnte Studienperiode hinter mich gebracht hatte. Es war insbesondere das Gefühl ungeheurer Spannung und Konzentration, das mich fesselte. Sehr oft habe ich Menschen, die Weberns Musik hörten, in eine Art hysterisches Gelächter ausbrechen sehen. Natürlich hatte sie offensichtlich komische Aspekte, weil das akustische Resutat eines beachtlichen Aufgebots an Instrumentalkräften beinahe gleich Null war. Man konnte sehen, wie ein Posaunist sich auf seinen Einsatz vorbereitete, die Backen aufblies, sein Instrument ausprobierte, im Gesicht dunkelrot anlief und Schweißtropfen auf der Stirn bekam, während unendlich zarte und behutsame Musik erklang. Man erwartete jeden Moment, daß der große, stämmige Bursche ein ungeheures Geschmetter aus seinem riesigen, glänzenden Instrument ausstoßen würde. Endlich setzte er es an die Lippen und blies – und alles, was wir hörten, war ein winziger, dünner Ton, im extrem hohen Register der Posaune, wie von einem kranken Vogel, und das war alles. Der Mann setzte sein Instrument ab und ruhte sich für den Rest des Stückes aus. Trotzdem, ich glaube nicht, daß die Leute lachten, weil das so komisch war, sondern vielmehr in einer nervösen Reaktion auf die ungeheure Spannung, die sich in solchen, scheinbar absonderlichen Manierismen ausdrückte. Ich beobachtete mehr als einmal, daß Menschen, die drei Minuten lang Weberns Musik angehört hatten, den Eindruck hatten, sie hätten eine halbe Stunde lang zugehört, so stark war die Wirkung der gewaltigen Konzentration, aus der diese Musik resultierte. Bei Webern hatte ich das Gefühl, daß alles unter die Oberfläche des Hörbaren zurückgedrängt war, daß nur die gerippeartige Silhouette der Musik wiedergegeben wurde, während die Hauptmasse, die in der Musik anderer Komponisten die Substanz dessen ausmacht, was wir tatsächlich hören, untergetaucht war wie der Großteil eines Eisbergs, von dem ebenfalls nur ein kleines Stück über dem Wasser zu sehen ist. Ich kam damals zu der Überzeugung, daß Weberns Musik typisch österreichisch war, was natürlich allem widersprach, was man allgemein glaubte, da die typisch österreichischen Eigenschaften von Musik angeblich ein satter, üppiger Klang und triefende Sentimentalität waren. Doch ich hatte das Gefühl, besonders als ich in einem der Orchesterstücke die Kuhglocken hörte, daß keine andere Musik die Einsamkeit des Hochgebirges, die reine, dünne Luft der felsigen Einöden und die melancholische Traurigkeit der österreichischen Seele so deutlich zum Ausdruck brachte. Webern ist für mich einer der größten Komponisten aller Zeiten. Seine Musik ist von einer kristallklaren Vollendung, die sich nur einem langen und liebenden Blick erschließt.

Häuslicher Alltag

Ich fuhr nach Velden zurück, und nachdem wir dort einige schöne, ruhige Frühherbsttage verbracht hatten, traten wir die Rückreise nach Wien an. In Bad Gastein, das ich noch nicht kannte, machten wir Zwischenstation. Dieser berühmte Kurort hat eine wirklich faszinierende Lage, die des Pinsels von El Greco würdig wäre, denn die ganze Stadt mit ihren vielen riesigen Gasthöfen sieht aus, als wäre sie in wildem Durcheinander entlang des ungeheuren Steilhangs zu beiden Seiten des gewaltigen Wasserfalls der Gasteiner Ache aus dem Sack eines Riesen ausgeschüttet worden. Es kann sein, daß wir noch für einen Tag in Salzburg blieben und auf den Gaisberg stiegen, um einen letzten Blick auf die verschneiten, herbstlichen Berge zu werfen, bevor wir in unsere neue Wohnung in Wien einzogen, was wir ein paar Jahre früher hätten tun sollen, denn angesichts dessen, was in Deutschland vorging, war es nicht die günstigste Zeit, um in Wien irgend etwas Neues anzufangen.

Die Wartung der Wohnung erforderte es, ein Dienstmädchen anzustellen, das auch als Köchin fungieren sollte. Nach reiflicher Überlegung wurde eine Frau mittleren Alters namens Marie Zöchling für diese Aufgaben engagiert. Sie war eine fähige und sympathische Person, manchmal ein wenig griesgrämig und stur, wie solche Leute es gewöhnlich sind. Sie hatte ein uneheliches Kind, einen etwa fünfzehnjährigen Buben, der ziemlich debil zu sein schien. Später stellte sich heraus, daß sie ein Verhältnis mit dem Küster der Lainzer Pfarrkirche hatte, einem Familienvater mit mehreren Kindern. Wie sie das mit ihren sehr orthodoxen religiösen Grundsätzen vereinbarte, weiß ich nicht, aber ich bin in solchen Dingen kaum in der Lage, ein Urteil zu fällen. Sie war eine wirklich ausgezeichnete Köchin, und wir kamen im großen und ganzen recht gut miteinander aus. Es war meine einzige Erfahrung mit einer Hausangestellten.

Wahrscheinlich sollte ich hier einige Anmerkungen über mein häusliches Leben einschalten, so schwierig es mir zum jetzigen Zeitpunkt auch erscheint. Es zeichnete sich durch bemerkenswerte Stabilität aus. Alles drehte sich um mich, und das betrachte ich heute als einen gefährlichen Fehler, aber es hätte größerer Weisheit bedurft, als ein gewöhnlicher Mensch, der ich schließlich in vieler Hinsicht bin, aufzubringen vermochte, um die Entwicklung einer höchst angenehmen Situation zu verhindern. Sowohl Berta als auch meine Eltern lebten nur dafür, sich um meine Probleme zu kümmern und mir jeden Stein aus dem Weg zu räumen. Natürlich war ich mir dessen nicht bewußt. Die Gegenleistung, die ich dafür erbrachte, bestand darin, den ganzen Haushalt so gut ich konnte zu unterhalten und ihnen all die schönen Dinge des Lebens zu bieten, die in den Grenzen meiner Möglichkeiten zu bekommen waren. Wie ich wiederholt erklärt habe, bin ich jetzt der Meinung, daß ich viel großzügiger hätte sein sollen, als ich es war, denn mein Geld zu sparen, hatte überhaupt keinen Sinn, insbesondere nicht, nachdem die Abschottung der Währungen eine Überführung meines bescheidenen Vermögens an sichere Orte praktisch unmöglich machte. Es gab immer noch einige Hintertürchen, durch die mit Tricks, Täuschung und hohem Risiko irgendwie Geld ausgeführt werden konnte, aber ich kannte sie nicht und wollte sie auch nicht nutzen, weil ich Hemmungen hatte und außerdem immer noch nicht glaubte, daß die endgültige Katastrophe unabwendbar war.

Abgesehen davon, daß ich diese materiellen Vorteile bot, glich ich diese so gewissenhafte Betreuung instinktiv dadurch aus, daß ich alle meine Wünsche einer Art demokratischer Entscheidung unterwarf, denn ich machte jedes einzelne Detail unseres Lebens zum Gegenstand eines Gesprächs und allgemeiner Übereinkunft. Natürlich lief beinahe alles genau so, wie ich wollte, aber ich war sehr darauf bedacht, selbst keine Verantwortung zu übernehmen. Wenn sich nach ausgiebiger Beratung alle einig waren, war das, was geschah, nicht das, was ich gewollt hatte, sondern das, wofür sich alle entschieden hatten. Offenbar ist das ein sehr tief verwurzelter Zug meines Wesens, der meine Sympathie für die schwachen, wankelmütigen, zögernden Charaktere in Geschichte und Literatur erklärt. Das schreckliche, erbärmliche Ungenügen dieses Wesenszuges wird mir jetzt ganz klar, da alles davon abzuhängen scheint, was ich entscheide, und da Menschen, die mir teuer sind, mich drängen, Entscheidungen zu treffen. Das habe ich nie gelernt.

Hin und wieder hatte ich kurze, aber gräßliche Wutausbrüche, ganz ohne konkreten Grund, wie mir jetzt scheint. Ich wurde sehr boshaft und gemein und schrie, daß ich der Trottel sei, der alles bezahle. Ich bereue das und entschuldige mich aufrichtig für all den Kummer, den solche glücklicherweise ziemlich seltenen (wie ich glaube) Ausbrüche denen, die ich liebte, verursachten.

Hin und wieder hatte ich den Eindruck, daß Berta bedauerte, ihre Karriere aufgegeben zu haben, aber sie hob das nie besonders hervor, und ich war so egozentrisch, daß ich Bemerkungen dieser Art keine Aufmerksamkeit schenkte. Sie war offensichtlich recht glücklich mit der Situation und zufrieden damit, die äußeren Angelegenheiten unseres Haushalts zu erledigen, worauf sie den größten Teil ihrer Zeit verwandte. Es lag in ihrer Natur, alles mit größter Genauigkeit zu machen, so daß automatisch ihre ganze Zeit davon in Anspruch genommen wurde. Das grenzte oft an eine ärgerliche Übersorgfalt, die einen fast zur Verzweiflung treiben konnte. Wenn es darum ging, ein Paar Schuhe zu kaufen, brachte sie Tage damit zu, eine Unzahl von Geschäften zu durchstöbern, und brachte schließlich ein Paar mit nach Hause, das ihren Erwartungen ziemlich genau entsprach, behielt sich aber vor, es zurückzugeben und gegen etwas noch Perfekteres einzutauschen, was unweigerlich geschah und weiteres Suchen und Anprobieren mit sich brachte. Ich bin sicher, daß all das im besten Glauben geschah, mit dem Gedanken, durch den Kauf des Allerbesten Geld zu sparen. Und da Berta ihre Zeit ganz so verbringen konnte, wie sie wollte, war nichts dagegen einzuwenden. Dasselbe geschah, wenn sie losging, um etwas für mich auszusuchen, ob es nun Manschettenknöpfe, Krawatten, Hemden, Schreibpapier oder Schreibfedern oder sonstwas war. Später sagte sie oft, in unserem Leben sei es einige Male vorgekommen, daß sie etwas bekam, was ganz genau richtig war, und selbst lange bevor ein ernsthafter Riß in unserer Beziehung entstanden war, rührten mich solche Worte zu Tränen, denn ich wollte doch, daß alles ganz genau richtig war, ganz so, wie sie es haben wollte. Im Licht späterer Entwicklungen wünsche ich, sie hätte sich nicht so ausschließlich dieser Art des Dienstes gewidmet, sondern auch eigene Interessen verfolgt. Es ist leicht gesagt, daß dieser Wunsch nicht eigentlich von meiner Besorgnis um sie diktiert war, sondern von reinem Egoismus, weil sie, wenn sie solche Interessen gehabt hätte, besser gerüstet gewesen wäre, um die gegenwärtige Trennung von mir zu ertragen, und es läßt sich auch denken, daß ich, wenn Berta damals solche eigenständigen Interessen entwickelt hätte, alles andere als erfreut gewesen wäre. Unerforschlicher Abgrund menschlichen Lebens!

Jedenfalls war die Periode, über die ich hier schreibe, eine sehr glückliche, was mein Privatleben betrifft. Ich liebte mein Heim und war stolz darauf. Durch *Karl V.* würde, wie ich hoffte, meine peinliche Stellung in Wien endlich und triumphal zurechtgerückt werden, und der große, gräßliche Schatten Hitlers war damals wirklich noch nicht viel mehr als ein Schatten – zumindest war es noch möglich, ihn als solchen zu betrachten.

Im Winter 1932 machte ich meine letzte Deutschlandreise, bevor der große Albtraum Wirklichkeit wurde. Meine *Gesänge des späten Jahres* standen auf dem Programm einer Aufführung in Berlin, und ich sollte den Sänger begleiten, einen gewissen Anton Maria Topitz, der schon Schönberg gesungen hatte. Er war recht gut, aber ich war schockiert, als ich zu einer Probe in seine Wohnung kam und auf dem Kaminsims ein Hitler-Bild bemerkte. Es gab in diesem Herbst einige hoffnungsvolle äußere Anzeichen, da die Nazipartei bei den häufig wiederholten Wahlen zu dem immer wieder aufgelösten Reichstag an Macht verloren hatte. Aber die allgemeine Atmosphäre war von tiefer Ruhelosigkeit und der Erwartung einer Katastrophe geprägt. Ich glaube, wir fuhren von Berlin aus nach Köln und Frankfurt, um die alten Freunde zu besuchen, und auf dem Rückweg verbrachten wir ein paar Tage in Bregenz, wo ich (so meine ich) das Libretto von *Karl V.* fertigstellte. Dort hörte ich im Radio eine beruhigende Rede des neugewählten deutschen Kanzlers General von Schleicher. Es erschien kaum vorstellbar, daß er nur wenige Wochen später durch den Erzfeind selbst ersetzt werden sollte. Ich erinnere mich, daß wir mit der Drahtseilbahn auf den Pfänder hinauffuhren und dabei durch den dichten Nebel, der den Bodensee bedeckte, in strahlenden Sonnenschein aufstiegen. Danach kehrten wir nach Wien zurück, rechtzeitig zum Weihnachtsfest.

Konflikt zwischen der Universal Edition und Karl Kraus

Bevor ich auf die Tragödie eingehe, die in Kürze ihren Lauf nehmen sollte, ist es vielleicht angebracht, die traurige Farce zu Ende zu bringen, deren Protagonist Heinsheimer war, als er mit Karl Kraus aneinandergeriet. Ich weiß nicht, wann der letzte Teil dieses lächerlichen Theaters aufgeführt wurde, aber der größte Teil der Handlung muß sich im Deutschland der Vornazizeit abgespielt haben. Offenbach-Kraus' *Perichole* hatte an der Berliner Krolloper Premiere, einem zweiten staatlichen Opernhaus, das der unermüdliche Kestenberg als Konkurrenz zur Städtischen Oper in Charlottenburg aufgebaut hatte, so daß Berlin in jenen Jahren vor dem Zusammenbruch der Zivilisation drei große Opernhäuser besaß. Die Krolloper, nicht weit vom Reichstag und der schrecklichen Siegessäule entfernt, stand unter der Leitung von Klemperer, und mehrere recht beachtliche Produktionen stammten von dort, darunter meine *Drei Einakter*, für die Oskar Strnad die Bühnenbilder entworfen hatte, und *Orest*, letzterer mit bemerkenswerten Bühnenbildern von de Chirico.

Die *Perichole*-Premiere verlief gut, wenngleich nicht ohne Spannung, da Kraus darauf bestand, die »Wortregie« zu übernehmen, ein neuer Begriff, der in Abwandlung des konventionellen Ausdrucks »Bühnenregie« entstanden war. Er beinhaltete hauptsächlich, daß Kraus mit den Sängern den richtigen Vortrag der gesprochenen Dialoge einstudierte, was natürlich zu heiklen Problemen der Zuständigkeit hinsichtlich der Aufgaben des Bühnenregisseurs führte, der die Bewegungen der Sänger bestimmen mußte. Die Klippen wurden jedoch irgendwie umschifft, und alles ging verhältnismäßig glatt.

Danach erwarben auch andere Opernhäuser die entzückende Operette in ihrer brillanten neuen Gestalt, und auch das war in Ordnung. Aber da und dort machte jemand aus einem Komma ein Fragezeichen, aus einem Ah ein Oh oder ließ gar einen Vers aus. Vielleicht wurde an dem von Kraus gelieferten Text sogar mehr geändert. Das war mit dem Standardvertrag, der zwischen den Vereinigungen der Theaterdirektoren, der Verleger und der Schauspielkomponisten existierte, durchaus zu vereinbaren. Wie man später sehen wird, wurde ich ein Fachmann in Sachen dieses Vertrags, demzufolge die Theaterleute verpflichtet waren, den vorgelegten Text zu respektieren, es sei denn, es handelte sich um solche Änderungen, die sie *bona fide*, also guten Glaubens, mit Rücksicht auf lokale Gegebenheiten, einführen durften. Die Idee war, daß ein Theaterdirektor nicht daran gehindert werden sollte, eine Oper aufzuführen, nur weil sein Tenor zwei oder drei hohe Töne seiner Partie nicht kriegte oder wegen ähnlicher Dinge. Dem Theater war es in solchen Fällen erlaubt, die nötigen Änderungen vorzunehmen, ohne deshalb wegen Vertragsbruchs verklagt zu werden. Natürlich, wie weit »guter Glaube« gut war, war eine Frage der Interpretation, und der Vertrag sah ein von den drei Parteien nominiertes Schiedsgericht vor, das in Fällen von Uneinigkeit entscheiden sollte. Was im Fall von *Perichole* geschah, war, daß Kraus über die Änderungen, die bestimmte Opernhäuser an dem geheiligten Text zugelassen hatten, gleichgültig wie gut oder schlecht der Glaube in jedem einzelnen Fall war, von den Spionen Bericht erstattet bekam, die er an allen solchen Orten hatte. Natürlich hatte er sie nicht bestellt, er wußte nicht einmal, wer sie waren. Es waren einfach fanatische Anhänger des Meisters, die allein durch die Lektüre der »Fackel« sehr gut wußten, welche Position er einnahm und worauf es ihm ankam – er brauchte es ihnen nicht zu sagen. Auch ohne daß sie dazu aufgefordert wurden, saßen sie in den Aufführungen, folgten dem gedruckten Text mit Hilfe von Taschenlampen und überprüften erbarmungslos jede noch so geringfügige Abweichung, die auf der Bühne zu bemerken war.

Bald genug begann Kraus, bei solchen Berichten die Stirn zu runzeln, und wenig später wollte er von der Universal Edition wissen, wie solche Vorgänge mit dem feierlichen Versprechen Heinsheimers, daß Änderungen seines Textes unter keinen Umständen erlaubt werden würden, zu vereinbaren waren. Als man sich auf den Standardvertrag berief, beeindruckte das Kraus nicht im geringsten, denn er war natürlich nicht Mitglied irgendeiner dieser Vereinigungen und fühlte sich an keine ihrer Bedingungen gebunden. Im Gegenteil, er freute sich, als er entdeckte, wie Schriftsteller sich unter der Diktatur von Gangstern in Gestalt von Direktoren und Verlegern duckten und um des schnöden Mammons willen grauenhafte Verletzungen ihrer Integrität hinnahmen. Die Korrespondenz zwischen ihm und der Universal Edition wurde von Tag zu Tag beißender, und es war natürlich ein ungleicher Wettkampf, denn Kraus besprach die Sache gründlich mit Dr. Samek und brachte dann die Nacht damit zu, ein zwanzig Seiten langes Pamphlet voller virtuoser Schmähungen und glänzender Wortspiele abzufassen. Wenn er zu Bett ging, wurde der Brief der Universal Edition überbracht, wo natürlich niemand genug Zeit hatte, ihn mit ausreichender Konzentration zu lesen, um all die schönen Pointen und Fallstricke zu verstehen. Sie mußten sich dort, ohnehin von tausend anderen Problemen geplagt, eine geschäftsmäßige Antwort zurechtzaubern.

Offenbar waren sie Kraus' Feuerwerken und Wortgefechten nicht gewachsen, und ihre Antworten wurden immer schäbiger und widersprüchlicher, nur um dann von Kraus in der folgenden Nacht in einem noch bissigeren und aggressiveren Pamphlet höhnisch auseinandergenommen zu werden.

Währenddessen hatte Heinsheimer die Idee, Kurt Weills *Aufstieg und Fall der Stadt Mahagonny* in Wien auf die Bühne zu bringen, offenbar, weil er bei der wesentlich bescheideneren Produktion von *Der Jasager* Blut geleckt hatte. Er tat sich mit Max Brand zusammen, und sie brachten eine recht adäquate, wenngleich einfallslose und mittelmäßige Aufführung des anspruchsvollen Werkes zustande. Die einzige wirklich eindrucksvolle Darbietung war die Lotte Lenyas. (Mir gefällt *Mahagonny* sehr, die Oper scheint mir das gelungenste Produkt der Zusammenarbeit von Brecht und Weill zu sein.) Am Schluß gab es Applaus, und nachdem die Darsteller sich verbeugt hatten, erschien Heinsheimer vor dem Vorhang, um seinen Anteil an den Ovationen einzuheimsen. In diesem Moment erhob sich Münz, Kraus' treuer Handlanger, in einer der vorderen Reihen und machte heftige und betont auffällige Handbewegungen, um den ehrgeizigen Regisseur zu verscheuchen, den man in Kraus' Zirkel wegen der Offenbach-Affäre bereits regelmäßig als Betrüger, Lügner, Schwindler und Schurke bezeichnete. Das Gestikulieren hatte keinerlei Folgen, außer daß es Heinsheimer ärgerte, der am nächsten Tag ganz routinemäßig und ohne besondere Erregung in seinem Büro zu mir sagte: »Wenn ich diesen Münz das nächste Mal sehe, hau' ich ihm eine in die Fresse.«

Als ich wenige Tage später an Kraus' Tisch erschien, wurde ich sofort gefragt, wie Heinsheimer reagiert habe, und ich berichtete ganz naiv, was er gesagt hatte. Münz und Stadler sprangen sogleich auf wie von der Tarantel gestochen. Hier war die Gelegenheit, den Schwindler zu bestrafen, denn er hatte offenbar eine gefährliche Drohung geäußert, vor einem Dritten und, nicht zu vergessen, in seinem Büro, einem halböffentlichen Raum. Dafür würden sie ihn vor Gericht bringen, und ich würde als Zeuge aussagen müssen. Ich wäre am liebsten im Erdboden versunken, aber ich wußte, daß jeder Protest meinerseits nur dazu führen würde, daß ich für immer aus dem Kreis verbannt würde, was ich mir unmöglich vorstellen konnte, und deshalb mußte ich sagen, ja, ich würde vor Gericht als Zeuge erscheinen.

Heinsheimer wurde tatsächlich vor dem Polizeigericht angeklagt, Münz vor mir als Zeugen Körperverletzung angedroht zu haben. Stadler war Anwalt des Klägers, und ein gewisser Dr. Liftschütz, glaube ich, besorgte die Verteidigung. Es war eine ganz grauenhafte und höchst lächerliche Prozedur. Glücklicherweise war der Polizeirichter entschlossen, das Ganze auf ein Minimum zu reduzieren, und als ich gestand, die belastenden Worte gehört zu haben, wurde ich gefragt, ob sie so laut geäußert worden seien, daß sie meiner Meinung nach außerhalb von Heinsheimers Büro gehört werden konnten, was ich wahrheitsgetreu verneinen konnte. Dr. Stadler sah, daß seine Chancen, Heinsheimer zu vernichten, dahinschwanden, und versuchte, die Frage nach *Mahagonny* aufs Tapet zu bringen, indem er mich fragte, wie ich die Aufführung gefunden hätte, offenbar in der Hoffnung, daß ich »schrecklich« sagen würde, was nicht nur Münz' verächtliches Gestikulieren gerechtfertigt hätte – so daß es ausgesehen hätte, als hätte Heinsheimer gar keinen Grund gehabt, Münz zu drohen –, sondern es wäre auch als die Meinung eines Fachmanns ins Protokoll aufgenommen worden. Glücklicherweise wies der Richter die Frage als irrelevant zurück und fragte Münz, ob er wegen Heinsheimers Drohung »Furcht und Angst« empfunden habe, was Münz natürlich verneinen mußte, weil es zu albern gewesen wäre, so etwas zuzugeben. Daher wurde die Anklage wegen Körperverletzung verworfen, und Heinsheimer wurde nur wegen »Ehrenbeleidigung« verurteilt, weil er in bezug auf Münz beleidigende Worte gebraucht hatte. Er wurde zu einer Geldstrafe von 15 Schilling, glaube ich, verurteilt, die auf Ersuchen Stadlers wohltätigen Zwecken zugeführt wurde.

Meine Beziehung zu Heinsheimer war eine Zeitlang nicht sehr herzlich, wie man leicht verstehen wird. Aber bald war die ganze Sache vergessen. Zu jener Zeit hatte Heinsheimer von der Offenbach-Geschichte die Nase voll und flehte Hertzka an, den Vertrag mit Kraus zu kündigen, und mehr wollte letzterer gar nicht. Aber der Alte war stur und streitlustig, wie ich bereits erwähnt habe, und so schleppte sich die Sache hin. Schließlich mußte Hertzka nachgeben, und das *Perichole*-Material sowie sämtliche damit zusammenhängenden Rechte wurden an Kraus zurückgegeben. Für mich war das wichtigste Ergebnis, daß es mir gelungen war, den Sturm zu überstehen, ohne aus dem Kreis der Erwählten oder Halberwählten hinausgeweht worden zu sein.

Irgendwann im Januar 1933 benachrichtigte ich Clemens Krauss, daß ich den ersten Teil von *Karl V.* fertiggestellt hätte, und der große Mann äußerte den Wunsch, zu mir nach Hause zu kommen, damit ich ihm und Dr. Wallerstein diesen Abschnitt der Oper vorspiele. Ich erinnere mich nicht, wann Krauss Alban Bergs *Wozzeck* in seinem Haus auf die Bühne gebracht hatte, es könnte zu Anfang jenen Winters gewesen sein. Die Aufführung war angemessen, wenn auch nicht brillant gewesen, und dieser Eindruck gab mir die Zuversicht, daß er *Karl V.* ebensogut würde herausbringen können. Ich erinnere mich, daß es nach der Vorstellung ein großes Fest im Haus eines Arztes, eines Dr. Panzer, gegeben hatte, der ganz nah bei uns und Bergs wohnte und sehr wohlhabend zu sein schien. Wir tranken Unmengen ausgezeichneten französischen Cognacs, aber ich war in Gedanken versunken und nicht sehr fröhlich, denn ich wünschte, es wäre die Feier für *Karl V.*, weil ich nicht ganz glauben konnte, daß es je dazu kommen würde. Ich wußte nicht, wie recht ich hatte.

Wie dem auch sei, die Ankündigung des hohen Besuchs versetzte uns ganz schön in Aufregung. Berta und Marie, unsere Köchin, machten Pläne für das Galadiner. Die Gäste erschienen eine Stunde oder mehr zu spät. Krauss wurde nicht nur von Wallerstein begleitet, sondern auch von einem gewissen Jerzy Malyniak, den ich kannte, weil er zur selben Zeit wie ich bei Schreker studiert hatte. Er war einer jener polnischen Caballeros und agierte als eine Art Kammerdiener, Leibwächter, Jasager, Spion und Speichellecker. Ich spielte meine Musik, und wir setzten uns etwa um elf zu Tisch, anstatt um acht, wie es vorgesehen gewesen war. Nach außen hin war alles ein großer Erfolg, die Musik wie das Essen, und die Besucher waren voll des Lobes für beides. Wenn ich damals im gesellschaftlichen Stil von Los Angeles bewandert gewesen wäre, hätte ich darauf nicht viel gegeben. Seltsamerweise hatte mein Leben in Wien mich gegenüber der Verlogenheit meiner nächsten Umgebung nicht wachsam gemacht, obwohl ich ständig damit beschäftigt war, dagegen anzukämpfen. Ich war immer noch leichtgläubig genug, Lob und Versprechen für bare Münze zu nehmen, sobald es mir galt. Aber wie soll ich auch jemals erfahren, was in den Köpfen dieser Politiker vorging, während sie meinen Kalbsbraten verschlangen? Vielleicht gefiel ihnen das, was ich ihnen vorspielte, damals wirklich. Es war schließlich noch v. H., die Epoche vor Hitler.

Fünftes Resümee

Allerdings nicht mehr lange – nur wenige Tage trennten uns noch von der Inthronisation des Antichrist –, und während ich diese Seiten tippe (es ist jetzt September 1953), habe ich das Gefühl, daß sowohl die schicksalsschwere Bedeutung dieses Ereignisses als auch der Umfang dieses Kapitels meiner Aufzeichnungen eine Unterbrechung rechtfertigen. Während dieses Kapitel meinem ursprünglichen Plan zufolge meine Lebensgeschichte bis Oktober 1937 umfassen sollte, bis ich zum ersten Mal nach Amerika fuhr, halte ich es jetzt für angemessener, es an dem Punkt zu teilen, an dem Hitlers Aufstieg zur Macht mein Lebensmuster entscheidend änderte – für die Zeit, die mir noch gegeben sein sollte, als ich dreiunddreißig war, wieviel auch immer das noch sein mochte.

Es gibt auch noch einen anderen Grund für diese Unterbrechung. Während ich diese Seiten tippe, kommen mir viele Gedanken, die ich gerne so gut ich kann formulieren möchte, bevor sie entschwinden, was sie in Anbetracht des äußerst langsamen Fortschreitens meiner Tipparbeit durchaus tun könnten. Diese Gedanken hängen nicht direkt mit dem Punkt zusammen, den ich in meiner Erzählung erreicht habe, aber da es ein entscheidender Punkt ist, ist es vielleicht angebracht, zu versuchen, diese Gedanken hier festzuhalten.

Auf der ersten Seite dieses Lebensberichtes erwähnte ich, daß der Gedanke an den Tod mich veranlaßte, damit zu beginnen. Das war vor mehr als zehn Jahren. In den letzten Jahren habe ich oft an den Tod gedacht. Ich nehme an, daß das für einen Menschen in meinem Alter etwas Natürliches ist, denn eine ganze Reihe meiner Altersgenossen sind in den letzten Jahren verschieden. Mir ist klar, daß praktisch alles, was wir tun, ein Versuch ist, Dauer und Beständigkeit zu erreichen, die die Natur unserem physischen Dasein versagt hat. Ungeachtet der Befriedigung, die meine unsterbliche Seele vielleicht im jenseitigen Leben daraus zu ziehen vermag, hoffe ich sehnsüchtig und fest, daß meine Musik mein physisches Leben überdauern wird, daß sie von kommenden Generationen gespielt, verstanden und geschätzt wird, was immer das qualitativ und quantitativ bedeuten mag.

Aber es steht mehr dahinter als das scheinbar banale Verlangen nach bleibender Anerkennung, nach Ruhm und »Unsterblichkeit«. Während ich mich mit diesen Zeilen abplage, wird mir klar, daß ich um etwas wie eine endgültige, unmißverständliche Bedeutung irdischer Erscheinungen ringe, wie sie sich in meiner eigenen Erfahrung widerspiegeln. Das rührt an das Unberührbare, das Mysteriöse oder Mystische, und läuft Gefahr, albern zu werden. Aber ein Versuch der Formulierung muß gemacht werden. Manchmal sind es die Tritte eines Eichhörnchens auf dem Dach des Hauses, ein Aspekt der Pflanzen im Patio, ein Blick auf das verwirrende Muster der neuen Autobahn von Los Angeles, der Ausblick auf die Berge jenseits des Cahuengapasses oder etwas in dieser Art, das mir mit überwältigender Intensität das heftige Gefühl suggeriert, ich würde jetzt, genau in diesem Moment, den letzten Sinn des Universums erfassen, ich wäre von jetzt ab in der Lage, ein für allemal zu wissen, was es alles »bedeutet« – was immer das bedeuten mag. Aber gleichzeitig spüre ich, daß es alles verloren ist – unwiederbringlich verloren, weil es nicht artikuliert werden kann, und daß es vorübergeht, daß ich es nicht werde festhalten können, daß ich gehen muß, ohne mich an seiner Fortdauer zu erfreuen. Hin und wieder hege ich den Verdacht, daß ich mich so sehr mit der Vergangenheit beschäftige, um mich in eine fast morbide, sentimentale Stimmung zu versetzen. Das ähnelt Goethes »Verweile doch, du bist so schön«. Zweifellos ist das alles mit einem Schuldgefühl vermischt, mit einem Schuldgefühl, weil ich mich um jene wunderbaren Dinge der Vergangenheit nicht so gekümmert habe, daß sie fortdauern und noch bei mir sein könnten, oder mehr noch, daß sie für die Menschen, die ich liebte, weiterexistieren könnten, sofern sie diese Dinge gleichfalls für wunderbar hielten. Es läuft auf jenen ewigen Konflikt hinaus, der die menschliche Natur bedrängt, den Konflikt zwischen dem Verlangen, die Dinge zu verändern und zu immer neuen Verhältnissen fortzuschreiten, und dem Drang, alles ewig bestehen zu lassen. Ich wurde zu Veränderungen gedrängt, und ich hatte Angst davor. Die Veränderungen fanden statt, und deshalb fühle ich mich schuldig.

Bei der Analyse dieser geistigen Probleme neige ich zu der Annahme, daß ich mich bemühe, einen ziemlich unreifen Geisteszustand darzustellen. Alles scheint sich in dünne Luft aufzulösen, und die Pein, die mich so oft quält, beginnt, wie ganz alltägliche Nichtigkeiten auszusehen. Ich weiß die Lösung nicht. Da ich mich aber entschieden habe, diesen Bericht über mein Leben so aufrichtig wie möglich zu gestalten, muß selbst das festgehalten werden. Hier ist es also, und es mag als Intermezzo in meiner Erzählung an dieser Stelle stehenbleiben, bevor ich zur Schilderung jener Ereignisse komme, die mein Leben in zwei Teile teilten.

(Typoskript abgeschlossen
in Los Angeles, Kalifornien,
am 11. September 1953)

SECHSTES KAPITEL

Ächtung in Deutschland

Für den 7. März 1933 war in Mannheim die Aufführung eines Orchesterwerks von mir angesetzt. Wenige Tage später berichtete mir jemand – möglicherweise war es Redlich –, daß das Konzert mit der offiziellen Begründung, ich sei tschechischer Jude, abgesagt worden sei. Ich muß zu meiner Schande gestehen, daß ich daraufhin einen Augenblick lang verwirrt war und etwas tat, was ich nie hätte tun sollen. Zugute halten kann man mir nur, daß es nur einmal geschah, und ich bin froh, daß es keine bedauernswerten Folgen hatte. Ich war natürlich empört, daß meine Musik aus Gründen, die offensichtlich falsch waren, in Deutschland verboten sein sollte. Doch ich hätte vielleicht nicht versucht, etwas dagegen zu unternehmen, wenn ich mir nicht wegen der finanziellen Konsequenzen dieser Tatsache Sorgen gemacht hätte. Was mein Einkommen in den Jahren 1928 bis 1933 betrifft, so erhielt ich die Zinsen meines in Deutschland angelegten Kapitals, die nicht ausreichten, um mir den gewohnten Lebensstil zu ermöglichen, obgleich sie eine angenehme Sicherheit gewährleisteten. Außerdem bekam ich schließlich immerhin fünftausend Mark jährlich von der GEMA, der deutschen Gesellschaft für Aufführungsrechte, und eine etwa gleichgroße Summe von der Universal Edition, nämlich Geld für Verkäufe meiner Kompositionen, Tantiemen von Opernaufführungen, Leihgebühren und dergleichen. Der größte Teil dieses Einkommens stammte aus Deutschland, und wenn die Gründe für die Absage jener Mannheimer Aufführung den Kurs anzeigten, den das neue totalitäre Regime im Hinblick auf meine Person verfolgte, würde dies das Ende meiner Geschäfte in Deutschland bedeuten, das wußte ich.

Deshalb sank ich so tief, daß ich eine Erklärung aufsetzte, die besagte, daß ich weder Tscheche noch Jude sei, sondern österreichischer Staatsbürger mit arischen Vorfahren, und sandte sie der GEMA zu, mit der Bitte, sie drucken und an ihre Kunden, die deutschen Konzertorganisationen, Theater etc. verteilen zu lassen. Ich schäme mich dafür, weil es so aussieht, als hätte ich mit dieser Handlung implizit den

Standpunkt der Nazis akzeptiert, wonach die Aufführung von Musik von Juden und/oder Tschechen im frisch gesäuberten Reich zu Recht verboten war. Wollte ich wirklich den Anschein erwecken, daß ich den biologischen Unterschied zwischen mir und jenen Ausgestoßenen nutzte und mich der Anerkennung der Verbrecher erfreute, während meine unglücklichen Kollegen vertrieben wurden?

Natürlich könnte man meinen Schritt auch anders beurteilen, und die Nazis taten mir, ohne es zu wissen, den Gefallen, mir eben diese Gelegenheit zu geben. Denn man könnte sagen, daß meine Erklärung sie hätte zwingen müssen, entweder zu erlauben, daß meine Musik gespielt wurde, oder andere Gründe für das Verbot zu finden. Tatsächlich bewirkte meine Erklärung – glücklicherweise – gar nichts. Sie wurde von der GEMA gedruckt, und ich bekam eine Handvoll Belegexemplare. Aber ich weiß nicht, ob sie irgendwo verteilt wurde, und ich hoffe, daß das nicht der Fall war. Im übrigen geschah alles so schnell und in so großem und verwirrendem Ausmaß, daß solche Einzelheiten sowieso nicht zählten. Tatsache war, daß ich jedenfalls auf der Schwarzen Liste der Nazis stand (oder was einer solchen Liste gleichkam), ganz gleich, ob man mich für einen Juden, Arier, Kommunisten, Katholiken, Tschechen, Österreicher oder sonstwas hielt. Sie mochten meine Musik und meine Kunstphilosophie einfach nicht und hatten seit Jahren Material gegen mich gesammelt. Die Liste meiner Sünden war überwältigend, angefangen von der Karikatur jenes ehrwürdigen Chorals und bei meiner Verherrlichung des Negers in *Jonny spielt auf* beileibe nicht endend. Daher war mein Fall erledigt, und Erklärungen meinerseits bezüglich meiner Person hätten ihre Ansichten ohnehin nicht geändert. Das einzige, was vielleicht geholfen hätte, wäre ein volles Eingeständnis meiner Sünden gewesen und ein lautes Treuebekenntnis zum Führer, aber natürlich hätte ich das nicht einmal im entferntesten auch nur eine Sekunde lang als Möglichkeit erwogen. (Ich hätte damit nichts erreicht, denn es gab zu viele Leute, die nur darauf warteten, Gestalten wie mich von der Bühne verschwinden zu lassen. Es ist klar, daß der Nazismus seinen Erfolg in beträchtlichem Maße dem hysterischen Neid der Habenichtse verdankte.) Deshalb mögen die Tatsachen vielleicht teilweise rechtfertigen, daß ich jene Erklärung abgegeben habe, aber es tut mir trotzdem leid, daß ich sie einen flüchtigen Moment lang für nützlich hielt.

Übrigens habe ich noch nicht (bis heute nicht) herausgefunden, ob die Nazis tatsächlich schwarze Listen führten, die sie an Ausführende als Direktiven austeilten. Natürlich war es im Fall von Komponisten, deren Judentum offenkundig war, keine Frage, daß sie verboten waren. Ob es in Fällen, in denen der Musikstil eines

Komponisten der entscheidende Faktor war, auch so gehandhabt wurde, weiß ich nicht mit Sicherheit. Ich hörte später, daß sich die Behörden normalerweise nicht bloßstellten, sondern dem unglücklichen Künstler klarmachten, daß es ihm freistehe, zu tun und zu lassen, was er wolle, denn der Nazistaat sei schließlich das Paradigma der wahren Demokratie, daß man ihn aber nicht vor dem gerechten und spontanen Zorn des eben erwachten deutschen Volkes schützen könne, falls seine Darbietung eine derartige Reaktion hervorrufen würde, denn einer solchen Reaktion Ausdruck zu verleihen (möglicherweise gewaltsam) sei unter idealen demokratischen Bedingungen ein Privileg des Volkes. Natürlich fügte man nicht hinzu, daß diese spontane Reaktion eben in jenem Amt, das die beruhigende Information ausgab, sorgfältig eingefädelt wurde, und das brauchte man auch gar nicht, denn der unglückliche Fragesteller wußte bereits mehr als genug.

Für Berta bedeuteten diese Entwicklungen eine furchtbare Belastung, denn es war klar, daß ich mit den neuen Herren ihres Heimatlandes unwiderruflich und ein für allemal uneins war. Sie hatte für Hitler und sein Tun nie irgendwelche Sympathie gehabt – das möchte ich nachdrücklich festhalten –, aber sie bemüht sich bis heute, zwischen den Nazis und dem deutschen Volk einen Unterschied zu machen, und das ist eine Ursache von oft erbittertem Streit zwischen uns beiden geworden. Ich erinnere mich, daß Berta einmal, bevor alles ganz klar wurde und sich endgültig zum Schlimmen wandte, ein Bild von Dr. Goebbels in der Zeitung sah und vorsichtig bemerkte, er sehe nett und intelligent aus. Es war nur ein Ausdruck ihrer Hoffnung, daß die Entwicklungen in Deutschland nicht zu einer dauerhaften Kluft zwischen ihr und ihrem Heimatland führen werde. Diese Hoffnung erfüllte sich nicht, was in gewissem Maße zu der Kluft beitrug, die schließlich zwischen uns beiden entstand.

Ein wesentliches Problem war damals die Haltung der österreichischen Regierung dem neuen System in Deutschland gegenüber. Wegen der sagenumwobenen Verwandtschaft mit den germanischen Brüdern wäre es durchaus möglich gewesen, daß Österreich sich mit allem, was dort vorging, einverstanden erklärt hätte, und das wäre unser Ende gewesen, sogar schon früher als es tatsächlich kam. Das Schicksal zeichnete uns jedoch mit fünf Jahren heroischen und verwirrenden Leidens aus. Unser Kanzler damals war Engelbert Dollfuß, der berühmte kleine Mann, der aus unscheinbaren Verhältnissen als Agrarpolitiker zu einem kurzen, aber spektakulären Auftritt auf der Weltbühne aufgestiegen war. Ich glaube, es war anläßlich einer internationalen Konferenz über Weltwirtschaft oder Abrüstung in London, daß er seine erste gegen die Nazis gerichtete Erklärung abgab, die die Welt aufhorchen ließ, indem er einem alten Sprichwort getreu sagte, der Beste könne nicht in Frieden leben, wenn es dem bösen Nachbarn nicht gefalle. Er bezeichnete die Deutschen zudem als »Vettern«, nicht als »Brüder«, was Hitler ihm nie verzieh. Dollfuß' Tragödie war, daß er sich selbst mit einigen totalitären Plänen trug. Ich erinnere mich nicht genau, wann es geschah (aber ich glaube, es war kurz nach den verhängnisvollen Märzwahlen in Deutschland), daß sich das österreichische Parlament selbst auflöste. Dem tragischen Ereignis, das die traditionellen Formen der Demokratie in Österreich offiziell beendete, fehlte es, der österreichischen Lebensweise gemäß, nicht an Merkmalen der Komödie. Wenn ich mich recht erinnere, wurde das Parlament wegen einer im Grunde unwichtigen Frage, bei der es um streikende Eisenbahner ging, lahmgelegt. Als Ergebnis des technischen Notstandes trat nicht nur der Präsident des Nationalrats zurück, sondern danach auch noch sein erster und zweiter Stellvertreter, so daß die Versammlung keinen Leiter mehr hatte.* Dollfuß, der sich seit Wochen ständig über die Ineffizienz der Volksvertreter geärgert hatte, ergriff die Gelegenheit beim Schopf und entschied, das Parlament habe sich praktisch gesehen auf unbestimmte Zeit vertagt, denn ohne Vorsitzenden sei es nicht funktionsfähig und könne logischerweise keinen neuen Vorsitzenden wählen. Der einzige Ausweg war, daß die Regierung ihre Exekutivfunktion kraft eines während des Ersten Weltkriegs erlassenen Notgesetzes fortführte, das sie ermächtigte, alle für das wirtschaftliche Wohlergehen des Staates nötigen Maßnahmen zu ergreifen, ohne die Zustimmung des Parlaments abzuwarten. Dieses Argument wirkte wenig stichhaltig, denn es gab immer die Möglichkeit allgemeiner Wahlen, aber unter den gegebenen Umständen akzeptierte das Land, daß man die Sache auf die leichte Schulter nahm, ohne recht zu wissen, worauf das schließlich hinauslaufen würde.

Sehr bald wurde die aggressive Haltung Hitlerdeutschlands Österreich gegenüber ganz deutlich. Obgleich Hinweise darauf sorgfältig verborgen wurden, war es offenkundig, daß deutsche Agenten eifrig am Werk waren, das österreichische Volk zu einer Rebellion gegen seine Regierung aufzuhetzen, um Österreichs Existenz als unabhängiger Staat zu unterminieren, mit dem Ziel, es in jenem Großdeutschen Reich aufgehen zu lassen, das praktisch alle Germanen umfassen sollte, wo auch immer sie lebten. Die Nazipartei Österreichs, die bis dahin überhaupt keine Bedeutung gehabt hatte und ebensowenig wie die Kommunisten in der Lage war, auch nur einen einzigen Vertreter ins Parlament zu wählen, bekam plötzlich mehr Mitglie-

* Dies geschah am 4. März 1933.

der, überall wurden Parteibüros und »Braune Häuser« eröffnet, und das scheußliche Hakenkreuz, das mich immer an eine Spinne oder an ein anderes widerwärtiges Insekt erinnerte, war an vielen Rockaufschlägen zu sehen. Bald wurde auch über Ausschreitungen berichtet. Anfangs waren es eher üble Streiche und Belästigungen, Hakenkreuze und blutrünstige Parolen wurden auf Gehsteige, Mauern und Schaufenster jüdischer Geschäfte geschmiert und Knallfrösche und Stinkbomben wurden geworfen. Später wurden die Knallkörper größer und bösartiger und wuchsen zu kleinen, primitiv gebauten Sprengsätzen an, die wirklichen Schaden anrichteten, Fensterscheiben zerbrachen, Telefonleitungen und schließlich Verkehrswege zerstörten. Auf dem Höhepunkt dieses Terrors – der als weitere Kundgebung des spontanen Zornes des unterdrückten germanischen Volkes in Österreich ausgegeben wurde, aber offensichtlich von den Drahtziehern in Berlin und München ihren wechselnden Strategien gemäß ein- und ausgeschaltet wurde –, flogen sogar Eisenbahnbrükken in die Luft. In unzähligen Fällen ergaben Untersuchungen, daß die Sprengkörper in Deutschland hergestellt, von Magazinen der Regierung dort ausgegeben und von Spezialagenten nach Österreich geschmuggelt worden waren. Ferner beschloß Hitler, Österreich tödlich zu treffen, indem er von jedem Deutschen, der nach Österreich reisen wollte, eine Sondersteuer von eintausend Mark einforderte, wohl wissend, daß Österreichs Tourismus, eine seiner Haupteinnahmequellen, vor allem auf deutsche Besucher angewiesen war. Die Steuer war nicht nur untragbar für die meisten Urlauber, sondern ihre Entrichtung machte den deutschen Touristen auch des Verrats verdächtig und brachte ihn eher in ein Konzentrationslager als in die österreichischen Alpen.

Zu unserem Erstaunen und unserer großen Freude trat Dollfuß diesem beispiellosen Terror, den ein relativ gigantischer Staat an seinem kleinen, hilflosen Nachbarn verübte, unmißverständlich und mutig entgegen. Im Mai proklamierte er die Gründung der Vaterländischen Front, die nach und nach alle existierenden politischen Parteien ersetzen sollte, indem sie alle Patrioten zugunsten der österreichischen Unabhängigkeit vereinte. Ich trat der Organisation sehr bald nach ihrer Gründung bei. Es war die erste und wahrscheinlich letzte politische Vereinigung, bei der ich je Mitglied wurde. (Das Independent Citizens Commitee of the United States, dem ich 1946 wenige Monate angehörte, betrachtete ich nicht als politische Organisation.) Wie die Vaterländische Front arbeiten sollte, war anfangs unklar und wurde später nicht viel klarer. Die Hoffnungen, die ich in diese Organisation gesetzt hatte, wurden gründlich enttäuscht. Fürs erste hefteten die Mitglieder sich ein schmales Band in den österreichischen Landesfarben an den Rockaufschlag. Als Symbol für die VF wurde ein Kreuz gewählt, wie es die Kreuzfahrer angeblich getragen hatten. Es sah ganz danach aus und sollte sich gegen das heidnische Hakenkreuz durchsetzen. Eine andere Maßnahme, die psychologisch gut ausgedacht war, weil sie uns unerwarteten Auftrieb gab, war die Wiedereinführung der alten österreichischen Uniformen für die kleine Armee, statt der nichtssagenden und unbeliebten Kluft, die nach 1918 gewählt worden war. Ich erinnere mich, daß mir der Anblick des ersten Offiziers in der schönen alten Uniform, die mir aus der aktiven Zeit meines geliebten Vaters so vertraut war, einen freudigen Schock versetzte. Wir hatten uns von der »Revolution« des Novembers 1918 weit entfernt.

Eindrücke vom italienischen Faschismus

In diesem Monat* fuhr ich nach Florenz, denn ich war zu einem internationalen Musikkongreß eingeladen worden, den ich weiß nicht wer organisiert hatte. Es war ein angenehmes und kultiviertes Unternehmen, auch wenn nichts Greifbares und Konstruktives dabei herauskam. Ich bin nicht sicher, ob derartiges überhaupt beabsichtigt war. Wir hörten sehr viele Leute aus verschiedenen Ländern mit Vorträgen über verschiedene Themen, die mit Musik zusammenhingen, zumeist nicht theoretische Allgemeinheiten. Die gesellschaftlichen Aktivitäten waren anregender als das vage umschriebene Programm der Sitzungen. Der Kongreß wurde von Signor Ugo Ojetti geleitet, einem Mitglied des italienischen Senats, wenn ich nicht irre. Besonders erinnere ich mich an einen wunderbaren Autoausflug nach San Gimignano, der kleinen mittelalterlichen Stadt mit ihrer phantastischen Ansammlung von Türmen. Die Fahrt durch die traumhafte Landschaft der Toscana auf dem Höhepunkt des italienischen Frühlings war bezaubernd. Ich fuhr mit Dr. Heinrich Strobel, der damals Musikkritiker in Deutschland und Herausgeber des »Melos« war, dem einstigen Propheten Hindemiths, sowie mit seiner Frau und dem französischen Komponisten Albert Roussel dorthin. Ein anderer Ausflug führte die ganze Gesellschaft in Bussen nach Lucca und in das Haus Puccinis im nahe gelegenen Torre del Lago, das in ein bescheidenes Museum zu Ehren des großen Meisters der italienischen Oper umgewandelt worden war. Ich erinnere mich, daß ich mich auf diesem Ausflug viel mit Gerda Busoni, der Witwe des Komponisten, unterhielt. Ich suchte absichtlich eifrig Kontakte zu anscheinend wichtigen Leuten aus dem Ausland, weil

* Mai 1933

ich fühlte, daß ich mich nach dem Verlust des deutschen Marktes bald nach neuen Tätigkeitsgebieten und Einnahmequellen würde umsehen müssen. Bei diesen Bemühungen hatte ich anfangs nur mäßigen Erfolg, und ich bin nicht sicher, daß ich jemals besondere Gewandtheit darin erlangte.

Willi Reich, der sich bereits einige Zeit in Bologna aufgehalten und für seine Dissertation in Musik über Padre Martini geforscht hatte, nahm ebenfalls am Kongreß teil, und ich glaube, es war von Florenz aus, daß er Mussolini eine Studie schickte, in der es um den grundlegenden Artikel über Faschismus ging, den der Duce in der italienischen Enzyklopädie veröffentlicht hatte, sowie um eine deutsche Übersetzung dieses Artikels, die die Nazis in Deutschland und anderswo verbreiteten. Reich hatte entdeckt, daß die Übersetzung das Original beträchtlich verfälschte, um zu beweisen, daß die Lehren der Nazis mit den politischen Theorien Mussolinis völlig übereinstimmten. Das schien wichtig zu sein, weil damals zwischen Deutschland und Italien Spannung aufgekommen war, die sich täglich verschärfte – wobei es in der Hauptsache um Österreich ging, denn Mussolini trat aus Gründen, die er selbst am besten kannte, sehr entschieden für Österreichs Unabhängigkeit ein. Das überraschende Resultat von Reichs kritischem Aufsatz war, daß der Schweizer Verlag, der die deutsche Fassung von Mussolinis gesammelten Werken herausgab, vom Büro des Duce aufgefordert wurde, Reich zu fragen, ob er die deutsche Übersetzung dieser Werke übernehmen würde. Reich sagte zu, und in den folgenden Jahren übersetzte er einen Band von diesem Zeug nach dem anderen, während ich ihm beim Korrekturlesen half. Das ist eine etwas pikante Fußnote zur Weltgeschichte, wie mir scheint.

Ich kann nicht sagen, daß die Tausende von Seiten der Reden Mussolinis eine besonders interessante oder erfreuliche Lektüre waren. Aber im Vergleich zu dem vulgären und geschwollenen Quatsch, der sich in Strömen aus Hitlers Barbarenschnauze ergoß, las sich die Prosa des Duce wie der Diskurs eines Philosophen. Oft amüsierten mich seine Bemühungen, sich als gelehrter Literat hervorzutun, so als wäre die Politik nur eine lästige Pflicht, die er um des Gemeinwohls willen auf sich genommen hatte, während sein Herz eigentlich den schönen Künsten und der Literatur gehörte. Dies betonte er auch, als er Reich schließlich eine Audienz gab. Reich schenkte ihm die damals noch vorhandenen Hefte der »23«, und Mussolini begrüßte ihn sogleich als »Kollegen« und sprach nur über Literatur. Hitler hatte natürlich einen ähnlichen Zug, denn er betrachtete seine jährlichen Reden über deutsche Kunst in Nürnberg als wahre Meisterwerke seiner Redekunst, die zum Ausdruck brachten, was die Welt als sein Hauptanliegen anerkennen sollte. Das geschah jedoch immer mit der gehässigen Haltung eines frustrierten Dilettanten, und von all dem haarsträubenden, vulgären Unsinn, den Hitler von sich gab, waren seine Reden über die Kunst wahrscheinlich das Schlimmste.

Natürlich stimmte uns Mussolinis Haltung Österreich gegenüber in bezug auf seine politische Lehre und Praxis etwas weniger kritisch. Ich habe über den Faschismus und seine Taten gewiß nie stillschweigend hinweggesehen, aber ich fand ihn weniger tadelnswert als den Nazismus, solange Italien auf unserer Seite war. Natürlich wußten wir nie wirklich, was in Italien selbst vorging, sowenig wie ausländische Reisende in Nazideutschland sich eine Vorstellung davon machten, in welchen Verhältnissen die Einheimischen tatsächlich lebten. Die Möglichkeit eines totalitären Regimes, das Entsetzliche, das es seinen Untertanen zufügt, fast vollständig zu verbergen, gehört zu seinen erschreckenden Seiten. In Italien sah ich nicht nur keine Spuren von Terrorismus, sondern ich hatte wirklich den Eindruck, daß man offen sprechen konnte, worüber man wollte, auch über den Faschismus. Zweifellos war das eine Illusion, die wahrscheinlich vom Regime selbst sehr schlau für Propagandazwecke im Ausland erdacht worden war.

In Florenz traf ich auch Paul Bekker zum letzten Mal. Seit meiner Abreise aus Wiesbaden hatten wir uns nicht gesehen, und in jüngerer Zeit haben wir uns völlig entzweit. Er hatte ein Büchlein mit Essays veröffentlicht, in denen er verschiedene Künstler, Komponisten, Dirigenten und ähnliche in Form von Briefen, die an die Betreffenden gerichtet waren, beurteilte und kritisierte. Ich gehörte zu denen, die mit einem Brief in diesem Buch beehrt worden waren, und obgleich ich mich nicht mehr sehr gut erinnere, was er über mich sagte, gefiel es mir nicht, hauptsächlich wegen eines gewissen herablassenden Tons und einer hochnäsigen Einstellung meiner späteren Entwicklung gegenüber, als würde er sagen: »Das waren noch Zeiten, ganz gleich, was danach passierte.« Ich konnte seine nostalgische, aber mißmutige Stimmung menschlich verstehen, aber es war mir nicht recht, daß sie gedruckt und veröffentlicht wurde. Deshalb bat ich die »Frankfurter Zeitung«, einen Artikel von mir zu drucken, den ich als Antwortbrief auf Bekkers Brief an mich formulierte. Bekker war nicht nur wegen des Inhalts meiner Replik, sondern auch wegen ihrer Form gekränkt, und bei einer Tasse Kaffee auf einer der Piazze von Florenz sprachen wir uns darüber aus oder versuchten das zumindest. Es war nicht sehr erfolgreich, denn Bekker war in einer etwas bitteren Stimmung, wie ich sie von Wiesbaden her an ihm kannte, nun aber noch gesteigert. Er hatte sich klugerweise aus Deutschland davongemacht, solange es noch Zeit war, denn wenn er dort geblieben wäre, hätte er früher oder später in einem Konzentrationslager geendet, weil seine Sünden wider die Ideale der Nazis offenkundig und beträchtlich waren. Sie hätten ihn jederzeit wegen schlechter Verwaltung öffentlicher Mittel oder irgendeines anderen erfundenen Vergehens einsperren können. Seine Frau hatte sich von ihm scheiden lassen, und er war im Begriff, mit Grete Reinhart, die er später heiratete, nach Amerika auszureisen. Durch das Verlagshaus W. W. Norton kam er in den Vereinigten Staaten zu einigem Erfolg. Als ich wenige Jahre später herüberkam, stellte ich fest, daß seine Bücher über Musikgeschichte und Oper in Colleges viel benutzt wurden. Leider konnte er Amerika nicht genießen. Der im Grunde gute und integre Mann tat mir sehr leid, obgleich ich seine Ansichten nicht mehr teilen konnte. Ich hoffe, daß ich nicht für schuldig befunden werde, wesentlich zu seinem Niedergang beigetragen zu haben. Doch es scheint, daß er im Privatleben schließlich bekam, was er wollte, und daß meine frühere Affäre mit Grete ihm auf dem Weg zur Erfüllung seiner Wünsche nicht im Weg stand. Wenn das Ersehnte ihn nicht so glücklich machte, wie ich es ihm wünschte, war das wohl nicht meine Schuld.

Von Florenz aus fuhr ich nordwärts und verbrachte einen Tag in Stresa am Lago Maggiore, um mir die berühmten Borromäischen Inseln anzusehen. Am nächsten Tag machte ich in Ascona Halt und besuchte die Röders, Frau Kanns Tochter Eva und ihren Mann, den Chemiker, der in der Nähe in der Industrie beschäftigt war. Ich genoß den Besuch sehr, weil ich Eva, die ich so sprunghaft und reizend wie eh und je vorfand, gern mochte. Ihr Mann wirkte ein wenig farblos und unscheinbar, und es fiel mir schwer, mir die Art ihrer Beziehung vorzustellen. Sie waren Teil der Welt, der ich nie angehörte, und ich vermute, daß ich alle möglichen merkwürdigen Vorstellungen von jener Welt hatte, die vielleicht gar nicht existierte, außer in meiner Phantasie. Aber ich kann nicht sagen, daß ich jetzt viel mehr darüber weiß, und so muß ich die Sache auf sich beruhen lassen.

Ich erinnere mich nicht, wie ich von Ascona aus weiterreiste, aber ich machte in Innsbruck eine Zwischenstation, um Ludwig [von] Ficker, den Herausgeber der Zeitschrift »Der Brenner«, zu besuchen. Er wohnte in Mühlau, dem Dorf auf der anderen Seite des Inns, wo auch meine Verwandten lebten. Ich war durch meine Aufnahme in den Kraus-Zirkel mit [von] Ficker bekannt geworden, und es war nicht allzu schwierig, einen Kontakt herzustellen. Das Goldene Zeitalter des »Brenner« war die Zeit Georg Trakls gewesen, des großen Tiroler Dichters, der im Ersten Weltkrieg umgekommen war. Die Zeitschrift stand mir wegen ihres unorthodoxen, aber ausgesprochen religiösen Charakters, der etwas schwer zu beschreiben ist, sehr nahe. Sie war christlich mit einem stark katholischen Akzent, doch ohne jede Ähnlichkeit mit dem Typus des offiziellen klerikalen Journalismus, der, von wenigen Ausnahmen abgesehen, schwer zu ertragen ist. Einer der wichtigsten Mitarbeiter des »Brenner« war Theodor Haecker, der christliche Philosoph aus München, der Kierkegaard übersetzt und kommentiert hatte. Als ich mich mit [von] Ficker traf, waren noch andere Schriftsteller anwesend, hauptsächlich Tiroler, wie Zangerle und Leutgeb, sehr begabte Dichter mit starker und origineller Phantasie, etwas esoterisch und dem Mystizismus zuneigend und von innen her mit rätselhafter, aber reiner und heißer Flamme brennend. [Von] Ficker war ein freundlicher und anscheinend einfacher Mensch, den ich sehr gern mochte. Im Gasthof Coreth in Mühlau führten wir bei mehreren Karaffen schönem Rotwein eine ganze Reihe von Gesprächen, die zwar wohl keine unergründlichen philosophischen Tiefen erreichten, aber auf einer Art unmittelbarem gegenseitigem Verständnis beruhten. Ich war sehr stolz darauf, daß Österreich etwas wie den »Brenner« hervorbringen konnte.

Präsident des »Vereins der Bühnenautoren«

In diesem Frühling begann, ich mich mit einem Projekt ganz anderer und durch und durch weltlicher Natur zu beschäftigen, als ich nämlich zum Präsidenten der Österreichischen Genossenschaft dramatischer Schriftsteller und Komponisten gewählt wurde. Es schien, daß der Präsident dieses Vereins, Julius Bittner, so krank war, daß er nicht weitermachen konnte. Ich hatte den Eindruck, daß ich nicht so sehr in dieses Amt gewählt wurde, weil die Mitglieder mich für den besten Mann hielten, sondern weil sie sich nicht auf einen anderen einigen konnten. Ich war ein unbeschriebenes Blatt. Julius Bittner war ein typischer Provinzpolitiker, und so hatte er auch gearbeitet, bevor er die Komponistenlaufbahn antrat. Er war in verschiedenen Landstädten Richter gewesen und konzentrierte sich erst später darauf, Musik in einem postwagnerschen Stil zu komponieren, die jener von Humperdinck und Kienzl ähnelte, aber ein ausgleichendes Element unbeschwerter Weltlichkeit besaß. Seine Musik war vollkommen epigonal. Trotzdem gefiel sie mir, und seine letzte Oper, *Mondnacht*, gefällt mir immer noch (wie sich zeigte, als ich mich letzten Sommer beim Durchforsten der Musikbibliothek in der alten Wohnung meiner Eltern nicht entschließen konnte, sie auszusortieren). Es ist eine sonderbar aufregende Geschichte von einem österreichischen Offizier, den Spielschulden dazu verleiten, Spion und Verräter zu werden, und der am Ende Selbstmord begeht. Es ist ein Hauch vom alten Österreich darin, wie ich ihn auch bei Joseph Roth gefunden habe, der mich zu Tränen rührt. Bittner war ein geselliger, oberflächlicher, lauter, freundlicher und etwas redseliger Mensch (ein typischer Politiker), wie so viele Österreicher schnellen, heftigen Stimmungs- und Meinungsschwankungen unterworfen, unzuverlässig und inkonsequent, aber nicht ohne Charme. Zu jener Zeit bekam er eine ziemlich ungewöhnliche Krankheit, die etwas mit Diabetes zu tun hatte, wenn ich mich recht erinnere, und schließlich dazu führte, daß ihm die Beine amputiert werden mußten. Deshalb wollte er verschiedene Ehrenämter, die er innehatte, abgeben, darunter auch den Vorsitz der oben erwähnten Organisation.

Der Verein verdankte seine Existenz dem dreiseitigen Kollektivvertrag, der in Deutschland und Österreich die Beziehung zwischen Theaterproduzenten, Verlegern und Autoren regelte. An amerikanischen Maßstäben gemessen, war das ein unerträgliches Monopol, aber in Europa wurden Vereinbarungen dieser Art von den Regierungen eher begünstigt als gerichtlich verfolgt, und meiner Meinung nach war das ein Zeichen von Einsicht und Reife, denn diese Verträge schützten den Autor schließlich vor Ausbeutung und mörderischem Wettbewerb und verliehen seinem Dasein ein gewisses Maß an Stabilität. Worauf es ankam, war, daß die drei betroffenen Parteien einen Standardvertrag aufsetzten, der für Mindesttantiemen, Verfahrensbestimmungen, Schlichtungsmechanismen, Strafen und so weiter sorgte, und daß sie vereinbarten, nur mit Mitgliedern der angeschlossenen Organisationen zu verhandeln (eine Art Gewerkschaftszwang). Unsere Einrichtung hatte mit dem Einfordern von Tantiemen (das normalerweise Sache des Verlegers war) nichts zu tun, außer wenn ein Theater nicht pünktlich zahlte. Zusammen mit der Verlegerorganisation unterhielten wir ein Büro, die sogenannte »Zentralstelle«, die gerichtlich gegen solche Widerspenstigkeiten vorging. Der Vertrag sah ein Schiedsgericht vor, zu dem die beteiligten Organisationen Delegierte entsandten. Den Vorsitz hatte ein Berufsrichter, der von den beteiligten Parteien ausgewählt wurde. Das alles war viel komplizierter, als ich es erinnern und auf diesen Seiten erklären könnte.

Als ich die Ernennung zum Präsidenten dieser Vereinigung annahm, war ich mir der Auswirkungen dieses Schritts nicht im geringsten bewußt. Ich fühlte mich wie gewöhnlich von der Möglichkeit herausgefordert, auf einem Gebiet tätig zu werden, das mir neu war. Außerdem fand ich, daß dies ein weiterer Vertrauensbeweis meines Heimatlandes war, den ich auf keinen Fall ablehnen konnte. Es sah auch nach einer weiteren Einflußmöglichkeit aus, die es mir erlauben würde, aktiv zur Entwicklung öffentlicher Angelegenheiten beizutragen. Der Mann, der, wie ich herausfand, das Ganze in Gang gesetzt hatte und mit dem ich von da an ständig zu tun hatte, war ein gewisser Dr. Philipp Silber, der den Titel Syndicus trug und nichts anderes als der Sekretär der Vereinigung war. In seinen Anfängen hatte er ein paar Operetten geschrieben, aber zu der Zeit, als ich ihn kannte, war er nicht mehr schöpferisch tätig, sondern widmete seine ganze Zeit der bürokratischen Arbeit in der Organisation, und davon gab es in der Tat eine Menge. Er war um die Fünfzig, ein redseliger, penibler, pedantischer, sentimentaler und sensibler Jude, freundlich und nett, aber schrecklich anstrengend im persönlichen Umgang. Bevor ich meine Einweihung in die Feinheiten und Geheimnisse des berühmten Vertrages halbwegs hinter mir hatte, gab es viele mehrstündige Treffen in seiner Wohnung, nicht weit von der Volksoper entfernt, bei denen er nicht nur versuchte, mir die wesentlichen Pflichten meines Amtes zu erklären, sondern auch sehr ausführlich seine Lebensgeschichte vortrug und von den Eigentümlichkeiten aller wichtigen Mitglieder der Gesellschaft erzählte, und es gab da viele wichtige und äußerst eigentümliche. Unsere Einrichtung umfaßte alle österreichischen Autoren und Komponisten, die für die Bühne schrieben. Mithin hatte ich unter meinen Mitgliedern so weltberühmte und finanzgewaltige Gestalten wie Lehár, Kálmán, Ascher, Brammer, Grünwald, Beda und Beer – um nur einige zu nennen –, aber auch Bühnenautoren wie Wildgans, Schnitzler, Ortner und eine Menge andere. Unserer Gesellschaft standen keine nennenswerten Geldbeträge zur Verfügung, und sie lebte von der Hand in den Mund, weil wir keine Gebühren erhoben, wie die ASCAP* es tut, von denen wir die Ausgaben hätten abziehen können, aber sie versammelte eine stattliche Reihe von Namen wie nur wenige andere Organisationen dieser Art.

Die politische Situation machte die Sache schwieriger und komplizierter, denn da der Markt für österreichische Autoren in der Hauptsache die deutsche Bühne war, gab es parallel zu unserem Dreiecksvertrag eine ähnliche Vereinbarung, in die auch Deutschland

* American Society of Composers, Authors and Publishers, der in Deutschland die GEMA entspricht.

einbezogen war. Als die Nazis an die Macht kamen, scherten sie sich kein bißchen um solche bestehenden Verpflichtungen, sondern erneuerten die gesamte Struktur des deutschen Geisteslebens nach ihren schändlichen Vorstellungen und gründeten ihre verfluchte Reichskulturkammer. Es bedurfte endloser Sitzungen mit Dr. Silber, um für alte Probleme neue Lösungen auszuarbeiten, und es war nicht leicht, praktische Ergebnisse zu erzielen, denn wenn mir etwas relativ einfach erschien, brauchte er nicht lange, um es unglaublich komplex und kompliziert zu machen, denn er war Doktor der Rechte und hatte eine typisch juristische Denkweise.

Oft hatten wir mit Regierungsbeamten im Ministerium für Unterricht und Kultur zu verhandeln. Es waren in der Hauptsache zwei, die für unsere Angelegenheiten zuständig waren, die Ministerialräte Wysoko und Thomasberger. Wysoko, den ich nicht gut kannte, war etwas scheu und ein wenig nervös, auch ein bißchen zynisch. Thomasberger war ein sehr netter Kerl, dick und fröhlich, ebenfalls zynisch, aber nicht bitter. Seine Einstellung zu kulturellen Angelegenheiten in seinem Zuständigkeitsbereich wird durch eine Bemerkung gekennzeichnet, die er in einem IGNM-Konzert machte, in dem eine Art offizielle Auswahl amerikanischer Musik vorgestellt wurde (nur deswegen kam er). Ich erinnere mich nicht, was sonst noch gespielt wurde, aber als zum Schluß ein Streichquartett von Frederick Jacobi aufgeführt wurde, rief Dr. Thomasberger aus: »Das ist schön, es schont die Ohren.«

Ich weiß nicht, ob ich als Präsident dieser Organisation irgendwelche nützlichen Dienste leistete. Während meiner Amtszeit, die mich in vier Jahren viele hundert Stunden kostete, war ich nicht einmal sicher, daß die Einrichtung als solche irgendeinem vernünftigen Zweck diente. Im Grunde interessierten mich die Dinge, um die ich mich kümmern mußte, überhaupt nicht. Wie in allen derartigen Organisationen (zum Beispiel der ASCAP) sind die eigentlichen Nutznießer die Hersteller von Unterhaltungsstoff, denn ihre Tätigkeit ist wirklich lohnend, was die finanziellen Erträge betrifft, und überragt die der sogenannten ernsten Autoren unermeßlich weit. Infolgedessen sind die Praktiken solcher Organisationen darauf abgestimmt, die Interessen der Lieferanten von Unterhaltung zu schützen. Es ist klar und im Sinne der Prinzipien unserer Gesellschaft vollkommen fair, daß jemand, für den 500000 Dollar auf dem Spiel stehen, Vorrang vor jemandem hat, der 4,32 Dollar herausschlagen will, obgleich letzterer vielleicht zu den wenigen gehört, an die man sich nach Jahrhunderten noch erinnern wird, während seine glücklicheren Kollegen möglicherweise schon vor ihrem Ableben vergessen werden.

Obgleich mir das völlig klar war, zögerte ich keinen Augenblick, die Probleme meiner erfolgreicheren Kollegen so ernst zu nehmen, wie ich konnte, und ich habe das Vertrauen, das sie in mich setzten, bestimmt nie mißbraucht. Trotzdem konnte ich nie ein nagendes Gefühl der Sinnlosigkeit loswerden, wenn ich mit Dr. Silber über diese Dinge sprach oder in den verschiedenen Besprechungen des Komitees saß. Selbstverständlich bekam ich keinen Lohn für meine Mühen, abgesehen von dem Lob und der Anerkennung mehrerer Mitglieder. Die Organisation beglich außerdem einen Teil meiner Telefonrechnung, was nur recht und billig war, denn es geschah nicht selten, daß Dr. Silber mich fünfundvierzig Minuten am Telefon festhielt.

Es kann sein, daß die Verbindung mit dieser Einrichtung mir einen weiteren Kontakt mit der Welt der Operette verschaffte. Meinen ersten Versuch, mit meiner Skizze zu der Operette *Bluff* in die Welt der Unterhaltung hineinzukommen, habe ich bereits geschildert. Ich erinnere mich nicht, wann es geschah (und ich bin sicher, daß ich den Bericht darüber an der Stelle, wo er chronologisch in diese Erzählung hineingepaßt hätte, ausgelassen habe), daß die Universal Edition an einige Wiener Operettenproduzenten herantrat, um ihnen mein Werk zu verkaufen. Ich erinnere mich, daß ich in der UE einmal einigen Mitgliedern der Zunft verschiedene Nummern aus *Bluff* vorspielte und sie nach ein paar höflichen Bemerkungen über meine Musik sagten, um in Wien auch nur eine kleine Erfolgschance zu haben, müsse eine Operette wenigstens eine »Nummer« enthalten, welche den Reizen dieser Stadt gewidmet sei, die ja schließlich die Wiege der Operettenkultur sei. Das reichte mir, und nach diesem Gespräch ließ ich nicht nur *Bluff* für immer in der Schublade verschwinden, sondern ich gab auch jede Hoffnung auf, jemals einen gewinnbringenden Beitrag auf diesem Gebiet zu leisten.

Ich erinnere mich nicht, ob die neue Verbindung wieder von der UE hergestellt wurde oder auf meine oberflächliche Bekanntschaft mit einigen prominenten Herstellern dieser Ware zurückzuführen war, die Mitglieder meiner Organisation waren. Jedenfalls wurde ich zu Alfred Grünwald eingeladen, einem der bekanntesten Librettisten von Wiener Operetten, und mußte dort die Lesung eines Operettentextes über mich ergehen lassen, den er zusammen mit Gustav Beer, einem anderen berühmten und erfolgreichen Vertreter dieses Genres, zurechtgezimmert hatte. Woran ich mich vor allem erinnere, ist, daß die Wohnung mit Glückssymbolen buchstäblich übersät war, mit Hufeisen, Schweinchen, Schornsteinfegern, vierblättrigen Kleeblättern und ähnlichem mehr. Ich mußte auf einem

Sessel sitzen, der ein weiteres Symbol dieser Art nachahmte, nämlich einen Fliegenpilz. In dem Text, den ich vorgelesen bekam, ging es um einen russischen General (sowjetischen Typs), der in politische und gefühlsmäßige Schwierigkeiten gerät und wieder herauskommt. Mich beeindruckten vor allem die minuziösen Beschreibungen aller äußeren Einzelheiten. Als der General erschien, mußte ich mir mindestens eine Seite Prosa anhören, die genau seinen Gesichtsausdruck, seine Statur, seinen Bart, seine Uniform, deren Knöpfe und so weiter beschrieb. Ich lehnte jede Beteiligung an dem Projekt höflich ab, wahrscheinlich, indem ich darauf hinwies, daß ich wohl kaum der Richtige sei, um ein so inspirierendes und wunderbares Projekt anzugehen. Wie ich später hörte, verzieh Grünwald sich nicht, daß unser Gespräch an einem Freitag stattgefunden hatte, was ihm als ausreichende Erklärung dafür diente, daß nichts daraus wurde.

Obgleich mir dieses Gebiet künstlerischer oder pseudokünstlerischer Unternehmungen völlig versperrt geblieben ist und mir jene Ehrfurcht einflößt, die wir vollkommen unverständlichen Dingen vorbehalten, muß ich sagen, daß die Vertreter dieses höchst einträglichen Geschäfts mir stets mit Bescheidenheit, Respekt und Freundlichkeit begegneten. Mir scheint, daß es ihnen in gewissem Maße peinlich ist, welches enorme Einkommen sie mit ihren Aktivitäten erzielen, wenn sie relativ mittellose Kollegen treffen, die sich in den höheren Regionen des Parnaß abmühen. Sie sind naiv und oft rührend ehrerbietig angesichts der undankbaren, aber ehrfurchtgebietenden Anstrengungen der ernsten Komponisten. Ich erinnere mich insbesondere an den Mann, der unter dem Namen Beda höchst einträgliche Texte zu zahllosen Schlagern schrieb. Ich sah ihn ab und zu im Stehparterre des Musikvereinssaals, wenn ein umstrittenes modernes Stück gespielt wurde. Offenbar nahm er sich zwischen seinen eigenen schöpferischen Bemühungen und den fürchterlichen Konferenzen, in denen die Gesamtstrategie der Schlagerindustrie ausgeheckt wurde, etwas Zeit, um auch der Klassik und dem Fortschritt seinen Respekt zu zollen. Was mich besonders erheiterte, waren die gewaltige Energie und Begeisterung, welche diese Leute für die Herstellung ihrer Belanglosigkeiten aufwandten. Subjektiv betrachtet, war das natürlich durchaus gerechtfertigt, denn die richtigen Worte oder Töne für ein Liedchen zu finden entschied über ihr ungeheures Vermögen, und ökonomisch gesehen waren drei oder vier Zeilen Unsinn in der Tat wichtiger als Weberns gesamtes Lebenswerk. Eine Art ausgleichender Gerechtigkeit scheint allerdings insofern über diesen Dingen zu walten, als nur diejenigen mit weltlichem Erfolg und Reichtümern belohnt werden, die sich für solche Sachen wirklich begeistern können und sich ihnen mit dem gleichen Ernst und Einsatz der ganzen Persönlichkeit widmen, die wir natürlich fänden, wenn Beethoven eine neue Symphonie konzipiert. Wer die Werke populärer Musik als belanglos betrachtet (was sie tatsächlich sind), wird mit seinen eigenen Bemühungen auf diesem Gebiet keinen Groschen verdienen, auch wenn er vielleicht ab und zu einmal eine sehr gefällige Melodie produziert. Ich weiß das, weil ich es versucht habe.

Es mag etwa zu dieser Zeit oder etwas früher gewesen sein, daß der deutsche Psychologe Julius Bahle mit der Bitte an mich herantrat, mich an einem Experiment zu beteiligen, das den Zweck hatte, das Wesen des kreativen Prozesses auf dem Gebiet der Musik zu erforschen. Er lud mehrere Komponisten ein, eines von acht Gedichten auszuwählen, die er zur Verfügung stellte, und es zu vertonen, und zwar mit der Auflage, detailliert alle Gedanken, Assoziationen, Überlegungen und so weiter vom Augenblick der ersten Lektüre des Gedichts bis zur Fertigstellung der Komposition festzuhalten. Ich war an der Mitwirkung interessiert, weil ich für Selbstbeobachtung und Analyse jeder Art schon immer viel übrig gehabt hatte. Was mir an Bahles Untersuchung gefiel, war, daß er sich bemühte, das Konzept der Inspiration von seinem Fetischcharakter zu befreien, indem er zeigte, daß Inspiration nicht so sehr der geheimnisvolle Anfang schöpferischer Arbeit ist, sondern vielmehr eine späte Phase in einer Abfolge geistiger Prozesse, die sich viel weiter zurückverfolgen lassen. Er untermauerte seine These mit Beweismaterial, das nicht nur sein Experiment, sondern auch Berichte und Darstellungen früherer Komponisten in Tagebüchern, Briefen etc. lieferten. Später habe ich der allgemeinen Richtung seiner Forschung geringere Bedeutung beigemessen, denn seine Ergebnisse sind zwar zweifellos wahr und hilfreich, wenn es darum geht, der romantischen Tendenz der Verdunkelung und Mystifizierung des kreativen Prozesses entgegenzuwirken, aber den offenkundigen Unterschied zwischen dem, was wir in Ermangelung besserer Begriffe Schaffen »mit Inspiration« und Schaffen »ohne Inspiration« nennen, erklären sie nicht. Damals jedoch nahm die analytische Durchdringung dieser Dinge mein Interesse in hohem Maß gefangen.

Ich glaube, es war im Jahr 1935*, daß Emil Hertzka, der Direktor der Universal Edition, starb. Mit ihm verlor ich einen persönlichen Freund, obgleich ich mich ihm als Menschen nicht besonders nahe

* Hertzka starb 1932.

gefühlt hatte. Mehr als sein Ableben erschütterte mich die Erkenntnis, daß eine Reihe von Voraussetzungen, die meine Komponistenlaufbahn bestimmt hatten, nicht mehr gegeben waren. Die Universal Edition war in der Tat nicht mehr dieselbe, und folglich wurden die Komponisten, die in den heroischen Tagen dieses Unternehmens groß geworden waren, zunehmend im Regen stehengelassen. Die Beerdigung fand auf dem Döblinger Friedhof statt, auf dem auch die erste Frau meines Vaters zur Ruhe gebettet worden war. Es muß im Frühjahr gewesen sein, denn ich erinnere mich, daß es hagelte. Aus unerfindlichen Gründen überkam mich während der Zeremonie eine grimmige, trotzige Stimmung, so daß ich mich auf der Fahrt vom Friedhof nach Hause niemandem anschließen mochte. Trotz des schrecklichen Wetters begann ich, den Berg hinunterzugehen, und blieb nicht stehen, bis ich Heiligenstadt erreichte, das bestimmt eine Stunde oder mehr entfernt war.

Einige Zeit nach Hertzkas Tod wurde zu seinem Andenken eine Stiftung gegründet, und es gab eine Diskussion darüber, was mit dem Geld geschehen sollte. Ich wurde in das Beraterkomitee berufen. Die Frage war, ob das Geld zur Förderung von Aufführungen neuer Musik oder für Preise zur Auszeichnung von Komponisten solcher Musik verwendet werden sollte. Ich erinnere mich, daß insbesondere Webern sich höchst entschieden für letzteres aussprach, weil er meinte, zu leben sei für einen Komponisten wichtiger, als aufgeführt zu werden. Ich stimmte ihm uneingeschränkt zu.

Tatsächlich wurde ein Preis ausgeschrieben, der jährlich nach einem bestimmten Schema vergeben werden sollte, und ich wurde Mitglied der Jury. Ich weiß nicht mehr, wie oft der Preis vergeben wurde, aber während wir über zwei- oder dreihundert Partituren berieten, beobachtete ich zu meiner Überraschung, daß die Jurymitglieder, unter denen so konservative Elemente wie Franz Schmidt und solche Leisetreter wie Wellesz waren, sich fast immer auf die progressivsten, »radikalsten« Werke einigten. Mir schien, daß dies ein Ausdruck ihres Schuldbewußtseins war. Während die Konservativen in ihren Werken und in ihrer Lehre öffentlich einen gemäßigten oder sogar reaktionären Kurs vertraten, fühlten sie im tiefsten Herzen, daß sie unrecht hatten, und bei einem Wettbewerb ließen sie ihren unterdrückten Gefühlen freien Lauf, um ihre reaktionäre Einstellung wettzumachen. Sie hätten anders votiert, wenn es um eine öffentliche Aufführung gegangen wäre, wo das Publikum sie für das, was es sich anhören mußte, hätte verantwortlich machen können. Da es sich aber nur um einen Geldpreis handelte, lag der Fall anders. Denn es war nicht sehr wahrscheinlich, daß die ausgezeichneten Werke so bald zu hören sein würden, und es schien daher weniger gefährlich zu sein, für den fortschrittlicheren Typ von Komposition zu stimmen, und zugleich zu beruhigen, weil es ein Gewissen erleichterte, das unter dem Widerstand gegen den Fortschritt der Kunst litt. Wie mir scheint, errang kaum eines der Werke, für die wir Preise vergaben, anschließend öffentlichen Erfolg, was, glaube ich, das übliche Resultat von Wettbewerben dieser Art ist. Die ganze Idee ist so abstrakt, daß sie den Bedingungen des realen Lebens nicht gerecht werden kann, obgleich es logisch und verlockend aussieht, Experten darüber entscheiden zu lassen, was das Beste ist.

Reisen in den Alpen

Der Sommer dieses Jahres wurde an verschiedenen Orten der österreichischen Alpen verbracht, die für die letzten Jahre vor der Katastrophe als Ferienregion besonders angenehm geworden waren, da sie kraft Hitlers Edikt von jenem schrecklichen deutschen Ungeziefer gereinigt waren, über das ich in einem früheren Kapitel geklagt habe. Außerdem war es patriotische Pflicht geworden, die leeren Gasthöfe zu unterstützen, und wir konnten unser Geld sowieso nirgendwo sonst ausgeben. Wieder zog mich ein Grenzgebiet an, jene Ecke Tirols, die auf der einen Seite an Italien und auf der anderen an die Schweiz grenzt. Dort liegt auf einem Hochplateau auf dem Weg zum Reschenpaß das Dorf Nauders, etwa drei Kilometer von der italienischen Grenze entfernt, wo die Bergstraße in das obere Etschtal hinunterführt. Eine andere Straße schwingt sich tief hinunter in das Inntal, wo die alte Tiroler Festung Hochfinstermünz den Eingang in das schweizerische Untere Engadin bewacht. Die Region mit ihren hochalpinen Wiesen und der klaren Luft war wunderbar, besonders der Blick in die Schweiz auf das Engadin. Der Gasthof, in dem wir wohnten, war leider alles andere als zufriedenstellend. Wir machten ein paar Abstecher über die Grenzen, einen nach Italien auf die Paßhöhe der Stilfser Joch-Hochalpenstraße, die von den Österreichern gebaut worden war, als dieser hohe Paß noch die Grenze zu Italien gebildet hatte, und die immer noch die höchste Bergstraße Europas war. Die Fahrt dort hinauf, mit dem ständigen Blick auf den gigantischen Ortler und seine herrlichen Gletscher, war großartig. Nahe dem Gipfel lag die Dreisprachenspitze (die deutsche, italienische und rätoromanische Sprachregion treffen hier aufeinander), ein bescheidener Kegel, der in wenigen Minuten zu Fuß zu erreichen war. Da er die Grenze zwischen Italien und der Schweiz bildete, war er von den Faschisten sorgfältig mit Stacheldraht eingezäunt worden, so daß niemand ihrem Paradies entkommen konnte. Wir besuchten auch Sulden und Trafoi, die Bergkurorte am Fuß des Ortlers. Sie waren einmal sehr beliebte und begehrte Urlaubsorte österreichischer Touristen gewesen, doch jetzt sahen sie etwas verlassen und trostlos aus. Ich weiß nicht mehr recht, wie wir auf dem Rückweg nach Österreich auf die Ofenpaßstraße gelangten, die in die Schweiz hinüber- und durch Santa Maria im Münstertal irgendwie nach Österreich zurückführt. Die faschistischen und militärischen Seiten Italiens waren sicherlich deprimierend, aber unter der ständig wachsenden Bedrohung von Norden her kamen wir zu dem Schluß, daß wir, wenn Österreich dazu verdammt war, in Knechtschaft zu leben, es bei weitem vorziehen würden, wieder eine Randprovinz einer Art Römischen Reiches zu sein, als Sklaven der brutalen und verhaßten Barbaren des Nazireichs.

Der andere Ausflug führte uns ans obere Ende des Engadin, und ich war glücklich, meinen Eltern jene zauberhaften Orte auf dem Dach der Welt zeigen zu können. (Der Teil des Engadin zwischen St. Moritz und Maloja hat auf mich immer wie das Dach der Welt gewirkt, denn ohne eigentlich eine Paßhöhe zu sein, scheint dieses hochgelegene, geschlossene Gebiet aus Weiden, schönen Waldstücken und kleinen, blauen Seen auf allen Seiten in unbekannte Tiefen abzufallen, als ob es nirgends etwas Höheres gäbe, abgesehen von den hohen Bergen, die über dieses Reservat der Glückseligkeit wachen.) Wir aßen in St. Moritz zu Mittag und fuhren nach Maloja und auf den Berninapaß hinauf, den ich schon beschrieben habe, und kehrten melancholisch und begeistert nach Nauders zurück.

An einem Nachmittag machten wir einen Ausflug in das Schweizer Dorf Compatsch, von Finstermünz aus wenige Kilometer jenseits der Grenze. Es liegt in einem kurzen entlegenen Tal, das von der Schweiz aus kaum zugänglich ist. Es gibt verschiedene solcher seltsamen Orte in den Randgebieten der Schweiz, weil ihre Grenzen mit den natürlichen Gegebenheiten des Landes nicht immer übereinstimmen, aber die Schweizer haben jede Anstrengung unternommen, selbst zu den entlegensten Dörfern Verbindungen herzustellen, durch oft sehr ausgeklügelte und teure Bergstraßen, auch wenn der Verkehr nicht nennenswert ist. In diesem einsamen Tal von Compatsch fand ich zum ersten und einzigen Mal in meinem Leben ein Edelweiß. Es wuchs in Mengen direkt am Weg, gar nicht an jenen schwierigen und gefährlichen Stellen, die diese Blume zu einer so legendären Pflanze gemacht und viele Menschen das Leben gekostet hat.

Nach einigen Wochen in Nauders fuhren wir ostwärts und ließen uns für eine Weile im salzburgischen Kaprun nieder, einem Sommerkurort nicht weit von Zell am See entfernt, am Fuß der

Hohen Tauern. Das gefällig zurechtgemachte Salzburgerland gefiel mir nicht so gut wie die zerklüftete Bergwelt Tirols, aber als Abwechslung war es ganz schön. Hinter Kaprun gab es eine enge Schlucht, die zum sogenannten Kesselfall führte, einer Stelle, an der die schnellen Wasser eines Bergbaches in eine Art natürlichen Felskessel stürzten (daher der Name). Das Ganze war sehr eng, dunkel, weil die hohen Wände der Schlucht wenig Sonnenlicht einließen, feucht und laut. Der uralte, unmoderne Gasthof in der Nähe war hauptsächlich von holländischen Touristen besucht, über die wir lachten, denn die Gegend schien ihnen zu gefallen, weil sie sie an ihre neblige, feuchte Heimat erinnerte.

Es war interessant, in den Unterschieden zwischen den alten und den neuen Alpenhotels den Wandel im allgemeinen Lebensstil zu beobachten. Während die alten Häuser, die etwa um 1870 erbaut worden waren, geräumig und nach den damals herrschenden Maßstäben luxuriös und prunkvoll waren und zeigten, daß ihre Bewohner wohlhabende Leute waren, die ihren Urlaub hauptsächlich im Haus genießen wollten und daher die Annehmlichkeiten eines Herrschaftshauses verlangten, hatten die modernen Hotels kleine, funktionelle Räume, in denen man nicht viel anderes tun konnte als schlafen. Aber dann waren die alten Hotels auch an kühlen, schattigen Plätzen errichtet worden, wo jemand, der sich ins Freie wagte, nicht der Sonne ausgesetzt war, während die neuen Gasthöfe an freien, sonnigen Hängen standen und für Menschen bestimmt waren, die soviel Zeit wie möglich draußen verbringen wollten. Das Verlangen nach Sonnenbräune wies auf denselben Orientierungswandel hin. In meiner Kindheit wurde übermäßige Sonnenbräune als Merkmal der Armut betrachtet, das zu mittellosen Menschen paßte, die gezwungen waren, unter der Einwirkung ungemilderten Sonnenlichtes zu arbeiten, zur niedrigsten Arbeiterklasse, wie Maurern, Straßenarbeitern, Schienenarbeitertrupps und dergleichen. Die Vornehmheit einer Person war an ihrer Fähigkeit zu erkennen, sich vor dem Sonnenlicht zu schützen, und Damen, die Wert darauf legten, als hochrangige Personen zu gelten, trugen Sonnenschirme, um sich ihre zarte, lilienweiße Hautfarbe zu erhalten. Wir wissen, wie sich das in unserer Zeit geändert hat.

Vom Kesselfall führte der Weg ziemlich steil zum Wasserfallboden hinauf, einer weiten Fläche über der Baumgrenze, und von dort aus konnte man an der gewaltigen Gletschermoräne entlang zum Moserboden wandern, einer komfortablen Herberge auf einer felsigen Bergkuppe, umgeben von prächtigen Eisbächen, die von den Hohen Tauern herunterkamen.

Ich bin nicht sicher, ob es in diesem oder im nächsten Sommer war, daß wir mit dem Auto über die Großglockner Hochalpenstraße fuhren, die damals im Bau war. Diese wunderbare Straße gehört sicher zu den stolzesten Leistungen der österreichischen Republik. Es ist eine sehr moderne, breite Bergstraße, die durch den spektakulärsten Teil des Tauerngebiets führt und nicht einfach eine Paßhöhe überquert, sondern über eine Entfernung von mehreren Kilometern hoch oben zwischen den großen Gletschern entlangführt. Der Tunnel, der durch den höchsten Bergrücken, das Hochtor, führt, trägt die Inschrift »In te, Domine, speravi – non confundar in aeternum«*, was ich im Hinblick auf die Zeit und den Ort sehr würdig und angemessen fand. Solche Einzelheiten ließen mich immer an die angeborene Würde und Stilsicherheit des österreichischen Charakters glauben, trotz seiner quälenden, peinlichen, ärgerlichen Mängel, seiner Verlogenheit, seiner clownesken Züge und seiner Torheit. Sicher war die Versuchung groß, aus einer unendlichen Anzahl von prahlerischen, kurzlebigen, dummen oder opportunistischen Inschriften etwas auszuwählen. Die ausgesuchte schien jedoch absolut richtig zu sein. 1933 war das große Werk allerdings längst noch nicht vollendet, und wir konnten nur bis zu einer bestimmten Stelle hinauffahren und die gigantische Baustelle besichtigen, die in diesen Bergfesten errichtet worden war.

Von Kaprun aus rief ich Clemens Krauss an, der damals bei den Salzburger Festspielen zu tun hatte, und bot ihm an, hinüberzufahren und ihm den zweiten Teil von *Karl V.* vorzuspielen. Er versicherte mir, daß das absolut unnötig sei, daß er ganz darauf vertraue, daß ich das Werk in demselben großartigen Stil fertigstellen würde, den er im ersten Teil kennengelernt habe, und daß an der Wiener Oper alles bereit sei, um mit den Proben zu beginnen, sobald die Universal Edition den Klavierauszug liefern würde, was sehr bald geschehen sollte.

Um unseren Sommer abzuschließen, hatte ich mich entschieden, quer durch das Land zu fahren und einige Zeit in seiner südöstlichen Ecke zu verbringen, und so fuhren wir über Graz nach Gleichenberg, einem Kurort in der Südsteiermark, nicht weit von der jugoslawischen Grenze entfernt. Ich wußte nicht viel über die Steiermark, und im Lauf der Zeit lernte ich auch nicht viel dazu, außer, daß sie von allen entmutigenden Zügen des schwachsinnigen Provinzialismus im österreichischen Hinterland die schlimmsten aufzuweisen schien. Bezeichnenderweise verfielen die Provinzen, die von der deutschen Grenze am weitesten entfernt waren, schneller und vollständiger dem Einfluß der Nazis als die anderen. Im alten Reich war Graz als angenehme, preiswerte Stadt bekannt, weswegen es ein bevorzugter

* Auf Dich, Herr, hoffe ich – ich werde mich nie beunruhigen lassen.

Wohnort für Offiziere und Regierungsbeamte im Ruhestand war. Dadurch wurde die Stadt noch verschlafener als sie ohnehin war. Im neuen Österreich behielt sie diese Eigenschaften bei, entwickelte aber außerdem, vielleicht unter dem Einfluß der bedeutenden Schwerindustrie der Steiermark, die starke Verbindungen zum deutschen Kapital hatte, eine Art von fanatischem, reaktionärem, aggressivem und widerwärtigem Deutschnationalismus. Natürlich konnte ein kurzer Besuch nicht mehr zeigen, als wir aus den täglichen Nachrichten wußten. Graz war wirklich eine angenehme Stadt mit viel ausgezeichnetem Essen zu sehr mäßigen Preisen, und es gab interessante alte Architektur zu sehen.

Aus Neugier mietete ich ein Auto für eine Fahrt nach Trahütten, einem kleinen Bergdorf westlich von Graz, wo Alban Berg ein Haus hatte. Ich glaube, es gehörte eigentlich Helene, vermutlich hatte ihre Mutter es von ihrem kaiserlichen Liebhaber geschenkt bekommen; wie es sich wirklich verhielt, wurde nie ganz klar. Die Fahrt war mäßig interessant, besonders weil die Straße, die in Wirklichkeit eher ein Weg war, unglaublich steil und sandig war, so daß das Auto schlingerte wie ein Boot auf wildbewegtem Wasser. Es wurde angedeutet, daß ein Raupenfahrzeug, wie man es in der afrikanischen Wüste benutzt, zweckdienlicher gewesen wäre als unser Vehikel. Die steirische Landschaft war seltsam, ganz anders als das übrige Österreich, weit, breit, offen, mit endlosen Ausblicken nach Osten, wo Ungarn und der Orient begannen.

Der Kurort Gleichenberg, der wirksame Heilwasser gegen Atembeschwerden lieferte, war gleichermaßen weitläufig, eine wahrhaft altmodische, aber irgendwie beeindruckende Ortschaft im großzügigen Stil vergangener Zeiten. Die ganze Stadt war über das ausgedehnte Areal eines herrlichen alten Parks mit weiten Rasenflächen und schönen, hohen, alten Bäumen verstreut. Sie war schläfrig, geruhsam und irgendwie jenseits von Zeit und Raum. Was mir nicht gefiel, war eine gewisse Stumpfheit. Wir lebten ruhig und genossen die Stille des alten Ortes, spazierten durch den Park und tranken pflichtbewußt das Wasser verschiedener Mineralquellen. Eine wurde von einem alten Schweizer aus Appenzell verwaltet. Einmal erklommen wir einen bescheidenen kleinen Hügel in der Nachbarschaft und verirrten uns vollkommen in dem dichten Wald. Ich habe festgestellt, daß das auf so unscheinbaren Erhebungen oft passiert und daß die Sache unverhältnismäßig anstrengend ist. Einen richtigen Gipfel im Hochgebirge zu besteigen, scheint ein vergleichsweise erfrischender Sport zu sein. Wir machten auch einen Ausflug in den südöstlichsten Winkel meiner Heimat, die kleine, alte Stadt Radkersburg. Auf dem Rückweg hielten wir in einem kleinen Weinort an der Mur, wo ich einen Wein trank, der zu den besten gehört, die ich je gekostet habe.

Eines Nachmittags gingen wir in das nahe gelegene Trautmannsdorf, um uns mehr Wein zu genehmigen, und dort hörten wir im Radio eine der wichtigsten programmatischen Reden unseres Kanzlers Engelbert Dollfuß. Es scheint mir, daß zu jenem Zeitpunkt hinter seinen quasi diktatorischen Maßnahmen eine neue Vorstellung von Österreich zum Vorschein kam. Es war die Vorstellung vom korporativen Staat, die auf den päpstlichen Enzykliken »Rerum novarum« und »Quadragesimo anno« basierte. Ich wußte sehr wenig über die gesellschaftlichen Interessen und Ideen der katholischen Kirche und war sehr beeindruckt von dem, was ich durch jene Rede erfuhr, denn mir schien, daß hier eine neue Vorstellung von Frieden und sozialer Gerechtigkeit Gestalt annahm, die vom sozialistischen Evangelium des Klassenkampfes und von der widerwärtigen Arroganz des Naziregimes gleichermaßen weit entfernt war.

Der Gedanke, daß die Menschen sich nach Berufen und nicht nach politischen Ansichten oder Klasseninteressen zusammenschließen sollten, sagte mir instinktiv zu, denn ich hatte immer den Standpunkt des Kunden vertreten (ich gebe zu, daß dieser beschränkt und in gewisser Weise selbstsüchtig und hochnäsig ist), daß nämlich Eisenbahnen, Fabriken, Geschäfte und so weiter in erster Linie geschaffen wurden, um zu funktionieren, gleichgültig, wie die Beschäftigten entlohnt wurden. Natürlich war es klar, daß diese Unternehmen nicht richtig funktionieren würden, wenn die Arbeitskräfte unterbezahlt, ausgebeutet oder sonstwie unfair behandelt würden, denn das würde Unruhe verursachen und schließlich den reibungslosen Betrieb dieser Einrichtungen stören. Deshalb sollten die Arbeiter anständig bezahlt und gut behandelt werden, aber für mich ist das stets ein sekundärer Gesichtspunkt gewesen. Die neue Theorie besagte jetzt anscheinend, daß zum Beispiel die Besitzer von Schuhfabriken und die Beschäftigten sich nicht mehr im Namen eines abstrakten utopischen Ideals gegenseitig bekämpfen, sondern sich zusammentun sollten, um die zur Schuhherstellung erforderlichen Vorgänge zu gewährleisten und zu verbessern. Da das offensichtlich anständige Entlohnung, Altersvorsorge und andere Maßnahmen implizierte, die das Leben derer, die mit der Herstellung von Schuhen beschäftigt waren, angenehm und glücklich machten, war ich absolut dafür, dieses Programm auszuprobieren. Während ich Dollfuß' Rede hörte, kam ich zu der festen Überzeugung, daß Österreich in dieser Zeit des Chaos tatsächlich eine bedeutsame Aufgabe entdeckt hatte, und ich war mehr denn je entschlossen, mein bestes zu tun, um meinem Land bei der Erfüllung dieser Mission zu helfen. Die Enttäuschung, die ich schließlich erlebte, mußte zwangsläufig groß sein.

Von Gleichenberg kehrten wir nach Wien zurück, hielten uns aber noch ein paar Tage in Aspang auf, wo meine Eltern ihre Flitterwochen verbracht hatten und ich vielleicht gezeugt worden war. Ich glaube, dort war es, daß ich unter dem Eindruck der Kanzlerrede nach einer Unterbrechung von ungefähr vierzehn Jahren wieder eine Sonntagsmesse besuchte. Ich war etwas befangen und verlegen und bemühte mich sehr, mich an die alten Gebete zu erinnern, die ich als Knabe gelernt hatte. Schließlich erinnerte ich mich, daß das wichtigste darunter das Schuldbekenntnis war, von dem wir glauben, daß es unsere Seele rettet, trotz unserer Sünden, falls wir plötzlich sterben sollten. Ich habe seither nie versäumt, dieses Gebet um Vergebung mindestens zweimal täglich zu sprechen.

Sehr bald nach unserer Rückkehr nach Wien mußte ich nach Zürich, um bei der ersten Aufführung meiner *Kantate von der Vergänglichkeit des Irdischen* unter der Leitung von Hermann Dubs, diesem Heißsporn, den Klavierpart zu spielen. Alles lief sehr gut, und das Werk wurde mit gebührendem Respekt aufgenommen und hatte großen Erfolg. Auf der Rückreise stieg ich morgens in Bludenz aus und wanderte auf der Landstraße nach Brand. Es war ein wunderschöner Tag, obgleich schon der 10. Oktober war, recht sommerlich und heiß, voller Sonnenschein und Altweibersommer. Die hohen Berge hatten auf den Gipfeln schon eine Schneedecke, aber die Täler lagen ruhig und verlassen da und warteten auf den Winter, der jeden Tag hereinbrechen konnte. Ich war in Hochstimmung, da ich in Zürich einen schönen Erfolg gehabt hatte und in Wien bald *Karl V.* auf der Bühne sehen sollte. Dollfuß' Ansprache gab mir viel Zuversicht hinsichtlich der Zukunft meiner Heimat, und ich sah für mich eine Aufgabe darin vorgezeichnet. Die Schönheit jenes Tages in den einsamen Bergen meines geliebten Vorarlberg bestärkte meinen Optimismus, und ich war stolz darauf, daß Österreich, obwohl es ein Land war, das von den Segnungen des südlichen Klimas nicht begünstigt war, so spät im Jahr noch einen so wunderbaren Tag hervorbringen konnte. Wieder einmal gab ich mich Illusionen hin. Ich hatte keine Ahnung, wie viele Jahre mußten vergehen, bevor es mir wieder so gut ging, falls es überhaupt jemals wieder dazu kam.

Journalistische Arbeit für die »Wiener Zeitung«

Bei meiner Rückkehr nach Wien begann ich, die politische Szene mit wachsender Aufmerksamkeit zu beobachten, und als ich feststellte, daß Richard Schmitz, ein Minister des Dollfuß-Kabinetts, einen Vortrag mit Diskussion über die neuen Gedanken des korporativen Staats ankündigte, beschloß ich, hinzugehen. Dieser unbedeutende Entschluß hatte weitreichende Konsequenzen. Ich weiß nicht mehr viel von dem Vortrag und dem Mann, der ihn hielt, außer daß er mir eher wie ein Durchschnittspolitiker christlichsozialer Färbung vorkam wie als der Prophet eines neuen, tiefgründigen Evangeliums. Doch im Vortragssaal wurde ich von einem Mann angesprochen, in dem ich bald August Knoll erkannte, meinen alten Klassenkameraden aus dem Gymnasium, den ich seit fünfundzwanzig Jahren nicht gesehen hatte. Er war ein überspannter, etwas hartnäckiger und aufdringlicher Mensch und steckte voller aktueller Parolen und Klischees, was mir nicht sehr gefiel, doch es zeigte sich bald, daß er über die neuen politischen Pläne Bescheid wußte, sehr genau, wie es schien, weil er Beziehungen zu den führenden Politikern hatte, die das neue System organisierten. Das beeindruckte mich sehr, und ich beschloß, mich an ihn zu halten, zumal er mir überschwenglich versicherte, er sei immer an mir und meiner Karriere interessiert gewesen. Er sagte, er hätte sie über die Zeitungsberichte eifrig mitverfolgt, und sein Tagebuch sei voller Bemerkungen über mich, da er zu mir als zu einem Beispiel erfolgreicher Bewältigung der Lebensprobleme aufgeschaut habe und so weiter und so fort. Ich beschloß, darauf nicht weiter einzugehen, aber seine Verbindungen zu nutzen, so gut ich konnte. Leider nutzte ich sie nicht vernünftig, nicht zu meinem Besten, wie man bald sehen wird.

Ich erinnere mich nicht, was damals Knolls Hauptbeschäftigung war. Er mag Universitätsdozent gewesen sein, aber was mich vor allem interessierte, war, daß er regelmäßig für die »Wiener Zeitung« schrieb und daß er mir anbot, mich ihrem Feuilletonchef vorzustellen. Seitdem die Nazis in Deutschland an die Macht gekommen waren, war mein Kontakt zur »Frankfurter Zeitung« abgerissen. Nach dem 6. März wurde noch ein Beitrag von mir abgedruckt – ich glaube, es ging um »Musik und Mathematik«, eine Vorstudie zu ausführlicheren Gedanken zu diesem Thema und offenbar ein Gegenstand, der in diesem Frühstadium der Weltherrschaft bei den Wachhunden der Partei keinen Verdacht erregte. Aber das war mein letzter Streich, denn kurze Zeit danach gab Gubler seine Stellung bei der Zeitung auf, um ähnliche Aufgaben bei der Berliner »Vossischen Zeitung« zu übernehmen. Ich hatte starke Bedenken dagegen, weil ich der Meinung war, daß die Entwicklungen für Kompromisse schon zu weit gediehen waren. Auch wenn jene Leute, die dem Namen nach noch für das liberale Berliner Blatt (das sich mit der großen Frankfurter Zeitung nicht messen konnte) verantwortlich waren, es sich leisten konnten, einen Schweizer Journalisten mit unabhängigen Tendenzen anzustellen, war ich der Meinung, daß er die Stelle nicht annehmen sollte, denn bestenfalls würden die Nazis sein Vorhandensein auf einer solchen Position als Beweis für ihre demokratische Toleranz ausgeben, ohne ihn wirklich das tun zu lassen, was ein Mann von seinem Format tun mußte, nämlich sie bekämpfen. Gubler jedoch meinte, selbst wenn die Nazis ihn als Schaufensterpuppe benutzen würden, habe er die Pflicht, durch List und geschicktes Taktieren von innen her das System zu untergraben. Er überredete mich, ein paar Artikel für seine Zeitung zu schreiben, aber schon zu Neujahr 1934 erwies sich mein Verdacht als vollkommen gerechtfertigt. In der Neujahrsausgabe der »Vossischen« druckte Gubler ein paar Szenen aus *Karl V.* ab, was riskant genug war. Es war aber ein anderer Beitrag, ich weiß nicht, von wem und worüber, der ihm das Genick brach. Er entkam der Verhaftung nur, indem er sich binnen Stunden von der Zeitung trennte und sofort die Stadt und das Land verließ.

Meine wichtigste Möglichkeit, mich literarisch zu äußern, war jedenfalls verloren, und mir lag sehr daran, eine neue zu finden, und nirgendwo war mir das willkommener als in Wien, denn das war die Stadt, in der ich gehört werden wollte. Darum nahm ich Knolls Angebot, mich bei der »Wiener Zeitung« vorzustellen, schnell an. Sie war eine der eigenartigsten Zeitungen Europas, nicht nur, weil sie die älteste war. Als ich mit ihr in Verbindung trat, begann sie ihren 231sten Jahrgang. Sie wurde von der Bundesregierung herausgegeben und war das offizielle Organ zur Bekanntgabe von Gesetzen und Regierungserlassen. Deshalb wurde sie von allen abonniert, die in solchen Dingen auf dem laufenden sein mußte – von Rechtsanwälten, Büros, Geschäftsleuten und so weiter –, aber sonst praktisch von niemandem, denn sie galt als die langweiligste Zeitung, die man sich vorstellen konnte. Trotzdem hatte sie, wie ich bald herausfinden sollte, eine der lebendigsten und am besten geführten Feuilletonredaktionen von allen Wiener Zeitungen.

Der Chefredakteur des Blattes war Dr. Ferdinand Reiter, der mir wie ein wohlwollender Bürokrat erschien, der von allem, was über seinen engen Horizont hinausging, nicht die leiseste Ahnung hatte. Der Mann, der für den Literaturteil verantwortlich war, war Dr. Edwin Rollett. Schon bevor ich ihn persönlich kennenlernte, schätzte ich ihn sehr, denn er war einer der Herausgeber der wunderbaren Gesamtausgabe von Nestroys Werken, die bei dem altehrwürdigen Wiener Verlag Schroll erschienen war. Er war ein stiller, unaufdringlicher und bescheidener Mann um die Vierzig, von dem eine seltsame Ausstrahlung und Wärme ausging. Er war klug, nüchtern, integer und mutig.

Eigentlich trat er für genau die gleichen Werte ein wie Karl Kraus, aber seiner Natur und seinem Beruf entsprechend war er weder streitlustig noch aggressiv. Das Erstaunliche war, daß er die Lehre der Menschlichkeit einfach lebte, ohne Verzweiflung und Arroganz, obgleich er mitten in »dieser Welt« stand, wo diese Werte ganz offensichtlich mit Füßen getreten wurden. Natürlich war seine Stellung insofern einzigartig, als sie den ruhigen Punkt im Zentrum eines Wirbelsturms darstellte.

Die »Wiener Zeitung« war zwar das Sprachrohr der Regierung, hatte den Kampf in alle Richtungen zu führen und spiegelte deutlicher als viele andere öffentliche Institutionen die moralischen und geistigen Mängel der Zeit, aber sie wurde von allen in Ruhe gelassen, auch von der Regierung, die sie herausgab. Es war insofern eine typisch österreichische Situation, als sich wahrscheinlich viele aufgeklärte Regierungsbeamte stillschweigend über die Freiheit und Unabhängigkeit des Literaturteils freuten, ohne viel Aufhebens davon zu machen, um die halboffizielle Meinung nicht zu widerlegen, daß es keine große Rolle spiele, was in diesem Teil gedruckt wurde, weil ihn ohnehin niemand lese. Während jener wenigen Jahre entstand die unglaublich absurde Situation, daß die Zeitung von einer Regierung herausgegeben wurde, die den Liberalen auf der ganzen Welt als faschistischer Ableger und nach Italien und Deutschland als die schlimmste überhaupt verdächtig war, in ihrem Feuilleton fortschrittliche und nonkonformistische Ansichten abdruckte, die unabhängige Wiener Zeitungen aus lauter Angst nicht anzupacken wagten. Natürlich lernte ich bald, daß man diese Ansichten mit einer gewissen Vorsicht ausdrücken und sie häufig in einen so gelehrten und philosophischen Stil kleiden mußte, daß die schwachsinnigen Reaktionäre in und außerhalb der Regierung keine Zitate für ihre niedrigen Zwecke finden würden. Das amüsierte mich nicht wenig, denn ich erinnerte mich, daß Karl Kraus einmal halb ironisch gesagt hatte, er wisse die Zensur zu schätzen, weil sie die Schreibenden zu einem ausgefeilteren und kunstvolleren Stil zwinge, den sie ohne diese nicht verwenden würden. Natürlich war in der »Wiener Zeitung« von Zensur irgendwelcher Art nichts zu bemerken.

Als Dr. Rollett mich einlud, an seiner Zeitung mitzuarbeiten, nahm ich natürlich mit dem größten Vergnügen an. Die Arbeit war eine ganz andere als die für die »Frankfurter Zeitung«. In gewissem Sinn hatte ich viel größere Freiheit, zu schreiben, was mir gefiel, denn Dr. Rolletts Grundsätze waren weniger klar definiert und formuliert als die Gublers, teils weil er eine andere Persölichkeit war, teils weil seine Zeitung nicht so sehr im Rampenlicht stand wie die

Frankfurter, eigentlich gar nicht. Ich konnte meine Themen nach Belieben wählen, und hinsichtlich des Umfangs meiner Beiträge gab es praktisch keine Grenzen. Wenn ich einen sehr langen Artikel schrieb, wurde er einfach auf zwei aufeinanderfolgende Sonntage verteilt. Andererseits mußte ich den forschen, aggressiven Stil, der in Frankfurt möglich und willkommen gewesen war, ein wenig mildern, um der gesetzeren und würdevolleren Haltung der Regierungszeitung gerecht zu werden. Den Inhalt meiner Beiträge berührte das aber überhaupt nicht.

Bis zur Besetzung Wiens im März 1938 lieferte ich eine große Anzahl größerer und kleinerer Artikel und viele Buchrezensionen. Mehrere große Artikel behandelten die Hauptprobleme der Zeit vom Standpunkt geistiger und künstlerischer Integrität aus gesehen. Ich versuchte, meine Haltung in bezug auf die Situation Österreichs, seine Aufgaben und seine Mission in der beängstigenden Krise klarzumachen. In einem Artikel mit dem Titel »Konservativ und radikal« (den ich, wenn ich darüber nachdenke, wohl für den »Christlichen Ständestaat« geschrieben habe, von dem ich noch berichten werde, aber für die »Wiener Zeitung« schrieb ich viele Male im gleichen Sinn) erklärte ich, daß dies die wirklich vielversprechende und produktive Einstellung sei, die wir uns zu eigen machen sollten. Mit dieser Nebeneinanderstellung meinte ich, daß wir die katholisch-christliche, universalistische, übernationale, vielleicht mittelalterliche und thomistische Tradition des alten Reiches zur Grundlage unseres Denkens machen und zugleich im Hinblick auf kulturelle und künstlerische Bestrebungen wirklich progressive Maßstäbe anwenden sollten, weil nur diese zu einer Wiedergeburt jener universalistischen Vorstellungen der Vergangenheit führen würden, mittels derer wir das Fundament für eine neue Einheit der westlichen Welt und des Weltfriedens schaffen sollten. Ich wies darauf hin, daß die Nazis schlicht und einfach Reaktionäre waren, während das Versprechen der sozialistischen Revolution aber ebenfalls trügerisch war, weil es auf rein materialistischen Voraussetzungen aufgebaut war. Ich wandelte dieses Thema in vielen anderen Artikeln ab, wandte es auf viele verschiedene Situationen an und holte mir meine Stichworte aus den Tagesereignissen. In all diesen Artikeln kam meine absolute und kompromißlose Abneigung gegen den Nationalsozialismus ganz deutlich zum Ausdruck, und die Nazis hatten zweifellos eine Akte über mich.

Meine Gedanken bekamen durch meine Studien über Karl V. viel Nahrung, wie leicht zu erkennen ist. Ein Buch, das mich ungeheuer beeindruckte, war Henri Massis' *Verteidigung des Abendlandes**; beson-

* 1927

ders begeistert war ich von dem umfangreichen Vorwort des Übersetzers, des deutschen Priesters Georg Moenius, der in München eine aggressiv fortschrittliche Zeitschrift herausgegeben hatte. Er sollte später in Wien auftauchen. Eine weitere Quelle meiner neuen Philosophie waren die Schriften von Jacques Maritain.*

In verhältnismäßig wenigen Artikeln behandelte ich musikalische Themen als solche. Aber ich berichtete oft über neue Werke, wie Strauss' Oper *Die schweigsame Frau*, zu deren Premiere ich nach Graz geschickt wurde, oder Schoecks Oper *Massimila Doni* in Zürich und andere. Wenn der reguläre Musikkritiker der Zeitung, ein gewisser Heller, irgendwelchen programmatischen Unsinn über moderne Musik vom Stapel ließ (er war ein typischer Wiener Durchschnittsmensch und glaubte wohl, daß er sich mit solchem Zeug bei den damaligen oder kommenden Mächtigen lieb Kind machen konnte), gab Rollett mir zwei ganze Seiten, um den Dummkopf zu widerlegen, was für eine Zeitung eine recht ungewöhnliche Geste war.

Ich schrieb viele Artikel über meine Reisen in verschiedenen Ländern, kontemplative Betrachtungen mit ständigem Bezug auf die Situation der Welt und insbesondere Österreichs. Und ich verfaßte weiterhin meine sentimentalen und ironischen Essays über meine Sommerferien in verschiedenen Gegenden der österreichischen Alpen.

Von den Buchbesprechungen möchte ich besonders meine Rezension des damals gerade erschienenen zweiten Bandes von Thomas Manns Josephsroman erwähnen. Sie bescherte mir einen sehr netten Brief von Mann, dem ich später in der Schweiz begegnen sollte. Ich konnte jedoch objektiv und auch so positiv, wie ich wollte, linke Autoren wie Brecht und Döblin besprechen, deren Namen andere Wiener Blätter kaum zu erwähnen gewagt hätten, aus Furcht, der gegenwärtigen Regierung oder der, die jeder in seinen Albträumen früher oder später kommen sah, zu mißfallen. Meine Verbindung mit der »Wiener Zeitung« war uneingeschränkt glücklich, und sie gehört zu meinen schönsten Erinnerungen aus dieser Zeit vor der Katastrophe.

Begegnungen mit Wiener Politikern

Durch Knoll wurde ich mit etlichen Leuten bekannt, von deren Existenz ich nie etwas gewußt hatte, und alle waren sehr interessante, wertvolle Menschen, wenngleich auch oft Typen, die mir ziemlich

* 1882–1973. Führender Vertreter des Neu-Thomismus. Wichtige Werke: *Religion und Kultur* (dt.1936), *Über die christliche Philosophie* (dt. 1935), *Gesellschaftsordnung und Freiheit* (dt. 1936).

fremd waren. Es waren hauptsächlich Politiker aus dem linken Flügel der Regierungsmannschaft, also fortschrittliche Katholiken mit ausgesprochen sozialistischen Tendenzen. Ein bedeutendes Mitglied dieser Gruppe war Ernst Karl Winter, ein Mann mit beeindrukkendem historischen und politischen Wissen und großem politischem Einfallsreichtum. Auch er interessierte sich für die Position »konservativ und radikal« und setzte sie in politische Begriffe um, wobei er bis zur letzten Minute für eine Front der regierenden christlichsozialen Partei und der Sozialdemokraten gegen die gemeinsamen Feinde, den Nationalsozialismus und den deutschen Imperialismus, eintrat. Sein Denken ging auch in Richtung Monarchismus, denn er behauptete, daß es 1918 in Österreich eigentlich keine Revolution gegeben habe und daß das Land seine Zukunft von dieser irrigen Annahme befreien solle. Ich glaube allerdings nicht, daß er die sofortige Wiedereinsetzung der Habsburger als in der gegenwärtigen Krise zu ergreifende praktische Maßnahme im Auge hatte, so wie das bei der rasch wachsenden monarchistischen Bewegung der Fall war. Er bemühte sich sehr, Dollfuß von seinen Ansichten zu überzeugen, hatte aber keinen Erfolg, weil sich in den Regierungsgremien schließlich die Sektion der Heimwehr durchsetzte.

Es ist sinnlos, Vermutungen darüber anzustellen, ob Österreichs Schicksal anders hätte aussehen können, wenn Winter eine wirklich bedeutende Position bekommen hätte. Es war interessant, daß Karl Kraus mich wiederholt vor Winter warnte, denn er mißtraute ihm, weil er selbst unter allen Umständen und um jeden Preis gegen einen Kompromiß mit den Sozialdemokraten war, denen er nicht verzeihen konnte, daß sie ihn in der Bekessy-Affäre im Stich gelassen hatten. Seine Haltung war wie gewöhnlich bewundernswert und beängstigend zugleich und auch ein bißchen töricht, weil er natürlich gänzlich ins Leere sprach. Persönlich war Winter ein sehr sympathischer Mensch. Er hatte acht oder neun Kinder. Da sich herausstellte, daß er dasselbe Gymnasium besucht hatte wie ich, bestand er darauf, mich mit »Herr Kollege« anzureden, was mir kurios erschien, weil ich diese altmodische Anrede, die unter Studenten vergangener Zeiten üblich gewesen war, nicht gewohnt war.

Eine andere Gruppe junger Politiker scharte sich um eine Zeitschrift namens »Berichte«, eine interessante und originelle Unternehmung, weil sie Probleme der Zeit besprach, indem sie aus einer großen Menge an Quellenmaterial, Büchern und Zeitschriften aus aller Welt ausführlich zitierte und den redaktionellen Kommentar auf ein Minimum beschränkte. Sie war im allgemeinen gut zusammengestellt, so daß die dokumentarischen Zeugnisse, die sie präsentierte, tatsächlich ein aufschlußreiches und oft überraschendes Bild vom Stand eines bestimmten Problems boten. Einer der Chefredakteure war Nikolaus Hovorka, und aus der Gruppe ist mir besonders Ernst Jirgal, ein sehr begabter Dichter und Pädagoge, in Erinnerung geblieben.

Irgendwie mit dieser Gruppe verbunden war Viktor Matejka, der eine Funktion im städtischen Bildungswesen hatte, ein sehr eloquenter und energischer Mann. Gleichfalls im Schulsystem arbeitete ein gewisser Lugmeyer, ein lebhafter und redseliger Mensch, der wie der Teufel auf einer Vorstadtbühne aussah. Ich erinnere mich, daß ich einmal sehr spät abends zu einem Gespräch in sein Haus in den Bergen um Wien gerufen wurde. Worum es ging, weiß ich nicht mehr. Es war ein wenig phantastisch und aufregend, weil es etwas von einer Verschwörung hatte. Wir tranken ziemlich viel Wein und brachten nichts zustande. Im großen und ganzen fand ich die Verbindung mit diesen Leuten ziemlich frustrierend, denn trotz ihrer offenkundigen Talente, ihres guten Willens, ihrer Begeisterung und ihrer richtigen Denkweise wurde nie etwas aus ihren Projekten, die hauptsächlich literarischer Natur waren, wie die Gründung neuer Zeitschriften, das Verteilen von Pamphleten, die Herausgabe neuer Buchreihen und dergleichen mehr. Sie redeten viel, manchmal gut, öfter ziemlich konfus, aber es geschah sehr wenig. Winter gab schließlich eine politische Zeitschrift heraus, die er zum größten Teil selber schrieb. Sie brachte eine beachtliche Anzahl gescheiter Artikel, die ich gern las.

Eine andere Gruppe, in der auch viel geredet wurde, versammelte sich um Professor Dietrich von Hildebrand, einen erst kürzlich angekommenen Flüchtling aus München. Er stammte aus einer alten Familie von beachtlichem Rang und gesellschaftlichem Ansehen und besaß den Eifer und das Temperament eines Missionars. Er zog in ein altes Haus neben dem erzbischöflichem Palais ein, gegenüber dem Stephansdom. Dort versammelte er einmal in der Woche nachmittags eine seltsame Mischung aus Politikern, Künstlern, Klerikern, Lehrern, Angehörigen der feinen Gesellschaft und einigen Mitgliedern verrückter Randgruppen zu Gesprächen über aktuelle Themen. Da er immer wußte, worauf er hinauswollte, endeten die Diskussionen gewöhnlich mit einer Predigt Dietrich von Hildebrands. Er war ein Redner voller Leidenschaft und Feingefühl und besaß jene Ungehemmtheit, die für einen Prediger so notwendig ist. Er war ein orthodoxer, militanter Katholik und unterstützte vorbehaltlos die Regierungsphilosophie. Bald begann er, eine Monatszeitschrift mit dem sperrigen Titel »Der christliche Ständestaat« herauszugeben, damit niemand übersehen konnte, wo er stand. Die Zeitschrift war leidenschaftlich antinazistisch, und da ich zwei oder drei Artikel dazu beitrug, war ich bei den Nazis endgültig erledigt, denn mit Sicherheit beobachteten sie die Zeitschrift genau, weil sie von einem prominenten deutschen Flüchtling herausgegeben wurde. Wir gingen hin und wieder zu diesen Treffen, die oft interessant waren, aber wegen der naiven und ungezügelten Heftigkeit des gelehrten Professors auch ein wenig peinlich.

Hildebrands Assistent bei der Herausgabe der Zeitschrift war ein gewisser Klaus Dohrn, ein weiterer deutscher Flüchtling, ein lustiger, dicker Kerl, der gleichfalls die kämpferischen Seiten der Situation betonte. Er unterhielt ausdrücklichere Beziehungen zu den Monarchisten, die beträchtlich an Boden gewannen, weil der damals neue Akzent auf der Wiederbelebung der alten österreichischen Traditionen das Herumspielen mit dem Gedanken einer Wiedereinsetzung der Habsburger offenbar möglich machte. Früher hatten die Monarchisten in der österreichischen Politik keine Bedeutung gehabt, weil sie nur wenige Anhänger hatten, die hauptsächlich unter pensionierten und unzufriedenen Offizieren zu finden waren. Jetzt jedoch gewannen sie eine ganze Reihe junger Leute für ihren Plan, Erzherzog Otto zurückzuholen, der allgemein einen guten Ruf als ernster, besonnener und aufrichtiger junger Mann hatte. Er hatte gerade an der belgischen Universität Louvain seinen Doktor phil. gemacht. Ich gebe zu, daß ich die Idee einer Wiedereinsetzung nicht ganz ablehnte, solange diese der Stärkung der Front gegen die Nazis dienen würde. Natürlich war sie praktisch nicht durchsetzbar, weil sich besonders die Tschechoslowakei und Jugoslawien vollkommen dagegen sperrten. Besonders ersteres Land hat inzwischen vielleicht mehr als einen Grund, anders über die Sache zu denken, aber jetzt ist es zu spät. Wiederum ist es sinnlos, Vermutungen darüber anzustellen, was geschehen wäre, wenn man die Hindernisse überwunden und Otto auf den Thron gebracht hätte. Unter anderem würde ich dann vielleicht diese Memoiren nicht auf Englisch schreiben – aber seitdem ist viel Wasser den Berg hinuntergeflossen. Ich lernte einige jüngere Monarchisten kennen, hauptsächlich Studenten, die ehrliche Enthusiasten und Idealisten zu sein schienen. Auch sie gaben eine kleine Zeitschrift heraus, die ich regelmäßig geschickt bekam, und möglicherweise haben sie ein paar Artikel von mir gedruckt.

Durch Winter wurde ich in einen vollkommen anderen Kreis eingeführt, der sich »Historisch-soziologische Arbeitsgemeinschaft« nannte und sich etwa alle zwei Wochen im Haus eines Rechtsanwalts, Dr. Fleischer, versammelte. Es war eine Gruppe von etwa zwanzig hochgelehrten Menschen. Bei jeder Zusammenkunft hielt einer von ihnen einen Vortrag, an den sich eine Diskussion anschloß. Obgleich natürlich alle absolute Nazigegner waren (Dr. Fleischer war Jude), waren sie nicht speziell auf die Regierungspolitik festgelegt, sondern behielten in allen Fragen einen wissenschaftlich skeptischen, distanzierten Standpunkt bei. Diese Haltung und die ganze Atmosphäre des Kreises gefielen mir sehr, auch wenn sie mir gelegentlich ein wenig Angst einjagten. Zugleich aber fühlte ich mich herausgefordert, weil dies die Art von Aktivität war, die ich wirklich am meisten bewunderte. Besonders ein Mann war dort, der mich außergewöhnlich beeindruckte, Dr. Erich Voegelin, Dozent der Geschichte oder Philosophie an der Universität (zur Zeit dieser Niederschrift Professor an der Universität von Louisiana in Baton Rouge), weil sein Diskurs mir einer der glänzendsten und präzisesten zu sein schien, die ich je gehört hatte, und mich ein wenig an Adornos Redeweise erinnerte, die wie eine sehr sorgfältig redigierte, druckfertige Schrift klang.

Einige Zeit später hielt ich in diesem Kreis einen Vortrag, in dem ich meine Geschichtsphilosophie erläuterte, deren Grundlage meine Studien über Karl V. waren. Der Kernpunkt ist mehr oder weniger das, was ich zur Grundvoraussetzung der vorliegenden Aufzeichnungen gemacht habe, nämlich daß historische Fakten eigentlich nicht existieren, außer in den Berichten darüber, die notwendigerweise eine Interpretation dieser Fakten enthalten. Mein Vortrag wurde sehr gut aufgenommen, und Winter druckte ihn* in seiner politischen Zeitschrift ab. In gewissem Maße war der Vortrag von einer Studie abgeleitet, die ich damals als eine Art Vorwort zu *Karl V.* vorbereitet hatte und in der ich meinen Umgang mit den historischen Daten erklärte. Ich dachte, es könnte eine gute Idee sein, sie zusammen mit der Partitur veröffentlichen zu lassen, als eine Art dokumentarischen Bericht über meine gesamte Position und über die Bedeutung meiner Oper in bezug auf die Situation der Welt. Wie ich erwartet hatte, war Heinsheimer natürlich dagegen, weil das Thema höchst umstritten war und die Zeiten der Satire und des fröhlichen Streits vorbei waren, was ihn betraf. Dieses Manuskript liegt jetzt mit anderen Dokumenten zu diesem Fall in der Wiener Stadtbibliothek.

Die Aufführung von Karl V. wird verhindert

Irgendwann in diesen Jahren tauchte Joseph Roth in Wien auf, und wir verbrachten ein paar Abende mit ihm. Er befand sich im vorletzten Stadium der Trunksucht, denn er hatte fast ganz zu essen auf-

* Unter dem Titel »Künstlerische und wissenschaftliche Geschichtsbetrachtung«

gehört und begann seine Tage mit einem Wasserglas voll Slivowitz. Eine Frau war um ihn (vielleicht Gina Kaus?), der es zeitweilig gelang, ihn dazu zu bringen, Wein statt scharfe Sachen zu trinken, aber es war hoffnungslos. Er schrieb zwei Bücher im Jahr, um sich am Leben zu halten, aber in seinen letzten Büchern war die fortschreitende Zerstörung einer einst großen und edlen Begabung zu spüren. Es war erschreckend, diesen persönlich immer noch reizenden und originellen Menschen vor unseren Augen verfallen zu sehen.

Von der Wiener Oper hörte ich nichts, außer daß die Sänger ihre Partien studierten und daß man alles im Griff habe. Ich ließ Clemens Krauss wissen, daß ich willens und bereit sei, ihnen jede Unterstützung zu gewähren, die bei der Vorbereitung des Werks vielleicht erwünscht sei, aber keine Bitte dieser Art wurde laut. Irgendwann im Herbst 1933 kam es zu einem Mißton, als die Zeitung der Heimwehr einen Artikel brachte, der vor der Produktion meines Werkes an der Oper warnte. Es war, wenn ich mich recht erinnere, nicht ganz klar, was sie dagegen einzuwenden hatten. Es ging darum, daß das Werk äußerst umstritten sei, daß es die Gefühle vieler Bevölkerungsgruppen verletzen würde, Protestanten und Katholiken gleichermaßen, und daß diese Art von Musik generell unerwünscht sei. Der Artikel selbst war offenbar das Produkt eines unbedeutenden Kopfes und kaum der Aufmerksamkeit wert, aber da er aus einem Bereich kam, in dem, wie man annehmen konnte, nichts veröffentlicht wurde, was nicht mit höheren Instanzen abgeklärt oder von diesen angeregt worden war, war er eindeutig ein Alarmsignal. Ich erriet sofort den Autor oder zumindest die inspirierende Quelle für den Artikel. Es war dieser gewisse Rinaldini, den ich vage als Mitschüler in Schrekers Klasse in Erinnerung hatte, und der, wie ich bereits berichtet habe, schon damals einen ungünstigen Eindruck auf mich gemacht hatte. Ich hatte ihn ganz aus den Augen verloren, aber kurz zuvor erfahren, daß er der Musikredakteur jener faschistisch gefärbten Heimwehrzeitung war, was gut zu seinen einstigen antisemitischen Tendenzen paßte.

Es war bezeichnend, daß ich, während ich in diesem Jahr die politische Situation nach meinen Maßstäben genau abschätzte und mich bewußt damit befaßte, die bestmögliche Atmosphäre für die Produktion meiner Oper zu schaffen, die Heimwehrsektion der politischen Landschaft vollkommen vernachlässigt hatte, denn ich nahm irgendwie an, daß von dort keine Gefahr drohe, da Fürst Starhemberg, der Führer der Heimwehr, ein so ausdrücklicher Nazigegner war, wie man nur sein konnte. Doch meine Verbindungswege über Knoll hatten nur zu jenen Teilen der Regierungsmannschaft geführt, die weit links standen und dazu verurteilt waren, schließlich von den faschistisch gesinnten Totalitaristen auf der anderen Seite in den Schatten gestellt zu werden. Obgleich ich spürte, daß ich nicht viel ausrichten würde, machte ich ein paar Versuche, Rinaldini telefonisch zu erreichen (ich fand heraus, daß sein Vater Richter an einem hohen Gericht war), aber ich hatte keinen Erfolg. Ich glaube nicht, daß das andere als triviale technische Gründe hatte, da ich am Telefon meinen Namen nicht nannte. Ein schlechtes Gefühl blieb – nur zu gerechtfertigt –, aber vom Verstand her sagte ich mir, daß das schließlich nur ein Einzelfall ohne besondere Bedeutung sei, und daß alles gut verlaufen würde, denn die Hauptsache war, daß die Oper sich vertraglich verpflichtet hatte, mein Werk zu produzieren, und daß die Vorbereitungen für die Premiere bereits im Gang waren.

Einige Zeit später, im Dezember, wurde ich aus diesen Träumen unsanft aufgeweckt, als Heinsheimer mich anrief und sagte, ich müsse sofort kommen. Es sei, wie er sich ausdrückte, »Alarmstufe drei«. Geschehen war, daß Krauss erklärt hatte, er sehe nicht, wie er das Werk in seiner jetzigen Form aufführen könne. Er erläuterte, daß er die Orchesterpartitur auf einer Fahrt nach Dresden, wo er als Gastdirigent auftreten sollte, soeben zum erstenmal studiert habe und daß die Schwierigkeiten ihn so erschreckt hätten, daß er es nicht wage, dem Orchester bei der ersten Probe gegenüberzutreten. Das war eine bemerkenswerte Unverschämtheit, weil ich ihm jede Gelegenheit gegeben hatte, die Partitur kennenzulernen, wie der Leser dieser Aufzeichnungen weiß.

Das Maß seiner Rücksichtslosigkeit und Frechheit läßt sich noch besser einschätzen, wenn man bedenkt, daß Heinsheimer mich nur wenige Tage vorher hatte wissen lassen, daß Krauss den Wunsch geäußert hatte, meine Oper ihm gewidmet zu sehen, denn das würde, wie Heinsheimer sagte, seine Begeisterung steigern. Mir gefiel die Idee überhaupt nicht, und ich druckste herum, aber Heinsheimer beharrte so beredt darauf, daß ich schließlich nachgab und einen Satz formulierte, der sich etwas weniger entschieden lesen sollte als eine schlichte Widmung. Er lautete: »Dieses Werk widme ich der Wiener Staatsoper und ihrem Direktor Clemens Krauss«. Man druckte eine Extraseite mit diesem Satz und fügte sie in den Klavierauszug ein, der damals bereits fertig war. Ich hatte wirklich allen Grund zu glauben, daß Krauss sich mit meinem Werk identifiziert hatte.

Ich erinnere mich nicht, ob es zu jenem Zeitpunkt war oder ein wenig später, daß Krauss einige Vorschläge machte, um das Werk seinem und dem angeblichen Wiener Geschmack besser anzupassen. Sein Haupteinwand war, daß es wie eine Oper aus Rezitativen klang, denen keine Arien folgten. Weiter hatte er entdeckt, daß die

Grundidee der Konflikt zwischen Protestanten und Katholiken war. Nun, da ich offenbar eine so außergewöhnliche Vorliebe für einen dissonanten, atonalen Stil hatte, konnte ich den doch zur Charakterisierung der schrecklichen Ketzerei des Protestantismus anwenden und für die rechtschaffenen Katholiken neue, schöne, tonale Musik voller Harmonien schreiben, so wie ich es offensichtlich in *Jonny* und *Orest* vermocht hatte. Das war natürlich ein empörender Vorschlag, der ein erschreckendes Maß an Unkenntnis in bezug auf die Grundvoraussetzungen meines Werkes und einen kaum glaublichen Grad an allgemeiner Dummheit verriet. Ich schluckte kräftig, um nicht in wütendes Gelächter auszubrechen, und fragte ihn ruhig, ob er konstruktive Vorschläge machen könne, die zu diesem Zeitpunkt noch umgesetzt werden könnten. Darauf erwiderte er, daß ich vielleicht einige Partien durch Einfügungen von eher lyrischem und getragenem Charakter für die Sänger etwas dankbarer gestalten könnte. Da ich mir bewußt war, daß *Karl V.* im Hinblick auf meinen Opernstil ein ganz neuer Anfang für mich war, da ich ferner nicht die geringste Ahnung hatte, wie dieser neue Stil im grellen Licht der Scheinwerfer bestehen würde, und da ich entschlossen war, zu tun, was ich konnte, um die Produktion zu ermöglichen, nahm ich diese Vorschläge als Argument an und fügte tatsächlich einige Passagen ein, namentlich eine für den »Geist des Leids« im ersten Finale und ein Duett für Eleonore und Francisco Borgia im zweiten Teil. Ich glaube, daß diese Zusätze gut sind und die Originalfassung sogar verbessern. Die Passagen wurden in die gedruckte Partitur eingefügt, und wir hofften weiter.

Bald stellte sich heraus, daß alle Mühen umsonst waren. Vermutlich war es im Januar 1934, daß ich bei der Lektüre der Morgenzeitung auf einen Bericht von etwa fünf Zeilen Länge stieß, in dem es hieß, es sei beschlossen worden, die Vorbereitungen für *Karl V.* abzubrechen, weil der problematische Charakter des Werkes bezweifeln lasse, daß es jenen Publikumserfolg erreichen werde, der allein den damit verbundenen Aufwand rechtfertigen würde. Bezeichnenderweise wurde nicht erwähnt, wer den Beschluß gefaßt und wer die Nachricht veröffentlicht hatte. Und noch bezeichnender und empörender war, daß ich es aus der Zeitung erfahren mußte. Ich setzte mich sofort mit der Universal Edition in Verbindung, und auf meinen Wunsch hin wurde noch für denselben Vormittag ein Gespräch mit Kerber, dem Verwaltungsdirektor und stellvertretenden Chef der Oper, vereinbart, weil sich herausstellte, daß Krauss zufällig für ein paar Tage abwesend war.

Als ich mit Direktor Winter von der UE in der Operndirektion erschien (Bruder Heinsheimer mußte eine Möglichkeit gefunden haben, dieser unerfreulichen Aufgabe aus dem Weg zu gehen), empfing Kerber uns in vorgetäuschter Verlegenheit und erklärte, er wisse von nichts. Ich wurde sehr ärgerlich und sagte ihm gründlich die Meinung, wozu ich sehr selten neige. Da er darauf beharrte, daß er nicht wisse, was geschehen sei, zwang ich ihn, zuzugeben, daß der Direktor der Wiener Staatsoper anscheinend von der mysteriösen Agentur, die für die Nachricht verantwortlich war, nicht zu Rate gezogen worden war. Offenbar konnte es nur eine übergeordnete Autorität gewesen sein, das heißt, entweder die Verwaltung der Bundestheater oder das Unterrichtsministerium. Und ich fragte ihn, ob er oder Krauss willens seien, sich mit einer Situation abzufinden, in der ein anonymer Agent Entscheidungen treffen konnte, die eindeutig in den Verantwortungsbereich des Operndirektors gehören. Da er darauf keine Antwort hatte, konnten wir ihn zwingen, auf der Stelle eine Erklärung für die Nachmittagsblätter abzufassen, aus der hervorging, daß die Oper von einem Beschluß, mein Werk fallenzulassen, nichts wußte, und daß die ganze Sache bis zur Rückkehr des Direktors ruhen sollte. Wir hatten sozusagen eine Schlacht gewonnen, aber wir wußten, daß der Krieg verloren war.

Als Clemens Krauss wiederkam, hatte ich ein letztes Gespräch mit ihm. Ich persönlich zweifelte nicht daran, daß er selbst hinter der ganzen schmutzigen Intrige stand. Nach meiner Interpretation der Lage hatte ihm mein Werk nie wirklich gefallen, und ich bin sicher, daß dies letztendlich der Grund für das Geschehene war. Hätte er mit Überzeugung dahintergestanden und seine Autorität als Direktor des Opernhauses geltend gemacht, dann wäre es ihm vielleicht gelungen, *Karl V.* auf die Bühne zu bringen, zumindest aber hätte er den Feind gezwungen, sich zu erkennen zu geben und den Kampf in der Öffentlichkeit auszutragen. Vielleicht hätte es Krauss seine Stellung gekostet, aber das hätte sein Ansehen in der sogenannten freien Welt nur gestärkt. Die Tatsache, daß er diese Alternative nicht einmal versuchte, beweist mir, daß ihm an meinem Werk einfach nicht genug lag.

Unter den Sängern wurde gemeckert, vor allem unter den unbedeutenderen, die immer Ressentiments gegen die Stars hatten und jede Gelegenheit zu Intrigen und krummen Touren nutzten. Die Heimwehrpartei, die gegen alles war, was auch nur entfernt fortschrittlich und »modern« aussah, konnte sie mühelos ausnutzen. Eigentlich unterschieden sie sich in keiner Weise von den Nazis, und ihre einzige Daseinsberechtigung war, daß sie die Nazis überbieten konnten, indem sie eine Art selbstgestrickten österreichischen Provinzialismus hervorkehrten, der in der Tat ein paar Grade reaktionärer war als das Evangelium der Nazis. Sie waren nicht gegen die Nazis, weil sie eine andere politische Philosophie vertraten, sondern allein deshalb, weil sie die Nazis im Wettrennen um die Macht über Österreich schlagen wollten. Wie ich aus Rinaldinis Artikel schließen konnte, schlugen sie den ersten Alarm, um *Karl V.* zur Strecke zu bringen, und es besteht kein Zweifel, daß sie das Spiel bis zum bitteren Ende spielten.

Sie hatten unter den unzufriedenen und verdrängten Mitgliedern der Oper und des Philharmonischen Orchesters eine ganze Menge Anhänger. Das machte Krauss Angst und bestärkte ihn in seinem Zweifel an meinem Werk. Schließlich kam ich später zu der Überzeugung, daß er bereits Kontakt zu Berlin und zu Göring, Preußens Kulturchef, aufgenommen hatte, denn nur wenige Monate später gab er die Stellung in Wien auf, um Direktor eines großen Opernhauses in Deutschland zu werden. Seine Reise nach Dresden, auf der er angeblich einen so erschreckenden Eindruck von meiner Partitur bekommen hatte, hatte möglicherweise etwas damit zu tun gehabt, denn es war erst nach seiner Rückkehr von dieser Reise, daß seine Bedenken konkret wurden. Offenbar legte er keinen gesteigerten Wert darauf, während seiner wenigen letzten Monate in Wien irgend etwas zu tun, das seine künftigen Chefs gegen ihn aufbringen würde. Daher schloß ich, daß er seinen Vorgesetzten nahegelegt hatte, jene berüchtigte Mitteilung während seiner Abwesenheit zu veröffentlichen, so daß er frei von jeder Schuld und sogar als Opfer der notorisch reaktionären Tendenzen der verhaßten Dollfuß-Regierung erscheinen würde, gegen seinen Willen gezwungen, ein Werk fallenzulassen, von dem er sich sonst nicht so leicht hätte distanzieren können, nachdem er stolz angekündigt hatte, daß er es angeregt und sozusagen in Auftrag gegeben hatte. Das ist natürlich meine Deutung, und ich habe nichts in der Hand, um sie zu beweisen. Der einzige, der sie verifizieren oder widerlegen könnte, ist Krauss. In meinem letzten Gespräch mit ihm legte er sich in keiner Weise fest. Und bis zu dem Tag, an dem ich dies schreibe, hatte er kein Interesse daran, sich zu äußern.

Nach dem Zweiten Weltkrieg kam diese Sache in einer ausführlichen Korrespondenz mit dem inzwischen verstorbenen Alfred Rosenzweig zur Sprache, der damals als Flüchtling in London lebte. Er hatte für Hinrichsens Musikjahrbuch einen Artikel über die moderne Oper geschrieben und die Geschichte von *Karl V.* in Wien erwähnt. Ich bekam einen Abzug zur Ansicht und nahm an einigen von Rosenzweigs Bemerkungen Anstoß, und das Ergebnis war ein Briefwechsel, in dem er, als großer Bewunderer von Clemens Krauss, mir zu erklären versuchte, daß Krauss eigentlich Opfer einer Verschwörung der Heimwehrfraktion geworden sei. Rosenzweig zufolge begann die Kampagne mit einem Memorandum, das die Herren Burghauser (Fagottist und Vorstand des Philharmonischen Orchesters) und Rinaldini abgefaßt und an das Unterrichtsministerium adressiert hatten und in dem sie auf die Gefahren hinwiesen, die mit der Produktion meines Werkes verbunden seien. Das habe das Ministerium bewogen, die niederträchtige Mitteilung zu veröffentlichen, so daß Krauss, der meine Oper wirklich produzieren wollte, zum Opfer der Intrige wurde. Als ich Rosenzweig meine Zweifel an seiner Interpretation der Vorfälle mitteilte, beschloß er, Krauss auf die Probe zu stellen, indem er ihm nachdrücklich klarmachte, daß er die Wahrheit seiner Geschichte beweisen müsse, indem er mein Werk bei der nächsten Gelegenheit auf die Bühne bringe. Natürlich tat Krauss nicht nur nichts dergleichen, sondern er beantwortete Rosenzweigs Brief nicht einmal. Der frühe Tod Rosenzweigs verhinderte, daß dieses Intermezzo eine Aufklärung der Geheimnisse erzwang, die mit der Absetzung meines Werks verbunden waren, und wenn Krauss sich nicht irgendwann dazu äußert, was ich aufrichtig bezweifle, kann vielleicht nur eine Durchsicht der Archive der Staatsoper, der Verwaltung der Bundestheater und des Unterrichtsministeriums Aufschluß darüber geben, was damals geschah. Aber selbst dort sind die sachdienlichen Dokumente in den sieben Jahren der Naziherrschaft und den Wirren des Krieges, der Niederlage und der Besetzung vielleicht verschwunden. Die Wahrheit wird möglicherweise nie ans Licht kommen.

(Zu der Zeit, da ich dieses Kapitel tippe, ist auch Clemens Krauss nicht mehr unter den Lebenden. Wenn meine Deutung dieser Ereignisse ihm gegenüber ungerecht ist, entschuldige ich mich hiermit, um seinem Andenken Genüge zu tun. Er hat sich jedenfalls nie bemüht, die Geschichte aufzuklären und sich zu entlasten, nicht einmal, als er nach dem Krieg unbefangen alles hätte aufdecken können und sollen, was relevant war. Er zog es vor, weiter zu schweigen – vielleicht schien der Fall nicht mehr wichtig genug zu sein. Ich hörte jedoch, daß er die Rosenzweig-Version – daß die Nazis ihn gezwungen hätten, mein Werk fallenzulassen und er so zum Opfer ihrer Unterdrückung geworden war – im Entnazifizierungsverfahren, dem er sich nach dem Krieg stellen mußte, als Argument zu seinen Gunsten benutzte. Es erscheint eigentlich recht sonderbar, daß ein Mann, der so subversiv war, daß er ein so gefährliches Werk wie *Karl V.* in Auftrag gab und soweit förderte, daß ihm durch Eingreifen der Partei Einhalt geboten werden mußte, kurz darauf von derselben Partei eine hohe Position bekam. Die »Entnazifizierer« scheinen es geglaubt zu haben, und das muß mir genügen.)

Krauss lieferte jedenfalls, als wir eine Art abschließendes Gespräch über die Sache führten, eine Demonstration von erbärmlichem Zynismus. Mit scheinheiligem Gesichtsausdruck sagte er: »Sie mögen denken, daß ich hier ein sehr mächtiger Mann bin. Aber alles, was ich in diesem Amt gelernt habe, ist, daß ich unter meinem Schreibtisch eine Anzahl geheimnisvoller Fäden habe, und es amüsiert mich hin und wieder, einen dieser Fäden hier zu ziehen, und dann bricht irgendwo weit weg jemand zusammen und erfährt nie, was ihn getroffen hat. Aber natürlich ziehen andere ihre Fäden anderswo, und eines Tages bin ich vielleicht derjenige, der stürzt. Jetzt muß ich Sie aber verlassen, weil ich in den Orchestergraben hinuntersteigen und *Aida* dirigieren muß – den Dreck kann ich nicht ausstehen.« Es blieb mir überlassen zu raten, wer in dieser Affäre welche Fäden gezogen hat. Eines war sicher: Ich war derjenige, der gestürzt war.

Krauss versprach jedoch, daß die Proben fortgesetzt werden würden, und ich bestand darauf, zu einer eingeladen zu werden, um selbst zu sehen, wie der Stand der Dinge war. So unglaublich es erscheinen mag, eine derartige Probe fand wirklich statt. Eine Passage aus dem ersten Teil von *Karl V.* wurde durchgegangen, und sehr zum Mißvergnügen von Krauss, der dem Schauspiel beiwohnte und sich verschiedener zynischer und entmutigender Bemerkungen nicht enthalten konnte, ging alles recht gut. Die Sänger waren offenbar keiner ungewöhnlichen oder grausamen Behandlung ausgesetzt, sondern erfüllten ihre Aufgaben kompetent und befriedigend. Trotzdem war diese Probe das letzte, was ich je von der ganzen Sache hörte. Ich machte mir keine Illusion darüber, daß der Fall für immer verloren war. Weitere Proben wurden der Form halber anberaumt, kamen aber nie zustande, weil irgend jemand plötzlich krank wurde oder etwas anderes zu tun hatte. Es kann sein, daß zu diesem späten Zeitpunkt erneut die Frage angeschnitten wurde, ob man *Karl V.* durch *Orest* ersetzen sollte, aber dazu stellte ich mich taub. Schließlich zahlte die Staatsoper die Konventionalstrafe, und damit war die Geschichte zu Ende.

Was war schiefgelaufen? Viele Male prüfte ich später meine Haltung und mein Vorgehen in dieser Affäre, die ich als einen der schlimmsten und demütigendsten Rückschläge in meinem Leben betrachte. Ich kann nicht finden, daß ich gravierende Fehler gemacht habe, mit Ausnahme von zweien (was, wie man vielleicht meinen kann, natürlich mehr als genug sind, um eine Katastrophe heraufzubeschwören). Aber selbst der Versuch, sie zu vermeiden, hätte am Ergebnis wahrscheinlich nichts geändert.

Der erste Fehler war, daß ich Clemens Krauss vertraute. Aber bis ungefähr drei Wochen vor jener Notiz in den Zeitungen hatte er mir eigentlich keinen Grund zum Mißtrauen gegeben. Vielleicht hätte ich mir den Mann besser anschauen und zu dem Schluß kommen sollen, daß es nicht in seiner Natur lag, für ein Werk von der Art *Karl V.* Kopf und Kragen zu riskieren. Außerdem hätte ich erkennen sollen, daß die Wiener Staatsoper als Institution noch nicht bereit war, so etwas zu bewältigen. Aber schließlich war ich genarrt worden, weil sie *Wozzeck* aufführten, und zwar recht gut.

Zweitens hätte ich die politische Situation realistischer einschätzen und mich mit dem Heimwehrlager anfreunden sollen. Meine Unkenntnis der wahren Struktur der politischen Landschaft und meine Unfähigkeit, zu den »richtigen« Leuten Kontakte herzustellen, waren auf meine allgemeine Haltung in den vorausgegangenen Jahren zurückzuführen, auf meine Isolation und Unnahbarkeit. Bevor ich Knoll begegnete (und das war zu spät), hatte ich nicht nur keinen Kontakt zur Politik gehabt, sondern auch naiv gefolgert, daß die Leute von der Heimwehr mich automatisch akzeptieren müßten, weil ich einer antinazistischen Position verpflichtet war. Ich erkannte nicht, wie sehr die Front der Nazigegner in den Regierungsgruppen im Inneren durch Rivalitäten und Prinzipienstreit zerrissen war. Es war richtig, daß ich gegen die Nazis war, aber in den Augen der Heimwehrleute war ich es aus den falschen Gründen. Sie glaubten, daß ich im Grunde ein Linker war (was nicht der Fall war, doch in diese Richtung ging die Nazipropaganda gegen mich), der in letzter Minute versuchte, in seltsamer patriotischer Verkleidung ins patriotische Lager zu wechseln. Unter den gegebenen Umständen wäre es völlig unmöglich gewesen, die Kluft zwischen mir und dieser Gruppe zu überbrücken, selbst wenn ich mir dieser Zusammenhänge bewußt gewesen wäre und einen Weg zu diesen Leuten hätte finden wollen. Wahrscheinlich hätte ich das aber gar nicht gewollt, auch wenn ich gewußt hätte, daß das der Preis war, der für die Aufführung von *Karl V.* verlangt wurde, obgleich ich bereit war, in dieser Hinsicht ziemlich weit zu gehen, zu weit, wie manche Leser denken mögen. In dieser Beziehung tröstet es mich zu wissen, daß Richard Wagner in solchen Fällen wesentlich weiter ging. Als letzten Faktor, den ich übersehen hatte, muß ich den persönlichen Neid und die Feindseligkeit Rinaldinis anführen, dessen Macht, ja dessen Existenz meiner Aufmerksamkeit entgangen waren. Eine andere Konsequenz aus diesen Umständen hätte am Lauf der Dinge allerdings nichts geändert.

Unmittelbar nach dem Schock des Kommuniqués wurde noch eine schwache Hoffnung gehegt, daß die Situation sich auf lange Sicht ändern könnte, und um eine solche Veränderung vorzubereiten, schlug die Universal Edition vor, ein paar Exemplare des Librettos von *Karl V.* binden und einigen prominenten Persönlichkeiten überreichen zu lassen, um sie für den Fall, daß die Staatsoper es sich anders überlegen sollte, für eine Unterstützung des Projekts zu gewinnen. Das hätte natürlich viel früher geschehen sollen, wenn man von einer solchen Aktion überhaupt ein Ergebnis erwarten wollte. Mehrere Exemplare wurden schön gebunden, und ich schickte jeweils eines davon an den Kanzler Dollfuß, an seinen Unterrichtsminister Schuschnigg und an den Fürsten Starhemberg. Ein weiteres Exemplar war für den Erzbischof, Kardinal Innitzer, bestimmt, und Knoll meinte, es wäre schön, wenn ich es ihm persönlich überreichte. Darüber später mehr. Das letzte der fünf Exemplare ging an Erzherzog Otto, aber ich erinnere mich nicht, ob ich es ihm zu jenem Zeitpunkt schickte oder wesentlich später, denn es scheint mir, daß die Antwort, die ich von seinem Haushofmeister erhielt, aus Amerika kam. Von den drei zuerst genannten Persönlichkeiten antwortete jedenfalls nur eine, und das war ironischerweise Fürst Starhemberg, der Chef genau jener Bande, die meinen Sturz eingefädelt hatte. Ich bezweifle, daß er über die Einzelheiten des Falls etwas wußte, aber darum geht es nicht. An dem Tag, nachdem er das Buch bekommen haben mußte, hielt ein bewaffnetes Mitglied seiner Kohorten auf einem Motorrad dröhnend vor dem Haus Mühlbachergasse 6 und überbrachte mir ein persönliches Dankschreiben des Fürsten, was in gewissem Sinne sehr komisch war.

Eine Sitzung der IGNM in San Remo

Während diese Dinge geschahen und bevor die schreckliche Entscheidung getroffen wurde, reiste ich schnell nach San Remo, zu einer Sitzung der Jury der IGNM, in die ich 1933 von der Delegiertenversammlung in Amsterdam gewählt worden war und in der es um das Fest im Jahr 1934 ging. Ich kam Heiligabend bei ungewöhnlicher Kälte in Venedig an und fand die Lagune von einer Eisdecke überzogen, was sehr selten ist. Ich bemühte mich, zur Mitternachtsmesse in eine der Kirchen in der Nähe des Bahnhofs hineinzukommen, aber sie waren überfüllt. Auch in San Remo war es im allgemeinen kalt, stürmisch und regnerisch, und ich konnte nur einen kleinen Spaziergang durch die schönen Gärten am Hang hinter dem Hotel machen. Aber ich hatte ohnehin nur sehr wenig Zeit, denn die Fünferjury mußte die Festprogramme aus etwa 240 Partituren auswählen, die in drei Tagen zu prüfen waren. Edward Dent hatte den Vorsitz, und Alfredo Casella vertrat Italien. Von den anderen Jurymitgliedern erinnere ich nur Nadia Boulanger, dieses sonderbare französische Phänomen, denn mit ihr hatte ich einen ernsthaften Zusammenstoß.

Den Statuten der Gesellschaft gemäß war jede Sektion berechtigt, acht Werke einzureichen, und die französische Abteilung legte auch acht Partituren vor. Während wir berieten, zog Mademoiselle Boulanger aus einer prall gefüllten Aktentasche noch viele weitere Partituren hervor, die sie persönlich einreichen wollte, wobei sie erklärte, sie seien ihr von Komponisten anvertraut worden, die keiner der üblichen Sektionen angehörten, weil sie Flüchtlinge oder Vertriebene seien, die zufällig in Paris lebten. Theoretisch war das zulässig, weil insbesondere nach dem Aufkommen von Faschismus und Nationalsozialismus die Menschen von einem Land zum anderen zu ziehen begannen, und ein davon betroffener Komponist durfte sein Werk der internationalen Jury vorlegen, die diese Partituren zusätzlich zu den auf regulärem Wege eingereichten Werken in Betracht ziehen mußte. Im Fall von Mademoiselle Boulanger wurde ich jedoch mißtrauisch, weil mir schien, daß einige der Komponisten, die wir berücksichtigen sollten, durchaus nicht wie Vertriebene wirkten, sondern eher wie junge Franzosen, die ihre Werke entweder nicht über die üblichen Kanäle einreichen wollten oder die sogar bei der Vorauswahl der französischen Sektion abgelehnt worden waren und persönliche Schützlinge, vielleicht sogar Schüler von Nadia Boulanger waren. Natürlich war das schwer zu beweisen, aber ich konnte sehen, daß andere Jurymitglieder meinen Verdacht teilten.

Ich konzentrierte mich deshalb auf jene Werke, die auf regulärem Weg aus Frankreich gekommen waren, und fand wenigstens ein Quartett von einem jungen Komponisten namens Henri Martelli, das mir sehr gut gefiel. Es war nicht die übliche Playboymusik, die Frankreich im Gefolge Milhauds und Strawinskys massenweise hervorbrachte, sondern es zeigte Originalität, ernsthafte Zielsetzung und solides, sorgfältiges Handwerk. Als ich es meinen Kollegen nachdrücklich zur Aufnahme ins Festivalprogramm empfahl, protestierte Mademoiselle Boulanger heftig, indem sie sagte, dieses Werk repräsentiere nicht den wahren Geist Frankreichs und könne deshalb nicht als französischer Beitrag betrachtet werden. Mir war Gerede dieser Art nur allzu vertraut, und ich beschloß, die Sache bis zum Ende durchzufechten. Ich fragte, wer mit welcher Machtbefugnis erlassen habe, wie französische Musik sein müsse, und bestand darauf, daß wir die Musik, die uns vorgelegt wurde, allein nach ihren künstlerischen Werten zu beurteilen hätten, gestützt auf das Vertrauen in unseren Geschmack, unseren Kunstverstand und unsere persönliche Integrität, das uns von der Delegiertenversammlung ausgesprochen worden war. Boulanger versuchte dagegenzuhalten, daß Martelli fremde Einflüsse aufgenommen und das heilige Erbe der französischen Musik verraten habe, worauf ich sagte, genauso würde Hitler reden, wenn er vorschrieb, was in der Kunst als wahrhaft deutsch gelten sollte. Ich fragte: »Ist Martelli Franzose?« Antwort: »Ja«. »Wurde sein Werk von der französischen Sektion korrekt eingereicht?« Antwort: »Ja«. Von da an interessierten uns nur noch die künstlerischen Werte seiner Musik. Dazu hatte die Dame nichts mehr zu sagen. Ich sah mit Freuden, daß die anderen Delegierten mich moralisch und praktisch unterstützten, obgleich keiner sehr resolut gegen die faschistische Hexe auftrat. Alle stimmten für Martellis Werk, das schließlich beim Fest vom Kolisch-Quartett aufgeführt wurde. Der Kampf war gut ausgegangen, aber ich war entsetzt darüber, wie tief das faschistische Gift schon eingedrungen war.

In San Remo fragte mich Casella, ob ich daran interessiert sei, für die Biennale 1934 in Venedig eine einaktige Kammeroper zu schreiben. Ich sagte selbstverständlich zu, war ich doch eifrig darauf bedacht, »draußen« Fuß zu fassen und etwas von der Niederlage wettzumachen, die ich in Sachen *Karl V.* kommen sah. Wir müssen sehr schnell gearbeitet haben, denn nachdem ich angedeutet hatte, daß ich diese Oper gerne nach einem italienischen Libretto komponieren würde, wurde ich bereits zwei Tage später, auf der Rückreise von San Remo, als ich in Mailand eine Zwischenstation machte, mit einem italienischen Schriftsteller bekanntgemacht. Er war mir vom Verlag Carisch, der italienischen Vertretung der Universal Edition, empfohlen worden und trug den unglaublichen Namen Rinaldo Küfferle, was sonderbar war, denn Küfferle war eine sehr gut bekannte deutsche Schokoladenmarke. Dieser Küfferle war tatsächlich deutschrussischer Herkunft, in St. Petersburg geboren, aber trotz alledem nicht weniger italienisch als Mussolini selbst. Der sehr gutaussehende junge Mann trug ein schwarzes Hemd und verschiedene faschistische Insignien, aber ich maß dem keine große Bedeutung zu, da ich selbst später mit dem Band der österreichischen Vaterländischen Front protzte und in jenen Zeiten offenbar jeder irgendein Zeichen von Gruppenzugehörigkeit tragen mußte.

Da ich etwas machen wollte, was der Umgebung angemessen war und den in westlichen Ländern vorherrschenden Tendenzen zufolge Erfolg versprach, schlug ich Küfferle vor, nach einem klassischen Stoff zu suchen, vielleicht eine Episode aus Ovids *Metamorphosen* zu verwenden, an die ich mich aus der Schulzeit erinnerte und die voller farbiger, bezaubernder und möglicherweise pikanter Anekdoten waren. Der Gedanke schien ihm zu gefallen, und bald machte er mich mit dem Ergebnis seiner Wahl bekannt, der Geschichte von Cephalus und Procris. Ich war nicht allzu begeistert davon, weil ich meinte, es gäbe schönere Geschichten von Ovid, aber es war keine Zeit mit langwieriger Korrespondenz zu verschwenden, und schließlich war er der Librettist und mußte eigentlich wissen, was das italienische Publikum ansprach. In dieser Hinsicht irrte ich, wie später zu sehen sein wird. Ich erhielt das Libretto irgendwann im Frühling und stellte die Partitur ziemlich schnell fertig. Das Ganze war kurz, etwa zwanzig bis dreißig Minuten lang. Von der Musik ist mir nichts in Erinnerung geblieben, außer daß ich eine Zwölftonreihe in etwas lockerer Weise verwendete, wobei mir nicht so recht wohl war. Ich glaube, daß die Musik im großen und ganzen reizvoll war, aber unbedeutend. Es war eines der zahlreichen Werke in meinem Opernverzeichnis, das ohne Verlust ungeschrieben hätte bleiben können.

Ich kam in den ersten Minuten des Neujahrstags 1934 in Villach an. Berta war aus Wien dorthin gereist, weil ich darauf bestanden hatte, daß wir gemeinsam Neujahr feierten. Auf dem Weg vom Bahnhof zum nahen Hotel fiel ein ziemlich schwerer Eiszapfen oder eine Ladung Schnee von einem Dach auf Berta herunter. Da sie nicht verletzt war, beschlossen wir, den Vorfall als günstiges Omen zu betrachten, was er aber offenbar nicht war. Wenn er überhaupt eine Bedeutung hatte, dann eine unheilvolle, und die Entwicklung bewies, daß das stimmt.

Kämpfe in Wien im Februar 1934

Das ereignisreiche Jahr 1934 begann mit dem Scheitern *Karl V.*, und diesem ersten Schock folgte nichts Gutes nach. Im Januar wuchs die Spannung innerhalb Österreichs, aber durch die Nazis waren wir an ständige Spannung so gewöhnt, daß uns die Situation nicht besonders alarmierend erschien. Ich las über Ausschreitungen in Paris, die von dem halbfaschistischen »Croix de feu« inszeniert wurden, und war erfreut über die Ruhe, die Österreich in dieser kritischen Situation bewahrte.

Eines Morgens im Februar, als ich gerade am Schreibtisch arbeitete, beobachtete ich, daß auf der Lainzerstraße, einen Block weit entfernt, ein Straßenbahnzug stand. Es war ein wenig seltsam, weil dort keine Haltestelle war, und als der Zug nach zehn oder mehr Minuten noch immer nicht weiterfuhr, begann ich, mich zu fragen, was geschehen war. Plötzlich stürzte Marie herein, die einkaufen gewesen war, und verkündete in großer Erregung: »In der Stadt schießen sie.« Ich erwiderte, das sei lächerlich, sie bringe durcheinander, was sie gehört habe, und die Schießerei sei in Paris. Ich blickte aus dem Fenster, und da alles friedlich und ruhig war, setzte ich mich wieder an die Arbeit. Aber nach einer Weile jagte mir der Anblick der stillstehenden Straßenbahn einen Schauer über den Rücken. Ich schaltete meine Schreibtischlampe ein – kein Licht. Ich stürzte ans Telefon – die Leitung war tot. Offensichtlich war ein Generalstreik ausgebrochen, und der letzte Kampf zwischen Rechts und Links hatte begonnen. Ich war einen Moment lang wie versteinert vor Angst, nicht so sehr vor dem Ausgang des Kampfes, sondern davor, daß als Folge davon die Nazis an die Macht kommen könnten. Das sollte sich aber erst vier Jahre später ereignen.

Es war das zweite Mal seit 1918, daß wir eine Krise dieser Art erlebten, aber diesmal erschütterte sie mich mehr als damals. Erstens war ich 1918 ziemlich unreif und hatte keine Vorstellung von den Folgen eines blutigen Aufstands oder eines Bürgerkriegs. Ferner war ich damals für die Revolution und froh, das alte System, das ich ohne besonderen Grund haßte, zusammenbrechen zu sehen. 1934 hatte ich etwas mehr Einsicht in die schrecklichen Entwicklungsmöglichkeiten solcher Geschehnisse, und ich hatte eine Todesangst vor den Nazis.

Bertas Bruder Walter war damals geschäftlich in Wien, und wir waren erst den Tag zuvor zusammen in einem Weinort auf dem Land gewesen. Das Unheimliche war, daß meiner Erinnerung nach nicht das geringste Zeichen eine unmittelbar bevorstehende Katastrophe verraten hatte, obgleich sie vollkommen von Menschen produziert und nicht unvorhersehbar war wie ein Erdbeben. Am Tag des Aufstands kam Walter später zu uns, und obgleich mir seine Gesellschaft immer angenehm gewesen war, machte er mich diesmal nervös, denn wenn er das Programm der Nazis auch nicht direkt unterstützte, so pries er doch die »Wiedergeburt« Deutschlands, die Segnungen, die das neue Gefühl der Einheit und Entschlossenheit im deutschen Volk mit sich gebracht hatte, nicht ohne darauf hinzuweisen, daß all das ohne Blutvergießen vollbracht worden war. In Wirklichkeit war seine eigene Situation nicht allzugut, weil er von seinen Vorfahren her mit einer Beimischung jüdischen Blutes belastet war. Ich war von seinem Vortrag nicht allzu beeindruckt und konnte ihn in dieser Situation wenig gebrauchen.

Wir begannen den Abend bei Kerzenlicht in äußerst gedrückter Stimmung, fühlten uns aber etwas besser, als der elektrische Strom schließlich wieder eingeschaltet wurde. Hin und wieder konnten wir in der Ferne Artilleriefeuer hören. Der Aufstand dauerte drei oder vier Tage. Da es offenbar klug war, nicht auszugehen, blieben wir zu Hause und waren auf die Zeitungsinformationen über die Vorgänge angewiesen. Der Gegensatz zwischen der Friedlichkeit unseres Viertels und den gewalttätigen Ereignissen in anderen Stadtbezirken, unheilvoll von dem schweren Geschützfeuer verkündet, das von Zeit zu Zeit zu hören war, löste ein seltsames und höchst unangenehmes Gefühl aus. Einmal hörten wir in unserer Nähe, vielleicht zwei Straßen weiter, das Knattern leichter Feuerwaffen, aber ich habe nie herausbekommen, was dort los war. Die offenkundige Zusammenhanglosigkeit und Verworrenheit des ganzen war vielleicht das Quälendste daran. Ein Bürgerkrieg in einem fernen Land sah wie eine relativ klare Sache aus, denn wir beobachteten ihn mit Gelassenheit und machten uns mit Hilfe ausgewählter Berichte ein Bild davon. Sobald wir aber selbst davon betroffen waren, wußten wir nicht mehr, was vorging.

Bis heute weiß ich nicht genau, was wirklich geschehen war, wer den Kampf angefangen hatte und warum. Auf jeden Fall müssen beide Parteien auf die Kraftprobe vorbereitet gewesen sein, sonst wäre es nicht zum Kampf gekommen. Das Ergebnis war, wie jeder weiß, daß die Sozialisten verloren. Die Heimwehrfraktion in der Regierung bekam ihren Willen, und wir hatten eine totalitäre Regierung, die versicherte, anders zu sein als die Nazis, weil sie nicht die Überlegenheit einer Rasse oder Gruppe proklamierte, sondern im Sinn der Lehren der katholischen Kirche für soziale Gerechtigkeit arbeitete. Wie viele Menschen in diesem unglückseligen Kampf ihr Leben verloren hatten, erfuhren wir nie.

Einige Tage später aßen wir im Haus einer Wiener Pianistin (Frau Bock-Walters) zu Abend. Auch Webern war da. Da jemand in der Gesellschaft eine öffentliche Funktion hatte, erkundigte sich Webern gespannt nach Todesopfern in der Arbeiterklasse und schien etwas enttäuscht, als er hörte, daß die Spitäler keineswegs überfüllt waren. Nebenbei gesagt konnte der Terrorismus, dessen die Regierung seitdem von Liberalen in aller Welt beschuldigt wurde, nicht besonders schlimm gewesen sein, denn so prominente Parteifunktionäre wie David Bach und andere wurden nicht einmal zeitweilig unter Arrest gestellt. So wie ich es jetzt sehe, war die ganze Sache verheerend, weil sie letztlich Österreichs Abwehr gegen die Nazis schwächte, obgleich die endgültige Katastrophe später eintrat, als ich sie erwartet hatte, und vielleicht hätte sie trotz der Spaltung des österreichischen Volkes, die der blutige Aufstand verursacht hatte, im allerletzten Moment noch vermieden werden können. Die Sozialisten waren für den Ausbruch der Unruhen nicht allzu hart zu verurteilen, denn zu jenem Zeitpunkt hatten sie zwischen hoffnungslosem Kampf und demütiger Kapitulation keine große Wahl. Es war ihre Schuld, daß sie sich in diese Position hatten manövrieren lassen, aber die Fehler, die es ihren Gegnern ermöglicht hatten, sie derart in die Enge zu treiben, waren viele Jahre früher begangen worden. Ihre Gewißheit, daß sie im Wiener Gemeinderat jederzeit eine nennenswerte Mehrheit auf die Beine stellen konnten, machte sie etwas anmaßend und führte dazu, daß sie das Gewicht ihrer großstädtischen Position in der Bundespolitik überschätzten.

Der Dollfuß-Regierung war jedenfalls vorzuwerfen, daß sie sich von Hitlers Heldentaten ermutigt fühlte und daß sie die reaktionäre Welle ausnutzte, um ihre Gegner zu eliminieren. Es hieß, die Zerschlagung der Sozialisten sei der Preis, den Mussolini dafür forderte, daß er Österreich vor Hitler schützte. Wenn das wahr war, dann war der Preis bestimmt zu hoch, denn sobald er bezahlt war, wurde Mussolinis Hilfe immer wirkungsloser. Aber das geschah erst, nachdem er sich auf sein abessinisches Abenteuer eingelassen hatte, und das war 1934 kaum vorauszusehen. In der Krise vom Juli 1934 erwies sich seine Hilfe tatsächlich als wirksam, aber man kann Vermutungen darüber anstellen, ob es zu dieser Krise überhaupt gekommen wäre, wenn Österreich eine geeinte Front gegen die Nazis gebildet hätte. Es kann durchaus sein, daß die Ereignisse vom Februar die Nazis zu ihrem Versuch ermutigten, im Juli die Macht zu ergreifen. Das alles ist nutzlose Spekulation, und die Tragödie entwickelte sich Schritt für Schritt, wie es vom Schicksal bestimmt war.

Wiedereintritt in die Katholische Kirche

Am letzten Tag der Kämpfe hatte ich mein Treffen mit Kardinal Innitzer, wie es von dem tüchtigen Knoll arrangiert worden war, damit ich Seiner Eminenz sein Exemplar von *Karl V.* überreichen konnte. Jenseits der Donau donnerten noch die Geschütze, als ich die Stacheldrahtbarrieren passierte, die quer über die Kärntnerstraße errichtet worden waren, um das Stadtzentrum vor den revolutionären Massen zu schützen, die nicht einmal in die Nähe kamen.

Diese Episode sollte zu den desillusionierendsten und lächerlichsten gehören, die ich je erlebt habe. Ich war auf eine formelle und sorgfältig vorbereitete Prozedur eingestellt. Als ich in das Arbeitszimmer des Kardinals geführt wurde, bemerkte ich bald, daß er nicht die geringste Ahnung hatte, wer ich war und warum er überhaupt mit mir sprechen sollte. Er war einer jener Geistlichen, die der Ansicht waren, ihre Hauptaufgabe sei der sogenannte soziale Dienst, wie zum Beispiel für Schulspeisungen zu sorgen, zu Nähkränzchen katholischer Jungfern zu sprechen und dergleichen mehr. Da er Sudetendeutscher war, verdächtigte ich ihn zudem, mit den Nazis zu sympathisieren, was auch keinesfalls widerlegt wurde, als er die Ankunft des Teufels persönlich mit »Heil Hitler« begrüßte. Er mag kein Nazi im engeren Sinn des Wortes gewesen sein, aber er ging sicher sehr weit, um dem Prinzip gerecht zu werden, daß die Kirche sich so gut wie möglich mit den herrschenden Mächten arrangieren sollte.

Als ich ihm mein Buch gab, blätterte er es durch und sagte etwa: »O, Karl V.? Das ist ja interessant. Ist das eine ernste Oper?« Als ich, etwas verwirrt, sagte: »Nun – also – in gewissem Sinn«, blätterte er weiter und bemerkte: »O, da kommt Luther vor – also, das ist wirklich interessant.« Dann fragte er: »Und wer hat die Musik komponiert?« Ich muß ziemlich perplex ausgesehen haben, als ich einräumte, daß ich das auch getan hätte. Darauf erwiderte er: »O, großartig – nun, gratuliere.« Ich dachte, es sei an der Zeit, dieser Art der Konversation ein Ende zu machen und erwähnte kurz, daß wir hofften, das Werk würde in der Staatsoper aufgeführt und Seine Eminenz würde uns die Ehre erweisen, der Vorstellung beizuwohnen. Er klatschte in die Hände und rief wie ein Kind: »Fein – das ist großartig. Gehn wir in die Oper.« Ich floh, entsetzt, bestürzt, daß dies der höchste österreichische Würdenträger der Kirche war, in die ich nach vierzehn Jahren gerade wieder eintreten wollte.

Ich hatte nämlich mit Knoll über meinen Wunsch gesprochen, wieder in die Kirche aufgenommen zu werden, und der unermüdliche Wichtigtuer hatte alle notwendigen Schritte vorbereitet. Er hatte die Sache mit der Kanzlei des Erzbischofs besprochen, und diese hatte meinen Gemeindepfarrer in Lainz angewiesen, die erforderlichen Handlungen vorzunehmen. Diese Handlungen waren eigentlich ziemlich einfach, und ich weiß nicht, warum es nötig war, die höheren Instanzen zu bemühen, wenn der Fall für den zuständigen Pfarrer so verloren war, wie er es offenbar war. In den Augen der Kirche war meine Unterzeichnung des Zettels im Jahr 1921, oder wann immer es gewesen war, ohnehin null und nichtig. Ich war einfach ein Sünder, der viele Jahre lang seine religiösen Pflichten nicht erfüllt hatte. Alles, was ich zu tun hatte, war zu beichten, zu bereuen, Buße zu tun und zu versprechen, es nicht wieder zu tun. Meine Ehe mit Anna war gleichfalls irrelevant, weil die Kirche ihren Segen nicht dazugegeben hatte. Wir hatten eben »in Sünde« gelebt, und daß der Wiener Bürgermeister seine Zustimmung dazu gegeben hatte, bedeutete nichts. Natürlich war meine Ehe mit Berta um nichts besser, und wenn ich mich nicht von ihr trennen wollte, mußte etwas getan werden, das heißt, wir mußten in der Kirche noch einmal getraut werden. Das schien mir logisch zu sein, obgleich ich über diese Folgen meines einfachen Wunsches, mit der Kirche Frieden zu schließen, nicht sehr glücklich war. Aber da Berta sich bereit erklärte, sich der Prozedur zu unterziehen, hatte ich nichts dagegen einzuwenden.

Als wir jedoch in die Kirche kamen und ich meine Beichte abgelegt hatte, überraschte uns der Priester, ein untersetzter kleiner Mensch, den ich oft hatte predigen hören, indem er uns plötzlich eröffnete, daß er auch Berta in die katholische Kirche aufnehmen müsse. Ich war entsetzt, aber nicht in der Lage, mir alle Konsequenzen eines solchen Schritts vorzustellen. Zugleich war mir der Gedanke, auf die eine oder andere Art zu protestieren, peinlich. Falls es mir ernst damit war, wieder ein treuer Sohn der Kirche zu werden, konnte mir doch nichts willkommener sein, als zu sehen, daß auch meine Frau Mitglied dieser Kirche wurde. Meiner Meinung nach war das rechtlich, oder vielleicht sollte ich sagen, kirchenrechtlich, nicht erforderlich, denn die katholische Kirche billigt, wenn auch zögernd, Mischehen, solange beide Teile versprechen, ihre Kinder im katholischen Glauben zu erziehen. Da wir keine Kinder hatten und wegen Bertas Alter nie welche haben würden, tauchte nicht einmal dieses Problem auf. Ich weiß nicht, warum der Pfarrer auf diesem Teil der Prozedur bestand, ob er meine Ernsthaftigkeit prüfen wollte, oder ob er, was mir wahrscheinlicher vorkommt, ehrgeizig war und sich die Rettung einer weiteren Seele als Verdienst anrechnen wollte. Er benahm sich in der ganzen Angelegenheit sehr nüchtern und geschäftstüchtig, wie ein aggressiver Vertreter, der nicht zuläßt, daß sein voraussichtlicher Kunde über das Geschäft nachdenkt.

Er erwähnte, daß Berta den Vorschriften gemäß eigentlich Religionsunterricht hätte haben müssen, was normalerweise eine ganze Weile dauerte, aber da wir vom Erzbischof selbst so sehr empfohlen wurden, würde er die Sache äußerst ungern verzögern und einfach berichten, daß er mehrere Gespräche mit ihr geführt habe. Daraufhin fragte er Berta, ob sie protestantisch getauft sei, und als sie bejahte, erwiderte er, er würde ihr glauben – da wir nicht wußten, daß diese Sache zur Sprache kommen würde, hatten wir ihren Taufschein nicht mitgebracht –, aber er wolle lieber sichergehen, ob sie daher bitte ihren Hut abnehmen würde, und er hantierte bereits mit dem Weihwasser, murmelte seine Tauformel, und bevor man »Kardinal Innitzer« sagen konnte, war Berta zum zweitenmal getauft. Wollten wir uns dann bitte in die Kirche begeben (bis dahin waren wir in der Sakristei gewesen), und er rief nach seinem Küster (eben dem Familienvater, der das Verhältnis mit unserer Marie hatte), und würde er bitte als Zeuge fungieren, und schon war der Pfarrer beim nächsten Sakrament. Alles wurde innerhalb von fünfzehn Minuten erledigt: Ich beichtete, Berta wurde getauft, wir wurden verheiratet – drei Heilige Sakramente im Rekordtempo. Wir standen draußen, bevor uns richtig klar wurde, was geschehen war, und gingen leicht benommen nach Hause.

Aus dem, was ich auf diesen Seiten bereits gesagt habe, müßte eigentlich ganz klar geworden sein, warum ich wieder in die Kirche eintreten wollte. Es war wahrscheinlich der letzte Schritt auf meinem »langen Weg nach Hause«, den ich sechs Jahre zuvor angetreten hatte, als ich mich entschloß, mich in Wien niederzulassen. In diesen Jahren hatte sich die Richtung meines Wunsches geändert, besonders, seit Österreich von der Vernichtung bedroht war. Meine Haltung war nicht mehr sentimentale Nostalgie oder das Verlangen, aus der großen, lauten Welt in den Himmel der Kindheit zu entfliehen oder bequem in einer vertrauten Umgebung zu leben, sondern sie hatte sich zu einem kämpferischen Geist der Solidarität mit meinem bedrohten Land gewandelt. Ich hatte allmählich akzeptiert, wofür dieses Land anscheinend eintreten wollte, und ich war bereit, mich auf jede Art zu rüsten, die angebracht schien, um in die Reihe der Kämpfer für Österreichs Unabhängigkeit aufgenommen zu werden. Die Abfuhr, die ich mit *Karl V.* bekommen hatte, erschütterte meinen Glauben im Grunde nicht, denn ich war nur zu bereit, sie als ein von den Nazis organisiertes Manöver auszulegen, anstatt zu erkennen, daß sie mir von denjenigen meiner Landsleute zugefügt worden war, die mich unter allen Umständen als Feind behandeln würden, ganz gleich, ob sie vielleicht echte Nazis oder nur zeitweilige Mitläufer oder sogar erklärte Nazigegner waren. Sie würden mich nie akzeptieren, welche Anstrengungen ich auch unternehmen mochte, um scheinbar für alles einzutreten, das sie repräsentierten, oder für alles zu kämpfen, wofür sie zu kämpfen schienen. Sie wollten mich eben nicht, und sie wollen mich bis heute nicht. Einige der Gründe dafür habe ich versucht zu erläutern, wenngleich unvollständig, wie mir scheint. Vielleicht werde ich im Lauf dieser Niederschrift eine schlüssigere Einsicht in dieses Phänomen, das mich viele Jahre meines Lebens gekostet und in gewisser Weise über mein Schicksal auf dieser Erde entschieden hat, erarbeiten können.

Die Tatsache, daß Berta auf diese gewaltsame und mechanische Art katholisch geworden war, verstörte mich tief und tut das weiterhin. Berta hatte für die katholische Kirche immer große Sympathie gehabt, aber, wie mir scheint, eher aus ästhetischen als aus religiösen Gründen, weil es nicht ihre Art war, über solche Fragen nachzudenken, zumindest nicht, solange ich mit ihr zusammenlebte. Ich war schockiert, weil dieser Schritt vorher nicht bedacht worden war, und weil ich damals dazu neigte, diese Dinge sehr ernst zu nehmen, hatte die Beiläufigkeit der Prozedur mich beunruhigt. Der einfache und logische Weg aus der Schwierigkeit heraus wäre natürlich gewesen, dies als *fait accompli* zu akzeptieren und darauf zu bestehen, daß Berta in jeder Hinsicht eine richtige Katholikin würde, nachdem sie formal eine geworden war. Warum ich nie in der Lage war, diesen Standpunkt einzunehmen und dementsprechend zu handeln, weiß ich nicht. Vielleicht hat es etwas mit der Beschaffenheit meiner Beziehung zu Berta zu tun, die ich langsam und mühsam ergründe, während ich diese Niederschrift fortsetze. Jedenfalls tat ich es nicht, und ich litt zwar seit jenem Tag in der Lainzer Pfarrkirche unter der Zweideutigkeit der Situation, aber dringende und eilige weltliche Probleme, die in den folgenden Jahren in zunehmender Anzahl und Intensität auftauchten, verdrängten die Sache allmählich aus meinem Bewußtsein. Von Zeit zu Zeit jedoch taucht sie wieder auf, und sie hat sehr zu der unsäglichen Qual beigetragen, in der ich in den letzten Jahren gelebt habe. Wie dem auch sei, zu der Zeit, als das geschah, war keine Gelegenheit, darüber nachzudenken, denn schon am nächsten Tag sollten wir zu einer vier- oder fünfwöchigen Reise nach Spanien aufbrechen. Unter dem Eindruck der Ablehnung von *Karl V.* hatte ich den verständlichen Wunsch, von alldem Abstand zu gewinnen, und als ich auf die Ankündigung einer Gesellschaftsreise nach Spanien stieß, die von der Wiener Universität organisiert wurde, meldete ich uns sofort an.

Reise nach Spanien

Ungefähr fünfundzwanzig Teilnehmer wurden in einen Bus verfrachtet, unter der Führung eines Dr. Ginhart, eines Kunsthistorikers an der Universität. Es war eine seltsame Mischung, hauptsächlich pensionierte Lehrer oder Beamte und alte Jungfern verschiedenster Art. Die einzigen Ausnahmen schienen wir selbst und zwei Damen der Prager Gesellschaft zu sein, Jüdinnen, die Fischer und Fleischer hießen, wenn ich mich recht erinnere. Sie gaben der sonst eher eintönigen Gesellschaft einen gewissen Anflug von Glanz und Welt, und wir freundeten uns bald mit ihnen an. Die Reise war recht gut organisiert, obgleich es hin und wieder zu unvermeidlichen Verwirrungen und Reibereien kam. Es war gewiß nicht die bequemste und anregendste Art zu reisen, aber sie war recht preisgünstig (und der Kosten wurde ich mir in zunehmendem Maße bewußt), und das Angenehme daran war, daß wir uns nicht um die technischen Details zu kümmern brauchten und zu den Objekten, die Dr. Ginhart unserer Aufmerksamkeit für wert erachtete, direkt hingefahren wurden. Zwei Faktoren waren enttäuschend: Erstens war es in Spanien insgesamt nicht so warm und lind, wie ich es erwartet hatte, und zweitens hatten die Reiseplaner übersehen, daß in der Fastenzeit die Statuen und Gemälde in den Kirchen verhängt waren. In einigen Fällen erreichte Dr. Ginhart in umständlichen Verhandlungen, daß die Kunstgegenstände für uns enthüllt wurden, aber wir verpaßten dennoch eine ganze Menge davon. Allerdings sahen wir in diesen vier Wochen so viel, daß wir kaum mehr hätten aufnehmen können.

Wir fuhren südwärts und passierten die italienische Grenze in Tarvisio, wo wir das übliche Spießrutenlaufen zwischen faschistischen Uniformen mitmachen mußten, was einen der Mitreisenden veranlaßte zu murmeln, wenn wir uns schon jemandem unterwerfen müßten, würde er lieber unseren germanischen Brüdern untertan sein als diesen spaghettifressenden Komödianten. Ich dachte anders darüber, aber ich sagte nichts. Im großen und ganzen gab es auf der Reise sehr wenige politische Diskussionen, trotz der Ereignisse, die wir erst vor wenigen Wochen miterlebt hatten. Man war entweder gleichgültig, oder, was ich lieber glaube, eingeschüchtert und darauf bedacht, sich aus Schwierigkeiten herauszuhalten. Obgleich ich diese Einstellung anerkenne und teile, finde ich sie sehr würdelos. Es war ein ungesundes Zeichen der Zeit, daß die Fragen, die jeder als lebenswichtig betrachten mußte und zu denen er sicher irgendeine Meinung hatte, in beiläufigen Gesprächen nie berührt wurden, damit heftige Meinungsverschiedenheiten nicht zu Denunziation und Ärger führten. Mit anderen Worten, niemand traute dem anderen, und das war höchst bedauerlich.

Wir durchquerten Norditalien, besuchten dabei Städte wie Padua und Vicenza, die man kaum erkunden würde, wenn man mit der Bahn unterwegs wäre, hielten in Genua und fuhren die Riviera entlang und weiter nach Südwesten, durch Montpellier, Narbonne und Perpignan in Richtung Spanien. Die Ostküste Spaniens war warm und mild, wie wir gehofft hatten, und zauberhaft in ihrer einsamen Pracht. Sie besaß die ganze Schönheit der Riviera, war aber spärlich besiedelt und wenig von Touristen besucht. Von Valencia aus fuhren wir über die Berge nach Murcia und Granáda, besuchten Córdoba und Sevilla, fuhren nordwärts nach Toledo und Madrid, durch die Sierra Guadarrama zum Escorial, nach Avila und Valladolid und erreichten über Burgos die Nordküste. Von San Sebastián aus kehrten wir nach Frankreich zurück, reisten an den Pyrenäen entlang nach Lourdes und Carcassonne und fuhren über Italien mehr oder weniger dieselbe Route heimwärts, die wir auf der Hinreise genommen hatten.

Ich verliebte mich heftig in Spanien, das mir von den südlichen Ländern, die ich kennengelernt hatte, am sympathischsten zu sein schien. Es verbindet die Lieblichkeit und die reizvollen Züge des Südens mit Strenge und Größe, und es ist dramatischer und tragischer als Italien. Ich fand, daß die Physiognomie Italiens entscheidend von der Renaissance geprägt war, wohingegen das Gesicht Spaniens deutlicher die typischen rauhen, phantastischen Züge des fünfzehnten Jahrhunderts trug, die noch stark mittelalterliche Merkmale und wenig von dem Gleichgewicht, der Symmetrie und der Eleganz der italienischen Renaissance besaßen. Die riesigen gotischen Bauwerke des fünfzehnten Jahrhunderts sahen wie Berge aus, die mit unberührten Wäldern bedeckt waren, und ihr Inneres glich riesigen Höhlen voll unermeßlichen Wachstums. Ich schrieb diese Neigung zu üppiger, fiebriger Übertreibung dem maurischen Einfluß zu. Selbst die wenigen Beispiele spanischer Renaissance, die ich gesehen habe – wie das Escorial und die Kathedrale von Valladolid –, sind Übertreibungen in die entgegengesetzte Richtung, insofern als die frühere, dschungelähnliche Überkrustung mit Ornamenten hier einer ebenso gewaltigen asketischen Schmucklosigkeit weicht. Vom Escorial, dieser »Kaserne Gottes« hoch in der klaren, scharfen Luft der Sierra Guadarrama, war ich ungeheuer beeindruckt.

Seltsam war, daß im Vergleich dazu die echte maurische Architektur der Alhambra recht elegant und diszipliniert aussah, obgleich sie in ihren unmännlichen Zügen deutlich die Spätphase einer zerfallenden Zivilisation verriet. Das Innere der großen Moschee von Sevilla jedoch, welche die Christen vergeblich in eine Kirche umzuwandeln versuchten, sah wie ein endloser Wald aus, in dem man jede Orientierung verliert. Die Kirche, mit deren Bau irgendwo in der Mitte begonnen wurde, verliert sich beinahe in diesen Säulenreihen. Die Alhambra und die angrenzenden Gartenanlagen des Generalife wirkten unendlich fragil und traurig, so allen Winden zugänglich, wie ein Bauwerk aus durchbrochener Spitze. Überall konnte man auf die hohen, kühlen, schneebedeckten Mulahacenberge hindurchschauen. Aber am faszinierendsten war die Art, wie fließendes Wasser, Bäche, Kanäle, Springbrunnen zu beweglichen, lebendigen Architekturelementen gemacht worden waren.

Barcelona hatte an diesem spanischen Fanatismus für das Extreme auf seine eigene, merkwürdige Art teil. Hier war es die moderne Architektur der Jahrhundertwende, die diesen Fanatismus, hauptsächlich in den Werken Antonio Gaudis, am erschreckendsten auszudrücken schien. Die meisten lehnten diese Art ungezügelten »Sezessions«-Stils ab und hielten Gaudí für einen total Verrückten. Sicher, seine Häuser am Paseo de Gràcia, an denen jegliche gerade Linie vermieden wurde, kommen der Architektur von Coney Island gefährlich nahe. Aber genauso nahe sind sie dem reinen und vollendeten Barock, besonders seiner spanischen Form, dem Churriguerastil, den viele gleichfalls verabscheuen. Ich mag ihn sehr gern, weil mich sein Phantasiereichtum und sein Mut zum Ausdruck des

Unkonventionellen anziehen. Gaudís Kirche Sagrada Familia in Barcelona ist ebensosehr eine Offenbarung von Genialität wie ein Horror. Diese (dem Kern der Sezession so nah verwandte) Nachahmung von Sumpfnatur in Stein ist vielleicht schlechter Geschmack, aber sie ist zweifellos großartig. Wenn ihre sechzehn Türme je fertiggestellt sein werden, wird man über die Ähnlichkeit mit den Umrissen von Montserrat erstaunt sein, das dieses phantastische Denkmal inspiriert haben muß.

Beim Betrachten der Unmengen von Kunstgegenständen, welche die Mauern vieler Kathedralen bis hinauf zur Decke schmückten, wo Objekte, die in dunklen Gewölben und Bögen versteckt waren, nur mit Hilfe von Scheinwerfern und Ferngläsern wahrgenommen werden konnten, fragte ich den Priester, der uns begleitete, welche Absichten die Erbauer gehabt hätten, als sie Gegenstände von höchstem künstlerischen Wert an solchen Stellen verbargen. Er sagte, sie seien nicht dort angebracht worden, um von Menschen betrachtet zu werden, sondern als eine Opfergabe für Gott, der sie ohne Schwierigkeiten überall sehen könne. Das machte einen starken Eindruck auf mich und fiel mir wieder ein, als ich mehrere Jahre später die Verflechtungen der Kontrapunktik des fünfzehnten Jahrhunderts zu studieren begann. Auch die Musik war allem Anschein nach nicht so sehr dazu bestimmt, die Menschen zu ergötzen, sondern wurde vielmehr als Ergebnis der höchsten Anstrengung, deren der musikalische Geist der Zeit fähig war, Gott dargebracht.

Nach der spanischen Riviera und dem Kontrast zwischen schneebedeckten Bergen und köstlichen Orangenhainen in Andalusien (ein Vorgeschmack auf mein geliebtes Südkalifornien) waren La Mancha und die Fahrt nach Toledo das größte landschaftliche Erlebnis. Man zeigte uns, als Silhouette gegen einen bleiernen Himmel über einem kargen Grat, die sieben Windmühlen, gegen die Don Quichote gekämpft hatte. (In und um Argamasilla schien jeder zu glauben, daß der berühmte Ritter tatsächlich dort gelebt hatte.) Aber mir erschienen eher die endlosen Schwellen der flachen Weingärten, die sich zu beiden Seiten der Straße bis an den Horizont erstreckten, wie phantastische Windmühlflügel, die sich stundenlang drehten und drehten, während der Bus schnell durch das tragisch eintönige und aufregende Flachland rollte. Das Auftauchen von Toledo war der dramatische Höhepunkt dieser langen Reise. Ich sah es mit den Augen El Grecos, eines meiner Lieblingsmaler, und mir erschien es genau so, wie es auf dem gewaltigen Gemälde *Sturm über Toledo* zu sehen ist. Das war geheiligter Boden, und der Tag in Toledo mit der Wallfahrt zum Haus des Meisters und zur Kirche Santo Tomas wird unvergessen bleiben.

Madrid, die Metropole in der trockenen Höhenluft, und seine Lebensart gefielen mir gut. Um zehn Uhr vormittags sahen die Straßen so verlassen aus wie anderswo um fünf Uhr früh. Aber das Abendessen wurde um zehn Uhr abends oder später serviert. Überflüssig zu sagen, daß ich vom Prado überwältigt war. Hier war es Goya, der den tiefsten Eindruck hinterließ, besonders die schaurigen Gemälde seiner späten Periode, als er geisteskrank war, die ich noch nicht gekannt hatte. Die knallig bunten, deftigen Wandgemälde der Kapelle von San Antonio de la Flórida bezauberten mich.

In Madrid nahm ich mit dem Korrespondenten der »Frankfurter Zeitung« Verbindung auf, einem gewissen Herrn Wahl, der uns auf ein paar exquisite Eßlokale hinwies, wo wir große Mengen von dem respektgebietenden, aber köstlichen Manzanillawein und auf besondere Art zubereitetes Spanferkel zu uns nahmen. Im großen und ganzen schmeckte mir das Essen in Spanien sehr gut, obgleich es gewöhnlich eher schwer war und die Mahlzeiten häufig unendlich lang dauerten, sehr zum Mißvergnügen eifriger Touristen. Mir machte das nicht so viel aus, weil ich das Essen für ebenso interessant hielt wie die Architektur (wenngleich auf einer anderen Ebene), und manchmal, wenn wir nach dem Frühstück drei Kathedralen konsumiert hatten, beschloß ich, ein Rathaus auszulassen und statt dessen eine neue Sorte *arroz* zu studieren. Die Landweine waren sehr angenehm, überhaupt nicht süß oder schwer.

Im Escorial besichtigte ich ergriffen das Grab Karls V. und war von diesem kühlen und hellen Lagerhaus toten Königtums seltsam beeindruckt. Ein unheimliches Detail war, daß nur noch eine Nische übrig war, offensichtlich für Alfonso XIII., der damals noch lebte, als ob die Erbauer dieser Totenkammer gewußt hätten, daß er Spaniens letzter König sein würde.

Wir besuchten Ávila mit seiner gewaltigen Stadtmauer, Salamanca mit seinen schönen Universitätsgebäuden aus lilagoldenem Sandstein und Segovia. In Valladolid nahmen wir einen Stierkampf mit ins Programm auf, dem wir mit Besorgnis entgegensahen. Das Spektakel war nicht so abstoßend, wie ich erwartet hatte, aber auch nicht schrecklich aufregend. Letzteres wurde damit erklärt, daß es eine provinzielle Veranstaltung mit zweitrangigen Stieren und Kämpfern war. Im großen und ganzen hatte ich nie den Eindruck, daß die Männer, die mit den Stieren kämpften, in ernster Gefahr waren. Es schien mir von vornherein festzustehen, daß das Tier von Anfang an dazu verurteilt war, den Kampf um sein Leben zu verlieren. Vielleicht ist das in einer Corrida mit gefährlichen Stieren anders, aber darüber weiß ich nichts. Der unerfreulichste Anblick waren die alten, müden und klapprigen Pferde, die trotz einer Schutzpolsterung häufig aufgespießt wurden und mit heraushängenden Eingeweiden hinausgeschleppt werden mußten, um entweder geflickt oder geschlachtet zu werden.

Vom politischen und gesellschaftlichen Leben Spaniens war wie gewöhnlich auf solchen Reisen nicht allzuviel zu sehen. Ich hatte große Sympathie für die neue, tapfere Republik Spanien, weil sie mir eine wirklich demokratische Form der Integration von »konservativ und radikal« zu sein schien. Daß dem nicht ganz so war, zeigte sich später. Ich versuchte, ein wenig Spanisch aufzuschnappen, hauptsächlich durch die regelmäßige Lektüre der katholischen Zeitung »A B C«, die mir aufgeklärt und ziemlich fortschrittlich zu sein schien. Wahrscheinlich war das ebenfalls eine Täuschung. Die Sprache bereitete mir keine große Mühe. Ich habe ihren eleganten, majestätischen Klang immer geliebt, obgleich das reine Kastilisch einen gewissen Anflug von Affektiertheit hat. Es überraschte mich, viele Reste rein lateinischen Charakters zu finden, was ich der Möglichkeit zuschrieb, daß sie in den siebenhundert Jahren maurischer Herrschaft unter den Schichten der arabischen Sprache irgendwie versteinert waren. Wahrscheinlich war auch diese Theorie nicht viel wert. Ich verkündete sie ebenso wie viele andere Betrachtungen und Überlegungen in einer umfassenden Reihe von Artikeln, die ich für die »Wiener Zeitung« über diese Reise schrieb.

Auf sozialem Gebiet hatte ich den Eindruck, daß die damaligen Verhältnisse noch stark von uralten Begriffen beherrscht wurden, von denen der des Caballero besonders wirksam zu sein schien. Der Caballero hielt es für degradierend, für Geld zu arbeiten, aber er bettelte, ohne zu zögern. Bettler gab es überall scharenweise, und häufig hegte ich den Verdacht, daß sie nicht so sehr aus dringender Not bettelten, sondern weil das angenehme Arbeit war, wohingegen andere Arten des Geldverdienens sie anwiderten. Es war für einen Caballero ganz in Ordnung, einen anderen Caballero um eine Gabe zu bitten, aber es war offenbar eine Schande für ihn, einen Koffer in die Hand zu nehmen, um sich ein Trinkgeld zu verdienen. Was der Bettler als Gegenleistung anbot, war eine Krone im Himmel, und die Ehre im Jenseits stand offenbar in direktem Verhältnis zur Bedürftigkeit des Bittstellers. So machten einige Bettler auf ihre Gebrechen und besonders beachtenswerte Verunstaltungen aufmerksam, indem sie kleine Glöckchen läuteten, um sich jenen, die unbedingt eine besonders lohnende gute Tat vollbringen wollten, bemerkbar zu machen.

Die Landstraßen in Spanien waren im allgemeinen ausgezeichnet, ein Erbe der Diktatur von Primo de Rivera, der diese Straßen zu keinem offensichtlichen Zweck baute, denn der Verkehr war nahezu gleich Null, und selbst die üblichen militärischen Rechtfertigungen für solche Verkehrsadern waren nicht sehr augenfällig. An ein paar Stellen hatte der Automobilclub eine Art von Raststätten errichtet, nicht unähnlich der wunderbaren amerikanischen Einrichtung der »Motels«, die ich damals noch nicht kannte.

Unsere Reisegefährten waren manchmal ein bißchen unausstehlich, aber nicht allzusehr, und das Maß unvermeidlicher Streiterei war überraschend gering. Die meisten Mitreisenden waren von der Fotografierkrankheit befallen, die mir seit jeher als höchst lächerliche Verrücktheit erscheint. Da unsere Zeit in jedem Ort begrenzt war, stürzten sie oft gleich bei der Ankunft in das nächste Tabakgeschäft, schauten sich die verfügbaren Ansichtskarten an, um herauszufinden, welche Objekte der Mühe wert waren, und schwärmten dann aus, um ebendiese Objekte zu fotografieren.

Aber im ganzen verlief alles recht friedlich, und die Reise war ein höchst anregendes Erlebnis, das mir nach den deprimierenden Ereignissen der vorausgegangenen Monate sehr guttat. Auf der Rückfahrt machten wir in Carcassonne Halt, und da Berta und ich die Stadt kannten, schlossen wir uns nicht der Gruppe an, die die Schutzwälle entlangkeuchte und Schnappschüsse machte, sondern gingen in denselben kleinen Hof im Zentrum der Cité und tranken dort Champagner, in Erinnerung daran, daß wir das etliche Jahre zuvor getan hatten. Angesichts der unruhigen Zeiten und der Krise, die wir erlebten, hatte das eine beruhigende und wohltuende Wirkung, denn es schien eine unerwartete Beständigkeit der Dinge anzudeuten. Heute allerdings scheinen die Chancen, daß ich dort jemals wieder mit Berta Champagner trinken werde, in der Tat sehr gering zu sein. Doch auch damals, bevor wir dorthin kamen, erschienen sie uns sehr gering.

Kleinere Werke von »praktischem Wert«

Irgendwann in dieser Zeit, spätestens 1934, schrieb ich ein paar kleinere Stücke, darunter einen Chor für Männerstimmen mit Jagdhörnern und Pauken nach einem Gedicht von Grillparzer, *Jagd im Winter*. Es kann sein, daß Heinsheimer mich mit der Aussicht auf eine Aufführung durch den berühmten Wiener Männergesangverein dazu angeregt hatte, oder vielleicht hatte ich auch dessen Leiter, Ferdinand Grossmann, getroffen, und er hatte mich gebeten, etwas für den Verein zu schreiben. Ich bemühte mich, den Chorsatz im Hinblick auf die Intonation relativ leicht zu machen, um diese engstirnigen Konservativen nicht mit zuvielen Kreuzen und Bes zu erschrecken, und dennoch dem Prinzip der seriellen Technik verbunden zu bleiben, indem ich es auf eine diatonische Reihe von sieben Tönen anwandte. Ich glaube nicht, daß das Experiment sehr gut gelang, obgleich ich von der Musik nichts im Gedächtnis behalten habe. Natürlich haben die tapferen Bürger das Stück nie aufgeführt.

Weiterhin setzte ich vier österreichische Volkslieder für Chor, eines davon mit Altsolo. Auch das hatte jemand als praktische Unternehmung vorgeschlagen, offenbar ganz im Sinn meiner patriotischen Haltung. Die Arbeit machte mir Spaß, und ich glaube, daß die Arrangements recht gut sind. Es waren zwei Lieder aus Vorarlberg, eines aus dem Burgenland und eines aus Kärnten, dieses war das Lied mit der Solostimme. Es gefiel mir am besten, weil es einige ungewöhnliche melodische Fortschreitungen aufwies und der Chor, ein Summchor, einen seltsam schwebenden Hintergrund abgab. Ansonsten hielt ich das Material der österreichischen Bergbewohner nicht für besonders anregend, denn es war rhythmisch und harmonisch ziemlich stereotyp und langweilig. Natürlich hatten diese Lieder keinen größeren praktischen Wert als alles andere, was ich in dieser Art komponierte, und niemand setzte sie aufs Programm, bevor ich das nicht selber tat, wie noch zu sehen sein wird.

Heinsheimer schlug außerdem vor, ich sollte mich an einer Story für einen Film mit einem österreichischen Thema versuchen, um sie der österreichischen Filmbranche vorzulegen, die natürlich nicht sehr gut bezahlte, aber einen recht guten Ruf hatte. Ich schrieb etwas, was ich für eine keineswegs schlechte Filmhandlung hielt. An die Einzelheiten erinnere ich mich nicht, aber es hatte etwas mit den Nachkriegsverhältnissen in Österreich zu tun, mit dem Bau der Großglocknerstraße und ähnlichem. Als Hintergrundmusik deutete ich an manchen Stellen einige der österreichischen Volkslieder an, die ich kennengelernt hatte. Das Resultat war gleich null, denn meine Arbeit gelangte nicht über Heinsheimers Schreibtisch hinaus, weil er sie nicht für »fotogen« hielt. Ich war viel zu müde und angewidert, um mich mit ihm zu streiten oder die Meinung eines Fachmanns einzuholen. Ich zog meine Arbeit zurück und legte sie zu den Akten. Auch sie ruht nun in der Wiener Stadtbibliothek.

Ein weiteres Werk dieser Art war eine Bearbeitung dreier italienischer Volksballaden für Singstimme und Klavier – angeblich ebenfalls von großem praktischen Wert. Diese Stücke taugten überhaupt nichts, glaube ich, und natürlich blieben auch die praktischen Ergebnisse aus.

Das einzige in dieser Art, was die Universal Edition wenigstens veröffentlichte, war eine Sammlung von Tanzstücken für Laute und Cembalo aus dem achtzehnten Jahrhundert, die ich unter dem Titel *Ball bei Prinz Eugen* für Klavier bearbeitete. Bezeichnenderweise war das der am wenigsten ehrgeizige aller meiner Versuche, vermeintliche Anforderungen »dieser Welt« zu erfüllen. Allerdings entstand diese unbedeutende Arbeit wahrscheinlich ein oder zwei Jahre später. Sie kann ebensogut gleich hier abgehandelt werden.

Werner Reinhart hatte mich eingeladen, im Herbst 1934 in die Schweiz zu kommen und zwei Liederabende mit Felix Loeffel und Mia Peltenburg zu geben, einen in Zürich, den anderen in Winterthur. Das war eine sehr schöne Geste, weil er das Ganze finanzierte. Um der Sache einen besonderen Anstrich zu geben, schrieb ich speziell dafür zwei Vokalstücke, ein Lied (*Das Schweigen*) für Loeffel und für beide Sänger ein Duett (*Während der Trennung*). Die Texte stammten aus der Fischer-Sammlung alter deutscher Dichtung, die ich zuvor für die Kantate benutzt hatte. Wiederum erinnere ich mich nicht an die kleinste Einzelheit dieser Kompositionen, aber ich glaube, daß sie nicht sehr bedeutend waren. Die Konzerte gelangen gut, obgleich sie in künstlerischer Hinsicht nicht ganz befriedigend waren, hauptsächlich weil Mia Peltenberg, eine sehr gute und verläßliche Sängerin, so kalt wie Stein war und überhaupt keine persönliche Beziehung zu der Musik zu haben schien. Nach außen hin brachten die Konzerte nicht viel, weil besonders in Zürich das Vorurteil bestand, daß nur ein einziger lebender Komponist Lieder zu schreiben verstehe, nämlich Othmar Schoeck, und daß man deshalb in der Schweiz keine Lieder anderer Komponisten hören solle. Deshalb blieben auch alle wichtigen Leute fern, und die Kritiken waren Nörgeleien. Es überraschte mich, daß Reinhart diesen Effekt nicht einkalkuliert hatte.

Der Sommer 1934

Ich glaube nicht, daß in den restlichen Frühlingswochen nach unserer Rückkehr aus Spanien viel Interessantes geschah, und bald bereiteten wir uns auf einen weiteren Sommer in den Bergen vor, auf den schicksalhaften Sommer des Jahres 1934. Aus irgendeinem (vielleicht finanziellen) Grund wurde entschieden, daß ich erst mit Berta in den äußersten Westen Österreichs fahren und später mit meinen Eltern im wohlbekannten Kaprun zusammenkommen würde, wohin sie schon vor unserem Treffen reisen sollten. So machten wir uns also Anfang Juli auf den Weg nach Bludenz in Vorarlberg, von wo aus wir einen Ausflug an den Lünersee machten, einen kleinen See hoch in den Bergen oberhalb von Brand. Dann fuhren wir in den einsamen Ort Gargellen im höchsten Tal des Montafon. Es gab dort nichts außer einem altmodischen, sehr komfortablen Hotel, ganz leer, denn die Wiener wußten nichts davon und reisten nie so weit, das heißt, diejenigen, die sich eine weite Reise leisten konnten, fuhren in die Schweiz oder an die französische Riviera. Die übliche Kundschaft dieser westösterreichischen Urlaubsorte waren Deutsche aus Bayern und dem Rheinland, und diese kamen wegen Hitlers Anordnung nicht. Es war schwer, die gedrückte Stimmung nicht zu bemerken, die sich auf diesen Teil des Landes gelegt hatte, weil es seine Haupteinnahmequelle verloren hatte, und die wenigen Österreicher, die dort hinreisten, wurden nicht gerade mit Begeisterung empfangen. Eher ließ man sie spüren, daß sie in gewissem Sinn die Bundesregierung repräsentierten, die durch ihren unvernünftigen Widerstand gegen die Nazis den ganzen Schlamassel verursacht hatte. Ideologisch gesehen waren diese Einheimischen keine Nazis. Ich hatte den Eindruck, daß sie so dumm waren, daß sie kaum verstanden, was Nazismus war. Praktisch gesehen waren sie natürlich eine wirksame Unterstützung für die Nazis, denn es kam ihnen nicht in den Sinn, Hitler die Schuld an ihrer Notlage zu geben. Sie machten nur der österreichischen Regierung Vorwürfe, die sich ihrer Meinung nach mit Hitler hätte einigen sollen, damit er die Grenzen wieder öffnete. Über mögliche weitere Folgen machten sie sich gar keine Gedanken. Deshalb wurden wir in unserem eigenen Land wiederum wie Ausländer behandelt – nicht gerade feindselig, aber mit einer Art vorwurfsvoller Höflichkeit, die sehr irritierte.

Aber auch abgesehen davon machte Gargellen auf mich den Eindruck, als würde es dort spuken. Ich frage mich, ob dabei eine Vorahnung von drohendem Unheil mit im Spiel war. Ein sehr merkwürdiges Anzeichen dafür trat einige Tage später auf. Wir wanderten durch die einsamen Schluchten dieser entlegenen Region, wobei wir außer Hirschen und Rehen und anderen Tieren des Hochgebirges kaum ein Lebewesen sahen. Einmal wagten wir uns einen Weg zum Madrisapaß hinauf, der in das Schweizer Tal führt, in dem Klosters und Davos liegen. Berta konnte das letzte Stück des Weges nicht bewältigen, weil ihr schwindlig wurde. So kletterte ich allein hinauf und setzte meinen Fuß über die Grenze in die Schweiz. Es gab nirgendwo Grenzposten. Seltsam war das Grenzschild, das noch aus alten Zeiten dastand und Österreich als Kaiserreich bezeichnete. Der Ort hatte etwas Geisterhaftes an sich.

Um den 21. Juli, an einem Sonntag, machten wir uns auf den Weg von Gargellen nach Bludenz hinunter, um den Zug über den Arlberg nach Landeck zu nehmen, von wo wir mit dem Bus zu unserer nächsten Station, Galtür, fuhren. Hier geschah das Merkwürdige, das in meinem Leben einzigartig ist. Damals führten die Expreßzüge auf der Arlbergstrecke am Ende einen Aussichtswaggon mit sich, der einfach ein flacher Wagen mit Sitzen im Freien war. Er war zugig, aber sauber, weil die Eisenbahnen elektrisch betrieben wurden, und er bot eine herrliche Aussicht auf die Berge, die neben den engen Tälern hoch aufragten, dem Klostertal, das von Bludenz zum Arlbergpaß hinaufführte, und dem Trisannatal, das an der Ostseite des Passes nach Landeck hin abfiel. Während wir von der Paßhöhe hinunterfuhren, fiel im Tal ein feiner Regen, wobei nördlich und südlich davon der Himmel vollkommen klar war. Das irritierte mich, und ich hielt es für eine Art verrückten Phänomens des Sommerwetters. Aber dann bemerkte ich eine beträchtliche Anzahl von Autos auf der Straße, die durch das enge Tal führte. Mir fiel ein, daß Christophorustag war, der in Österreich von vielen Autofahrern gefeiert wurde, weil der Heilige Christophorus der Schutzpatron der Reisenden ist. Und hoch oben, nahe der Paßhöhe des Arlbergpasses, stand eine Kapelle, die seit unvordenklichen Zeiten diesem Heiligen geweiht ist, so daß viele Kraftfahrer großen Wert darauf legten, dort hinaufzufahren und ihre Fahrzeuge segnen zu lassen. Das erklärte den ungewöhnlich starken Verkehr auf der Straße. Bald bemerkte ich unter den dort entlangrollenden Fahrzeugen ein Feuerwehrauto, das wahrscheinlich einer Gemeinde im Tal gehörte, die ihr Löschfahrzeug segnen lassen wollte, weil das angeblich Glück brachte. Aus unerklärlichen Gründen machte mich der Anblick des rasch dahingleitenden Fahrzeugs mit seinen Messingkuppeln und -pumpen sehr nervös. Ich kann nicht sagen, warum es mich blitzartig an den Leichenwagen erinnerte, der unseren alten Kaiser Franz Joseph zur ewigen Ruhe brachte. Die Feuerwehr hatte mit dem prunkvollen Gefährt, das mich, wie ich berichtet habe, 1916 so beeindruckt hatte, sicherlich keine Ähnlichkeit. Aber ich erinnere mich, daß mir der Anblick dieses rasenden Feuerwehrautos fast unerträglich wurde und ich deutlich spürte, daß es, zusammen mit diesem irritierenden Nieselregen, eine Katastrophe ankündigte, die ich mir nicht ausmalen konnte. Wie jeder weiß, kam die Katastrophe schneller, als ich es mir auch nur vorstellen konnte.

Galtür, der höchste Ort in dem langen Paznauntal, das in der Nähe von Landeck auf das Inntal stößt, war ein wunderbares Dorf, abgesehen von Vent vielleicht die schönste Ortschaft, die ich in den österreichischen Alpen kannte. Es befand sich zwar nicht oberhalb der Baumgrenze – solche Orte sind in den Bergen im Norden selten –, aber es lag völlig frei, und der Blick wurde nicht von Bäumen behindert. Das ziemlich breite Tal wurde dort von einem Gipfel, der eine sehr schöne Form hatte, in zwei Seitentäler geteilt, von denen eines sanft zur Jamtalhütte anstieg, die ganz in der Nähe des großartigen Gletschergebietes der Silvretta lag. Dort gab es schöne Wege in alle Richtungen, immer durch freies Gelände, mit wunderschönen Ausblicken auf die dramatischen Gebirgszüge.

Der Gasthof war einfach, recht rustikal, aber sehr behaglich, und man servierte dort gutes Essen und ansprechende Tiroler Weine. Der Ort war auch weniger verlassen als Gargellen, und die düstere Stimmung der vorausgegangenen Tage wich heiteren Gedanken.

Dann, als wir kurz nach unserer Ankunft eines Abends – am 25. Juli – im Speisesaal beim Abendessen saßen, kam der Schock. Das Radio berichtete über politische Unruhen in Wien. Wie sich herausstellte, war der Aufstand schon seit mehreren Stunden im Gang, aber offenbar hatte bis dahin niemand Radio gehört. Ich spürte sofort jenes Gefühl im Magen, das seit Hitlers Aufstieg an die Macht zu einer vertrauten Erfahrung wurde, eine Art inneres, psychisch bedingtes Alarmsignal. Jedoch die bloße Tatsache, daß das Radio über die Vorgänge berichtete, war beruhigend, und ich versuchte mir einzureden, daß die ganze Sache nichts Ernstes sei. Aber nach wenigen Sekunden erfuhren wir von der Katastrophe: Unser Kanzler Engelbert Dollfuß war von den Nazis in seinem Büro grausam ermordet worden. Mir war, als würde meine ganze Welt zusammenbrechen. Entsetzt über das grauenhafte Ereignis und meine eigene Hilflosigkeit, überlegte ich schnell, welcher der nahen Bergpässe sich am besten als Fluchtweg in die Schweiz eignen würde. Über ein Jahr hatten wir in der albtraumhaften Erwartung des Augenblicks gelebt, in dem wir »Es ist soweit« ausrufen und losrennen würden.

Mit fieberhafter Aufmerksamkeit hörten wir Radio und erfuhren schließlich, daß der Aufstand bereits niedergeschlagen worden war, was hauptsächlich der Standhaftigkeit, Hartnäckigkeit und Besonnenheit des Bundespräsidenten Wilhelm Miklas zuzuschreiben war, der damals gerade in Kärnten Urlaub machte. Es ist seltsam, wie in manchen Fällen zurückhaltende und lächerlich mittelmäßige Personen glücklicherweise den Anforderungen einer Krise gerecht werden. Wenn sie grundsätzlich in Ordnung sind, sind sie in solchen Momenten vielleicht sogar von größerem Nutzen als brillante Leute, die eher den Streichen ausgeliefert sind, die ihre Nerven ihnen spielen. Es schien, daß Dr. Schuschnigg den Vorsitz im Kabinett übernommen und daß die Regierung alles in der Gewalt hatte. Tatsächlich hatte sich der »gewaltige Volksaufstand«, den der deutsche Rundfunk triumphierend für Österreich meldete, etwa innerhalb eines Tages in Nichts aufgelöst, was Beweis genug dafür war, daß er weder gewaltig noch spontan war, sondern von der Hitlermaschinerie in Gang gesetzt und wieder abgeblasen worden war, sobald sie gespürt hatten, daß das Attentat auf Dollfuß nicht die Folgen haben würde, die sie erwarteten. Abgesehen von der erschütternden, blutigen Brutalität war der widerwärtigste und unheimlichste Aspekt an der Affäre der Zynismus, mit dem die deutsche Regierung auf der einen Seite ihre Beteiligung an dem schmutzigen Geschäft zugab und auf der anderen jedes Interesse daran bestritt. Der deutsche Botschafter erschien persönlich vor dem österreichischen Kanzleramt, um für Hitlers Ganoven, die drinnen gewesen waren, milde Bedingungen zu erwirken, denn nachdem sie ihr blutiges Werk vollbracht hatten, waren sie in Schwierigkeiten – statt daß ihnen nämlich der revolutionäre Pöbel zu Hilfe kam, rückte ihnen das österreichische Militär auf den Leib. Zur gleichen Zeit wurde das deutsche Volk von seinem Rundfunk darüber unterrichtet, daß österreichische Kommunisten, die als Nazis verkleidet waren, Dollfuß' unerträglicher Tyrannei ein Ende gemacht hätten. Abgesehen von der Tatsache, daß nur ein unbedeutender Teil der Bevölkerung mit den Attentätern sympathisierte, scheint es, daß uns das Schlimmste hauptsächlich deshalb erspart blieb, weil unser Freund Mussolini ein Machtwort sprach und zu Hitlers Warnung entlang der österreichischen Grenze ein paar Divisionen aufmarschieren ließ. Es war das letzte Mal, daß der Hanswurst aus dem Süden einen Finger für Österreich rührte.

Den Rest des Sommers verbrachten wir in Aufregung, Niedergeschlagenheit, Angst und Hoffnung. In bestimmten Momenten konnte man glauben, die schreckliche Tragödie hätte den Unentschlossenen die Augen geöffnet und Österreich würde sich jetzt in seinem Widerstand gegen die Nazis wirklich vereinigen. Längerfristig jedoch zerschlugen sich diese Hoffnungen. Ein zu großer Anteil der Bevölkerung war durch den blutigen Februarkonflikt jeder Regierung, die ihre Politik auf die von Dollfuß verkündeten Grundsätze stützte, entfremdet worden. Natürlich waren diese Menschen – große Teile der Arbeiterschicht und der Intelligentsia – weit davon entfernt, mit den Nazis zu sympathisieren, und sie waren bereit, das Opfer des toten Kanzlers als persönliche Tragödie zu respektieren, aber sie waren auch der Meinung, daß er sich diese in gewissem Sinn selbst zuzuschreiben hatte. Und sie waren keineswegs geneigt, seinem Nachfolger und den politischen Kräften, die er vertrat, im Hinblick auf deren angeblich antinazistische Haltungen zu vertrauen. Zweifellos war diese Opposition in hohem Maße richtig, allerdings nicht ganz, wie ich glaube.

In der Regierungsmannschaft gab es gewiß viele, die nur zu gerne mit Hitler Frieden geschlossen (das heißt sich ihm unterworfen) hätten und die Umstände verfluchten, die sie in die Position von Nazigegnern gezwungen hatten. Zweifellos waren viele nur gegen die Nazis, weil sie argwöhnten, daß sie, wenn die Nazis an die Macht kämen, von ihren Posten verjagt und durch echte Nazis ersetzt würden, wie es 1938 auch tatsächlich geschah. Sie meinten, diesem unglücklichen Ende entgehen zu können, indem sie eine besonders nazistische Haltung einnahmen, in dem frommen Glauben, das würde sie retten. Diese Art politischer Naivität war in Heimwehrkreisen besonders weit verbreitet, die in der Hoffnung, ihre Haut zu retten, für eine angeblich unabhängige, speziell österreichische Spielart des Nazismus warben. Nach 1938 wurden sie eines anderen belehrt. Aber zu der Zeit, über die ich jetzt schreibe, kannte ich sogar einen katholischen Priester, der für Österreich zaghaft eine Art Dominionstatus innerhalb eines Großdeutschen Reiches empfahl. Offenbar war ihm nicht bewußt, daß zwischen der Downing Street und der Wilhelmstraße ein Unterschied bestand.

Vieles davon hätte korrigiert werden können, wenn Schuschnigg und seine Berater größeren Weitblick und mehr Wagemut besessen hätten. Wie gewöhnlich entwickelten sie eine Spur davon, als es zu spät war: zwei Wochen vor der endgültigen Katastrophe. Da erst unternahm Schuschnigg Anstrengungen, mit den verstimmten Massen der ausgeschalteten Sozialisten zusammenzukommen. Die Geschichte wiederholte sich sogar am identischen Ort. Genauso wie Kaiser Karl mit seinem Manifest, das den rebellierenden Nationen des Reiches Autonomie gewährte, erst 1918 herausrückte, als dieses Reich um ihn herum zusammenbrach, obwohl er das gleich nach seiner Thronbesteigung hätte tun sollen, so kam Dr. Schuschnigg der Einfall, sich nach Verbündeten im linken Lager umzusehen, erst, als ihm das Wasser bis zum Hals stand, obwohl er das noch am gleichen Tag hätte tun sollen, als Dollfuß begraben wurde. Leider war er ein halsstarriger, wichtigtuerischer Bürokrat, der sich seit dem Tag seiner Ernennung zum Kanzler mit Jasagern umgab, die fragwürdige Eigenschaften aufwiesen. Meiner Ansicht nach war er ein Mann mit persönlichem Mut und untadeliger charakterlicher Integrität, aber kurzsichtig und phantasielos, trocken, ohne Schwung und in tausend Vorurteilen aller Art befangen.

Das »Österreichische Studio«

Dennoch klammerte ich mich zu jener Zeit verzweifelt an eine hoffnungsvollere Interpretation der Lage und zermarterte mir weiterhin das Hirn darüber, wie ich dazu beitragen könnte, mein Land gegen seine Zerstörer zu verteidigen. Eines der Projekte, die ich zu diesem Zweck verwirklichte, war das Österreichische Studio. Die Idee war, Konzerte mit zeitgenössischer Musik so zu präsentieren, daß klar werden würde, daß moderne Musik keine »subversive«, linke und jüdische Angelegenheit war, sondern ein integraler Bestandteil der österreichischen Kultur. Ich fand, daß die österreichische Sektion der

IGNM, zumindest zu der Zeit, für diesen Zweck nicht gut geeignet war, teils weil ihre Leiter, insbesondere Bach und Webern, in den Augen von Regierungskreisen als Sozialisten verschrien waren, teils weil die ästhetischen Grundsätze, nach denen die Organisation geführt wurde, ein wenig in Richtung kompromißloses Sektierertum tendierten. Natürlich dachte ich, nachdem ich mir die Zwölftontechnik angeeignet und meinen Teil dafür gelitten hatte, auch nicht im Traum daran, die »Sache« zu verraten. Ich meinte nur, daß sie unter neuen und anderen Vorzeichen vielleicht wirkungsvoller präsentiert werden könnte. Ich wollte Programme anbieten, die spezifisch österreichische Entwicklungen in der modernen Musik betonen sollten, und in diese Programme auch Vertreter der sogenannten konservativen Gruppe mit einbeziehen, nicht so sehr, um sie zu beschwichtigen, sondern vielmehr, um sie vorzuführen, indem ich ihre besten Leistungen mit einigen der besten Produkte der »Radikalen« kombinierte und konfrontierte und indem ich die verschiedenen Werke durch sorgfältig vorbereitete Einführungsvorträge ins rechte Licht rückte. Die Konzerte sollten sich auf Kammermusik beschränken, weil Orchesterwerke aus finanziellen Gründen natürlich nicht in Frage kamen. Ich rechnete die Ausgaben sehr sorgfältig durch und war darauf bedacht, ein Budget zu erstellen, das ein kostendeckendes Arbeiten zumindest theoretisch möglich machte. Damals wäre ich noch in der Lage gewesen, ein potentielles Defizit aus eigener Tasche zu decken, aber das wollte ich nicht in Betracht ziehen, teils wegen meines finanziellen Konservatismus, teils aus Prinzip, denn unter anderem wollte ich auch demonstrieren, daß moderne Musik sich, wenn sie richtig dargeboten wird, selbst finanzieren kann, ohne um karitative Zuwendungen bitten zu müssen.

Ein weiterer Ausdruck meines vorsichtigen, vielleicht zaghaften Wesens war, daß ich mich nicht ganz kompetent fühlte, allein organisatorische Verantwortung zu übernehmen. Deshalb suchte ich nach einem geeigneten Rahmen für meine Unternehmung. Ich glaube, es war Heinsheimer, der mich darauf hinwies, daß es da einen Mann gab, der eine Art Kunsterverein unter dem Namen Österreichisches Studio leitete. Er hieß Kutzner-Perfall und schien Schauspieler und Regisseur mit ziemlich obskurem Ruf zu sein. Wesen und Ziel seiner Organisation wurden mir nie klar, und ich beobachtete keine Spur von Aktivität. Doch der Name »Österreichisches Studio« gefiel mir, und dem Mann schien es recht zu sein, daß ich ihn verwendete, vorausgesetzt, daß ihm aus meinen Unternehmungen keine finanziellen Verpflichtungen erwuchsen. Damit war ich einverstanden, und offenbar hätte ich ebensogut ohne die Verbindung zu diesem Burschen anfangen können. Wie sich herausstellte, war diese Verbindung weder hilfreich noch schädlich, denn nach der ersten Veranstaltung hielt er sich völlig heraus und erschien nicht einmal zu meinen Konzerten.

Rückblickend könnte ich sagen, daß das Unternehmen im ganzen erfolgreich war und einige der Voraussetzungen bekräftigte, unter denen ich es begonnen hatte. Im Gesamtbild der politischen Situation in Österreich und im Hinblick auf meine eigene Stellung in der kulturellen und politischen Szene bewirkte es nicht das geringste, wie man von Anfang an hätte erwarten können.

Die Konzerte, fünf insgesamt, fanden im Ehrbarsaal statt, nicht weit vom Theater an der Wien entfernt. Er hatte ungefähr vierhundert Sitzplätze, und Besitzer oder jedenfalls Verwalter war ein gewisser Mendelssohn, der von Ernst Kalmus unterstützt wurde, einem ein wenig dunkelhäutigen, schwarzhaarigen jungen Mann, der ein Vetter des Dr. Kalmus von der Universal Edition war. Ich hatte ihn schon vorher kennengelernt, allerdings nur recht flüchtig, als er in der Gesellschaft meines verstorbenen Freundes Gerd Hans Goering erschienen war, den er von der Universität her kannte. Damals wußte ich noch nicht, daß Kalmus sich neben seiner Tätigkeit im Veranstaltungsbereich von Musik mit physikalischen Studien, insbesondere Röntgentechniken befaßte, und ich war sehr überrascht, als ich ihn im Sommer 1951 in Los Alamos wiederentdeckte, der abgelegenen Stadt in New Mexico, wo die Atombombe hergestellt wird. Ich verdanke ihm die Gelegenheit zu höchst interessanten Besuchen in dieser einzigartigen und verwirrenden Stadt.

Im ersten Konzert stellte ich drei Sechzigjährige der österreichischen Musikszene vor: Julius Bittner, Franz Schmidt und Arnold Schönberg. Ich glaube, ich gewann Eduard Steuermann für Schönbergs Klaviersuite, und wir gaben einen Liederzyklus von Bittner und ein Streichquartett von Schmidt. Die beiden letzteren gehörten dem konservativen Lager an. In meiner Einführung versuchte ich darzulegen, daß Schönberg der einzige war, der sich der Realität stellte, während Schmidt, ein sehr beachtlicher Komponist und Lehrer, den Kompromiß suchte und Bittner sich ganz in veralteter, romantischer Rückwärtsbewegung verlor. Das zweite Konzert war österreichischer Kirchenmusik gewidmet, und ich überließ das Programm dem verstorbenen Dr. Josef Lechthaler, der das offizielle Haupt der katholischen Kirchenmusik in Österreich war, mehrere Regierungspositionen innehatte und außerdem ein hohes Tier in den Gremien der Vaterländischen Front und Professor für Kirchenmusik an der Staatsakademie war. Ich gab ihm völlige Freiheit, das Programm nach seinen Wünschen zu gestalten, und wies ihn nur auf den Grundgedanken meines Projektes hin.

Wir führten mindestens ein recht langes Gespräch, in dem sich mir einige entmutigende Aspekte der ganzen Situation enthüllten. Lechthaler erklärte mir unter anderem, man dürfe sich nicht wundern, daß die moderne Musik in Österreich so wenig beliebt sei, da diese Musik doch ausschließlich von Juden für Juden komponiert werde und daher bestenfalls die Angelegenheit einer exotischen Minderheit sei. Auf diese alarmierende Behauptung erwiderte ich, wenn jemand glaube, daß diese Musik ausschließlich für Juden komponiert werde, könne man dem leicht Abhilfe schaffen: Man brauche nur die Nichtjuden zu ermutigen, sich die Werke anzuhören, anstatt sie zu verscheuchen. Man könne doch sicherlich nicht den Komponisten die Schuld daran geben, daß sich ausschließlich Juden ihre Musik anhörten. Allerdings wäre ganz leicht zu beweisen, daß Konzerte mit neuer Musik von mindestens ebenso vielen Nichtjuden wie Juden besucht würden. In bezug auf den anderen Punkt sagte ich, mir wäre unter den Komponisten der verdächtigeren Art von fortschrittlicher atonaler Musik nur ein Jude bekannt, nämlich Schönberg. Das schien Lechthaler nicht wenig zu überraschen, so daß ich ihn fragte, ob er mich vielleicht für einen Juden halte. Er protestierte rasch gegen jede derartige Unterstellung. Aber was war mit Alban Berg? Ich berichtete ihm, was ich über Bergs Herkunft wußte, was eine erstaunliche Neuigkeit für ihn zu sein schien. Dann fragte ich, ob er Webern jüdischer Vorfahren verdächtige, einen Mann, dessen aristokratische Ahnen seit dem zwölften Jahrhundert in den Bergfesten Kärntens ihren Sitz hatten. Darauf hatte er keine Antwort, außer dem frommen Seufzer, er könne einfach nicht verstehen, wie ein Mann aus so guter Familie so scheußliche Musik schreiben könne. Das Diskussionsniveau war völlig hoffnungslos. Und dennoch, dieser Lechthaler war kein ausgesprochen schlechter Komponist. Seiner Kirchenmusik fehlte es an Phantasie und Genie, aber sie war bis zu einem gewissen Grad fortschrittlich und besaß Qualität und Charakter. Das Programm, das er zusammenstellte, war nicht uninteressant, da es sehr alte österreichische Sakralamusik enthielt, vor allem Auszüge aus einer Messe von Heinrich Finck, einem bemerkenswerten Komponisten des fünfzehnten Jahrhunderts. Webern, der das Konzert besuchte, war von dieser Musik besonders beeindruckt. Mir war sie zu jener Zeit noch recht fern.

Das Problem moderner Musik für die katholische Kirche ist für mich weiterhin interessant geblieben, und mir ist klar, daß es tatsächlich ein Problem ist, so daß ich Lechthaler und anderen Komponisten nicht vorwerfen sollte, daß sie nichts Besseres zustandegebracht haben. Obgleich die Kirche wiederholt theoretische Versicherungen abgegeben hat, daß sie im Prinzip gegen moderne Musik nichts einzuwenden habe, hat sie bislang eigentlich keine wirklich fortschrittliche Musik akzeptiert. Ihre Einstellung zu den schönen Künsten, besonders zur Architektur, ist mir stets toleranter erschienen als die zur Musik. Selbst in dem kulturell reaktionären österreichischen Ständestaat konnte ein modernistischer Architekt wie Clemens Holzmeister etliche Kirchen in einem ganz untraditionellen Stil bauen. Natürlich behaupteten Leute, die in der Architektur einen erklärtermaßen progressiven Standpunkt vertraten, Holzmeister sei ein Schwindler und habe kein Recht, sich als Moderner auszugeben. Es ist nicht meine Sache, solche Kontroversen zu entscheiden, aber Holzmeisters Kirchen sahen jedenfalls anders aus als alle Kirchen vorher, und wenn jemand versucht hätte, der Kirche Musik anzubieten, deren Klang vom traditionellen Vorbild ebensoweit abgewichen wäre, hätte er damit kein Glück gehabt. Und dennoch, eine Kirche ist ein auffälliges Objekt, für jeden jederzeit sichtbar (so daß sie leicht den Geschmack auch jener verletzen könnte, die sie nie besuchen), während Musik nur von der Versammlung in der Kirche gehört wird und verschwunden ist, sobald die Aufführung vorbei ist. In dieser Hinsicht ist die Musik natürlich wie üblich benachteiligt. Denn die Architektur braucht nicht aufgeführt zu werden, wohingegen für die überwältigende Mehrheit der Kirchenchöre jedes selbst mäßig fortschrittliche musikalische Werk bei weitem zu schwierig wäre. Ich bin nicht sicher, daß dieses Problem je gelöst werden kann.

In einem anderen Konzert führten wir das *Nocturno* von Othmar Schoeck auf, ein ziemlich langes Stück für Solostimme und Streichquartett. Mein Freund Felix Loeffel, der beachtliche Schweizer Bassist, kam auf eigene Kosten extra aus Bern. Das Streichquartett war ein junges Wiener Ensemble, nicht besonders brillant, aber passabel. An die Namen erinnere ich mich nicht, aber ich weiß noch gut, daß der Primus mich in meiner Wohnung besuchte, wo er Berta kennenlernte, und daß er mich wütend machte, als er anschließend von ihr als meiner Mutter sprach. In demselben Konzert, das offenbar der Musik anderer Länder gewidmet war, setzte ich vier Lieder des damals noch jungen französischen Komponisten Henri Sauguet aufs Programm, von dem ich zeitweilig viel hielt. Ich fand, daß die Lieder recht schön waren, daß man aber nicht ganz sicher sein konnte, ob ihre Naivität surrealistische Raffinesse war oder einfach echter Primitivismus. (Sauguets kleine Oper *Le plumet du colonel* finde ich immer noch wirklich bezaubernd.) Was dieses Programm sonst noch enthielt, weiß ich nicht mehr.

Andere Lieder, die in einem dieser Programme erklangen, waren von einem gewissen Robert Leukauf, einem jungen österreichischen Komponisten, der Schüler von Joseph Marx war. Es waren nicht gerade Kompositiionen erster Klasse, aber als Demonstration guten Handwerks und lyrischer Phantasie verdienten sie Interesse. Natürlich sollte das auch zeigen, daß ich nichts gegen Musik hatte, die von jener Seite kam. Marx, der immer ein zynischer Opportunist gewesen war, ergriff damals öffentlich und lautstark für die schlimmste Art der Reaktion Partei.

Die Lieder wurden von Alice Gerstl-Duschak vorgetragen, einer Sängerin, auf die ich aufmerksam geworden war, weil sie früher einmal in einem ihrer Konzerte meine *Stella*-Arie gesungen und mich um Rat gebeten hatte. Sie war eine sehr musikalische, sensible und gewissenhafte Künstlerin, obgleich ihre stimmlichen Manierismen ein wenig störten. (Später verbesserte sie sich in dieser Hinsicht erheblich.) Sie war eine der Töchter des jüdischen Kaufmanns Gerstl, der eines der bekanntesten Bekleidungsgeschäfte in Wien besaß. Ihre Schwester Vally war mit dem Journalisten Leopold Schwarzschild verheiratet, der mich sehr interessierte, weil er zu jener Zeit in Paris eine deutsche Wochenzeitung mit dem Titel »Das neue Tagebuch« herausgab. Sie sollte die Fortsetzung des »Tagebuch« sein, dessen Mitherausgeber er vor Hitlers Zeit in Berlin gewesen war. Ich kaufte die Zeitung regelmäßig und war von ihrer radikalen, kompromißlosen und sachlichen antinazistischen Haltung sehr beeindruckt. Der Mann war nicht gerade ein emotional brillanter Autor, aber er besaß ein umfangreiches Wissen über politische und insbesondere ökonomische Fakten, so daß er es vermochte, seine antinazistische Meinung in konkrete, handfeste Ratschläge umzusetzen, Woche für Woche. Seine Darstellung der Probleme war so klar und einfach und überzeugend, daß schwer einzusehen war, warum die führenden Persönlichkeiten in den westlichen Ländern seine Anregungen nicht aufgriffen. Aber in jenen tragischen Jahren waren es nur Schwarzschild und Winston Churchill, die offen ihre Meinung äußerten, und niemand hörte auf sie.

Diese Vally war eine gute Freundin von Eva Roeder, wie ich später erfuhr, und dazu eine ganz faszinierende Person. Sie war nicht schön, nicht einmal hübsch, hatte aber ungewöhnlichen Sexappeal und machte, soweit ich wußte, häufig davon Gebrauch. In dieser Hinsicht war sie ganz das Gegenteil von ihrer Schwester Alice, die attraktiv, aber ziemlich konventionell und spröde war. Ich mochte Vally sehr, und ich stelle mir vor, daß ich das eine oder andere Mal ohne weiteres mit ihr hätte schlafen können, aber wie der Leser dieser Aufzeichnungen herausgefunden haben wird, vertrug sich diese Art von Verhältnis nicht mit meinem Lebensmuster, und so wurde nichts daraus.

In einem weiteren meiner Konzerte stellte ich mein *Reisebuch* in seinem ganzen Umfang vor. Nur das Lied »Politik« wurde auf jedermanns Rat hin ausgelassen, weil es zu polemisch zu sein schien. Vorgetragen wurde der Zyklus von einer jungen Sängerin, die mir empfohlen worden war; sie hieß Herta Glatz oder Herta Glaz, wie sie sich jetzt schreibt. Sie hatte die Wiener Musikakademie absolviert und in Deutschland ein paar Jahre Bühnenerfahrung erworben, bevor das Treiben der Nazis sie zwang, nach Wien zurückzukehren, wo sie irgendeine Möglichkeit suchte, sich beruflich zu betätigen. Sie war damals mit einem gewissen Paul Csonka verheiratet, einem reichen Playboy mit recht ernsthaftem Interesse an Musik. Sie hatte eine schöne Altstimme, die sich später zu einem vollen Mezzosopran entwickelte, und war recht musikalisch, allerdings nicht sehr intelligent oder sensibel. Doch sie war ehrgeizig und formbar. Ich könnte wohl sagen, daß ich ihr zu ihrer Karriere verholfen habe, denn ohne die Arbeit mit mir hätte sie kaum viel Aufmerksamkeit erregt. Vor dem *Reisebuch* hatte sie in meinem ersten Konzert die Bittner-Lieder gesungen.

Das *Reisebuch* klappte sehr gut und war höchst erfolgreich beim Publikum im Ehrbahrsaal, welches natürlich begrenzt war. Es setzte sich hauptsächlich aus jenen Leuten zusammen, die an neuer Musik ohnehin interessiert waren und die Konzerte der IGNM oder andere derartige Veranstaltungen besucht hatten. Ich war nicht in der Lage, viele andere Zuhörer zu gewinnen, teils weil ich kein Geld für Inserate hatte und auf Adressenlisten, die Willi Reich lieferte, und ähnliche Quellen angewiesen war, teils weil jene anderen Leute der modernen Musik nicht wohlgesinnt waren. Die Konzerte wurden zwar von Kritikern besucht, aber auch ihre Berichterstattung folgte im Pro und Kontra dem üblichen Muster. So wurde das *Reisebuch* keineswegs als Glorifizierung des neuen Österreich erkannt, obgleich die Kulturabteilung der Vaterländischen Front, wenn sie etwas mehr Phantasie und weniger Vorurteile gehabt hätte, die Gelegenheit beim Schopf hätte packen müssen. Doch es waren immer noch die Rinaldinis, die dort alles beherrschten, und sogar noch gründlicher als vorher.

In einem anderen Konzert – ich bezweifle, daß es eines meiner eigenen Reihe war – trug ich mit Herta ein paar Lieder von Adorno vor, die als Schöpfungen eines höchst phantasievollen und sensiblen musikalischen Geistes recht bemerkenswert waren.

Es war möglicherweise im letzten Konzert, daß ich Volkslieder aus dem Gebiet des alten Österreich in neuen Bearbeitungen präsentierte, darunter tschechische Lieder in eindrucksvollen Arrangements von Vyčpálek, kroatische Lieder, die Takács bearbeitet hatte, und meine eigenen Chorfassungen österreichischer Lieder, die ich bereits erwähnt habe. Ich glaube, ein Ensemble des Männergesangvereins führte auch meine Hölderlin-Chöre mit Altsolo auf, was mich sehr freute. Wieder wirkte Herta Glaz mit.

Wie ich schon sagte, das Experiment war in mancher Hinsicht erfolgreich. Finanziell war es beinahe kostendeckend, abgesehen von einem kleinen Fehlbetrag von einhundert Schilling, den zu übernehmen Frau Hertzka sich anbot. Die IGNM (Webern und sein Kreis) beäugte das Unternehmen mit Argwohn, obwohl es eigentlich keine Konkurrenz sein sollte, zumal die Gesellschaft zu dieser Zeit nicht aktiv war. Ich plante jedoch nicht, diese Arbeit fortzusetzen, teils weil sie mich nicht mehr interessierte – ich werde seit jeher einer Unternehmung überdrüssig, nachdem ich sie mit Erfolg in die Tat umgesetzt habe, was man als recht unglücklichen Wesenszug betrachten könnte –, teils weil sie viel mehr Zeit und Energie in Anspruch genommen hatte, als ich ihr zu widmen bereit war. Und da die IGNM 1935 ihre Aktivitäten wieder aufnahm, überlegte ich mir, daß ich meinen Zweck erreicht hatte.

Biennale in Venedig im Herbst 1934

Es muß im Herbst 1934 gewesen sein, daß meine kleine italienische Oper bei der Biennale in Venedig aufgeführt wurde. Einiges deutet auf 1935 hin, aber ich glaube nicht, daß das stimmt, denn ich erinnere mich lebhaft, daß ich bei meiner Ankunft in Venedig vom Empfangschef des Hotels gefragt wurde, was der winzige schwarze Streifen bedeute, mit dem wir zum Zeichen der Trauer für den ermordeten Kanzler die Mitte des rotweißroten Bandes der Vaterländischen Front abgedeckt hatten, und das muß 1934 gewesen sein.

Ich übernachtete wieder in dem gewohnten Hotel, das vom Bahnhof aus gesehen auf der anderen Seite des Canale Grande lag, was sich als ziemlich unpraktisch erwies, weil sich alles in der Nähe der Piazza San Marco abspielte. Als ich ankam, waren noch kaum Vorbereitungen getroffen worden. Trotzdem war ich wie gewöhnlich bei solchen Gelegenheiten in einer recht erregten, ausgelassenen Stimmung, und ich erinnere mich verschiedener Mittag- und Abendessen mit anderen Musikern, bei denen ich in zwei oder drei Sprachen sehr angeregt amüsante Gespräche führte. Die Festivalatmosphäre hat etwas, das mich unerwartet extravertiert werden läßt. Die Tatsache, daß für meine Oper nichts vorbereitet war, erschien mir sehr komisch und veranlaßte mich eher zu satirischen Bemerkungen als zur Besorgnis. Die Dinge so leichtzunehmen, war schließlich nicht unvernünftig, denn Sorge und Unruhe hätten auch zu nichts geführt.

Nach wenigen Tagen wurde ich zu einer Bühnenprobe eingeladen, bei der Signor Bragaglia, der Regisseur, die Sänger angeblich zeigen lassen wollte, was sie konnten. Diese Übung war absolut lächerlich. Sie fand in einem Foyer des Teatro La Fenice statt, wo es nicht einmal ein Klavier gab. Aber Signor Bragaglia brauchte auch keines, denn er hatte die Partitur noch nie gesehen, und sie hätte ihm auch nichts genützt, weil er keine Noten lesen konnte. Daher behandelte er das Werk als Schauspiel und schenkte der Tatsache, daß es eine Oper mit Musik vom Anfang bis zum Ende war, nicht die geringste Beachtung. Natürlich waren die Anweisungen, die er den Sängern gab, völlig sinnlos, weil er dabei die Zeit nicht berücksichtigte, die die Musik brauchen würde. Ich glaube, zu diesem Zeitpunkt schickte ich Küfferle ein Telegramm nach Mailand und drängte ihn, schleunigst zu kommen und sich um die Inszenierung seines Werkes zu kümmern.

Mit dem musikalischen Teil der Produktion war es nicht besser bestellt, denn Scherchen, der dirigieren sollte (ich glaube, er war in letzter Minute gerufen worden, nachdem die Zusammenarbeit mit einem anderen Dirigenten fehlgeschlagen war), war nirgends zu sehen. Er erschien im allerletzten Moment und nahm die Sache mit seiner gewohnten, widerwärtigen Tüchtigkeit in die Hand. Aber sowenig man seine Manieren oder ihr Fehlen auch schätzen mochte, man konnte zumindest sicher sein, daß er seine Sache schaffen würde. Er arbeitete Tag und Nacht und brachte wenigstens das Orchester in Form.

Bald stellte sich heraus, daß Küfferles Stoff höchst unglücklich war, und ich verstehe noch immer nicht ganz, daß ich das trotz meiner Bühnenerfahrung nicht früher gesehen hatte. Die Geschichte von Cefalus und Procri erforderte, daß Procris sich an einem bestimmten Punkt an die Göttin Diana um Hilfe wandte, die das Gebet des Mädchens erhörte und ihm zwei zauberkräftige Geschenke machte, von denen ich eins vergessen habe. An das andere erinnere ich mich nur zu gut, denn es war ausgerechnet ein Jagdhund, der als der schnellste Hund auf Erden gerühmt wurde. Ich hätte mich daran erinnern sollen, daß ein Hund auf der Bühne sogar Goethes Karriere als Regisseur ruiniert hatte, aber ich verließ mich irgendwie darauf, daß Küfferle wüßte, was für eine italienische Oper das Richtige war.

Als Scherchen die erste Bühnenprobe mit Orchester dirigierte, war wirklich ein prachtvoller Hund auf der Bühne, ein schönes, lebhaftes Tier, so lebhaft allerdings, daß es dauernd auf die Scheinwerfer sprang und den Dirigenten anbellte. Scherchen bekam einen Wutanfall, schrie etwas wie »porcheria« und »Prendete il cane«, was schnell geschah. Beim nächsten Mal hatten wir einen anderen Hund, der aufgrund von Eigenschaften ausgewählt worden war, die zu versprechen schienen, daß er den Ablauf nicht stören würde. Es war ein netter, dicker alter Spitz (oder etwas ähnliches), der offensichtlich niemandem in die Quere kommen würde. Er mußte mit Gewalt auf die Bühne gezerrt werden, wo er sich sofort hinlegte und einschlief. Als sein Auftritt vorüber war, mußte er mit der gleichen Gewalt mit Fußtritten von der Bühne befördert werden, obgleich seine Rolle es erforderte, daß er wie ein Pfeil hinter einer Beute her davonjagte, oder was immer die verflixte Szene vorschrieb. Scherchen war zufrieden, weil er aus dieser Richtung keine Störung seiner Arbeit mehr befürchten mußte, aber der Hund stahl ihm trotzdem die Schau. Als die friedlich schlafende Kreatur von der Göttin als der schnellste Hund der Welt vorgestellt wurde, brach das Publikum in brüllendes Gelächter aus, und ich konnte den kindlich lustigen Venezianern nicht einmal respektloses Benehmen vorwerfen. Das Ganze war unbeschreiblich komisch. So endete mein kurzer und folgenloser Ausflug in die italienische Oper. Weder von Cefalo noch von Procris noch von Küfferle ward je wieder etwas gehört. Ich erinnere mich nur an meinen nächtlichen Rückweg ins Hotel, als ich in einem milden Regen eine Stunde oder so auf einen der seltenen Nachtvaporettos warten mußte, einsam auf einem melancholischen Vorsprung über dem fauligen Wasser des Canale Grande hockte und über den Zustand der Welt philosophierte. Ich schrieb das in einer guten Geschichte für die »Wiener Zeitung« auf.

Auf der Rückfahrt nach Wien machte ich in Velden Halt und besuchte Alban Berg in seinem Sommerhaus. Auch er war in Venedig gewesen, aber früher abgereist. Er sagte mir damals, die Musik meines italienischen Sketches habe ihm gefallen, teils, nehme ich an, weil er ein Freund und ein netter Mensch war und richtigerweise annahm, daß ich von anderen nicht viel Lob gehört hatte, teils weil ihm die flexible Anwendung der Zwölftonmusik zu Bühnenzwekken in meinem Stück vielleicht zugesagt hatte. Ich kann mich an die genaue Zeit dieses Besuchs und folglich auch an den Zeitpunkt der venezianischen Aufführung nicht richtig erinnern, weil mir scheint, daß Berg bei diesem Besuch jenen Bienen oder Wespenstich erwähnte, den er später in einen mysteriösen Zusammenhang mit der Krankheit brachte, an der er starb. Aber das wäre nicht vor Herbst 1935 der Fall gewesen, und ein Besuch in Velden zu diesem Zeitpunkt würde nicht in die Chronologie meiner Aktivitäten hineinpassen. Ein anderer ist vielleicht in der Lage, das aufzuklären, vorausgesetzt, daß irgend jemand es für lohnend hält.*

* Die Premiere von *Cefale e Procri* war am 15. 9. 1934.

Simeon der Stylit

Es scheint, daß ich meine unglückseligen Versuche, »praktisch verwertbare« Werke zu produzieren, satt bekommen hatte, und bald nahm ich ein Projekt in Angriff, das die bis dahin kompromißloseste Phase meiner schöpferischen Bemühungen einleitete. Mehrere Jahre zuvor hatte ich ein Buch von Hugo Ball gelesen, dessen Titel ich vergessen habe. Es hatte beträchtlichen Eindruck auf mich gemacht. Dieser Ball hatte sich früher als eine der prominenten Persönlichkeiten des Dadaismus einen Namen gemacht, weil er ein paar der üblichen literarischen Streiche gespielt hatte, die für diese Gruppe charakteristisch gewesen waren. Später war er von der Bildfläche verschwunden. Als ich wieder von ihm hörte, lebte er zurückgezogen in der italienischen Stadt Positano, die ein Gegenstück zum schweizerischen Ascona zu sein schien. Dort widmete er sich eingehenden theologischen Studien, deren Ergebnis unter anderem das erwähnte Buch war. Es behandelte das Leben und die Lehren dreier früher Kirchenväter oder einfach früher Heiliger. Einer davon war Dionysius Areopagita, ein anderer Symeon der Stylit, an den dritten erinnere ich mich nicht.

Die Geschichte Symeons hatte mich besonders interessiert, und ich entschloß mich, sie zum Thema eines großen Oratoriums zu machen. Was mich besonders faszinierte, war der Gedanke, daß ein Mann, der ein verehrter und anerkannter Heiliger werden sollte, seine Mission begonnen hatte, indem er die »guten Menschen« schockierte. Anscheinend war Symeon als wilder Knabe in einem Kloster gefangen, ähnlich wie Parsival in Monsalvat. Dann erlebte er eine Art Berufung und entschloß sich zu einer Laufbahn als Stylit, das ist ein Einsiedler, der auf einer Art primitivem Turm lebt, und dieser wurde durch Übertreibung zu einer Säule hochstilisiert (daher der Ausdruck Stylit = Säulenheiliger). Dort hatte er nicht nur gegen die außergewöhnlichen Härten einer solchen Lebensweise anzukämpfen, sondern auch gegen die Feindseligkeit der Gläubigen, die eine solche Unternehmung für töricht, vermessen, blasphemisch und schlechterdings teuflisch hielten. Nur indem er über die Jahre hinweg dabei blieb, konnte er ihre Einstellung ändern, und als er schließlich durch göttliche Gnade befähigt wurde, Wunder zu wirken, begann man, ihn als Heiligen zu verehren.

Es ist offenkundig, daß mich das Thema interessierte, weil es um eine Persönlichkeit ging, deren Beharren auf dem einmal gewählten Weg schließlich jedes Hindernis überwand. Die Implikationen waren recht eindeutig. (Wahrscheinlich war ich aus ähnlichen Gründen von vielen Geschichten Kafkas fasziniert, die von den Sorgen und Problemen ungewöhnlicher oder unkonventioneller Menschen handelten und besonders mitleiderregend und erschreckend waren, weil Kafkas Charaktere überhaupt nicht ungewöhnlich erscheinen. Vor allem liebte ich die grausige Geschichte von dem Mann, der über Nacht in einen riesengroßen, abstoßenden Käfer verwandelt wird.)

Für das *Symeon*-Oratorium legte ich mir sehr sorgfältig einen Plan zurecht, an dessen Einzelheiten ich mich nicht erinnere. Es gab drei Schichten Textmaterial: Lesungen mit philosophischem Charakter aus Balls Buch, ohne Musik; erzählende Abschnitte, die auf Balls Text basierten, aber frei bearbeitet waren, für Solosänger und zum Teil Chor; und passende Auszüge aus den Psalmen, auf lateinisch, hauptsächlich für Chor. Bei den Vokalpartien sollte ein normales Orchester mitwirken, und rein orchestrale Zwischenspiele waren ebenfalls vorgesehen. Anzahl und Abfolge dieser verschiedenen Strukturelemente beruhten auf sehr umfangreichen theoretischen Überlegungen, in denen die Zahl 12 und ihre Bruchteile eine wichtige Rolle spielten.

Als ich die Musik konzipierte, stellte ich eine Reihe auf, deren besondere Merkmale mir schon seit einer ganzen Weile Rätsel aufgegeben hatten. Sie sollte nicht nur alle zwölf Töne enthalten, sondern auch alle elf Intervalle, die es innerhalb einer Oktave gibt. Nach rein theoretischen oder ästhetischen Gesichtspunkten schien eine solche Reihe einen sehr hohen Grad an Vollendung darzustellen. Es ist wahrscheinlich, daß ich durch die Experimente von Fritz Heinrich Klein, einem Linzer Zwölftonkomponisten, und seinem seltsamen Heautontimorumenos zu solchen Überlegungen angeregt wurde.* Seltsamerweise fand ich bald eine Reihe, die meinen Anforderungen entsprach, einfach durch Ausprobieren. Ich wußte damals nicht, daß es die einzige ihrer Art bleiben sollte, die ich bis jetzt aufstellen konnte, mit Ausnahme symmetrischer Allintervallreihen, die viel leichter zu konstruieren sind. Aber wie kompliziert die Sache war, sollte ich erst ein paar Jahre später entdecken. Vorläufig war ich zufrieden, daß ich eine Reihe vom gewünschten Typ gefunden hatte, und begann, mein Oratorium zu komponieren. Es muß mich während des ganzen Jahres 1935 vollkommen beschäftigt haben, denn in meinen Aufzeichnungen findet sich für diesen Zeitraum kein anderes Werk.

Ich erinnere mich, daß mir die Arbeit große Freude machte, denn ich fühlte mich aller Überlegungen in bezug auf »Praktikabilität«

* *Heautontimorumenos* ist ein Pseudonym, unter dem 1921 Kleins *Die Maschine – eine extonale Selbstanalyse* für Klavier zu vier Händen erschien.

gänzlich enthoben, was mir nach den verschiedenen mißglückten Versuchen in dieser Richtung den Eindruck gab, von weltlicher Oberflächlichkeit geläutert zu sein. Anscheinend ging es mit dem Werk ziemlich langsam voran, denn als ich mich schließlich anderen Projekten zuwandte, hatte ich erst eine Hälfte davon fertiggestellt, und zwar die Partitur und den Klavierauszug, beide besonders schön geschrieben. Die Handschrift liegt jetzt in der Wiener Stadtbibliothek. Ich verfaßte ein ausführliches Protokoll über meinen Schaffensprozeß für Dr. Bahle, den deutschen Psychologen, der an solchen Dingen weiterhin interessiert war. (Wegen der Nazis hatte er seine Stellung an einer deutschen Universität aufgegeben und lebte in einer Art Versteck in einer kleinen Stadt am Bodensee.) Eine Kopie dieses Protokolls ist, wie ich glaube, gleichfalls in der Wiener Stadtbibliothek zu finden.

Wiener Komponisten und Literaten

Nachdem ich das Österreichische Studio aufgegeben hatte, wollte ich mich weiterhin am öffentlichen Leben beteiligen und begrüßte daher eine Gelegenheit, die sich mir bot, als ich mit Richard Götz bekannt wurde, einem Journalisten, der bei einer dem Namen nach liberalen Zeitung angestellt war, wenn ich nicht irre. Ich erinnere mich nicht mehr, wie ich ihn kennenlernte – vielleicht über Dr. Rollett. Er war ein sehr netter Mensch, sehr belesen und ein hochbegabter Schriftsteller und, wie ich später herausfand, Lyriker, der sehr feinsinnige und dichte Verse schrieb. In seinen persönlichen Manierismen war er für meinen Geschmack vielleicht eine Spur zu beharrlich und aufdringlich, aber das stand der Entwicklung einer Freundschaft, die bis in die Zeit unserer Emigration dauerte und nur zu Ende ging, weil wir irgendwann räumlich getrennt waren, nicht im Wege. Mit Götz' frühem Tod in New York brach die Verbindung ab. Seine Frau Poldi war ein schwer arbeitender, reizender Mensch, und ich gestehe, daß ich die Beziehung zu Götz anfangs hauptsächlich deshalb pflegte, weil ich seine Frau so gern mochte.

Dieser Götz hatte Kontakte zum sogenannten »Hagenbund«, einer Vereinigung von Malern, die der Sezession ähnelte und eine jüngere, allerdings weniger glanzvolle Version von dieser Gruppierung war. Ich kannte ein paar Maler, die zu dieser Gruppe gehörten, vor allem Felix Harta, der ein gutes und ansehnliches, aber ziemlich uncharakteristisches Porträt von mir gemalt hatte. Der Hagenbund hatte beschlossen, in seinem Saal in der Nähe der Ringstraße und der Wollzeile unter dem Titel »Podium« eine Anzahl von Vorträgen und Konzerten zu veranstalten, und Richard Götz wurde die Verantwortung für die Organisation übertragen. Er beriet sich mit mir, und das Ergebnis war, daß die wiedererstandene IGNM aufgrund meiner Intervention ein paar Konzerte dort gab.

In einem davon spielte das Kolisch-Quartett das Fünfte Quartett von Bartók, das damals neu war und mich sehr beeindruckte. In einem anderen Konzert führten wir auf meine dringende Empfehlung hin ein Streichtrio von Schnabel auf. Es war, wie alle Kompositionen Schnabels, sehr bemerkenswert und originell, litt aber wie die meisten seiner Werke unter einer allzu komplexen Struktur, die so mit Details überladen war, daß die Artikulation ein bißchen durcheinandergeriet und jedenfalls sehr schwer herauszuarbeiten war. Ich studierte es mit den Spielern ein, und wir brachten eine ziemlich gute Aufführung zustande, obgleich für ein Werk, das fast alle als Kuriosität betrachteten, keine erstklassigen Interpreten zu bekommen waren. Obwohl ich es besser hätte wissen sollen, war ich erstaunt und enttäuscht, weil keiner von Schnabels schicken Wiener Anhängern in dem Konzert erschien. Sie gaben vor, seine Freunde zu sein, und drängten sich in der Garderobe, wenn er in Wien spielte, aber es war klar, daß sie an Schnabel als Künstler oder auch als Menschen überhaupt nicht interessiert waren, sonst wären sie wenigstens neugierig darauf gewesen, ein Werk zu hören, das der angebetete Pianist geschrieben hatte, eine Gelegenheit, die äußerst selten geboten wurde – in Wien wahrscheinlich die erste und bislang einzige. Das Vorurteil, wonach Schnabels Musik Ausdruck von Wahnsinn war, unerklärlich bei einem Mann, der so schön Klassik spielte, war stärker als jeder mögliche Ansporn, diese Musik zu hören. Es war, als hätten sich Schnabels Freunde stillschweigend darauf geeinigt, daß sein Komponieren ein bedauerliches Laster war, das gnädig verschwiegen werden sollte, vielleicht in der Hoffnung, daß man ihn durch eine derartige Behandlung davon kurieren könne.

Einige der fortschrittlichen Komponisten und Musiker, die volles Verständnis dafür hatten, daß Schnabel Musik schrieb, welche die Traditionalisten schockierte, nahmen Anstoß daran, daß er solche Werke nie spielte, nicht einmal seine eigenen. Ich glaube nicht, daß ich dieses Thema mit ihm diskutiert habe, denn wenn ich ihn dazu befragte (was nicht selten geschah), hatte er ein paar stereotype Antworten parat, die offenbar vor allem ironisch gemeint waren. Meine eigene Erklärung war ganz einfach: Meiner Auffassung nach interessierte Schnabel sich zumindest in seinen späteren Jahren immer ernsthafter für das Komponieren, und um dieser Tätigkeit nachgehen zu können, mußte er sicher sein, daß er genug Geld verdiente, um sich den Lebensstil leisten zu können, den er inzwischen gewöhnt war. Diesen hätte er gefährdet, wenn er angefangen hätte, moderne Musik zu spielen. Diejenigen, die meinten, ein Mann mit Schnabels Ruhm könne sich leisten, alles zu spielen, was er wolle, irrten meiner Meinung nach. Wenn er neue Musik in seine Programme aufgenommen hätte, hätte er seinen Ruf und seinen kommerziellen Wert nicht erworben und nicht behalten. Sein Widerstreben gegen die Aufführung neuer Musik mag seine Wurzeln jedoch auch in einer tieferen Schicht seiner Persönlichkeit gehabt haben, die mir verborgen blieb.

Zu einem späteren Zeitpunkt bot das »Podium« eine Art Überblick über die zeitgenössische österreichische Dichtung, und Götz bat mich um einführende und verbindende Kommentare zu den Gedichten, die von einem Schauspieler und einer Schauspielerin gelesen wurden, wobei letztere die ausgezeichnete und beeindruckend attraktive Maria Eis vom Burgtheater war. Wie erwartet erlaubte Karl Kraus uns nicht, irgendeines seiner Gedichte zu verwenden, da er nie jemandem gestattete, seine Gedichte öffentlich vorzutragen, und in einem Programm, das auch andere Namen als den seinen enthielt, nicht vertreten sein wollte. Da er aber in einem literarischen Programm dieser Art nicht ausgelassen werden konnte, sprach ich in meinen Bemerkungen ausführlich über ihn. Das gesamte Geschehen wurde von unserem Freund Rollett gewissenhaft in der »Wiener Zeitung« dargestellt.

Zu den Literaten, die ich in diesem Zusammenhang kennenlernte, gehörte auch Otto Stoessl, der in der »Wiener Zeitung« veröffentlichte und sich als Regierungsangestellter einen dürftigen Lebensunterhalt verdiente. Er und seine Frau, die wir oft in den Vorortzügen trafen, weil sie in Ober St. Veit wohnten, waren ungewöhnlich häßliche, aber sehr freundliche Menschen. Ein weiterer zurückgezogener und scheuer Mann war Robert Musil, dessen weitläufigen und umfangreichen Roman *Der Mann ohne Eigenschaften* ich sehr bewunderte. Er schien einige proustsche Züge zu haben, aber auf eigentümlich österreichische Art weit über diesen Bezugsrahmen hinauszugehen. Elias Canetti, der bulgarischer Herkunft war, gehörte einer anderen Gruppe an, und ich erinnere mich nicht mehr, wie ich ihn kennengelernt habe. Er hatte eine seltsame und etwas surrealistische Geschichte über einen Wiener Spinner geschrieben, einen halb wahnsinnigen Schriftsteller und Büchersammler. Der Protagonist wurde schließlich von seiner Köchin, einer ordinären Frau mit grauenhaften Eigenschaften, hereingelegt, und am Ende verbrannte er mit seiner Bibliothek. Es war eine verrückte und schaurige Geschichte, aber mit ihrem phantastischen Surrealismus erschien sie mir ungeheuer wienerisch.* Die Tragödie

* *Die Blendung*, Wien 1936

des gelehrten Schwachkopfs hätte sich sehr gut in dem Mietshaus gegenüber meiner elterlichen Wohnung zutragen können. Man hatte schon von merkwürdigeren Dingen gehört, die sich in dem scheinbar farblosen und nüchternen Wohnviertel abgespielt hatten. Viele dieser Schriftsteller und anderen Künstler veranschaulichten diesen eigenartigen Aspekt der Wiener Kulturszene mit ihrer eigenen anonymen und obskuren Lebensweise.

Etwas weniger obskur war Richard Schaukal, ein recht verdienter Dichter und hoher Regierungsbeamter. Ich stattete ihm einen Besuch ab, warum, weiß ich nicht mehr. Anscheinend schenkte er mir einen Band mit seiner Lyrik, und darin fand ich ein Gedicht über die Einweihung des Denkmals für den großen Adalbert Stifter. Besonders eine Zeile dieses Gedichtes hielt ich für ein Juwel der deutschen Sprache, und ich widmete der Analyse dieses Verses eine ausführliche Studie, die in der »Wiener Zeitung« erschien. Was war das für eine Zeitung!

In diesem Zusammenhang möchte ich ein literarisches Projekt erwähnen, das von Nikolaus Hovorka initiiert wurde. Die Gruppe, welche die »Berichte« veröffentlichte, gab gelegentlich Bücher heraus, und Hovorka bat mich, eine Sammlung meiner Essays und Artikel zusammenzustellen, die in Buchform publiziert werden sollten. Natürlich stimmte ich mit Vergnügen zu. Willi Reich, mit dem ich das Projekt besprach, schlug ein Verfahren vor, das er bei ähnlichen Büchern von Wissenschaftlern angewandt gesehen hatte, nämlich die Herstellung eines Zusammenhangs zwischen den verschiedenen Texten, indem man sie durch biographische Anmerkungen verband, die den Hintergrund der Artikel erläutern und die Situationen erklären sollten, in denen sie entstanden waren. Das gefiel mir sehr gut, und ich begann, an dem Projekt zu arbeiten. Letzten Endes wurde nichts daraus, weil Hovorkas Vorhaben, das in jenen Jahren des Niedergangs in Österreich ohnehin von links und rechts angegriffen wurde, auf zunehmende finanzielle und politische Schwierigkeiten stieß. Das Material liegt nun dort, wo alles andere auch liegt, in der Wiener Stadtbibliothek.*

Hovorka erörterte noch einen weiteren Plan, demzufolge die Mitarbeiter und Freunde seiner literarischen Unternehmungen eine Art informeller Bruderschaft bilden sollten, die allmonatlich gemeinschaftlich die heilige Kommunion empfangen sollte. Zum Zeichen meiner Zugehörigkeit zu der Gruppe bekam ich ein Heiligenbildchen, aber es wurde nichts weiter aus der Idee. Das Bild ruht zwi-

* In den Jahren 1958–1961 im Rahmen von drei Bänden mit gesammelten Schriften erschienen.

schen den Seiten meines katholischen Gebetbuchs. Nach 1945 hat sich Hovorka, wie einige andere aus dieser linken katholischen Gruppe, dem Kommunismus zugewandt, wie ich höre.

Sommerferien 1935 in Westösterreich

Der Sommer 1935 wurde wieder in Westösterreich verbracht. Berta und ich fuhren zuerst nach Lech in Vorarlberg, einem wunderschönen Ort in der oberen Region des Lechtals, die für ihre Möglichkeiten zum Skifahren berühmt war. Es war eine weite, aus Alpenwiesen bestehende Fläche, mit nur wenigen Baumgruppen, umgeben von schönen, dramatischen Felsgipfeln. Man mußte vom Bahnhof Langen, am Westeingang des Arlbergtunnels, mit dem Bus dorthin fahren. Das Tal schien in himmlischer Abgeschiedenheit auf dem »Dach der Welt« zu schweben, ähnlich wie das höchste Gebiet des Engadin. Oberhalb von Lech befand sich das moderne Gasthaus Oberlech mit seinen spektakulären Sonnenterrassen. Ausgezeichnete Wege führten nach Zürs und Warth und auf die Gipfel der verschiedenen Bergketten, von wo aus man den Blick auf die von einsamen Felsen überragten grünen Hügel des Bregenzerwaldes hatte. Ich beschloß, diese Gegend zum Ziel der Ferien im nächsten Jahr zu machen, was, wie sich herausstellte, kein sehr guter Gedanke war.

In dem Hotel in Lech machte ich zum ersten Mal Bekanntschaft mit der Erfindung des tragbaren Radiogeräts, als nämlich ein Holländer einen solchen Apparat auf seinen Tisch im Speisesaal stellte, weil er offenbar nicht einmal ein paar Minuten ohne die anregenden Nachrichten leben konnte. Obwohl er das Gerät leise gedreht hatte, mußte man unwillkürlich mitanhören, was er empfing. Ich war über diesen Vorgang ziemlich schockiert und fragte mich, was geschehen würde, wenn jeder im Speisesaal sich entschließen würde, sein eigenes Musikprogramm zum Essen zu hören. So wie der Holländer Radio Zürich, oder was immer es war, hören konnte, hätte ich eine Trompete und ein anderer eine kleine Trommel hervorholen und zwischen den Gängen spielen können. Es war der Anfang einer fortschreitenden Zerstörung der Privatsphäre, die im Zeitalter der Jukebox nie gekannte Ausmaße annehmen sollte.

Eines Abends bekamen wir in Lech einen bösen Schrecken. Wieder gab es im Radio beunruhigende Nachrichten, die unseren neuen Kanzler Dr. Schuschnigg betrafen. Es stellte sich heraus, daß es unpolitische Neuigkeiten waren: Seine Frau war bei einem Autounfall ums Leben gekommen. Unsere Nerven waren so angespannt, daß wir uns sofort wegen möglicher politischer Konsequenzen Sorgen machten, zumal Lech nur wenige Kilometer von der deutschen

Grenze entfernt war und man von Verschleppungen und anderen Gewalttaten gehört hatte, die Nazi-Banditen in Grenzgebieten verübten. Während der Nacht schraken wir im Hotel aus dem Schlaf hoch, weil wir aus dem Haus auf der anderen Straßenseite verdächtige Geräusche hörten. Die Beleuchtung dort war ganz schwach, und man konnte leicht den Eindruck gewinnen, daß Leute mit Werkzeugen oder möglicherweise mit Waffen hantierten und sich sehr bemühten, unbemerkt zu bleiben. In der dunklen Nacht beobachteten wir die Lage eine Weile. Schließlich stellte sich heraus, daß es nur ein paar Stallknechte waren, die Vorbereitungen für einen Viehmarkt in einer entfernten Ortschaft trafen, zu dem sie sehr früh am Morgen aufbrechen mußten. Das ist nur eine kleine Veranschaulichung der Gemütsverfassung in der wir in jenen Jahren lebten.

Von Lech aus fuhren wir in das vertraute Galtür, wo wir mit meinen Eltern zusammentrafen, und danach verbrachten wir etwa eine Woche in Gries im Sellraintal, das ich noch nicht kannte. Ich fand es weniger ansprechend als die meisten anderen Orte in dieser Gegend, warum, weiß ich nicht mehr. Wir machten ein paar schöne Ausflüge zu Berghütten und wanderten in das winzige Dorf Praxmar am Ende des Tales, das mich hauptsächlich wegen seines südlich klingenden Namens anzog. Mein Vater, der damals auf die Siebzig zuging, fühlte sich dort oben nicht allzu wohl, was mich etwas beunruhigte.

Wieder in den Osten zurückgekehrt, verbrachten wir ein paar Tage in einem brandneuen, modernen Hotel in Hall, von wo aus wir meine Verwandten in Innsbruck besuchten. Ich erinnere mich, daß ich dort im Radio Toscaninis glänzende Salzburger *Falstaff*-Aufführung hörte. Ich wußte nicht viel über Toscanini, und was ich über ihn gehört hatte, gefiel mir nicht besonders gut. Aber das eisige Feuer von Verdis Meisterwerk schien zu den Manierismen dieses großen Zuchtmeisters der Musik vortrefflich zu passen.

Kritik an Bruno Walter und Otto Klemperer

Ich glaube, daß ich in der folgenden Saison zwei konkretere Begegnungen mit Persönlichkeiten aus dem Dirigentenfach hatte. Bruno Walter war als künstlerischer Direktor oder etwas in der Art an die Wiener Staatsoper berufen worden, und das wurde als mutiger liberaler Schritt gerühmt, angesichts der Tatsache, daß die Berufung eines Juden in eine Spitzenposition des der Regierung unterstehenden Kulturbetriebes von den Nazis im In- und Ausland als Schlag ins Gesicht und als Provokation aufgefaßt werden würde. Offenbar wollte Schuschnigg es genau so verstanden wissen, denn Walter sollte in einem feierlichen Staatsakt in sein neues Amt eingeführt werden und dabei eine Art Antrittsrede halten und etwas wie eine Grundsatzerklärung abgeben. So weit, so gut, und ich hatte gegen diese Vorführung gewiß nichts einzuwenden.

Nichtsdestoweniger fand ich es ein wenig seltsam, daß Dr. Rollett mich bat, für die »Wiener Zeitung« über dieses Ereignis zu berichten. Ich hatte so etwas noch nie gemacht und getreu der Krausschen Meinung, daß es mit der Tätigkeit eines Künstlers unvereinbar war, seine tatsächlichen oder potentiellen Interpreten öffentlich zu kritisieren, nie Musikkritiken geschrieben. Weil Rollett jedoch sonst niemanden hatte und weil es genaugenommen kein musikalisches Ereignis war, willigte ich ein. Es kam mir etwas komisch vor, in den Reihen zu sitzen, die für Journalisten reserviert waren, anstatt irgendwo im Publikum, und von jenen Gestalten umgeben zu sein, die mich in ihren Kritiken bei zahlreichen Gelegenheiten diffamiert hatten, und jetzt als einer von ihnen zu gelten. Ein paar Meter weiter saßen die staatlichen Würdenträger, Dr. Schuschnigg und sein Unterrichtsminister Dr. Pernter mit ihrem Gefolge, und auch Kardinal Innitzer, der so gerne in die Oper ging, fehlte nicht. Es war wirklich eine Galaveranstaltung.

Bruno Walter gab einen Vortrag über die »ethischen Kräfte der Musik« von sich, eine Menge salbungsvollen Unsinns, der aus faden Platitüden und haltlosen Meinungen bestand, vorgebracht mit der ihm eigenen süßlichen Sentimentalität. Er redete ziemlich lange über die Tag- und Nachtseiten der Musik und erklärte unter anderem, daß wahrhaft erhebende, ausdrucksvolle und ethische Musik nur im Adagio-Tempo komponiert wurde. Zum Schluß sagte er, ihm fehlten die Worte, um die innerste Essenz dessen, was er im Sinn habe, zu vermitteln, und er beendete den Abend, indem er einen langsamen Satz aus einer Mozartsonate spielte.

Über all das hätte man leicht hinweggehen können, und dazu hatte ich bei der ganzen Sache ursprünglich auch geneigt. Aber an einer Stelle seiner Ansprache konnte Walter es nicht lassen, ein paar Seitenhiebe gegen eine nicht näher bezeichnete Art moderner Musik einzuschieben, die für ihn eine Negation all jener ethischen Kräfte darstelle, die er gepriesen hatte, und die gefährliche, zerstörerische Merkmale aufwiese. Seine Bemerkungen lösten bei dem vornehmen Publikum eine Woge zufriedenen, anerkennenden Grunzens aus. Ich konnte nicht beobachten, ob sich die Herren Schuschnigg und Innitzer an dem Gegrunze beteiligten, aber ich entschied, daß das zuviel war und daß ich etwas unternehmen mußte. Ich fand es vollkommen fehl am Platz, daß ein alter Jude bei einer solchen Gelegenheit ins Nazihorn stieß, und ich schrieb in meinem Bericht, nachdem ich einen Teil von Walters Unsinn widerlegt hatte, ich glaubte nicht, daß ein Mann von seinem Format es nötig habe, sich derartig zu erniedrigen, indem er zu einem so billigen Mittel griffe, um die irregeleiteten niederen Instinkte seines Publikums anzusprechen.

Jedes Wort wurde so gedruckt, wie ich es geschrieben hatte, ohne den geringsten Versuch einer Zensur. Mein Bericht hatte eine sensationelle Wirkung und wurde überall Gegenstand erregter Kommentare. Er erreichte sogar amerikanische Zeitungen. Es war eine bizarre und typisch österreichische Situation: Die einzige Zeitung, die eine scharfe Kritik an Bruno Walters Vortrag druckte, wurde von eben jener Regierung veröffentlicht, die ihn berufen hatte. Einige der anderen Blätter wurden von den regierenden Kräften beherrscht (auf viel primitivere Weise, als die »Wiener Zeitung« je von ihrem Eigentümer beherrscht worden war) und sagten ohnehin zu allem Ja, und die noch existierenden, nominell unabhängigen Zeitungen wurden so sehr von ihrer Furcht vor dem, was sie kommen sahen, terrorisiert, daß sie sich freiwillig selbst kastrierten und auch Ja sagten, ohne dazu gezwungen zu werden. Mit Genugtuung vernahm ich, daß Walter meine geistige Unabhängigkeit respektierte und sie mir nicht verübelte. Wie ich später hörte, empfahl er mich in der kurzen Zeit, die noch blieb, in Regierungskreisen häufig für wichtige Aufgaben, insbesondere für ein Lehramt an der Staatsakademie, natürlich ohne Ergebnis. Später, 1938, handelte er mir gegenüber wieder mit großer Integrität und Güte. Mehr darüber an entsprechender Stelle. Leider bewogen ihn spätere Vorfälle, seine Haltung zu ändern, und ich glaube, daß er zu diesem Zeitpunkt nur noch sehr wenig für mich übrig hat.

Bei der anderen Sache ging es um Otto Klemperer. Die Wiener Sektion der IGNM war, ein höchst ungewöhnliches Ereignis, zu etwas Geld gekommen – wie, weiß ich nicht mehr –, und man beschloß, diese Summe für ein Kammerorchesterkonzert zu verwenden. Als wir hörten, daß Klemperer auf seinem Weg von Moskau zurück nach Los Angeles (diese alljährliche Pendeltour bezahlte ihm die Sowjetregierung – tempi passati) in Wien vorbeikommen würde, traten wir mit der Frage an ihn heran, ob er einwilligen würde, dieses Konzert zu dirigieren, ohne Gage natürlich. Er sagte gleich zu, unter der Bedingung, daß das Programm nur Werke enthalte, die er schon dirigiert habe, weil er zum Studium neuer Partituren keine Zeit habe. Das schien nur recht und billig zu sein, und wir stellten ein Programm zusammen, das diesen Erfordernissen entsprach. Was sonst noch vorgesehen war, weiß ich nicht mehr, aber jedenfalls enthielt es ein Fragment aus den *Gurreliedern* und

Weberns Symphonie, die wir für realisierbar hielten, als wir entdeckten, daß Klemperer sie mehrere Jahre zuvor in Berlin dirigiert hatte. Auch damit war er einverstanden, und so schien alles geregelt zu sein.

Aber als Klemperer das Webern-Stück zu proben begann, gab es Schwierigkeiten. Er schien nicht richtig zu wissen, was er da tat, und das zarte Stück mit seiner Spinnwebstruktur und seinem konzentrierten, aber unendlich empfindlichen Phrasenverlauf ergab keinen Sinn. In der Pause erklärte Klemperer einigen Mitgliedern unseres Komitees, daß er das Stück nicht dirigieren werde, weil er es nicht verstehe, daß es verrückte Musik sei, die bei der allgemeinen Abneigung gegen solche Musik und der angespannten Lage in Österreich zwangsläufig einen Skandal auslösen werde, und daß er nicht bereit sei, seinen Ruf aufs Spiel zu setzen, wobei er offenbar an das Echo in Los Angeles dachte.

Das war außerordentlich unangenehm, da Webern als Generalsekretär der IGNM-Sektion natürlich keine Schritte unternehmen konnte, weil er als Komponist beteiligt war, und alle anderen panische Angst vor dem brüllenden Riesen zu haben schienen. Das brachte mich auf die Palme, und ich bat den gefürchteten Kerl um ein Gespräch. Als er mir gegenüber seine Argumente wiederholte, erwiderte ich, daß ich seine Haltung nicht ganz verstehe, nachdem er die Symphonie doch vor einigen Jahren dirigiert habe. Darauf sagte er, daß die Situation damals eine andere gewesen sei. Das war das Stichwort, auf das ich gewartet hatte. »Jetzt verstehe ich, was Sie meinen«, sagte ich. »Vor zehn Jahren war es schick, diese Art Musik aufzuführen, daher haben Sie das getan. Jetzt, seitdem die Nazis da sind, halten Sie es für sicherer, die Finger davon zu lassen. Das mag eine menschlich verständliche Haltung sein, aber wir lassen uns das nicht gefallen, und Sie werden damit nicht durchkommen. Sie haben dieses Programm akzeptiert, und wir haben überall bekanntgemacht, daß Sie es dirigieren werden. Die Nazis warten nur auf eine Lücke in unseren Reihen, und sie werden ein Triumphgeheul anstimmen, wenn Sie dieses Stück fallenlassen. Das wollen Sie nicht. Daher werden Sie dieses Werk dirigieren, damit Sie es nur wissen.«

Ich hatte ihn in die Enge getrieben, und er mußte von seinem hohen Roß heruntersteigen. Er wand sich ein wenig und schrie dann: »Aber ich verstehe diese Musik nicht.« Ich war wirklich wütend, denn diesen dummen Spruch hatte ich schon viele Male gehört. Ich antwortete: »Macht nichts. Mir ist gleich, ob Sie das Stück verstehen, und allen anderen auch. Sie dirigieren es einfach, und dazu brauchen Sie es nicht zu verstehen. Sie schlagen nur den Takt und achten darauf, daß gespielt wird, was in den Noten steht.« Ich wußte, daß das unhöflich war, aber ich hatte das Gefühl, daß er genau das brauchte. Er wurde ganz klein und knurrte schließlich: »Aber ich brauche eine andere Harfenistin. Sie ist unmöglich.« Ich wußte, daß er versuchte, sein Gesicht zu wahren. Deshalb sagte ich: »Klar. Keine Sorge. Sie bekommen eine andere Harfenistin.« Wir besorgten ihm eine neue Harfenistin (die nicht auffällig besser war als die erste), und er sagte kein Wort mehr, sondern dirigierte das Konzert. Natürlich gab es keinen Skandal, und sein kostbarer Ruf wurde nicht geschädigt.

Ich erinnere mich nicht, ob es zu jener Zeit war, aber es war sicher in jenen Jahren vor der Naziherrschaft in Österreich, daß Klemperer für eine Weile ein Appartement im Schloß Schönbrunn bewohnte. Das war nicht ungewöhnlich, weil die Regierung Geld verdiente, indem sie viele der Tausende von Räumen in den Kaiserschlössern vermietete. Ich erinnere mich an eine Abendgesellschaft in Klemperers Appartement, an der auch Schnabel und Hubermann teilnahmen. Es war ein herrlicher Sommerabend. Durch die Fenster blickte man auf den privaten Rosengarten des alten Kaisers hinaus. Die Atmosphäre war melancholisch und sogar gespenstisch, denn in Abständen konnten wir an entfernten Stellen der Stadt Nazibomben detonieren hören.

IGNM-Treffen in Prag

Infolge der zunehmenden Aktivitäten der IGNM in Wien und der Gespräche, die Reich und ich über die allgemeine Situation der zeitgenössischen Musik nach dem Aufstieg der Nazis in Deutschland führten, interessierte ich mich stärker für die Angelegenheiten der Gesellschaft als Ganzes und erbot mich, das bevorstehende IGNM-Fest in Prag als offizieller Delegierter der österreichischer Sektion zu besuchen. Das war in vieler Hinsicht eine denkwürdige Zusammenkunft. Aus meiner Sicht hatte die Gesellschaft in den späten zwanziger Jahren viel von ihrer Berechtigung verloren, teils weil die moderne Musik es anscheinend geschafft hatte, in den offiziellen Institutionen der Musikpraxis soweit akzeptiert zu werden, daß sie nicht mehr in dem von manchen als selbstauferlegtes Ghetto bezeichneten Raum dahinzuvegetieren brauchte, teils weil es ihren Programmen an Qualität und Bedeutung fehlte, was vermutlich eine Auswirkung des eben erwähnten Umstandes war.

Als die Nazis begannen, moderne Kunst aktiv zu verfolgen und zu unterdrücken, änderten sich diese Aspekte, oder vielmehr meinten viele Menschen, denen die Aktivitäten der IGNM früher gleichgültig gewesen waren, daß sie sich ändern müßten. Dazu gehörte auch ich.

Besonders wachsam wurden wir, als auf Dr. Goebbels' Initiative hin eine von den Nazis beherrschte Konkurrenzorganisation ins Leben gerufen wurde, die den Namen »Conseil permanent« für dies oder jenes trug. Der clevere Werbefritze hatte in Frankreich ein paar Trottel gefunden, die sich von einer Einladung zur »Kollaboration« geschmeichelt fühlten, und der neue Verein begann sein Werk mit einem Musikfest in Vichy. Auf diese Weise nahmen »Kollaboration« und »Vichy« eine unheilvolle Bedeutung für uns an, lange bevor sie den Gestank späterer Jahre entwickelten. (Das gab den Anstoß zu einer der besten Überschriften, die mir je für einen Artikel in der »23« einfielen: »Eau de Vichy auf unsere Mühle«.) Richard Strauss gab als Präsident seinen Namen für diese Sache her und ernannte auf Goebbels' Geheiß in verschiedenen Ländern Nazisympathisanten, die geeignete Werke auswählen sollten. Wie man sieht, beruhte alles auf Autorität von oben und erwartetem Vertrauen in das Führerprinzip von unten, anders als in der IGNM, die zumindest theoretisch nach demokratischen Grundsätzen organisiert war.

So begann das Prager IGNM-Treffen mit einem alarmierenden Unterton, der den Delegierten bewußt machte, daß nicht nur die Existenz der Gesellschaft auf dem Spiel stand – was vielen schließlich nicht als Angelegenheit von schwerwiegender Bedeutung erschienen sein mag –, sondern daß die Frage des freien Musikschaffens ein Thema geworden war, zu dem sie Stellung würden nehmen müssen. Von den Musikprogrammen des Festes weiß ich nicht mehr viel, zum Teil, weil sie vielleicht nicht sehr interessant waren, hauptsächlich aber deshalb, weil die Zusammenkünfte der Delegiertenversammlung und ihrer Komitees den größten Teil unserer Zeit und Aufmerksamkeit in Anspruch nahmen. Für mich war der fesselndste und erheiterndste Aspekt, daß das Verhalten der Delegierten, ohne daß sie sich dessen bewußt waren, minuziös und auf groteske Weise die Haltung ihrer Landesvertretungen im Völkerbund widerspiegelte. Natürlich gab es keine deutsche Delegation, weil die IGNM in Deutschland längst von den Nazis aufgelöst und unterdrückt worden war. Frankreich und England verfolgten einen vorsichtigen mittleren Kurs, offenbar darauf bedacht, niemandem auf die Füße zu treten und dafür zu sorgen, daß so wenig Entscheidendes wie möglich unternommen wurde. Die Engländer hatten insofern ein zusätzliches Problem, als der Präsident der Gesellschaft, Edward Dent, zu ihrer Gruppe gehörte. Auch Italien taktierte vorsichtig, weil Mussolini, der weit davon entfernt war, die flegelhafte Rücksichtslosigkeit seines deutschen Jüngers nachzuahmen, und sichtlich stolz darauf war, in kultivierter internationaler Gesellschaft vertreten und anerkannt zu sein, die IGNM zwar tolerierte, aber natürlich nicht an irgendeinem »radikalen« Liberalismus beteiligt sein wollte. Die kleineren Länder schlossen sich dem an, der ihrer Ansicht nach in der Politik den Ton angab. Ungarns Delegierte saßen dicht neben den Italienern und stimmten unweigerlich wie diese. Polen und Jugoslawien richteten ihr Augenmerk hauptsächlich auf Frankreich. Die Tschechoslowakei, die durch meinen fanatischen Freund Alois Hába vertreten war, war auch damals schon in Sowjetrußland vernarrt. Ich, als Delegierter Österreichs, versuchte es mit meinem eigenen Mittelweg, indem ich gemäß der Philosophie, die ich für mich entwickelt hatte, »konservativ« und »radikal« in Einklang brachte. Die außereuropäischen Delegierten blickten auf England, um sich durch die Kontroversen, die den alten Kontinent verwüsteten, hindurchlotsen zu lassen, und der Delegierte der Vereinigten Staaten – ich glaube, es war der verbindliche Carleton Sprague-Smith – blickte mit Erstaunen auf die scheinbar bedeutungslosen und unverständlichen Streitereien seiner Kollegen.

Unsere Hauptthemen waren die Auswahl der Stadt, in der das nächste Fest abgehalten werden sollte, und die Wahl einer Jury, die das Programm dafür aufstellen sollte. Außerdem hörte die Versammlung Berichte aus verschiedenen Sektionen an und diskutierte, was immer von den Delegierten zur Sprache gebracht wurde. Die Auswahl des nächsten Festortes wurde zum Gegenstand eines erbitterten Streits, weil zwei Einladungen vorgelegt wurden, eine von der spanisch-katalonischen Sektion nach Barcelona, die andere von der Vereinigung der Sowjetkomponisten nach Moskau. Aus rechtlicher Sicht hatte das spanische Angebot Vorrang, weil es zuerst eingegangen war, und aus formalen Gründen war es das einzige, das in Betracht kam, weil es in Rußland keine offizielle Sektion der IGNM gab. Anscheinend hatte früher eine solche Sektion existiert, war aber inzwischen nicht mehr tätig. Unter den slawischen Delegierten bestand eine gewisse Neigung, das russische Angebot in Erwägung zu ziehen, weil Hába, der es sich in den Kopf gesetzt hatte, daß wir unter allen Umständen nach Rußland fahren sollten, ungeheure Propaganda für Moskau machte. Die westlichen Delegierten wurden bei dieser Wendung der Dinge starr vor Schreck, weil damit beängstigende politische Komplikationen für sie verbunden sein konnten. Dent mußte alle Mittel der Regenschirmdiplomatie einsetzen, um eine solche Katastrophe zu verhüten. Die Tatsache, daß einer der britischen Delegierten, Alan Bush, der Kommunist oder zumindest »Sympathisant« war, auch für Moskau eintrat, machte Dents Aufgabe nicht leichter.

Dent prüfte die Papiere der sowjetischen Abgeordneten, eines Reichenbach aus Deutschland, der nach Rußland geflohen war, und unseres Freundes Hanns Eisler, der damals in Moskau lebte. (Man muß bedenken, daß das kurz vor dem Ausbruch der Fremdenfeindlichkeit im Sowjetreich war.) Schadenfroh bemerkte Dent, daß keiner der Herren Russisch spreche. Weiter erklärte er, daß wir über die Organisation, welche angeblich diese beiden Botschafter entsandt hatte, nichts wüßten, außer daß sie keine vorschriftsmäßig konstituierte Sektion der IGNM sei, und daß er nicht sehe, wie wir die Gesellschaft verpflichten könnten, das Angebot einer so zweifelhaften Institution anzunehmen. Auch die Frage, ob die sowjetischen Behörden die Werke, die unsere Jury vielleicht auswählen würde, zensieren würde, wurde diskutiert und bescherte den russischen Emissären ein paar peinliche Momente, als jemand fragte, was geschehen würde, wenn wir für das Festprogramm religiöse Werke auswählten. Roberto Gerhard, der katalanische Delegierte, sah sich veranlaßt, eine leicht streitlustige Haltung anzunehmen, und sagte, er könne nicht vorhersehen, wie die spanische Sektion, die offenbar aus einigen sehr empfindlichen Caballeros bestand, auf eine Ablehnung ihrer Einladung reagieren würde. Schließlich stimmte die Versammlung für Barcelona als Ort des nächsten Treffens, wodurch das russische Angebot automatisch ausschied. Ich glaube, wir sprachen den Russen unseren Dank aus und drückten die Hoffnung aus, daß sie bald in der Form einer richtigen IGNM-Sektion zu uns stoßen würden. Es wurde viel darüber gestritten, ob wir das Recht hätten, Sowjetrußland als Zulassungsbedingung unsere Prinzipien aufzuzwingen, oder ob Rußland ein Recht hätte, von uns zu erwarten, daß wir uns mit ihm beschäftigten, ohne daß es die Grundsätze unserer Gesellschaft akzeptierte. Natürlich kam bei alledem nichts heraus, und es war, soweit ich weiß, das letzte, was die IGNM jemals aus dieser Richtung hörte.

Hába war böse, weil sein Plan fehlgeschlagen war, und tat alles, um Dent das Leben schwer zu machen. Ich glaube, es geschah im Zusammenhang mit der Wahl der Jury, daß Hába privat Delegierte der kleineren Länder zusammentrommelte, um einer neuerlichen Niederlage in der Versammlung vorzubeugen. Nachdem er sein Komplott fertiggeschmiedet hatte, ließ er sich und mich als Sonderdelegation zu Edward Dent berufen, der total erschöpft war, oder vorgab, das zu sein, und sich meistens in seinem Hotelzimmer aufhielt. Dort scheuchten wir ihn eines Abends auf, und Hába eröffnete ihm, daß die in Frage stehende Angelegenheit dank seiner Bemühungen bereits entschieden sei, da er so viele Delegierte für sich gewonnen habe. Dent war etwas erschrocken, aber auch amüsiert und sagte nur: »Aber Herr Hába, glauben Sie nicht, daß das ein wenig diktatorisch ist?« Worauf Hába wütend, aber vollkommen naiv in seinem schroffen Deutsch erwiderte: »Wieso, Herr Professor, das ist vollkommen demokratische Methode. Ich kriegte Mehrheit.«

Im übrigen waren diese Tage in Prag wunderbar. Ich hatte ein leises Gefühl von Daheimsein, das mit Melancholie und Neid gemischt war, weil ich die Energie und Vitalität der tschechischen Hauptstadt sah und sie mit der nervösen und pessimistischen Stimmung in Wien verglich. Ich war stolz darauf, etwas Tschechisch zu sprechen und einigen Delegierten die Schönheiten der Heimat meiner Vorfahren zeigen zu können. Ich erinnere mich besonders an den Belgier Closson und an seine ganz bezaubernde Frau. Wir aßen oft gemeinsam und hatten viel Spaß.

In Großbritannien im November 1935

Im November 1935 fuhr ich auf Einladung der BBC nach London, um zusammen mit Herta Glaz eine Sendung mit Liedern zu machen. Es war mein erster bedeutender Kontakt mit der angelsächsischen Welt und eine bemerkenswerte Erfahrung. Ich fand England seltsamer als alles, was ich im Ausland gesehen hatte, sogar seltsamer als Amerika, als ich zwei Jahre später dort war. Was mich am britischen Leben am meisten beeindruckte, war die Mischung aus nahezu schockierender Unnahbarkeit und einfacher menschlicher Güte. Die Briten schienen ihren Mitmenschen gegenüber vollkommen gleichgültig zu sein, aber hin und wieder zeigten sie in einfachen kleinen Handlungen, die stillschweigend ausgeführt und absichtlich heruntergespielt wurden, tiefes Verständnis für die Sorgen und Nöte ihrer Nachbarn.

London kam mir wie eine gigantische alte Maschine vor, die schnaufend und keuchend ihre Arbeit verrichtete, zusammengeflickt und immer wieder vergrößert durch nicht dazu passende Ergänzungen. Ich wohnte in einem altmodischen Hotel am Portman Square, glaube ich, das das Entzücken jedes Surrealisten gewesen wäre. In dem weitläufigen alten Gebäude entdeckte ich tatsächlich eine Treppe, die geradewegs unter eine Decke führte, so daß man nach drei oder vier Stufen nicht mehr aufrecht darauf stehen konnte. Ich war erstaunt über den Traditionalismus der Briten, der alles übertraf, was ich auf dem Kontinent kennengelernt hatte. Nichts war formuliert oder eindeutig niedergeschrieben, alles war über Jahrhunderte einer ungebrochenen Tradition hinweg aus mündlicher Überlieferung bekannt. Die gesamte Bevölkerung erschien wie ein ungeheurer Club von Eingeweihten, die irgendwie wußten, was es zu wissen gab, und der Ausländer wurde sich selbst überlassen, als ob niemand das Recht hätte, Ausländer zu sein, und wenn er zufällig doch einer war, dann war das eine Art Unglück, und er hatte kein Recht, in England zu sein. Man konnte jedoch nicht sagen, daß die Menschen ungastlich oder feindselig waren. Sie sahen einfach nicht ein, warum man rücksichtsvoll sein sollte. Sie waren Isolationisten, aber keineswegs provinziell, sondern vielmehr mit wirklich weltstädtischen Einstellungen. Ich habe immer festgestellt, daß der Beweis für nichtprovinzielle Mentalität darin besteht, daß man über Ungewöhnliches nicht erschrickt. Menschen in ungewöhnlichem Aufzug anzustarren, anzugaffen und über sie zu kichern verrät kleinstädtische Gesinnung. In London hatte ich den Eindruck, daß man auf der Regent Street mit einem Elefanten an der Leine spazierengehen konnte, ohne daß sich jemand nach einem umdrehte.

Wie trostlos es um die englische Kost bestellt ist, ist so bekannt, daß es hier nicht zur Sprache kommen muß. Ein paar Mal probierte ich eines der allgegenwärtigen Lyon's Corners aus, was in der Tat sehr schlimm war. Einige ausländische Restaurants in Soho hatten annehmbares Essen, und in mehreren Lokalen rund um Picadilly konnte man ganz ausgezeichnet speisen, allerdings zu gewaltigen Preisen. In England war ich zum erstenmal mit einem Land konfrontiert, in dem Alkoholkonsum entweder ein Privileg der Reichen oder ein Laster der Armen war, was mir gründlich mißfiel.

Die BBC war eine äußerst kultivierte Institution, die mir sehr gut gefiel. Ich wurde mit Aufmerksamkeit behandelt, und alles klappte sehr gut. Ich glaube, daß während meines Aufenthaltes dort Sir Henry Wood mein *Zweites Concerto grosso* dirigierte, und die Qualität des Orchesters beeindruckte mich sehr. In musikalischen Dingen erschien England mir damals als hervorragendes Land, weil es sich selbst für unmusikalisch hielt. Man spürte dort nichts von der naiven, aber unverschämten Arroganz, gegen die ich in Wien ankämpfen mußte, wo jeder Kellner sich für ein musikalisches Genie und für einen unmittelbaren Erben Beethovens und Schuberts hielt. Die Briten wirkten bescheiden, aufgeschlossen und lernbegierig, eine ausgezeichnete Haltung, die für die Verbreitung neuer Musik vorteilhaft ist. Heutzutage sieht es so aus, als wäre etwas davon verlorengegangen, seit die Briten nationalbewußt und nationalistisch geworden sind.

Im täglichen Leben hatte ich es schwer, weil ich kaum mehr als fünf Worte Englisch sprach. Die Sprache erschien mir unergründlich, so daß ich in jener Woche in England fast nichts lernte. Mein Freund Adorno, der Deutschland verlassen hatte und als Fellow des Merton College in Oxford lebte, kam nach London und verbrachte dort ein paar Tage mit mir. Nach meinen Konzerten fuhr ich für wenige Tage nach Oxford, das ich äußerst interessant und schön fand. Ich wurde mit vielen kuriosen und ehrwürdigen Traditionen der Universität bekannt gemacht und nahm die Abendmahlzeit im College mit den Studenten ein. Die mittelalterliche Atmosphäre der Stadt war höchst eindrucksvoll. Ich stellte fest, daß einer der Gründe für die Fremdartigkeit Englands darin lag, daß es ein Land ohne Barock war, so daß es sowohl mittelalterlich als auch modern war, aber ohne viel dazwischen.

In London erneuerte ich meine Bekanntschaft mit Montague-Pollock, der damals eine Stellung im Auswärtigen Amt hatte. Er hatte bei der britischen Botschaft in Wien gearbeitet und stets ganz besonderes Interesse an moderner Musik gezeigt. Eine Zeitlang hatte er ein Projekt zur Produktion von Aufnahmen solcher Musik auf genossenschaftlicher Basis gefördert und ernsthaft Erkundigungen über Produktionsmöglichkeiten, Kosten und dergleichen eingeholt. Doch dabei blieb es. Ein anderer Diplomat, den ich besuchte, war Clemens Franckenstein, der österreichische Gesandte in London, der österreichischen Besuchern der britischen Hauptstadt viel Gastfreundlichkeit zuteil werden ließ. Obgleich mein Aufenthalt in England sehr kurz war, ist er mir in lebhafter Erinnerung geblieben.

Weitere Auslandsaufenthalte

In jenen Jahren hatte ich meine Aktivitäten im Ausland verstärkt, um zusätzliches Einkommen zu erzielen, und es ist sehr wahrscheinlich, daß ich auf dem Weg nach London oder auf dem Rückweg an verschiedenen Orten haltmachte, aber meine Erinnerung an den zeitlichen Ablauf ist verschwommen. Ich weiß, daß ich entweder 1935 oder im folgenden Jahr in Konzerten in Genf, Lausanne und Lugano auftrat. In Genf war es eine private Gesellschaft für moderne Musik namens »Le carillon«, die mir Gelegenheit bot, meine Musik zu spielen. Sie wurde von einem De Blonay geleitet, einem sehr netten jungen Mann mit Playboyeigenschaften. Dort erneuerte ich meine Bekanntschaft mit Carl Burckhardt, der damals Professor an einem internationalen College war und vielleicht auch mit dem Völkerbund in Verbindung stand. Er nahm mich in seinem Wagen auf den Gipfel des Mont Saléve mit, von wo aus wir einen dramatischen Ausblick über die winterliche Landschaft des Mont Blanc hatten. Ich glaube, er hatte damals sein Buch über Richelieu veröffentlicht, das ich für die »Wiener Zeitung« besprochen hatte, und wir unterhielten uns ausführlich über politische und historische Themen.

Eine weitere Organisation für moderne Musik gab es in Lausanne. Sie hieß »La clarinette«, und auch für sie arbeitete ich, glaube ich, mit Herta Glaz zusammen. Außerdem trat ich in Radio Lausanne auf und spielte oder dirigierte mein *Concertino* (op. 27). Das Gebäude war brandneu, befand sich irgendwo in den Wäldern des Grand Jorat und sah aus wie die Bilder, die man vom Auswärtigen Amt in Mandschukuo sah. Auch in Lugano spielte ich Konzerte für den Rundfunk, und das war eine besonders schöne Gelegenheit, da ich Lugano von all diesen Städten am liebsten mochte. Der Direktor war Leopoldo Casella, und er muß mich auch gemocht haben, denn ich wurde zwei- oder dreimal wieder eingeladen. Ich hatte gewöhnlich eine ganze Stunde Musik für mich allein und viel Zeit zum Proben. Das Orchester war nicht groß, etwas mittelmäßig, aber sehr arbeitswillig. Ich dirigierte verschiedene Stücke, sogar das Zwischenspiel aus *Karl V.*, und spielte eigene Klavierwerke. Ich wohnte bei meinen Freunden, den Roeders, und ließ es mir sehr gut gehen. Schließlich bekam ich sogar den Auftrag, für Radio Lugano eine Ouvertüre zu schreiben, mit dem Titel *Campo Marzio*, was, wie ich glaube, der Name des Ortes war, an dem sich der Rundfunksender befand. Die Fertigstellung dieses Stückes fiel jedoch mit meiner Abreise aus Europa zusammen, daher weiß ich nicht allzuviel darüber, was aus ihm geworden ist. Auch von der Musik weiß ich nicht mehr viel, außer daß ich einige der charakteristischen Glockentonfolgen verwendete, die man überall im Kanton Tessin hören konnte, wenn in den Kirchtürmen die Räder gedreht wurden, an denen die Glocken befestigt waren. Auf allen diesen Reisen legte ich in Innsbruck einen Zwischenaufenthalt ein und verbrachte einen schönen, stillen Abend mit Ludwig [von] Ficker.

Der kosmopolitische Aspekt, der durch diese Reisen in mein Leben gekommen war, erhöhte mein Selbstvertrauen, und im Rückblick erscheinen mir diese letzten zwei Jahre in Europa als eine recht glückliche und befriedigende Zeit, wenngleich die Alarmsignale Tag für Tag deutlicher wurden und jeder eine Art Katastrophe ahnen konnte. Ich vermute, daß meine Reisen in den Westen mich in eine gewisse Hochstimmung versetzten, weil sie mich von den österreichischen Problemen ablenkten und mir das Gefühl gaben, daß ich immer noch Weltbürger war und nicht an ein Land gebunden, das ich weiterhin liebte, obgleich ich wußte, daß ich nie Teil seines innersten Lebens sein würde.

Die Situation Österreichs war eigentlich hoffnungslos, denn wir konnten keinen dauerhaften Frieden erwarten, solange die Krake in Berlin am Leben war. Von Zeit zu Zeit wurde uns eine kleine Gnadenfrist gewährt, aber es war offenkundig, daß es sich dabei nur um Tage handelte oder bestenfalls um Wochen. Der Druck hielt an, und seitdem Mussolini sich mit den Westmächten über Abessinien zerstritten hatte, hatten wir keinen nennenswerten Schutz mehr gegen Hitler. Es wäre logisch gewesen, die Koffer zu packen und das Land zu verlassen, aber die menschliche Trägheit ist so überwältigend, daß wir uns lieber von den kurzlebigen Wendungen zum Besseren täuschen ließen, die es in dem üblichen Pokerspiel diplomatischer Trickserei zuweilen gab.

In diesen letzten Jahren meiner europäischen Zeit fuhr ich auch ein paarmal nach Prag, normalerweise, um für den Deutschen Rundfunk zu arbeiten, dessen Musikabteilung von Dr. Nettl geleitet wurde. Das tschechische Radio wollte mich nicht akzeptieren, weil ich dort als eine Art Abtrünniger galt, obgleich ich mit vielen tschechischen Musikern auf gutem Fuß stand. Bei einer dieser Gelegenheiten traf ich Frau Brecher und bekam einen jener Schocks, die mir die Augen noch weiter hätten öffnen sollen, als sie es ohnehin schon waren. Sie war den ganzen Weg von Berlin nach Prag gekommen, um einen Brief zu schreiben und aufzugeben – ich weiß nicht, an wen, vielleicht nach London oder New York, wahrscheinlich über finanzielle Angelegenheiten –, jedenfalls einen Brief, den man in Deutschland nicht abschicken konnte, ohne sein Leben zu riskieren. Auch die Brechers rüttelte dieser Stand der Dinge leider nicht genügend auf, aber natürlich konnten sie das Geld nicht aus Deutschland herausschaffen. Sie waren nach Berlin übergesiedelt, wo sie das Vermögen von Frau Deutsch aufbrauchten. Solange sie viel davon hatten, lebten sie nicht allzu schlecht. Aber als ihnen schließlich ein Licht aufging, oder sie vielmehr die endgültige Dunkelheit erkannten, war es zu spät. Auf der Flucht durch Frankreich holten die Nazis sie ein, und die ganze Familie beging Selbstmord.

Bei einem meiner Besuche in Prag wohnte ich bei Dr. Lövenbach, der sich mit Literatur beschäftigte, Opernlibretti übersetzte und ein hoher Beamter im tschechischen Bildungswesen war. In meinem Schlafzimmer fand ich ein Buch über die Geschichte der tschechoslowakischen Republik, das in tschechischer Sprache geschrieben war. Der Bericht über die »ruhmreiche« Befreiung der Nation im Jahr 1918 verwunderte mich, weil sich herausstellte, daß diese weltberühmten Revolutionäre keinen Finger gerührt hatten, um das vielbesungene Joch der Habsburger abzuwerfen, sondern vorsichtig abgewartet hatten, bis der letzte österreichische Beamte gegangen war, bevor sie daran dachten, ihre berühmte Republik auszurufen. Arme Narren – 1938 wurden sie zum ersten Mal unsanft geweckt, und es kann gut sein, daß sie sich seit 1939 dafür ohrfeigen könnten, daß sie jemals gegen die Tyrannei der Habsburger aufbegehrten.

Ein Anlaß zu einer meiner Pragreisen war ein Internationaler Kongreß für Musikerziehung, den der unermüdlichen Kestenberg organisierte. Er hatte Zuflucht in seiner alten Heimat gefunden, nachdem die Nazis seiner Laufbahn in Deutschland ein Ende gesetzt hatten. Wie alle solche Tagungen brachte der Kongreß keine greifbaren Ergebnisse. Es gab viele Vorträge, manche waren mäßig interessant, viele sehr langweilig. Ich hielt auch eine Rede, weiß aber nicht mehr, worüber. Ich erinnere mich nur, daß am Ende der unsägliche Herr Schmeidel, ein schleimiger österreichischer Opportunist (Gott hab ihn selig), auf das Podium kam, mich öffentlich tröstete und mich ermahnte, mir wegen einiger Probleme, die ich angeschnitten hatte, keine Sorgen zu machen, und daß ich gleichermaßen öffentlich zurückgab, ich hätte für seinen Trost und Schutz keine Verwendung.

Sehr beeindruckt war ich von einem Vortrag von Frau Samaroff Stokowski, die die Methode ihrer Musikrezeptionskurse in New York erläuterte. Ich wäre viel weniger beeindruckt gewesen, wenn ich mit dem amerikanischen System der Musikrezeption auch nur etwas Erfahrung gehabt hätte, aber ich will zugeben, daß die genaue Kenntnis, die ich jetzt davon habe, zu einer Überschattung der unleugbaren, aber schwachen positiven Aspekte führt, die es sicherlich hat und die mir 1936 stärker auffielen als später, als ich seine Kehrseite kennengelernt hatte. Im Zusammenhang mit der Tagung gab es viele Konzerte und Vorführungen, und bei einer dieser Veranstaltungen sang ein Schweizer Kinderchor Schweizer Volkslieder auf deutsch, französisch und italienisch. Als ich zu Hába bemerkte, wenn ein tschechoslowakischer Chor jemals Volkslieder in tschechischer, slowakischer, deutscher und ungarischer Sprache sänge, würde ich allmählich glauben, daß seine Republik wirklich etwas geschafft habe, antwortete er grimmig, so etwas würde niemals passieren. Da wußte ich, daß seine Republik genauso verloren war wie wir alle. Das alles geschah im Frühling 1936, glaube ich, und damit eile ich ein wenig voraus.

Irgendwann 1935 – es kann etwas früher oder etwas später gewesen sein – führte ich in einem jener Kaffeehauskeller, die damals in Wien häufig als Miniaturtheater für etwas linksgerichtete oder anspruchsvolle Unterhaltung dienten, endlich zusammen mit Peter Stadlen zum ersten Mal meine Bagatellen für Klavier zu vier Händen auf. Normalerweise hatten diese Säle neunundvierzig Sitzplätze, denn solange es weniger als fünfzig waren, wurde eine bestimmte Steuer nicht fällig. Dieses spezielle Theater hieß »ABC«, glaube ich, und war in der Nähe der Universität. Anscheinend wurden dort Sonntagsmatineen mit progressiver Musik gegeben. Das Ganze spielte sowieso keine Rolle, weil, wie ich glaubte, mit der Komposition ohnehin nicht viel Bedeutendes anzufangen war. Das war insofern bezeichnend, als ich seit jeher leicht versucht bin, Aufführungen von sogar noch wichtigeren Werken zu verschenken, und nie überlege, wie ich die taktischen Werte der Zeit und des Ortes werbewirksam einsetzen kann.

Alban Bergs Tod

Im Herbst 1935 verschlimmerte Bergs Krankheit sich, und wir waren sehr beunuhigt, als er ins Spital gebracht werden mußte. Gegen Ende des Jahres wurde uns nahegelegt, ihn zu besuchen, und wir fuhren in das Spital, das irgendwo an der »Landstraße«, im dritten Wiener Gemeindebezirk lag. Es war ein höchst deprimierender Gang, denn das Haus war unbeschreiblich schmuddelig und dürftig, und es war unglaublich bestürzend und schrecklich, zu erkennen, daß einer der größten Komponisten Österreichs dazu verdammt war, unter so grauenhaften Umständen um sein Leben zu kämpfen. Sein Kampf dauerte nicht sehr lange, aber wahrscheinlich zu lange, gemessen an dem, was er durchmachen mußte. Er bekam Bluttransfusionen, und Reich erzählte mir, daß Berg mit unbezwingbarem Humor gesagt habe, er könnte noch ein erfolgreicher Schlagerkomponist werden, wenn man ihm zufällig das Blut eines Wiener Operettenkomponisten gebe. Dennoch, er starb am Tag vor Weihnachten 1935 und wurde auf dem Hietzinger Friedhof begraben, wo viele berühmte und wohlhabende Wiener auf den Jüngsten Tag warteten. Ich wurde gebeten, im Namen der IGNM ein paar Worte an seinem Grab zu sprechen. Unser Hausmädchen, die ein paarmal Abendessen für die Bergs gekocht hatte, wenn sie zu uns gekommen waren, verlangte kategorisch, zum Begräbnis gehen zu dürfen, denn für ihresgleichen gab es nichts Aufregenderes als Hochzeiten und Begräbnisse. Sie ging und kam in Tränen gebadet zurück. Als Berta sie fragte, wie es gewesen sei, sagte sie: »Wunderschön. Unser Herr hat am Grab gesprochen – ich hab' kein Wort gehört. Es war einfach wunderschön.«

IGNM-Fest in Barcelona 1936

Etwa einen Tag nach Bergs Tod reiste Anton Webern zur Jurysitzung für das bevorstehende IGNM-Fest nach Barcelona ab, da er zu denen gehörte, die in Prag durch Hábas demokratisches Verfahren ausgewählt worden waren. So begann eine weitere und die letzte hochdramatische Phase meines Lebens in Europa vor meiner Emigration. Ich weiß nicht, was für ein Theater Webern dort aufführte (falls er das tat), vielleicht ließ er sich als schmerzlich trauernder Freund Albans bedauern (obgleich ich nie erfahren habe, welche Beziehungen diese beiden Menschen wirklich zueinander hatten, wie ich schon erwähnte), jedenfalls kehrte er mit einer Beute für die österreichische Sektion zurück, wie sie noch nie dagewesen war. Wir hatten nicht nur eine ordentliche Zahl größerer Kammermusikwerke auf dem Festivalprogramm, sondern auch Bergs Violinkonzert (sein letztes vollendetes Werk), und meine *Drei Fragmente* aus *Karl V.*, beides als Welturaufführungen. Das an sich war Grund genug zur Freude, denn darin zeigte sich nicht nur eine recht neue und ungewöhnliche Anerkennung des wesentlichen Beitrags, den Österreich für die neue Musik lieferte, sondern es bewies auch, daß unsere Taktik beim Prager Treffen, für die ich verantwortlich gewesen war, Früchte getragen hatte. Daß wir schließlich nur knapp an einer Katastrophe vorbeikamen, war gewiß nicht meine Schuld.

So dankbar wir auch für unsere Segnungen waren, sie verursachten uns doch sofort großes Kopfzerbrechen, denn so viele Werke erforderten eine große Anzahl von Ausführenden, und den Statuten der IGNM zufolge war jede Sektion selbst dafür zuständig, die Ausführenden für ihre Werke zu stellen. In unserem Fall mußten wir einen Dirigenten, eine Sängerin (für *Karl V.*), ein Streichquartett, und, ich glaube, einen Pianisten besorgen, von dem Solisten für das Berg-Konzert ganz zu schweigen. Der allerdings war Louis Krasner, welcher das Werk in Auftrag gegeben hatte, so daß wir uns darum nicht zu kümmern brauchten. Es war ein ganz schönes Problem, weil die österreichische Sektion natürlich keinen Groschen zur Verfügung hatte. Intensive Verhandlungen mit der spanischen Sektion waren nötig, die uns schließlich zu Hilfe kam, einen Teil der Reisekosten übernahm und versprach, in Barcelona für die Künstler zu sorgen, indem sie ihnen Privatquartiere oder sonstige Unterkünfte verschaffte. Unser amerikanischer Freund Mark Brunswick sprang mit Geld ein, und es gelang uns, für das Galimir-Quartett in Paris einen Aufnahmetermin zu organisieren, wodurch ein Teil seiner Ausgaben gedeckt war. Das alles mußte zwischen Januar und April 1936 geregelt werden, denn im April, unmittelbar nach Ostern, begann das Fest.

Als stillschweigend akzeptierte Grundvoraussetzung stand von vornherein fest, daß Webern der Dirigent der beiden Orchesterwerke (von Berg und von mir) sein mußte. Die Propaganda, die Dr. Bach seit Jahren in unserem Kreis betrieben hatte, machte es absolut unmöglich, an einen anderen auch nur zu denken, und Webern übernahm die Aufgabe nach gehörigem Zögern. Ich erinnere mich, daß ich das Problem ziemlich gründlich mit Berta erörterte, weil sie im Hinblick auf Weberns Fähigkeiten etwas skeptisch war. Doch schließlich lenkte ich ein, denn es gab wirklich keinen Ausweg, außer alles abzubrechen, und ich tröstete mich mit Erinnerungen daran, daß ich immerhin einige bemerkenswerte Aufführungen unter der Leitung Weberns gehört hatte, daß er ein erstklassiger Musiker war und ein Freund, mit dem man offen reden konnte, und so weiter.

In der Korrrespondenz mit den Spaniern bestand Webern insbesondere darauf, daß er für seine schwierigen Werke genug Probenzeit haben müsse, was angesichts der ungewöhnlich heftigen Konkurrenz um die Probenzeit bei solchen Festen nur recht und billig war. Seine Forderungen wurden erfüllt, wenngleich nicht ohne Gefeilsche um eine halbe Stunde da oder dort. Da der Kontaktmann in Barcelona Roberto Gerhard war, der bei Schönberg studiert hatte und daher als einer unserer Leute galt, schien Webern zuversichtlich zu sein, daß alles geregelt war. Aber nach wenigen Wochen änderte sich seine Stimmung allmählich, und er fing an, die Briefe, die wir aus Barcelona bekamen, nach versteckten Anzeichen für Betrug und Täuschung zu untersuchen, und hin und wieder deutete er dunkel an, daß er, wenn sich die Lage nicht bessere, erwägen müsse, sein Dirigat abzugeben. Ich nahm das nicht sehr ernst, weil ich vermutete, daß er seine Forderungen einfach mit psychologischem Druck bekräftigen wollte. Krasner war nach Wien gekommen und arbeitete mit Webern an dem Berg-Konzert, und unsere Reisepläne waren festgelegt. Krasner wollte fliegen, Webern mit dem Zug via München und Straßburg durch Deutschland fahren, und ich hatte Fahrkarten für die Strecke über Zürich und Genf, weil ich Deutschland natürlich meiden wollte. Alle wollten am Ostersonntag 1936 abreisen, weil die Proben in Barcelona am Dienstag nach Ostern beginnen sollten. Die spanischen Visa für uns alle waren von Barcelona aus beschafft worden, und die spanische Botschaft in Wien war angewiesen, sie auszugeben.

Am Karfreitagnachmittag klingelte es an meiner Tür, und herein kam Ludwig Zenk, einer von Weberns preisgekrönten Schülern und sicherlich sehr begabt, aber ein Fanatiker, der, wie ich hörte, schließlich als leidenschaftlicher Nazi endete. (Ich glaube, in Barcelona stand eine Klaviersonate von ihm auf dem Programm.) Er sah aus wie ein Unglücksbote in der griechischen Tragödie und benahm sich auch so, und das zu recht, denn seine Botschaft war, daß sein Meister sich soeben entschlossen habe, nicht nach Barcelona zu fahren. Als Zenk versuchte, über die Sache zu sprechen und zu erklären, warum Weberns Entscheidung seiner Meinung nach gerechtfertigt sei, schnitt ich ihm das Wort ab und sagte, außer seiner Nachricht brauchte ich nichts von ihm anzuhören. Es war ein gräßlicher Schock, aber er kam nicht unerwartet. Ich rief sofort die Universal Edition an, die an beiden nun derart gefährdeten Orchesterwerken interessiert war, da ich glaubte, daß Webern für von außen herangetragene, geschäftliche Argumente eher zugänglich sein würde als für die sentimentalen Bitten, die wir vorbringen würden. Der Gedanke, ihn beim Wort zu nehmen und mich nach einem Vertreter umzusehen, kam mir nicht. Aber selbst wenn ich daran gedacht hätte, wäre die Situation ein wenig prekär gewesen, weil Webern zugleich der Vorsitzende unserer Sektion war. Man hätte eine Sitzung einberufen und ihn überreden müssen, fernzubleiben oder vielleicht sogar den Vorsitz aufzugeben. Aber der nächste mit Befehlsgewalt war Dr. Bach, und es wäre sehr schwer, wenn nicht unmöglich gewesen, ihn dazu zu bewegen, eine Lösung zu akzeptieren und in die Tat umzusetzen, die bedeutet hätte, daß unsere Sektion andere Dirigenten gebeten hätte, für Webern einzuspringen.

Es wurde beschlossen, daß Winter am Samstag mit mir zusammen Webern in seinem Haus in Mödling besuchen sollte. Wir fanden den Mann in einem beängstigenden Zustand vor, er ging in seinem Zimmer auf und ab, wie er es angeblich nach einer schlaflosen Nacht vor unserer Ankunft schon stundenlang getan hatte. Die Unterredung war lang und mühselig, und an die Einzelheiten erinnere ich mich nicht. Weberns Hauptargument war, daß er nun überzeugt sei, daß er seinen Kopf nicht mehr mit der Musik anderer Leute vollstopfen könne, denn wenn er das täte, könne er selbst nie mehr eine einzige eigene Note schreiben. So achtbar dieses Argument auch war, es erschien nicht vernünftig, denn wenn er ein redlicher Interpret war, mußte er die beiden fraglichen Werke zu diesem Zeitpunkt ohnehin schon gebüffelt haben, und wenn er sich jetzt weigerte, sie zu dirigieren, war seine Mühe ganz umsonst gewesen. Nach etlichen Stunden mühsamer, von seinen berühmten Wutausbrüchen unterbrochener Diskussion lenkte er ein und sagte, dies eine Mal würde er der Sache noch einmal dienen, aber dann nie wieder.

Wir waren sehr erleichtert, denn mittlerweile war durchgesickert, daß Krasner, der irgendwie von der Krise erfahren hatte, erklärt hatte, er würde nur unter Weberns Leitung spielen und unter sonst niemandem. Es war eines der seltsamsten Phänomene, die ich je beobachtet habe, wie dieser russisch-amerikanische Jude völlig in den Bann des gequälten österreichischen Aristokraten geraten war, der in seiner totalen Verwirrung im Begriff war, dem Nazilager gefährlich nahezukommen (was wir damals noch nicht erkannten). Andererseits bestand Webern darauf, daß er nur unter der Bedingung nach Barcelona fahren würde, daß Krasner ihn begleitete. Dagegen hatten wir nichts einzuwenden, denn Krasners Anwesenheit würde sicherstellen, daß Webern nicht vielleicht unterwegs irgendwo die

Flucht ergriff, wenn ihn neue Zweifel und Verzweiflungsanfälle überkommen sollten. Da beide am nächsten Morgen abreisen sollten, mußten wir Krasners Flugticket gegen eine Bahnfahrkarte eintauschen, damit er in Weberns Zug mitfahren konnte. Aber wir mußten uns auch um das spanische Visum kümmern, das Webern sich nicht besorgt hatte.

In der spanischen Botschaft, die wir gleich von Mödling aus anriefen, sagte ein verärgerter Beamter, nachdem die Sekretäre tagelang auf Herrn Webern gewartet hätten, um ihm gemäß der Anweisung, die sie aus Madrid erhalten hatten, das Visum auszustellen, seien sie schließlich nach Hause gegangen, um ihre Feiertage zu genießen. Wir könnten nun nur noch ein Telegramm an das Auswärtige Amt in Madrid schicken und darum bitten, daß Weberns Visum an den Grenzbahnhof Port Bou weitergeleitet würde, damit er es bei seiner Ankunft dort abholen könne. Außerdem brauchte Webern, weil er die Route über Deutschland gewählt hatte, eine Sondergenehmigung von der österreichischen Polizei, denn das hatte die österreichische Regierung als Vergeltung für Hitlers Tausendmarksperre verfügt, eine ziemlich sinnlose Geste, weil Deutschland in keiner Weise auf Touristen aus Österreich angewiesen war. Webern hatte sich natürlich auch diese Genehmigung nicht beschafft, und wir mußten den Polizeichef von Mödling irgendwo in einer Kneipe aufstöbern und ihn anflehen, diesen blöden Stempel in Weberns Paß zu setzen, obgleich es nach Büroschluß war.

Wie durch ein Wunder wurde das alles am Samstagabend vollbracht, und am Ostersonntag machten wir uns in unseren jeweiligen Zügen auf die Reise nach Barcelona. Der Zug, mit dem Webern fuhr, sollte unseren Zug am Dienstagmorgen in Narbonne erreichen, glaube ich. Trotz unserer großen Befürchtungen war nicht nur der Zug da, sondern auch die Herren Webern und Krasner, ersterer trotz zweier im Sitzen in einem Abteil zweiter Klasse verbrachter Nächte gelassen, sauber, ruhig und völlig normal aussehend. Wir stießen einen Seufzer der Erleichterung aus, und unsere Hoffnung, daß alles doch noch gut gehen könnte, wuchs ein wenig. Durch ein weiteres Wunder wartete Weberns spanisches Visum tatsächlich in Port Bou auf ihn. Das alles schien ihn nicht besonders zu beeindrucken, geschweige denn zu freuen, aber er zeigte plötzlich Interesse, als der Zug in Gerona hielt und in den Straßen Arbeiter zu sehen waren, die mit roten Fahnen marschierten. Webern rief begeistert aus: »Schauts, da is Revolution, fahr'n ma z'haus.« Wir bemühten uns, das als Scherz aufzufassen, während ich erklärte, daß solche Dinge in der spanischen Republik ziemlich alltäglich seien.

Infolge eines Mißverständnisses war keiner der spanischen Herren gekommen, um Webern an der Estación de Francia zu empfangen, was ihn sichtlich ärgerte. Er fuhr zu seinem Hotel, während wir in unser Quartier in der Privatwohnung eines gewissen Toldrá, eines spanischen Geigers, gebracht wurden, der so freundlich war, uns aufzunehmen, um unsere Kosten zu reduzieren. Er und seine Familie waren mehr als nett und bemühten sich, uns alles so angenehm wie möglich zu machen, aber mit einer fremden Familie in einer Wohnung zu wohnen ist zwangsläufig eine Strapaze, die nicht zu unterschätzen ist.

»Rechtzeitiger« Rücktritt Weberns

Die eigentliche Tortur begann, als Webern zu proben anfing. Er schien überhaupt keinen Arbeitsplan zu haben und trödelte hilflos herum, wobei er im breitesten österreichischen Dialekt, der ihm zur Verfügung stand, auf das Orchester einredete, so daß selbst die wenigen unter den Musikern, die etwas Deutsch verstanden und bereit waren, als Dolmetscher zu fungieren, nicht in der Lage waren, ihren Kollegen seine Tiraden zu übersetzen. Er kam bei beiden Stücken nicht über die ersten paar Takte hinaus und schrie dauernd, daß alles zu laut sei, und beschwerte sich, daß die Instrumente nicht zur rechten Zeit einsetzten. Nachdem er auf diese Weise zwei oder drei kostbare Proben vergeudet hatte, machten wir uns die größten Sorgen über den Ausgang des Unternehmens. Zwischen den Proben beklagte er sich über tausend Einzelheiten, die angeblich entgegen den Versprechungen und Erwartungen nicht vorbereitet waren, vermochte aber nicht klar zu formulieren, was er wollte. Er murmelte nur, daß eine Verschwörung gegen ihn im Gange sei, daß Schönberg mit seiner Verachtung der IGNM seit jeher recht gehabt habe und daß wir schon sehen würden, wie tadellos alles klappen würde, sobald die »Herren Generalmusikdirektoren« (gemeint waren Ansermet und Scherchen) ankämen.

Sie kamen tatsächlich an, und natürlich klappte alles gut, denn sie gingen sachlich an ihre Arbeit heran und erzielten Ergebnisse. Es war schwer zu erkennen, was Weberns erschreckende Lähmung verursachte, es sei denn, es war eine Todesangst davor, daß er seine Aufgabe nicht ausführen könnte. Die meisten Beobachter akzeptierten diese Erklärung, weil keine andere plausibel zu sein schien, und obgleich sie mir zu einfach erschien, fiel mir keine bessere ein. Da die zur Verfügung stehende Probenzeit beunruhigend schnell dahinschwand, beriet ich mich heimlich mit Brunswick und Gerhard, und mit ihrer Zustimmung suchte ich eines späten Abends Ansermet in seinem Hotel auf und bat ihn, zusammen mit Scherchen notfalls die gefährdeten Werke zu übernehmen. Beide erklärten sich einverstanden, was ich sehr großzügig und beachtlich fand, weil sie Anspruch darauf hätten erheben können, von Anfang an die Leitung der beiden wichtigsten Werke des Orchesterprogrammes angeboten zu bekommen. In den wenigen zwischenzeitlichen Proben machte Webern keine nennenswerten Fortschritte. Ich wünschte, ich hätte mehr Vertrauen in meine eigenen Fähigkeiten als Dirigent gehabt, denn wenn ich all die Zeit gehabt hätte, die Webern vergeudete, hätte ich leicht ein besseres Ergebnis erzielen können, als schließlich erreicht wurde. In diesen Dingen bin ich stets zu bescheiden, zu vorsichtig oder zu zaghaft geblieben.

Der Zeitpunkt der letzten Probe war gekommen – Samstag nachmittag, und erst eine Woche nach unseren verzweifelten Bemühungen, Webern nach Barcelona zu bringen! Wir hofften immer noch auf ein Wunder. Doch es erwies sich, daß Webern selbst realistischer war. Wir waren im Palau de Belles Artes versammelt, einem gewaltigen Ausstellungsgebäude, in dessen riesigen leeren Sälen die Proben stattfanden, als Brunswick mit der Nachricht erschien, daß Webern sein Amt endgültig niedergelegt habe. Das war die lang erwartete Katastrophe. Dent, der ehrenwerte Präsident der IGNM, grinste sardonisch und erklärte aalglatt, in diesem Fall müßten die beiden österreichischen Werke offenbar aus dem Programm genommen werden. Er haßte alles, was mit Schönberg oder der Zwölftonmusik zusammenhing, so sehr, daß er nur allzu glücklich gewesen wäre, uns infolge der Unfähigkeit unseres eigenen Leiters besiegt zu sehen. Ich trat vor und sagte, ich würde nicht als der Delegierte Österreichs (der ich war), sondern als einer der betroffenen Komponisten an die IGNM appellieren und für mich selbst und unseren verstorbenen Freund Alban Berg sprechen; ich hätte die Gesellschaft noch nie um einen Gefallen gebeten, aber jetzt sei der Moment gekommen, mir zu helfen, auch ohne daß ich sie darum bitte; und Ansermet und Scherchen hätten sich für eben diesen Notfall zur Verfügung gestellt. Dent fand es wahrscheinlich ziemlich unstatthaft, daß diese Regelung getroffen worden war, ohne die offiziellen »Kanäle« zu passieren, aber er konnte unmöglich verhindern, daß sie angewandt wurde.

Die beiden Dirigenten wurden innerhalb von Minuten geholt, und dreißig Minuten vor Probenbeginn spielte ich Ansermet mein Werk vor, während Scherchen sich auf das Berg-Konzert vorbereitete. Alle schienen vorläufig über die hoffnungsvolle Wendung begeistert zu sein, als wir entdeckten, daß Krasner nirgends zu sehen war. Nach einigem Suchen fanden wir ihn in einem der riesigen Säle mit dem Gesicht zur Wand in einer Ecke stehen, wo er tieftraurig auf seiner Geige ein paar Töne zupfte. Als ich ihn drängte, sofort aufs Podium zu kommen, weil Scherchen ihn jeden Moment brauchen würde, erklärte er sehr ruhig, daß er mit Scherchen nicht spielen werde, weil er sein Wort gegeben habe, mit Webern und mit sonst niemandem zu spielen. Wir hätten ihn umbringen können, aber dann holten wir die Zusage aus ihm heraus, daß er eventuell erwägen würde, unter Scherchens Leitung zu spielen, wenn Webern ihn von seinem Versprechen entbinden würde. Also wurde eine Delegation spanischer Caballeros zur Behausung des schmollenden Anton entsandt, und sie berichteten nach einer Weile, daß Webern indirekt seine Einwilligung gegeben habe, indem er sagte, er habe in der ganzen Sache ohnehin nichts mehr zu bestimmen.

Probe und Aufführung verliefen so gut, wie es unter den Umständen möglich war, denn jeder tat sein Bestes. Ich glaube, daß Ansermet sich etwas ärgerte, weil das Berg-Konzert nicht ihm angeboten worden war, denn als letztes Werk des verstorbenen Meisters zog es mehr Aufmerksamkeit auf sich als meine Auszüge aus *Karl V.* Vielleicht wäre es in jedem Fall besser gewesen, mein Werk Scherchen zu geben, weil er mit meinem Stil besser vertraut gewesen war, zumindest in früheren Jahren. Aber ich legte instinktiv keinen Wert darauf, mit dem ungehobelten Kerl zusammenzuarbeiten, als hätte ich vorausgesehen, welche Haltung er mir und meiner Musik gegenüber später einnehmen würde.

Menschlich gesehen kam der Höhepunkt erst, als ich, nachdem alles vorbei war, auf Webern stieß, der wie ein Gespenst in einer Menge von Tausenden von Sonntagsspaziergängern auf der Rambla umherwankte. Ich war absolut unvorbereitet und wünschte, der Erdboden würde mich verschlingen – oder vielleicht auch ihn. Er sagte etwas wie: »No – wie war's?«, und ich antwortete verwirrt: »Sie können sich vorstellen, wie gut es unter den gegebenen Umständen war – jedenfalls besser, als wir erwarten durften.« Er murmelte: »O – ja – natürlich – ich verstehe«, und fuhr fort: »Wissen Sie – da ist etwas, das mir keine Ruhe läßt. Bis jetzt ist niemand gekommen, um sich bei mir zu bedanken.« Ich muß wie ein Idiot ausgesehen haben, als ich ihn fragte: »Was? Wie war das bitte?« – »Ja«, erwiderte er, »ich dachte, ein paar von diesen spanischen Granden hätten sich bei mir bedanken können.« – »Sich bei Ihnen bedanken? Wofür um Himmels willen?« – »No ja«, sagte er, »dafür, daß ich ihr Fest gerettet habe.« Ich dachte, er wäre im Begriff, wahnsinnig zu werden, was vieles erklärt hätte. Vorsichtig fragte ich: »Was meinen Sie damit? Wie haben Sie das Fest gerettet?« – »Das ist ganz klar«, erwiderte er, »indem ich vor der letzten Probe zurückgetreten bin. Ich hätte doch auch nach der letzten Probe zurücktreten können, oder?« Und er begann zu schreien: »Durch meinen rechtzeitigen Rücktritt habe ich es diesen Schurken, diesen Gaunern und Betrügern ermöglicht, ihre dreckigen Hände an diese unsterblichen Meisterwerke zu legen. Auf den Knien sollten sie vor mir liegen!«

Diese phantastische Wendung der Dinge entwaffnete mich vollkommen. Nach dem, was Webern getan hatte, war ich bereit gewesen, ganz und gar mit ihm zu brechen, mein Amt im Vorstand der österreichischen Sektion niederzulegen und ihn nie wiederzusehen. Aber daß er in dieser Lage fähig war, seinen einsamen Größenwahn aufrechtzuerhalten und ein so haarsträubendes Argument vorzubringen, um seine abgrundtiefe Schmach zu überdecken, beeindruckte mich so sehr, daß ich mehr denn je von seiner wahren Größe überzeugt war. Von einem sogenannten normalen Standpunkt aus betrachtet, grenzte seine Haltung zweifellos an Irrsinn. Scheinbar hatte er sich mit Schimpf und Schande bedeckt, aber offenbar gab es in ihm einen unzerstörbaren Kern von intellektueller Vitalität, aus dem er die Kraft zog, die Situation in vollkommen anderem Licht darzustellen. Unwillkürlich bewunderte ich ihn dafür.

Der Abschluß des Abenteuers war kaum weniger unangenehm, als sein Verlauf bis dahin. Als österreichischer Delegierter hatte ich die peinliche Pflicht, unter dem nachdenklichen Grinsen Mr. Dents der Delegiertenversammlung irgendeine Erklärung und Entschuldigung zu liefern. Nur wenig später suchten einige spanische Caballeros mich auf und teilten mir mit, daß Webern (von dem ich nichts gehört hatte, seit ich ihn auf der Rambla bei seinem Spaziergang alleingelassen hatte) immer noch sein Hotelzimmer bewohne, welches von der spanischen Sektion bezahlt wurde, und daß die Herren recht erstaunt seien, daß er nicht gleich nach seinem Rücktritt die Stadt verlassen habe. Sie erklärten, daß sie die Rechnung nicht länger bezahlen würden. Der große Mann stellte sich wahrscheinlich vor, daß die IGNM ihm für seine konstruktive Haltung eine Pension schuldig sei. Ich ließ ihm den Hinweis irgendwie überbringen, und er reiste noch am selben Tag ab, aufgebracht über das unhöfliche Benehmen der Ganoven.

Das Nachspiel in Wien war genauso unerfreulich. Ich legte dem Ausschuß meinen Bericht über das Fest vor, was meine Pflicht als Delegierter war. Da Webern seinen Rücktritt offiziell damit gerechtfertigt hatte, daß die Spanier ihm nicht die versprochene Probenzeit gewährt hätten, begann eine endlose Herumstreiterei über Stunden und halbe Stunden, denn ich vertrat die Ansicht, daß Webern zur Vorbereitung des Konzerts reichlich Zeit gehabt habe, was er heftig bestritt. Zeugen wurden darüber befragt, wieviel Zeit er tatsächlich zur Verfügung gehabt habe, und da ihre Beobachtungen etwas widersprüchlich waren, wurde eine Art Kompromißbericht aufgesetzt und angenommen, der Webern nicht ganz reinwusch, aber auch der spanischen Sektion einen Teil der Schuld gab. Meine Kopien dieser Unterlagen sind in der Wiener Stadtbibliothek hinterlegt.

Ohne diese Vorfälle wäre die Zeit in Barcelona recht erfreulich gewesen. Ich trat in einem kleinen Konzert auf, das außerhalb des Festprogramms stattfand und meinen Werken gewidmet war, leitete es mit einem Vortrag in französischer Sprache ein und beschloß es mit ein paar Worten auf katalonisch, die ich mit Frau Gerhard eingeübt hatte. Die Katalonen, die sich in der Autonomie sonnten, der sie sich unter dem republikanischen System erfreuten, waren für diese Geste sehr dankbar. Es gab einen Ausflug nach Montserrat, zu dem sagenumwobenen, spektakulären »Sägeberg« mit seinem prächtigen Kloster. Wir hörten schöne mittelalterliche Musik, die die Mönche sangen, und in der düsteren Kirche zündete ich Kerzen für Karl V. und Alban Berg an, die zwei großen Toten, derer in unserem Konzert gedacht worden war, jedes auf seine Art. Beim Mittagessen im Gasthof von Montserrat wurde ich dem katalonischen Erziehungsminister Gassol vorgestellt, der großes Interesse daran bekundete, *Karl V.* in der Oper von Barcelona aufführen zu lassen.

Auf dem alten Weltausstellungsgelände, wo immer noch der künstliche spanische Pueblo stand, fand ein Nachmittag mit Volkstänzen aus verschiedenen spanischen Gegenden statt. Ich erinnere mich besonders an einige interessante baskische Rhythmen und an den letzten Tanz mit heftigen Explosionen von Knallkörpern und Geschrei, das wie »La patúm« klang und eine etwas bedrohliche, kriegerische Stimmung heraufbeschwor.

Die Festkonzerte fanden im Auditorium des Palau de la Musica statt, einem monströsen Gebäude, das so mit gläsernen Kandelabern, Geländern, Nippsachen und anderen derartigen Ornamenten vollgestopft war, daß es täglich überprüft werden mußte, um zu verhindern, daß diese Dinge unter der Wucht der musikalischen Schallwellen klirrten oder sogar zerbrachen. Über dem Orchester wuchs ein auffälliges Wandgemälde in knalligen Farben sich allmählich zu skulpturalen Dimensionen aus, und dieses grauenhafte Gebilde der plastischen Kunst schwebte drohend über den Musikern. Es war ein albtraumhaftes Produkt jener typisch spanischen Überschwenglichkeit, von der bereits die Rede war.

Da sich das Leben in Spanien allgemein später am Tag abspielt, begannen die Konzerte kaum vor neun oder halb zehn Uhr abends und dauerten bis weit nach Mitternacht. Den Einheimischen, die nicht vor elf Uhr vormittags in Schwung kamen, schien das nichts auszumachen. Aber wir Mitwirkenden mußten normalerweise um zehn Uhr morgens zu Proben oder Versammlungen erscheinen, wie überall auf der Welt, wodurch sich ein enormes Schlafdefizit ansammelte. Im letzten Konzert, ebenfalls einer Veranstaltung außerhalb des Programms, die der spanischen Musik gewidmet war und von drei verschiedenen Orchestern bestritten wurde, hatte das verheerende Folgen. Das Konzert fand in einem riesigen Auditorium auf dem Ausstellungsgelände statt, das achttausend Sitzplätze hatte. Es begann ebenfalls so gegen halb zehn, aber um Mitternacht hatte das zweite Orchester mit seiner Darbietung gerade erst angefangen, und das dritte Orchester, das nicht vor zwei Uhr früh loslegen würde, drohte mit der Aufführung eines ganzen Oratoriums. Die Einheimischen hielten das alles standhaft durch und schienen es sogar zu genießen. Die Ausländer jedoch wurden reihenweise von ihrer Müdigkeit umgelegt und hatten große Mühe, nicht von ihren Sitzen zu fallen. Wir verließen die Veranstaltung kurz nach Mitternacht in schläfriger Verwirrung. Als alles vorüber war, reisten Berta und ich zurück und machten in Narbonne Halt, wo wir in dem alten Hotel de la Dorade zehn Stunden oder länger schliefen.

Während des Festes war wenig Zeit oder Gelegenheit, den Zustand der spanischen Nation zu beobachten. Obgleich von da oder dort kleine Unruhen berichtet wurden und man gelegentlich über geringfügige Störungen der öffentlichen Ordnung sprach, schien im großen und ganzen alles friedlich und einigermaßen wohlhabend zu sein. Wir ahnten nicht, daß sich das unglückliche Land nur wenige Monate später Hals über Kopf in die unheilvolle Tragödie des Bürgerkriegs stürzen sollte, das blutige Vorspiel der weit größeren Katastrophe, die die Welt erwartete.

Während des Jahres, das noch blieb, bevor, was mich betraf, der Vorhang über Europa fiel, wurden meine *Fragmente aus Karl V.* mehrmals aufgeführt. Ich erinnere mich besonders an eine Aufführung in Den Haag unter George Szell, die kompetent und angemessen war, wenn auch nicht mehr. Eine merkwürdig inspirierte Aufführung fand in der Schweiz statt, in St. Gallen, wo Othmar Schoeck immer noch den Ton angab. Das Orchester war alles andere als brillant, und der Dirigent war, gängigen Maßstäben zufolge, eigentlich nicht kompetent. Wie Webern hatte er die typische Einstellung eines Komponisten, nur daß er viel realistischer und verläßlicher war als das einsame Genie aus Wien. Unberechenbar, wie er war, konnte er eine ganz einfache Haydnsymphonie ruinieren, wenn er nicht in der Stimmung dafür war, weil er nicht die nötige Routine oder die professionelle Begeisterung des Interpreten besaß, auf die er hätte zurückgreifen können, wenn ihn der Enthusiasmus des Komponisten im Stich ließ. (Ich weiß das nur zu gut, weil es genau mein eigenes Problem ist, wenn ich dirigiere.) Wenn er vom Geist erfüllt war, konnte er mit völlig unzulänglichen Mitteln erstaunliche Resultate erzielen, und das war bei *Karl V.* der Fall. Erst kurz zuvor hatte ich die Fragmente in Winterthur gehört, wo Scherchen sie mit einem weitaus hochrangigeren Orchester gegeben hatte. Trotz der außergewöhnlichen Fähigkeiten des Dirigenten war die Darbietung langweilig und ausdruckslos, denn der große Mann befaßte sich gerade mit vollkommen sinnlosen akustischen Überlegungen und benutzte alles, was ihm zu jener Zeit unter den Taktstock kam, als Versuchsobjekt für seine Theorien, wobei er jeden Akkord auseinandernahm und untersuchte, bis sich die Musik in nichts aufgelöst hatte. Am Pult des Radioorchesters Lugano dirigierte ich selbst das Zwischenspiel aus *Karl V.*, was mir sehr viel Freude bereitete.

In St. Gallen stattete mir Julius Bahle, der deutsche Psychologe, einen kurzen Besuch ab. Er kam für ein paar Stunden von seinem Aufenthaltsort am Bodensee herüber, nur wenige Kilometer von St. Gallen entfernt, aber auf deutscher Seite. Wir trafen uns am Vormittag in einem Café, das zu dieser Zeit praktisch leer war. Bahle strebte sofort vom Eingang weg und wählte, nachdem er sich sorgsam und verstohlen umgeschaut hatte, einen Tisch in der hintersten, dunkelsten Ecke, wo er das Gesicht zur Wand drehte, um von möglichen Passanten nicht erkannt zu werden. Er konnte es nicht riskieren, mit mir gesehen zu werden, denn eine absichtliche oder auch nur beiläufige Bemerkung eines möglichen Zeugen hätte ihn bei der Rückkehr ins Vaterland in ein Konzentrationslager bringen können. Natürlich wußte ich von diesen Dingen, aber sie ad oculos demonstriert zu bekommen, schockierte mich sehr.

Der Tod von Karl Kraus

Der Sommeranfang* brachte großen Kummer, als am 12. Juni Karl Kraus starb – weder plötzlich noch völlig unerwartet, aber viel früher, als wir eine Zeitlang gefürchtet hatten. Frau Kann gab mir die traurige Neuigkeit am Telefon bekannt und bat mich, Dr. Rollett zu benachrichtigen, da Kraus daran gelegen gewesen wäre, daß die »Wiener Zeitung« als einziges Blatt die Nachricht verbreitete. Ich entsprach ihrer Bitte, aber weil die Zeitung keine Mittagsausgabe hatte, brachten andere, weniger ehrenwerte Blätter die Neuigkeit, bevor Rollett sie veröffentlichen konnte. Ich war tief erschüttert, und ich erinnere mich, daß ich, als meine Eltern ein paar Tage später vor-

* 1936

schlugen, ein Weinlokal in Grinzing zu besuchen, um ein wenig fröhliche Ablenkung zu haben, ebendort über dem köstlichen Wein in Tränen ausbrach, so schmerzlich empfand ich den Verlust und die tiefe Unsicherheit, die er auslöste. Wahrscheinlich war ich mir instinktiv dessen bewußt, daß wir der endgültigen Katastrophe und dem Ende wieder einen Schritt nähergekommen waren.

Von Karl Kraus' Aktivitäten nach der Machtergreifung der Nazis in Deutschland habe ich nicht viel im Gedächtnis behalten, außer einer höchst dramatischen und bewegenden Lesung von *Macbeth* bei seinem ersten öffentlichen Auftritt nach dem Attentat auf Dollfuß. Die Bedeutung war offenkundig und die Wirkung ungeheuer. Natürlich wurde von offizieller Seite keine Notiz von dem Ereignis genommen. »Die Fackel« erschien nur noch sehr selten, wenn überhaupt. Kraus ließ wissen, daß ihm zu Hitler nichts einfalle. Seine Reaktion auf das Phänomen, das sich satirisch nicht erfassen ließ, ist in den postum erschienenen Band *Die dritte Walpurgisnacht* enthalten, in dem er auf dreihundert Seiten erklärt, warum ihm nichts einfiel. Er tat wahrscheinlich recht daran, diesen letzten Versuch nicht zu veröffentlichen, solange die Seuche noch umging.

Das Sechste Streichquartett

Der Sommer dieses Jahres wurde wieder in den westösterreichischen Alpen verbracht. Zuerst fuhr ich mit Berta nach Hochsölden, einem neueröffneten Kurhotel oberhalb von Sölden im Ötztal, über zweitausend Meter hoch und meines Wissens das höchstgelegene Haus dieser Art in Österreich. Es erforderte eine etwa zweistündige Wanderung, um von Sölden aus dorthin zu gelangen, während das Gepäck mit einer kleinen Drahtseilbahn befördert wurde. Da wir an einem nebeligen Tag nach schweren Regenfällen ankamen, konnten wir auf dem Weg überhaupt nichts sehen, und mehrere Male glaubten wir, wir hätten uns in der undurchdringlichen Wildnis verlaufen. Schließlich, als wir es wirklich mit der Angst zu tun bekamen, lichtete sich der Nebel, und das reizvolle Hotel tauchte vor uns auf, nur ein paar hundert Meter weit entfernt. Es hatte eine herrliche Lage, weit oberhalb der Baumgrenze, aber die Wandermöglichkeiten waren begrenzt, weil die Gegend eben erst für den Touristenverkehr erschlossen worden war. Dort begann ich die zweite meiner kompromißlosesten Kompositionen, das *Sechste Streichquartett*.

Für die Verteilung der Zwölftonreihen arbeitete ich einen sehr genauen Plan aus. In jedem der vier Sätze wurde nur eine Reihenform verwendet, und die verschiedenen Transpositionen folgten nach einem detaillierten Programm aufeinander. Nur im fünften Satz wurden alle Formen zusammen eingesetzt. Er war eine Fuge mit vier Themen, die jeweils einem der vorausgehenden Sätze entnommen waren. In der Coda erschienen alle Themen gleichzeitig, wobei jedes alle vier möglichen Veränderungen durchlief. Das Stück erwies sich als äußerst schwierig, vor allem wegen seiner rhythmischen Komplexität. Ich glaube, daß ich mir der rhythmischen und metrischen Aspekte besonders bewußt war, denn ich konnte nicht vergessen, daß meine frühen atonalen Stücke wegen rhythmischer Steifheit kritisiert worden waren. Es mag sein, daß ich mir in vielen Kompositionen der Zwischenzeit alle erdenkliche Mühe gab, um solche Kritik zu vermeiden. Mit der Zeit bin ich in dieser Hinsicht sehr sensibel geworden, und wenn ich zeitgenössische Musik gleich welcher Art höre, ist es vor allem rhythmische Monotonie, die meine kritische Haltung herausfordert. Das Ergebnis war jedenfalls, daß mein *Sechstes Quartett* bis auf den Tag, an dem ich dies schreibe, noch nicht aufgeführt wurde.* Als es fertig war, hatte ich natürlich als erste Interpreten Kolisch und sein Quartett im Sinn, nicht nur weil ich sicher war, daß diese Gruppe das kompetenteste Ensemble war, sondern auch, weil ich der Meinung war, ihnen ein Werk zu schulden, das ihrem Geschmack und ihrer Musikphilosophie wesensverwandter war als mein *Fünftes Quartett*, das sie mit großer Hingabe studiert hatten. Zu meiner großen Enttäuschung sagte Kolisch, er würde sich mit seinen Leuten für mindestens sechs Monate in die Berge zurückziehen und dort ausschließlich mein Stück üben müssen, wenn er ihm gerecht werden wolle. Ich bin überzeugt, daß er das ernst meinte, aber ich war trotzdem enttäuscht, weil ich insgeheim gehofft hatte, das Stück würde ihn so begeistern, daß er alle praktischen Erwägungen beiseite schieben würde. Es war nicht das einzige Mal, daß ich auf mäßigen Beifall stieß, wenn ich dachte, ich hätte endlich etwas zustandegebracht, was mich als vollwertiges Mitglied des »Ordens« akzeptabel machen würde, den ich so sehr zu bewundern begonnen hatte. Ich brauchte noch viele Jahre, um einen Punkt zu erreichen, an dem mir dieser Beifall oder sein Fehlen nicht mehr viel bedeutete.

Das *Sechste Streichquartett* war jedoch erst mehrere Monate später fertig. Ich kann wohl sagen, daß ich an kaum etwas mehr Freude hatte als am Komponieren dieser »kompromißlosen« Stücke. Das Gefühl, das erstaunlich komplizierte Verfahren der Zwölftontechnik vollkommen zu beherrschen, und die Entdeckungen, die ich in dieser geheimnisvollen Welt der Töne machte, verschafften mir ungeheure Befriedigung.

* Uraufführung am 16. 1. 1953 in Darmstadt

Von Hochsölden fuhren wir wieder nach Bludenz in Vorarlberg, wo wir in dem schönen Bludenzerhof mit seiner gemütlichen Gartenterrasse unter den Kastanienbäumen meine Eltern trafen. Von dort fuhren wir weiter zum Hotel Faschinajoch, einem einsamen Gasthaus im Bregenzerwald, oberhalb von Fontanella. Ich vermute, daß dieser Ort mich zum Teil seines romantischen Namens wegen anzog. Ich liebte die rätoromanischen viersilbigen Namen, von denen es in Vorarlberg eine ganze Menge gibt, wie Fontanella, Gamperdona, Validera und ähnliche. Ich fand, sie könnten die geheimen Namen der drei Damen aus der *Zauberflöte* sein.

Das Faschinajoch-Hotel war recht gut, wenn man von der Tatsache absieht, daß wir praktisch die einzigen Gäste dort waren und der Besitzer uns indirekt zu verstehen gab, daß er den geliebten Touristenhaufen aus Stuttgart und anderen Nazizentren vermisse. Außerdem regnete es in den zwei Wochen, die wir uns dort aufhielten, sozusagen pausenlos. Eines Abends, am Jakobustag, wurde das Restaurant von den Einheimischen für eine Art herkömmlicher Bierorgie mit Beschlag belegt, und wir wurden zum Abendessen auf unsere Zimmer verbannt, angeblich, um durch ihren Blödsinn nicht gestört zu werden. Das gefiel mir überhaupt nicht, und da dieser Tag ganz kurz vor dem Jahrestag der Ermordung Dollfuß' lag, machte ich mir Sorgen über das, was geschehen könnte. Die Nacht verging ohne einen Zwischenfall und war sogar weniger laut, als wir erwartet hatten, aber wir fühlten uns recht erleichtert, als wir den bedrückenden Ort verließen.

Wir fuhren zuerst nach Feuchten im Kaunsertal, wo wir ein paar Tage in einem ziemlich primitiven Gasthof verbrachten. Trotz seiner barbarischen Eigenheiten war er humaner als die düstere Einsamkeit des Faschina-Hotels, und sein Besitzer, ein Riese mit liebenswürdig schwachsinnigen Zügen, steuerte ungewollt einige komische Züge bei. Das Wetter hatte sich gebessert, und wir machten ein paar spannende Ausflüge auf den gewaltigen Gepatschgletscher und in die beeindruckende Bergwelt im Osten des Tals.

Da unsere Zeit noch nicht um war, wechselten wir in das nahe obere Inntal und ließen uns für eine Weile in Serfaus nieder, einem Dorf auf dem Hochplateau am Westufer des Flusses, südlich von Obladis, wo wir früher einmal Winterferien gemacht hatten. Es war der schönste Teil dieser Sommerreise, da uns alles zusagte. Die wenigen Dörfer auf dem Plateau zeigten einen ausgeprägt rätoromanischen Baustil, wie er sonst in Österreich nirgends zu finden war, und viele ursprüngliche Merkmale, die sie sehr interessant machten. Die Hochebene mit ihren weiten grünen Weiden und dem ungehinderten Ausblick über großartige Bergregionen war berauschend. Die Berghütte, das Kölner Haus, war leicht zu erreichen und bot nicht nur einen noch großartigeren Ausblick, sondern auch ausgezeichnetes Essen und guten Wein.

Besuche in Italien, Abstecher ins Burgenland und nach Graz

Von dort kehrten meine Leute nach Wien zurück, während ich von Innsbruck südwärts reiste, um Artur Schnabel in Tremezzo zu besuchen. Ich nahm den Zug nach Bozen und fuhr dann mit dem Bus über das Stilfserjoch (Stelvio) nach Chiavenna, glaube ich, wo ich wieder in einen Zug umstieg, der mich nach Bellaggio brachte. Schnabel wohnte damals in einer Villa, die hinter einem der großen Hotels stand, und war von einer beachtlichen Anzahl von Schülern umgeben, die in verschiedenen gemieteten Zimmern wohnten und das ganze Dorf mit ihrem Klaviergeklimper erfüllten. Die Atmosphäre war sehr angenehm und informell, aber die große Anzahl von Musikern, die vollkommen in ihre beschränkten Berufsprobleme vertieft waren, deprimierte mich ein bißchen. Sie waren so zahlreich, daß ich von Schnabel nicht viel sah. Von seinen Schülern erinnere ich mich hauptsächlich an Joe Brinkman und seine Frau Ferol aus Ann Arbor, Michigan, da ich sie später sehr häufig treffen sollte.

Ich glaube, daß ich von Tremezzo nach Mailand fuhr, wo ich Frau Grete De Francesco besuchte. Sie war eine Wiener Jüdin und mit einem »Neuitaliener« verheiratet, das heißt mit einem Mann, der in Rovereto geboren war, das früher zum österreichischen Südtirol gehört hatte. Er war Ingenieur oder etwas derartiges. Frau De Francesco hatte häufig für die »Frankfurter Zeitung« geschrieben, und daher kannte ich sie. Gubler hatte unter ihrer Beharrlichkeit, ihrem Eifer, ihrem Ehrgeiz, ihrer Taktlosigkeit und so weiter ganz schön gelitten. Als Wiener war ich mit diesem Typus viel mehr vertraut und konnte die Unterhaltung mit ihr sogar bis zu einem gewissen Maß genießen. Sie arbeitete damals an einem Buch über den »Scharlatan«, in dem sie aufgrund von historischen Beweisen zeigen wollte, daß Hitler die gloriose Krönung einer jahrhundertelangen Entwicklung der Scharlatanerie war. Wir machten zusammen einen Ausflug nach Bergamo, das ich kennenlernen wollte, weil es die legendäre Heimat des Pierrot war. Ich habe von der Stadt nicht viel in Erinnerung behalten, außer daß sie reizvoll zu sein schien, ohne einen dauerhaften Eindruck bei mir zu hinterlassen.

Von Mailand aus fuhr ich mit dem Zug über Verona und Trient nach Lienz, und dort nahm ich den Bus über die Großglockner

Hochalpenstraße nach Norden. Später war ich darüber sehr froh, denn das war bisher die einzige Gelegenheit für mich, das fertiggestellte Werk zu sehen. Keine Adjektive sind zu stark, wenn man die Großartigkeit der Landschaft oder die Schönheit des Bauwerkes rühmen will. Diese Straße ist zweifellos eine der erhebendsten Leistungen technischen Denkens in unserem Zeitalter.

In Zell am See, wo ich vom Bus in den Zug umstieg, der mich nach Wien bringen sollte, aß ich auf einer Hotelterrasse am See in der Nähe des Bahnhofs zu Mittag, und dort entdeckte ich plötzlich meinen Freund Karol Rathaus in der Gesellschaft einiger Leute, die ich nicht kannte. Ich freute mich sehr, ihn zu sehen, denn wir waren engere Freunde geworden, als wir es früher gewesen waren, besonders seit ich ihn bei meinem Besuch in London, wo er nach seiner Emigration aus Deutschland sein Hauptquartier aufgeschlagen hatte, ein paarmal getroffen hatte. Gesprächsweise fragte ich seinen Freund, wohin er fahre, und erwartete, daß er sagen würde »nach Innsbruck« oder »nach Zürich« oder etwas ähnliches, und ich war erschrocken, als er erwiderte: »Nach Australien.« Ich war versucht zu bemerken, daß er in die falsche Richtung fahre, da Australien doch südlich von Wien, nicht westlich davon lag. Natürlich war er auf dem Weg nach England, um sich dort irgendwie einzuschiffen.

Als ich zu Hause in Wien angekommen war, brachen wir noch einmal auf, um etwa eine Woche im Burgenland zu verbringen, der seltsamen Provinz, die Österreich im Friedensvertrag von 1919 von Ungarn bekommen hatte. Wir wohnten im Hotel »Weiße Rose« in Eisenstadt. Ich war erstaunt, nur etwa sechzig Kilometer südöstlich von Wien ein Land mit völlig anderen, einzigartigen Merkmalen zu finden. Mit dem übrigen Österreich verglichen sah es aus und wirkte es wie ein Stück Orient, was es schließlich auch war. Die eng gegliederte Kompaktheit des stark besiedelten Alpenlandes wich hier einer endlosen Weite, in der sich der Mensch und seine Werke unbehindert ausbreiten und auch verlieren konnten. Die Straßen, die durch die Dörfer führten, waren breit und unregelmäßig begrenzt, die Plätze schienen grenzenlos zu sein und enthielten Teiche mit Enten und Gänsen, wohingegen die niedrigen, weitläufigen Häuser in endloser Ferne perspektivisch zusammenschrumpften. Auch das Licht war anders, grell in der Nähe und dunstig in der Ferne, ähnlich wie in Afrika oder in der Wüste im Südwesten der Vereinigten Staaten, und die Häuser hoben sich leuchtend und weiß wie Knochen vom bläulichen Horizont ab. Die riesigen Barockkirchen in manchen Städten überragten die geduckten Siedlungen wie große Schiffe, die auf dem Trockenen saßen. Dann war da der große Neusiedlersee, ein ausgedehntes Gewässer, das überall kaum mehr als anderthalb Meter tief war. Es sah aus wie der Geist eines längst verstorbenen Ozeans und roch salzig. Über der einsamen Weite des seichten Wassers erblickte man gelegentlich Wunder, und seltene Wasservögel waren zu beobachten.

In Eisenstadt stehen das Schloß der Familie Esterhazy, wo Haydn den größeren Teil seines Lebens verbrachte, und die Kirche, in der er von seiner Arbeit ausruhte, ein seltsamer Barockbau, dem man das Aussehen eines Berges verliehen hatte. Sowohl in Eisenstadt als auch im nahe gelegenen Mattersburg gab es Ghettos, in denen in alter Zeit die Juden leben mußten. Man konnte noch die Tore und die Ketten sehen, welche diese Viertel von der übrigen Stadt abgegrenzt hatten. Überall zwischen diesen Ortschaften erstreckten sich Weingärten. Im allgemeinen war der Burgenländer weniger ausgezeichnet als andere österreichische Weine, aber einige Jahrgänge waren hervorragend. Einmal nahm uns der Besitzer des Hotels zur Verkostung verschiedener Sorten in die Weingärten mit, und das war wirklich etwas Besonderes. Ein spezieller Ort, um die besten Produkte des Burgenlandes zu studieren, war der städtische Weinkeller in Rust, einer mittelalterlichen Stadt nahe am Ufer des Geistersees. Der Keller befand sich genau unter dem Marktplatz der Stadt und war über eine Treppe zu erreichen, die von der Mitte des Platzes aus hinunterführte. Die gleichen Weine wurden auch am Ende eines sagenhaft langen Dammes serviert, der sich über ein Gebiet hinzog, in dem der feste Erdboden ganz allmählich über salziges Sumpfland in die Wasserwüste des Sees überging. Das Wetter war klar und heiß, und meistens befanden wir uns in einem Zustand seltsamer, fröhlicher Schläfrigkeit.

Ich glaube, es war etwas später in jenem Herbst, daß ich eine weitere Reise in eine Gegend Österreichs machte, die ich vorher wenig gekannt hatte, und zwar nach Graz. Seit einer Weile hatte ich mit einer sehr lebhaften, etwas redseligen, aber ungewöhnlich aktiven und wachen Dame, Frau Jenny Reichel, in Briefwechsel gestanden. Ich kann mich nicht mehr erinnern, was sie veranlaßte, Kontakt mit mir aufzunehmen – vielleicht einer meiner Artikel. Sie schrieb mir lange, überschwengliche, ein wenig sentimentale und oft konfuse Briefe, voll hemmungsloser Schmähungen gegen die Nazis. Anscheinend hatte sie Einfluß bei Künstler- und Literatenkreisen in Graz, und irgendwann übernahm sie es, eine Veranstaltung vorzubereiten, bei der ich mit Herta Glaz das *Reisebuch* aufführen sollte. Das Ereignis sollte im Städtischen Konservatorium stattfinden, dessen Direktor jener Schmeidel war. Am Ende wurde nichts daraus, denn der ehrenwerte Mann erklärte, er könne den Saal seiner Schule nicht zur Verfügung stellen, nachdem er von der Religionszugehörigkeit und den rassischen Eigenschaften des Fräulein Glaz erfahren habe. Es war derselbe Herr Schmeidel, von dem mir erzählt wurde, er habe nur wenige Jahre zuvor ausgerufen: »Wissen Sie, was diese Stadt braucht? Zehntausend Juden!«

Mir reichte das, um mit dieser elenden, hinterwäldlerischen Stadt für immer abzuschließen, aber Frau Reichel bestand darauf, daß ich trotz dieser Ohrfeige auf alle Fälle in Graz auftreten müsse, und es wurde beschlossen, daß ich *Karl V.* lesen sollte (ich glaube, ich hatte das früher einmal im »Hagenbund« gemacht). Der Gedanke war mir zuwider, aber ich führte die Sache trotzdem durch. Offenbar war feindselige Propaganda am Werk gewesen, und nur wenige unerschrockene »Progressive« erschienen, um mich zu hören. Die zwei oder drei Kritiker, die gekommen waren, entschieden, daß ich nicht ernst zu nehmen sei, und einer schrieb, daß dem Mann, der die *Zwingburg* fabriziert habe, auf deren Titelblatt die rote Fahne des Kommunismus dargestellt sei, nicht zu trauen sei, ganz gleich, woran er sonst noch zu glauben vorgebe. Natürlich trug die gedruckte Partitur der *Zwingburg* überhaupt keine Bilddarstellung, welcher Art auch immer. Ich hatte vor, diesen Schreiberling mit Hilfe von Paragraph 23 des Pressegesetzes zu verfolgen, kann mich aber nicht erinnern, warum ich das schließlich doch nicht tat. Das ganze Intermezzo deprimierte mich sehr und führte dazu, daß ich mich mehr denn je von meinem Heimatland angewidert fühlte und alle Hoffnungen in bezug auf seine Zukunft aufgab.

Vorträge über neue Musik

Mein Pessimismus wurde noch durch einen vergeblichen Versuch verstärkt – den letzten, den ich unternahm –, mich bei der Vaterländischen Front nützlich zu machen. Ich weiß nicht mehr, wer angeregt und organisiert hatte, daß ich Pläne für ein Bildungsprojekt dieser Organisation einreichen sollte, mit dem Ziel, das Wissen über moderne Musik zu verbreiten oder etwas in der Art. Man ließ mich ins Büro der Vaterländischen Front in Hietzing kommen, und ich schrieb etwas auf ein Blatt Papier. Der bloße Anblick dieses Büros überzeugte mich von der Sinnlosigkeit des Unternehmens, und selbstverständlich habe ich von den Leuten nie wieder etwas gehört. Kürzlich (das heißt, im Herbst 1951) erzählte mir jemand, es hätte auch Bemühungen gegeben, Kurse für zeitgenössische Musik und Komposition zu organisieren, in denen ich über die Oper hätte sprechen sollen. Webern und wahrscheinlich auch andere sollten mitarbeiten. Wie auch immer das Projekt ausgesehen haben mag, ich erinnere mich nicht, damals davon gehört zu haben, und es wurde auch nichts daraus.

Ein viel erfolgreicheres und befriedigenderes Unternehmen war eine Reihe von sechs Vorträgen, organisiert von einem Buchhändler namens Horwitz, die ich im Saal des Wiener Architektenvereins hielt. Etwa zweihundert Zuhörer besuchten sie regelmäßig und schienen Vergnügen an meinem Angebot zu finden und es zu schätzen. Für mich war es die erste Gelegenheit, meine Gedanken über die zeitgenössische Musik und die Zwölftontechnik klar zu formulieren. Ich bereitete die Vorträge sehr sorgfältig und mit großer Begeisterung vor. Sie enthielten nicht nur eine Zusammenfassung meiner Ansichten über die allgemeine Situation der Musik in unserer Zeit, sondern auch eine Art Musikphilosophie und ein Exposé über die Funktionsweisen der Zwölftonmusik, wie es meiner Meinung nach bis zum damaligen Zeitpunkt noch niemand geliefert hatte. Besonders stolz war ich auf das Kapitel »Musik und Mathematik«, das ein wenig spekulativer ausfiel, als ich es heute würde anlegen wollen. Es führte allerdings ein paar recht originelle Gedanken aus.

Horwitz war so angetan, daß er vorschlug, die Vorträge zu veröffentlichen, was auf meine Kosten in einem Büchlein von etwa hundert Seiten geschah, mit dem Titel *Über neue Musik*. Wir druckten eintausend Exemplare, von denen ein paar hundert sehr schnell verkauft wurden, so daß meine Auslagen praktisch gedeckt waren. Zu meinem Erstaunen gingen nicht wenige davon nach Deutschland, obgleich es dort natürlich weder Reklame für das Bändchen gab noch Rezensionen darüber und der Besitz eines Exemplars für Deutsche alles andere als ratsam war. Es muß eine recht effiziente Flüsterpropaganda gegeben haben, und unter dem Ladentisch geschah vieles, wovon die Nazis nichts wußten. Der Rest der Auflage wurde teilweise vernichtet oder mit unbekanntem Ziel fortgeschafft, als die Nazis 1938 Horwitz' Firma stahlen. Einige Exemplare konnten nach dem Krieg wiedererlangt werden und wurden rasch verkauft, so daß das Buch jetzt ein Sammlerstück ist.

Einer meiner Vorträge wurde von Berthold Fles, einem Literaturagenten aus New York, besucht, und dieser schlug vor, ich solle das Thema zum Gegenstand eines größeren Buches machen, das er ins Englische übersetzen und bei einem amerikanischen Verlag unterbringen würde. Heute erscheint es mir viel erstaunlicher als damals, daß es tatsächlich dazu kam und daß mein Buch *Music here and now* bereits zwei Jahre später bei W. W. Norton erschien. Viel weniger erstaunt bin ich über die Tatsache, daß das der einzige Dienst geblieben ist, den mir der ehrenwerte Mr. Fles erwiesen hat.

Irgendwann in jenem Herbst wurde eine Gedenkfeier für Karl Kraus veranstaltet, und Frau Kann bat mich, die Sache zu organisieren. Anscheinend hatte der große Mann sich kurz vor seinem Tod mit der Mehrzahl der Personen, die in der Zeit, in der ich ihn kannte, scheinbar zu seinen engsten Freunden gehört hatten, zerstritten, so daß in Wien fast niemand übrig war, an den Frau Kann gerne mit einer solchen Bitte herangetreten wäre. Es liegt vermutlich in der Natur der Beziehungen, die so dominante (und dominierende) Persönlichkeiten zu ihren ergebenen Anhängern unterhalten, daß von Zeit zu Zeit eine Art Reinigung stattfindet, die sich in der Nähe der Mitte des Kreises am heftigsten auswirkt. Diejenigen, die mit dem Oberhaupt nur lose und normalerweise anonym verbunden sind, sind der harten Behandlung weit weniger ausgesetzt als die, die sich in seiner unmittelbaren Nähe befinden und als sicher gelten. Doch es ist gerade ihre Vertrautheit mit dem Gegenstand ihrer Verehrung, die sie verwundbarer macht als die Außenstehenden. Der große Mann stellt nicht nur viel höhere Anforderungen an sein unmittelbares Gefolge, so daß dessen unbeirrbare Loyalität strengerer Beobachtung unterliegt, sondern er kann auch einfach der Bewunderung, die ihm ständig entgegengebracht wird, müde werden, obgleich sie genau das ist, was er anscheinend braucht und wünscht.

Ich stelle mir vor, daß mich früher oder später vielleicht ein ähnliches Schicksal erwartet hätte, aber insgesamt dauerte meine Verbindung mit Kraus nicht lange genug, um zu einer derartigen Krise zu führen. Wir kamen ihr sehr nahe, als Kraus uns zu einem Stück befragte, das wir gesehen hatten. Es war eine satirische Sondervorstellung, wie sie in manchen der bereits erwähnten Kellertheater geboten wurde. Der Autor war ein Mann, der für diese Art Sketche echtes Talent besaß, Hans Weigel. (Ich glaube, er war irgendwie mit der Universal Edition verbunden.) In diesem Stück, das wir uns ansahen, spielte ein Akt im »Canossahof« – was natürlich auf die italienische Burg Canaossa anspielte, wo einer der deutschen Kaiser (Heinrich VII., glaube ich)* angeblich drei Tage lang barfuß im verschneiten Burghof gestanden und darauf gewartet hatte, vom Papst empfangen zu werden, dem er seine Reue über die Sünden ausdrücken wollte, die er begangen hatte, indem er den Wünschen des Oberhauptes der römisch-katholischen Kirche Widerstand entgegengesetzt hatte. Dieser sagenumwobene Vorfall blieb das sprichwörtliche Beispiel dafür, daß ein Mächtiger sich in tiefster Selbst-

* König Heinrich IV.

verleugnung und geistiger Kapitulation selbst demütigt. In dem besagten Stück war »Canossa« ein Hotel, in dem sich nach und nach die einst unabhängigen Geister der Epoche versammelten, um angesichts der neu an die Macht gekommenen totalitaristischen Kräfte ihre Abdankung zu erklären. Richard Strauss, Furtwängler und andere derartige Persönlichkeiten wurden als Gäste des Hotels genannt, und als angekündigt wurde, daß Karl Kraus bald eintreffen werde, ließ der Gastwirt ihm ein Zimmer im Obergeschoß neben dem von Franz Werfel zuweisen. Dieser Seitenhieb galt Kraus' scheinbarer Billigung der Dollfuß-Regierung, über die sich die österreichischen Linken, die naiverweise angenommen hatten, Kraus sei einer der ihren gewesen und habe ihre Sache verraten, sehr ärgerten. Abgesehen von diesem müden und nicht sehr scharfsinnigen Scherz war das Stück recht lebendig und geistreich.

Als wir ein paar Tage, nachdem wir die Aufführung gesehen hatten, mit Kraus im Café Parsifal saßen, wurde das Stück erwähnt, und auf des Meisters Frage, wie es uns gefallen habe, erwiderte Berta unschuldig, sie hätte es recht nett und amüsant gefunden. Ich spürte sofort einen charakteristischen Schock im Magen und hielt den Atem an, denn ich rechnete mit einer Katastrophe. Es geschah jedoch nichts, das Thema wurde gewechselt, und wir gingen nach Hause wie sonst auch. Einige Tage später klingelte das Telefon, und Marie berichtete, ein »Herr Kraus« wünsche Frau Krenek zu sprechen. Ich erriet sofort, worum es ging, und überließ Berta ihrem Schicksal. »Herr Kraus«, der über seine gewohnte Zeit hinaus wachgeblieben sein mußte, da es fast Mittag war, nahm sie am Telefon etwa fünfundvierzig Minuten lang ins Verhör und versuchte, mit der aufreizenden Geduld und der nagenden Ausdauer eines Staatsanwalts herauszufinden, wie ein Mensch, den er für würdig erachtete, an seinem Tisch zu sitzen, ein Stück, in dem er beleidigt wurde, als »recht nett und amüsant« einstufen konnte. Er war nicht verärgert, nur anscheinend verwundert und beunruhigt. Es sei, wie er sich ausdrückte, weder eine Frage persönlicher Eitelkeit, noch spiele irgendeine andere Emotion dabei eine Rolle. Vielmehr sei es ein Problem der logischen Konsequenz und der geistigen Integrität. Wie gewöhnlich manövrierte er sein Opfer in eine Lage, in der es wählen mußte, ob es als Schwindler oder als Schwachkopf dastehen wollte. Da ein Schwachkopf auf mildernde Umstände hoffen konnte, wohingegen ein Schwindler sofort in die Finsternis draußen verstoßen wurde, ging man lieber als Schwachkopf aus dem Gerangel hervor.

Wie dem auch sei, seit der »Canossa«-Vorfall ohne Katastrophe vorübergegangen war, war es zu keiner weiteren derartigen Gelegenheit gekommen, und das Schicksal etlicher derer, die dem Thron am nächsten waren, blieb mir erspart. Als Frau Kann wegen der Gedenkfeier an mich herantrat, stellte sich heraus, daß außer mir nur zwei Personen zur Verfügung standen, die der Meister gebilligt hätte – Heinrich Fischer und der Pfarrer Dr. Moenius. Heinrich Fischer, einer von der alten Garde, mochte der letzten Säuberungsaktion entgangen sein, weil er nicht in Wien lebte (er hatte eine Stellung beim Deutschen Rundfunk in Prag). Ich weiß nicht, wann und wie Moenius in Kraus' Kreis gekommen war. Während der Vorbereitung der Feier mußte ich ihn in seinem Zimmer in einem sehr bescheidenen Hotel in der Leopoldstadt aufsuchen. So sehr ich ihn bewunderte und so einfach und zugänglich er von seiner Art her erschien, so hatte er (für mich) doch etwas Geheimnisvolles, und es kam kein engerer Kontakt zustande. Ich sah ihn erst Jahre später in Kalifornien wieder, worüber ich an der entsprechenden Stelle berichten werde (hoffe ich). Für die Gedenkfeier wurde auch Musik gewünscht, und wir fanden ein Ensemble, das einen Satz aus einem Quartett von Haydn spielen würde, den Kraus zu meiner Überraschung angeblich gern gemocht hatte. Das gab mir die Idee für die Inszenierung des Ganzen. Ich ließ das Quartett den Haydn-Satz spielen, und danach hielt ich eine kurze Ansprache, in der ich Musik als die prälogische Form des Denkens deutete, welches Kraus' Behandlung der Sprache als höchste Vollendung angestrebt habe. Und indem ich seine Handschrift mit den Hieroglyphen, den »heiligen Kerben«, verglich, leitete ich zum Hauptpunkt des Programmes über, dem Abspielen einer Schallplatte, auf die Kraus zwei seiner Gedichte gesprochen hatte. Dann hielt Dr. Moenius seinen Vortrag, den ich nicht hörte, und das Quartett beschloß die Feier mit dem langsamen Satz aus Beethovens Opus 135, diesem unendlich bewegenden Gesang von weltfernem Entsagen. Ich erinnere mich nicht, was Fischer beitrug. Das Ganze erwies sich als äußerst eindrucksvoll, und ich weiß noch, wie ein echtes Schaudern die Zuhörer ergriff, als die Stimme des verstorbenen Meisters noch einmal den Saal erfüllte, in dem er so viele Male gelesen hatte. Auf dem Podium standen wie gewöhnlich ein kleiner Tisch und sein Sessel, der unbenützt blieb. Ich bin sehr stolz auf meine Rede, die ich für eines der besten Stücke halte, die ich geschrieben habe.* Sie wurde anschließend vom Wiener Saturn-Verlag gedruckt, aber ich weiß nicht, ob ein Exemplar das Terrorregime überdauert hat. Ich habe keines gesehen, seit ich Europa verlassen habe.

Ich bekam zwei kleine Handschriften von Kraus als Andenken.

* Nachgedruckt 1958 in der Sammlung *Zur Sprache* gebracht.

Eine davon wurde glücklicherweise zur Aufbewahrung in eine meiner Kisten gepackt, bevor ich Wien für immer verließ. Die andere blieb in der Wohnung meiner Eltern, und diese vernichteten sie, als die Nazis kamen, aus Furcht vor dem, was geschehen könnte, falls die Wohnung durchsucht werden sollte.

Das »Amerika-Projekt«

Irgendwann in diesem Herbst trat Paul Csonka, der Ehemann von Herta Glaz, mit der Bitte an mich heran, an einem Projekt, das er damals vorbereitete, mitzuarbeiten. Es handelte sich um die Organisation eines Opernensembles, das mit ein paar besonders hervorragenden, exemplarischen Produktionen in Amerika auf Gastspielreise gehen sollte. Selbst damals gefiel mir der Gedanke an eine Amerikareise überhaupt nicht, aber weil ich sah, daß das Einkommen aus meiner Arbeit vollkommen unzureichend war, um mir weiterhin einen halbwegs annehmbaren Lebensstil zu ermöglichen, und daß von dem in Deutschland angelegten Kapital kein Einkommen zu erwarten war, entschloß ich mich, den Vorschlag anzunehmen. Ich hatte die Absicht, Claudio Monteverdis *L'incoronazione di Poppea*, die ich sehr liebte und bewunderte, für das Ensemble zu bearbeiten. Damit war man einverstanden, und ich begann mit einer Adaption der Oper, die aus einer dramaturgischen Revision des Librettos und einer Neuinstrumentierung der Musik bestand. Ich wurde als musikalischer Berater und Dirigent des Ensembles engagiert, das später die Bezeichnung »Salzburg Opera Guild« annahm, nur um von der Werbewirksamkeit des Namens Salzburg zu profitieren, sonst aber mit Salzburg nichts zu tun hatte. Um Schwierigkeiten mit dem Gesetz zu vermeiden, mietete Csonka ein altes Schloß in Mondsee im Land Salzburg und machte es zum vorübergehenden Sitz der Truppe, was den Namen formal rechtfertigte.

Es ist wahrscheinlich, daß mir aufgrund von Csonkas Projekt die Notwendigkeit, Englisch zu lernen, deutlich bewußt wurde, und ich beschloß, ernsthaft damit anzufangen. Zuvor hatte ich ein paar Lehrbücher dieser Sprache, für die viel Reklame gemacht wurde, durchgeblättert, ohne zu einem greifbaren Ergebnis zu kommen. Denn die englische Sprache schien mir ein vollkommen unzulängliches Kommunikationsmittel zu sein, unlogisch, primitiv und barbarisch. Ich war von den Strukturmustern der romanischen Sprachen so durchdrungen, daß ich für die Eigentümlichkeiten des Englischen einfach kein Gespür zu entwickeln vermochte. Ich konnte den Sinn von ein paar Schlagzeilen in englischen Zeitungen verstehen, aber nicht mehr, und ich hatte keine Ahnung von der Aussprache des Englischen.

Mein erster Versuch, die Sprache ernsthafter zu studieren, bestand darin, daß ich eine ältere englische Dame, die uns empfohlen worden war, anstellte, um formalen Unterricht zu nehmen. Sie kam ins Haus und brachte Lesestoff mit, der nach einer Phase des theoretischen Studierens benutzt wurde. Ich mochte die Frau von Anfang an nicht, und ihre Unterweisung in Grammatik langweilte mich, weil sie mir unzureichend erschien. Ich mußte mit Hilfe eines Lehrbuchs üben, wobei ich es mit Texten zu tun hatte, in denen zum Beispiel ein Zoobesuch meines Onkels geschildert wurde. Ich fand das absurd und wandte ein, daß mein Onkel erstens tot sei, daß er, als er lebte, keine Tiergärten besucht habe, und daß ich mich, falls er das getan hätte, den Teufel darum geschert hätte, was er dort machte. Der Lesestoff bestand aus Auszügen aus der »Sunday Times«. Als ich von der Dame ermuntert wurde, ein Stück zum Lesen auszuwählen, nahm ich einen kurzen Artikel über Spanien, weil ich dort gewesen war und weil spanische Angelegenheiten mich interessierten. Daraufhin ging sie hoch, bekam fast einen Wutanfall und schimpfte auf die Spanier, die sie als unwürdige Mitglieder der menschlichen Gesellschaft betrachtete, offenbar wegen eines unangenehmen Erlebnisses, das sie als Dolmetscherin im britischen diplomatischen Dienst gehabt hatte, oder etwas Ähnlichem. Das war zuviel für mich, und ich wies ihr die Tür, mehr denn je überzeugt, daß Englisch eine alberne Sprache war, die von albernen Menschen gesprochen wurde.

Ich hatte jedoch ein schlechtes Gewissen wegen der Sache und machte deshalb einige Zeit später noch einen Versuch in dieser Richtung. Diesmal wurde mir eine attraktive junge Dame – eine Tänzerin, wenn ich nicht irre – als die geeignete Person empfohlen, und ich verabredete mich mit ihr ungefähr einmal wöchentlich in einem Café in der Innenstadt. Das Übungsmaterial war diesmal ein Roman, den ein Freund Artur Schnabels geschrieben hatte (ich habe seinen Namen vergessen), der mir das Buch als Ansporn zu meinem Studium aus London geschickt hatte. Diese waren zweifellos erfreulicher als die vorangegangenen, denn das Mädchen war ganz reizend und angenehm anzuschauen, und sie hatte nichts gegen meine Lesewünsche einzuwenden. Zudem war das Buch interessant, eine Art reich ausgeschmückter, postromantischer und quasi philosophischer Abenteuergeschichte, die von einer phantastischen Ballonfahrt handelte. Da ich aber sehr langsam vorankam, hatte ich das Gefühl, daß ich zu viel Zeit auf ein ziemlich entlegenes und sehr spezialisiertes Thema verwendete. Deshalb schlug ich vor, an etwas zu üben, das meinem Interessenbereich eher entsprach, etwa, einige meiner eigenen Artikel ins Englische zu übersetzen. Das klappte jedoch nicht, weil die junge Frau nicht verstand, was ich in meinen deutschen Schriften hatte ausdrücken wollen, und als ich darauf beharrte, daß es doch schließlich für jeden Gedanken, den man auf deutsch äußern konnte, einen adäquaten englischen Ausdruck geben müsse, sagte sie verzweifelt: »Aber solche Dinge kann man auf englisch nicht einmal denken.« Und das war das Ende dieser Episode.

Später tauchte ein englischer Austauschstudent aus Oxford auf, der, glaube ich, von Montague-Pollock von der englischen Gesandtschaft empfohlen worden war. Er war ein netter, langsam sprechender Bursche, der ab und zu zum Tee zu uns kam, und wir führten mit ihm äußerst stockend Gespräche über belanglose Themen. Damals hatte ich den Eindruck, daß alle diese Versuche zu gar nichts führten, aber ich muß doch etwas daraus gelernt haben, zumindest soviel, daß ich eine Art Ausgangsbasis hatte, als ich schließlich nach Amerika kam. Als das dann geschah, hatte ich freilich noch ganz schöne Mühe.

Im Zusammenhang mit dem Amerikaprojekt trug sich noch ein weiteres, merkwürdiges Ereignis zu. Csonka wollte für Werbezwecke ganz besonders tolle Bilder von mir haben und verwies mich an einen Fotografen, der in einer unmöglichen Dachkammer in der Nähe des alten, jetzt stillgelegten Nordwestbahnhofs hauste. Als ich ankam, trat er aus einer Toilette heraus, die er mit einer großen Anzahl anderer Hausbewohner teilte. Auf mich wirkte er total verrückt, sogar etwas furchterregend. Ich weiß nicht, ob er Fotos von mir machte, und wenn, was daraus geworden ist. Die ganze Episode verstärkte mein Gefühl, in ein finsteres, unheilvolles Unternehmen verwickelt zu sein.

Außer mit der *Poppea* war ich in dieser Zeit mit einem weiteren meiner kompromißlosen Werke beschäftigt, mit den *Zwölf Variationen für Klavier* in drei Teilen. Hier versuchte ich wiederum, die Form des Stükkes aus den Grundbedingungen des Materials zu entwickeln, wie sie sich durch die Ordnung der Zwölftontechnik darstellten. Zu jener Zeit beschäftigten mich vor allem die Formprobleme, wie an der Diskussion dieses Themas in *Über neue Musik* zu sehen ist. Die Variation erschien mir als das grundlegende formale Vorgehen in der Zwölftonmusik, und die Bedeutung, die das Konzept der Krebsform in dieser Technik offenbar hatte, sollte ebenfalls großen Einfluß auf den Strukturplan der Komposition haben. Ich erfand deshalb eine zyklische Form, die in sich selbst zurückkehren sollte. Die Variationen hatten kein ausdrücklich festgesetztes Thema, sondern jeder Teil konnte als Variation eines jeden anderen Teils betrachtet werden. Die ersten fünf Variationen sollten eine Einheit bilden, die von der dramatischen

Stimmung her mit dem ersten Satz einer Sonate verglichen werden konnte. Die sechste und siebente Variation wurden zu einem großen langsamen Satz zusammengefaßt, und die übrigen fünf entsprachen mit ihrem leichterem Gefüge dem Finale der Sonate.

Die achtundvierzig Formen der Reihe wurden nach einem Grundkonzept verteilt, so daß in jeder der Variationen 1 bis 6 zwei Transpositionen der Grundreihe verwendet wurden. Auch die Tonhöhen dieser Transpositionen wurden sorgfältig ausgewählt, die ersten beiden basierten auf Fis und G, die nächsten drei auf F und As und so weiter bis zu Des und C als Ausgangstönen der letzten zwei. Die Transpositionen der Umkehrung sollten in der dritten Variation beginnen und bis in die achte hineingehen. Krebsumkehrungen setzten entsprechend in der fünften Variation ein und die Krebsformen in der siebten, so daß die letzte Variation wieder nur zwei Krebsformen aufwies, die auf den gleichen Tonhöhen begannen wie die ursprünglichen Formen der ersten Variationen und das Werk auf diese Weise zu einem symmetrischen Abschluß brachten. Die Zwölftonreihe, die ich auswählte, war eine symmetrische Allintervallreihe. Dadurch ist diese Arbeit zu einem meiner kunstvollsten Werke nach dieser Kompositionsmethode geworden. Meiner Stimmung entsprechend war der Stil des Stückes ziemlich schwierig und anstrengend, kantig und expressionistisch, mit einem merkwürdigen Gebrauch von »Parenthesen«, also Unterbrechungen des Flusses einer musikalischen Passage, die mit Bruchstücken einer anderen, damit anscheinend nicht zusammenhängenden Passage gefüllt werden.

Karl V. *in Prag*

Anfang 1937 ging ich wieder auf Reisen, teils um Werbung für meine Werke und Ideen zu machen, teils, um dadurch Geld zu sparen, daß ich vom Ertrag meiner Konzerte und Vorträge lebte und vielleicht sogar darüber hinaus etwas Geld verdiente. Schon damals waren die europäischen Rundfunkanstalten zu lebenswichtigen Zentren der neuen Musik geworden. Verglichen mit den rechtmäßigen Konzertinstitutionen waren sie in ihrer Arbeitsweise viel flexibler. Sie brauchten keine kompletten Programme vorzubereiten, sondern konnten einzelne Stücke von unterschiedlichem Charakter und Umfang spielen. Sie verbrauchten ungeheure Mengen von Musik, so daß sie einen enormen Umsatz hatten, und sie hatten viel Geld, das ununterbrochen und mühelos durch die Rundfunkgebühren hereinkam. Häufig konnten Auftritte kurzfristig organisiert werden – all das förderte Unternehmungen von Personen, die wie ich keine professionellen Interpreten waren, sondern »besondere Attraktionen«, und daher nicht gut in die Routinearbeit etablierter Institutionen paßten.

In jenem Winter und im Frühling trat ich in mehreren Rundfunkanstalten in der Schweiz, Italien, Belgien und Holland mit eigenen Klavierwerken auf, oder ich begleitete Liedvorträge von Herta Glaz oder Re Koster, einer holländischen Sängerin mit begrenzten stimmlichen Mitteln, aber großer Begeisterung und Intelligenz. Eine kurze Reise, die mich nicht nach Westen führte, wie alle anderen, sondern nach Prag, hatte hauptsächlich den Zweck, die Produktion von *Karl V.* zu besprechen, die die Deutsche Oper in der tschechoslowakischen Hauptstadt beabsichtigte. Die Aussicht auf diese Aufführung begeisterte mich sehr, weil sie mich wahrscheinlich in gewissem Maße für das demütigende Fiasko in Wien entschädigen würde. Ich hegte große Bewunderung für den Mut von sowohl Herrn Eger, dem Direktor der Oper, als auch Karl Rankl, dem musikalischen Leiter, weil sie ein so enorm schwieriges Projekt an einem Haus in Angriff nahmen, das für solche Unternehmungen nicht gerade üppig ausgestattet war, und wo das politische Klima viele Möglichkeiten für zusätzliche Schwierigkeiten bereithielt. Mein Gespräch mit den verantwortlichen Personen hatte allgemeinen Charakter, da die Einzelheiten der Produktion noch nicht ausgearbeitet waren, aber ich gewann im Ganzen einen günstigen Eindruck, so daß ich dem Erlebnis, die Aufführung zu sehen, die für Mai 1938 geplant war, mit freudiger Erwartung entgegensah. Von da an bereitete ich sorgfältig eine weitere Europareise vor, die meiner Amerikatournee folgen und mit der Premiere meines Opus magnum in Prag enden sollte, wobei ich es sorgsam vermied, deutsches Territorium zu überqueren. Das tatsächliche Resultat war freilich ein anderes und äußerst enttäuschend und erschreckend in jeder Beziehung.

In der Schweiz hielt ich zwei Vortragsreihen, die eine reduzierte Fassung der Wiener Vorlesungen über neue Musik waren. Die vier Vorträge in Zürich wurden recht erfolgreich von Nettie Katzenstein organisiert, die den Zimmerleutensaal mietete, Werbung machte, Karten verkaufte und so weiter. Ich machte sogar einen kleinen Gewinn. Leider war sie etwas gekränkt, weil sie infolge ihres leichten Minderwertigkeitsgefühls und ihrer Empfindlichkeit dachte, ich hätte ihre Arbeit nicht ausreichend zu schätzen gewußt. Wir klärten das jedoch wenig später.

In Basel wurde meine Abhandlung weiter komprimiert, zu zwei Vorträgen, die Paul Sacher veranstaltete. Nach dem, was mir die Sachers kürzlich erzählten, scheint es, daß wir uns beim Prager

IGNM-Fest im Jahre 1935 zum erstenmal begegnet waren, und das kann durchaus sein. Sachers Freundschaft ist bis heute ein wichtiger Faktor in meinem Leben geblieben, obgleich sie in gewissem Sinn eine eher unpersönliche Freundschaft ist.

Paul Sacher wurde damals nicht nur als Begründer und Leiter des Basler Kammerorchesters bekannt, sondern auch als Organisator verschiedener musikalischer Unternehmungen, die beträchtliche finanzielle Mittel erforderten. Diese kamen aus dem Vermögen, das Frau Sacher von ihrem ersten Ehemann, F. H. Hoffmann, geerbt hatte, der an den Folgen eines Unfalls gestorben war. Das Vermögen war sagenhaft, denn es stammte von dem riesigen Chemiekonzern Hoffmann-La Roche in Basel. Maja Sacher muß ziemlich viel älter gewesen sein als Paul. Es war bemerkenswert, wie der junge Mann, der, soviel ich weiß, aus einer recht armen Familie kam, über das Vermögen verfügte, das ihm so in die Hände gefallen war, und sich mit so überzeugender Selbstsicherheit an den entsprechenden Lebensstil anpaßte, daß niemand vermutet hätte, daß er nicht mit Kaviar und Champagner aufgewachsen war. Ich weiß nicht, wie die Sachers ihre Privatangelegenheiten regelten, aber sie müssen sehr sorgfältige und glückliche Absprachen getroffen haben, wie sie die La Roche-Gelder gemeinsam und jeder für sich ausgeben. Es ist interessant, in ihren Gesprächen feine Schattierungen und Unterschiede zu beobachten, wenn Frau Sacher etwa von einem bestimmten Gegenstand sagt: »Wir haben das und das gekauft« und von einem anderen: »Ich habe dieses Haus gebaut« etc. Sie hatten auf dem Schönenberg in der Nähe von Pratteln eine prächtige Villa errichtet, mit Blick über das Rheintal und den Schwarzwald. Da Frau Sacher Bildhauerin und Kunstliebhaberin mit fortschrittlichem Geschmack war, wurde das Haus in einem wahrhaft königlichen modernen Stil erbaut und mit wunderbaren und sehr wertvollen Stücken zeitgenössischer Kunst angefüllt. Die Sachers gewähren Gastfreundschaft im großen Stil, aber natürlich, sympathisch und herzerwärmend. Ich habe sie auf der betreffenden Reise wahrscheinlich zum ersten Mal genossen und seither noch viele Male.

Das Seltsame ist, daß Paul Sacher aufrichtige freundschaftliche Gefühle für mich hegt, obgleich meine Musik ihm nicht richtig am Herzen zu liegen scheint. Sein musikalischer Geschmack geht stärker in die Richtung des Neoklassizismus, und seine Lieblingskomponisten sind Bartók, Honegger, Hindemith, Martinu und ein paar Schweizer Landsleute. (Desto überraschter war ich, als ich erst kürzlich – also 1951 – eine Bandaufnahme von seiner Aufführung meiner *Symphonischen Elegie* hörte – und das erstemal erlebte, daß er eines meiner Stücke dirigierte – und sie wirklich ausgezeichnet fand.)

Jedenfalls hielt ich mich 1937 während meiner Reise durch die Länder des Westens mehrmals auf dem wunderbaren Schönenberg auf, und wir führten einige lange Gespräche über Angelegenheiten der IGNM.

Infolge meiner Dienste als österreichischer Delegierter bei den Versammlungen der Gesellschaft seit 1934 hatte ich in den Gremien einen gewissen prominenten Status erlangt und arbeitete an einer Revision der Statuten der Gesellschaft. Diese Aufgabe, die einem Komitee anvertraut worden war, fiel in der Hauptsache mir zu, weil ich infolge meiner Arbeit für die Österreichische Gesellschaft der Bühnenautoren das einzige Mitglied dieses Komitees war, das sich ernsthaft für juristische Spitzfindigkeiten interessierte und dafür ausreichend vorgebildet war. Mein lieber Vater, dem diese Arbeit gleichfalls Spaß machte, hat mir in der IGNM-Angelegenheit sehr geholfen.

Aufgrund dessen, was sich in Prag und Barcelona herausgestellt hatte, war ich der Meinung, daß die Gesellschaft eine entschlossenere und energischere Führung brauchte, als die, die Herr Dent uns bot, und daß sie von einem Mann am Ruder profitieren würde, der den bitteren Angriffen der Gruppe um Hába und seiner östlichen Verbündeten weniger ausgesetzt war. Deshalb setzte ich mich für Paul Sacher als neuen Präsidenten ein, zumal Herr Dent angekündigt hatte, daß er in einem Jahr zurücktreten wolle. Da die Wahl für das nächste Treffen in Paris geplant war, war viel diplomatische Vorbereitung nötig, und wir heckten unsere Strategien auf dem Schönenberg aus.

Während ich in Zürich meine Vorträge hielt, war ich in der großen Villa von Hermann Dubs in Itschnach auf der anderen Seite von Küsnacht zu Gast. Er veranstaltete damals einen Wettbewerb für Chorkompositionen und hatte mich gebeten, in der Jury mitzuwirken. So verbrachte ich ein paar Tage in seinem Haus, um die eingereichten Partituren zu begutachten. Ich konnte mit Dubs nie richtig warm werden, obgleich er sehr freundlich und höflich und ein ausgezeichneter Musiker war. Er hatte etwas Irrationales, Unberechenbares in seinem Wesen, das es ziemlich schwierig machte, ausgeglichene Beziehungen zu ihm aufrechtzuerhalten. Zu oft schweifte er vom Thema ab, und es wurde zu anstrengend, ihm zu folgen, oder schien nicht der Mühe wert zu sein. Entspannung boten immer die gemütlich schlichten Treffen mit Othmar Schoeck und die oft aufregenden Gespräche mit Ernst Wolff, von der beständigen, warmherzigen Freundschaft Gublers ganz zu schweigen.

Ich genoß meine Reise sehr, weil meine Zeit vollständig mit beruflichen Aktivitäten und gesellschaftlichen Verpflichtungen ausgefüllt war. Ich betrachtete die Länder des Westens viel objektiver als früher und war nicht mehr in Gefahr, eine neue »Pariser« Philosophie zu entwickeln. Wie gewöhnlich war ich froh, von den häuslichen Sorgen und Ängsten wenigstens zeitweilig befreit und gezwungen zu sein, mich auf den jeweils nächsten Schritt zu konzentrieren. Zweifellos ist dieser Aspekt des Vergnügens am Reisen nichts weiter als Eskapismus, aber eben diesem Eskapismus ist sehr schwer zu entkommen. Gleichzeitig erzeugt er eine ziemlich destruktive Rastlosigkeit. Ich kam zu dem Schluß, daß ich eigentlich nirgends gern war und das Reisen hauptsächlich deshalb genoß, weil ich bei der Ankunft in einer Stadt wußte, daß ich sie in zwei oder drei Tagen wieder verlassen würde. Ich kann nicht leugnen, daß ich mir die Probleme und Sorgen der Einheimischen mit hämischer Gleichgültigkeit anhörte, denn das alles ging mich nichts an. Ich fühlte mich wohl, weil nichts mich in erwähnenswertem Maß berührte und ich nicht fürchtete, solange irgendwo bleiben zu müssen, bis ich mich heimisch fühlen würde. Dieses Gefühl ist nach dem Schock meiner vollständigen Entwurzelung im Jahre 1938 noch intensiver geworden, und eigentlich bin ich bis heute nicht darüber hinweggekommen, obgleich ich oft heftig darunter leide, nirgendwo ein Zuhause zu haben.

Aufgabe der Wohnung in Wien und letzte Europareise

Wie dem auch sei, das Ergebnis dieser geistigen Prozesse war, daß ich nach meiner Rückkehr nach Wien darauf bestand, unseren Haushalt aufzulösen und die Wohnung aufzugeben. Das war nicht unvernünftig, denn da wir planten, Anfang Mai für den Sommer wegzufahren und uns anschließend sechs Monate lang in Amerika aufzuhalten, woran sich eine weitere Europareise und ein weiterer Sommer in den Bergen anschließen sollten, hätten wir fast anderthalb Jahre Miete für die Wohnung zahlen müssen, ohne sie zu nutzen. Wie sich herausstellte, war das eine viel klügere Maßnahme, als wir uns vorstellen konnten, denn wenn ich die Wohnung noch gehabt hätte, als die Nazis kamen, hätten unsägliche Schwierigkeiten und Verluste die Folge sein können. Nichtsdestoweniger war der Entschluß, die schöne Wohnung aufzugeben, an sich ein destruktiver Schritt, und heute blutet mein Herz bei dem Gedanken, daß ich damals die Vorstellung, ein Zuhause zu haben, aus meinem Leben verbannte, zumal es jetzt sehr wahrscheinlich geworden ist, daß ich niemals wieder eines haben werde. Der Prozeß der Zerstörung all dessen, was wir aufgebaut hatten, war unglaublich bedrückend, und ich mußte mir beständig ein Gefühl höllischer Erleichterung einreden, als ein Stück nach dem anderen in Kartons, Schrankkoffern und Kisten verschwand und auf Lastwagen in das fürchterliche Chaos eines düsteren Lagerhauses befördert wurde. Die Auflösung konnte mir nicht schnell genug gehen, und ich gab vor, erst zufrieden zu sein, als wir dem Vermieter den Schlüssel zurückgegeben hatten und in die kleine Wohnung meiner Eltern eingezogen waren, wo wir versuchten, für kurze Zeit in der Behaglichkeit des Zusammenlebens etwas Trost zu finden.

Es war nicht für lange, denn bald traten wir unsere letzte Europareise an, bevor die Katastrophe unser Leben in Besitz nahm. Zuerst fuhren wir südwärts, nach Italien, denn ich war zu einem weiteren Internationalen Musikkongreß nach Florenz eingeladen worden. An Einzelheiten dieses Ereignisses erinnere ich mich nicht mehr, außer daß es in den meisten Details dem vorigen ähnelte. Es war aufwendig, kultiviert, nett und im großen und ganzen nutzlos. Ich glaube, ich habe dort eine kurze Rede auf französisch gehalten, worüber, weiß ich nicht mehr.

Während des Kongresses erläuterte Hindemith in einigen Vorträgen sein Musiksystem, das damals gerade in Buchform erscheinen sollte. Das Ereignis wurde mit alldem Drum und Dran einer weltbewegenden Affäre und im Beisein italienischer Fürstlichkeiten und einer Menge Honoratioren inszeniert. Ich habe Hindemith (oder alle, die diese Fähigkeit haben) stets darum beneidet, daß sie in der Lage sind, diese Art Pomp auf die Beine zu stellen, der ihn offenbar zu dem gemacht hatte, was er war, obgleich seine Freunde vielleicht sagen, dieser Pomp sei die natürliche und verdiente Konsequenz seines Erfolges, den er kraft seines Genies erzielt habe. Ich leugne seine außergewöhnlichen Talente und Leistungen nicht, aber es ist sicher objektiv richtig, daß die Schau, die er in Florenz abzog, ihrem Wesen nach nicht geeignet war, die Erwartungen zu befriedigen, die geweckt worden sein mußten, um ein so illustres Publikum zu versammeln.

Hindemith stand auf dem Podium und sprach Deutsch; er sah dabei eine Dolmetscherin an, die an einem Schreibtisch saß und seinen Vortrag Stückchen für Stückchen, jeweils nach ein oder zwei Sätzen, ins Italienische übersetzte. Er sah ganz wie ein Schüler aus, der unter den strengen Blicken einer Lehrerin eine Prüfung ablegt. Selbst wenn der Gegenstand oder die Art seines Vortrags aufregender gewesen wären, das Verfahren tilgte unweigerlich jede Spur von Sensation und machte das Ganze noch langweiliger, als es ohnehin schon war. Die Theorien, die er darlegte, sind heutzutage Allgemeinwissen, und ich brauche auf diesen Seiten nicht auf den Kern der Sache einzugehen, denn ich habe mich in verschiedenen Passagen meiner Schriften kurz damit befaßt. Ich schrieb für die »Wiener Zeitung« einen knappen Bericht über das Ereignis, und als ich ihn jüngst wiederlas, konnte ich sehen, daß ich schon dieser oberflächlichen Begegnung mit Hindemiths intellektuellem Konstrukt genug entnommen hatte, um mir über seine wesentlichen Punkte eine Meinung zu bilden, eine Meinung, die sich auch nach eingehenderem Studium des Buches kaum geändert hat.

In Florenz trafen wir den tapferen Katholiken Professor Hildebrand, dessen Schwester, glaube ich, dort ein Haus hatte. Sein Schwager Walter Braunfels, der vor den Nazis geflohen war, war ebenfalls anwesend, und während ich mit ihm sprach, stellte ich mir insgeheim vor, was für eine Figur ich in einer ähnlichen Lage abgeben würde, ohne zu wissen, daß ich in weniger als einem Jahr reichlich Gelegenheit haben würde, das selbst herauszufinden.

Von Florenz fuhren wir weiter nach Rom, wo wir ungefähr zehn Tage verbrachten. Es war mein erster und bis jetzt einziger Besuch in der Heiligen Stadt. Sie beeindruckte mich stärker, als ich erwartet hatte, und auf andere Weise. Natürlich war es nicht möglich, auch nur ein Zehntel, vielleicht nicht einmal ein Hundertstel von dem zu sehen, was ein zivilisierter Mensch in Rom besichtigen muß. Da ich gar nichts von der Stadt kannte, entschloß ich mich, die banalste Besichtigungsmethode anzuwenden, und buchte drei oder vier umfangreiche Stadtrundfahrten, die von Cook organisiert wurden, denn sie würden zweifellos einen großen Teil dessen umfassen, was ich einfach sehen mußte, bevor ich mit meinen eigenen Erkundungen auch nur beginnen konnte, und die Leute von Cook würden mir zumindest die Mühe ersparen, nach den zu besichtigenden Objekten zu suchen. Es gefiel mir, daß die meisten Gebäude, Denkmäler, Schätze und anderen Zeugen des Ruhms und der Zivilisation nicht diese bedrückende und alberne Distanz zum gegenwärtigen Leben hatten, die das Anschauen oft peinlich und dumm macht. Sie schienen im Dasein der Menschen, die mit ihnen und um sie herum lebten, noch eine Funktion zu haben, was natürlich das Verdienst der Menschen war. Zu erwähnen, was ich alles sah, wäre unmöglich und überflüssig. Außer von den Sehenswürdigkeiten, von denen alle unwillkürlich beeindruckt und überwältigt sind, fühlte ich mich auf seltsame Weise von den etwas verspielten weltlichen Aspekten des winzigen Vatikanstaats angezogen. Ein sonderbares Erlebnis war der Aufstieg auf den Petersdom, wo die Treppe spiralenförmig dem allmählich zusammenlaufenden engen Raum zwischen den Schichten der Kuppel angepaßt ist. Die Großartigkeit dessen, was der Mensch im Laufe vieler Jahrhunderte in dieser Stadt geschaffen hat, ist sprichwörtlich. Ich war überrascht darüber, wie sich diese Größe in der Landschaft, wo sie wenig von Menschen berührt war, widerspiegelte. Die Heiterkeit und feierliche Anmut einiger der Hügel in und außerhalb der Stadt sind unbeschreiblich. Ich könnte mir gut vorstellen, daß man in Rom gerne leben würde.

Wir kehrten für ein paar Tage nach Florenz zurück, um Bruno Walter zu besuchen, der damals gekommen war, um beim Maggio Musicale zu dirigieren. Zuvor war ich vom Concertgebouw in Amsterdam gebeten worden, zu seinem hundert- oder fünfzigjährigen Bestehen, oder was es nun war, ein neues Werk beizutragen. Ich beschloß, ein Klavierkonzert zu schreiben, das ich selbst spielen konnte, um als Interpret etwas Geld zu verdienen. Das war sicher eine gute Idee, und ich bedaure, daß ich nicht schon früher darauf gekommen war. Ich habe jedoch seit jeher das Gefühl, in allen musikalischen Aktivitäten, das Komponieren ausgenommen, im Grunde Amateur zu sein, deshalb habe ich meine Fähigkeiten als Interpret nie betont und sie auch nicht systematisch entwickelt.

Als das Aufführungsdatum meines noch ungeschriebenen Opus zur Sprache kam, mußte ich die Amsterdamer bitten, mir das spätestmögliche Datum ihrer Saison zu geben, damit ich gleich nach meiner Rückkehr aus Amerika dorthin fahren konnte. Sie erwiderten, daß sie einverstanden seien, daß ich in ihrem letzten Konzert im März 1938 spielte, vorausgesetzt, daß ich Bruno Walter dazu bringen könnte, mein Stück zu dirigieren, weil dieses Konzert ihm zugeteilt worden sei. Aus diesem Grund mußte ich ihn in Florenz besuchen, und nach dem, was in Wien vorgefallen war, war ich etwas besorgt. Zu meiner freudigen Überraschung stimmte er meinem Vorschlag sofort zu und sagte, er habe Vertrauen in die Qualität dessen, was ich komponieren würde, was immer es auch sei, vorausgesetzt, er könne es dirigieren. Darauf erwiderte ich, ich hätte Vertrauen in ihn, und damit war die Sache geregelt. Das alles geschah in einem sehr einfachen, unprätentiösen und menschlichen Gespräch von wenigen Minuten. Was sich ereignete, als es schließlich zur Aufführung kam, war eine noch würdevollere und in gewissem Sinn sehr bewegende Fortsetzung dieses kurzen Gesprächs in Florenz. Der Bericht darüber gehört in einen späteren Teil dieser Aufzeichnungen. Mein Eindruck ist, daß, wann immer ich persönlich mit Walter zu tun hatte, auf der einfachen Basis gegenseitigen beruflichen Respekts alles gut klappte. Leider hatte ich in späteren Fällen keine Gelegenheit, die Dinge mit ihm durchzusprechen, und so haben ärgerliche Mißverständnisse unsere Beziehungen beeinträchtigt, was ich aufrichtig bedaure.

Unsere nächste Station (nach kurzen Besuchen in Tremezzo und Lugano, wenn ich nicht irre) war Zürich, wo Bergs unvollendete Oper *Lulu* Premiere haben sollte. Zuvor war ich zu den Möglichkeiten befragt worden, das Werk des verstorbenen Freundes zu vollenden. Ich schaute mir Fotokopien von seinen Skizzen an und kam zu dem Schluß, daß es durchaus möglich war, die Lücken, die er gelassen hat, auszufüllen. Es schien mir, daß praktisch nirgends vollkommen neue musikalische Elemente erfunden werden mußten, daß selbst in den fragmentarischsten Passagen immer eine führende Linie zu sehen war, von der man durch sorgfältigen Vergleich mit den fertigen Abschnitten in einem sehr hohen Maß den Zusammenhang der jeweiligen Stelle erschließen konnte. Es versteht sich von selbst, daß in einem Werk Bergs nichts der momentanen, beziehungslosen Inspiration überlassen war, sondern daß alles zu allem anderen in Beziehung stand, besonders in den letzten Phasen des dritten Akts, um die es sich handelte. Ich schlug vor, daß jemand die Arbeit übernehmen solle, der mit Bergs Stil völlig vertraut war, so sehr, daß er selbst keinen nennenswerten eigenen Stil hatte, mit anderen Worten, ein ergebener, gewissenhafter und fähiger Schüler. In Wien war das Hans Erich Apostel, der sich perfekt zu eignen schien. Ihm hätte eine andere, unbedeutendere Person, Julius Schloß, zur Seite stehen können, und ihre Arbeit hätte von Webern und mir gemeinsam beaufsichtigt werden können, um ihr größere Autorität zu verleihen, falls das gewünscht war. Leider ließ Helene Berg die Skizzen an Schönberg schicken, denn sie war überzeugt, daß niemand anderer als der Hohepriester selbst gut genug war, um Hand an diese Seiten zu legen. Die Antwort war voraussagbar, und ich sagte sie voraus. Der Großmeister lehnte ab und erklärte, niemand könne das – das ist zumindest, was ich hörte. Er lehnte völlig zu Recht ab, denn es war keinesfalls Sache eines großen Komponisten mit ausgeprägter Persönlichkeit, diese bescheidene und gewissenhafte Detailarbeit zu verrichten. Wenn er sie für unmöglich erklärte (was ich nicht mehr genau weiß), mögen weniger plausible und weniger moralische Motive mit im Spiel gewesen sein. Erst viel später (das heißt 1954) sagte mir Adorno, der eigentliche Grund für Schönbergs Ablehnung sei die Tatsache gewesen, daß er sich verletzt fühlte, weil Bergs Partitur an einer Stelle für eine Figur des Stückes die Anweisung für den Darsteller enthielt, einen Satz mit jüdischem Tonfall zu sprechen (»jüdelnd« oder »mauschelnd«, welches von beiden, erinnere ich nicht). Wenn das richtig ist, enthalte ich mich jeden Urteils, weil die Reizbarkeiten und Empfindlichkeiten, die hier beteiligt sind, sich meinem Verständnis völlig entziehen. Jedenfalls war die ganze Sache, als einmal das ablehnende Verdikt aus der Zentrale in Los

Angeles gekommen war, unwiderruflich gestorben. Niemand in der Zunft hätte es gewagt, der unvollendeten Oper auch nur einen Violinschlüssel hinzuzufügen.

Die Zürcher Oper hatte mich gebeten, vor der Premiere einen Einführungsvortrag zu halten. Er fand in der großen Tonhalle statt, war sehr gut besucht und hatte etwas von einem großen Ereignis. Ich glaube, daß er wirklich gut war und einige tiefgreifende Aspekte des Stückes und seiner Beziehung zur Musik erhellte. Ich kann nicht sagen, daß ich *Lulu* sehr gern mochte, aber ich bewunderte die Art, wie Berg die Dialektik von Wedekinds Text in die Dialektik der Zwölftonmusik übersetzt hatte. Mein Vortrag wurde sehr gut aufgenommen und beeindruckte Thomas Mann, der ihn besuchte, so stark, daß er ihn in seiner Zeitschrift »Maß und Wert« veröffentlichen wollte. Ich hatte das Manuskript jedoch Freund Rollett für die »Wiener Zeitung« versprochen, und so verpaßte ich eine Gelegenheit, zu literarischem Ansehen zu gelangen.

Mit Thomas Mann stand ich auf sehr freundschaftlichem Fuß, besonders seit ich die damals erschienenen drei Bände seines »Joseph«-Romans rezensiert hatte, jeden in einer anderen Zeitung. Im Gegensatz zu einem bestimmten Trend unter den Progressiven, die dazu neigten, Thomas Mann als alten Hut abzutun, war ich von seinem »Joseph« tief beeindruckt. Seine Deutung der überlieferten Bibelgeschichte als einer gewaltigen Theogonie von phantastischen Dimensionen faszinierte mich sehr, insbesondere seine Idee, daß Gott den Menschen schuf, um von ihm erkannt und so erst wahrhaft Gott zu werden. Wie das in die Geschichte aus der Bibel hinein und aus ihr hinaus intra- und extrapoliert wurde, schien mir eine außergewöhnliche geistige und künstlerische Leistung zu sein. Außerdem gefiel mir die stilistische Virtuosität des großen Geschichtenerzählers sehr gut, wie er unaufhörlich seine eigene Technik erörterte, während er seine Geschichte entwickelte. Mann schien das alles weit über das, was ich für mein Verdienst hielt, hinaus anzuerkennen, und ich war über seine Haltung sehr stolz.

Bergs Opernfragment wurde sehr respektvoll und überdurchschnittlich gut wiedergegeben, aber seine Wirkung war keinesfalls mit der des *Wozzeck* zu vergleichen. Das lag nicht nur daran, daß es unvollendet war. Dem Fragment fehlte die durchdringende, aggressive Kraft der früheren Werke, obgleich es so, wie es war, sehr schön war. In gewissem Sinn war es zu schön, weil es überraschend süß, weich und äußerst traurig klang. Bergs Musik, mit ihrer großen Eleganz und ihrem komplexen Gewebe, nahm Wedekinds bitterer, rasiermesserscharfer Diktion die Spitze.

Von Zürich aus fuhren wir zu einem kurzen Besuch auf den Schönenberg und, als die Sachers verreisen mußten, nach Bad Schauenburg, einem verschlafenen kleinen Städtchen im nahegelegenen Jura. Dort begann ich, mein *Zweites Klavierkonzert* zu skizzieren. In diesem Fall konzipierte ich das Thema des einleitenden Satzes zuerst und leitete meine Zwölftonreihe anschließend davon ab. In Anbetracht des Zweckes, den das Stück erfüllen sollte, entschloß ich mich, nicht ganz so »kompromißlos« zu sein, bemühte mich aber doch um eine recht kunstvolle Bearbeitung des Materials. Soweit ich mich erinnere, ist der langsame Satz ein kniffliger Kanon für Klavier und Orchester, und im letzten Satz werden die verschiedenen Formen und Transpositionen der Reihe in einer Art Ostinato durchgeführt, glaube ich.

Paris war unsere nächste Station, und mein erster Programmpunkt dort war der Internationale Kongreß der Urheberrechtsgesellschaften, wohl die aufwendigste Veranstaltung, die ich bisher besucht habe, da ich zu Krönungsfeierlichkeiten und Königshochzeiten noch nicht eingeladen worden bin. Ich nahm in meiner Eigenschaft als Präsident der österreichischen Bühnenautoren an dem Rummel teil und faßte ihn als wohlverdiente teilweise Belohnung für meine endlosen Mühen mit Dr. Silber auf. Wie sich herausstellte, war es zugleich meine letzte Aufgabe im Dienste dieser Gesellschaft. Wer noch nicht wußte, daß die Urheberrechtsgesellschaften Geld hatten (das natürlich hauptsächlich durch die Arbeit ihrer Mitglieder aus der Schlagerbranche hereinkam), konnte es bei der Pariser Tagung ad oculos demonstriert bekommen. Wir gingen von einem Empfang zum anderen, vom Mittagessen zum Abendessen und wieder zu einem weiteren Empfang und wurden dauernd mit dem besten Champagner bewirtet, den es gab.

Der Höhepunkt der Tagung war eine Einladung in die Kellereien von Moët & Chandon in Reims. Der ganze Haufen von etwa vierhundert Gästen wurde in einem gemieteten Zug dorthin gebracht, der ausschließlich Wagen der ersten Klasse führte. Nachdem wir vom Bürgermeister empfangen worden waren (mit Champagner), wurden wir durch die Keller geführt, in denen mehrere Millionen Champagnerflaschen auf ihre große Stunde warteten. Jeden Tag kamen Angestellte vorbei, um den Flaschen, die mit dem Boden nach oben in Regalen ruhten, einen leichten Stoß zu geben. Dadurch sammelten sich Sedimente und Unreinheiten allmählich im Flaschenhals über dem Korken. Wenn der Wein klar war, wurden die Flaschen in einen Apparat mit einer eiskalten Lösung getaucht, so daß gut ein Zentimeter Wein über dem Korken schnell gefror, und das Sediment zwischen dem Korken und dem kleinen Eispfropfen festgehalten wurde. Dann drehte man die Flaschen um und zog die Korken heraus, so daß das Eis zusammen mit dem Schmutz, der sich darüber angesammelt hatte, von der Kohlensäure herausgeblasen wurde. Anschließend wurde die Flasche im Bruchteil einer Sekunde wieder verkorkt und war bereit für den menschlichen Verzehr.

Nachdem wir diese wertvolle Information aufgenommen hatten, wurden uns an einer hufeisenförmigen Tafel in einem scheunenähnlichen Saal über den Kellern zum Mittagessen Plätze zugewiesen. Vor jedem Gast ragte ein Glasröhrchen mit einem kleinen, hübsch mit Blumen geschmückten Hahn aus dem Tisch. Wenn man den Hahn aufdrehte, bekam man naturbelassenen Champagner, der unter Druck aus der Tiefe geliefert wurde. Bis dahin hatte ich nicht gewußt, was für ein herrliches Getränk der natürliche Champagner ist, fast besser als das fertige Produkt. Diese mechanische Versorgung diente allerdings nur dazu, einen zwischen den wirklich großen Weinen, die für jeden Gang des Essens von einer Schar buntbefrackter Kellner aus dem Keller gebracht wurden, vor dem Verdursten zu bewahren. Die Kellner stellten sich im Hintergrund des Saals auf und hielten die Flaschen im Arm wie Soldaten das Gewehr, und jedesmal wurden sie mit Applaus begrüßt. Ich weiß nicht, wieviele Gänge das Mahl hatte, aber es dauerte weit über zwei Stunden. Als unser Zug nach Paris zurückrollte, war es in den Ersteklassewaggons sehr still.

Was der Kongreß außer dieser Art höchst greifbarer Ergebnisse noch brachte, vermag ich nicht zu sagen. Ich weiß nur, daß ich eine kleine Rede hielt, in der ich über einige Regelungen berichtete, die unsere Gesellschaft in Wien in bezug auf irgendwelche Zahlungsprobleme oder etwas dergleichen getroffen hatte, und daß ich mit äußerster Befürchtung das Erscheinen Dr. Ritters beobachtete, des Vertreters der deutschen Urheberrechtsgesellschaft, der in einer neumodischen Naziuniform auftrat. Der Kerl war recht nett zu mir gewesen, während ich Mitglied dieser Gesellschaft gewesen war, aber ich konnte mich unter den gegebenen Umständen nicht überwinden, mit ihm zu sprechen.

Es scheint mir, daß auf diese Tagung sogleich ein weiterer Internationaler Kongreß für Musikerziehung folgte, der zweite einer Reihe solcher Veranstaltungen, die ein Jahr zuvor in Prag begonnen worden war. Wenn das stimmt, ist mir von dieser Zusammenkunft allerdings nichts in Erinnerung geblieben, nicht einmal, ob ich eine Rede hielt. Ich erinnere mich jedoch an das IGNM-Fest, das ganz kurz nach einem dieser beiden Ereignisse stattfand. Was Essen und Trinken betraf, war es ein spürbarer Abstieg. Zeitweilig waren wir Gäste von Fräulein Else Herzberger, einer Geschäftsfrau und Kusine Adornos, die damals in Paris lebte. Wir mußten sie schon früher in Wien kennengelernt haben, und irgendwie waren wir ihr sympathisch. Sie war sehr nett, eine etwas exzentrische ältere Dame, die hin und wieder eine ganze Menge Geld zu haben schien. Ein Jahr später besuchten wir sie noch einmal in Paris, kurz bevor wir Europa für immer verließen. Danach emigrierte sie nach Südamerika, und wir verloren sie aus den Augen. Als ihre Gastfreundschaft zu Ende war, lebten wir in einem weniger grandiosen Stil.

Der Hauptgegenstand der Pariser IGNM-Tagung war die Präsidentenfrage. Trotz unserer diplomatischen Strategie wurden wir schließlich von den Konservativen ausmanövriert, und die Präsidentschaft blieb in britischer Hand. Herr Dent trat zurück, und Edwin Evans, der dicke Londoner Kritiker, wurde gewählt. Die Regenschirmdiplomaten, die schon ein Jahr später die Tschechoslowakei verraten sollten, wagten es, Propaganda zu verbreiten, derzufolge es nicht wünschenswert sei, den Hauptsitz der Gesellschaft nach Basel zu verlegen, weil das in zu großer Nähe zu Deutschland gelegen und dem Einfluß der Nazis ausgesetzt sei. Ob Hába auf dieses Geplapper hereinfiel oder ob er am Ende in Sachers kapitalistischem Hintergrund einen ideologischen Fehler sah, er und seine Leute unterstützten die Kandidatur des letzteren jedenfalls nicht, und so fiel unser Plan ins Wasser. Überrascht sah ich, daß Sacher über dieses Ergebnis ziemlich aufgebracht und wütend war.

Von den anderen Ereignissen des Festes ist mir nicht viel in Erinnerung geblieben, außer daß die Konzerte sehr flüchtig vorbereitet worden waren, wie das in Paris immer der Fall ist. Außerhalb des Festes spielte ich unter der Leitung von Manuel Rosenthal mein altes kleines *Concertino* im Pariser Rundfunk. Es gab auch ein Konzert in einer reizvollen alten Abtei in der Banlieue, wo wir schöne alte Musik hörten.

Bearbeitung von Monteverdis Poppea

Nach dem Fest kehrte Berta nach Wien zurück, und ich fuhr nach Mondsee, um an den Proben zu meiner Bearbeitung der Monteverdi-Oper teilzunehmen. Ich hatte für die *Incoronazione*, wie für alle Werke Monteverdis, stets große Bewunderung gehegt, und sie wuchs noch beträchtlich, nachdem ich an *Karl V.* gearbeitet hatte, denn ich sah in Monteverdis Werk einen Prototyp der »politischen« Oper, so wie ich sie in meinem historischen Opus konzipiert hatte. Ich finde es nach wie vor erstaunlich zu sehen, wie Monteverdi, der ein Pionier und Wegbereiter auf dem Gebiet der Oper war und ohne

Vorbilder arbeiten mußte, die meisten Möglichkeiten der Gattung vorausahnte und vieles andeutungsweise ausführte, das erst Jahrhunderte später eine Vollendung erfuhr. An der *Poppea* bewunderte ich nicht minder das Libretto, das mir das Werk eines überragenden Dramatikers zu sein schien. Besondere Kühnheit zeigt sich in seinem ethischen Realismus oder realistischen Pessimismus, der das Böse ohne eine Spur von Vergeltung offen triumphieren läßt. Ein anderes Juwel war die Charakterisierung des Nero, von der in Monteverdis musikalischer Interpretation kein einziges Detail verlorenging. Die Launen des schwachen, sinnlichen, verderbten Tyrannen wurden mit unglaublich realistischen Strichen musikalisch nachgezeichnet. Jede Seite offenbarte den echten Dramatiker: die Eröffnungsszene mit dem eifersüchtigen Liebhaber, der um Poppeas Haus herumstreicht und Neros schlafende Leibwächter umschleicht, das Erwachen der Soldaten, die gleich anfangen, das Soldatenleben zu verfluchen, der große moralistische und politische Dialog zwischen Nero und Seneca. Meiner Meinung nach gehört die Abschiedsszene Senecas zu den großartigsten Zeugnissen der Opernliteratur. Bemerkenswert ist auch die Idee, die Oper mit dem wunderbaren Duett Nero und Poppea anstatt mit einem lauten Chor schließen zu lassen.

Was die dramaturgische Adaption betraf, so erschienen mir zwei Dinge notwendig: Die Oper mußte beträchtlich gekürzt werden, und der Mechanismus der Intrige, die Nero einen legalen Vorwand dafür liefert, Oktavia ins Exil zu schicken, mußte geändert werden, denn ich war überzeugt, daß der Anblick eines Mörders, der Frauenkleider anzieht, um Poppea umzubringen, einem heutigen Publikum lächerlich erscheinen würde. Darin mag ich mich getäuscht haben, aber ich hielt es für sicherer, diesen Fallstrick zu entfernen.

Mit meiner musikalischen Bearbeitung zielte ich nicht auf eine Rekonstruktion des Originals um jeden Preis, sondern auf eine Wiederbelebung mit Hilfe zeitgenössischer Mittel, ohne die musikalische Struktur des Originals anzutasten. Das Prinzip dieses Verfahrens mag anfechtbar sein, aber ich glaube, daß ich vernünftige und wirkungsvolle Ergebnisse erzielt habe. Ich benutzte Malipieros Ausgabe des Werkes als Grundlage für meine Bearbeitung, wobei ich ihr unbedingt vertraute – obgleich einige der Details problematisch zu sein schienen –, nicht nur, weil ich die meisten dieser problematischen Passagen besonders interessant und kühn fand, sondern auch, weil ich nicht glaubte, daß Malipiero sie ohne Grund in seine Edition hatte eingehen lassen. Es wäre leicht gewesen, einige dieser Details an konventionellere Verfahrensweisen anzugleichen, aber erstens tat ich das nicht gern, und zweitens sah ich nicht ein, warum ich es tun sollte, ohne Malipiero anhand einer Überprüfung der Quellen Fehler nachzuweisen, wozu ich weder die Neigung noch das erforderliche Rüstzeug besaß. Ich wußte auch, daß zum Beispiel im Falle von Mussorgsky und Bruckner die neuere Forschung gezeigt hatte, daß die sozusagen »gemäßigten« Ausgaben ihrer Werke, in denen »Unbeholfenheiten« getilgt worden waren, eindeutig gegen die Absichten der Komponisten verstießen.

Wo Monteverdi nur Singstimme und Continuo notiert hatte, entwickelte ich sorgsam harmonische Fortschreitungen und Kontrapunkte, indem ich Schlußfolgerungen aus dem harmonischen Bild zog, das sich aus der Interpretation der vorliegenden Elemente ergab, und die Regeln, soweit sie mir bekannt waren, befolgte. Ich habe meine Arbeit sehr ausführlich in einem Essay beschrieben, der in einer der letzten Nummern der »23« erschien.

Mondsee war eine kleine Stadt, etwa dreißig Kilometer von Salzburg entfernt, und dort hatte Csonka das Schloß des Grafen Almeida gemietet, um seine Künstler darin unterzubringen und mit ihnen zu proben. Es war groß, weitläufig und zum Wohnen nicht sehr behaglich, aber dem Zweck recht angemessen. Das Repertoire, das Csonka für die Amerikatournee vorbereitete, bestand aus *Cosi fan tutte*, *Poppea* und einer Dreierkombination aus einer kleinen Oper Rossinis, deren Titel ich vergessen habe, Iberts *Angelique* und Milhauds *Le pauvre matelo*. Man kann wohl sagen, daß dieses Programm hervorragend war, und die Gedanken, die seine Ausführung leiteten, waren durchaus ernsthaft und respektabel. Csonka war überzeugt, daß Opern in der Originalsprache gesungen werden müssen, und die Gründe dafür sind durchaus einleuchtend. Doch das gilt auch für die Gründe, die dagegen sprechen. Die Monteverdi-Oper zum Beispiel litt entschieden unter der Darbietung in italienischer Sprache, weil so außerordentlich wichtige und spannende Partien, wie der große Dialog zwischen Nero und Seneca, langweilig und bedeutungslos wurden, wenn das Publikum den Text nicht verstehen konnte. Die Szene hätte großes Aufsehen erregt, wenn die atemberaubende Aktualität des Textes angekommen wäre.

Es stand von vornherein fest, daß Herta Glaz alle weiblichen Hauptpartien singen würde. Unter den Damen war eine magere, aber attraktive Sopranistin namens Menzel, die schließlich die Richtung von Csonkas weiterem Leben bestimmen sollte. Ein Koloratursopran stand in der hübschen Gestalt von Aune Antti, einer finnischen Sängerin, zur Verfügung, die bald mein privates Interesse zu wecken begann. Es war zum erstenmal seit vielen Jahren, daß meine erotischen Instinkte durch eine andere Frau als Berta gereizt wurden, und das war erst der Anfang einer neuen Phase. Die Antti-Geschichte entwickelte sich nie zu einer Affäre, wurde aber während der Amerikatournee, ausgelöst durch die wahrscheinlich psychische und physische Situation des Reisens, für eine Weile zu einem handfesten Flirt. Es war noch eine andere Frau dabei, Signorina Merlo, eine Italienerin mit ziemlich ordinären Eigenschaften. Die Altpartien wurden einer jungen Ungarin namens Ilosvay anvertraut, die dumm war und ein Pferdegesicht hatte. Unter den Männern waren ein bemerkenswert intelligenter Tenor, Heinz, der für die Partie des Nero hysterisch genug war, ein tiefer Baß ungarischer Abstammung, Deszö Ernszter, sehr gutaussehend, aber etwas dümmlich, und ein paar kleinere Leuchten.

Die musikalische Leitung lag in den Händen eines anderen Pferdegesichtes, des Italieners Alberto Erede. Ihm zur Seite standen ein zuverlässiger, aber nicht allzu intelligenter Schweizer, Max Sturzenegger, und ein etwas kränklicher, aber begabter und fleißiger Bursche, Taussig, der als Repetitor arbeitete. Der Regisseur war ein Deutscher, Eugen Schulz-Breiden (der in Amerika unter dem Namen Eugene S. Bryden auftrat), und sein Assistent war ein junger Mann namens Neufeld. Alle waren im großen und ganzen sehr kompetent, und Disziplin und Moral der Gruppe waren in Anbetracht ihrer heterogenen Zusammensetzung und der ziemlich kärglichen Bezahlung nicht allzu schlecht. Ich glaube, die Aussicht auf einen fünfmonatigen Amerikaaufenthalt hielt sie bei der Stange. Es ergab sich, daß eine erstaunliche Anzahl der Besatzung dieser Opern-Arche tatsächlich in den Vereinigten Staaten Karriere machte, was in jenen Mondseer Tagen niemand voraussehen konnte. Schon bald bildeten sich die üblichen Grüppchen und Parteien, und viele kleine Intrigen verbreiteten sich im lockeren Gefüge des Ensembles. Man gewann den Eindruck, daß Erede mit dem einen oder anderen konspirierte, um Csonka die oberste Befehlsgewalt über die Truppe abzuringen, und Schulz-Breiden wirkte wie eine zweifelhafte Figur. Einen besseren und vielleicht richtigeren Eindruck von ihm gewann ich viele Jahre später, als ich ihm kurz vor seinem plötzlichen Tod wiederbegegnete. Alle arbeiteten sehr ernsthaft und mit großem Interesse, so daß diese Wochen in Mondsee im ganzen nicht unerfreulich waren.

Meine eigene Rolle in dem Unternehmen war nicht ganz klar definiert, obgleich allgemein die Vorstellung herrschte, daß ich für eine Gage von 75 Dollar pro Woche die Monteverdi-Oper dirigieren sollte, sobald wir in Amerika waren. Schließlich bekam ich heraus, daß ich hauptsächlich deshalb mitgenommen wurde, weil die amerikanischen Agenten darauf bestanden, indem sie sagten, mein Name sei der einzige im ganzen Ensemble, der im voraus werbewirksam sei, natürlich wegen *Jonny spielt auf*. Meinem Wesen entsprechend war mir bei dem Gedanken, dirigieren zu sollen, sehr unwohl, und es befreite mich schließlich von einer seelischen Belastung, als ich mich dieser Verpflichtung entziehen konnte. Davon abgesehen, sah ich der Ozeanüberquerung und den Reisen in dem riesigen fremden Land, von dem ich nicht viel mehr wußte als vorher, mit Bedenken, wenn nicht sogar mit Angst entgegen.

Meine Vorstellung von Amerika wurde kein bißchen positiver, als wir den Besuch von Mr. Hurok, dem Superagenten, genossen, der unsere Reise nach und in Amerika managte. Der Anblick dieses Musterexemplars des amerikanischen Showbusiness erfüllte mich mit nicht geringerem Horror, als ich ihn bei der Begegnung mit Goldstein von Warner Brothers empfunden hatte, der schließlich nur ein Berliner Gangster war. Hurok inspizierte sein Arbeitslager in Mondsee mit der überheblichen Verachtung eines Tyrannen, der es sich leisten kann, totale Ignoranz in bezug auf die Tätigkeiten zu zeigen, die seine Sklaven zwecks Vermehrung seines Vermögens ausführen. Ich nehme an, er hielt den Namen Monteverdi für ein Pseudonym für Křenek oder umgekehrt. Der Einfachheit halber nannte er die fragliche Oper »Pompei«, was ich für gefährlich hielt, denn falls er je die fertige Produktion sehen sollte, würde er sich beschweren, daß der Vesuv nicht darin vorkam. *Le pauvre matelot* mißfiel ihm, weil nur vier Leute auf der Bühne standen und kein hübsches Mädchen, und er verstand nicht, warum der Matrose arm sein mußte, anstatt reich, was Anlaß zu gefälligeren Bühnenbildern geboten hätte. Es war offensichtlich nicht zu erwarten, daß meine Beziehungen zu diesem Herrn sehr herzlich werden würden.

Letzter Urlaub mit dem Vater

Ich hatte von Anfang an vereinbart, daß ich im Sommer vier Wochen Urlaub nehmen würde, um mein *Klavierkonzert* fertigzustellen. Außerdem war ich nicht gewillt, einen ganzen Sommer mit der Operntruppe in Mondsee zu verbringen, das zwar landschaftlich recht schön war, mich aber nicht interessierte. Als wenn ich geahnt hätte, was uns bevorstand, wollte ich noch einmal im richtigen Hochgebirge Ferien machen, bevor ich nach Amerika ging. Ich hatte beschlossen, nach Vent zu fahren, meinem Lieblingsort im Ötztal, und wie sich herausstellte, war es der letzte Urlaub, den ich mit meinem lieben Vater in den österreichischen Alpen erleben durfte. Wir verbrachten eine sehr schöne Zeit miteinander, obgleich mein Vater sich in dieser Höhe nicht ganz wohl fühlte. Ihm fehlte nichts Bestimmtes, es war einfach das Alter, das ihm hin und wieder zu schaffen machte (er war damals einundsiebzig), so daß er auf den ausgedehnten Wanderungen zu den Berghütten nicht mehr bei uns sein konnte.

Das Wetter war meistens ausgezeichnet, und wir gingen alle die altbekannten Wege, zur Breslauerhütte, zur Samoarhütte, zum Vernagthaus, zum Ramoljoch und zu anderen wunderschönen Orten. Ich war glücklich, aber zugleich nervös und melancholisch, weil ich das Gefühl hatte, daß sehr bald ein entscheidender Wendepunkt erreicht werden würde. Auch Berta muß eine Krise gespürt haben und reagierte auf eigentümliche Weise darauf. Einmal entschlossen wir uns, einen Ausflug zum Brandenburger Haus zu machen, dieser vielbesuchten Hütte, die auf einem Felsen tief im Gebirge stand und ganz von Gletschern umgeben war. Das hätte bedeutet, dort zu übernachten, weil die Entfernung von Vent aus so groß war. Es war uns aber nicht bestimmt, dieses wunderschöne Ziel zu erreichen, denn als wir auf den Weg abbogen, der zur Hütte hinaufführte, wurde das Wetter sehr bedrohlich, und wir mußten den Plan aufgeben. An dieser Stelle ließ Berta mich sehen, daß sie unter ihrem Kleid ein winziges grünes Höschen angezogen hatte, offenbar um mein sexuelles Verlangen zu erregen, und in der Stimmung, das außergewöhnliche Ereignis dieses Ausflugs leichtsinnig zu feiern, denn gewöhnlich fürchtete sie sehr, sich zu erkälten und Opfer eines neuerlichen Ischiasanfalls zu werden.

Eines Tages tauchte Anton Webern auf und sagte, er habe sich nur drei Tage von seiner Arbeit freigenommen, was immer das gerade gewesen sein mag, jedenfalls konnte ich nicht glauben, daß sie sehr dringend war. Obgleich das Wetter in jenen Tagen nicht mehr sehr anregend war, hetzte er zum Ramoljoch hinauf und nach Gurgl hinunter und verschwand wieder nach Wien. Ich konnte nicht erkennen, wie diese verrückte Hetzerei ihm irgendeine Befriedigung verschaffen konnte, aber sie war sehr typisch für ihn, und das Ganze mag eine geheimnisvolle Bedeutung gehabt haben, von der wir nichts wußten. Es war das letzte Mal, daß ich den Mann sah, den ich trotz des Kummers, den er mir bereitet hatte, mittlerweile von den zeitgenössischen Komponisten am meisten bewundere.

Von Vent aus fuhr ich für einen Tag nach Innsbruck, um Schmidt-Bloss zu besuchen, der damals Direktor des Zürcher Opernhauses war. Er war an einer Produktion von *Karl V.* entweder vor oder nach Prag interessiert. Das Projekt mußte in seiner Vorstellung bereits eine gewisse Gestalt angenommen haben, sonst wäre er nicht den ganzen Weg von Zürich gekommen, um darüber zu sprechen. Ich erinnere mich nicht, wie weit wir ins Detail gingen. Jedenfalls wurde nichts daraus, und früher oder später wurde die ganze Sache abgeblasen.

Auf unserer Rückreise von Vent verbrachten wir etwa eine Woche in Mondsee, damit ich die letzten Proben zu »Poppea« besuchen konnte. Nichts schien ganz fertig zu sein, aber auf dem Theater ist es das ohnehin nie. Bald fuhren wir über Bad Ischl, Linz und auf der Donau nach Wien zurück, weil ich auf möglichst viele der geliebten Orte einen letzten Blick werfen wollte.

In Wien, wo die Opern probeweise am Stadttheater gespielt werden sollten, blieben nur zwei oder drei Wochen übrig. Da das vorhandene Orchester nicht für viele Proben zur Verfügung stand, wurde vorgeschlagen, daß Sturzenegger »Poppea« dirigieren solle, weil er vermutlich mehr Erfahrung hatte als ich. Wie üblich war ich recht zufrieden, diese Bürde loszuwerden. Ich verlangte aber, das Orchesterzwischenspiel zwischen den beiden Akten dirigieren zu dürfen, das ich aus einigen der ausgelassenen Abschnitte der Partitur entworfen hatte. Um fünf oder sechs Minuten dirigieren zu können, mußte ich der Österreichischen Dirigentengewerkschaft beitreten, was mir verrückt und erniedrigend erschien. Aber ich wollte meine Forderung nicht zurückziehen, und so mußte ich einigen lächerlichen Hokuspokus mitmachen. Der Tag des Dirigats kam und ging ohne Zwischenfall, Sensation, Ruhm oder Skandal vorbei.

An einem der letzten Tage sahen wir im Osten große Rauchwolken in den Himmel aufsteigen. Als wir nachforschten, erfuhren wir, daß die Rotunde, die große Ausstellungshalle im Prater, in Flammen aufging und in Asche zusammenfiel. Damit verschwand ein weiteres Zeugnis jener Zeit, ein weiteres Wahrzeichen des alten Österreich und ein Symbol für meine glücklichen Tage in Wien, damals, als wir am 15. November zu den Weinverkostungszeremonien dorthin gepilgert waren. Das alles machte mich außerordentlich traurig.

11. Oktober 1937: Abreise aus Wien

Wir verließen Wien am 11. Oktober mit dem Nachmittagszug. Ungefähr eine Stunde, bevor wir die Wohnung verlassen mußten, verspürte ich plötzlich den Drang, nach dem letzten Band meiner Kafka-Ausgabe zu greifen, den Tagebüchern und Betrachtungen, und ich notierte rasch einige der fragmentarischen Eintragungen, die früher bereits meine Aufmerksamkeit erregt hatten, weil ich glaubte, daß ich sie vielleicht auf der Reise gern vertonen würde. Das tat ich auch, und ich begann mit der Komposition auf unserem Schiff, der »De Grasse« von der französischen Linie, während wir uns Neufundland näherten, und schloß sie am Neujahrstag 1938 in Hollywood ab. Der kleine Zettel, auf den ich mit Bleistift die Texte geschrieben hatte, ruht bis heute zwischen den Blättern meines katholischen Gebetbuches.

Ich bestieg den Zug in äußerst angstvoller und verwirrter Verfassung, so daß ich, als ich unser Gepäck nach Zürich aufgab, wie ich es schon oft getan hatte, einen Fehler gemacht haben muß, denn ich hatte einen Betrag zu zahlen, der mir übermäßig hoch erschien. Ich sah darin ein Symbol für das Chaos, in das ich zu stürzen glaubte. Im Zug war ich still und mißmutig. Die ganze Zeit über konnte ich das Gefühl nicht unterdrücken, daß ich zum letzten Mal die oft bereiste und innig geliebte Strecke durch die österreichischen Berge nach Westen fuhr. Spätabends näherten wir uns Innsbruck. In Wörgl, ungefähr eine Stunde vor Innsbruck, kamen zwei Hexen in unser Abteil und begannen über Politik zu reden. Sie kritisierten die Haltung des Direktors des Innsbrucker Stadttheaters, der offenbar auf irgendeine Weise seine Treue zu der etablierten österreichischen Regierung bekundet hatte, und sie äußerten ihre Genugtuung darüber, daß die Leute daraufhin nicht mehr ins Theater gegangen waren, denn das geschah dem Kerl recht, weil er Kunst mit Politik vermischt hatte. Natürlich, wenn er Nazifahnen hätte aufziehen lassen, hätten sie das keineswegs als politischen Akt angesehen, sondern den Mann wegen seiner patriotischen Haltung gepriesen. Danach begannen sie von den Festlichkeiten zu schwärmen, die Hitler in München für Mussolini inszeniert hatte, der gerade vor wenigen Tagen seinem Gangsterkumpanen einen Besuch abgestattet hatte. Als eine der Hexen von den wunderbar dekorierten »Kioksen« [sic!] sprach, die man am Hauptbahnhof aufgestellt hatte, drehte sich mir der Magen um, und ich wußte, daß dies meine letzte Fahrt durch Österreich war, daß dieses Land unwiderruflich verloren war und daß ich es nie wiedersehen würde. Anscheinend war diese Reise so von Ekel, Kummer und emotionaler Aufgewühltheit erfüllt, daß ich mich nicht erinnere, auch nur im geringsten von der geliebten Landschaft entlang der alten Strecke beeindruckt gewesen zu sein. Alles war verloren.

Ich vermute, daß wir eine Nacht in Innsbruck verbrachten, und es kann sein, daß wir uns auch in Zürich aufhielten, aber ich erinnere mich nicht an Einzelheiten. In Paris, wo wir ein paar Tage blieben, sollten wir zur Csonka-Truppe stoßen, die sich dort versammelte und ein Treffen in einem Café hatte. Zum vereinbarten Zeitpunkt war niemand da, und ich bekenne, daß ich eine Minute lang fast hoffte, daß wir sie verfehlen würden, daß alles abgeblasen werden würde und daß wir glücklich nach Hause fahren könnten – vielleicht genauso, wie Webern empfunden hatte, als er in Gerona die roten Fahnen sah. Recht bald jedoch wurde Neufeld irgendwo gesichtet, und alles nahm seinen festgelegten Lauf.

Ich glaube, es war in jenen Tagen, daß wir den surrealistischen

Film *Le sang d'un poète* sahen, der mich in vielen Einzelheiten beeindruckte, besonders, als es schien, als würde ein Augapfel mit einer Rasierklinge zerschnitten, und als der Zeichner entsetzt beim Anblick eines Gesichtes, das er gerade gezeichnet hatte und das nun lebendig wurde, dieses vom Papier abwischte, nur um zu sehen, daß der sich bewegende Mund seiner Zeichnung jetzt wie eine schreckliche Wunde in seiner Handfläche klebte.* Berta gefiel der Film überhaupt nicht. Sie weinte viel, offenbar in Vorahnung dessen, was über uns hereinbrechen sollte, aber auch, weil sie dem nachtrauerte, was wir zurückgelassen hatten. Ich fürchte, daß ich ihr nicht viel Trost bieten konnte, obgleich ich es versuchte.

Etwa einen Tag später fuhren wir nach Le Havre und gingen an Bord des Schiffes, das uns in die Neue Welt bringen sollte. Es war ein entscheidender Wendepunkt in meinem Leben, denn der erste große Abschnitt, der mit meiner Geburt begonnen hatte, war zu Ende gegangen, und ein neuer begann. Es ist daher angebracht, diesen Teil meiner Erzählung abzuschließen und auf eine günstigere Situation zu warten, um mit dem zweiten, hauptsächlich amerikanischen Abschnitt zu beginnen.

Sechstes Resümee

Der folgende Teil dieser Aufzeichnungen wird damit beginnen müssen, daß ich Amerika zum ersten Mal betrat, und damit die gegenwärtige Phase meines Lebens betreffen. Zu diesem Zeitpunkt bin ich nicht sicher, wann ich in der Lage sein werde, mich der Schilderung dieses Lebensabschnittes zu widmen. Deshalb scheint es angebracht, das soeben beendete Kapitel mit einer ausführlicheren Analyse und Interpretation meiner Entwicklung bis zu diesem Punkt der großen Veränderung abzuschließen. Für eine Weile dachte ich daran, so etwas wie ein »Porträt des Künstlers als junger Mann«** zu schreiben, aber dieses Projekt erscheint mir angesichts der Zwanglosigkeit dieser Seiten, die teils beabsichtigt, teils von den Bedingungen, unter denen ich sie verfaßt habe, vorgegeben war, als zu anmaßend. Zudem enthalten diese vielen hundert Seiten das Porträt ohnehin, auch wenn seine verschiedenen Züge ungeheuer ausgebreitet, verstreut und mit scheinbar unwesentlichem Material vermischt sind.

Ich möchte diesen Schlußteil daher mit einer Zusammenfassung beginnen, wie ich sie auch an die vorausgegangenen Teile angefügt

* Es handelt sich um Szenen aus Luis Buñuels *Ein andalusischer Hund* von 1928.
** Anspielung auf James Joyces Roman *Jugendbildnis des Dichters*, London 1916.

habe. Da sie notwendigerweise etwas ausführlicher ist als die entsprechenden früheren Abschnitte, führt sie vielleicht automatisch zu einigen allgemeineren Betrachtungen. Die zur Diskussion stehende Periode teilt sich offensichtlich in zwei Zeiträume, die grob als Aufstieg und Niedergang unterschieden werden können, was meine berufliche Laufbahn betrifft, wenn man diese an äußerem Erfolg und öffentlicher Anerkennung mißt. Die Trennungslinie ist durch die Machtergreifung Hitlers in Deutschland bestimmt, denn dieses Ereignis führte zur drastischen Schließung der offenkundigen und leistungsfähigsten Absatzmärkte für meine schöpferische Tätigkeit. Bei sorgfältigerer Betrachtung jedoch sehen die Dinge nicht so einfach aus.

Erstens ist mein Leben nie so vollständig von meinem Beruf als Komponist bestimmt gewesen, daß eine Analyse allein aus diesem Blickwinkel zulässig wäre. Zweitens zeigten sich selbst in diesem Bereich die Symptome des Niedergangs schon lange vor 1933. Als ich kürzlich meine Korrespondenz der Jahre 1928 bis 1937 durchsah, stellte ich überrascht fest, daß ich mich bereits um 1930 subjektiv isoliert, der Resonanz beraubt und ganz allgemein als Versager fühlte, aber noch mehr überrascht war ich darüber, daß trotz des Schweigens, in das sich die meisten meiner deutschen Briefpartner hüllten, selbst nach 1933 noch eine ziemlich lebhafte und vielfältige Reaktion auf mein Werk und meine Person zu bemerken war. Deshalb hat es den Anschein, daß die Katastrophe, die Europa nach dem offenen Ausbrechen des Nazigeschwürs heimsuchte, einen weniger direkten Einfluß auf meine innere Entwicklung hatte, als sie wegen ihrer offenkundigen Wirkung auf äußere Bedingungen zu haben schien. Wie entscheidend sie auf mich einwirkte, indem sie mich aus Europa hinaus und in die Vereinigten Staaten trieb, ist eine andere Frage, die gegenwärtig nicht zur Diskussion steht.

Rückblickend neige ich oft zu der Annahme, daß die fehlende Resonanz, der ich mir schmerzlich bewußt war, auf meine Hinwendung zur Zwölftontechnik zurückzuführen war, was eine ausreichend plausible Erklärung zu sein scheint. Tatsächlich jedoch begannen meine Klagen früher, zu einer Zeit, als meine »romantischen« und jazzigen Werke im allgemeinen noch recht erfolgreich waren, so daß es fast scheinen mag, als wäre meine Hinwendung zur Zwölftontechnik eher eine Auswirkung meines subjektiven Unbehagens als die Ursache einer objektiv beobachtbaren Isolation. Was war dann die Ursache dieses Unbehagens?

Wie es jetzt für mich aussieht, war es wahrscheinlich der Ausdruck eines Schuldgefühls, das ich verspürte, weil ich mich auf dem Höhepunkt meines Erfolges von der Welt zurückgezogen hatte. Meinem Wesen gemäß kam ich zu der Meinung, daß ich mit der falschen Sache erfolgreich gewesen war. Natürlich freute ich mich über den Erfolg von *Jonny spielt auf* – ich hatte nicht genug von einem Heiligen, um ihn ganz zurückzuweisen. Aber im Grunde irritierte er mich, denn ich hatte mit etwas ganz anderem erfolgreich sein wollen. Ich frage mich, was geschehen wäre, wenn beispielsweise *Orpheus und Eurydike* erfolgreich aufgeführt worden wäre, bevor ich in die Schweiz ging oder selbst noch, während ich mich dort aufhielt, oder wenn meine *Zweite Symphonie* in diesen Jahren eine ansehnliche Zahl von Aufführungen mit durchschlagendem Erfolg gehabt hätte. Ich wäre vielleicht nicht in den Bann meiner »Pariser« Philosophie geraten und möglicherweise in der Richtung weitergegangen, die in diesen Werken zu erkennen war. Aber ich ging nun einmal in der Richtung des *Jonny* weiter, fühlte mich dabei aber immer weniger wohl.

Ich wurde empfindlich und reizbar, wie ich aus der Zahl aggressiver und bissiger Briefe ersehen konnte, die ich offenbar verschiedenen Personen, die mich gekränkt hatten, geschrieben habe. Es ist natürlich leicht, in diesen Eigenschaften den Einfluß von Karl Kraus zu erkennen, mit dem ich mich in jenen Jahren mehr denn je identifizierte. Aber daß ich mich diesem Einfluß öffnete und ihn in einem solchen Maß suchte, bedarf einer Erklärung. Jetzt ist mir klar, daß ich, indem ich mich so eng an den großen Polemiker anschloß, mein Gewissen von dem zu reinigen versuchte, was ich getan hatte und als Künstler immer noch tat.

Möglicherweise hätten meine Reaktionen und folglich meine Aktionen anders ausgesehen, wenn ich nicht Wien als Rückzugsort gewählt hätte, sondern vielleicht Südfrankreich, wie es ursprünglich geplant gewesen war. Selbst damals schon war mir bewußt, daß der Ort meiner Wahl eine Reihe eigentümlicher Probleme mit sich bringen würde, wie kein anderer Ort sie geschaffen hätte, und auf diese Weise eine große Zahl von Schwierigkeiten zu den ohnehin schon vorhandenen hinzufügen würde. Zu Wien habe ich stets eine ganz besondere Beziehung gehabt, ähnlich der, die mich jetzt mit Los Angeles verbindet, obgleich sie im Fall Wiens intensiver und kritischer war. Ich nehme an, daß das mit den ungewöhnlichen Bedingungen zu tun hat, unter denen meine Familie in Wien lebte und die ich in den ersten Abschnitten dieser Aufzeichnungen dargestellt habe.

Wenn ich, im Lichte meiner amerikanischen Beobachtungen, meine Eltern als Immigranten in Wien betrachte, war ich praktisch ein Wiener der zweiten Generation, und das würde sehr viele psychologische Merkmale wie Anziehung und Abstoßung, Übertreibung, Überkompensation, Beschämung, Frustration wegen unerwiderter Liebe und ähnliches erklären. Im Vergleich zu amerikanischen Fällen dieser Art besteht insofern ein wesentlicher Unterschied, als jede Beziehung, ob positiv oder negativ, zum Ursprungsland (in meinem Fall Böhmen) stets völlig fehlte. Was für vage Gefühle der Zugehörigkeit zu jenem Land in meiner Kindheit auch existiert haben mögen, in der Zeit meines bewußten Denkens waren sie völlig ausgelöscht.

Wenn ich von Österreich spreche oder daran denke, meine ich zweierlei: das gegenwärtige Staatsgebiet, wie es 1918 festgelegt wurde, und die Idee des übernationalen Reiches, die eine ganz andere, historisch bedingte, theoretische Vorstellung ist. Das wirkliche Österreich ist für mich etwas unendlich Liebenswertes, Zerbrechliches, dessen Unternehmungen und Leistungen mich jedesmal erstaunen und mit Stolz erfüllen, so wie man ein krankes Kind bewundert, wenn es seine Suppe essen kann. Zugleich macht es mich sehr böse und ungeduldig und weckt Verachtung und Wut in mir, wenn ich sehe, daß es keineswegs fein und zart ist, sondern voller Idioten und Gauner. All das hat sich jetzt etwas gelegt, da ich Österreich wieder von einem anderen Standpunkt aus sehe und meine neue Eigenschaft als Amerikaner einbringe, was mit beträchtlichen neuen Problemen verbunden ist. Aber zu der Zeit, die auf den vorausgehenden Seiten geschildert ist, waren diese Gefühle äußerst real und fordernd, so daß sie einen unverhältnismäßig großen Teil meiner Energie verbrauchten.

Manchmal meinte ich, ich müßte diese Fesseln zerreißen und meine Lebensbedingungen radikal ändern, denn ich wußte, daß ich im Hinblick auf meine berufliche Tätigkeit Zeit und Energie verschwendete. Aber ich wußte auch, daß ich nie die Energie aufbringen würde, alles zu zerstören, so daß ich oft insgeheim hoffte, etwas möge geschehen, was mich dazu zwingen würde. Zugleich hatte ich eine Todesangst vor einer solchen Katastrophe. In der Zeit nach 1933 war diese Katastrophe eine sehr reale Drohung, die fast täglich über uns schwebte. Die Frage, wie das Furchtbare geschehen würde und über welchen Grenzübergang man am besten entkommen könnte, wurde viele Male diskutiert. Ich glaube, als ich 1937 schließlich darauf bestand, unseren Haushalt aufzulösen, beruhte das zum Teil auf der instinktiven Erkenntnis, daß die Katastrophe sehr nahegerückt war (obgleich sich die Dinge objektiv gesehen in diesem letzten Herbst der Unabhängigkeit Österreichs zu beruhigen schienen), und teilweise dem Gedanken, daß wir die Spannung nicht viel länger würden ertragen können.

Wie es aussieht, führte ich die Veränderung natürlich in einem höchst ungünstigen Moment herbei, weil ich mich dazu zwingen ließ. Ich bemerke einen seltsamen Widerspruch in meinem Verhalten, insofern nämlich, als ich einerseits dafür berüchtigt bin, daß ich sehr sorgfältig Pläne machen und alle Einzelheiten eines jeden Schrittes peinlich genau festlege, damit alles planmäßig verlaufen kann, wohingegen ich andererseits in den großen Lebensfragen dahinzutreiben scheine und mich von Umständen in jede beliebige Richtung schieben lasse. Es hat den Anschein, daß meine beachtlichen Organisationsfähigkeiten eher auf das Detail ausgerichtet sind als auf langfristige Planung. Das erklärt vielleicht meine Vorliebe für Landkarten, Fahrpläne, Klassifikationen, Definitionen und dergleichen. Ich bin nie in der Lage gewesen, Pläne für mein Leben zu machen, Ziele zu setzen und weitblickend für ihre Verwirklichung zu arbeiten. Das gilt sowohl für mein Privatleben als auch für meine berufliche Arbeit.

In letzterer habe ich mich stets von vorübergehenden Gelegenheiten verlocken lassen, von Projekten, die im Augenblick interessant und faszinierend erschienen, ungeachtet der Zeit und Energie, die ihre Ausführung erfordern würde, und unbekümmert um ihre bleibende Bedeutung innerhalb meines zukünftigen Lebens und darüber hinaus. In späteren Jahren stelle ich gerne fest, daß mein Leben und mein Schicksal in dieser Beziehung (und in ein paar anderen) jenem Mozarts ähneln, der sich in seiner Arbeit gleichfalls momentanen Impulsen zu überlassen schien, ohne jedoch die bleibende Bedeutung seines Werkes dadurch zu beeinträchtigen. Aber wahrscheinlich bedarf es eines Genies von der einzigartigen Kraft Mozarts, um sich solche ziellosen Ergüsse leisten zu können, und schließlich bezahlte auch er in seinem Privatleben dafür. Viel zu spät wurde mir, durch das Studium von Richard Wagners Leben, bewußt, was es bedeutet, nach einem Plan zu leben und zu arbeiten. Ich neige jetzt zu der Annahme, daß ein vernünftiges Gleichgewicht zwischen wahrer Bedeutung und vorübergehendem Erfolg in der Regel nur durch bewußte Planung zu erreichen ist, die zumindest auf instiktivem Wissen um die eigene Position in der Totalität des zeitgenössischen Lebens beruht.

Diese Orientierung erfordert vor allem ein gewisses Maß an Spezialisierung und Zielstrebigkeit, besonders seit dem späten neunzehnten Jahrhundert. Ich glaube, daß dies etwas mit der Erweiterung der Basis öffentlicher Anerkennung zu tun hat. Ein Publikum, das sich von jedem Ausschnitt des öffentlichen Lebens mit Hilfe von Berichten aus zweiter Hand sein Bild macht, mittels Rezensionen, Kritiken und Meldungen aller Art, statt durch unmittelbare Erfahrung, ist weniger geneigt und weniger gut gerüstet, das vielfältige

Schaffen eines Künstlers zu verfolgen und zu würdigen, der eigene Wege geht und Stilveränderungen durchmacht, als ein begrenztes Publikum, das größtenteils aus Kennern besteht, so wie es, wie wir annehmen, im achtzehnten Jahrhundert und noch zu Beethovens Zeit existiert hat. Er war vielleicht der letzte Komponist, dessen Arbeit in vielen Gattungen geschätzt wurde, aber auch an ihn erinnert man sich heutzutage im allgemeinen hauptsächlich als an den Schöpfer von neun monumentalen Symphonien.

In meiner frühen Schulzeit spielte ich mit dem Gedanken, der nächste große Symphoniker nach Mahler zu werden, aber sehr schnell verlor ich dieses Programm aus den Augen, und sobald mir bewußt wurde, mit welcher außerordentlichen Leichtigkeit ich zu komponieren vermochte, ließ ich mich von jedem wie auch immer gearteten Projekt verführen. Ich glaube, aus diesen Aufzeichnungen ist bereits deutlich geworden, daß ich mich seit jeher mit Hindemith verglichen habe. Ein solcher Vergleich bot sich aufgrund der zeitlichen und räumlichen Nähe unserer Tätigkeit an. Es war interessant für mich zu beobachten, daß Gustav Mahler der Laufbahn von Richard Strauss offenbar mit einer ganz ähnlichen Haltung folgte. Heute frißt mich offen gestanden der Neid angesichts dessen, was Hindemith in dieser Welt erreicht hat, weil er es auf genau demselben Gebiet leistete, auf dem ich nach Lorbeeren strebte. Der ungeheure praktische Erfolg Kurt Weills, eines anderen Zeitgenossen, berührte mich nie in derselben Weise, weil er auf einem ganz anderen Teil des Schlachtfelds aktiv war. Die Tatsache, daß *Jonny spielt auf* in die gleiche Richtung tendierte, erschien mir als reiner Zufall.

Nun erlebte Hindemith die gleichen Versuchungen wie ich, indem er sich mit allen erdenklichen Gattungen beschäftigte, aber wie sich später herausstellte, tat er das viel systematischer, als folgte er einem eindeutigen Plan oder einem Instinkt, der ihn kaum jemals trog. Der objektive künstlerische Wert seines Werkes interessiert mich hier nicht, denn ich bin nicht bereit, die Frage, ob so etwas existiert oder wie man es erkennen sollte, auch nur subjektiv zu beantworten, und ich glaube, daß sie sich in diesem Zusammenhang gar nicht stellt. Es erscheint ausreichend festzustellen, daß meine Kompositionen nach denselben Kriterien beurteilt wurden wie seine, da sie der gleichen Kategorie und der gleichen Klasse künstlerischen Schaffens angehören. Seine Vielseitigkeit stand seiner öffentlichen Anerkennung als wichtige Persönlichkeit des Jahrhunderts nicht im Weg, vor allem weil er seinen Kompositionsstil nicht auf so sensationelle Weise änderte wie ich es tat, als ich die Atonalität (oder was immer die richtige Klassifizierung meines früheren Stils sein mag) über den Haufen warf und mich in das verjazzte Schubert-Idiom hineinstürzte.

Weiterhin stellte sich später heraus, daß die große Mehrzahl von Hindemiths Kompositionen dauerhaft praktisch einsetzbar war, das heißt, daß die Werke unter vielen verschiedenen Umständen Musiker ansprachen, was für praktische Zwecke wichtiger ist, als daß solche Kompositionen den Hörern gefallen. Mein Eindruck ist, daß Hindemiths Musik niemandem besonders gefällt, aber Interpreten werden aus verschiedenen Gründen von ihr angezogen, und deshalb hat sie Erfolg. Das hat nichts mit »bleibenden« Werten zu tun. Wie ich schon sagte, geht es mir hier überhaupt nicht um dieses Konzept. Zudem hat Hindemith erkannt, wie wichtig es in unserer Zeit ist, ein »System« zu haben. In dieser wissenschaftsgläubigen Ära scheint es die Autorität eines Komponisten zu erhöhen, wenn er irgendeine Theorie für sich in Anspruch nehmen kann, obgleich die Kritiker nie müde geworden sind, ihren Horror vor jeder Art von Kompositions»system« zu bekunden. Ich bezweifle nicht, daß Schönbergs Ruhm sehr davon profitiert hat, daß er die Zwölftontechnik erfunden hat, obgleich die meisten nicht wissen, was das ist, und diejenigen, die glauben, daß sie es wissen, sind in der Hauptsache dagegen. Hindemith hat schlau erkannt, daß es allgemein von Vorteil ist, ein theoretisches System zu haben, und daß es insbesondere von Vorteil war, eines zu haben, das der vielfach beargwöhnten Zwölftontechnik entgegengesetzt war. Auch die Tatsache, daß er sich in sein selbst erbautes Gefängnis tragischerweise selbst eingemauert hat, hat weder seinen Erfolg verringert noch seine Autorität geschmälert, zumindest bisher noch nicht. Dies ist jedoch nicht der Ort, um über Hindemiths Zukunft zu spekulieren.

Im Vergleich zu ihm und in Anbetracht des Umfangs meines Werkes habe ich überraschend wenige »praktische« Stücke geschrieben. Symphonien gelten nicht als praktisch verwertbar, weil sie für den allgemeinen Gebrauch als zu lang und zu unhandlich betrachtet werden. Deshalb kann ich meine symphonischen Werke von vornherein beiseite schieben, selbst wenn ich darüber hinwegsehe, daß sie wirklich schwer aufzuführen sind. Aber ich habe nie jene kleineren, leicht spielbaren Stücke geschrieben, die für zahlreiche Aufführungen sorgen. Von meinen früheren Orchesterwerken kann ich hier nur das *Zweite Concerto grosso* anführen, aber in der Aufmerksamkeit der Dirigenten wurde es vom Getöse des *Jonny* ausgelöscht, wie alles andere, was ich geschrieben hatte, bevor dieser Feuerwerkskörper losging. Konzerte, für die man Solisten braucht, sind deshalb unpraktisch, weil sie nur dann in die Programme aufgenommen werden können, wenn sie von Interpreten mit großen Namen unterstützt werden, und solche Leute sind nicht daran interessiert, für neue Musik ins Feld zu ziehen. Während meiner »romantischen« Periode konzentrierte ich mich so stark auf die Oper, daß ich nur wenige Orchesterwerke schrieb, wie die *Suite* aus *Triumph der Empfindsamkeit*, das *Potpourri* und die *Kleine Symphonie*. Von diesen waren nur die ersten beiden in gewissem Maße praktisch verwertbar, aber weil ihr Idiom von den Konventionen der Moderne so weit entfernt war und von einem Komponisten mit meinem Hintergrund erwartet wurde, daß er diese bis zu einem gewissen Grad einhielt, wurden die Werke bald als Kuriosität ad acta gelegt. Kammermusik ist nur beschränkt praktisch verwertbar. Hindemith hatte den Vorteil, daß er für seine Streichquartette selbst mit seinem Ensemble Werbung machen konnte, was mir nicht möglich war. Solosonaten sind ebenfalls nicht sehr praktisch oder haben an praktischer Verwertbarkeit verloren, weil das Solokonzert aus der Mode gekommen ist. Es zeigt Hindemiths wachen Sinn für die Realität des Lebens, daß er sich hinsetzte und mit der Ausdauer, Gleichgültigkeit und methodischen Beharrlichkeit eines Lohnschreibers zwanzig Sonaten für fast alle nur denkbaren Instrumente plus Klavier fabrizierte. Das kam mir nie in den Sinn, obgleich ich einen Teil meiner Gewandtheit im Komponieren für eine ähnliche Aufgabe hätte nutzen können. Erst vor wenigen Jahren schrieb ich, auf Anregung eines Interpreten, eine Sonate für Viola und Klavier, und zu meiner Überraschung ist sie zu einem meiner begehrtesten Stücke geworden.

Was die Frage des »Systems« angeht, könnte ich auf die Tatsache verweisen, daß ich mich für die Zwölftontechnik entschied. Aber ich dachte nie daran, das aus taktischen Gründen zu tun. Meine Wahl war das Ergebnis einer ernsthaften Gewissenskrise. Unter dem Aspekt der Publikumswirksamkeit nützte diese Wahl mir überhaupt nichts, denn dieses »System« war ganz und gar unpopulär, und vor allem war es nicht meine Erfindung. Daß ich es später auf, wie ich glaube, originelle Weise weiterentwickelte, blieb größtenteils unbemerkt und war für Werbungszwecke unbrauchbar. Es kann durchaus sein, daß ich insgesamt kein sehr origineller Schaffender bin, da es mir nie in den Sinn kam, nach etwas Neuem und ganz Eigenem zu greifen. Das ist ein weiterer Punkt, in dem ich mich ab und zu, aus respektvoller Entfernung, gern mit Mozart vergleiche.

Jedenfalls will ich mit all dem zeigen, daß ich trotz meiner hochgestochenen Beschäftigung mit soziologischen Problemen, zu der Adorno mich angeleitet hatte, offensichtlich keinen sehr ausgeprägten Sinn für die Realität der Welt besaß, in der ich lebte und die mich als Person und als Künstler betraf. Natürlich fand diese Art der soziologischen Analyse immer auf einem sehr erhabenen theoretischen Niveau statt und führte nur zu einer totalen Verachtung der bestehenden Verhältnisse, was sich sehr gut mit den Ideen und Haltungen von Karl Kraus vertrug. Da ich es mir zeitweilig leisten konnte, fand ich es sehr elegant, alles als verkommen anzusehen und mir in einer heiteren, allerdings bitteren Distanziertheit zu gefallen. Und dies paßte erneut zu einem tief im österreichischen Charakter verankerten Zug.

Wenn ich diese Zusammenfassung zusammenfasse, komme ich zu dem Schluß, daß ich in der besprochenen Periode in bezug auf meine künstlerische Arbeit viel passiver war, als für mich gut war. Vor allem ließ ich es zu, daß die *Jonny*-Geschichte mir einen Schock versetzte, der weit über jedes vernünftige Maß hinausging. Ich heuchelte angesichts dieses Ereignisses Gleichmut, doch während das an sich eine lobenswerte Haltung war, übersetzte ich Gleichmut als ängstlichen Rückzug in schmollende Unnahbarkeit, anstatt den Schock zu analysieren und seine Elemente in neue, produktive Tätigkeit umzuwandeln. Angesichts dessen könnte ich sogar sagen, daß ich mich aus lauter Angst auf die Zwölftontechnik einließ, statt sie mir anzueignen, oder, was noch besser gewesen wäre, in vollkommener geistiger Freiheit ein neues Gedankengebäude zu errichten. Das mehr als angenehme Nebenprodukt meines Erfolgs, die finanzielle Unabhängigkeit, wirkte im gleichen Sinn auf mich. Statt sie für neue, konstruktive Schritte zu nutzen, leitete ich daraus als wichtigsten Vorzug den Gedanken ab, daß ich es mir leisten konnte, nichts zu tun. Meine Art, an die Probleme meines Künstlerdaseins heranzugehen, war meistens launisch und negativ.

Was mein Privatleben als Mensch betrifft, würde ich jetzt sagen, daß mein Hauptanliegen gesellschaftliche Kontakte waren. Nie zuvor hatte ich in meinen Beziehungen zu meinen Mitmenschen ein so tiefgreifendes und schwerwiegendes Problem gesehen, und so ist es praktisch die ganze Zeit und sogar bis heute geblieben. Oberflächlich gesehen wurde das Problem dadurch hervorgerufen, daß ich es mir aufgrund meiner besseren finanziellen Lage leisten konnte, gesellschaftlichen Verkehr aufrechtzuerhalten, so wie ich ihn in den Häusern meiner Freunde beobachtet hatte. Doch daraus entwickelte sich nichts Befriedigendes. In klaren oder weniger verzweifelten Momenten erkannte ich, daß die Sache im Grunde nur sehr wenig mit finanziellen Mitteln zu tun hatte, denn viele der Freunde, die ich bewunderte und um ihre gesellschaftlichen Umgangsformen beneidete, hatten nicht mehr, sondern eher viel weniger Geld als ich. Ich mußte natürlich annehmen, daß der Fehler in meinem Charakter und in meiner Persönlichkeit lag, was ich freilich nur zögernd zugeben mochte. Obgleich ich das Problem seit mehr als zwanzig Jahren studiere, habe ich noch keine Lösung gefunden. Denn im großen und ganzen glaube ich nicht, daß ich besonders mißmutig oder misanthropisch bin. Im Gegenteil, der Gedanke an Geselligkeit und gesellschaftlichen Verkehr gefällt mir sehr gut. Aber ich scheine nicht fähig zu sein, in mir und um mich herum die richtige Stimmung dafür zu schaffen, abgesehen von sehr seltenen Gelegenheiten.

Leider war Berta nicht dafür gerüstet, dem abzuhelfen. Obgleich sie versicherte, daß ihr der Gedanke an gesellschaftliche Kontakte ebenfalls zusagte, litt sie sehr, wenn wir Gäste hatten, denn sie geriet in einen Zustand fast unerträglicher Nervosität und hatte schreckliche Minderwertigkeitsgefühle in bezug auf unsere Vorbereitungen. In Wien war das noch nicht so schlimm wie später, weil wir dort eine Köchin hatten, und mit ihrem ausgeprägten Sinn für und ihrem festen Glauben an die Unfehlbarkeit von Experten fühlte Berta sich auf sicherem Boden, wenn Marie, die schließlich dafür bezahlt wurde, die Verantwortung für die Organisation übernahm. Trotzdem, Tischgäste zu haben war immer eine große Belastung, und das verbesserte meine Einstellung nicht. Wenn wir auswärts eingeladen waren, litt Berta häufig unter einer anderen Art von Minderwertigkeitsgefühl, weil sie annahm, daß sich unsere Gastgeber eigentlich nichts aus unserem Besuch machten.

Es waren allerdings nicht nur die Begleitumstände, die mich störten, sondern auch die Auswahl der Menschen, mit denen wir uns trafen. Einige von ihnen sind hier bereits erwähnt worden. Ich war nicht so snobistisch, daß ich etwas gegen sie gehabt hätte, weil sie nicht berühmt oder sensationell genug waren, sondern ich wollte sehr gerne »interessante« Leute sehen, die auf ihrem Gebiet bedeutend waren, weil ich mich für viele Dinge aufrichtig interessierte. Aber ich wußte nie, wie ich es anfangen sollte, solche Menschen kennenzulernen oder anzuziehen. Der Neid nagte an mir, wenn ich hörte, wen dieser oder jener kennengelernt oder bei sich zu Gast gehabt hatte, und ich konnte nicht herausfinden, was ich tun könnte, um das gleiche zu erreichen. Ich glaube, für eine Weile trat ich sogar dem Österreichischen Club bei, einem ziemlich kostspieligen gesellschaftlichen Unternehmen, aber ich gab das schnell wieder auf, denn wann immer ich mich in die sehr eleganten Räume begab, lernte ich absolut niemandem kennen, wurde niemandem vorgestellt und ging wieder, ohne ein einziges Wort gesprochen zu haben. Ich sehe wohl, daß das unglaublich albern klingt, aber zu meiner Schande muß ich gestehen, daß es mir, wenn ich jetzt in die gleiche Situation käme, nicht besser ergehen würde. Ich weiß einfach nicht, was man tut, wenn man Leute kennenlernen möchte, und ich weiß nicht einmal, ob es eine

Methode gibt, die ich erlernen könnte. Personen, die diese Sache erfolgreich praktizieren, versichern mir, daß es so etwas wie eine Methode nicht gebe, und ich spüre, daß sie glauben, ich müsse leicht schwachsinnig sein, wenn ich solche Fragen stelle. Offenbar ist das Ganze nicht wert, daß man überhaupt ein Wort darüber verliert. Aber ich muß hier davon berichten, weil es zeigt, womit ich mich im Zusammenleben mit mir selbst abfinden muß.

Mit Berta war ich immer glücklich, und keine andere Versuchung trübte diesen Zustand. Sie ist, auf ihre eigene schwierige Art, immer gut zu mir gewesen, und ich bin sicher, daß sie mich liebte, was auch immer das bedeutet. Unsere Verbindung erfüllte sie mit großem Stolz, wie sie häufig sagte, aber ich glaube nicht, daß ihr das vorzuwerfen ist. Ich bin der Ansicht, daß jede Bindung dieser Art zu einem großen Teil auf Egoismus beruht, und das ist nur natürlich. Heutzutage schmerzt die Erinnerung an diese Zeit unerträglich, und ich bin jetzt nicht in der Lage, mit auch nur ein wenig Abstand darüber zu reden.

Eine große Komplikation in meinem Leben entstand durch die Wiederbelebung meiner religiösen Gefühle und meiner Beziehung zur Kirche. Während die Vorstellungen und Gedanken, die dadurch erzeugt wurden, mir neue Horizonte eröffneten und mich mit ungeheurer Befriedigung erfüllten, erahnte ich unterschwellig immer unbekannte Schwierigkeiten, die sich im Dunkel der Zukunft zusammenbrauten. Wiederum war ich zu selbstzufrieden und zu passiv, um die Sache zu durchdenken und mich zum Handeln zu entschließen. Wiederum ließ ich es zu, daß die Keime des Kummers und der Verzweiflung Wurzeln schlugen. Vielleicht lag einer der Gründe für meine Verwirrung darin, daß ich mit meinen neu erwachten religiösen Gefühlen nicht so sehr eine neue Beziehung zu Gott gesucht oder gefunden, sondern das Schwergewicht darauf gelegt hatte, einen neuen Platz innerhalb des Bezugsrahmens der Kirche zu finden. Ich habe zu erklären versucht, in welcher Weise das ein Ausdruck meiner Natur und durch meinen Hintergrund bestimmt war. Trotzdem machte es die Sache sehr schwierig, denn wann immer Probleme auftraten, konnte ich damit nicht direkt zu Gott gehen, sozusagen, und mit ihm über meine Sorgen reden, sondern ich konnte sie nur im Sinn der kirchlichen Lehren bewerten, die eindeutig und starr waren, so daß es nicht nützlich erschien, mit einem Priester über das Problem zu sprechen. Da meine Angelegenheiten später die erschreckende Form einer verzweifelten Krise annahmen, konnte ich mich nie dazu überwinden, sie mit einem Geistlichen zu besprechen – obgleich ich oft daran dachte –, denn ich fand, daß ich nichts weiter tun konnte, als zu beichten, daß ich gesündigt hatte, und das wußte ich ohnehin. Deshalb muß ich zu meiner großen Bestürzung sagen, daß meine Religion mir überhaupt nicht half, als die Tage vernichtender Schwierigkeiten kamen, sondern alles nur noch problematischer machte. Noch einmal: Was hatte ich falsch gemacht? Wieder erfüllte mich nur Neid auf Menschen, die den wunderbaren Trost priesen, den sie in ihren religiösen Überzeugungen gefunden hatten.

Das Beste, das ich über jene Wiener Jahre sagen kann, ist, daß ich in keiner Hinsicht Kompromisse schloß, zumindest nicht viele. Selbst hier schleicht sich eine Spur Zweifel ein, denn schließlich könnte man fragen: Integrität um welchen Preis? Doch es ist vielleicht nicht nötig, den Kräften der Zersetzung so viel Raum zu geben. Wenn ich vielleicht auch nicht sehr energisch und aktiv für ein klar definiertes Wertesystem eintrat, so nahm ich doch zumindest die Werke dieser Welt nicht passiv hin. Für meinen Standpunkt in der großen politischen Krise jener Jahre schäme ich mich nicht.

Was mir angesichts späterer Erfahrungen höchst bedauerlich erscheint, ist die Tatsache, daß ich jene Zeit nicht nützte, um mich für die kommenden Stürme besser zu rüsten. Ganz offenbar muß ich das aus rein praktischen Gesichtspunkten bedauern. Ich kümmerte mich nicht um meine finanziellen Mittel, indem ich sie absicherte und für die Stunde der Not bereithielt. Ich bereitete keine Brückenköpfe auf der anderen Seite vor, die ich hätte nutzen können, wenn ich die Brücken hinter mir würde abbrechen oder abbrechen lassen müssen, wie es geschah – und all das, obgleich ich mir der Gefahr deutlich und andauernd bewußt war. Aber meine mangelhafte Vorbereitung war, selbst abgesehen von praktischen Erwägungen, verhängnisvoll. Ich war nicht weitsichtig genug, um die geistigen und persönlichen Implikationen der unausweichlichen Krise zu ermessen. Ich überließ mich den Qualen der Reue, die mich die ganzen zehn Jahre über heimgesucht haben, in denen ich damit beschäftigt war, diesen Bericht über mein Leben zu Papier zu bringen. Die Zahl der Fälle, in denen ich etwas hätte unternehmen sollen und nichts unternahm, ist erstaunlich. Ich muß daraus schließen, daß meine Gefühlskräfte immer noch stark unterentwickelt waren, daß meine Seele träge und gefühllos war.

Die Strafe ist über mich gekommen, und ihr Ende ist immer noch nicht abzusehen. Doch es ist Zeit, mit diesem Erguß aus Selbstanklage und Selbstmitleid aufzuhören. Es ist gang und gäbe, jemanden zu verachten, der sich selbst leid tut. Ich habe diese Ansicht nie ganz verstanden, denn ich meine, daß wir, wenn wir Mitleid verspüren, immer Mitleid mit uns selbst empfinden. Das tue ich auch, und es gehört zu den wenigen Dingen, für die ich mich eigentlich nicht schäme.

Ich beschließe diesen Teil meiner Aufzeichnungen am Dreikönigstag, dem 6. Januar 1952, in der Stadt Teresópolis im Staat Rio de Janeiro und der Republik Brasilien, wo ich gerade angekommen bin, um als Dozent an der Internationalen Sommerschule der Pro-Arte-Organisation Brasiliens teilzunehmen. Ich habe den Winter Europas hinter mir gelassen – noch vor einer Woche bin ich über die schneebedeckten Berge meines alten, immer noch geliebten Heimatlandes gewandert –, und um mich herum ist der tropische Sommer. Ich denke in Liebe an meine Frau Gladys, die zu diesem Zeitpunkt wohl gerade den Ozean überquert, um nach Kalifornien zurückzukehren, wo ich mir sehnlich ein Zuhause schaffen möchte. Ich denke mit unendlicher Zärtlichkeit an Berta, die in Los Angeles lebt, allein und verbittert. An meine Mutter, die ich in Innsbruck zurückgelassen habe und die wie immer sehr gut zu mir war. Und an meinen lieben Vater, für dessen Seelenheil ich weiterhin bete. An sie alle denke ich mit Liebe aus tiefstem Herzen, und ich bitte sie inständig um Vergebung für all die Grausamkeiten und Herzlosigkeiten, die ich ihnen entgegen meinen besten Vorsätzen zugefügt habe. Möge Gott sie für immer und ewig segnen, und möge Gott mit mir, Seinem armen und unwürdigen Diener, Erbarmen haben.

Ernst Krenek

ANHANG

DATEN ZU LEBEN UND WERK

1900 geboren am 23. August in Wien
1906 erster Musikunterricht und erste Kompositionsversuche
1916 Beginn des Studiums bei Franz Schreker an der Wiener Musikakademie
1918 Militärdienst
1919 Philosophiestudium an der Wiener Universität (zwei Semester)
1920–23 folgt Franz Schreker an die Staatliche Musikhochschule in Berlin; Begegnung mit Ferruccio Busoni, Hermann Scherchen, Eduard Erdmann, Artur Schnabel u.a.
1921 erste Kompositionen in freier Atonalität
Streichquartett Nr. 1 (op. 6)
1922 *Symphonie Nr. 2 (op. 12)*
Die Zwingburg (op. 14)
Szenische Kantate in einem Akt
Text von F. Demuth, bearbeitet von F. Werfel
1923–25 Aufenthalt in der Schweiz, Begegnung mit Friedrich Gubler (Feuilleton-Chef der »Frankfurter Zeitung«), Rainer Maria Rilke und Werner Reinhart
1923 *Der Sprung über den Schatten (op. 17)*
Komische Oper in drei Akten (10 Bildern) / Text von E. Krenek
Streichquartett Nr. 3 (op. 20)
Orpheus und Eurydike (op. 21)
Oper in drei Akten / Text von O. Kokoschka
1924 erste Begegnung mit Theodor W. Adorno; Reise nach Frankreich; Auseinandersetzung mit der Musik Igor Strawinkskys und *Lex Six*; kompositorische Annäherung an den Neoklassizismus; heiratet Anna Mahler
Konzert für Violine und Orchester Nr. 1 (op. 29)
1925–27 Assistent von Paul Bekker an der Staatsoper Kassel; literarische Auseinandersetzung mit der Gattung Oper; Beschäftigung mit der Musik Schuberts; romantische Kompositionsphase
1926 *O Lacrimosa (op. 48)*
Drei Gesänge für Sopran oder mittlere Stimme und Klavier /
Text von R. M. Rilke
Jonny spielt auf (op. 45)
Oper in zwei Teilen / Text von E. Krenek

1927 folgt Paul Bekker als Assistent an die Staatsoper Wiesbaden; Uraufführung von *Johnny spielt auf* in Leipzig; internationale Anerkennung

1928/29 heiratet die Schauspielerin Berta Haas (Hermann); Rückkehr nach Wien; Bekanntschaft mit Karl Kraus
Leben des Orest (op. 60)
Große Oper in fünf Akten (8 Bildern) / Text von E. Krenek

1929 Nordafrikareise; Intensivierung der literarischen Tätigkeit, insbesondere für die Musikzeitschrift »Anbruch« und die »Frankfurter Zeitung«; Auseinandersetzung mit musikästhetischen Fragen
Reisebuch aus den österreichischen Alpen (op. 62)
Liederzyklus für mittlere Stimme und Klavier in vier Bänden / Text von E. Krenek

1930 *Kehraus um St. Stephan (op. 66)*
Satire mit Musik in zwei Teilen (19 Szenen) / Text von E. Krenek

1931 Kompositionsauftrag der Wiener Staatsoper für *Karl V.*
Durch die Nacht (op. 67) für hohe Stimme und Klavier
Zyklus aus »Worte in Versen« von K. Kraus
Gesänge des späten Jahres (op. 71)
Liederzyklus für mittlere Stimme und Klavier / Text von E. Krenek

1932–33 mit Alban Berg, Rudolph Ploderer und Willi Reich Gründung der Musikzeitschrift »Dreiundzwanzig«; tätig in der IGNM; erste Kompositionen in Zwölftontechnik

1933 Krenek wird in Deutschland auf die schwarze Liste der Nazis gesetzt
Karl V. (op. 73)
Bühnenwerk mit Musik in zwei Teilen / Text von E. Krenek

1934 aus politischen Gründen wird die Aufführung von *Karl V.* verhindert; Spanienreise

1934–37 rege literarische Tätigkeit; freie Konzert- und Vortragstätigkeit in Wien und anderen Städten; Beiträge für die »Wiener Zeitung«

1936 *Streichquartett Nr. 6 (op. 78)*

1937 erste Amerikareise
»Über neue Musik« (Ringbuchhandlung, Wien)

1938 zweite Amerikareise; verläßt Österreich nach dem Anschluß an das Deutsche Reich; Vorträge und Konzerte im amerikanischen Exil
»Music Here and Now« (G. Schirmer, New York)

1939–42 Professor of Music am Vassar College in Poughkeepsie, N.Y.; Gastvorlesungen an den Universitäten von Michigan und Wisconsin

1941/42	*Lamentatio Jeremiae Prophetae (op. 93)* *für gemischten Chor*
1942–47	Professor of Music, Head of the Department of Music und Dean of the School of Fine Arts an der Hamline University, St. Paul, Minnesota
1943/44	*Siebtes Streichquartett (op. 96)*
1945	Zuerkennung der amerikanischen Staatsbürgerschaft *Symphonische Elegie* *für Streichorchester (op. 105)*
1947–49	Gastvorlesungen an Universitäten und Colleges in New Mexico, Los Angeles und am Chicago Musical College
1947–66	ständiger Wohnsitz in Los Angeles
1948	»Selbstdarstellung« (Atlantis-Verlag, Zürich)
1950	heiratet die Komponistin Gladys Nordenstrom; Wiederaufnahme von Konzert- und Vortragsreisen in Europa; Dozent bei den Darmstädter Ferienkursen
1951	*Medea (op. 129)* *Dramatischer Monolog für Mezzosopran und Orchester*
1952	»Zwölfton-Kontrapunktstudien« (Edition Schott, Mainz / London)
1952/53	*Pallas Athene weint (op. 144)* *Oper in einem Vorspiel und drei Akten / Text von E. Krenek*
1953	»Johannes Ockeghem« (Sheed and Ward, London)
1954	Krenek-Festival in Madison, Wisconsin
1956	serielle Kompositionsversuche; Beschäftigung mit elektronischer Musik und mittelalterlichem Kontrapunkt *Spiritus intelligentiae, sanctus für 2 Sänger, Sprecher und Elektronik (op. 152)*
1957	Gastprofessor an der Princeton University *Sestina (op. 161)* *für Sopran und Orchester / Text von E. Krenek*
1958	»Zur Sprache gebracht« (Langen-Müller-Verlag, München)
1960	Venice-Krenek-Festival
1963	Krenek-Festival der North Carolina Music Society in Raleigh, North Carolina Großer Österreichischer Staatspreis *Chrysomallas (Der goldene Bock) (op. 186)* *Oper in vier Akten / Text von E. Krenek*
1965	Krenek-Festival in Minneapolis/St. Paul, Minnesota; Gastprofessur an der Brandeis University in Waltham, Massachusetts »Prosa Dramen Verse« (Langen-Müller-Verlag, München)
1966	Umzug nach Palm Springs, California Bach-Preis der Stadt Hamburg

1967 Gastprofessur am Peabody Institute in Baltimore, Maryland und an der University of Hawaii
Horizon Circled für Orchester (op. 196)
Perspectives für Orchester (op. 199)

1968 Europareise mit intensiver Dirigier- und Lehrtätigkeit

1969 erstes Krenek-Festival beim »steirischen herbst« in Graz

1972/73 *Spätlese für Bariton und Klavier / Text von E. Krenek (op. 218)*

1974 Krenek-Festival der California State University Northridge
»Horizons Circled« (University of California Press, Berkeley)

1975 75. Geburtstagsfeier am College of the Desert in Palm Desert, California; Twin Cities Music-Festival in Honor of Ernst Krenek der Hamline University in Minnesota; Krenek-Festivals an der California State University Northridge und der University of California San Diegeo
Feiertagskantate für Sprecher, Mezzosopran, Bariton, Chor und Orchester / Text von E. Krenek (op. 221)

1977 *They know what they wanted für Erzähler und kleines Ensemble / Text von E. Krenek (mit Zitaten aus anderen Sprachen (op. 227)*

1978 Gründung des Ernst-Krenek-Archivs an der University of California San Diego
The Dissembler (op. 229)
Monolog für Bariton und Kammerorchester / Text von E. Krenek (englisch, mit Zitaten aus anderen Sprachen)

1979 Krenek-Festival der University of California, Santa Barbara

1980 Gründung des Ernst-Krenek-Archivs in der Wiener Stadt- und Landesbibliothek; Zehn-Städte-Tour durch die Vereinigten Staaten und Kanada (Goethe-Institut)
Ehrenbürger der Stadt Wien

1981 *Streichquartett Nr. 8 (op. 233)*
Arc of Life für Kammerorchester (op. 234)

1982 Ausstellung der Wiener Stadt- und Landesbibliothek »Dank an Ernst Krenek«; Beginn jährlicher Sommeraufenthalte im Mödlinger Arnold-Schönberg-Haus

1984 Erstaufführung von *Karl V.* an der Wiener Staatsoper

1985 Krenek-Festival der University of California San Diego
Streichtrio (op. 237) in zwölf Stationen

1986 Erster Kompositions-Wettbewerb um den Ernst-Krenek-Preis der Stadt Wien

1988 *Opus sine nomine (op. 238) für Solisten, gemischten Chor und Orchester / Text von E. Krenek (deutsch und latein, Mischtext)*

1991 gestorben am 22. Dezember in Palm Springs

1992 Überführung und Beisetzung in einem Ehrengrab der Stadt Wien

ZUR TEXTGESTALT

Ernst Krenek verfaßte seine schlicht als MEMOIRS betitelten Erinnerungen in den zehn Jahren von 1942 bis 1952. Er begann sie in St. Paul, Minnesota, und setzte sie fort bzw. schloß sie ab in Los Angeles, wohin er 1947 übergesiedelt war. Das Originalmanuskript, das einen Umfang von 950 Seiten hatte, war handgeschrieben. Krenek selbst tippte dann diese Fassung bis in das Jahr 1954 mit Maschine ab – daher gibt es im Text an verschiedenen Stellen Hinweise und Datumsangaben, die über den eigentlichen Abfassungszeitraum, 1942 bis 1952, hinausreichen. Die Endfassung bestand aus 1104 Seiten, mit einem Durchschlag.

Das handschriftliche Original sowie das Typoskript befinden sich im Besitz von Gladys N. Krenek, seiner Witwe. Den Durchschlag des Textes übergab Krenek an die Library of Congress in Washington mit der Auflage, den Text erst 15 Jahre nach seinem Tod der Öffentlichkeit zugänglich zu machen. Dies war vor allem zum Schutz der Privatsphäre mancher der in den Erinnerungen beschriebenen Personen gedacht, die zum Zeitpunkt der Abfassung noch lebten. Krenek selbst ging, nach Aussagen seiner Witwe, damals nicht davon aus, daß er sehr alt werden würde, und hatte deshalb diese Verfügung getroffen. Als er im Jahr 1991 starb, war seine Publikationssperre durch die inzwischen vergangenen Jahrzehnte seit der Niederschrift der Erinnerungen obsolet geworden.

Das Originalmanuskript ist lediglich in sechs große Kapitel unterteilt, es gibt keinerlei Zwischenüberschriften, Leerzeilen oder weiterführende Hinweise. Für die Buchfassung wurden diese Gliederungselemente vom Lektorat hinzugefügt, um eine bessere Orientierung in der enormen Textmenge zu ermöglichen. (Ein kurzer zweiseitiger »Anhang zum sechsten Kapitel«, in dem Krenek sich ausschließlich mit zwei marginalen Fragen zu seinen mathematischen Fähigkeiten und einem Werk beschäftigt, wurde gestrichen.) Die Anmerkungen wurden auf wenige Hinweise und Korrekturen beschränkt, da Krenek einerseits in seinen Schilderungen sehr präzise und ausführlich ist und das Buch andererseits den Charakter einer erzählerischen Autobiographie hat. Die Zeittafel und das Nachwort sowie das Namen- und Werkregister bieten dem Leser weitere Informationen zu Ereignissen und Personen dieser Erinnerungen.

Das Lektorat

NACHWORT

Bei den Chinesen gibt es einen berühmten Fluch: »Mögest du verdammt sein, ein interessantes Leben zu führen.« Ernst Krenek scheint verflucht gewesen zu sein, denn sein Leben war so interessant, wie nur ein schwieriges Leben es sein kann. Seine *Erinnerungen* belegen das. Und sie decken nur die ersten vierzig Jahre ab! Das Leben, das wir auf diesen Seiten mitverfolgen, ist so voller Ereignisse, Rückschläge, Offenbarungen, voller Begegnungen mit Menschen, politischen Katastrophen, persönlichen Krisen, künstlerischen Entdeckungen und geistigen Leistungen, daß man versucht ist, es als Kreneks gesamtes Leben zu betrachten. Doch der Fluch wirkte noch ein weiteres halbes Jahrhundert lang. Leider fehlen uns weitere tausend Seiten, die die Ereignisse, Niederlagen und Triumphe der zweiten Lebenshälfte schildern, und so müssen wir die restlichen Wechselfälle dieses »interessanten Lebens« aus den etwa zweihundert musikalischen Werken erschließen, aus gelegentlichen Aufzeichnungen über alle erdenklichen Themen einschließlich seiner eigenen Person, aus Geschichtsbüchern, Abhandlungen und Briefen. Ich habe ihn ständig gedrängt, einen weiteren Band Erinnerungen zu schreiben, in dem er über seine Jahre in Amerika berichten sollte, obwohl ich den vorliegenden Band noch nicht gelesen hatte. Ernst Krenek lachte dann nur und führte die Hand an die Stirn und dann weiter hinauf und vom Kopf fort, mit einem leichten Öffnen der Finger, in einer charakteristischen Geste scherzhafter Verzweiflung. Der Antrieb, sich zu erinnern, fehlte. Die Arbeit an der Veröffentlichung seiner *Amerikanischen Tagebücher* erlebte er als irritierend. Nostalgie war seinem Wesen fremd. Er war nicht versucht zu sagen: »Verweile doch, du bist so schön.« Lieber schuf er etwas für den Augenblick, machte ihn, allen Widerständen zum Trotz, schön, oder zumindest bedeutend in seiner flüchtigen Unvollkommenheit, und bemühte sich um Dauerhaftigkeit, die die Schönheit selbst ist. Eben diese vorwärts gerichtete Radikalität ist es, die Krenek für viele so schwer verständlich macht. Sie wollten, daß er mit fünfzig Rückschau hielt, sich auf einen wiedererkennbaren Stil festlegte, den großen alten Mann spielte und sich angenehm wiederholte. Doch das tat er nie. Seine späten Werke sind seine radikalsten. Selbst die wenigen Entwürfe, die er hinterließ, zeigen eine Vorwärtsbewegung im musikalischen Denken. So sind diese *Erinnerungen* etwas für Ernst Krenek Ungewöhnliches, das Produkt einer besonderen Verkettung von Umständen, ein Ergebnis persönlicher Befürchtungen und Ängste und des Gefühls, verantwortlich dafür zu sein, daß die Erinnerung an das, was verlorengehen könnte, wachgehalten wird.

Daß so wenige Musiker das Wesen Kreneks, wie es sich in seiner Musik und seinen Schriften offenbart, kennen, ist sicherlich nicht die Schuld des Komponisten. Auf seiner Seite gab es keine schüchterne Zurückhaltung. Seine zahlreichen musikalischen und literarischen Werke sind Muster an Klarheit, bemerkenswert in ihrem Stil und tragen immer die unverkennbare Handschrift seiner Persönlichkeit. Die unter Theoretikern und Musikologen heutzutage weitverbreitete Ansicht, Ernst Krenek sei »dem Neuen nachgelaufen« oder habe mit verwirrender Häufigkeit seinen Stil verändert, ist falsch. Ein gründliches Studium seiner Werke und seines Lebens zeigt, daß diese Veränderungen innerhalb seiner musikalischen Entwicklung folgerichtig nötig waren. Seine ersten Werke sind in einem freien atonalen Stil komponiert, ganz eigenwillig. Die darauf folgende Phase seiner radikalen Rückkehr zur Lingua franca der tonalen Romantik (wobei wir bedenken müssen, daß Krenek vor siebzig Jahren der Ur-Neoromantiker war, nicht der soundsovielte Neoromantiker nach heutiger Mode) dauerte nur wenige Jahre, trug ihm aber Weltruhm und den Neid seiner Zeitgenossen ein, von denen viele schamlos versuchten, seinen Erfolg zu kopieren. Sie schalten ihn, daß er sich »verkaufe«, während sie selbst in eben dieser Absicht nach Käufern suchten. 1931 dann, mit *Karl V.* (seinem ersten großen vollendeten Zwölftonwerk und überhaupt der ersten Zwölftonoper von normaler Länge, wie Andrew Porter gezeigt hat) begann Krenek seine lebenslange undoktrinäre Beschäftigung mit der Zwölftontechnik, und bereits 1936, mit dem Konzept des Serialismus, manifestiert sich dies in seinem als proto-seriell zu bezeichnenden *Sechsten Streichquartett* und, in größerem Ausmaß, in seiner *Lamentatio Jeremiae Prophetae*. Er betrachtete den Stil nicht als Sackgasse, wie es seitdem häufig geschehen ist, sondern meinte vielmehr, die »Sackgasse« befinde sich in den Köpfen jener, die keine Möglichkeiten mehr in diesem Stil entdecken konnten, vielleicht, weil sie sich allzu starr an die Vorschriften der »Regeln« hielten. Es ist wichtig zu wissen, daß, was Krenek angeht, regelgebundene Verfahren die Phantasie anregen, und genauso wie manche Dichter Sestinen oder Sonette oder andere gebundene Formen ihrer Wahl verwendeten, um die Vitalität zu erlangen, die nur eine derartige Disziplin geben kann, entschied Krenek sich, seine Phantasie auf diese Weise selbst anzuregen. Außerdem erkannte er, wie es nur ein Meister solcher Formen vermag, das »frei« zu komponieren mindestens ebensoviel Können erfordert wie das Komponieren in »strengen« Formen.

(Eliot hat das für die Dichtung so ausgedrückt: »No vers is libre.«) In seinen späteren Werken kehrte Krenek zu einer freien Atonalität zurück, die nicht nur vom jahrelangen Arbeiten mit etwas stärker vorgeordnetem Material, sondern auch von seiner Arbeit mit dem Medium der elektronischen Musik geprägt ist. Dies machte ihm die Bedeutung aleatorischer Elemente, einer unendlichen Fülle von Klangfarben, und das simultane Arbeiten an unterschiedlichen Teilen seiner Komposition von Anfang an bewußt. Daher enthalten seine späten atonalen Werke idiomatische Elemente des Serialismus, kontrollierte Bestandteile der Aleatorik und blitzartige fragmentarische Ideen.

Die Tatsache, daß Krenek von Zeit zu Zeit sein Idiom wechselte, scheint viele Musikliebhaber ungeheuer verstört zu haben. Die Fruchtbarkeit seines schöpferischen Geistes ist allerdings rätselhaft. Es gibt kein Genre, in dem er nicht eine Reihe von größeren Werken vollendet hat. Und es gibt – und damit komme ich zu den *Erinnerungen* – in diesem Jahrhundert auch keinen Komponisten, der neben einem so großen musikalischen Œuvre ein derart umfangreiches literarisches Werk hervorgebracht hat: Aufsätze, musikalische Abhandlungen, musikologische Studien, Reisebücher, Feuilletons, die Gedichte zu seinen Liedkompositionen, die Dramen für seine Opern. Und diese vor nahezu einem halben Jahrhundert verfaßten und nun postum veröffentlichten tausend Seiten mit sehr persönlichen Schilderungen der Metropolen Wien, Berlin, Paris, von Ländern wie der Schweiz, Spanien oder Großbritannien, Porträts von Dichtern und Komponisten, von Intellektuellen und Spießbürgern, Bildern einer Epoche, des Lebensstils der Boheme, Berichten von verheerenden politischen und sozialen Umwälzungen, Erfahrungen aus einer Kultur und einer Lebensweise, die für immer vergangen sind.

Krenek hat mir oft privat erzählt, was er ausformuliert niedergeschrieben und in Interviews geäußert hat, daß er diese *Erinnerungen* nämlich zu Papier gebracht habe, um die übermächtige Angst zu lindern, daß Europa durch den Krieg vollkommen zerstört werden würde, daß alles, was er geliebt hatte, seine Erfahrungen und sein Leben bis zu seiner Emigration, vom Erdboden verschwinden würde. Er hielt es für seine Pflicht, einen Augenzeugenbericht über die europäische Zivilisation zu hinterlassen, so wie er sie gekannt hatte, bevor sie durch Selbstopferung zerstört oder von den Streitkräften seines neuen Heimatlandes zerbombt werden würde. Er war von seinen geliebten Eltern abgeschnitten, verarmt, weil er sein beträchtliches Vermögen zurückgelassen hatte, als er als Unperson aus Europa verjagt worden und sogar sein Leben bedroht gewesen war.

Er wurde als »Kulturbolschewist« denunziert und war eines der prominentesten Opfer in der berüchtigten Ausstellung *Entartete Musik*. Diese Ausstellung wurde mit einem dramatisch scharlachroten Plakat angekündigt, das in jeder Ecke ein Hakenkreuz trug und die häßliche Karikatur eines schwarzen Saxophonisten zeigte. Das Motiv war einem Aufführungsplakat zu Kreneks Welterfolg *Jonny spielt auf* aus dem Jahr 1928 entnommen. Damals hatten in Wien pronazistische Gruppierungen mit einer Kampagne gegen die (äußerst erfolgreiche) Aufführung in der Staatsoper randaliert und öffentlich alle guten, antisemitischen, christlichen Bürger aufgefordert, gegen dieses »jüdisch-negerische Machwerk« zu protestieren. Kreneks *Karl V.* war von der Wiener Staatsoper, die das Werk in Auftrag gegeben hatte, überstürzt abgesetzt worden, nachdem die Proben bereits begonnen hatten – offenbar das Werk nazifreundlicher Kreise. Über fünfzig Jahre lang wurde *Karl V.* in der Staatsoper nicht aufgeführt, und dann auch nur einmal. Da Krenek mit diesem Werk eine ungeheure künstlerische Anstrengung unternommen hatte, seinem Land ein Modell für etwas zu zeigen, von dem er hoffte, es könne Europas Rettung sein, ist es untertrieben zu sagen, daß die Vernachlässigung dieser Oper eine Schande für Österreich bedeutet.

Unter diesen deprimierenden Umständen gelang Krenek mit knapper Not die Flucht aus Europa. Er fand den Weg in ein ungastliches Amerika, wo er mit einer fremden Sprache und einer fremden Kultur konfrontiert wurde. Er wußte nicht, ob er in ein Lager gesteckt werden würde, so wie die aus Japan gebürtigen Bürger, denn der amerikanische Hurrapatriotismus stand in höchster Blüte, und ein starker deutscher Akzent war verdächtig. Arbeit zu finden war schwer. Kreneks früherer Ruhm half ihm kaum, so groß war die Zahl der Flüchtlinge. Alles, was er besaß, war seine Schaffenskraft. In dieser bedrückenden Situation schrieb er seine *Lamentatio Jeremiah Prophetae*. Man kann nicht umhin, Jeremiahs tragische Klage um Jerusalem als Kreneks Klage um Wien zu verstehen. Auch die *Amerikanischen Tagebücher* sind von dieser Stimmung geprägt, und es ist zu berücksichtigen, daß diese Phase zeitlich relativ nah am Beginn der Niederschrift der Erinnerungen und an Kreneks ersten Versuchen, in englischer Sprache zu schreiben, lag. Daher ist es um so überraschender, daß die »Memoirs« mit solchem Gleichmut und so großer persönlicher Objektivität geschrieben sind, obwohl es manchmal den Anschein hat, als ob die Erinnerung Kreneks Stimmung aufhellen und dann wieder überschatten würde. Weder Jammern noch wehmütige Nostalgie bestimmen den Text. Bedrückende Ereignisse und Lebenskrisen sind oft auf trockene, selbstironische Weise dargestellt, was die Lektüre um so bewegender macht. Und Freuden und Erfolge sind voller Enthusiasmus und Wahrhaftigkeit nachgezeichnet. Krenek zeigt uns das Wien von Musils *Der Mann ohne Eigenschaften*, aber in einem noch unternehmungslustigeren Ton, fast optimistisch, wäre da nicht der tragische Ausgang der *Erinnerungen*.

Wir erhalten einen Einblick in das Berlin der zwanziger Jahre, der keineswegs mit unserem gängigen Bild von einer dekadenten, aufgeschlossenen und vergnügungssüchtigen Stadt übereinstimmt. Statt dessen erfahren wir Berlin als beengt, mißgelaunt und preußisch, und trotz der bedeutenden Freundschaften, die er dort schloß, war Krenek froh, in die unbeschwertere Atmosphäre der Schweiz und Frankreichs zu entkommen. Die von Krenek in den *Erinnerungen* stellenweise so überaus deutlich artikulierte Abneigung gegen Deutschland und die Mentalität seiner Bevölkerung ist aus der Situation des Exilanten zu erklären, der seine aktuelle Situation während der Niederschrift der Verfolgung durch die Nazis zu verdanken hatte.

Sein Aufenthalt in Paris bildete einen Vorgeschmack auf ein freieres, philosophisch weniger eingeengtes Leben, genau das, was der mitteleuropäische Intellektuelle brauchte; diese Zeit weckte Kreneks verständnisvolle Einstellung gegenüber den absurden Seiten des Lebens. Tatsächlich behielt er stets eine gewissermaßen ionescosche Sichtweise der dadaistischen Züge des Lebens bei. Er brauchte keine Gedichte von Apollinaire oder Cocteau zu lesen, um zu erkennen, daß das Nebeneinander von Sinnlosem und Irrationalem einerseits und tatsächlichen Ereignissen andererseits die Norm ist. Er brauchte nur in eine Zeitung zu schauen, eine Fertigkeit, die er von Karl Kraus gelernt hatte.

Daß Krenek seine *Erinnerungen* im Bewußtsein des womöglich endgültigen Verlustes seiner alten Heimat für ein amerikanisches Publikum schrieb, erklärt auch die zum Teil ausführlichen Schilderungen von Landschaften, die einem europäischen Leserkreis vertraut erscheinen dürften. Selten hat jemand so begeistert über die Schweiz geschrieben, nicht nur über ihre Landschaften, sondern auch über das Wesen der Menschen und die künstlerische Atmosphäre und Freiheit dort, wobei Kreneks Bericht zweifellos von der Großzügigkeit Werner Reinharts gefärbt ist, einem der bedeutendsten Förderer der modernen Musik im zwanzigsten Jahrhundert. Dieses Mäzenatentum, das einem Renaissancefürsten Ehre gemacht hätte, schenkte Krenek zu einem entscheidenden Zeitpunkt in seinem Leben die Freiheit und den Status, die er brauchte, um die beiden wichtigsten Wandlungen in seiner Komponistenlaufbahn vollziehen zu können. Vor allem sein inniger Kontakt mit Rilke vermittelte ihm eine Vorstellung von Musik als Lyrik und von der

Lyrik der Musik, die ihm sein ganzes Leben lang zugute kam. Der direkte Einfluß Rilkes ist in den letzten drei Liedern der *Gesänge des späten Jahres* und auch an anderen Stellen zu erkennen. Sein indirekter Einfluß wird in einem großen Teil der lyrischen Dichtung sichtbar, die Krenek später für seine Lieder schrieb. Außerdem kann man wohl sagen, daß der junge Krenek, unabsichtlich vielleicht, Einfluß auf Rilke ausgeübt haben muß, zumindest genug, um den großen Dichter zu verleiten, mit seinem Prinzip zu brechen, das darin bestand, niemals zuzulassen, daß seine Lyrik vertont wurde.

Kreneks Schilderung seiner Rückkehr nach Wien, nachdem er in der »Welt draußen« Erfolg gehabt hatte, und sein Bericht von den Ereignissen, die zu diesem Erfolg führten (*Jonny*), hat etwas Düsteres, Unheilverkündendes, als wäre Wien bereits von der finsteren Atmosphäre verschlungen gewesen, die dem Faschismus vorausging. Bis auf den heutigen Tag denken sich viele Österreicher ihr Land im Krieg lieber als »besetzt« denn als Kollaborateur der Nazis. Mit dieser Haltung rechtfertigen sie auch ihre Vernachlässigung Kreneks, dem, obwohl er ein Opfer des Faschismus war, nach dem Krieg keine Wiedergutmachung angeboten wurde, weder in Form von Geld noch in Gestalt einer offiziellen Position, die ihn hätte bewegen können, nach Österreich zurückzukehren, in das Land, dem er in patriotischer Verehrung anhing und für das er, könnte man sagen, sogar diese *Erinnerungen* verfaßt hat. Krenek starb im Grunde als Amerikaner, auch wenn Amerika ihn nie anders denn als Bürger verstand oder anerkannte, den man so grüßte, wie der Kassierer in seiner Bank in Palm Springs es tat: »Have a nice day, Ernie.« Der Schatten, der seine Besuche im geliebten, ihn zur Verzweiflung treibenden Wien verdunkelte, wurde nie ganz vertrieben, selbst im Tod nicht – »unausgesprochen der bittere Satz«. Kreneks Liebe zu Österreich, das ihn so kalt und so häufig ablehnte, erlosch nie, auch wenn sie symbolisch auf die winzige österreichische Flagge aus Papier reduziert war, die in Palm Springs über dem Schreibtisch, an dem er komponierte, »flatterte«.

Die Angst, daß Österreich, daß Europa durch die schweren Bombenangriffe, das politische Elend verschwinden würde, veranlaßte Krenek, seine *Erinnerungen* niederzuschreiben. Diese Ängste waren für ihn Wirklichkeit, nicht Übertreibung. In den *Amerikanischen Tagebüchern* findet man in diesem Zusammenhang Andeutungen von Selbstmordgedanken. Rückblickend wissen wir, daß diese Ängste unberechtigt waren. Man kann immer noch durch die Hofburg schlendern, immer noch das Burgtheater besuchen. Vieles ist geblieben. In einer Weise jedoch sind Kreneks Befürchtungen durchaus Wirklichkeit geworden. Es ist nicht nur so, daß der alte Herrenhof, das Café, in dem Hofmannsthal und Torberg verkehrten, heute ein Pizza-Hut ist und daß das Café Central und das Griensteidl jetzt zur Zerstreuung der »bus people«, wie Krenek sie gerne nannte, umgebaut wurden, denn trotz dieser Sakrilegien existiert noch etwas von dem alten Kaffeehausleben. Viel schlimmer ist, daß es die von Künstlern und Bohemiens geprägte Atmosphäre, die für diese Kaffeehäuser typisch war, nicht mehr gibt. Ein Nörgler könnte sogar sagen, daß Lokale voll dröhnender Rockmusik sich diese Kaffeehauskultur einverleibt haben, wie auch den Rest der Welt, und daß Musikverleger heute oft als Hindernis zwischen der Musik und ihrer Aufführung stehen (es gibt keine Hertzkas mehr). Man schätzt das Neue, nur weil es neu ist, selbst wenn es keine Bedeutung hat. Das Leben und der Geist des Milieus, das große Künstler hervorbrachte – eben der Stoff, aus dem diese *Erinnerungen* sind –, ist anscheinend wirklich vom Erdboden verschwunden. Wir haben Glück, daß Krenek es als seine Pflicht betrachtete, sich an die Zeit vor diesem Zustand zu erinnern.

Krenek zeichnet wunderbare Porträts der ständigen Bewohner dieses empfindlichen kulturellen Ökosystems. Seine liebevolle Skizze von Anna Mahler und ihrer berechnenden und alternden Mutter, der Femme fatale Alma, deren antisemitische Exzentrik Generationen erheiterte und empörte, ist dafür ebenso typisch wie seine Schilderung des Mahlerschen Haushalts, der Kreneks Leben mit interessanten, aber nutzlosen Verlockungen sehr anstrengend zu machen drohte. Er charakterisierte Berg fast als eine Art »Über-Österreicher«, eine seiner Eigenschaften war die ihm innewohnende Noblesse. Die heftige, verdrehte, fanatische Leidenschaft Weberns, die Krenek in seinem späteren Werk, *Instant Remembered*, so beredt festhielt, wird hier in ihrer Rätselhaftigkeit liebevoll bewundert. Krenek malt ausdrucksstarke Bilder von einem abschreckenden Schönberg, der in seinem Selbstvertrauen hart wirkt, und von Strawinsky. Beide sollten später in den Exiljahren in Los Angeles Kreneks Freunde werden.

Krenek hat mir einmal erzählt, daß er sich, wenn er moralisch in der Klemme steckte, nur zu fragen brauchte, was Karl Kraus in seiner Situation getan hätte. Kraus' moralische Autorität, die Freundschaft zu ihm, die Enttäuschung über seine anscheinende Gleichgültigkeit, als Krenek ihm *Durch die Nacht* widmete, werden ergreifend gegenwärtig. Kreneks weinselige Freundschaft mit Fritz Gubler in den letzten, ruhmreichen Tagen der »Frankfurter Zeitung«, als Krenek das Komponieren beinahe zugunsten der Schriftstellerei aufgab, wird mit echter Begeisterung erinnert. Der ordinäre Schreker sowie ein skurriler Busoni sind gekonnt umrissen. Und der junge Adorno, zugeneigt, als er sich an den erfolgreichen Krenek anschloß, und abgeneigt, als die Mode sich änderte, spinnt seine endlosen, hoffnungslos komplexen metaphysischen Einfälle. Krenek sticht einige seiner gehaltloseren Auswüchse an, wie auch im Briefwechsel, aber immer mit respektvoller Direktheit.

Krenek schildert seine sexuellen Erfahrungen, zumindest einige davon, offen und unbefangen. Er war von einer Zeit beeinflußt, in der man versuchte, den Geheimnissen der Sexualität auf den Grund zu gehen, sexuelle Tabus abzubauen und die Auswirkungen von gelebter oder unterdrückter Sexualität auf die Persönlichkeit und ihre Entwicklung zu erforschen. Der Mensch wird, besonders im Wien Schnitzlers, Freuds und Weiningers, als geschlechtliches Wesen begriffen, und so ist es kaum verwunderlich, daß Krenek in seiner Selbstbeobachtung und Selbstanalyse diesem Aspekt einen recht großen Stellenwert beimißt. Seine freimütigen Äußerungen sind daher nicht als exhibitionistische Bekenntnisse zu lesen, sondern Ausdruck seines Versuches, sich und seine Zeit schreibend zu verstehen und zu erkennen, unter welchen Einflüssen und auf welchem Wege er zu dem (unglücklichen) Mann wurde, der die »Memoirs« verfaßte.

Kreneks eheliche Beziehungen waren schwierig, und er erzählt uns das unverblümt. Anna Mahler und er waren zu jung, als sie heirateten, sie hatten auf sexueller Ebene unterschiedliche Vorstellungen und paßten einfach nicht zusammen. Sie blieben jedoch bis zu Annas Tod gute Freunde. Kreneks zweite Frau, Berta, war älter und, ohne Freud allzusehr bemühen zu wollen, wahrscheinlich so etwas wie eine Mutterfigur für ihn. Wie dem auch sei, ihre Unfähigkeit, sich in Amerika in die neue Kultur und die neue Sprache hineinzufinden, machten die Ehe schließlich problematisch. Die Beschreibung seiner Affären zwischen den ersten beiden Ehen, besonders der Beziehung zu Alma Moodie, die ebenso stürmisch wie schwierig verlief, erhellt seine Suche nach emotionaler Stabilität in psychologischer Hinsicht. Seine spontane und überwältigende Zuneigung zu Irene, der Frau seines lieben Freundes, des Pianisten Eduard Erdmann, wird berührend und in wunderbarer Schlichtheit beschrieben. Mit seiner dritten Frau, Gladys Nordenstrom, einer seiner Studentinnen an der Hamline University in Minnesota und späterer Komponistin, lebte er eine vielschichtige und reiche Beziehung, die erst durch seinen Tod am 22. Dezember 1991 beendet wurde.

Kreneks politisches Denken, wie es sich in den *Erinnerungen* zeigt, insbesondere wo es sich auf Österreich bezieht, ist komplex, und ich werde nicht einmal den Versuch unternehmen, es zu erläutern oder zu beschreiben, sondern ich will lediglich darauf hinweisen, daß ich darin Parallelen zu Joseph Roths Mischung aus linken Sozialismus und elitärem christlichen Monarchismus sehe, verursacht zweifellos durch die einzigartige und katastrophale Situation, in der sich Österreich in der ersten Hälfte unseres Jahrhunderts befand. *Karl V.* ist ein überzeugender und profunder Ausdruck dieser Sichtweise. Kreneks Bericht über die letzten Tage der unabhängigen Regierung Österreichs, über ihren Zusammenbruch und die Ereignisse in diesem Umfeld liest sich überaus packend. Seine Schilderung des drohenden politischen Verhängnisses ist so dunkel wie ein kafkaesker Alptraum oder wie seine eigenen *Gesänge des späten Jahres.*

Krenek entschied sich, seine »Memoirs« im neu erworbenen Englisch zu verfassen. Jeder, der versucht hat, sich als Erwachsener eine Fremdsprache anzueignen, weiß, was für eine bemerkenswerte Leistung das ist. Daß das Ergebnis hervorragend war, zeugt von den umfassenden Grundlagen, die er als Schüler in Latein und Griechisch erworben hatte. In den »Memoirs« finden sich überraschend wenig sprachliche Schnitzer. Außerdem zeigt sich eine gründliche Kenntnis nicht nur der Struktur und der Eigentümlichkeiten des Englischen, sondern auch des amerikanischen *lingo*, wie sowohl Krenek als auch Whitman das einzigartige Idiom der neuen Heimat gerne nannten. Diese Kenntnis wächst während des Schreibprozesses und wird später zu einer vollkommenen Beherrschung der Sprache, da er zweifelsohne von seinen Studenten immer mehr Amerikanismen aufschnappte. Vor allem auf den Anfangsseiten und in geringerem Maße durch das ganze Werk sind Spuren der erwarteten Germanismen zu finden – der häufige Gebrauch des Passivs und des Konjunktivs und insbesondere der Verlaufsform des Präteritums. Im Deutschen sind das Kennzeichen für einen literarischen Stil, nicht aber im Englischen. Doch das ist Krittelei. Von den ersten Abschnitten an ist klar, daß Krenek auf englisch so transparent, so frei von Jargon, so ausdrucksstark und direkt schreiben wird, wie er auf deutsch schrieb. Es ist eine virtuose Leistung.

Sein ganzes Leben lang gelassen komponierend und schreibend, schuf Ernst Krenek einen wahrhaften Kontinent musikalischer und schriftstellerischer Werke, von denen jedes zeitgleich seine jeweilige Zeit und etwas Allgemeingültiges, das über dieser Zeit steht, anspricht. Er tat das, anstatt ein gerissener »Macher« zu werden, der vor allem darum bemüht war, daß ihn die Öffentlichkeit als das wichtige kulturelle Phänomen wahrnahm, das er war, oder indem er eine ganze Schule von Jüngern um sich scharte, um seine eigene Sicht der Welt zu verbreiten. Ihm gefiel es, wenn sich jeder seinem eigenen Wesen entsprechend ausdrückte, wie er selbst dies tat. Und es ist seine eigene singuläre Persönlichkeit, die seinen großen Fähigkeiten und seinem Wissen um das Geheimnis des Schöpferischen diese Vitalität verleiht, die alles, selbst die scheinbar fragmentarischsten Elemente, zu jener Einheit verbindet, ohne die alles sinnlos scheint. Diese Memoiren offenbaren Kreneks Persönlichkeit auf intimere Weise als irgendeine andere seiner Prosaarbeiten. Sie öffnen ein Tor zu jener anderen Welt, die noch intimer und von noch größerer Freiheit erfüllt ist, der unbegrenzten Welt seiner Musik und seiner Dichtung.

Michael Ingham
(Professor für Gesang an der University of California [Santa Barbara] und Präsident der Ernst Krenek Society [Palm Springs])

DANKSAGUNG

Ein besonderer Dank geht an Gladys N. Krenek für ihre unermüdliche, engagierte Unterstützung der Editionsarbeit.

Matthias Schmidt gab wichtige Hinweise zur Übersetzung und zum musikalischen Werk Ernst Kreneks.

Regina Petersen erfaßte mit Geduld und Sorgfalt die mehr als 1200 Seiten der revidierten Übersetzung noch einmal vollständig mit dem Computer.

Sabine Wendenburg vom Kasseler Stadttheater unterstützte die Registerarbeit durch zahlreiche Auskünfte über einstige Schauspieler und Angestellte des Theaters.

Julia Schläffer erarbeitete die beiden Register, und Sabine Schulte übernahm die grundlegende Revision der ersten Übertragung aus dem Englischen, die einer Neu-Übersetzung nahekommt.

Das Lektorat

BILDNACHWEIS

Universal Edition, Wien: S. 9 u., S. 10 u., S. 10 o., S. 11 o., S. 14 o.r.
Archiv für Kunst und Geschichte, Berlin: S. 2 u.r., S. 2 u.l., S. 2 o.l., S. 3 o.l., S. 15 o.r.
Nachlaß Eduard Erdmann: S. 3 o.r., S. 4 o.r., S. 4 u., Frontispiz, S. 5 o.
Wiener Stadt- und Landesbibliothek: S. 1 o.l., S. 1 o.r., S. 5 u.
Krenek-Archiv, Palm Springs: S. 1 u., S. 7 u., S. 15 u., S. 16
Österreichische Nationalbibliothek: S. 2 o.r., S. 14 o.l.
Artur-Schnabel-Archiv, New York: S. 4 o.l.
Langen Müller Verlag in der F. A. Herbig Verlagsbuchhandlung GmbH, München: S. 3 u.
Archiv A. M. Jansen-Scherchen: S. 6 o., S. 6 u.r.
Museen der Stadt Wien: S. 6 u.l.
Schweizer Literaturarchiv: S. 7 o.
Fritz Stockmeier, Bielefeld: S. 8 o., S. 8 u.
Bild-Report, Peter Philipp, Graz: S. 9 o.
Katalog zum 50. Jahrestag der Propagandaschau »Entartete Musik«, Düsseldorf 1988: S. 11 u.
R. F. Schmiedt, Hamburg: S. 12 u.
Katrin Schilling, Frankfurt/M.: S. 12 o.
Österreichischer Bundestheaterverband (Foto: Axel Zeininger): S. 13 o.
Kurt Hege, Essen, Baedekerhaus: S. 13 u.
Theodor-W.-Adorno-Archiv, Frankfurt/M.: S. 15 o.l.
Stefan-Zweig-Archiv, London: S. 14 u.

NAMENREGISTER

Abkürzungen:

Fr.:	Frau
Frl.:	Fräulein
Hr.:	Herr
verm.:	vermutlich
verh.:	verheiratet
geb.:	geboren

WERKREGISTER

Die Opuszahlen bzw. Bezeichnungen der Werke ohne Opuszahlen (W) wurden nach dem Werkverzeichnis in *Ernst Krenek. A Bio-Bibliography* von Garrett H. Bowles (New York 1989) angegeben.